Hedwig Pringsheim
Tagebücher
Band 5
1911-1916

Hedwig Pringsheim
Tagebücher

Band 5
1911 – 1916

Herausgegeben
und kommentiert von
Cristina Herbst

WALLSTEIN VERLAG

Bibliografische Information der Deutschen Nationalbibliothek
Die Deutsche Nationalbibliothek verzeichnet diese Publikation in der
Deutschen Nationalbibliografie; detaillierte bibliografische Daten
sind im Internet über http://dnb.d-nb.de abrufbar.

© Wallstein Verlag, Göttingen 2016
www.wallstein-verlag.de
Vom Verlag gesetzt aus der Stempel Garamond
Umschlag: Susanne Gerhards, Düsseldorf, unter Verwendung
einer Photographie von Hedwig Pringsheim
(Archiv der Herausgeberin).
Druck und Verarbeitung: Hubert & Co, Göttingen
ISBN 978-3-8353-1804-5

Inhalt

Zur Edition	7
Dank	9
Einleitung	13
Zu dieser Ausgabe	71
Zum Text	71
Zum Kommentar	72
Zum Personenregister	73

Tagebücher
1911 – 1916

1911	77
1912	162
1913	258
1914	343
1915	429
1916	513

Anhang
Zusätzliche Dokumente

Abbildungen	609
Ein Zeitdokument von Theodor Lessing	617
Thomas Mann: Fiorenza von Alfred Kerr	624
Tagebuch (Auszug) von Alfred Kerr	629
Was ist uns Hedwig Dohm? von Anna Plothow	634
Kriegsoperette von Klaus Pringsheim	643
Der Kriegsverlängerer	643
Ein feindlicher Flieger über München. Verhaltungsmaßregeln für die Bevölkerung	646
Englands angebliche Friedensbedingungen	648

Briefe

Th. Lessing an H. Pringsheim (12.3.1912) 650
Th. Lessing an Th. Mann (12.3.1912) 651
Hedwig Dohm an H. Pringsheim (9.10.1913) 652
Hedwig Dohm an H. Pringsheim (10.10.1913) 654
Th. Lessing an Hedwig Dohm (5.10.1913) 655
Th. Lessing an Hedwig Dohm (10.10.1913) 657

Stammtafeln

Stammtafel Alfred Pringsheim 663
Stammtafel Ernst Dohm 665
Stammtafel Thomas Johann *Heinrich* Mann 667
Stammtafel Paul v. Rohrscheidt 669

Register

Abkürzungen und Worterklärungen 673
Lektüre 689
Siglen 697
Personenregister 703
Bildnachweis 827

Zur Edition

Die Tagebücher umfassen den Zeitraum von 1885 bis 1941, also 57 Jahre. Mit Ausnahme des Jahres 1886 gibt es keine Lücke. Der größte Teil der Bändchen befand sich im Nachlaß von Golo Mann, also im Besitz seiner Erbin Ingrid Beck-Mann in Leverkusen. Die Jahre 1910-1916 und 1939-1941 waren aus unbekannten Gründen seinerzeit entnommen worden und in den Nachlaß von Katia Mann geraten. Sie befinden sich heute im Thomas-Mann-Archiv in Zürich und sind der Herausgeberin in Form von Fotokopien zur Verfügung gestellt worden. Das Konvolut mit den übrigen Tagebüchern und diversen anderen Dokumenten haben Ingrid Beck-Mann und ihr Erbe Dr. Heiko Spehr der Herausgeberin zur Edition überlassen. Herrn Dr. Spehrs Wunsch gemäß wird das gesamte Material nach Abschluß der Publikation an das Thomas-Mann-Archiv in Zürich übergeben.

Die Tagebuch-Bändchen sind in der Regel sehr klein und umfassen meistens ein Jahr. Die Bändchen für 1920/21, 1926/27, 1928/29, 1930/31, 1932/33, 1934/35 und 1940/41 sind etwas größer und enthalten zwei Jahre. Das Format schwankt zwischen 6,5 cm × 10 cm für ein Jahr und 10 cm × 16 cm für zwei Jahre.

Dafür, daß die Tagebuchaufzeichnungen mit dem 1. Januar 1885 beginnen, gibt es keinen biographischen Anhaltspunkt. Man kann eher davon ausgehen, daß frühere Notizbücher verlorengegangen sind, so wie das von 1886. Dagegen spricht allerdings, daß sich der Darstellungsmodus vom 1. Januar 1885 bis Mitte April 1885 im Hinblick auf die Stellung des Datums und den Zeilenfall noch verändert. Dann bleibt das Schema gleich, bis zu den letzten Eintragungen 1941.

Daß Hedwig Pringsheim sich schon früher mit Tagebuchschreiben beschäftigt hat, zeigt ihr Tagebuch aus den Jahren 1868-1873, das im Anhang von Band 2 veröffentlicht wird. Es hat allerdings noch einen ganz anderen Charakter.

Hedwig Pringsheim schrieb durchweg in deutscher Schreibschrift, der sog. Kurrentschrift. Die Handschrift ist winzig klein, aber jahrzehntelang gestochen scharf. Erst im hohen Alter beginnen die Schriftzüge zu verschwimmen. Die Schrift hat ein ruhiges, gleichmäßiges Bild. Sie ist elaboriert, aber sehr gut lesbar. Die

Tagebucheinträge sind anfangs wohl mit der Feder, bald aber schon mit dem Füllfederhalter geschrieben. Korrekturen finden sich nur selten und werden mit der gleichen Tinte ausgeführt. Ganz offensichtlich wurde der Text nachträglich nicht mehr überarbeitet. Obwohl Hedwig Pringsheim immer wieder mit ihrer mangelhaften Schulbildung kokettiert, beherrscht sie die Orthographie ihrer Zeit. Die Rechtschreibereform von 1901 hat sie aber nicht gleich übernommen, so findet sich z.B. noch bis 1904 Thee für Tee. Auch mit der Einfügung des Dehnungs-H z.B. in Wohnung, tat sie sich schwer. In vielen Fällen bleibt sie ganz bewußt bei ihrer abweichenden Schreibweise.

Dank

Den Anstoß zu meinem Interesse für die Tagebücher von Hedwig Pringsheim gab Dr. Heinrich Breloer, als er bei Recherchen für seine Fernseh-Dokumentation »Die Manns« auf das Konvolut der Tagebücher stieß und mich bat, für ihn darin nach bestimmten Informationen zu suchen. Ich geriet dabei immer mehr in den Bann der Persönlichkeit Hedwig Pringsheims. Mein Vorhaben, die Tagebücher insgesamt zu transkribieren und zu edieren, wurde seinerzeit von Frau Ingrid Beck-Mann, der Erbin Golo Manns, von dem der größte Teil der Tagebücher auf sie überkommen war, und später von ihrem Erben Dr. Heiko Spehr bereitwillig unterstützt. Auch Prof. Frido Mann erklärte seine Einwilligung und sorgte im Einvernehmen mit Dr. Thomas Sprecher dafür, daß das Thomas-Mann-Archiv mir die im Archiv ausgelagerten acht Bände für diese Edition in Kopie zur Verfügung stellte. Frau Tamara Marwitz, Tochter von Milka Reuter, Enkelin von Klaus Pringsheim, hat mir nicht nur wertvolle Hinweise über familiäre Zusammenhänge gegeben, sie hat auch Recherchen für mich durchgeführt. All diesen Personen gilt mein besonderer Dank.

Natürlich hat es bei einer solch umfangreichen Recherche-Arbeit viele Personen gegeben, die befragt wurden und dankenswerterweise Auskunft gaben. All diese Einzelkontakte, die sich in der 12jährigen Vorbereitungszeit und bis heute ergeben haben, aufzuzählen ist unmöglich. Indessen möchte ich mich doch bei denjenigen namentlich bedanken, die sich gemeinsam mit mir den Kopf zerbrochen haben und deren weiterführenden Hinweisen ich manches Ergebnis verdanke:

Viele sachdienliche Hinweise zu verschiedensten Einzelfragen erhielt ich von Dr. Dirk Heißerer. Mein Pringsheimscher Stammbaum, soweit er sich nicht aus den Tagebüchern ergibt, basiert in großen Teilen auf den Recherchen von Dr. Michael Engel. Prof. Hermann Kurzke beantwortete mir meine Detail-Fragen zu Thomas Mann. Viele Hinweise auf argentinische Zusammenhänge verdanke ich Prof. Juan Delius. Die Kenntnisse von Privatdozent Dr. Dr. Thomas Sprecher halfen mir bei der Zuordnung des »Davos-Personals«.

Ganz großer Dank gebührt meinen wissenschaftlichen Helfern Renate Rüb vom Archiv-Service Berlin und Sabine Schleichert vom German Genealogical Service München. Sie sind mit großer Sachkenntnis, Einfallsreichtum und Zähigkeit meinen Fragen bis in die entlegendsten Fundorte nachgegangen, und somit dürfte alles, was sie nicht gefunden haben, auch wirklich nicht zu finden sein.

Christa Elferich vom »Verein für Braueninteressen« hat mir durch Einblick in die Arbeit des Vereins und in das Mitgliederarchiv geholfen, verschiedene Sachfragen zu klären sowie persönliche Beziehungen Hedwig Pringsheims zu rekonstruieren.

Harald Fester hat mir bereitwillig sein Fester-Archiv zur Verfügung gestellt und große Anstrengungen unternommen, meine darüber hinausgehenden Fragen zu beantworten.

Christiane Hinz, Ev. Zentralarchiv in Berlin, recherchierte für mich zu den Stettiner Familien Toepffer und Braun.

Mirosław Węcki vom Staatsarchiv in Kattowitz, vermittelte den Kontakt zum Archiwum Państwowe in Breslau und verschaffte mir damit Informationen über Beuthen und die Familien Wendriner.

Helmut Soltmann überließ mir seine Stammbäume der Familien Sedlmayr, Seidl, Soltmann, Smith u. Roeckl.

Christine Hannig, Monacensia, gab mir immer wieder Auskunft in verschiedensten Einzelfragen z.B. auch zur »Allotria« und schickte mir die benötigten Adreßbuchkopien.

Anton Löffelmeier vom Stadtarchiv München schickte mir Kopien der für die Personenrecherchen so wichtigen Meldebogen.

Dr. Johann Pörnbacher, Bayer. Hauptstaatsarchiv (Kriegsarchiv), gab mir verschiedenste Personenauskünfte z.B. zu Karl Schweninger und verschaffte mir Einblick in die Offiziersakten von Erik Pringsheim u.a.

Prof. Dr. Gerhard Schuster, Leiter des Rudolf Borchardt Archivs, und Prof. Dr. Ulrich Ott sowie Prof. Dr. Dieter Burdorf, Vorsitzender der Rudolf-Borchardt-Gesellschaft gaben mir bereitwillig und umfassend Antwort auf meine Fragen zu Vera und Rudolf Borchardt.

Sven Baumann vom Goetheanum in Dornach führte umfangreiche Recherchen nach Rudolf Steiners Vorträgen für mich durch.

Stephanie Irlen und Kimberly Stratmann vom Neuen Stadtmuseum in Landsberg am Lech konnten mir die von Hubert

Dank

v. Herkomer gemalten Porträts von Paula und Rudolf Pringsheim nachweisen.

Ulf v. Malberg schickte mir Informationen zu Edgar Ladenburg und den Herkomer-Konkurrenzen.

Der Hilfe von Britta Dittmann, wiss. Mitarbeiterin in der Kulturstiftung Hansestadt Lübeck, habe ich die Informationen zu Josef Löhrs erster Braut zu verdanken.

Alles Wissenswerte über Heinrich Braune erfuhr ich von Dr. Martin Schawe, Bayer. Staatsgemäldesammlungen, und von seiner Tochter Mary Braune-Krickau.

Dr. Joachim Kaak, Hausreferent Neue Pinakothek, gab mir wichtige Informationen zur Tschudi-Spende.

Ulla Chwalisz, Leiterin Digital Services S. Fischer Verlag, richtete mir einen direkten Zugang zum Archiv der Neuen Rundschau ein.

Dr. Lorenz Seelig gewährte mir Einblick in seine Arbeit über Alfred Pringsheims Silbersammlung und beantwortete geduldig meine diesbezüglichen Fragen.

Bärbel Sonn-Rudolf informierte mich über die Arbeit des Orchesterverein München und seine Mitglieder.

Dr. Rainer Marwedel und Dr. Christian Heppner gaben mir wertvolle Hinweise zur Biographie von Theodor Lessing und seiner Familie.

Holger Horstmann vom Stadtarchiv Hannover durchsuchte für mich seine Bestände nach Unterlagen zu Theodor Lessings Vorträgen.

Brigitte Gedon informierte mich über die Zusammenhänge in der Familie von Dora Gedon und vermittelte mir den Kontakt zu Valentin Rautenstrauch, der als Dora Rauchs Enkel mich über die Familie bestens unterrichten konnte.

Christian Burchard vom Archiv des Deutschen Museums verdanke ich Erklärungen zu mir unverständlichen Geräten wie z.B. Swiftmaschine und Vacuum-Reiniger.

Dr. Eva Moser vom Bayer. Wirtschaftsarchiv schickte mir Daten zu den Lebensläufen der Familien Oldenbourg und Cornides.

Zu meinen Fragen nach Rudolf Cohen, seinem beruflichen Werdegang und seiner Familie erhielt ich ausführliche Antworten von Agnes Landbeck.

Eveline Krafft vom Münchener Altertumsverein schickte mir Unterlagen des Vereins und das Mitgliederverzeichnis von 1914 zur Auswertung.

Von Dr. Matthias Nuding vom Germanischen Nationalmuseum Nürnberg erhielt ich schnelle kompetente Hilfe zu Ausstellungsfragen.

Daniela Reinhold vom Musikarchiv der Akademie der Künste, Berlin, verdanke ich meine Informationen zur Familie Tiessen.

Dank gebührt natürlich auch meinem Verleger Thedel v. Wallmoden, der das Projekt von Anfang an begleitete, mir so viele Jahre die Treue gehalten hat und nun auch bereit ist, die Bände sukzessive in seinem Verlag herauszubringen.

Einleitung

Die Jahre 1911-1916 sind für Hedwig Pringsheim Jahre der Sorge und des Kummers, der Sorge um die Gesundheit der Tochter Katja und um den in Kriegsgefangenschaft geratenen Peter, des Kummers über das Zerwürfnis mit Heinz.

Anfangs allerdings sieht alles noch ganz gemütlich aus. Die Pringsheims sind beliebt. Nachmittags zum Tee kommen die alten Freunde vorbei, zu denen sich auch ein paar neue gesellen. Sie nehmen an den üblichen Münchner Ereignissen, den Konzerten, Theater- und Opernaufführungen teil, besuchen die Ausstellungen der Galeristen und der »Secession«. Und überall trifft man Bekannte.

Große Feste mit 100 und mehr Personen geben die Pringsheims zwar keine mehr, stattdessen finden aber häufiger kleinere Gesellschaften statt. Am beliebtesten sind Abendessen zu 24 Personen und danach ein »Après« mit weiteren Gästen zu Musik und Tanz. Mit Kriegsbeginn fällt abendliche Geselligkeit zunächst fast ganz aus, die nachmittäglichen Tee-Einladungen bleiben aber uneingeschränkt bestehen. 1916 dann beginnt man wieder mit Abendeinladungen, wenn auch im kleinsten Kreis.

Aus dem 1914 erschienenen *Jahrbuch des Vermögens und Einkommens der Millionäre in Bayern* wissen wir, daß Alfred Pringsheim damals ein Vermögen von 13 Millionen M. (etwa 62,4 Millionen €) besaß und daraus ein Jahreseinkommen von 800.000 M. (etwa 3,84 Millionen €) bezog. Und obwohl sein Vermögen und seine Einkünfte um ein Vielfaches größer sind als die seines Schwagers Hermann Rosenberg, ist der Lebensstil der Pringsheims wesentlich bescheidener. Sie besitzen kein Sommerhaus, halten weder Kutschen noch Pferde und beschäftigen nur wenige Bedienstete. Sicherlich, Alfred Pringsheim zahlt jedem seiner Kinder eine »Apanage«, doch dürfte er diese Ausgaben kaum gespürt haben.

Alfred Pringsheim lag es nicht, mit seinem Reichtum aufzutrumpfen. Er lebte vielmehr nach dem Ovidschen Motto »bene vixit, qui bene latuit« (gut lebt, wer im Verborgenen lebt). Und auch seine Frau ist bemüht, wie wir aus ihren Briefen an Harden sehen, über die Vorteile, die ihr der Reichtum bietet, andern gegenüber zu schweigen, im Tagebuch findet sich dazu kaum eine Notiz. Nur ein einziges Mal im Zusammenhang mit einer 1916 in München unter dem Motto »Frauenluxus von einst« veranstalteten Ausstellung, vermerkt sie mit einem gewissen Stolz, daß der Clou der Ausstellung entschieden ihre Sachen sind. (17.1.1916) Neidlos kann sie Reichtum auch bei anderen anerkennen. So heißt es am 9.8.1915 im Tagebuch: »Um ½ 8 zu Arnholds zum Essen, mit der dummen Frau Exc. Budde, Hermine u. Friedländer, Ehepaar Schiff u. Professor Steinmann. Recht gemütlich, von der wundervollen Besitzung entzückt, von dem so selbstverständlich getragenen Reichtum sehr angenehm berührt.«

Wie viele Personen im Pringsheimschen Haushalt beschäftigt werden, ist anhand des Tagebuchs nur sehr ungenau abzulesen. Es sind wohl 2 Hausmädchen bzw. Jungfern, die Köchin, der Diener (zunächst Friedrich, dann Wolf) und die Hausmeisterfamilie Hacker. Was Eva Schneckenaichner und Frau Stickel für eine Position bekleiden, bleibt unklar. Irgendwie gehören sie aber dazu. Gleich mit Kriegbeginn wird der Diener Wolf eingezogen. Ein Ersatz wird nicht eingestellt. Alfred muß sich nun ohne Diener behelfen. Ansonsten bleibt der Personalstand der gleiche, wenn auch manche Personen wechseln.

Neben den Berlin-Reisen, die Hedwig Pringsheim, je nach der Situation dort, drei- bis viermal im Jahr allein unternimmt, absolvieren Pringsheims jedes Jahr eine Bildungsreise, bei der sie eifrig Museen und Theater besuchen, und eine Erholungsreise, bei der kräftig gewandert wird. Es ist erstaunlich, wie gut die beiden älteren Herrschaften zu Fuß sind, denn sie bewältigen ohne vorheriges Training Tagestouren von drei bis vier Stunden. Auf einigen dieser Reisen ist Peter dabei, so bei der Reise 1911 nach Paris und im September nach Sils Maria (an der auch Katja teilnimmt), der Cambridge-London-Paris-Reise 1912 und bei der Herbst-Reise wieder nach Sils Maria 1913.

Daß diese »Erholungstage« für Hedwig Pringsheim nicht so pläsierlich sind, schreibt sie am 10.9.1913 aus Sils Maria an Harden:

> … ich kann auch die sinnlosen Unterhaltungen, hier ein Bröckchen, da ein Bröckchen, nicht ausstehen – kurz, ich bin unliebenswürdig, Madame Abseits, und mein Alfredchen, der Karten

und Klavier spielt und kleine Gelegenheitsgedichte macht, ist weit mehr am Platz.

Mit Kriegsausbruch wird das Reisen zunehmend schwieriger, also reist man nicht mehr zum Vergnügen, sondern im Okt. 1915 und April 1916 zum Besuch der Klaus-Familie nach Bremen. Der Aufenthalt in Wildbad im Schwarzwald im August 1916 dient der Gesundheit.

Doch für **Hedwig** Pringsheim (56 bis 61 Jahre) steht in diesen Jahren ihr eigenes Vergnügen sowieso immer erst an zweiter Stelle. An erster Stelle kommen für sie ihre Kinder und Enkel, und an erster Stelle ihrer Kinder kommt Katja. Katja ist ihr großes Sorgenkind, denn sie ist ernstlich an der Lunge erkrankt, und was das bedeutet, weiß Hedwig nur zu gut, schließlich ist ihr Lieblingsneffe Reinhard (*Mick*) Rosenberg im Alter von 28 Jahren an einer Lungenerkrankung gestorben. Zunächst installiert man Katja im Sanatorium in Ebenhausen, doch als diese Behandlung keinen Erfolg zeitigt, fährt Hedwig kurzentschlossen mit ihr nach Davos. Für die anfänglichen Schwierigkeiten – nirgends scheint ein Bett für Katja frei zu sein – findet die Mutter schon bald eine Lösung: Katja wird so lange in ihrem Hotelbett von dem Lungenfacharzt Prof. Jessen betreut, bis sie ein Zimmer im »Waldsanatorium« beziehen kann. Und erst nachdem Hedwig Katja auch dort installiert und alles für ihre Bequemlichkeit getan hat, reist sie, mit dem inzwischen auch eingetroffenen Alfred, wieder zurück nach München. (Die Eltern kümmern sich um die Tochter, nicht der Ehemann.)

In München hat Hedwig in den nächsten Wochen und Monaten alle Hände voll zu tun, denn sie muß neben ihrem eigenen Zuhause auch den Mannschen Haushalt organisieren. Also vergeht kaum ein Tag, an dem sie nicht in der Mauerkircherstraße bzw. in der Poschingerstraße auftaucht und sich kümmert. Oder zumindest Familie Thomas Mann zu Mittagessen oder Tee in der Arcisstraße empfängt. Von Januar 1912 bis Mai 1914, also über zwei Jahre, dauert dieser Einsatz. Und als dann im März 1915 die Blinddarm-Operations-Serie der Manns beginnt – sie dauert bis Ende Februar 1916 – geht sie fast täglich ein- bis zweimal in die Klinik, um nach dem jeweiligen Kranken zu sehen.

Aber nicht nur die Manns, auch Sohn Klaus braucht die Hilfe der Mutter. So übergibt er ihr am 8.9.1914 seine kleine zweijährige Milka, um gemeinsam mit seiner Frau nach Breslau ins Engagement zu reisen. Daß Klaus und Lala die »goldige Milka« ihr am 26.12.1914 wieder entführen, registriert Hedwig Pringsheim mit großem Bedauern. Sie hätte das Kind sehr gern weiterhin bei sich behalten.

Gesundheitlich geht es Hedwig Pringsheim eigentlich nicht schlecht. Sie hat zwar immer mal wieder irgendwelche Leiden: kräftigen Katarrh (Jan. 1911, März 1911, Febr. 1915, Jan./Febr. 1916 und Okt. 1916), Magenschmerzen (Aug. 1911, Juni 1916), Ischias (Dez. 1912), Angina (Febr. 1913), einen schlimmen Finger, der zweimal geschnitten werden muß (Sept. 1913), einen »Forunkel« im Ohr (Febr. 1914, Juni 1915) und Zahnprobleme (Febr. 1913, Sept. 1915); doch eigentlich sind alle diese Attacken immer in wenigen Tagen wieder vorüber. Sie hat auch gar keine Zeit, sich länger zu pflegen. Auch eine gründliche Untersuchung durch Prof. Ernst v. Romberg am 27.10.1913 ergab, daß er sie »ganz gesund erfand, nur nervös sehr verbraucht,« wogegen er ihr »diverse Vorschriften machte«.

Schon in den Jahren zuvor war Hedwig Pringsheim recht regelmäßig geritten. Das steigert sich jetzt noch. Wenn sie in München ist, geht sie etwa zweimal pro Woche zum Universitätsreitstall Mengele. Am liebsten reitet sie aus, doch nimmt sie im Winter auch am »Damenreiten« und am »Musikreiten« teil. Seit Weihnachten 1911 besitzt sie sogar einen eigenen Sattel. Ein eigenes Pferd hat sie, im Gegensatz zu ihren Söhnen, aber nie besessen. Pferde waren ihr nicht wichtig. Nur ein einziges Mal wird im Tagebuch der Name eines Pferdes genannt: »Von 10-12 bei schwülem Wetter geritten auf Heinz' einstigem ›Arpad‹, nun ›Gallus‹, der tadellos ging.« (26.4.1913) Am 22.7.1914 der vorletzte Eintrag: »Von 7-9 geritten, drückend heiß«; am 27.7. der letzte: »Reiten verregnet, unfreundlich-küles Wetter«. Dann mußten die Pferde in den Krieg.

Auch die Turnstunde wird, wie schon früher, regelmäßig zweimal in der Woche besucht, natürlich nur während der »Saison«, also vom Herbst bis ins Frühjahr. Mit Beginn des Krieges entsteht eine lange Pause. Doch am 20.11.1916 wird wieder mit dem Turnen begonnen. Offensichtlich wollte man, trotz Krieg und Not, wieder so etwas wie Normalität herstellen.

Einleitung

Viele Jahre lang gehörte Massage zu Hedwig Pringsheims Gesundheitsritual. Drei- bis viermal pro Woche kam die Masseuse ins Haus. Dies hört im März 1914 schlagartig auf und wird dann auch nicht wiederaufgenommen. An die Stelle der Massage tritt ab Juli 1916 das römische oder römisch-irische Bad, das Hedwig Pringsheim nun etwa einmal pro Woche besucht.

Etwa alle zwei bis drei Monate geht Hedwig Pringsheim zum Friseur – das tägliche Frisieren bleibt der Zofe überlassen –, um ihre Haare zu färben, »schön rotblond«, wie es am 12.8.1911 heißt. Doch mit Anfang 1914 ist damit Schluß. Nun »trägt« sie ihre Originalfarbe: silbergrau, und alle sagen, sie sähe damit »zu nett aus«. (Brief an Harden vom 7.3.1914) Im Frühjahr 1916 – mitten im Krieg – beginnt sie mit monatlichen Behandlungen beim »originellen Haardoktor Rüdiger-Weyh«, wahrscheinlich um zunehmenden Haarausfall zu stoppen.

Wie man sieht, hat Hedwig Pringsheim einen gewissen Ehrgeiz, gepflegt zu wirken und natürlich auch gut gekleidet zu sein. Also gehören Besuche bei den Modehäusern Hirschberg oder Schulze und bei wechselnden Schneidern bzw. Schneiderinnen zum fast täglichen Ritual. Manchmal besucht sie sogar mehrere an einem Tag. Praktischerweise trifft sie sich dort häufig mit Katja, so kann sie das Angenehme mit dem Nützlichen verbinden. Vielleicht zahlt sie dann aber auch Katja's Schneiderrechnungen gleich mit. Mit Kriegsbeginn reduzieren sich diese Aktivitäten drastisch. Doch 1916 beginnt die Zahl der Besuche wieder anzusteigen, wenn sie auch das Vorkriegsniveau bei weitem nicht erreichen.

Mit ihren Hunden hat Hedwig Pringsheim in diesen Jahren wenig Glück. Am 24.3.1914 stirbt ihr über alles geliebter Plisch. Er war für sie eine tägliche Erinnerung an Erik, denn der hatte ihn Anfang Mai 1902 aus Erlangen mitgebracht und, als er sah, wie gern seine Mutter das Tier mochte, ihn ihr Weihnachten 1902 geschenkt. Am 13.7.1914 übergibt ihr »Klaus seinen Chuchu als liebes Geburtstagsgeschenk«. Woran der »arme gute kleine Chuchu am heilig Abend in der Klinik gestorben ist«, erfahren wir nicht. Vom 19.5. bis 14.10.1915 nimmt sie Frau v. Scheubners großen schönen Nero in Pension. Doch wird sie mit ihm nicht so recht warm, weshalb sie ihn »mit geteilten Gefühlen« wieder entläßt. Bei dem am 31.12.1915 von Frau v. Kaulbach erworbenen Wouwou handelt es sich um einen »reizenden kleinen Japaner«. Zu ihrem großen

Kummer ist er am 11.3.1916 mit furchtbarem Krach und jammervollem Geheul aus der ersten Etage abgestürzt und zerbrochen auf dem darunter stehenden Tisch gelandet. Er starb am 3.5.1916 in der Klinik an Herzschlag, vollständig gelähmt.

Viele Jahre lang hat Hedwig Pringsheim ihre Schwester »Miez« dadurch unterstützt, daß sie an deren Übersetzungen aus dem Italienischen mitgearbeitet hat, die dann unter dem Namen Maria Gagliardi veröffentlicht wurden. Das letzte Projekt dieser Art (Okt. 1912) war *Die fünfzig Novellen des Pecorone* von Giovanni Fiorentino. Die beiden Bände erschienen dann allerdings erst 1921, übers. von Maria Gagliardi, beim Verlag G. Müller. Ab Oktober 1911 beschäftigt sich Hedwig Pringsheim auch wieder mit dem Spanischen, das sie seinerzeit mit Erik zu lernen angefangen hatte. Zunächst nimmt Hedwig Pringsheim – in der Regel zweimal wöchentlich – Unterricht in spanischer Konversation bei dem spanischen Maler Mauro de Urbina. Als der im Juli 1912 München verläßt, wird der argentinische Musiker Alberto Castillo sein Nachfolger. Auch Castillo kommt regelmäßig, bis der Ausbruch des Ersten Weltkrieges eine Zäsur schafft. Obwohl Spanien neutral bleibt, wird es für Castillo immer schwieriger, als Ausländer in München unbehelligt zu leben. So erscheint er am 27.1.1915 plötzlich zu einem kurzen Abschiedsbesuch, da er »nach Spanien abreist, den hiesigen Unannehmlichkeiten entfliehend«. Allein auf sich gestellt, betreibt Hedwig Pringsheim ihre Studien nur noch kurze Zeit weiter.

Im Wintersemester 1910/11 besucht Hedwig Pringsheim die Vorlesung des Kunsthistorikers Prof. Karl Voll: »Die Niederländische Malerei im Zeitalter von Rubens und Rembrandt«. Dann haben ihr ihre familiären Verpflichtungen offensichtlich dafür keine Zeit mehr gelassen, denn erst im Sommersemester 1915 geht sie wieder zur Universität. Nun hört sie ein zweistündiges Kolleg von Prof. Heinrich Wölfflin über »Die Architektur Münchens«. Im Wintersemester 1915/1916 folgt die vierstündige Veranstaltung: »Erklärung der alten Pinakothek (im Zusammenhang der allgemeinen Entwicklungsgeschichte der neueren Malerei)« und im Sommersemester 1916 die, ebenfalls vierstündige, »Geschichte der deutschen Kunst im 19. Jahrhundert«, beide bei Prof. Wölfflin. In ihrem Brief an Harden vom 4.3.1916 berichtet sie ihm davon:

Einleitung

Meine Erholung in diesem Winter des Misvergnügens, das Kolleg bei Wölfflin, ist nun auch geschlossen. Wissen Sie, das ist ein prachtvoller Kerl, den ich beinahe lieben könnte: ungemein viel urwüchsige Kraft, eine ganz ungewönlich hinreißende, augenblicksgeborene, lebendige Sprache und solch eine himmlische schweizerische Derbheit! Schade, daß man sich so selten sieht, und daß jedes Beisammensein immer mit so viel unangenehmen Dingen wie Essen und Einladen und albernem Formenkram umstellt ist.

Wie es um Hedwig Pringsheims eigenes Vermögen bestellt ist, läßt sich nur ungefähr nachvollziehen. Sicher ist, daß sie am 11.1.1907 ein eigenes Konto bei der Deutschen Bank in München eröffnete, wo sie die ihr von ihrem Schwiegervater Rudolf Pringsheim vermachten 100.000 M. (damals etwa 580.000 €) »auf ein Checkbuch« anlegte. Vermutlich hat sie, außer den üblichen Zinsen, keine weiteren Einnahmen gehabt, sonst hätte sie sie sicher irgendwo im Tagebuch erwähnt.

Von diesem Geld gingen an größeren Beträgen ab bzw. wurden für aufwendigere Einkäufe verbraucht:
– 26.3.1907: 300 M. (1.740 €) an Klaus
– 26.6.1907: 700 M. (4.060 €) an Erik
– 24.10.1908: 500 M. (2.900 €) an Erik
– 8.1.1909: 1.000 M. (5.800 €) an Erik
– 8.5.1910: 100 M. (580 €) an Peter
– 11.8.1910: 100 M. (580 €) an Klaus
– 30.10.1912: 2.500 M. (12.000 €) an Klaus
– 24.12.1912: Pelzmantel für Peter
– 17.7.1913: 1.500 M. (7.200 €) an Susi Pekrum
– 22.3.1914: 1.000 M. (4.800 €) an Peter
– 13.5.1914: 2.000 M. (9.600 €) an Peter
– 6.10.1914: Pelzjacke an Heinz
– 10.2.1915: 3.000 M. (14.400 €) an Katja geborgt
– 9.9.1915: 5.000 M. (24.000 €) Reichsanleihe gezeichnet
– 26.9.1916: 3.000 M. (14.400 €) Kriegsanleihe gezeichnet
– 13.12.1916: 200 M. (960 €) an Miez

Damit hat sich Hedwig Pringsheims Vermögen also um ca. 20.000 M. auf etwa 80.000 M. verringert.

Die Vierte Deutsche Kriegsanleihe wurde 1916 in zwei Versionen angeboten: 5%ige Deutsche Reichsanleihe, unkündbar bis 1924, zum Preise von 98.50%, bei Eintragung in das Reichsschuldbuch mit Sperre bis April 1917 zu 98.30% und 4½%ige Deutsche Reichsschatzanweisungen zum Preise von 95%, eingeteilt in 10 Serien, je eine Serie in den Jahren 1923-32 zu 100% auslösbar. Davon, daß Alfred Pringsheim in größerem Umfang Kriegsanleihen gezeichnet hat, steht nichts im Tagebuch, ist aber eher unwahrscheinlich, da es nicht zu seinem eher vorsichtigen Lebensstil paßt.

Obwohl Hedwig Pringsheim dem »Verein für Fraueninteressen« angehörte und dessen Veranstaltungen öfter besuchte, hat sie es immer vermieden, sich dort aktiv zu beteiligen. Ihre Abneigung gegen »Bazarwesen« und Vereinsmeierei war sehr ausgeprägt. Ihren Prinzipien zum Trotz beteiligt sie sich mit Beginn des Krieges an allerlei Gemeinschaftsaktionen. Zunächst macht sie »lauter vergebliche Ver- u. Besuche, um in meiner Comité-Eigenschaft fürs Rote Kreuz Geld zu bekommen«. (14.8.1914) Am 15.8. übernimmt sie in der Kleidersammelstelle für Kriegsgefangene, der ihre Freundin Eugenie Schaeuffelen vorsteht, die Führung des Journals. Doch schon am 20.8. notiert sie: »In Eu's Sammelstelle (zum letzten Mal!)«. Wie dem Tagebuch zu entnehmen sammelt sie aber weiter Kleider und auch Geld »für Eu's Haus«.

Am 21.8.1914 heißt es im Tagebuch: »Um 10 mit Alfred auf die Universität, Sitzung eines Comité's für Beschaffung von Arbeit für Heimarbeiterinnen, viel Gerede. (Lisbet entsetzlich!) Schließlich engerer Ausschuß gewält: Frauen Heigel, Marks, Pringsheim u. Lujo Brentano: 2 Stunden ›gesessen‹.« Am Nachmittag des 25.8. folgt eine »Ausschußsitzung bei Frau Heigel, unter Brentano's Leitung, viel Geschrei u. wenig Wolle«. Am 28.8. notiert sie dann: »Mit den Frauen Heigel u. Marks aufs Rathaus, dem Wolfartsausschuß (Hörbinger u. Jodlbauer) ›unsere‹ Petition überreicht, sehr wolwollend aufgenommen; dann in die Universität, mit der andern Sektion, an deren Spitze die ekliche Frau Hertwig, verhandelt.« Am 1.9.1914 kommt es noch schlimmer: »Früh um ½10 auf die Universität, Sitzung der drei Ausschüsse, von Magnificenz Meyer einberufen, Dauer 3 Stunden, Zweck: Verständigung; Resultat: Null; Eindruck: Zank, Streit, persönliche Anrempelung zwischen Brentano einerseits u. Meyer u. Frau Hertwig u. der Leiterin des

Einleitung

Handels- u. Industrieverbandes andrerseits, wärend Hertwig quabbelig vermittelte. Ebenso peinlich wie ermüdend.« Und schließlich heißt es am 5.9.: »überflüssige Damensitzung in der Universität: Brentano hat, als gekränkte Leberwurst, sein Amt niedergelegt!« Nun, Hedwig Pringsheim spielt zwar nicht die Gekränkte, doch hat sie sich irgendwie klammheimlich aus dem Ganzen zurückgezogen. Derlei Aktionen kommen im Tagebuch einfach nicht mehr vor. Ihre Aversion hat sich einmal mehr bestätigt. Stattdessen beginnt Hedwig Pringsheim sich ganz privat zu engagieren. Zunächst schickt sie Feldpostkarten und »Cigarren an Wolf« (14.9.), ihren Diener, der gleich am 7.8.1914 hatte »ausrücken« müssen; dann beginnt sie auch mit ihrem ehemaligen Diener Friedrich, dem Vorgänger von Wolf, zu korrespondieren und ihm Pakete zu schicken. (1.10.1914) Als dritter gesellt sich zu diesen Anfang 1915 der »Landsturmmann Heidenberger«, ein Bekannter von Julia Löhr, der nun auch regelmäßig bedacht wird. Mit Max Schneckenaichner, dem Ehemann ihrer langjährigen Angestellten Eva, ist dann das Quartett der »Feldgrauen«, an die Hedwig Pringsheim regelmäßig Pakete schickt, vollständig.

Ganz offensichtlich braucht Hedwig Pringsheim gute Lektüre, um in diesen schwierigen Zeiten einigermaßen zu überleben. Ihr Lesepensum ist nach wie vor beträchtlich. Neben zeitgenössischer Literatur liest sie vor allem Klassiker: Dostojewskij, Flaubert, Ibsen, Shakespeare, viel Strindberg, viel Tolstoi, Voltaire, ein bißchen Goethe und sehr viel Zola, also meistens Ausländer. (s. Lektüre-Liste)

Mit Beginn des Krieges nimmt Hedwig das Stricken wieder auf. Wenn man weiß, wie sehr sie jede Art von Handarbeit haßte, kann man ermessen, wieviel Überwindung es sie gekostet haben muß, sich nun dem allgemeinen Trend anzuschließen. Denn überall wird nun gestrickt. Ist Hedwig bei »Mim« in Berlin, finden sogar täglich »Strickkränzchen« statt. Am 11.2.1915 hat Hedwig ihr »erstes Paar Strümpfe fertig gestrickt«, am 25.3.1915 erhält sie ein »Briefchen von Else mit Strickvorschriften«. Am 24.12.1915 scheint es, als könne sie dem Ganzen etwas abgewinnen: »nachher bis ½11 ganz gemütlich plaudernd, Briefe lesend und strickend beisammen gesessen«. Doch die Notiz vom 16.1.1916 klingt eher wie ein Stoßseufzer: »Endlich an Peters ewigen Schal die letzten

Fransen geknüpft!« Nach dem 28. Mai ist dann auch plötzlich von dieser Beschäftigung nicht mehr die Rede.

Viele Jahre lang war Hedwig Pringsheims Geburtstag einer der wichtigsten Tage des Jahres, und die Liste der Geschenke, die sie von Alfred erhielt, war lang. Doch am 13.7.1912 heißt es: »Alfreds Aufbau diesmal nur, infolge Wunschlosigkeit meinerseits, einige Bücher, Konfitüren u. 3 Täschchen, Orchideen« und am 13.7.1913: »Kein Aufbau, da Alfred kein Geld u. keinen Einfall!« 1914 und 1915 bekommt sie Blumen von ihm, 1916 nichts mehr. Die annähernd gleiche Entwicklung nimmt die früher so üppige Weihnachtsbescherung. Waren 1911 und 1912 die Geschenke noch zahlreich, so bleiben Alfred und Hedwig 1913 »one Aufbau«. Ab 1914 wird die ganze Zeremonie, einschließlich des festlichen Abendessens, zu Manns verlegt. Je älter Hedwig und Alfred wurden, desto weniger waren sie an Geschenken interessiert. Oder spiegelt sich darin eine zunehmende Entfremdung der Eheleute?

Natürlich verzeichnet Hedwig Pringsheim im Tagebuch fast täglich, was sich auf den verschiedenen Schlachtfeldern tut. Dabei übernimmt sie meist die Formulierungen der amtlichen Bekanntmachungen der *Münchner Neuesten Nachrichten* oder der Anschläge an den Litfaßsäulen. Große Kriegsbegeisterung ist bei ihr nicht zu spüren. Man hat im Gegenteil das Gefühl, daß sie sich zwar bemüht, Begeisterung zu zeigen (wie alle andern es tun und wie es von ihr erwartet wird), daß es ihr aber schlecht gelingt. So schreibt sie am 31.12.1914: »Das alte Jar schließt deprimirt, mit der Aussicht auf einen endlosen Krieg, der auch durch Aufzälung von Hindenburgs großer Kriegsbeute aus der letzten Zeit: 56 000 gefangene Russen und viele Geschütze und Maschinengewehre, nicht verkürzt werden wird. Im Westen ›steht‹ der Krieg eigentlich seit Monaten, bei entsetzlichen, blutigsten Verlusten auf allen Seiten.« Und am 31.12.1915: »das alte Jar allein und one Feierlichkeit beschlossen, unter dem dumpfen Druck, der auf uns allen lastet. Denn der Krieg scheint auf einem toten Punkt angelangt, die andern kommen nicht vorwärts, aber wir auch kaum, und man fragt sich trost- und hoffnungslos, wie und wann dieser schreckliche Krieg überhaupt je enden soll, wenn keiner nachgibt, jeder auf seinem Standpunkt beharrt, jeder Recht hat und der maß- u. sinnlose Haß der Völker sich immer mehr steigert. Ein schlimmes,

Einleitung

furchtbares Jar, das wir verlassen, ein schwarzverhängtes, in das wir eintreten.« Und auch am 31.12.1916 sieht es nicht besser aus: »Die Weltlage entsetzlicher denn je: die Entente lehnt unser Friedensangebot u. Wilson's Vermittlung höhnisch und schroff ab, faßt es als Zeichen unsrer Schwäche u. als Kriegsmanöver auf, und nun wird der unmenschliche Wansinn in verst[ärk]tem Maße weiter gehen. Unsere Lage in Rumänien glänzend, im übrigen ›steht‹ alles. Die wirtschaftliche Not unermeßlich – auch hier kann es nur, muß es schlimmer werden. Kurz, es ist ein Jaresschluß, hoffnung- und trostlos, zum Verzweifeln.«

Am schlimmsten ist aber für sie, daß sie mit ihrer mangelnden Kriegsbegeisterung allein steht. So schreibt sie am 12.1.1915 an Harden:

> Ein bischen mehr Ansprache möchte ich haben, gar so einsam fließen meine Tage dahin. Langeweile kenne ich nicht, bei ernster Lektüre, meiner maßlosen Korrespondenz und dem – Strickstrumpf; aber die Alleinsamkeit bedrückt mich doch zuweilen. Alfred hat seinen Beruf, die angestrengte Arbeit und daneben doch den Verkehr mit den Kollegen auf der Universität, Akademie und in Spezialsitzungen; wo er nun doch manches verständig-einsichtige Wort gegen die ekelhaften Verhetzungen, gehässigen Ungerechtigkeiten u. über unsere ganze Lage aus dem Munde der gelehrten Herren hört. Aber ich bin recht allein.

Selbst mit Katja ist sie sich in diesem Punkt nicht einig (Brief an Harden vom 19.9.1915):

> Katja sagt hönisch: »Die russischen Generalstabsberichte lese ich nicht, denn die lügen ja blos.« Ich sage: »lügen blos *die*? wer sagt dir, daß dort mehr gelogen wird als – anderswo?« Dann erbittern wir uns und gehen innerlich gekränkt auseinander.

Ihren ganzen Kummer formuliert Hedwig Pringsheim in ihrem Weihnachtsbrief an Harden vom 23.12.1915:

> Aber wo soll man nur die Stimmung auch nur für eine kurze Stunde hernehmen? Vorher wieder, als ich las, daß wir nun heute den Hartmannsweiler Kopf unter gräßlichen Menschenopfern wiedergewonnen, nachdem er uns gestern unter ebenso gräßlichen entrissen wurde, empfand ich den ganzen Wansinn

dieses zwecklosen, nie endenden Mordens schaudernd von neuem. Denn ist nicht jeder der Getöteten einer Mutter Son? und wievieler Mütter Söne sind zwecklos, nutzlos bei Galipoli geschlachtet? und wieviele werden noch geschlachtet werden?

Neben der trostlosen Politik ist die zunehmende Wirtschaftsnot ständiges Thema. So schreibt Hedwig Pringsheim am 8.4.1916 an Harden:

> Kein Ende, kein Ende. Abgesehen von allem andern: halten Sie es für denkbar, daß wir's wirtschaftlich noch lange »dermachen«? In den letzten vier Wochen ist es so rapid abwärts gegangen mit den Vorräten und aufwärts mit den Preisen, daß ich armes ungebildetes Weib es für unmöglich erkläre, daß wir noch einen Winter durchhalten können. Kein Zucker, keine Butter, kein Kaffee, kein Spiritus, keine Wurst (nur in Scheibchen aufgeschnitten; ebenso Schinken); keine Konserven.

und am 8.5.1916:

> Wir haben hier fast kein Fleisch und garkeine Butter; wenig anderes, was die Fleischnarung ersetzen könnte: keinen Reis, Gries, Gerste, Hülsenfrüchte etc. Spargel allein tun's freilich nicht.

Dagegen stehen allerdings die fast zur gleichen Zeit notierten Tagebucheinträge: »Wieder Wurst von Else« (10.5.1916); »Beitisch alle Manns zu einem unkriegsgemäßen Menü, mit einem Hammelschlegel!« (14.5.1916); »mit Einkäufen schwer beladen heim« (26.6.1916) oder »rürende Lebensmittelsendung von Marta« (28.6.1916). »Zwei Weihnachtspackete an Peter fertig gemacht (ein drittes von Hahn schicken lassen) u. Packet für Lala-Milka« (2.10.1916). Und daß sie am 3.10.1916 ein »Packet mit Zucker, Tee u. Zwieback an Mimchen« schickt und am 1.12.1916 ein »Packet an Peter mit Cigaretten, Kuchen u. Chocolade« und »Weihnachtspackete für meine 4 Feldgrauen«. Auch das dreimalige Gänse-Essen an den Weihnachtstagen paßt nicht zu Hedwig Pringsheims Äußerungen an Harden. Ob sie ihn damit schonen wollte, daß sie in das allgemeine Wehklagen einstimmt?

Einleitung

Das Verhältnis **Alfred** Pringsheims (61 bis 66 Jahre) zu seiner Ehefrau kommt selten zur Sprache, ließe sich aber vordergründig als durchaus zufriedenstellend beurteilen. Alfred ist »in tausend Ängsten«, wenn sich seine Frau bei einer Gesellschaft verspätet. (11.11.1911, 30.1.1914) Fährt sie nach Berlin, geleitet er sie zum Bahnhof und ist zur Stelle, wenn sie wieder zurückkommt, woran sich in der Regel eine »behagliche Plauderei« anschließt. Während der Zeit ihrer Abwesenheit werden täglich Briefe oder Karten gewechselt. Alfreds Jähzorn wendet sich nur ein einziges Mal gegen sie: »Unangenehmer Zwischenfall mit Alfred, der mich unmotivirt anschnauzte; sodaß der Rest des Abends, trotz Musik, der Gemütlichkeit entbehrte.« (26.12.1911) Am 31.8.1915 hat sich Hedwig nach einer »Parsifal«-Aufführung auf »dem Heimweg mit Alfred verzankt«, am nächsten Tag aber gleich wieder versöhnt.

Wie schon bei den Auseinandersetzungen mit Eriks Ehefrau Mary steht Alfred bei den Turbulenzen mit Heinz und seiner Ehefrau Olga ganz auf ihrer Seite. Ja, er läßt sich davon sogar in »maßlose Aufregung« versetzen, ist also noch weit mehr erbost als sie. Darüber, daß Klaus seine Geliebte nicht heiraten soll, sind sich die Eheleute ebenfalls sofort einig. Und doch fehlt Hedwig Pringsheim an ihrem Ehemann etwas für sie Entscheidendes: »Er ist überhaupt nicht geeignet zu Mitteilsamkeit und Aussprache«. (Brief an Harden vom 4.11.1916)

Eine Beziehung hat Hedwig Pringsheim aber, ihren Aussagen zufolge, viel Kummer bereitet: Alfreds »Verhältnis« mit Annette Simon (40 bis 45 Jahre). Frau Simon war mit dem Münchner Sanskritforscher und Universitätsprofessor Robert Simon (1865-1934) verheiratet, mit dem sie zwei Töchter hatte, Helene, geb. 1898, u. Elisabeth, geb. 1903. Von 1904 bis 1906 war sie die Geliebte des um neun Jahre jüngeren Malers Franz Marc (1880-1916) gewesen, dem sie mit ihren Beziehungen zur Münchner Kunstszene half, sich in München durchzusetzen. Nachdem sie seit 1911 von ihrem Ehemann getrennt gelebt hatte, erfolgte 1913 die Scheidung. Danach nahm sie ihren Mädchennamen v. Eckardt wieder an.

Das Ganze begann eigentlich ganz harmlos. Seit 1907 kam Frau Simon, wie andere auch, mal zum Tee, mal war sie bei größeren

Gesellschaften mit eingeladen. 1910 hatte sie sich insofern schon eine besondere Stellung erworben, als sie, als einzige Fremde, beim 60. Geburtstag von Alfred in Tölz anwesend war. Auf diese Sonderstellung spielt Hedwig Pringsheim an, als sie am 20.7.1911 notiert: »Alfred sehr preokkupirt durch Frau Prof. Simons Operation.« »Alfred noch um ¾ 9 telephonisch ans Krankenbett seiner Freundin befohlen (!)«. Wenige Tage später (29.7.) folgt eine »Auseinandersetzung mit Alfr. wegen Frau Simon« und am folgenden Tag (30.7.) eine nochmalige »Auseinandersetzung mit Alfred u. Friedensschluß«. Das Thema wird am 3.8. dann erneut behandelt: »lange Unterhaltung mit Alfr. über Frau Simon«. Da Frau Simon eine begabte Zeichnerin und damit die ideale Partnerin für Alfred Pringsheim bei seinem Majolika-Projekt war, mußte Hedwig Pringsheim die »Zusammenarbeit« ihres Mannes mit Annette Simon (v. Eckardt) hinnehmen. Der 1914 erschienene erste Band, *Die Majolikasammlung Alfred Pringsheim in München*, bearbeitet von Otto v. Falke, enthielt 153 Tafeln mit 328 Farbenbildern nach Vorlagen von Annette v. Eckardt. Offensichtlich war man aber dahingehend übereingekommen, daß Alfred seine Beziehung zu dieser Frau nicht in der Öffentlichkeit demonstrierte, woran er sich wohl weitgehend hielt, wie die beiden Tagebuch-Eintragungen belegen: »Alfred in der Oper, spät gegessen, vorher gelesen, ›Zukunft‹ u. Tolstoi. Da Alfr. ›heimlich‹ mit Frau v. Eckardt im Theater, kleine Auseinandersetzung mit ihm.« (20.10.1914) »Abend mit Alfred in ›Don Juans letztes Abenteuer‹, bei glänzender Aufführung mit Bender u. Krüger sehr hübsch. Hinter mir, zu Alfreds Qual, seine Frau v. Eckard[t] mit Bruder«. (21.11.1916) Daß man die alte Freundin Eugenie Schaeuffelen aber nicht täuschen konnte, zeigt eine Passage aus deren Brief (vermutlich von Ende 1914) an ihre gemeinsame Freundin Mary Balling: »Hedel ist seit 14 Tagen in Berlin u ihn sehe ich täglich in hastiger Eile dorthin eilen wohin sein Herz ihn treibt. Weisst Du Liebste, eigentlich ist es sehr hart, wenn in dem Alter noch Jemand zwischen ein Ehepaar tritt!« Darüber im Tagebuch zu klagen, gestattet sich Hedwig Pringsheim jedenfalls nicht.

Alfred Pringsheims Geburtstag wurde, im Gegensatz zu dem von Hedwig, nie besonders intensiv gefeiert. Daran ändert sich auch jetzt nichts. 1911, 1912 und 1913 ist man auf Reisen. 1914 bleibt

»Alfreds Geburtstag ungefeiert«, 1915 wird er mit »Fressalien« und 1916 »mit Sonne u. Praliné's gefeiert«.
Im Gegensatz zu Hedwig hat Alfred viele gesellige Tugenden: Er liebt das unverbindliche Geplauder, spielt gerne Karten und macht kleine Gelegenheitsgedichte. Wie z. B. die folgenden an Hannchen (Johanna v. Bruckmann) und die Croxe (Eugenie Schaeuffelen) gerichteten:

An Hannchen, Weihnachten 1911.

Da der Tisch der Toilette
Ganz komplett,
Steht nach Löffeln jetzt Dein Sinn:
Nimm sie hin!

'Zwar da's gar zu sehr pressiert,
Ungraviert.
Wenn gewünscht, wird's gemacht
Nach Weihnacht.

Nicht, als würde sonst wohl sein
Preis zu klein!
Falls Dich dieser Zweifel quält,
Wär's verfehlt.

Nein, es schaut ein feiner Mann
's Geld nicht an:
Drum geht's auch auf's Monogramm
Nicht zusamm'.

Weihnachten 1911.

An Croxe

Giebt die Croxe große Feste,
Braucht sie Krüge stets zu zwei'n,
Und, zu tränken ihre Gäste,
Nimmt sie einen dann zu leih'n.

Doch es geht der Krug zur Croxe
Nur so lange, bis er bricht,
Höchstens ein besondrer Ochse
Kennt wohl dieses Sprichwort nicht.

> Darum dacht' ich, daß das beste
> Und gescheidtste dieses sei,
> Schenkt zum heut'gen Weihnachtsfeste
> Einen Zwillingskrug der
>   Fay

> An Hannchen
>
> Zwar das Ei gleicht stets dem Eie,
> Doch wer gliche wohl dem Faye,
> Der, wie immer, so auch heute,
> Weder Müh' noch Kosten scheute,
> (Ob er's schon nicht nöthig hätte)
> Zu erwerben diese nette
> Edelsteingeschmückte Kette
> Und die zierliche Lorgnette,
> Daß sie freue Hannchen's Auge
> Und es auch zu schärfen tauge.
> Denn, wie immer, so auch heuer
> Ist dem Fay das Hannchen theuer!

Daß Alfred sich viele Vereine »angewöhnt hat«, wie Hedwig an Harden schreibt, ist daher nicht verwunderlich. So verbringt er zumindest die Samstagabende regelmäßig in der Allotria. Laut Tagebuch ist er außerdem Mitglied der »Kunstwissenschaftlichen Gesellschaft« (vermutlich identisch mit dem Kunstverein München), des »Museums-Vereins« und des »Akademiker-Kränzchens«. Am 31.12.1912 wird Alfred »Geheimer Hofrat«! Im April 1915 wird ihm vom Kaiser der Kronenorden II. Klasse verliehen. Worin die »damalige Majolikagefälligkeit« bestand, erfahren wir nicht. (16.4.1915)

Das Arbeitspensum Alfred Pringsheims umfaßt seit vielen Jahren zwei Vorlesungen pro Semester, meist vierstündig. Ab dem Sommersemester 1915 bietet er dann nur noch eine vierstündige Vorlesung an. Wie Hedwig an Harden am 15.11.1914 schreibt, hat er »10 u. 20 Hörer, wo er sonst 60 u. 120 hat und geht unlustig seinen Pflichten nach«. »Und die Kollegiengelder fallen auch fort.«

Seit einiger Zeit beschäftigt sich Alfred Pringsheim mit der Veröffentlichung seiner Mathematikvorlesungen. 1916 erscheint bei

Einleitung

B. G. Teubner in Leipzig der erste Band seiner *Vorlesungen über Zahlen- und Funktionenlehre* mit dem Titel *Zahlenlehre,* Erste Abteilung: *Reelle Zahlen und Zahlenfolgen*, XII, 1-292 und Zweite Abteilung: *Unendliche Reihen mit reellen Gliedern*, VIII, 293-514. Wie im Vorwort von Alfred Pringsheim ausgeführt, handelt es sich hierbei um eine »Zusammenfassung und teilweise weitere Ausführung einer Folge von Vorlesungen, die mit mannigfachen Umgestaltungen und Vervollkommnungsversuchen periodisch wiederkehrend seit einer langen Reihe von Jahren an der Universität München« gehalten worden waren.

Alfred Pringsheims Gesundheit ist im Vergleich zu den vorangegangenen Jahren geradezu staunenswert gut. Das einzige etwas längere Leiden ist eine »Schleimbeutel-Entzündung am Knie«, die ihn vom 1.5.-28.5.1911 inkommodiert. 18./19.6. leidet er unter »Darmkatarrh«, 16./17.12.1916 unter Influenza. Die vom 29.8. bis 23.9.1916 veranstaltete Kur in Wildbad diente wohl mehr allgemeiner Erholung als einem speziellen gesundheitlichen Zweck.

Das Klavierspiel nimmt in Alfred Pringsheims Leben nach wie vor einen großen Raum ein. Vor allem mit dem jungen Karl Pidoll wird – seit Klaus' Abwesenheit von zu Hause – viel musiziert. Auch auf seinen Reisen spielt Alfred Klavier wo irgend möglich, so in Sils Maria und in Wildbad »vor großem andächtigem Auditorium«. (6.9.1916) Daß Alfred sich offenbar auch junger Künstler annimmt, wird in zwei Fällen deutlich. Am 21.1.1911 ist von einem jungen Geiger Winter die Rede, der aber nur dies eine Mal genannt wird. Er hat wohl die in ihn gesetzten Erwartungen nicht erfüllt. Ein Sänger namens Laurent taucht im Zeitraum zwischen dem 5.10.1915 und 8.12.1916 mehrmals auf. Zu einer großen Karriere hat es aber nicht geführt.

Notate zu Alfreds »Sammlung« gibt es in diesen Jahren nur wenige. Am 28.2.1912 kommt eine »russische Invasion: die Werefkina, ihr Vetter Jablonski u. der Tänzer Sacharow mit kleinem Fuß u. großem Maul, die die Sammlung besichtigten«. Am 24.4.1913 wird ein »Herr v. Etzdorf begrüßt, der in k. b. Majolikaangelegenheiten bei Alfred weilte«. Und am 9.3.1914 hat der Kronprinz Rupprecht von Bayern eine Unterredung mit Alfred. Mit Beginn des Krieges, Anfang August 1914, wird die »Sammlung« verpackt und sicherheitshalber im Nationalmuseum untergestellt. Erst im Juli 1920 kehrt sie an ihren alten Platz zurück. Verkäufe aus der Sammlung haben daher mit Sicherheit während dieser Zeit nicht stattgefunden.

Die »Ferrum-Schwierigkeiten« des Jahres 1911 begannen mit den Schwierigkeiten Paul Wendriners. Der im Tagebuch ab und zu genannte »Ohm Paul« war ein Neffe von Rudolf Pringsheim, ein Sohn der Schwester seiner Ehefrau Paula. Paul Wendriner war viele Jahre lang Generaldirektor der »Oberschlesische Schmalspurbahnen, Rudolf Pringsheim Beuthen O. S.« im Oberschlesischen Industriebezirk, verlor diese Position aber, nachdem die Bahnen vom Staat übernommen worden waren. Daraufhin wechselte er auf den Posten des Generaldirektors der »Actiengesellschaft Ferrum« in Zawodzie, ebenfalls eine Gründung Rudolf Pringsheims. Wendriner lebte in guten Verhältnissen. Obwohl er seinen Töchtern bei der Verheiratung jeweils eine ansehnliche Mitgift gegeben hatte, besaß er noch ein hübsches Vermögen, das 1910 noch auf 250.-300.000 M. geschätzt wurde. Dieses hat er dann im Jahre 1911 vollständig verloren, und zwar zum größten Teil bei dem Konkurs seines Bruders Georg Wendriner in Berlin. Den Rest büßte er bei dem Konkurse der Firma Jacob Wolff in Beuthen ein, wo er mit einem größeren Kapital still beteiligt war. Infolge der Verluste und der damit verbundenen seelischen Depression mußte Wendriner seine Stellung als Direktor der Ferrum Gesellschaft aufgeben und sich in ein Sanatorium begeben, das er erst nach vielen Wochen verlassen konnte. Er war von Beuthen mit einer großen Schuldenlast fortgegangen und war vollständig gepfändet worden. Wie in Wendriners Personalakte steht, hat Prof. Pringsheim die Möbel aus der Pfändungsmasse für Wendriners Ehefrau erworben und ihr zur Verfügung gestellt. (s. Archiwum Państwowe in Breslau)

Die »Actiengesellschaft Ferrum« war 1890 von Rudolf Pringsheim gegründet worden. Ihr Zweck war der Weiterbetrieb der von der Maschinenbaugesellschaft Rhein & Comp. zu Zawodzie betriebenen Werke zur Herstellung von Maschinen und Eisenwaren wie Eisenbahnzubehör, Wagen, Achsen, Schrauben, Rohre und Hohlkörper, Dampfkessel etc. Das Kapital betrug 1,8 Mio M. in 1.800 Aktien zu 1.000 M. Aufgrund der wirtschaftlichen Gesamtlage hatte die Gesellschaft seit mehreren Jahren Verluste gemacht, auch keine Dividende mehr ausgeschüttet. Die Bilanz im Sept.

1909 wies eine Bilanzsumme von 4.035.868 M., einen Fabrikations-Bruttogewinn von 471.106 M. und einen Verlust von 476.440 M. aus. Vorstand: Generaldirektor Paul Wendriner. Aufsichtsrat: Vorsitzender Geh. Baurat Rumschöttel, Stellvertreter Justizrat W. Hoffstaedt, Berlin; Rittergutsbesitzer Paul v. Rohrscheidt, Garzau; Prof. Alfred Pringsheim, München; Direktor Max Löser, Gleiwitz. 1911 war die Unterbilanz auf 1.104.108 M. gestiegen. Die offensichtlich ertragreicher arbeitende Konkurrenz, die »Oberschlesische Eisenbahn-Bedarfs-Actien-Gesellschaft«, hatte seit 1909 begonnen Aktien des Unternehmens zu erwerben, bis 1911 waren 98 % der Aktien in ihrem Besitz. Ab 1.1.1912 führte sie dann auch den Betrieb mit dem ehemaligen Aufsichtsratsmitglied Direktor Max Löser als Vorstand und einem neuen Aufsichtsrat ohne Paul v. Rohrscheidt und Alfred Pringsheim. Die von Hedwig Pringsheim 1911 im Tagebuch über einen längeren Zeitraum benannten »Ferrum-Widerwärtigkeiten« dürften durch Auseinandersetzungen über die der »Oberschlesischen Eisenbahn-Bedarfs-AG« fehlenden 2 % Aktien zustande gekommen sein, die sich wohl im Besitz von Paul v. Rohrscheidt und Alfred Pringsheim befanden und die man zu erwerben wünschte. Um einen großen finanziellen Verlust für die beiden Aktionäre wird es sich nicht gehandelt haben. Schwerer wog die Tatsache, daß man damit an der nunmehr folgenden Aufwärtsentwicklung des Unternehmens nicht mehr beteiligt war.

Unabhängig von den im Jahr 1911 sich abspielenden »Ferrum«-Schwierigkeiten reist Alfred Pringsheim ziemlich regelmäßig jedes Jahr Anfang März und Anfang Juni für ein paar Tage »in Geschäften« nach Berlin. Worin diese Geschäfte bestanden, wird im Tagebuch nicht erwähnt. Vermutlich handelt es sich um den Besuch von Gesellschafterversammlungen oder Aufsichtsratssitzungen. Es ist sehr wahrscheinlich, daß Alfred Pringsheim, dem Beispiel seines Vaters Rudolf und dem Rat der beiden ihm gut bekannten erfolgreichen Bankiers Carl Fürstenberg und Hermann Rosenberg folgend, auch in Berliner Unternehmen investiert hat.

Die Kinder

Der Gang zum Grab ihres 1909 unter so undurchsichtigen Umständen zu Tode gekommenen Sohnes **Erik** ist ein fester Bestandteil in Hedwig Pringsheims Leben geworden. Alle paar Wochen »besucht« sie ihn und bringt ihm Blumen und Kränze. Am 20. Januar, seinem Todestag, und am 9. August, seinem Geburtstag, widmet sie den Nachmittag und den Abend dem Toten. Sie liest seine Briefe, blättert in seinen Papieren. Meist geht sie allein auf den Waldfriedhof, manchmal ist Katja dabei. Ein einziges Mal wird Alfred genannt: »Nachmittag mit Alfred auf den Waldfriedhof – gar geschäftsmäßig!« (31.10.1911) Offensichtlich hat er wenig Verständnis für diesen »Kult«. Daß sie heimlich(?) auf Reisen Eriks Kettenarmband trägt, erfährt man am 2.7.1912, da sie deswegen »mit Eu aufs Eisenbanfund-Büro« geht. Scheinbar hat sie es wiedergefunden, denn es ist nicht mehr davon die Rede.

Peter Pringsheim (30 bis 35 Jahre) lebt seit Ende 1908 in Berlin und arbeitet als unbesoldeter Hilfsassistent am Physikal. Institut der Friedrich-Wilhelms-Universität. Seine Verbindung zur Familie ist nach wie vor eng. In den Semesterferien ist er regelmäßig in München, außerdem begleitet er die Eltern bei ihren diversen Reisen. Ist Hedwig Pringsheim in Berlin, besucht Peter sie fast täglich. In den Zwischenzeiten werden viele Briefe gewechselt. Anfang Juli 1914 macht Peter sich (auf Einladung der Regierung) auf den Weg nach Australien zu einem naturwissenschaftlichen Kongreß in Brisbane. Am 4.7. erhält Hedwig einen »Brief von Peter aus Plymouth«, am 16.7. aus Teneriffa und am 9.8., nach Ausbruch des Ersten Weltkrieges, erhält sie von ihm »Schöne weiße Rosen vom guten Peter, mit den Worten ›heute lande ich in Adelaide‹ – armer, lieber Kerl!«. Nach sorgenvollen Wochen erfährt sie dann am 4.10. durch ein »Telegramm von Mühlinghaus, daß Peter gesund, kriegsgefangen in Australien sitzt!« Am 4.11. schreibt ihr der schwedische Mathematiker Mittag-Leffler, der den Kongreß ebenfalls besucht hatte, »daß Peter in Australien bleiben mußte, vom Schiff in Brisbane heruntergeholt wurde!« Drei Tage später heißt es: »schönste Überraschung: Brief von Peter aus Melbourne vom 25/9, via Gertrude Smith New York. Es geht ihm gut, nur macht er sich schwere Sorgen um uns: der Gute!« Am 5.12. kommt ein

»Brief von Frl. Delprat mit Photographien von Peter u. der ebenso aufregenden wie deprimierenden Nachricht, daß er bereits vor 2 Monaten plötzlich in ein ›Lager‹ verbracht wurde, wo er, scheints, ziemlich streng gehalten wird!« Wieder folgt wochenlanges Schweigen, bis Hedwig Pringsheim am 22.2.1915 im Tagebuch notiert: »Frohe Überraschung: Brief von Peter vom 2/12., über Washington, aus dem Gefangenenlager, aber sonst leidlich befriedigend!« Am 7.4. erreicht sie ein »sehr liebenswürdig-ausfürlicher u. über Peters Situation beruhigender von Prof. Orme-Masson aus Melbourne«. Daß Peter ihre Briefe erhält, bestätigt sich am 15.5.: »Sehr netter Brief No VI von Peter vom 16/3, englisch geschrieben, in dem er all meine Einkleidungen von ›Tante Vicky's Besuchen‹ (Siege!) von ›Onkel Ludwig-Schönfeld‹ (Kriegsministerium) freudig verstanden hat.« Nun intensiviert sich der Briefwechsel immer mehr. Bis Ende des Jahres 1915 hat Hedwig Pringsheim von Peter 17 Briefe erhalten, während sie ihm 58 geschrieben hat.

In dem neuen Lager Trial Bay, in das Peter im November 1915 verlegt worden war, sind die Bestimmungen offenbar weniger streng, so daß Hedwig Pringsheim seit Mitte Februar 1916 Lebensmittel, Zigaretten, Kuchen und Schokolade an ihren Sohn schicken darf. Am 1.10. bestätigt Peter in einem Brief »die Ankunft des Geldes«. Auch die Korrespondenzbedingungen wurden offensichtlich gelockert. So erhält Hedwig am 23.12.1916 den 41. Brief von Peter, während sie am 27.12. den 110. Brief an ihn abschickt. Doch die Angst um ihn bleibt.

Anfang 1911 lebt **Heinz** Pringsheim (29 bis 34 Jahre) wieder im Elternhaus. Nachdem er sein Archäologiestudium 1904 mit der Promotion abgeschlossen hatte, war er 1910 zur Musik gewechselt, um Kapellmeister zu werden. Nun studiert er bei Prof. August Schmid-Lindner Klavier und Theorie bei Rudolf Louis. Daneben hat er genügend Zeit, seine Mutter ins Theater oder ins Konzert zu begleiten oder mit ihr auszureiten. Seine Ferien verbringt er, im Gegensatz zu seinem Bruder Peter, nicht mit den Eltern. Am 5.3.1912 gibt Heinz Pringsheim in München sein Debüt als Kapellmeister. Das Konzert wird ein voller Erfolg. Der Kritiker der *Münchner Neuesten Nachrichten* bescheinigt ihm »eine unleugbare starke Begabung für das Dirigieren«. Schon im Sept. 1912 kann er sein erstes Engagement als Kapellmeister am Stadttheater Bochum antreten. Es gehen einige Briefe und Karten hin und her, bis es im Oktober wegen Olga (31 bis 36 Jahre) zum Bruch mit der Familie kommt.

Im November 1900 war die russische Malerin **Olga** Meerson zum ersten Mal bei Pringsheims zum Tee aufgetaucht. Man hatte sie gleich über den Abend dabehalten, da sie »uns allen ungewöhnlich sympathisch«. Mit der Zeit wurde Olga zunehmend in die Familie integriert, d. h. während ihrer Münchenaufenthalte wohnte sie in der Arcisstraße. Außerdem wurde sie hin und wieder auch finanziell unterstützt. Daß Olga psychisch krank ist, blieb der Familie allerdings nicht verborgen. Wie Hedwig Pringsheim im Tagebuch festhält, war sie an manchen Tagen nur schwer zu ertragen, und es kam »zu allerlei tränenreichen Auseinandersetzungen« mit ihr. Doch da Olga die meiste Zeit des Jahres in Paris lebte, sie war Schülerin von Henri Matisse, wurden diese Differenzen immer wieder beigelegt. Im April 1911 besuchen Hedwig, Alfred und Peter Paris. Dabei treffen sie sich verschiedentlich auch mit Olga. Am 20.4. notiert Hedwig Pringsheim: »mit Olga zur Vernissage des Indépendants gefaren, ein wansinniges Gedränge, um 8000 zum Teil wansinnige Bilder zu sehen, von Olga 6; Matisse gesprochen«. Anfang des Jahres 1912 wurde Olgas Verbindung mit Henri Matisse allerdings jäh beendet. Dazu heißt es am 2.1.1912: »Nachtisch schreckliche Scene mit Olga, da Frl. Effron einen Brief von Mad. Matisse bekommen, der das Drama zur Krisis fürt, indem Madame Olga ihr Haus verbietet, da sie ihren Mann zu verfüren getrachtet habe.« Olga bleibt nun für längere Zeit in München. Zunächst wohnt sie wochenlang in der Arcisstraße. Erst am 25.3.1912 zieht sie dort aus, kommt aber alle paar Tage zum Tee. Am 2.6.1912 heißt es dann: »Um ½ 10 tränenreicher Abschied der nach Paris abreisenden Olga, die Heinz zur Ban geleitete«.

Lange ist sie aber offenbar nicht dort geblieben, denn am 18.10.1912 erhält Hedwig Pringsheim einen Brief von Heinz, »in dem er kurz u. bagatellmäßig mitteilt, daß Olga Meerson als seine Geliebte bei ihm wont!«. Sie ist darüber »tief erregt« und schreibt einen »Brief an ihn, mit dem ich unsere Beziehungen bis auf weiteres abbreche«. Und sowohl Alfred, Peter, Katja und Thomas Mann teilen Hedwig Pringsheims »Standpunkt in der Heinz-Affaire«. Der in Prag weilende Klaus wird in diesem Zusammenhang nicht erwähnt, er wird sich wohl der herrschenden Meinung angeschlossen haben. Weihnachten wird »one Heinz« gefeiert. Am 2.1.1913 erhält Hedwig Pringsheim erneut einen »Brief von Heinz, verstimmend u. irritierend wie all seine letzten Briefe«. So heißt es am 4.1.: »ernster Brief an Heinz, streng aber gerecht, so wie ich schreiben mußte.«

Am 3.3.1913 kommt ein »Brief von Heinz an Alfred, seine Verheiratung mit Olga Meerson meldend!!!« Am 29.8.1913 erhält Hedwig Pringsheim einen »Brief von Heinz, der in etwas schmökerhaftem Ton die Geburt seiner Tochter anzeigt: kurze, küle Gratulation. Heinz' Briefe regen mich immer maßlos auf, auch dieser.« Der nächste Brief von Heinz (3.9.1913) geht an Alfred und fällt wiederum in die Kategorie »sehr ärgerlich, in dem er mit naiver Schamlosigkeit um Zulage ersucht!«, d. h. er bat um Aufstockung der ihm von seinem Vater gewährten monatlichen Unterstützung, die ihm einige Tage später aber dann doch wohl gewährt wird. Am 19.11.1913 kommt es in Berlin, wohin Heinz mit seiner Familie inzwischen übergesiedelt ist, zu einem kurzen Treffen: »Besuch von Heinz, Unterredung, die meiner Erwartung gemäß, ihn enttäuschend verlief, da ich, ihn freundlich behandelnd, Olga entschieden refüsirte. Behielt ihn zum Tee«. Danach wird das Thema Heinz von Hedwig Pringsheim nur noch am Rande behandelt.

Doch als bei Ausbruch des Ersten Weltkrieges Heinz sofort als Reserveleutnant aktiviert wird, ändert sich die Einstellung der Familie. Am 3.8.1914 kommt es zur »zärtlichen Aussönung«, und Heinz wird »mit allem nötigen versorgt; erregtes, herzliches Familienleben«. Am 4.8.1914 heißt es dann: »Um 8 alle zusammen gefrühstückt, dann Abschied von Heinz, der gesund, frisch u. sehr bewegt von uns ging, uns alle ebenso bewegt zurücklassend« und am 6.8.1914: »Karte von Heinz aus Dillingen, frisch u. voll Vertrauen«. Eine Zeitlang geht alles gut, Hedwig und Heinz wechseln Briefe und Karten, und in kurzen Abständen gehen Pakete an Heinz mit Regenhaut, Socken, Tee, einer Pelzjacke, Wollsachen, Plumcake, Lungenschützer usw. Am 29.11.1914 notiert Hedwig Pringsheim: »Weihnachtseinkauf (600 Cigarren, 1000 Cigaretten, 60 Pack. Lebkuchen) für Heinz' Mannschaft« sowie »Brief an Heinz (57)«.

Doch am 18.1.1915 kommt der Umschwung, und Hedwig erhält »2 Briefe von Heinz vom 12 u. 14/1, die unter Olga's Einfluß an Deutlichkeit u. Unverschämtheit nichts zu wünschen lassen«. Ganz offenbar hatte Olga ihren Weihnachtsbesuch bei Heinz dazu benutzt, seine Mutter bei ihm anzuschwärzen. Noch am selben Nachmittag schreibt diese »in fliegender Eile, wie im Fieber, 8 Seiten an Heinz«, »mit Anklagen gegen Olga«. Abends ist sie »totmüde u. direkt krank vor Aufregung«. Der mühsam beigelegte Konflikt bricht von neuem auf, wobei Olga langsam, aber sicher von der gesamten Familie als verlogen, anmaßend und niederträchtig erlebt wird. Da sie aber von Heinz jede nur denkbare Unterstützung erfährt, eskaliert das Ganze immer mehr, bis schließlich auch Heinz sich mit seiner Familie völlig überworfen hat. Am 1.4.1915 wird es besiegelt: »mit Alfred bei Justizrat Mauermeier, um unser gegenseitiges Testament, in dem Heinz auf sein Pflichtteil gesetzt wird, zu machen.« Seine monatlichen Bezüge bleiben Heinz aber trotz allem erhalten. Erst 1930 nach Heinz' Scheidung und Olgas Selbstmord kommt es allmählich wieder zu einer Annäherung zwischen Heinz und seinen Eltern.

Auch für **Klaus** (28 bis 34 Jahre) sind das jetzt entscheidende Jahre. Seit 1909 arbeitete er in Prag als Assistent am Opernhaus. Im Juli 1911 erhält er nun den ersehnten »Kontrakt als Operndramaturg (!)« am Neuen Deutschen Theater in Prag. Die anschließenden Theaterferien verbringt er in München und Tölz wegen einer Furunkulose hauptsächlich im Bett, bevor er über Breslau nach Prag zurückkehrt. Es folgt im November ein kurzer, »harmonisch verlaufender Besuch« in München, auch Weihnachten feiert er dort. Zum Jahreswechsel ist er wieder zurück in Prag.

Im Mai des nächsten Jahres reisen Hedwig und Alfred nach Prag. Klaus ist »überarbeitet, elend u. heiser«. Am nächsten Tag macht Klaus seiner Mutter »die peinliche Konfidenz, daß seine Geliebte ein Kind erwartet«, und richtet an sie »die Bitte, ich möge mit ihr sprechen, da sie ihn heiraten will, er sie nicht gern. Seine Ansichten u. Pläne anständig, aber weltfremd u. parsifalesk«. »Auf dem Heimweg Alfred eingeweiht, der meine Ansicht von der Unmöglichkeit der Heirat zwiefach teilt.« Am 28.5. geht Hedwig »nach dem Frühstück zu Klaus, wo eine Unterredung mit seiner Freundin, (die übrigens ein hübsches, sympathisch aussehendes Mädchen), in der ich ihr freundlich aber aufs deutlichste auseinandersetzte, daß an Heirat nicht zu denken sei: eine peinliche u.

höchst unangenehme Mission, mit der Klaus mich da betraut«. Noch am selben Abend fahren die Pringsheims weiter nach Wien. Der »Fall« wird nicht mehr erwähnt, man hat andere Sorgen.

Vom 16.7. bis 14.8. besucht Klaus seine kranke Schwester Katja in Davos. Am 23.7., pünktlich zum Geburtstag, trifft auch Hedwig Pringsheim ein. Man verbringt eine angeregte Zeit miteinander. Bei der allfälligen ärztlichen Untersuchung am 27.7. wird bei Klaus festgestellt, daß er »mehr ›Befund‹ als Katja« habe, »aber kein ›Gift‹«. Es wurden also auch bei ihm alte Herde entdeckt, doch – anders als bei Katja – keine neuen. Klaus darf wieder ins Flachland resp. Prag zurück.

Am 7.10.1912 meldet er »die Geburt der Bastard-Tochter«. Kurze Zeit später heißt es im Tagebuch: »2.500 M an Klaus geschenkt«. Doch dieser mütterliche Zuschuß scheint nur eine Weile gereicht zu haben, denn am 17.4.1913 kommt sie »zu Katja, die mir Brief von Klaus mit beigefügtem von Rosenberg übergab, in dem Klaus 6000 M. Schulden bekennt, die Hermann nur mit meinem Wissen bezalen würde. Ward sehr zornig. Zuhaus Alfred die Sache beigebracht, der sie in schmerzlicher Resignation aufnam«. Am nächsten Tag schreibt Hedwig »an Klaus in seiner Geldaffaire« und erhält am 22.4. einen langen, sehr netten »Brief von Klaus mit Angabe seiner nunmehr 8000 (!) M. betragenden Schulden«. Am 28.4.1913 kommt dann noch ein »Brief von Klaus, mit Einlage seiner Rechnungen«. Da Alfred Pringsheim offensichtlich die Schulden seines Sohnes beglichen hat, ist damit das strittige Geld-Thema erledigt. Klaus' Sommerbesuch in München verläuft wieder harmonisch.

Im Oktober 1913 bewirbt sich Klaus Pringsheim »um die Grazer Direktion« und bittet um »Empfehlung von Possart für seine Bewerbung«, was postwendend geschieht. Bei Klaus' nächstem Besuch im Oktober werden auch »seine Zukunfts-, namentlich Heiratspläne, ernst abgehandelt«. Nun sieht es so aus, als wäre Klaus einer Heirat nicht mehr abgeneigt, während die Eltern diese Verbindung nach wie vor mißbilligen. Familiengerüchten zufolge haben Pringsheims sogar angeboten, Milka zu adoptieren, was Klaus aber abgelehnt habe. Zu Weihnachten ist Klaus wieder da, und prompt gibt es eine »Auseinandersetzung mit Klaus wegen seiner Freundin« (25.12.). Und am 6.1.1914 heißt es leicht beleidigt: »Abfart von Klaus nach Prag zu Frl. Lalla.«

Doch schon wenige Tage später ist Klaus wieder da. Da sein Prager Engagement beendet war, das Breslauer erst nach der Sommerpause beginnt, reist er nun mehrfach hin und her. Auch zu Hedwigs Geburtstag ist er wieder in München und übergibt ihr »seinen Chuchu als liebes Geburtstagsgeschenk«.

Am 4.8.1914 ist »seine **Lala** mit Kind von Dresden unterwegs (wärend der Mobilisirung!)«. Am 6.8. »um 9 traf endlich, nach 50 stündiger Reise, Klaus' Lalla mit Kind leidlich wolbehalten hier ein«. Zwei Tage später »überrascht uns Klaus mit der Meldung seiner eben vollzogenen ›Nottrauung‹ (one Not!), bringt uns abends in den Garten ›seine Frau‹!« (So groß war die Überraschung allerdings nicht. Hedwig Pringsheim hatte schon am 11.7. an Harden geschrieben, daß Klaus heiraten wolle.) Zunächst wohnt die Klaus' Familie in Tölz, siedelt dann aber in die Arcisstraße um. Am 8.9. heißt es: »Früh ½7 Abreise von Klaus u. Lalla nach Breslau ins Engagement, **Milka** meiner sorgenden Liebe überlassend.« Mitte November läßt Klaus dann »seine Sachen nun alle in das, dem Gerücht nach, bedrohte Breslau schicken«. Kurz vor Weihnachten treffen Klaus u. Lala wieder in München ein, um Milka abzuholen. Der Abschied am 26.12. von »unsrer goldigen Milka« fällt Hedwig Pringsheim sehr schwer. Am 3.3.1915 trifft man sich in Berlin wieder, Hedwig mit Erika und Klaus mit Milka, da »Mim« die Ur-Enkelkinder zu sehen wünscht. Klein-Milka bleibt zunächst in Berlin.

Am 18.3.1915 reisen Hedwig, Erika und Milka nach Breslau, wo sie »sehr gut aufgenommen, trefflich untergebracht, gut verköstigt« werden, »Milka sofort ein verändertes Kind: launisch, eigensinnig, aufbegehrend«. Hedwig Pringsheim »empfing einen guten, angenehmen Eindruck vom Haushalt« und reist am 19.3. beruhigt mit Erika wieder gen München.

Am 3.5.1915 trifft gegen Abend eine Depesche von Klaus ein, »die glückliche Geburt eines Sones meldend«. Der Aufforderung zur Musterung in München kommt Klaus am 15.6.1915 nach. Er wird »der Infanterie 2 zuerteilt, Einberufung ungewiß«. Am 26.6. reist er wieder nach Breslau. Da das Engagement dort beendet ist, das neue in Bremen noch nicht begonnen hat, verbringen Klaus u. Familie wieder einige Wochen in der Arcisstraße.

Am 13.9. erfolgt die Übersiedlung nach Bremen, vom 23.-27.10. dann der Besuch der Eltern Pringsheim in der neuen Häuslichkeit,

Die Kinder

den Hedwig am 15.4. des folgenden Jahres allein wiederholt. Sie findet »Klaus holbackig, Lala unverändert, Milka auch, Hans Erik riesig entwickelt«. Am 17.4.1916 dann »um ½12 nachhaus kommend, großer Schreck: Klaus war im 1. Zwischenakt ein eiserner Träger auf den Kopf gefallen! Loch im Kopf, B[l]utverlust, genäht, bandagirt, bleich u. wankend, so trat er uns entgegen. Zwang sich, mit uns ein wenig zu essen, bis ½1 unten zu bleiben. Waren alle ganz verstört, Lala äußerst haltlos u. wenig liebevoll«. Am nächsten Tag, »da Klaus gut geschlafen u. fieberfrei, verhältnismäßig sehr befriedigend, Abreise nicht verschoben, gepackt, sehr spät gefrühstückt, Klaus gebadet, mit Liebe umgeben, Aussprache über Lala«. Während der Sommerpause 20.6.-23.8. wohnen »die Kläuseriche« wieder in der Arcisstraße. Am 10.7. bringt Klaus »Lala in die Klinik zu Faltin, zu einer Operation, die gut verlaufen«. (Fehlgeburt?)

Wie sich Klaus seine »zerschnittene Hand« zugezogen hat, wird nicht ausgeführt. Jedenfalls verhindert sie seine erneute Musterung nicht. Am 11.11.1916 müssen er, sein Freund Degeler »u. Tommy früh zur Musterung, alle drei zurückgestellt, gottlob«. Doch die Hand muß operiert werden. Die Wochen vom 24.11. bis 14.12. während Klaus' Operation in München verbringt Milka ebenfalls bei den Großeltern. Darüber schreibt Hedwig Pringsheim an Maximilian Harden (14.12.1916):

Hatte drei Wochen Klaus mit seiner ungewönlich goldigen 4järigen Milka zu Gast, und beide Gäste, der große wie der kleine, waren ganz und gar auf mich angewiesen. Klaus hatte eine abscheuliche Operation an seiner Hand, und ich will Gott danken, wenn er nicht für Lebenszeit verkrüppelt bleibt und es mit seiner Carrière futsch ist. Gestern Abend ist er mit dem Kleinchen abgereist, die Hand noch im Verband, und der Finger mit der durchschnittenen Sehne krumm, bewegungslos, abscheulich: wie ein Bettler auf den Stufen der Peterskirche, sagt er selbst. Da unser trefflicher Chirurg aber zufrieden ist, will ich die Hoffnung auf Genesung nicht verlieren. Ich hatte neben dem Patienten das liebliche Kind, das one Aufsicht hier war, ganz allein zu versorgen, und so war denn meine Hand und mein Hirn – beides doch noch am Verkalken – mit Fleischschneiden, Verbandwechseln, Aufstöpfchensetzen, Berichte an die Bremer Gattin u.s.w. vollauf in Anspruch genommen.

Neben seiner Theatertätigkeit versucht sich Klaus zunehmend auch als Musikkritiker. Während Hedwig im Tagebuch seine Texte eher wohlwollend kommentiert, schreibt sie am 11.11.1913 darüber an Maximilian Harden:

Ich muß Ihnen ja auch noch für Ihre Karte aus Nordwyk danken und für den wunderschönen Brief, den Sie Klaus gedichtet haben. Ich hoffe, der Knabe hat sich gleich bedankt. Wie seine Angelegenheiten eigentlich nun stehen, ane ich garnicht; denn er hat, da er mit Antischreibewansinn behaftet, nichts mehr verlauten lassen. Er ist ja solch ein rürender Parsifal, mit dem Wan des Neunmalweisen. Er ist ein reizender, sehr begabter Bub, und wenn er auch noch weltklug wäre, könnte es ihm garnicht fehlen.

Familie Thomas Mann

Die Geschichte **Katja's** (28 bis 33 Jahre) in diesen Jahren ist fast durchweg eine Krankengeschichte, entweder ist sie selbst krank, oder eines oder mehrere ihrer Kinder sind es. Es beginnt schon am 28.1.1911: Katja hat ständig erhöhte Temperatur, was aber der konsultierte Internist, Prof. Friedrich v. Müller, »nicht bedenklich findet«. Einige Wochen später, am 25.3.1911, hat Katja eine Fehlgeburt. Nach einigen Tagen Bettruhe erfolgt am 1.4. ein Eingriff durch den »Kreuzwendedich nun endgültig entfernt« wird. Katja erholt sich nur langsam. Noch am 8.4. findet Hedwig ihre Tochter: »so weit genesen, aber recht schwach u. dünn«. Auch die Italienreise und der Aufenthalt am Lido (7.5.-3.6.1911) bringen nicht die gewünschte Besserung. Die Reisenden werden bei ihrer Ankunft »nicht recht blühend befunden«. Und als der am 26.8. konsultierte Prof. May Katja dringend zu einem Erholungsaufenthalt rät, wird beim Familientee endgültig beschlossen, daß Katja die Eltern und Peter auf ihrer Sommerreise nach Sils Maria begleiten wird. Am 18.9. sind alle vier wieder in München.

Am 19.9. konsultiert Katja wieder einen Arzt, diesmal Geheimrat Prof. v. Müller, »der für ihre erhöhte Temperatur gleichfalls keinen Grund« entdecken kann. Bei einer weiteren Untersuchung am 14.10. konstatiert er eine »Tendenz zur Besserung«, empfiehlt aber noch »große Schonung«, solange das Fieber anhielte. Der am 24.10. zu Rate gezogene Gynäkologe Geheimrat Prof. Albert Döderlein findet »ihren Unterleib gesund«, »sodaß man ihren Zustand doch wird auf die Lunge zurückfüren müssen«. Anfang des neuen Jahres wird ernsthaft über eine Reise Katja's nach Arosa nachgedacht. (4.1.1912) Da der am 6.1. konsultierte Lungenfacharzt Dr. Heinrich Bock »unzweifelhaft Lungenspitzenkatarrh« konstatiert und »eine Serumkur« vorschlägt, begibt sich Katja am 17.1. ins Sanatorium nach Ebenhausen. Dort wird sie bis zum 6.3. mehr oder weniger resultatlos behandelt, so daß sich ein längerer Davos-Aufenthalt dann doch als unumgänglich erweist.

Schon am 11.3. macht sich Hedwig (nicht etwa der Ehemann) mit der kranken Katja auf den Weg nach Davos, »der Abschied der Gatten gemäßigt wehmütig.« Zu ihrer beider Überraschung müssen sie dort feststellen, daß im Sanatorium Turban »für Wochen kein Unterkommen« und auch im »Waldsanatorium Jessen« »vor 2-3 Wochen kein Platz«. Man beschließt »Jessen persönlich anzurufen, der bereit erklärte, morgen zur Untersuchung zu kommen, Katja im Splendid-Hôtel einstweilen zu behandeln«. Am folgenden Tag (13.3.1912) notiert Hedwig Pringsheim: »um ½ 11 Besuch des Prof. Jessen, eines ungewönlich angenehmen, sympathischen Herrn, der ›geschlossene Tuberkulose in der Drüse u. der Lunge selbst‹ konstatirte, kein schwerer, aber ein langwieriger Fall, dessen Heilung wol 6 Monate beanspruchen würde. Nach dem lunch ins Splendid-Hôtel, für Katja u. mich Zimmer gemietet, zurück ins Rhätia, gepackt, an Alfred mein längeres Verweilen telegraphirt, mit Katja im Schlitten übersiedelt; sie alsbald ins neue Bett gelegt.« Am nächsten Tag (14.3.): »Besuch des Professors, der Katja's Zustand doch ernst nimmt u. 4 Wochen Bettruhe für warscheinlich hält.« Am 19.3. trifft auch Alfred in Davos ein. Am Nachmittag des 22.3. wird Katja dann »im geschlossenen Schlitten« ins Waldsanatorium und »gleich wieder ins Bett gebracht u. ihre Sachen in dem sehr kleinen, aber hübschen Zimmer geordnet«. Bei einem weiteren Gespräch am 24.3. bekräftigt Prof. Jessen, daß er »seine erste Diagnose bestätigt gefunden: Tuberkeln in beiden Lungenflügeln, veraltete, kleine Herde (leichter Fall) in 6 Monaten voraussichtlich zu heilen«. Am nächsten Tag reisen die Eltern wieder nach München: »zärtlich-gerürt-gefaßter Abschied«. Nun gehen alle paar Tage Briefe oder Karten zwischen München und Davos hin und her. Am 23.7., zum Geburtstag der Zwillinge, macht sich Hedwig Pringsheim erneut auf den Weg nach Davos, wo auch Klaus schon anwesend ist. »Katja's Aussehen recht gut.« Am 25.7. hat sie eine »Unterredung mit Jessen, der dringend abrät, Katja schon jetzt herunterzunehmen, da sie noch nicht ›entgiftet‹; fürchtet Familie u. Haushalt für sie, meint bis Ende Sept., sagt ihr anfangs Sept.«. Nun findet das reinste »Zauberberg«-Leben statt, bis Hedwig Pringsheim am 6.8.1912 nach München zurückkehrt. Am 18.9., während Hedwig in Berlin Besuch macht, trifft auch Katja wieder in München ein.

Am 5.10.1912 sehen sich Mutter und Tochter endlich in Tölz wieder. Hedwig findet »Katja leidlich gesund u. unleidlich unvernünftig«. Diese Besserung hält, mit Ausnahme eines längeren Unwohlseins im November bis ins neue Jahr an. Am 3.3.1913 überrascht Katja ihre Mutter »mit der frohen Nachricht, daß Romberg ihren Zustand wesentlich gebessert gefunden«. Am 15.3.1913 melden Briefe von »Tommy und Katja«, »daß ein kleiner ›Eingriff‹ zur Entfernung ›Kreuzwendedichs II‹ stattgefunden, der gut verlaufen u. daß Katja wolbehalten im Diakonissenhaus liege«. Dabei scheint es auch zu bleiben, denn am 18.3. ist Katja »bereits wieder zuhaus«. Der nächste Besuch Katja's bei Prof. Ernst v. Romberg am 27.10. ist allerdings wieder wenig erfreulich. Der Arzt ist »mit ihr garnicht zufrieden« und möchte »sie ihres Katarrhs wegen nach Meran schicken«. Am 15.11. wird Katja um ½10 von Hedwig und Alfred »an die Ban nach Meran geleitet«. Doch da Meran offensichtlich nicht hilft, ist Katja schon zu Weihnachten wieder zurück. Allerdings nur um am 3.1.1914 nach Arosa abzureisen, »von uns allen traurig zur Ban geleitet«. Die nächsten Wochen werden wieder mit Korrespondenz überbrückt. Am 12.5. dann versammelt sich die ganze Familie an der Bahn, »um Katja zu empfangen, die braun wie ein Indianer, halb lachend, halb weinend vor Glück, dem Coupé entstieg«. Ein paar Tage später (18.5.) geht Hedwig mit Katja »zu Romberg, der den ›Befund‹ sehr günstig fand u. mit dem Resultat von Arosa sehr zufrieden war«. Und auch bei der nächsten Untersuchung am 26.11. ist Prof. Romberg mit Katja »sehr zufrieden«. Damit scheint das Schlimmste überstanden. Auch wenn es schon am 24.2.1915 wieder heißt: »Zum Tee zu Katja, die mal wieder mit häßlichem Husten bettlägerig.«

Aber die ruhige Zeit währt nicht lang. Am 26.3.1915 muß der kleine Golo plötzlich am Blinddarm operiert werden. Doch da alles gut verläuft, kommt er am 7.4. wieder nach Haus. Etwa sechs Wochen später, am 22.5., wird Aißi mit durchbrochenem Blinddarm in die Klinik Krecke eingewiesen. Es steht sehr, sehr schlimm um ihn. Nach langen Wochen, verschiedensten Komplikationen und mehrmaligen Nachoperationen ist er endlich am 24.6. außer Gefahr, doch erst Ende Juli kann er das Krankenhaus verlassen. Inzwischen (20.6.) wurde Erika am Blinddarm operiert. Ihre Genesung geht so »prachtvoll« voran, daß Hedwig sie am 3.7. zu sich in die Arcisstraße nehmen kann. In ihrem Brief an Harden vom 27.6.1915 schreibt Hedwig Pringsheim:

> Meine zarte arme Katja hat übermenschliches geleistet, wie es eben nur so ein Mutterweibchen kann, lebt seit 5 Wochen in der Klinik und hat sich überraschend gut gehalten. Ich bin ihr zur Seite gestanden so gut ich konnte, täglich in der Klinik, manchmal zweimal, und habe die angeneme Beigabe einer Forunkulose im Or dabei so bagatellmäßig behandelt, wie wir alle Erika's Operation.

Aber schon wenige Tage später, am 29.6., muß auch Katja am Blinddarm operiert werden. Sie kann zwar am 12.7. wieder nach Haus, doch noch am 24.7. findet Hedwig sie »schmal u. holäugig«. Am 18.1.1916 meldet das Tagebuch: Katja wieder »mit Katarrh bettlägerig«. Am 19.2. darf Katja, ihres »Katarrhs wegen nicht ausgehen«, so daß »Tommy« Moni ins Krankenhaus bringen mußte, wo auch sie am Blinddarm operiert wurde. Als Moni am 29.2. das Krankenhaus wieder verläßt, ist Katja noch immer krank. Erst am 6.3. ist sie »zum erstenmal außer Bett«. Trotzdem ist Prof. Romberg am 25.5. »zufrieden mit ihrer Gesundheit« und bleibt es auch bis auf weiteres.

Schon seit längerer Zeit waren »die Manns« auf der Suche nach einem eigenen Haus in München. Doch da sich in dieser Hinsicht nichts finden ließ, erwog man zu bauen. Am 23.11.1912 heißt es dazu im Tagebuch: »zu Katja, mit beiden (u. Erika) u. dem Direktor des Herzogsparks Terrains dorten besichtigt, da Tommy's ernstlich an bauen denken«. Am 22.2.1913 wird dann in Tölz »die Baufrage zum xtenmal definitiv, u. zwar bejahend, geregelt«; am 25.2. trifft Hedwig »Katja bei der Tram, eben glückliche Grundstücksbesitzerin geworden seiend« – ganz offensichtlich stammt das Geld für Grundstück und Haus von Pringsheims. Nun wird also »die Poschi« gebaut. Am 24.5.1913 ist Richtfest, alle sind zufrieden: das Haus wird »wirklich wunderhübsch«. Leider ist dann am 1.1.1914, als Katja erneut zu einer Kur in die Schweiz muß, »das Haus zu ihrer Enttäuschung noch unbeziehbar«. Der Umzug findet am 5.1.1914 ohne sie statt. Auch bei der ersten Gesellschaft im neuen Haus am 2.4. ist sie noch nicht wieder zurück. Erst am 12.5.1914 treffen sich alle zum Empfangs-Souper bei Manns, »wo Katja aufgeregt, glückselig-verwirrt als Gast in ihrem neuen Hause« sitzt.

Wie weit sich der Krieg auf das Leben der Familie Mann auswirkt, kann man dem Tagebuch nur schwer entnehmen. Sehr viel hat sich für sie nicht verändert. Thomas Mann wird nicht eingezogen. Allerdings hält man sich wegen der schlechten Versorgungslage in München länger als vorher in Tölz auf. Daß es – trotz der üblichen Pringsheimschen Zuschüsse – Geldnöte gibt, erfahren wir am 10.2.1915: »Zum Tee zu Katja, die nicht wol ist, ihr 3000 M. gebracht, die ich ihnen borge.« Und am 21.11.1915 heißt es: »Später mit Katja Unterredung über ihre schlimme finanzielle Lage«. Schon im Juli 1914 hatte man das Tölzer Sommerhaus zum Verkauf angeboten, im März 1915 bietet man es wieder an: mit Einrichtung für 70.000 M., ohne Einrichtung für 65.000 M. Es wird erst 1917 einen Käufer finden.

Während der oft monatelangen Abwesenheiten von Katja ist der in Haushaltsdingen hilflose **Thomas Mann** ganz auf die bewährte Tüchtigkeit seiner Schwiegermutter angewiesen. So pendeln die Familien hin und her, die Manns zu zahllosen Mittagessen und Tees in die Arcisstraße, Hedwig Pringsheim, manchmal auch Alfred, in die Mauerkircherstraße. Sind die Manns in Tölz, kommt Hedwig auch dorthin. Sie kümmert sich um die Kinder, um ihre

Garderobe, um das Personal, kurz um alles. Daß Thomas Mann ihr dafür dankbar ist, ist nirgends zu lesen. Immerhin kommt es auf diesem Feld zu keinerlei Reibereien zwischen Schwiegersohn und Schwiegermutter.

Thomas Mann ist der einzige in der Familie, der in diesen turbulenten Jahren vergleichsweise gesund bleibt. Sicherlich, er ist manchmal unwohl, doch das dauert selten länger als ein paar Tage. Lediglich im März 1916, als alle andern einschließlich Moni wieder gesund sind, erkrankt er ernsthaft, ob an »schwerer Influenza« oder »Gesichtsrose«, bleibt ungeklärt. Ende März scheint aber auch das vorüber.

Da Thomas Mann an gemütlichen Familienabenden gerne aus seiner neuesten Arbeit vorliest, kann man anhand von Hedwig Pringsheims Notaten gut nachvollziehen, womit er sich gerade beschäftigt. Am 24.7.1911 liest er »ein Kapitel des Hochstaplerromans«. Am 5.1.1912 ist es »ein Kapitel aus seiner Novelle«, am 1.4.1912 ein Kapitel aus »Der Tod in Venedig«, an dem er dann zügig weiter arbeitet. Am 12.8. werden die 2 ersten Kapitel »Der Tod in Venedig« vorgelesen. Schon am 1.10. ist das fertige Werk in der Rundschau abgedruckt. Allerdings ist Hedwig Pringsheim von dem Schluß, den sie offensichtlich bisher nicht kannte, enttäuscht. (2.11.1912)

Schon am 5.10.1912 kam es in Tölz abends wieder zur »Vorlesung eines ›Hochstapler‹-Kapitels; am 22.2.1913 las »Tommy ein sehr amüsantes Kapitel aus dem ›Hochstapler‹ vor« und am 31.12.1913 ein weiteres. Dann ist mit dem »Hochstapler« vorläufig Schluß, und es beginnen Vorlesungen aus der »Davos-Novelle« (30.12.1913) resp. dem »Zauberberg«. Während Hedwig Pringsheim die »Zauberberg«-Kapitel »vielleicht ein bischen breit, aber ausgezeichnet im ganzen« (6.6.1914), sehr wirksam und gut (24.7.1914) bzw. »ganz angemessen« (24.7.1915) findet, beurteilt sie das am 8.7.1916 vorgelesene »Kapitel aus seinem Kriegsbekenntnisbuch« als »sehr hochstehend u. interessant, formal meisterhaft«, doch »nach Seite des Inhalts als vielfach recht anfechtbar«.

Natürlich liest und beurteilt Hedwig Pringsheim auch Thomas Manns aktuelle Veröffentlichungen, so am 7.11.1914: »Tommy's weitschweifigen Artikel in der ›Rundschau‹ gelesen« (*Gedanken im Kriege*); am 3.8.1915: »Tommy's mittelmäßiger ›Schornalisten‹-Artikel aus der Frankf. Ztg.« (*Gedanken zum Kriege*) und am

28.10.1916: »Tommy's Rundschau-Artikel über den ›Taugenichts‹ gelesen«.

Thomas Manns Äußerungen über Politik findet Hedwig »eher peinlich« (19.11.1914) bzw. »unerträglich«. (22.11.1916) Doch das ist nicht das einzige Mal, wo man aneinandergerät. Schon am 7.8.1911 hatte es eine gründliche Verstimmung gegeben, als Thomas Mann im Anschluß an eine »Götterdämmerung«-Vorstellung beim Nachtessen auf der Veranda »Wagners Kunst ein ›trauriges‹ Denkmal fand, dem nur ›Halb-Barbaren‹ Festspielhäuser bauen könnten; was Alfred sich, mit Recht, sehr leidenschaftlich verbat«. Was nun im Gegenzug »Tommy ziemlich verstimmte« (8.8.), weshalb er »schmerzlich gefaßt« nach Tölz abreist (9.8.). Natürlich wird in der Familie, mit Katja und den Buben, der »Fall Tommy« weiter erörtert. Bis am 16.8. Thomas Mann einen langen Brief schickt, »den neulichen Wagner-Konflikt behandelnd, sehr anständig u. gut«.

In der neuerlichen Auseinandersetzung mit **Theodor Lessing** sind sich Pringsheims und Thomas Mann aber von Anfang an einig, nämlich »zunächst nichts zu tun« (27.2.1912). Lessing hatte in der Zeitschrift *Die Brücke* in dem Artikel »Ein Zeitdokument« seine Version der Lublinski-Affäre noch mal ausführlich behandelt und seine Angriffe auf Thomas Mann wiederholt. (s. Anhang) Als er darauf weder von Pringsheims noch von Thomas Mann eine Reaktion erhielt, versuchte er auf dem Umweg über Hedwig Dohm die Familie zu einer Stellungnahme zu provozieren. (s. Briefe im Anhang) Doch da man ihn als »vollständig irrsinnig« einstufte und weiterhin schwieg, gelang auch das nicht.

Am 3.1.1913 wird in den Berliner Kammerspielen unter der Regie von Paul v. Schlippenbach Thomas Manns »Fiorenza« aufgeführt, mit Paul Wegener als Lorenzo de Medici, Fritz Kortner als Piero de Medici, Lothar Koerner als Prior und Mary Dietrich als Fiore. Thomas Mann war dazu eigens nach Berlin gereist. Hedwig Pringsheim, die sich ebenfalls dort aufhielt, notiert in ihrem Tagebuch: »um 6 ¼ Diner, um 7 alle ins Theater gefaren, wo außer Mimchen die ganze Familie sich versammelte. ›Fiorenza‹ – kein Theaterstück – interessirte u. unterhielt mich durchaus, wurde vom Publikum, bei lieblos-ungenügender Darstellung, achtungsvoll, anständig u. lauwarm aufgenommen; trotzdem erschien Tommy – wie gerufen.(!)« Am nächsten Tag werden »mit Tommy die fast durchweg schlechten Kritiken gelesen, die ihn doch wol recht ärgerten«. Am meisten aber ärgerte beide »Kerrs mehr als hämische, niederträchtige Kritik« im *PAN* am folgenden Tag. (s. Anhang)

Thomas Manns Bücher verkaufen sich ziemlich gleichbleibend:

Buddenbrooks (ersch. 1901), ab 1911 in einem Band, Verkauf von 1911 bis 1916: 20.000 Expl. Das ergibt bei einem Ladenpreis von 5 M. einen Erlös von 100.000 M.; für Thomas Mann davon 25 %: 25.000 M.

Königliche Hoheit (ersch. 1909), Verkauf von 1911 bis 1916: 9.000 Expl. Das ergibt bei einem Ladenpreis von 5 M. einen Erlös von 45.000 M.; für Thomas Mann davon 25 %: 11.250 M.

Fiorenza (ersch. 1906), Verkauf von 1911 bis 1916: 2.000 Expl. Das ergibt bei einem Ladenpreis von 2,50 M. einen Erlös von 5.000 M.; für Thomas Mann davon 25 %: 1.250 M.

Tristan (ersch. 1903), Verkauf von 1911 bis 1916: 6.000 Expl. Das ergibt bei einem Ladenpreis von 3,50 M. einen Erlös von 21.000 M.; für Thomas Mann davon 25 %: 5.250 M.

Der kleine Herr Friedemann u. andere Novellen (ersch. 1909 in Fischers Bibliothek zeitgenössischer Romane), Verkauf von 1911 bis 1916: 25.000 Expl. Das ergibt bei einem Ladenpreis von 1 M. einen Erlös von 25.000 M.; für Thomas Mann davon 25 %: 6.250 M.

Der Tod in Venedig (ersch. 1913), Verkauf bis 1916: 23.000 Expl. Das ergibt bei einem geschätzten Ladenpreis von 3 M. einen Erlös von 69.000 M.; für Thomas Mann davon 25 %: 17.250 M.

Das Wunderkind (ersch. 1914 in Fischers Bibliothek zeitgenössischer Romane), Verkauf 1911 bis 1916: 30.000 Expl. Das ergibt bei einem Ladenpreis von 1 M. einen Erlös von 30.000 M.; für Thomas Mann davon 25 %: 7.500 M.

Tonio Kröger (ersch. 1914 in Fischers illustrierte Bücher), Verkauf bis 1916: 22.000 Expl. Das ergibt bei einem geschätzten Ladenpreis von 2 M. einen Erlös von 44.000 M.; für Thomas Mann davon 25 %: 11.000 M.

Friedrich und die große Koalition (ersch. 1915 in Sammlung von Schriften zur Zeitgeschichte), Verkauf bis 1916: 35.000 Expl. Das ergibt bei einem geschätzten Ladenpreis von 3 M. einen Erlös von 105.000 M.; für Thomas Mann davon 25 %: 26.250 M.

Somit hätte Thomas Mann in den Jahren 1911 bis 1916 mit seinen Büchern etwa 111.000 M. verdient, was einem Brutto-Einkommen von etwa 18.500 M. (88.800 €) im Jahr bzw. einem Brutto-Einkommen von etwa 1.540 M. (7.392 €) im Monat entspräche. Dazu kämen noch die Honorare für seine Zeitungsartikel, von seinen Lesereisen und das Geld für den Vorabdruck des *Tod in Venedig* in der Rundschau. Damit wären Thomas Manns Einkünfte zwar im Vergleich zum Zeitraum 1905-1910 (Brutto pro Jahr 15.000 M; brutto pro Monat 1.250 M.) etwas gestiegen, doch dürften der Unterhalt und die Bewirtschaftung zweier Häuser sowie die kriegsbedingte allgemeine Teuerung ihm eher weniger Spielraum gelassen haben. Einen nennenswerten Zuschuß zu Bau und Einrichtung der »Poschi« wird er wohl kaum geleistet haben.

Natürlich werden alle vier Mann-Kinder in dieser Zeit im Tagebuch ständig genannt. Meist treten sie als Gesamtheit auf. Namentlich kommen sie in der altersmäßigen Rangfolge vor. So ist von **Erika** (6 bis 11 Jahre) am meisten die Rede, zumal sie häufiger auch allein bei den Großeltern wohnt, z. B. wenn sie in München in die Schule geht, während der Rest der Familie sich in Tölz aufhält. Am 29.2.1916 heißt es im Tagebuch: »Tee mit Katja u. den Kindern, außer Eri, die wegen Lügengeschichte im Verschiß. Ich hielt ihr eine schöne Rede u. sie gelobte Besserung.«

Von **Aißi** (5 bis 10 Jahre) ist häufig nur in Verbindung mit Eri die Rede, mit Ausnahme natürlich seiner langen Krankengeschichte, deren Fort- und Rückschritte im Tagebuch täglich ausführlich verzeichnet werden. Auch die Eintragungen für **Golo** (2 bis 7 Jahre) erwähnen hauptsächlich seine Krankheiten und natürlich seine »Geburtagschocoladen«. Bei **Moni** (1 bis 6 Jahre) ist es ebenso.

Familie Mann

Das Verhältnis von Hedwig Pringsheim und »Mama«, wie **Julia Mann** (60 bis 65 Jahre) im Tagebuch genannt wird, gestaltet sich zunehmend distanzierter. Hat man sich anfangs noch besucht und häufiger Briefe gewechselt, so trifft man sich nun nur noch zufällig, Briefe werden kaum noch geschrieben. Im Sommer 1911 sind drei

Begegnungen im Tagebuch festgehalten, als »Mama« die Mann-Kinder während der Abwesenheit der Eltern betreut (»Mama«, ihre Hüterin unbehaglich u. töricht; 10.5.1911). 1912 trifft man sich zweimal zufällig in Tölz (7.6.1912 und 9.7.1912). 1913 werden zweimal Besuche der Mann-Kinder bei »Mama« erwähnt. 1914, 1915 und 1916 taucht der Name gar nicht mehr auf.

Hedwig Pringsheims Begegnungen mit **Heinrich Mann** (40 bis 45 Jahre) sind »rein literarisch«. Am 27.7.1912 heißt es: »Heinrichs Stück ›Die große Liebe‹ gelesen: schwach«. Am 19.4.1913 geht sie abends ins Volkstheater zu einem Gastspiel der Tilla Durieux: »›Schauspielerin‹ von Heinrich Mann, ein absolut schlechtes Stück, Karla's Geschichte u. Tod wortwörtlich abgeschrieben, aber von der Durieux glänzend gespielt.« Gleich im Anschluß daran liest sie Heinrich Manns schon 1909 erschienenen Roman *Die kleine Stadt* und notiert dazu am 25.4.1913: »›Kleine Stadt‹ beendet, die zum Schluß abfällt, in der Mitte ihren Höhepunkt erreicht.« 1914 liest sie lediglich Heinrich Manns »Madame Legros« (6.1.1914). Am 18.6.1915 gehen Katja und Klaus zu einem Vortrag von Heinrich Mann. Welchen Artikel von Heinrich Mann sie am 27.10.1916 liest, wird im Tagebuch leider nicht gesagt.

Daß Hedwig Pringsheim etwas mehr von Heinrich Mann weiß, zeigen ihre Briefe an Maximilian Harden. Dort heißt es am 14.2.1916: »Heinrich Mann erwartet ein Kind. Wirds nach der Mama – oh weh!« und am 4.11.1916: »Tommy ist übrigens heute Abend für ein paar Tage nach Berlin gefahren, wo er zweimal aus seinen Werken vorliest. Bruder Heinrich tat ja eben, wie ich lese, das nämliche; hat er Sie wieder besucht? Die innere und äußere Gegnerschaft der beiden Brüder nimmt nachgerade einen pathologischen Charakter an. Als ob die Welt nicht wichtigere Probleme böte in diesem Augenblick.« Weiter mag sie sich aber nicht mit ihm beschäftigen.

Das Verhältnis zu Thomas Manns älterer Schwester **Julia Löhr** (34 bis 39 Jahre), gen. »Lula«, ist weder gut noch schlecht. Man trifft sich bei den Familienessen, gelegentlich bei Pringsheimschen Gesellschaften, schreibt Briefe und macht Geburtstagsgeschenke. Manchmal kommt Lula auch zum Tee. Oft ist der Ehemann »Jof«

(49 bis 54 Jahre) dabei, manchmal die Kinder, was aber ansonsten keiner Erwähnung wert ist.

Den »sehr unterhaltenden Viko«, Thomas Manns jüngsten Bruder **Viktor** (21 bis 26 Jahre), trifft Hedwig Pringsheim am 6.6.1911 bei Tommy's Geburtstagsfeier, am 26.12.1914 mit seiner Frau beim Familiendiner bei Katja und am 25.12.1915 ebenfalls mit Frau beim Familienessen bei Löhrs. Mehr gibt es zu ihm nicht zu sagen.

Von der weiteren Pringsheim- bzw. Schleh-Familie gibt es wenig zu berichten: Mutter Helene Guggenheimer kommt gelegentlich zum Tee, Tochter Hedwig hat 1912 den Historiker Otto Hintze geheiratet und lebt nun in Berlin. Asta Adolph, seit 1912 geschieden, lebt mit ihren beiden Kindern bei ihrer Mutter Asta Friedberg in Ambach. »Beide Asten« kommen gelegentlich für ein paar Tage nach München zu Mittagessen und Tee, wohnen aber nie in der Arcisstraße. 1915 hat sich Tante Lucie, »Mims« jüngste Schwester, in Ambach eingenistet, was aber dort wohl zu viel Ärger Anlaß gibt.

Münchner Freunde

Der Kreis der Münchner Freunde ändert sich in diesen Jahren nur geringfügig. Einige alte Freunde bleiben, einige neue kommen hinzu. Zu den »treuesten aller Treuen« gehören Hedwig Pringsheims engste Freundin Eugenie und ihr Ehemann Alfred Schaeuffelen, der Maler Toni Stadler und seine Ehefrau Sophie, auch Max und Elsa Bernstein kann man inzwischen dazu zählen, desgleichen die Familien der Hanfstaengls und der Oldenbourgs mit dem jungen Cornides-Paar. Der Umgang mit Lindemanns und Lotz' ist ebenso alt wie dauerhaft. Der Kontakt zur Sängerin Milka Ternina hat sich gelockert, seit sie wieder nach Agram zurückkehrte, ist aber nicht minder herzlich, wenn Milka und »Tantchen« in München Besuch machen.

Mit **Hermine Feist** (57 bis 62 Jahre) war man schon lange bekannt. Man hatte sich meist in ihrem Haus in Berlin mit ihr getroffen und ihre weitberühmte Porzellansammlung bewundert. Doch seit dem Tode ihres Ehemannes 1912 verbringt sie zunehmend mehr Zeit in München. Sie bezieht dann Quartier in einem der großen Hotels, anfangs im Regina Palast Hotel, später im Grand Hotel Continental und gibt luxuriöse, kleine Abendgesellschaften, die von Hedwig Pringsheim mal als interessant, mal als langweilig kommentiert werden. Hermine selbst wird als »herzlich, amüsant, aufgeregt, zerfaren« charakterisiert. (20.9.1915) Großes Aufsehen erregte Hermine Feist, als sie – mitten im Krieg – »auf der Auktion Hirth für 62 000 M.« mehrere »Porzellanpüppchen« erwarb. Für die Mann-Kinder hat sie ein besonderes Faible. Immer wieder macht sie Besuch bei ihnen, beschenkt sie oder nimmt sie auf eine Spazierfahrt mit, »ganz liebe u. nette Tante«. (24.3.1915) Obwohl Hermine Feist einen aufwendigen Lebensstil pflegt, ist sie im Jahrbuch der Millionäre nicht verzeichnet, auch nicht bei den »einfachen Millionären«, d. h. solchen, die ein Vermögen von 1 bis einschließlich 2 Millionen Mark besitzen.

Hallgartens kennt man schon seit 1906, wird aber in diesen Jahren erst so richtig miteinander vertraut. Man lädt sich wechselweise zu Tee und Musik. Mehr gibt es offensichtlich zu Robert Hallgarten nicht zu sagen. Mit **Constanze Hallgarten** (30 bis 35 Jahre) dagegen trifft Hedwig Pringsheim häufiger zusammen. Zum einen reiten die beiden Damen gelegentlich miteinander aus, zum anderen treffen sie sich im »Verein für Fraueninteressen«, wo sich Constanze Hallgarten sehr in der Frauenstimmrechtsfrage engagiert und teils etwas »kindlich-wolgemeinte«, teils »überraschend gute« Vorträge hält.

Daß der begeisterte Musiker **Bruno Walter** (35 bis 40 Jahre), ehemaliger Assistent von Gustav Mahler und seit 1913 amtierender Generalmusikdirektor am Münchener Hoftheater, und der Musikenthusiast Alfred Pringsheim sich gut verstehen würden, war vorauszusehen. So folgen der ersten Eintragung vom 25.10.1913: »Beitisch Bruno Walters, sehr nett« regelmäßig weitere. Walters trifft man aber nicht nur bei Pringsheims, sondern auch bei Hallgartens, bei Schaeuffelens oder bei Bernsteins, und immer ist es »ungewönlich nett u. angeregt« (28.5.1914) oder »angeregt und enthusiastisch« (2.9.1914) oder »furchtbar nett, gemütlich u. anregend« (18.10.1915). Natürlich wird neben der Person Walters auch seine Musikertätigkeit hoch geschätzt. Man genießt von Bruno Walter »trefflich dirigirte« und »mit Hingebung einstudirte« Opern und Konzerte. Frau Walter dagegen kommt so gut wie gar nicht vor. Sie hat, obwohl selbst ehemals Sängerin, offenbar wenig Interessantes zu sagen.

Wie die Bekanntschaft mit **Scheubner-Richters** zustande kam, ist nirgends belegt. Im Februar 1913 erscheinen sie plötzlich zum Tee. Während dann im ersten Jahr Begegnungen noch zufällig und selten sind, vertieft sich die Bekanntschaft ab 1914. Am 13.3.1914 gehen Pringsheims »zum diner zu Scheubner-Richters, 10 Personen, nur nette Balten, alles sehr liebevoll, sorgsam u. üppig, entschieden ein hübscher u. gemütlicher Abend«. Am 1.5. folgt die Gegeneinladung: »abends Scheubner-Richters, Reischs u. Tellers, gemütliches Beisammensein, das sich bei ›Getränk‹ bis 1 Ur hinzog (diese Balten!)«. Worauf die Sympathie zu dem ungleichen Paar beruht, der Diplomat Max war 29 Jahre jünger als seine Frau Mathilde, darüber kann man nur spekulieren. Vielleicht hat der in Riga gebürtige Scheubner-Richter Ähnlichkeit mit dem von Hedwig Pringsheim seit vielen Jahren verehrten Astaf v. Transehe? Mit Beginn des Krieges verabschieden sich die beiden: »Nachmittags rendez-vous mit Scheubner-Richters, die abends nach Konstantinopel reisen, ihre Freunde dort verabschiedeten: er in geheimnisvoller Mission nach Erzerum, sie als roteKreuz-Schwester.« (12.11.1914) Doch Ende Dezember ist »Frau v. Scheubner-Richter, von Konstantinopel zurück, wärend ihr Mann in Erzerum weilt«. Im Mai 1915 muß sie ihr Idyll in Fürstenfeldbruck »wegen Geldnot aufgeben«, und auch ihren Hund kann sie nicht mehr behalten. Am 19.5. gegen Abend bringt sie »ihren großen schönen Hund Nero« zu Hedwig Pringsheim »in Pension«. Die erste Zeit hält sich Nero »trefflich«. Doch am 31.5. kommt es bei einem Spaziergang im Volksbad zu einer gräßlichen Szene, »wo er einen andern Hund meuchlings überfiel«! Und obwohl weiter nichts mehr vorfällt, ist Hedwig Pringsheim nicht sehr unglücklich, als am 14.10.1915 Frau v. Scheubner sich ihren Nero »wieder einverleibte, da sie aufs Land zu Frau v. Kursell zieht«. Erst am 30.10.1916 erscheint das Paar wieder gemeinsam: »Beim Tee Scheubner-Richters, sie stralend, weil er nach fast

2 Jaren mit längerem Urlaub aus Mesopotamien zuhaus; sieht gut aus u. hat fabelhaftes erlebt.« Am letzten Tag des Jahres geht man zu Scheubner-Richters, wo »gemütlich netter Tee im Weihnachtsatelier u. behagliche Plauderei«.

Auch von auswärtigen Freunden gibt es nach wie vor einige, mit denen sich die Verbindung gehalten hat, obwohl sie nicht in München wohnen, man sich nicht oft sieht und auch eher selten schreibt. So gehört der Göttinger Mathematikprofessor David Hilbert nach wie vor zu Hedwig Pringsheims liebsten Freunden. Auch für Björnstjerne Björnsons Tochter Dagny Langen, die jetzt Dagny Sautreau heißt und die im Sommer 1914 nach München kommt, um ihren neuen Ehemann vorzustellen, hat sich Hedwig Pringsheim ihre alte Zuneigung bewahrt. Der Kontakt zu den Festers besteht ebenfalls noch. Die Nachricht vom »plötzlichen Herzschlag« der treuen Lotte hat Hedwig Pringsheim sehr betrübt. (17.8.1914)

An dem guten Kontakt zu **Lily Bamberger** (45 bis 50 Jahre), die Hedwig Pringsheim 1885 noch als Lily Sertorius kannte, hat sich in diesen Jahren nichts geändert. Auch wenn 1911 und 1912 nur Briefe gewechselt werden, weiß Hedwig Pringsheim doch von den Schwierigkeiten, die Lily mit ihrem schwer nervenkranken Mann Eugen Bamberger hat. So ist es für sie kaum eine Überraschung, als sie am 7.7.1914 einen Brief von Lili Bam erhält, »die mir ihre vollzogene Scheidung meldet!« Am 20.7.1914 hat Hedwig Pringsheim auch ihren »Freund«, **Hermann Reiff** (45 bis 50 Jahre), den Zukünftigen, kennengelernt. »Er macht einen ganz feinen, angenehmen Eindruck.« Am 31.12.1914 findet sie ihr Urteil bestätigt: »Beitisch, lange u. ganz gemütlich, Reiffs: er entschieden ein feiner u. sympathischer Mann.« Am 2.1.1915 trifft man sich erneut: »Zum Essen in die Jareszeiten zu Reiffs, mit Ceconi's [das ist Ricarda Huch mit ihrem ehemaligen Ehemann Dr. Ermanno Ceconi] – ganz nett.« Am 18.6.1916 bekommt Hedwig Pringsheim »spät noch Besuch von Lily Reiff, die ihre Tante hier beerdigt hat«. Mit Briefen halten sich die beiden Frauen über alles Weitere auf dem laufenden.

In seinem ersten Brief des Jahres 1911 geht es **Rodolfo Funke** (59 bis 64 Jahre) um die »ewig unerledigte Hypothekenlöschung«. (13.2.1911) Am 6.7. kommt Funke persönlich vorbei, um noch einmal alles zu besprechen. Wenige Tage später, datiert Friedrichsroda 10.VII.11, trifft ein von Mary E. de Pringsheim unterschriebener spanischer Brief ein, in dem sie urkundlich bestätigt, daß nicht sie den Pringsheims 40.000 Goldpesos für die eigentliche Hypothek und 1.000 Goldpesos für die Abwicklung bezahlt habe, sondern daß es umgekehrt gewesen sei, nämlich daß Pringsheims diese Summe an sie bezahlt hätten.

> Sr. Alfredo Pringsheim y
> Seneora [sic!] Hedwig Dohm de Pringsheim
>
> Muy Señores mios: Cumpliendo con mi deber por la presente declaro:
>
> 1. Que aun cuando el Sr. Pringsheim ha declarado en acto público que ha recibido de mi la suma de 40.000 $ oro sellado, con más mil pesos de la misma moneda proviniendo la primer cantidad de la hipoteca que reconoce el campo denomi[na]do Estancia Virorco, situado en la Provincia de San Luis y los 1000 $ oro por concepto de transferencia de los derechos y acciones que tenia en el mismo campo, no es exacto que yo le haya abonado esas dos cantidades; por el contrario esas sumas me las ha donado tanto el Sr. Pringsheim como su Señora.
> 2. Al haber hecho los cónyuges Pringsheim la declaración de haber recibido aquellas cantidades ha sido el propósito de no perjudicar el titulo de transferencia de los derechos y acciones que me han hecho de la parte que tenía el campo denominado Virorco. En mérito de lo que dejo expuesto, que es la verdad de los hecho[s], firmo la presente para constancia
> Mary E. de Pringsheim

Offensichtlich hatte man, um die Löschung der Hypothek bei den argentinischen Behörden endlich durchsetzen zu können, ein Scheingeschäft arrangiert. Alfred Pringsheim hatte sich seinerzeit beim Kauf auf die Erik Pringsheim gehörende »Estancia Virorco« eine Hypothek eintragen lassen, die ihm das Recht verschaffte, bei Ausbleiben der Zahlung der vereinbarten Tilgungsbeträge die Farm zu verkaufen. Obwohl man mit der Witwe Eriks überein-

Münchner Freunde

gekommen war, daß sie die Estancia unbelastet erben sollte, hatten sich der Löschung der Hypothek von Seiten der argentinischen Bürokratie immer neue Hindernisse in den Weg gestellt. Komplizierter wurde der Sachverhalt nun auch noch dadurch, daß wegen mangelnder Bedienung der Hypothek, die Farm inzwischen in das Eigentum der Eheleute Pringsheim übergegangen war. So hatte man also zu diesem Scheingeschäft Zuflucht genommen, und diesmal scheint es auch funktioniert zu haben. Am 31.8. gehen Hedwig und Alfred Pringsheim gemeinsam »aufs argentinische Konsulat«, um eine »neue Vollmacht für Funke« ausstellen zu lassen. Danach ist im Tagebuch nicht mehr von dieser Angelegenheit die Rede.

Allerdings hört man auch von Funke weiter nichts. Erst am 15.11. macht er bei Pringsheims seinen Abschiedsbesuch, weil er »plötzlich nach Argentinien färt«. Auch in den folgenden Jahren kommt er während seines Deutschlandaufenthaltes ein paarmal zu Besuch, oder man trifft sich bei Bruckmanns oder Schaeuffelens. Dabei geht es dann »harmlos fidel« oder »ganz gemütlich u. nett« zu. Mit Kriegsausbruch kehrt Funke nach Argentinien zurück. Nun werden nur noch spärlich Briefe gewechselt. Die Post ist monatelang unterwegs.

Neben den etwa Gleichaltrigen haben Pringsheims auch immer den Kontakt zur »Jugend« gepflegt. Dazu gehören einerseits ehemalige Freunde der Pringsheim-Kinder, die sich nach wie vor bei den Eltern zum Tee einfinden, wie die Malerin Gusti Becker (wenig geliebt, aber trotzdem immer wieder unterstützt), die beiden Schwestern Schöll (die Klavierlehrerin Hedwig und die Mathematikerin Else, die als »gemütlich und harmlos« apostrophiert werden) und die ehemalige Verlobte von Erik Emma Schlier (die in diesen Jahren nicht in München weilt, deshalb weniger Scherereien macht und mit gelegentlichen Briefen und noch gelegentlicheren kleineren Geldgeschenken zufriedengestellt wird), zum anderen »Neuzugänge« wie die jungen Huldschinskys (der Innenarchitekt Paul und seine Frau Lella, Carl Fürstenbergs Tochter), die mit ihrer Verheiratung 1912 nach München übergesiedelt sind.

Den jungen Kunsthistoriker **Heinz Braune** (31 bis 36 Jahre) hatten Pringsheims schon 1910 als Assistent Hugo v. Tschudi's kennengelernt. Von 1911 bis 1914 ist er nun Interimsdirektor der Alten Pinakothek mit Anton Stadler als Beigeordnetem. Wie Stadler ist auch Dr. Braune gern gesehener Gast im Hause Pringsheim. Auch seine Heirat mit Mary Endres im Mai 1914 stört diese Beziehung nicht. Von da an erscheint er eben bei Pringsheims mit seiner Frau. Am 4.7.1914 macht Hedwig Pringsheim bei Heinz Braune einen »Kondolenzbesuch«. Grund dafür war die Tatsache, daß nicht Prof. Braune den durch den Tod von Tschudi vakanten Direktorposten an der Alten Pinakothek erhielt, sondern der Wiener Museumsdirektor Friedrich Dörnhöffer berufen worden war, obwohl Braune den Posten ja kommissarisch verwaltete. Dafür, daß das Verhältnis zwischen Dörnhöffer und Prof. Braune sich unerquicklich gestaltete, sorgte auch Dr. Karl Voll, der mit verleumderischen Behauptungen über Braune seinen Vorgesetzten »gewarnt« hatte. Obwohl Braune den Verleumdungsprozeß gegen Dr. Voll gewann, war das Verhältnis nachhaltig gestört. Voller Verdruß verließ Braune die Pinakothek und meldete sich Ende 1916 als Kriegsfreiwilliger, wo er nach seiner Grundausbildung dann als Kunstschutzbeauftragter in Rumänien tätig war.

Etwa im Alter der Pringsheim-Söhne sind auch die jungen Pidolls. Bereits 1910 tauchte der bei Alfred Pringsheim studierende **Max v. Pidoll** (34 bis 39 Jahre) zum ersten Mal beim Tee auf, und schon bald gehört er zu den regelmäßigen Besuchern. Anfang 1911 begleiten ihn sein jüngerer Bruder Carl und seine ältere Schwester Marie. Auch diese beiden finden Eingang in den Pringsheimschen Kreis, der sich dann nach Maries Heirat mit dem Kapellmeister Friedrich Reisch noch um »die Reischs« vermehrt. Spielt anfangs Max die Hauptrolle – er ist Mitarbeiter an Alfred Pringsheims 1916 erschienenem Vorlesungsband –, so tritt er mit der Zeit immer mehr hinter seinem Bruder **Carl v. Pidoll** (33 bis 38 Jahre) zurück. Carl ist ein vielfach begabter junger Mann: Er ist Schauspieler, Musiker, Schriftsteller. Offensichtlich ist er auch ein guter Klavierspieler, mit dem gemeinsam zu musizieren Alfred Pringsheim viel Freude macht. Mit Ausbruch des Ersten Weltkrieges wird der k.u.k. Oberleutnant der Reserve des Dragonerregiments Max v. Pidoll sofort aktiviert, sein Bruder Carl geht nach Brünn ins Engagement. Doch schon im Sommer 1915 ist Carl zurück. Nun kommt er wieder regelmäßig zum Tee und »bleibt musicirend über den Abend«. Im Herbst 1916 heiratet er die zehn Jahre jüngere Florence Freiin von Zedlitz und Neukirch. Diese Ehe hält aber nur wenige Jahre.

Berliner Familie

Hedwig Dohm (80 bis 85 Jahre) – von Hedwig Pringsheim »**Mim**« oder »Mimchen« genannt – lebt nach wie vor im Rosenbergschen Haushalt. Im Haus in der Berliner Tiergartenstraße hat sie im Dachgeschoß eine eigene kleine Wohnung, wo sie ihren eigenen Rhythmus lebt, betreut und umsorgt vom Personal und der Familie. Die Sommermonate verbringt sie mal in Grunewald bei Eva oder Miez, mal in Wannsee bei Else oder Ilse. Weitere Reisen unternimmt sie keine mehr.

In diesen Jahren gibt ihr Befinden den vier Schwestern viel Grund zur Sorge und Anlaß zu reger Korrespondenz. Mal plagt sie eine Sehnenzerrung (23.6.1911), mal leidet sie »sehr an schmerzhaftem Rheumatismus« (3.1.1912), mal ist sie blasenleidend (20.12.1911, 1.8.1915), mal hat sie einen schlimmen Fuß (28.10.1915) oder es plagt sie »herzbrechender Husten« (8.10.1916). Ihr Hauptproblem aber ist die zunehmende allgemeine körperliche Schwäche. Sie wird in vielen Briefen behandelt und anläßlich von Hedwig Pringsheims Berlin-Besuchen fast täglich benannt. Trotzdem nimmt Mim noch in gewissem Umfang am Familienleben teil, hat ihren jour, der nach Kriegsbeginn zum »Strickkränzchen« mutiert, und – ist noch schriftstellerisch tätig. Dabei handelt es sich durchweg um kürzere Texte, die sie dann in verschiedenen Zeitungen oder Zeitschriften veröffentlicht, nachdem ihre Tochter Hedwig sie kritisch durchgesehen hat.

Am Leben der stetig wachsenden Enkel- bzw. Ur-Enkelschar nimmt Mim regen Anteil. 1915 hat sie um den Besuch von »Katja's Erika und Klaus' kleine Milka gebeten«. Und man erfüllt ihr am 3.3. diesen etwas anstrengenden Wunsch: »Um 8 mit Erika Abreise nach Berlin, gute, aber lange Fart. Unterwegs gestrickt, gelesen, gegessen. Ankunft ¾ 7, von Else abgeholt, was wegen Auto-Knappheit sehr angenehm. Empfang etwas wirr, da Klaus mit Milka eben angekommen, Miez anwesend, Mimchen aufgeregt.« Vierzehn Tage lang kann »Mim« nun ihre Ur-Enkelchen genießen, dann macht sich Hedwig Pringsheim mit beiden Kindern auf den Weg nach Breslau, um Milka bei den Eltern abzuliefern: »um 2 Abreise mit Erika u. Milka, von Else u. Kaete auf Friedrichstr-Banhof geleitet. Überraschend gute Reise mit beiden Kindern, trotz besetztem Coupé: gestrickt, gelesen, gegessen, gespielt. Viel, viel Militär!«

An ihrem »offiziellen« 80. Geburtstag am 20. September 1913 (zwei Jahre verspätet) wird Hedwig Dohm mit »130 Briefen, 85 Depeschen, 10 Blumen-Arrangements, 3 Adressen, zallosen Artikeln, Versammlungen« geehrt. Ein Buch über sie von Adele Schreiber, *Hedwig Dohm als Vorkämpferin und Vordenkerin neuer Frauenideale*, erscheint 1914. Hedwig Dohm hat sich in der Frauenbewegung einen festen Platz erworben. Wann immer man über diese Bewegung spricht, wird auch ihr Name genannt, eine bewunderungswürdige Leistung.

Der Lebensstil im Hause Rosenberg sowohl in Berlin in der Tiergartenstr. als auch in Wannsee in der Conradstr. ist unvermindert prächtig. Laut *Jahrbuch des Vermögens und Einkommens der Millionäre in Berlin* besaß Hermann Rosenberg 1913 ein Vermögen von 9,9 Millionen Mark (47,52 Millionen €) und hatte ein jährliches Einkommen von 650.000 Mark (3.120.000 €), womit er ein gutes Stück unter Alfred Pringsheim rangiert.

Das Verhältnis Hedwig Pringsheims zu ihrer Schwester **Else** Rosenberg (55 bis 60 Jahre) ist unverändert gut. Beide sehen sich häufig, da Hedwig ja in Berlin bzw. Wannsee bei Rosenbergs wohnt. Dann sind die beiden Schwestern viel gemeinsam unterwegs. Sie machen Spaziergänge und Kommissionen, gehen ins Theater oder besuchen gemeinsame Freunde. Alles spielt sich im intim-familiären Kreis ab. Größere Gesellschaften geben Rosenbergs schon lange nicht mehr.

Mit Elses Gesundheit steht es nach wie vor nicht zum besten. Was ihr fehlt, wird aber nirgends erwähnt. 1911, 1912 und 1913 fährt sie zur Kur nach Pyrmont. 1914 gemeinsam mit ihrem Mann nach Marienbad. Die Hochsommerwochen verbringt die Familie, wie schon in früheren Jahren, häufig auf Sylt. 1913 und 1914 kommt Else nach München. Die Tage sind dann mit ähnlichen Aktivitäten ausgefüllt wie in Berlin. Auch Else hat an ihren Kindern nicht nur Freude. Die Scheidung ihrer Tochter Ilse deprimiert sie sehr, möglicherweise auch weil sie die Heirat seinerzeit sehr gefördert hatte. Dazu kommt ihr Kummer über die ungünstige Entwicklung ihres Sohnes Andreas.

Auch **Hermann** Rosenberg (64 bis 69 Jahre) ist der gleiche geblieben. Da er sich inzwischen fast ganz ins Privatleben zurückgezogen hat, kann er seiner Schwägerin bei deren Besuchen viel Zeit widmen, und da Hedwigs Reitkünste nun offenbar den Ansprüchen von Hermann genügen, reiten die beiden häufig zusammen aus. An Spaziergängen, Theaterbesuchen und sonstigen Aktivitäten beteiligt er sich jetzt ebenfalls. Auch die Herrenabende mit seinen Kegel- bzw. Bridge-Herren sind für den Münchner Gast eine willkommene Abwechslung.

Mit Kriegsausbruch wird das Verhältnis zu Hermann Rosenberg schwieriger, denn Hedwig teilt seinen Patriotismus nicht. Sie gestattet sich, an etwas zu zweifeln, was »abends bei Rosenbergs mit einer Flasche extra prachtvollen Weines und mit großem Phrasenschwall gefeiert« wird. Ja, Hermann sagt von ihr, sie »sei eine objektive Hundeschnauze, mit der man jetzt kaum verkehren könne«. (Brief an Harden vom 8.5.1916) Am 21.10.1916 hält sie im Tagebuch fest: »Abend wie immer, mit pathologischem Ausfall von Hermann gegen die ›Flaumacher‹.«

Mit **Hans**, dem ältesten Sohn ihrer Schwester Else, hat Hedwig Pringsheim wenig Kontakt. Sie freut sich, wenn sie ihn bei einem Berlin-Besuch zufällig antrifft. Von seiner Ernennung zum Professor der Astronomie erfährt sie durch Else. Die Geburt der Zwillinge Renate und Reinhard bleibt im Tagebuch unerwähnt, ebenso wie die Tatsache, daß Hans von 1914 bis 1918 als Artillerie-Offizier an der Westfront kämpft.

Ilse Dernburg (31 bis 36 Jahre), die ältere der beiden Rosenbergtöchter, steht Hedwig Pringsheim von allen ihren Nichten am nächsten. Das mag zum einen daran liegen, daß Ilse, nachdem sie die Schauspielerei aufgegeben und sich der Innenarchitektur zugewandt hat, beruflich nicht so eingeengt ist wie z.B. ihre Schwester Käte, zum anderen scheinen die beiden Frauen sich gut zu verstehen. Hedwig betont immer wieder die freundschaftlichen Gespräche, die sie miteinander führen. Ilse's Scheidung von Hermann Dernburg im August 1913 kommentiert sie nicht. Sie registriert im Tagebuch lediglich ihrer Schwester Else's Traurigkeit »durch Ilse's Geschick«.

Für **Käthe** Rosenberg (28 bis 33 Jahre) hat sich der Traum von der Schauspielerei erfüllt: von März 1911 bis November 1917 gehört sie zum Ensemble von Max Reinhardt. Doch so glücklich scheint sie dabei nicht zu sein, denn die großen Rollen bleiben aus. So spielt sie unter anderem in Shakespeares »Sommernachtstraum« die Königin der Amazonen Hippolyta (16.9.1911 – 26.5.1913 und dann 9.1.1914 – 13.2.1914), in Kleists »Penthesilea« Meroe, eine der drei Amazonenfürstinnen (8.10.1911 – 23.4.1912), in Gozzis »Turandot« die Dienerin Adelma (28.11.1911 – 9.4.1912), in Shakespeares »Viel Lärm um Nichts« die Kammerfrau von Hero Ursula (9.3.1912 – 4.10.1912 und 21.11.1913 – 26.3.1914), in Hebbels »Judith« Judiths Magd Mirza (21.8.1912 – 6.9.1912), in Lessings »Minna von Barnhelm« die Dame in Trauer (16.1.1916 – 8.10.1916) und in Hauptmanns »Fuhrmann Henschel« die Frau Henschel (3.9.1916 – 24.2.1917). In Hedwig Pringsheims Notaten taucht Käthe Rosenbergs Schauspielerei nur einmal ausführlich auf, und zwar als sie in der Zeit vom 14.8. bis 1.9.1911 in München in der Arcisstraße wohnt, weil sie in der Reinhardtschen »Orestie« als 1. Halbchorführerin und als 1. Erinnye auftritt. Käthe wird hier mehrfach als später Gast erwähnt, den man »im Nachthemd umgaukelt«, und sie ist von den endlosen Proben in der Regel »total erschöpft«. Für »Familienleben« bleibt fast gar keine Zeit. Auch wurde die Aufführung »kein voller Erfolg«, »die Einzelnen, außer Moissi, unzulänglich, die Frauenchöre schrill u. unverständlich«. Ansonsten ist Käthe bei Hedwig Pringsheims Berlin-Aufenthalten fast immer zugegen, Persönliches wird aber zu ihr nicht festgehalten. Eine Ausnahme bildet lediglich der Besuch Käthes Anfang Juli 1915, als sie während der schweren Erkrankung von Aißi zu Hedwigs Unterstützung anreist. Am 12.7. wird sie, nachdem sie »sich lieb und nutzbringend erwiesen«, etwas wehmütig wieder nach Hause entlassen. Im Dezember 1916 weilt Käthe im Lungensanatorium Wehrawald in Todtmoos. Offensichtlich zeigen sich hier schon erste Anzeichen des Lungenleidens, an welchem Käthe später jahrelang krankte.

Mit **Andreas** Rosenberg (18 bis 23 Jahre) trifft Hedwig Pringsheim selten zusammen, da er seit etwa 1911 in Weimar lebt, um an der dortigen Hochschule für Bildende Kunst mit mehr oder weniger großem Erfolg Malerei zu betreiben. Der Eindruck, den sie von ihm festhält, ist zwiespältig: am 26.9.1912 notiert sie eine »nicht unamüsante Unterhaltung« mit ihm; am 17.2.1914 erlebt sie ein »Familiendiner zuehren des mündigwerdenden Andreas, wobei das Geburtstagskind von unheilschwangrer Düsterkeit u. Schweigsamkeit«; am 19.9.1914 schreibt sie etwas spöttisch: »abend Familienleben, durch den Soldaten Andreas verschönt, der vom Krieg spricht wie ein 10 järiger Bub, der ›Soldaten spielt‹« und am 10.3.1915, daß er im Lazarett arbeitet, »wo er den Boden schrubbern u. Kartoffeln schälen muß, vor Wut platzt«. Am 1.10.1916 folgt dann die Notiz: »2 Briefe von Else, der erste sorgenvoll über Mimchens beunruhigenden Husten u. über Andreas, von dem keine Nachricht; der zweite mit der kurzen Meldung, daß der arme Andreas am 20/9 bei Luck gefallen, im Massengrab ruht! Brief an Mim u. an Else.« Mehr hat Hedwig Pringsheim dazu nicht zu sagen. Über Andreas schreibt Vera Rosenberg in ihren Erinnerungen:

> Andreas gegenüber war die Mutter ganz einfach schwach, so wie manche Mütter es missratenen Kindern gegenüber sind. Wahrscheinlich tat er ihr leid, weil er so vielen Anstoss gab, und infolgedessen von Allen als Last empfunden wurde ... Schliesslich wurde er ein nicht unbegabter Maler, der zwar natürlich keine Schule durchmachte, aber jedenfalls aus Berlin entfernt und in Weimar stationiert wurde, wo er ein Atelier hatte und gelegentlich eine Art von Tätigkeit ausübte. Aber nicht lange; denn der Weltkrieg machte seinem Leben ein Ende. Kurze Zeit, nachdem er an die Front gekommen war, fiel er auf dem östlichen Kriegsschauplatz ... Für Grossmuttchen [Else Rosenberg] war dies der furchtbarste Schlag; und sie fühlte sich umso isolierter in ihrem Schmerz, als sie nicht ohne Berechtigung argwöhnte, dass man der Ansicht sein konnte, dieser Ausgang sei das Mildeste, was Andreas und den Seinen hätte bevorstehen können. Nach seinem Tode bekam Vati [Hans Rosenberg] von seinem Vater den Auftrag, Andreas' Schulden zu regeln. Zu diesem Zweck suchte er die Freunde seines Bruders auf, Bar-Keepers mit Anhang und dergl. In dieser Welt war er zu Hause gewesen, und man sah dort mit Staunen den bebrillten und weltfremden Gelehrten an, der aus demselben Nest stammte, wie Duzbruder Andreas. (*Erinnerungen von Vera Rosenberg an Rudolf Borchardt*, 178f.)

Zwei Dinge verbinden Hedwig und ihre Schwester Maria bzw. **Miez** (53 bis 58 Jahre), wie sie allgemein genannt wird, das Übersetzen und die Sorge um »Mim«. Hedwig Pringsheims Beteiligung an der Übersetzertätigkeit von Maria Gagliardi endet allerdings im März 1911 mit der Übertragung von *Leila* von Antonio Fogazzaro (ersch. 1911 im Verlag G. Müller). Die von ihr begonnene und dann abgebrochene Arbeit am *Pecorone* von Giovanni Fiorentino erscheint ohne ihre Mitwirkung 1921 in zwei Bänden bei G. Müller. Die Fürsorge für »Mim« steht aber weiterhin im Mittelpunkt ihrer beider Aufmerksamkeit. Wann immer Hedwig Pringsheim Berlin besucht, trifft sie dort mit ihrer Schwester zusammen. Lediglich im Sommer und Herbst 1911 ist Miez verhindert, da sie selbst zeitweilig ernstlich erkankte. Seit Kriegsausbruch ist Miez besonderen Schikanen ausgesetzt. Da sie mit einem Italiener verheiratet ist, wird sie als feindliche Ausländerin eingestuft und muß sich in regelmäßigen Abständen bei der Polizei melden. Außerdem darf sie Berlin nicht verlassen, kann also Mim in Wannsee nicht betreuen.

Miez' Ehemann **Ernesto** Gagliardi (57 bis 62 Jahre) scheint jetzt wieder häufiger in Berlin zu sein. Bei dem einen oder anderen ihrer Besuche dort trifft Hedwig Pringsheim auch ihn. Mehr hält sie im Tagebuch nicht dazu fest.

Beider älteste Tochter **Hedda** (21 bis 26 Jahre) lebt zunächst noch in Berlin, wo sie sich auch immer wieder an der Betreuung von »Mim« beteiligt. Im Sommer 1913 verläßt sie das Elternhaus, um den Juristen **Karl Korsch** zu heiraten. Bis zum Ausbruch des Ersten Weltkrieges leben die beiden in London. Da Karl Korsch sofort bei Kriegsbeginn eingezogen wird, kehrt Hedda zur Familie nach Berlin zurück. Sie nimmt ihr Studium wieder auf, um es dann im September 1916 mit der Promotion abzuschließen. Schon kurze Zeit später wird sie an die »Freie Schulgemeinde Wickersdorf« als Sprachlehrerin engagiert. Ihre im Juli 1915 geborene Tochter **Sibylle** bleibt bei der Großmutter Miez in Berlin. Außer diesen dürren Fakten ist dem Tagebuch weiter nichts zu entnehmen. Offensichtlich stand Hedda dem Herzen Hedwig Pringsheims nicht besonders nahe.

Über **Luigia** (19 bis 24 Jahre), Miezens jüngere Tochter, weiß Hedwig Pringsheim nur zu sagen, daß sie Schauspielerin ist und daß sie – nach wie vor – immer wieder »hysterisch krank« und

»fürs Sanatorium reif« ist. Sie läuft bei den Treffen mit Miez so mit. Nur einmal wird sie im Tagebuch ausführlich behandelt, als sie vom 26.3. bis 9.4.1913 in der Arcisstraße Besuch machen darf. Nun begleitet sie ihre Tante Hedwig in die Stadt, zum Turnen oder ins Theater, macht mit ihr Kommissionen oder Besuche. Bei dieser Gelegenheit spricht sie ihr auch vor, »entschieden talentvoll«. Offensichtlich erweist Luigia sich auch als angenehme Gesellschafterin, denn am 9.4. notiert Hedwig Pringsheim: »Abend Familienleben, zärtlicher Abschied u. um 10 Ur Abreise«. Am nächsten Tag folgt noch eine »Karte an Luigia mit Dank für rürende Abschiedsrosen«. Genaueres über Luigias Schauspielerei erwähnt Hedwig Pringsheim nicht. Daß sie von Sept. 1910 bis Aug. 1913 zum Ensemble von Max Reinhardt gehört, weiß man aus anderen Quellen. Ihre Rollen sind allerdings winzig. So spielt sie in Goethe's »Faust I« das 1. Dienstmädchen (6.9.1910 – 19.9.1910) und anschließend das 1. Bürgermädchen (26.9.1910 – 9.6.1911), parallel dazu in »Der gute König« von A. Rivoire das 3. Edelfräulein (18.9.1910 – 13.8.1911). Die meiste Zeit steht sie in kleinen Rollen in Goethe's »Faust II« auf der Bühne: 2. Lamie (23.3.1911 – 6.9.1911), Empuse (19.5.1911 – 23.8.1913), 1. Nymphe und 4. gefangene Trojanerin (8.6.1911 – 11.8.1911), Furcht und die Blondine (12.8.1911 – 6.9.1911). Nach ihrem Ausscheiden bei Reinhardt hat Luigia, laut Tagebuch, ein Engagement am Berliner Schillertheater gefunden. Im März 1915 ist sie für kurze Zeit in Brandenburg im Engagement. Dann wechselt sie offensichtlich zum Ballett, denn am 25.4.1916 tritt sie im Deutschen Theater im Ballett »Die grüne Flöte« als Choristin auf: »sehr langweilig, phantasielos u. one rechten Glanz, außerdem noch völlig unfertig«.

Im Dezember 1910 hatte Hedwig Pringsheims jüngste Schwester **Eva** (52 bis 57 Jahre), seit 1908 Witwe des Bildhauers Max Klein, nach anfänglichem Zögern ihren langjährigen Hausfreund, den Verleger Georg Bondi, geheiratet. Damit ist sie auf weitere finanzielle Zuwendungen der Familie nicht mehr angewiesen. Der bisher oft besorgte Unterton im Tagebuch in Bezug auf Eva verschwindet. Am Verhältnis der Schwestern untereinander ändert sich nichts.

Der Verkehr mit **Georg Bondi** (46 bis 51 Jahre) ist freundschaftlich-familiär, schließlich kennt man sich schon viele Jahre.

Auch wenn Hedwig Pringsheim den Hauptautor des Verlages, Stefan George, wenig schätzt, färbt dies offensichtlich nicht auf ihre Beziehung zu Georg Bondi ab. Bondi's sind viel unterwegs und machen auf der Durchreise in München immer mal Station. Im Sommer 1911 trifft man sich auch in St. Moritz.

Am Wohlergehen von **Mira** (25 bis 30 Jahre), Eva's ältester Tochter, hat Hedwig schon von Anfang an Interesse gezeigt. Seit 1909 ist Mira mit dem Psychologen Kurt Koffka (25 bis 30 Jahre) verheiratet. Da die beiden in Gießen leben, wohin Kurt Koffka 1911 berufen worden war, sieht man sich selten. Der Kontakt wird durch Briefe aufrechterhalten. Den seinerzeit von Pringsheims versprochenen Zuschuß wird das junge Paar wohl bis 1911, vielleicht auch noch länger, in Anspruch genommen haben.

Mira's jüngere Schwester **Lily** (22 bis 27 Jahre) hatte Hedwig Pringsheim bisher kaum wahrgenommen. Seit sie 1911 nach ihrer Verheiratung mit dem russischen Maler **Boris Keith** (24 bis 29 Jahre) zunächst in München lebt, trifft man sich häufiger. Wie dem Tagebuch zu entnehmen, hat Lily in München im Juli 1912 »ihr Abiturium bestanden«. Daher wird ihr am 22.7. »ihre Abiturientententasche überreicht«. Wenige Zeit später scheinen Keiths nach Berlin verzogen, denn jetzt werden fast nur noch Briefe gewechselt. Im Sommer 1913 trifft man sich in Sils Maria. Weitere Begegnungen 1914, 1915 und 1916 finden in Berlin statt.

Auch für **Dora** (17 bis 22 Jahre), Eva's jüngste Tochter, hat sich Hedwig Pringsheim bisher nicht engagiert. Nun trifft sie im Hause Bondi immer wieder mit ihr zusammen. Da Hedwig aber Dora's Zukünftigen, Hans Brinkmann, unausstehlich findet, ist das Verhältnis eher getrübt. Immerhin scheint sie mit der Einschätzung des jungen Mannes recht zu haben, denn die Ehe hält nicht lang (verh. am 16.3.1912; gesch. am 12.5.1916) und war wohl schon bald problematisch, denn Hans Brinkmann heiratet wenige Tage nach seiner Scheidung erneut.

Mit **Martha** v. Rohrscheidt (60 bis 65 Jahre), Alfred Pringsheims Schwester, bleibt das bisherige gute Einvernehmen weiter bestehen. Auch die Turbulenzen wegen der schlechten Entwicklung bei der Aktiengesellschaft »Ferrum« ändern daran grundsätzlich nichts. Im August 1911 macht Martha auf der Rückreise von Bayreuth in der Arcisstraße Station, ebenso 1912. Seit Anfang 1912 wohnen Rohrscheidts in dem nach dem Brand vom Architekten Hermann Dernburg wiederhergestellten, »wirklich schönen u. äußerst komfortabeln ›G'schloß‹«. (s. Abbildungen)

Kurz nach Kriegsausbruch erhält Hedwig Pringsheim einen »traurigsten Brief« von Martha: Sie hatte ihre fünf Söhne in den Krieg ziehen lassen müssen. Und schon am 13.9.1914 wird ihre Sorge zur Gewißheit: »sehr trauriger Brief von Marta, die den Tod ihres **Jürgen** meldet – schrecklich!« Am 21.9.1914 heißt es dann: »nachmittag zu Rohrscheidts in die Stadtwonung, fand Marta sehr gefaßt, Paul gebrochen ... Auf Patrouille ist der Kleine am 24/8 gefallen, wie sein Rittmeister an Marta schrieb!« Jürgen, der jüngste der Rohrscheidt-Söhne und Liebling der Mutter, war gerade erst 22 Jahre alt geworden. Zu seiner Beisetzung am 12.3.1915 fährt Hedwig nach Garzau: »Draußen mit Marta, Dieter u. Horst, Lademanns u. Ruscha zusammengetroffen. Nach gemeinsamem Imbiß Trauerfeier im Haus, recht stimmungslose sehr lange Rede des Pastors; dann in langem Trauerzug, mit Gesangverein, Kriegerverein, Schule u. Garzauern durch den trüben, nebelschweren Park zu dem schönen Begräbnisplatz im Wald, wo abermals Ansprache, Gesang, Salven, bei leis rieselndem Regen.«

Doch schon im Dezember 1914 kommt die neue Hiobsbotschaft, daß **Paul** (64 bis 69 Jahre) »ernstlich erkrankt in einer Klinik liegt«. Als Hedwig ihn am 5.3.15 wiedersieht, ist »Paul so zum Erschrecken verändert, daß er mir sterbend erscheint«. Doch sein Siechtum dauert, und jedesmal, wenn Hedwig ihn sieht, geht es ihm noch schlechter. Am 26.4.1916 heißt es: »Paul noch jammervoller u. Marta's Dasein warlich beklagenswert.« Erst am 13.6.1916 erhält sie ein »Telegramm von Marta, daß Paul gestorben ist«. Noch am selben Abend sind Hedwig und Alfred nach Berlin gereist und am 14.6. »nach Garzau gefaren, wo wir Marta u. Dietrich fanden. Herzliche u. traurige Begrüßung, dann natürlich u. verständig über Paul u. sein Ende gesprochen. Ich sah auch die Leiche, die mit dem Lebendigen so garkeine Beziehung mehr hatte: ein kleines Wachsgesicht, der Körper fast zum Nichts geschrumpft.« Am 17.6. dann »um 2 Ur die Leichenfeier u. Beisetzung von Paul. Gunter u. Hans waren noch rechtzeitig gekommen ... Lange trockene Rede des Superintendenten u. Gesang, dann feierlicher Zug durch den Park, mit Kinderchor, nochmals Ansprachen der 4 Geistlichen im Ornat, Veteranensalve, Kränze, auch von der ganzen Garzauer Bevölkerung. Im Haus noch Tee, herzlichste Verabschiedung von Marta u. ihren 4 Jungen.«

Im Juni 1914 fährt Martha zur Kur nach Karlsbad, im Mai 1915 nach Kissingen. Am 6.9.1916 trifft Martha bei den Pringsheims in Wildbad ein. Es folgen täglich gemeinsame Unternehmungen. Doch am 16.9.1916 wird Martha »telegraphisch zurückgerufen« und man muß sie nach »sehr gerührten Abschied« ziehen lassen. Ob Martha selbst eine Kur »gebraucht« wird nicht deutlich, vielleicht nutzt sie die Abwesenheit von Garzau auch einfach zur Erholung.

Neben Briefen und Karten schickt Martha auch »einen trefflichen Rehrücken (19.11.1914), eine »sehr hübsche Sendung in Kleidern« (25.3.1915), ein »Packet mit Kleidern« (20.8.1915), ein »inhaltreiches Packet« (22.12.1915), »eine rürende Lebensmittelsendung« (28.6.1916) und eine Gans (7.12.1916).

Von Marthas anderen Söhnen erfährt man nicht viel, außer daß **Gunther** (28 bis 33 Jahre) Leutnant (14.1.1913) und »durch seine diplomatische Carrière ein vollendeter Cavalier« geworden ist (4.8.1913); daß **Dietrich** (26 bis 31 Jahre) eine hübsche Braut hat (5.3.1915) und die Geburt eines Buben meldet (24.3.1916).

Berliner Freunde

Der Berliner Freundeskreis hat sich sehr verkleinert. Mit **Fürstenbergs** trifft Hedwig Pringsheim immer wieder gern zusammen, am liebsten »im kleinsten Kreise«. Dabei gilt ihre Zuneigung im wesentlichen dem Hausherrn. Und als ihr der Schwiegersohn Huldschinsky am 28.6.1915 »den Tod von Aniela, infolge einer Operation, telephonirte«, trauert sie mit ihm. Bei ihrer nächsten Begegnung findet sie Fürstenberg »äußerlich unverändert, mit zerbrochenem Unterton«. (11.8.1915) Am 11.2.1916 ist er aber wieder »sehr amüsant u. erfrischend«.

Obwohl Hedwig Pringsheim **Walther Rathenau** immer nur bei anderen trifft, bei Deutschs (9.2.1912), bei Dernburgs (8.3.1913) oder bei Fürstenbergs (8.11.1915) scheint sie ein ganz besonderes Verhältnis zu ihm zu haben, denn sie zählt ihn, wie Fürstenberg, zu ihren »alten Courmachern«. Das ist im Falle von Rathenau umso erstaunlicher, da er dem Typ des Courmachers so gar nicht entsprach:

> Er hatte ständig seinen Tag bis auf die einzelne Minute eingeteilt und konnte doch jederzeit mühelos aus einer Materie in die andere umschalten, weil sein Gehirn immer parat war, ein Instrument von einer Präzision und Rapidität, wie ich es nie bei einem anderen Menschen gekannt. Er sprach fließend, als ob er von einem unsichtbaren Blatt ablesen würde, und formte dennoch jeden einzelnen Satz so plastisch und klar, daß seine Konversation mitstenographiert ein vollkommen druckreifes Exposé ergeben hätte. Ebenso sicher wie Deutsch sprach er Französisch, Englisch und Italienisch – nie ließ ihn sein Gedächtnis im Stich, nie brauchte er für irgendeine Materie eine besondere Vorbereitung. Wenn man mit ihm sprach, fühlte man sich gleichzeitig dumm, mangelhaft gebildet, unsicher, verworren angesichts seiner ruhig wägenden, alles klar überschauenden Sachlichkeit. Aber etwas war in dieser blendenden Helligkeit, in dieser kristallenen Klarheit seines Denkens, was unbehaglich wirkte wie in seiner Wohnung die erlesensten Möbel, die schönsten Bilder. Sein Geist war ein genial erfundener Apparat, seine Wohnung wie ein Museum, und in seinem feudalen Königin-Luisen-Schloß in der Mark vermochte man nicht warm zu werden vor lauter Ordnung und Übersichtlichkeit und Sauberkeit. Irgend etwas gläsern Durchsichtiges und darum Substanzloses war in diesem Denken; selten habe ich die Tragik des jüdischen Menschen stärker gefühlt als in seiner Erscheinung, die bei aller sichtlicher Überlegenheit voll einer tiefen Unruhe und Ungewißheit war. (Stefan Zweig, *Die Welt von gestern*, 211)

Ihren alten Freund **Rudolf Genée** trifft Hedwig Pringsheim ziemlich regelmäßig bei ihrem Schwager Rosenberg, da Genée zu dessen »Donnerstagsherren« gehört. Am 18.4.1912 findet sie »Genée in einem bedenklichen Zustand, der mich besorgt für ihn macht«. Und auch bei seinem nächsten Besuch in München am 20.7.1913 ist er »erst erschreckend alt u. faselig, aber dann ganz der alte, muntere Greis, eß- u. trinkfest u. bis 10 Ur vom Jare 48 ganz nett erzälend«. Überrascht notiert sie am 20.1.1914 die »Nachricht von Genée's Tod!«

Nach Jahren des ausschließlich brieflichen Kontakts trifft Hedwig Pringsheim **Astaf v. Transehe** am 16.2.1911 in Berlin: »Um ½11 mit Transehe im Kaiser Friedrich-Museum getroffen, fast unverändert, sehr freundschaftlich.« Sie fährt mit ihm zu Harden, bei dem sie »beinahe 2 St. plauderten« und nimmt ihn dann mit zu Rosenbergs, wo er »bis 11 blieb, alle Welt bezauberte«. (23.2.1911) Auch in den nächsten Tagen ist er überall dabei, wobei sie am 26.2.1911 etwas irritiert bemerkt: »Ilse u. Astaf ein großer Flirt.« Und am 27.2.1911: »Transehe, der sich verabschiedete. Leider.« Nun folgen wieder Monate nur brieflichen Kontakts, bis man sich am 6.3.1913 erneut in Berlin bei Rosenbergs trifft: »Transehe bis 10 mit uns Damen in angeregtem Geplauder.« Am 8.3.1913 folgt man gemeinsam einer Einladung zu Dernburgs großem Tee, am 9.3. verbringt man den Abend wieder in »Familie, plus Dernburgs u. Transehe«, am 12.3. folgt ein Lunch mit Alfred, Peter u. Martha im Bristol. »Beim Tee Transehe und Ilse (hm!)« Die letzte Erwähnung dann am 14.3.: »Beim lunch Alfred, dann mit Transehe nach Grunewald geautelt, 1½ St. bei Harden (leider in Anwesenheit von Madame), dann im Auto zurück.« Danach kein Brief mehr, kein Lebenszeichen bis 31.10.1917!

Der Kontakt zu den beiden Jugendfreundinnen Cile Seler und Aletta Creizenach besteht zwar noch, beschränkt sich aber auf sporadische Briefe und einige wenige Begegnungen. Der Rechtsanwalt Walter v. Pannwitz und seine Ehefrau Catalina, Oskar Hahns Witwe Lotte Hahn, Felix und Lili Deutsch, Ernst und Lena Schweninger und Therese Simon sind an den Rand gerückt.

Nicht erst seit dem Krieg, doch nun ganz besonders, ist **Maximilian Harden** der einzige, von dem sich Hedwig Pringsheim wirklich verstanden fühlt. Seine Zeitschrift *Die Zukunft* liest sie mit großer Anteilnahme. Das schreibt sie ihm in vielen ihrer Briefe, so auch in dem vom 15.11.1914:

> … ich freue mich auf jede neue Nummer, aus der ich immer wieder in so klarer, überzeugender Weise bestätigt bekomme, was teilweis nur als dumpfe Empfindung in meiner ungelehrten Weiberseele gärt; was ich aber doch oft auch schon vorher genau so gedacht, wenn auch nicht so präcis formulirt hatte. Ich leide unter dem Zeitungsschwatz und unter dem gehässigen

Chauvinismus, der täglich mehr geschürt wird, unsäglich; ich finde es grauenhaft, beschämend, widerwärtig. Ich verhülle mein Haupt, ich mag mit niemandem mehr reden. Dieses blödwitzige Verkennen der andern Nationen, dieses pralende, stinkende Eigenlob ist doch kaum noch zu ertragen. Fassungslos stehe ich auch vor der Lustigkeit – ja, gradezu Lustigkeit unserer Zeitgenossen.

Aber Hardens recht unverhüllte Kritik an Personen und Zuständen hat ihre Folgen: Am 21.12.1915 wird *Die Zukunft* verboten, wegen Hardens Kritik an der von Helfferich erwogenen Besteuerung der Kriegsgewinne. Durch Intervention von Erzberger, Stresemann und Bethmann-Hollweg konnte *Die Zukunft* dann am 29.1.1916 wieder erscheinen. Doch schon am 25.4.1916 erhält Hedwig Pringsheim die Nachricht von einer neuerlichen Konfiszierung. Diesmal aufgrund von Hardens Artikel »Wenn ich Wilson wäre«. Bald ist aber auch dieses Verbot zu Hedwig Pringsheims großer Erleichterung wieder aufgehoben.

Die Vorträge, zu denen Harden in diesen Jahren regelmäßig anreist, sind jedes Mal für München ein besonderes Ereignis: »Der Jareszeitensaal übervoll, viel Bekannte, der Vortrag glänzend, nur viel zu lang: geschlagene 3 Stunden! viel Beifall.« (11.11.1911) Am 15.11.1912 heißt es: »um 8 mit Tommy in die Jareszeiten zu Hardens Vortrag über ›die politische Lage‹; sprach 2½ St. interessant und ernst, mit großem Beifall, aber one, wie er (vielleicht mit einigem Recht) meinte, den gewonten Widerhall zu finden; worüber er nach Schluß einen förmlichen Tobsuchtsanfall bekam.« Dafür wird aber der nächste, am 15.2.1913 gehaltene Vortrag, wieder als »sehr gut, riesig erfolgreich« beurteilt. Hardens Berliner Vortrag am 22.11.1913 über »Krupp« in der Philharmonie findet Hedwig Pringsheim »unfrisch u. nicht ganz auf sonstiger Höhe«. »Ihn, der sich wieder komplett hysterisch benahm, im Kreise vieler jüdischer Herrschaften begrüßt.« Am 12.2.1915 ging Hedwig »mit Alfred in den überfüllten Kaimsaal zu Hardens Vortrag, der ausgezeichnet wirkte, großen Beifall fand.« Am nächsten Tag macht Hedwig einen »Spaziergang mit Harden, wobei unter wa[h]ren Odysseen die gestern verdienten 2.000 M. für die Kriegshinterbliebenen endlich am Kriegsministerium anbrachten. Dann aß

Harden – malgré lui – unser Samstagsrindfleisch mit uns u. plauderte bis ½4 riesig angeregt, zum Abschied.« Der nächste Vortrag am 24.4.1915 ist wieder ausgezeichnet, wenn er »auch nichts besonders neues bringen konnte. Harden reiste danach ab, wie ein Verzweifelnder, Rasender, wie ich ihn noch nie gesehen.« Die beiden Vorträge am 20.11.1915 in München und am 5.2.1916 in Berlin sind »glänzend besucht« und verliefen vortrefflich bzw. waren »gestopft voll« und verliefen »one Zwischenfall«.

Wenn man die Berichte aus den *Münchner Neuesten Nachrichten* über Hardens Vorträge liest, kann man sich nicht verhehlen, daß es sich dabei um typische »Durchhalte-Vorträge« handelt. Wie sich das mit Hardens dezidierter Kriegskritik verträgt, ist unklar. Erstaunlicherweise ist der kritischen Hedwig Pringsheim dieser Widerspruch nirgends aufgefallen.

Zu dieser Ausgabe

Zum Text

Der Tagebuchtext wird vollständig in Hedwig Pringsheims Schreibweise und in der von ihr vorgenommenen Gliederung wiedergegeben. Auch ihre Unterstreichungen werden übernommen. Grammatische Fehler bzw. Verschreibungen werden beibehalten. Lücken im Text werden durch den Zusatz »[Auslassung im Original]« verdeutlicht. Einige wenige nicht entzifferbare Wörter sind durch »[unleserlich]« gekennzeichnet. Durchstreichungen bleiben durchgestrichen. Zur Identifikation mancher Personen wird ihr Vorname in eckigen Klammern in den Text eingefügt.

Folgende stillschweigende Korrekturen wurden vorgenommen:
- Ergänzung von Schlußpunkten
- Ergänzung von fehlenden Klammern
- Ergänzung von An- bzw. Abführungszeichen
- der doppelte Silbentrennungsstrich am Zeilenende wird einfach wiedergegeben
- Satzanfänge werden grundsätzlich groß geschrieben
- nach Komma oder Semikolon geht es immer klein weiter
- die durch einfachen Überstrich markierte Verdoppelung des Buchstabens m wird ausgeführt

Zum Kommentar

Der Kommentar ist bewußt sparsam gehalten. Er wird in Form von Fußnoten eingefügt und enthält folgende Hinweise:
– Informationen zum Inhalt, aber nur, wenn sie zum Verständnis einer Textstelle unerläßlich sind.
– Berichtigungen falsch geschriebener Namen, damit die Personen sich im Register auffinden lassen.
– Hinweise zur Identifikation einer Person bzw. zu verdeckten Namen.
– Übersetzungen fremdsprachiger Worte
– Erklärungen zu heute unüblichen Wörtern oder Sachverhalten (wenn häufiger verwendet, s. »Abkürzungen u. Worterklärungen«).
– Hinweise zur Lektüre, damit diese in der Zusammenstellung »Lektüre« auffindbar ist.
– ausführliche Hinweise auf die von Hedwig Pringsheim selbst besuchten und häufig auch kommentierten Veranstaltungen.
– Erläuterungen aus der Tagespresse zur aktuellen Politik.

Auf Vereinheitlichung und Modernisierung der Schreibweise von Institutionen, Vereinen etc. ist verzichtet worden, um den Charakter der Quellen nicht zu verfälschen.

Die Geldbeträge sind nach den von der Deutschen Bundesbank herausgegebenen Schlüsseln umgerechnet, können aber natürlich nur als grobe Richtlinie verstanden werden.
– in Bd 1 für die Jahre 1885-1891: 1 M. = 6,60 €
– in Bd 2 für die Jahre 1892-1897: 1 M. = 6,00 €
– in Bd 3 für die Jahre 1898-1904: 1 M. = 6,20 €
– in Bd 4 für die Jahre 1905-1910: 1 M. = 5,80 €
  1 Ps. = 9,57 €
– in Bd 5 für die Jahre 1911-1916: 1 M. = 4,80 €
– in Bd 6 für die Jahre 1917-1922: 1 M. = 1,00 €
– in Bd 7 für die Jahre 1923-1928: 1 RM. (ab 11.10.1924) = 3,40 €
– in Bd 8 für die Jahre 1929-1934: 1 RM. = 3,80 €
– in Bd 9 für die Jahre 1935-1941: 1 RM. = 4,10 €.
Erhöhte Unsicherheit gilt zudem für die Umrechnung der Beträge in Kriegs- und Krisenzeiten (Erster Weltkrieg 1914-1918, Inflation 1922/23, Weltwirtschaftskrise 1929-1933).

Zu dieser Ausgabe

Zum Personenregister

Das Register ist ausschließlich ein Personen-Register und enthält die erwähnten Personen mit den jeweiligen Tageseinträgen und – bei wichtigen Personen – einer kurzen Biographie. Eine am Ende der Biographie genannte Quelle versteht sich in der Regel als weiterführender Hinweis.

Die Personen erscheinen mit ihrem richtigen Namen im Register, auch wenn Hedwig Pringsheim den Namen anders schreibt z.B. Bismark statt Bismarck oder Röckel, Röckl statt Roeckl. Die von Hedwig Pringsheim benutzten Pluralschreibungen mit Apostroph wurden übernommen.

Die Personen werden nach folgendem Schema aufgelistet: 1. Familie; 2. Ehemann mit Stammdaten, Berufsbezeichnung, kurzer Biographie; 3. Ehefrau mit Stammdaten, Berufsbezeichnung und kurzer Biographie; 4. Kinder. Werden Personen in mehreren Bänden genannt, werden sie später nur noch mit Stammdaten und Berufsbezeichnung aufgeführt, die Biographie entfällt und wird durch einen Verweis auf den Band ersetzt, in dem die Biographie steht. Gegebenenfalls werden noch Ergänzungen zum Lebenslauf hinzugefügt.

Bei Personen mit nur wenigen Einträgen werden nur die Stammdaten und die Berufsbezeichnung genannt. Statt einer Biographie folgt dann lediglich ein Hinweis auf bekannte Nachschlagewerke, z.B. für die Sänger: Kutsch/Riemens; für die Schauspieler: Eisenberg; für die bildenden Künstler: Thieme/Becker/Vollmer.

Schriftsteller, Komponisten, Maler etc. werden im Register nur dort genannt, wo sie Hedwig Pringsheim persönlich begegnet sind.

Der Wohnort Hedwig Pringsheims, München, wird stillschweigend vorausgesetzt. Wohnt die Person, mit der sie zusammenkommt, aber hauptsächlich in Berlin, steht Berlin am Ende der Personenbiographie und gilt dann für die nachfolgenden Eintragungen. Bei Begegnungen außerhalb Münchens wird dem Datum der Ort, z.B. Tegernsee oder Bayreuth hinzugefügt. Die Orte selbst werden nicht gesondert registriert.

Schneider, Ärzte, Zahnärzte u.a. werden nur aufgeführt, wenn sie in den Tagebucheinträgen namentlich genannt werden bzw. eindeutig zuzuordnen sind.

Zu den direkten Familienmitgliedern (Ehemann Alfred, Schwiegermutter Munni, Mutter Hedwig Dohm, Geschwister: Else Rosenberg, Maria Gagliardi, Eva Klein, Kinder: Erik, Peter, Heinz, Klaus, Katja) werden nur wenige signifikante biographische Daten ins Register aufgenommen. Zu ihnen finden sich ausführliche Informationen in der Einleitung des jeweiligen Bandes.

In den Fußnoten genannte Personen finden sich nicht im Register.

Hinweise zu Theatern, Museen und Vereinen stehen bei den »Abkürzungen und Worterklärungen«.

Von Hedwig Pringsheim genannte Bücher und Zeitschriften sind im Verzeichnis »Lektüre« aufgelistet.

Tagebücher
1911 – 1916

[1911]

München, 1 Januar 1911
Gratulation aller Hausbewoner[1], Maxl Schneckenaichner, die üblichen Karten, Briefe von Else, Ilse, Käte, Asta, Tante Lucie. Bei herrlichem Wetter Spaziergang im beschneiten engl. Garten. Beitisch Tommy's mit den beiden Großen, Eva Baudissin mit Wolf u. Steffen, Sascha Sörensen. Beim Tee nur Familie, abends noch Tommy: Familienleben mit Musik, Cub[2] u. Verlesung von Briefen.

2/1
Früh zum Reiten, Brief an Mim, Masseuse. Briefe von Miez, Hedda, Luigia, langer Brief von Eva aus London, Briefchen vom Lehrer Fischer. Nachmittag Klaus beim Packen geholfen, beim Tee noch Katja, um 7 Abreise von Klaus nach Prag. Übersetzt.

3/1
Zum Turnen, (~~Brief an Mim~~), übersetzt. Zum Tee zu Eva Baudissin, wo mit der traurigen, aber sympathischen Erika[3] Wiedersehen feierte. Abend fleißig übersetzt, später Familienleben. Briefe von von[4] Emma Schlier, Gusty Becker, Karte von Klaus aus Schwandorf.

4/1
Früh Masseuse, mit Katja zu Hirschberg u. Kommissionen. Nachtisch die Reuter; da immer noch sehr erkältet, zuhaus geblieben, übersetzt, Brief an Olga mit 300 frs.[5] von Alfred. Beim Tee Katja, abend übersetzt, um ¾ 10 Abreise von Peter nach Berlin. Gerechnet, »Rundschau«.

5/1
Früh zum Reiten, Brief an Mimchen, Masseuse. Nachtisch zum Zanarzt, Rechnungen bezalt. Beim Tee Frau Oselio u. Faber. Übersetzt, Kondolenz an Frau Crusius, Karte von u. an Parkin-

---

1 das sind die Hausmädchen Fanny, Franziska und Berta, die Köchin Cenzi, der Diener Friedrich und der Hausmeister Michael Hacker
2 familiensprachl. für Champagner
3 d.i. Erika Türk
4 so im Original
5 in heutiger Währung etwa 1.166 €

sons in Chicago, Brief an den Lehrer Fischer in Passau, Eriks Freund. Immer noch sehr katarrhgeplagt.

6/1

Bei herrlichem Wetter in die spanische Ausstellung zu Heinemann[6] u. Spaziergang. Beitisch Tommy's u. Faber. Beim Tee nur Katja mit den Kindern. Dann übersetzt. Karten an Hondros u. Peter; gelesen. Recht unwol.

7/1

Schöner, kalter Wintertag. Briefe von Else u. Mira. Masseuse, Rechnungen bezalt. Beitisch Faber, dann die Reuter; »Bürgertugend«,[7] nachher zur Diskussion über »die Dame« (Referat Frau v. Rumpler) geblieben, in das inferiore Geschwabbel auch eingegriffen. Abend ganz allein, übersetzt, Korrektur, Karte von Olga, »Zukunft«.

8/1

Korrektur, Spaziergang bei prächtigem Winterwetter. Brief von Mimchen, Todesanzeige der alten Frau Braun[8]. Beitisch selbdritt da Tommy's eingeladen. Beim Tee Katja, Pidoll[9], Ewald, beide Crodu's. Abend Korrektur fertig gemacht, Brief an Aletta.

9/1

Brief von Grete Schwind, Karte der »Marquesa«[10], zum Reiten. Brief an Mim, Masseuse. Nachtisch zu Voll[11]. Briefe von Olga u.

---

6 Die Galerie Heinemann eröffnet Mittwoch, 4. Januar, eine Ausstellung altspanischer Malerei, wie wir sie hier in München noch nie gesehen haben ... Des Greco Kunst ist durch sechs Originale und zwei treffliche Kopien, Goya ist durch ein Dutzend Werke vertreten, und die Bilder der beiden sind so gewählt, daß man jeden von ihnen in den Hauptphasen seines Schaffens studieren kann. Höchst wertvolle Bilder von Herrera d. Ae., Zurbaran, Vicente Lopez, Jusepe de Ribera, Fray Juan Rizi, Carreño de Miranda und Eugenio Lucas, dem späten Nachfolger des Goya, der mit diesem oft verwechselt wird, seien besonders hervorgehoben ... (ausführl. Bericht in den *Münchner Neuesten Nachrichten* vom 3.1.1911)

7 Im November 1910 begonnene Veranstaltungsreihe des »Vereins für Fraueninteressen«, die aber in der lokalen Presse keine Erwähnung findet.

8 d.i. Friderike Braun, Mutter von Aletta Creizenach

9 vermutlich Max v. Pidoll

10 d.i. die Marquesa Respaldino y Mier

11 Fortsetzung der Vorlesung »Die Niederländische Malerei im Zeitalter von Rubens und Rembrandt«

Januar

von Klaus. Brief an Miez mit Manuskript, Brief an Klaus u. an die Marquesa nach Pola. Mit Katja telephonirt, deren Kinder unwol, Humboldt-Briefe[12] gelesen, wärend die Herren in einer Sitzung.

10/1
Wetterumschlag: Regen, Schnee, Tauwetter. Zum Turnen, in die Stadt. So herumgelungert, etwas gelesen, etwas gekramt, viel telephonirt. Abend mit Alfred zur Eröffnung des Theaters »Zum Großen Wurstel«[13], »Die Frau im Kamin«, ganz unterhaltende Groteske von Freksa, »Der alte Fürst« von A. Brody, vom Publikum abgelehnt, gefiel mir, u. Heinz Manns amüsantes »Variété«.[14] Tommy's, Halbes, Luzi Bürkel u. A. gesprochen. Zog sich mit endlosen Pausen bis ½ 12 hin! Dann noch zum après von Crodu's soirée, die eben zuende. An dem reichlichen Büffet erlabt, um ½ 1 zuhaus.

12 Ausgabe nicht zu ermitteln, zu viele Möglichkeiten
13 Das ehemalige »Münchner Lustspielhaus« war nach umfangreichen Renovierungen im Januar 1911 unter seinem neuen Direktor Dr. Eugen Robert als »Zum großen Wurstel« (Grand Guignol) wiedereröffnet worden. Der Name stieß aber auf so wenig Akzeptanz, daß das Theater schon 1912 in »Münchner Kammerspiele« umbenannt wurde. Otto v. Falckenberg feierte dort später seine großen Triumphe. – Am Tag zuvor war in den *Münchner Neuesten Nachrichten* folgende Meldung zu lesen: »Der Rechtsbeistand des Schriftstellers Heinrich Mann in München und seines Verlegers Paul Cassirer in Berlin bittet uns, mitzuteilen, daß die Aufführung des Stückes »Variété« von Heinrich Mann am »Theater zum großen Wurstel« auf seinen Antrag durch gerichtliche einstweilige Verfügung vom 31. Dezember 1910 verboten worden ist. Durch die Verbindung des Namens »Zum großen Wurstel« mit dem Namen »Heinrich Mann« in den bisher mehrfach erfolgten Ankündigungen des Robertschen Unternehmens sei seinem Mandanten ein großer moralischer und finanzieller Schaden entstanden.« (*Münchner Neueste Nachrichten* vom 9.1.1911)
14 Zum Großen Wurstel: »Die Dame im Kamin« von Friedrich Freksa. Frl. Martersteig (Die Dame), Herr Hartau (Cyrill), Herr Herzfeld (Der Onkel), Herr Reicher (Der Rittmeister) u.a. – »Der alte Fürst« von Al. Brody. Herr Hartau (Bethlen), Frl. Roland (Kath. von Brandenburg) u.a. – »Variété« von Heinrich Mann. Frl. Roland (Leda d'Ambre), Herr Hartau (Fred O'Brixor), Herr Herzfeld (Direktor Fein) u.a. – Ausführl. Bericht in den *Münchner Neuesten Nachrichten* vom 12.1.1911, der mit den Worten endete: »Im übrigen sei noch festgestellt, daß es während des letzten Stückes zu keinerlei Zwischenfällen kam. Verleger und Direktor hatten eine Einmengung der Behörden in Aussicht gestellt. Es geschah aber nichts dergleichen, woraus man annehmen darf, daß die ganze Sache von keinem der Beteiligten allzu heftig gemeint war. Freuen wir uns darüber. A bißl a Liab, a bißl a Treu und a bißl Reklame is allweil dabei.«

11/1
Brief von Peter, Staniol von Puttel, Masseuse, im Kunstverein die Alt-Wiener Ausstellung[15] besichtigt. Nachmittag Besuch bei Winckels, wo gemütlicher Töchter-Tee. Brief von »Eva Bondi«[16], Brief an sie. Humboldt-Briefe gelesen.

12/1
Briefe von Frau Lindemann u. Mieze. Zum Reiten, Briefe an Mimchen u. Peter, Masseuse. Nachmittag Voll, beim Tee Frau Hallgarten u. Katja, die, da Tommy gestern auf 14 Tage zu einer Vortragstournée abgereist u. die Kinder besser sind, über den Abend blieb.

13/1
Zum Turnen; übersetzt. Nachmittag im Schnee zu Katja gegangen, die Kinder wieder wol. Um 7 zuhaus, noch übersetzt, nach dem Abendessen mit Heinz zu Prinz Bruckmanns[17] jour, wohin auch Alfred nach dem Koncert: eine schlecht besuchte, »ibrige« Sache. Mit Gleichen leidlich unterhalten.

14/1
Früh Berreth, in die Stadt, Rechnungen. Beitisch Hartogs. Brief von Mimchen, Frau Reuter, in die Bürgertugend, beim Tee Katja. Abend ganz allein, übersetzt. Sehr kalt.

15/1
Kleine Korrespondenz, bei starker Kälte aus, Karte bei Obrists, Besuch bei Eberts, Karte bei Frau Furtwängler. Beitisch Katja u. Erika, beim Tee dazu Eu. Abends über Katja. Dazwischen übersetzt, Karte an Miez.

---

15 Die Kaiser-Franz-Joseph-Jubiläumsausstellung Altwiener Malerei, die vom 6. bis 20. Januar im Münchener Kunstverein stattfindet, verspricht ein Hauptereignis für unser Kunstleben im Winter 1911 zu werden. Es sind im ganzen bis jetzt etwa 300 Werke angemeldet, darunter allein 58 Bilder Waldmüllers, die größte Kollektivausstellung dieses großen Meisters, die je außerhalb Wiens veranstaltet wurde. Dazu kommen 32 Aquarelle und Oelgemälde von R. Alt, 29 von Pettenkofen, 14 von Dannhauser, 19 von Amerling usw. (Bericht in den *Münchner Neuesten Nachrichten* vom 3.1.1911 und vom 8.1.1911 zur Eröffnung)

16 Hedwig Pringsheims Schwester Eva hatte in zweiter Ehe den Verleger Georg Bondi geheiratet.

17 das sind Hugo Bruckmanns

16/1

Starke Kälte. Früh zum Reiten, Brief an Mim, Frau Berreth. Nachmittag übersetzt, Besuch von Emma Locher, abend mit Katja ins Hoftheater, Kleist »Robert Guiskard«, von Steinrück ergreifend gegeben, dann »Der zerbrochene Krug« in etwas gedehnter vieux-jeu[18] Auffürung.[19]

17/1

Kalter Nebel. Zum Turnen, Packet an Peter, übersetzt. So auch nachmittag[20]. Beim Tee Eu. Brief von Klaus, Humboldtbriefe gelesen.

18/1

Früh Masseuse, Briefe von Peter u. Klaus, in die Stadt. Beitisch Katja, Dr. Lehmann u. der scharfe Jüd' stud. Warschauer. Beim Tee Elsa[21], abend mit Alfred zu Maurice': wol recht nette Gesellschaft, mit Obrist leidlich unterhalten. Tauwetter.

19/1

Warmes Tau- u. Dreckwetter. Zum Reiten; Brief an Mim, Frau Berreth. Nachtisch Voll, dann durch den engl. Garten zu Seeligers u. Drygalski's, Tee bei Katja, die mit etwas Influenza im Bett. Karten von Grete Schwind u. Mauro Urbina. Brief an Peter.

20/1

Brief von Harold Smith, Kondolenz an Bosetti.[22] Zum Turnen. Nachmittag bei ekelhaftem Nebel- u. Sudelwetter mit Katja's u. meinem Kranz zu Erik gefaren; nachmittag später u. Abend Briefe u. Erinnerungen gelesen.

21/1

Andauer des trüben Nebelwetters. Dankkarte der Bosetti, an Mira. Ärgerliches Ausbleiben der Masseuse. Zum lunch mit Alfred zu

---

18 (frz.) veraltet, altmodisch
19 K. Hoftheater: »Robert Guiskard« von Kleist. Herr Steinrück (Robert Guiskard), Herr Ulmer (Robert, sein Sohn), Herr Graumann (Abälard, sein Neffe), Frl. Berndl (Cäcilia), Herr Gura (Berengar) u.a. – »Der zerbrochene Krug« von H. Kleist. Herr Schröder (Walter), Herr Wohlmuth (Adam), Fr. C.-Ramlo (Frau Martha Rull), Frl. Pricken (Eve), Herr Schwanneke (Rupprecht) u.a.
20 so im Original
21 d.i. Elsa Bernstein
22 auch mit PMB nicht zu ermitteln

Bissings, ganz gemütlich mit Lotz', [M.] Hahn, Bruckmanns[23], der Orgény[24] u. A. Auf dem Heimweg mit Hahn das Studentenheim besichtigt. Besuch bei Frau Willich u. zum musikalischen Tee zur – Maffei (!!)[25], die mich eingeladen, »unsern protégé«, den jungen Winter, geigen zu hören. Wie einst im Mai: die Kühlmann, Redtwitz, Schrenk, Annette, Gräfin Drechsel, Gleichen etc. Abend übersetzt.

22/I
Brief von Mim, übersetzt. Bei schönem Winterwetter Spaziergang. Beitisch Katja mit den Kindern, bis über den Tee. Beim Tee dazu Hermy mit Frau[26], 2 Brüder u. 1 Schwester Pidoll,[27] Prof. Bonn. Abend übersetzt, Karte an Miez, Einladungen geschrieben.

23/I
Zum Reiten, Brief an Mim, Masseuse u., da Franziska krank, Hofrat Stieler. Nachmittag Voll, dann Besuch bei Sophie. Nach dem Tee übersetzt, abends Bischof[28], der auf 3 Jare als Journalist nach Japan geht.

24/I
Turnstunde; Einladungen geschrieben, Gratulation an Caspari-Geiger, Dankbrief von Frau v. Maffei für übersandte 30 M.[29] Nachmittag übersetzt, beim Tee Eva u. Erika Türk, Katja u. Eu. Abend Brief an Pannwitz, Karte an Harden. Die Franzi immer noch krank.

25/I
Hofrat Stieler, auf dessen Rat Franzi ins Krankenhaus. Frau Berreth, zur Schneiderin, Kommissionen, mit Crodu. Nachtisch die Reuter, übersetzt. Brief an Klaus, Karte von Dora[30]. Korrektur. Empfehlung für Sascha Sörensen an Festers. Gelesen.

---

23 vermutlich H. Bruckmanns
24 vermutlich die Sängerin Aglaja Orgéni
25 Maffeis waren ehemals Freunde der Pringsheims, hatten aber nach Erscheinen von Hedwig Dohms *Sibilla Dalmar*, wo sie sich übel porträtiert fanden, den Kontakt abgebrochen.
26 das sind Hermann und Else Ebers
27 das sind Max und Karl v. Pidoll sowie ihre Schwester Marie
28 vermutlich Ernst Bischoff
29 in heutiger Währung etwa 144 €
30 d.i. Dora Rauch

26/1

Briefe von Peter u. von Olga. Zum Reiten, Brief an Mim, Frau Berreth. Brief von Else, zu Voll, von dort, bei mildem Dreckwetter zum Tee zu Katja. Abend Korrektur.

27/1

Zum Turnen, in die Stadt. Kleine Korrespondenz, Telephon-Scherereien, Brief an Peter, Karte von Harden. Zum Tee zu Crodu's, Riesen-Empfang, tout Munich in Automobilen, sehr elegant, als attraction die Sängerin Yvonne de Tréville, eine treffliche Könnerin u. Koloratur-Diva, die mich kül ließ. Dann mit Heinz ins Akademiekoncert, Mozart-Abend, angenehm temperirt, Bosetti sehr schön eine Arie gesungen.[31] Brief von Gemma; Wetter matschig-lau.

28/1

Frau Berreth; in die Stadt. Nachtisch die Reuter, in die »Bürgertugend«. Beim Tee Eu, Prof. Dyck, dann Tommy's, von Müller[32] kommend, der Katja's erhöhte Temperatur nicht bedenklich findet. Dann den Abend, ganz allein, übersetzt, »Rosenkavalier« gelesen.

29/1

Briefe von Mim, Klaus, Else. Spaziergang, beitisch Tommy's mit Kindern, und Katja mit ihnen über den Tee. Dann übersetzt, abends »Zukunft«.

30/1

Wieder frische Kälte. Brief an Mim, von 11-12 Musikreiterei, bei starker Beteiligung ganz nett. Dann Berreth, nachmittag zu Voll,

---

31 **Aus den Münchner Konzertsälen**. Zu einer würdigen Gedenkfeier für Mozart gestaltete die Musikalische Akademie ihr sechstes Abonnementkonzert, das auf den 155. Geburtstag des Meisters fiel. Keinen schöneren Eingang hätte man für eine solche Feier finden können als die grandiose Streichquartettfuge in e-moll ... durch Felix Mottl aufs sorgfältigste vorbereitet und ungemein feinsinnig geleitet. Dann sang Frau Hermine Bosetti die Arie »Vorrei spiegarvi« (K 418) die Mozart als Einlage zu einer Oper des Neapolitaners Pasquale Anfossi (1727-1797) komponiert hat. Dieses Stück gab der gefeierten Künstlerin reiche Gelegenheit zu glänzender Bewährung ihres großen Könnens und wurde denn auch mit begeistertem Beifall aufgenommen. Fast ebenso stark war der Applaus, den Ludwig Vollnhals für die Wiedergabe des Violinkonzertes in A erntete ... (ausführl. Bericht in den *Münchner Neuesten Nachrichten* vom 30.1.1911)

32 vermutlich Prof. Friedrich v. Müller

beim Tee Stadler, übersetzt, den Abend über Katja. Kondolenz an Bernheimer zum Tode seiner Frau.

31/1
Zum Turnen, recht kalt. Übersetzt; nachmittag Rechnungen bezalt. Beim Tee Lisbet, sehr unglücklich u. klagend, u. Munthe-Kaas, die bei unsrer Gesellschaft singen soll. Dann übersetzt, après Einladungen lancirt, Brief an Eva zu Lili's Verheiratung[33].

1 Februar.
Früh Frau Berreth, Brief an Klaus, Kommissionen, mit [K.] Schweninger gegangen. Nachmittag die Reuter. Brief von Transehe u. an ihn. Mit Alfred in die Première vom »Rosenkavalier«, großer Tag, tout Munich, höchste Eleganz, Sensationsstimmung, riesiger Erfolg u. Radau. Treffliche Auffürung des mich nur teilweise fesselnden, im ganzen ermüdenden Werks, das von ½7 bis ½11 spielt.[34] – Sehr herzlicher, ausfürlicher Brief von Pannwitz.

2/2
Zum Reiten, Brief an Mim, Masseuse. Nachmittag übersetzt, beim Tee Katja u. Heinz; dann wieder übersetzt, abend gerechnet, Gesellschaftssorgen, Karte an Franziska im Krankenhaus.

3/2
Vor der Turnstunde früh Kommissionen u. zum Turnen. Brief von Peter u. an ihn. Vielfältige Vorbereitungen, noch ein wenig übersetzt. Um ½9 bereits Hereinbrechen von Oselio, dann nach u. nach 2 Buyssons, 2 Bruckmanns[35], 2 Drygalski's, 2 Wolters', 2 Voß', 2 Bonns, 2 Manns, 1 Lula, 1 Locher, 1 Krane, 1 Liebmann[36]: 24 Personen, sehr schön, elegante Tafel, gutes Essen, animirte Stimmung. Nachtisch 2 Schölls, 2 Hallgartens, 2 Ebers', 2 Helmut Toepfers, Elsa B., 2 Pidolls[37], Ewald, Frau [Annette] Simon, Frl. v. Hornig,

---

33 Eva Klein-Bondis Tochter Lili hatte im Januar den russ. Maler Boris Keith geheiratet.
34 K. Hoftheater: »Der Rosenkavalier« von Richard Strauß. Frl. Faßbender (Fürstin Werdenberg), Herr Bender (Baron Ochs auf Lerchenau), Fr. Bosetti (Octavian), Herr Brodersen (von Faninal), Fr. Kuhn-Brunner (Sophie) u.a.
35 vermutlich Hugo Bruckmanns
36 vermutlich Prof. Heinrich Liebmann
37 das sind Max und Karl v. Pidoll

Stengel[38], Erna u. Munthe-Kaas, die für 100 M.[39] sehr hübsche Lieder sang u. allgemein gefiel. Überhaupt sehr netter Abend, zog sich bis ½1 hin, zur Befriedigung von Wirten u. Gästen. Um 2 ins Bett.

4/2

Früh Frau Berreth, Ordnung gemacht, zur Kauer. Nachtisch die Reuter, »Bürgertugend«, beim Tee Katja. Franziska aus dem Krankenhaus zurück. Abend mit Alfred bei Drygalski's in der Gaußstraße (!), 18 Personen, ganz erträglich, zwischen Brentano's u. Hertwig sitzend – den beiden »Feinden«[40] – mäßig gut unterhalten. Um 12 daheim, per Tram.

5/2

Spät auf, Wirtschaft, Karte an Else. Mit Alfred Karten bei Wengers u. Zahns. Beitisch Tommy's, Katja mit den Kindern über den Tee. Briefe an Harden[41] u. an Marta, Gratulation an Ringer, Dankkarte mit 100 M. an Munthe-Kaas. Abend übersetzt.

6/2

Brief an Mimchen, um ½11 zum Musikreiten, wieder ganz nett u. anregend; dann Berreth. Nachtisch [Max] Pidoll, nach dem Tee übersetzt, Karte an Miez. Spät mit den Herren, die aus waren, Abendbrod gegessen.

7/2

Zum Turnen, in die Stadt. Brief von Klaus, Karte von Else. Nachmittag übersetzt, beim Tee Katja, abends zu Crodu's: souper mit elegantem, reichem après; zwischen Hengler[42] u. Mr. Sandiman ganz gut unterhalten, später lange mit Heymel. Recht elegante, angeregte Gesellschaft.

8/2

Schnee, Schnee, Schnee; Masseuse, zur Schneiderin. Karten bei Gleichen, Brief an Klaus. Die Reuter, übersetzt. Abends mit Katja

---

38 vermutlich Paul v. Stengel
39 in heutiger Währung etwa 480 €
40 Nach dem Erscheinen von Hedwig Dohms »Sibilla Dalmar« 1896 war der Kontakt u.a. mit dem ehemaligen Freund Lujo Brentano abgebrochen, da er sich in diesem Roman verunglimpft sah. Jetzt nach so vielen Jahren denkt man etwas milder darüber, die alte gute Beziehung stellt sich aber nicht wieder her. Auch der Umgang mit Prof. Richard Hertwig war seitdem distanziert.
41 im Original erhalten und veröffentlicht in: *Meine Manns*, 110-112
42 vermutlich Prof. Adolf Hengler

in die Jareszeiten, Vortrag von Karin Michaelis über ihr berüchtigtes Buch »Das gefärliche Alter«, nur für Frauen. Teilweis animose Randalirstimmung, die die Vortragende entwaffnete durch ihren sympathischen, künstlerisch abgerundeten Vortrag u. ihre Wärme; auch schwächte sie vieles ab u. gab eigene Fehler zu. Schließlich fand sie vielen Beifall.[43] – Danach noch mit Katja zu Stadlers Ball, uneingeladen. Alles reizend dekorirt, wirklich hübsch anzusehen; schien auch ganz nett, natürlich echt stadlerisch. Gingen nach 12, saßen noch bis ½2 en famille[44] bei Alfred, da Katja bei uns übernachtete.

9/2
Ausfürlich mit Katja gefrühstückt, zum Reiten. Brief an Mim, Berreth. Nachmittags Voll. Karte von Miez, übersetzt, Brief von Munthe-Kaas, 2 Büchlein[45] von Heymel, die abend gelesen.

10/2
Zum Turnen; Briefe von Eva u. Harden, Brief an Peter. Nachmittag übersetzt, abends mit Alfred nochmals in »Rosenkavalier«, (mit der trefflichen Dresdner Siems u. der wenig sympathischen Tordek), der mir nicht besser gefiel als bei der Première.[46] Da-

---

43 **Vortragsabend Karin Michaelis.** Der mit Spannung erwartete Vortragsabend der Schriftstellerin Karin Michaelis, der Verfasserin des sensationellen Buches »Das gefährliche Alter«, fand am Mittwoch abend bei gutem Besuch im Saale der »Vier Jahreszeiten« statt. Die klaren und verständnisvollen, hier und da durch einen Zwischenruf unterbrochenen Ausführungen wurden mit vielem Beifall aufgenommen. Der Vortrag war so gehalten, daß er ohne irgend einen besonderen Anstoß zu erregen, wohl vor Damen und Herren hätte gehalten werden können … (ausführl. Bericht in den *Münchner Neuesten Nachrichten* vom 11.2.1911)

44 (frz.) im Familienkreis

45 vermutlich die beiden zuletzt von ihm erschienenen Gedichtbände *Zwölf Lieder* (1905) und *Spiegel – Freundschaft – Spiele* (1908)

46 **Hof- und Nationaltheater.** Der dritten Wiederholung des Rosenkavaliers war bereits ein Gastspiel beschieden. Fräulein Margarete Siems aus Dresden, die bei der Uraufführung des Rosenkavaliers die Marschallin gesungen hatte, half für Fräulein Faßbender aus. Von der hohen Kunst der Siems war schon in dem telegraphischen Feuilleton aus Dresden die Rede. Schon in Dresden hatte man den Eindruck, in dieser Sängerin eine der ersten Künstlerinnen zu sehen, die zur Zeit auf der Bühne stehen … Fräulein Siems, gleich unserer Fay eine Schülerin der Orgeni, verfügt nicht nur über eine glockenhelle, warme Sopranstimme, sondern auch über eine beneidenswerte Gesangstechnik … Eine Künstlerin wie sie wird stets willkommen sein. Das sagte ihr der herzliche Beifall, mit dem sie gestern inmitten unseres erlesenen Ensembles (allen voran Bender mit seinem Kabinett-

nach noch zu [Hugo] Bruckmanns gut besuchtem jour. Wetterumschlag.

11/2
Warmes Tauwetter. Frau Berreth, dann in die Stadt. Briefe von Transehe, Klaus, Marta, Mimchen. Empfehlungskarte an Lindau für Klaus' Freund Eger, Karte an Eva. Nachmittags Reuter, dann letzte Bürgerkunde (gottlob!), Katja beim Tee, abend übersetzt.

12/2
Brief von Peter; Karten bei Sommerfeld, Locher, Röhr u. Voß. Beitisch Tommy's mit allen Kindern. Über den Tee Katja, dazu Feo Weingartner u. Eu. Brief an Mim, Karte an Peter; abend übersetzt, Dankkarte an Heymel, Brief an Lili Bamberger.

13/2
Brief von Funke von drüben, in Sache der ewig unerledigten Hypothekenlöschung. Zum Musikreiten, Frau Berreth, nachtisch Reuter zum Färpeln. Übersetzt, beim Tee Frl. Runge u. Oselio. Dankbrief von Herrn Eger, ungewönlich herzlicher Brief von Feo[47]. Karte an sie. Reisevorbereitungen, übersetzt; »Pan« gelesen.

14/2
Zum Turnen, Kommissionen. Nachmittag gepackt, beim Tee Katja, von Tommy geholt; fertig gepackt, gerechnet etc. Um 10.10 Abreise nach Berlin, von Alfred geleitet.

15/2. Berlin
Gute Reise, im Schlafwagen mit Gräfin Wolkenstein-Schleinitz lange u. nett geplaudert. Von Peter empfangen, rauhes Wetter. Alles wie immer, plus Käte. Mit Mim u. Eva, die zur Begrüßung kam, ausgefaren, Briefchen in Transehe's Hôtel abgegeben. Lunch, Karte an Alfred, geruht, genäht u. geordnet, zu Mim, wo Miez u. Hedda. Nach dem Essen zu viert in die Kammerspiele »Der Riese« (die Hose) von ~~Feld~~ Sternheim, tout Berlin + tout Munich (Heymel, Schröder, Bley, Fürstin Lichnowski etc), ein schwaches, redseliges Stück, das frisch einsetzt, zuerst freundlich, dann

---

stück Baron Ochs und Frau Tordeck als charmanter Rosenkavalier) ausgezeichnet wurde. (Bericht in den *Münchner Neuesten Nachrichten* vom 12.2.1911)
47 d.i. Feodora Weingartner

flau aufgenommen, teilweis sehr gut gespielt.⁴⁸ Zuhaus noch Peter getroffen, bei Brödchens geplaudert.

16/2
Warmes, trübes Wetter. Um ½11 mit Transehe im Kaiser Friedrich-Museum getroffen, fast unverändert, sehr freundschaftlich. Dann im »Prinz Wilhelm« gefrühstückt, zufuß mit ihm heim. Geruht, Brief an Alfred, nach dem Tee zu Mim, wo Miez, Luigia, Eva mit Dora [Klein] u. später Schwager Bondi. Beim Essen unten Cranach, Bennigsen, Genée u. Ilse. Spät noch Korrektur gemacht. Andreas' Heimkehr.

17/2
Karten von Lili, die mit Chait⁴⁹ zu Schiff nach England⁵⁰ u. von Alfred. Um ½11 mit Transehe im Kunstgewerbe-Museum, dann schlecht gefrühstückt (von mir verfürt); zuhaus geruht, Karten an Alfred, Klaus u. Harden. Korrektur. Bei Mim Miez u. Else, zum Essen beide unten, nebst Peter, zur Feier von Andreas' Geburtstag. Spät noch gearbeitet. Sturm u. Regen.

18/2
Abscheulich Wetter. Vormittag zuhaus, zu Mim, übersetzt. Brief von Klaus, »Zukunft«, Brief von Katja. Nachmittag übersetzt, zum Tee mich zu Peter durchgekämpft. Später bei Mim Miez. Abends mit beiden R.'s allein; im Bett Hauptmanns »Ratten« gelesen.

19/2
Das scheußlich Sturm- u. Regenwetter dauert an. Zu Mim, Brief an Katja, Karte an Alfred. Um ½2 mit Peter im Auto zum lunch zu Pannwitz', ganz gemütlich mit Heils, Daisy Pfau u. 2 Herren. Zum Tee zuhaus. Abends Mim u. Dernburgs. Gelesen.

20/2
Furchtbares Wetter. Masseuse, zu Mim, Brief an Alfred, übersetzt; zufuß zu Rohrscheidts zum Essen geflogen mehr als gegangen, ganz gemütlich bei ihnen gespeist, dann Besuch bei Frau Deutsch,

---

48 Kammerspiele, Berlin: »Der Riese« (Die Hose) von Carl Sternheim. Premiere: 15.2.1911. Dr. Jakob Tiedtke (Theobald Maske), Else Heims (Luise), Margarete Kupfer (Deuter) u.a. (*Das Deutsche Theater*, 350)

49 d.i. Boris Keith

50 Vermutlich eine Anspielung auf den Schluß von Schillers *Maria Stuart*, wo es heißt: »Der Lord läßt sich entschuldigen; er ist zu Schiff nach Frankreich.«

Februar

die mich im Bett empfing u. bei besserem Wetter zufuß heim. Karte von Alfred. Bei Mim Miez, Dora [Klein], Hedda u. Frl. Metz. Andreas sich verabschiedend. Beim Essen Peter, später Mim. Im Bett gelesen »Die Stadt mit lichten Türmen« von Toni Schwabe.

21/2
Karte von Transehe aus Kiel, an ihn; mit Mim u. Else ausgefahren, Karte bei Frau Fürstenberg, mit Else zufuß heim. Nach dem Frühstück Karten bei [Felix] Simon, Fürstenberg, Ilse, Besuch bei Dora Rauch, die recht unvorteilhaft verändert. Briefe von Emma u. Lisbet L., via Alfred, Brief an Klaus. Bei Mimchen Eva, Ilse, Else, Käte; beim Essen noch Peter, später Mimchen. Noch übersetzt.

22/2
Masseuse. Briefe von Katja u. Harold Smith. Schauer-Wetter, mit Mim ausgefahren, Kommissionen. Übersetzt, Brief an Alfred, Karten an Emma u. an Harden, Karte von Alfred. Bei Mim Miez, Else, Käte. Abend mit R.'s ins Deutsche Theater, »Der Arzt am Scheidewege«, vorzügliche Aufführung eines unterhaltenden Shaw von zweifelhaftem Werte.[51]

23/2
Brief von Transehe, der mich um 11 mit Auto abholte zu Besuch bei Harden, bei dem beinahe 2 St. plauderten, dann Frühstück im Café Grunewald, von Halensee mit Ringban nachhaus. Karte von Alfred, an Erika. Bei Mimchen dann Marta, Miez, Gagl, Else, Käte, Ilse. Beim Essen Kranach, Genée u. Peter u. Transehe, der bis 11 blieb, alle Welt bezauberte.

24/2
Nach schlechter, sturmgepeitschter Nacht mit einstürzenden Bäumen sehr müde. Masseuse, zu Mim, Brief an Katja, mit Mimchens[52] Ausfart unterbleibt wegen Hundewetters. Briefchen an Frau Harden, übersetzt, Karte von Alfred. Mit Else im Auto zu Eva, gefrühstückt, one Bondi. Nach dem Tee Transehe, mit dem zu Mim-

---

51 Deutsches Theater, Berlin: »Der Arzt am Scheideweg« von George Bernard Shaw. Wiederaufnahme der Erstaufführung vom 21.11.1908. Bei der EA spielten: Paul Wegener (Ridgeon), Wilhelm Diegelmann (Cullen), Eduard v. Winterstein (Bennington), Alexander Moissi (Dubedat), Tilla Durieux (Jennifer), Else Schiff (Minnie) u.a. (*Das Deutsche Theater*, 348)

52 so im Original

chen, wo noch Mieze; langer Besuch. Nachtisch Mimchen, früh hinauf, noch übersetzt.

25/2
Um ½9 Ankunft von Alfred, Geplauder, zu Mim; bei besserem Wetter u. starkem Wind unter die Linden promenirt, Tod von Spielhagen u. Uhde gelesen. Nach dem Frühstück geruht, übersetzt, bei Mimchen Hedda, Luigia u. Miez; beim Essen unten Peter u. Transehe, dann alle außer Ehepaar Rosenberg: wir, Peter, Transehe, Käte, Patti, Dernburg in die Operette »Die schöne Risette«, auf schlechten, von Käte besorgten Plätzen sehr gut unterhalten, nette Aufführung, Wasmann zum Schreien komisch.[53] Nachher alle ins »Esplanade«, zu Austern u. Sekt, elegant u. gemütlich; obgleich Ilse u. Käte von der »Orgie« enttäuscht.

26/2
Spät mit Alfred gefrühstückt, Spazierfart mit Mim. Übersetzt, zu Mim. Um 7 Familiendiner, alle incl. Rohrscheidts, plus Transehe. Nun, so das übliche. Ilse u. Astaf ein großer Flirt.

27/2
Brief von Katja, ein paar Worte von Harden; mit Alfr. geplaudert, zu Mim, übersetzt, mit ihr ausgefaren, dann bei rauhem Winde zu Rohrscheidts, wo mit Alfr. u. Peter gegessen. Zufuß heim. Brief von Heinz. Nach dem Tee zu Mimchen, wo Damen-Jour. Dann unten Frau Deutsch empfangen, dazu Transehe, der sich verabschiedete. Leider. Wieder zu Mim, wo Miez, Hedda, Eva u. Bondi, Dora Rauch u. Cäcilie Meier. Nach dem Essen Mimchen, Geplauder. Spät übersetzt.

28/2
Um ½10 in Ilse's Turnstunde, die mich mit Neid u. Bewunderung erfüllte. Von Mim u. Patti abgeholt, in die Stadt gefaren. Karte an Aißi; nach dem lunch übersetzt, Abschiedskarte von Transehe, Brief von Katja, langer Besuch bei Frau Rodenberg. Dann bei Mim die Familie, beitisch Luigia, abend um ½9 Abreise von Alfred nach München. Geplaudert, Mim, Punsch u. Pfannkuchen. Spät Briefchen an Harden, gelesen; übersetzt.

---

53 Neues Operettentheater, Berlin, Schiffbauerdamm: »Die schöne Risette« von Leo Fall. Im Stadtmuseum Berlin ist kein Theaterzettel mehr vorhanden, daher ist die Besetzung nicht zu ermitteln.

1 März.

Entsetzliches Regenwetter. Masseuse, übersetzt. Mit Mim u. Else gefaren, »Calasiris«[54] gekauft u. Schlafwagen. Beim Frühstück Exc. Dernburg[55]. Briefchen an Alfred, übersetzt. Nach dem Tee zu Mim, wo Miez u. Hedda, später – leider! – Kurt Schleh. Beim Essen Peter, später Mimchen. Noch Korrektur gemacht u. Briefchen an Anna Uhde.

2/3

Schand-, Sau- u. Dreckwetter. Karte von Harden, in die Stadt Kommissionen, total durchnäßt. Beim Frühstück Eva. Karte von Alfred, Korrektur des Kapitels fertig gemacht; bei Mimchen Miez, Ilse, Else, Käte. Beim Essen Kranach u. Genée, später Mimchen. »Wenn die Tuberosen blühen« von Wetzikaja[56] ausgelesen.

3/3

Immer noch Sturm, one Regen. Zu Mim, ein wenig gepackt, mit Mimchen u. Else Kommissionen gefaren, Briefe von Katja u. Klaus; gepackt, gelesen, zu Mimchen, wo Gabriele Reuter u. Frau Prof. Kruse, Mieze, Ilse. Beim Essen Miez u. Peter, dann noch kurz Mimchen; um ¼9 fortgefaren, von Peter zur Ban begleitet. 8.45 über Probstzella ab.

4/3. München

Bei Regen u. Dreck Ankunft 7.20, nach normaler Fart. Gepackt, geordnet etc., im Regen in die Stadt. Karte an Mim, an ein Stubenmädchen. Besuch von Frau Haushofer, beim Tee Katja. Übersetzt, Brief an Marta, allein, da Alfred Allotria, Heinz Theater. Journale.

5/3

Vielerlei geordnet, Briefe an Olga mit Dank für italienische Blumensendung u. an Klaus; kleiner Spaziergang bei strömenden Regen. Beitisch Tommy's, Katja mit Kindern über den Tee, wozu Eu erschien, heiser flüsternd u. lieb. Brief an Mimchen, übersetzt den ganzen Abend.

---

54 Gemeint ist vielleicht ein der ägyptischen Kalasiris ähnliches Trägerkleid.
55 d.i. Bernhard Dernburg
56 d.i. A. Werbizkaja

6/3
Besseres Wetter. Zum Reiten, Masseuse. Nachmittag Besorgungen, beim Tee Frau Major Haushofer; dann übersetzt, Brief an Funke, Journale.

7/3
Brief von Mimchen, Turnen, übersetzt. Nachmittag auf den Friedhof, beim Tee Katja; übersetzt, was durch Fogazzaro's Tod[57] förmlich ein unheimlich Geschäft. Humboldt-Briefe gelesen.

8/3
Brief an Mimchen, Karte von Eva, Masseuse, übersetzt; bei Schnee u. Schmutz in die Stadt. Beitisch Frl. Runge, Ewald, [Arthur] Rosenthal. Karte an Eva; übersetzt. Um 8 mit Alfred zu Oberhummers, glänzende Gesellschaft, 56 Personen, elegant, gemischt; im großen Saale üppiges souper. One persönliches Amüsement doch recht gelungenes Fest.

9/3
Zum Reiten, übersetzt, Masseuse. Nachmittag mit Alfred zu Katja. Abend übersetzt. Brief von Lisbet Lindemann, Verlobungsanzeige von Rudi Ladenburg; Briefe an Lisbet u. Rudi. »Rundschau«.

10/3
Zum Turnen, in die festlich bewegte u. geschmückte Stadt.[58] Brief an Mim. Nachmittag Brief an Peter, zu Eu's jour, wo nur Lippe. Beim Tee Hartogs u. Burkhard. Übersetzt. – Brief von Grete Schwind, Brief an sie.

11/3
Früh Masseuse; mit Katja in die festliche Stadt (Turmbesteiger!)[59], Kommissionen; nachmittag wieder in die Stadt. Später

---

57 Der Schriftsteller Antonio Fogazzaro war am 7. März gestorben. Maria Gagliardi übersetzte damals mit Hilfe von Hedwig Pr. seinen Roman *Leila*.

58 Anlaß ist der 90. Geburtstag des Prinzregenten Luitpold am 12. März.

59 Eine Ovation aus luftiger Höhe. Kurz vor der Mittagsstunde kletterte ein Mann barfuß, nur mit Hemd, Hose und Hut bekleidet, auf dem südlichen der beiden Türme der Theatinerkirche, gegenüber der Residenz, über die Turmkuppel hinweg bis zum Kreuz empor, um dort eine lange Fahne in den Landesfarben anzubringen. Nachdem er sie befestigt hatte, verlas er eine Ansprache, anscheinend in gebundener Form, die mit einem dreifachen Hoch auf den 90jährigen Regenten schloß … Der neueste Turmkraxler ist der in den vierziger Jahren stehende Maurer Peter Tod aus der Auer Feldstraße. Als er mit blutenden Füßen

übersetzt, vom Balkon die Huldigung am Königsplatz angesehen,[60] wärend Alfred mit Katja zur 90 järigen Serenade u. Heinz zum Officiersessen. »Zukunft«.

<u>12/3</u>
Seit 3 Tagen herrliches »Prinzregenten-Wetter«. Übersetzt, langer Spaziergang im stillen englischen Garten, wärend die Stadt überflutet. Briefe von Mim u. Peter. Beitisch Katja mit den Kindern, Tommy unwol. Beim Tee [Max] Pidoll mit Dr. Reisch, Prof. Witkop, [M.] Hahn u. Else Schöll. Den ganzen Abend übersetzt.

<u>13/3</u>
Brief an Mimchen, um 10 Ankunft von Bondi-Kleins. Mit ihnen 2½ St. durch die noch immer festliche Stadt, wobei Plisch verloren. Brief von Klaus, Brief an Harold Smith. Zum Tee mit den Gästen zu Katja (Tommy bettlägerig), von Sturm u. Unwetter in Auto getrieben. Zuhaus etwas übersetzt, dann Familienleben bis zur Abreise der Gäste nach Italien um 10 Ur.

<u>14/3</u>
~~Masseuse, Abschied, Zeugnis etc. von Franziska,~~

---

herabkam, wurde er von dem Kirchendiener in Empfang genommen. Geschehen ist dem Mann weiter nichts, der derart den Patriotismus »auf die Spitze getrieben« hat.

  60 <u>Auf dem Königsplatz</u> … Der Platz war mit großen, feststehenden Fahnen, mit Ständerflammen und Guirlanden geschmückt, von der Freiwilligen Feuerwehr und dem Verein Turnerschaft München-Nordendstraße abgesperrt. Endlich waren über 1100 Kinder auf dem Festplatz versammelt. Die hohe Treppe zum Kunstausstellungsgebäude diente als Amphitheater. Und da schien es, als hätte ein Mohnfeld von unerhörter Farbenglut sich um den Tempel gelegt, aus dem voll feierlicher Wucht die acht korinthischen Säulen empor zum Giebel strebten …
Die ersten Akkorde des Philharmonischen Orchesters (dirigiert von Fr. Niklas) glätteten das Stimmengewoge. Lortzings Festouvertüre leitete den Huldigungsakt ein. Hymne und Gebet aus Rienzi brausten machtvoll vorüber. Der Pappenheimer Reitermarsch mit seiner altfränkischen Strammheit führte über zum Chorgesang der Kinder, der wie Silberglocken in die Runde klang: »Gott mit dir, du Land der Bayern«. Dann erhob sich über die Kinderschar Landtagsabgeordneter <u>Schön</u> und hielt eine inhaltlich wie im Vortrag außerordentlich klare und eindrucksvolle patriotische Ansprache, die mit dem Hoch auf den Regenten endete. Mit der Regenten-Hymne klang die pompöse Feier aus … (ausführl. Bericht in den *Münchner Neuesten Nachrichten* vom 12.3.1911)

14/3
Zum Turnen, Kommissionen. Nachmittag übersetzt, Katja abgeholt, zum Tee zu Feo Weingartner. Abend Brief an Klaus, übersetzt.

15/3
Masseuse, Zeugnis u. Abschied von Franziska, Kommissionen. Karte der Marquesa aus Algier. Beitisch Witkop u. Heinz' Freund Sterne, beide lange u. nett. Eintritt der neuen Cathrin. Abend mit Alfr. Première von Massenet's »Manon«, recht unterhaltend, Bosetti ausgezeichnet.[61]

16/3
Zum Reiten. Brief an Mim, Masseuse, Karte von Miez. Nachmittag rendez-vous mit Katja, zu Hirschberg, beim Tee Katja. Dann den ganzen Abend übersetzt.

17/3
Zum Turnen, übersetzt. Karten an Miez u. Eva, Gratulation an das verlobte Frl. v. Pidoll. Nachmittag Brief an Peter, das letzte Kapitel »Leila« im Schweiße des Angesichts fertig übersetzt! – Abends im Hoftheater Première von Elsa Bernsteins »Achilles«, eine miserable Auffürung eines schwachen Werkes, das von den zalreichen Freunden »freundlich« aufgenommen wurde.[62] Lauter Bekannte. Mit Crodu im Auto heim.

---

61 K. Hoftheater: »Manon« von Jules Massenet. Fr. Bosetti (Manon Lescaut), Herr Wolf (Des Grieux), Herr Bender (Graf Des Grieux), Herr Brodersen (Lescaut) u.a.

62 K. Hoftheater: »Achill«. Tragödie in 3 Akten von Ernst Rosmer. Herr Ulmer (Achill), Herr Graumann (Patroklos), Herr Gura (Odysseus), Herr Steinrück (Thersites), Herr v. Pidoll (Leukos), Frl. Berndl (Thetis), Frau v. Hagen (Briseïs) u.a. – … Nun hat eine Frauenhand den Peliden angerührt, und er war galant genug, ein wenig mitzukommen. Mit sanften Schritten, und maßvolle, schöngewählte Worte redend. Sein Wesen ist von einer unbezweifelbaren Feinheit, deren Elemente allerdings mehr dem 20. Jahrhundert als der homerischen Zeit angehören … Die Darstellung blieb unter Herrn Steinrücks Regie bemüht, den antiken Ton zu treffen. Das ist nicht leicht und zumal der zornige und stimmgewaltige Achill, dessen Rede im Epos über die männermordende Schlacht hindonnert, hatte in der etwas passiven Rolle, die ihm in der Rosmerschen Figur zugefallen, nicht viele Möglichkeiten, ein Bild des Helden hinzustellen … Im übrigen erschien es gestern abend, als ob Herr Ulmer schon besser disponiert gewesen sei und sein Organ mehr im Zügel gehabt hätte. Als Erscheinung und Maske des Achill bot er im Verein mit Herrn Graumanns fein differenziertem

18/3

Masseuse, Korrektur, zu Hirschberg. Nachtisch Korrektur beendet u. fortgeschickt; mit Blumen zu Elsa B., wo Witkop. Karte von Else u. an sie. Endlich mal wieder abend (ganz allein zuhaus) gelesen: Zukunft, Humboldt-Briefe.

19/3

Peters 30. Geburtstag! Herrliches Frühlingswetter. Karte bei Stadlers, Spaziergang. Karte von Mieze, Briefe von Mim u. Marta. Beitisch Tommy's, Feo Weingartner u. Alex Mosch. Beim Tee Katja mit Kindern, Mosch u. Marga Oldenbourg. Brief an Eva, Marta; gelesen. Kondolenz an Wolters.

20/3

Schön Wetter. Karte von Eva aus Rapallo, Brief an Mim. Zum »Reiterfest im Universitäts-Tattersal Mengele«, wo eine nette Damen-Quadrille und Farschule geritten wurde.[63] Dann Masseuse. Nachmittags in die Stadt, Brief von Gemma. Abend Bücher geordnet, »Humboldt-Briefe«. Sehr erkältet.

21/3

Brief von Peter, Kondolenz an Mary Balling. Da Turnstunde ausfällt (was angenehm, da recht unwol) in die Stadt, mit Katja Kommissionen. Beitisch Crodu's, zum Garzauer Schweinebraten. Nachmittag zu Hirschberg, beim Tee die Belli u. Hedwig Schöll, später die Stadler. Karte an Peter. Unleidlicher Schnupfen, »Humboldt« gelesen.

Patroklos etwas sehr Sinnfälliges. Fräulein Berndl war als Thetis einige Nuancen zu pathetisch, und man hätte manchen Ton gern für ein Plus von mütterlichem Gefühl eingetauscht. Briseis (Frau v. Hagen) hat, das lag wohl an der Rolle, keinen besonderen Eindruck gemacht. Der Thersites-Auftritt gehört zu denen im Stücke, die dramatisches Leben besitzen, und Herr Steinrück hat aus dieser Aufgabe herausgeholt, was mit einigem Naturalismus zu gewinnen war … (ausführl. Bericht in den *Münchner Neuesten Nachrichten* vom 19.3.1911)

63 **Damen-Reiterfest im Universitäts-Tattersall.** … Den Höhepunkt des Programms bildete die von acht Damen der Gesellschaft gerittene dänische Quadrille, die vorzüglich einstudiert und in trefflicher Schulung vorgeführt wurde. Die Hälfte der Damen trug weiße, die andere Hälfte blaue Schleifen; in gleicher Weise waren auch die Pferde weiß und blau gezäumt und bandagiert, so daß das Ganze ein reizvolles Bild bot. Die Damen entledigten sich ihres Pensums in sehr exakter Manier … (ausführl. Bericht in den *Münchner Neuesten Nachrichten* vom 21.3.1911)

22/3
Brief von H. Smith, Karte von Else. Masseuse, den garstigen Katarrh im Frühlingswetter spazieren gefürt. Nachmittag ziemlich unwol, gekramt; abend mit Alfred zum zweitenmal in »Manon«, wegen Buysson-Des Grieux, der darstellerisch dem Wolf[64] weit überlegen, an seine Stimme nicht herankommt. Die Ulbrig nicht annähernd der Bosetti gleichwertig.[65] Die Oper das zweite Mal etwas öde u. fad. Mit Eugenie heim.

23/3
Befinden besser. Zum erstenmal ausgeritten, Brief an Mim, Masseuse, Briefe von Klaus u. von Miez. Um 5 Else, die von Tübingen eintraf, abgeholt; beim Tee dazu Lula u. Katja mit den Kindern. Abend mit Else allein, geplaudert, dann Brief an Klaus.

24/3
Früh Geplauder, zum Turnen, mit Else in die Stadt. Nachmittag mit Else zum jour zu Eu, wo Buyssons, Gitta Heymel, die Kühlmann etc. Beim Tee Munthe Kaas, p.p.c., u. Katja, später von Tommy abgeholt. Abend Familienleben.

---

64 gemeint ist vermutlich der Tenor Otto Wolf

65 K. Hoftheater: »Manon« von Jules Massenet. Frl. Ulbrig (Manon Lescaut), Herr Buysson (Des Grieux), Herr Bauberger (Graf Des Grieux), Herr Brodersen (Lescaut) u.a. – ... Buyssons Des Grieux war in erster Linie Chevalier. Ein eleganter, heißblütiger Edelmann, etwa vom Stamme des Buyssonschen Caravadossi. Jede Geste, jeder Schritt sorgfältig bedacht; graziös und selbstbewußt, auch in seinem Schmerze, lebensprühend, selbst in seinen Posen ... Im ganzen aber ist seine Tongebung, besonders in der Höhe, nicht frei genug, um die großen Schwierigkeiten der Rolle, zumal in den dramatischen Höhepunkten, völlig zu besiegen ... Die Stimme an sich ist freilich so schön und warm, daß man nur wünschen möchte, Buysson möge sich gesangstechnisch so vervollkommnen, daß der Druck auf die Stimme, der bei ihm im Affekt fast stets vorhanden ist, wenigstens gemildert werden möge ... Bei Fräulein Ulbrig, die zum ersten Mal, und zwar mit sehr schönem Erfolg, die Manon sang, kann man namentlich in den Kopftönen entscheidende Fortschritte feststellen ... Fräulein Ulbrig brachte in der Konventszene auch gesanglich überraschende Feinheiten ... Sie verstand es, die Figur mit einem Hauch von Poesie zu umhüllen und damit den Leichtsinn Manons gewissermaßen zu veredeln. So gab sie zumal der Liebeszene in der Mansarde und der Sterbeszene Töne von einer bestrickenden Innigkeit ... (ausführl. Bericht in den *Münchner Neuesten Nachrichten* vom 24.3.1911)

25/3

Unfreundliches Wetter. Familienleben, Masseuse, mit Else auf den Waldfriedhof geautelt. Nachmittag geruht, da durch Katarrh u. Husten arg verheert. Karte an den Antilärmverein[66], der Geld von mir fordert, da ich seit 1 Jare ausgetreten bin; Karte von Peter. Beim Tee Frau Jensen. Brief an Mimchen, abends mit Else allein, bis um ½ 9 von Tommy angerufen, daß Katja plötzlich erkrankt. Sofort mit Auto hingefaren, fand sie mit Schüttelfrost u. 40 Gr. im Bett, der bald eintreffende Stellvertreter von Faltin konstatirte die Einleitung einer Fehlgeburt im 2. Monat, fand den Zustand nicht bedenklich. Doch richtete ich mich ein, telephonirte nachhaus u. blieb die Nacht bei Katja.

26/3

Ganz schlaflose, durch Schmerzen u. Fieber beunruhigte Nacht. Auch Faltin selbst, der vormittags um ½ 11 kam, sah keine Komplikationen: Ruhe u. Abwarten; eine Pflegerin nötig. Nachdem alles besorgt, heimgefaren, Alfred (der in der Frühe schon bei Katja gewesen) und Else beruhigt. Briefe von Mimchen u. Tante Asta, Ordnung geschafft, beitisch Tommy mit den Kindern. Ein wenig geruht, dann mit Else u. den Kindern, teils Tram teils zufuß, zu Katja, die unverändert. Die Wärterin installirt, dann Tram heim, bei rauhem Wind. Beim späten Tee Eu. Karte an Blaul, dessen Besuch verfehlt, Brief an Tante Asta. Mit Else (die Männer im Koncert) geplaudert.

27/3

Früh zu Katja, der es, nach eingetretener Blutung, wesentlich besser geht. Da zeitig genug heim, noch Masseuse. Brief an Mim. Nachmittag mit Else zu Katja geautelt, Aufbau für Gelus[67] in ihrem Zimmer, dann Geburtstagstee mit den Kindern. Katja recht frisch u. schmerzfrei. Teils zufuß heim, fanden Frau [A.] Simon bei Alfred. Familienleben.

28/3

Bei Sommerwärme mit Else zufuß zu Katja, der es sehr normal u. gut geht. Mit Droschke zurück. Mit Alfred zum Frühstück zu Oldenbourgs, ganz nett, genre »ibrig«. Karte von Blaul. Beim Tee

---

66 gegründet und betrieben von Theodor Lessing
67 d.i. Golo

Frau Lipps, Packet an Miez, Brief von Frau Gärtner aus Ansbach. Mit Else geplaudert, bis zu ihrer Abreise um 10, zu der Alfred sie geleitete.

29/3
Sommerhitze. Um 10 Ankunft von Peter, dann Masseuse, zu Hirschberg, Kommissionen. Briefe von Mim u. Marta. Karte an Mimchen. Mit Peter zum Tee zu Katja, der es recht befriedigend geht; hin u. zurück zufuß. Abend Karte an Marta, Journale, Familienleben.

30/3
Früh von 10-12 bei schwüler Hitze im engl. Garten geritten; Masseuse, Brief an Mim. Nachmittag zu Katja, hin u. zurück zufuß. Ihr Befinden recht normal u. heiter. Die 4 Kinder im engl. Garten getroffen, mit ihnen gegangen. Abend Brief an Klaus, mit Peter gesessen.

31/3
Zum Turnen, Kommissionen. Brief an Mieze. Nachmittag zu Hirschberg, dann zu Katja, wo alles unverändert. Wetter wie gestern. Karte an Mimchen, abends Journale, Humboldt, Familienleben.

1 April
Schon wieder Dienstbotenstank! Frau Berreth, Kommissionen, bei Sommerwetter, mit Crodu. Karte an Mim, gerechnet; bei [Karl] Haushofers Karten abgegeben, durch den engl. Garten zu Katja, die angegriffen, da durch geratenen Eingriff von Faltin »Kreuzwendedich« nun endgültig entfernt worden. Mit Alfred Tee an ihrem Bett, zufuß heim. Sehr besorgten Brief von Mama. »Zukunft«. Familienleben.

2/4
Briefe von Mimchen u. Else, Karte von Eva aus Algier. Bei Sommerwetter zufuß zu Katja, die recht normal; mit Erika u. Aißi durch engl. Garten heim. Beitisch Tommy. Nachmittag Briefe an Mimchen u. an »Mama«, Gratulation an Frau Gärtner-Ansbach. »Bouvard et Pécuchet«[68] gelesen.

---

68 von Gustave Flaubert

März bis April

3/4
Regenwetter. In der Ban geritten, Karte an Mim, Masseuse. Brief u. Telegramm von Harold Smith; Brief von »Mama«. Nachmittag Kommissionen, zum Tee zu Katja, wo auch Alfred. Abend Brief an Smith, Karten an Hôtel Regina-Paris u. an Eva Baudissin. Um 10 Abreise von Alfred nach Berlin, in Geschäften.

4/4
Wetterumschlag, Schnee, Kälte. Zum Turnen. Briefchen von Klaus, Karte an Alfred nach Berlin. Nachmittag bei Schandwetter Kommissionen, zu Hirschberg, zum Tee zu Katja, die normal. Abend Karte an Mim, Flaubert gelesen, spät noch Besuch von Eu.

5/4
Brief von Miez, Karten von Alfred u. Trudi Study. In die Stadt, viele Kommissionen, rauhes Winterwetter. Telegramm von Klaus mit Absage. Zum Tee zu Katja, die zum erstenmal auf, leidlich frisch war. Mit Heinz heim. Abend mit beiden Buben Familienleben, u. Schönherrs »Das Königreich« gelesen.

6/4
Schnee, rauher Winter. Früh Ankunft von Alfred, zum Reiten, Brief an Mim, Masseuse. Nachmittag Kommissionen, zum Tee zu Katja, wo auch Alfred. Abend Besuch von Eu, müde, ein bischen gelesen.

7/4
Ein wenig besseres Wetter. Aufbau für Heinz, zum Turnen, in die Stadt. Briefe von Klaus, Mimchen, Lili Bam. Nachmittag Kommissionen, beim Tee alle vier bei Katja. Abend (Heinz bei Oldenbourgs) Karte an Mim, Brief an Klaus, Gratulation an Emil Fester,[69] Brief an Marta.

8/4
Es schneit wieder in vollen Zügen! Brief an Mim, geordnet, kl. Kommissionen; Abschiedsbesuch bei Katja, die so weit genesen, aber recht schwach u. dünn ist. Nachmittag gepackt, geordnet etc, Familienleben mit den Buben. Um 10 mit Alfred u. Peter Abreise nach Paris, von Heinz zur Ban geleitet.

---

[69] zur Geburt der Tochter Lotte am 3. April

9/4. Paris
Ganz normale Schlafwagenfart bis Avricourt, wo Kaffee, dann I Kl. bis Paris mit oesterreichischem Paar, Ankunft 12.15, im Hôtel Régina mäßig nur u. getrennt untergebracht. Bei Véfour gefrühstückt, geruht, unfreundlich-rauher Spaziergang zur Étoile, über die Boulevards zurück. Karten an Katja u. Mim, Toilette, im Hôtel dinirt, Musik in der Hall, um ½ 10 totmüde ins Bett.

10/4
Dasselbe Wetter. Spät gefrühstückt, in das Musée des Arts décoratifs, viel sehenswertes. Im Boeuf à la Mode nett gelunched, über die Boulevards spazirt. Definitive Zimmer bekommen, gepackt u. geordnet, geruht. Spaziergang an der Seine, Tee im Louvre-five o' clock; kl. Rundgang, Briefchen von Katja, Karte an sie, an Dagny u. Anna Case. Um 9 ins Renaissance-Theater »La Gamine«, indiskutabel schlechtes Stück, mit netten Einfällen u. Repliken, vorzüglich gespielt (Mlle Lantelme, Boucher etc), deshalb amüsant. Um 12 noch im Restaurant Maire soupirt, um ½ 2 zuhaus.

11/4
Frisches, aber schönes Wetter. Vormittags Louvre, im Duval geluncht, Spaziergang über St. Eustache[70], die Hallen nach Notre dame, mit dem Métro heim. Brief von H. Smith. Lange geruht, Karte an Mim, abends ins Varieté »La vie Parisienne«, sehr amüsant, frisch u. lustig gegeben. Nachher im Café de la Paix Tasse Chocolade – im Freien!

12/4
Recht angenehmes, wärmeres Wetter. Kurzer Besuch von Dagny, zufuß ins Cluny-Museum[71], in »La Perouse« angenehm gefrühstückt. Brief von Katja, etwas umständliche Metro-Fart nach den Buttes Cheaumont[72]; Tee im Ceylon. Zuhaus Brief an Katja, Karte an Olga. In Eile Toilette, ins Théatre Réjane[73] gefaren, wo Maeterlin[c]k's »Oiseau bleu« recht enttäuschte, durch das unglaublich gute Spiel des kleinen Buben Reiz gewann. Im Café Américaine soupirt: elegante Aufmachung, wenig dahinter.

---

70 eine der bedeutendsten Kirchen des 16. Jhs, an der Rue Rambuteau
71 an der Place Paul Painlevé, hauptsächlich Kunst des Mittelalters
72 die Buttes Chaumont, ein Landschaftsgarten engl. Stils; zur Weltausstellung 1867 von Napoleon III. eröffnet
73 heute Théâtre de Paris, 15, rue Blanche

13/4
Wieder sehr rauh. Gleich nach dem Frühstück im Auto zu M. Vasselot gefaren, der uns in seines Schwiegervaters Leroy schöne Sammlung (Mittelalter hauptsächlich) fürte. Von dort zum lunch zu Dagny gereist, teils zufuß, teils Métro, teils Auto. Recht intim dort mit der Familie (alte Frau Björnson u. Einars geschiedene[74]) gefrühstückt, dann mit Dagny's Auto Spazierfart im Bois u. heim. Karte von Olga, geruht, ans linke Ufer spaziert, Rue Bonaparte, St. Germain des Pré[s], St. Sulpice, Luxembourg, Panthéon, mit Métro heim. Mit Olga im Restaurant des Continental dinirt, in der hall Kaffee u. etwas müde Unterhaltung. Um 10 heim, noch Brief an Mim, früh (½12) ins Bett.

14/4 (Charfreitag)
Schönes Wetter; mit Karatheodori gefrühstückt, im Mag.[asin] Louvre Schuhe für meine wehen Füße gekauft, ins Louvre. Bei Véfour lunch, geruht, genäht, Brief von Mimchen, Karte an Erika. Weiter Spaziergang bis zur Place de la Bastille, durch Alt-Paris. Kirche St. Gervais, Place des Vosges, Rue d'Antoine mit kleinen alten Hôtels; über die ganzen Boulevards, Place de la République, zurück, bei Marguery dinirt, am Boulevard des Italiens kolossales Leben, recht amüsant, garnicht »vendredi saint«. Um ½10 nachhaus, ein wenig gelesen. Brief von Anna Case aus Cannes.

15/4
Herrlicher Frühlingstag. Mit Kara[theodori] gefrühstückt, in den Louvre (Skulpturen, Sammlung Rothschild, Möbel). Dann in der Sammlung Caze rendez-vous mit Olga, die dort Fragonard kopirt. Mit ihr im Boeuf gelunched. Zuhaus geruht, Brief von Heinz, Karte an ihn. Nachmittag ins Bois gefaren, Spaziergang bei fast zu warmem Wetter, im Pré Catelan Tee getrunken. Abend um 8 Opéra Comique »Aphrodite« von Erlanger, schlechte Oper in ausgezeichneter Aufführung u. reizender mise en scène. Elegantes Haus. In der einfachen Taverne Pousset soupirt, zufuß heim.

16/4 (Ostern)
Schöner Blumenstock von Olga, Brief von Katja. Bei Sommerwetter, da Musé Carnavalet geschlossen fanden, durchs alte Paris, Marais, Cité, Ile St. Louis, mit alten Hôtels u. Kirchen, nach dem

---

74 d.i. Albert Langens Schwester Elsbeth

Panthéon und der schönen St. Étienne du Mont spaziert; am Boul. St. Michel geluncht, heim. Karte an H. Smith, geruht; mit Métro zu Olga, die vis à vis vom Montparnasse-Friedhof sehr hübsch wont, zum gemütlichen Tee. Mit ihr ins Hôtel zurück; Brief an Katja, dann Toilette, ins Gaieté, wo »Papa«, ein unendlich dummes, unendlich gut gespieltes Stück. Bei Maire soupirt, wir 3 allein unter zallosen Kellnern.

17/4
Bei himmlischem Wetter um 10 nach Versailles gefaren, Park, großes u. kl. Trianon, lange auf dem Rasen gesessen, zallose »déjeuners sur l'herbe«[75], buntes, bürgerliches Festtagsleben. Dann im Hôtel des Réservoires gut geluncht, um 3 mit der Ban zurück, durch »Faubourg« heim. Mit Auto zu Borel, die ausgezogen, zufuß zur École Normale, dort unsre Karte, allein, mit der elektrischen heim. Brief an Mim, im Boeuf dinirt, um 10 ins Bett, mit kleinem Weh an der Brust; gelesen.

18/4
In der Pâtisserie hinterm Hôtel schlecht gefrühstückt. Brief von Frau v. Grothus. Bei herrlichem Wetter um 10 mit dem Dampfer hübsche Fart nach Sèvres, zufuß durch den Wald-Park nach St. Cloud, reizender Spaziergang. Im Pavillon Bleu geluncht (teure Erdbeeren!), zufuß nach Sèvres. Das Musée Ceramique angesehen, mit der Elektrischen nach 5, recht erschöpft von der schwülen Luft, zuhaus. Karten an Marta u. Harden; mit Peter (Alfred in Don Quichote) ins Porte Martin-Théatre »L'Enfant de l'Amour«, ein schlechter Bataille, wie immer eminent gespielt. Die Réjane zu alt, aber ausgezeichnet. Um 12 mit Alfred im Restaurant Maire getroffen.

19/4
Brief von Mim. Küleres, aber gutes Wetter. Ins Musée Carnavalet, dann mit Olga im Hôtel geluncht, mit ihr Besuch bei ihrer Freundin Mad. Boger, einer charmanten Pariserin, mit ihr Kommissionen u. mit Auto nach Passy, Tee bei Dagny. Teils zufuß, teils Droschke heim. Mit Olga im Boeuf dinirt u. alle 4 ins Théatre du Palais Royal »L'Amoures Manoeuvres«, derbe Posse, brillant gespielt, unterhaltend, zum Lachen. Brief von Klaus.

---

75 Titel eines Bildes von Édouard Manet

April

20/4

Briefe von Smith u. von Emma. Um 10 zum »Färpeln« in die Rue St. Honoré 3, nach 2½ St. die Herren im Hôtel abgeholt, im Hôtel du Louvre mittelmäßig geluncht. Karten an Aißi, Hermine[76], die Marquesa; mit Olga zur Vernissage des Indépendants[77] gefaren, ein wansinniges Gedränge, um 8000 zum Teil wansinnige Bilder zu sehen, von Olga 6; Matisse gesprochen; dann alle 4 wieder in die Stadt gefaren, Schlafwagen besorgt, bei Rumpelmayer Tee. Ein wenig geruht, Brief von Mim, beim Boeuf dinirt u. ins Vorstadttheater »Gaité Montparnasse« mit Métro, wo rendez-vous mit Olga u. ihrem Freund Reimers. Einfaches Publikum, Grisetten, Arbeiter. Mäßiges Variété, der Clou die Schriftstellerin u. Tänzerin Colette Willie, u. groteskes Vaudeville[78]. Um ½1 zuhaus.

21/4

Sommerwetter. Allein in den Louvre, Collections Chauchette u. Tomy-Thierry; ins Magasines Louvre, dann mit den Herren Lunch bei Prunier, Austernlokal, übervoll, sehr gut. Mit Peter gebummelt, geruht. Karten an Klaus, Heinz, Mimchen, Emma. Toilette. Mit Peter u. Olga ins Théatre Vaudeville (Alfred große Oper) »Le Tribun« von Bourget, das erste ernst zu nehmende, wenn schon nicht gute Stück, von Guitry u. Mlle Roggers wundervoll gespielt. Dann alle vier bei Laon soupirt: riesig elegant, teuer u. mittelmäßig. Gegen 2 ins Bett. Karte von Harden, beim Tee in der hall Dagny u. alte Frau Björnson. Karte vom Emil Fester, Brief von Katja.

22/4

Sehr müde. Doch bei herrlichstem Sommerwetter nach St. Germains gefaren, in dem köstlichen, schon grünenden u. blühenden Park u. Wald 2 Stunden spaziert, im Pavillon Henri IV, mit schönstem Blick, geluncht. Dann Alfred nach Paris, ich mit Peter mit Dampf- u. elektr.-Tram nach Malmaison, Schloß u. Garten. Später mit Tram nach Paris, im Ritz im Freien sehr eleganter Tee, (Nelly mit Czermak); zuhaus gesäubert, geruht. Zum letzten Mal im

---

76 vermutlich das Kindermädchen der Familie Mann

77 von der »Société des Artistes Indépendants« (gegr. 1884) jährlich im Frühjahr veranstaltete Ausstellung

78 Urspr. auf dem Théâtre du Vaudeville aufgeführte kleine Stücke mit eingelegten Couplets zu bekannten Melodien, später eigene Theatergattung, als deren bekannteste Vertreter Georges Feydeau und Eugène Scribe gelten.

Boeuf dinirt, um 10 ins Bett, Abschied von Peter, der morgen früh nach Berlin abreist.

23/4
Dasselbe glorreiche Wetter. Beim Frühstück Wiedersehen mit Harold Smith, mit dem dann im Tuileriengarten 1½ Stunden, bis zu seiner Weiterreise nach Brüssel, angeregt u. intim geplaudert. Im Hôtel Briefchen an Anna Case, mit Alfred zum lunch zu Prunier, zuhaus gepackt, ein wenig geruht u. Spaziergang längs der Seine, bis pont Alexandre, nochmals voller Eindruck der Place Concorde u. Tuilerie. Im Hôtel mit Olga, die wegen ihrer Schwester Ankunft u. vorübergehender Verhaftung von Tamara sehr aufgeregt, dinirt, um 9 Abreise nach München, von Olga zur Ban begleitet.

München. 24/4
Nach normaler, aber schlafloser Fart (Stuttgart den schunkelnden Schlafwagen verlassen) bei herrlichem Wetter Ankunft um 1 Ur, von Heinz mit Erika u. Aiß empfangen. Beitisch Tommy's, Katja noch recht mieserig. Kaffee u. Tee auf der Veranda. Ausgepackt u. geordnet. Briefe von Mim u. von Gusty, Karte von Klaus. Briefe an Mimchen, an Klaus, Gratulation an Brinz. Abend Journale, früh ins Bett.

25/4
Zum Turnen, gekramt, Kondolenz an Helene Hornig,[79] Brief von Funke aus Tornquist. Nachmittag bei der Schneiderin rendez-vous mit Katja, die dann zum Tee auf der Veranda kam. Begleite sie ein Stück. Stadlers verfehlt. Gekramt etc. »Zukunft«.

26/4
Karte von Mia Holm, Dank von Helene Hornig; Brief an Mimchen, mit Katja zu Schneiderin u. Modistin, dann Katja beitisch (Tommy bei »Mama«); nachtisch Kommissionen, beim Tee Max J. Friedländer; gelesen, Brief an Gusty.

27/4
Früh geritten mit Frl. v. Nagel u. einem jungen Spanier; angenehm Wetter, beim Heimkommen Regen. Masseuse, Brief an Peter. Nachmittag zu Schulze, zum Tee zu Katja. Abend nach dem Essen Eugenie.

79 vermutlich zum Tod ihrer Mutter

28/4
Früh zum Turnen, mit Katja zu Schulze, in den Kunstverein, der geschlossen. Nachmittag Wintersachen »eingetonnt«, Brief an Mimchen. Besuch von Crodu, Karten von Marta u. Mario Padova, Karten an beide. Brief von Klaus, an Harden.[80] Humboldt-Briefe u. »Zukunft« gelesen.

29/4
Früh Masseuse, Brief an Annie Grothus, in die Stadt, Regen u. Wind. Nachmittag zuhaus, beim Tee lange Eugenie; Brief an Lily Bam, Journale, »Zukunft«. Brief an Transehe.

30/4
Briefe von Mimchen u. Andreas. Brief an Else. In den Kunstverein, die Geffcken-Kollektion mit Tommy's recht mittelmäßigem Bildnis angesehen u. bei schönem Wetter Spaziergang im engl. Garten. Beitisch Tommy's mit allen 4 Kindern, die dann Ostereier suchten. Beim Tee Katja mit Erika u. Aißi, Ewald, 3 Pidolls[81] mit Dr. Reisch. Abend Rundschau. Brief an Klaus.

1 Mai
Früh Spazierritt verregnet, in der Ban geritten u. Besuch bei Sophie. Dann Masseuse. Sehr drollige Karte von Harden. Nachmittag in die Stadt, beim Tee lange u. nett Stadler. Brief an Mimchen. Abend Humboldt-Briefe.

2/5
Früh zum Turnen, kurzer Besuch bei Sophie. Nachmittag mit Katja Kommissionen, beim Tee Katja. Brief von Peter, gegen Abend Eu. »Rundschau« u. Humboldtbriefe. Schönes, frisches Wetter.

3/5
Masseuse, mit Katja zur Schneiderin u. Kommissionen. Nachmittag bei herrlichem Wetter auf den Waldfriedhof, beim Tee auf der Veranda Elsa B. Abends gelesen.

---

80 im Original erhalten und veröffentlicht in: *Meine Manns*, 112-114

81 das sind Max und Karl v. Pidoll sowie ihre Schwester Marie mit ihrem Verlobten Dr. Reisch

4/5

Bei schönstem Maiwetter von 9-11 geritten mit Frau Schwarz u. Frl. v. Nagel. Dann Brief an Mim u. Masseuse. Nachmittag mit Katja zu Schneiderinnen, auf der Veranda beim Tee Lula u. Katja. Abend Kondolenz an Faber;[82] Humboldtbriefe.

5/5

Früh turnen, Brief an Peter, von Else. Beim Essen Fürstenberg mit Lella, sehr unterhaltend. Nachmittag zu Eu, zum Tee zu Katja, wo Annette. Abend gelesen.

6/5

Früh Masseuse, in die Stadt; beitisch Fürstenbergs u. Tommy's, die morgen nach Brioni reisen wollen. Sehr lange. »Zukunft« gelesen, abends mit Crodu's ins Residenztheater, Première von Hauptmanns »Ratten«, ein recht eigentlich schlechtes, aber in der durchweg guten Auffürung doch wirksames Stück. Steinrück als Zuhälter meisterhaft. Recht warme Aufnahme.[83]

7/5

Gratulation[84] an Lilli Schultze-Stempel, Brief an Mimchen, Brief von ihr, Karte der Marquesa. Bei regnerischem Wetter Erika u. Aißi aus der Mauerkircher-Str. geholt. Blieben über den Tee. Beim Tee [M.] Hahn, Blaul, Fritz Mann. Abend Brief an Katja begonnen, »Humboldtbriefe«.

8/5

Bei trübem, später aufklarendem Wetter 2 St. geritten, Brief an Mim, Masseuse. Brief von Transehe. Nachmittag in die Stadt, beim Tee Stadler. An Katja weiter geschrieben, Brief an Transehe. Gelesen.

9/5

Herrlich Wetter. Zum Turnen, gelesen. Karte von Katja aus Triest, auf der Veranda »Rundschau«. Beim Tee Frau [Annette] Simon, dann die Maurice u. Eu. Alfred entschließt sich, in der leidigen

---

82 vermutlich zum Tod seiner Mutter
83 K. Residenztheater: »Die Ratten«. Berliner Tragikomödie in 5 Aufzügen von Gerhart Hauptmann. Herr Höfer (Harro Hassenreuter), Fr. Conr.-Ramlo (Seine Frau), Herr Basil (John), Frl. Schwarz (Frau John), Herr Steinrück (Bruno Mechelke), Frl. Terwin (Pauline Piperkarcka) u.a.
84 vermutlich zur Geburt eines Kindes

Wendriner-Affaire[85] nach Berlin zu faren; Karte an Peter. Brief an Katja beendet, »Humboldt-Briefe«. Um 10 Abreise von Alfred. »Rundschau«.

10/5

Karte von Katja aus Triest. Briefe von Mim, Peter, Klaus. Masseuse. Infolge Wendriner-Einlaufs an Alfred depeschirt u. Telegramm von ihm, daß er nach Beuthen färt. Spaziergang, wegen »Margeritentag«[86] regstes Leben überall, für 10 M. mitgetan. Nachmittag Brief an Klaus, Alfreds Anschlag auf die Universität gebracht, durch den engl. Garten bei schönstem Wetter, mit kurzem Abstecher zu Hallgartens, zu den Kindern, die wol u. munter. »Mama«, ihre Hüterin unbehaglich u. töricht. Zuhaus durch engl. Garten, abend Brief an Ilse, gelesen, an Katja begonnen.

11/5

Früh mit Frau Hallgarten geritten, über Föhring etc, wunderschön, zuletzt auf die Haut durchnäßt. Brief an Mim, Masseuse. Brief von Katja aus Brioni, Karte an sie, Brief fortgefürt. Telegramm von Alfred, Brief an ihn nach Berlin. Abend mit Heinz u. Crodu's ins Schauspielhaus, Schnitzlers »Anatol«, der, besser gespielt, unterhaltend u. ganz fein wäre.[87] So – nicht.

---

85 Paul Wendriner, Onkel von A. Pringsheim, hatte bei zwei Konkursen, dem seines Bruders Georg in Berlin und dem der Firma Jacob Wolff in Beuthen sein gesamtes Vermögen verloren. Infolge der Verluste und der dadurch hervorgerufenen starken Aufregungen war er nervenkrank geworden und mußte sich für lange Zeit in ein Sanatorium begeben. Damit verlor er auch seine Position als Generaldirektor bei der »Ferrum AG«, einer AG, die Rudolf Pringsheim begründet hatte.

86 Von neuem ist unser München zu einem friedlichen Feldzug gegen mildtätige Herzen gerüstet, zum ersten Margeritentag. Den Kindern der Armut, die durch ein neidisches Schicksal um das Schönste auf Erden, um selige, freudenreiche Kindheitstage betrogen sind, sollen die Spenden des Tages zufallen, der uns die nicht hoch genug zu schätzenden Segnungen eines vierzigjährigen Friedens, zur Dankbarkeit mahnend, ins Gedächtnis ruft. Kann man sich noch eine schönere, ethisch und sozial mehr begeisternde Idee ausdenken, als die, daß die Dankopfer für die Segnungen der langen Friedenszeit der unter unseren Augen heranwachsenden Generation gewidmet werden sollen? … (ausfürl. Bericht in den *Münchner Neuesten Nachrichten* vom 10.5.1911)

87 M. Schauspielhaus: »Anatol« von Arthur Schnitzler. Herr Waldau (Anatol), Herr Randolf (Max), Frl. Steinbrecher (Cora), Frl. Landing (Bianca), Fr. Gerhäuser (Gabriele), Frl. Woiwode (Annie) u.a.

12/5
Zum Turnen, schönstes Wetter. Brief von Alfred, Brief an Katja beendet. Nachmittag auf dem Weg zu Hallgartens von furchtbarem Wetter überfallen, untergetreten u. dann zum Tee heim geflüchtet. Brief an Peter, Telegramm von Alfred, Humboldt gelesen. Abend Brief an Olga.

13/5
Früh Ankunft von Alfred, geschäftlich deprimirt, et il y a de quoi[88]. Briefe von Katja u. Klaus. Masseuse, in die Stadt. Sommerwetter. Nachmittag zu Hirschberg, beim Tee die 4 Kinder mit Hermine[89], Elsa B., die heim fürte. Abend (die Herren in »Salome«) auf der Veranda. Karte an Katja, Brief an sie begonnen, Faust II gelesen, später Familienleben im Garten.

14/5
Brief an Mim, Brief von ihr; Spaziergang bei heißem Sommerwetter. – Beim Tee die Gugg. Gratulationsbrief an Possart,[90] an Katja weiter geschrieben, Faust II u. Humboldt gelesen.

15/5
Früh mit Frau Hallgarten geritten, sehr schön. Blumenkorb für Possart mit Brief befördert. Masseuse, Karte von Mim, Brieflein von Katja. Briefe an Mim, an Katja (mit Einlage Klaus); nach dem Tee Brief an Klaus, abend mit Alfr. ins Schauspielhaus, (Neuer Verein), Dauthendei's »Spielereien einer Kaiserin« mit der Durieux, Steinrück, Terwin – ein ganz interessantes Un-Stück, das Dank dem trefflichen Spiel der Durieux großen Erfolg hatte bei Tout-Munich, obschon es bis ½ 12 dauerte.[91]

---

88 (frz.) versteht sich von selbst, kein Wunder
89 Kindermädchen der Familie Mann
90 wohl nachträglich zum 70. Geburtstag (11. Mai)
91 M. Schauspielhaus: »Spielereien einer Kaiserin« von Max Dauthenday. Herr Steinrück (Menschikoff), Frl. Durieux (Katharina), Herr Basil (Zar Peter), Herr Schwanneke (Iwan) u.a. – ... Die sechs Akte bleiben dramatische Aphorismen, deren Charakter der Autor gewissermaßen durch Kapitelüberschriften noch betont hat. Sie lauten: Das Dragonerweib, das Frühstück, der Schmuckkasten, das Taschentuch, die Witwenhaube, am Kaiserinnenbett, und zeigen in kürzester Form den Inhalt des Schauspiels an ... Diese Kunst des Zusammenknüpfens wurde in der gestrigen Aufführung von den beiden Darstellern der Hauptrollen in genialer Weise geübt, und man kann nicht wissen, bis zu welchem Grade dadurch der starke Erfolg des Stückes bedingt war. Die Katharina der Durieux und Stein-

Mai

16/5
Wieder trübes Wetter. Zum Turnen, dann noch in die Ausstellung der Secession. Nachmittag zu Hirschberg, zum Tee zu Hallgartens, wo die Kinder turnten. Sie heimgefürt u. der Theres, die geküdigt, Vernunft gepredigt. Furchtbares Gewitter, im Regen heim. An Katja Brief begonnen, Faust II gelesen.

17/5
Die Theres telephonirt ihr reuiges Bleiben; an Katja weiter gedichtet, Masseuse. In die Stadt, beitisch stud. Hamburger u. Frl. Heim, von Wentscher empfohlen. Brief von Katja; Brief an sie beendet, Faust II ausgelesen. Wirtschaft. Starkes Gewitter, gelesen, Karte an Klaus.

18/5
Früh geritten, mit »Hündchen«[92], bedeckt, sehr schön. Brief von Peter, an Mimchen; Masseuse. Nachtisch zu Hirschberg, beim Tee Hermine mit den 4 Kindern. Abend an Katja begonnen, »Humboldt«.

19/5
Zum Turnen, Besuch bei Cellist Porges'. Brief an Peter, Briefe von Else aus Pyrmont u. von Katja. Durch Mahlers Tod sehr erschüttert. Nachmittag an Katja weiter gedichtet, beim Tee Frau v. Pannwitz, abend mit Alfred u. Heinz ins Röhr-Koncert, wo einige wirklich hervorragende Schülerinnen, (Frls. Wolf, Lippe, Starke etc) sangen.[93]

---

rücks Menschikoff erstanden zum lebendigsten Dasein, lebten ihr Leben und Lieben an uns vorbei ... (ausführl. Bericht in den *Münchner Neuesten Nachrichten* vom 17.5.1911)
  92 d.i. Constanze Hallgarten
  93 **Aus den Münchner Konzertsälen**. Bei der Schülerinnen-Vorführung, die Frau Sophie Röhr-Brajnin zum Besten der Ferienkolonie »Lindenhof« im Odeon veranstaltete, fesselten vor allem die Leistungen dreier Damen, die schon an dem vorjährigen Abend mit das meiste Interesse erweckt hatten: Johanna Lippe, die mit vier Mozartschen Gesängen (unter denen das dem Meister doch wohl fälschlich zugeschriebene »Wiegenlied«) eine in jeder Hinsicht zur vollen Reife ausgearbeitete Leistung bot, Johanna König, die mit der in großem Stil und mit großer Stimme gesungenen Ozean-Arie aus dem »Oberon« einen starken Erfolg hatte, und Luise Wolf, die seit dem vorigen Jahre künstlerisch bedeutend gewachsen zu sein schien und mit der Szene: »Hidolf, der Recke« aus »Gunlöd« von Cornelius so allgemeinen Beifall fand, daß sie Elisabeths Begrüßung der Halle aus »Tannhäuser« als Zugabe bringen konnte. Zwei andere Damen, Emilie Starke und

20/5
Brief von Mama, daß die Theres nun doch nicht bleibt! Masseuse, zu Hirschberg u. Kommissionen. Nachmittag ins Eisenmannbüreau. Regen u. Küle. Briefe an Katja u. an Hermann Dernburg. Abend »Humboldt«.

21/5
Früh Angerer, da Alfred eine Schleimbeutel-Entzündung am Knie hat. Briefe von Mimchen u. Katja, Briefe an Mim u. Else; Spaziergang. Nachmittag plötzlich die 4 Kinder mit Hermine, ganz selig, »hinter« der Omama; dazu zum Tee die beiden Schölls. Brief an Mieze; ein Hausmädchen für Katja gemietet. Abend wieder an Katja gedichtet, Humboldt-Briefe.

22/5
Geritten, wunderschön. Brief an Mim, Karte von Marta, Masseuse. Nachtisch zu Hirschberg u. Kauer, beim Tee auf der Veranda Stadler. Alfreds Knie noch garnicht besser, muß liegen u. Kompresse machen. Abend an Katja weiter geschrieben, von der Abschiedskarte aus Brioni eintraf. Humboldt-Briefe.

23/5
Alfreds Knie etwas besser. Zum Turnen, Briefe von Mieze u. von Ilse aus Venedig. Brief an Katja, nach Venedig-Lido abgefertigt. Nachmittag auf den Friedhof, mit dem Gärtner gesprochen. Beim Tee Prof. Burkhard. Humboldt-Briefe u.a. gelesen.

24/5
Regenwetter. Karte an Mimchen, Brief von Katja noch aus Brioni; in die Stadt bei strömendem Regen. Brief an Klaus; an Katja begonnen, Karte von Gusty aus Kairo. Gelesen.

25/5
Reiten verregnet, abscheuliches Wetter. Masseuse, Briefe von Peter u. Hermann Dernburg, Karte von Mieze. Brief an Mimchen, zum Essen mit Heinz, der den knieleidenden Alfred vertrat, zur Kaula,

---

Kathinka Pecz waren gleichfalls im vorigen Jahre schon bemerkenswert hervorgetreten: jene bewährte, von Kammermusiker Schellhorn sekundiert, in Adams sträflich geistlosen Variationen über ein Thema von Mozart (mit obligater Flöte) ihre sehr gewandte, obwohl nicht immer ganz saubere Koloratur, diese imponierte in der (auch nicht gerade sehr genußreichen) Arie: »Dulde, schweige, mein Herz« aus Fr. Lachners »Katharina Cornaro« mit der Größe ihrer stimmlichen Mittel ... (ausführl. Bericht in den *Münchner Neuesten Nachrichten* vom 24.5.1911)

wo es mit Munckers, Kilwins u. Helmuts recht gemütlich war. Beim Tee Tina Haim; Brief an Katja nach Venedig, gelesen, um 10 Abreise von Alfred nach Berlin.

26/5
Überraschung: schön Wetter. Briefe von Katja vom Lido, von Klaus. Zum Turnen, Brief an Peter. Telegramm von Manns, daß sie wieder nach Triest zurückgehen! Karte an Alfred. Nachmittag zu Frl. Kauer, die Kinder bei Hallgartens abgeholt, Besuch bei Mama. Wieder Telegramm von Manns, daß sie am Lido bleiben! Auf der Veranda mit Heinz gegessen, dann langer, gemütlicher Besuch von Eu.

27/5
Briefe von Eva, von Lula aus Wien, Karten von Alfred u. Else. Masseuse, zu Hirschberg u. Kommissionen. Spät gegessen, da Heinz im Theater. Nachmittag Hermine mit den 4 Kindern beim prachtvollen Wetter im Garten u. beim Tee. »Zukunft«, Humboldt gelesen, im Garten promenirt.

28/5
Früh Ankunft von Alfred aus Berlin, mit gebessertem Knie und unverbesserter Geschäftslage[94]. Karte an Else, Brief an Mim, Briefe von Mimchen u. Katja, mit Erklärung des sonderbaren Depeschenwesens. Karte an sie an den Lido. Spaziergang. Nachmittag im Garten beim Tee Dora Gedon-Rauch, dann Stadlers verfehlt u. Besuch bei der Gugg. Abend Humboldt.

29/5
Von 9-11 mit Frau Hallgarten geritten, schön und sehr heiß. Brief an Mim, Masseuse. Nachmittag gelesen, Karte von Olga; abend mit den Herren ins Prinzregententheater »Der arme Heinrich« von Pfitzner (neuer Verein), gute Auffürung, für mich (u. Alfred) langweiliges u. peinliches Werk,[95] tout Munich, natürlich zum Schluß starker Beifall.

---

94 Gemeint ist die miserable Geschäftslage der »Actiengesellschaft Ferrum« zu deren Aufsichtsratsmitgliedern Paul v. Rohrscheidt und Prof. Alfred Pringsheim gehörten. (s. Genaueres dazu in der Einleitung)

95 Prinzregententheater: »Der arme Heinrich« von Hans Pfitzner. ... Der Aufführung darf man uneingeschränktes Lob zollen. Man fühlte, daß die eigene Begeisterung Hans Pfitzners, der als bester Regisseur seines Werkes selbst tätig war, auf alle, ausnahmslos alle Mitwirkenden, bis zum letzten Choristen, über-

30/5
Schön Wetter. Zum Turnen, Brief an Katja nach Lido, Karte von ihr. Gelesen, Besuch von Eu, dann von Sophie. Garten u. Veranda, Rundschau u. Humboldt.

31/5
Brief an Klaus, Masseuse, Briefe von Ilse u. von Transehe; in die Stadt, Gewitter. Nachmittag Brief an Cile Seler, Brief von Katja. Die 4 Kinder mit Hermine, dazu zum Tee Lula; später Crodu. Abend auf der Veranda Humboldt.

1 Juni
Von 9-11 mit Frau Hallgarten u. dem neuen Stallmeister Berlin geritten, bedeckt u. schwül. Brief an Mim, Masseuse, beitisch Gusty Becker, von Kairo retour. Nachmittag in die Mauerkircherstr., Katja's neue Theres eingefürt, mit Mama u. den Kindern. Brief an Peter, Karte von Else. Abend Humboldt, um 10 Ankunft der sonnengebräunten Ilse vom Lido, Familienleben auf der Veranda.

2/5 [d.i. 2/6]
Familienleben mit Ilse, zum Turnen. Telegramm, daß Tommy's wegen Cholera heute abreisen. Karte an Prof. Voll, nachmittag Karten bei W. Bruckmann u. zu Eu. Beim Tee, außer Ilse, Susi Pekrum u. stud. Hamburger. In Alfreds Auftrag Karte an Pannwitz, abends Familienleben, vertraulich mit Ilse geplaudert, Garten u. Veranda.

3/5 [d.i. 3/6]
Früh um 8 Masseuse; mit der frisch angekommenen Katja telephonirt, Brief von Mieze, mit Ilse Hôtel Continental besichtigt (wobei Max Reinhardt kurzen Besuch abgestattet), zu Pössenbacher u.

---

geschlagen hatte. Herr Erb (Stuttgart) verkörperte die Titelrolle mit ergreifender Gewalt ... Man darf das Gleiche von dem Sänger des Dietrich, Herrn Kase aus Leipzig, sagen. Ein vornehmer, stimmgewaltiger Bariton, anscheinend mehr lyrischen Einschlags ... Fräulein Croissant, die Bosetti Straßburgs, war eine Agnes voll kindlich reiner lichter Töne. Auch im Spiel brachte sie das Kindliche, Schlichte glaubhaft zur Erscheinung. Die Mutter Hilde gab, trotz einer Indisposition, ausgezeichnet Fräulein Gärtner (Straßburg), den Arzt mit überzeugender Aszese des Spiels und leider auch mancher hoher Töne Herr Wissiak (Straßburg). Die szenische Leitung lag in den bewährten Händen Hofrat Kleins. (ausführl. Bericht in den *Münchner Neuesten Nachrichten* vom 31.5.1911)

Mai bis Juni

Drey. Zum Tee mit Ilse u. Alfred zu Katja geautelt, die hohen Reisenden nicht recht blühend befunden. Bei heftigstem Gewitter heim, um 7 Abreise von Ilse, wir ins Theater, Alfred »Widerspenstige«, ich Residenz »Wie es euch gefällt«, doch ein sehr schwaches Stück, in der durchweg minderwertigen Auffürung decidirt langweilig.[96]

4/5 [d.i. 4/6]

Regnerischer Pfingstsonntag. Briefe von Mim u. Peter, Karte an Mim, durch die ekliche Stadt spaziert. Beitisch Tommy's mit Kindern u. Löhrs mit dem noch nicht ganz keuchhustenfreien Evele (!), recht gemütlich; beim Tee zu Katja Hedwig Schöll u. Emma Locher, abend Familienleben mit Tommy's u. einer Cup, bei sehr lebhaftem Gespräch über R. Wagners Bedeutung.

5/6

Da warm u. schön, um ½8 mit Heinz ausgeritten. Dann Proppertät[97], Brief von Klaus, an Mimchen. Beitisch Tommy's mit den 2 Großen, später Hermine mit den Kleinen, beim Tee noch Marga Oldenbourg. Brief an Else nach Pyrmont, Humboldt-Briefe, Karte an Klaus.

6/6

Schönes Sommerwetter, zum Turnen, mit Katja Kommissionen. Nachmittag zu Hirschberg, beim Tee Gustel Dyck. Karte von Pannwitz. Abends, wärend die Herren in »Meistersingern« zu Tommy's Geburtsfeier, die durch 2 viel zu teuere Hemdperlen verherrlichte, mit Löhrs u. dem sehr unterhaltenden Viko recht gemütlich u. nett. Von Löhrs heimgefaren.

7/6

Brief an Klaus, Masseuse, Kommissionen – sehr heiß. Beitisch Faber, nachmittag durch den engl. Garten zu Tommy's spaziert, wo auch Alfred zur Feier von Moni's Geburtstag zum Tee erschien. Dann durch die Anlagen von Tommy's mit den Kindern begleitet. Gelesen, später Eu auf der Veranda.

---

96 K. Residenztheater: »Wie es euch gefällt« von William Shakespeare. Herr Jacobi (Der Herzog), Fr. v. Hagen (Rosalinde), Frl. Neuhoff (Celia), Herr v. Jacobi (Oliver), Herr Birron (Orlando) u.a.

97 eigtl. Proppretät, abgeleitet vom (frz.) propreté Sauberkeit, Reinlichkeit

8/6
Sehr heiß. Von 7-9 mit Frau Hallgarten, Heinz u. Frl. Merkel geritten. Brief von Mira, an Mim, Masseuse. Beitisch Trudi Study u. stud. Crusius; zum Tee zu Buyssons, dann bei Bernstein, der sehr krank, Erkundigung. Brief von Else. Karte an Harden. Abend allein, Humboldt gelesen.

9/6
Früh zum Turnen; beim Essen Genée. Nachmittag auf den Friedhof. Karte von Mimchen, Karten an sie u. Peter, Brief an Harold Smith. Abend wieder lang u. ausfürlich Genée. Gewitter.

10/6
Starke Abkülung. Karte von Peter aus dem Spreewald, Brief an Heinrich Braun; Masseuse, Kommissionen. Nachmittag Eu verfehlt, Spaziergang. Beim Tee Katja u. Eu. Abend Brief an Transehe, gerechnet, Humboldt-Briefe, endlich! – ausgelesen.

11/6
Karte von Harden, Brief von Marta. Geordnet, gepackt, Besuch von Funke. Beitisch alle Tommy's, Katja mit den 4 Kindern über den Tee. Fertig gepackt, um 10 Abreise nach Berlin, von Alfr. zur Ban begleitet. Schöner, frischer Tag.

12/6 Berlin-Grunewald
Normale Fart, in Berlin ½9 von Peter begrüßt, im Auto in die Warmbrunnerstr.[98] Mimchen leidlich frisch. Beim Tee mit ihr u. Eva geplaudert, Dora [Klein] begrüßt, gepackt, geordnet, Bad; Karte an Alfred. Nachmittag kl. Rundgang über die Post, zum Tee Miez u. Hedda, später Bondi's. Spazierfart mit Mim u. Miez. In Lily Brauns »Memoiren einer Sozialistin« gelesen.

13/6
Morgens wie immer. Karte an Alfred, Brief an Marta, Spaziergang, Karten bei Fürstenberg u. Pannwitz. Beim Tee Ilse u. Käte, dann zum Abend Mieze mit Luigia u. Peter. Zwischendurch Lily Braun gelesen. Regenwetter.

---

98 Grunewald, Warmbrunnerstr. 8 war die Adresse von Eva Klein. Ihr Ehemann Georg Bondi wohnte laut Adreßbuch in der Herbertstr. 15.

14/6

Abscheuliches kaltes Regenwetter. Briefe an Else u. Mira, Karte von Alfred, Spaziergang im Gummimantel. Lily Braun eifrig gelesen, da gegen Abend aufklarend, Spazierfart mit Mim.

15/6

Brief von Klaus, Briefe an Katja u. Klaus, mit beiden Bondi's bei angenehmem Wetter schöner Spaziergang. Nachmittag zum jour zu Frau Fürstenberg, wo Ilse, Frau Simon[99], viele Damens; dann mit Mim u. Miez Spazierfart. Mimchen recht schwach. Abend gelesen, Karte an Peter, von Paul Rohrscheidt.

16/6

Früh mit Mim Gratulationsbesuch[100] bei Bondi, dann zu Hardens. Briefchen von Katja, mit Alfr. telephonirt, eingeschr. Brief von Heinrich Braun. Gelesen, geflickt. Einkäufe zum Abend, beim Tee Miez, abends Alfred, aus Oberschlesien üble Nachricht[101] bringend, aber sonst ganz munter, Miez, Ilse und Käte: ganz gemütlich.

17/6

Brief von Eu, mich zur Auto-Reise einladend. Mit Alfred telephonirt, an Katja Brief begonnen. Bei schönem Wetter Spaziergang u. Besuch bei Frau Knappe. Lily Brauns dickes Buch beendet; Spazierfart mit Mim u. Hedda, abend Gesellschaft bei Bondi, wo auch der um 10 nach München abfarende Alfred u. Peter, dann Gagls, Döplers, Osborns etc, wo ich mich zwischen Lechter u. Dr. Wolters wirklich gut unterhielt, wärend Kerr meinen Abscheu erregte. Im Garten warm u. angenehm.

18/6

Briefe an Katja u. an Eu, mit Absage der Auto-Einladung, Besuch bei Hardens, schwüle Luft. Zum Essen bei Eva, mit Bondi u. Else Scholz, die nach dem Tee zu uns. Karin Michaelis' »Elsie Lindtner« gelesen u. »Zukunft«.

19/6

Briefe von Katja u. von der Jungfer Katrin, mit Kündigung für 1. Juli. Karte an sie, an das Eisenmann-Büreau, an Alfred; Spazier-

---

99 vermutlich Therese Simon
100 zum 46. Geburtstag von Georg Bondi
101 bezieht sich auf die »Ferrum«-Auseinandersetzungen s. Einleitung

gang – sehr schwül. »Wovon man nicht spricht« von G. Zapolska gelesen, beim Tee Miez, Frl. Georgi (dumm u. munterchen), später Dora [Klein] u. ihr garstiger Brinkmann. Spazierfart mit Mim u. Miez.

20/6
Briefchen von Lula, das an Peter spedirt. An Katja angefangen u. Brief an Emma Schlier, Spaziergang. »Wovon man nicht spricht« ausgelesen, Karte von Alfred. Zum Tee zu Pannwitz', wo Schotts u. Baron Wendland; abends Peter. Abwechselnd Gewitterregen. Briefwechsel Fürst Pückler begonnen.

21/6
Kleinen Artikel[102] von Mim korrigirt; Brief an Katja, Karte an Alfred, Spaziergang. »Das Allmächtige Gold« von Sar Peladan gelesen, beim Tee Miez, später Dorchen [Klein] mit Dr. Brinkmann, ihres »Hans'« Bruder; dann Spazierfart u. gelesen. Karten von Marta u. Eisenmann Büreau.

22/6
Karten an Klaus u. Marta; Abschied von Bondi's, die auf 8 Tage verreisen; Frau v. Pannwitz abgeholt, ihr Grundstück besichtigt, Spaziergang mit ihr. Karte von Alfred, Brief von Katja. Beim Tee Miez u. Hedda, Fart mit Mim u. Miez, um 8 zum Diner zu Fürstenberg, wo zwischen Pannwitz u. Graf Königsmark, der Argentinien kennt, von Erik wußte u. Bahlke u. v. Fritsche richtig taxirt, mit großem Interesse unterhalten. Außerdem mit Exc. Dernburgs, Exc. Fischer u. einigen andern. Von Pannwitz um 11 heimbegleitet.

23/6
Um 10 Else von der Ban geholt, sie um 12 wieder zurückbegleitet. Nachmittag Brief an Alfred, Karte an Katja, beim Tee Frau Harden mit Maxa, dann Miez. Dann Prof. Salomon, Eva's Hausarzt, der an Mimchens Knie eine Sehnenzerrung konstatirte, Ruhe u. Umschlag verordnete u. mich recht deprimirte, da lange Dauer in Aussicht stellte. »Das allmächtige Gold« ausgelesen; Pückler-Briefe.

---

102 Vermutlich *Fliege, meine Seele, fliege! Ein Gespräch zwischen Alt und Jung*, in: *Westermanns Monatshefte*, 55. Jg, Juni-August 1911, 759-761. (s. Nikola Müller)

Juni

24/6

Mims Allgemeinbefinden besser. Brief an Katja begonnen, Karte von Alfred, Brief von Lisbet Lindemann. Der Prof. Salomon ist mit Mim zufrieden, sodaß ich um 11 beruhigt nach Garzau konnte, wohin die guten Fürstenbergs mich aufs angenehmste, bei großer Hitze, in ihrem Auto furen. Rohrscheidts, in ihrem kleinwinzigen niedlichen Asbesthaus, sehr deprimirt über die Geschäfte,[103] sehr geladen gegen Alfred. Gutes Essen, peinliche Unterhaltung, Besichtigung des Neubau's[104] u. von Marta's schönen Wolfartseinrichtungen, Kaffee, Waldbrand-Nachricht, die nicht stimmte, von Marta zur Ban kutschirt, vom Zoo Elektrische, um 7 daheim, wo Miez mit Hedda eben aufbrach. Brief von Klaus, gelesen.

25/6

Karte an Alfred, Brief an Katja fertig gemacht. Um ¾11 nach Wannsee, mit Else auf den Kirchhof, ihr schönes Grabmal besichtigt;[105] Familienessen, incl. Gagls u. Peter, der mich um ½3 zur Ban brachte, mit kurzem Abstecher in »unsern« Garten[106] unter Arndts Fürung. Um 4 wieder daheim, bei schmälicher Hitze. Besuch von Dorchen [Klein], »Zukunft«, abend Ernesto, mit dem bis nach 9 plauderte. Heftiges Gewitter. Pückler gelesen.

26/6

Mimchen gefällt mir micht, da sie am Bein die Wickelung nicht verträgt, nach schlechter Nacht schwach u. nervös ist. Karten von Alfred u. Genée, Brief mit wiederholter dringender Auto-Einladung von Eu; bei angenehmem Wetter Besuch bei Exc. Dernburg. Gelesen, Absagebrief an Eu, Karte an Genée nach Gastein, Karte von Harden. Besuch von Lella Fürstenberg, Miez, Spazierfart, die für Mim ungeeignet war, abend gelesen.

---

103 s. Einleitung
104 Schloß Garzau war im Juni 1910 abgebrannt und wurde nun nach Plänen des Architekten Hermann Dernburg wieder aufgebaut. (s. *Abbildungen* im Anhang)
105 Die Grabstätte der Rosenbergs auf dem Friedhof Wannsee, Lindenstraße in der Abt. Alter Teil Nr. 34-35 ist schon seit längerer Zeit eingeebnet. (Auskunft der Friedhofsverwaltung)
106 Das Grundstück der Pringsheims in Wannsee, in der Conradstr. 1 in der Nähe des Rosenbergschen, war nach dem Tod von Paula Pringsheim verkauft worden. Das dazugehörige Wohnhaus steht heute noch.

27/6
Brief an Alfred, von Katja. Spaziergang, Karte bei Rathenau. Nachmittag Karten an Katja, Harden u. Marta. Pückler u. Rundschau gelesen, abends Peter.

28/6
Karten von Eu u. Alfred, Briefchen von Katja; mit Peter, Else, Pannwitz telephonirt, gelesen, Frau v. Pann.[witz] zum Spaziergang abgeholt. Beim Tee Else mit Kaete, dann Miez, kurzer Besuch beider Pannwitze. »Pückler« gelesen.

29/6
Mimchens Bein doch in leiser Besserung. Karte von Harden, gelesen, ein wenig gepackt, zu Fürstenberg, Besuch bei Harden. Briefe von Lula u. Emma, Karte von Marta. Nachmittag gepackt, beim Tee Miez, Besuch von Frau Knappe u. des recht interessanten Bildhauers Dr. Wagner. Um ½8 Rückkehr von Bondi's aus dem Harz, mit ihrem Auto gleich, schweren Herzens, abgefaren, Gepäck zum Anhalt.-Banh., dann bei Miez, mit Peter, ein Stündchen verplaudert u. um ½11, von Peter zur Ban geleitet, Abreise.

30/6. München.
Ganz normale Reise, um 10 Ankunft, von Alfred empfangen, gleich ärgerliche Rohrscheidt-Geschäftsgespräche[107]. Zuhaus Heinz u. Plisch, von Klaus nur unbestimmte Nachricht. Gepackt, etc. Nachmittag Karte an Mim, Ankunft von Tommy u. Katja, mit denen, alle fünf, ins Künstlertheater »Schöne Helena« (Reinhardt-Stern)[108], außerordentlich lustig, amüsant, reizend. O dieser Pallenberg-Menelaus![109] Rauschender Beifall von Tout Munich. Erst um ½12 daheim, noch langes Familienleben.

---

107 s. Einleitung
108 gemeint sind der Regisseur Max Reinhardt und der Bühnenbildner Ernst Stern
109 M. Künstlertheater: »Die schöne Helena« von Jacques Offenbach. Regie: Max Reinhardt. Bühnenbild: Ernst Stern. Leitung: Alexander v. Zemlinsky. Frl. Jeritza (Helena), Herr Ritter (Paris), Frl. Eibenschütz (Orestes), Herr Pallenberg (Menelaus) u.a. – … In Herrn Pallenberg, der den Menelaus spielte, lernte man einen Darsteller von ungewöhnlich großen Qualitäten kennen. Die verschiedenen Ansprachen an sein Volk, die nicht ohne Hindernisse verlaufenden Thronbesteigungen, die jähen Übergänge von Wut in Sanftmut bei der Rückkehr von dem Ausflug nach Kreta: dies ergab zusammen mehr als einen Wiederabdruck dieser populären Bühnenfigur, bedeutete ein Charaktergemälde von Rang, dem

Juni bis Juli

1/7

Trübes Wetter. Familienfrühstück, gerechnet etc. ~~Um~~ Kommissionen, ins Eisenmannbüreau, nachmittags mit Katja bei strömendem Regen in die Stadt, Gusty Becker als enervirende Begleiterin. Abend mit Tommy's zur Eröffnung des Lustspielhauses (eingeladen!), Shaw's »Der Liebhaber«, ein ungemein schwaches Stück mit guten u. verblüffenden Shaw-Einfällen, mittelmäßig gespielt mit Ausnahme der Roland.[110] Familienleben u. Abschied von Heinz, der morgen früh reist.

2/7

Familienleben mit Tommy's, die um ½ 12 nach Tölz furen. Briefe von Mimchen, von Olga, Geburtsanzeige von Eberts,[111] Verlobung von Fritz Pringsheim, beiden Karten. Kl. Spaziergang u. in die Pinakothek, schöne Leihsammlung Nemes angesehen.[112] Brief an Mimchen. Beim Tee [Max] Pidoll, dann die Gugg. Abend »Zukunft« u. »La Vagabonde« von Colette Willy.

3/7

Bei trübem Wetter um 7 geritten mit Baronin [unleserlich], im Trauertempo. Briefe von Klaus mit neuem Prager Kontrakt als Operndramaturg (!) u. von Dernburg mit Querulanz. Kommissionen, erfaren, daß Mottel an Herzkrampf gestorben. Nachmittag

es an Tiefe nicht noch an tragischem Unterton fehlte … (ausführl. Bericht in den *Münchner Neuesten Nachrichten* vom 1.7.1911)
  110 Lustspielhaus: »Der Liebhaber« von Bernhard Shaw. Herr Martini (Oberst Craven), Frl. Roland (Julia Craven), Herr Gottowt (Herr Guthbertson), Frl. Goericke (Grace Tranfield) u.a. – Das allzu weibliche Weib der drei ersten Akte, Julia Craven, wurde von Frau Roland dargestellt, unter witziger Betonung der vom Autor gezogenen Linie, dergestalt, daß eine sehr wirksame Figur zustande kam, deren temperamentvolle Unarten für den Typus des weiblichen Weibes mehr Propaganda machte, als die kühle Grace Tranfield für den ihren … (Bericht in den *Münchner Neuesten Nachrichten* vom 4.7.1911)
  111 Tochter Sigrid, geb. am 29. Juni
  112 **Aus den Pinakotheken**. … Die Privatgalerie des Herrn von Nemes nimmt unter allen in den letzten 20 Jahren entstandenen Privatsammlungen einen hohen Rang ein. Sie umspannt die ganze neuere Kunstgeschichte und scheidet sich deutlich in zwei Gruppen: die ältere Kunst bis 1800 und die neuere Kunst, die durch Constable, Delacroix, Monticelli, Courbet, Manet, Corot, Monet, Renoir, Degas u.s.w. vertreten ist … Der wichtigste Teil der Sammlung sind aber wohl die Spanier, und zwar deshalb, weil die Sammlung Nemes neun Meisterwerke des heute so viel genannten Greco ihr eigen nennt. (Bericht in den *Münchner Neuesten Nachrichten* vom 31.5.1911)

Briefe an Mim u. Dernburg, gelesen. Abend Gusty Becker, auf der Durchreise nach Wien.

4/7
Die gestern neu eingetretene Jungfer Elisabet instruirt, Karte an Peter, zum Turnen; Frau Berreth. Nachmittag zu Hirschberg u. Kommissionen, Besuch von Sophie. Brief von Katja, an sie, Karte von Eu, Brief von Lili Bamberger. »La Vagabonde«.

5/7
Herrliches Sommerwetter. Brief an Peter, Masseuse, in die Stadt. Nachmittag auf den Friedhof. Brief an Graf Königsmarck, gelesen. Telegramm von Klaus.

6/7
Bei schönstem Wetter von 7-9 geritten; mit dem eben eingetroffenen Klaus gefrühstückt, Masseuse. Besuch von Funke in Hypothek-Angelegenheit; in die Stadt. Karte von Peter mit Königsmarcks Adresse, Brief von Dernburg. In dessen Angelegenheit Brief an Pannwitz, Karte an Dernburg u. Brief an Mim. Familienleben beim Kaffee, Tee u. Abend. Pückler gelesen.

7/7
Karte von Heinz aus Hamburg. Zum Turnen. Nachmittag nach Ludwigshöhe zu Schwenningers, bei großer Hitze. Er wirkt wirklich anormal; beide furchtbar liebenswürdig, Tee im Garten mit Ehepaar Meier aus Geislingen. Abend gelesen – Klaus in Tölz.

8/7
Früh Masseuse; mit Alfr. zur Eröffnung der sehr schönen gotischen Säle in Pinakothek;[113] in die Stadt: sehr heiß. Briefe von Harold Smith u. Miez, Brief an Heinz. Beim Tee langer Besuch von Frau Seeliger, dann noch in die Stadt. Abend »Zukunft«.

---

113 **Neuordnung der Alten Pinakothek** ... Die Neuordnung der altdeutschen Säle, um die sich Herr Dr. Braune ganz besondere Verdienste erworben hat, bringt so vielfältige Ueberraschungen und wichtige Aufklärungen, daß sie als eine Tat gelten kann, von der vermutlich überhaupt eine Neueinschätzung dieser Kunst ausgehen wird. Diese erscheint uns plötzlich seltsam näher gerückt, angetan, ganz besondere Sehnsüchte unserer Zeit zu erfüllen, köstlich rein in ihrer naiven Art, köstlich reif in der bewundernswerten Vollkommenheit ihres Handwerks, ebenso glänzend als vornehm in ihrer Farbigkeit! ... (ausführl. Bericht in den *Münchner Neuesten Nachrichten* vom 10.7.1911)

Juli

9/7

Brief von Mimchen, an sie; Karte von Genée u. an ihn, kurze Nachricht von Dernburg. Spaziergang im engl. Garten; ganz stiller Sonntag, mit Familienleben u. Pückler-Briefen.

10/7

Von 7-9 geritten, herrlich. Dann in die Stadt u. Masseuse. Briefe von Pannwitz, Graf Königsmarck, (beide negativ), von Eu aus Tours, von Heinz aus Sylt. Brief an Mim, Karten an Königsmarck u. an Katja; abend mit Klaus ins Schauspielhaus »Marquis von Keith« mit Wedekind: schlechtes Stück, schlecht gespielt, doch Stück u. Schauspieler (Wedekind) ganz interessant.[114] Leeres Haus. – Karte an Katja.

11/7

Nochmal Karte ~~von~~ an Katja, Brief von ihr. Zum Turnen u. Kommissionen. Beitisch Genée, beim Tee Lili Keith mit Mann; schreckliche Nachricht vom tötlichen Absturz von Reini Lindemann,[115] Brief an Lindemanns. Karte von Harden, Brief an Eu nach der Bretagne. Abend Genée, der morgen nach Berlin reist.

---

114 M. Schauspielhaus: »Der Marquis von Keith« von Frank Wedekind. Ernst Rothmund a.G. (Konsul Casimir), Frl. Barraud (Sein Sohn), Frank Wedekind a.G. (Der Marquis von Keith), Herr Raabe (Scholz), Frl. Lind (Griesinger), Frl. Vallière a.G. (Anna), Herr Lübau (Saranieff) u.a.

115 …Ueber das beklagenswerte Unglück erfahren wir noch folgendes: Am Sonntag um 9¾ Uhr brachen der Bergbaustudent Reinhard Lindemann, der zur Zeit beim Leibregiment eine Reserveübung leistet, der Sohn des Geheimrats Dr. Lindemann in München, die etwa 17 Jahre alte Elise v. Zimmermann aus München und die Lehrerin an der Bürgerschule in Posen Margot Gräfe von Hinterbärenbad aus auf, um die Elmauer Halt auf dem gewöhnlichen Wege über die Scharlinger Böden zu besteigen. Die nur mangelhaft ausgerüsteten und, wie es scheint, auch ziemlich unerfahrenen Touristen erreichten erst gegen Abend den Gipfel der Halt, wo sie sich nach kurzer Rast an den Abstieg machten. Es war mittlerweile schon die Dämmerung hereingebrochen. Sei es nun aus Unkenntnis der Abstiegsroute oder daß sie in der Dunkelheit von dem gewöhnlichen Wege abkamen, verließen sie die Achselrinne und versuchten direkt über die westlichen Plattenabstürze in den oberen Scharlinger Boden abzusteigen. Es scheint, daß die drei Touristen, die ohne Seil hintereinander gingen, auf den steilen Platten ins Rutschen kamen und einer den anderen mit in die Tiefe riß … (ausführl. Bericht in den *Münchner Neuesten Nachrichten* vom 12.7.1911)

12/7
Karte an Dernburg mit Pannwitz Brief; Brief an Dagny, Karte von Emma Schlier, Gratulation an Hirth.[116] Die Berreth vergeblich erwartet, in die Stadt, 1000 Kommissionen. Schneckenaichner-Buben zur Gratulation, Karte von Katja, Kondolenz an Frau Ebert.[117] Geburtstagsbriefe von Kaete u. von Heinz mit niedlichem Battist-Ledertäschchen. In die Stadt, beim Tee sehr lange Seeliger u. Dyck. Abend Briefchen an Heinz, gelesen.

13/7
Miserable Nacht, infolge von Arbeiter-Retiraden[118]-Gestank, von 7-9 geritten, maßlos schwül. Frau Berreth. Briefe von sämmtlichen Familiengliedern, von Aletta, Hedwig Gugg, Olga, Karten von Grünfeld, Hannchen, der »Straßenfrau«; Aufbau: Fortsetzung der Napoléon-Briefe,[119] Leonardo da Vinci von Mereschkowski, Mémoiren der Markgräfin v. Bayreuth, 2 Miniaturen von Erik, von Frau [A.] Simon gemalt, ein Medaillon mit ebensolcher Miniatüre, ein elegantes Täschchen mit Ur, hübsche Écharpe[120], Bildchen vom »König von Rom«[121] – alles von Alfred; von Katja elektrischer Kocher, mit der üblichen Füllung; von Hermann Chocoladen; von Mimchen Bergson. Gratulation der Leute mit Blumen. Ankunft von Tommy's, Brief an Mim, nachtisch Familienleben mit Briefverlesung. Mit Katja in die Stadt, beim Tee Lula mit Blumen. Abend Familienleben. Brief von Frau Prof. Dietrich[122].

14/7
Letzte Turnstunde; zu Lindemanns, nur das Mädchen gesprochen. Beitisch Katja, Tommy bei »Mama«; um 4 faren sie nach Tölz. Gewitter, in die Stadt. Briefe an ~~von~~ Peter u. an Olga. Abend Familienleben.

---

116 zum 70. Geburtstag
117 zum Tod ihres Vaters Prof. Gustav Adolf Mitscherlich
118 altertüml. Bezeichnung für Abort
119 vermutlich die 1910 ersch. Neuausgabe der *Correspondance de Napoléon Ier*
120 (frz.) Schärpe, Schal
121 Sohn von Napoleon I. und der Marie-Louise von Österreich
122 d.i. Marie Dieterich

Juli

15/7
Früh Frau Berreth. In die Stadt, zalreiche Kommissionen. Karte von Eu, ihr Telegramm vom 13ten ergänzend. Nachmittag mit Alfred auf den Waldfriedhof, Erik Blumen gebracht, mich dann dem Trauerzug von Reini Lindemanns Begräbnis angeschlossen, das durch eine verlogene, salbadernde Rede eines ekelhaften Pfaffen entweiht wurde. Die ganze Fakultät anwesend, auch Lisbet mit Irmchen, die nachher eine Cour abnahmen: schreckliche Sitte. Beim Tee Elsa B., dann Frau Hanfstängel mit ihrer Freundin Wegner. Abend gelesen.

16/7
Briefe an Mim u. Heinz-Käte, Brief von Mim, Dankzeilen von Dernburg; Spaziergang. Nachmittag gekramt, beim Tee Hedwig Schöll, Brief an Marta, Pückler-Briefe gelesen.

17/7
Von 6-8 (!) geritten, dann Kommissionen, Masseuse. Briefe an Mimchen u. an Hermann, Packet und Gratulation an Emma Schlier.[123] Karte von Eu, Journale, Brief von Irmgard-Lisbet Lindemann, die nach dem Tee eine Stunde zu mir kamen, Lisbet leider so uneinfach u. verlogen, wie es ihre zweite Natur ist, deshalb weder ergreifend noch rürend in ihrem Schmerz. Abend Pückler-Briefe.

18/7
Ein Tag wärmer u. schöner als der andre. Brief von Katja, Karte an Mira, Briefe an Lily Bam u. an Frau Diet[e]rich-Usener; in die Stadt. Nachmittag Abreise von Klaus nach Tölz, Brief von Lisbet, an Katja u. an Miez. Abend auf der Veranda Seeligers u. Dycks, bis ½12 sehr gemütlich und nett geplaudert.

19/7
Kl. Korrespondenz, Masseuse, Karte an Prof. Witkop; bei großer Hitze in die Stadt u. Spaziergang. Nachmittag u. abend gelesen, Briefe von Heinz u. Katja. Keine Abkülung.

20/7
Bei glühender Hitze von 7-9 geritten; dann letzte Massage; Brief von Peter u. 2 Karten von Mimchen. Brief an Mim, Packet an Klaus, Brief an Katja. Nachmittag in die Stadt. Alfred sehr pre-

---

123 zum Geburtstag am 20. Juli

okkupirt durch Frau Prof. Simons Operation. Pückler u. Varnhagen gelesen. Alfred noch um ¾ 9 telephonisch ans Krankenbett seiner Freundin befohlen (!), dann Al[l]otria.

21/7
Die Hitzewelle hält an. Brief von Katja mit Kommissionen, Briefe an Peter u. an Andersens neues Reitunternehmen (abschlägig). In die Stadt; Karte an Katja, gelesen, in alten Papieren gekramt. Brief an Harden.

22/7
Alfred hat früh rendez-vous mit Dir. Loeser in Augsburg. Karte von Klaus mit Quärulanz; bei großer Hitze ins Ungererbad geradelt, dann Karte bei Eberts abgegeben. Alfred zutisch zurück. Journale, beim Tee Elsa B., abend mit Alfred auf Tommy's Freikarten ins Lustspielhaus »Fiat iustitia«, eine sehr wirkungsvolle Satyre auf unsere Rechtspflege, bei ausgezeichnetem Spiel sehr amüsant.[124]

23/7
Gluthitze; kl. Spazierschlich. Brief von Mim u. an sie; beitisch Hartogs, Dr. Braune u. Dr. Lehmann. Dann geschwitzt, »Zukunft«, Pückler und Varnhagen gelesen.

24/7 Tölz.
Um ½ 9 nach Tölz, Gluthitze. Brief von Hermann, Karte von Mira. In Tölz Tommy's mit den Kindern an der Ban, Klaus durch Furunkel verhindert. Aufbau, Familienbriefe, etc. Gegen Abend Spaziergang, abend Familienleben, Torte, Sekt; Tommy liest ein Kapitel des Hochstaplerromans[125], das zum Teil sehr gelungen ist.

25/7. München.
Um ¾ 12 Abfart von Tölz bei Gluthitze, zuvor mit den Kindern im Garten. Unterwegs armen Buben betreut, der in falschen Zug gestiegen. Zum Essen daheim, Brief von Miez, Karte von Harden.

---

124 Lustspielhaus: »Fiat justitia!« Kriminalgroteske in drei Instanzen von Lothar Schmidt und Heinrich Ilgenstein. Herr Edthofer (Der Präfekt), Herr Gottowt (Der Vorsitzende), Herr Kaiser (Der Verteidiger), Herr Stoeßel (Der Justizrat), Herr Kißmer (Kleinholz), Frl. Werner (Seine Mutter), Frl. Karsten (Nelly) u.a.

125 gemeint sind die »Bekenntnisse des Hochstaplers Felix Krull«

Nachmittag Brief an Mim, beim Tee Lili Keith; Pückler u. Varnhagen gelesen.

26/7
Brief von Dagny. Bei afrikanischer Glut in die Stadt; Zeitungen, Karten an Miez, Mira, Harden, 50 M.[126] an Hedda. Gelesen, gelitten. Es stinkt unentwegt vom Marienbad-Bau mörderlich weiter. Brief an Katja.

27/7
Früh zu Ungerer[127] geradelt – kaum Erquickung. Karten von Olga u. Frau Ebert, Brief an Mim. Nachmittag Brief an Else, in beiden Büchern gelesen, abend auf dem Königsplatz ein wenig promenirt.

28/7.
Wegen Gestank u. Hitze in Bubens Zimmer schlecht genug geschlafen. Früh Ankunft von Heinz. Briefe von Katja u. Peter. In die Pinakothek. Brief an Peter; gelesen, abend mit Alfr. u. Heinz im Glyptothekgarten promenirt. Kleines Gewitter one Erquickung.

29/7.
Früh in die Stadt u. Spaziergang; glutheiß. Karte von Eu, Auseinandersetzung mit Alfr. wegen Frau Simon, die von Brentano u. ihm »gegründet«[128] werden soll. Karte an Eu, Brief an Lipps; gelesen. Brief von Mimchen u. an sie. Abends Bernsteins, er von schwerer Krankheit genesen u. bis ½12 ein Geschichtchen ans andere reihend.

30/7
Auseinandersetzung mit Alfred u. Friedensschluß. Unsinnig heißer Spaziergang, Briefe an Katja u. an Funke. Gelesen, gegen Abend Besuch der 3 Damen Locher-Schöll[129].

---

126 in heutiger Währung etwa 240 €
127 gemeint ist das Freibad am Würmkanal
128 Annette Simon betrieb unter ihrem Mädchennamen Annette v. Eckardt von 1916 bis 1930 ein kunstgewerbliches Atelier. Vielleicht wurden dazu schon jetzt Überlegungen angestellt.
129 das sind Emma Locher und Hedwig und Else Schöll

31/7
Karten von Crodu aus Versailles u. von Harden. Spaziergang, Brief an Mimchen; nachmittag gelesen, beim Tee Stadler, der Abend angenehm erfrischt, wie immer verbracht. Brief von Funke.

1. August
Bei wirklich herrlichem Wetter um ½7 mit Heinz 2 Stunden ausgeritten; mit Katja telephonirt, Brief von Miez, an Funke, mit Einlagen; Karte an Katja, gelesen. Nachmittag u. abends gelesen, nochmals wegen Klaus' Furunkulose mit Katja telephonirt, Brief an Marta. Frischerer Abend.

2/8
Wieder recht heiß. In die Stadt u. Spaziergang. Gelesen, beitisch Koffka's u. Lili Keith. Nachmittag Brief an Eva, Karte an Milka, Pückler u. Varnhagen gelesen.

3/8
Früh mit Heinz geritten: schwül u. maßlos staubig. Briefe von Katja, Emma u. Else; Karte von Peter. Brief an Mimchen, Karte an Peter. Nachmittag gelesen, mit Katja telephonirt, lange Unterhaltung mit Alfr. über Frau Simon.

4/8 Tölz
Früh um ½9 nach Tölz gefaren, von Katja mit den Kindern abgeholt, angenehmes, leicht bewölktes Wetter. Klaus noch bettlägerig, mit gebesserter Furunkulose. Familienleben an seinem Bett u. Bad; zum Essen kam er herunter, chaise longue. Nachmittag Regen, beim Tee die Villanachbarn Schrön, nette Leute, namentlich die holländische Frau. Mit Katja den Fall Hermine, Briefe etc. verhandelt, ein wenig im Garten, im Zimmer gegessen, da – zu kül im Freien! Ganz gemütlicher Familientag.

5/8 München
Vormittag an Klaus' Bett. Um ½12 Abreise, von Katja u. den Kindern geleitet, wieder sehr warm. Zuhaus Peter vorgefunden u. Briefe von Mimchen, Eva, Marta u. Funke. Nachmittag mit Peter in die Stadt, zu Hirschberg. – Mit der von der Autoreise heimgekehrten Eu telephonirt; »Zukunft«, Varnhagen, Pückler gelesen.

Juli bis August

6/8
Furchtbar heiß. Zu Eu mit Rosen, nicht angenommen; dann in die Klinik zu Frau Prof. [A.] Simon mit Rosen, freundliche entrevue. Brief an Mimchen, beim Tee Eu, langes Familienleben; abend dito, aber nach schlechter Nacht sehr müde, früh ins Bett.

7/8
Um ¼ 7 mit Heinz geritten, heiß aber ganz schön. In die Stadt, Kommissionen, Brief an Mimchen, mittags Ankunft von Tommy's. Karte vo an Marta. Um ½ 4 alle per Auto ins Regententheater zur »Götterdämmerung«: mit Edith Walker, Knote u. Schumann-Heink, unter Lohse, recht schöne Auffürung;[130] unelegantes Publikum, garkeine Bekannte. Im Zwischenakt schon Verstimmung mit Tommy, der Antiwagnerianer ward; beim Nachtessen auf der Veranda scharfer Zusammenprall zwischen Alfred u. Tommy, der Wagners Kunst eine[131] »trauriges« Denkmal fand, dem nur »Halb-Barbaren« Festspielhäuser bauen könnten; was Alfred sich, mit Recht, sehr leidenschaftlich verbat. Nachher wieder Versönung.

8/8
Die gleiche Hitze. Familienleben, mit Katja in die Stadt, Hochzeitsgeschenke für Rudi, Kommissionen. Beim Tee Crodu. Abend alle 7 in Kil's Kolosseum, wo ein recht hübsches Programm, dessen Glanznummer die russischen Spieler u. Wirbeltänzer, uns gut unterhielt.[132] Spätes, langes Familienleben, Tommy doch ziemlich verstimmt.

---

130 Prinzregententheater: »Götterdämmerung« von Richard Wagner. Herr Knote (Siegfried), Herr Brodersen (Gunther), Herr Gillmann (Hagen), Edyth Walker, Hamburg (Brünnhilde), Frl. Fay (Gutrune), Fr. Schumann-Heink, New-York (Waltraute) u.a.
131 so im Original
132 **Colosseum**: 1. Russ. Balalaika-Orchester (15 Person. Zum erstenmale hier! Russ. Volksmusik. Attraktion 1. Ranges). Des Schäfers Traum (Levators dressierte Wolfshunde. Die erste Dressur dieser Race). Patt und Pretty (American-Excentrics). 12 Kaukas. Wirbelwindtänzer (Wolkowskys berühmte Sänger- und Tänzergruppe in ihren heimatlichen Vorführungen). Anetta u. Lilian (Equilibristen ohne Konkurrenz). Martilla (Drahtseilkünstlerin). M. Herrmann (Populärer Humorist). San de Pert (Moderne Sängerin). Bleckwenn und Miss Claire (Kunstradfahrer I. Ranges). Bioscop. Cabaret.

9/8
Vormittags mit Katja auf den Friedhof, Eti Blumen gebracht. Über den Wagnerkonflikt Tommy-Alfred lange gesprochen. Um 4 Abreise der Tölzer, Tommy »schmerzlich gefaßt«. ⊖ In die Stadt, im Garten gelesen, mit den Buben nach »Tristan« Familienleben, den Fall Tommy wieder besprechend. Kondolenzkarte[133] an Helene Hornig.

10/8
Um ½7 mit Heinz geritten, recht schön. Karte von Marta, Brief an Mimchen. Gelesen, Brief von Kaete, Karte an sie. Viel Familienleben mit den Buben.

11/8
Früh Besuch von Sophie; in die Stadt u. Spaziergang. Nachmittag gelesen, kurzer Besuch von Crodu, Brief von Katja, Packet an Miez. Familienleben.

12/8
Briefe von Olga u. von Mimchen. In die Stadt – immer unverrückbar das gleiche. Briefe an Miez u. an Katja. Um 4 Abreise von Klaus nach Breslau; zu Prötzel, der 3½ Stunde an mir färpelte! Dafür herrlich rotblond. Die jungen Herren in »Tristan«, dann Familienleben.

13/8
Dankbrief von Rudi. Brief an Mim nach Wannsee, Gratulation[134] an Thomas Knorr. Spaziergang, nachmittag, von Crodu's eingeladen, in ihrem neuen schönen Auto mit Alfred nach Feldafing, wo Tee tranken. Sehr angenehme, frische Fart, mit zweimaligem Pneu-Bruch. Zuhaus Telegramm von Kaete, nach dem Abendessen mit den Buben ihre Zimmer gerichtet.

14/8
In der Früh – Regen! Das Reiten verregnet. Um ¼8 Ankunft der dunkelrot gebrannten Kaete. Etwas Familienleben, Brief an Mimchen, zu Hirschberg u. in die Stadt. Kaete erst beim Tee wieder-

---

133 zum Tod ihres Vaters Richard Ritter v. Hornig am 2. August
134 wohl noch nachträglich zum 60. Geburtstag am 9. August (Bericht in den *Münchner Neuesten Nachrichten* vom 10.8.1911)

August

gesehen, von dem sie in die Abendprobe zur »Orestie« eilte.[135]
Gelesen, Brief von Lili Bamberger, an Marga Oldenbourg (wegen
Milka) u. an Olga. Noch spät, nach Kaete's Probe, Familienleben.

15/8
Mit Magenschmerzen herumgeplagt. Mantel an Eva u. Brief an sie.
Mit Peter u. Kaete etwas schwüler Spaziergang. Nachmittag mit
Magenschmerzen, Familienleben u. Lektüre. Spät Kaete aus der
Probe, von uns im Nachthemd umgaukelt.

16/8
Karte von Hilbert aus Schweden, Familienleben, trotz Unwolsein
in die Stadt. Langer Brief von Tommy, den neulichen Wagner-
Konflikt behandelnd, sehr anständig u. gut. Gleich beantwortet.
Dann 2 fast identische Briefe von Marga Obu, betreffs Milka.
Nachmittag u. Abend herumgelegen, gelesen, Varnhagen-Tage-
bücher beendet; spät, nach der Probe, Familienleben mit Kaete,
wozu Olga's »Süßwein« gereicht.

17/8
Erläuternde Karte von Marga; Brief von Klaus aus Breslau, wo
zwischen Standesamt u. kirchl. Trauung der Vater Ladenburg
starb; recht tragisch für Rudi; Karte von Marta. Brief an Mim,
Karten an Marta u. Marga, Packet an Katja. Da »Tutto«[136], zuhaus,
lesend, liegend; beim Tee Eu. Käte noch später heim als sonst.
Brief von Katja. Recht schwach.

18/8
Befinden etwas besser. Telephongespräch mit Katja, Brief an Rudi,
Dankkarte für Wein an Olga. Brief von Miez, mit Peter ein bischen
in die Stadt. Nachmittag u. abend wie immer, von 11 bis ¾ 12 noch
Familienleben mit Kaete.

19/8
Wieder recht warm. Langer, herzlicher u. entschuldigender Brief
[von Milka] wegen ihres beharrlichen Schweigens; zu Hirschberg.
Da immer noch unwol, meist liegend gelesen, Pücklers Biographie,
»Zukunft«; Brief an Katja, von Mimchen. Beim Tee nur Kaete,

---

135 Käte Rosenberg spielte in der »Orestie«, die vom 31.8. bis 7.9. in der
Musikfesthalle aufgeführt wurde die 1. Halbchorführerin und die 1. Erinnye.
136 familiensprachl. für Diarrhö, Durchfall

Buben in »Walküre«; Kaete um ¾ 12 aus der Probe! ihrem Essen im Nachthemd assistirt.

20/8
Sehr heiß. Brief an Mimchen; da etwas schwach, garnicht aus u. Brief an Milka. Beitisch Lösers aus Gleiwitz, ganz nette Leute. Beim Tee Herr v. Sachs, Frau Prof. Diet[e]rich u. Kaete, die zum erstenmal nur eine lange Probe u. den Abend frei hatte. Abend Familienleben mit ihr, um ½ 12 Heinz zurück aus Tölz.

21/8
Briefe von Eva u. Anna Case; an Mimchen. In die Stadt, beitisch Faber. Um 4 Ankunft von Marta mit Dietrich aus Bayreuth; beim Tee die total erschöpfte Kaete, die dann abends um ½ 12 fast tot aus der zweiten Probe kam. Acht Stunden Familienleben; die Buben erst nach »Siegfried«.

22/8
Familienleben, um 11 Katja mit Erika. Mit Marta, Alfred u. Etika zu Bernheimer u. Böhler; Katja sehr elend, abends immer fiebrig, was von Faltin auf eine »Lungenreizung« geschoben wird. Große Familientafel, an der, zum erstenmal, auch Kaete teilnahm. Nach dem Tee Abfart von Katja u. Etika, nach Mietung eines neuen »Fräulein«. Dann noch mit Marta u. Diez 1½ St. Bummel durch die Stadt, maßlos schwül. Familienleben, um ¾ 10 Abreise der Gäste.

23/8
Trotz Regen u. Gewitter wieder schwül. Zu Hirschberg u. mit Peter Kommissionen. Karte von Mim, Briefchen von Milka. Nachmittag Gewitter, Regen, Abkülung. Tee u. Familienleben mit Kaete u. Peter, Brief an Anna Case, mit Katja telephonirt, zweimal. Abend gelesen, da krankhaft matt, früh ins Bett.

24/8
Reiten verregnet; dann wieder heiß. Briefe von Klaus (mit neuem Furunkel) aus Prag, u. von Hedda. Brief an Mim, mit Kaete, die ausnahmsweise vormittags frei, in die Stadt. Nachmittag Brief an Klaus, Familienleben (one Peter, der in Tölz), abend Pückler-Biographie von Ludmilla Assing beendet.

25/8
Von 7-9 mit Heinz bei angenehmem Wetter geritten; Brief von Marta, zu Hirschberg anprobiren. Gelesen, beim Tee Eu, Alfred

u. Heinz mit dem Nachtessen, nach »Tristan« erwartet. Briefe von Alex. v. Humboldt[137] begonnen.

26/8
Brief von Mimchen; gewirtschaftet, in die Stadt. Mittags Tommy's, die nachtisch Prof. May konsultirten, der an Katja's Lunge nichts fand, ihr Erholungsaufenthalt anriet; sodaß beim Familientee endgültig beschlossen wurde, daß sie mit uns nach Sils Maria gehen solle. Brachte Manns um 7 an die Ban, dann Krankenbesuch bei Crodu, der an Ischias leidet. Und Brief an das »Waldhaus« Sils Maria. Gelesen.

27/8
Brief an Mimchen; Karte von Olga, an Marta nach Travemünde. Spaziergang, zum Teil mit Frl. Goudstikker. Nach dem Essen mit Eu, Frau Deinhard, Alfred, Kaete im Kroxen[138]-Auto nach Puchheim (die Buben per Ban), wo Wittenstein u. Lissauer »flogen«, Lindpaintner ausblieb.[139] Sehr interessant u. merkwürdig, einmal zu sehen, auf die Dauer in Sonne u. Menschengewül etwas ermüdend. Mit Bekannten, Bruckmanns[140], Obrist, Oldenbourg,

137 nicht zu ermitteln, zu viele Möglichkeiten
138 Spitzname von Eugenie Schaeuffelen
139 **Flugmeeting in Puchheim.** ... Drei Flieger werden starten, deren Namen dafür bürgt, daß guter Sport und hervorragende Leistungen erwartet werden dürfen: Lindpaintner, Dr. Wittenstein und Dr. Lissauer. Lindpaintner wird zum ersten Male eine Farman-Rennmaschine steuern, die nur aus deutschem Material besteht und in den Flugwerken von Gustav Otto an der Schleißheimerstraße gebaut wurde ... Dem Zweidecker soll ein 75 PS. Gnomemotor eine Stundengeschwindigkeit von über 100 Kilometer geben; er weist höchste Stabilität auf. Dr. Wittenstein erscheint mit einem Maurice-Farman-Zweidecker auf dem Plan. Dr. Lissauer wird mit einem Original-Otto-Apparat starten, den er schon in Berlin-Johannisthal steuerte und mit dem er glänzende Zeiten erreicht hat. (Bericht in den *Münchner Neuesten Nachrichten* vom 26.8.1911) ... Die positiven Resultate des Meetings konnten deshalb nur gering sein, da einzig Dr. Wittenstein und Dr. Lissauer starteten, während Lindpaintner, der von München her auf dem Fluge nach Puchheim Maschinenschaden erlitten, erst sehr spät auf dem Terrain eintraf. Die Beschädigung zweier Zylinder hinderte ihn zudem am offiziellen Starten. In der Schnelligkeitskonkurrenz legte Dr. Wittenstein über 10 Kilometer in 8 Minuten 36 Sekunden zurück. Im Passagierflug (mit Dame) erzielte derselbe Aviatiker eine Zeit von 18 Minuten und 24 Sekunden, während Dr. Lissauer im Passagierflug die 12 Kilometer in 9 Minuten 21 Sekunden zurücklegte ... (ausführl. Bericht in den *Münchner Neuesten Nachrichten* vom 29.8.1911)
140 vermutlich Hugo Bruckmanns

Wittenstein etc. gesprochen, angenehme Heimfart. Abend gemütliches Familienleben, mit »Cub«[141].

28/8
Von 7-9 mit Heinz geritten, himmlischer Morgen. Dann in die Stadt. Nachmittag Brief an Mim, Tee-Familienleben, später Eu. Brief an Klaus, »Zukunft«, Alex. Humboldt Briefe gelesen, gegen Abend Besuch von Eu. Die arme Kaete unwol u. tötlich erschöpft.

29/8
Briefchen von Katja u. vom »guten Ewald«; Karte von Klaus. Brief an Katja, Karten an Ewald u. Lili[142], die den angekündigten Besuch absagt. In die Stadt, wieder drückend heiß. Nachmittag zu Prötzel, nachgefärbt. Beim Tee Nachricht von Löhser, daß Alfred nach Berlin muß. Gelesen, mit Manns telephonirt; um 10 Abreise von Alfred. Günstige Antwort aus Sils Maria. Kaete um ½ 2 ins Bett!

30/8
Um ½ 8 Ankunft von Hermann Der[n]burg; Familienleben. Karte von Frau Prof. Diet[e]rich, bei Gewitterregen in die Stadt. Nachmittag auf den Waldfriedhof. Beim Tee Buyssons, Lula u. alle Familienglieder. Um 8 alle, außer Heinz (»Tristan«) zur Generalprobe der »Orestie« in die Festhalle. Aus unendlichem, hoffnungslosem Gewirr schälte sich allmälich die Aufführung leidlich glatt heraus. Doch noch kein rechter Eindruck. Nur Moissi wirklich überragend. Viele Leute gesprochen, bei Regen um 1 Ur zufuß fort, später Tram erwischt, u. zuhaus noch alle kalt genachtmalt. Nach 2 ins Bett.

31/8
Um ½ 8 Ankunft von Alfred aus Berlin, schwer verärgert u. verstimmt. Familienleben am Jungen-Frühstückstisch. Brief von Mimchen u. an sie; Kommissionen, mit dem »guten Ewald« gehend. Mittag Tommy u. Dernburg. Nachmittag mit Alfr. aufs argentinische Konsulat, neue Vollmacht für Funke. Großer Familientee, minus Alfr., der nach Ebenhausen zu Frau [A.] Simon. Abend alle, außer Alfred, in die »Orestie«, die kein voller Erfolg wurde, vor dem glänzendsten Tout Munich u. ausverkauftem Haus. Die Einzelnen, außer Moissi, unzulänglich, die Frauen-

---

141 familiensprachl. für Sekt, Champagner
142 vermutlich Lili Bamberger

August bis September

chöre schrill u. unverständlich, der letzte Akt unmöglich. Daneben ganz große Wirkungen.[143] – Nachher noch angeregtes Familienleben bis gegen 2, one Dernburg.

1 September.
Langes Familienleben; Überreichung der Geschenke an Alfred; Brief von Miez, gerechnet u. geschanzt; Besuch bei Eu. Beitisch Ankunft von Katja, alle außer Dernburg. Gepackt, großer Familientee, Besuch von Mira. – Friedrich[144] muß morgen früh, telegraphisch nachhaus berufen, abreisen. Alfred, durch Ferrum-Widerwärtigkeiten[145] bestimmt, verschiebt seine morgige Abreise. Tommy, um ins Lustspielhaus zu gehen, bleibt bis morgen.

143 **Im Orestie-Volksfestspiel.** ... Fanfarenklänge mit Cymbelschlägen mahnen zur Ruhe: »Alles schweige, jeder neige ernsten Tönen nun sein Ohr!« Aber einige können das Schwätzen doch nicht lassen. Auch ein Lachen wird da und dort noch hörbar, bis der Zuschauerraum in Dämmerung sinkt und der Chor der Greise erscheint ... Die vier Grauschimmel aus dem Poststall, die Agamemnons Quadriga vorgespannt waren, wußten sich mit Würde in ihre ungewohnte Rolle zu finden. Nervös spitzten sie die Ohren bei Klytämnestras Empfangsrede. Daß das Pferdezeitalter vorbei sei, bekundete aber der manchmal in den Zuschauerraum von außen dringende anachronistische Pfiff einer Lokomotive und das Rollen der Elektrischen. Mit solchen Unstimmigkeiten mußte man sich eben abfinden, gerade wie mit den ungriechischen Bärten, die beim Richterkollegium der Pallas Athene besonders störend wirkten. Man kann aber nicht verlangen, daß ganze Vereine sich für ihre Opferwilligkeit und Hingabe an die schöne Sache auch noch rasieren lassen ... Ob allerdings die breiten Massen sich für die immerhin einige philologische Kenntnisse voraussetzenden Schicksale der unangenehmen Familie der Atriden interessieren, muß man abwarten. Daß eine große Leistung vollbracht wurde, losgelöst so ganz von dem alten Bühnenherkommen und der gewohnten Bühneneinrichtung, wird allseits mit Dank und Anerkennung gewürdigt werden. Sie kamen auch zum Ausdruck in dem reichen Beifall am Schluß, der neben Orestes-Moissi »Apollon«-Reinhardt, nicht im goldenen Mantel, sondern im Smoking, aus dem Dunkel des Tempels rief. (ausführl. Bericht in den *Münchner Neuesten Nachrichten* vom 2.9.1911)

144 der derzeitige Diener

145 Die »Aktiengesellschaft Ferrum«, eine Gründung Rudolf Pringsheims mit Paul Wendriner als Direktor und Alfred Pringsheim und Paul v. Rohrscheidt im Aufsichtsrat, hatte aufgrund der wirtschaftlichen Gesamtlage seit mehreren Jahren Verluste gemacht. Die offensichtlich ertragreicher arbeitende Konkurrenz die »Oberschlesische Eisenbahn-Bedarfs-Actien-Gesellschaft« hatte seit 1909 begonnen Aktien des Unternehmens zu erwerben. Ab 1.1.1912 übernahm sie dann auch den Betrieb. (s. Einleitung)

Dernburg, dessen Bett abgezogen, kann nicht fortreisen, da seine Konferenz mit Reinhardt nicht stattgefunden; das reine Tollhaus! Karte an Mim, Brief an Funke. Familienessen, Kaete noch erwartet, die sehr disgustirt[146] aus der zweiten »Orestie« kam, wieder viel zu spät ins Bett.

2/9. Sils Maria

Um 6 auf, um 8 Abreise nach Sils mit Peter u. Katja, von Fay begleitet. Sehr heiße ermüdende Fart. Auf dem Dampfer gegessen, Eversbuschs gesprochen. Die rhätische Strecke wieder wunderschön, die Wagenfart bei untergehender Sonne, aufgehendem Mond prachtvoll. Unterkunft im »Waldhaus« ausgezeichnet u. überraschend billig (18 resp. 14 frs.[147] Pension mit Zimmer!). Mit Katja das Diner nachservirt, Peter unwol u. gleich ins Bett. V. d. Leyens gesprochen, um 10 totmüde zubett gegangen.

3/9

Herrlich Wetter. Nach dem Tee im Büreau die Preise geordnet, dann ausgepackt u. Brief an Alfred, kleiner Spaziergang am See selbdritt; nach dem lunch geruht, mit Peter auf Umwegen nach Isola, Tee getrunken. Zuhaus mit Katja gesessen, Brief an Mimchen, Diner. Nachher mit Leyens in der hall u. Mondscheinspaziergang.

4/9

Prachtwetter. Herr u. Frau »Kinna«[148] gesprochen, mit Katja langsamer, herrlicher Spazierweg durchs Fextal. Lunch, Karte von Alfred, mit Peter auf Marmoré, in Fextal abgestiegen, Hôtel Fex Tee. 3½ Stunde gegangen, sehr schön. Karte an Eva, Liebermanns begrüßt, nach dem Diner wie gestern Mondspaziergang mit Leyens.

5/9

Mit Katja auf Chasté gebummelt, Chatterton's[149] »The Man who was Thursday« ausgelesen, Werner Weisbach gesprochen, die abreisenden Reichenheims. Nach dem lunch »Goethe's Briefwechsel mit einem Kinde«[150] begonnen, Telephonnachricht von Bondi's,

---

146 Verdeutschung von (engl.) disgusted: angewidert, angeekelt sein
147 in heutiger Währung etwa 70 € resp. 54 €
148 wohl Spitzname, nicht zu ermitteln
149 gemeint ist Gilbert Keith Chesterton
150 von Bettina v. Arnim

Karte an Alfred. Um 4 die drei Bondi's,[151] mit denen den five o'clock in der hall nahmen u. hübschen Spaziergang machten. Karten von Alfr. u. Olga, nach dem dinner mit Liebermanns u. Leyens. Zither-Koncert.

6/9

Da Peter einen frühen Dauerlauf unternommen, mit Katja am Silvaplana-See sitzend gelesen. Nach dem lunch Ruhe, Brief an Mimchen, mit Peter den Seeweg nach Silvaplana, in der »Post« mäßigen Tee u. am Berghang zurück, 3 St. gegangen. Karte von Alfred, Briefchen von Diener Friedrich. Nach dem dinner mit dem Clan Liebermann gesessen, »Memoiren der Markgräfin v. Bayreuth« begonnen.

7/9

Ideales Wetter. Mit Peter Spaziergang auf Mot'Ota zu, ins Fextal. Dort Hugo Bruckmanns getroffen, mit ihnen heim. Nach dem lunch mit Leyens u. Segantini's[152] gesessen; Karte an Eva, geruht. Da Peter mit Liebermanns nach St. Moritz, mit Katja in der Konditorei Tee, dann einsamer Spaziergang. Nach dem Diner mit Exc. Fischer gesprochen, mit Leyens himmlischer Vollmondspaziergang, Brief von Klaus.

8/9

Da Peter mit Käte L.[153] u. Genossen auf die Margna, mit Katja Spazierbummel, dann fast auf Muot Ota. Brief von Mimchen, Karte an Eu. Um 3 mit Katja nach St. Moritz gefaren zu Bondi's, mit ihnen zur »Meierei« gerudert, wo opulenter Tee, um zu[154] See zurück spaziert. Zum diner wieder zuhaus. Ein wenig Regen, im gewonten Kreis geplaudert. Telegramm von Alfred, seine morgige Ankunft meldend.

9/9

Himmlisches Wetter. Um ½10 mit Leyens u. Frl. Willière mit Motor nach Maloja. Dann zum Cavaloccio-See 1 St. gegangen, dort mitgebrachtes gutes lunch u. Rast, zurück, ich mit Frl. W. zufuß nach Sils, bei Hanselmann Tee; schnell Toilette, Brief an

---

151 das sind Eva mit Tochter Dora und Ehemann Georg Bondi
152 vermutlich die Witwe Luigia Bugatti und einer oder beide Söhne des verstorbenen Malers Giovanni Segantini
153 d.i. Käthe Liebermann, Max Liebermanns Tochter
154 so im Original

Mim u. um 5 mit Einspänner nach St. Moritz gefaren, Alfred abgeholt, um 8 zuhaus, im Restaurant mit ihm gegessen, nachher im Kreis v. d. Leyen, Prof. Schulze etc geplaudert.

10/9
Mit Katja u. Alfr. ins Fextal, dann mit Alfr. weiter über Isola. Nach dem lunch genäht, geruht, Brief an Klaus. Alle zum Tee zu Hanselmann, mit Leyens u. [Hugo] Bruckmanns, Hauseggers begrüßt. Dann noch mit Peter auf die Marmoré gelaufen. Abend Abschiedssitzung mit v. d. Leyens u. Schulze, bei schlechtem Asti.

11/9
Vormittag mit Alfred nach Muot Ota gelaufen one zu rasten; nachmittags auf Waldweg nach Silvaplana, zurück über den Berg, ebenfalls one Pause. Dann abends recht müde u. früh ins Bett. Merkwürdiges Wolkenwogen, das bald das ganze Tal von Maloja bis St. Moritz füllte.

12/9
Auf den gestrigen drohenden Abend wieder der schönste, klarste Tag. Vormittag mit Katja u. Alfred auf die Chasté, promenirend u. den »Briefwechsel mit einem Kinde« lesend. Geruht, beim Tee ganz verfehltes rendez-vous in der hall mit Liebermann-Rings, hierauf mit Alfred u. Katja zu Hanselmann, wo mit Geiger Porges saßen. Kleiner Spazierbummel mit Katja, Brief von Kaete, Karte an Harden, Brief an Mim. Nach dem diner Aussprache mit Liebermanns, denen einige Warheiten sagten, worauf freundliche Versönung. Später spielte Alfred Klavier, vor Schulze's, Klarissa Fr.[155] u. Born.

13/9
Karte von Eva, an Kaete. Spaziergang mit Alfred auf die Marmoré, Katja halbwegs. Nach dem lunch geruht, um 3 Ur Bondi's aus St. Moritz, wir mit ihnen zufuß ins Fex-Hôtel, Katja mit Dora [Klein] zu Wagen. Gemütlicher Familiengeburtstagstee[156]. Dann Bondi's mit Katja im Wagen heim, Alfr., Peter u. ich zufuß. Telegramm an Alfred, das Loesers morgige Ankunft in der verflixten

---

155 vermutlich Klarissa Friedeberg
156 von Hedwig Pringsheims Schwester Eva Bondi (geb. 13.9.1859)

Ferrum-Angelegenheit[157] kündet; Brentano's begrüßt, mit Liebermanns etc geplaudert.

14/9

Bei trübem Wolkenhimmel um 8 mit Alfred auf Fuorcla Surlej, in 3 St., teils im Regen, in Wolken, zuweilen hell, angenehm zum Steigen (Peter auf einer Hochtour). Oben Walter Porges' getroffen, da die Frau dort malt. Außerdem ein nettes, fußwanderndes Fräulein aus Stuttgart. Geluncht, geplaudert, gefroren, ab u. zu Durchblick. Um 1 fort, in 2¾ St. über Marmoré hinunter, mit Katja u. Dr. Born bei Hanselmann Tee. Geruht, wärend Alfred mit Loeser[158], der bis gegen 10 zu arbeiten hatte, »Ferrum« verhandelte. Abend wie gestern. Brief von Mim, Karte von Frau Ring, Brief von Marta.

15/9

Trüber, küler Tag, viele Abreisen. Karte an Hausmeister, an Schenker, Brief an Lili Bam; mit Katja Spazierbummel im Feuchten. Nachmittag alle Tee bei Hanselmann, dann aufklarend auf den botanischen Hügel, u. mit Alfred noch über Isola ins Fextal gelaufen. Abend Karte an Else, mit Sisi Brentano, Frau Prof. Cohnheim a. A.[159] gesprochen.

16/9

Wetter wie gestern. Mit Alfred ins Fextal gelaufen, Karte von Mim, Brief von Heinz. Nach dem lunch Brief an Mim, Karten an Heinz u. Marta. Zum Tee in strömendem Regen alle 4 zu Hanselmann, dann kl. Spaziergang, Brief an Transehe; abend wie immer, ein wenig Musik u. Brief an Smith begonnen.

17/9

Leidlich hübsches Wetter; Spaziergang selbviert, Katja nur ein Stückchen – nach Alp Prasüra etc. Nach dem lunch Brief an Harold [Smith] beendet, gepackt, Abschiedstee bei Hanselmann, mit Alfred schöner Spaziergang Isola-Fextal. Fertig gepackt, Karte an Klaus, lange Unterhaltung mit den Damen Brentano u. Cohnheim, allgemeiner Abschied.

---

157 s. Anmerkung zum 1.9.
158 Direktor Max Löser aus Gleiwitz war, wie Alfred Pringsheim und Paul v. Rohrscheidt, Mitglied des Aufsichtsrates der »Actiengesellschaft Ferrum«.
159 so im Original

18/9. München

Um ½ 8 eisigkalte Fart Sils-St. Moritz, dann normale Reise, lunch im Coupé, bis Rohrschach Geheimr. Schwechten im Wagen. In Rohrschach Tee, auf dem Schiff Familie Lassar; im Speisewagen souper. Ankunft ¾ 10, der erkältete Heinz an der Ban. Zuhaus schauerlicher Dreck, Unordnung, Maler; Briefe von Frau v. Grothus, Olga, Eu, Frau Arnhold; Karten von Urbina u. Frau Hilbert. Geplaudert u. noch ausgepackt, spät ins Bett.

19/9

Gräßliches Durcheinander. Katja zu Geheimrat Müller, der für ihre erhöhte Temperatur gleichfalls keinen Grund entdeckt. Brief von Klaus, Karten an Tante Asta u. Eu u. Urbina; in die Stadt, bei herrlichstem Wetter alle im Russischen Hof im Freien gegessen, um ¾ 3 Katja nach Tölz. Zuhaus geruht, gepackt, beim Tee auf der Veranda die beiden Asta's[160]. Von Tommy's antelephonirt, dann mit den Buben in der Regina-Bar soupirt u., von ihnen begleitet, um 10 mit Alfred Abreise nach Berlin.

20/9. Wannsee.

Nach guter Nachtfart ½ 9 in Berlin, ich gleich um 9 nach Wannsee weiter, wärend Alfred seinen Geschäften nachging. Von Else abgeholt, erfaren, daß Mieze ernstlich krank; Mimchen recht frisch. Beim lunch Hermann, Hans [Rosenberg], der unerwartet gekommen, begrüßt. Nachtisch geruht, in »unsre Villa«[161], wo rendezvous mit Marta; beim Tee Hedda u. Luigia. Karte von Harden aus Noord-Wyk. Um 7 Familiendiner: Bondi's, Koffka's u. das nunmehr officielle Brautpaar Dora-Brinkmann[162], Alfred, Dernburg, Heddalieschen, u. die Hausbewoner minus Kaete. Launiger Toast von Hermann auf Mimchen[163], sonst so die übliche, etwas gedehnte Familienfeier, die Mimchen bis nach ½ 10 gut ertrug.

21/9

Bei warmem Wetter mit Hermann 2 St. geritten, da das Pferd recht munter, von Schrank an die Longe genommen. Nach dem lunch geruht, nach dem Tee mit Mim, die etwas schwach heute, Spazier-

---

160 das sind Mutter Asta Friedberg und Tochter Asta Adolph
161 Gemeint ist die ehemalige Villa von Rudolf Pringsheim, schräg gegenüber des Rosenbergschen Grundstückes.
162 das sind Dora Klein und Hans Brinkmann
163 zu ihrem 80. Geburtstag

September

fart. Beim diner – vorher Brief an Katja – Kaete, die endlich begrüßte, u. Hans' Freund Prof. Herzsprung[164]. Um 8 erst Dernburg u. Alfred, wansinnig verärgert u. abgespannt von dem Termin in Sachen Agent Rosenbaum u. von andern Geschäften. Flaues Familienleben.

22/9

Um ¾9 mit Alfred u. Kaete bei regnerisch-külem Wetter nach Berlin gefaren, die gebesserte, aber noch schwache u. bettlägerige Miez besucht, zum lunch etwas verspätet zuhaus. Geruht, gelesen, Brief an Olga; Karte an Heinz, die trotz Regen auf die Post getragen. Abreise von Hans, Ankunft von Ilse (mit Angina) aus Sylt; nach dem diner um 9 Abreise von Alfred nach Karlsruhe. Im Bett gelesen.

23/9

Regen, Regen, ausreiten verregnet. Mit Ilse u. der verärgerten Kaete geplaudert, »Zukunft« gelesen, Brief von Katja, Brief an Eu. Abend mit Else, Patti, Luigia ins Deutsche Theater, Première von »Penthesilea«, mit der Eysoldt, die interessant und bedeutlich, aber eigentlich unmöglich u. Moissi-Achilles, liebreizend u. gewinnend, one jegliches Heldische war.[165] Die übrigen, incl. Kaete[166], unwichtig, mit heiser-verschrieenen Organen; Inscenirung u. Ausstattung gut, der äußere Erfolg sehr stark. Im Theater-Restaurant, auf Kaete wartend, gegessen, um 12 alle daheim.

24/9

Mit Else, Ilse, Kaete Nebelspaziergang im Garten; Karte an Alfred nach Karlsruhe; beitisch Hedda, beim Tee dazu Luigia mit »Habermännchen«. Abend wir 5 Hausbewoner bei Dernburgs. Regentag.

25/9

Mit Hermann u. Kutscher 2 St. geritten, erst gut, dann die Stute 2 mal mit mir abgeschoben. Brief von Transehe, Karte von Alfred. Karten an Alfred u. an Heinz. Nach dem lunch gelesen, geruht, nach dem Tee Spazierfart mit Mim. Brief an Katja, nach dem

---

164   vermutlich der dänische Astronom Ejnar Hertzsprung
165   Deutsches Theater, Berlin: »Penthesilea« von Heinrich v. Kleist. Première: 23.9.1911. Gertrud Eysoldt (Penthesilea), Alexander Moissi (Achilles), Fritz Kortner (Automedon) u.a. (*Das Deutsche Theater*, 350)
166   Käte Rosenberg spielte die Amazonenfürstin Meroe.

Essen Rundgang im Garten u. Familienleben. Im Bett, wie stets, gelesen.

26/9

Briefe von Katja u. von Klaus (mit Feuilleton über »Musikanten«)[167]. Um ½10 nach Grunewald, bei Frau Harden Karte, langer Besuch bei Pannwitz; dann bei Eva. Darauf mit der elektrischen zu Miez, die aber ihren ersten Ausgang unternommen. Mit Stadtban zurück, um 3 zuhaus. Nach dem Tee Spazierfart mit Mim u. Else – schönster Herbsttag. Abends Andreas' zwei »Bräute«, die Frls. Bauer u., unversehens, Kaete, da »Penthesilea« ausfiel. Spazierfamilienleben im Garten.

27/9

Spaziergang mit Else, Brief an Klaus. Geruht, gelesen, Karte an Alfred, Karte von ihm. Spazierfart mit Mim, Familienleben, Gartenpromenade; schön Wetter.

28/9

Früh 2½ St. geritten, sehr schön, sehr gut. Karte von Alfred aus Baden, beim lunch die Rekonvalescentin Miez, wärend Kaete auf mehrere Tage nach Berlin entschwunden. Wetterumschlag, Sturm u. Regen. Karte von Katja, Brief von Heinz. Tee u. Familienleben, nach 6 Miez mit Mim zur Ban gefaren. Abend noch mit Dernburgs im Garten spaziert.

29/9

Trübes, küles Regenwetter. »Zukunft« gelesen, mit Else Spaziergang, Karte bei Liebermanns. Nach dem lunch Karte von Alfred, Brief an ihn, Karten an Marta u. Katja. Regnichter Spazierfart mit Mim. »Goethe's Briefwechsel mit einem Kinde« beendet, abend »Mémoiren der Markgräfin v. Bayreuth« dito. Familienleben mit Kaete u. Dernburgs, Krieg- u. Theatergespräche.

30/9

Kriegserklärung von Italien an die Türkei. Rosenberg verreist auf 3 Tage. Bei külem Wetter Spaziergang mit Else. »Nathan d. Weise«[168] gelesen (da Kaete Sittah spielen wird). Spazierfart mit Mim, Brief an Frau Fürstenberg. Abend wie immer. »Das Rad« von J. V. Jensen begonnen.

---

167 nicht zu ermitteln
168 von Gotthold Ephraim Lessing

September bis Oktober

1. October.
Früh der Ausritt mit Dernburg verregnet. Dann aufklarend, Spaziergang mit Else, Kaete abholend, die vor lauter Theaterärger fast platzte, nach 2 Stunden wieder in die Stadt mußte. Dann Mieze, die auf einige Tage herauskam. Viel Familienleben, im Garten Spaziergänge, Lektüre. Karte an Alfred.

2/10
Mit Miez gefrühstückt, Mimchen, wie stets, assistirt. Briefe von Alfred, Peter, Katja u. Eu! Um 10 nach Garzau, zur Ban gegangen. Dort wie immer: Essen, Spaziergang, Neubau, Kaffee. Um 5 (bei strömendem Regen) Abfart, unterwegs Jensens »Rad« ausgelesen. Da Verspätung, erst um 8 zuhaus: vollzäliger Familienkreis, auch der heimgekehrte Hausherr[169].

3/10
Küler Herbsttag. Spaziergang mit Else u. Miez; Brief an Alfred, Karte an Katja. Beim Tee Eva mit Mira; sie zur Ban gefaren, Gartenspaziergang, Familienleben. »Manja« von A. Werbizkaia gelesen. Briefe an Frau Simon[170] u. Frau Arnhold.

4/10
Um ½10 nach Berlin, Billette gekauft, zum lunch zurück. Herrlicher Herbsttag. Zum Tee zu Liebermanns, das reizende Haus besichtigt, ganz gemütlich, vom Ehepaar zurückbegleitet. Karten von Alfred u. Frau Th. Simon, Brief von Harold Smith. Beim Essen Dernburgs. Familienleben, Brief an Frau v. Grotthus, »Manja« gelesen.

5/10
Bei herrlichem Herbstwetter schönster Ritt mit Hermann. Karte von Peter, Karten an Alfred u. Katja. »Manja« ausgelesen, zum Tee mit Else zu Hermine Feist; beim diner Kranach u. ein netter Herr Mühlinghaus, bis 10 Ur.

6/10
Abschied von Kaete, die ins Theater (Dernburgs schon gestern nach Berlin gesiedelt); ein wenig gepackt, bei angenehmem Wetter Spaziergang mit Else. Karte von Alfred, an Eu. Fertig gepackt, nach dem Tee Spazierfart mit Mim, Familienleben, im Garten

---

169 d.i. Hedwig Pringsheims Schwager Hermann Rosenberg
170 vermutlich Frau Therese Simon

promenirt, um 9 Abfart von Wannsee, von Else u. Miez zur Ban, von Robert[171] bis Berlin geleitet, wo ½11 Abreise im Schlafwagen.

7/10. München.

Normale Fart, Ankunft um 10, Alfred u. Peter an der Ban. Gebadet, gepackt, geordnet. Dann Heinz, nachtisch mit Katja telephonirt. In die Stadt, mildes Wetter. Nach dem Tee Journale, abend Humboldt-Briefe an Varnhagen beendet, Familienleben.

8/10

Große Abrechnung. Besuch von Mintje's Brodherrin aus Lübeck, Spaziergang bei Sommerwetter. Brief von Gusty, 2 Karten der Marquesa. Nachtisch Brief an Else, Familienleben; Brief an die Marquesa, Karte an Gusty. Bücher geordnet.

9/10

Kästen u. Schränke geordnet, über Elise geärgert. Brief an Mimchen nach Berlin, mit Peter zu Schulze, Kleid bestellt u. Kommissionen. Nachmittag auf den Friedhof. Humboldts »Briefe an eine Freundin« begonnen. »Wellen« von Keyserling gelesen.

10/10

Früh zum Turnen; nachmittag Kommissionen, gelesen, Familienleben.

11/10

Briefe von Mim u. Klaus. Herrlicher küler Herbsttag. Brief an Klaus, Spaziergang. Um 2 Ankunft von Manns, die 7 Personen stark bei uns aßen, dann die Kinder mit dem Frl. in die Mauerkircherstr., wärend die Eltern bei uns logiren, bis die Wonung fertig. Nachmittag zur Schneiderin, beim Tee Lili Keith, gegen Abend Eugenie. Familienleben.

12/10

Bei himmlischem Wetter von 10-12 geritten. Brief an Mim, Brief von Gusty. Nachmittag mit Katja Spaziergang u. Besuch bei den Mädeln Stadler[172]. Gratulation an Prof. Witkop,[173] Familienleben, um 10 Abreise von Peter nach Berlin.

---

171 vermutlich ein Diener von Rosenbergs
172 das sind die beiden Töchter Grete und Johanna
173 vermutlich zur Heirat mit Hedwig Hirschhorn

13/10

Früh zum Turnen. Nachmittag Wintersachen, Wirtschaft, Karten an Lili Klein[174] u. Frau Berreth. Prachtvolles Wetter. Humboldt-Briefe gelesen und Familienleben.

14/10

Karte von Olga. Bei Prachtwetter mit Katja zu Schneiderinnen. Nachmittag mit ihr zu Geheimrat Müller, der in ihrem Gesammtbefinden eine Tendenz zur Besserung konstatirte, noch große Schonung anempfahl, solange das Fieber anhielte. Abend dann alle ins Residenztheater, Première von Schnitzlers »Das weite Land«, ein nicht einwandfreies, etwas grob wirkendes Stück mit der von Steinrück glänzend gespielten Hauptrolle des brutalen, energischen Lebemenschen.[175] Erfolg mehr Darstellungserfolg.

15/10

Bei Sommerwetter mit Tommy's in die Mauerkircherstr., die Kinder geholt; alle 4 zum Essen, die Großen über den Tee. Brief an Mim. Beim Tee die beiden Pidoll[176], Dr. [Arthur] Rosenthal, später Eu. Abend gelesen u. Familienleben.

16/10

Bei Nebelwetter von 10-12 geritten, mit Frau Hallgarten u. einer Frau Richter. Briefe von Mim u. Harold Smith, Brief an Mimchen. Nachmittag mit Katja die Gugg verfehlt, beim Tee lange Elsa B. Karte von Lili Keith u. an sie. Abend Brief an Harold [Smith]. Letzter Abend mit Manns.

17/10

Nach dem Tee von Tommy's verabschiedet, zum Turnen, in die Stadt. Nachmittag zur Modistin, beim Tee Eu. u. Frau Prof. [A.] Simon, die sich von ihrem Mann getrennt hat. Kiste für Miez, Packet für Lili [Keith] zurechtgemacht, kl. Korrespondenz (Droucker, Will[i]ère, Urbina), Brief an Harden.

---

174 d.i. jetzt Lili Keith
175 K. Residenztheater: »Das weite Land« von Arthur Schnitzler. Herr Steinrück (Friedrich Hofreiter), Fr. v. Hagen (Genia), Frl. Dandler (Anna Meinhold-Aigner), Herr v. Jacobi (Otto), Frl. Michalek (Erna) u.a.
176 das sind Max und Karl v. Pidoll

18/10
Brief an Marta; mit Katja zu Schulze u. Kommissionen bei prachtvollem Wetter. Nachmittag Besuch bei den endlich aus England heimgekehrten Stadlers. Beim Tee Dora Rauch u. Mann, Hedwig Schöll, später die Gugg. Abend gerechnet, geräumt, Brief an Transehe.

19/10
Von 10-12 bei Sommerwetter geritten, mit Frau Richter. Dann Brief an Mim. Nachmittag Brief an Miez, Marta's Kranz[177] auf den Friedhof geschickt, beim Tee Frl. Willière. Humboldt gelesen und Rundschau.

20/10
Früh zum Turnen; nachmittags Kommissionen, zum Tee zu Katja, beide Wege zufuß. Abend ganz allein, gelesen. Karte von Klaus aus Teplitz.

21/10
Himmlisches Wetter. Von 10-12 mit diesen Damen[178] geritten. Briefe von Mimchen, Marta, Peter. Nachmittag zur Schneiderin, gegen Abend Abschiedsbesuch von Martin Hahn, der einem Ordinarius-Ruf nach Königsberg folgt; Brief an Peter, Gratulationskarte[179] an Harden. »Zukunft«, Humboldt-Briefe.

22/10
Brief an Mimchen; Besuch bei Frau Lotz. Beitisch Tommy's mit den Kindern, Katja mit ihnen über den Tee. Dazu Hedwig Schöll, Milka, später Eu. Abend gelesen.

23/10
Bei starkem Wind u. warmem Wetter 10-12 mit Frau Richter geritten; dann Frau Berreth. Brief von Eva, an Mimchen. Nachmittag rendez-vous mit Katja bei Schulze; beim Tee Sandra Droucker. Spanisch gelernt, Humboldt gelesen.

24/10
Früh zum Turnen u. Kommissionen, bei Regen. Nachmittag mit Katja zu Geheimrat Döderlein, der ihren Unterleib gesund befand, sodaß man ihren Zustand doch wird auf die Lunge zurückfüren

---

177 zum 5. Todestag von Rudolf Pringsheim, gest. 19.10.1906
178 das sind Frau Hallgarten und Frau Richter
179 zum 50. Geburtstag am 20. Oktober

müssen. Beim Tee der Geiger Porges. Karte an Eva mit Gymnasium-Prospekt; Karte von Anna Case. Spanisch, gelesen.

25/10
Früh Masseuse, dann zu Kauer u. Schulze. Mittags mein kleiner Spanier Urbina; dann Katja mit Aißi, mit denen noch, bei sehr schönem Wetter, in die Stadt. Geburtsanzeige von »Ursula v. Pannwitz« u. Gratulation. Gegen Abend Eu. Gelesen.

26/10
Bei schönem Wetter 10-12 mit Frau Richter geritten, Brief an Mim, Masseuse. Brief von Mimchen u. Gusty, an Miez, die an Venenentzündung recht krank. Zum Tee mit Alfred zu Katja. Abend Brief an Anna Case, Karte an Gusty. Humboldt.

27/10
Zum Turnen, Brief von Else, Dankkarte von Harden. Kommissionen, bei Sommerwetter. Spanisch, beim Tee Frau [A.] Simon, die den verlorenen Plisch wiederbrachte u. Eva Baudissin. Briefe an Klaus u. an Peter. Humboldt.

28/10
Masseuse. Bei Regenwetter in die Stadt. Briefe von Peter, Klaus, Mimchen. Beitisch Tommy's mit Aißi (Erika im Schülchen!) u. Funke. Nachmittag u. zum Tee Urbina zur Konversationsstunde. Brief an Mimchen, Humboldt, Zukunft. Wieder sternenklar.

29/10
Brief von Lisbet Lindemann, Karte von Emminger. Briefe an Miez u. an Marta, Karte an Peter. Zum Essen, bei trübem Regenwetter, zu Munckers gefaren, wo es ganz gemütlich u. prätentionslos wie immer, ich mich aber matt u. elend fülte. Beim Tee Ehepaare Löhr u. Reisch. Dann auf chaise longue geduselt.

30/10
Bei frischem aber schönem Wetter 2 Stunden herrlichen, sehr weiten Ritt; dann Masseuse. Nachmittag Katja, von Müller kommend, der mit ihrem Befinden leidlich zufrieden. Karte von Klaus, Brief an Mimchen. Abend mit Alfred ins Koncert der Bosetti, recht schöner Liederabend mit glänzendem Erfolg.[180]

180 … Die Künstlerin begann mit drei altitalienischen Gesängen von Händel, Gordigiani und Paradies und ließ dann je drei Stücke von Schumann und Schubert folgen, denen sie Peter Cornelius und Hugo Wolff anreihte; Felix Mottl und

31/10
Früh zum Turnen, Frau Ingenieur Richter als Adspirantin[181]; Masseuse. Briefe von Mauthner u. Anna Case. Nachmittag mit Alfred auf den Waldfriedhof – gar geschäftsmäßig! Gegen Abend Besuch von Sophie. »Humboldtbriefe an eine Freundin« ausgelesen, um 10 Abreise von Alfred nach Berlin.

1 November.
Eigenhändiger Brief der immer noch recht kranken Miez; einstündiger Besuch von Mauthner, der Rat in Ärzteangelegenheit sucht; Spaziergang bei schönstem Wetter. Beitisch Tommy's, Katja mit den Kindern übern Tee. Nachmittag Urbina, dazu zum Tee Ternina's, Marga, Eu, Ewald u. Alfred Meier. Dann, gehetzt, mit Heinz ins Akademiekoncert: Trauermarsch für Mottl, dann Lißt-Feier – ermüdend, recht sehr.[182] Karte an Alfred.

2/11
Früh von 10-12 geritten, mit Frauen Richter, Hallgarten u. 2 Fremden. Dann Masseuse. Nachmittag zum monstre-Musiktee bei Crodu's: Heyde-Quartett[183]. Wie immer tout Munich, elegant u. ganz unterhaltend. Abend gerechnet, Brief an Miez begonnen, gepumpelt.

Richard Strauß machten den Beschluß. Allen diesen verschiedenen Meistern wurde die Kunst der Frau Bosetti, man kann wohl sagen, in gleicher Weise gerecht, und die Freude eines hohen und reinen künstlerischen Genießens erfuhr den ganzen Abend nicht die leiseste Trübung ... (Bericht in den *Münchner Neuesten Nachrichten* vom 2.11.1911)

181 so im Original

182 In dem am 1. November (Allerheiligen) im k. Odeon stattfindenden ersten Abonnementskonzert der Musikalischen Akademie und des Lehrergesangvereins München gelangt unter Direktion des Hofkapellmeisters Hugo Röhr zur Aufführung: Marcia funebre aus der dritten Symphonie (Eroica) von Beethoven (zum Gedächtnis Felix Mottls); zum 100. Geburtstage von Franz Liszt: 1. »Der 13. Psalm« (Tenorsolo: Dr. R. Walter); 2. a) »Prometheus«, symphonische Dichtung (zum 1. Male), b) Chöre zu Herders »Entfesseltem Prometheus« mit verbindendem Text (zum 1. Male), Deklamation: Herr Matthieu Lützenkirchen, Altsolo: Fräulein L. Willer.

183 Das Heyde-Quartett (Konzertvereins-Quartett) bestand aus Erhard Heyde (I. Violine), Joseph Stiglitz (Viola), Philipp Braun (II. Violine) und Gerald Maas (Violoncell).

3/11

Um 8 Ankunft von Alfred, zum Turnen, rendez-vous mit Katja bei Kauer. Brief an Miez beendet; nachmittag bei Schulze Probe, dann zum Tee zu Katja, wo auch Alfred, beide Wege zufuß bei schönem, frischem Herbstwetter. Spanisch, abends Briefe an Martin Hahn nach Königsberg u. an Klaus.

4/11

Früh Masseuse, mit Katja in die Stadt, Probe bei Koutensky. Nachmittag Urbina, in die Stadt. Beim Tee die Akademiker Seeliger, Dyck, Lindemann. Brief von Peter, Brief an ihn u. Kondolenzbrief[184] an Frau Gareis. Sendung von Heymel in Aufsätzen. »Zukunft«.

5/11

Brief von Mimchen u. an sie. Bei lindem Wetter spazierengehend Karte bei Baudissin u. Besuch bei Frau Furtwängler. Beitisch u. über den Tee Katja mit den Kindern (Tommy vorlesend in Brüssel); dazu beim Tee Frau v. d. Leyen u. Brüder Pidoll[185]. Brief an Mim begonnen, Karte an Harden, »Karoline« gelesen.

6/11

Reiten verregnet, Brief an Mim, früh in die Stadt, rendez-vous mit Katja; dann Masseuse, den ganzen Nachmittag bei Prötzel zum Färpeln; beim Tee sehr lange Elsa B., abend die absolut unreifen Novellen von [Karl] Pidoll gelesen, allein zuhaus.

7/11

Früh Turnen. Beim Essen Katja, mit ihr dann zu Schulze, Koudenski[186], u. Kommissionen; mit Mauthner heimgegangen. Beim Tee Dr. Dingler, spanisch gearbeitet, Brief von Olga; [Karl] Pidolls Roman »Carl Brand«[187] gelesen.

8/11

Früh Masseuse, zu Schulze, mit Katja, deren Mann aus Brüssel heimgekehrt, Kommissionen. Nachtisch Urbina; in die Stadt, Brief an Klaus, Pidolls Roman ausgelesen.

---

184 zum Tod ihres ältesten Sohnes Helmut
185 das sind Max und Karl v. Pidoll
186 so im Original
187 nicht zu ermitteln, vielleicht unter anderem Titel erschienen

9/11
Briefe von Lili Bamberger u. Harden. Trotz kalter Nebelstimmung geritten (5 Damen!), was sich bei aufklarendem Wetter sehr rentirte. Dann Masseuse; beitisch Agnes Dörpfeld. Brief an Mimchen. Zur Geburtstagschocolade zu Katja, wo mit meinen »Propellern« große Seligkeit erregte, u. außer Alfred u. Heinz noch Lula mit den Kindern mitfeierte. Abend lange Kritik an [Karl] Pidoll, Karte an Lili Keith, Brief an Miez.

10/11
Brief von Klaus, mit seinem Artikel über »Die Operette«.[188] Zum Turnen, dann Masseuse. Nachmittag mit Katja zu Kauer u. Koutensky. Spanisch, Brief an Olga, abend die Herren im Koncert, von ½9 bis ½11 angeregter Besuch von Harden.

11/11
Der erste Schnee! der zu grausigem Matsch wird. Brief an Peter, Kommissionen, bei Harden in den »Jareszeiten« Karte u. Äpfel. Brief von Mimchen, nachmittags Urbina, beim Tee Max Pidoll, abends in Hardens Vortrag, mit Tommy. Der Jareszeitensaal übervoll, viel Bekannte, der Vortrag glänzend, nur viel zu lang: geschlagene 3 Stunden! viel Beifall.[189] Danach mit dem gänzlich erschöpften Harden, mit Tommy u. Wedekind in den Jareszeiten soupirt, anregend u. gemütlich. Dann noch in die »Torgelstube«, da Harden zu aufgeregt, dort erst selbviert, dann mit der ganzen Premièrengesellschaft von Dauthendey's »Drache Grauli« (Stolbergs, Halbe, Dauthendey's, Holms, Peglers, Randolfs etc) dort bis zur Polizei-

---

188 Gemeint ist vermutlich der Artikel »Gegen die Operette«, der in: *Süddeutsche Monatshefte*, 9. Jg, 1912, Bd 2, 179-187 erscheint.

189 **Maximilian Harden über »Die politische Lage Deutschlands«** …Der Redner zeigte dann die schwierige Position des Reiches. Es bestehe bei den gegen uns koalierten Staaten die Absicht, die Dinge so lange hinzuhalten, bis Rußland sich erholt habe, dann würden diese Staaten durch Vorspiegelung humanitärer Maßregeln zum Abrüsten drängen. So weit dürfe man es nicht kommen lassen. Einer tüchtigeren Regierung des Deutschen Reiches, das einem anderen Lande so viel nützen und so viel schaden könne, müßte es gelingen, die Fülle politischer Konjunkturen auszunützen und sich starke Verbündete zu verschaffen. Wäre das nicht möglich, so müsse – nicht leichtfertig – das Wort Krieg heraufbeschworen werden; ein Krieg dürfe aber nicht unvorsichtig zu ungeeigneter Zeit von »hoher Stelle« herbeigeführt, er müsse aus der Tiefe des Volksempfindens heraus gefordert werden. (ausführl. Bericht in den *Münchner Neuesten Nachrichten* vom 14.11.1911)

stunde um 3 Ur zusammengesessen! Um ½4 zuhaus, wo Alfred in tausend Ängsten meiner harrte. –

12/11
Wieder schönstes Herbstwetter. Unausgeschlafen Brief an Mim, Besuch bei Keith, Karten bei Oldenbourgs, Ternina, Bissings. Beitisch Tommy's u. die Kinder, Katja mit ihnen über den Tee, der sonst gästelos. Journale.

13/11
Bei mildem, bedecktem Himmel von 10-12 geritten, Masseuse, Brief an Mim, von Peter. Nachmittag zu Koutensky, Regenwetter, »süddeutsche Monatshefte« gelesen.

14/11
Zum Turnen, mit Katja zu Schneidern, nachmittag Besuch bei Frau [A.] Simon; spanisch, abends allein, Briefe an Eva, Puttel[190], an Heymel. Karte an Pidoll[191].

15/11
Früh Masseuse, in die Stadt. Nachmittag Urbina, Besuch von Funke, der plötzlich nach Argentinien färt; mich in seinem Auto zu Katja brachte, wo mit Alfred Tee. Dann mit Tommy ins Lustspielhaus »der Vater« von Strindberg, bei teilweis gutem Spiel ebenso quälend wie ehedem.[192] Tommy bei uns selbviert gemütlich Abendbrod gegessen.

16/11
Bei Frühlingswetter 10-12 geritten, dann Masseuse. Brief von Mieze, an Mimchen. Um 5 in den Frauenstimmrecht-Verein, wo Frau Hallgarten einen etwas kindlich-wolgemeinten politischen Vortrag hielt, woran sich eine äußerst inferiore Diskussion knüpfte. Beim späten Tee Eu, die aus der Diskussion entlaufen war. Dann in Wedekinds Vorlesung seiner »Franziska« im Jareszeitensaal, neben Tommy, viel Bekannte. Ein Hexensabbath von Stück, mit genialen Einzelheiten, das ich beim Vorlesen nicht beurteilen kann. Drei

---

190 Kosename für Klaus Pringsheim
191 vermutlich Carl v. Pidoll s. Besuch am 18.11.
192 Lustspielhaus: »Der Vater« von August Strindberg. Herr Goetz (Der Rittmeister), Frl. E. Werner (Seine Frau), Frl. Lynar (Bertha), Herr Feist (Dr. Oestermark), Herr Schwaiger (Der Pastor), Frl. J. Werner (Die Amme) u.a.

Stunden![193] Als Sensation gabs ein kleines Erdbeben.[194] Kam um ½12 heim, fand die Herren, aus »Teufels Anteil«, noch wach.

17/11
Brief von Lisbet, zum Turnen u. zu Koutensky. Nachmittag zum jour von Eu. Beim Tee Katja, die vom Arzt kam, Maurice' u. Frau Richter[195]. Dazwischen die tränenüberströmte Lisbet u. Brief an Peter. Brief von Funke u. an ihn, warmes Dankschreiben von Frau Prof. Gareis. Journale.

18/11
Brief an Emma Schlier, Masseuse, zur Kauer u. rendez-vous mit Katja u. den Kindern bei Ceconi. Nachmittag Urbina, dann Karten bei Willich, Stadler, Knorr, Besuch bei Heyse, er erfreulich frisch. Beim Tee, bis ½8! – Karl v. Pidoll, zur Rücksprache über seine Arbeiten. »Zukunft«, Karte an Dernburg.

19/11
Brief an Mimchen, Brief von ihr. Besuch bei Frau Ganghofer, mit Crodu gegangen. Beitisch Tommy's mit Kindern, Keiths und Herbert Bondi. Beim Tee zu Katja noch stud. Hamburger. Abend

---

193 **Der neue Wedekind.** ... Dieser eine Eindruck nur fixierte sich im Hörer: daß die neue Dichtung Wedekinds bedeutende Passagen, groteske Einfälle von der Kraft des frühen Wedekind, und Gedankentiefen und Ausblicke enthält, die das sakrale Sexualpathos des Dichters in höchster Steigerung darstellt. Ueber Art und Wesen der Franziska, mit deren Zeichnung nach des Autors Worten die Schaffung eines weiblichen Faustus angestrebt ist, lassen sich aus den beiden ersten Akten einige Aufschlüsse geben ... Der faustische Drang der in der Tat zu den außerordentlichsten Hoffnungen berechtigenden jungen Dame manifestiert sich in dem Verlangen, ein Mann zu werden, um herrisch Bewegungsfreiheit und Lebensgenuß an sich zu reißen ... Tausend Fragen wurden wach, die keine schnelle Antwort fanden, und so schloß die von starkem Beifall begleitete, sich bis gegen Mitternacht hinziehende Vorlesung für die meisten Zuhörer wohl mit dem Signum, das diesen Satz beendet, mit einem großen ? (Bericht in den *Münchner Neuesten Nachrichten* vom 17.11.1911)

194 **Erdbeben in Süddeutschland.** Ein heftiges Erdbeben wurde heute nacht kurz vor ½11 Uhr in München wahrgenommen. In einem Gasthof in der Fürstenfelderstraße wurden die schlafenden Passagiere aufgeschreckt und verstört eilten alle auf die Gänge. Sessel und Tische schwankten. Die Fenster klirrten und die Türen knatterten ... (ausführl. Bericht in den *Münchner Neuesten Nachrichten* vom 16.11.1911)

195 vermutlich Frau »Ingenieur« Richter

allein, geordnet, »Rundschau« gelesen. Telegramm von Klaus, seine Ankunft meldend.

20/11
Starker Sturm, nicht geschlafen, reiten abgesagt, Brief an Mimchen, um 10 Ankunft von Klaus, mit dem lange geplaudert. Dann in die Stadt, Masseuse, beitisch ~~Tisch~~ u. über den Tee Tommy's, ausgedehntes Familienleben. Die 3 Herren abends ins Mahler-Koncert; wärenddem »Rundschau« gelesen; Brief von Olga, nach dem Koncert um ½ 12 (!) mit den Herren soupirt.

21/11
Der Orkan vorüber, im Garten ein starker alter Baum gebrochen; zum Turnen, Karten bei Locher u. Röhr. Regenwetter. Brief von Dernburg, Einladungen geschrieben, beim Tee Katja, um 7 Abreise von Klaus, nach kurzem, harmonisch verlaufenen Besuch. Spanisch, Rundschau.

22/11
Wieder schönstes Herbstwetter. Masseuse, in der Stadt rendez-vous mit Katja u. den Kindern, Weihnachtskommissionen. Nachmittag Urbina, Besuch bei der Belli. Abend »Rundschau« etc.

23/11
Bei lindem Wetter 10-12 geritten, Brief an Mimchen, Masseuse. Brief von Peter, nachmittag wieder Koutensky! Beim Tee Frigga Brockdorff, endlos, bis gegen 8. Abend Brief an Peter begonnen, gekramt.

24/11
Brief an Peter, zum Turnen, rendez-vous mit Katja bei Koutensky. Nachmittag spanisch, Todesanzeigen von Tschudi u. Jensen; Brief an Frau Jensen. Abend mit Alfr. ins Akademiekoncert, wo Schuch (mit Mahler, Mozart u. Beethoven) kolossale Triumphe feierte, wovon ein Abglanz auf Minnie Nast fiel. Tout Munich anwesend.[196]

---

[196] **Musikalische Akademie.** ... Die vierte Symphonie, in der der Komponist eine schlichte Idyllik anstrebt, aber über die Trivialität und Sentimentalität der degenerierten Wiener Volksmusik nicht hinauskommt, ist echter, aber sehr schwacher Mahler. Trotzdem war es ein Vergnügen, der gestrigen Aufführung dieses Werkes zu folgen, ein Vergnügen für jeden, mochte er auch noch so unangenehm von der Mahlerschen Musik selbst berührt werden. Dieses Vergnügen bereitete die meisterhafte Art und Weise, wie Ernst v. Schuch die Symphonie

25/11
Brief an Marta; Masseuse. Ausrutschend den kleinen Finger ausgerenkt (?), mit Eiskompressen daheim. Beitisch, zu Garzauer Enten, Crodu's. Dann »der Herr Lehrer«, wie Friedrich[197] Urbina meldete. Abend mit Alfr. ins Schauspielhaus, zu Korfiz Holms Première von »Hundstage«, gar zu billige leichte Waare, bei flottem Spiel grade erträglich.[198] Regen u. Schneematsch. Brief von Mimchen.

26/11
Durch den dummen kleinen Finger recht genirt. Doch Brief an Mim, Karte an Belli; dann Karten bei Oldenbourgs und Maurice' u. Besuch bei Mauthner im Marienbad. Beitisch Tommy's, Katja mit den Kindern über den Tee; dazu Mü Ysenburg[199] u. Keiths. Abend mit Alfred zu Cornides', im kleinsten Kreis, mit Milka, Marga u. Direktor Schwickerath gegessen, dann viele Leute u. endlose Musik.

27/11
Des sehr gebesserten Fingers wegen doch noch nicht geritten. Brief an Mim, Karte an Peter, in die Stadt, Masseuse. Nachmittag auf den Friedhof, der im dichten Novembernebel einsam und tragisch dalag. – (Kondolenz an Frau v. Tschudi. »Die Vaterlandlosen« von H. Bang ausgelesen, und »Caroline«[200]).

---

interpretierte … Wenn man bei der Mahlerschen Symphonie sich nur an dem erfreuen konnte, was Schuch aus dieser an sich nichtigen Musik machte, so durfte bei dem Divertimento in D-dur für 2 Violinen, 2 Violen, Baß, Flöte, Oboe, Fagott und 4 Hörnern zu der Bewunderung für den Dirigenten auch das Vergnügen an der Komposition treten …Nach dem Divertimento sang Frau Minnie Nast aus Dresden, die auch das Sopransolo im letzten Satz der Mahlerschen Symphonie ganz vortrefflich wiedergegeben hatte, die Arie des Cherubin aus »Figaros Hochzeit« und erntete mit dieser schönen Leistung begeisterten Beifall. Aber alles, was der Abend an Applaus gebracht hatte, wurde weit übertroffen durch den Jubel, der am Schluß nach der 3. Leonoren-Ouvertüre losbrach … (ausführl. Bericht in den *Münchner Neuesten Nachrichten* vom 27.11.1911)

197 Diener bei Pringsheims
198 M. Schauspielhaus: »Hundstage« von Korfiz Holm. Herr Jessen (Bernhard Faber), Frl. Gerhäuser (Seine Frau), Herr Dumcke (Rupprecht), Frl. Glümer (Magda), Herr Waldau (Fritz Loos) u.a.
199 vermutlich My Isenburg
200 nicht zu ermitteln

28/11
Früh zum Turnen, rendez-vous mit Katja. Brief von Eva. Nachmittag Konserven eingeräumt, Brief an Klaus, neue Einladungen lancirt, Brief an Lily Bamberger. Um 10 Abreise von Alfred nach Berlin.

29/11
Masseuse, mit Katja Weihnachtskommissionen. Nachmittag Urbina, zur Gugg mit Blumen, beim Tee Oberst Schweningers. Karte an Alfred, abends zum üblichen »Professorenpumpel« bei Dyck.

30/11
Brief von Emma Schlier, an Mimchen. Zum Musikreiten, das sehr nett verlief. Dann mit Heinz zum lunch zu Eugenie, wo es mit Löwe's, Ehlerts, Sexau's ganz angeregt war. Zum Tee zu Katja, wo die Gusty. Abend sehr müde, mit den beiden Gesellschaften, Abrechnungen, Zeitungen etc. beschäftigt.

1 December.
Früh Ankunft von Alfred; geplaudert, zum Turnen, Masseuse. Beitisch Gusty. Nachmittag Kommissionen. Beim Tee Pannwitz (sehr lange!), Gusty, Ewald. Brief an Peter, von Olga. Zeitungen u. Geschäfte.

2/12
Früh Masseuse, Briefe von Mim u. Klaus, in die Stadt. Für die Gesellschaft gearbeitet, Absage mit schönen Rosen von Pannwitz, abends 2 Löhr, 2 Hallgarten, 2 Cornides, 2 Oberhummer, 2 Reisch, 2 Ebers, 2 Bonn, 2 Porges[201], Milka, Marga, Fr. Haushofer, Erna, Stengel[202], 3 wir – 24 Personen: gutes Essen, elegant, gemütlich, ein bischen Musik – angemessen. Bis ½ 12.

3/12.
Ordnung gemacht. Brief von Marta, an Mim, Karte an Miez, an Pannwitz, Spaziergang. Beitisch Mauthner u. Tommy's, Katja mit den Kindern über den Tee, dann zu Hallgartens, wo Tee, Musik (beides vorüber als ich kam) u. Abendessen. Viele Leute, zwischen Ganghofer u. Ceconi gesessen, Bernsteins, Gitta Heymel, Bruck-

---

201 vermutlich Friedrich Walther Porges und Ehefrau
202 vermutlich Paul v. Stengel

manns[203], v. d. Leyens, Löhrs etc. gesprochen, wärend des Tanzes mich mit Alfred gedrückt, wärend Heinz, der nach seinem Koncert (wo er Lieder begleitet)[204] gekommen war, noch blieb. Für mich »ibrig«.

4/12
Früh von 10-12 bei ziemlich kaltem Wetter mit den Damen Richter u. Forster ausgeritten; dann Masseuse. Nachmittag Urbina, Brief an Mim. Kondolenzbrief an Dernburg zum Tod seines Vaters[205], Karten an Dagny, an Lili Keith; Bangs »Die Vaterlandlosen« ausgelesen[206].

5/12
Brief von Peter, zum Turnen, Kommissionen. Zum Tee zu Katja, Brief von Klaus, Brief an ihn, mit seinem Manuskript. –

6/12
Masseuse, Briefe von Miez u. Olga, Karte an Olga. Schneiderin im Haus, zallose Kommissionen. Nachtisch Urbina, dann recht verfehlter Teebesuch bei Milka. Kl. Korrespondenz u. Telephongespräche, abends bei Löhrs, sehr wolgemeinte, für mich unendlich ibrige Gesellschaft von 12 Personen, Heinz zum après, Hannchen Bruckmanns uns in ihrem Auto heimfarend.

7/12
Brief an Mimchen, zum Musikreiten, das recht nett, Masseuse. Nachmittag Kommissionen, beim Tee Katja, der gute Ewald mit einer hübschen Pianistin Frau Dr. Ebstein; abend mit Alfred zu Hugo Bruckmanns, wo mit Dr. Ehlers, dem Geiger Berkowski, Frau Wolf,[207] Herrn Müller-Mittler etc. mich ganz gut unterhielt. Karte an Miez mit 100 M.[208]

---

203 vermutlich Hugo Bruckmanns
204 Im Museum das Konzert der Damen: Wanda v. Bernhard-Trzaska (Klavier), Herma Studeny (Violine) und Beatrix Heppner-Brehm (Sopran). Am Klavier: Dr. Heinz Pringsheim.
205 Friedrich Dernburg war am 3. November verstorben.
206 Wiederholung, s. Notiz vom 27.11.
207 vermutlich Hanna Wolff
208 in heutiger Währung etwa 480 €

Dezember

8/12
Da Feiertag kein Turnen; Brief von Dagny, in die Stadt, zalreiche Kommissionen. Mittags Tommy's. Nachmittag Brief an Peter, viel herumgewurstelt. Abend »Zukunft«.

9/12
Früh Masseuse, in der Stadt Kommissionen gehetzt. Brief von Mimchen. Nachmittag für die Gesellschaft geschanzt; abends: 2 Bruckmann,[209] 2 Galston, 2 Sommerfeld, 2 Wenger, 2 Crusius, Herren Oldenbourg[210], Lippe, Braune, v. d. Leyen, Damen Eu, Annette, Locher, Dyck, Maurice: 24 Personen. Animirt u. gut wie immer. Zum après: Damen 2 Schöll, 2 Dyck,[211] Ebstein, Herren: Stengel,[212] 2 Pidoll,[213] Reisch, Alexander Oldenbourg, Lehmann,[214] Porges,[215] 2 Buysson, 2 Keith. Tanz, etwas Musik, sehr animirtes Treiben bis 1 Ur.

10/12
Brief von Else über Mimchens Befinden, der mich beunruhigt. Karte an Else, Brief an Mim; Gesellschaft[sspuren] beseitigt. Bei Frühlingswetter Karten bei Voß, Lindemann u. Löhr. Beitisch Tommy's, Katja u. Kinder über den Tee. Dazwischen Besuch von Lotz'. Abends mit Alfred in die Première von Bittners: »Bergsee« ins Hoftheater, kein bedeutendes Werk, das wol nur lauen Erfolg hatte,[216] wärend der Gastdirigent [Bruno] Walter von Tout-Munich (außer Eugenie) demonstrativ gefeiert wurde. Saßen neben Crodu's.

11/12
Karte von Else mit nicht recht beruhigender Nachricht über Mimchen u. Brief von Olga. Von 10-12 geritten, kalt aber angenehm; dann Massage. Brief an Mimchen. Nachmittag Urbina, zum Tee

---

209 vermutlich Hugo Bruckmanns
210 vermutlich Rudolf August v. Oldenbourg
211 das sind die Dyck-Töchter Hedwig und Gertrud
212 vermutlich Paul v. Stengel
213 das sind Max und Karl v. Pidoll
214 vermutlich Dr. Walter Lehmann
215 vermutlich Friedrich Walther Porges
216 K. Hoftheater: »Der Bergsee« von Julius Bittner. Herr Schönert (Der Kanzler), Herr Brodersen (Der Feldhauptmann), Herr Bender (Der Oberhofer), Herr Walter (Der Grünhofer), Herr Schreiner (Der Fischer vom Bergsee), Fr. Mottl-Faßbender (Gundala, sein Weib) u.a.

zu Frau Richter, dann zu Katja, bei Regen. Abend allein, Brief an Aletta; Rechnungen etc. nachgeholt.

12/12
Regen-Schnee-Matsch. Karten von Else u. Miez, Mutters Zustand ziemlich unverändert. Zum Turnen u. Kommissionen. Nachmittags mit Katja zu Geheimrat Müller, der nichts neues fand oder verordnete. Dann Karte bei Frau Jensen u. Katja zum Tee heimgenommen. Gerürter Dankbrief von Frau Prof. Voß für abgegebene Rosen, langer Brief von Mad. Boyer aus Paris, über Olga's Zustand. Briefe an Mim, an Marta, an Olga's Arzt Dr. Dubois in Bern.

13/12
Früh Masseuse. Brief von Else mit Besserung in Mims Befinden, Brief von Martin Hahn. Rendez-vous mit Katja, Weihnachtskommissionen. Nachtisch Urbina. Briefe an Mimchen u. an Klaus, Karte an Else. Beim Tee Lula, später Eu. Abend Brief an Mad. Boyer.

14/12
Da früh regnerisch, in der Ban geritten, später warm u. schön. Kranz für den plötzlich verstorbenen Thomas Knorr besorgt, zuhaus Brief von Else mit schlechteren Nachrichten über Mimchen, später Telegramm mit Besserung. Masseuse u. Brief an Mimchen. Nachmittag Kommissionen, beim Tee Katja. Weihnachtlich gewirtschaftet, »Zukunft«, Brief an Dagny, Karte an Lili Keith.

15/12
Briefe von Peter, von Else u. vom guten Mimchen selbst, mit einiger Besserung. Karte der Respaldiza[217] aus Djibuti. Zum Turnen u. Weihnachtskommissionen. Zum Tee zu Katja, vorher Brief an Mim, nachher an Peter u. Karte an Else. Packete an Miez gerichtet u. spät noch Besuch von Eu.

16/12
Brief von Gusty, wieder guten von Else. Masseuse. Bei strömendem Regen Hannchen zum Geburtstag gratulirt, mit Rosen; Telegramm an Else. Nachmittag Urbina, stundenlang auf Else's Antwort gewartet, Abreise vorbereitet, Telephongespräch vergeblich versucht, Weihnachtspackete fertig gemacht, Eugenie's großen Musiktee sowie die »Totentanz«-Première aufgegeben, endlich

---

217 d.i. die Marquesa Respaldino y Mier

um ½7 Else's Telegramm, daß ich kommen solle. In Windeseile gepackt, alles erledigt. Um 8 Besuch von Eu, voll Teilnahme. Um 10, da im Pröbstel[218] kein Schlafwagen frei, mit Expreß nach Berlin, von Alfr. zur Ban begleitet.

17/12. Berlin

Nach normaler Fart Ankunft 8 Ur, bei Nebel u. Unfreundlichkeit. Bei R.'s noch nicht so früh erwartet, Mimchen unvorbereitet, aber nur freudig erschrocken. Mit Miez Tee getrunken, dann Else. Mimchen verändert u. schwach, doch besser als ich befürchtet, durch meine Ankunft gehoben. Telegramm an Alfred, später Brief. Kurzer Spaziergang mit Else u. Miez. Beim frühen Sonntagsessen, zu dem auch Mim ½ St. erschien, der total überraschte Peter u. Hedda. Den Tag mit Pausen immer wieder bei Mim, abends one Gagls, da Ernesto aus Spanien heimkehrte, mit Ilse one Hermann [Dernburg], der in London. »Leben der Lady Hamilton«[219] gelesen.

18/12

Mimchen leidlich, aber schwach. Ankunft von Hans R.[osenberg], der mir aus München Briefe von Mim u. Marta, 2 Telegramme von Olga mitbrachte. Telegramm an sie, ihre Ankunft hinausschiebend. Karten an sie u. Alfred. Dr. Fließ, der ziemlich zufrieden. Mit Marta telephonirt, rendez-vous mit ihr Banhof-Friedrich-Str.-Restaurant; mit ihr Kommissionen gefaren. Zu Mim, unten beim Tee Frl. Bruhn, dann oben bei Mim Miez, Ernesto, Eva; beim Essen unten Geburtstagsfeier von Kaete, mit Miez, Hedda, Ilse u. Peter. Im Bett gelesen.

19/12

Miserabel geschlafen, Mimchen leidlich befunden. Mit Else, Kaete u. Hans in die Stadt. Briefe von Katja u. von Alfred, mit Einlage von Klaus. Nachmittag Brief an Katja, Karte an Alfred. Bei Mimchen. Abend Abreise von Hans, Ilse beim Essen. »Leben u. Lieben der Lady Hamilton« von H. Vollrat-Schumacher im Bett ausgelesen. Verschnupft.

---

218 gemeint ist der Zug München-Berlin via Probstzella
219 von Heinrich V. Schumacher

20/12
Trübes Regenwetter. Mimchen so so, klagt wieder über die Blase. Briefe von Katja u. Olga, Briefe an Klaus u. Alfred, an Olga u. an Marta. Briefchen von Alfred, mit Einlage des Berner Doktors[220]. Nach dem Frühstück (vorher Fließ, der fand, man müsse zufrieden sein) im Regen in die Stadt; am überfüllten Schalter Schlafwagen besorgt. Besuch von Eva. Später Miez. Bei Mimchen wie immer. Abend früh herauf, Gab. Reuters »Frühlingstaumel« gelesen. Beim Tee Besuch der Baronin Grothus, der Guten, Armen.

21/12
Orkanwind u. Regen, miserable Nacht, dazu noch unwol im Magen. Mimchen ganz befriedigend. Briefe an Dr. Dubois[221] u. an Harden, an Emma Schlier; von Alfred mit Einlage von Olga, mit Einlage von Erika von Katja. Bei Mimchens Tee Miez u. Eva; beim Essen die Brüder Cranach[222] u. Bennigsen, Ilse u. Peter, dem Instruktionen nach München mitgab, wohin er heut Nacht färt. Karte von Marta. Im Bett den schwachen Roman der Reuter ausgelesen.

22/12
Regen u. Wind. Bei Mimchen »Zukunft« gelesen, Besuch von Fließ, der mit dem Fortschritt recht zufrieden. Herrliche Blumen von Fürstenberg, mit liebenswürdigen Zeilen, Karte von Alfred. Später Dankbrief an Fürstenberg, gepackt, bei Tee u. Essen Miez und Ilse. Abschied von Mim und um 8¼ Abreise, von Ilse u. Kaete auf den wimmelnden u. kribbelnden Banhof geleitet. Via Probstzella.

23/12. München
Nach guter Fart mit 1½ St. Verspätung Ankunft in München bei strömendem Regen. Eine Stunde später Ankunft von Klaus. Fand herzlichen Brief von Dagny vor. Vormittags bei Schandwetter mit Katja endlose Kommissionen, nachtisch auf den trostlosen Waldfriedhof, Erik einen Weihnachtskranz gebracht. Beim Tee alle 4 Kinder. Karte an Mimchen und von ihr. Alle Weihnachtssachen heruntergebracht u. sortirt, den ganzen Abend weihnachtlich gearbeitet, Familienleben, totmüde ins Bett gesunken.

220 d.i. Doktor Dubois
221 s. Notiz vom 12.12.
222 das sind Lukas und Hans v. Cranach

Dezember

24/12

Recht schlechte Nacht. Gute Karte von Else. Den ganzen Morgen Schüsseln, Bescheerung von Armen[223] etc. Vor Tisch noch Einkäufe bei wieder herrlichem Wetter. Briefchen von Harden, Brief an Mimchen, gewirtschaftet; um ¾ 5 mit Klaus im Auto zu Katja, en passant noch Einkauf bei Meier (echter Klaus!). Bescheerung u. Tee wie üblich bei Tommy's, die Kinder sehr niedlich. Dann mit Tram heim, letzte Hand an den Aufbau, um 8 Bescheerung. Alles reich u. befriedigend beschenkt. Meine Geschenke: Sattel[224] u. Zaumzeug, Hutkoffer, indische Bluse, merkwürdiges Perltäschchen XVII. Jarh., Bücher, (Briefwechsel Elisabet Charlotte, Marie Charlotte, Brentano-S. Mereau, Goethe, Napoléon dans sa chambre mourante, 1 B.[and] E. T. A. Hofmann; von Bondi die neue Shakespeare-Ausgabe, von Mimchen »Kosmos«), von Katja Seife, von Tommy Bonbonnière, von Milka Fliederbaum, von Eu elektrischer Haartrockner, von Hannchen Kissen, von Brünner di Täschchen, von Olga, die um 10, leicht anverrückt, eintraf, Pantoffel. – Essen reichlich u. gut wie stets, um 10 Tommy, dann Olga, bis 12 bei Sekt u. Konfekt beisammen. Totmüde.

25/12

Spät auf, viel Wirtschaft. Brief von Miez, an Mim. Karten an Urbina u. Berreth. Besuch von Alfons Bruckmanns. Beitisch Tommy's sieben Mann hoch, dazu 3 Löhrs[225]. Bescheerung der beglückten Kinder, Familienessen, ganz gemütlich. Beim Tee nur Katja (Manns Abend bei Löhrs), Eu u. Olga's tragische Freundin Elisabet Effron, die auch zum späten Abendessen blieb, das nach dem Koncert der Herren genommen wurde. Allgemeine Müdigkeit.

26/12

Karte von Else mit guter Nachricht, Karte von Urbina. Bescheerung von Eva Schneckenaichner mit Buben, Besuch von Hedwig Gugg (Helene[226]. Brief an Mimchen u. regenfeuchter Spaziergang.

---

223 Unklar, wer außer dem Personal, das Weihnachten üblicherweise beschenkt wurde, noch gemeint sein könnte.
224 wohl ein Damensattel. Da bis zu Beginn des Ersten Weltkrieges üblicherweise im Damensitz geritten wurde.
225 das sind Lula und Jof mit Tochter Eva
226 so im Original

Beitisch wieder 13 Personen, zu der Familie Keiths u. Frl. Effron. Beim Tee Familie one Tommy, abends mit Tommy u. Frl. Effron. Unangenehmer Zwischenfall mit Alfred, der mich unmotivirt anschnauzte; sodaß der Rest des Abends, trotz Musik, der Gemütlichkeit entbehrte.

27/12
Dasselbe unerhört scheußliche Wetter, Regen und Sturm. Masseuse, in die Stadt. Brief an Mim. Nachmittag Urbina, der über den Tee blieb; dann Crodu. Abend alle, incl. Tommy, excl. Katja, ins Deutsche Theater, dessen Programm hauptsächlich von dem Universalgenie Sylvester Scheffer mit seinen in allen Sätteln gerechten Leistungen aufs fesselndste bestritten wurde. Nachher noch Familienleben.

28/12
Mit abscheulichem Patz am Munde behaftet, der mich hinderte, die Tee- u. Musikeinladung bei Galstons nachmittags zu befolgen. Doch früh zum Musikreiten, das auf dem neuen Sattel[227] angenehm verlief. Dann Masseuse. Nachmittag Brief von Mim mit guter Nachricht, Brief von der Lindemann, Karte von Trudy Study. Brief an Mim, beim Tee Olga mit Effron; dann Neujarskarten an alle die üblichen. Abend »Der Tor«[228] gelesen; die Buben im Theater, dann Odeon-Kasino.

29/12
Bei Regen u. Wind in die Turnstunde. Dann Brief an Mimchen. Familienleben, beim Tee durch Katja u. Effron verstärkt. Briefe an Marta, später an Festers. Familienleben. »Der Tor« beendet, der mir, trotz Tommy's, sehr gefiel.

30/12
Um ½9 Abreise von Klaus nach Prag, Brief an Miez, Masseuse, bei besserem Wetter mit Katja Kommissionen in der Stadt. Nachmittag Urbina, dann lange, aufreibende Gespräch[e] mit Effron u. Olga, die heute wieder einen völlig verrückten Tag hat. Nach dem

---

227 Der Sattel paßte offenbar zur Reiterin. Heute legt man vor allem Wert darauf, daß der Sattel dem Pferd optimal angepaßt ist.
228 von Bernhard Kellermann

Dezember

~~Tee~~ Familientee Briefe an Bondi's u. an Else; Karte von Lena[229]. Abend »Zukunft«; Familienleben.

31/12

Sehr freundschaftlicher Brief von Martin Hahn, Karte der Respaldiza[230], übliche Karten. Brief an Mimchen, bei leidlichem Wetter Karten bei Stuck u. Ysenburg[231], Besuch bei Seeliger. Mittag one Manns. Briefe von Eva u. Kaete. Beim Tee Bonns, Dr. Braune, Dr. [Arthur] Rosenthal. Nach dem Abendessen alle incl. Olga per Tram zu Tommy's, Alfred u. Heinz im Schmuck »sämmtlicher« Orden[232]. Außer uns noch Löhrs. Der Verlauf wie immer, mit brennendem Christbaum, Punsch u. Pfannkuchen, etwas Musik und etwas languissanten[233] Gesprächen. Um 1 in milder Nacht mit Auto heim.

---

229 d.i. Lena Schweninger
230 d.i. die Marquesa Respaldino y Mier
231 d.i. My Isenburg
232 Unklar, was damit gemeint sein könnte. Seine beiden »richtigen« Orden hat Alfred Pringsheim erst 1913 und 1917 erhalten. Von Heinz ist außer dem Eisernen Kreuz (1914) keine weitere Auszeichnung bekannt.
233 (frz.) schleppend, stockend

1912

1 Januar.
Milder regnerischer Tag. Briefe von Ilse, Else u. Marta, Karten von Mad. Molk, Jordan, Grothus[1] etc. Brief an Mim. In die Stadt, für den Freund Winckel Kranz besorgt,[2] Kommissionen u. Besuch bei Stadlers. Beitisch Tommy's mit Kindern, beim Tee dazu Elisabet Effron u. Frau Prof. Simon, wobei Erika das Märchen vom großen u. kleinen Klaus ganz reizend erzälte. Beim Abendessen ebenfalls Tommy's u. Effron, nachher noch Eu. Langes Familienleben.

2/1
Briefe von Miez, Mira, Dora [Rauch], Luigia. In die Turnstunde. Nachtisch schreckliche Scene mit Olga, da Frl. Effron einen Brief von Mad. Matisse bekommen, der das Drama zur Krisis fürt, indem Madame Olga ihr Haus verbietet, da sie ihren Mann zu verfüren getrachtet habe. Lange ziemlich fruchtlose Unterredung zwischen ihr, Effron, Peter u. mir. Dann Urbina. Dann mit Olga im Regen zu Milka gefaren, wo zu meiner Überraschung ein großer, eleganter amerikanischer jour. Zurück, Brief an Mim, Besuch von Eu. Karten von Lucie, Frau Diet[e]rich, Brief von Hondros. Kondolenzbrief an Frau Winckel. Später mit der aufgeregten Olga u. den Buben.

3/1
Karte von Else, daß Mimchen sehr an schmerzhaftem Rheumatismus leidet. Masseuse, Brief an Mimchen, mit Alfred u. Heinz zum Frühstück zu Bissings, wo nur noch Amira mit Tochter u. Ehepaar Kaspari: leidlich gemütlich u. kurz. Dann um ½ 5 alle, incl. Olga, zu Eu's drittem Musik-Tee mit Heyde-Quartett[3] u. Gabrilowitsch: sehr hübsche Musik, unendliche Menschenfülle, tout-Munich. Recht animirt. Abend schrecklich müde, Journale, früh ins Bett, deprimirt.

4/1
Brief an Mimchen; zum Musikreiten, Masseuse. Lange Scene mit Olga, die sich mit Elisabet Effron verzankt hat. Nachmittag Ord-

---

1 d.i. Viktor v. Grotthuß
2 Franz v. Winckel war am 31.12.1911 verstorben.
3 Es spielten: Erhard Heyde (I. Violine), Joseph Stiglitz (Viola), Philipp Braun (II. Violine) und Gerald Maas (Violoncell).

Januar

nung gemacht, beim Tee Brünnerl[4] u. Tommy's mit denen dann eine ernsthafte Unterredung wegen Katja's bevorstehender Reise nach Arosa, die sich doch als notwendig herausstellt. Gratulationsbrief an Hondros zu seiner Verlobung. Brief von Emma Schlier, Karten von Gusty u. Mario Padova. Strindbergs »Kammerspiele« gelesen, um 10 Abreise von Peter nach Berlin.

5/1

Zum Turnen, dann zu Frau Haushofer, Informationen wegen Arosa holend. Brief von Mimchen u. Karte von Else, mit einiger Besserung. Nachtisch Brief an Mim, irrtümliches Hereinbrechen von Urbina, Kommissionen u. zum Tee zu Tommy's, Besprechung wegen Arosa, worauf Tommy ein Kapitel aus seiner Novelle[5] vorlas. Abend die »Kammerspiele« ausgelesen.

6/1

Schnee u. Matsch. Brief an Emma Schlier, Besuch bei Reischs; um 2 Ur mit Katja zu Dr. Bock, der behauptet, unzweifelhaft Lungenspitzenkatarrh zu konstatiren u. eine Serumkur vorschlug; den Eindruck einer »Persönlichkeit« macht, ein wenig à la Pfarrer Kneipp. Muß überlegt werden. – Abend bei strömendem Regen ins Residenztheater »Der Ring des Gauklers« von Halbe: ein ungewöhnlich schlechtes, schlecht gemachtes, dummes, sehr langes u. langweiliges Stück, das empörenderweise zu gefallen schien.[6] Um

---

4 d.i. Elsa Brünner
5 Gemeint ist *Der Tod in Venedig*, s.u. die Notiz vom 1. April.
6 K. Residenztheater: »Der Ring des Gauklers« von Max Halbe. Herr Steinrück (Henning Schwartz), Fr. v. Hagen (Freifrau Susanne von Eldringen), Frl. Michalek (Nathalie von Eldringen), Herr Schwanneke (Von Seidenfuß), Herr Graumann (Hülff) u.a. – ... Als Theaterstück betrachtet, zeigt dieses Spiel Max Halbe auf der alten Höhe seiner Technik. Die Sprache besitzt an vielen Stellen ein lebendiges Kolorit, und das farbige Pathos, in dem fast alle diese Figuren reden, ihre Drapierung und ihr historischer Aufputz, zeigten den Kenner der Bühne ... Die Darstellung, die dem Stück zuteil wurde, ging mehr auf eine Gesamtwirkung aus. Es wurde ein buntes Treiben erreicht, das einer gewissen Frische nicht entbehrte, wenn auch die mittlere Linie kaum überschritten wurde. Herr Steinrück hatte als Henning kraftvolle Einzelmomente, ohne daß sich das Bild des Generals zu einer einprägsamen Einheit zusammenzuschließen vermochte. Frau v. Hagen gab der Susanne eine glaubhafte äußere Erscheinung und einige romanhafte Wesenszüge. Herr Graumann wechselte innerhalb seiner Rolle in einer recht willkürlichen Weise den Ton, ohne dadurch der Person des Schwarzkünstlers Hülff eine andere Mystik, als die der Bösewichtlarve mitzuteilen ... (ausführl. Bericht in den *Münchner Neuesten Nachrichten* vom 9.1.1912)

11 erst aus, von Heinz abgeholt im Auto heim, noch mit Olga Familienleben.

7/1

Karte von Else, Brief an Mim. Unbeschreibliches Wetter, Sturm u. Regen. Trotzdem mit Olga in die Pinakothek, wo Urbina trafen, u. von Heinz Braune in den unerschlossenen Saal mit Tschudi's französischen Neuerwerbungen[7] gefürt wurden. Sehr interessant. – Beitisch Tommy's; nachtisch Consilium, das noch zu endgültigen Beschlüssen nicht fürte. Beim Tee Milka mit Tantchen u. Slata u. Mr. Dyer, Schölls, Effron u. Pidoll[8], der über den Abend blieb. Reichlich.

8/1

Brief von Peter, an Mim; um 11 zum Damenreiten. Mittags die Effron, die abends nach Paris abreiste. Nachmittag mit Olga zum Musik-Tee zu Galston's, wo er sehr schön – nur zu lang – sein Koncertprogramm spielte. Fand zuhaus noch den Vetter bei Alfred. Abend allein, »Zukunft« u. Journale. Spät, nach Theater u. Sitzung, noch Familienleben.

9/1

Schnee, Schnee! Brief an Mim, zum Turnen. Der Schnee wandelt sich in Regen u. Dreck; in die Stadt gerutscht. Karte von Else

---

7 Der verstorbene Direktor der staatl. Galerien, Geheimrat Hugo v. Tschudi, hinterließ bei seinem Tode in den Depoträumen der Alten Pinakothek eine Anzahl von Werken meist der neueren franz. Kunst, die ihm zu einem Teil von Schenkern für die Staatsgemäldesammlung zur Verfügung gestellt, zum anderen Teil von ihm dem Handel entzogen worden waren, um sie durch gelegentlich noch zu findende Spender später für die Staatsgemäldesammlung zu sichern. (15) Nach Tschudis Tod wurde Heinz Braune mit der Führung der Geschäfte betraut. Da Braune erst 31 Jahre alt und damit zu jung für die Position des Generaldirektors war, entschloß man sich, ihm in der Persönlichkeit des Malers Toni Stadler einen Mentor beizugeben. Unter diesem Schutz und mit der fördernden Zustimmung Stadlers vermochte Braune die Tschudi-Spende zu dem auszubauen, was sie dank seiner Tatkraft geworden ist. (13) Rückblickend hat Braune 1949 die Ereignisse folgendermaßen dargestellt: »Zur Ausführung meiner Arbeit faßte ich den Gedanken der ›Tschudi-Spende‹ und sammelte persönlich bei den mir nahestehenden reichen Kunstfreunden die dazu benötigten Geldmittel von einigen Hunderttausend Mark und hatte in wenigen Monaten so viel zusammengebracht, daß ich nicht nur alle von Tschudi hinterlassenen Bilder bezahlen konnte, sondern darüberhinaus noch eine große Anzahl hervorragender Werke zur Ergänzung dazuerwerben konnte.« (19) (Kurt Martin, *Die Tschudi-Spende*)

8 vermutlich Max v. Pidoll

Januar

(Mims Zustand »stationär«[9].) u. Brief von Mim selbst. Nachtisch 3 Stunden bei Prötzel zum Färpeln. Karte an Klaus, Kondolenz an die Goudstikker zu Ika Freudenbergs Tod. Dienstbotenkrach (Köchin[10] u. Friedrich), den beizulegen unmöglich: er ein grober Schwab', sie ein dummes Frauenzimmer. Familienleben.

10/1

Schnee, Regen, Dreck. Brief an Mimchen, mit Katja Kommissionen u. in die Ausstellung von Fritz Gärtner bei Tannhauser, die mich angenehm enttäuschte.[11] Vorher Masseuse. Nachtisch Urbina. Brief von Lili Bamberger, Karten an Frau Maurice u. Fritz Noether. Beim Tee Elsa B., um 8 mit Alfr. u. Eu (in deren Auto) ins Residenztheater zu einem geladenen Koncert, Probesingen der schwedischen Valborg Svärdström ein mäßiger Genuß, mit elegantem Publikum.[12] Nachher noch Familienleben.

11/1

Langer, sehr verständiger Brief von Olga's Schwester Frau Adel. Brief an Mim, zum Musikreiten. Nachmittag Karten bei Hanfstängls, die aber, wie alle Münchner Damen, bei Ika Freudenbergs Totenfeier. Beim Tee Katja. Endlose Auseinandersetzung mit Olga

   9 gemeint ist wohl »stagnierend«, also unverändert
 10 d.i. Cenzi
 11 **Fritz Gärtner**, bekannt durch seine künstlerischen Beiträge in der »Jugend« und seine in der Münchner Sezession gezeigten Gemälde, veranstaltet, wie schon kurz erwähnt, in der Zeit vom 4.-12. Januar in Thannhausers »Modernem Galerie-Oberlichtsaal« eine Kollektiv-Ausstellung. Die gezeigten Werke (Oelgemälde, Plastiken und Graphische Arbeiten) variieren das Thema »Arbeit«. (*Münchner Neueste Nachrichten* vom 3.1.1912) – ... Moderne Technik ist angewandt, ein großfleckiger Pointillismus oder breit aufgetragene Farbe. Tritt in den oben erwähnten großen Bildern die Natur hinter die Figuren zurück, ohne zum Nebensächlichen erniedrigt zu werden, so ist sie auf anderen Werken die alleinige Dominante oder die Figuren sind nur als Staffage in der Landschaft gesehen. Unendlich fein und duftig wirken die verschiedenen »Blütenbäume« in ihrer schneeigen Pracht, aber auch der »Rauhreif« ist ein durchaus delikates Bild ... (ausführl. Bericht in den *Münchner Neuesten Nachrichten* vom 9.1.1912)
 12 **Residenztheater**. ... Frau Svärdström, die ihr Können zunächst an französischen, schwedischen und deutschen Liedern erprobte, besitzt einen umfangreichen Sopran mit der ausgeprägten Tendenz der Entwickelung nach der Höhe zu. Je höher die Lage, desto größer, runder wird der Ton, desto stärker ist auch seine Leuchtkraft ... Ob und inwieweit Frau Svärdström seelisch zu erschüttern weiß, konnte nach dem gewählten Programm zu wenig Aufschluß erfahren ... (ausführl. Bericht in den *Münchner Neuesten Nachrichten* vom 12.1.1912)

wegen ihrer Schwester Brief; auch noch abends, wo leider allein mit ihr. Brief an Peter, Journale. Massage.

12/1
Karten von H. Smith u. der Respaldiza[13] aus fernen Welten. Zum Turnen. Karte bei v. d. Leyens, Brief an Mimchen. Schneiderei für Olga. Brief von Klaus und an ihn. Abend »La chambre de Mort de Napoléon«[14] gelesen, später Besuch von Eu.

13/1
Brief vom guten Mimchen. Masscuse, dann Katja, von Dr. Bock kommend, mit ihr in die Stadt. Absagebrief von Urbina, Besuch bei Frau [Hanna] Wolff, Karten bei H. Bruckmann. Besuch von Frau Haushofer. Abend mit Crodu's in Residenztheater, Gastspiel von Szmolins Geliebter Frl. Landing als »Nora«. Gesellschaftliches Ereignis, kein künstlerisches. O München![15] Dann noch Familienleben, Olga wieder einen unerträglichen Tag.

14/1
Schönes kaltes Winterwetter. Brief von Miez über Mims klägliches Befinden, Brief an Mim; Karten bei Sexau's. Beitisch Frigga Brockdorff mit Töchterchen u. Tommy's. Katja mit den Kindern über den Tee, dazu Dora Rauch, Herr Goldschmid, Frl. Locher nebst den 4 Hausinsassen. Briefchen an Urbina; »Zukunft« u. den sterbenden Napoléon gelesen, Krach mit Eliese u. Kündigung dieses unmöglichsten aller Mädchen.

15/1
Brief von Kapellmeister Klemperer, Brief an Mimchen, Quasi-Kündigung von Cenzi, zum Damen-Reiten u. Masseuse. Nach-

---

13 d.i. die Marquesa Respaldino y Mier
14 vermutlich Paul Frémeaux, *Dans la chambre de Napoléon mourant. Journal inédit de Hudson Lowe sur l'agonie et la mort de l'Empereur*
15 K. Residenztheater: »Nora« von H. Ibsen. Herr Graumann (Robert Helmer), Frl. Evelyn Landing a.G. (Nora, seine Frau), Herr v. Jacobi (Doktor Rank), Frau Linden (Frl. Schwarz) u.a. – ... Und nun hat Eveline Landing auch in München in einer Rolle von Gewicht außerordentlichen Beifall sich erspielt. Sie gab die Nora. Blond und gertenschlank wie ein Mädchen ist diese junge Frau Helmer; aber auch von der Herbheit erfahrenen Lebens sind ihre Worte und Bewegungen schon durchschimmert, als sie noch ganz die fröhliche, zwitschernde Lerche ist. So erscheint die Entwicklung zu Ernst und Tragik im Wesen von Frl. Landings Nora als tief begründet ... (ausführl. Bericht in den *Münchner Neuesten Nachrichten* vom 15.1.1912)

mittag gelesen, beim Tee Hartogs, den sterbenden Napoléon beendet. Um 11 noch Olga's Besuch. Kandienski[16] kennen gelernt.

16/1

Brief an Mim, zum Turnen; Massage. Nachmittag Karte bei Bosetti u. Besuch bei Drygalski, zum Tee bei Katja. Abend den Mittwochbrief an Mimchen vorgeschrieben. Kondolenz an Prof. Liebmann,[17] Brief von Julius Elias wegen Björnson-Briefen. Briefwechsel Clemens Brentano-Sophie Mereau begonnen.

17/1

Um 10 mit Tram Isartalban, mit Katja nach Ebenhausen. Zuvor Brief von Mimchen. Draußen tiefer Schnee, 6-7 Gr. Kälte, dauernder Schneefall. Im Sanatorium[18] Zimmer ausgesucht, mit dem vernünftigen Dr. May ausfürlich gesprochen, durch den Schnee spazieren gestapft, an der allgemeinen Tafel mit den 15 Gästen gegessen, nicht sehr interessante Gesellschaft, gut bürgerliches Essen. Um ¾ 3 wieder zurück, um 4 Ur zuhaus. Kaum umgekleidet, Besuch von Kapellmeister Klemperer, der über den Tee lange blieb. Abend sehr müde, gelesen.

18/1

Briefe an Mimchen u. Dr. Elias (mit Einlage des Björnson-Briefes). Zum Musikreiten, an dem Heinz teilnahm. Massage. Nachmittag Urbina. Langer Brief von Else. Abend alle in den modernen Liederabend von Iva Leßmann, mit Klemperer am Klavier, wegen einiger recht abscheulicher Lieder von Klemperer.[19]

---

16 d.i. Wassily Kandinsky
17 zum Tod seines Vaters, des Philosophen Otto Liebmann, am 14. Januar
18 Die Kuranstalt Ebenhausen war 1905 unter der ärztl. Leitung von Dr. Julian Marcuse eröffnet worden. Die Gäste konnten sich Diätkuren, Heißluftbehandlungen sowie Röntgen- u. Vibrationsbehandlungen unterziehen. Für Luft- u. Sonnenbäder stand ein spezielles Nebengebäude, die sog. Lufthütte, zur Verfügung.
19 …Iva Leßmann hatte ihren Liederabend moderner Lyrik gewidmet. Das weitaus wertvollste und eindrucksvollste von all dem, was man an diesem Abend zu hören bekam, waren die fünf Gesänge von Hans Pfitzner … Einen etwas sonderbaren Eindruck hinterließen fünf Manuskript-Lieder von Otto Klemperer. Die Art und Weise, wie der Komponist eine poetische Grundstimmung musikalisch zu interpretieren versucht, hat etwas Drastisches, mitunter Unbeholfenes an sich … Viel erfreulicher als seine Lieder war die Klavierbegleitung Klemperers, die sich durch ganz hervorragenden Feinsinn auszeichnete

19/1

Zum Turnen, dann mit Olga in die schöne Renoir-Ausstellung[20] bei Tannhauser. Brief von Peter, an Mimchen. Katja inzwischen nach Ebenhausen gesiedelt. Nachmittag Brief an Peter u. langer Brief an Sofia Adel. Beim Tee Lula, abends mit Alfred in das langweilige Koncert von Berkowski, der wol wegen des leeren Saales, u. aus Natur, abstoßend u. unfreundlich war.[21] Danach mit Lochers[22] u. Schön zu H. Bruckmanns jour: recht unerheblich.

20/1

Brief von Mim, Masseuse, in die Stadt. Nachmittag auf den Waldfriedhof, Erik einen Kranz u. Blumen gebracht. Bei idealem Wetter

und die starke reproduktive Begabung des noch sehr jungen Künstlers erkennen ließ ... (ausführl. Bericht in den *Münchner Neuesten Nachrichten* vom 20.1.1912)

20 **Die Renoir-Ausstellung in der Modernen Galerie**. Die Münchner haben nun abermals Gelegenheit, in der Galerie Thannhauser an der Maffeistraße einen jener Pariser Meister kennen zu lernen, die man, sehr Heterogenes in eine sehr unbestimmte Bezeichnung zusammenschließend, die großen Impressionisten nennt. Sehr Heterogenes, wie gesagt: wer Renoir nicht kannte und sich unter Impressionismus einen kühn und flüchtigen Stil vorstellt, der das Wesentliche eines Eindrucks so vereinfacht und subjektiv als möglich in Farben festhält, der wird mit einiger Verwunderung vor diesen 41 Werken von Auguste Renoir stehen. Er lernt eine Kunst von solcher Intimität und Liebe, von einer solchen naiven Freude an der Ausführung kennen, daß ihm vor manchem dieser Bilder eher das Wort »altmeisterlich« auf die Lippen will ... In der Hauptsache wirkt die Sonderausstellung des Pariser Impressionisten darum so ruhig, klar, so selbstverständlich, weil er in seiner Kunst nie äußerlich den Revolutionär gespielt, sondern immer nur den innersten Ausdruck seines Empfindens gegeben hat – und nicht zuletzt, weil unsere Zeit eben doch allgemach an sie heran-, manche wieder sagen sogar »über sie hinaus« gewachsen ist ... (ausführl. Bericht in den *Münchner Neuesten Nachrichten* vom 23.1.1912)

21 ... Der Geiger Herman Berkowski, der am Freitag zum ersten Male vor das Münchner Publikum trat, kann geigerisch sehr viel, und daß er ein ernster Musiker ist, bewies er schon mit seinem Programm, das neben drei Werken von J. S. Bach – den beiden Sonaten für Violine allein in d-moll und C-dur und der Sonate für Violine und Klavier in e-moll – nur noch die Teufelstriller-Sonate von Tartini enthielt. Wenn trotz der Vorzüge des (von Georg Stoeber gut begleiteten) Künstlers so etwas wie Langeweile im Verlaufe des Abends dem Zuhörer nicht ganz fern bleiben konnte, so lag das an einer gewissen Steifheit und Trockenheit des Vortrages, der Tempomodifikationen und Ausdrucksnuancierungen so gut wie gar nicht kennt ... (Bericht in den *Münchner Neuesten Nachrichten* vom 25.1.1912)

22 d.i. Emma Locher und vermutlich die beiden Schwestern Hedwig u. Else Schöll

teils zufuß heim. Nach dem Tee Eriks Briefe u. Andenken durchgesehen, abends lange mit Olga, die mich mit Blumen überschüttet, über Erik gesprochen. Brief an Mim begonnen.

21/1
Brief an Mimchen; bei schönem Wetter in die Ungerer-Str. spaziert, Karten bei Frauen Winckel u. Walter[23], dann bei Obrists u. Besuch bei Eberts. Beitisch Tommy mit den Kindern, die Kinder äußerst munter über den Tee. Nachtisch mit Katja telephonirt. Beim Tee Kaula, Mr. Dyer, Hartogs u. Keiths. Hartogs zum Abendessen, wärend Olga bei Dr. Braune; Brief an Harden.

22/1
Langer Brief von Katja, Briefe an sie u. an Mimchen. Zum Damenreiten, dann Masseuse. Nachtisch Urbina, Brief an Transehe; beim Tee Paul Kalisch u. Stadler: angeregte Unterhaltung über okkulte Dinge. Abend mit Alfred ins Odeon, Mottlfeier, sehr schönes Koncert: Eroica u. Parsifal, unter Muck. Gestaltete sich durchaus zu einer Muckfeier.[24] Tout Munich anwesend.

23/1
Früh Turnen, Karten bei Bonn, in die Stadt, Renoir-Ausstellung (wo Heinz u. Olga traf), Karte bei Frau Jordan. Nachmittag Briefe an Mim u. an Marta, kl. Korrespondenzen. Abend mit Alfred zu Lotz', ganz leidlich unterhalten.

---

23 vermutlich Theresa Walther, geb. Winckel
24 **Die Gedenkfeier für Felix Mottl.** Es war ein schöner und würdiger Gedanke, als äußeres Zeichen der Erinnerung an Felix Mottl, den herrlichen Künstler, dessen jäher Tod das Münchner Musikleben seines leuchtendsten Namens beraubte, eine Gedächtnis-Stiftung zu errichten, deren Ertrag jungen, aufstrebenden musikalischen Talenten zugute kommen soll … Das Programm war dem Anlaß der Feier entsprechend sinnvoll gewählt. Beethovens Heldensymphonie erfüllte in einzig würdiger Weise den Zweck, zu dem sie ja auch geschrieben wurde: »per festeggiare il sovvenire di un grand'uomo«, und die Bruchstücke aus »Parsifal«: Karfreitagszauber, Verwandlungsmusik und Schlußszene des 3. Aktes – mochten ein Zeichen der engen inneren Beziehung sein, die Mottl mit der Bayreuther Kunst als einen ihrer treuesten und bedeutendsten Jünger verknüpfte. Generalmusikdirektor Dr. Karl Muck von Berlin hatte die musikalische Leitung. Seine Interpretationskunst machte einen ungewöhnlich starken Eindruck, so daß der künstlerische Erfolg des Abends in erster Linie auch ein Triumph des Dirigenten war … (ausführl. Bericht in den *Münchner Neuesten Nachrichten* vom 24.1.1912)

24/1

Früh Masseuse, bei Frühlingswetter in die Stadt, Rechnungen bezalt. Briefe von Mim u. von Dr. Elias. Nachtisch Urbina, Brief an Mimchen. Beim Tee Elsa B., Eugenie u. Grete Schwind mit ihrer Freundin Frl. Thiem; lange Besuche. Abend gerechnet, Hauptmanns Stück »Gabriel Schillings Flucht« gelesen.

25/1

Karte von Klaus aus Wien; Brief an Mimchen, von ihr, der Guten! Zum Musikreiten, das sehr animirt; dann Masseuse. Nachmittag zum Tee zu Frau Hanfstängl, dann zu Tommy, den Kindern vorgelesen, mit Katja telephonirt. Im Regen heim. Karte an Frau Jordan, abend allein, geordnet.

26/1

Tristes Nebelwetter. Zum Turnen; Brief an Mimchen, zum Essen mit Alfred zu Tommy's, wo Katja, zur Injektion von Ebenhausen hereingekommen, recht erfreulich frisch u. gut aussah. Dann Besuch bei Hallgarten u. Kommissionen. Briefe von Peter, Harden, Karte der Marquesa; Brief an Peter, kl. Korrespondenz u. Weihnachtsabschlüße. Brief an Dagny.

27/1

Abscheulich Wetter; Regen, Schnee, Dreck. Masseuse, in die Stadt. Rechnungen. Spät gegessen, da die 3 andern [in der] Hauptprobe zu »Königskinder«; dann Urbina. Brief an Mim begonnen, Karte an Klaus, Brief an Anna Case. Abend mit Alfred u. Olga ins Volkstheater, in »Die Dame von Maxime«, mit der Kobold u. einem Wiener Gast, der recht nett spielte; ganz derb unterhaltend.[25]

---

25 M. Volkstheater: »Die Dame von Maxim« von Georges Feydeau. Ella Kobold vom Hamburger Stadttheater a.G. (Crevette), Herr Theodor Brandt vom k.k. Hofburgtheater in Wien a.G. (Dr. Petypon, Arzt), Frl. Werner (Seine Frau), Herr Berger (Dr. Mongicouit) u.a. – Fräulein Ella Kobold ließ in der prickelnden Darstellung der Tänzerin keine Nuance vermissen … Ihr Partner, Herr Theodor Brandt vom Hofburgtheater in Wien, der zweite Gast des Abends, traf im Spiel die Besorgnisse und Angstzustände des bedrängten Hippolyt sehr überzeugend, doch vermochte die allzu nüchterne Färbung des gesprochenen Wortes keine rechte Freude an der Gesamtleistung zu erwecken … (ausführl. Bericht in den *Münchner Neuesten Nachrichten* vom 29.1.192)

28/1 [26]

Brief an Mimchen, schön Wetter, Karten bei Buysson. Beitisch Dr. Braune u. Frl. Williers; beim Tee Ebers', Pidoll[27] u. Reisch, Bassermann-Jordan. Abend mit Alfred in Première von Humperdingk-Rosmers »Die Königskinder«, recht gute Aufführung mit: Bosetti-Wolf-Brodersen, mit hübschen Einzelheiten, doch im ganzen eher langweilig für mich. Guter Erfolg.[28] – Es stellt sich eine Köchin[29] vor, Ersatz für Cenzi.

29/1

Brief an Mim, zum Reiten, Masseuse. Briefe von Mim u. Marta. Nachtisch mit Olga zu Urbina ins Atelier, der recht talentvoll scheint, dort den jungen Argentinier Bunge kennen gelernt. Dann Karten bei Oberhummer. Beim Tee langer intimer Besuch von Milka; Karten an Marta u. Katja, abends Brief an Lily Bamberger.

30/1

Früh zum Turnen, Karte bei Frau Knorr, Brief an Mim. Beitisch Erika, mit der ich, bei herrlichem kalten Winterwetter, um ½3 nach Ebenhausen fur; Ankunft dort ¾4 von Katja, die sich furchtbar freute, am Banhof empfangen. Tee, dann spaziert, Katja u. Erika gerodelt. Im ganzen wieder guten Eindruck erhalten. Um ¼7 fortgefaren, um ½8 mit Erika in der Mauerkircherstr. wo den nach Bremen abreisenden Tommy einen Augenblick gesprochen. Zum Abendessen daheim. Brief von der neulichen Köchin, die den Platz acceptirt. Geordnet, Familienleben.

31/1

Brief an Mimchen, Masseuse, in die Stadt. Karte von Mimchen. Nachtisch Urbina, beim Tee Frau Stuck mit Frau Jordan und Lila Effron, die, von Paris zurück, auch über den Abend blieb.

---

26 Steht im Original hinter 29/1.
27 vermutlich Max v. Pidoll
28 K. Hoftheater: »Die Königskinder« von Engelbert Humperdinck. Otto Wolf (Der Königsohn), Fr. Bosetti (Die Gänsemagd), Herr Brodersen (Der Spielmann), Frl. Lippe (Die Hexe) u.a. – Die von Röhr geleitete Aufführung mit Frau Bosetti, Wolf und Brodersen war ausgezeichnet. Das Publikum nahm das Werk mit von Akt zu Akt steigender Wärme auf. (kurzer Bericht in den *Münchner Neuesten Nachrichten* vom 29.1.1912)
29 d.i. Babette Hofmann

Unmassen russischer Konfitüren u. Dank~~karte~~brief an Mad. Adel. Karte an Peter.

1 Februar.

Ein wenig gepackt, zum Musikreiten, zu Stadlers, die verfehlt. Mittag Katja mit den Kindern, nach dem Essen mit ihr zu Dr. Bock, der beginnende Besserung konstatirte(?), dann mit ihr in die Stadt, bei mildem Schneewetter, bis sie ins Sanatorium zurückfur. Zuhaus gepackt, beim Tee Lila, später langer Besuch von Eu. Fertig gepackt, gerechnet, (Heinz u. Olga im Koncert), um 10 Abreise, von Alfred zur Ban geleitet.

2/2 Berlin

Nach guter Fart um ½9 Ankunft in Berlin bei strenger Kälte, von Peter empfangen, der zum Tee zu Mimchen mitfur. Mimchen recht herunter u. doch verändert, obgleich momentan nicht bedenklich. Else, Hermann, Kaete begrüßt, um ½12 mit Mim etwas ausgefaren. Karte von Tommy aus Bremen, Karten an Alfred u. Katja. Nachtisch geruht, bei Mim; gegen Abend Miez u. Ilse oben. Zum Essen Peter, der spät mit Kaete zu Sterns. Im Bett Liselotte's Briefe[30] begonnen.

3/2

Vormittag, auf Dr. Fließ wartend, bei Mimchen, die heute weit besseren Tag hatte, lesend u. Brief an Alfred-Katja schreibend. Gegen Mittag Fließ, der recht zufrieden. Nach dem Essen Brief von Klaus, Karte an ihn, Spaziergang bei strenger Kälte. Nach dem Tee zu Mim, wo Miez. Abend mit Else, Ilse, Miez in die Vorlesung von Moissi, die, bei schlechter Auswal, wenig befriedigte, recht langweilig verlief. Karte von Marta. Im Bett Felix Holländer »Charlotte Adutti« begonnen.

4/2

Eiskalt; nicht ausgegangen. Mimchen recht leidlich. »Zukunft« gelesen; Brief nachhaus begonnen, Karte an Marta, mit Harden telephonirt. Beim Sonntagsessen Peter u. Miez mit Hedda. Gelesen, bei Mim, abend Peter u. Dernburgs. »Charlotte Adutti« ausgelesen.

---

30 Gemeint sind die Briefe der Liselotte von der Pfalz, verh. Herzogin von Orléans.

Januar bis Februar

5/2

Karte von Alfred, Brief an ihn beendet. Da für Mimchen zum Faren zu kalt, mit Else an Vaters Grab Kränze gebracht,[31] bei scharfem Frost zufuß nachhaus. Rathenau's »Zur Kritik der Zeit« begonnen, Briefe von Mad. Adel u. Frigga Brockdorff, Brief an letztere. Mimchen u. den andern Eriks Kinderaufsatz »Das Fest« vorgelesen, u. Stellen aus Liselotte's Briefen. Abend selbdritt unterhalten, im Bett »Notwehr« von Nanny Lambrecht gelesen.

6/2

Witterungsumschlag, mild u. warm. Briefe[32] von Katja, 2 Briefe von Funke aus Argentinien, Brief an Alfred, mit Einlage der Funke'schen. Spazierfart mit Mimchen, Brief von Alfred. Spaziergang, bei Deutschs Karten, Besuch bei Miez. Den Nachmittag bei Mimchen; abend selbdritt. Im Bett »Notwehr« gelesen.

7/2

Karten an Alfred, an Erika, Oberhummer und Müller-Mittler. Spazierfart mit Mimchen, dann bei lindem Dreckwetter zum Möbelgerson spaziert, Ilse's nicht sehr erhebliche Schiffskabine besichtigt.[33] Beim unteren Tee Frau Anna Duschnitz, oben wie immer Miez. Um 8 diner bei uns, mit 3 Fürstenbergs[34], Frau [Therese] Simon, Exc. Dernburg mit Tochter,[35] Hermann D., Hedda, Wallich, Lehr. Recht sehr gemütlich und nett. Bis 11 Ur.

8/2

Frühlingswetter. Brief an Urbina, Spazierfart mit Mimchen. Brief von Alfred, mit Funke's zurück. Nach dem lunch ins Kaiser Friedrich-Museum spaziert. Nachmittag, wie immer, oben beim recht matten Mimchen, abend die Donnerstag-Herren Bennigsen, Kranach, Genée, letzterer lang u. ermüdend. Im Bett »Notwehr« beendet, ein nicht uninteressantes Buch.

9/2

Von Alfred Sammtknöpfe erhalten. Briefe an Funke u. an Alfred; Spazierfart mit Mim; zum lunch zu Frau Simon, mit Redakteur

---

31 aus Anlaß des Todestages von Ernst Dohm am 5.2.1883
32 so im Original
33 Ilse Dernburg hatte in ihrer Eigenschaft als Innenarchitektin mehrere Innenräume des Schnelldampfers »Imperator« gestaltet.
34 das sind Carl Fürstenberg mit Ehefrau und vermutlich Tochter Aniella
35 d.i. Bernhard Dernburg und vermutlich Tochter Friederike

Wynecken, recht gut unterhalten. Nachmittag bei Mim, mit Miez. Um 8 großes Diner bei Deutschs, zwischen Justi und Theo Lewald glänzend placirt, von alten Courmachern umgeben, Rathenau, Fürstenberg, Goldberger etc, auch mit Reinhardt geplaudert, im ganzen gut unterhalten, um 11 von Fürstenbergs im Auto heimgefaren.

10/2
Brief an Klaus, Rathenau's Buch gelesen, Besuch von Fließ, der sehr zufrieden. Nach dem lunch in die dreckige Stadt spaziert, bei Mimchen Miez u. Peter, abend mit Kaete in »Romeo u. Julia«; Moissi sehr hinreißend, sehr gewachsen seit 5 Jahren, die Terwin äußerlich, gemacht, poesie- u. reizlos, keinen Zoll eine Julia. Gesammtaufführung gut, mit zu viel Regiemätzchen u. Clown-Übertreibungen, doch interessanter Abend.[36]

36 Dt. Theater, Berlin: »Romeo und Julia« von William Shakespeare. **Im Deutschen Theater ging** gestern (Sonnabend) nach längerer Pause Shakespeares »Romeo und Julia« neu einstudiert (richtiger aufgefrischt) mit etlichen Neubesetzungen in Szene. Im Mittelpunkt der Aufführung aber stand wiederum Alexander Moissis Romeo, der solange er um Rosalinden trauert, gar zu süßlich und mit etwas manirierter Schlappheit einsetzt, um dann mit einem Feuer ins Zeug zu gehen, das den Mitspielenden, besonders der vielumschlungenen Julia, leicht gefährlich werden kann. Der Becher schäumt hier wirlich manchmal über, aber man mag es gern leiden, denn in dieser wild tobenden Leidenschaft mit ihren mannigfachen Aeußerlichkeiten steckt doch eine Fülle echter Leidenschaft und ein Temperament, das hinreißend wirkt ... Die Julia war gestern Johanna Terwin. Keine süßliche Jungfrau, aber leider auch eine ganz und gar poesieverlassene. Anfangs unfrei, augenscheinlich beeinflußt von Reinhardtschen Vorschriften, deren Geist wohl erfaßt war, aber nicht zum rechten Ausdruck kam, dann eine rasende Heroine realistischen Gepräges ... Neu war auch Eduard von Wintersteins Mercutio, ein leuchtendes Vorbild dafür, wie man's machen soll: voll charakteristischen Humors, ohne jegliche Uebertreibung, von berechtigter Rauflust, wenn er zum Degen greift und wahrhaft erschütternd, wenn's ans Sterben geht ... Die von Reinhardt persönlich geleitete Aufführung, deren Eindruck nur eine derbe Absichtlichkeit in der Herausarbeitung komischer Effekte, eine Ueberlastung mit gewaltsamen »Nüancen« stört (meinethalben: »Geschmackssache«) wurde von lebhaftem Beifall begleitet, und da das Hausgesetz des Deutschen Theaters kein Verbot des Hervorrufs kennt, so durften Romeo und Julia auch in ihrem tiefsten Unglück wiederholt beglückt für die Anerkennung danken. Nur der brave Mercutio wurde unverdientermaßen nach seinem Tode nicht gerufen. Schade. Er wäre sicherlich gekommen. (ausführl. Bericht im *Berliner Lokalanzeiger* vom 11.2.1912)

Februar

11/2
Brief an Alfred; herrliche Orchideen von Fürstenberg. Bei Sudelwetter schöne Fart mit Mimchen; beim Essen Miez mit Hedda u. Peter. Nachmittag dem recht elenden Mim allerlei vorgelesen; Karte ans Eisenmann-Büreau. Abend der recht nette Schulze-Naumburg u. Dernburg, nebst Peter. »Liselotte« gelesen.

12/2
Schnee-Dreckwetter. Mit Else in die Friedrich-Gedächtnis-Ausstellung. Ilse retour de Oberhof. Briefe von Olga u. von Alfred. Dank an Fürstenberg, Karte an Aißi. Oben bei Mim Miez, Eva, retour de Oberhof, und Ilse, die über den Abend blieb. »Liselotte«.

13/2
Sehr komischer Brief von Urbina, Brief von Katja, Karte von Frau Deutsch u. an sie. Brief an Alfred, mit Einlage an Olga, Karte an Heinz. Spazierfart bei trübem Wetter, meine Perlen zu Friedländer gebracht. Nachmittag Karte bei Rodenbergs, Besuch bei Oldenberg, mit dem spazieren schlich. Bei Mim Else u. Ilse-Kaete; beim Essen Peter. »Liselotte«.

14/2
Brief von Heinz, an Eugenie, Karte an Klaus. Spazierfart; ins[37] Nationalgalerie spaziert, von Justi herumgefürt, die Neubauten u. Neuerungen besichtigt, dann bei strömendem Regen zu Liebermanns gefaren, ihre schönen Bilder bewundert, gemütliches Teestündchen mit der Frau. Bei Mim, die recht matt, die üblichen. Abend mit Else u. Kaete ins Kleine Theater, Tolstoi's »Und das Licht scheinet in die Finsternis«; als Beichte hochinteressant, als Stück u. Kunstwerk schlecht, von Kayßler u. seiner Frau gut gespielt.[38] Sprach Richard Strauß u. Sam Fischers.

15/2
Karten an Alfred u. Golo, mit Marta telephonirt, Ausfart, Perlen abgeholt (umsonst gefaßt!), Brief von Alfred. Trüber Spazierbummel, bei Mim Miez, Eva, Dernburg. Beim Essen Kranach, Genée, Peter u. Dernburg. »Liselotte«.

---

37 so im Original
38 Kein Theaterzettel auffindbar, bei Heinrich Huesmann nicht verzeichnet.

16/2
Bei Deutschs ausgeladen wegen Influenza. Brief an Alfred-Katja, Spazierfart; zu Rohrscheidts zum Essen spaziert, bei angenehmem Wetter. Else inzwischen nach Weimar zu Andreas gereist. Bei Mimchen Hedda, dann Kaete. Abend wir 2 mit Hermann allein. »Zukunft«, Liselotte.

17/2
Früh mit Hermann zu Lepsiuske, wo die Weber-Sammlung[39] alter Bilder zur Auktion ausgestellt: einzelne Perlen unter erdrückend viel mittelmäßigem. Fließ inzwischen mit Mimchen recht zufrieden. Bei mildem Wetter in die Stadt, Schlafwagen besorgt. Brief von Transehe; aus dem Eisenmann-Büreau mit Zeugnissen, Karte ans Büreau; bei Mimchen Miez, dann Kaete. Nach dem Essen mit Hermann (da Kaete u. Patti aus) ins Lessingtheater in Schnitzlers »Komtesse Mizzi« u. »Anatol«: bei vorzüglichem Spiel (Reicher, Triesch, Monnard, die Somary, ein sicherer[40] Erich Walter) ein vergnüglicher Theaterabend.[41]

18/2
Karte an Alfred, Brief an Urbina, Spazierfart; beim Essen zum erstenmal das muntere Mimchen, Miez-Hedda u. Peter. Bei Mim oben Miez, Else, Gagl, Ilse; abend die Familie, verstärkt durch Marta u. Rohrscheidt, deren Hans unentschuldigt ausblieb. Na! –

39 **Versteigerung der Sammlung Weber.** Im neuen Lepkepalast in der Potsdamerstraße zu Berlin begann heute vormittag um 10 Uhr die Versteigerung der kostbaren Gemäldesammlung aus dem Nachlaß des Konsuls Weber (Hamburg). In dieser umfangreichen Galerie sind fast alle Malerschulen zum Teil auch mit erstklassigen Meisterwerken vertreten. Viele bekannte Persönlichkeiten, eine große Reihe von Museumsdirektoren und Kunsthändlern hatte sich zu der Versteigerung eingefunden ... Das Ausland kaufte viel von dieser jetzt aufgelösten deutschen Galerie, davon erwarben allein die Londoner Händler Dowdes, Wells, Davis und Lucas Gemälde von zusammen über 150,000 Mark ... (Bericht in den *Münchner Neuesten Nachrichten* vom 21.2.1912)
40 Lehnübersetzung des frz. »certain«, meint soviel wie: ein gewisser
41 Lessingtheater, Berlin: »Komtesse Mizzi oder: Der Familientag«. Komödie in einem Aklt von Arthur Schnitzler. Emanuel Reicher (Graf Arpad Pazmandy), Irene Triesch (Mizzi, seine Tochter), Heinz Monnard (Egon Fürst Ravenstein), Paula Somary (Lolo Langhuber), Erich Walter (Philipp) u.a. – »Anatol« von Arthur Schnitzler. Heinz Monnard (Anatol), Emanuel Reicher (Max), Paula Somary (Annie/Ilona) u.a.

Februar 177

19/2
Brief von Klaus, Karte an ihn. Gepackt, Spazierfart bei Frühlingswetter. Briefgen von Alfred, fertig gepackt; bei Mimchen Miez, Eva, später Bondi. Leidlich beruhigt Abschied von ihr. Um ¾ 9 Abreise, von Peter zur Ban geleitet.

20/2. München.
Um 7¼ Ankunft, lauter kleiner Wirtschaftsärger zum Empfang. Dienstmädchen besichtigt, in die Stadt, die gar nicht faschingsmäßig. Brief von Frigga Brockdorff, Karten an Mim u. an Katja, ders nicht gut gehen soll. Nach dem Tee noch in die Mauerkircherstr. gefaren, die Kinder wol getroffen. Abend geordnet, gerechnet, gelesen. Und Familienleben, mit der unverminderten Olga.

21/2
Aschermittwoch! Wirtschaftssorgen, Brief an Mimchen, ins Eisenmann-Büreau, Besorgung. Nachtisch nach Ebenhausen zu Katja, die in einem recht deplorablen Zustand antraf, durch Bronchialkatarrh geschwächt, elend, besorgniserregend, die Serumkur als Urheberin verdächtigend. Saß 2 Stunden bei ihr, verließ sie recht deprimirt. Zum Abendessen daheim. – Gratulation an Trimborn, »Lizelott« gelesen; die Jugend im Theater.

22/2
Brief an Mim, Einkäufe in der Stadt, die Kofferkammer, die Hausmädchenzimmer wird, ausgemistet u. sondirt. Nachmittag auf den Waldfriedhof.[42] Beim Tee Olga's russische Bekannte, Exc. Werefkina,[43] die bösartig sein soll, aber ganz amüsant ist. Karte an Katja, Kondolenz an Frau Harden. Beim Abendessen Hartogs; »Liselotte«. Spät noch einen Freund von Olga, Goldemreiser kennen gelernt.

23/2
Früh Briefe an Mim u. Peter, in die Stadt u. die E. Munch-Ausstellung angesehen. Nachtisch nach Ebenhausen, Katja ein wenig gebessert; lange ernste Unterhaltung mit Dr. May, ein Ärzte-Konsilium verabredet. Um 8 daheim. Brief an Klaus, »Liselotte«.

---

42 an Eriks Grab
43 d.i. Marianne v. Werefkin

24/2
Früh Massage; in die Pinakothek u. Kommissionen. Nachtisch Urbina. Brief von Mimchen. »Zukunft«, abends mit Alfred zu einem großen, glänzenden diner bei Oberhummers, wo ich mich mit meinem Tischherrn Baron Swaine ganz gut unterhielt. Sonst natürlich »ibrig«.

25/2
Brief an Mimchen, Kondolenz an Martin Hahn zum Tode seiner Mutter,[44] Dankkarte von Frau Harden; Telephongespräch mit Dr. May. Besuch bei Frau Jordan u. in die Stadt. Beitisch Tommy mit den Kindern, die über den Tee blieben. Beim Tee Wattenbach, Ehepaar Porges u. Brautpaar Thoma-Rogovin. Abend alle ins Koncert Munthe-Kaas, die mit ihren schön gesungenen Liedern großen Erfolg hatte.[45] Viel Bekannte.

26/2
Brief an Mim, Brief von ihr, zum Reiten, Massage. Nachtisch nach Ebenhausen, Katja wesentlich frischer, nach dem Tee, wo Exc. Putlitz kennen lernte, mit ihr bei Frühlingswetter ½ Stunde im Garten promenirt. Um ½8 daheim, viel telephonirt. Abend »Liselotte«.

27/2
Mit Schreiner u. Tapezier gewirtschaftet, Brief an Mim, in die Stadt, häusliche Besorgungen. Eingeschrieben ein Journal »Die Brücke« erhalten, in der Th. Lessing wieder einmal alten Kol aufwärmt.[46] Nachmittag wieder Kommissionen, beim Tee Dr. Reisch, der mit Heinz arbeitete, Gratulationstelegramm an Tantchen. Abend Tommy, retour de Ebenhausen, der über Lessings neues

---

44 Therese Hahn, geb. Rosenthal, war am 23.2. gestorben.

45 **Elisabeth Munthe-Kaas** sang zu Anfang ihres Liederabends eine Arie der Hanne aus Haydns »Jahreszeiten« … Es folgten dann in deutscher Sprache Lieder von Schubert und Wolf, in norwegischer Sprache solche von Grieg. Die stimmliche und künstlerische Begabung der Dame, ihr tüchtiges Können, die liebenswürdige und gewinnende Art ihres ganzen Auftretens und Vortragens sicherten ihr auch diesmal einen ganz außerordentlich starken Erfolg … (Bericht in den *Münchner Neuesten Nachrichten* vom 26.2.1912)

46 Die Seiten befanden sich in Hedwig Pringsheims Nachlaß. (s. im Anhang *Zusätzliche Dokumente*)

Februar bis März

Attentat unsern Rat wollte, als welcher darin bestand, zunächst nichts zu tun.[47] »Liselotte«, spanisch gearbeitet.

28/2
Früh Massage, Brief an Mim, von Peter, in die Stadt. Nachmittag erst russische Invasion: die Werefkina, ihr Vetter Jeblenski[48] u. der Tänzer Sacharow mit kleinem Fuß und großem Maul, die die Sammlung besichtigten. Um ½5 Ablösung durch die spanische Invasion: Urbina, Bunge u. Prof. Garnella y Alda[49] aus Madrid, zu selbem Zweck, dann Tee u. lebhafte Unterhaltung spanisch-französisch-deutsch. Noch spät in die Mauerkircher Str. die Kinder sehr munter angetroffen, zufuß heim. Karten an Katja u. Kaete u. den morgigen Brief an Mim vorgeschrieben. Scene mit den 3 unverschämten Mädchen[50].

29/2
Bei gradezu himmlischem Wetter 2 Stunden ausgeritten, Masseuse; nachtisch mit Erika, die bei uns gegessen, nach Ebenhausen, wo der Besuch in der üblichen Weise verlief. Katja's Befinden unverändert, der Husten verschwunden. Abend noch Erika nachhaus gebracht u. totmüde um ¼9 heimgekommen. Mit der allzu unverschämten Cenzi nur mehr schriftlich verkehrt. Geschrieben, noch spät Familienleben. Briefe von Emma.

1. März.
Häuslich gewirtschaftet, Brief an Mimchen, von ihr. Karte an Lili Keith, Besorgungen. Abgang von Cenzi, Berta u. Lisbet, von Cenzi u. Berta im Zorn one Abschied auseinander gegangen. Nachtisch

---

47 Theodor Lessing hatte in der Zeitschrift *Die Brücke* unter dem Titel »Ein Zeitdokument« den alten Streit wiederbelebt und eine Reihe neuer scharfer Angriffe auf Thomas Mann hinzugefügt. Er hatte das Heft mit folgendem Begleitbrief an diesen geschickt: »Mit der Uebersendung des anliegenden Heftes biete ich Ihnen, wie Frau Pringsheim Gelegenheit, Ihre noch immer unerledigte feige und niedrige Handlungsweise durch ehrliches Bekenntniss vor eigenstem Gewissen gut zu machen.« (s.a. GKFA, Essays I, Kommentar, 322) In diesen Zusammenhang gehört auch der Brief von Theodor Lessing an Thomas Mann vom 12.3.1912. (s. im Anhang *Briefe*)

48 d.i. der Maler Alexej v. Jawlensky

49 vermutlich José Garnelo y Alda

50 Gemeint sind die beiden Hausmädchen Berta und Lisbet sowie die Köchin Cenzi.

zu Dr. Bock, der mir über Katja im ganzen befriedigende Auskunft gab. Brief von Mimchen u. an Peter, Karte an Else. Dann Eintritt von Babette, Annie u. Betty; Begrüßung u. Einfürung. Nach dem Tee zu den Kindern, das neue »Fräulein« instruirt. Dann den ganzen Abend meine drei Neuen eingeweist[51].

2/3

Früh Masseuse, die neuen Mädchen kontrollirt, Brief von Kaete, mit Olga in die häßliche Secessionsausstellung[52], in die Stadt. Nachtisch Urbina, beim Tee Daisy Ladenburg, dann Heinz mit Dr. Reisch aus der Probe. Gegen Abend Besuch bei Sophie, Telephon mit Elsa B. u. Eu. Gerechnet, gelesen.

3/3

Brief an Mimchen, von Else, Karten von Lili [Keith] u. von »Frigga«; zur Heinemann-Ausstellung der »Franzosen des XVIII Jarhunderts«,[53] die mir nicht sehr erheblich schien; dann Spaziergang bei Sommerwetter, mit Crodu. Mittag Tommy mit den Kindern, letztere über den Tee; Telephon mit Katja. Um 4 mit Alfred u. Olga in die Probe von Heinz' Koncert, die über Erwarten gut ging. Beim Tee Keiths, Hedwig Schöll, Braune. Abend Brief an Ella Spengler.

4/3

Brief an Mim, Damenreiten, Massage. Nachmittag geschrieben, gelesen, um 7 mit Olga ins Künstlerhaus: »Der Engel in der Kunst«

---

51 so im Original
52 **Die Frühjahrsausstellung der Sezession**. ... Die Veranstalter der Ausstellung haben sich denn auch unter dem Eindrucke, daß hier sehr viel Neues und Zukunftsreiches ans Licht drängt, entschlossen, von ihrem, sonst so bewährten Hängeprinzip abzuweichen und die Wände der Bildersäle so weit, als irgend möglich mit Arbeiten zu decken ... Die Jury hat ihr Herz weit aufgetan und in Bezug auf Richtung und »Ismus« keine Grenzen gezogen – es ist auf diese Weise freilich manche Arbeit untergekommen, die sonst wohl nur in nichtjurierten Ausstellungen Platz gefunden hätte. Doch ist das zwecklos Extravagante in solcher Minderzahl, daß es nicht schadet ... (Bericht in den *Münchner Neuesten Nachrichten* vom 2.3.1912)
53 **Die Galerie Heinemann** in München hat eine größere Anzahl erlesener französischer Gemälde des 18. Jahrhunderts zusammengestellt, welche einen klaren instruktiven Ueberblick über die Entwicklung der Rokoko-Malerei vermitteln ... Watteau, Pater, Lancret, Boucher, Chardin, Greuze, Fragonard, die berühmtesten der Rokoko-Genremaler, sind besonders gut vertreten ... (Bericht in den *Münchner Neuesten Nachrichten* vom 3.3.1912)

März

(zuvor, wie stets sehr mal à propos⁵⁴, kurzer Besuch von Sophie).
Es war voll, elegant, die Vorführung besonders langweilig.⁵⁵ Allerlei tränenreiche Auseinandersetzungen mit Olga.

5/3

Turnen, Besorgungen, Brief an Mim, Karte an Katja, mit ihr telephonirt. Mit Heinz, der von seiner Generalprobe erschöpft heimkam, Tee getrunken. Um ½ 8 das ganze Haus in sein Koncert in die »Jareszeiten«, deren Saal gut gefüllt, lauter Bekannte u. Freunde. Heinz machte seine Sache sehr gut, sehr sicher u. gewandt, fürte sein Programm: Serenade von Reisch, Divertimento, Arie (von Munthe-Kaas schön gesungen) u. Symphonie von Mozart, tadellos durch u. wurde sehr warm u. herzlich applaudirt.⁵⁶ Dann die üb-

---

54 (frz.) zur Unzeit, ungelegen
55 **Der Engel in der Kunst**. Darstellungen in lebenden Bildern nach Werken alter Meister, das war das Thema, das sich der Hauspflegeverein für ein Wohltätigkeitsfest großen Stils gewählt hatte. Durch das Zusammenwirken von hervorragenden künstlerischen und musikalischen Kräften und zahlreichen Mitgliedern der Gesellschaft, die sich bereit fanden, die Rolle der stummen Darsteller zu übernehmen, war es gelungen, eine künstlerische Gesamtwirkung zu erzielen, die von dem zahlreichen und vornehmen, den großen Saal des Künstlerhauses bis auf den letzten Platz füllenden Publikum mit reichem Beifall aufgenommen wurde …
In nicht weniger als 14 Bildern folgte dann die Wiedergabe von Originalen italienischer und deutscher Meister, unter ihnen Angelico da Fiesole, Botticelli, Perugino, Albrecht Dürer, der Spanier Murillo. Den Schluß bildete eine große Gruppe lobsingender Engel nach Benozzo Gozzoli … Um die Gesamtveranstaltung hatten Reichsrat Graf Ernst Moy und Frau Dr. Schäuffelen sich besondere Verdienste erworben …(Berichte in den *Münchner Neuesten Nachrichten* vom 5.3.1912 und 6.3.1912)
56 **Kammer-Symphoniekonzert**. Mit einem sehr starken Erfolge debutierte Dr. Heinz Pringsheim in einer eigenen Konzertveranstaltung als Dirigent. Es war ein glücklicher Gedanke, einmal etwas anderes zu machen als das, was angehende Dirigenten sonst gewöhnlich zu machen pflegen, wenn sie zum ersten Male vor das Publikum treten. Nicht an der Spitze des üblichen »großen« Orchesters die Eroica von Beethoven oder ein anderes Werk aufzuführen, dem man jahraus jahrein immer wieder auf den Konzertprogrammen begegnet, sondern zu versuchen, ob man nicht von vornherein der ganzen Veranstaltung etwas Eigenart geben könnte. Aus Mitgliedern des Konzertvereins-Orchesters hatte sich Dr. Pringsheim ein kleines Orchester zusammengesetzt, mit Richard Rettich als Konzertmeister, und mit diesem auserlesenen Körper brachte er ein Programm zu Gehör, das am Anfang die Novität eines Münchener Komponisten und im übrigen nur Werke des jungen Mozart aufwies … In der Durchführung seines Programms bekundete Dr. Pringsheim eine unleugbare starke Begabung für das Dirigieren. Die Gewandtheit und Umsicht, mit der er leitete, war für einen Anfänger sehr

lichen Glückwünsche u. Familiensouper (incl. Tommy) mit Sekt in behaglich-befriedigter Stimmung. Brief von [Martin] Hahn.

6/3
Briefe von Lili Bamberger, von Ella Spengler u. von Mimchen. Masseuse (mit Blumen für gestern Abend!), Brief an Mimchen, Karte an Peter. Gleich nachtisch nach Ebenhausen, wo ich Katja ungebessert antraf, u. rasch entschlossen ihre Heimkehr für morgen, mit Ausblick auf Davos, anordnete; worin mir Dr. May nachher völlig recht gab. Um 7 daheim, um 8 mit Alfred zum souper zu Hermi Ebers'; nun, ganz nett.

7/3
Von 8-10 geritten; Masseuse. Beitisch 2 Schwestern Munthe-Kaas[57], Daisy Ladenburg, Braune, Oldenbourg[58] u. Maler Pidoll[59]; recht nett u. gemütlich. Brief an Mimchen, gegen Abend zu Katja, die um 7 eingetroffen, elend u. deprimirt. Mit ihr u. Tommy über Davos konferirt, noch resultatlos. Karte von Mim; »Liselotte«.

8/3
Zum Turnen; Briefe von Peter u. Else. Kommissionen mit Katja zu Wagen. Brief an Mimchen, Karten an Belli u. My Ysenburg. Nachmittag Besuch bei der bettlägerigen Eu, dann zum Tee zu Katja, wo Alfred u. Heinz. Dann Toilette, Abschied von Alfred, der um 10 nach Berlin fur, und zu v. d. Leyens zum ibrigsten souper, von dem ich mich sehr zeitig drückte.

9/3
Früh Masseuse; Akademie-Sitzung mit endlosen Reden u. Festrede von Bissing, die herzlich unbedeutend. Dann eilige Kommissionen. Nachmittag 3 St. bei Prötzel. Gegen Abend Lili [Keith], die ihr von Else gesandtes Hochzeitsgewand probirte. Brief von Mimchen, Karten von Hilbert u. Frau Schweninger[60]. Abend Brief an

---

bemerkenswert, ganz besonders zu loben der Sinn für Präzision und straffe Rhythmik. Vortrag und Gestaltung zeigten den Musiker von Geschmack und Bildung ... (ausführl. Bericht in den *Münchner Neuesten Nachrichten* vom 7.3.1912)

57 vermutlich Elisabeth Munthe-Kaas mit ihrer Schwester Ruth
58 vermutlich Rudolf A. v. Oldenbourg
59 d.i. Paul v. Pidoll
60 d.i. Adele Schweninger

Frau Spengler mit Absage, Karten an Hilbert u. Eva Baudissin; Familienleben mit Heinz und Olga.

10/3
Brief an Mimchen, Karte an Alfred, Spaziergang bei herrlichem Wetter. Beitisch Tommy's, Katja seit so lange zum ersten-, und für so lange zum letztenmal. Viel mit ihr besprochen u. geordnet. Nachmittag gepackt, beim Tee Mr. Dyer, später Eu. Mit Olga allein gegessen, dann nochmals Brief an Mimchen, u. kurzes Familienleben mit Olga u. Heinz.

11/3. Davos.
Um 10 Abreise nach Davos mit Katja, von Tommy u. Heinz geleitet, abscheuliches Regenwetter, der Abschied der Gatten gemäßigt wehmütig. Trotz schlechtem Wetter sehr gute Reise, mit Lektüre, Geplauder, diner im Speisewagen u. Tee auf dem Schiff. Um ½ 8 in Davos, Hôtel Rhätia, 2 sehr anständige Zimmer. Gegessen, geordnet u. um 10 sehr müde ins Bett.

12/3
Stralend heller Tag, leuchtende Winterlandschaft. Nach dem Tee geschrieben, mit Katja spaziert und um 11 zur Untersuchung zu Turban: Turban auf Wochen verreist! für Wochen kein Unterkommen im Sanatorium! (außer in einem miserabel-ungesunden Zimmer, das man uns aus Gnade einräumen wollte) an Untersuchung vor 2 Ruhetagen nicht zu denken! Katja, da sie Temperaturen[61] hat, sofort ins Bett stecken! Dies getan, an ihrem Bett schlecht geluncht. Brief an Mim u. Karte an Alfred beendet, deprimirt Pläne geschmiedet. Ging dann ins »Waldsanatorium Jessen«, das hochherrlich, aber ebenfalls vor 2-3 Wochen kein Platz. Zum Tee nach Villa Drywa zur Spengler, die bettlägerig, mich von Schwester Regenhard empfangen ließ, Tee am Bett von deren kranker Tochter[62], mit Frau Prof. Fuchs, Assistentin u. leidenschaftliche Verfechterin von Spengler »I.K.« Beide Damen heftig von Turban ab-, zu Jessen eventuell zugeredet. Zuhaus dann mit Katja beschlossen, Jessen persönlich anzurufen, der sich bereit erklärte, morgen zur Untersuchung zu kommen, Katja im Splendid-Hôtel einstweilen zu behandeln. Nach dem miserabeln Diner Brief an

---
61 so im Original
62 d.i. Hilde Artaria

Turbans Dr. Beer, mit definitiver Absage. – Katja aus Rundschau vorgelesen, früh u. müde ins Bett.

13/3
Brief an Mim, um ½11 Besuch des Prof. Jessen, eines ungewönlich angenehmen, sympathischen Herrn, der »geschlossene Tuberkulose in der Drüse u. der Lunge selbst« konstatirte, kein schwerer, aber ein langwieriger Fall, dessen Heilung wol 6 Monate beanspruchen würde. Nach dem lunch ins Splendid-Hôtel, für Katja u. mich Zimmer gemietet, zurück ins Rhätia, gepackt, an Alfred mein längeres Verweilen telegraphirt, mit Katja im Schlitten übersiedelt; sie alsbald ins neue Bett gelegt, Karte an Alfred, zur Post gebracht u. mit schönem Spazierweg wieder nachhaus. Wetter mild u. angenehm. Mit Katja gegessen, Begrüßung von Frau Regenhard, die mittags mit der Spengler einen Augenblick in der »Rhätia« vorgesprochen. Katja's Koffer ausgepackt, alles eingeräumt, um 9 totmüde auf mein Zimmer.

14/3
Angenehmes Wetter. Nach dem Tee Briefe an Eva, an Mimchen, an Alfred; Besuch des Professors, der Katja's Zustand doch ernst nimmt u. 4 Wochen Bettruhe für warscheinlich hält. Darauf Anfrage an Alfred, ob ich nicht zunächst hier bleiben soll. Nach dem lunch zur Post, Besorgungen, mit Frau Regenhard spaziert. Nach Katja's Tee schöner Spaziergang auf dem Rüti-Weg, gegen Abend etwas aufregender Besuch von Frau Spengler. Brief von Alfred, mit Einlage von Klaus u. 2 Dokumenten von Th. Lessing.[63] Katja recht elend. Abend im Bett »Rundschau«.

15/3
Stralendes Wetter, heiße Sonne. Nachdem Katja versorgt, Brief an Klaus, Spaziergang zur Post; vom Doktor nichts neues. Nach dem lunch Telegramm von Alfred, daß ich bleiben soll, er herkommen wird. Karte an ihn, mit Frau Regenhard zur Post spaziert, Kommissionen u. viel geplaudert, Ehepaar Spengler getroffen. Nach Katja's Tee Spaziergang nach »Dorf« u. dem schönen »Internationalen Sanatorium« (Dr. Philipp[64]), wo Prospekte forderte,

---

63 s. im Anhang *Briefe*
64 d.i. Dr. Hans Philippi

das auch noch voll besetzt. Nach dem Essen unten Brief an Mim, im Bett »Rundschau«. Katja frischer.

16/3
Früh vom Fenster letztes »Bob-Rennen« angeschaut. Brief an Mim beendet, Briefe an Alfred u. an Tommy, Brief von Alfred. Vergeblich auf Professor Jessen gewartet, der nachtisch kam, mit den erniedrigten Temperaturen zufrieden war. Nach dem lunch, das zum erstenmal unten nahm, im Schnee u. bei scharfem Wind zur Post u. herumspaziert, gegen Abend auf den ganz einsam-verschneiten Rüti-Weg. Abend mit Frau Regenhard dinirt, dann mit Katja, u. im Bett »Ginguette« von Gyp gelesen. Gegen Abend mein neues Zimmer neben Katja bezogen.

17/3
Schöner, kälterer Tag. Katja munter. Brief an Tommy beendet, Brief an Peter, Karten an Alfred u. Mim, vortisch auf die Post getragen. Nachmittag wieder Schnee, maßlos dreckiger Spaziergang. Brief von Mimchen. Mit Frau Regenhard gespeist, mit Katja geplaudert, im Bett gelesen.

18/3
Milder Tag, one Sonne. Katja wie üblich. Brief an Mim, zur Post spaziert, über Rüti heim. Nachmittags dito. Mittag u. abend mit der gesprächigen Regenhard, mittags ihre Tochter Hilde Artaria dabei, die Katja besuchte. Prof. Jessen zufrieden, verbot aber kategorisch aufstehen. »Ginguette« ausgelesen, in »Sur les Grands Chemins« von Tristan Bernard geblättert. Karte von Alfred.

19/3
Alles wie immer. Brief an Transehe, Karte an Mim. Abend mit Katja gegessen, dann um ½ 8 im offnen Schlitten Alfred abgeholt, der recht munter ankam, bei Katja oben aß u. Familienleben machte.

20/3
Früh schön Wetter, nachmittag Schneesturm. Familienleben, Brief an Mim, Brief von Else. Jessen zufrieden, ihn mit Alfred bekannt gemacht. Mit Alfred zur Post, über den Rütiweg ins Waldsanatorium, Katja's Zukunftszimmer besichtigt, das Prof. Zermelo bewont, den wir besuchten. Lunch mit Frau Regenhard, nach Katja's Tee beide zum Tee zu Frau Spengler, ganz nett u. gemütlich, trotz

dem vordringlichen »Tucki«. Der unglaubliche Schnee erlaubt kaum den Rückweg ins Hôtel! Brief von Mim, diner wie gestern, spät noch unten Brief an Else.

21/3
Herrliches, stralendes Wetter. Briefe von Eu u. von Tommy. Brief an Else beendet, Brief an Eu, Karten an Tommy u. Heinz. Spaziergang mit Alfred zur Flüela-Straße. Für Katja etwas gepackt, genäht, nach ihrem Tee Spaziergang halb nach Schatz-Alp. Abend wie immer.

22/3
Schnee, Schnee, Schnee. Katja's Koffer gepackt, Brief an Mim, mit Alfr. zur Post u. Rüti-Weg gewatet. Lunch, nach Katja's Tee im geschlossenen Schlitten mit ihr ins Waldsanatorium, sie gleich wieder ins Bett gebracht u. ihre Sachen in dem sehr kleinen, aber hübschen Zimmer geordnet. Kurze Begrüßung der Ärzte[65] u. der »Frau Oberin v. Thümling«[66]. Dann Alfred, mit ihm zum diner heim u. von 8-9 nochmals, durch dichten Schnee, Besuch bei Katja. Brief von Heinz.

23/3
Nach dem Tee Karten an Haumei[67] u. Urbina, bei mildem, schneeglitschigem u. -blendendem Wetter zu Katja, die heute ein wenig angegriffener. Dann mit Alfr. etwas mühsamer Spaziergang. Lunch mit den 2 Regenhard-Damen[68], Briefe von Klaus u. von Mim. Zu Katja, dann Kommissionen für sie, wieder zu ihr, die inzwischen genau untersucht worden war; u. abends von 8-9 nochmals. Dann zuhaus Brief an Mim, an Klaus begonnen.

24/3
Nach dem Tee Brief an Klaus beendet, zu Katja, die etwas sehr bläßlich; Prof. Jessen gesprochen, der nach der Untersuchung seine erste Diagnose bestätigt gefunden: Tuberkeln in beiden Lungenflügeln, veraltete, kleine Herde (leichter Fall) in 6 Monaten voraussichtlich zu heilen. – Karte an Harden, mit Alfr. 1 St. durch den Schnee gewatet. Lunch wie gestern. Zu Katja's Tee hinauf,

---

65 vermutlich Prof. Dr. Friedrich Jessen und sein Sohn Harald, der im Sanatorium als Oberarzt tätig
66 d.i. Alyke v. Tümpling
67 gemeint ist der Hausmeister Michael Hacker
68 das sind Mutter und Tochter

unabsehbarer Schnee, dann mit Alfred Abschiedsbesuch bei Frau Spengler; nochmals zu Katja. Nach dem diner Abschied von Frau Regenhart, wegen unmöglichen Wetters nicht mehr zu Katja. Gepackt, früh ins Bett.

25/3. München.
Der Schneefall dauert an. Nach dem Tee um 9 zu Katja, die Doktors noch bei ihr begrüßt, ihr alles zum ersten kurzen Aufstand vorbereitet, dann zärtlich-gerürt-gefaßter Abschied, und gegen 11 Abreise von Davos, Baron Gersdorf an der Ban, ein Fräulein-Malerin aus Berlin begleitend, die wir auf dem Bodensee länger sprachen. Aus der Schnee- in die Regenregion tauchend, auf der ganzen Reise scheußliches Wetter. Im Banhof-Restaurant Rohrschach ganz gut gegessen u. Karte an Katja. Um 10 in München, Heinz verreist, Peter angekommen, Olga ausgezogen.[69] Mit Tommy telephonirt, gegessen, ausgepackt. Sehr müde nach ½1 ins Bett.

26/3
Brief von Else, Karte von H. Smith aus Honolulu. In die Stadt, Kommissionen; gerechnet, geordnet. Beitisch Tommy u. die Kinder. Lieber Brief von Katja. Nachmittag zur Schneiderin; beim Tee u. Abend Olga, die wieder ganz rückfällig. Briefe an Mim u. an Katja. Und von der warmen Frühlingsluft totmüde beim Familienleben.

27/3
Allerlei geschafft; mit Peter in die Stadt, zalreiche Kommissionen, bei Sommerwetter. Nachtisch Urbina, dann mit Alfr. in die überflüssige Miniaturen-Ausstellung.[70] Gewitter one Abkülung. Beim Tee Olga. Karte an Mim, abend Brief an Marta, totmüde.

---

69 Sie hatte seit dem 24. Dezember 1911 bei Pringsheims in der Arcisstraße gewohnt.
70 **Kunstverein**. Mit bewundernswertem Eifer sieht man die Beschauer die einzelnen kleinen Bilder in der Miniaturen-Ausstellung betrachten. Und manches »reizend« fließt von holden Lippen. Daneben hört man freilich auch zur Genüge Gespräche, die sich mehr mit der dargestellten Persönlichkeit und daran anknüpfend mit genealogischen Fragen beschäftigen, als mit der Einschätzung des Kunstwertes ... (Bericht in den *Münchner Neuesten Nachrichten* vom 20.3.1912)

28/3
Früh bei bedecktem külerem Wetter 2 Stunden geritten; Briefe von Mim u. Eva, Brief an Mimchen. Nachmittag Kommissionen, zu Golo's Geburtstagschocolade alle drei in die Mauerkircher-Str. Die Kinder munter und vor Ausgelassenheit platzend, Tommy auch frischer. Abend noch Bericht an Katja und nach dem Essen langer Besuch von Elsa B. –

29/3
Früh zum Turnen; dann Frau Berreth u. Brief an Mim. Bei aufklarendem Wetter nachmittag zu Eu, beim Tee dann Olga, ewig lange Frigga Brockdorf mit litterarischem Anliegen, dann Daisy Ladenburg. Karte u. Telegramm von Heinz, Karte von Harden. Abend »Liselotte«.

30/3
Früh Ankunft von Heinz aus Prag, Brief von Katja, Masseuse. Zallose Kommissionen. Karte an Frau v. Rappard u. deren Brief an Marta befördert. Nachmittag zu Schulze, Kleid bestellt. Karte an Katja, abend mit Alfr. aus Güte in das Koncert der Altistin Rheinfelder, das ziemlich stinkfad verlief;[71] [Rudolf A. v.] Oldenbourgs und Gulbransons als feine, zalende Gäste.

31/3
Brief an Mimchen u. von ihr. Spaziergang bei schönem frischem Wetter. Beitisch Tommy u. die Kinder, die über den Tee blieben; dazu Olga u. Milka. Abend Briefe an Miez u. an Katja vorgeschrieben; spät Familienleben.

---

71 **Aus den Münchner Konzertsälen.** Als eine Künstlerin von feiner Kultur erwies sich Marianne Rheinfeld in ihrem Liederabend. Schon die Aufstellung des Programms, welches drei Großmeistern des Liedes gewidmet war, zeugte von gutem Geschmack: die Kluft zwischen Hugo Wolf und Johannes Brahms überbrückte Hans Pfitzner, der mit sechs seiner schönsten Lieder vertreten war. Frl. Rheinfeld verlegte den Schwerpunkt ihrer Wiedergabe auf den Vortrag und weiß damit tiefe Wirkungen zu erzielen ... Auch gesanglich gelang ihr vieles sehr gut, besonders im Piano ... Im Forte dagegen mißlingt ihr die Höhe ... (Bericht in den *Münchner Neuesten Nachrichten* vom 2.4.1912)

März bis April

1. April

Früh zum Reiten, total eingeregnet u. durchweicht, 1½ St. in strömendem Regen geritten! Masseuse; nachtisch Urbina. Karte an Mim, Journale, abend, bei andauerndem Regen, mit Peter zu Tommy, der uns nach üppigstem souper ein Kapitel aus seinem »Der Tod in Venedig« vorlas, das mir recht gelungen schien.[72] Noch spätes Familienleben mit den andern nach dem Theater.

2/4

Entsetzliches Wetter, Schnee, Wind, Graupeln. Zum Turnen, mit Olga; danach Kommissionen, nachtisch mit Alfred u. Peter in die »Meßbilder-Ausstellung«[73], wo Heinz die erklärende Fürung übernommen, seine Sache vor ausverkauftem Haus ausgezeichnet machte. Beim Tee Olga. Brief an Mimchen, Karte an Katja, abend gelesen, Familienleben.

3/4

Masseuse, Kommissionen, zur Schneiderin, Besuch bei Hermine Feist; beitisch der nette Prager Sänger Fußperg, der wegen hiesigen Nicht-Engagements ganz außer sich war. Dann Urbina, dann auf den Waldfriedhof.[74] Beim Tee sehr lange Eu. Brief von Katja, an Mimchen. Abend Ternina's selbdritt, dazu Tommy. Ungemein angeregt u. gemütlich, bei einer Cub bis gegen 12 Ur.

4/4

Bei sehr frischem, schönem Wetter 2 St. geritten, mit Heinz u. Mr. Wakeman von neulich. Dann Brief an Mim, nachtisch an Katja. Zur Modistin, zum Tee zu Tommy, die Kindergarderobe

---

72 s.a. Entstehungsgeschichte zum »Tod in Venedig«, GKFA, Erz. I, Kommentar, 360-372

73 **Meßbildausstellung** griechischer Bauwerke im Studiengelände des Bayer. Nationalmuseums. In Anbetracht des außerordentlich starken Besuches – täglich bis zu 500 Personen – bleibt die Meßbildausstellung bei freiem Eintritt noch drei Tage geöffnet … Ausgestellt ist eine lückenlose Reihe größter Photographien nach allen nur irgend namhaften griechischen Baudenmalen der Antike und des Mittelalters. Dienstag, 2. April, nachmittags 3 Uhr, wird – ebenfalls bei freiem Eintritt – der Archäologe Dr. Heinz Pringsheim eine letzte Fürung abhalten, bei auch nochmals alles Wesentliche über das Meßbildverfahren mitgeteilt wird. (*Münchner Neueste Nachrichten* vom 2.4.1912)

74 aus Anlaß des Geburtstages von Rudolf Pringsheim (3.4.1821 – 19.10.1906), Alfred Pringsheims Vater

gesichtet, gerechnet, den Kindern gelesen. Abend nach dem Essen die beiden Asten[75], endlos. Sehr spät noch Kondolenzen an Frau Prof. Seitz[76] u. »Maria v. Stach, gesch. Lessing«.[77]

5/4
Zum Turnen, Kommissionen. Nachmittag mit den Kindern u. ihrem Fräulein Kommissionen, dann zu Kauer u. Schulze. Das warme Wetter wird scheußlich, Fönsturm u. Regen. Beim Tee Olga u. Fußperg. Brief an Mimchen, von Miez. Abend mit Alfr. u. Peter ins Palast-Hôtel zu Hermine Feist, feinstes souper, Herr Dr. Hofmann, zum après Herr Lipmann, noch später Dr. Baumgartner: ein entschieden munterer u. angeregter Abend.

6/4
Um 9 Ankunft von Klaus; Brief von Marta, Masseuse; zallose Kommissionen, Karte von Frau Hilde Richter, von Emma Locher, Karte an sie u. an Katja. Nachtisch Urbina, wieder in die Stadt; beim Tee Olga u. Familienleben; Brief von Katja, ein wenig deprimirt. Abend die beiden Asten, leidlich heiter.

7/4
Häßlicher Asten-Sonntag; Fönsturm u. Regen. Bescheerung für Heinz, Karte an Mim, Brief an Katja. Briefchen von Lili Keith; garnicht ausgegangen. Beitisch Tommy mit allen vieren u. »Fräulein«, Olga u. Löhr mit Evele, wärend Lula unentschuldigt ausblieb, nach dem Café kam, ungegessen, u. blos Scherei machte. Beim Tee Eu, abend Tommy u. Olga bei Familienleben u. Cub.

8/4
Herrlicher Ostermontag. Brief an Katja beendet, gepackt, Besuch bei Milka, für Osterblumen gedankt; beitisch Tommy mit Kindern, Olga u. Hermine Feist, die ausfürlich blieb. Über den Tee die Kinder (die Buben eingeladen); fertig gepackt, gewirtschaftet, um 10, von Alfr. u. Peter geleitet, Abreise nach Berlin, mit ¾ St. Osterverspätung abgefaren.

---

75 das sind Tante Asta Friedberg und ihre Tochter Asta Adolph
76 Der Ehemann, der Maler Prof. Dr. Otto Seitz, war am 13. März gestorben.
77 Maria v. Stach hatte zwei Töchter aus ihrer Ehe mit Theodor Lessing, die nach der Scheidung beim Vater blieben. Hier kondoliert Hedwig Pringsheim zum Tod der Tochter Miriam (geb. 1902).

April 191

9/4. Berlin.
Mit ⁵/₄ St. Verspätung um ¾ 10 angekommen, bei Mim u. R.'s große Aufregung, da über Telephon-Anfrage jede Verspätung geleugnet. Alle begrüßt, Mim leidlich, Else elend. Bald nach dem Tee Ausfart mit Mim bei schauderhaftem Sturm. Dann Bad u. Ordnung. Brief von Frigga! Nach dem lunch Karten an Alfred u. Katja, geruht. Bei Mimchen, wie immer, bis 7, Eva mit Mira, Miez, Else oben. Beim Essen Strowitwe Ilse. Früh ins Bett, im »Pan« gelesen.

10/4
Schauderhaftes Sturm- u. Regenwetter; Plauderstunde bei Mim, Briefe an Katja u. Alfred begonnen, Ausfart mit Mim. Geruht, alle mit Blumen zu Tante Amalie, wo solenner Geburtstagstee mit Mimchen, sämmtlichen Rosenbergs u. Miez. Dann kleiner Spaziergang zu Mim, Familienleben, »Liselotte« im Bett gelesen.

11/4
Briefe an Katja u. Alfr. beendet; bei rauhem Winterwetter Ausfart mit Mimchen, etwas miseriger Brief von Katja. Nach dem lunch in die Stadt spaziert, bei Mimchen Miez u. Else. Beim Essen die Donnerstagsherren Genée, Bennigsen, Kranach u. Mühlinghof[78]. Im Bett »Rundschau« gelesen.

12/4
Dasselbe Schandwetter. Brief an Alfred mit Einlage von Katja's. Mit Hermann in die sehr schöne Orchideenausstellung gefaren, mit Harden telephonirt, Karte von Alfred. Nach dem lunch geruht, »Zukunft«, zum Tee bei Mim Artur Germershausen mit Frau, der seine alte Liebe zu mir deutlichst zeigte, wärend die Frau recht sympathisch u. gemütlich plauderte. Unten beim Essen Kolmers. Im Bett »Liselotte«.

13/4
Karte an Katja, Brief von Eu u. an sie; mit Mim u. Eva Kommissionen gefaren. Nach dem Essen bei vorübergehender Aufklarung Spaziergang im Tiergarten. Bei Mims Tee Else, Miez u. Luigia mit ihren 2 Freundinnen. Abends mit allen R.'s in die Première von »George Dandin« im Deutschen Theater: hübsch, aber langweilig,

78 gemeint ist Mühlinghaus

überwuchernd Schäferspiel u. Ballet, was ermüdend u. eintönig; Arnold hervorragende Leistung in der Titelrolle, sonst Schemen.[79]

14/4
Brief von Katja, Karte an Alfred, Brief an Urbina. Dem Familienessen beigewont; dann per Auto nach Grunewald, Besuch bei Hardens, wo ein langweiliges Ehepaar Katz, dann von ihm, in merkwürdigstem Kostüm, zu Bondi's begleitet, wo recht gemütliches Mittagessen mit den 2 jungen Paaren[80], Schlenthers, Krebs' u. Marx. Mit Bondi, der mich später zum Auto begleitete, Unterhaltung über Keiths. Um 6 bei Mimchen, wo noch Miez, Else u. Kaete. Abends Ilse, von der verabschiedet, da sie morgen nach Rom zu Hermann [D.] färt. Im Bett »Liselotte«.

15/4
Besser Wetter. Brief an Katja, Spazierfart mit Mim, nach dem lunch Spaziergang. Geruht, nach dem Tee zu Mim, wo später die ganze Familie. Brief von Alfred. Abend Familiendiner, mit Bondi's, deren 2 jungen Paaren, Gagls mit Luigia u. Onkel Arturs Son. Nachtisch kleine Scene mit dem ekelhaftesten Brinkmann; worauf sie das Feld räumten. Dann bis 10 Familienleben. »Liselotte«.

16/4
Brief an Alfred, von Peter u. von Funke. Mit Mimchen zu den komplett unsinnigen »Futuristen«, dann Spazierfart bei schönem Wetter. Nach dem lunch mit Kaete u. Luigia durch den Tiergarten zu den Kammerspielen spaziert, wo Vorfürung eines »Sketch« von Kaysler: »Der Befehl«, die posthypnotische Ausfürung eines Mordes, ein auf Nervenqual u. Spannung berechneter Einakter, in dem brillanten Spiel von Kaysler, der Fehdmer u. Dr. Rotenhauser ein Triumph u. eine ware Marter.[81] Publikum fast lauter

---

79 Deutsches Theater, Berlin: »George Dandin oder Der beschämte Ehemann« von Jean Baptiste Molière. Premiere. Victor Arnold (Dandin), Else Heims (Angelique), Johanna Terwin (Claudine), Paul Biensfeldt (Lubin) u.a. (*Das Deutsche Theater*, 350)

80 Das sind die beiden Töchter von Eva mit ihren Ehemännern: Lili und Boris Keith, Dora und Hans Brinkmann.

81 Kammerspiele des Dt. Theaters, Berlin: »Der Befehl«. Mitwirkende: Friedrich Kayßler, Helene Fehdmer, Eduard Rothauser. Die Theaterzettel des Dt. Theaters für die Zeit von 1911 bis Sept. 1912 fehlen.

Theaterzugehörige. Dann zu Mimchen, wo Miez u. »der Sepp«, ein schönes Mädchen. Abend mit 3 Rosenbergs und »Liselotte«.

17/4
Herrlich Wetter. Brief von Katja, Karte an sie; um ½12 nach Garzau (zufuß zur Ban) im neuen Palast[82] dinirt, die komplette Sonnenfinsternis genossen,[83] dann das wirklich schöne Haus von oben bis unten besichtigt. Beim Kaffee dann Hans u. Jürgen. Um 5 Rückfart, bei Mimchen noch geplaudert, abend mit Else u. Hermann. Über das gräßliche Schiffsunglück der »Titanic« (mit 1600 Toten!) ausfürlich gelesen. Karte von Alfred, Telegramm mit Rückantwort der unverschämten Frigga Brockdorf. – »Liselotte«.

18/4
Langer Brief an Katja, Brief an Alfred, Karte von ihm. Bei herrlichem Wetter mit Mim Spazierfart im offenen Wagen. Nach dem lunch Billette besorgt, Spaziergang. Bei Mimchen Mieze, Else, Kaete. Abend die 4 Donnerstagsherren[84], Genée in einem bedenklichen Zustand, der mich besorgt für ihn macht. Im Bett »Liselotte«.

19/4
Karten an Alfred u. Klaus, spanisch, gelesen; Spazierfart mit Mim bei windig-warmem Wetter; geruht, »Liselotte«. Bei Mim Miez, Else, Luigia mit ihrer Freundin Editha. Brief von Katja, abend mit Hermann u. Else, »Zukunft«, »Liselotte«.

---

82 »Schloß« Garzau war im Juni 1910 abgebrannt. Mit dem Wiederaufbau war der Architekt Hermann Dernburg beauftragt worden. (s. Abbildung im Anhang)

83 **Die Beobachtung der Sonnenfinsternis**. … In München erfolgt die erste Berührung des Mondes mit der Sonnenscheibe fast genau um die Mittagszeit, um 12 Uhr 1 Minute. Man sieht auf der westlichen Seite der Sonne, also rechts, zunächst einen kleinen kreisförmigen Ausschnitt, der bald größer und größer wird und schließlich von der Sonnenscheibe nur mehr eine kleine Sichel frei läßt, deren Breite etwa noch den zehnten Teil des Sonnendurchmessers beträgt. Von dem Moment der größten Verfinsterung ab, der um 1 Uhr 22 Minuten eintritt, rückt die dunkle Mondscheibe weiter nach Osten vor und verläßt schließlich die Sonne um 2 Uhr 44 Minuten … (ausführl. Bericht in den *Münchner Neuesten Nachrichten* vom 17.4.1912)

84 das sind die Herren Bennigsen, Cranach, Genée und Mühlinghaus

20/4
Früh Ankunft von Vera [Rosenberg] mit 3 Kindern u. Fräulein: Maria brav u. niedlich, Peter [Rosenberg] elend u. etwas jüdisch, Thomas reizend, wie Hans früher. Karte an Katja u. Briefchen an Harden. Spazierfart mit Mim u. Eva, lunch im größten Familienkreis. Gepackt, um 4 Abreise von Kaete nach Budapest mit dem Reinhardt-Ensemble. Bei Mimchens Tee der morgens eingetroffene Peter u. Mieze, die beide über den Abend bei Rosenbergs blieben. Um 7 Abschied von Mimchen, mit der im ganzen leidlich zufrieden. Dann Familienleben unten (mit der sehr elenden Else weniger zufrieden), u. um 10 Abfart, von Peter zur Ban begleitet.

21/4. München.
Reise über Regensburg normal, um 10 Ankunft, von Alfred abgeholt, später Heinz. Bad, Ordnung etc. Beitisch Tommy mit Kindern u. Olga, die über den Tee blieben. Karte an Mim, abend Briefe begonnen u. »Liselotte«.

22/4
Brief von Harden. Von 10-12 geritten, warm, schön, windig. Briefe an Katja u. Mimchen. Nachtisch gerechnet, geruht, Briefe von Katja u. von Gusty Becker. Kommissionen, beim Tee Hermine Feist, endlos, u. Brünner. Abend gelesen.

23/4
Zum Turnen, in die Stadt. Gelesen, Übersetzung begonnen, langer Besuch von Sophie, kurzer von Eu, Karte an Mim. Abend »Liselotte«.

24/4
Brief an Mimchen u. von ihr, Karte an Katja, Masseuse, in die Stadt. Nachtisch zu Schulze u. Kauer. Abend »Liselotte« beendet (leider!), übersetzt; ekelhafte Schwierigkeiten! Vorher Urbina.

25/4
Brief an Katja, 10-12 geritten (6 Damens!), Karte an Mim, Masseuse. Nachmittag zum Frauenstimmrechts-Tee bei Frau Hallgarten, dann in die Mauerkircher, wo die Kinder ausgegangen, Tommy am Schreibtisch, mir 1 St. mit Balzac die Zeit vertrieb. Die Kinder noch begrüßt u. mit Tommy ins Residenztheater, Première von »Veit Stoß« von Timm Klein, schlechtestes Sensations-

stück u. langweilig dazu, mit einer guten Rolle für Steinrück, der dem Schauerdrama einen gewissen Erfolg verschaffte.[85] Tommy noch spät bei mir soupirt. Brief von Katja.

26/4
Zum Turnen; Wäsche. Brief an Mimchen; nachmittag zu Schulze, Brief an Peter; abend mit Alfr. bei Hermine Feist, im eleganten Speisesaal des Palast-Hôtels trefflich soupirt (mit Hartogs) u. über Hermine, die glänzend bei Laune, recht amüsirt.

27/4
Brief von Klaus, Karte an Katja, Brief an Klaus; in die Stadt, Kommissionen. Nachtisch Urbina, dann Spazierfart mit Hermine, die auf der Veranda mit uns Tee trank. Mit Alfred in die Première von Mauke's miserabler Oper »Fanfreluche«; darauf Wolf-Ferrari's allerliebstes Öperl »Susanne's Geheimnis«.[86] Mit Crodu's Heimweg.

28/4
Briefe von Mim u. von Katja. Brief an Mimchen, Spaziergang bei herrlichem Wetter. Beitisch Eva Baudissin, Brünnerl, Olga, Tommy mit den Kindern. Olga u. Kinder über den Tee. Um 6 Abreise von Heinz nach Hamburg-Berlin. Abend Zukunft u. Briefe begonnen.

29/4
Von 10-12 geritten, wunderschön. Masseuse. Briefe an Katja u. Mimchen. Nachmittag zu Frau »Ingenieur« Richter, gemütlicher Tee. Abend allein, Journale, früh ins Bett.

---

85 K. Residenztheater: »Veit Stoß« von Timm Klein. Herr Steinrück (Veit Stoß), Frl. Neuhoff (Seine Tochter), Herr Lützenkirchen (Anton Tucher), Herr Gura (Wolff Stromer), Herr v. Jacobi (Jörg Starzedel), Herr Birron (Jakob Vischer) u.a. – … Steinrück sah aus wie ein ergrauter Kondotierri. Sein Spiel füllte die fünf Akte mit so lebendigem und starkem Inhalt, daß es nicht ganz leicht ist, sich den Erfolg des Stückes ohne seinen Anteil vorzustellen … (ausführl. Bericht in den *Münchner Neuesten Nachrichten* vom 27.4.1912)

86 K. Hoftheater: »Fanfreluche« von Wilhelm Mauke. Frau Bosetti (Gräfin Eliante), Herr Wolf (Marquis Villeneuve), Frl. Ulbrig (Baronin St. Hilaire), Herr Geis (Giroflé) u.a. – »Susannens Geheimnis« von E. Wolf-Ferrari (nicht von Enrico Golisciani, wie auf dem Theaterzettel angekündigt). Herr Schreiner (Graf Gil), Frl. Craft (Gräfin Susanne), Herr Geis (Sante, Diener). (ausführl. Bericht in den *Münchner Neuesten Nachrichten* vom 29.4.1912)

30/4
Zum Turnen; Wintersachen weggeräumt. Karte von Heinz aus Hamburg. Nachmittag auf den Friedhof, beim Tee Lula. Karte an Mimchen, übersetzt. Nach dem Abendessen Eugenie.

1 Mai.
Brief an Mim, Karte an Katja. Briefe von Peter, Katja u. Mira. Masseuse vergeblich erwartet, in die Stadt. Nachmittag Urbina, dann zu Schulze, beim Tee Olga, dann Besuch bei Sophie. Erfaren, daß Hermine Feist abgereist, da ihr Mann plötzlich gestorben! – Karte von Lula, abend allein, Briefe begonnen, gekramt.

2/5
Von 10-12 mit Frau Hallgarten geritten, kül u. schön. Masseuse; Briefe an Katja u. Mimchen, Brief von Mimchen. Nachtisch in die Pinakothek, Olga's Boucher-Kopie angesehen u. Dr. Braune begrüßt; zum Tee zu Tommy, wo Olga u. Pidoll[87]; Katja's Sommergarderobe gesichtet u. mit den Kindern getollt. Abend sehr müde, gerechnet u. Zeitungen.

3/5
Früh zum Turnen; unerwartete Ankunft von Heinz aus Berlin. Brief an Peter, Gratulation an Georg Hirschfeld,[88] Briefchen an Urbina. Beitisch die Bosetti u. Hornig, recht nett u. gemütlich. Dann in die Stadt, Hochzeitsgeschenk für Eva Lipps. Beim Tee auf der Veranda Olga. Brief an Mimchen, abends mit Olga u. Tommy ins Odeon, zum Tänzer Sacharoff (auf gratis-Karten), der viel kann, hübsche, malerische Bilder gewärt, mich aber langweilte: sagt mir nichts. Olga u. Tommy noch zum späten Nachtessen bei uns.

4/5
Masseuse, in die Stadt, mit Crodu spaziert u. den neuen Drey[89] besichtigt, Karte an Katja. Nachmittag Urbina, in die Stadt; Brief von Katja, an Klaus, Kondolenz an Hermine Feist, kl. Korrespondenzen.

---

87 vermutlich Max v. Pidoll
88 zu seiner zweiten Heirat mit Hedwig Hassel
89 Es handelt sich hier um das neue Geschäft am Maximiliansplatz 7, das letzte Großprojekt des Architekten Gabriel v. Seidl.

April bis Mai

5/5

Brief an Mimchen u. von ihr; Spaziergang bei regnerischem Wetter. Beitisch Tommy mit Kindern u. Olga; beim Tee noch Frau Epstein, Dr. [Arthur] Rosenthal u. Max Pidoll, sehr lange. Briefe begonnen u. übersetzt.

6/5

Von 9-11 mit Frau Hallgarten u. 2 Damen geritten; dann umgekleidet u. in der Lukaskirche der Trauung Seeliger-Lipps[90] beigewont. Nachmittag Briefe an Katja u. Mimchen, beim Tee Stadler, fleißig übersetzt, Balzac gelesen.

7/5

Zum Turnen, Masseuse. Krach mit Köchin, der gekündigt. Nachmittag ins Eisenmann-Büreau u. zu Hirschberg, wo Krach! Karte an Mimchen, übersetzt, M »Colonel Chabert«.

8/5

Karte an Katja, Brief an Mimchen, Masseuse, bei Regen u. Sturm in die Stadt. Nachtisch Urbina; Brief von Mimchen, Karte an Else nebst »Südd. Monatshefte« mit Klaus' trefflichem Artikel »Gegen die Operette«.[91] Übersetzt, Briefe begonnen.

9/5

Briefe an Katja u. Mimchen, Brief von Katja; wegen Regen Reiten abgesagt, in die Stadt, dann Masseuse. Zum Tee zu Tommy (vorher kurzer Besuch bei Frau Lipps), den Kindern Schiller-Gedichte vorgelesen. Alfred spät aus der Sitzung, übersetzt.

10/5

Früh Turnen. Großer Krach mit Babette Hofmann, die frech bis zur Verrücktheit. Infolgewovon sie Alfred nach dem Essen herauswarf, unter Androhung der Polizei. Dann zu Eu; u. aufs Vermietungs-Büreau[92]. Brief an Mimchen, von Peter u. an ihn. Beim Tee lange Elsa B.. Abend in der Wirtschaft; Karte von Eva aus Paris, von H. Smith aus New Orléans, übersetzt.

---

90 das sind Rudolph Seeliger (Sohn von Prof. Hugo v. Seeliger) und Eva Lipps (Tochter von Prof. Theodor Lipps)
91 In: *Süddeutsche Monatshefte*, 9. Jg, 1912, Bd 2, 179-187.
92 gemeint ist das »Büro Eisenmannstraße«

11/5

Keine Köchin; Karten von Klaus aus Berlin, von Hans Dreier aus Las Palmas. Karte an Katja. Ins Büreau u. Wirtschaftsbesorgungen. Zu dritt im russischen Hof gegessen, mit »Aushülfen« verhandelt, schließlich eine Trauerdame engagirt. Urbina, in die Stadt; beim Tee Olga. Brief an Ilse, übersetzt, Brief von Katja. Um 10 noch kurzer Besuch von Eu, nach 11 Heinz' souper beigewont.

12/5

Eintritt einer alten Aushülfsköchin. Brief von Mimchen u. an sie. Spaziergang bei durchaus unnatürlicher Hitze. Beitisch Olga, Urbina, Tommy mit 2 Kindern; die andern beiden später mit »Fräulein« bis Abend im Garten. Dazu zum Tee der junge Vater Reisch mit Pidoll[93], Bunge, Dr. Haupt, Else Schöll, Ingenieur Richters u. Maria v. Stach, die lange u. vertraulich blieb. Zum Schluß ganz erschöpft. Abend Briefe begonnen, Journale.

13/5

Von 9-11 geritten, in großer Cavalcade, sehr schwül. Briefe an Katja u. Mimchen, Masseuse. Nachmittag bei Alfred der [unleserlich] Direktor im Auftrag von S. M.[94], zur Schneiderin u. ins Büreau. Beim Tee die Maurice mit Tochter, dann Eugenie; abend übersetzt, später »Leonardo da Vinci« von Mereschkowski begonnen.

14/5

Zum Turnen, Kommissionen, Karte von Katja, Brief an Mimchen, von Else aus Pyrmont. Nachmittag Kommissionen, beim Tee Lili Keith, abend übersetzt, »Leonardo« gelesen. Telephonisch von Tommy, der nach Davos reist, verabschiedet.

15/5

Karten von Lili Bam, Urbina, Georg Hirschfeld. Brief an Lili Bam; mit Olga, die ihre russische Suppe bei uns liebevoll u. umständlich kochte, zur Eröffnung der Secession, die nicht sehr interessant

---

93 vermutlich Max v. Pidoll
94 Abkürzung für »Seine Majestät«, gemeint ist Kaiser Wilhelm II. Es handelte sich bei dieser Unterredung offensichtlich um eine Bitte des Kaisers an Alfred Pringsheim Majoliken aus seiner Sammlung zeitweilig zur Verfügung zu stellen, wofür ihm im April 1915 der Kronenorden II. Kl. verliehen wurde.

erscheint. Beitisch Olga, zu ihrer wolgelungenen Suppe. Nachmittag zum Färpeln[95], beim Tee Rodolfo Funke; Brief von Mimchen, Karte an sie, übersetzt, »Leonardo«. Große Hitze. Brief von Katja.

16/5

Von 9-11 geritten, sehr schön. Masseuse, Brief an Mim, Karte an Katja. Beitisch Olga u. die 4 Kinder mit Fräulein, die über den Tee blieben, wärend ich mit Heinz zu einem großen Musiktee bei Bernsteins, wo ein spanischer Sänger Reztig, mit Mordsstimme italienisch sang, viel Bekannte etc. Abend übersetzt, um 10 Abreise von Alfred nach Berlin.

17/5

Wettersturz, Regen u. Kälte; zum Turnen, Kommissionen, Briefe an Mimchen u. Katja, Karte von »Mama«; beim Tee sehr lange Frau Hanfstängl, dann Hannchen, dann Olga. Brief an Klaus, Karte an Mama, fleißig übersetzt, Strindbergs »Son einer Magd« begonnen.

18/5

Brief von Tommy aus Davos, mit guten Nachrichten über Katja, Brief von Mimchen. Masseuse, ins Büreau[96] u. Kommissionen; nachtisch Urbina. Übersetzt, beim Tee Frau Epstein, dann zu Manns, letzte Anordnungen zum Umzug. Briefchen von »Mama«, Brief an Else. Strindberg.

19/5

Briefe an Harold Smith u. Mimchen, von Katja. Köchin gemietet, Abschied von der Majolikamalerin aus Kadinen, die mir Rosen brachte; Karte von Tamara. Bei herrlichem Wetter Spaziergang; mittags Olga u. Fräulein mit den vieren, alle über den Tee; dazu Herr, Frau u. Frl. Deutsch, Milkez[97] mit Margarete [Oldenbourg], Frau Alex. Oldenbourg, Hedwig Schöll. Abend alle drei in »Carmen« mit der Lippe, die mit schöner Stimme eine derbe u. plumpe Carmen sang.[98]

- 95 beim Friseur Prötzel
- 96 gemeint ist das Dienstboten-Vermittlungsbüro Eisenmannstraße
- 97 Kosename von Milka Ternina
- 98 K. Hoftheater: »Carmen« von Georges Bizet. Herr Günther-Braun (José), Herr Brodersen (Escamillo), Frau Lippe (Carmen), Frl. Köppen a.G. (Micaëla) u.a. – ... Fräulein Lippe, die gestern erstmals die Carmen sang, hat die

20/5
Von 9-11 geritten, sehr schön. Briefe an Mim u. Katja, Masseuse. Nachmittag zur Schneiderin, gegen Abend Eu, abend mit Olga ins Röhr-Koncert, in dem einige sehr gute Schülerinnen sangen.[99] Olga noch zum Essen zu uns.

21/5 Tölz
Die herausgeworfene Köchin Babette scheint ihre Klage zurückzunehmen, da der Rechtsanwalt ihren Lon bis 10. Mai fordert. Brief an Frl. Ebermayer, Kondolenz an Gustav Richter,[100] Brief an Mimchen, in die Stadt. »Fräulein« mit den 4 Kindern beim Essen, u. um 2.40 mit ihnen hinaus nach Tölz gefaren, wohin die 3 Mädchen vormittags schon gesiedelt. Bei schönem Wetter angekommen, sodaß die Installation behaglich u. tadellos vonstatten ging. Den ganzen Tag bis zum frühen Schlafengehen mit den Kindern, im Bett »Raskolnikow«[101] gelesen.

22/5 München
Leider Regenwetter. Vormittags noch mit den Kindern, dann in strömendem Regen zur Ban, um 1.07 in München, wo der so lange inscenirte »Heckenröschentag«[102] total verregnet ist. Karte von Mimchen, Tölzer Karte an sie. Nachtisch Urbina, dann zur

---

Gefahr, die in der unzulänglichen Uebersetzung liegt, geschickt vermieden. Ihre Carmen war, soviel ich davon hören konnte, zwar derb, aber es war eine gesunde Kraft darin, die alle Aufdringlichkeiten fernhielt … Auch gesanglich löste sie ihre Aufgabe vortrefflich. Das dunkle, pastose Organ schien oft wie in verhaltener Glut zu leuchten. Günther Braun gab als José einen neuen glänzenden Beweis seiner hervorragenden dramatischen, teilweise auch seiner gesanglichen Entwicklung. Die Szene mit Micaëla war tonlich ausgezeichnet geführt, die Blumenarie bis auf den Schlußanstieg ins hohe B ungemein warm und zügig im Ton gesungen … (ausführl. Bericht in den *Münchner Neuesten Nachrichten* vom 21.4.1912)
  99 In dem Bericht in den *Münchner Neuesten Nachrichten* vom 22.4.1912 werden lobend erwähnt: Luise Wolf, die jugendliche Dramatische des Züricher Stadttheaters, Liselotte Münzner, Katinka Pecz, Frau Aenny Lankes-Rosen, Johanna Lippe und Frau Emmy v. Holstein.
  100 zum Tod seines Bruders Raoul am 14. Mai
  101 von Fedor M. Dostojewskij
  102 Eine zu wohltätigen Zwecken veranstaltete Straßensammlung bei der Heckenröschen und 200,000 Stück einer von F. A. von Kaulbach entworfenen Postkarte verkauft wurden. (ausführl. Bericht in den *Münchner Neuesten Nachrichten* vom 23.5.1912)

Schneiderin. Karten an Katja u. an Eva, Briefe vorgeschrieben u. Brief von Katja.

23/5
Reiten verregnet. Briefe an Mim u. Katja beendet, Kommissionen, Masseuse. Nachtisch in strömendem Regen auf den Friedhof; beim Tee Olga (die Herren im »Tristan«). Brief von Peter u. an ihn, dann gepackt, geordnet, gerechnet; Telegramm von Klaus. Spät gegessen.

24/5. Prag
Um ½ 10 bei strömendem Regen mit Alfred Abreise nach Prag, gute, normale Fart, Strindberg gelesen u. furchtbar viel gegessen. Um ½ 6 Ankunft im Palast-Hôtel, von Klaus, der überarbeitet, elend u. heiser, flüchtigst begrüßt. Schnell Toilette u. um 7 ins Theater, Mai-Festspiel: »Der Schmuck der Madonna« von Wolf-Ferrari, von Klaus Pringsheim glänzend u. unter kolossaler Arbeit inscenirt, gute Aufführung, die Gutheil-Schoder als Mariella ganz ausgezeichnet, der Beifall mäßig, Publikum unelegant, die Oper-Oper. Nachher mit Klaus in unserm Hôtel soupirt, bis 12, ihn mit Sekt gefeiert.

25/5
Regen, Regen! Spät auf, mit Alfred nasser Bummel durch die Stadt. Brief an Mim, Karte an Katja, im »Stern« (nach endlosem Warten!) mit Klaus gegessen. Zuhaus geruht, dann um ½ 6 mit Klaus zu Direktor Teweles', wo mit allen Ehren u. Tee empfangen, dann von ihnen ins Theater in eine Loge geleitet wurden, um Schnitzlers »Der Ruf des Lebens« in leidlich anständiger Besetzung zu sehen. Übrigens ein schwacher Schnitzler. Danach mit Klaus u. seinem Kollegen Strasser im »schwarzen Roß« ganz gemütlich soupirt.

26/5 Pfingsten.
Etwas besseres Wetter, Briefe von Mim u. Katja. Nach dem späten Frühstück mit Alfred langer Spazierbummel, Waldstein-Palais, Hradschin, durch die Stadt, 2½ Stunden, im »Stern«, lange auf Klaus wartend, mit ihm gegessen, zuhaus geruht, zum Tee auf Klaus' ganz nette[r] »Bude«, dann in Eile Toilette u. von Teweles mit Fauteuils[103] beschenkt, in die 2. Aufführung des »Schmuck d.

---

103 gemeint sind wohl Logenkarten

Madonna«, die fast besser als die erste, zum Schluß großer Applaus, auch »Pringsheim« mehrfach herausgerufen. Danach mit unserm Freund dem Sänger Fußperg bei [Auslassung im Original] soupirt u. im sehr czechischen Café des Repräsentationshauses einen glänzend erleuchteten Eierpunsch.

<u>27/5</u>
Bei leidlichem Wetter gegen 11 Klaus abgeholt, von ihm nur kurze Strecke begleitet, dann mit Dratseilban auf den Petrinberg[104], von der »Warte«[105] Aussicht; zufuß über die entzückenden Anlagen herunter u. im Stern mit Klaus gegessen. Zuhaus von ihm die peinliche Konfidenz, daß seine Geliebte ein Kind erwartet[106] u. die Bitte, ich möge mit ihr sprechen, da sie ihn heiraten will, er sie nicht gern. <u>Seine</u> Ansichten u. Pläne anständig, aber weltfremd u. parsifalesk. Ging also, müde u. Alfred anlügend, sofort wieder mit ihm, doch war das Fräulein nicht aufzutreiben. So schrieb ich, bis Alfred zum Tee erschien, Briefe an Mimchen u. Katja. Auf dem Heimweg Alfred eingeweiht, der meine Ansicht von der Unmöglichkeit der Heirat zwiefach teilt. Umgekleidet, im Theater das Singspiel »Brüderlein fein« gehört – ein schrecklicher Schmarren, darauf Kienzls »Kuhreigen«, das mir langweilig u. unerheblich vorkam, zumal in ganz unzulänglicher Besetzung mit einer Dame aus Teplitz u. Winkelmann, der absolut nicht singen kann, bei schönen Mitteln. Danach im »Stern« mit Strasser u. Klaus ehemaligem Feind, jetzt Freund, dem Kritiker Adler, gescheidt-jüdisch, soupirt, die »flotte Eule« Thorsch begrüßt u. um ½2 noch gepackt. –

<u>28/5</u> <u>Wien</u>
Um 6 fertig gepackt etc. Nach dem Frühstück zu Klaus, wo eine Unterredung mit seiner Freundin, (die übrigens ein hübsches, sympathisch aussehendes Mädchen), in der ich ihr freundlich aber aufs deutlichste auseinandersetzte, daß an Heirat nicht zu denken sei: eine peinliche u. höchst unangenehme Mission, mit der Klaus mich da betraut. Dann im Hôtel selbdritt gegessen u. um ½2 mit

---

104 auch Laurenziberg genannt
105 Gemeint ist wohl der Aussichtsturm Petřín, eine verkleinerte Nachbildung des Pariser Eifelturms.
106 d.i. Klara Koszler. Das Töchterchen Emilie (*Milka*) wird am 2. Oktober geboren.

Alfred Abreise nach Wien; da der Zug überfüllt, im Coupé mit Teweles u. 2 Herren der Eisenbanverwaltung, nebst einer Frau, mit denen sich eine durch muntere Gespräche angenehm gewürzte Fart vollzog; dazwischen Strindberg gelesen. Ankunft in Wien um 8, in dem von niemand gekannten Hôtel Tegetthoff Johannesgasse 23 sehr gut in 2 wunderschönen Zimmern untergekommen. Nach fruchtlosem Suchen eines von Alfred gewünschten Restaurants bei Meißel u. Schaden[107] soupirt.

29/5

Schöner, heißer Vormittag. Karte an Mim, Schlafwagen besorgt, in die Liechtenstein-Galerie; im Park spaziert, dann mit Tram zurück, bei Hartmann[108] gegessen. Ein wenig geruht, teils mit Tram, teils Auto zu Kalbecks nach Cottage, mit ihm behaglich geplaudert, dann auf der »Türkenschanz« mit dem Ehepaar, das bereits in Abreise-Auflösung, Tee getrunken, dann bei ihnen den Schwager Oberbürgermeister Kirschner flüchtig kennen gelernt, Theater-Freibillette in Empfang genommen, teils Tram, teils Auto heim, rasch Toilette u. ins Johann Strauß-Theater gefaren, wo das Berl. Lessingtheater mit Bahrs »Tänzchen« gastirt. Ein äußerst schwaches Stück mit nur teilweis sehr guter Besetzung. Danach bei Hopfner im Freien soupirt.

30/5

Wärend Alfred bei Eugen v. Miller, Karten an Heinz, Klaus, Mimchen u. Miez, Brief an Cile Seler. Dann mit Alfr. in den Stephan u. die Altstadt abgeklopft; bei Meißel u. Schadn gegessen, zuhaus geruht, Briefe von Eva u. von H. Smith, Karte von Heinz. Bei wärmstem Sommerwetter in den Prater, wo tausende von [unleserlich]kindern in geschmückten Wagen einen bunten Blumenkorso u. tolles Leben abgaben. In das »Tanagra-Theater« (»alles nur Illusion..«), Spaziergang im Prater, auf dem Konstantinhügel Tee, mit Tram heim, Toilette u. ins Burgtheater, Röslers sehr harmlose »Fünf Frankfurter«, bei reizendem Spiel (Thiemig[109], Korff, die Wilbrandt) behaglich u. unterhaltsam. Dann im Ratskeller, der enorm u. überfüllt, soupirt.

---

107 gemeint ist das Restaurant des Hotels Meissl & Schadn
108 unbekanntes Restaurant
109 vermutlich Hugo Thimig

31/5
Schönstes Wetter. Vormittag 2½ St. im Museum, bei Hopfner gegessen, bei Frau Regenhard Karten abgegeben. Zuhaus gepackt, dann mit Tram in den Prater, im »Lusthaus« Tee u. entzückender Spaziergang die ganze Hauptallee, mit Tram zurück, noch durch den Stadtpark spaziert, zuhaus abgeschlossen, im Garten des Westbanhofs angenehm soupirt, Abschied von Wien.

1 Juni. München.
Nach guter, durch Unwolsein gewürzter Fart bei herrlichem Wetter um 6.30 Ankunft; gepackt, gebadet, mit Heinz geplüdert, Karte von Harden, Brief von Katja. Gerechnet, kl. Korrespondenz, Brief an Katja, in die Stadt, Wirtschaft! Nachmittag Austritt der Aushülfs-Anna, Eintritt der neuen Klara. Instruktionen – Hausfrau! Dazwischen »Zukünfte«, Strindberg. Abend allein, nach dem Theater Heinz.

2/6
Brief von Mimchen, Karte von Erika; Brief an Mimchen, Karte an Erika; Besuch bei Stadler u. Spaziergang bei schönem Wetter. Beitisch Olga, die bei abgebrochenen Zelten bis zur Abreise bei uns blieb. Nachmittag Brief an Peter, beim Tee Eu, mit der langes Plauderstündchen, u. Max Pidoll, der über den Abend blieb. Um ½ 10 tränenreicher Abschied der nach Paris abreisenden Olga, die Heinz zur Ban geleitete; mit Heinz Abschiedsgeplauder.

3/6
Abschied von dem nach Dillingen ausrückenden Heinz u. von 8-10 geritten. Brief an Mimchen, Massage. Nachmittag zur Schneiderin Müller, beim Tee Stadler. Dann Briefe an Miez u. an Katja. Verlobungsanzeige von Lella Fürstenberg u. Gratulation an sie, Brief an Harden.[110]

4/6
Zum Turnen, Brief an Mimchen, Briefe von Tante Asta u. Katja. Nachmittag zu Frl. Kauer, Journale, abends zu Funke, wo üppiges souper zu 14 Personen, außer Hannchen Bruckmanns und Crodu lauter ganz andre. Harmlos fidel mit sehr viel Sekt, der zum Schluß

---

110 im Original erhalten und veröffentlicht in: *Meine Manns*, 114-116; dort fälschlich auf den 9. Juni datiert

in orgiastischen Strömen floß. Mit Direktor Otto aus Bremen ganz gut unterhalten, um 2 ins Bett!

5/6
Um 7 sehr widerwillig aufgestanden, von 8-10 geritten, sehr schön u. erfrischend. Masseuse, Brief an Tommy. Nachmittag Karte an Urbina, den wieder vergeblich erwartet u. in die Stadt. Beim Tee Dr. Braune. Karten an Aißi u. Mim, Brief an Tante Asta. Brief von Peter. »Zukunft«, »Rundschau« gelesen.

6/6
Masseuse; Karte von Heinz, Brief an Mim, Spaziergang bei schönstem Wetter. Nachmittag Brief an Klaus, »Correspondance de la Reine Marie Caroline avec le Marquis de Gallo« begonnen, Brief an Peter.

7/6
Briefe an Mimchen u. Marta, Karte von Olga aus Paris, Brief von Katja. Um ¾ 12 nach Tölz gefaren, von Frl. mit den 3 Großen abgeholt, Geburtstagsessen für Moni, alle 4 Kinder munter, mit Kränzen im Haar, »Mama« angemessen. Nachtisch Ballspiel u. im Grase getobt; bei der Chocolade starkes Gewitter, unter dessen Grollen ich zur Ban rannte, um ¾ 6 Abfart, um ½ 8 in München, gradezu tötlich erschöpft. Fand Briefe von Mimchen u. Else. – Journale.

8/6
Briefe von Mimchen u. Klaus, Karte von Peter. Karte an Klaus, Masseuse, zur Schneiderin. Nachtisch Urbina, dann Wochenbesuch bei Frau Reisch, beim Tee Lula. Brief an Katja u. »Zukunft«.

9/6
Briefe von Tommy, Mama, Lili Bam, Karte von Heinz; Briefe an Mimchen u. Heinz. Zum Essen zu Seeligers, wo in Professorengesellschaft mit Lotz', Voß', Potts etc. ganz gemütlich unterhielt, Sommerfeld von neuem als dummen Schwätzer erfand. Zuhaus stiller Nachmittag u. Abend, mit Journalen u. »Reine Caroline«; ziemlich spät noch Besuch von Eu.

10/6
Reiten früh verregnet; Brief an Mimchen, dann mit Frau Hallgarten doch noch von 10-12 geritten; Masseuse. Nachmittag in

die Stadt, gelesen, übersetzt. Angenehmes Wetter. Karte von Olga.

11/6
Herrliches Wetter; zum Turnen, Kommissionen. Nachmittag auf den Friedhof. Briefe an Mimchen u. an Emma Schlier, Karte von Tommy, Brief an Mira; »Correspondance Caroline«.

12/6
Briefe von Katja, von Mimchen u. Peter. Brief an Katja, Masseuse, Kommissionen. Beitisch Prof. Huntington aus Boston mit Frau, nette Leute, u. Hartogs. Dann Urbina. Beim Tee Elsa B. Karten an Mimchen u. an Asta, gelesen.

13/6
Von 8-10 mit Frauen Richter-Hallgarten geritten, sehr schön. Brief an Mimchen, Karte an Peter, Masseuse. Nachmittag zu Frl. Kauer u. Kommissionen, Tommy's Zimmer gerichtet; beim Tee Peters Frau Stern. Abend, bei eintretendem Regenwetter leider im Zimmer, Seeligers u. Dycks, direkt gemütlich u. nett. Um 10 Eintreffen von Tommy aus Davos, mit Nachrichten, die mich nicht ganz befriedigen. Bis ½ 12 Beisammensein.

14/6
Früh Turnen; Karten an Klaus, Heinz, Katja; Brief von Heinz. Beitisch, ungewönlich plaudersam u. vielseitig u. nett, der Davoser Prof. Jessen, auf einer Urlaubsreise nach Hamburg begriffen. Blieb bis 4 Ur. Dann gepackt, Karte von Olga, Tee u. Abend mit Tommy, dazwischen kurzer Besuch von Eu.

15/6. Grunewald.
Um 8.10 früh Abreise mit dem neuen 8¾ St.-Tageszug, von Alfred zur Ban begleitet. Brief von Lella Fürstenberg. Ganz gute Reise mit Speisewagen, Strindberg »Entwicklungen einer Seele« u. Björnsons Briefen an Bergliot u. 2 ganz netten, einfachen Damen im Coupé. Um 5 Ankunft in Berlin, von Peter empfangen, der im Auto nach Grunewald, dann gleich nach Wannsee weiterfur. Hier kein sehr gastlicher Empfang, großes Durcheinander mit Miez, Luigia, Eva und Ilse, entschieden »bagatellmäßige« Aufnahme. Tee, gepackt, dann mit Mimchen, die angegriffen u. »farig« geplaudert u. früh zubett.

16/6

Den ganzen Tag Sturm, Regen, Graus. Brief an Katja, Karte an Alfred, mit Mim Gratulationsbesuch[111] bei Bondi und kurzer Besuch bei Hardens. Geruht, gelesen, gegen Abend ¼ St. Eva mit Dora [Brinkmann], »Entwicklung einer Seele« u. Björnson-Briefe ausgelesen.

17/6

Abscheuliche Kälte u. Sturm. Brief an Alfred, dann bei gelinder Besserung kleiner Weg mit Mimchen. Nachtisch zu Fürstenbergs, wegen Lella's Wonungsanfrage. Beim Tee Else mit Käte, Miez, Eva, später Hedda. Abend »schwarze Fanen« von Strindberg gelesen.

18/6

Brief an Harold Smith, Karten an Olga u. Katja; Briefe von Katja u. Alfred, nachgesandte von Cile aus London u. von Marta, Verlobung von Daisy Ladenburg. Spaziergang, Karten bei Pannwitz u. Rathenau. Strindberg gelesen, beim Tee Ernesto, Miez, Eva, dann Bondi. Spazierfart mit Mim u. Miez bei leidlichem Wetter; abend Peter, gemütlich bis ½ 10.

19/6

Abscheuliches Regenwetter. Gratulation an Daisy, Brief an Alfred mit Einlagen, Karte an Marta, Spaziergang bei plötzlich schwülem Wetter. Rundschau u. Zeitungen gelesen, beim Tee Eva, Hedda, Miez (die mir Briefchen von Ernesto mitbrachte, daß meine bisherige mühsame Pecorone[112]-Übersetzung stofflich – wie ich von Anfang an gesagt, – indertat unmöglich sei: ei verflucht!) u. Frl. Josepha Metz. Dann Spazierfart. Abend »Schwarze Fanen«.

20/6

Brief an Katja; um 11.16 nach Wannsee, ein Stück mit Neffe B-B.[113] gegangen in versönlichster Stimmung. In Wannsee von Else-Kaete abgeholt, lunch mit dem total verschnupften Hermann, Plauder-

---

111 zum Geburtstag
112 Gemeint ist *Il Pecorone* von Giovanni Fiorentino. Erschien 1921 im Verlag Müller, München, unter dem Titel *Die fünfzig Novellen des Pecorone* in einer Übersetzung von Maria Gagliardi.
113 vermutlich Hans Brinkmann, der von Hedwig Pringsheim ungeliebte Ehemann von Dora Klein

stunde mit Else, um 2.56 wieder abgefaren. Zum Tee daheim; wo Miez u. Eva. Dann Pannwitz, der mit seinen endlosen Klagen über seinen Bau mich um die Spazierfart brachte. Abend »Zukunft« u. »schwarze Fanen« beendet.

21/6
Briefe an Alfred, Urbina; Karte von Alfred, Brief von Katja; bei angenehmem Wetter Spaziergang. Nachmittag Brief an Klaus, beim Tee Miez mit Hedda und Eva; Spazierfart verregnet. Abend Peter. »Pequeñeces« von Luis Coloma begonnen.

22/6
Brief an Heinz, Karte an Katja, Erkundigung bei der erkrankten Frau Fürstenberg, die ihr heutiges Diner abgesagt, und Besuch bei Hardens. Wundervolles Wetter. Nachmittag gelesen, Karte von Alfred, Brief an Eu; beim Tee Miez u. Eva, Droschkenspazierfart, abend »Lu, die Kokotte« von A. Landsberger gelesen.

23/6
Briefchen an Alfred mit Einlage, Brief an Transehe; Spaziergang bei herrlichem Sommerwetter. Um 2 bei Bondi's gegessen, mit B.-B.'s[114], Marx, Else Scholz, Herrn Morowitz[115]. Nachher gemütlich im Garten. Mimchen besonders schwach. Später Spazierfart mit Mim, mit einem gesprächig-altberlinischen Droschkenkutscher. Abend »Lu, die Kokotte« ausgelesen: plump, nicht ernst zu nehmen als Literatur.

24/6
Brief von Katja u. an sie; mit Mimchen Rundfart mit der Elektrischen u. Kommissionen. Korrektur ihres kleinen Dialog-Aufsatzes[116]. Laboulaye's »Prince-Caniche« gelesen u. spanisch. Karten von Alfred u. Harden. Beim Tee Eva, Miez mit Hedda, Prof. Kolitz mit Frau. Dann Droschkenfart mit Mim u. Miez; abend gelesen.

---

114 gemeint sind Dora Klein-Bondi und ihr Ehemann Hans Brinkmann
115 gemeint ist vermutlich Ernst Morwitz
116 Gemeint ist wahrscheinlich der Text *Eine Schülerin Machiavells. Ein grundsätzlich unmoralischer Dialog zwischen den beiden Freundinnen Adda und Hilde*. In: *Westermanns Monatshefte*, 57. Jg, 1912, H. 1, 134-138. (Nicola Müller)

25/6
Brief an Lily Bam, Karte an Alfred, Brief von Heinz. Um ½12 bei trüb-schwülem Wetter nach Berlin, mit Marta u. Peter in der »Traube« gemütlich u. mittelmäßig gegessen, einige Besorgungen, um ¾4 wieder zuhaus. Beim Tee Eva, dann Maria v. Stach, die wir im Regen heimfuren u. kl. Spazierfart. Dann noch Miez. Und abends »Prince-Caniche«.

26/6
Karten an Katja u. an Heinz; Karten von Alfred u. Asta, Brief von Urbina. Spaziergang. Beim Tee Eva, Miez mit Hedda, Frau Harden mit Maxa. Spazierfart mit Mim u. Miez, Besuch von Ernes[t]o. Abend »Zukunft« u. spanisch.

27/6
Briefe an Katja u. an Alfred mit Einlage. Karte von Alfred, Briefe von Emminger, Kolmers, Ewald (nachgeschickt); mit Mimchen Rundfart u. Kommissionen. Nachmittag spanisch, beim Tee Eva u. Miez, Spazierfart Mimchen-Miez; abend Peter. Brief an Kolmers.

28/6
Briefe von Katja u. Klaus, Karte an Alfred; heißer Tag, mit Mim elektrische u. Droschke in die Berliner Wonung, Droschke zurück: recht zwecklose Expedition. Zweite Karte an Alfred, bei großer Hitze zur Post; dann Else, Eva, Miez: Verlesung von Briefen (Andreas!), Plauderei. Else zur Ban gefaren u. Spazierfart, (Geheimrat Müller[117] gesprochen); dann mit Miez zu Brinkmann-Bondi's. Abend spanisch gelesen.

29/6
Briefchen an Cile Seler, Karte an Katja, von Alfred. Sehr heißer Tag. Besuch bei Hardens. Nachmittag geruht, spanisch. Beim Tee Eva, Miez, dann Peter u. Bondi, später Hedda. Spazierfart mit Mim-Miez, zu Eva. Den Abend über Peter, dann gepackt. Karte von Marta.

30/6. München.
Gottlob Regen! Fertig gepackt, mit Mimchen, die in leidlichem Zustand betrübt verlasse, geplaudert, kurzer Abschiedsbesuch von Eva, u. um 12 Abfart von Grunewald mit Auto; um 1.10 von Berlin, allein im Frauen-Coupé II Kl., von Halle ab eine angenehme

---

[117] d.i. Waldemar Mueller

ältere Dame. Beim diner im Speisewagen mit einem jungen Paul Oldenbourg-Son[118], den nach u. nach »herausbrachte«. Durchaus gute Fart, mit Strindberg u. angemessener Unterhaltung. Um ¼ 11 bei gutem Wetter Ankunft, von Alfred empfangen, wärend Heinz eben wieder abgereist. Mit Alfred geöbstelt u. geplaudert, Briefe von Transehe, von Olga, von Daisy Ladenburg. Bad u. noch ausgepackt.

1. Juli.
Gerechnet etc, in die Stadt; Masseuse, Brief von Katja. Nachmittag Kommissionen, dann Regen. Briefe an Mimchen u. Katja, Telegramm von Klaus, Telephongespräche. »Verzweifelt u. Einsam«[119] von Strindberg ausgelesen.

2/7
Zum Turnen; mit Voll u. mit Eu geplaudert, Brief an Mimchen. Nachmittags Karte an Urbina, geruht, zur Schneiderin, Dankbesuch bei der Gugg für verfrühte Geburtstagsrosen. Beim Tee Eu, mit ihr aufs Eisenbanfund-Büro, da Eriks Kettenarmband vermisse. Abend gepumpelt.

3/7
Früh Ankunft von Klaus, mit ihm ausfürlich gefrühstückt. Karte von Lili Bam, Masseuse, viele Kommissionen. Nachtisch Urbina. Brief von Mimchen, Brief an sie u. Karte an Katja. Spanisch gelesen u. Correspondance-Caroline-Gallo. Familienleben.

4/7
Von 8-10 geritten; dann Briefe an Mimchen u. Katja, Brief von Katja, Masseuse. Beitisch Lili Keith. Beim Tee Eu, dann Besuch bei Sophie. Abend Brief an Peter u. lange Gespräche mit Klaus.

5/7
Herrlicher Sommertag. Zum Turnen und sehr ermüdende Kommissionen. Nachmittag zur Schneiderin u. wieder Kommissionen. Brief an Mimchen, Dankbrief von Frl. Heymann für 50 M.[120], abend Familienleben, »Caroline« u. spanisch.

118 Gemeint ist wohl einer der drei Söhne von Paul Oldenbourg, einem Bruder von Rudolf A. v. Oldenbourg und Hans Oldenbourg
119 gemeint ist vermutlich das Buch von A. Strindberg *Entzweit. Einsam*
120 in heutiger Währung etwa 240€

6/7

Masseuse, in die Stadt. Nachmittag Urbina, Karte an Katja, Brief von Mimchen. Beim Tee Eu, Brief an Heinz, »Zukunft«. Abend gelesen wie gestern. Gewitter.

7/7

Brief von Katja, an Mimchen. Wieder regnerisch, feuchter Spaziergang u. erhebliche Abkülung. Nachmittag Brief an Olga, beim Tee Dr. [Arthur] Rosenthal u. Heinz Braune; abend gelesen.

8/7

Von 8-10 bei bedecktem Himmel geritten, sehr schön. Dann in die Stadt. Brief an Katja, Karte an Erika. Nachmittag Brief an Mimchen, beim Tee Urbina, der mir seinen Nachfolger Castillo, einen sympathischen jungen Musiker, vorstellte. Abend Eugenie, die ihren Haushalt schon aufgelöst.

9/7

Früh zum Turnen, dann Masseuse. Briefchen von Peter, gleich nachtisch mit Klaus nach Tölz, von Tommy u. Kindern empfangen, dann Regen u. starkes Gewitter bis zur Abfart um 9 Ur. Die Kinder blühend u. lustig, gemütlicher Tee, üppiges souper, dazwischen 2 St. mit den Kindern, unter Assistenz von »Mama«, gespielt u. getobt. Alles durchaus befriedigend, um 11 Ur wieder zuhaus. Karte an Mimchen.

10/7

Früh Masseuse, Brief an Mimchen, in die Stadt, zallose Kommissionen. Beitisch Crodu's, dann Urbina, dann wieder in die Stadt. Karte u. Packet an Katja. Abend Eugenie. Brief von Katja.

11/7

Sehr heiß; von 8-10 geritten, dann Masseuse, dann Briefe an Mimchen u. an Katja. Beitisch Crodu's, die gleich danach im Auto nach Partenkirchen reisten. Geruht, in die Stadt: ganz aufgelöst. Karte von Heinz, Correspondance Caroline u. spanisch gelesen u. Brief an Peter.

12/7

Furchtbare Hitze. Zum Turnen, zuhaus Tommy mit Erika vorgefunden; Brief an Mimchen. Beitisch noch Lili Keith, die ihr Abiturium bestanden. Brief von Eva aus Edinburgh, von Hermann. Karten von Grünfeld u. von Gusty Becker. Nachmittag mit Erika Kommissionen; Familientee, abends alle 4 ins Künstlertheater »Orpheus in d. Unterwelt«, in reizender Aufmachung mittelmäßige Auffürung, nur Pallenberg-Jupiter zum Entzücken gar[121].[122] Inzwischen Heinz angekommen u. auf der Veranda nächtliches Familiensouper.

13/7

Heiß, heiß. Karte u. Rosen von Emminger; Erika, die schon nach 6 in meinem Bett getobt, Zanseide mit Verschen vom Papa überreicht, Tee mit Tommy u. ihr. Briefe von Katja, Mimchen, Hedda, Hermann (mit Einlage eines alten von Vater aus dem Jare 55), Else, Miez, Ilse, Kaete, Peter, Marta – von allen. Von Eu aus dem »Genienhaus« reizender Brief nebst écharpe[123]. Alfreds Aufbau diesmal nur, ~~mangels~~ infolge Wunschlosigkeit meinerseits, einige Bücher, Konfitüren u. 3 Täschchen, Orchideen; Blumen von den Leuten, Hausmeisters,[124] Schneckenaichner[s], deren Maxl dem Heinz vorgeigte, von Emminger, Eu, nachmittags beim Tee von Lula u. Hannchen, die aus Tölz kamen. Familienessen, Tee etc, ein bischen ermüdend. Vor Tisch mit Erika in die Stadt. Abends alle 5[125] ins Deutsche Theater, wo einige ganz glänzende Nummern, im ganzen sehr nett.[126] Dann auf der Veranda soupirt und

---

121 Anspielung auf Goethes Faust. Faust über Margarete: Beim Himmel, dieses Kind ist schön! / So etwas hab' ich nie gesehn. / Sie ist so sitt- und tugendreich, / Und etwas schnippisch doch zugleich. / Der Lippe Rot, der Wange Licht, / Die Tage der Welt vergess' ich's nicht! / Wie sie die Augen niederschlägt, / Hat tief sich in mein Herz geprägt, / Wie sie kurz angebunden war, / Das ist nun zum Entzücken gar! (Goethe, Faust I, V. 2605ff.)

122 M. Künstlertheater: »Orpheus in der Unterwelt« von Jacques Offenbach. Herr Albert (Orpheus), Frl. Hagen (Euridice), Max Pallenberg (Jupiter) u.a. – Fräulein Hagen, indem sie den gesanglichen Teil der Aufgabe mit Reinheit der Intonation und warmer Tonfülle durchführte, gab der leichtfertigen Euridice die kecke Laune, deren sie bedarf. ... Die Rolle des Jupiter war zwar nicht umbesetzt, aber Pallenberg, wie mir dünkt, der geborene Stegreifspieler, erheiterte wieder in unerschöpflicher Laune durch neue Varianten und Ver-Sprechungen das Publikum und das Ensemble. (ausführl. Bericht in den *Münchner Neuesten Nachrichten* vom 15.7.1912)

123 (frz.) Gürtel, Schal

124 d.i. Familie Hacker

125 das sind Hedwig u. Alfred, Heinz, Klaus u. Thomas Mann

126 **Deutsches Theater**. Monat Juli 1912. Einzig existierende Truppe Mirza Golem mit seiner berühmten persischen Künstler-Gesellschaft in dem gross. orientalischen Ausstattungsstück: Die Sklavenhändler. 16 Personen. – Grete Som-

bis nach 2 (!) in lebhaften Gesprächen bei »Getränk« und Torte. Karte an Katja.

14/7
Von Etika wieder früh geweckt, den ganzen Tag müde. Tee u. Familienleben mit den Gäste[n], endlos die Blumen gepflegt, um ½12 Abreise von Tommy mit Erika. Brief von Aletta, an Mimchen; kurzer Besuch von Crodu. Nachmittag auf den Waldfriedhof; beim Tee Hofrat Stieler u. Max Pidoll, den ich über den Abend behielt. Um 10 Abreise von Heinz.

15/7
Bei schönstem Wetter von 7-9 geritten. Briefe von Katja u. Cile; an Katja u. Mimchen, Karten an Gusty u. Hedwig Gugg. Den ganzen Nachmittag bei Prötzel zum Färpeln; gepumpelt, gelesen, abends Familienleben mit Alfr. u. Klaus.

16/7
Wieder herrliches Sommerwetter. Um 10 Abreise von Klaus nach Davos, dann in die Stadt, Kommissionen u. Brief an Mimchen. Nachmittag wieder Kommissionen, später Brief u. Packet an Emma Schlier, gelesen.

17/7
Wetter wie gestern. Zur Schneiderin u. Kommissionen. Brief an Eu u. Karte an Mimchen. Nachtisch letzte Stunde mit Urbina, Abschied von ihm, Kommissionen, und Sophie verfehlt. Briefe an Hermann u. Marta, abend Brief von Mimchen, gelesen.

18/7
Bei herrlichem Wetter von 7-9 geritten. Briefe von Peter, Katja u. Eu. Briefe an Mim u. Katja, Karte an Eu. Nachmittag bei großer Schwüle ausgegangen, vom Gewitter heimgetrieben. Beim Tee Sophie. Brief an Peter u. zweiten Brief an Mim vorgeschrieben. Abends Grete Ring, die hier promovirt, bildhübsch u. sehr nett war, dazu Heinz Braune: ganz gemütlich u. schmerzlos.

---

merfeld (Operetten-Diva). Georg Kaiser (Humorist). William Rudinoff (Universal-Künstler). Robins (Musik-Imitator). M. Turio (Spanische Tänzerin). The 8 London Belles (Englisches Damen-Ensemble). Die 3 Orig.-Finlays (Reck-Flugakt.). Der Taumatograph mit neuen Bildern. Harry de Coë (Equilibrist mit Tischen u. Stühlen). (*Münchner Neueste Nachrichten* vom 11.7.1912)

19/7 [Partenkirchen]
Brief an Mim beendet; bei schwüler Gewitterstimmung um 10 nach Partenkirchen, wo nach 12 Crodu's mich im Auto abholten. Das neue »Genienhaus« ganz reizend, nach jeder Richtung gelungen: schön u. wonlich, reizend u. praktisch. Und Eu ganz berauscht von Glück. Beitisch setzte strömender Regen ein, der bis zur Abfart 7.40 wärte. Gemütliches Beisammensein mit Crodu's. Ankunft ¾ 10, von Alfred abgeholt, mit ihm gegessen. Brief von A. Germershausen.

20/7
Karte von Lili [Keith], an sie; Briefe an Germershausen, an Eu, an Mira. Zalreiche Kommissionen bei angenehmstem Wetter. Karte an Katja, nachmittag Stadt u. Gratulation bei Sophie, deren »Lamm«[127] – endlich! – in Brüssel das Abiturium bestanden. In Peters Namen Rosen an Grete Ring besorgt, die heute magna cum promovirte. Abend allein »Caroline« u. »Pequeneces«.

21/7
Briefe von Mim, Katja u. Peter. Brief an Mimchen, bei andauerndem, schauderhaften Regenwetter Spaziergang. Beim Tee stud. Hamburger, Brief an Heinz, gelesen wie immer.

22/7
Durch andauernden Regen das Reiten unmöglich. Brief an Mimchen, gepackt, in die Stadt. Nachmittag dito; Karte von Klaus, beim Tee Lili [Keith], der ihre Abiturientasche überreichte; fertig gepackt, Brief an Mim vorgeschrieben, gerechnet, geordnet, gelesen.

23/7 Davos
Brief an Mim beendet, Briefe von Gusty u. Mira, um 10.20 Abreise nach Davos, sehr gute Reise bei sehr günstigem Wetter, one Zwischenfall. Um ½ 8 Ankunft, von den Zwillingen abgeholt, mit ihnen gegessen u. munteres Geplauder bis 10 Ur. Katja's Aussehen recht gut.

24/7
Mit Katja gefrühstückt, dann Aufbau. Briefe gelesen, Karten an Alfred u. Mimchen, kleiner Spaziergang. Nachtisch geruht, bei warmem Wetter wieder kl. Spaziergang, im Restaurant gegessen u. zur Feier Flasche Sekt getrunken. Katja's Untersuchung befrie-

---

127 d.i. Lambert Stadler, das jüngste der vier Stadler-Kinder

digend, aber nicht ganz erfreulich. Im Bett Strindbergs »Beichte eines Toren« gelesen.

25/7
Unterredung mit Jessen, der dringend abrät, Katja schon jetzt herunterzunehmen, da sie noch nicht »entgiftet«; fürchtet Familie u. Haushalt für sie, meint bis Ende Sept., sagt ihr anfangs Sept. Kl. Spaziergang mit Katja, wobei sie etwas enttäuscht u. deprimirt. Dann Brief an Alfred u. 1 ½ St. spazieren gerannt, bis auf die Haut durchnäßt. Nachtisch Brief an Mim, geruht, dann wieder gut Wetter, nach dem Tee mit den twins geschlichen, dann nach der reizenden »Schatzalp« gelaufen. Abend starkes Gewitter, bei dem zweimal die gesammte Davoser Elektrizität ausging. Familienleben um Katja's Lager, gelesen.

26/7
Schönes Wetter; kl. Spaziergang mit Katja, Brief an Peter, Karte an Mim, großer Spaziergang allein. Nachmittags alle drei ins Kino-Theater, über 2 Stunden, reizendes Programm. Abends Strindbergs »Beichte eines Toren« ausgelesen.

27/7
Auf »Professors« Verordnung wegen Nesselausschlag am Hals Bitterwasser getrunken; one Wirkung. Mit Katja spaziert, dann allein; dazwischen Brief an Mim, Karte an Alfred. Nachmittag mit Katja spaziert, dann Besuch bei Frau Spengler, die noch verreist. Klaus »untersucht«: mehr »Befund« als Katja, aber kein »Gift«; soll noch Röntgenaufnahme stattfinden. Abend wie immer. Heinrichs [Mann] Stück »Die große Liebe« gelesen: schwach.

28/7
Dasselbe Prachtwetter. Spaziergang mit Katja. Brief von Alfred; Brief an ihn, Karte an Mimchen, Spaziergang mit den twins bis Turban, oben zurück. Nachmittag »Zukunft«, Spaziergang über den Berg nach Dorf; abend keine »Liegekur«, Klaus spielt auf Begehr, nette Gesellschaft mit dem »Willy«, den Frls. Vogler u. Baum, dem Gymnasiasten Zimmermann. Man spricht mit rohestem Humor von den verschiedenen Leiden.

29/7
Früh regenfeuchter Spaziergang mit Katja. Brief an Mim, dann längerer Spaziergang bei leidlichem Wetter. Nachmittag strömen-

der Regen, Strindbergs »Inferno« begonnen, nasser Spaziergang, Brief an Transehe. Abend wie immer (one Spaziergang).

30/7
Wieder besseres Wetter; mit Katja gegangen, dann Brief an Tommy u. Karte an Mim, mit den twins spaziert, dann schönen Waldweg nach »Waldhaus« allein. Nachmittag wieder kolossal eingeregnet. Brief von Mimchen. Abend wie immer.

31/7
Herrlicher Morgen. Mit Katja spaziert, Brief von Alfred, Brief an ihn. Mit twins, dann allein spaziert, Brief an Mimchen. Nach dem Tee wieder mit den Kindern ins Kinotheater, das diesmal eher langweilig. Brief von Peter, abends wie immer.

1. August.
Herrliches Wetter; Karte an Mimchen, dann nach der Schatzalp, wohin die twins per Ban kamen; die[128] wundervolle Sanatorium besichtigt u. alle zufuß herunter, im Wald gefrühstückt. Nachmittag auf reizendem Schluchtweg zum Flüela-Wasserfall, 2 Stunden. Abends zuehren des Nationalfestes Bergfeuer, Koncert, Feuerwerk, alles in Gesellschaft, – zuletzt mit Regierungsrats u. Frau Drewes auf unserem Dach – mit Enthusiasmus genossen. Dann noch »Inferno« mit Liegekur.

2/8
Regen. In Wolken mit Katja, (der es seit gestern wieder schlechter geht) spaziert, dann Brief an Mim u. Karte an Alfred. Regenfeuchter Spaziergang. Briefe von Harold Smith u. Mimchen. Den ganzen Tag strömender Regen, in dem ein wenig spaziert, dann Katja zum Zanarzt begleitet. Brief an Harden[129] u. Strindbergs wansinniges Produkt »Inferno-Legenden« beendet.

3/8
Auf gestrigen Graus herrlichstes Wetter. Vormittags nach Schatzalp, nachmittags nach Klavadell[130] gerannt. Dazwischen die 3 kleinen Spaziergänge mit Katja. Briefe von Tommy u. Lily Bam, später Karte von Alfred. Brief an Eu, Karte an Mim. »Anathema« von

---

128 so im Original
129 im Original erhalten und veröffentlicht in: *Meine Manns*, 116-118
130 gemeint ist Clavadel

Juli bis August

Andrejew gelesen. Bekanntschaft mit neuen Herzbergs gemacht. Bis 11 Ur abends »Liegekur«.

4/8
Köstliches Wetter. Brief an Mim, Karte an Alfred, dann wunderhübsche Spazierfart mit den twins zu den Deutschen Heilstätten, um den See gegangen, auf einer schönen Bank gefrühstückt. Vortisch Brief an Harold Smith; »Rundschau« gelesen, nach dem Tee nach Schatzalp gerannt, abend keine »Liegekur«, Gesellichkeit u. Klavierspiel mit Klaus. Wegen Veränderung der Tischplätze feindlich erregte Stimmung. Spanisch gelesen.

5/8
Wetterumschlag, Regen, feuchte Kälte. Mit Katja spaziert, Brief an Lily Bam, Karte an Mimchen. Alle zum Zanarzt, der Katja plombirte. Karte von Alfred. Kleiner Spaziergang, gepackt, auf Klaus' Balkon, selbdritt, »Liegekur«; von Henny Baum u. Annemarie Vogeler Blumen »in herzlicher Verehrung«. Nach dem Tee mit Katja animirter Besuch bei dem totkranken Frl. Hildebrand.

6/8 München.
Naßkaltes, frostliges Wetter. Fertig gepackt, von allen »Freunden« verabschiedet, mit den twins ausgibiges Familienleben, im Restaurant gegessen, im letzten Augenblick noch Brief von Mim, Karte an sie; u. um 1.10 Ur Abreise von Davos-Dorf, ungeleitet, aber von der »Liegehalle« allgemein »angewht«. Gute, regnerische, ganz angenehme Reise, über den[131] Bodensee leidliches Wetter. »Les Dieux ont soif« von A. France gelesen. Um 10 von Alfred u. Peter empfangen, Heinz nach dem Theater zum animirten späten Nachtessen; sehr spät ins Bett.

7/8
Absoluter, scheußlicher Regentag. Gepackt, gerechnet, Karten an Katja u. Mim, Brief an Dame, die nach Köchin Klara fragt. Chocoladen für »Henni-Annemi«[132] besorgt, Gusty getroffen, die sich, auf dem Weg nach Dießen, zu Mittag u. Tee (hart!) einlud. Briefe vom Emminger u. von Eu, Karte von Harden. Abend »Zukunft« u. France gelesen, Familienleben.

---

131 so im Original
132 das sind die beiden Mitpatientinnen von Katja Henny Baum u. Annemarie Vogler

8/8
Karte von Marta u. an sie. Briefe von Katja u. Mimchen; Briefe an beide. Bei Regenwetter vor- u. nachmittags Kommissionen. Abend mit den Buben Familienleben, Alfred Allotria. France gelesen.

9/8
Brief von Olga, Brief an Mimchen, in die Stadt, bei aufklarendem Wetter. Nachmittag auf den Friedhof.[133] Um 8 Ankunft von Marta aus Bayreuth; Familienleben, später verstärkt durch Heinz, wärend Peter bei seinen Sterndamen[134] am Ammersee blieb, telegraphisch sich abmeldend.

10/8
Ausfürliches Familienleben mit Marta. Karte an Katja, dann mit Marta in die »Gewerbeschau« gefaren, die, abgesehen von der Puppen-Feuerwehr, ungemein abscheulich ist. Nachmittag Brief von Miez, in die Stadt, abends mit Alfr. u. Marta in »Cosí fan tutte« sehr hübsche Auffürung unter Walter.[135] Spät Familienleben, mit beiden Buben.

11/8
Wieder Sturm u. Regen. Brief von Mimchen u. an sie. Mit Marta feuchter Spaziergang. Bei den Buben um ½ 8 zum Frühstück die durchreisende Gertrud Smith u. Alex Oldenbourg. Nachmittag mit Peter allein, da die andern in den Meistersingern. Packet an Miez, »Les Dieux ont soif« ausgelesen, an Katja u. Mim vorgeschrieben, u. spätes Abendessen mit Familienleben.

12/8. Tölz.
Unfreundliches Wetter. Abreise von Marta um ¾ 8, Brief von Katja, Karte von Urbina aus Wien. Briefe an Mim u. Katja beendet, um 12 nach Tölz gefaren, bei leidlichem Wetter von Tommy mit den Kindern dort empfangen, nach dem Essen geruht, regnerischer Spaziergang, sehr viel mit den Kindern, die alle 4 sehr munter u. in bestem Zustand. Abend las mir Tommy die 2 ersten Kapitel »Der Tod in Venedig« vor.

---

133 aus Anlaß von Erik Pringsheims Geburtstag
134 das sind die Schwestern Helene Stern u. Lis Gleistein
135 K. Residenztheater. Mozart-Festspiele: »Cosi fan tutte«. Frl. Perard-Petzl (Fiordiligi), Fr. Tordek (Dorabella), Herr Schreiner (Guglielmo), Herr Walter (Ferrando), Fr. Bosetti (Despina), Herr Bauberger (Don Alonso).

13/8. München

Wärend Tommy schon früh um 8 in die Stadt fur, noch den ganzen schönen, sonnigen Vormittag mit den Kindern verbracht, die mich dann mit Fräulein an die Ban brachten. Zumittag zuhaus. Nachmittag u. Abend wieder abscheuliches Wetter. Karte von Frau Ingenieur Richter, Köchinnen-Brief. Mit Rosen zu Lula Löhr gefaren, das Geburtstagskind verfehlt; u. ins Eisenmann-Büreau. Brief an Mim, Karte von Klaus. Abend mit Alfred allein, da die Herren im Tristan, Tommy bei Löhrs. Briefchen an Frau Richter, »Correspondance Caroline« u. Journale gelesen.

14/8

Karten an Mim u. Katja, Brief von Marta, Karte von Germershausen u. an ihn, höchst origineller Brief von Ernesto mit Einlagen. In die Stadt. Beitisch u. zum Tee Peters Stern- u. Gleistein-Schwestern[136], natürliche u. ganz reizvolle Frauen. Tommy nur beim Mittagessen. Nachmittag Kommissionen, beim Tee noch Szlenker. Abend an Katja vorgeschrieben, um 10 Ankunft von Klaus, dessen Zunahme nunmehr 20 ℔ beträgt! Ausgedehntes Familienleben, an dem von ½ 12-12 auch Tommy teilnahm. Brief von Mim.

15/8

Mit den Buben getrödelt, um 11 zu Christensen, vorher 1½ Minuten von Tommy verabschiedet, der der[137], um 12 abreisend, um ¼ 11 zum Tee erschien! Kleiner Spaziergang bei leidlichem Wetter, Brief an Katja beendet. Geruht, Brief an Mim, Karten an Dr. Willy Müller u. an Urbina. »Caroline« gelesen u. Familienleben mit den Buben, nach »Rheingold«.

16/8

Brief von Katja, Karte von Lula; Brief an Mimchen; viele Kommissionen u. ins Eisenmannbüreau, da Köchinnen-Korrespondenz ergebnislos. Nachmittag in die Stadt; »Correspondance Caroline«; nach der »Walküre« lebhafte Unterhaltung mit den Buben.

17/8

Brief an Katja, Karte nach Cambridge, bei besserem Wetter in die Stadt, Galerie Tannhauser, Kommissionen. Nachmittag ebenfalls;

---

136 vermutlich Helene Stern, geb. Gleistein u. Lis Gleistein
137 so im Original

beim Tee Karl Pidoll, dann Sophie. Sachen für Reise vorbereitet, Brief an Eu, Familienleben (Peter am Ammersee bei Sterns) mit Abschiedsstimmung.

18/8
Zum erstenmal schönes Wetter. Um 9 Abreise von Klaus nach Prag. Briefe von Mim u. Katja, Karte von Genée; Brief an Mim, Karten an Genée u. Klaus, in die Stadt. Um ½4 mit Alfred-Heinz ins Prinzregententheater geautelt: sehr schöner »Siegfried« unter Walter, mit Knote, Kuhn, Feinhals u. der Walker, die mich ein wenig enttäuschte.[138] Elegantes, überwiegend amerikanisches Publikum, wenig Bekannte. Danach Familienleben mit dem inzwischen aus Ammersee heimgekehrten Peter.

19/8
Schön Wetter; Briefe an Mim u. Katja, gerechnet, geordnet etc. In die Stadt; nachmittag gepackt, Brief von Miez mit nicht guter Nachricht über Mimchen, Brief von Asta, ihre Ankunft meldend; beim Tee sehr ausfürlich u. nett Germershausens. Briefe an Asta u. Eva, Karte an Marta, fertig gepackt, gerechnet, Köchin verabschiedet, um 10 Abfart von Peter nach Köln.

20/8 [5. Internationaler Mathematiker Kongreß] Cambridge
Um 9, vom nach Bochum scheidenden Heinz geleitet, mit Alfred nach Cambridge abgefaren, Dyck u. Burkhard[139], mit denen mehrfach plauderten, im gleichen Wagen. Angenehm bedecktes Reisewetter. »Zukunft« u. »Rundschau« gelesen, in Köln stieg Peter zu uns, mit dem im Speisewagen aßen. Um ½1 in Hoek v. Holland aufs Schiff.

21/8
Schauderhafte Überfart, hohe See, richtig seekrank geworden mit allen Chikanen, wärend Alfred verschont blieb. Ekelhafteste Sensation. Bei der Ankunft in Harwich morgens viele grüne Gesichter. Den ganzen Tag noch übel u. elend. Um ½10 in Cambridge, 17 Market Hill bei Mrs. Mason etwas komisch, etwas unsauber, aber echtest englisch untergekommen; Peter in seinem Trinity

---

138 Prinzregententheater: »Siegfried« von Richard Wagner. Herr Knote (Siegfried), Herr Kuhn (Mime), Herr Feinhals (Der Wanderer), Fr. Schumann-Heink, New York (Erda), Edyth Walker, Hamburg (Brünnhilde) u.a. (ausführl. Bericht in den *Münchner Neuesten Nachrichten* vom 20.8.1912)

139 vermutlich Heinrich Burkhardt

College. Breakfast, gepackt, gesäubert, lange geruht. Karten an Mim u. Katja, Tee u. Spaziergang durch Colleges u. Gärten mit Alfr. u. Peter, manche deutsche Bekannte begrüßt. Dann zuhaus Toilette, mit Alfred in Bulls Hôtel gegessen, um ½ 10 (leider Regen) zum »Empfang« in St. John's College, wo Sir and Lady Darwin die honneurs machten. In der prächtigen hall buntes Leben: tausend Leute begrüßt, Borels, Mittag-Leffler, Perin, Stefanos, unsre Deutschen etc., etc., u. trotz üblen Befindens gut unterhalten.

22/8
Nach guter Nacht Seekrankheit überwunden. Nach dem breakfast in die Reception-Hall, wo Brief an Mimchen, Karte an Katja geschrieben. Dann mit Alfred Spaziergang durch die Stadt an den River. Zuhaus ein wenig geruht, dann Damen-Fürung durch die Lodge des President of Queen's College u. Tee bei Lady Darwin; hauptsächlich mit Mrs. Huntington u. Mesdames Borel u. Perin, die deutschen Damen nur gestreift, da es very crowded[140] war. Spät dinner mit Borel's in University Arms u., da kein Café offen, mit ihnen ins Kino: sehr schlecht!

23/8
Scheußliches Regenwetter. Brief von Eu, Karten von Miez, Willy Müller u. Harold Smith. In die Reception-Hall, wo Karten an Mim u. Eu, dann Damen-Fürung durch Trinity Hall, King's u. Trinity – nicht sehr erheblich; dann mit Borels, Perrin, auch Peter, in Christ's[141] geluncht. Zuhaus geruht, da beim Regen nichts anzufangen, in die Reception Hall, Brief von Katja, Briefe begonnen, ein bischen in Landau's Vortrag geguckt, viele Leute gesprochen. Dann wir 3 mit Dyck u. [Max] Pidoll in The Café zum Tee u. Dyck auf seiner Bude besucht. Zuhaus »Anna Karenina«[142] gelesen, um 9 zum Empfang im »Museum« gefaren, wo Lord u. Lady Raleigh[143] in prachtvollstem Ornat, wie Könige, empfingen. Ungemein glänzender Anblick in dem prächtigen Treppenhaus u. den schönen Sälen, obgleich wenig hübsche Frauen u. Toiletten; dafür die »doc-

---

140 (engl.) sehr überfüllt
141 gemeint ist wohl das Christ's College
142 von Leo N. Tolstoi
143 vermutlich John William Strutt, 3. Baron Rayleigh, und seine Ehefrau Lady Evelyn Balfour

tors in scarlet«[144] sehr leuchtende Punkte. Mit den üblichen u. einigen andern geplaudert, mit Perrin u. Borel das etwas poplige Büffet gestürmt, (da kein dinner gehabt), um 11 etwas »dermatscht« nachhaus.

24/8

Karte von Frigga Brockdorff – unverschämt! Vormittags wieder in die Reception Hall, wo Briefe an Mim u. Katja beendet, ein wenig in des guten Ewald englischen Vortrag gehupst, im Regen ein wenig allein spaziert, alle in Trinity geluncht (neben Rudio), dann auf auf[145] Mr. Hardey's Bude, mit entzückendem Blick, Kaffee. Um ¾ 3 große Wagenfart der Damen, trübe aber meist one Regen, nach Madingley Hall (wo nicht viel zu sehen, aber schöner Park) u. Girton-College, wo wir in der großen Hall mit nettem Tee bewirtet wurden u. man uns das hübsche neue Mädchen-College zeigte. Um 6 totmüde zuhaus. Diesmal hauptsächlich mit den deutschen Damen Hensel, Landau, Gutzmer, Stäckel, Bolza, Runge gesprochen. Zuhaus geruht, dann mit Alfred in University-Arms gedinnert, nachher mit den Deutschen, die dort eine dinner-party hatten, im rauchigen Salon gesessen.

25/8

Etwas besseres Wetter. Karte an Mimchen, durch die sonntagstote Stadt, in der Great Mary's Church[146] dem langweiligen Service beigewont, in St. Botolph u. die interessante kl. Round-Church[147] gehupst, dann in Christ geluncht, mit Bolza's u. einigen sächsischen Kaffern. Dann zuhaus geruht, Briefe von Mimchen u. Eva, ziemlich deprimirend. Nachmittag großer, u. bei gutem Wetter sehr gelungene garden-party in dem wundervollen Garten der Masters of Christ-College. Auf dem Rasen kl. Teetische, buntes, zwangloses Leben, alle da, mit allen gesprochen. 3-6. Zuhaus gelesen, mit Alfred in Bull's Hôtel gegessen, um 9 Orgel-Koncert in der durch Wachskerzen mystisch erleuchteten King's Chapel – zu lang u. nicht sehr eindrucksvoll.

---

144 (engl.) in wörtlicher Übersetzung: die Doktoren in Scharlachrot. Offensichtlich trugen die Professoren in Cambridge einen scharlachroten Ornat.
145 so im Original
146 d.i. die Church of St Mary the Great
147 d.i. die Church of the Holy Sepulchre

26/8

Wieder scheußliches Regenwetter. Brief von Katja, im Reception-Room Brief an Mim, Karte an Katja. Karten von Klaus u. Hausmeister, Todesanzeige von Rudolf v. Oldenbourg, Kondolenzbrief an Marga. Um 12 in den Vortrag von J. J. T[h]omson, der sein »paper« über elektrische Atome (oder so) sehr deutlich, klar u. amüsant las. Im Regen, nach King's Hall geschwommen, wo lunch. Dann in aller Eile zum Motor-Car nach der Ban, von wo »excursion to Ely«: etwas verregneteres gabs nie, eine Sündflut die ganze Zeit! In Wagen zur Kathedrale[148], die wunderschön u. interessant, u. in der man an 2 Stunden durch Fürung u. Vortrag festgehalten wurde, fröstelnd u. erstarrt. Dann zum »Public Room« geschwommen, wo Tee, um 6 Heimfart wie Hinfart. Meist mit den Deutschen, Hensels etc. Da tötlich müde, unlustig Toilette zu machen, verzichtete ich auf die Reception in Trinity, las »Anna Karenina« u. dinirte zuhaus 2 Eier.

27/8

Brief von Miez, Karte von Eva, über Mims betrübliches Befinden. In dem Reception Room Brief an Mim, Karten an Hausmeister u. Klaus. Dann nachhaus, gepackt u. ein wenig geruht. Um ½ 3 Damen-Einladung zu Sir u. Lady Waldstein[149] (Juden!), an der einige Herren, auch Alfred, teilnahmen. Mit Motor-Car hinausgefaren, 7 miles, wunderschöne Besitzung, schönes Haus mit alten Bildern u. Museumsschätzen, herrlicher Park, den man, bei gutem Wetter, benützen konnte, wo auch der Tee servirt wurde. Die 3 Brüder Waldstein erwiesen sich als Heidelberger Studien-Bekannte von Alfred, weshalb wir mit Auszeichnung behandelt wurden. Recht hübsche, lonende excursion. Um ½ 7 zuhaus, fertig gepackt, Toilette, in University Arms zum dinner, dann zur Schlußsitzung im Sitzungssaal, wo noch einmal Alle! Ansprachen (unter denen die von Darwin u. Hobson besonders hübsch), resolutions u. Schluß, mit Wal von Stockholm für den nächsten Kongreß. Allgemeines Abschiednehmen, meinerseits one Trauer.

28/8. London

Früh noch Karten an Mim u. Katja, Brief von Mimchen. Um ½ 10 Abreise nach Oxford, 100 uninteressante Kongressisten, in

---

148 d.i. die Cathedral Church of the Holy and Undivided Trinity of Ely
149 vermutlich Sir Charles Waldstein und Lady Florence

unserm Coupé Stephanos u. Kardinal u. Kaptein[150]. Unterwegs gelesen. Leidlich Wetter, aber die ganze Gegend unter Wasser. Um 12.15 in Oxford, drive to Magdalen College, dann lunch in Queen's College (zwischen [Max] Pidoll u. Knoop), dann Fürungen, wobei ich für »Baliol« optirte, den porter dort nach Erik fragte, der sich genau seiner erinnerte, seinen Vornamen wußte, mir sein Zimmer wies u. verschiedentlich sagte »I am so sorry he's dedd …!« Dann garden-party in New-College-garden, sehr schöner Garten, Musik, alles nett; aber mir fehlte die Heiterkeit. Dann wieder Regen, Abfart um ¾ 6, Ankunft in London um 8. Im schönen Victoria-Hôtel kleine dunkle Zimmer, in das Kokotten-Restaurant Romanos am Strand zum Essen, totmüde im Bett noch Anna Karenina gelesen.

29/8

Früh trübseligster Regen. Nach dem British Museum geautelt, drei Stunden (!) dort. Dann zufuß bis Oxford Circus, bei Robinson Regenmantel gekauft, mit underground heim, geruht. Bei schönem Wetter Spaziergang durch James-Park[151] zur Themse, am Strand im Cecil-tearoom Tee, zuhaus Brief an Mim, abend verschiedene Theater versucht, die alle ausverkauft, schließlich im »Empire« Platz gefunden: mäßiges Variété mit einigen netten Nummern. Um 12 noch im »Trocadero« souper.

30/8

Karte von Miez mit besseren Nachrichten; Karte an Mim nach Wannsee. In Kensington-Museum[152] mit underground, wo viel schönes, zu viel. Dort auch um ½ 2 geluncht, dann Alfred dort lassend, mit Peter Spaziergang durch Hyde-Park, vom Corner mit Tube[153] heim. Geruht, dann Bummel durch Regent-Bond-Street u. Pic[c]adilly, bei Fuller's netter Tee. Zuhaus umgekleidet, Brief von Katja, (mit Streptokokken!) ins Shaftesbury-Theater »Princess Caprice« (»Der liebe Augustin«) von Leo Fall, ganz lustige Operette, sehr hübsche Auffürung, mit glänzendem Komiker. Bei »Scott's« supper, wieder um 1 Ur ins Bett.

---

150 vermutlich Professor Jacobus C. Kapteyn
151 d.i. der St. James's Park
152 heißt heute Victoria and Albert Museum
153 Bezeichnung für die Londoner Untergrundbahn (engl. Röhre)

August bis September

31/8

Tag one Regen! Wieder Brief von Katja u. Brief an sie. Dann in die National Gallery, die ja überwältigend reich. Dort [Max] Pidoll getroffen. Dann lunch in Jermajn-Street; zuhaus geruht, um 4 mit Underground nach Hamstaed, über die stimmungsvolle schöne Haide, in Gottes freier Natur, nach Highgate spaziert, oben auf dem Motor-Bus heimgefaren. Toilette, im Hôtel dinner, dann wärend die Herren noch ausbummelten, Brief an Mim u. Karten an Erika, Hausmeister u. Rudi Ladenburg, zur Geburt seiner Tochter[154].

1. September.

Früh Regen, dann leidlich aufklarend u. ganz angenehmer Tag. Nach dem schönen, großen Battersy-Park[155] gefaren, uns dort lange ergangen. Dann oben auf dem Motor-Bus nach Richmond gefaren, in dem uns bekannten »Bridge« tea-house Tee getrunken; dann nach Kew's-gardens gefaren, in dem herrlichen Park sehr ausfürlich spaziert u. teils mit Auto (bis Hammersmith), teils mit underground heim. Toilette, und im »Carlton« dinirt, elegant u. festlich; in der hall Kaffee, noch kleiner Bummel, um 10 recht müde zuhaus.

2/9

Zur Feier von Alfreds Geburtstag Briefe von Mim, Klaus, Katja u. Eu. Bei unfreundlich rauhem Wind mit Alfred in die Westminster-Abbaye, (unterwegs die malerische Ablösung der Horse-guards angesehen), dann mit underground in die Wallace-Collection, bei Verrey's gut gelruncht, zuhaus geruht. Dann, da die Herren beschäftigt, allein spaziert: the Mail[156], Buckingham-Palace, Green-Park, Pic[c]adilly, wo auch Tee trank: sehr schöner Weg. Zuhaus Brief an Mim, Karten an Klaus u. Marta; Toilette, ins »Gaiety«, wo ein unerhört dummes Music-play »the Sunshinegirl«, uns für schweres Geld franchement langweilte. Danach im Savoy elegant mit Champagner soupirt.

---

154   d.i. Margarete
155   d.i. der Battersea-Park
156   gemeint ist the Mall

3/9
Früh Brief an Katja; dann mit underground ins Naturhistorische Museum gefaren, wo fabelhafte Saurier, Mägatherion, Fische u.s.w.; u. ins Victoria and Albert (South-Kensington) zu Textil, Möbeln u. Majoliken, wo auch geluncht u. mit underground heim. Geruht, dann bei Rumpelmeyer mit Peters »Gertrude«[157] Tee, u. mit Alfred oben auf dem Motor-Bus nach der City, bis zur Bank; auf die London-Bridge, mit Blick auf Tower u. von Cannon mit Untergrund heim. Gepackt, Karten an Mim, Harden u. Transehe, mit Alfred im Grillroom des Grand Hôtel spätes dinner. Fertig gepackt, um ½ 11 ins Bett.

4/9. Paris
Um 10 Abreise von London, von Peter, der noch in Gertrude schwelgen will, nach Charing Cross begleitet. Bis Folkstone angenehm, dann 1 ½ St. sehr unangenehme Überfart nach Boulogne, mit vielen Kranken, Speihnäpfe wurden andauernd gereicht; doch hielten wir uns tapfer. Von Boulogne nach Paris Regen, Anna Karenina ausgelesen. Um ¼ 6 Ankunft, auf der Gare du Nord endlos auf Abfertigung des Zolls warten müssen. Im Regen in dem von Bondi's empfohlenen Hôtel Douillemont, 15 Boissy d'Anglades eingetroffen, altes Haus, verwont u. unelegant, aber gute Zimmer mit Bad u. Clo. Unten im leeren Speiseraum, der an »Landgarten« erinnert, dinirt, dann Bummel durch die nasse, schlecht beleuchtete Stadt, ausgepackt, im Bett Björnson gelesen. Karte von Katja.

5/9
Schlechte Nacht, Mücken! Karte an Katja, später von Peter, Briefe von Hausmeister u. Harold Smith, Dankkarte für Blumen von Lady Darwin. Unfreundliches, aber trockenes Wetter, mit Alfr. erst in die Stadt, Billette besorgt, dann in die Arts décoratifs im Louvre u. vis à vis Théatre français geluncht, bummelnd nachhaus, wo geruht u. Brief an Mim. Noch ein Stündchen zum Étoile promenirt – sehr frostig – zuhaus dinirt, in die Opéra comique gegangen: »Le Roi d'Ys« von Salo. Nun, sehr mäßig, mit der reizenden u. vorzüglichen Chenal. Unelegantes Haus. Totmüde um 1 Ur ins Bett.

---

157 d.i. Gertrude Smith

6/9

Brief an Hausmeister, Karte an Peter, Brief an Katja u. langer von ihr. Gebummelt, St. Germain l'Auxeroy[158] (da Louvre erst um 1 Ur geöffnet), geluncht, dann zu den Bildern im Louvre. Ungemütliches Wetter. Zuhaus Briefe von Eu (mit gemieteter Köchin) von Marta, später noch von Mimchen u. von Tommy. Brief an Eu, Karten an Mim u. nochmals an Haumei. Ausgezeichnetes diner in unserm alten »Boeuf à la Mode«, danach im Théatre Royale »Le petit Café«, ein unterhaltendes Nichts, aber vorzüglich gespielt. Wieder um 1 Ur ins Bett; müde, da alles zufuß.

7/9

Briefchen von Peter, Brief an Mim, bei besserem Wetter mit etwas Sonne zu den Bildern u. Skulpturen im Louvre, bei Duval geluncht, Billette besorgt u., Läden betrachtend, heim. Geruht, Bummel an der Seine, am linken Ufer zurück, in den schrecklichen Bon Marché[159] gehupst, schließlich mit Métro heim, schnell Toilette; Brief von Erika, Karte von Eva. Im »Boeuf« wieder trefflich dinirt, in »Vaudeville« gefaren, wo »Dindon«, eine alberne Posse, bei gutem aber nicht überragendem Spiel, mäßig amüsirte. Wie immer um 1 ins Bett.

8/9

Karte an Mimchen. Bei ziemlich warmem, aber durchaus tristem Wetter mit Motor-Bus nach Notre-Dame, dann ins Cluny-Museum; one lunch mit Motor heim, geruht. In der Rue Royal Tee, ins Petit Palais, wo die Sammlung Dutuit; alles übrige Mittelmaß. Noch unlustig bis zum Étoile spaziert in Sonntagsmenge, mit Droschke heim, Brief an Tommy; zum späten, sehr trefflichen diner ins »Boeuf«, Bummel über die Boulevards u. mal um ½11 ins Bett.

9/9

Karte von Katja, Briefe an Mim u. an Katja. Bei trübem Wetter mit Tram nach St. Denis, wo die Cathédrale mit den Königsgräbern besichtigt; dann, aufklarend, weiter mit der elektrischen nach Enghien, im Pavillon du Parc lieblos u. schlecht geluncht, Spaziergang um den netten See, u. weiter nach Montmorency, wo

---

158 d.i. die spätgotische Kirche Saint-Germain-l'Auxerrois
159 Pariser Großwarenhaus, 1838 von den Brüdern Videau gegründet

uns ein wenig ergangen. Mit der Ban nach Paris, um 6 zuhaus, wo dann Peter aus London eintraf. Geplaudert, Karte an Hausmeister; wärend Alfred in »Carmen« mit Peter bei Vatel in Rue St. Honoré (aufgedonnertes Lokal!) gut dinirt, im Café de la Paix im Freien keinen Kaffee – sehr frostiger Abend. Um ½11 ins Bett – ri[160]!

10/9
Brief von Mim, Karte an Erika; Brief von Katja, Karte von Hausmeister. Um ½11 zum färpeln (3 Rue Faubourg St. Honoré), dann um 1 die Herren am Louvre abgeholt, bei Véfour geluncht, Läden betrachtend heim, geruht, letzter Brief an Mim, Kartenbrief an Marta. Gekramt, dann Toilette, im »Boeuf« dinirt, dann, wärend Alfred in »Tosca«, mit Peter in die »comédie«, wo 2 elend schwache Stücke »la joie fait peur« von Mad. Girardin u. »Blanchette« von Brieux allerdings ausgezeichnet gespielt wurden (namentlich Mlle Piérat); doch wars leider eher langweilig. Auf dem Heimweg bei Weber »un boc«.

11/9
Brief an Klaus. Ziemlich spät aus, mit Peter im Magasin Louvre Einkäufe, dann rendez-vous mit Alfred im Louvre. Bei Le Perouse[161] trefflich dejeunirt, allein langsam am linken Ufer heim gebummelt: sehr unfreundliches Wetter. Brief von Eu, geruht, gepackt; zum Boeuf diniren, dann in die Folies bergères gefaren, die erste Hälfte gutes Variété, dann schlechte Operette »l'Éternelle Valse« von Leo Fall. Im Zwischenakt rechtes Dirnentreiben. Im Auto heim.

12/9 unterwegs.
Dasselbe trüb-regnerische Wetter. Fertig gepackt, Spazierbummel über B[d]. Maleshebe[s] u. Haussmann etc., im Hôtel déjeuner, um 1 zur gare du Nord, um ¾2 Abreise. Im gefüllten Coupé I Kl. bis Köln, »eine heikle Geschichte« von Dostojewski[162] gelesen, diner im Speisewagen. Von Köln an Schlafwagen. (Früh Brief von Heinz, Karten an ihn u. Katja.)

---

160 so im Original
161 gemeint ist sicherlich das Restaurant Lapérouse
162 gemeint ist vermutlich Dostojewskijs Erzählung *Eine dumme Geschichte*

13/9. Wannsee

Um ½9 in Potsdam ausgestiegen, wärend die Herren nach Berlin. Bei R.'s Mimchen über Erwarten gut getroffen, noch von Hedda betreut, Else u. Ilse in Sylt. Gefrühstückt, gepackt, Proppretät[163]. Karte von Marta. Beim Essen Hermann u. Kaete (die ausgeritten), geruht, nachmittag mit Mim u. Kaete im Auto nach Grunewald, zu Eva's Geburtstag. Tee, geplaudert, um 6 wieder daheim. Zum Essen Alfred,[164] Brief von Katja, Familienleben bis 10 Ur. Totmüde ins Bett.

14/9. Garzau.

Tee unter Mim's Assistenz. Korrektur für sie gelesen, Briefe an Katja u. Heinz, nach dem Frühstück mit Patti nach Berlin, von dort mit Alfred nach Garzau, wo zum Tee eintrafen. Dann Versuch eines Spaziergangs mit Marta, der durch Regen verkürzt. Bis um 10 gemütliches, aber etwas ermüdendes Familienleben, zu Viert, in dem wirklich schönen u. äußerst komfortabeln Dernburg'schen »G'schloß«.[165] Im Bett Zukünfte gelesen.

15/9

Ein vollendeter Regentag, absolut aufs Zimmer angewiesen. Zutisch das Familienleben verstärkt durch Peter u. Hans[166], die über den Abend blieben. Wie gestern.

16/9 Wannsee.

Besserer Vormittag. Karten an Katja, Hausmeister u. Frau Berreth; angenehmer Spaziergang mit Marta u. Alfred. Dann wieder Regen. Um 2 mit Wagen nach Straußberg, Kleinban nach Station, um 4 in Berlin, gegen 5 zuhaus. Brief von Katja, die ihre Heimkehr am 18ten meldet, u. Karte von Heinz. Zum Essen Alfred; Familienleben (one Hermann u. Andreas), später mit Kaete u. Patti im Garten spaziert; im Bett »die Verführten« von Hans Hyan gelesen.

17/9

Den halben Tag mit Mimchen allein. Briefchen an Katja nach München, u. nach Tölz, zur Post spaziert. Geruht, spanisch gele-

---

163 (frz.) propre: reinlich; Reinlichkeit
164 Alfred wohnt offensichtlich nicht in Wannsee bei Rosenbergs sondern in Berlin, vermutlich im Hotel (Excelsior od. Bristol).
165 Ilses Ehemann, der Architekt Hermann Dernburg, hatte das neue Rohrscheidtsche Domizil gebaut. (Abbildung s. Anhang)
166 d.i. Hans v. Rohrscheidt

sen. Nach dem Tee, rauhe Spazierfart mit Mim, Ankunft von Else von Sylt. Beim Essen Alfred, der nachts nach München fur. Im Bett gelesen.

18/9
Immer das gleiche rauh-unfreundliche Wetter. Brief an Eu, Karte von Katja, Brief von Heinz, zur Post spaziert. Geruht, spanisch, zu Tee u. Abend Miez, Spazierfart, zum Essen noch Peter. Im Bett gelesen.

19/9
Kalter, bleicher Sonnenschein. Brief an Marta, Spaziergang mit Else, Brief mit »Parsifalfrage«[167] von Klaus, Karte von Alfred. »Die Verfürten« ausgelesen, Spazierfart; Verlesung von Geburtstagsbriefen; im Bett spanisch.

20/9
Mimchen gratulirt, Überreichung der geringen Gaben, Verlesung von Briefen. Spaziergang mit Else (Hermann nach Bochum gereist). Klaus' Artikel kritisch gelesen u. retournirt, Brief an ihn, Karte an Alfred. Brief von Dagny, ihre bevorstehende Vermälung meldend; beim Tee schon Miez u. Hedda. Spazierfart mit Mim, dann Bondi's, Brinkmanns, Peter u. Hermann D.[ernburg], zurück von Wien. Familienessen, dann Familienleben: ganz gemütlich u. Mimchen recht angeregt u. teilnehmend bis 9 Ur! Brief von Alfred u. Cambridge-Photographie. Im Bett spanisch.

21/9
Frühstück mit Miez u. Hedda, wie immer unter Mims Assistenz. Brief an Alfred, mit Einlagen, Spaziergang mit Else, Miez u. Hedda. Brief an Dagny, geruht, gelesen, Spazierfart. Beim Essen Peter, Familienleben (one Kaete: Faust II) mit lebhafter Diskussion über Andreas Klatsch »Jakobsohn-Lanz«[168]. Brief von Katja aus Tölz u. von Marta. »Sünde« von Kahlenberg.

---

167 Da die Bayreuther Schutzfrist für den »Parsifal« damals ablief, wurde allenthalben diskutiert, ob man die Oper auch andernorts aufführen dürfe. Klaus Pringsheim war sehr dafür. Er war überhaupt der Meinung, daß alle Opern Richard Wagners weltweit aufgeführt werden sollten. (Der Text erschien 1914 in Klaus Pringsheims Buch *Vom modernen Wagnerproblem*, Gustav Busse Verlag Regensburg, 45-54.)

168 Gemeint sind der Berliner Publizist Siegfried Jacobsohn, Gründer und Herausgeber der Theaterzeitschrift *Die Schaubühne* (ab 1918: *Die Weltbühne*),

22/9

Frühstück wie gestern, Spaziergang ebenfalls. Dazwischen Brief an Katja. Beitisch wieder Hermann u. alle incl. Peter. Geruht, spanisch gelesen, beim Tee Hermanns Bridge-Herren[169], dann Fürstenbergs selbdritt. Abend große Familientafel, incl. Dernburg. Dann Abfart von Mieze, Hedda u. Peter. Im Bett »Sünde«.

23/9

Karten an Alfred u. Marta; Spaziergang mit Else u. Kaete bei angenehmstem Wetter; nachmittags wieder trüb u. regnerisch, nach dem Tee nur im Garten spaziert. Brief von Katja, Karte von Alfred, Karte an Luigia. Abend wie immer.

24/9

Kaltes, schlechtes Wetter. Karten an Alfred u. Katja, Anfrage von Klaus, die kärtlich beantwortet, Brief von Lili Bam. Spaziergang mit Kaete (Else in Berlin); nach dem Tee mit Rosenbergs Besuche bei den Wittwen[170] Feist u. [Lotte] Hahn, beide verfehlt, u. Spaziergang mit Else. Brief von Frau Lotz, »Sünde« ausgelesen, im Bett »Pequeñeces«[171].

25/9

Briefe an Heinz u. Frau Lotz, sehr rauher Spaziergang mit Else u. Kaete. Nachmittag mit Mim Spazierfart, mit Regen. Karten von Alfred, Marta, v. d. Leyens. Abend wie immer.

26/9

Briefe an Alfred u. Katja, Spaziergang mit Else, Kaete, Lotte u. Franz Hahn. Beim Tee Miez, die mit Mimchen fur; dafür Spaziergang mit R.'s im Garten. Abend wie immer. Colomas »Pequeñeces« ausgelesen. Nicht unamüsante Unterhaltung mit Andreas.

27/9.

Brief an Transehe. Spaziergang mit Else u. Kaete; beim Frühstück Vetter Ruhemann, beim Tee Peter. Brief von Katja (mit Einlage von Erika), Karte von Alfred. Wegen unsichren Wetters keine

---

sowie der damalige Direktor des Dt. Schauspielhauses, Adolf Lantz. Lantz hatte die verleumderische Meldung in der Presse lanciert, es habe wegen einer finanziellen Hilfe für die *Schaubühne* Differenzen gegeben. Dieser »Intrige« verdankte die *Schaubühne* damals, daß sie über die Fachkreise hinaus bekannt wurde.

169 das sind die Herren Bennigsen, Cranach, Genée und Mühlinghaus
170 so im Original
171 von Luis Coloma

Spazierfart, um ½ 7 mit Else u. Dernburg ins »Deutsche Theater«, wo wir in der Loge Kaete u. Andreas trafen. Von Bekannten nur Peter u. die Stern-Damen[172]. Strindbergs »Totentanz« l das quälendste Stück von allen, von Wegner vorzüglich, von der Eysold doch nicht ganz einwandfrei gegeben.[173] Um ½ 12 in Wannsee, ½ 1 ins Bett.

28/9

Wirklicher Sonnenschein! Karten an Alfred u. Erika, Besuch von Martin Hahn, dann zur Post gelaufen. Nachmittag Besuch von Marta, die, mit Mim spazierenfarend, zur Ban brachte. Um ½ 7 mit Else u. Hermann nach Grunewald zu Fürstenbergs gefaren (vorher Ilse, retour de Sylt, begrüßt), wo nur die Familie, durch Peter verstärkt, zu einem wirklich recht gemütlichen Essen im kleinsten Kreise versammelt war. Um 11 wieder daheim.

29/9

Sonne u. Wind. Kondolenzbrief an Mengele zum Tod seines Vaters, Spaziergang mit Else, Miez von der Ban geholt. Beim Tee Eva, gegen Abend Lotte u. Martin Hahn, abends die ganze Familie mit Dernburgs, Peter u. Miez. Dazwischen gepackt; im Bett »Zukunft«.

30/9 München

Kalte, schöne Sonne. Fertig gepackt, Karte von Alfred, Spaziergang mit Else-Ilse. Nach wehmütigem Abschied von Mimchen um 12 nach Berlin, um 1.10 nach München abgereist. Am Banhof ein Diener von Fürstenbergs mit Prachtbonbonnière, Marta, ebenfalls mit Bonbonnière, u. die gute Mieze. Vortreffliche Reise, ganz allein im Damen-Coupé, gelesen u. vom mitgenommenen gespeist. Nach 10 Ankunft in München, von Alfred, der hinkte (die Treppe heruntergefallen) mit der unangenehmen Botschaft empfangen, daß die Jungfer Anni, infolge plötzlicher Fehlgeburt, im Krankenhaus. Sodaß Friedrich u. Betty mein ganzes Personal. Mit Alfred geplaudert, um ½ 1 zubett.

---

172 das sind Helene Stern u. Lis Gleistein
173 Deutsches Theater, Berlin: »Totentanz« von August Strindberg. Premiere. Regie: Max Reinhardt. Paul Wegener (Edgar), Gertrud Eysoldt (Alice), Paul Biensfeldt (Kurt) u.a. (*Das Deutsche Theater*, 351)

1 October

Warmes, sonniges Wetter. Ankunft von Peter, Besuch von Hans Rosenberg. Gepackt, in die Stadt, selbdritt auf der Regina-Terrasse gegessen. Nachmittag geruht, Eintritt der neuen Köchin Fanny; Brief von Heinz, Brief an Mimchen u. Kondolenz an Frau Muncker zum Tode von Frau Kaula, der mich aufrichtig betrübt. Dann geordnet, Rundschau mit Tommy's »Tod in Venedig«[174] gelesen u. Familienleben mit den Herren.

2/10

Brief von Anni, der »Jungfer« (?) u. an sie. Brief an Mim, bei Regen in die Stadt, bei Schulze Hut gekauft u. Kommissionen. Nachmittag geräumt, mit Katja telephonirt, »Die Eßsucht u. ihre Bekämpfung« von Borosini gelesen. Abend gelesen u. Familienleben.

3/10

Wintersachen ausgepackt; Brief an Mim, Karte von Luigia, im Regen in die Stadt, Kommissionen. Frachtkiste für Heinz, Brief an ihn, Dankbrief an Fürstenbergs, gelesen, Familienleben, das sich mit Peter immer sehr lange ausdehnt.

4/10

Peter färt, trotz Wettergraus, früh nach Tölz. Briefe an Klaus u. Mimchen, in die Stadt. Nachmittag bei aufklarendem kalten Wetter auf den Waldfriedhof. Nach dem Tee Brief an Eu, Karte an Frau Gutzmer. Abend gelesen.

5/10. Tölz

Um ¾9 bei sonniger Winterkälte nach Tölz gefaren, Frost u. Schnee; am Banhof von Katja mit Erika u. Aißi u. Peter empfangen; später bei eisigem Wind u. Sonne Spaziergang, an dem auch Tommy beteiligt. Dann nicht mehr aus dem Haus; Familienleben teils mit, teils one Kinder, allerlei besprochen, abends Vorlesung eines »Hochstapler«-Kapitels[175]. Katja leidlich gesund u. unleidlich unvernünftig.

---

174 *Die neue Rundschau*, 1912, XXIII. Jg, Heft 10, 1368-1398 u. Heft 11, 1499-1526

175 Thomas Mann hatte nach Abschluß des *Tod in Venedig* seine Arbeit an den *Bekenntnissen des Hochstaplers Felix Krull* wieder aufgenommen, brach aber seine Arbeit zugunsten des *Zauberberg* im Juli 1913 wieder ab. (s. GKFA, Felix Krull, Kommentar, 21-27)

6/10. München

Vormittags Familienleben, um ¾ 12 Abfart mit Peter, von Katja u. den Großen bei ganz angenehmem Winterwetter zur Ban geleitet; um ¾ 2 daheim. Briefe von Else u. Mim. Geruht, Brief an Mim, Karte an Heinz, beim Tee Else Schöll u. [Max] Pidoll; abend »Zukunft« u. Familienleben.

7/10

Brief von Eu und von Klaus, der die Geburt der Bastard-Tochter[176] meldet. Brief an Mimchen, zu Schulze u. Kauer. Nachmittag Karte bei Oldenbourg, Kondolenzbesuch bei Frau Muncker. Beim Tee Munthe-Kaas. Die abortirte Jungfer Anni tritt wieder an. Abend »Rundschau«.

8/10

Brief von Mimchen, Karte von Frau Gutzmer. Frau Berreth beginnt ihre Tätigkeit, Kondolenz bei Herrn Mengele. Karte an Heinz wegen seines Pferdes, Brief an Else. Bei der Belli, die ausgezogen, Fehlbesuch u. Spaziergang. Brief an Klaus; mit Katja telephonirt. Abend Goncourt gelesen.

9/10

Brief an Mimchen nach Berlin, Karte an Luigia u. Zeitungsroman[177], Kondolenz an Frau Eckel. Kommissionen. Nachmittag Besuch bei der Belli, gewurstelt, Brief an Marta; abends Brief an Eu, »Rundschau«, Familienleben.

10/10

Von 10-12 bei angenehmem, külem Herbstwetter mit Frau Hallgarten geritten. Dann Frau Berreth. Beitisch Heinz Braune. Brief von Heinz, an dessen Bochumer Theater äußerst deprimirende Verhältnisse; Brief an Mimchen; beim Tee Funke. Journale, abend Goncourt »La Société Française pendant la Révolution«, Familienleben.

---

176 Klaus und Lala's ältestes Kind, Emilie Valerie genannt Milka, war am 2.10. noch unehelich geboren. Klaus und Lala haben erst am 8.8.1914 geheiratet.
177 Vorabdruck (Beginn: 26.9.1912; Ende: 31.12.1912) von Friedrich Freksa, *Erwin Bernsteins theatralische Sendung. Ein Berliner Theaterroman in 2 Bdn.* München, Leipzig: Georg Müller 1913.

11/10
Brief an Mimchen, Besuch der Stadlerin, Spaziergang bei angenehmem Wetter. Nachmittag Besuch vom Crodu, Karte an Alberto Castillo; abend mit Peter in die Kammerspiele (Lustspielhaus): »Das Leben des Menschen« von Leonid Andrejew, sehr eindrucksvolles »Spiel« symbolisch-philosophisch-allgemeinen Inhalts, trefflich dargestellt.[178] Spätes Familienleben.

12/10
Früh Masseuse, zur Kauer, Kommissionen. Nachmittag, bei Sonnenschein (!), in die Stadt, beim Tee mein neuer Spanier, der Argentinier Castillo. Brief an Heinz, Goncourt gelesen, mit Peter Familienleben.

13/10
Brief von Mim u. an sie. Bei wunderschönem Herbstwetter Spaziergang. Beitisch Buyssons, Telephon mit Katja. Beim Tee Frl. Deußen, Hedwig Schöll, Reischs. Abend gelesen, letztes Familienleben mit Peter.

14/10
Früh um 8 Abreise von Peter; von 10-12 mit Frau Hallgarten geritten, himmlischer Herbsttag; dann Masseuse. Nachmittag Brief an Mimchen, langer Besuch von Cile, über den Tee; dann mit ihr

---

178 Münchener Kammerspiele: »Das Leben des Menschen« von Leonid Andrejew. **Prolog**: gesprochen v. Jemand in Grau. **Geburt des Menschen**: Die alten Frauen, der Vater des Menschen, ein Arzt, die Verwandten des Menschen, Jemand in Grau. **Liebe u. Armut**: Der Mensch, seine Gattin, die Nachbarn des Menschen, Jemand in Grau. **Reichtum, Ball beim Menschen**: Der Mensch, seine Gattin, Gäste, Freunde, Feinde des Menschen, Tänzer und Tänzerinnen, ein Diener, Jemand in Grau. **Der Mensch im Unglück**: Der Mensch, seine Gattin, eine alte Dienerin, ein Arzt, Jemand in Grau. **Tod des Menschen**: Der Mensch, Trunkenbolde, der Schankwirt, die alten Frauen, Jemand in Grau. – … Die Darsteller waren auf dem Zettel nicht genannt, doch war die Mehrzahl der erprobten Schauspielkräfte an Spiel und Maske zu erkennen. In der Hauptfigur des Menschen, die die reizvolle darstellerische Aufgabe bietet, in dreifacher Maske zu erscheinen, betätigte sich Herr Kaiser-Tietz in verständiger abgetönter Weise, die für den Jüngling, Mann und Greis den Rhythmus fand. Frau Roland sekundierte ihm als Gattin. Am glücklichsten im tragischen Mollklang des Mutterschmerzes. Die Maske an der Wand sprach mit schöner Dynamik Herr René. Auch das übrige Ensemble trug mit Hingabe dazu bei, dem Willen des Dichters zum Ausdruck zu verhelfen … (ausführl. Bericht in den *Münchner Neuesten Nachrichten* vom 13.10.1912)

ins Lustspielhaus, in Lengyels »die Zarin«, schlechtes Stück, von der Roland ausgezeichnet gespielt.[179] Zum späten Nachtessen Cile bis gegen 12 bei uns. Brief von Lisbet L.[indemann]

15/10

Von 10-12 mit Cile spazierengegangen, da das beabsichtigte »Deutsche Museum« geschlossen. Dann Brief an Mimchen; nachmittag spanisch gearbeitet, beim Tee Bunge, mit Katja telephonirt, abends Cile und Munthe-Kaas, die mit Alfred musicirte. Abschied von Cile.

16/10

Früh Masseuse; in die Stadt, viele Kommissionen. Briefe von Mimchen u. Marta. Nachmittag erster spanischer Austausch mit Castillo, dann in die Stadt. Brief an Mimchen, Brief von Heinz u. Karte an ihn. Italienisch übersetzt, wieder den ekelhaften »Pecorone«[180] – abends Goncourt gelesen.

17/10

Von 10-12 bei unheimlich warmem Wetter mit Frau Hallgarten geritten; dann Masseuse. Brief von Else. Nachmittag in die Stadt, Brief an Mimchen; italienisch übersetzt, abend Goncourt gelesen.

18/10

Karte von Luigia, Briefe an Mimchen u. an Peter (nebst Kuchen u. Wurst); zur Schneiderin u. Kommissionen. Um ¾ 2 Ankunft von Tommy's, die 7 Mann hoch bei uns speisten. Die Kinder dann heim, die Eltern über den Tee, bei dem auch Baronin Scheve. Briefchen von Heinz, in dem er kurz u. bagatellmäßig mitteilt, daß Olga Meerson als seine Geliebte bei ihm wont! was mich denn doch tief erregte. Brief an ihn, mit dem ich unsere Beziehungen bis auf weiteres abbreche. – Dann Hedwig Gugg, die mir stralend ihre Verlobung mit Professor Hintze in Berlin anzeigte. Abend allein; Brief an Harden,[181] Goncourt gelesen, sehr erregt wegen Heinz.

---

179 Münchener Kammerspiele: »Die Zarin« von Melchior Lengyel. Frl. Roland (Die Zarin), Herr Schwaiger (Der Kanzler), Herr Schnell (Der französische Gesandte), Herr Kaiser (Graf Cserny) u.a.
180 s. Anmerkung zum 19. Juni
181 im Original erhalten und veröffentlicht in: *Meine Manns*, 119f.

Oktober

19/10
Brief von Emma, Masseuse, zu Schneiderin u. Kommissionen. Nachtisch spanische Stunde, Brief an Klaus. Schlecht Wetter tritt ein, Regen u. Sturm. Abend allein ins Residenztheater, Première von Thoma's »Magdalena«, recht wirksames Volksstück mit guten Typen, vorzüglich gespielt.[182] Lauter Bekannte im Theater, ein Familienfest. Nachher, von Funke u. Crodu verfürt, mit ihnen im eleganten Preysing-Restaurant soupirt, das ganz unmünchnerisch fesch. Signore Pasci (?) gesellte sich an unsern Tisch.

20/10
Brief von Mim u. an sie. Besuch bei Scheve-Ricarda Huch, spaziert u. bei Guggenheimers Blumen abgegeben. Beitisch Tommy's mit 2 Kindern, Katja mit ihnen über den Tee. Zum Tee außerdem Hedwig Schöll, und Hamburger, [Arthur] Rosenthal u. Epstein: drei scharfe Juden! Dann noch übersetzt, Karte an Luigia mit Roman, Brief an Mim vorgeschrieben u. Goncourt gelesen.

21/10
Bei wieder herrlichem Wetter von 10-12 mit Fr. Hallgarten geritten, dann Masseuse. Brief von Peter, Karte von Frau Prof. Hensel, die Tommy in ihr Haus einlädt gelegentlich seines Vortrags. Beitisch die Scheve u. Bassermann-Jordan, durchaus gemütlich. Dann zum Probieren zu Auracher, nach dem Tee übersetzt, abend gelesen u. totmüde früh ins Bett.

---

182 K. Residenztheater: »Magdalena« von Ludwig Thoma. Herr Höfer (Thomas Mayr), Fr. C.-Ramlo (Mariann, sein Weib), Frl. Wimplinger (Magdalena), Herr Geis (Moosrainer), Herr Ulmer (Lorenz Kaltner), Herr Graumann (Kooperator) u.a. – ... Daß Herr Höfer keinen bäuerlichen Odoardo aus dem Thomas Mayr gemacht hat, war ein Verdienst. Schlicht und einfach gab er sich in seinem Schmerz ... Das war, so wenig wie der aus dem Kern herauswachsende Bürgermeister Moosrainer des Herrn Geis, ein Theaterbauer von der beliebten Wirksamkeit, sondern ein Mensch von irgendwo da draußen, wo sie noch anders gedeihen und wachsen ... Herrn Ulmers Knecht Lorenz stand in prachtvoller Plastik jenseits der Bauernballechtheit ... Mit der Besetzung der Titelrolle hatte man ein Experiment gewagt, das vollkommen gelungen ist. Fräulein Wimplinger hatte bisher unsere Bühne nur in ganz kleinen Aufgaben betreten. Mit dieser Magdalena aber ist ihr eine Darbietung gelungen, die auf eine äußerst glückliche Weise ihre jugendliche Figur zur Basis einer eindringlichen Leistung bestellte. Tonfall und Haltung wirkten gleich ungekünstelt, dergestalt, daß der Inhalt der Rolle ausgeschöpft wurde ... (ausführl. Bericht in den *Münchner Neuesten Nachrichten* vom 21.10.1912)

22/10

Glückwunschtelegramm an Fürstenbergs, Gratulation an Dr. [Walter] Lehmann zur Verlobung, Brief an Mim, Frachtkiste an Miez; wieder eine Karte von Frau Hensel; rendez-vous mit Katja in der Stadt. Nachtisch bei Nebel u. Regen erst in Brackels Kunstsalon, wo die seltsamen Bilder von Scheve's Walecky angesehen;[183] dann auf den Waldfriedhof.[184] Karte von Klaus u. Brief von Heinz, in seiner Angelegenheit. Beim Tee Marga Oldenbourg. Spanisch gearbeitet, innerlich sehr erregt wegen Heinz. »König Heinrich IV«[185] gelesen.

23/10

Früh Masseuse, dann in die Stadt, zu Hirschberg. Brief an Mimchen, Castillo. Viel gekramt, Briefe von Mimchen u. von Miez. Beim Tee Katja, mit der wir den Fall Heinz besprachen u. Alfreds Brief an ihn zur Begutachtung vorlegten. Karte an Frau Hensel, ital. übersetzt; abend Goncourt u. Heinrich IV erst. Teil.

24/10

Da trübes Wetter, in der Ban geritten, das Zeppelin-Passagierschiff Viktoria Luise bewundert,[186] Brief an Mim, Masseuse. Nachmittag übersetzt, um 6 mit Alfred in »Lohengrin«, der uns beiden, trotz unmöglicher Äußerlichkeiten, sehr interessirte u. gefiel, mit

---

183 In der Kollektivausstellung in »Brakls Moderner Kunsthandlung« waren Bilder von Peter Kálman, Lothar Bechstein, Paul Bürck, E. Lammert, Hans Heiders und Otto Bauriedl ausgestellt. ... Schließlich ist auch Lengnik-Walecky nicht zu übersehen, der uns nun zum zweiten Male hier seine eigenartig sachlich, man möchte sagen wissenschaftlich gesehenen südlichen Landschaften vorführt. Er malt eigentlich nicht Landschaft, sondern Terrain – Gebirge und Küstengebiete, die er mit solcher verständnisvollen Genauigkeit durchmodelliert, daß ein Geologe nach seinen Bildern arbeiten könnte. Und doch entbehren diese Schilderungen nicht des künstlerischen Reizes, weil ihre Note eben so eminent persönlich ist. Es will schon was heißen, wenn ein Landschafter der Natur überhaupt eine neue Seite abgewinnt ... (Bericht in den *Münchner Neuesten Nachrichten* vom 11.10.1912)

184 Vermutlich aus Anlaß des Todestages von Rudolf Pringsheim am 19. Oktober.

185 von William Shakespeare

186 Das Luftschiff »Königin Luise« war um 8.55 Uhr in Friedrichshafen gestartet, hatte Ravensburg, Aulendorf, Leutkirch, Memmingen, Mindelheim, Buchloe, Kaufering und Fürstenfeldbruck überflogen und landete um 11.16 Uhr in München. (ausführl. Bericht in den *Münchner Neuesten Nachrichten* vom 25.11.1912)

der Petzel als Elsa: schöne Stimme, gute Sängerin, uninteressant, und der Faßbender-Ortrud, die nicht recht ausreichte. Kein Bekannter im ausverkauften Haus, das Bary enthusiastisch feierte.[187]

25/10
Erschütternde Nachricht vom urplötzlichen Tode der Prinzessin Rup[p]recht.[188] Briefe an Peter u. an Mim, Karte von Marta. Kommissionen. Nachmittag zu Katja zum Tee. Dann den ganzen Abend, bis Alfred um 10 aus dem Koncert kam, fleißig spanisch gearbeitet u. übersetzt.

26/10
Früh Brief von Klaus, Masseuse, mit Katja rendez-vous bei Kauer u. Kommissionen. Nachtisch Castillo; dann Packet an Eva, Briefe an Marta u. an Klaus. Abend Heinrich IV 2^e[189] gelesen. Trübes Wetter.

27/10
Brief von Mimchen, Briefe an sie und an Miez. Bei Regen in die Stadt spaziert. Beitisch 4 Manns u. Bernstein, der amüsant u. ausdauernd. Beim Tee Löhrs mit Leutnant Paraquins u. Frl. Deußen, nebst Katja u. den Kindern. Abend Einladungen telephonirt u. geschrieben, gelesen.

28/10
Von 10-12 bei herrlichem Sonnenwetter mit Ehepaar Richter geritten; dann Brief an Mimchen. Brief von Peter, der entrüstet meinen Standpunkt in der Heinz-Affaire teilt u. Brief von Heinz, in dem er verständnislos u. verlogen bei seiner Auffassung bleibt. Nachmittag fleißigst übersetzt, abends Goncourt gelesen.

29/10
Brief an Mim, in dem ich ihr die Heinz-Affaire mitteile; Karte von Luigia, bei herrlichstem Wetter in die Stadt, Hirschberg u. Kommissionen. Beitisch Crodu's, vorübergehend in der Stadt; Eu über Heinz auch ganz entsetzt. Nachmittag 6 Besuche absolvirt,

---

187 K. Hoftheater: »Lohengrin« von Richard Wagner. Herr Bender (Heinrich der Vogler), Herr v. Bary (Lohengrin), Frl. Perard-Petzl (Elsa), Herr Feinhals (Friedr. v. Telramund), Fr. Mottl-Faßbender (Ortrud) u.a. (Bericht in den *Münchner Neuesten Nachrichten* vom 25.10.1912)

188 Die Prinzessin Maria Gabriele, Ehefrau des Kronprinzen Rupprecht von Bayern, starb 34jährig an einem Nierenleiden.

189 von William Shakespeare

nur Anna v. Uhde getroffen. Beim Tee Katja, dann übersetzt, abend gelesen.

30/10

Briefe von Klaus u. Mim, Brief an Mimchen; rendez-vous mit Katja, zu Kauer u. Kommissionen. Nachmittag Castillo, dann in die Stadt. Kl. Korrespondenz u. 2500 M.[190] an Klaus geschenkt. Übersetzt, abends Munthe-Kaas, die nach dem Essen recht schön sang.

31/10

Von 10-12 bei zweifelhaftem Wetter mit Hallgarten geritten; dann Masseuse, Brief von Mieze. Nachmittag Brief an Mim, Vorbereitungen für den Abend; abends 2 Bonns, 2 Bruckmanns,[191] 2 Tommy's, Annette u. Bosetti, Funke u. Alfredo Meyer: nun, ganz gemütlich u. nett, one besondre Kennzeichen. Ende ½ 12.

1 November.

Trübes Wetter. Briefe an Peter u. an Mimchen, Brief von Eva. Auf den Friedhof. Nachmittags mit Alfred zum Tee zu Katja; abend fleißigst spanisch u. übersetzt.

2/11

Früh Masseuse, dann bei Schneedreck in die Stadt. Nachtisch Castillo; Brief an Klaus, Karte u. Romanausschnitte[192] an Luigia; beim Tee Sophie. Abends in den Liederabend der Bosetti, (Alfred zu Sandra Droucker), der mich enttäuschte. Danach noch den Schluß von Tommy's »Tod in Venedig« gelesen, der mich auch enttäuschte.

3/11

Früh bei miserablem Wetter aus, Blumen an Lela Hulschinsky[193] mit Karte geschickt u. Spaziergang. Brief an Mim, beitisch Tommy's mit 3 Kindern. Dann zum Tee zu Löhrs mit Munthe-Kaas-Gesang (O so ibrig!), von dort ins Hoftheater, Première von Waltershausens »Obert Cabert« das infolge des ausgezeichneten

---

190 in heutiger Währung etwa 12.000 €
191 vermutlich Hugo Bruckmanns
192 s. Anmerkung zum 9.10.
193 Carl Fürstenbergs Tochter Aniela und Paul Huldschinsky hatten am 22. Oktober geheiratet.

Oktober bis November

Buches u. wirksamer Musik bei guter Darstellung einen großen Erfolg hatte.[194] Nachher noch souper bei Funke, mit dem Komponisten, dessen aus Straßburg herbeigeeilter Mutter, A. Bruckmanns u. den Herren Dr. Soler und Gullat, ganz gemütlich u. leidlich angeregt; bis ½ 1. – Brief von Mimchen.

4/11

Von 10-12 bei ziemlicher Kälte mit Frau Richter im Freien geritten; dann Masseuse. Brief von Peter; nachmittags Brief an Mimchen, sehr fleißig übersetzt, abend »Zukunft« u. Goncourt.

5/11

Brief von Else, zum Turnen, Brief an Mim. Nachmittags recht inniger Besuch von Felix Lewald, beim Tee Frigga Brockdorf, ziemlich entsetzlich. Abend spanisch gearbeitet, übersetzt, Rundschau.

6/11

Brief an Mim, Karte von Lella; Masseuse, zu Hirschberg, Brief von Mimchen. Nachmittag, da Katja wieder nicht wol, zum Tee zu ihr; vorher Castillo. Abend übersetzt, gelesen.

7/11

Da winterkalt, 10-11 in der Ban geritten, Brief an Mim, Masseuse. Nachtisch zu Prötzel zum Färpeln; nach dem Tee übersetzt, abend Briefe an Peter u. Mim vorgeschrieben, in der Zeitung gelesen, daß das Bochumer Stadttheater, ehe es eigentlich angefangen, aufgehört hat zu existieren.[195] Brief an Harden.[196]

---

194 K. Hoftheater: »Oberst Chabert« von Hermann W. v. Waltershausen. Herr Brodersen (Oberst Chabert), Herr Buysson (Graf Ferraud), Frl. Fay (Seine Gemahlin) u.a. – ... Mit der Aufführung, die die Münchner Hofoper dem Werk bereitete, konnte Waltershausen wohl zufrieden sein. Allen voran schuf Brodersen mit seinem Oberst Chabert eine Gestalt, die vom ersten Wort an des tiefsten Anteiles sicher war. Man litt und stritt mit ihm ... Fräulein Fay veranschaulichte den Kampf Frau Rosines in überzeugender Art. Man glaubte diese Gestalt ... Buysson gab seinen Ferraud von dem natürlichen Adel und jener chevaleresken, leichten Art, mit der er stets seine Figuren wirksam umkleidet. Tonlich leistete auch er durch die unpunktierte Wiedergabe der wegen ihrer Höhe gefürchteten Rolle Erstaunliches ... (ausführl. Bericht in den *Münchner Neuesten Nachrichten* vom 5.11.1912)

195 Davon war Heinz Pringsheim betroffen, der gerade dorthin engagiert worden war.

196 im Original erhalten und veröffentlicht in: *Meine Manns*, 121f.

8/11

Früh zum Turnen, dann rendez-vous mit Katja bei Kauer u. Kommissionen. Brief an Mim beendet, nachmittag zu Hirschberg. Brief von Klaus, Besuch von Sophie, spanisch gearbeitet, abend allein: übersetzt, Brief an Klaus vorgeschrieben, Karte an Korfiz Holm u. an Sophie, in Sachen ihrer protégée Pestalozza[197].

9/11

Masseuse, rendez-vous mit Katja, Kommissionen. Nachtisch Castillo, dann zur Geburtstagsfeier Erika-Aißi zu Katja, wo zur Chocolade noch Alfred u. Lula mit den Zwillingen. Abend allein; »Zukunft« u. Briefe an Emma Schlier, Lily Bam u. Kondolenz-Karte[198] an Helene Raff.

10/11

Briefe von Mim u. von Lili Keith; Brief an Mim, in die Stadt. Bei tisch Katja mit den Kindern (Tommy verreist), über den Tee; zum Tee noch Funke, Heinz Braune, Else Schöll u. das junge Ehepaar Huldschinsky. Abend mit Alfred ins Koncert der Munthe Kaas, das anständig verlief; recht leer war.[199]

11/11

Bei mild-trübem Wetter mit Frau Richter ausgeritten, von einsetzendem Regen heimgetrieben, dann Schandwetter. Brief an Mim, Masseuse. Übersetzung durchgesehen, Besuch von Castillo; beim Tee die Maurice mit Ninette, dann der Vetter. Abend mit Alfred ins Odeon, Verdi's »Requiem« vom Chorverein unter Schwicke-

---

197 Unklar, ob damit die Witwe Pestalozza oder eine ihrer beiden Töchter gemeint ist.
198 Ihre Mutter Dorothea, geb. Genast, war am 7. November gestorben.
199 Elisabeth Munthe-Kaas brachte – unter Mitwirkung von Fritz Berend – Lieder von J. W. Franck, Händel, Beethoven, Brahms und Pfitzner, ferner Lieder und Gesänge nordischer Komponisten zum Vortrag. – ... Die beiden letzten Abteilungen waren nordischer Musik gewidmet, vaterländischen Weisen, mit denen Elisabeth Munthe-Kaas ihre Zuhörer immer ganz besonders zu entzücken weiß. In der Tat macht sie solche Sachen höchst reizvoll. Schon die norwegische Sprache klingt gesungen sehr angenehm (angenehmer als gesprochen), und das Gefühl, daß die Sängerin mit diesen Liedern etwas gibt, was ihr vorzüglich nahe und vertraut ist, erhöht die Wirkung und verleiht ihr einen besonders intimen Charakter ... Die Künstlerin erhielt reichen Beifall, für den sie durch einige Wiederholungen und Zugaben dankte. (ausführl. Bericht in den *Münchner Neuesten Nachrichten* vom 12.11.1912)

rath vorzüglich aufgefürt, mit 2 ausgezeichneten holländischen Solistinnen.[200]

12/11

Zum Turnen, dann an die Theaterkasse, der leider wieder erkälteten Katja Billet zum russischen Ballet zurückgetragen. Brief von Peter. Nachtisch Brief an Mim, spanisch gearbeitet, abend mit Alfred ins Ballet, das wol recht hübsch, aber keineswegs »wichtig« u. entschieden überzalt.[201] Ausverkauft elegantes Haus, viel Bekannte.

13/11

Masseuse, in die Stadt; Brief an Mim, Brief von ihr mit Manuskript; Castillo, zum Tee zu Katja, die recht erkältet. Nach dem Abendessen in die Generalversammlung des »Frauenstimmrechts-Vereins«, wo es bitter u. kriegerisch zuging, ein ekelhaftes Ehepaar Kremer Front gegen den Vorstand machte u. die Heimann gut, Augspurg schlecht abschnitt. Das Referat von Frau Hallgarten über »Frauen in der Politik« überraschend gut. Kam erst gegen ¾12 heim![202]

---

200 Von den künstlerischen Faktoren, deren schönes Zusammenwirken die gestrige Aufführung des Verdischen Requiems auszeichnete, ist in erster Linie das glänzende Solistenquartett zu nennen, allen voran die Vertreterin der Sopranpartie Aaltje Noordewier-Reddingius, deren wundervolle Stimme und edle Gesangskunst den allertiefsten Eindruck machte. Ihr stand ihre Landsmännin Pauline de Haan-Manifarges kaum nach und Felix v. Kraus wirkte ebenso bedeutend durch die Schönheit seines Organs wie durch den tiefdurchdachten, lebens- und empfindungsvollen Vortrag. Felix Senius, der an Stelle des verhinderten Benno Haberl die Tenorpartie sang, war stimmlich vielleicht nicht ganz so auf der Höhe … (ausführl. Bericht in den *Münchner Neuesten Nachrichten* vom 13.11.1912)

201 K. Hoftheater. Letztes Gastspiel des Russischen Ballets. Generaldirektor: Serge de Diagbilew. »Pavillon der Armida«. »Der Karneval«. »Der Geist der Rose«. – Das zweite Gastspiel des russischen Ballets brachte ein teilweise verändertes Programm. Die Wirkung war stärker, geschlossener als am ersten Tage … Fräulein Karsavina war überhaupt die Heldin des Abends. Sie ist nämlich mehr als Balleteuse. Ihre Schauspielkunst und offenbar ein sehr starkes musikalisches Empfinden geben ihrem Gesicht eine erstaunliche Ausdrucksfähigkeit. Wie fein dachte dieser Kopf die Tänze des Schumannschen Karnevals mit! … Das Theater war von einem eleganten Publikum gefüllt, das sich an den Leistungen unserer russischen Gäste teilweise ersichtlich begeisterte. (ausführl. Bericht in den *Münchner Neuesten Nachrichten* vom 13.11.1912)

202 **Die Ortsgruppe München des Bayerischen Vereins für Frauenstimmrecht** hielt am Mittwoch abend im Café Arkaden ihre 4. Generalversammlung ab,

14/11

Von 10-11 in der Ban geritten, Brief an Mim mit Kritik ihrer Kritik über Tommy's »Tod in Venedig«.[203] Masseuse. Viele Telephonscherereien, Karte an Lela Huldschinsky. Zum Probiren zu Hirschberg, Äpfel für Harden im Hôtel[204] abgegeben, kl. Korrespondenz u. Ordnung der angehäuften Rechnungen etc. Spanisch gearbeitet, Karte u. Zeitungsroman an Luigia. An Peter vorgeschrieben.

15/11

Zum Turnen; Brief an Mimchen, Einladungen geschrieben. Besuch vom »Scheffer-John«; dann zu Katja, die erkältet im Bett liegt, um 8 mit Tommy in die Jareszeiten zu Hardens Vortrag über »die politische Lage«; sprach 2½ St. interessant und ernst, mit großem Beifall, aber one, wie er (vielleicht mit einigem Recht) meinte, den gewonten Widerhall zu finden; worüber er nach Schluß einen förmlichen Tobsuchtsanfall bekam. Nachdem er sich einigermaßen beruhigt, gemeinsames Abendessen in den Jareszeiten, mit Tommy, 3 Schweningers,[205] Wedekinds u. Bernstein. Da Harden um ½1 noch nicht genug, alle, mit Ausnahme von Schwenningers, noch in die Torgelstube, wo Wedekind Sekt bestellte! Angeregte Unterhaltung bis ½3 u. komischer Zwischenfall mit dem Schriftsetzer, der erst Harden feierte u. dann eine politische Rede hielt. Die 4 Herren brachten mich dann noch zufuß heim; um ½4 ins Bett!

16/11

Da um ½8 auf, erheblich müde. Masseuse, Brief an Klaus, in die Stadt. Nach dem Essen 1½ St. Harden, sodaß Castillo fortschicken mußte. Abend mit Tommy ins Residenztheater, Première von Se

---

die sehr gut besucht war. Die 1. Vorsitzende Frl. Lida Gustava Heymann erstattete einen längeren Jahresbericht ... Die alle zwei Jahre vorzunehmende Vorstandswahl ergab die Wiederwahl von Frl. Heymann als 1. Vorsitzende und der übrigen Damen. Anschließend an die Generalversammlung hielt Frau Constanze Hallgarten (München) einen gehaltvollen Vortrag über »Frauen und Politik in Deutschland«. (ausführl. Bericht in den *Münchner Neuesten Nachrichten* vom 15.11.1912)

203 Erschienen unter dem Titel »Der Tod in Venedig.« Novelle von Thomas Mann. In: *Der Tag*, Nr. 46 vom 23.2.1913.
204 gemeint ist vermutlich das Hotel »Vier Jahreszeiten«
205 vermutlich Karl u. Adele Schweninger mit Tochter Elisabeth

Hauptmanns »Gabriel Schillings Flucht«, ein schwaches Stück, – immerhin von Hauptmann – in recht minderer Auffürung nur schwach in der Wirkung: respektvolle Aufnahme.[206]

17/11
Sehr spät auf, Brief von Mimchen, häusliche u. Telephon-Erledigungen, zu Katja, die noch bettlägerig. Beitisch Frl. Deußen u. die an Manns Stelle telephonisch gebetenen Hedwig Schöll u. Pidoll[207]. Beim Tee Hedwig [Schöll], Castillo, Cornides', der amerikanische Professor Fine mit Frau u. 2 Töchtern, Bunge, Frl. Locher! Brief an Mimchen u. an Lili Keith, Karten an Hirschberg, Frau v. d. Leyen u. Fr. Stickel. Zukunft u. Zeitungen.

18/11
Von 10-12 bei leidlichem Wetter allein mit Berlin im Freien geritten; Masseuse, Brief an Mim. Nachmittag Briefe an Marta u. an [Max] Pidoll; von H. Braun 500 M. Abzalung.[208] Beim Tee Frau Bonn mit einer höchst gräßlichen Cousine Bonn. Brief an Miez mit Übersetzung, fleißig spanisch gearbeitet. Zukunft.

19/11
Brief von Peter, zum Turnen u. Kommissionen. Brief an Mimchen, nach dem Tee zur noch bettlägrigen Katja. Von dort zu Frigga

---

206 K. Residenztheater: »Gabriel Schillings Flucht« von Gerhart Hauptmann. Herr Lützenkirchen (Gabriel Schilling), Fr. Swoboda (Eveline, seine Frau), Herr Graumann (Professor Mäurer), Frl. Michalek (Lucie Heil), Fr. v. Hagen (Hanna Elias) u.a. – Von der Darstellung läßt sich leider nicht sagen, daß sie auf der ganzen Linie zu überzeugen vermochte. So Schätzenswertes Herr Graumann als intellektueller Liebhaber schon geboten, aus diesem Bildhauer Mäurer erstand keine ganz plastische Vorstellung … Anfänglich schien Herrn Lützenkirchens Schilling durch die Maske etwas gehindert, seine Geistigkeit darzutun … Aber später gab sich das. Der kranke Schilling ließ nicht mehr im Zweifel über seine Qualitäten … In dem Dünenakt und in der Auseinandersetzung mit Eveline griff Frau v. Hagen dann in die Bohemetiefe, und das trefflich gehandhabte Russisch-Deutsch malte die wirkliche Seite Hannas in den Raum. Die nicht gerade dankbaren Worte Frau Evelinens wurden von Frau Swoboda gesprochen und geschluchzt. Der Ton vertrüge eine Milderung, dann würde die glaubhafte Geste mehr Akkompagnement besitzen … Die Aufnahme, die man dem Stück bereitete, war eine Beifallsmischung, in der die Achtung vor dem Namen des Dichters deutlich mitschwang … (ausführl. Bericht in den *Münchner Neuesten Nachrichten* vom 18.11.1912)
207 vermutlich Max v. Pidoll
208 in heutiger Währung etwa 2.400 €, auf ein Darlehen von 1897

v. Brockdorff, die in ihrem Pensionszimmerchen eine etwas eigentümliche Gesellschaft gab, in der Arthur Ludwig meine Rettung war, Dichter von Rang (Dr Nova u. ein katholischer Geistlicher) eigene Werke vorlasen u. eine Frau Örtel-Holma lebhaft diskurrirte. Kam gegen 12 heim.

20/11

Briefe von Mim u. Miez. Masseuse, Weihnachtseinkäufe. Beitisch Gusty, dann Castillo. Dann Brief an Mim, Karte an Eu u. an Frl. Gesellschap, Besuch bei Sophie, dann zu Katja, da Alfred im Theater, erst um 9 Ur heim, gelesen, geschrieben bis zum Abendessen.

21/11

Brief an Mimchen, von 11-12 Musikreiten in der Ban, dann Masseuse. Nachmittag bei eklichem Wetter in die Stadt, Besuch vom neukreirten »Dr.« Zlenker[209], beim Tee Mr., Mrs. u. Miss Parker u. Lula. Dann spanisch gearbeitet u. abends Briefe vorgeschrieben. Karte von Urbina.

22/11

Briefe an Mim u. Peter beendet. Zum Turnen, Brief von Marta. Gesellschaft vorbereitet, gelesen. Abend 12 Personen: Maurice', Buyssons, Wolffs, Sexau's u. Huldschinsky's. War ungewönlich nett, animirt u. gemütlich; bis um 12 Ur.

23/11

Masseuse, dann zu Katja, mit beiden (u. Erika) u. dem Direktor des Herzogsparks Terrains dorten besichtigt, da Tommy's ernstlich an bauen denken. Briefe von Mim u. Frl. Gesellschap, Karte von Eu u. eine von Heinz an Katja, daß er ein »glänzendes« Engagement in Mühlhausen gefunden. Nachmittag Castillo, Brief an Klaus, abends allein ins Schauspielhaus, Première von Ganghofers »Der Wille zum Leben«, ein fürchterlicher Schmarren, schlecht gespielt dazu, vom Freundeshaus in lokalpatriotischem Überschwang enthusiastisch aufgenommen.[210]

---

209 d.i. Herr Szlenker
210 M. Schauspielhaus: »Der Wille zum Leben« von Ludwig Ganghofer. Frl. Glümer (Gräfin Erlach), Frl. Woiwode (Ihre Tochter Lotte), August Weigert a.G. (Baron Söllwang), Frl. Gerhäuser (Milly von Leitz), Max Hofpauer a.G. (Prominter) u.a. – Denn der Autor ist klug genug, und hat es in zahlreichen Romanbänden bewiesen, daß er weiß, was wirkt und anspricht. Diese Erfahrun-

November 247

24/11

Brief an Mim, Billette zum Wedekind geholt, dann mit Alfred Karten bei Schwickerath, ferner ich bei Maurice' u. Dycks. Beitisch eine nette Studentin Anni Trefftz u. stud. Weltziehn, nebst Manns. Beim Tee, außer Katja, O. O. Kurz, Frl. v. Uhde[211] u. Else Schöll. Dann noch spanisch, abend Brief an Eu, Zeitungen.

25/11

Brief von Heinz an Alfred, mit Nachricht seines guten Engagements in Mühlhausen. Brief an Mimchen, von 11-12 geritten, Masseuse. Nachmittag rendez-vous mit Katja bei Frl. Kauer, Brief von Emma Schlier, Brief an Marta. Etwas anstrengender Besuch des Bildhauers Dr. Wagner, der hohe geistige Forderungen stellt, dann um 8 mit Alfred zum souper zu Wolffs, großes, recht elegantes Fest, alles äußere: Essen, Blumen, Diener, durchaus auf der Höhe – aber langweilig! Um 11 fort, durch die schöne Mondnacht zufuß heim.

26/11

Früh zum Turnen, dann Kommissionen. Nachmittag Brief an Mimchen, von Mr. Parker mit Text seiner Oper; Besuch von Frau Willich mit Lotte, Brief von Eu. Gegen Abend Tommy's, die von Anette's Tee kamen; um 8 mit Tommy ins Künstlertheater zur »Verhaeren-Feier« des neuen Vereins: Vortrag von Weigand, dann Gedichte von einem Robert George nicht übel gelesen, dann das Drama »Philipp II«, das nicht sehr dramatisch, aber recht interessant wirkte.[212] Das Haus mit tout-Munich gefüllt u. eisig kalt;

---

gen lassen sich natürlich auch von der Bühne herab verwerten. Aber dann darf man nicht nach hundert Dingen greifen und Wahres neben Unwahres setzen, Schwank neben Trauerspiel und Posse neben Erkenntnisse echter Lebensweisheit, sondern man muß sich für einen Anschauungskreis entscheiden und ihn festhalten. Dann wird man das Publikum auch zu unterhalten vermögen und diesem Unterhaltungsbedürfnis ein Objekt reichen, das nicht in dem Grade zusammenschrumpft, wie man sich mit ihm in Nachdenklichkeit beschäftigt. (ausführl. Bericht in den *Münchner Neuesten Nachrichten* vom 25.11.1912)

211 vermutlich Anna v. Uhde
212 **Verhaeren-Feier**. ... Die in gutem Kontrast zu seinem pathetischen Gegenstand einfach und sachlich vorgetragenen Erörterungen Weigands umrissen das Bild des Dichters. Weitere Vertiefung erhielt es zunächst durch den Vortrag einiger ausgewählter Gedichte Verhaerens. Robert George sprach diese Verse mit vollkommener Einfühlung in ihren Gehalt ... Von den drei Dramen, die Verhaeren geschrieben, Helenas Heimkehr, Philipp II. und Das Kloster, wurde

sodaß Tommy, der zum späten Nachtessen noch mit zu uns kam, Tee zum Erwärmen begehrte.

27/11

Früh Masseuse, dann nach Bogenhausen gelaufen, mit Tommy's u. Architekt [Alois] Ludwig Bauterrains angesehen. Brief von Peter. Nachtisch Castillo, dann in die Stadt. Brief an Mim, Karte u. Roman[213] an Luigia, Karte von Scheve aus Malta; abend »Mona« von [Auslassung im Original][214] Text zu Parkers Oper, gelesen.

28/11

Briefe von ~~Pet~~ Mimchen, Miez u. Klaus, Brief an Mimchen. Von 11-12 Musikreiten, Masseuse. Nachmittag zum jour von Frau Hanfstängl, dann zu Richters, dann zu Katja. Abend Brief an Peter vorgeschrieben.

29/11

Brief an Peter beendet, zum Turnen, Kommissionen. Nachmittag Brief an Mim, Gratulation an Helene Gugg,[215] spanisch; beim Tee Katja u. Sophie. Brief von Marta, Karte von Eva, abends große soirée von über 60 Personen bei v.d.Leyens (Alfred erst nach dem Koncert), zwischen Wölf[f]lin u. Bernstein beitisch ganz gut unterhalten; dann Tanz, Tabak u. ödes Herumstehen, sodaß wir uns um 11 schon mit Bernstein drückten.

30/11

Masseuse; dann Weihnachtsbesorgungen bei angenehmstem Wetter. Nachtisch Castillo, Brief an Klaus, Karte an Eva, Brief an

---

hierauf das Mittelstück dieses Triptychons zur Darstellung gebracht. Verhaerens Carlos-Drama ist gleich weit entfernt von der historischen Linie und jener, die Schiller gezogen ... Frau v. Hagen gab die Komtesse äußerlich in geschmackvollen Kostümen und mit einem starken Innenleben von Klugheit und opferwilliger Liebe ... Herr v. Jacobi war, von einigen mehr lauten wie eindringlichen, aber vielleicht beabsichtigten Uebertreibungen abgesehen, ein Carlos, der noch Prinz genug war, um auch im Affekt die spanische Linie festzuhalten. Herrn Steinrücks Philipp war im ganzen die Kontur geblieben, die sein Philipp von Schiller aufzeigt ... (ausführl. Bericht in den *Münchner Neuesten Nachrichten* vom 28.11.1912)

213 Vorabdruck (Beginn: 26.9.1912; Ende: 31.12.1912) von Friedrich Freksa, *Erwin Bernsteins theatralische Sendung. Ein Berliner Theaterroman in 2 Bdn.* München, Leipzig: Georg Müller 1913.

214 von Brian Hooker

215 zum 60. Geburtstag am 30. November

November bis Dezember

Stadler nach Rom mit Glückwunsch zum Maximiliansritter; abends in die »Kammerspiele«, wo vor geladenem Publikum die ungestrichene Première von Wedekinds Mysterium »Franziska«, das bei der Auffürung möglicher als bei der A Vorlesung, mit ausgezeichneten Scenen, Aussprüchen voll ernster Sittlichkeit, Aussprüchen von cynischer Frechheit, mir keineswegs als das »Drama vom weiblichen Faust«, sondern im ganz[en] mir mehr als ein echt Wedekind'scher bluff erschien. Tout Munich, trotz der hohen Preise, sehr elegant, viel Beifall für Wedekind u. seine Frau.[216] Ende nach ½ 12!

1. December

Brief an Mimchen, Brief von ihr. Da Regenwetter, nur Besuch bei Frl. Bonn im Marienbad. Dann allerlei gekramt. Beitisch Manns u. Dr. Heimsoeth; beim Tee Mr. Dyer, Dr. Dingler u. Katja mit den Kindern. »Zukunft« gelesen u. Annette Kolbs unwarscheinliches »Exemplar« beendet.

2/12

Brief an Mimchen, von Hedwig Gugg. Von 11-12 geritten, Masseuse. Nachmittag Kommissionen, beim Tee Tommy's mit Erika,

---

[216] Münchener Kammerspiele: »Franziska« von Frank Wedekind. Frau Wedekind (Franziska), Herr Wedekind (Veit Kunz), Herr Otto (Herzog von Rotenburg), Herr Schwaiger (Polizeipräsident), Frl. Breda (Gislind), Frl. Balder (Sophie) u.a. – … Bei aller Anerkennung der ungeheuerlichen Ziele, die sich Wedekind in diesem Spiel gesteckt, kann man sich doch nicht verhehlen, daß er dem Zuschauer eine außergewöhnliche Anstrengung zumutet. Was menschenmöglich erscheint, die Fäden zu verwirren, das eben ist ihm recht, um ein Paradoxon mit dem anderen zu bekämpfen. Liebe, Ehe, Religion, Nacktheit und Kunst, in all ihren wechselseitigen wünschbaren und unwünschbaren Beziehungen zu- und untereinander werden glossiert und antiglossiert, dazu das Publikum ein wenig unter Feuer genommen … Frau Wedekinds Franziska zeigte die Darstellerin in einer neuen Phase. Nicht als ob man sich diese Gestalt nicht wesentlich anders denken könnte. Viele Lösungen sind denkbar. Aber diese Mischung von Kühle und selbstbewußtem Insichgekehrtsein erzeugte einen Eindruck und zeigte eine Figur, die stark genug war, diese fünf Akte zusammen mit Veit Kunz auch mit einem darstellerischen Inhalt anzufüllen. Frank Wedekind nahm manchmal Spiel und Haltung des Veit Kunz an. Das Vergnügen, diesen Darsteller zu sehen, besteht aber hauptsächlich darin, daß man darüber nie den Wedekind vergißt … (ausführl. Bericht in den *Münchner Neuesten Nachrichten* vom 2.12.1912)

um ihre Hausbaupläne ernstlich zu besprechen. Dann spanisch gearbeitet. Karte an Mrs. Parker, abends »Mona« ausgelesen.

3/12

Regen u. Matsch. Zum Turnen u. Kommissionen; Wunschzettel von Klaus. Nachtisch mit Katja zu Prof. v. Romberg, bei Heyse erkundigt, der schwer krank. Brief an Mimchen, spanisch. Abend mal wieder Goncourt gelesen.

4/12

Brief an Mimchen. Ausnahmsweise zum Musikreiten von 11-12, dann Masseuse. Nachtisch Castillo; Brief von Mimchen, Karte von Marta, Karten an sie u. Peter. Beim Tee Katja, dann gewurstelt. Abend Goncourt gelesen.

5/12

Friedrich kündigt mir in erregter Weise, weil ich ihm gestern Abend human gesagt, daß er Alfreds Wein vergessen! Brief an Mimchen, Karte von Frl. Gesellschap mit Frei-Billets für ihr Koncert![217] rendez-vous mit Katja in der Stadt, Weihnachtskommissionen; dann Masseuse. Nachmittag Karten bei Stucks, Besuch bei Huldschinsky's, Abschiedstee bei Katja, die morgen mit Erika u. Aißi nach Berlin. – Spanisch, abends Karten an Frl. Gesellschap u. Baronin Horn, Telephon mit Katja u. Eugenie, die endlich aus Partenkirchen zurück.

6/12

Brief an Mim, zum Turnen. Karten bei Stieler, Cornides, Oldenbourg u. Lindemann. Und Kommissionen. Nachmittag Brief von Peter u. an ihn, zum five o'clock im Russischen Hof zu Mrs. Parker (nur Amerikanerinnen!); dann noch spanisch u. abends mit Alfred bei Bonns, souper von 24 Personen, zwischen Prof. Fullerton u. Hausherrn leidlich, später dito, unterhalten.

7/12

Karten von Luigia u. Castillo. Karte an Castillo, Masseuse; zur Kauer u. Kommissionen bei schönstem Winterwetter. Nachmittags Besuch bei Frau Reisch, abends mit Tommy ins Residenztheater zur Première von Stefan Zweigs »Das Haus am Meer«, einem papiernen Stück schlimmster Sorte, kaum noch denkbar;

---

217 Das Konzert fand am 11. Dezember statt. Pringsheims haben es nicht besucht, da sie Gäste hatten.

entsprechend gespielt von Ulmer u. Berndl! Nicht ganz abgelehnt vom Premierenpublikum.[218] Nachher noch mit Tommy zuhaus genachtmalt. Beim Tee Hannchen.

8/12
Brief an Mim, Brief von ihr. Bei recht strenger Kälte Besuch bei Ganghofers, die ungemein herzlich; beitisch Tommy mit Golo und die Belli – ganz gemütlich. Beim Tee Bunge u. Else Schöll. Brief an Klaus; Abend Goncourt (Alfred im Theater).

9/12
Brief an Mimchen, von Katja. Schneiderei im Haus, von 11-12 geritten, dann Masseuse. Nachmittag Kommissionen, beim Tee Gusty, dann Antrittsbesuch von Eu. Abend allein (Alfred kunstwissensch. Gesellsch.), Brief an Aletta, Goncourt »La Société pendant la Révolution« ausgelesen. Karte der »Marquesa«[219] aus Alexandrien.

10/12
Brief an Mim, zum Turnen, Kommissionen für die Schneiderei. Nachmittag »Correspondance de Marie Caroline« weiter gelesen, spanisch gearbeitet, kl. Korrespondenz u.s.w. Abend »Marie Antoinette« von Goncourt begonnen.

11/12
Früh Brief an Mim, Masseuse, zur Kauer u. Kommissionen. Briefe von Mim u. sonderbarer von der Anna Kobinger-Köchin[220]. Nachtisch Castillo. Dann Vorbereitungen, Karte von Klaus, Brief an Marta. Abend 12 Personen: 3 Parkers, 2 Reischs, 2 Cornides',

---

218 K. Residenztheater: »Das Haus am Meer« von Stefan Zweig. Herr Gura (Krüger), Herr Ulmer (Thomas), Frl. Berndl (Katharina), Frl. Wimplinger (Christine) u.a. – … Zweig hat so viel echte Dichtkunst als glänzender Interpret aus fremden Sprachen ins deutsche übertragen, daß ihm vermutlich das Mißverhältnis zwischen seinem schon bewiesenen Geschmack und diesem belanglosen Stoff selbst klar geworden. Gerade der äußere Aufwand an klingenden und schönen Worten, mit denen der Autor mit gleichmäßigem Vorbedacht an alle seine Figuren austeilt und hübsche Wortgewänder überstülpt, zeigt, daß er kein inneres Verhältnis zu ihnen hat … Dem Zuschauer geschieht allerdings auch nichts. Er bleibt durchaus unbeteiligt an allem, was dort oben geredet und gepoltert wird … (ausführl. Bericht in den *Münchner Neuesten Nachrichten* vom 9.12.1912)
219 d.i. die Marquesa Respaldino y Mier
220 Sie war kurze Zeit bei Pringsheims als Aushilfsköchin tätig gewesen.

1 Schwickerath, 1 Heimsoeth, Emma Locher. Ganz gemütlich, mittelmäßiges Essen, etwas Musik; bis ½ 12.

12/12

Da nachts der Prinzregent[221] gestorben, das Musikreiten abgesagt. Brief an Mim, von 11-12 in der sehr vollen Ban geritten, Masseuse, beitisch Tommy, der erregt durch einen Zwischenfall Wedekind-Censurbeirat im Begriff steht, unaufhaltsam eine neue Dummheit zu begehen.[222] Kommissionen, beim Tee Milka, dann sehr lange Oberst Schweningers. Abend Correspondance Reine Caroline gelesen.

13/12

Zum Turnen u. Kommissionen. Brief an Mim, von Miez. Zum jour zu Eu, wo »echte Frauen« u. entsprechender Klatsch. Todesanzeige von Sir George Darwin u. Kondolenz an Lady Darwin. Spanisch gearbeitet, Briefchen an Peter. Abend »Correspondance Caroline«.

14/12

Brief an Klaus, von Katja. Masseuse, Weihnachtskommissionen. Nachtisch Castillo. Wieder in die Stadt. »Zukunft«, Caroline u. Marie Antoinette gelesen.

15/12

Brief an Mimchen, in die Stadt. Beitisch Tommy, Eva Türk,[223] Sandra Droucker, Mr. Dyer. Beim Tee, sehr lange, Frauen v. d. Leyen u. Hanfstängl, Frl. Trefftz, Herren Heimsoeth u. Hamburger. Abend Prinzregentenkarte an Erika, »Caroline« gelesen. Warmes Wetter mit Fön-Sturm.

16/12

Briefe von Mim u. von Peter, Brief an Mim. Von 11-12 geritten, Masseuse. Nachmittag ins Bruckmanngeschäft, die Photographie

---

221 d.i. Luitpold von Bayern (12.3.1821 – 12.12.1912)
222 Am 2.12. hatte auf Verlangen der Münchner Polizeidirektion eine Probe von Frank Wedekinds *Franziska* stattgefunden. Danach erließ die Polizeidirektion die Anordnung, daß ein Satz in Wedekinds Stück gestrichen werden müsse. Thomas Mann, der dem Zensurbeirat seit März 1912 angehörte, versuchte in seinem Brief vom 7.12. an Wedekind ihm die Notwendigkeit dieses Schrittes zu erklären. Wedekind hatte dafür wenig Verständnis und brach die Beziehung ab, wie Hedwig Pringsheim, die ihn ja schon lange kannte, vorausgesehen hatte.
223 d.i. Eva v. Baudissin

von Mahler besichtigt, dann zu Hannchens Geburtstagschocolade, wo auch Alfred u. manche Damen. – Zuhaus spanisch, abend Brief an Harold Smith nach Californien, Karte von Stadler aus Rom, »Caroline«.

17/12
Früh zum Turnen u. bei miserablem Wetter Kommissionen. Nachmittag Briefe an Mim u. an Kaete, beim Tee Eu. Schneiderin, probirt, abend Weihnachts-Wirtschaft. Spanisch, »Caroline«.

18/12
Früh Masseuse, dann sehr viel Weihnachtsbesorgungen bei wieder schönem Wetter in der festlich (?) belebten Stadt. Denn Prinzregentens Beisetzung wird eine große »Gaudi«. Nachtisch Castillo, Karte bei Sophie, Besuch bei Marga Obu[224]. Briefe von Mimchen u. Katja, Brief an Mimchen. Abend Weihnachtspackete u. »Caroline« gelesen.

19/12
Um 9 früh zu Böhler in die Briennerstr., nur unter Kampf u. Mühsal durchgedrungen, da seit 7 Ur die Menschen wie die Mauern standen u. die Ecken lebensgefärlich waren. Viele Leute bei Böhler, von Bekannten nur Hirths. Um ½12 kam endlich die Spitze des Zuges, dessen Hauptinteresse der Kaiser bildete. Sehr lang, teilweis ernst u. interessant, teilweis auch langweilig, dauerte er 1 Stunde, bei warmem »Kaiserwetter«. Dann noch ein wenig durch die Straßen gebummelt. Nachtisch Brief an Mim; dann zum amerikanischen jour zu Prof. Fine's, von dort zu Milka's Geburtstagstee, der schönen Blumenkorb geschickt. Auf dem Rückweg Lindemann getroffen, der mir die Geschichte des Bruchs mit seiner Tochter Irmgard konfidentiell erzälte. Und noch Kommissionen. Abend wieder Weihnachtspackete, Hochzeitsbrief an Hedwig Gugg.

20/12
Karte von Katja, ihre Ankunft meldend, Brief von Marta. Zum Turnen, dann Masseuse. Nachtisch Brief an Mim u. letztes Packet exspedirt; Karte u. Blumen von Frl. Deußen. Abend ins wieder eröffnete Residenztheater, in Hauptmanns »Michael Kramer«, der namentlich in Steinrücks Darstellung recht ergreifend wirkte, bis

224 d.i. Margarete Oldenbourg

auf den letzten Akt mit seinem endlosen Monolog.[225] Um 11 noch mit der eben aus Berlin eingetroffenen Katja telephonirt.

21/12

Früh Masseuse, dann rendez-vous mit Katja u. Weihnachtskommissionen mit ihr. Brief von Mim. Nachtisch Castillo, Besuch von Erika u. Golo mit Fräulein. Abend allein, da Alfred Fakultätsdiner. Gratulation an Max Pidoll, der mit I promovirt,[226] Weihnachtsbriefe an Miez u. Eva u. Karte an Lili Keith vorgeschrieben. »Zukunft« u. »Caroline«.

22/12

Karte von Peter, Brief von Klaus, Brief an Mim, in die Stadt, Weihnachtskommissionen. Beitisch Tommy's mit Erika u. Dr. Cohen, mit dem den »Fall Heinz« eingehend besprochen. Beim Tee Eu, dann »Dr.« Max Pidoll, später Crodu, nebst Katja-Erika. Abend Briefe an Marta u. Else und Harden[227]. Um ½11 Ankunft von Peter, mit dem noch bis 12 Familienleben.

23/12

Früh Masseuse, der ihren Weihnachten[228] überreicht. Brief an Mim, Kommissionen. Nachtisch mit Kranz u. Blumen auf den Friedhof. Beim Tee lang u. ausfürlich Stadler, zurück aus Rom. Karten von Else u. Eva, von Emma Schlier u. der Marquesa. Den ganzen Abend, wärend Peter solo den Baum putzte u. Alfred bei [Max] Pidolls Doktorschmauß, Vorbereitungen für morgen. Um

---

225 K. Residenztheater: »Michael Kramer« von Gerhart Hauptmann. Adalbert Steinrück (Michael Kramer), Herr v. Jacobi (Arnold), Frl. Lind (Liese Bänsch) u.a. – ... Den Kramer spielte Steinrück. Äußerlich wie einen ins Schmerzvoll-Unerbittliche transponierten Crampton; innerlich verhalten, Starrheit auf einem Untergrund von Liebe malend ... Den Arnold spielte Herr v. Jacobi. Mit (für den Zuschauer) starken Reminiszenzen an den Gespenster-Oswald. Im ersten Akt war die Figur mit zu greller Farbe angelegt, ohne, wenn auch verschüttete, innere Liebenswürdigkeit. Dann milderte sich das Bild und man sah die Tragik eines jungen Menschen, die in nichts anderem besteht, als daß man ihn im gefährlichsten Jünglingsalter nicht ohne Zwang gewähren läßt. Fein und dennoch charakteristisch wirkte Fräulein Lind als Liese Bänsch ...

226 Seine Doktorarbeit »Beiträge zur Lehre von der Konvergenz unendlicher Kettenbrüche« erschien 1912 bei Straub in München, 51 S.

227 im Original erhalten und veröffentlicht in: *Meine Manns*, 122-124

228 so im Original

Dezember

½11 Ankunft von Klaus, mit dem wir noch bis tief in die Nacht plauderten, zuletzt unter Alfreds Assistenz.

24/12
Brief von Miez, an Mimchen. Mit den Buben getrödelt, letzte Besorgungen in der Stadt. Nachtisch Schüsseln gerichtet, den Aufbau begonnen, dann nebst Peter u. Klaus zu Katja's Aufbau u. Tee; die Kinder sehr goldig u. brav. Dann zuhaus den Aufbau vollendet, Karten von Gusty u. Castillo. Nach 8 unser Aufbau, wie immer, nur one Heinz und zum erstenmal mit Tommy. Alles in den bekannten Formen, der bekannten Reihenfolge. Ich fügte Peters Aufbau aus eigenem noch einen Pelzmantel hinzu. Meine Geschenke: ein reizendes Platin-Ürchen in schmalem Lederarmband, ein Riesen-Chinchilla-Muff, eine Perltasche, (noch eine von Peter), Briefpapier, »Der Wiener Kongreß« von La Garde u. »Margarete v. Valois«; von Katja »Caroline«, die umtauschen muß; von Tommy Bonbonnière in schönem Kasten, von Eu Knopfgarnitur; von Eva Feuerbach-Briefe; von Hannchen Handarbeiten, von Brünnerl Nadelkissen; von Emminger »schöne Blumen«, von »Ingenieur« Richter eine Orchidee. Nach dem animirten u. bewärten Nachtessen noch Crodu's zu einem Glase Sekt. Um 12 totmüde u. schmerzgeplagt ins Bett.

25/12
Vormittags Bescheerung von Schneckenaichners u.s.w., klagender Brief von Lili Bam; Besuch bei Stadlers, bei mildfeuchtem Frühlingswetter u. Karte beim schwerkranken Heyse. Beitisch Familie, unten, mit 3 Löhrs, 11 Personen, oben »Fräulein« mit Golo u. Moni. Katja blieb mit allen vieren zum Tee, zu dem nur noch Eu erschien. Lula brachte einen schönen Kamelientopf, Evele eine Handarbeit. Abend, wärend Alfred mit Klaus im Koncert, kurzer Brief an Mim, u. innerlich u. äußerlich Ordnung gemacht. Nach dem Koncert Abendessen u. Familienleben selbviert.

26/12
Karte von Lili Keith, Brief an Mimchen, mit Peter erst zu Eu, die verfehlt, dann in die Stadt. Beim Essen Manns mit den Kindern, Gusty u. der Sänger Fußperg, die alle über den Tee – dazu noch Castillo – blieben, Fußperg mit Manns zum Abendessen bis ½12. Hatten schönes Koncert mit Alfred u. Klaus auf 2 Klavieren u. »Holländer« u. »Wotan« von Fußperg. Den ganzen Tag durch Schmerzen im Bein arg gestört.

27/12
Dankbrief von Hedwig Gugg, Karte von Harden, Brief von Mim. Brief an Mim, in die Stadt gehumpelt, Rechnungen bezalt. Nachtisch zu Frau Dr. Adams-Lehmann, die einen sehr guten Eindruck macht, mich genau untersuchte u. die Schmerzen auf rheumatisch-ischiashaftes glaubt reduciren zu dürfen. Beim Tee Sophie; gelesen, nach dem Essen Eu, die beim Einpacken Klaus sehr behülflich war, u. Familienleben. Abgebaut.

28/12
Vormittags Katja's Aufbau wol verpackt; vorher um 9 Abreise von Klaus nach Prag. Besuch von Eu, mit ihr bei Sommerwetter Spaziergang, Karten bei Oberhummers, Besuch bei Voß'. Mit starken Schmerzen heimgehumpelt, den ganzen Tag garnicht wol. Nachtisch Castillo, Brief von Hedda. Gelesen, abend alle Neujarskarten geschrieben u. Brief an Festers. »Zukunft«.

29/12
Briefe von Else, Miez, Eva, Dora [Rauch], Asta. Brief an Mim, Karte an Else, wegen allgemeinen Unbehagens zuhaus geblieben. Beitisch Tommy's mit Kindern u. Dr. Braune; beim Tee [Max] Pidoll p.p.c. u. die beiden Schöll, später Annette Kolb. Abends Karte an Urbina, Briefe an Marta u. Tante Asta; Familienleben.

30/12
Neujarskarten; Bettelbrief einer unbekannten Schulbekannten(?). Brief an Mim, Kondolenzkarte an Mengarini,[229] Dankkarten an Brünnerl, Hannchen, Ingenieur Richters. Bei schönem Wetter unter erneuten Schmerzen zu Mengele gehumpelt, Gratifikationen verteilt. Nachmittag zuhaus, Brief an Miez, Karten an Eva, an Frau Hutter. »Correspondance Caroline« gelesen, Familienleben selbdritt.

31/12
Alfred wird »Geheimer Hofrat«! Brief an Mim, Brief von ihr, Karte von Luigia, hübsches Tulpenkörbchen von Parker. In die Stadt, Kommissionen. Nachmittag kurzer Gratulationsbesuch von Eu, Dankkarte an Parker; herrlicher Fliedertopf von Milka. Gelesen, abends, von Eu im Auto abgeholt, zum Sylvesteressen zu Tommy's, wo außer uns noch Löhrs. Wegen des am nächsten

---

229 zum Tod seiner Ehefrau Grete, geb. Traube

Morgen nach Berlin abreisenden Tommy nur bis 11 leidlich gemütlich und »familiant« beisammen. Dann in der Tram heim u. Eu begleitet, sodaß grade Mitternacht erreicht ward. Bei Katja wurde der neue »Geheimrat« im Blumensessel sehr ausgezeichnet u. »Affa« beugte der Kündigung durch erlesenen Tafelschmuck vor, ihren Rum als »Festordnerin« neu bestätigend. Wetter unglaublich schön.

[1913]

[1]München, 1 Januar 1913
Erste Tat: Diener Friedrich zu seiner Bestürzung die gewünschten Papiere überreicht. Allerlei Karten, viele Glückwünsche u. Depeschen zu Alfreds »Geheimrat«; Briefe von Frau Fester und Lucie. Cour des Personals[2], Schneckenaichners mit Blumen u. Versen. Bei herrlichem Wetter Spaziergang, von dem mit erneuten starken Ischiasschmerzen heimkehrte. Beitisch nur Katja mit den Kindern, da Tommy zu »Fiorenza« nach Berlin abgereist. Gratulationsbesuch von Hannchen mit Annchen[3], beim Tee Milka mit Marga [Oldenbourg] und einer netten Miss Pond. Abend Familienleben nur zu viert, mit Peter u. Katja. Brief an Mim.

2/1
Brief von Kaete, Karten von Ilse u. Klaus, an Munthe-Kaas, Grete Schwind, Cile, Bassermann-Jordan. In die Stadt, dann Masseuse; dazu Schneiderin im Haus. Brief von Heinz, verstimmend u. irritirend wie all seine letzten Briefe. Mit Packen begonnen, beim Tee Katja zum Abschied. Einen neuen Diener[4] aus D. Eisenmann-Büreau gemietet u. den Abend über etwas konfus gepackt, gerechnet, Wirtschaft versorgt.

3/1 Berlin
Um 8 mit Peter – Lula im Nebencoupé – gereist, wo nach normaler Fart um 5 Ankunft. Alles leidlich wol vorgefunden, Tommy rasend nervös u. unzufrieden. Nach kurzer Begrüßung Kleider aus dem Koffer gerissen, in rasender Hast Toilette, um 6¼ Diner, um 7 alle ins Theater gefaren, wo außer Mimchen die ganze Familie sich versammelte. »Fiorenza« – kein Theaterstück – interessirte u. unterhielt mich durchaus, wurde vom Publikum, bei lieblosungenügender Darstellung, achtungsvoll, anständig u. lauwarm

---

1 Beginn auf der rechten Seite. Auf der linken Seite links oben kleine Vignette: L. Schreibmayr. Theatinerstasse 18.
2 das sind die beiden Jungfern Annie und Betty, die Köchin Fanny, der Diener Friedrich und die Hausmeisterfamilie Michael Hacker
3 d.i. Anna Borchers, Hanna v. Bruckmanns Schwester
4 d.i. Wolf od. Wolff

Januar

aufgenommen; trotzdem erschien Tommy – wie gerufen.(!)⁵ Nachher höchst überflüssig-planloses, wie vorauszusehen ungemütliches Beisammensein im Esplanade, an dem außer uns noch Lula mit Schwager (am Katzentisch!), Dernburgs, [Samuel] Fischers, die greulichen Meyers, Winterstein u. die »Jünger« Bruno Frank u. v. Hülsen teilnahmen. Wir andern furen um 1 Ur heim, wärend Tommy noch in die tiefe Nacht hinein kneipte.

4/1

Spät auf, bei Mim den gemütlichen Morgentee; mit Tommy die fast durchweg schlechten Kritiken gelesen, die ihn doch wol recht ärgerten. Briefchen von Alfred, wütend über eine neue Lessingiade, die Tommy ebenso geschmacklos wie dumm heraufbeschworen.⁶ Mit Mim ausgefaren, nach dem lunch Brief an Alfred, ausgepackt u. geordnet, genäht, ernster Brief an Heinz, streng aber gerecht, so wie ich schreiben mußte. Bei Mim Familie, incl. Koffka's, gleich nach dem Essen mit Tommy ins Deutsche Theater gefaren, wo auf schlechten Plätzen (»einem geschenkten Gaul« u.s.w.) den »blauen Vogel« sahen, der in netter Darstellung zum Teil recht gut wirkt.⁷ Nachher noch mit Bruno Frank im H. Bristol soupirt, um 12 heim, wärend Tommy in die Nacht hinein kneipte.

5/1

Spät auf. Nach dem Tee den Brief an Heinz abgeschrieben, Karte an Marta, Spazierfart mit Mim bei andauernd herrlichem Wetter.

---

5 Kammerspiele, Berlin: »Fiorenza« von Thomas Mann. Regie: Paul v. Schlippenbach. Paul Wegener (Lorenzo de Medici), Fritz Kortner (Piero de Medici), Wilhelm Bendow (Kardinal), Mary Dietrich (Fiore), Lothar Koerner (Prior) u.a. (*Das Deutsche Theater*, 351)

6 In seinem Text »An die Redaktion der ›Staatsbürger-Zeitung‹ II« bezieht sich Thomas Mann auf seine Kontroverse mit Theodor Lessing: »… Selbstverständlich war es, bei jener von Professor *Bartels* herangezogenen Kontroverse zwischen dem Privatdozenten Dr. Theodor *Lessing* und mir, eine Finte meines noblen Herrn Kombattanten, daß er die Familie meiner Frau beständig als *meine* Familie bezeichnete … Ich ließ einfließen, daß die betreffende, von Herrn Dr. Lessing recht unsachlicher Weise unaufhörlich zitierte Familie mir ›durch Heirat verwandt‹ (also *nicht blutsverwandt*) sei …« (GKFA, Erz. I, 346)

7 Deutsches Theater, Berlin: »Der blaue Vogel« von Maurice Maeterlinck. Premiere: 23.12.1912. Lia Rosen (Tyltyl), Mathilde Danegger (Myltyl), Mary Dietrich (Licht), Käte Rosenberg (Zauberin Berylune/Nachbarin Berlingot), Josef Klein (Vater Tyl), Else Heims (Mutter Tyl/Mutterliebe) u.a. (*Das Deutsche Theater*, 351)

Beim lunch nur Peter, dem meinen Brief an Heinz vorlas u. die Lessingiade. Den »Pan« gelesen u. Kerrs mehr als hämische, niederträchtige Kritik über »Fiorenza«.[8] Nachmittag Miez u. Hedda, abends noch Peter u. Tommy, den erst jetzt begrüßte u. dem Kerrs Kritik doch sehr auf die Nerven ging. Familienleben bis gegen 10 Ur.

6/1
Briefe u. Karten von Anna Case, Lisbet, Guccia u. Frigga[9]. Bei Mim Geplauder, Brief an Alfred, Karte an Katja, Spazierfart mit Mim. Nach dem lunch den nach München abreisenden Tommy an die Ban begleitet, mit Spazierweg heim. Geruht, nach dem Tee zu Mimchen, wo Eva u. Miez, später Bondi. Abend allein mit Hermann u. Else, das müde Mimchen zu kurzem Beisammensein unten. Im Bett gelesen.

7/1
Brief von Alfred, nebst der taktlosen, mehr als dämlichen Erklärung seines arischen »portugiesischen« Ursprungs von Tommy in der »Staatsbürger Ztg.«.[10] Brief an Klaus, Spazierfart mit Mim bei Nebelwetter. Nach dem lunch genäht, zum Tee zu Marta in die Augsburger-Str. 32, ganz herzlich u. plaudersam. Dann bei Mim mit Else u. Ilse. Beim Essen Kaete u. Peter, Hermann schmerzensreich. Später noch Mimchen. Im Bette »Dionysos« von Nagrodskaja gelesen.

8/1
Brief von Alfred, Briefe an ihn u. Katja; Drucksachen retournirt. Spazierfart mit Mim bei nebelgrauem Himmel, Karte bei Fürstenbergs; nach dem lunch Spazierweg zu Deutschs, wo Karte gelassen

---

8 Alfred Kerr, **Thomas Mann: »Fiorenza«**. Erstaufführung im Kammerspielhaus. In: *Der Tag* vom 5. Januar 1913. (Text s. Anhang *Zusätzliche Dokumente*)

9 d.i. Frigga v. Brockdorff

10 Gemeint ist der am 15. Dezember 1912 unter der redaktionellen Überschrift *Thomas Manns Rassenbekenntnis* in der Berliner ›Staatsbürger-Zeitung‹ erschienene Text, in dem es im letzten Absatz heißt: »Was einen Forscher wie Professor Bartels an meiner und meines Bruders Produktion fremdartig anmutet, wird wohl, teilweise wenigstens, auf jene *lateinische (portugiesische) Blutmischung* zurückzuführen sein, die wir tatsächlich darstellen. Wenn er Richard Dehmel einen ›slawischen Virtuosen‹ nennt, so möge er uns ›romanische Artisten‹ nennen. Juden sind wir nun einmal nicht.« (GKFA, Erz. I, 347)

u. Besuch bei Miez. Beim Tee Andreas, später bei Mim Miez u. Else. Beim Essen unten Mimchen; dann vertrautes Gespräch mit Else allein über Heinz u. Andreas. Im Bett gelesen, dumme Skizze von Luigia, Genée's »Promemoria« u. »Dionysos«.

9/1

Brief von Katja, an Anna Case. Spazierfart. Nachmittag Karte bei Frau [Therese] Simon. Besuch bei meiner alten Justine Rodenberg, Tee bei Peter, mit der netten Gleistein. Beim Essen Mim u. Andreas, Kranach, Genée u. Mühlinghaus. Im Bett »Dionysos« ausgelesen.

10/1

Briefe von Emma Schlier u. von Alfred; Briefe an Lily Bamberger u. an Alfred. Mit Mim zum Zanarzt Förster u. Spazierfart. Nach dem lunch etwas rauher Spazierweg im Tiergarten; beim Tee unten Lu Dernburg, dann oben bei Mim Ilse, Miez u. Hedda, die mit speiste u. mit mir ins »Deutsche Theater« fur (R.'s in »Carmen«) zu der vielgerümten Vorstellung von »Heinrich IV«, die ich, mit Ausnahme von Wegner u. manchen Einzelheiten, direkt mittelmäßig u. eher ermüdend fand.[11]

11/1

Karte an Emminger; »Zukunft« u. »Pan« gelesen, Spazierfart mit Mim. Nach dem lunch geruht, Mims Aufsatz »Der alte Mann u. die alte Frau«[12] kritisch gelesen. Nach dem Tee Besuch von Fürstenbergs, dann von Harden, teils noch mit Fübe's zusammen, teils oben bei Mimchen. Beim Essen Mimchen, dann mit Else, früh hinauf, im Bett gelesen »Pantomime« von Auguste Hauschner.

12/1

Mit Mim ihren Aufsatz durchgesprochen, Briefe an Alfred u. an Castillo, Spazierfart. Beim Essen Mim, Miez mit Heddalieschen[13], Peter, auch über den Tee. Dann oben bei Mimchen, abend Familienleben mit ihr, Miez u. Ilse. Im Bett »Pantomime« ausgelesen.

---

11 Deutsches Theater, Berlin: »König Heinrich der Vierte« (Erster Teil) von William Shakespeare. Premiere: 12.10.1912. Paul Wegener (Heinrich IV.), Alexander Moissi (Prinz Heinrich), Werner Schott (Lancaster), Else Heims (Lady Percy), Gina Mayer (Lady Mortimer) u.a. (*Das Deutsche Theater*, 351)

12 Vermutlich identisch mit *Rätselbilder vom Leben und vom Tod* erschienen in: Berliner Tageblatt Nr. 9 vom 3.3.1913, Beiblatt *Der Zeitgeist*.

13 das sind die beiden Schwestern Hedda und Luigia Gagliardi

13/1
Briefe an Transehe u. Eu, Spazierfart. Brief von Alfred mit Einlagen, Auskunft an Edg. Ladenburg wegen Diener Friedrich, Spaziergang bei rauhem Wetter. Geruht, nach dem Tee zu Mim, wo später Else u. Eva. Beim Essen Mim, dann Familienleben, im Bett La Garde gelesen.

14/1
Brief an Alfred, von Katja. Spazierfart, nach dem lunch Bummel in die Stadt. Bei Mim oben Hedda u. Else, dazwischen Besuch von »Leutnant v. Rohrscheidt« (Gunter). Um 8 Diner unten, mit Fürstenbergs, [Felix] Simons, Ilse's u. Max I. Friedländer, sehr fein, sehr elegant, durchaus gemütlich.

15/1
Brief an Katja. Spazierfart bei strammer Kälte, nach dem lunch Besuch von Marta, Karte von Alfred, Brief an Tante Lucie. Zum Tee zu Frau Stern, wo nur Frl. Gleistein noch; beim Essen Peter, nachher noch kurze Zeit Mim, die nicht recht wol. Im Bett »Wiener Kongreß« gelesen.

16/1
Karte von Erika, Brief an Alfred, Briefchen an Frau Deutsch. Spazierfart mit Mim, dann mit Tram nach Grunewald, bei Bondi's gegessen, von Dora [Brinkmann] begrüßt; und ganz gemütlicher Besuch zum schwarzen Kaffee bei Pannwitz'. Mit Auto heim, zu Mim, wo Else u. Miez. Beim Essen die 3 Donnerstag-Herren[14], später noch Mim. Im Bett gelesen.

17/1
Briefe von Klaus, von Katja, von Alfred mit Einlagen. Brief an Alfred, Karte an Katja. Spazierfart, dann zum lunch zu [Felix] Simons, ganz intim u. recht gemütlich. Bei Mimchen oben dann Miez, Hedda u. die geräuschvoll muntere Frl. Georgi. Abend mit R.'s u. Peter in die Kammerspiele, Première von »schöne Frauen« von Étienne Rey, eine mittlere Posse vieux jeu[15] one Geist u. Drollerie, von Bassermann u. Biensfeld sehr gut, von den 4 schö-

---

14 das sind Cranach, Genée und Mühlinghaus
15 (frz.) altmodisch, abgedroschen

nen Frauen recht mäßig gespielt, auch lau aufgenommen.[16] Im Bett noch »Zukunft« gelesen.

18/1
Brief an Klaus, mit packen begonnen, Spazierfart (bei Tauwetter) mit Mim u. Eva. Karte von Alfred, nachmittags gepackt, bei Mimchen Else u. Mieze, um ½ 8 mit Else bei Fürstenbergs allein gut u. gemütlich gegessen, nachtisch noch Harden; angeregte Gespräche bis nach 11 Ur.

19/1 München
Fertig gepackt, Karte von Alfred, an Frau Berreth. Sehr präcis gegessen, mit Mim, Miez u. Luigia u. Peter, der mich zur Ban brachte; Abreise 1.10 in sehr vollem Zug, doch schließlich leidlich untergekommen, langweilige Fart, »Wiener Kongreß«[17] gelesen. Von Alfred abgeholt, Geplauder.

20/1
Gepackt, geordnet etc. In die Stadt, beitisch Tommy's mit Aißi (Erika erkältet). Nachtisch mit Katja auf den Friedhof, Erik schöne Kränze gebracht; beim Tee Eu. Brief an Mimchen, abend Eriks Briefe u. Erinnerungen wieder durchgelesen, wärend Alfred mit Frau [Annette] Simon im Koncert.

21/1
In die Turnstunde; Bücher gerechnet etc. Nachmittag Brief an Mim, zum Tee bei herrlich mildem Wetter zu Katja gegangen, wo Erika mit Fieber im Bett. Abend kl. Korrespondenzen aufgearbeitet.

22/1
Früh Masseuse; Brief von Mim, bei Sudelwetter in die Stadt. Nachmittag Brief an Mim, »Wiener Kongreß« gelesen. Abend mit Alfred »gemütlich« (lucus a non lucendi!)[18] bei Crodu's.

---

16 Kammerspiele, Berlin: »Schöne Frauen« von Étienne Rey. Premiere. Albert Bassermann (François), Camilla Eibenschütz (Germaine), Paul Biensfeldt (Jacques) u.a. (*Das Deutsche Theater*, 351)

17 von Auguste Graf de La Garde

18 recte: lucus a non lucendo. Lat. Redensart zur Bezeichnung einer unsinnigen Etymologie: der Hain wird lucus genannt, weil es darin nicht hell ist (non lucet). Soll hier heißen, daß es gemütlich gewesen wäre, wenn Crodu's überhaupt wüßten, was Gemütlichkeit ist.

23/1
Brief an Mimchen; zum Reiten in die Ban; Masseuse. Da miserables Schnee- u. Dreckwetter, nachmittag zuhaus, gelesen, beim Tee Dr. Cohen, dann spanisch gearbeitet, abend gelesen.

24/1
Früh zum Turnen, dann in die Stadt, bei Frühlingswetter. Nachmittag Briefe an Mim u. Peter, spanisch. Beim Tee Katja, die ein Stück begleitet; Sophie verfehlt. Abend Karte an Fürstenberg, »Wiener Kongreß« gelesen.

25/1
Brief an Klaus, Masseuse. Bei Frühlingswetter Besuch bei Crusius. Nachmittag Castillo, beim Tee Tommy's u. Architekt [Alois] Ludwig mit Bauplänen; abend mit Crodu (der später noch bei mir nachtmalte) ins Schauspielhaus, in Korfiz Holms »Mary's großes Herz«, ein leidlich unterhaltendes, unbedeutendes Lustspiel, das nur durch den unberechtigten Klatsch, den München darum gewoben (Nelly Sedelmayer u. ihr Kreis soll dargestellt sein), aufgebauscht worden u. dauernd volle Häuser macht.[19]

26/1
Brief von Mim, Brief an sie u. Karte an Peter, bei Schnee u. Regen Spazierweg »ums Carré«. Beitisch Manns mit Erika u. Crodu's. Beim Tee Frl. Michalek, nett u. anmutig, Ebers', Parker, [Arthur] Rosenthal, Gusty u. Sophie. Abend »Wiener Kongreß« gelesen.

27/1
Schöner Wintertag. Brief an Mim, zum Reiten, Masseuse. Nachmittag Besuch bei Frau Lotz, Brief von Harold Smith aus Los Angelos mit seiner Vermälungsanzeige! Spanisch gearbeitet, Karte an Ernst Wagner, gelesen.

28/1
Zum Turnen, in die Stadt, Brief an Mim. Nachmittag Besuche bei Bosetti u. Drygalski, Karte bei Seeliger, zum Tee mit Alfred bei Katja. Abend gelesen.

---

19 M. Schauspielhaus: »Mary's großes Herz« von Korfiz Holm. Herr Heller (Dr. Enrieder), Frl. Gerhäuser (Seine Frau), Herr Randolf (Dr. Wolfgang Enrieder), Frl. Drexler (Billy), Karl Günther vom Deutschen Volkstheater in Wien a.G. (Graf zu Törwang) u.a.

Januar bis Februar

29/1

Brief an Mim; zum Musikreiten des Reit- u. Farvereins bei Mengele, mit Herrn v. Meier-Stayberg geritten u. gut unterhalten, von Prinz Alfons mit längerer Ansprache ausgezeichnet. Briefe von Mim, Peter und Klaus. Masseuse, nachmittags Castillo, beim Tee lange u. gemütlich Frau Seeliger. Abend gelesen.

30/1

Brief an Mim, Masseuse, rendez-vous mit Katja, Kommissionen, sehr kalt. Nachmittag zum jour zu Gleichens, beim Tee Katja, dann Sophie verfehlt u. Katja begleitet. Abend gelesen u. geschrieben.

31/1

Kiste mit Wäsche für Klaus gerichtet, zum Turnen. Briefe an Mim u. Peter, Briefe von Ilse, Telegramm u. Eilbrief an sie. Nach dem Tee zu Katja, die morgen mit dem Hausstand für etliche Wochen nach Tölz siedelt; von der zu Huldschinsky's, wo mit den Eltern Fürstenberg, später noch Jaffé's, einen gemütlichen Abend verbrachte.

1 Februar

Telegramm von Ilse, ihr Kommen meldend, Vorbereitungen, Abrechnung mit, Zeugnis für Friedrich, in die Stadt, Masseuse. Brief an Klaus, nachtisch Austritt von Friedrich, Eintritt von Wolff. Beim Tee Fürstenbergs, Jaffé's u. Hulschinki's; abend mit Alfred ins Residenztheater, in Strauß' »Ariadne auf Naxos«, zu spielen nach Molière's »Der Bürger, als Edelmann«: ein Zwitter von unerlaubter Art, in dem der Humor den Ernst totschlägt, u. umgekehrt, sodaß man nur verstimmt wird. Die Oper gut, die Komödie miserabel gegeben.[20] Nachhaus kommend, die eben angekommene Ilse begrüßt, mit ihr soupirt. Und Brief von Mimchen.

---

20 K. Residenztheater: »Ariadne auf Naxos« von Richard Strauß. Personen des Schauspiels: Herr Wohlmuth (Jourdain), Fr. Swoboda (Seine Frau), Frl. Glenk (Dorimène), Herr v. Jacobi (Dorantes), Fr. Schwartz (Nicoline) u.a. Personen der Oper: Frl. Fay (Ariadne), Herr Wolf (Bacchus), Fr. Bosetti (Zerbinetta) u.a. – **Ariadne auf Naxos** zu spielen nach dem Bürger als Edelmann des Molière. … In dieser Form ist die Ariadne für eine Repertoire-Oper einfach unmöglich. Das Publikum war geistig erschlagen, als nach zwei Stunden Schauspiel endlich die Oper anfing … Die Aufführung der Oper selbst war glänzend. Fräulein Fay war

2/2
Familienleben, Brief an Mim, Besuch von Sophie, mit Tölz telephonirt, bei Hundewetter mit Ilse eine Stunde spaziert. Beim Tee Schul[t]ze-Naumburg, dann Else Schöll. Abend zum diner zu Milka, mit Gabrilowitsch u. Paul Stengel ganz gut unterhalten, sonst unerheblich. Ilse mit ihren Freunden gebummelt.

3/2
Brief an Mim, mit Ilse in die Stadt, beitisch Paul Stengel, sehr gemütlich. Nachmittag Brief an Eu, auf einen sehr deprimirten von ihr; mit Katja telephonirt, abend zu einem schrecklichen Professorenpumpel bei Wengers; wärend Ilse mit ihren Freunden karnevalistisch bummelte.

4/2
Brief an Mim, Karte von Eu, mit Katja telephonirt. Bei Frühlingswetter in die Stadt, nachmittag allein in den ledernen Faschingstrubel gestürzt (wärend Ilse mit ihren Freunden bummelte); beim Tee Ilse u. Schulz[t]e-Naumburg; Gratulation an Faber zur Verlobung,[21] gelesen. Abend um ½10 Tommy auf der Durchreise nach Leipzig 1½ Stunden hier, gegessen u. noch Ilse begrüßt, die nach Abreise ihrer Freunde solide um ½11 nachhaus kam. Brief von Transehe.

5/2
Brief an Mim, Brief von ihr. Zum Reiten, von dort direkt zu Ceconi, den Zan, der mir seit beinah 3 Wochen arge Schmerzen bereitet, one Lokalnarkose ganz naturel reißen lassen; schmerzhaft aber rasch. Dann Masseuse. Nachmittag Castillo, Tee-Familienleben, abends mit Ilse in die Kammerspiele, Première von Molnár's »Das Märchen vom Wolf«, sehr gut gespielt, in den

---

eine Ariadne aus tönendem Marmor. Wie ein Monument ragten ihre klaren, starken Töne ... Wolf sang mit dem ganzen Glanz seines üppigen Tenors den Bacchus. Er schwelgte auf den hohen Tönen ... Die Krone von allem in der Oper war Frau Bosettis Zerbinetta. Die große, fast zwölf Minuten lang in den schwindelndsten Koloraturen schwebende Arie erlebte durch Frau Bosetti geradezu ihre Uraufführung ... Im Schauspiel gab Wohlmuth mit der Liebe und Hingebung, die er stets an seine Gestalten setzt, den Jourdain ... Frau Swoboda zeichnete die Frau Jourdain mit kräftigen Zügen ... Herr v. Jacobi war ein charmanter Dorantes ... (ausführl. Bericht in den *Münchner Neuesten Nachrichten* vom 1.2.1913)

21 mit Gertrud Klinger

beiden ersten Akten unterhaltend u. lustig. Dann flaut es ab.[22] Spät aus, noch viel später ins Bett.

6/2
Brief von Peter, an Mim; Karte von Eva aus Kairo. Masseuse, dann in die Stadt, meist von Derleth begleitet. Ilse vormittags nach Tölz gefaren, bei andauernd unwarscheinlichem Frühlingswetter. Nachmittag Karte bei Frl. Michalek, beim Tee Sophie, später Lula. Spanisch gearbeitet, um ½9 Ankunft von Tommy, befriedigt von Leipzig zurück; um ½10 Ilse, ebenso von Tölz. Familienleben.

7/2
Lang ausgedehntes Frühstück; zum Turnen, Briefe an Mim u. an Peter. Nachmittag Abreise von Tommy nach Tölz, beim Tee Ilse[s] Freundin Frau Reuter, Gusty, Sandra Droucker u. Frau v. Stuck. Abend, Ilse allein lassend, zu Crusius, wo mich mit Wölfflin, den neuen Bäumkers u.a. ganz leidlich gut unterhielt.

8/2
Allerhand Telephon- u. Briefscherereien wegen demnächstiger Gesellschaft; zum Reiten u. Masseuse. Nachmittag Castillo, Brief an Klaus. Alles Silber durchgesehen mit Wolf; Karte an Eu. Abend mit Alfred u. Ilse zu Hallgartens, große soirée von 60 Personen, erst recht hübsche Kammermusik, dann souper, dann Tanz. Nun, ganz nett u. gemütlich, one Aufregung.

---

22 Münchener Kammerspiele: »Das Märchen vom Wolf« von Fr. Molnár. Herr Ziegel (Dr. Kelemen), Frl. Roland (Seine Frau), Herr Kramer (Szabó), Fr. Prasch-Grevenberg (Die Gräfin), Herr Otto (Leutnant Mikhál), Frl. Werner (Frau Ritter) u.a. – Gespielt wurde vortrefflich. Roberts Regie suchte wieder im Detail anzuknüpfen, und aus diesen Einzelwirkungen eine Kette fortzuspinnen, die den Zuschauer mit in die Bewegung zieht … Ida Roland in dem Grade zurückhaltend und beschwichtigend als Gattin, wie Erich Ziegel aggressiv wurde in seiner Nervosität. Fein war die Leichtigkeit dieser nervösen Art, zu sprechen und aufzufahren, und dabei immer den leisen Unterton von Ironie mitschwingen zu lassen, auf den diese Figur gestimmt ist … Leopold Kramer fuhr auf dem Viergespann dieser Rolle, das der blendende Rittmeister, der ordensgeschmückte Diplomat, der schwarzgewandete Hamlet und der Lakei in Tressen ziehen, wie ein sieghafter Triumphator einher. Scherzte und plauderte, war witzig und oberflächlich, heroisch und impulsiv, wie es die Minute von seinem wechselnden Kostüm erheischte … (ausführl. Bericht in den *Münchner Neuesten Nachrichten* vom 7.2.1913)

9/2
Brief an Mim u. von ihr. Allerlei Einladungsschererei, telephonisch u. brieflich. Spaziergang mit Ilse bei herrlichstem Wetter. Beitisch Gulbransons, ungewönlich nett u. amüsant. Beim Tee Scheubner-Richters mit Schwester, Frau u. Frl. Parker, Frl. Treftz. Abend kurzer Besuch von Annette, Familienleben u. um 10 Abreise von Ilse, mit der ich mich mehrfach freundschaftlich ausgesprochen, nach Berlin.

10/2
Briefe an Marta u. an Mimchen, Karte von Eva aus Kairo, Masseuse, in die Stadt bei Prachtwetter. Nachmittag nochmals Kommissionen, nach dem Tee spanisch. An Katja Zeitungsausschnitte u. Briefchen, Karte an Castillo; abends allein, Briefe an Transehe u. an Harold Smith.

11/2
Briefe von Lili Bamberger u. Frl. Deußen. Ziemlich unwol, trotzdem bei Regenwetter in die Turnstunde, dann Kommissionen. Nachmittag Brief an Mim, recht influenzirt gelegen, »Wiener Kongreß« ausgelesen u. »Zukunft«. Früh ins Bett mit Fieber (38.7).

12/2
Schlechte Nacht, Angina kommt heraus. Doch aufgestanden, Brief von Mim u. an sie, Absagekarte an Castillo. Sehr unwol u. fiebrig teils im Schlafzimmer, teils unten lesend gelegen. »Rundschau« u. »Bohemia sentimental«[23]. Infolge von Eberts Tod Absagen von Seeligers u. Lotz'. Telephon mit Katja.

13/2
Befinden besser, keineswegs gut. Kondolenzbrief an Frau Ebert, nebst Karte u. Kranz; Telephonschererei, Masseuse. Karte von Castillo, von Klaus aus Berlin, Ausladung von Lotz zu morgen. Briefe an Mim u. Eugenie. Mit Katja telephonirt. Nachmittag Vorbereitungen, abend Gesellschaft: Crusius', Drygalski, Dycks, Munckers, Fines, Stadlers, Hallgartens, Löhrs, Reischs, Milka u. Braune. Wirklich wieder sehr nett und angeregt, wunderhübsche Tafel, gutes Essen, animirte Stimmung. Setzte mich unter Alkohol u. hielt gut durch. Schluß ½ 12.

---

23 von Enrique Gómez Carrillo

Februar

14/2

Wieder leidlich wol, doch entschieden matt, den Tag noch zuhaus geblieben. Ordnung geschafft, Briefe von Peter u. Ilse, an Mim, Peter u. Katja, Karte an Castillo, Obst an Harden; spanisch gearbeitet, spanisch gelesen, spät nach dem Koncert mit Alfred gegessen.

15/2

Früh mit Harden telephonirt, mit Alfred in die Pinakothek, wo geladene Gesellschaft – viel Bekannte – 2 neubespannte Säle besichtigte.[24] Dann, von Harden abgeholt, ihn zum Hôtel begleitet. Nachher Masseuse. Nachmittag Castillo, Briefe an Ilse u. Klaus, Briefchen an Lisbet. Abends, obschon doch noch recht matt, in Hardens Vortrag (in der Tram Zwischenfall durch vergessenes Portemonnaie, Entlehnen von Geld, worauf der unbekannte Bekannte entwich, bevor ich sein Nam' u. Art[25] erkunden konnte). Der Saal gesteckt voll, aber kein bekanntes Gesicht außer Paul Huldschinsky, der neben mir saß u. Bernstein, der mich nachhaus brachte. Denn Harden reiste sofort nach dem sehr guten, riesig erfolgreichen Vortrag schweißgebadet ab.[26]

---

24 Die k. Alte Pinakothek hat in den meisten ihrer Säle ein neues Gewand bekommen. Es war ein Lieblingswunsch des zu früh dahingegangenen Herrn v. Tschudi, eine künstlerische Behandlung der Wände, die den bedeutendsten Schätzen der Malerei als Hintergrund dienen, durchzuführen ... Die Besucher der nach Tschudis Prinzipien mit einem neuen Gewand bekleideten Säle der Alten Pinakothek werden im Quattrocentistensaale unmittelbar neben dem Eingang vom Tiziansaale eine neue Erwerbung bemerken: ein Familienbild, das Mann, Gattin und Kind darstellt ... Es wurde früher dem Francesco Cossa zugeschrieben, jetzt aber dem 1495 in Ferrara verstorbenen Meister Cosimo Tura ... (Berichte in den *Münchner Neuesten Nachrichten* vom 16.2.1913 und 17.2.1913)

25 Anspielung auf Richard Wagners »Lohengrin« 1. Akt, 3. Szene: Lohengrin an Elsa: »Nie sollst du mich befragen, / noch Wissens Sorge tragen, / woher ich kam der Fahrt, / noch wie mein Nam' und Art!«

26 **Zwischen Krieg und Frieden**. ... Die wichtigen politischen Ereignisse der letzten Zeit sind die Vernichtung der europäischen Türkei, die in der Hauptsache vollzogen ist, der Entschluß Englands den vor einem halben Jahrhundert kein Gehirn für möglich gehalten hätte, dem Slaventum die Vorherrschaft des europäischen Festlandes lieber zu gönnen als den stammverwandten Germanen, und der erste positive Schritt zur praktischen Herbeiführung des lange erträumten britischen Weltreiches, dadurch, daß die britischen Kolonialstaaten die Verpflichtung übernahmen, an Englands Verteidigung mitzuarbeiten und die englische

16/2
Recht unwol, zuhaus geblieben. Brief von Mim, Brief an sie. Dann Einladungen verfaßt. Nachmittag herumgelegen, kein einziger Gast. Zukunft u. spanisch gelesen, mit Katja telephonirt, früh ins Bett.

17/2
Im Bett geblieben, mit intermittirendem Aufstehen, Katja den Besuch abtelephoniren lassen, Masseuse; Briefe von Eu u. Peter, Brief an Mim; Zeitungen gelesen, »Bohemia sentimental« von Gómez Carillo abends im Bett beendet. Karte von Harden.

18/2
Vormittags im Bett. Briefe von Katja, Marta u. Transehe. Zeitungen gelesen, Brief an Mimchen. Zum Essen auf, zum Tee wieder. Beim Tee Gusty und die liebe Stadlerin. Brief an Katja, »Stella« begonnen zu lesen. Mit Katja telephonirt; spanisch.

19/2
Noch Hausarrest, da eisige Ostwinde; doch aufgestanden. Brief von Mim, Brief an sie u. Karte an Marta. Spanisch gearbeitet, Masseuse. Da Castillo abgesagt, Karte an Frl. Deußen nach Florenz, Briefe an Transehe, an Harden[27]. Abend »Marie Antoinette« von Goncourt u. »Stella« gelesen.

20/2
Früh Brief an Mim, Masseuse. Dann bei schönem, sonnigen Winterwetter Kommissionen, was mich unverhältnismäßig angriff. Nachmittag gelesen, beim Tee Falcke[28], wärend Frau v. Eckardt

---

Flotte mitzuernähren. Der Hauptgeschädigte des Balkankrieges ist in Europa Oesterreich-Ungarn, das an seinen Grenzen ein großes Slavenreich entstehen sieht, eine Möglichkeit, die Oesterreich traditionell bekämpft hat ... Nur zwei Wege stehen uns jetzt offen: der unangenehmere ist der Versuch, die mit England verbündeten territorialen Mächte zu schlagen, denn Großbritannien kann nur in Gestalt seiner territorialen Hilfen geschlagen werden. Der wünschenswerteste ist eine würdige gleichberechtigte Verständigung mit Großbritannien. Denn wir könnten eigentlich gar nicht wünschen, das politisch geniale Angelsachsentum niederzuzwingen ... (ausführl. Bericht in den *Münchner Neuesten Nachrichten* vom 16.2.1913)

27 im Original erhalten und veröffentlicht in: *Meine Manns*, 124f.
28 d.i. Direktor Otto v. Falke

(Prof. Simon)[29], die zur Konferenz des Majolika-Katalogs[30] ebenfalls gekommen war, die Tee-Einladung refüsirte. Abend an Peter vorgeschrieben, »Marie Antoinette« gelesen.

21/2 Tölz.
Telephon mit Katja, mein Nachmittagskommen meldend. Brief von Grete v. Schwind aus Karlsruhe. Brief an Peter beendet, Brief an Mim, Karten an Castillo u. Berreth, Gratulation an Gisela Zittelmann, Karte von Marta, in die Stadt. Beitisch Falcke, recht gemütlich. Um 4 nach Tölz gefaren, wo, langweilige Kottelei[31], nach ¼7 ankam, von Katja abgeholt. Etwas bewölktes Wetter. Kinder u. Katja sehr verbrannt u. munter, Tommy bedrückt u. bleich. Familienleben bis ½11.

22/2
Schöner kalter Wintertag mit gradezu eisigem Ostwind. Trotzdem die Kinder zum Rodeln. Ihnen mit Katja einen Besuch dort abgestattet, dann Spaziergang selbdritt, stellenweis schneidend, auch beschwerlich durch vereisten, glatten Schnee. Nachtisch geruht, »Schaubühne« gelesen, Brief an Mim. Beim Tee die Baufrage zum xtenmal definitiv, u. zwar bejahend, geregelt, dann Spaziergang nach Krankenheil, im Dunkeln, aber herrlich sternenklar. Abend las Tommy ein sehr amüsantes Kapitel aus dem »Hochstapler« vor. Telephongespräch mit Alfred, Brief an Klaus.

23/2. München
Familienleben, mit u. one Kinder. Um ¾12 Abreise nach München, von Katja u. Kindern bei stralendem Sonnenschein u. kaltem Wind zur Ban geleitet. Unterwegs »Stella« gelesen. Von Alfred mit Plisch empfangen, Brief von Mim vorgefunden. Nachtisch Briefe an Mim u. Klaus abgefertigt; geordnet, beim Tee Hamburger u. Reisch. Abend Goncourt gelesen.

---

29 Annette Simon hatte nach ihrer Scheidung von Prof. Dr. Richard Simon wieder ihren Mädchennamen v. Eckardt angenommen.
30 Gemeint ist die Dokumentation *Die Majolikasammlung Alfred Pringsheim in München*: 153 Tafeln mit 328 Farbbildern, nach Vorlagen von Annette v. Eckardt, bearbeitet von Otto v. Falke. Die Auflage war auf 200 Expl. limitiert. Der erste Band ersch. 1914, der zweite 1923 bei A. W. Sijthoff in Leiden. Der dritte Band erschien 1994 bei Casa Editrice Belriguardo, Ferrara, gemeinsam mit einem Nachdruck der Bände eins und zwei.
31 so im Original

24/2

Früh Brief an Mim, Masseuse; in die Stadt, mit Alfredo Meyer (!) bei Tannhauser[32]: Picasso. Mittags die ganze Mann-Familie, retour de Tölz. Nach dem Tee Einladungen zum »après« lancirt, viel telephonirt. Abend Brief an Lily Bamberger; »Marie Antoinette«.

25/2

Zum Turnen, bei herrlichem Sonnenschein von Katja abgeholt. Brief an Mimchen, Kondolenz an Hermy zum Tode seiner Mutter[33] (gestern Kranz). Nachmittag Karten bei Bonns, Besuche bei Lipps, Hallgartens, Huldschinsky's; dann noch zu Katja, wo nur die Kinder fand, traf dann Katja bei der Tram, eben glückliche Grundstücksbesitzerin geworden seiend. Zuhaus Brief von Klaus, abends »Marie Antoinette«.

26/2

Herrliches Wetter. Brief an Mim, zum Musikreiten. Nachmittags Castillo. Dann Brief an Eu, Kondolenz an Lina Epstein-Henle zu ihres Mannes[34] Tod. Abend »Zukunft« u. Goncourt.

27/2

Masseuse, Kommissionen bei Frühlingswetter. Brief an Mim u. von ihr. Brief von Peter, an ihn vorgeschrieben. Beim Tee Katja. Abend mit Alfred in Verdi's »Othello«, wirklich sehr hübsche Oper, mit Knote, Perard-Petzl u. Feinhals ausgezeichnet gegeben.[35]

---

32 d.i. die Galerie Thannhauser
33 d.i. Antonie Ebers, geb. Beck
34 d.i. Adolf Epstein
35 K. Hoftheater: »Othello« von Guiseppe Verdi. Herr Knote (Othello), Herr Feinhals (Jago), Herr Buysson (Cassio), Frl. Perard-Petzl (Desdemona) u.a. – ... Das Werk war mit sichtlicher Liebe einstudiert worden. Der Abend hatte Schwung und Zug ... Knote gab seinem Othello, den er hier früher schon mit bedeutendem Erfolg gesungen hatte, den Glanz seiner wundervollen Stimme und die Fortschritte seiner wesentlich verfeinerten Technik ... Der intellektuelle Beherrscher der Szene war Feinhalsens Jago. In ihm verkörperte sich das Drama mit packender Kraft. Ein Schicksal schritt da in Tönen einher ... Die Desdemona gab Fräulein Perard-Petzl mit rührend zarten, lichten Tönen. Besonders ihr Gebet war ergreifend schön gesungen ... (Bericht in den *Münchner Neuesten Nachrichten* vom 1.3.1913)

Februar bis März

28/2

Regenwetter. Früh zum Turnen, Kommissionen, Brief an Mim, an Peter fertig. Nachmittag Vorbereitungen, Brief an Eva nach Rom, Absage an Oberhummers. Um 8 souper: 2 Manns, 2 Paraquins, 2 Porges', 2 A. Oldenbourgs, 2 Buyssons, Erna,[36] Hed. Schöll, Frigga,[37] Frl. Bonn, Frl. Michalek, Paul Stengel, Dyer, Dr. Heimsoeth, Prof. Liebmann, O. O. Kurz, Dr. Dingler, Lula = 24 Personen; alles gut, festlich, gelungen. Dann zum »après«: Stadler mit Gretel, Schwickerath mit Tochter, Fine mit 2 Töchtern, Reischs, Hallgartens, Scheubner-Richters mit Schwester, Bunge, Seeliger, Crusius, Weltziehn, Dr. [Arthur] Rosenthal, Frl. Parker – 20 Personen. Wurde getanzt, Mad. Buysson sang Tosca, Frau Hofmann-Richter spielte, man spielte achthändig u. war sehr angeregt u. gemütlich bis ½ 2. –

1 März

Karte von Eva, Vermälungsanzeige von Maria v. Stach. Spanische Bücher u. Brief von Frau Pflaum. Zum Reiten, Masseuse. Nachmittag Castillo; Karte an Eva, »Zukunft«, »Marie Antoinette«. Austritt der Jungfer Anni, Eintritt der neuen Anna; Instruktion.

2/3

Briefe von Eu u. von Mim, Brief an Mim; bei schönem Wetter Karten bei Frau Ebert u. Obrists, Kondolenzbesuch bei Hermi. Beitisch Tommy's mit Kindern, die über den Tee blieben, dazu Gusty, Ditti[38] u. Else Schöll. Brief an Klaus, Karte von u. an Ilse, Gratulation an Maria Naef-Stach, Dankbrief an Frau Pflaum; Marie Antoinette gelesen.

3/3

Brief von Heinz an Alfred, seine Verheiratung mit Olga Meerson meldend!!! Telephon mit Katja, Brief an Mim, Karten an Klaus u. Peter. Bei herrlichem Wetter in die Stadt; nachmittag zum »Färpeln«[39], wo mich Katja aufsuchte mit der frohen Nachricht, daß Romberg ihren Zustand wesentlich gebessert gefunden. Karten an Peter, Eu u. Transehe; Abend »Marie Antoinette«.

---

36 d.i. Erna Hanfstaengl
37 d.i. Frigga v. Brockdorff
38 d.i. Edith Hoffmann
39 bei Friseur Prötzel

4/3
Zum Turnen; Brief an Mim, Karte von Eva, gerechnet etc. Nachtisch zu Ceconi, Zan plombirt, dann Kommissionen u. zum Tee zu Katja, vorher ihren wirklich hübschen Bauplatz nochmals besichtigt. Zuhaus, wärend Alfr. im Koncert, ein wenig gepackt, Zeitungen, »Marie Antoinette« ausgelesen.

5/3
Geordnet etc, zum Musikreiten, dann Masseuse. Nachmittag gepackt, Karte von Funke aus Bahia. Beim Tee Katja, Besuch von Elsa Bruckmann. Wärend Alfr. im [Hedwig] Schöllkoncert, alles fertig gemacht, mit ihm nachher genachtmalt. Mit Eu, eben retour de Partenkirchen, telephonirt, um 10.20 Abreise, von Alfred zur Ban begleitet.

6/3 Berlin
Nach normaler Fart Schlafwagen I Kl. in Berlin 8.25, one Peter, der die Zeit verschlafen, zu Mimchen zum Tee angehastet kam. Mim recht munter. Alle begrüßt, dann gepackt u. Bad u. ½ St. mit Mim Spazierfart unter die zur Ankunft »unsres« Regenten[40] festlich geschmückten Linden. Nach dem lunch Karte von Transehe, Karten an Alfred u. Nusser; nach dem Tee zu Mim, wo Miez, Else, Kaete, dann Andreas u. Ilse. Beim Essen die Kegelherren[41] u. Transehe u. Peter; Transehe bis 10 mit uns Damen in angeregtem Geplauder.

7/3
Wie immer Frühstück bei Mim; Brief an Alfred, bei warmem, windigen Wetter nach dem 2. Frühstück Spaziergang in die Stadt, nachdem die Fart vorher verregnet. Karte an Marta. Nach dem Tee zu Mim, wo Miez u. Hedda, später Else u. Kaete. Abend Familienleben mit R.'s, one das müde Mimchen. Später »Zukunft« und »Stella«[42] gelesen.

8/3
Trübes Wetter; Karte von Harden, Brief an Klaus, kurze Regenfart mit Mim u. Patti. Nach dem lunch geruht, »Stella« gelesen, Brief

---

40 d.i. Prinzregent Ludwig, der spätere Ludwig III. von Bayern
41 das sind vermutlich die Herren Cranach, Genée und Mühlinghaus; s.a. 13.3.
42 von Johann Wolfgang v. Goethe

von Marta. Nach dem Tee langer Besuch von Transehe, der auch zu Mimchen kam, wo Miez u. Else. Nach dem Essen um 9 mit Else zu Dernburgs großem Tee, wo mich ganz gut unterhielt, Reinhardt über Klaus interpellirte, Frau Deutsch, Rathenau, Transehe, Frau Klatte u. Schwester u.a. sprach; um 1 zuhaus.

9/3
Brief an Katja. Brief von ihr u. von Tommy. Karte an Tommy. Spaziergang mit Else u. Kaete; beitisch Miez mit Luigia, Peter u. Mim; ebenso beim Tee. Dann oben bei Mim. Abend wieder Familie, plus Dernburgs u. Transehe. Im Bett »Stella«.

10/3.
Brief von Alfred. Karten an Tommy u. an Alfred. Spazierfart mit Mim bei abscheulichem, kaltem Regenwetter, das die »Jarhundertfeier«[43] arg verdarb. Nachmittag »Stella« gelesen; bei Mimchen erst Hirsemenzel, dann Miez u. Else. Abend selbdritt, kurze Zeit Mimchen. Im Bett Wassermanns »Der Mann von vierzig Jaren« gelesen.

11/3
»Pan« etc gelesen; mit Mim ausgefaren, nach dem lunch Spaziergang, eingeregnet. Brief von Marta, mit Transehe telephonirt; zu Mim, wo Else u. Miez u. Kaete. Nach dem Essen mit Else ins »Deutsche Theater«, in Tolstoi's »Der lebende Leichnam«: ein ganz großer Eindruck, wunderbar gespielt, Moissi hinreißend u. ergreifend.[44]

12/3
Früh mit dem eben angekommenen Alfred telephonirt; Spaziergang mit Transehe im Tiergarten, dann ins Bristol, wo mit Alfred, Peter u. Marta geluncht. Beim Tee Transehe und Ilse (hm!); dann zu Mim, wo Else u. Kaete. Beim Essen Alfred u. Peter; nachher auch Mimchen. Im Bett »Der Mann von 40 Jaren«.

---

43 1913 jährte sich der Jahrestag der Völkerschlacht bei Leipzig zum hundersten Mal. Aus diesem Anlaß fanden während des ganzen Jahres verschiedenste Gedenkfeiern statt. Den Höhepunkt bildete dann die Einweihung des Völkerschlachtdenkmals am 18.10.1913.

44 Deutsches Theater, Berlin: »Der lebende Leichnam« von Lev Tolstoj. Premiere: 7.2.1913. Alexander Moissi (Fedor Protasov), Lucie Höflich (Liza), Margarete Kupfer (Anna Pavlovna), Eduard v. Winterstein (Karenin) u.a. (*Das Deutsche Theater*, 351)

13/3
Briefe von Klaus u. von Katja. Bei herrlichem Frühlingswetter allein Spaziergang im Tiergarten, beim Frühstück Alfred. Dann Brief an Katja, »Stella« gelesen, Spazierfart mit Mim. Nach dem Tee zu ihr hinauf, wo Mieze sehr amüsant erzälte. Beim Essen Kranach, Mühlinghaus u. Genée, Alfred, der dann in »Ariadne« ging, Andreas u. Ilse. Nach dem Essen Mimchen, die ungemein frisch mit Genée Erinnerungen tauschte. Im Bett »Der Mann von 40 Jaren«, beendet (langweilig). Gratulation von Eva zu Heinz' Verheiratung. (!)

14/3
Früh Ankunft von Hans R.[osenberg] mit Maria. Karte an Erika; »Zukunft« gelesen. Beim lunch Alfred, dann mit Transehe nach Grunewald geautelt, 1½ St. bei Harden (leider in Anwesenheit von Madame), dann im Auto zurück. Nach dem Tee zu Mim, wo Franziska Mann, Miez u. Hedda. Beitisch Alfred, Ilse, Andreas, Peter; natürlich Hans. Langes Familienleben, bis zu Alfreds Abreise um ¼ 11. Im Bett »Stella« gelesen.

15/3
Briefe von Tommy u. Katja, meldend, daß ein kleiner »Eingriff« zur Entfernung »Kreuzwendedichs II« stattgefunden, der gut verlaufen u. daß Katja wolbehalten im Diakonissenhaus liege. Brief an sie. Ausfart mit Mim, Else u. der eben aus Kairo-Rom heimgekehrten Eva zu Gerson. Nach dem lunch gelesen, dann mit Ilse ins Deutsche Schauspielhaus zu einer Woltätigkeitsauffürung mit Harry Walden, so langweilig, daß wir das Theater nach dem 1. Einakter verließen, noch zum Tee zuhaus waren. Dann zu Mim, wo außer uns noch Miez. Nach dem Essen Andreas u. Mimchen, Familienleben. »Stella« ausgelesen u. um 11 noch Kaete, die als »blau« auf den Kammerspielball ging u. sehr hübsch aussah, angesehen.

16/3
Brief an Katja, Karte an Marta, Spaziergang im Tiergarten bei unfreundlichem Wetter. Beim Essen Miez mit Kindern[45]. Nachmittag geruht, spanisch u. italienisch gelesen, Brief an Klaus. Bei Mim oben. Unten beim Essen Else Scholz, Herbert Klemperer,

---

45 das sind die beiden Schwestern Hedda und Luigia

Ernst Borchardt, außer der Familie incl. Mimchen, die sehr frisch u. ausdauernd, Peter u. Ilse. Im Bett »Señora Ama« von Jacinto Benavente gelesen.

17/3
Kurze Nachricht von Alfred, daß es Katja gut geht. Brief an Katja, Karte an Alfred, Kondolenz an Frau Germershausen zum Tode ihres Mannes[46], Mimchen beim Verein für Feuerbestattung gemeldet. Spazierfart mit ihr, dann Spaziergang im Tiergarten bei mildem, trübem Wetter. Geruht, gelesen. Bei Mimchen Bondi's mit Dora [Brinkmann], Miez, Peter mit Glei-Stern[47] – äußerst belebt u. angreifend. Abend Familienleben mit Hans [Rosenberg]; Mimchen nur ganz kurz u. sehr müde. Im Bett Else Lasker-Schülers »Mein Herz« gelesen.

18/3
Karte von Marta, Briefchen von Erika, Karte an Katja. Mit Mimchen Kommissionen gefaren, nach dem lunch, bei Sturm u. Böen, in die Stadt, Schlafwagen besorgt, Karte an Alfred; Brief von Katja, die bereits wieder zuhaus. Bei Mim Miez u. Hedda mit dem neugeschenkten Andreas-Hund »Prinz«; dazu Else, Ilse, Kaete. Beim Essen Dernburgs, später Mimchen, recht munter. Im Bett gelesen.

19/3
Karte von Alfred, Karten an ihn u. Katja, Brief an Grete Schwind nach Karlsruhe. Mit Mim ausgefaren, bei Peter im Institut u. in der Wonung Blümchen abgegeben. Dann mit Fips, dessen Herrin Kaete in Breslau »blauer Vogel« hext, im Tiergarten Spaziergang. Bei Mim oben Besuch von Marta, dann Miez u. Luigia, später Peter, der zum Festessen geladen, an dem noch zur Nedden teilnahm. Nach dem Essen Mimchen. Im Bett gelesen. Rasender, rüttelnder Sturm.

20/3
Briefchen von Katja. Gepackt, mit Mim Spazierfart bei Sturm, nach dem lunch fertig gepackt, gelesen, geruht. Nach dem Tee zu Mimchen, wo Miez u. Luigia, die ein Engagement am Schillertheater gefunden, u. die ich zur Belonung nach München einlud. Beim Essen Kranach, Genée, Dernburgs u. Miez, danach noch

---

46 d.i. Arthur Germershausen
47 das sind die beiden Schwestern Lis Gleistein und Helene Stern

Mimchen, um 8 aufgebrochen, von Ilse zur Ban begleitet, Abfart 8.40, die beiden Herren Ganghofer[48] im Schlafwagen.

21/3. München.

Nach normaler Nachtfart Ankunft um 7.15 in München bei Regenwetter. Zuhaus Alfred u. Plisch begrüßt, Bad, gepackt u. geordnet, mit Katja telephonirt, Kommissionen. Karte an Mim, Karten von Lili Bam u. von Urbina. Zum Tee mit Alfred zu Katja, die leidlich wol, noch etwas schwach. Abend spanisch gelesen u. sehr müde früh ins Bett.

22/3

Nach gestrigem Regen stralender Sommertag. Gerechnet – oh! – Brief von Grete Schwind, Brief an Mimchen. Kommissionen, nachtisch auf den Friedhof. Beim Tee die Belli; »Zukunft«, abends Karten an Miez, Castillo, Berreth; »Teatro« von Jacinto Benavente ausgelesen.

23/3

Um ½ 10 Ankunft von Peter; Plauderei u. Aufbau für ihn. Brief von Mim u. an sie, Spaziergang bei trübem Osterwetter. Beitisch sämmtliche Manns, (sieben!)[49], dazu Gusty, die alle, außer Tommy, über den Tee blieben. Abends Familienessen mit Manns u. sehr gemütliches dito-Leben bis nach 11 Ur.

24/3

Abscheulich graues, trostloses Regenwetter. Briefe an Mim u. an Klaus, spanisch gearbeitet, garnicht ausgegangen. Beitisch Tommy's mit den »Großen«, bis über den Tee. Dazu langer Besuch von Eu. Abends spanisch gelesen u. Zola's »Debâcle«[50].

25/3

Früh zum Turnen. Dann mich mit Sophie wechselseitig verfehlt. Briefe von Castillo, Miez u. Mim, Brief an Mim. Nachmittag zu Schulze probiren u. Kommissionen; beim Tee, sehr lange, Tante Asta. Vielerlei Telephongespräche, abend »Zola« u. Familienleben.

26/3

Früh Ankunft von Luigia, die Peter abholte; Brief an Mim, mit Luigia in die Stadt; die Masseuse vergeblich erwartend spanisch

---

48 das sind Ludwig Ganghofer und sein Sohn August
49 das sind wohl zwei Eltern, vier Kinder und das Kindermädchen
50 Band 19 von Émile Zola's *Les Rougon-Macquart*

übersetzt. Nachmittag Castillo, nach dem Tee mit Luigia Besuch bei Stadlers. Abend Zola gelesen u. Familienleben mit Luigia.

27/3
Brief an Mim, Briefchen von Lisa Michalek, Brief an Urbina nach Madrid, Karte an Michalek. Mit Luigia bei Regenwetter in die Stadt. Nachmittag alle zur Geburtstagschocolade zu Katja, wo noch Lula mit ihren 3 Töchtern[51]. Abend gelesen u. Familienleben. (»Débâcle«)

28/3
Früh mit Luigia zum Turnen, dann bei herrlichem Wetter noch Spaziergang im engl. Garten. Nachmittag Brief an Mim, mit Alfr. Besuch (d.h. Karten) bei Gabrilowitsch', dann mit Peter u. Luigia zu Eu's in unangenehmster Weise überfülltem jour. Zuhaus Heinz' Sommersachen ausgesucht zum Verschicken, Karte von Klaus u. an ihn, spanisch gearbeitet, Familienleben, »Débâcle«.

29/3
Karte der »Marquesa«[52] aus Habaña. Von 10-11 bei herrlichem Wetter mit Ehepaar Richter u. anderen im engl. Garten geritten. Nachmittag Castillo, beim Tee Lula u. Eu; abends mit Luigia ins Residenztheater »Baumeister Solneß«; Steinrück onmaßen knotig, aber schauspielerisch gut u. zwingend, Michalek-Hilde gut gemacht; aber gemacht.[53] Nachher noch mit Peter Familienleben u. »Zola«.

30/3
Brief von Mim u. an sie, mit Luigia in die (Stadt, mit Katja rendez-vous bei Ney. Nachmittag mit Luigia auf den Waldfriedhof, beim Tee auf der Veranda (!) Marga Oldenbourg.)[54] Pinakothek. Beitisch Tommy's u. Lisa Michalek. Beim Tee Asta, Fine's, Reischs, Gusti, Annette, zu uns übrigen. Asta auch den Abend über und dazu nach dem Essen Eu. War schließlich halbtot vom unausgesetzten Besuch, von ½2 bis ½11!

---

51 das sind Eva Maria und die Zwillinge Rosemarie und Ilsemarie Löhr
52 d.i. die Marquesa Respaldino y Mier
53 K. Residenztheater: »Baumeister Solneß« von Henrik Ibsen. Herr Steinrück (Halvard Solneß), Frl. Schwarz (Aline, seine Frau), Frl. Michalek (Hilde Wangel) u.a.
54 Der in Klammern gesetzte Text gehört offenbar zum folgenden Tag.

31/3
Brief an Mim; mit Luigia in die Stadt, mit Katja rendez-vous bei Ney. Nachmittag mit Luigia auf den Waldfriedhof; beim Tee auf der Veranda, da Sommerhitze, Marga Oldenbourg. Abend gelesen u. Familienleben.

1. April
Früh mit Luigia zum Turnen u. Kommissionen. Briefe an Mim u. Miez, Karte von Hilbert aus Alassio. Wetterumschlag, Regen, unfreundlich. Luigia zur Michalek begleitet u. Besorgungen. Nach dem Tee spanisch übersetzt, nach dem Essen sprach Luigia mir vor, entschieden talentvoll. Später gelesen.

2/4
Das Reiten verregnet, abscheulich Wetter. Briefe an[55] u. Marta, Brief von Marta. Mit Katja in der Stadt getroffen. Nachmittag Castillo, beim Tee Else Schöll. Journale, abends mit Peter u. Luigia in die Kammerspiele »Hille Bobbe« u. Thoma's »Säuglingsheim«. Nun, ein recht schwacher u. belangloser Abend.[56] Das amüsanteste das plötzliche Auftauchen von Tommy's, die ich dann zum Nachtessen u. Empfang von Klaus mit zu uns nahm. Eintreffen von Klaus um ½11, noch bis 1 Ur bei Sekt u. angeregtem Familienleben beisammen.

3/4
Brief an Mim; rendez-vous mit Katja nachmittags; vormittags mit Luigia Kommissionen. Beim Tee Katja, nachher Besuch von Maurice. Viel ausgibiges u. zalreiches Familienleben. Abend, wärend Luigia sich bei Dir. Robert vorstellte, Klaus in der Oper war, spanisch übersetzt, spätes Abendessen, Familienleben.

4/4
Mit Luigia zum Turnen u. in die Stadt. Brief an Mim. Nachmittag mit Peter u. Luigia ins Kinotheater (»les misérables« – mäßig). Abend die ganze Familie incl. Katja, 6 Mann hoch, bei Crodu's. Ganz gemütlich. Herrlich Wetter.

---

55 so im Original
56 Münchener Kammerspiele: »Hille Bobbe« von Adolf Paul. Herr Schwaiger (Pletschikoff), Herr Ziegel (Marmeladoff), Frl. Lorm (Claire), Frl. Arand (Frau Hille) u.a. – »Das Säuglingsheim« von Ludwig Thoma. Herr Ziegel (von Spannagl), Herr Schwaiger (von Pftey), Herr Schnell (Semmelmayer) u.a.

März bis April 281

5/4
Von 10-12 mit »ingénieur« Richter geritten. Karte an Paul Rohrscheidt, Brief von Miez, Kondolenz an Frau v. Ullmann.[57] Nachmittag Castillo, beim Tee, sehr lange, Lili Bamberger. Abends alle Kinder aus, Alfr. Allotria, ganz allein »G.s.D.«! »Debâcle« gelesen.

6/4
Brief von Mim, Karte von Heinz Braune aus Madrid. Brief an Mim, mit Luigia bei trübem Wetter in die Stadt. Beitisch Tommy's mit Kindern, beim Tee dito, dazu Gusty (!), Bunge, Bruno Frank. Abends Tommy's – Familienleben den ganzen Tag.

7/4
Um 9 Abreise von Klaus. Brief an Mim, mit Luigia zum Anproben u. Kommissionen. Journale; beim Tee Frau v. Liebermann u. Tochter. Abend wir vier ins Deutsche Theater: mäßiges Programm mit einigen recht guten Nummern.[58]

8/4
Zum Turnen, Brief an Mim, beim Essen Lili Bamberger, saß bis 4 Ur konfidentiell bei mir! Nach dem Tee spanisch übersetzt, abend gelesen u. Familienleben mit gymnastischen Übungen. Unfreundlich Wetter.

9/4
Reiten durch Regen u. Schnee vereitelt. Brief an Mim und von ihr. Mit Luigia Kommissionen u. Stadtbummel. Nachmittag spanisch übersetzt u. gelesen. Abend Familienleben, zärtlicher Abschied u. um 10 Ur Abreise von Luigia. »Debâcle« gelesen.

10/4
Brief an Mim, Karte an Luigia mit Dank für rürende Abschiedsrosen. In die Stadt, Kommissionen; 500 M.[59] an die Hauswirtschaftliche Schule eingezalt. Nachmittag mit Alfred zu Milka u. Miss Pond, langer Teebesuch. Abend gelesen, totmüde.

---

57 zum Tod ihres Mannes Prof. Dr. Emanuel Ritter v. Ullmann am 4. April
58 Deutsches Theater. Monat April 1913: The Faraboni (Prairie Flower. 20 Personen). Ovaro und Smote (Komische Ringkämpfer und Boxer). Vory's Kolossalgemälde in Lumpen; Max Loro's Zinnsoldaten (Musikalische Neuheit). Albert Böhme (Humorist). The Taidas (Comedians). Havanna Company (Komische Akrobaten). Brothers Browning (Radfahrer-Akt). Alice Clarver & Comp. (Kunstschützen und Jongleure). Der Taumatograph mit neuen Bildern.
59 in heutiger Währung etwa 2.400 €

11/4
Immer noch sehr garstiges Wetter. Turnstunde, von Katja abgeholt. Brief von Miez, an Mimchen u. an Luigia, mit Absage von Stollberg. Nachmittag zuhaus, »Zukunft«, »Pan« (mit Angriff dieses widerlichen Kerr auf Tommy u. das gute Mimchen).[60] Spanisch übersetzt, »Débâcle«, bis in die tiefe Nacht, so spannend u. ergreifend wirkt es von neuem.

12/4
Schnee, Schnee, Schnee, wie nicht im tiefen Winter! Brief an Miez, über Luigia. In die Stadt. Nachmittag Castillo, beim Tee Abschiedsbesuch von Dr. Heimsoeth. Abend »Zukunft«, spanisch u. »Débâcle«.

13/4
Nachtfrost, Sonnenschein, der die Schneedecke lichtet. Brief an Mimchen u. von ihr, Karte bei Frau v. Liebermann, Besuch bei Stadler, der mir einen tief betrüblich-leidenden Eindruck machte; u. Spaziergang. Mittag Tommy's, beim Tee Katja mit Kindern, Milka u. Miss Pond; abend spanisch gelesen, Zola u. Familienleben mit dem scheidenden Peter.

14/4
Um 8 Abreise von Peter. Karten von der Marquesa u. Mr. Dyer; Brief an Mim, Briefkarte an Heinz Braune nach Rom. Bei Winterwetter mit Schnee Kommissionen; nachmittag gelesen, beim Tee Frau Hallgarten, abends Lili Bam. Wärend sie mit Alfr. musicirte, »Débâcle« ausgelesen: welch großartiges Werk!

15/4
Schneiderei im Haus. Zum Turnen, Brief an Mimchen. Nachmittag Eugenie verfehlt, Karte bei dem immer noch kranken Heyse u. Besuch bei Frau Knorr. Nach dem Tee übersetzt. Abend spanisch u. »Rundschau« gelesen.

16/4
Briefe von Luigia u. Mim, Brief an Mimchen. Alfred hat endlosen Ärger mit dem drohenden Prozeß mit Löb Landau.[61] Bei herrlich frischem, schönem Wetter Kommissionen. Schneiderei,

---

60 Text s. Anhang *Zusätzliche Dokumente*
61 Offenbar konnte man sich doch noch einigen, denn von einem Prozeß ist im Tagebuch weiter nicht mehr die Rede.

April

Castillo, nachher beim Tee lange Katja. Abend Journale u. spanisch gelesen.

17/4
Meine Köchin[62] geht 8 Tage in Urlaub, die »Aushülfe« bleibt aus. Brief an Mim, langer von Luigia handelnder von Miez. Mit Katja rendez-vous bei Kauer, dann in die Stadt. Nachmittag Besuch bei Hulle's[63], dann zum jour zu Scheubner-Richters, dann zu Katja, die mir Brief von Klaus mit beigefügtem von Rosenberg übergab, in dem Klaus 6000 M.[64] Schulden bekennt, die Hermann nur mit meinem Wissen bezalen würde. Ward sehr zornig. Zuhaus Alfred die Sache beigebracht, der sie in schmerzlicher Resignation aufnahm. Brief an Hermann, gelesen.

18/4
Eintritt der Kochfrau Dengler. Zum Turnen, Brief von Klaus; Briefe an Mim u. an Klaus in seiner Geldaffaire. Nachmittag spanisch übersetzt, beim Tee Hedwig Schöll, die sich lebhaft über Heinz aussprach; abends Katja, deren Mann in Herrengesellschaft.

19/4
Von 10-12 mit Frau Richter im engl. Garten geritten, sehr schön. Nachmittags Regen. Brief von Peter u. an ihn. Castillo abgesagt, »Zukunft« gelesen u. spanisch. Abend ins Volkstheater, Gastspiel Durieux, »Schauspielerin« von Heinrich Mann, ein absolut schlechtes Stück, Karla's[65] Geschichte u. Tod wortwörtlich abgeschrieben, aber von der Durieux glänzend gespielt, sodaß es vorm ausverkauften, durchaus banausischen Haus donnernden Beifall fand.[66] Katja im Zwischenakt begrüßt.

---

62 d.i. Fanny
63 gemeint sind Paul Huldschinsky's
64 in heutiger Währung etwa 28.800 €
65 gemeint ist Carla Mann, Thomas Manns Schwester
66 M. Volkstheater: »Die Schauspielerin« von Heinrich Mann. Tilla Durieux a.G. (Leonie Hallmann), Frl. Brand (Frau Fork), Herr Marlé (Dr. Fork), Herr Köstlin (Harry Seiler) u.a. – ... Krank sind sie alle in jenem romantischen Sinn, in dem sich Goethe befangen weiß, wenn er davon spricht, daß der Mensch, der beginnt, über sich selbst nachzudenken, schon ein Symptom des Krankseins zeigt ... So ist ein Werk entstanden, das manchermanns Geschmack wird ablehnen dürfen. Das aber interessant und seltsam nach Struktur und Form weit aus dem Dutzend hervorragt ... Die Aufführung stellte an die Darsteller

20/4
Wieder Regenwetter. Brief von Mim u. an sie; in die Stadt, bei tisch Tommy's mit Kindern u. Gusty, wobei Tommy die Blasphemie von Karla's Leid u. Tod als Tantiemen für eine »Gedächtnisfeier« erklärte!! Beim Tee nur Katja mit Kindern u. zu Alfreds Wut die Gusty. Abend Theater von Quintero[67] gelesen u. Heinrich Manns »Kleine Stadt«.

21/4
Bei schönem frischem Wetter von 10-12 mit Frau Richter geritten. Brief an Mim. Nachmittag spanisch gelesen, beim Tee lange der Vetter; abends »Kleine Stadt«. Freundschaftlicher Brief von Hermann.

22/4
Früh zum Turnen, von Katja mit Erika abgeholt. Himmlisches Wetter. Langer, sehr netter Brief von Klaus mit Angabe seiner nunmehr 8000 (!) M.[68] betragenden Schulden; Brief von Frau Berreth, Brief an Mim. Nachmittag zu Katja, hin u. zurück zufuß durch den englischen Garten. Abend »Kleine Stadt« gelesen.

23/4
Brief an Mim u. von ihr. Brief an Klaus, bei schönstem Wetter in die Stadt. Nachmittag Castillo, beim Tee Katja und Eu. Abends mit Alfred ins Koncert von Elsa Hofmann-Richter, Herrn »ingenieurs« Schwester, die eine recht gute Klavierpianistin ist, rürend lieblich aussah u. schönen Erfolg erzielte. Ihre Partnerin v. Hol-

---

des Volkstheaters hohe und keineswegs alltägliche Anforderungen, die zum Teil überraschend gut gelöst wurden. Den Mittelpunkt des Interesses bildete Tilla Durieux' Interpretierung der Titelrolle. Eine Aufgabe meilenfern von Hedda Gabler, mehr ein Kommentieren als Darstellen. Und doch muß beides in einer Mischung gereicht werden, die den Zuschauer aus dem Labyrinth von Zweifeln glücklich an ein Ziel bringt ... Herr Marlé spielte den Fork. Mit einem überhitzten Ton und einer Raschheit der Geste, wie beides dem Darsteller in solchem Umfange noch nicht zu Gebote war. Zeigte also eine Qualität, die hervorgerufen wurde aus dem seltenen Zusammentreffen eines Stückes, einer Figur und eines Auditoriums, dessen Anteilnahme für den Dichter den günstigsten Boden für die Aufnahme der drei komplizierten Akte bot ... (ausführl. Bericht in den *Münchner Neuesten Nachrichten* vom 21.4.1913)

  67 vermutlich *Comedias escogidas* s. 30. April
  68 in heutiger Währung etwa 38.400 €

stein mehr eine Sängerin für die Provinz.⁶⁹ Frau v. Scheubner so rot, wie ihre Schwägerin bleich.

24/4

Karte von Lily Bam aus Baden. Brief an Mimchen. Herrn v. Etzdorf begrüßt, der in k.[önigl.]b.[ayr.] Majolikaangelegenheiten bei Alfred weilte, ganz amüsant vom »Cadiner Pächter Sohst«⁷⁰ erzälte. Dann Katja bei Ceconi abgeholt, in die Stadt. Nachmittag Besuch bei Sophie, die recht elend, auf der Veranda Tee, Abschied vom nach Berlin reisenden Alfred u. mit Tommy's ins Volkstheater, »Heimat« mit der Durieux: welch holes, leeres, peinliches Theaterstück! auch die »Magda«, einstige Paraderolle aller stars⁷¹, blieb trotz gutem Spiel wirkungslos.⁷² Nachher noch Tommy's bei mir gegessen. Brief von Miez.

25/4

Früh zum Turnen u. in die Stadt. Brief an Mim, Karte an Alfred. Zum Tee zu Katja, beide Wege bei schwülem Wetter zufuß. Aißi, der zum Keuchhusten die Schafblattern hat, in der Besserung. Abend spanisch übersetzt u. »Kleine Stadt« beendet, die zum Schluß abfällt, in der Mitte ihren Höhepunkt erreicht.

26/4

Von 10-12 bei schwülem Wetter geritten auf Heinz' einstigem »Arpad«, nun »Gallus«, der tadellos ging. Große Kavalkade. Karte von Alfred, beitisch Herr Etzdorf ganz allein bei mir, durchaus

---

69 … Die Pianistin Else Hoffmann, die mit der Sopranistin Emmy v. Holstein konzertierte, besitzt eine Reihe von künstlerischen Eigenschaften, die eine erfreuliche Weiterentwicklung verheißen. Die technische Leistungsfähigkeit ist bereits sehr weit gediehen, das musikalische Denken und Empfinden von schönem Ernst erfüllt und die Gabe zu gestalten unzweifelhaft vorhanden. Dynamisch und agogisch gerät alles nicht immer ganz einwandfrei: eine Neigung zum Verschleppen des Tempos macht sich beim Adagio der c-moll-Phantasie von Mozart besonders bemerkbar, beispielsweise aber auch bei der Pierrot-Szene des Schumannschen »Carnaval« … (Bericht in den *Münchner Neuesten Nachrichten* vom 26.4.1913)

70 Hierbei handelt es sich um einen Fall willkürlicher kaiserlicher Protektion, behandelt unter anderem in der 140. Sitzung des Reichstages am 15.4.1913. (s. Reichstagsprotokolle, Bd 289)

71 so im Original

72 M. Volkstheater: »Heimat« von H. Sudermann. Herr Schrumpf (Schwartze), Tilla Durieux a.G. (Magda), Frl. Hoffmann (Franziska), Herr Köstlin (Max v. Wendlowski), Herr Berger (Dr. v. Keller) u.a.

gemütlich u. unaufregend. Nachmittag Castillo, der auf der Veranda mit mir Tee trank. Dann noch zu Katja, zufuß hin u. zurück, um nach Aißi zu sehen. Nach dem Abendessen Eu, nach gewonnenem Proceß gegen ihre Brüder wieder ganz fidel.[73] Totmüde, Zukunft u. Rundschau gelesen.

27/4

Sommerhitze. Um 8 Ankunft von Alfred, geplaudert. Brief von Mim u. an sie, nach der halskranken Sophie geschaut, u. sehr schwüler Spaziergang. Mittags Tommy's mit Erika, die nun auch hustet. Beim Tee nur Mutter u. Kind, in Veranda u. Garten. Abends spanisch übersetzt, Rundschau gelesen. Rückkehr der Köchin Fanny, die ihr Haus verkauft hat, Abschied von Frau Dengler, der Kochfrau.

28/4

Brief von Klaus, mit Einlage seiner Rechnungen. Brief an Mim. Alfred eröffnet seine Vorlesungen; sehr viele Kommissionen bei schwüler Hitze. Nachmittag übersetzt, nach dem Tee zu Katja, wo alles in wüster Packerei begriffen, da man des Keuchhustens wegen morgen nach Tölz siedelt. Abend auf der Veranda gelesen.

29/4

Sehr heiß. Früh zum Turnen; Brief von Peter, an Mimchen. Nachmittag übersetzt, nach dem Tee Besuch bei Sophie u. kl. Spaziergang. Abend auf der Veranda gelesen.

30/4

Von 10-12 mit Frau Richter geritten – sehr heiß. Brief von Mim u. an sie. Nachtisch übersetzt, Castillo auf der Veranda. Nach dem Tee in die Stadt. Abend die »Comedias Escogidas« von Quintero[74] ausgelesen u. Artikel über Tommy in den »Süddeutsch. Monatsheften«.[75] Briefe an Peter u. an Klaus.

---

73 Obwohl es trotz intensiver Nachforschungen nicht gelungen ist, Einzelheiten zu diesem Proceß ausfindig zu machen, kann man die Zufriedenheit von Eugenie Schaeuffelen nachvollziehen. Mit ihrem Ehemann Dr. Alfred Schaeuffelen als Aufsichtsratsvorsitzendem der F. Bruckmann AG und dem ihr wohlgesinnten Bruder Alphons als Aufsichtsratsmitglied sind ihre Möglichkeiten die weitere Entwicklung des Verlages zu beeinflussen offensichtlich sehr groß.

74 d.i. Serafin Álvarez Quintero

75 Vermutlich der Artikel von Josef Hofmiller: *Thomas Mann's neue Erzählung*, in: *Süddeutsche Monatshefte*, 10, 218-232.

1 Mai Himmelfartstag.

Dasselbe Wetter. Brief an Mim, weiter Spaziergang im engl. Garten, Karten bei Gulbransons. Nachmittag ganz allein, gelesen, im Garten spaziert, Karte an Frau Pflaum mit Dank für geliehene Bücher. Abend Witterungsumschlag, der ins Zimmer trieb. Gelesen.

2/5

Bei strömendem Regen u. erheblicher Küle zum Turnen. Ließ die Heizung wieder in Gang setzen. Brief von Katja, Karte von Lula; Brief an Mim. Schneiderin im Haus. Nachmittag zu einem etwas ibrigen amerikanischen Tee zu Mrs. Parker in den Russischen Hof, danach noch zu Eu's jour. Spanisch übersetzt, Karte von Dr. Braune aus Rom; abends gelesen.

3/5

Wegen Katarrh Reiten abgesagt. Mit Katja telephonirt, Karte an Tante Asta, Schneiderei. In die Stadt, Kommissionen. Beitisch Hedwig Schöll u. ein sehr gesprächiger, recht netter Dr. Teller, von Klaus empfohlen. Dann Castillo, dann beim Tee Hedwig u. Else Schöll u. Tante Locher, die sich recht bitter über Heinz aussprach. An Mim vorgeschrieben u. abends gelesen.

4/5

Brief von Mim u. an sie. Um ¾ 12 Fart nach Tölz, bei leidlichem Wetter angekommen, von Katja u. den Kindern abgeholt. Alle, incl. Tommy, husten; aber der Keuchhusten scheint mir bislang nur bei Aißi deklarirt. Gegessen, geplaudert, geruht. Nach dem Tee, zu dem alle 4 »eingeladen« waren, Spaziergang, bald von strömendem Regen unterbrochen; und da ich Katja meinen Lodenmantel, Alfred Tommy seinen Schirm borgen mußte, ziemlich durchfeuchtet auf die Ban, unbehagliche Heimfart, bei förmlichem Wolkenbruch um 9 Ur Ankunft. Zuhaus erheblichen »jour« versäumt, gegessen, »Germinal«[76] gelesen.

5/5

Brief an Mim, in die Stadt: rauh u. regnerisch. Nachmittags auf den Waldfriedhof, nach dem Tee fleißig spanisch, abends allein, »Germinal« gelesen.

---

[76] Band 13 von Émile Zola's *Les Rougon-Macquart*

6/5

Früh zum Turnen; Brief an Mim. Briefe von Peter u. von Rud. Hofmann, wegen Vaters Beziehungen zu R. Wagner.[77] Nachtisch zum Färpeln[78]. Nach dem Tee Karte an Peter, ausfürliche Antwort an Hofmann, kl. Korrespondenz u. Telephonirerei; spanisch übersetzt, Brief von Urbina. Abend »Germinal«.

7/5

Brief von Klaus. Briefe an Mim u. an Katja, in die Stadt; Schneiderei. Briefe von Mim u. von Katja. Nachmittags Castillo, nach dem Tee Besuch bei Sophie. Abend mit Alfred ins Brahms-Koncert von Schwickerath: die Deutsche Messe, Orgel u. einige Lieder – sehr schön, aber viel zu lang u. tötlich ermüdend.[79]

8/5

Briefe an Mim u. an die »Marquesa«[80] nach Triest. Brief von Emma Schlier. Vor- u. nachmittags Kommissionen, dazu Schneiderin. Briefe an Peter u. an Ilse vorgeschrieben, Vorbereitungen für die Gesellschaft, abends 10 Personen: Gabrilowitschs, Parkers, v. d. Leyens, Milka u. Miss Pond. Ungewönlich nett und gemütlich.

9/5 Sigmaringen.

In fliegender Eile Brief an Mim, Karte an Castillo; Wirtschaft besorgt und, da leider (!) himmlisches Wetter, mit Packen begonnen, an Katja, Eu, Sophie telephonirt, um 12 gegessen, um ¾ 1 mit Alfr. Abreise, nach 4 Stunden normaler Fart (allein I Kl.) Ankunft in

---

77 Ernst Dohm war mit Richard Wagner gut bekannt und mit Personen aus dessen engerem Kreis gut befreundet gewesen, mit Hans v. Bülow, Franz v. Liszt, Marie Gräfin v. Schleinitz, der Intima von Cosima Wagner. So fand er sich bei vielen Gelegenheiten ein: bei den Veranstaltungen zum Verkauf der Patronatsscheine zum Bau des Bayreuther Festspielhauses, bei der Grundsteinlegung zum Festspielhaus, bei der ersten Aufführung des »Ring« usw.

78 bei Friseur Prötzel

79 …Herr Professor Ludwig Maier spielte die drei Choralvorspiele … Die vier ernsten Gesänge, gesungen von Felix von Kraus, das ist etwas, was man schon manches mal gehört hat, aber immer von neuem wieder mit höchstem Entzücken hört. Da ist absolute Vollendung erreicht, das Ideal ohne jeden Rest verwirklicht … Nicht geringen Anteil an der mächtigen Wirkung der Gesänge hatte die ganz prachtvolle Begleitung Eberhard Schwickeraths. Dieser hatte das Requiem vortrefflich einstudiert. Der Chor sang, deklamierte und nüancierte so, daß man seine aufrichtige Freude daran haben konnte … (ausführl. Bericht in den *Münchner Neuesten Nachrichten* vom 10.5.1913)

80 d. i. die Marquesa Respaldino y Mier

Sigmaringen, wo im nett am Platz gelegenen »Deutschen Haus« anständig unterkamen. Tee, dann wunderhübscher Spaziergang über bewaldete Hügel, erst rechts, dann links der Donau, die Gegend sehr lieblich, überall vom Schloß dominirt. Der kleine Ort, 4-5000 Einwoner, wirkt wie eine richtige Residenz. Im Hôtel soupirt, am Tisch eine norddeutsche recht gefräßige Auto-Reisegesellschaft. Früh ins Bett, nach einem kurzen, herrlich frischen Mondspaziergang.

10/5 Freiburg

Früh auf das Sigmaringer Schloß, wo durch glücklichen Zufall gleich auf den Direktor des Museums, Herr Gröbble, stießen, einen alten Bekannten von Alfred, der uns (one Filzschuhe, zum Neid der andern) durch die recht schöne Sammlung u. in dem Publikum sonst unzugängliche Räume des Schlosses sehr ausfürlich fürte. Da rechtzeitig fertig, bei herrlichstem Wetter um ½1 bei schönstem Wetter abgereist, nach Titisee, zu eventuellem Verbleib. Doch fanden wirs dort nur »sehr niedlich«, machten kleinen Spaziergang um den See, nahmen Tee im hübschen Schwarzwald-Hôtel u. furen bei ausbrechendem Gewitter bereits um 5 Ur nach Freiburg weiter, wo im »Zähringer Hof« anständig unterkamen. An Martin Hahn telephonirt, der hocherfreut uns zum Abendessen lud, im eigenen Auto uns abholte. Dazwischen Brief an Mim. Bei Hahn gemütlich u. nett, sehr reizendes Haus, gediegener Haushalt. Fur uns um 11 wieder ins Hôtel.

11/5 Pfingsten. Basel.

Vormittags bei ganz schönem Wetter die Stadt Freiburg, Münster etc, abgeklopft, dann wunderhübscher Spaziergang auf den »Schloßberg«. Zum diner Hahn ins Hôtel geladen. Nachtisch mit seinem Auto ins Gebirge, auf den »Schauinsland«, 1250^m hoch, über 1000^m auf steilen Serpentinen mit kurzen Kurven hinaufgeklettert, unterwegs in dicke Wolken geraten, Regen u. Hagel u. brauende[81] Wolken, aber kein Blick. Im Bergwirtshaus zur Halde Kaffee. Im Tal wieder angelangt, schönstes Wetter. Abschied von Hahn, Karten an Katja, Mim u. Hausmeister, um 6 Abreise nach Basel, im schönen Hôtel trois rois wunderhübsche Zimmer nach dem Rhein. Noch Spaziergang durch die Stadt, am Rhein zurück. Gegessen, sehr müde ins Bett.

81 so im Original

12/5 Vitznau

Früh, bei schönstem Wetter, in die Stadt, in das recht interessante Museum (Holbein, Böcklin etc), ins Münster etc. Geluncht, Herrn Reuter aus München begrüßt, Briefe an Mim u. Katja begonnen, um 1.50 Abreise nach Luzern, mit Schiff nach Vitznau, im Parkhôtel nur 2 Bergzimmer bekommen. Kurzer Spaziergang, gepackt, Toilette, diner; die beiden Briefe fertig gemacht, im Garten bei Mondschein promenirt, im Bett »Germinal« gelesen.

13/5

Herrliches Wetter. Nach dem Tee auf die »Wissifluh« gestiegen, 1½ St. steil hinauf, wunderhübsch. Nachgesandte Briefe von Mim, Hedda, Rud. Hofmann; Karten an Hausmeister u. Mim. Geruht, dann nach Gersau 1¾ St. gegangen, Tee u. mit Dampfer zurück. Nach dem diner Karten an Eu u. an Sophie, Germinal gelesen.

14/5

Früh bei schönstem Wetter, auf prächtigem Weg, in 3½ St. nach Rigi-Kulm gegangen. Oben Tee u. Imbis[s], dann, da Alfred auch zufuß hinunter ging, Karten an Peter u. Erika, oben herumgebummelt bei recht scharfer Luft u. mit der Ban herunter. Unten mit Alfred zusammengetroffen, in der Konditorei Tee. Zuhaus etwas geruht, vorm diner Brief an Mim, nachher Karten an Klaus u. an Marta. Brief von Katja, Germinal gelesen.

15/5 Zürich

Früh zusammengepackt, die Sachen per Passagirgut nach Zürich spedirt u. um ½11 zufuß nach Küßnacht, wo Tee u. Schinken geluncht im Garten des »Seehof«, dann weiter nach Immensee am Zugersee, im ganzen nicht 4, sondern nur gute 3 Stunden fest marschirt, auf guter Straße bei schönem Wetter. Dann mit Dampfer nach Zug, dort Tee getrunken u. um 6 Ur Ankunft in Zürich, wo im schönen, aber etwas heruntergekommenen Hôtel Bellevue sehr gute Seezimmer bekamen. Toilette, ein wenig geruht (denn der Tag war anstrengend!), in den »Klosterhallen« gegessen und im Bett das großartige »Germinal« ausgelesen.

16/5

Wieder trotz den paar Regentropfen gestern Abend, schönstes Wetter. Mit Bamberger u. Rudio telephonirt, Karte an Mim, ins Landesmuseum. Bei Huguenin geluncht, ins Hôtel gebummelt, mit herrlichem Ausblick über See u. Alpen von der Quai-Terrasse. Geruht, gepackt, zum Tee zu Bambergers (da von der Seilban nichts wußten, viel Schweiß vergossen, unter Fürung eines ortskundigen Gymnasiasten). Bamberger, der einen schweren Anfall hinter sich hatte, sieht schrecklich schlecht aus, ihr Haus liegt entzückend. Nach dem Tee fürte uns Lilli auf schönstem Waldweg in ¾ St. zu Rudio's ins Dolderviertel. Abend wieder bis 10 bei Bambergers in gemütlichem Geplauder. Ins Hôtel u. um ½12 Abreise.

17/5. München.

Nach mittelmäßiger Nacht im Schlafwagen um 7 Ankunft in München. Es regnet: nun mags immerhin. Fand Briefe von Peter u. Tante Asta vor. Bad, gepackt, geordnet; mit Katja nach Tölz telephonirt, in die Stadt bei wieder aufklarendem Wetter. Nachmittag Brief an Mim, beim Tee auf der Veranda Eu, dann noch kleiner Spaziergang. Abend allein, Zukunft u. Journale gelesen.

18/5

Schönes Wetter. Karten von Else u. Frau Hanfstängl, sehr langer, trüber Besuch von Sophie, deren Toni es recht schlecht geht. Spaziergang. Nachtisch Brief an Mim; ganz stiller Sonntag, nur Telephon mit Katja. Brief an Peter, Gratulation an Ewald,[82] Karte an Castillo. Abend Brief an Else nach Pyrmont, »L'Éducation sentimentale«[83] gelesen.

19/5

Kül u. regnerisch. Brief an Mim, Karte an Trudi Study; bei Regen in die Stadt, nachmittags spanisch übersetzt, nach dem Tee Brief an Emma Schlier, abends ins Schauspielhaus, Gastspiel des Lessingtheaters: »John Gabriel Borkmann«; Reicher unsympathisch, die Lehmann überragend, das Ensemble mittelmäßig; u. das Stück in den 2 ersten Akten wirkungsvoll u. bedeutlich[84], dann recht schwach. In strömendem Regen heim.

---

82 zur Vermählung
83 von Gustave Flaubert
84 Eine von dem norwegischen Schriftsteller Björnstjerne Björnson gerne benutzte Formulierung für »bedeutsam«.

20/5
Brief von Marta, zum Turnen, Brief an Mim. Nachmittag bei Regen in die Stadt, beim Tee die Damen von Liebermann u. Lula. Brief von Mimchen, abend, da allein, Brief an Klaus, Gratulation an Paula u. an Alfons Bruckmann,[85] spanisch übersetzt, »Éducation Sentimentale« gelesen.

21/5
Früh mit Eu zur festlichen Enthüllung des Wagnerdenkmals am Regententheater gefaren: der gesamte Hof, Musik, Reden von Possart, Borscht u. eine kurze Antwort des Regenten[86]; und die Hülle fiel. Ein anständiges Monument.[87] Viele Leute gesprochen. Dann noch mit Eu zu einem Huldigungsbesuch zu Possart, der wie ein Pfingstochs geputzt für 40 Pfund Orden auf sich trug u. sehr selig war. Kommissionen, Brief an Mim. Beitisch die Damen v. Liebermann, Grete Ring, Michalek, u. Braune u. Bassermann-Jordan – ganz gemütlich u. angemessen. Dann Castillo; nach dem Tee zu Vetters[88], und abends, wärend Alfred nach Berlin abreiste, zu A. Oldenbourgs in eine zumeist junge, für mich ibrige Gesellschaft, wo ich mich beitisch mit Horneffer[89] u. Ruederer, später mit Blaul leidlich unterhielt u. um 12, von diesem ermüdeten[90] Tage zutode erschöpft, heimkam.

22/5 Tölz.
Herrlich Wetter; Brief an Mim, Vorbereitungen, um ¾12 nach Tölz gefaren, von sämmtlichen Manns abgeholt, die Kinder bis

---

85 zu Paulas Verlobung mit Dr. Paul Danzer
86 d.i. Prinzregent Ludwig, Sohn des verstorbenen Prinzregenten Luitpold
87 »In Anwesenheit Seiner kgl. Hoheit des Prinzregenten Ludwig, der Prinzessin Ludwig und der sämtlichen Mitglieder des königlichen Hauses fand heute die Enthüllungsfeier des Richard-Wagner-Denkmals auf dem Prinzregentenplatze nächst dem Prinzregententheater statt. ... Das Standbild zeigt Richard Wagner barhaupt auf einer Steinbank sitzend; sein Blick ist sinnend in die Ferne gerichtet. Die rechte Hand ist nachlässig auf die Lehne der Bank gelegt, der linke Arm stützt sich gleichfalls auf die Ruhebank, die Hand hält eine Partitur umfangen. Die ganze Figur ist in einen weiten Radmantel gehüllt, dessen weiche Falten bis auf die Schuhe niederfallen.« Das Denkmal schuf der Münchner Bildhauer Heinrich Waderé (1865-1950). (*Münchner Stadtchronik*) (*Münchner Neueste Nachrichten* vom 9.5.1913 und 22.5.1913)
88 das sind Stadlers
89 vermutlich August Horneffer
90 so im Original

auf Erika, die schrecklich hustet u. recht elend ist, munter und gut aussehend. Nachtisch geruht, dann bezieht sich der Himmel u. unendlicher Regen bricht los, sodaß man keinen Schritt mehr aus dem Haus tun kann. Familienleben, den Kindern vorgelesen u. im Bett Flaubert.

23/5
Besser Wetter; Familienleben, Brief an Mim, mit Alfr. telephonirt, der unerwartet schnell von Berlin zurück ist, u. Spaziergang. Nachmittags wieder unaufhörlicher Regen; trotzdem nach dem Tee alle drei 1 ½ Stunden spazieren gerannt. Abend geplaudert und gefroren.

24/5 München
Früh auf u. ½ 9, von sämmtlichen Kindern zur Ban begleitet, mit Tommy's nach München gefaren, wo Briefe von Mim u. Ilse vorfand. Umgekleidet u. alle vier zum Bau gefaren, der, unter Dach, heute Richtfest feiert u. wirklich wunderhübsch wird. Dann mit Katja Kommissionen, bei Tisch u. zum Tee Tommy's, zwischendurch Castillo. Tommy's um ¾ 6 zur Ban begleitet, in die Stadt, dann Brief an Mim. Abend auf der Veranda Journale u. Zeitungen.

25/5
Karte an Peter, Brief an Tante Asta, Besuch von Kurt Stieler, Spaziergang bei schönstem Wetter. Beim Thee Bruno Frank u. Dr. [Arthur] Rosenthal, abend auf der Veranda »Flaubert«.

26/5
Karte von Gusty Becker, Kondolenz an Frau Pott,[91] in die Stadt. Nachmittag auf den Friedhof, beim Tee Eu. Dann gepackt, mit Katja telephonirt, geordnet, gerechnet etc.

27/5 Wannsee
Um 8 Abreise, von Alfred zur Ban geleitet. Im vollbesetzten (!) Frauencoupé II Kl. sehr heiße, aber durchaus angemessene Fart, mit »Éducation Sentimentale«, Speisewagen, Schlummern. Um 5 in Berlin, von Peter abgeholt, der bereits 5.10 mit mir nach Wannsee fur. Wone u. speise in der nur von Hermann bevölkerten Villa Rosenberg. Gleich zu Mim, die in Dernburgs Haus sichtlich gedeiht, frisch u. munter ist. Mit Peter bei Hermann gegessen, dann bei Mim Hedda, Luigia, Korsch u. dessen Freund Frankenberger

---

91 Ihr Ehemann Prof. Emil Pott war am 22. Mai verstorben.

begrüßt, promenirt, geplaudert. Um 10 noch meinen Koffer, der in Berlin liegen geblieben war, ausgepackt. Schönstes Wetter.

28/5

Nach dem Tee zu Mim, dann Brief an Alfred-Katja, zur Post promenirt. Nach dem lunch geruht, gelesen; zum Tee zu Mim, wo große Gesellschaft: das Brautpaar,[92] Luigia mit zwei Kolleginnen, Bondi's mit Brinkmanns, später Dernburgs mit Hermann, schließlich noch der babbo[93]: 'n bisken ville! Mit Hermann u. Dernburgs gegessen u. geplaudert; dann allein im Garten spaziert, mit Hedda u. Korsch geplaudert, im Bett die »Éducation Sentimentale« ausgelesen.

29/5

Wieder herrliches Wetter. Nach dem Tee zu Mim, spanisch gelesen, Spaziergang, Frau Richter[94] vor ihrer Villa getroffen, durch ihren Garten promenirt, überströmend herzliche Unterhaltung, mit einem überraschenden Kuß verabschiedet. Nach dem lunch geruht, Bangs »Leben u. Tod« gelesen, Tee bei Mim, dann Spazierfart mit ihr, mit Hermann gegessen, Familienleben mit Mim u. der Jugend. Im Bett »Pan« gelesen u. Bangs Novellen.

30/5

Vormittags wie immer; Brief von Katja, Karten an Alfred u. an Katja, sie in glühender Hitze zur Post getragen. Nach dem lunch geruht, genäht, gelesen. Briefe von Klaus u. von Alfred, mit Einlagen von Frauen Fine u. Hallgarten. Karte an Frau Fine u. Kondolenz[95] an Prof. Lotz, Spazierfart mit Mim, nach dem Essen mit Mim u. der Jugend. Um ½10 noch langer, vertraulicher Besuch von Mouche Richter, bis nach 11.

31/5

Kolossal heiß. Brief an Klaus, Karte an Marta, zu Mim, Spaziergang, teilweis mit Kaete Liebermann. Brief an Else, nach dem lunch bei Mim wie immer. Nach dem Tee starkes Gewitter, das die Ausfart hinderte. Brief an Urbina, Peter begrüßt, der dann zu Reichenheims ging u. nicht mehr gesehen ward. Abend mit der

---

92 vermutlich Hedda Gagliardi und Karl Korsch
93 d.i. Ernesto Gagliardi
94 vermutlich Cornelie Richter
95 nicht zu ermitteln

Mai bis Juni

Jugend im Garten promenirt, im Bett »Isebies« von der Böhlau gelesen.

1. Juni

Früh Brief an Alfred, zu Mim, mit Peter zur Post u. weiter promenirt, noch recht schwül. Beim Essen die ganze Familie; beim Tee Hermanns Bridge-Herren[96], dann zu Mim, Unterhaltung mit Luigia, die wieder hysterisch u. krank, fürs Sanatorium reif; Spazierfart mit Mim u. ihr. Abend wieder alle bei Rosenberg, Familienleben, mit der Jugend spaziert, um ½ 10 Peter nach Berlin. Im Bett »Isebies« gelesen.

2/6

Brief an Katja, zu Mim. Sehr heiß, Besuch bei Lotte Hahn u. Spaziergang, Karte von Alfred. Geruht, gelesen; große Aufregung »drüben«[97] wegen Selbstmords von Hedda's Intimus Dreher, einer Frau wegen; beim Tee Telephoniren u. Telegraphiren u. sehr erregte Stimmung. Spazierfart mit Mim u. Abendessen auch bei ihr, zugleich Henkersmal für Korsch, der nachts nach London abreiste, von Hedda bis Berlin begleitet, wo sie der Dreher-Sache wegen auch über Nacht blieb. Mit der fieberhaft erregten Luigia noch lange im schwülen Garten. Brief an Gusty u. im Bett die langweilige »Isebies« gelesen.

3/6

Brief von Else, Karte an Alfred, zu Mim; starkes Gewitter; Brief an Rudolf Hofmann, dann wärend die Welt noch tropfnaß u. von Schwüle dampfend, zur Ban gelaufen u. nach Steglitz gefaren, wo bei Selers im Garten, im Kreise ihrer mexikanischen Adoptiv-Steins, ein sehr gemütliches Mittagessen vollbrachte, bis 4 Ur. Um 5 wieder bei Mimchen, Karte von Alfred, Brief von Katja; Spazierfart mit Mim u. Hedda, abend, wärend Luigia noch spät zwecklos nach Berlin zum Agenten fur, mit Hedda im Garten spaziert; im Bett »Isebies«.

---

96 das sind Cranach, Genée und Mühlinghaus
97 Hedda Gagliardi wohnte offensichtlich zur Betreuung von Hedwig Dohm (*Mim*) bei Dernburgs in der zweiten Rosenbergschen Wannseevilla.

4/6

Morgens wie immer; sehr schwüler Spaziergang. Die dumme »Isebies« ausgelesen u. spanisch. Nach dem Tee Ankunft von Kaete aus Budapest. Sehr hübsche Spazierfart mit Mim, dann Ankunft der plaudersamen Miez aus Pyrmont. Beim Essen Peter; ausgedehntes Familienleben im Garten, dem Hedda durch Ilse [nach] Berlin entzogen ward. Im Bett »L'Assomoir«[98].

5/6

Brief an Katja; mit Miez zur Ban spaziert. Karten von Katja u. Alfred, Brief an Alfred, Geburtstagsbrief an Tommy, Zusage an v. d. Leyens. Zum lunch zu Hermine Feist, bei der Fürstin Lichtenstein Logirgast. Hermine aufgeregt u. aufgeschwemmt in ihrem prächtigen Haus. Zum Tee zu Mim, Spazierfart mit ihr. Familienleben mit den Gagls u. Ilse, die zum Essen blieb. Abend alle im Garten; herrliches Wetter. Im Bett »L'Assommoir«.

6/6

Brief an Marta, Karte an Moni; schöner Spaziergang mit Kaete. Beim Frühstück Patti, von Kissingen zurück. »Zukunft« gelesen; beim Tee bei Mim, die interviewende Frau Stropy; dann Spazierfart mit Mim, die recht müde u. angegriffen. Beim Essen Kranach, bis gegen 10. –

7/6

Zu Mim, dann schöner Spaziergang mit Lotte Hahn, Miez u. Hedda. Brief von Katja, Karte von Alfred; lunch mit Hermann allein. Dann Brief an Eu u. Karte an Alfred, Zola gelesen. Bei Mims Tee Cora Berliner u. Gesine Frerichs mit verlobtem Dr. Neef. Spazierfart, beim Essen Patti, definitiv als Hausgenossin, Peter u. Ilse als Nachtgäste. Familienleben im Garten. Briefchen von Marta, Karte an sie.

8/6

Zu Mim; schöner Spaziergang mit Miez, Ilse u. Kaete. Beim Essen die ganze Familie. Zum Tee erst zu Mim, dann zu Liebermanns, wo Prof. Goldschmid[99] mit einer Cohn-Nichte[100] traf, u. deren Garten in unerhörtem Reiz stralte. Abends die gesammte Mittagsfamilie,

---

98 Band 7 von Émile Zola's *Les Rougon-Macquart*
99 vermutlich der Kunsthistoriker Adolf Goldschmidt
100 Gemeint ist vermutlich eine der zahlreichen Nichten von Rudolf Cohen.

verstärkt durch Hermann D., Ernesto u. Geheimrat Müller[101]. Abschied von Ilse, die mit dem »Imperator«[102] nach Amerika färt.

9/6
Brief an Alfred, Briefe von Tommy u. Gusty, Karten von Lotz u. von Alfred. Zu Mim, um ½11 nach Berlin, Kommissionen, um ½1 mit Marta im Restaurant »Traube« gegessen, um ¾3 wieder zurückgefaren, grade zu Mims Tee daheim, zu dem Hermine mit der Fürstin Lichtenstein erschienen – lange Sitzung, bis zur Spazierfart um 6. Grade zum Essen zurück, dann Gartenpromenade, dann totmüde ins Bett, »Assommoir« gelesen.

10/6
Karten an Katja u. an Peter; zu Mim u. bei rechtem Sturmwind Spaziergang. Bei Mimchen allein gegessen. Geruht, Lektüre, Tee mit den 3 Gagls drüben, Spazierfart durch Sturm u. Regen vereitelt. Gegen Abend überraschende Ankunft der erst morgen aus Pyrmont erwarteten Else. Allgemeines Familienleben. Im Bett gelesen.

11/6
Der tolle S.W.-Sturm hält an (arme Ilse, die heute mit dem »Imperator« ausfärt!)[103]. Brief an Alfred, zu Mim, schöner Spaziergang mit Miez. Geruht, gelesen, Tee bei Mim, Karte von Alfred, Brief von Katja; sehr stürmische Fart mit Mim u. Luigia. Brief an Harden, nach dem Essen kalte Promenade, spät noch Hermann Dernburg. Im Bett gelesen.

12/6
Sehr kalt; mit Miez kl. Regenpromenade, Gärtner Arndts besucht, die sehr unglücklich, über unsere Käufer Landau bittere Klage führend, mir vorweinten u. mich sehr dauerten. In dieser Angelegenheit gleich langer Brief an Marta. Nach dem lunch gepackt, nach dem Tee letzte, recht küle Fart mit Mimchen, beim Essen Peter, nachher zu Mim u. um ½10 unter Peters Schutz Abreise von Wannsee.

---

101 vermutlich Waldemar Mueller

102 Die Innenarchitektin Ilse Dernburg hatte mehrere Innenräume dieses Schnelldampfers gestaltet.

103 Der »Imperator« war mit 52.117 BRT das damals größte Passagierschiff, größer als die »Titanic« und deren Schwesterschiff die »Olympic«. Er war am 11. Juni von Steubenhöft in Cuxhaven zur Jungfernfahrt nach New York aufgebrochen.

13/6 München

Von Peter geleitet, um 10.50 Abreise, sehr gute Schlafwagenfart im Regensburger, um ½10 von Alfred in München abgeholt, küles, angenehmes Wetter. Tee, Bad, gepackt, geordnet. Karte der Marquesa, Briefchen von Lisa Michalek vorgefunden. Beitisch Manns, alle 7, von Tölz zurücksiedelnd, recht munter. Karte an Mim, von Harden. Geruht, gelesen, abends mit Alfred zu v. d. Leyens, sehr nettes souper von 28 Personen, zwischen Bäumker u. Ruederer gut unterhalten, später mit Wölflin, Crusius, Cornelius, Bruckmanns[104] u.s.w. Um 12 nachhaus.

14/6

Gerechnet, Brief an Mim, in die Stadt: herrlich frisches Wetter. Beitisch Max Pidoll u. Else Schöll. Gelesen, abends mit Manns ins Residenztheater, Tschechow's »Onkel Wanja«, recht eindrucksvolle Milieu- und Menschenschildrung der russischen Provinz, zum Teil gut gespielt (Basil überraschend gut), auch hübsch inscenirt, anregender Theaterabend.[105] Tommy's noch bei mir gegessen, bis ½12.

15/6

Brief an Mim, Spaziergang bei herrlichstem Wetter. Beitisch Tommy's mit 2 Kindern. Um 4 mit Crodu's in ihrem Auto nach Puchheim, Rommelchen, Feo[106] u. Gräfin Zeppelin als gutfüllende Gäste; Rundwettflug um München, sehr gut gelungen, der Aufstieg tadellos u. stets wieder sensationell wirkend.[107] Um ½8 daheim; nach dem Nachtessen auf der recht külen Veranda gelesen.

---

104 vermutlich Hugo Bruckmanns
105 K. Residenztheater: »Onkel Wanja« von Anton Tschechow. Herr Höfer (Sferebrjakow), Fr. v. Hagen (Seine Frau), Frl. Michalek (Alexandrowna), Frau Schwarz (Weinitzkaja), Herr Basil (Weinitzki) u.a. (ausführl. Bericht in den *Münchner Neuesten Nachrichten* vom 16.6.1913)
106 d.i. Feodora Weingartner, geb. v. Dreifus
107 **Der Flug »Rund um München«**. ... An verschiedenen Punkten der weiteren Peripherie Münchens waren Kontrollstationen errichtet worden, so in Puchheim selbst, in Forstenried, Perlach, Riem, Schleißheim und Bergkirchen, wo neben den eigentlichen Kontrolleuren immer etwa drei Automobilisten mit ihren Wagen, 1-2 Motorfahrer, an einzelnen Stellen auch ein Arzt und einige Sanitätsmänner Aufstellung nahmen. Die Kontrolleure hatten die Einhaltung der Flugrichtung zu beaufsichtigen und ihre diesbezüglichen Eintragungen und Aufschreibungen zu machen. Die Automobile standen zur Empfangnahme und Weitergabe wichtiger Meldungen und zum Hilfsdienst bereit. Passierte ein Flieger

16/6
Brief von Mim u. an sie; Spaziergang u. Kommissionen bei idealem Wetter. Nachmittag rendez-vous mit Katja, Katja u. Erika beim Tee, spanisch übersetzt, abend gelesen.

17/6
Briefchen von Milka, zum Turnen. Brief an Mimchen, nachmittag spanisch übersetzt, Brief von Klaus u. an ihn. »L'Assommoir« ausgelesen u. »Zukunft«. Abend, wärend Alfred in einer Rektorwalsitzung, Eugenie bei mir auf der Veranda.

18/6
Von 8-10 geritten mit 2 jungen Amerikanerinnen; sehr heiß. Brief von Mimchen, Briefe an sie u. an Harden[108]. Nachmittag Castillo, beim Tee Katja. Abend »Nana«[109] begonnen.

19/6
Früh mit Katja rendez-vous in der Stadt, Kommissionen. Brief von Marta, an Mimchen. Zum Tee mit Alfred zu Katja, in ihre schon halb ausgeräumte Wonung. Abschied, da Tommy's Abend nach Italien reisen. Besuch bei Frau v. Scheubner-Richter u. Huldschinsky's. Hin u. zurück durch engl. Garten zufuß. Abend »Nana«.

20/6
Zum Turnen. Briefe an Mim u. an Peter. Nachmittag bei strömendem Regen auf den Waldfriedhof. Nach dem Tee spanisch; abend Einladungen lancirt, gelesen.

21/6
Unendlicher Regen vereitelt das Reiten. Karte von Harden; in die Stadt. Nachmittag Castillo, »Hedda Gabler« endlich fertig ins spanische übersetzt. Karte an Michalek, Briefe begonnen, »Nana« gelesen.

---

die Kontrollstellen, so hatte er eine Blechhülse, in der sich sein Name und die Nummer des Flugzeuges befand und die an einem blau-weißen Band befestigt war, aus dem Fahrzeug hinabzuwerfen … **Endresultat**: 1. Linnekogel mit einer Gesamtflugzeit von 2 Stunden 11 Minuten 24 Sekunden. 2. Hellmuth Hirth mit einer Gesamtflugzeit von 2:13:41 $^2/_3$. 3. Baierlein mit 2:27:54 $^2/_3$ Gesamtzeit. (ausführl. Bericht in den *Münchner Neuesten Nachrichten* vom 16.6.1913 und Vorbericht am 14.6.1913)

   108 im Original erhalten und veröffentlicht in: *Meine Manns*, 126f.
   109 Band 9 von Émile Zola's *Les Rougon-Macquart*

22/6
Briefe an Mim u. an Katja nach Viareggio. Briefe von Mim u. Emma Schlier; Absagen u. Neueinladungen. Zur Eröffnung der »Galerie Caspari« (kl. Caspari!) hübsche Aufmachung, gute Bilder, lauter Bekannte.[110] Beitisch Crodu's u. Erika-Aißi, beim Tee, außer den Kindern, Bunge u. seine Mutter. Abend gelesen.

23/6
Karten von Katja aus Florenz, von Klaus aus Hellerau. Absagen u. telephonische Nacheinladungen. Da Wetter aufklarend, von 10-12 geritten, sehr schön. Unterwegs die Herren v. Hatvány u. Oppenheimer aufgegriffen, mit ihnen geritten u. mich ganz gut unterhalten. Brief an Mimchen; nachmittag spanisch gelesen, abend »Nana«, auf der külen Veranda.

24/6
Brief von Peter. Zum Turnen, Brief von Klaus aus Dresden. Briefe an Mim u. an Klaus. Nachmittag alle 4 Kinder mit Frl.; da Gewitter, sie um mich im Zimmer beschäftigt. Zum Tee dazu das junge Ehepaar Ewald. Brief an Katja, abends Eugenie, die ihr Chauffeur-Examen glücklich bestanden.

25/6
Briefe von Mim u. von Katja; Brief an Mim, bei Regen in die Stadt; beitisch Michalek, Dr. Oldenbourg[111] u. Eu, vor ihrer Abreise nach Partenkirchen. Dann Castillo, der von Hatvany abgelöst wurde, der uns 2 Billette zu seinem Stück brachte; dazu zum Tee die Wiener Kalbecks, die wir ins Theater einluden u. danach noch zum späten Nachtessen mit nachhaus nahmen: ein »jut jefülleter« Tag! Hatvany's Stück »Die Berümten«, im Künstlertheater nur

---

110 **Eine neue Galerie**. In dem ehemaligen Eichthal-Palais (Briennerstraße 52), dessen vornehme, schlichte Fassade Leo v. Klenze, den Architekten Ludwigs I., ihren Schöpfer nennt, hat die Galerie Caspari ihr Heim aufgeschlagen ... Deutsche und französische Kunst des 19. und 20. Jahrhunderts ist hier in Meisterwerken vorgeführt, die ein fast geschlossenes Bild der Entwicklung der Malerei während dieser Zeit gewähren ... (in dem Bericht in den *Münchner Neuesten Nachrichten* vom 22.6.1913 werden Werke genannt von: A. Feuerbach, Hans v. Marées, Leibl, Menzel, Schuch, Slevogt, Liebermann und Corinth, Uhde, Keller, Stuck, Stadler und Zügel; ferner Géricault, Corot, Courbet, Manet und Berthe Morisot, Claude Monet, Pissaro und Sisley, Hodler; von Plastikern Barlach, Gaul und Lehmbruck; außerdem Picasso, M. Pechstein, K. Caspar und E. Feiks.)
111 vermutlich Rudolf Oldenbourg jun., Sohn von Hans Oldenbourg

von der Durieux gut gespielt, ist zweifellos talentvoll u. keineswegs gut.[112] Immerhin recht bemerkenswert.

26/6
Das Reiten wieder total verregnet. Briefe an Mim u. an Hatvany, Besuch bei Dittel Stadler, in die Stadt. Nachmittag zuhaus, Karte von Katja u. an sie, gelesen, sehr kül.

27/6
Zum Turnen. Unwetter, ganz durchnäßt. Kommissionen, Schneiderei. Briefe an Mim u. an Peter. Nachmittag Vorbereitungen, beim Tee Funke u. Milka; abend Sommerfelds, Wolters', Haushofers,[113] die Damen Liebermann u. Ring,[114] die Herren Braune u. Wölflin. Sehr ausdauernd, bis gegen ½1, aber nicht so nett wie sonst.

28/6
Karte von Klaus, Schneiderei, in die Stadt. Beitisch Milka, dann Castillo. Briefe von Mim u. von Katja (mit Einlage von Korfiz Holm). Karten bei Frau Bunge u. Frau Gugg. Abends Brief an Katja, dann Gesellschaft bei Munckers, zuehren des Austauschprofessors Sloan[115]. Zwischen ihm u. Manger leidlich unterhalten, bald nachtisch, um ½11 fort, Alfred in die Allotria, ich nachhaus, um den inzwischen eingetroffenen Klaus zu begrüßen, mit dem noch bis ½1 plauderte: Hauptthema Heinz.

29/6
Das Wetter wird immer scheußlicher. Brief an Mim, mit Klaus Familienleben, zum diner zu Seeligers, wärend Klaus mit den 4 Kindern u. Fräulein zuhaus speiste. Bei Seeligers durchaus gemütlich, in kleinem Kreis. Zum Tee dann wieder daheim mit der ganzen jungen Familie. Abend Familienleben u. »Nana« ausgelesen.

30/6
Etwas besseres Wetter; Brief an Mim, Karte an Katja, »Zukunft« gelesen, Besuch von Sophie, mit ihr dann in die Stadt. Nachmittag

---

112 M. Künstler-Theater: »Die Berühmten« von Ludw. Hatvány. Carl Cleving (Doktor Kubits), Tilla Durieux (Seine Gattin), Carl Goetz (Römer), Georg Schnell (Lukács), Leontine Sagan (Mira) u.a.
113 vermutlich Karl Haushofer und seine Ehefrau Martha
114 Gemeint sind Maidi v. Liebermann und Grete Ring
115 d.i. William Milligan Sloane

gepumpelt, gelesen, Brief an Harden,[116] Claudels »L'Annonce faite à Marie« gelesen; und Familienleben.

1 Juli

Früh zum Turnen; die Kinder von der Schule abgeholt,[117] zum Mittagessen u. Tee. Brief an Mim; nach dem Tee die Kinder heimgebracht, hin u. zurück zufuß bei endlich schönem Wetter. Abend »Rundschau« gelesen u. Familienleben.

2/7

Brief von Mim; von 10-12 geritten, sehr schön, dann Brief an Mim. Nachmittag Castillo abgesagt, Klaus' Wäsche durchgesehen, Brief an Katja, von ihr; mit Eu-Partenkirchen gesprochen, spanisch gelesen, abend »Süddeutsche Monatshefte« u. »Rundschau«.

3/7

Wieder von 10-12 geritten, da Wetter so verlockend. Brief von Peter, an Mim. Nachmittag zum Färpeln[118]. Dann Besuch einer Frau v. Willemoes-Suhm, mit Empfehlungsbrief der Selenka, wegen eines Frauentheaterunternehmens, das mich abgeschmackt dünkt. Um 8 Ankunft von Klaus Freund Winkelmann, der ein sehr hübscher, netter Kerl. Briefe vorgeschrieben, Karte an Eu mit Dank für Erdbeeren, abends geselliges Beieinandersein.

4/7

Zum Turnen, die Kinder an der Schule begrüßt, mich über das abgeschmackte »Fräulein« geärgert. Briefe an Mim u. an Peter beendet, Karte an Katja. Nachtisch Plauderstündchen mit den Herren[119], nach dem Tee in die Stadt. Abend Karte von Mim, spanisch gelesen, Familienleben mit Musik.

5/7

Brief von Lili Bam, Verlobungsanzeige von Ernst Bischof; Gratulationskarte, in die Stadt, bei wechselndem Wetter. Nachtisch Castillo. Briefe von Mim u. Katja, Brief an Marta. Beim Tee die 4 Kinder mit Fräulein, Lula und endlos lange Frigga Brockdorff,

---

116 im Original erhalten und veröffentlicht in: *Meine Manns*, 127-129
117 Erika und Klaus besuchten die Privatschule von Frl. Ernestine Ebermayer.
118 bei Friseur Prötzel
119 das sind Klaus Pringsheim und sein Freund Hans Winkelmann

die Material zu einem Artikel[120] über Mimchen einholte. Abend »Zukunft«, dann noch mit den Herren, die aus dem Deutsch-Theater kamen, geöbstelt.

6/7
Brief an Mim, bei unsicherem Wetter in die Stadt, beitisch die Kinder u. Dr. Teller. Nachmittag die 4 Herren auf 2 Klavieren musicirt, wärenddem an Katja geschrieben. Beim Tee außer den Hausinsassen Ernst Bischof aus Jokohama mit seiner netten Braut Marietta Wohlschläger. Nachher lange mit Klaus u. Winkelmann geplaudert. Abend Brief an Lily Bam, spanisch gelesen.

7/7
Regen, Regen, Regen! Briefe an Mim u. an diese gräßliche Frau v. Willemoes; in die Stadt; nachmittags Brief vorgeschriebcn u. häuslich gepumpelt, in die Stadt, abend »Ramiro«[121] u. »L'Oeuvre«[122] gelesen u. Familienleben.

8/7
Zum Turnen; die Kinder abgeholt, Unterredung mit ihrem Frl. Ebermayer. Beim Essen die Kinder; Brief an Mimchen, Karte an Katja; beim Tee lange u. ausfürlich, zu den 6 Hausangehörigen, Elsa Bernstein, endlich nach 9 Monaten retour de Paris. Abend ein wenig gelesen, nach dem Abendessen Dr. Cohen bis ½ 12. Endloser Regen.

9/7
Briefe von Peter u. Mimchen, Brief an Mim; bei Regen u. Kälte in die Stadt. Nach dem Essen Familienleben u. Abschied von dem netten Winkelmann, der um 4 Ur abreiste. Dann Castillo. Brief von Katja u. letzte Karte an sie. Briefe vorgeschrieben, abend Alfred zur Sitzung, »Don Ramiro« u. »L'Oeuvre« gelesen, früh ins Bett.

10/7
Da unerwartet schönes Wetter, von 10-12 geritten; Karte von Frau v. Liebermann, Brief an Mim beendet. Nachmittag Besuche bei der kranken Frau Voß u. bei Frau Ewald. Dann wieder Regen u. küle Luft. Abend gelesen.

---

120 Erschien unter dem Titel *Hedwig Dohm. Die Dichterin und Kämpferin* in den *Münchner Neuesten Nachrichten* vom 26.9.1913.
121 Enrique Larreta, *La Gloria de Don Ramiro*
122 Band 14 von Émile Zola's *Les Rougon-Macquart*

11/7

Zum Turnen, alle 4 Kinder am Schülchen begrüßt.[123] Brief an Peter u. an Mim. Nachmittag bei andauerndem Regen zum Anprobiren u. Kommissionen. Abend selbdritt ins Künstlertheater »Mikado«, ausverkauft, elegant. Der erste Akt sehr mau, der zweite besser, Pallenberg-Koko sehr lustig u. amüsant. Zum Schluß unangenehmer Zwischenfall durch Onmacht von Formes-Mikado, wodurch beinah eine Panik entstand, und das Ende vor der Zeit improvisirt wurde.[124]

12/7

Karte von Emma Schlier. Telephon mit der eben eingetroffenen Katja u. mit Crodu's-Partenkirchen; sehr viele Kommissionen bei angenehmem Wetter. Nachmittag in die Stadt; beim Tee Katja. Geburtstagsbriefe von Mim, Else u. Hermann, von Aletta aus Frankfurt. Klaus' Artikel gegen das Wagner-Buch von Ludwig[125] vorgelesen, einen empfehlenden Brief an Harden geschrieben.

13/7

Kein Aufbau, da Alfred kein Geld u. keinen Einfall! Briefe von Eva, Miez, Marta, Milka, Luigia, Karten von Harden u. Grünfeld, von Eu Bademantel u. Brief, von Ilse u. Kaete, von Peter, Hedwig

---

123 Die Schulkinder Erika und Klaus wurden offenbar von ihrem Fräulein mit den beiden Kleinen abgeholt.
124 M. Künstler-Theater: »Der Mikado«. Musik von Arthur Sullivan. Walter Formes (Der Mikado), Rudolf Ritter (Nanki-Poo), Max Pallenberg (Ko-Ko), Fritzi Massary (Yum-Yum), Marie Griebl (Katisha) u.a. – … Die stärkste Impulsvermehrung ging allerdings von Pallenbergs Ko-Ko aus. Dieser Künstler, der beide Stile, den komischen und tragischen, zusamt den Mischungen beherrscht, hat aus der an sich nicht allzu lustigen Figur des Ko-Ko wieder ein Wesen von Fleisch und Bein gemacht. Man sah zuerst ein kleines Männchen, dessen Rhythmisierung der Gebärdensprache grotesker japanischer Schnitzereien abgelauscht schien. Und das sang und sprang und zwitscherte so lebendig, wie nur eine Parodie auf den Stil der japanischen Tragödie sein kann … Fritzi Massary und Rudolf Ritter, das bewährte Liebespaar, ließ Yum-Yum und Nanki-Poo seine Gesangskunst zuteil werden … (ausführl. Bericht in den *Münchner Neuesten Nachrichten* vom 12.7.1913)
125 Gemeint ist das Werk von Emil Ludwig, *Wagner oder Die Entzauberten*. Der Text erschien unter dem Titel »Ludwig der Entzauberte« in Klaus Pringsheims Buch *Vom modernen Wagnerproblem*, Gustav Busse Verlag Regensburg, 55-67.

Juli

Gugg[126]. Gratulation des Personals,[127] Schneckenaichners mit Blumen u. Gedichten, Blumen von Lula. Bei herrlichem Wetter Spaziergang im engl. Garten. Beitisch Manns mit sämmtlichen Kindern, die auch über den Tee blieben. Brief an Mim, beim Tee noch Blaul u. Reisch. Abend – vorher Besuch von Hofrat Stieler – auf der Veranda Manns, recht gemütliches Familienleben bis ½ 12, one Feierlichkeit.

14/7
Karte von Rohrscheidt, von 10-12 geritten, sehr heiß. Brief an Mim, beim Tee Katja, mit der dann zallose Kommissionen. Abend auf der Veranda gelesen u. Familienleben.

15/7
Früh Katja zum Maßnehmen; Briefchen von Hedda u. Hannchen, in die letzte Turnstunde, bei Regen (!); Brief an Mim. Brief von Harden mit Rücksendung von Klaus' Manuskript. Nachmittag wieder Katja, über den Tee. Dann in die Stadt; Brief an Harden,[128] abend gelesen. (Susi Pekrum mit Anliegen von 5000 M.[129]: abgelehnt)

16/7
Briefe an Eu u. an Mim. Brief von Mim. Telephon mit Katja, die mittags nach Tölz siedelt. Viele Kommissionen bei trübkülem Wetter. Nachmittag Castillo. Brief an Winkelmann u. an Emma. Schneiderei, gepumpelt, gelesen, Brief an Hermann vorgeschrieben.

17/7
Brief von Susi Pekrum, die ihr Anliegen von 5000 M. auf 1500[130] reducirt; telephonisch bewilligt. Brief an Mim, in die Stadt, Kommissionen, zu Bernstein in Angelegenheit Castillo, in die Galerie Tannhauser. Nachtisch Pekrum, der 1500 M. einhändigte, Karte an Castillo, Packet an Emma Schlier, in die Stadt. Schneiderei, beim Tee Grete Ring. Gelesen u. Familienleben.

---

126 gemeint ist Hedwig Hintze, geb. Guggenheimer
127 das sind die Jungfern Anna und Betty, die Köchin Fanny, Diener Wolf und Hausmeister Michael Hacker
128 im Original erhalten und veröffentlicht in: *Meine Manns*, 129f.
129 in heutiger Währung etwa 24.000 €
130 in heutiger Währung etwa 7.200 €

18/7
Briefe an Mim, Miez, Peter. Blumen an Lella Huldschinsky, die nachts von Zwillingen überrascht. Brief an Hermann spedirt; Besuch bei Frau Lotz, bei angenehmem Wetter. Nachmittag Brief an Eva, beim Tee Klaus' Chef Teweles u. Frau; dann noch Besuch bei Sophie. Abend gelesen, dann auf der Veranda beim »Öbsteln« Dr. Teller, der Klaus zum rendez-vous mit Teweles' holte.

19/7
Dankbrief von Castillo. Das Ausreiten wieder verregnet! Brief an Milka, in die Stadt, Karten bei Teweles, Kommissionen. Klaus färt zu längerem Aufenthalt nach Tölz. Beim Essen Peters Gleistein, bis 4 Ur, von Castillo abgelöst. Abend allein in Schauspielhaus, »Paul Lange u. Tora Parsberg«, mit dem Ehepaar Kayßler. Doch kein gutes Stück, sogar beinah ärgerlich; gut gespielt.[131] In strömendem Regen nachhaus.

20/7
Furchtbar schlecht geschlafen, spät auf; bei Genée, der antelephonirt, Karte abgegeben, dann bei Frau Fürstenberg im Continental; da dort hörte, daß es Lella nicht gut ginge, hingefaren, Hulle gesprochen: es sei nicht schlimm. Durch den engl. Garten heimspaziert. Brief von Mim. Nachmittag Briefe an Mim u. an Marta; später Teegast stud. Hamburger. Dann Genée mit seiner Frau Dr. Genée; erst erschreckend alt u. faselig, aber dann ganz der alte, muntere Greis, eß- u. trinkfest u. bis 10 Ur vom Jare 48 ganz nett erzälend.

---

[131] M. Schauspielhaus: »Paul Lange u. Tora Parsberg« von Björnstjerne Björnson. Friedrich Kayßler a.G. (Paul Lange), Herr Weydner (Arne Kraft), Herr Ferner (Der alte Storm), Helene Fehdmer a.G. (Tora Parsberg) u.a. – ... Liegt in diesem Geschehen nicht die letzte zwingendste Notwendigkeit, so ist die Kunst des Darstellers umsomehr zu bewundern, der wie Kayßler einen Paul Lange von nahtlosem Guß gegeben. Die beiden Pole solcher Naturen, Stärke wie Schwäche, zeigt er auf und zeichnete ein männliches Bild, dem durch Frau Fehdmers Tora sinnfällige Ergänzung wurde. Das Schalkhafte, ein echt Björnsonscher Zug, war wohl die positive Eigenschaft dieser Tora. Björnsons humorvolle Güte hat sich in zahlreichen kleinen Pointen in der Schilderung des politischen Milieus um Lange geoffenbart. Diese Nuancen ließen sich die Hauptdarsteller nicht entgehen, und so konnte man zufrieden sein ... (ausführl. Bericht in den *Münchner Neuesten Nachrichten* vom 21.7.1913)

21/7.
Da das Wetter leidlich, mal wieder von 10-12 geritten. Brief an Mim, beitisch Genée mit seiner Gesellschafterin, sich dann für Berchtesgaden verabschiedend. Nach dem Tee Abschiedsbesuch von Señora Bunge, die ich richtig nicht eingeladen! Abend gepumpelt u. gelesen.

22/7
Sehr unfreundliches Wetter. Einladungen geschrieben, Brief von Mim u. an sie, in die Stadt, Kommissionen. Nachmittag total eingeregnet. Brief von Miez, nach dem Tee zu Sophie, die des kranken Vetters wegen – mit Recht – sehr deprimirt. Mit den Zwillingen in Tölz telephonirt, abends Geburtstagspacket gepackt, Brief an Mieze.

23/7
Reiten wegen Regen abgesagt! Brief an Mim, von Peter. Hochzeitsgeschenk u. Karte an Paula Bruckmann, bei Regen u. Graus in die Stadt, beim Unterstehen Possart getroffen, der mich durchaus im Auto ein Stück mitnehmen wollte. Nachmittag Castillo, beim Tee Großeltern Fürstenberg; nicht sehr trostreiche Unterredung mit ihm über die Aussichten der »Handelsvereinigung«. Brief von Cile, Briefe vorgeschrieben. »Oeuvre« gelesen.

24/7 Tölz
Regen, Kälte. Karte von Eugenie, Brief an Mim beendet, kleine Vorbereitungen, um 11.50 nach Tölz, in strömendem Regen dort angekommen, von Tommy's u. Klaus empfangen, den ganzen Tag gegossen. Mittag mit den Kindern, geruht, Briefe gelesen. Beim Tee den Brief von Johannes Schlaf an Seeliger über seine »geocentrische Feststellung« verlesen, in dem er sich auf »das brennende Interesse eines Thomas Mann« beruft; weswegen Seeliger uns den Brief zur Warnung übersandt. Knüpfte sich äußerst leidenschaftliche Debatte daran, die auch der kleine Regenspaziergang im Garten nicht külte und die Tommy sehr erschöpfte, sodaß er der gemütlichen Abendfeier mit Sekt nur schweigend und müde beizuwonen vermochte.

25/7. München
Endlich besser Wetter. Nachdem noch das Pamphlet »Thomas Mann u. der Tod in Venedig«[132] flüchtig genossen, mit Klaus

---

132 Gemeint ist vermutlich die Publikation von Bernd Isemann, *Thomas Mann und ›Der Tod in Venedig‹: Eine kritische Abwehr*. München 1913. 34 S.

nach München gefaren, von Katja zur Ban geleitet. Zum Essen gleich Crodu's vorgefunden, die zu Paula Bruckmanns Hochzeit in der Stadt. Dann einige Kommissionen für den Abend, Briefe an Mim u. Peter, recht ungelegener u. enervirender Besuch von Lisbet Lindemann, die mir weinend ihr Unglück klagte. In fliegender Hast angekleidet, u. abends recht gemütliche kl. Gesellschaft mit dem jungen Ehepaar Ewald, Grete Ring, Hatvany u. Weltziehn. Bis ½ 12. –

26/7
Von 10-12 geritten, schon wieder gleich recht heiß. Brief von Hedda, Karten von Harden u. Frau v. Scheubner, Gratulation an Ehepaar Walter Lehmann. Beitisch Prof. Hartogs, nachmittags Castillo. Nach dem Tee Rückfart von Klaus nach Tölz, Brief von Mimchen, auf der Veranda gelesen.

27/7
Schönes Sommerwetter. Brief an Mimchen, von Miez. Karten von Genée u. Winkelmann. Spaziergang. Nachmittag Brief vorgeschrieben, beim Tee Jorge Bunge, abends Karten an Genée u. an Cile; u. auf der Veranda Frau Fürstenberg, durchaus gemütlich.

28/7 Partenkirchen
Brief von Prof. Voll; Brief an Mim beendet, gepackt, um ¾ 11 Abfart nach Partenkirchen, unterwegs gelesen. Bei trübem Wetter um ¾ 1 angekommen, mit dem Auto von Crodu's abgeholt. Gegessen, geruht; nach dem Tee 3 stündiger Spaziergang über Garmisch, Thomas Knorr-Villa, teilweis in fürchterlichem Regen. Abend geplaudert.

29/7
Früh Brief an Mim, Karte an Prof. Voll, Brief von Peter. Langer Besuch oben im G'schloß[133] bei Mary, der sehr herzlich verlief u. bei dem ich eine Versönung mit Eugenie anbante, auch endlich Michael Balling kennen lernte, der mir – sehr gut gefiel. Nachtisch mit Crodu's in ihrem prächtigen Touren-Auto nach Tölz, einen Moment Regenwetter, dann wundervolle Fart über Walchen- u. Kochelsee; Tommy's überrascht, bei ihnen Tee getrunken u. um

---

133 Gemeint ist die nach Plänen von Adolf v. Hildebrand erbaute »Villa Riedberg«.

Juli bis August

6 wieder zurück, über Kochel-Ohlstadt, das letzte Stück etwas kül u. feucht. Abend geplaudert.

30/7 München

Brief an Mim, Karte an Peter, Brief von Katja. Kleiner Spaziergang, um ½12 der gestern ausgeheckte Besuch von Ballings im Genienhaus[134], die Versönung der beiden lange in Feindschaft getrennten Freundinnen. Durch einen Besuch von Alphons Bruckmann mit Ilse nebst Mann[135] u. Kind vorzeitig coupirt. Dann Ballings begleitet, mit Eu zur Ban gefaren u. Alfred geholt; dazu zum Essen Schrenk, ebenfalls per Auto von München kommend. Nach dessen Abfart um 4 mit Crodu's nach Eibsee geautelt, dabei kurzer Besuch bei Alphons' in ihrem neuen Bauern-Landhaus in Garmisch. Glorioses Wetter, reizende Fart, Eibsee wundervoll. Spaziert, Tee getrunken, das neue große Hôtel besichtigt u. um ½8 zur Ban gefaren, um 10 zuhaus. Im ganzen sehr gelungene, hübsche Exkursion. Brief von Mim, Karten von Grete Ring, der Marquesa, Cile Seler.

31/7

Von 8-10 geritten – ideales Wetter. Brief an Mimchen, mit Eu, mit Katja telephonirt; beim Tee Frau v. Liebermann, danach schöner Spaziergang, abend gelesen.

1. August.

Brief an Mim, Karte nach Stettin, gerechnet, Gelder verschickt etc., Brief von Frigga Brockdorf; zufuß bei himmlischem Wetter zu Huldschinsky's hin u. zurück spaziert. Mittags u. beim Tee Klaus u. Katja mit Erika u. Golo, die »Mama« besucht hatten. Sie um ½6 zur Ban gebracht, Karten bei Heyse u. Stadlers, wieder langer Spaziergang im engl. Garten. Abend »L'Oeuvre« ausgelesen.

2/8

Karten an Lula u. an Giger, schöner, weiter Spaziergang, wobei eine Karte bei der operirten Frau Stuck abgab. Nachmittag Castillo, den über den Tee da behielt. Brief von Mim, gegen

---

134 Name von Schaeuffelens Wohnsitz in Partenkirchen
135 das sind Ilse, geb. Bruckmann, mit Ehemann Paul Emmerich

Abend zu Stadlers, die eben von Cannstatt zurück: der Vetter macht in seinem gänzlich abgemagerten Zustand einen sehr traurigen Eindruck, furchtbar deprimirt u. deprimirend. – Abend gelesen.

3/8
Brief an Mim, Karte von Scheubners. Mit Frau Harden, die gestern Karte abgegeben, nach Ludwigshöhe telephonirt. Wunderschöner, langer Spaziergang. Nachmittag »Zukunft«, Geburtstagsbrief an Eu, beim Tee Dr. von Trenkwald aus Frankfurt; abend »Ramiro« gelesen u. »süddeutsche Monatshefte«.

4/8
Von 8-10 geritten, sehr schön. Brief von Mira, Karte von Peter. Brief an Mim, Karte an Mira. Nachmittag, nachdem mit Gunter Rohrscheidt vergeblich telephonirt, mit Alfred nach Feldafing zur Locher, unerquicklich heiße Eisenbanfart, dort gemütliches Teestündchen mit ihr u. Else [Schöll], die uns nach Possenhofen spazierend begleiteten; nach 9 wieder in München, im »Deutschen Kaiser« Gunter grad noch angetroffen, ihn auf unsre Veranda mitgenommen, wo auch Peter um ½11 aus Berlin eintraf; der uns durch eine Unvorsichtigkeit (Schlag durch die hochgespannte elektr. Leitung) beinah entrissen worden wäre! Familienleben mit Obst. Gunter durch seine diplomatische Carrière ein vollendeter Cavalier.

5/8
Sehr heiß. Brief an Mim, Dankkarte von Paula Danzer; in die Stadt Kommissionen. Nach dem Tee Spaziergang, mit Katja u. Eu telephonirt, Besuch bei Sophie. Abend gelesen u. selbdritt Familienleben.

6/8
Karte von Lula, Brief von Mim u. an sie. In die Stadt u. in die Pinakothek. Nachmittag wieder endloser Regen. Erst Castillo, letzte Stunde. Dann Brief von Else, der mir Ilse's bevorstehende Scheidung meldet; nach dem Tee Brief an Else, und morgigen Brief an Mim fast ganz vorgeschrieben, da mit Asta für morgen telephonisch Besuch in Ambach verabredet; Glückwunschschreiben an Hedda zu ihrer in London vollzogenen Hochzeit mit Karl Korsch, Brief an das Hôtel de France in Wien. Spanisch gelesen.

7/8

Brief von Lili Bam, Brief an Mim beendet. Um ½10, wärend Peter an den Ammersee, nach Ambach zu den 3 Asten[136] gefaren, bei külem, trübem Wetter. Auf dem Schiff mit Röhrs geplaudert. Um ½12 in Ambach, von den Asten empfangen. Das Haus nett, in schöner Lage, aber in schauerlicher Einsamkeit auf der Höhe tronend. Gemütlich gegessen, die 2 Kinder Asta u. Jochen u. Isolina am Tisch; geruht, geplaudert bis zur Abfart um ½6. Höchst ungemütliche Reise, auf dem Schiff eiskalt, im Coupé zum Ersticken heiß. Um ½8 in München; sehr warme Dank- u. Anerkennungskarte von Galston über Klaus' Operettenartikel[137]. Abend allein u. früh ins Bett, da sehr angegriffen.

8/8

Von 8-10 bei sehr angenehmem Wetter geritten; dann wieder viel Regen. Brief an Mim, beim Essen Koffka's u. Peter, retour de Ammersee. Nachmittag in die Stadt, gegen Abend Else Schöll, spanisch gelesen; abends Grete Ring, Braune, Gleistein. Die Damen gefielen sich nicht (mir die Grete auch nicht!); doch ganz munter bis ½12.

9/8

Weiße Nelken von Peter. In Erinnerungen gestöbert, langer Brief von Eu, in die Stadt. Beitisch Gleistein, dann auf den Friedhof, Erik Blumen (auch ein paar von Brünnerl) u. einen Kranz gebracht.[138] Nach dem Tee in alten Briefen gelesen; abend Briefe[139] an Eu, Karte ans Wonungscomité nach Wien, mit Cile telephonirt, »Ramiro« gelesen. Karte an Emma Locher.

10/8

Wieder Regen! Brief von Mim u. an sie, Karte von Genée, Besuch bei Reischs, vorher Karte für Cile im Leinfelder, mit dem 4mal vergeblich telephonirt. Beitisch Cile, beim Tee wiederum Cile, Max Pidoll u. Castillo, als Abschiedsbesuch. Mit Katja telephonirt, abend Cile ins Residenztheater geladen, 4 Einakter von Hans

---

136 das sind Tante Asta Friedberg sowie Tochter Asta Adolph und deren Tochter Asta
137 Der Artikel war in: *Süddeutsche Monatshefte*, 9. Jg, 1912, Bd 2, 179-187 erschienen.
138 aus Anlaß von Eriks Geburtstag
139 so im Original

Müller, absolute platte Nichtigkeiten, mit teilweis ganz nettem Dialog: auch recht mäßig gespielt.[140]

11/8

Von 8-10 geritten, sehr angenehm. Brief von Emma Schlier, Brief an Mim, Karte an Genée. Nachmittag an Hulle's telephonirt, wo es der armen Lella schlecht ergangen ist. Nachmittags in die Stadt, beim Tee die allerliebste Frau Hofmann-Richter p.p.c. Abend gelesen u. Familienleben.

12/8

Karte von Emma Locher, Brief an Mimchen; um 11.50 mit Alfred bei Regenwetter nach Tölz gefaren, wo sich der Aufenthalt in gewonter Weise, bei gewontem Regen, abspielte. Um 9 wieder daheim, unterwegs Kellermanns »Tunnel« angefangen. Mit Peter, der Grete Ring im Isartal chaperonnirt, Familienleben. Karte von Susi Pekrum.

13/8

Briefe von Mim u. Marta, Karten von Cile u. Genée. Brief an Mim, Karte an Susi [Pekrum]. In die Stadt. Beitisch beide Selers; »la gloria de Don Ramiro« von Enrique Larreta ausgelesen; beim Tee kurzer Besuch von Prof. Hintze's (Hedwig Gugg), die überraschend angenehm wirken. Karte mit Buch an Castillo, Wonungskarte nach Wien. Abend »Tunnel« gelesen.

14/8

Von 8-10 bei »Nebelreißen« geritten, gehörig naß geworden. Karte an Mim; beim Essen Katja mit Aißi u. Moni, die dann zu »Mama«, u. Klaus, endgültig zurück aus Tölz. Um ½4 Alfred u. ich, Peter u. Klaus ins Prinzregententheater, wo recht schöne Auffürung von »Siegfried«, unter Walter, mit Knote, Feinhals, Kuhn, Mottl-Faßbender.[141] Wenig Bekannte im ausverkauften Haus, fast nur

---

140 K. Residenztheater: »Gesinnung«. Ein heiteres Quartett von Hans Müller. ›Die Gewissenssache‹. Frl. Dandler (Marsa Marius), Herr Waldau (Graf Gismondi), Frl. Kefer-Möser (Eveline Gound); ›Der Mittwoch‹. Herr Waldau (Er), Fr. v. Hagen (Sie), Fr. C.-Ramlo (Frau Fröbius); ›Der Höchste‹. Frl. Michalek (Marie), Herr Waldau (Hübner), Herr Basil (Dr. Cajus); ›Die Garage‹. Herr Waldau (Clemens), Herr Schwannecke (Paul), Fr. Höfer (Rena), Herr Graumann (Dikker).

141 Prinzregententheater: »Siegfried« von Richard Wagner. Herr Knote (Siegfried), Herr Kuhn (Mime), Herr Feinhals (Der Wanderer), Frau Cahier

Amerikaner. Um 10 daheim, Familienleben, dem Peter noch um 12 zu Braune entlief.

15/8
Regen, Sturm, Kälte. Ein wenig gepackt, Karte an Reisch, Glückwunsch zur Geburt eines Buben[142]. In die Stadt gebummelt, beitisch Gleistein u. Stern, der sehr guten Eindruck macht. Nachmittag fertig gepackt, nach dem Tee Karten bei Hintze-Gugg; gerechnet, Anordnungen, Familienleben; um 10.20 Abfart nach Berlin, von Alfred, Peter u. ~~Heinz~~ Klaus geleitet. Vorher Abschiedstelephon mit Katja. Im gleichen Schlafwagen Stern u. Schotts, auch alter Huldschinsky, den man nicht zu Gesicht bekam.

16/8 Wannsee
Nach mittelmäßiger Nacht um 10 in Villa Rosenberg, wo Mim unfrisch, Else deprimirt durch Ilse's Geschick. Alle begrüßt, gefrühstückt, Bad, gepackt, um 12 lunch. Dann geruht, Karte an Alfred, beim Tee auch Miez u. Ilse, im Garten alle spaziert, um 6 mit Mim Ausfart bei trübstem Himmel; abend Regen. Nach dem Essen allgemeines Familienleben; im Bett »Tunnel« gelesen.

17/8
Regen; vormittags Familie, »Zukunft«, beitisch die ganze Familie, incl. Ernesto; beim Tee noch die Bridge-Herren[143]. Gegen Abend Spaziergang im Garten, abend wieder Familie, Regen, frühes Zubettgehen. »Der Tunnel« von Kellermann, »das« Buch der Saison, ausgelesen.

(Erda), Fr. Mottl-Faßbender (Brünnhilde) u.a. – Walter erfüllte die Siegfried-Musik mit der ganzen Intensität seines Wollens und Fühlens und gab eine Interpretation, wie man sie nicht leicht von einem anderen Dirigenten in solcher Feinheit und klaren Durcharbeitung des Klangapparates zu Gehör bekommt. In Einzelheiten ging er vielfach auf etwas breitere Tempi ein, als man sie bisher gewohnt war ... Knotes Siegfried war stimmlich wie darstellerisch gleich glänzend. Seine Freiheit und Leichtigkeit der Tongebung, der bis zum letzten Ton sieghafte, strahlende Glanz seines prächtigen Tenors verdient ebensolche Bewunderung wie die Lebendigkeit und Frische seines Spiels. Frau Mottls Brünnhilde, Feinhalsens Wanderer und Kuhns Mime wurden uns längst zu liebvertrauten Gestalten ... Herrlich war Frau Cahiers Erda. Eine bis ins kleinste ausgearbeitete, stimmliche und vortragliche Leistung ersten Ranges ... (Bericht in den *Münchner Neuesten Nachrichten* vom 16.8.1913)

142 d.i. Paule Reisch
143 das sind die Herren Cranach, Mühlinghaus und Genée

18/8
Regen. Brief an Alfred, Karte von ihm. Mit Miez u. Luigia feuchter Spaziergang. Sonst der Tag wie immer. Briefchen von Paul Hulle u. Karte an ihn. Im Bett »Mad. Bovary«[144] u. »La Celestina«[145].

19/8
Regen. Früh Abfart von Hermann nach Sylt, dem mittags Else mit Andreas folgen. Brief an Katja, feuchter Spaziergang, nach dem Tee dito-Fart. Sonst wie gestern.

20/8
Trüber Himmel. Karte an Alfred, Briefchen von ihm mit Klaus' Manuskript. Schöner Spaziergang mit Kaete um kleinen Wannsee, lunch selbdritt. Danach Brief an Marquesa Respaldino, Klaus' langen u. ausgezeichneten Artikel »Siegfrieds Verrat«[146] gelesen; geruht u. »La Celestina«. Dann wie immer. Telegramme u. Brief an Mim zu ihrem falschen 80. Geburtstag![147]

21/8
Brief von Katja; um ½11 bei strömendem Regen zur Ban, nach Grunewald gefaren, Besuch bei Hardens; dann gemütliches lunch bei Fürstenbergs zu dritt. Um 3 von Aniela im Auto nach Wannsee gefaren. Nach dem Tee Aussprache mit Ilse über ihre Scheidung; Spazierfart, bei schönem, külem Wetter, Abend wie immer.

22/8
Brief an Alfred; bei schönem Wetter schöner Spaziergang zu fünft. Karte an Marta, nachmittag Brief von Alfred mit Einlagen. Sonst wie immer, nur bei Ilse gegessen wegen beurlaubter Köchin.

23/8
Brief an Klaus, von Eu. Spaziergang mit Miez u. Luigia, bei erstem warmem Sommertag. Nachmittag Brief von Katja, an Eu. Spazierfart, alles wie immer.

---

144 von Gustave Flaubert
145 von Fernando de Rojas
146 Der Text erschien in Klaus Pringsheims Buch *Vom modernen Wagnerproblem*, Gustav Busse Verlag Regensburg, 9-44.
147 Hedwig Dohm ist am 20.9.1831 geboren, wird 1913 also schon 82 Jahre alt.

24/8
Karten an Alfred u. Marta, Brief an Katja. Bei Sommersonnenwärme mit Miez, Kaete u. Luigia ins Freibad, wo lustiges, buntestes Leben; mit dem Dampfer zurück. Beim Essen die gesammte vorhandene Familie, incl. Ernesto; beim Tee dito, abend one Kaete, Patti, Luigia. »La Celestina« beendet.

25/8
Nachts Gewitter; kaum geschlafen. Brief an Lily Bamberger, schöner Spaziergang mit Ilse u. Kaete um den Stolper See. Brief von Alfred, Spazierfart; wie immer.

26/8
Brief an Alfred. Spaziergang mit Kaete-Miez. Brief von Susi Pekrum. »Mad. Bovary« gelesen, Spazierfart, abends Ilse mit uns beiden gegessen, da Patti in Misdroy, die andern aus. Lili Brauns »Liebesbriefe der Marquise« begonnen.

27/8
Brief an Katja, bei schönstem Wetter Spaziergang mit Kaete. Nachtisch nach Berlin, wo rendez-vous um 3 Ur in Marta's Wonung, auch Gunter u. der sehr übellaunige Hans erschienen zum Tee. Von Marta im Auto zur Ban gefaren, um 6 wieder zuhaus; Karte von Alfred, Brief von Katja gefunden. Abend wie immer. Spät Patti von Misdroy zurück. Karte von Else.

28/8
Brief an Alfred, bei herrlichem Wetter Waldspaziergang mit Kaete, Miez u. Luigia. Beim lunch Ernesto, endgültig p.p.c. Mims Suffragetten-Artikel[148] gedruckt u. den »Jung gefreit hat noch niemand gereut«[149] kritisch mit dem Bleistift gelesen; sehr kritisch. Spazierfart; wie immer. Im Bett Lili Brauns dummes Buch ausgeblättert.

29/8
Himmlisches Wetter. Brief an Else nach Sylt. Brief von Heinz, der in etwas schmökerhaftem Ton die Geburt seiner Tochter[150]

---

148 Gemeint ist wohl *Die Suffragette's*, in: *Die Aktion*, 3. Jg, 1913, 677-685.
149 Dieser Artikel erschien dann in: *Hamburger Fremdenblatt*, Nr. 216, am 14.9.1913.
150 Katja *Tamara* Elisabeth (von Hedwig Pringsheim später meist Tamächen genannt) war am 27. August geboren.

anzeigt: kurze, küle Gratulation. Heinz' Briefe regen mich immer maßlos auf, auch dieser. Spaziergang mit Kaete-Miez, nach dem Essen gepackt, Karte von Alfred, beim Tee Henny Salomon, um 7 mit Kaete u. Miez nach Berlin in die Kammerspiele, Première von Vollmöllers Pantomime »eine Nacht in Venedig«, ein leerer, witzloser »Film«; danach Strindbergs »die Stärkere«, eine auch recht inhaltlose kleine Scene; sodaß man das Theater unbefriedigt verließ.[151] Um 11 zuhaus.

30/8 München
Früh fertig gepackt, da der Koffer um 9 schon zur Ban. Karte von Cile, Brief an Aletta nach Freiburg, Familienleben, um 12 Abreise via Berlin nach München, von Kaete-Patti zur Ban, von Robert[152] nach Berlin geleitet. Vortreffliche, anfangs sehr heiße Fart, ganz allein im Coupé II Kl., gutes Essen mitbekommen, »Mad. Bovary« u. »Bubu de Montparnasse« von Louis Philippe gelesen. Um 10 von Alfr. u. Peter abgeholt, Obst auf der Veranda, um 12 totmüde ins Bett.

31/8
Brief von Klaus, Karten ~~vo~~ an Mim und Patti. Ordnung gemacht, Spaziergang. Nachmittag gepackt, gerechnet, Brief an Heinz, an Mim vorgeschrieben. Familienleben.

1. September
Brief an Mimchen. Um 10 zum Färpeln[153]. Inzwischen Tommy's angekommen. Langes, gemütliches Familienessen. Nachmittag mit Katja in die Stadt, beim Tee dazu Frl. Berte Willière. Abend gepackt, nach dem Essen endlos gerechnet, Karte an Mim u. Familienleben. Abschied von Tommy.

2/9. Sils Maria.
Nach etwas ungemütlichem Frühstück mit Katja, mit Alfred u. Peter um 8.10 Abreise nach Sils, in II Kl., trotz Alfreds Abnei-

---

151 Kammerspiele, Berlin: »Venezianisches Abenteuer eines jungen Mannes« von Karl Gustav Vollmoeller (Pantomime). Maria Carmi (Marchesina), Josef Klein (Bräutigam), Paul Biensfeldt (Fremder) u.a. – »Die Stärkere« von August Strindberg. Leopoldine Konstantin (Frau X), Gertrud Eysoldt (Fräulein Y) (*Das Deutsche Theater*, 352)
152 vermutlich ein Diener der Rosenbergs
153 vermutlich bei Friseur Prötzel

August bis September

gung, ausgezeichnet gefaren, schönes Wetter, gute Rebhüner mitgenommen, »Marie Donadieu« von Louis Philippe gelesen, um 7 in St. Moritz, herrlich frische Wagenfart. Gegessen, in der hall den Liebermann-Klüngel u. Frau Wolf[154] mit Marcella begrüßt, noch ausgepackt, um ½ 11 sehr müde ins Bett.

3/9

Spät gefrühstückt, Brief an Mim, schöner Spaziergang selbdritt. Karte von Lili Keith u. an sie; nach dem lunch Klarissa Friedberg[155] begrüßt, Karte an Katja, gelesen. geruht. Brief von Heinz an Alfred, sehr ärgerlich, in dem er mit naiver Schamlosigkeit um Zulage ersucht! Spaziergang um den Silvaplana See. Nach dem diner mit Liebermann-Reichenheims. Im Bett gelesen.

4/9

Brief von Mim, Karte an sie. Zu dritt auf die Marmoré; nach dem lunch mit Liebermanns, Abreise von Frau Wolf, den neu angekommenen Reichskanzler[156] bewundert. Brief an Klaus, geruht, Spaziergang durchs Fextal; nach dem diner mit Liebermanns, später mit Jaffé's. Gewitter u. Regen.

5/9

Abscheulicher Regentag. Brief an Mim, im Regen spazieren gelaufen, zum lunch Lili Keith, die in Maloja wont, über den Tee blieb u. die wir dann zum Motor[boot] begleiteten, Spaziergang über Isola daran knüpfend. Abend Brief vorgeschrieben, da alle Karten spielten, früh hinauf u. im Bette »Rundschau« gelesen.

6/9

Brief an Katja beendet, Karte an Mim. Mit Alfr. auf den Muot Ota, ins Fextal hinunter, 3 St. gut gelaufen bei wieder herrlichem Wetter. Nach dem lunch Brief an Marta, geruht, Bummel über Chasté, Alpengarten etc. Nach dem diner Brief an Eva, an Mim vorgeschrieben, früh ins Bett. –

7/9

Wegen Wolken den Lej Grischus aufgegeben, Brief an Mim beendet, mit Alfred schöner Spaziergang. Nach dem lunch geflickt, geruht, zu dritt über den Berg nach Silvaplana, um den See zu-

---

154 d.i. Hanna Wolff
155 d.i. Clarissa Friedeberg
156 d.i. Theobald v. Bethmann-Hollweg

rück, 3 St., Blase am Fuß geholt. Briefe von Katja u. Eu. Nach dem diner Brief an Eu, den Spielenden ein wenig zugeschaut, Karte an Lili [Keith], im Bett »Rundschau«.

8/9
Lange im Lesezimmer, Karte an Mim, Zeitungen, Alfreds Brief an Heinz gelesen u. gebilligt, Briefchen von Dr. Teller, kleiner angenehmer Spaziergang über Clavadatsch. Beim Kaffee Frau Liebermann u. Geheimrat Köbner; nachmittag ins Fextal. Abend Brief an Mim vorgeschrieben, von Reichenheims verabschiedet, im Bett »Rundschau«.

9/9
Brief von Mim, an sie abgefertigt. Um ½ 10 zu dritt bei angenehmmem Wetter nach Maloja (1 ½ St.), im Schweizerhaus Lili [Keith] abgeholt u. weiter nach dem Cavalocci-See (1 St.), wo mitgenommenes lunch verzehrt. Dann wieder zurück, auf der Chaussée nach Sils (3 St.), mit Lili in unsrer hall Tee, sie dann heimspedirt, geruht (mit sehr schmerzenden Füßen!); abend Brief an Katja, mit Herrn Köbner geplaudert.

10/9
Regenwetter, abscheuliches. Brief an Else, Karte an Mim, den ganzen Tag zuhaus, was meinen leidenden Füßen sehr wol getan. Salammbô[157] gelesen, Briefe von Else u. an Harden[158], abend mit dem netten Paar Prof. Pagenstecher geplaudert, im Bett »Rundschau«.

11/9
Auf den scheußlichen Tag gradezu ideales Wetter. Brief an Mim, mit Alfr. u. Peter auf Muot Ota. Briefe von Mim u. Eva. Nachtisch kurz geruht, dann mit Alfred auf Muota Blans, 3 St., nach Maloja herunter, Weg verloren, pfadlos herunter, teilweis gerutscht! In Maloja Motorboot erwischt, um 7 sehr ermüdet zuhaus. Briefe von Katja u. Erika, Heinz u. Else. Nach dem diner Brief an Eva, dann mit Pagenstechers.

12/9
Schönes, nicht mehr so stralendes Wetter. Karten an Mim u. an Erika, Spaziergang mit Alfr. über den Berg nach Isola. Beim

---
157 von Gustave Flaubert
158 im Original erhalten und veröffentlicht in: *Meine Manns*, 130-132

lunch Frau Brentano begrüßt, mit Frau Pagenstecher gesessen. Dann geruht, mit Alfred über Marmoré ins Fextal, wärend sich Peter von der gestrigen Parforce-Tour auf Piz Longhin [aus-]ruhte. Abend mit Pagenstechers u. »Zukunft«. Sehr müde früh ins Bett.

13/9
Peter mit Kaete L.[159] u. 2 Fürern, trotz Wolken u. Nebel, um ½ 4 auf den Corvatch! Briefe an Mim u. Katja, Theo Lewald begrüßt, mit Alfred Spaziergang ins Fextal. Mit Lili [Keith] telephonirt, die lunch ab-, Tee ansagt, zum lunch Peter schon wieder zurück. Hardens langen Artikel ausgelesen,[160] beim Tee Lili, die Alfr. u. ich bis ¾ Maloja zurückfürten. Abend Pagenstechers, Theo Lewald, »Salammbo«, im Bett Rundschau.

14/9
Die »Maloja-Schlange«[161] wälzt sich unentwegt weiter. Karte an Mim, »Salammbô«, Spaziergang mit Alfred über Prasüra. Nachmittag Regen, mit Alfr. 2 Stunden spaziert. Briefe von Katja u. Marta, Karte von Harden. Abend wie immer. Brief der Marquesa.

15/9
Durch schon 8 Tage dauernden schlimmen Finger arg gênirt. Doch Brief von Mim u. an sie; im Regen mit Peter u. Alfr. kl. Spaziergang. Gelesen, ein wenig im Unwetter allein spaziert. Alfreds Klavier zugehört, abend »Salammbô«.

16/9
Stralender Morgen – märchenhaft. Um 7 auf, um 8 mit Alfr. auf den Lej Grischüs. Der sonst harmlose Weg bald hinter Marmoré in dichtem Schnee, in dem man zeitweis bis zum Knie versank, dazu Gegensturm u. schneidende Schneewehen, sodaß die Sache garnicht so einfach war, in Chevraux-Stiefel u. Sonnenschirm. Den Rückweg mit Prof. Pagenstecher, der uns Alte sehr bewunderte.

---

159 vermutlich Kaethe Liebermann
160 Vermutlich ist hier der Artikel »Septima« gemeint, der die am 27. August in München stattgehabte Feier zur Erinnerung an das Schicksalsjahr 1813 behandelt. In: *Die Zukunft* vom 6. September 1913, 307-336.
161 Damit ist der von Maloja aufkommende dichte Nebel gemeint, der sich an der Talsohle wie eine Schlange entlangschiebt, während die höher gelegenen Regionen z.B. der Hügel auf dem das Hotel Waldhaus steht, meist davon verschont bleiben.

Zum lunch unten, 4½ St. one Rast gelaufen; aber wunderschön. Karte an Mim. Nachmittags wieder Maloja-Schlange; Tee, Karte von Katja, gepackt; Regen, Pagenstecher, Flaubert.

17/9.
Regen. Brief an Mim, einsamer Spaziergang. Geruht, mit den Herren, bei besserem Wetter, über den Berg nach Isola. Fertig gepackt, abends Abschied von den Bekannten. Karte von Klaus.

18/9. München
Um ½ 8 bei Schnee, Regen, Wolken u. Kälte Abfart von Sils, mit Wärmflasche im Wagen. Unten wärmer u. Regen. Lunch in der Ban, in Rohrschach Tee u. Karte an Mim. »Salammbô« beendet, Zan- u. Fingerschmerzen. Um 10 zuhaus, von Tommy's erwartet. Familienleben, Karte von Mim, Briefe von Miez u. Eva.

19/9
Um 10 mit Katja zu Angerer, der den Finger recht schmerzhaft schnitt. Hülflos, tatenlos. Alle 5 Odeonbar gegessen, Kommissionen. Nach dem Tee Tommy nach Tölz, Katja bleibt mir zur Hülfe; diktirte ihr Gratulation[162] an Mim. Abend »La Terre«[163]. Sehr müde.

20/9 Tölz
Zu Angerer, der Wiener Reise verbietet. Mit Katja Kommissionen, Brief an Mim diktirt, Brief von ihr. Brief u. indische Bluse an Eva. Odeons-Bar gegessen, gepackt, nach dem Tee um 5.50 mit Katja nach Tölz, von Tommy empfangen, Kinder begrüßt, früh zubett.

21/9
Scheußlich Wetter. An Mim, Marta u. Klaus Karten durch Katja, Spaziergang im strömenden Regen mit Katja u. 4 Kindern. Karte an Alfr. geklaut[164], den übrigen Tag daheim. Den Kindern vorgelesen, »La Terre« gelesen etc.

22/9
Es regnet. Brief von Helene Raff, Karte an Mim u. die Marquesa; Spaziergang mit Katja u. den Kindern u. zu Dr. Resch, der die

---

162 zum morgigen Geburtstag
163 Band 15 von Émile Zola's *Les Rougon-Macquart*
164 so im Original

September 321

Wunde wieder öffnete, um neuen Eiter zu entleeren. Nachmittag Brief von Mim, Karte von Alfred, Familienleben, gelesen.

23/9
Regen. Brief an Mim, Karte an Alfred. Mit Katja u. 4 Kindern ins Ort, zum Doktor, der zufrieden u. sehr nasser, eklicher Spaziergang. Nachmittag Brief von Mim, Karte von Alfred, mit den Kindern u. gelesen.

24/9
Über Nacht schönstes Herbstwetter. Briefe von Else u. Miez, mit Schilderung von Mims »Jubiläum«: 130 Briefe, 85 Depeschen, 10 Blumen-Arrangements, 3 Adressen, zallosen Artikeln[165], Versammlungen, kurz – wunderschön.[166] Brief an Mim, Karte an Alfred. Vor- u. spätnachmittags schöne Spaziergänge mit Tommy's. Briefe von Eva u. Marta, Karte von Alfred, Familienleben, »La Terre«.

25/9
Morgennebel, schön Wetter. Brief an Mim, Karte an Alfred, Wirtschaftkarten[167]. Mit Katja u. Kindern ins Ort u. Spaziergang, abend, in die Nacht hinein, mit Tommy's. Abend wie immer.

26/9
Schön Wetter. Brief der Marquesa, Karte von Else, Briefe an Mim u. Eu, nach München telephonirt, Karte von Alfred; herrlicher Spaziergang mit Tommy's. Beim Tee Frl. v. Mendelsohn, gegen Abend Spaziergang. Abend wie immer.

27/9. München.
Gepackt, von den Kindern zur Ban begleitet, um ¾12 Abreise nach München mit Katja, die ihren Umzug besorgen muß. Von Alfred, der mit Peter von Wien zurück, empfangen. Familienleben; Brief an Mim, von ihr. Bei schönstem Wetter in die Stadt, »La Terre« ausgelesen, Familienleben.

---

165 s. den von Anna Plothow im Anhang *Zusätzliche Dokumente*
166 Hedwig Dohms 80. Geburtstag wurde offiziell irrtümlich am 20.9.1913 gefeiert, obwohl die Jubilarin an diesem Tag bereits 82 Jahre alt war.
167 so im Original

28/9
Brief an Mim; bei herrlichem Wetter Spaziergang. Viel Familienleben, Brief an Frl. Pekrum, Gratulation an Schick, Dankkarte an Frl. Raff. »Les Rougon-Macquard«[168] angefangen.

29/9
Früh zu Angerer, der mit dem immer noch sehr geschwollenen Finger zufrieden war, ihn vom Verband lossprach. Kommissionen, Brief an Mimchen, Karte von Frau Weinmann u. an sie. Beitisch Charles Darwin aus Cambridge; dann langer Besuch bei Sophie, beim Tee Ehepaar Witkopp mit Elsa B. Abend gelesen, Familienleben.

30/9
Brief von Klaus, von Frl. Pekrum, Karte von Erika. Briefe an Mim u. Else, in Katja's neues Haus, das noch ein wüstes Chaos ist, der Möbelwagen vor der Tür: wird sehr hübsch. Lella Huldschinsky am Arm ihrer Pflegerin getroffen, noch sehr leidend; mit Katja ihre Zwillinge besichtigt, im Auto heim: himmlisches Wetter. Brief von Mim, nachmittag Kommissionen, Brief an Marta, Katja erst zum Abendessen heim. Gelesen etc.

1. October.
Dasselbe Himmelswetter. Briefe an Mim u. an Klaus. Kommissionen u. Spaziergang. Beitisch »Kloa Rauchs«[169], nachmittag gekramt, Rundschau gelesen; abends wie immer.

2/10
Brief an Mim, Karte an Erika, durch den engl. Garten ins Haus Mann. Mit Katja u. Peter in die Stadt gefaren, Kommissionen. Nachtisch in die Stadt, beim Tee Dr. Born. Karte von Else. Katja verschiebt ihre Abreise auf morgen, da sie nicht fertig geworden; abend wie stets.

3/10
Dasselbe Prachtwetter. Brief an Mim, Katja um 11 zur Ban begleitet, Kommissionen. Nachmittag auf den Waldfriedhof. Beim

---

168 Gemeint ist wohl der 1. Band von Émile Zola's *Les Rougon Macquart: La Fortune des Rougon*.
169 »kleine Rauchs«, vermutlich Dora Rauch-Gedon mit Sohn Johannes

September bis Oktober

Tee Max Pidoll u. Ehepaar Scheubner-Richter. Abend »Rougon-Macquard«.

4/10
Briefe von Mim u. Eu, Karten an Castillo u. Schneiderin; in die Pinakothek u. Kommissionen. Nachtisch färt Peter zu Ebers nach Seeshaupt. Miez' Kiste gepackt, Journale u. Zola. Wetterumschlag, Regen.

5/10
Brief an Mim, Karte von Miez mit Drucksache; Spaziergang bei zweifelhaftem Wetter. Nachmittag Karte an Frl. Rudio, gelesen. Abend um ½ 10 Heimkehr des Peter, Familienleben.

6/10
Brief an Mimchen; Kommissionen, bei Schulze Kleid u. Hut bestellt. Nachmittag mit Peter durch die Stadt gebummelt. Brief an Katja mit Einlagen, Napoléon-Briefe[170] u. Zola gelesen.

7/10
Brief von Katja (Kreuzungswesen!), Turnstundenbeginn, Brief an Mim. Sommerwetter. Beitisch Frl. Rudio mit Bräutigam u. Schwägerin Ott, alle drei nette, heitere, frische junge Menschen. Beim Tee Stadler mit Onkel v. Miller, dazu Elsa B., die bis ½ 8 blieb, von mir auf dem Weg zum bayr. Hof abgefürt ward. Dort conférence des Baron Destournelles über die Friedensvereinigung, mit einleitendem Vortrag von Rob. Piloty. Sagte nichts neues, war amüsant durch die echt franz. rhetorisch-deklamatorisch-comödiantenhafte Manier. Saß zufällig neben Scheubner-Richters. Spätes Abendessen mit den Herren; ~~Brief a~~

8/10
Brief an Else, Karten an Mim u. Berreth, Brief von Mim. Spazierbummel u. Kommissionen bei schwül-schwerem Wetter, das tötlich ermüdet. Nachmittag Castillo; Telephon mit Tölz, Drucksachen an Tommy. Abend gelesen, Familienleben.

9/10
Früh Eilbrief an Klaus, der Empfehlung von Possart für seine Bewerbung um die Grazer Direktion wünscht. An P.chen tele-

---

170 vermutlich die 1910 ersch. Neuausgabe der *Correspondance de Napoléon Ier*

phonirt, von 10-12 herrlicher Ritt mit Scheubner-Richters. In Eile heim, umgekleidet, um ½1 P.chen empfangen, der, stralend von Liebenswürdigkeit, die Empfehlung versprach, sie um 3 bereits, in schmeichelhaftester Weise sehr geschickt abgefaßt, übersandte. Briefe an Mimchen u. an Klaus, mit der P.chen'schen Einlage. Beim Tee lange Stadler, bis wir ins Theater mußten: »Troubadour«, der überraschend hübsch u. frisch wirkte, von Walter trefflich dirigirt, von der Perard-Petzel (Leonora) reizend, von Knote stimmprächtig gesungen, sonst allerdings unzulänglich besetzt.[171] In den Pausen mit Gabrilowitschs u. Frau Walter.

10/10

In die Turnstunde. Brief von Mimchen u. an sie. Nachmittag zum Probiren zu Schulze; beim Tee Else Schöll. Toiletten revidirt, Dankkarte an Possart, Telephon mit Tölz. Gelesen.

11/10

Brief an Eu; Kommissionen u. Spaziergang bei schön-frischem Herbstwetter. Nachmittag Castillo, beim Tee Funke p.p.c. Dankbrief von Klaus. Abend gelesen, »Zukunft« etc. Abschiedsfamilienleben mit Peter, wärend Alfred in Allotria.

12/10

Früh um 8 Abreise von Peter nach Berlin. Wieder Eilbrief von Klaus in seiner Grazer Angelegenheit, den durch Eilbrief beantwortete. Brief von Mim, mit Einlage von 2 Briefen von Th. Lessing, in denen er Tommy u. unsre ganze Familie aufs wütendste bedroht, falls nicht ich, Alfred u. Tommy ihn formell um Verzeihung bitten! Vollständig irrsinnig.[172] Brief an Mimchen, u. in die Stadt. Wetterumschlag, Sturm u. Regen. Absolut stiller Sonntag. Brief an Miez, deren Frachtkiste gestern abgegangen, »La Curée«[173] beendet.

13/10

Reiten verregnet. Brief an Mim, vor- u. nachmittags Kommissionen. Brief an die Marquesa nach Wien. Napoléon-Briefe gelesen.

---

171 K. Hoftheater: »Der Troubadour« von Giuseppe Verdi. Herr Rudow (Graf Luna), Frl. Perard-Petzl (Leonore), Frl. Willer (Azucena), Herr Knote (Manrico), Herr Gillmann (Fernando) u.a.
172 Diese Briefe sind im Nachlaß von Hedwig Pringsheim vorhanden. (s. Anhang *Briefe*)
173 Band 2 von Émile Zola's *Les Rougon-Macquart*

Oktober

14/10
Brief von Lili Bam, zum Turnen u. zur Schneiderin, Brief an Mim. Schöner Wintertag. Nachmittag gekramt, Napoléon-Briefe, Brief an Harden. »Docteur Pascal«[174] begonnen.

15/10
Brief an Mim; Masseuse. Brief von Klaus, Karte an Harden; zu Schulze probiren u. zu Stadlers. Nachmittag Castillo, Besuch von Herrn Somoff. Brief an Klaus, mit Einlagen seiner Papiere, nach Graz. Brief von Mimchen. Beim Tee Jordans mit Fritz Gärtner, sehr lange, u. der Vetter. Neuer Brief von Klaus u. Empfehlungsbrief für ihn an Kienzl.

16/10
Küles Nebelwetter. Brief an Mim, schon wieder kurzer von Klaus. Hausschneiderin. Um ½11 Ankunft von Tommy's mit Erika, die bei Ceconi schmerzhaft behandelt wurde. In die Stadt, Masseuse. Beim Tee Sophie, abend, wärend Tommy's in »Aida«, Erika versorgt u. ins Bett gebracht, an Mim vorgeschrieben u. an Peter, »Pascal« gelesen, um ½11 Familienessen u. -Leben.

17/10
Ausgedehnter Tee, Briefe von Miez u. Luigia, in die Turnstunde, dann in die Pinakothek, Dr. Braune u. die neuen Arrangements besucht, Briefe an Mim u. Peter beendet, Schneiderin u. Erika. Nachmittag Brief von Eva, beim Tee Bruno Frank u. Braune; abend mit Tommy's (Alfred in Examens-Sitzung) u. Frank ins Deutsche Theater, wo einige sehr nette Nummern genügend unterhielten.[175] Spät zuhaus genachtmalt.

18/10
Eilbrief von Klaus aus Wien, Briefe von Eu, von Peter und von Mimchen. Ausgedehntes Frühstück mit Tommy's, die um 11 abreisten. In die Stadt; nachtisch Castillo, beim Tee, sehr lange,

---

174 Band 20 von Émile Zola's *Les Rougon-Macquart*
175 **Deutsches Theater**. Ab 16. Oktober 1913. The 8 Allisons (in ihrer neuen acrobatischen Creation). Mlle. Maharome Aranaz (in ihrer ägyptischen Tanzcreation »Opium«). Martha Western (Blumen-Venus). Les Gambiers (komische Jongleure). Geni Hareck (Liedersängerin). Paris-Trio (Komische Reckturner). Eduard Kornau (Humorist). Georg Bara (komisch. Musical-Akt). The Waldors (Champion-Gymnasten). Optische Berichterstattung.

Elsa B.; Briefe an Klaus nach Graz u. an Eva. Abend allein, Zola gelesen.

19/10

Schöner, warmer Tag. Brief an Mimchen u. Karte von ihr. Besuch bei Frau Jordan u. Spaziergang mit Plisch u. Chuchu[176]. Beim Tee Locher-Schöll[177] u. Dr. Reisch. Abend Napoléon u. Zola gelesen.

20/10

Brief an Mim, von 10-12 geritten, dann Masscuse; beitisch Jordans mit Gärtner. Karte von Harden, Brief von Klaus aus Graz. Napoléon-Briefe gelesen u. Zola.

21/10

Brief an Mim, zum Turnen. Nachmittag Napoléon, Zola (La bête humaine) u. spanisch gelesen. Abend bei Jordans im russischen Hof sehr üppiges u. durchaus gemütliches Diner mit Stucks u. Wolfs[178]; bis nach 12 Ur.

22/10

Brief von Mim u. an sie, Masseuse. Viele Kommissionen, Telegramm von Klaus, seine Ankunft meldend. Nachmittag Castillo, Telephon mit Katja, gelesen, um ½9 Ankunft von Klaus, Nachtessen, Familienleben, Vorlegen seiner sämmtlichen vorzüglichen Empfehlungen u. Besprechen seiner Zukunftspläne bis in die tiefe Nacht.

23/10

Früh geritten, Masseuse, Brief an Mimchen, Ankunft von Katja, Familienleben. Auch nachmittags u. abends. Dazwischen Brief an Peter vorgeschrieben und, wärend Alfred im Koncert, gelesen. Spät genachtmalt u. Klaus' »Bewerbung« durchstudirt.

24/10

Brief an Peter beendet, von Katja verabschiedet, zum Turnen. Briefe von Peter u. Rudi Ladenburg, Brief an Mim, Karte an Peter. Beim Tee Baronin Pidoll mit Max, der dann mit Alfred arbeitend, über den Abend blieb. »Bête humaine«.

---

176 d.i. Klaus' Hund, den er offensichtlich bei seiner Mutter deponiert hatte
177 das sind Emma Locher und vermutlich Else Schöll
178 vermutlich Dr. Alfred Wolff und seine Frau Hanna

25/10

Früh Masseuse, zur Schneiderin, Brief von Mim. Beitisch Bruno Walters, sehr nett. Dann Castillo, beim Tee Frl. Bondi; abend, wärend Klaus in »Zauberflöte«, mit Alf[r]. ins Volkstheater, Première von Bernsteins »Der gute Vogel«: lustig, unterhaltend, nett; sehr mittelmäßig gespielt, kolossaler Heiterkeitserfolg.[179] Spät mit Klaus (Alfr. Allotria) genachtmalt u. mit ihm seine Zukunfts-, namentlich Heiratspläne, ernst abgehandelt.

26/10

Brief an Mim, Klaus, der um ½1 nach Nürnberg-Berlin fur, verabschiedet u. Spaziergang bei wärmstem Sommerwetter. Nachmittag zu Bernsteins, die nicht zuhaus, dann zu Sophie. Beim Tee sehr langer Besuch von Bruno Frank, abend gelesen.

27/10

Früh geritten, dann Masseuse u. Brief an Mim; Karten von Klaus, Kienzl, der Marquesa. Inzwischen Ankunft von Tommy's, nach dem Essen mit Katja zu Romberg, der mit ihr garnicht zufrieden, sie ihres Katarrhs wegen nach Meran schicken möchte; mich bei genauer Untersuchung ganz gesund erfand, nur nervös sehr verbraucht, wogegen er mir diverse Vorschriften machte. Familientee, Familienabend. Dazwischen La bête humaine beendet.

28/10

Brief an Mim; Turnstunde versäumt, dafür rendez-vous mit Tommy's im Haus, um Tapeten zu begutachten; dazwischen Karten bei Huldschinsky's, Lipps, Hallgartens. Hin u. zurück zufuß durch englischen Garten, bei drückender Hitze! Um ½5 Abreise

---

179 M. Volkstheater: »Der gute Vogel« von M. Bernstein. Herr Köstlin (Johnson), Frl. Orlowska (Lenchen), Frl. Sonnemann (Martha Weber), Herr Denzel (Dr. Meier), Herr Berger (Konsul Pauli) u.a. – Die Aufführung war unter Herrn Denzels verständiger Regie recht aufgeräumt. Man gab sich viel Mühe, und so wirkte Herr Köstlin als John Johnson angenehm und einfach. Den schüchternen Lehrer gab Herr Denzel im Zusammenspiel mit Fräulein Orlowska (Lenchen) mit lustiger Pointierung. Herrn Bergers Konsul Pauli hob sich von den Kleinstadttypen durch Echtheit ab. Fräulein Sonnemann sollte die junge Lehrerin etwas weniger elegisch nehmen und mit mehr Frische ausrüsten. Das Publikum amüsierte sich und spendete nach allen Akten stürmischen Beifall. (Bericht in den *Münchner Neuesten Nachrichten* vom 27.10.1913)

von Tommy's. Brief an Prof. Hildebrand nach Graz, Napoléon gelesen u. »La Conquête de Plassans«[180] begonnen.

29/10
Brief an Mim, zu Schulze u. viele Kommissionen. Nachmittags Castillo, kl. Korrespondenz, Karte von Marta, Brief von Mim, Brief an Marta. Gelesen wie gestern.

30/10
Von 10-12 geritten, dann Masseuse. Karte von Cile, Brief an Mim. Hausschneiderin. Nachmittag Telephon mit Katja, gelesen. Abend mit Alfred in Verdi's »Falstaff«, recht schöne Auffürung unter Walter, mit Feinhals, der ausgezeichnet (trotz dem blöden Alfredo Meyer!), sonst keine besondren Leistungen.[181]

31/10
Früh turnen; Brief an Mim, Katja's Preislösung (die amüsant u. gut geschrieben) für »Zeit im Bild« gelesen u. expedirt. Nachmittag, außer Hausschneiderin, noch zu Kauer u. Schulze u. Kommissionen. Brief an Peter, lesend auf Alfred gewartet, der im Koncert. Andauer des unnatürlich schönen Wetters.

1. November
Früh um ¼9 Masseuse. Brief von Marta, bei Sommerwetter auf den Waldfriedhof, der in Blumen- u. Herbstpracht wunderschön war u. schon morgens sehr besucht. Zum Teil zufuß zurück. Beitisch »Professor« Braune; dann Castillo. Geschrieben u. gelesen.

2/11
Trotz nächtlichem Regen das unverwüstliche Sommerwetter. Brief an Mim, Zettel mit Bankeinlage an Klaus; Briefe von Mim u. Else,

---

180 Band 4 von Émile Zola's *Les Rougon-Macquart*
181 K. Hoftheater: »Falstaff« von Giuseppe Verdi. Herr Feinhals (Falstaff), Herr v. Schaik (Fenton), Herr Lohfing (Pistol), Frl. v. Fladung (Alice Ford), Frl. Ivogün (Aennchen) u.a. – … Der Verdische Falstaff ist mehr als ein Trinker und plumper Schwadroneur, er ist ein Philosoph, ein Künstler, im Trinken wie im Leben. Das ist insbesondere durch feine instrumentale Charakterisierung im Orchester glänzend zum Ausdruck gebracht. Diese musikalische Laune muß allerdings auch so meisterhaft in Ton und Gebärde übersetzt werden, wie dies gestern durch den Falstaff unseres Feinhals geschah. Das war eine Figur, die geradewegs aus einem altenglischen Bild zu treten schien … (Bericht in den *Münchner Neuesten Nachrichten* vom 1.11.1913)

Karte von Klaus noch aus Berlin. ~~Brief~~ Besuch bei der Belli, die mit Baronin Cerini schreckliches konferirte. – Beim Tee Bunge u. Löhrs, lange u. animirt. Abend gelesen u. kl. Korrespondenz.

3/11
Von 10-½1 geritten, sehr schön. Brief an Mim. Nachmittag in die Stadt, gelesen, Journale, Brief an Rudi Ladenburg, von Prof. Hildebrand aus Graz. »La Conquête de Plassons« beendet.

4/11
Neblig u. trüb. Zum Turnen, Masseuse. Karte von Klaus aus Breslau, Brief an Mim, Dankkarte an Hildebrand, dessen Brief an Klaus nach Prag. Gelesen, abends allein ins Schauspielhaus, Première von Apel's »Gertrud oder Tragödie des Herzens«, ein sehr unbeholfnes, schlechtes Stück eines ganz talentvollen Mannes; recht ordentlich gespielt.[182]

5/11
Briefe von Katja, Mim u. Peter. Masseuse, Brief an Mim, viele Kommissionen in der festlichen Stadt; dann: habemus regem! Ludwig III hat sich zum König proklamirt. Nachmittag Castillo; Brief an Katja mit Einlagen, kleine Korrespondenz, »Rundschau« u. »Zukunft«.

6/11
Brief von Pekrum aus Paris, Brief an Mim, Gratulation an Brinz; Masseuse, in die Stadt. Nachmittag Besuch bei Reischs u. zum jour zu Scheubners. Abend gelesen; »la faute de l'abbé Mouret«[183] begonnen.

7/11
Zum Turnen, Briefe an Mim u. Peter; nachmittag zu Schulze u. Kauer, beim Tee Bruno Frank, abend mit Alfr. in eine sehr reizende Auffürung der »Entführung«, mit der allerliebsten, talentirten Ivogün, Fladung, Wolf, Bender.[184]

---

182 M. Schauspielhaus: »Gertrud. Tragödie des Herzens« von Paul Apel. Herr Günther (Germeilen), Frl. Woiwode (Seine Frau), Frl. Glümer (Mathilde), Frl. Rosar (Irene Solnau), Herr v. Duniecki (Wieders) u.a. (Bericht in den *Münchner Neuesten Nachrichten* vom 6.11.1913)
183 Band 5 von Émile Zola's *Les Rougon-Macquart*
184 K. Residenztheater: »Die Entführung aus dem Serail« von Mozart. Herr Wolf (Belmonte), Frl. Ivogün (Konstanze), Frl. v. Fladung (Blonde), Herr Kuhn

8/11

Früh Masseuse; dann mit Alfred in die völlig neu arrangirte neue Pinakothek, unter Braune's u. Dr. Hanfstängls[185] Fürung. Beitisch Braune, Herr Born u. Frl. Seipp. »Der Sepp«, der durchaus »zimmerrein«. Dann Castillo, beim Tee Sophie, abend allein ins Residenztheater, Büchners »Dantons Tod«, eine warhaft entsetzliche Auffürung, in die der Sepp sich tadellos einfügte, Lützenkirchens Danton phänomenal schlecht; u. danach »Wozzek«, sehr interessant u. ergreifend, Steinrück wundervoll.[186] Um ½12 totmüde zuhaus.

9/11

Brief an Mim; um ½12 bei Regen, der one Unterbrechung bis in die Nacht strömte, mit Alfred nach Tölz (2¼ St. Fart!) zu Erika-Aißi's Geburtstagsfeier, die angemessen verlief, abgesehen vom Wetter u. Katja's sehr schlechtem Aussehen. Um ¾9 wieder daheim, wo diverse Besuche versäumt. Brief von Mim, Gratulation an Trudi Study. Wedekind »Simson od. Scham und Eifersucht« gelesen.

10/11

Brief an Mim, in der Ban geritten, Kommissionen, Masseuse; zum Tee, Leschetitzki zuehren, zu Gabrilowitsch, wo lauter amerikanische Gesellschaft. Dann mit Alfred ins Akademiekoncert, das

---

(Pedrillo), Herr Bender (Osmin) u.a. (Bericht in den *Münchner Neuesten Nachrichten* vom 19.11.1913)

185 d.i. der Kunsthistoriker Eberhard V. E. Hanfstaengl

186 K. Residenztheater: »Dantons Tod« von Georg Büchner. Herr Lützenkirchen (Danton), Herr Graumann (Robespierre), Herr Gura (St. Just), Herr Wohlmuth (Simon), Frl. Schwarz (Simons Weib) u.a. ... Herr Graumanns Robespierre war trocken, doch nicht hölzern genug. Lützenkirchens Danton war neu in der Maske, wirkte aber doch etwas zu gemütlich. Wir sahen die schmerzliche Geschichte eines wohlwollenden Landedelmannes, aber der furchtbare Danton trat auch aus den Reden im Konvent nicht hervor ... Man betätigte sich allenthalben mit Eifer, aber das ganze wirkte viel zu mild in der Nuance ... – »Wozzeck« von Georg Büchner. Herr Basil (Der Hauptmann), Herr Steinrück (Wozzeck), Herr Höfer (Der Doktor), Frl. Berndl (Marie), Herr Ulmer (Der Tambourmajor) u.a. ... Die Aufführung wurde durch Herrn Steinrücks Wozzeck, der einfach und ergreifend wirkte, doch so weit zusammengehalten, daß ein sichtbarer Mittelpunkt vorhanden war ... Fräulein Berndl bemühte sich sehr um die leichtfertige Marie, aber das Hetärenhafte liegt dieser Darstellerin nicht besonders. Der skurrile Hauptmann bekam durch Herrn Basil eine groteske Biedermeierkontur. Den männlichen Mann spielte Herr Ulmer, den Arzt Herr Höfer im Sinne der Szene ... (Berichte in den *Münchner Neuesten Nachrichten* vom 8.11.1913 und 10.11.1913)

November

unter Walter, mit Mozart, Beethoven u. Mendelsohn, sehr schön verlief.[187] Todesanzeige von Hedwig Jungk, Brief von Wilhelm Herzog, mit »Forum«-Prospekt.

11/11

Früh Brief an Mim, zum Turnen, Masseuse. Kondolenzbrief an Günter Jungk. Nachmittag Brief von Heinz mit Dresdner Zanarztrechnung von 1275 M.[188]! Besuch bei den Damen Oldenbourg[189]. Briefe an Harden[190] u. an Wilhelm Herzog, mit Katja telephonirt, gepumpelt; an Mim vorgeschrieben.

12/11

Bei schönstem Sonnenschein um ½ 10 in die Galerie Heinemann, um den Krönungs- od. vielmehr: Huldigungszug König Ludwig III. in den Dom zu sehen. Der prachtvolle Galawagen sehr wirksam.[191] Um 11 wieder daheim, den nach Stuttgart durchrei-

---

187 **Aus den Münchner Konzertsälen.** Das Hauptwerk im Programm des ersten Abonnementskonzerts der Musikalischen Akademie war Beethovens Achte Symphonie. Diese ist von jeher ein Stiefkind des musikalischen Publikums gewesen … Bruno Walter schlug bei der gestrigen Aufführung einen anderen Weg ein. Er suchte – namentlich im ersten Satze – diese Musik, die im schönsten Sinne »Genre«-Musik ist, dadurch wirkungsvoller zu machen, daß er sie ins Monumentale und Pathetische umdeutete. Das war ein fundamentaler Irrtum in der Auffassung. Davon abgesehen verdiente die Aufführung das höchste Lob … Das Divertimento für 2 Violinen, Bratsche, Baß und 2 Hörner (Köchel Nr. 287) von Mozart, mit chorischer, aber kleiner Besetzung der Streichinstrumente gespielt, zeichnete sich durch die gleiche Feinheit der Ausarbeitung und namentlich auch der dynamischen Nuancierung aus. Mendelsohns Ouvertüre zu »Ruy Blas«, die das Programm beschloß, wirkte äußerlich ungemein effektvoll. Wie Walter es versteht, aus dem Orchester all das herauszulocken, was nur immer an künstlerischen Qualitäten in ihm steckt, so reißt er auch die Zuhörer zur stärksten Begeisterung hin. Auch gestern fand er jubelnd enthusiastischen Beifall. (Bericht in den *Münchner Neuesten Nachrichten* vom 12.11.1913)
188 in heutiger Währung etwa 6.120 €
189 vermutlich Frau Hedwig Oldenbourg und Tochter Margarete
190 im Original erhalten und veröffentlicht in: *Meine Manns*, 132f.
191 **Die Feier der Thronbesteigung.** … **Die Auffahrt zum Dom.** Die Kanonen donnern. Aus dem Wittelsbacher Palais an der Briennerstraße, dem bisherigen Schloß des Regenten, fährt der König und die Königin zum Dom, im achtspännigen, prunkvoll roten Gala-Krönungswagen fahren sie durch die Feststraßen, fortwährend grüßend, dankend für die Huldigungen der auf dem Maximiliansplatz, dem Lenbach- und Karlsplatz, der Neuhauserstraße und vor der Frauenkirche stehenden Menge. Rechts des Galawagens reitet Oberstallmeister Frhr. v. Leonrod, links der Kommandant der Ehreneskorte Rittmeister v. Kobell, vor-

senden Tommy begrüßt u. mit Katja u. Aißi in ihr Haus spaziert, auch »Hulle« besucht. Gleich nachtisch mit Katja u. Aißi in die festliche Stadt, in der unendliches Menschengewoge. Beim Tee Dr. Grauthof, Dr. Teller, Lula u. Frau v. Maurice. Briefe von Mim, Peter, Klaus u. Lella. Abend Familienleben.

13/11

Brief an Mim; Regenwetter, mit Katja in die Stadt, Masseuse. Briefchen von Frau Harden, Brief an Klaus. Nachtisch mit Katja u. Aißi zu Romberg, der mit Aißi zufrieden, mit Katja sehr unzufrieden war, sie energisch nach Meran schickt, worüber sie u. der aus Stuttgart heimgekehrte Tommy sehr außer sich. Tommy's dann um ½5 nach Tölz zurück; spazieren gelaufen, beim Tee Grete Ring, Elsa B., die Gugg. Mit Katja telephonirt u. ausfürlich mit Romberg. Wärend des Fackelzuges für den König Briefe an Marta (Karten von ihr u. der Marquesa[192]) u. an Eu. Karte an Frau Berreth.

14/11

Brief von Lili Keith; zum Turnen, Brief an Mim, Karte an Peter. Um ¾2 Katja aus Tölz. Karte von Miez. Nachtisch mit Katja zu Faltin, dann in ihr Haus, um Kleider zu holen. Beim Tee Milka u. Tantchen, p.p.c., nach Agram verziehend. Konserven weggeräumt, gepumpelt, für Miez Mimchens »Germania«[193] abgeschrieben, Katja geholfen, mit ihr, da Alfred Allotria, Familienleben.

15/11

Um ½10 mit Alfred Katja an die Ban nach Meran geleitet, dann in die Hauptprobe von Klenau's »Sulamith«, wo viele Bekannte; hierauf mit Alfred Karten bei Lehmanns u. bei Prof. Marcks'. Nachmittag Packen vorbereitet, kl. Korrespondenz, Karte von Mimchen. Beim Tee Belli u. Else Schöll; abends mit Alfred zu Hallgartens, wo mit Walters ganz gut unterhalten, von H. Bruckmanns um 12 im Auto heimgefahren. Brief von Eu.

---

aus zwei Bereiter. Leibgardisten mit Hellebarden schreiten zu beiden Seiten des Krönungswagens, der von einer Eskadron Schwerer-Reiter begleitet wird. Zu beiden Seiten der Hinterräder reiten Edelknaben … (ausführl. Bericht in den *Münchner Neuesten Nachrichten* vom 13.11.1913, sowie ausführl. Vorbericht am 12.11.1913)

  192 d.i. die Marquesa Respaldino y Mier
  193 unter diesem Titel wohl nicht veröffentlicht

November

16/11

Garstiger Regen; Brief von Marta, gepackt, Besuch bei der Gugg, kl. Spaziergang. Nachmittag fertig gepackt, beim Tee Dr. [Arthur] Rosenthal, abend Première von Klenau's »Sulamith«, recht schöner Erfolg des eigenartigen, schweren u. sicher talentvollen Werkes, das Walter mit Hingebung einstudirt. Die ganze Simon-Mischpoke[194] anwesend u. begrüßt. Vorm »Bajazzo« heim[195] u. letzte Ordnung gemacht.

17/11. Berlin.

Um 8 Abreise, von Alfred geleitet, normale gute Fart, viel gelesen, »Pot-Bouille«[196] u. Journale. Von Else in Berlin abgeholt, bei Mims Tee die ganze Familie, Eva p.p.c. Karte von Katja aus Meran. Beim Essen Peter u. Mimchen, die recht frisch, nachher Ilse. Spät ausgepackt.

18/11

Brief von Katja, kurze Anfrage von Heinz, die gleich beantwortet; Karte an Alfred, Brief an Katja, Spazierfart mit Mim, nach dem lunch Spaziergang in die Stadt; nach dem Tee Miez u. Hedda, abend Ilse; im Bett gelesen.

19/11

Bei Sturmwind mit Else-Kaete Spaziergang, dann mit Else-Mim auf den Kirchhof gefaren, Vater[197] Kränze gebracht. Geruht, nachher Besuch von Heinz, Unterredung, die meiner Erwartung gemäß, ihn enttäuschend verlief, da ich, ihn freundlich behandelnd,

---

194 Gemeint ist Familie Therese Simon, Schwiegermutter von Paul v. Klenau, mit ihrer ganzen Verwandtschaft.
195 K. Hoftheater: »Sulamith« von Paul v. Klenau. Frl. Perard-Petzl (Sulamith), Herr Brodersen (Salomo) u.a. … Formal wandelt Klenau, ein junger dänischer Komponist, der aus der Münchner Schule Thuilles hervorgegangen ist, etwa in den Bahnen Debussys. Aber er ist farbenreicher, wärmer als sein französisches Vorbild. Die zarten Wirkungen der Debussyschen Tonsprache sind mit schönem Gelingen auf die glutvolle und blumenreiche orientalische Stimmung des Hohen Liedes übertragen … (Berichte in den *Münchner Neuesten Nachrichten* vom 17.11.1913 und 18.11.1913) – »Bajazzo« von R. Leoncavallo. Herr Wolf (Canio), Fr. Kuhn-Brunner (Nedda), Herr Brodersen (Tonio), Herr Kuhn (Beppo) u.a.
196 Band 10 von Émile Zola's *Les Rougon-Macquart*
197 Einen besonderen Anlaß gab es dazu nicht. Es war weder der Geburtstag noch der Todestag von Ernst Dohm.

Olga entschieden refüsirte. Behielt ihn zum Tee u. hinauf zu Mimchen, wo Miez. Brief an Alfred, abend Peter u. Ilse u. Mimchen. Im Bett gelesen.

20/11

Karte von Katja, Brief von Alfr. mit Einlagen. Karte an Katja, Spazierfart mit Mim, später Spaziergang. Zu Mim, beim Essen Kranach u. Genée, dann mit R.'s u. Ilse zu Fürstenbergs, wo seichtester Vortrag von Prof. v. Lißt[198] über »Verbrechen u. Gesellschaft«, dann recht glänzende Geselligkeit mit Spitzen der Universität u.a. Mit Tischherrn Simmel angenehm geplaudert, viele begrüßt, gut unterhalten.

21/11

Brief an Alfred, Spazierfart, dann zu Rohrscheidts gegangen, wo gemütlich gespeist. Diez[199] u. Jürgen anwesend. Bei Mim dann Frl. Kirchberger u. Dorn, abend mit Else ins Grünfeld-Koncert, das, mit Gabrilowitsch u. Mys-Gmeiner, ganz hübsch verlief, bei spießrigem, mit uralten Bekannten durchsetzten Publikum.

22/11

Briefe von Alfred, mit Einlage, u. von Katja. Brief an Klaus, mit Einlage, Spazierfart, dann Spaziergang bei beginnendem Regen. Beim Tee ein netter Herr Gillhausen aus Krupp-Essen; bei Mim Miez-Hedda, unten Ilse. Dann in Hardens Vortrag über »Krupp« in die Philharmonie, den ich unfrisch u. nicht ganz auf sonstiger Höhe fand.[200] Ihn, der sich wieder komplett hysterisch benahm, im

---

198 d.i. der Staatsrechtler Franz v. Liszt
199 d.i. Dietrich v. Rohrscheidt
200 **Maximilian Harden über den Krupp-Prozeß.** ... Er schilderte dann die Vorgeschichte des Prozesses. Als dem Kriegsminister von Heeringen die bekannten Mitteilungen wurden, daß es sich um arge Verfehlungen der Firma Krupp handle, hätte er eine Untersuchung innerhalb seines Ressorts anstellen sollen, anstatt die Kriminalpolizei in Anspruch zu nehmen ... Redner charakterisierte im einzelnen die Stellung und die angeblichen Bestechungen des Herrn Brandt. Er wies die ganze Nichtigkeit der Unterstellungen nach, kennzeichnete die Brandtschen Darbietungen als Bagatellen läppischster Art und zeigte, daß der Umsatz, den die Firma Krupp mit dem Kriegsministerium erziele, im Verhältnis zu dem Gesamtumsatz der Firma ein überaus minimaler sei. Seine Darlegungen über das Wesen der Trinkgelder überhaupt waren sehr amüsanter Natur ebenso wie seine Charakteristik des Oberstaatsanwalts in diesem Prozeß. Für das Unverzeihlichste in dem ganzen Prozeß hielt er, daß sich die Firma Krupp mit dem

Kreise vieler jüdischer Herrschaften begrüßt u. dann mit Fürstenberg im Bristol, bei Austern u. Sekt, sehr angeregt u. gemütlich geplaudert. Im Bett bis 2 »Pot-Bouille« beendet.

23/11
Briefe an Katja u. – mit Einlage – an Alfred, Spazierfart im Nebel; zum Tee zu Therese Simon, zu Mim. Abend Familie u. Selers, ganz angeregt.

24/11
Karte von Katja, Brief von Alfred, mit Einlagen. Brief an Eu, Spazierfart; bei [Felix] Simons mit Mad. Landowska (Cembalo) recht nett geluncht, zum Tee zu Frau Stern, wo Gleistein, später Peter. Dann bei Mims jour Miez u. Frl. Müller mit sehr sympathischem Ehepaar Erik Juël; beim Essen Mim, mit Else geplaudert.

25/11
Karte an Alfred, von ihm; Spazierfart zu Gerson. Dann nach Grunewald zu Pannwitz', die an ihrem Neubau zugrunde gehen, bei ihnen gegessen, im Auto heim, zu Mim, wo Miez. Abend alle, incl. Peter, in die Kammerspiele, in Shaws »Löwe des Androklus«, eine teilweis amüsante, sehr teilweis gut gespielte Groteske: Ulk.[201]

26/11
Karte an Katja, Brief an Lily Bam, Spazierfart, dann ins Kaiser Friedrich Museum spaziert. Bei Mim Miez, Else, Kaete. Um 8 zum Essen Ilse, Peter u. Fürstenbergs, ganz gemütlich, one besondere Zwischenfälle.

27/11
Brief von Katja, Brief an Alfred, mit Einlage, Karte u. Drucksachen von ihm. Um 11 mit Else nach Garzau, mit schönen Blumen; nur Marta u. Jürgen zum Geburtstagsmal[202]. Else'n das Haus gezeigt,

---

Urteil zufrieden gegeben und kein weiteres Rechtsmittel in Anspruch genommen habe ... (ausführlicher Bericht in: *Der Tag* vom 23.11.1913)
  201 Kammerspiele, Berlin: »Androklus und der Löwe« von George Bernard Shaw. Premiere. Victor Arnold (Androklus), Ernst Matry (Löwe), Egon Friedell (Kaiser), Werner Krauss (Spintho), Margarete Kupfer (Megära) u.a. (*Das Deutsche Theater*, 352)
  202 aus Anlaß des 62. Geburtstags von Martha v. Rohrscheidt, Alfred Pr. Schwester

um 6 wieder in Berlin. Kurz bei Mimchen, dann die Donnerstagherren[203]. –

28/11
Brief von Klaus, an Katja; bei strömendem Regen ins Kaufhaus gefaren, garnicht gegangen; mit Heinz telephonirt, gelesen, zu Mim; abends mit Peter u. Ilse zu Barnowski, Shaw's »Pygmalion«, leidlich amüsant, von Durieux u. Salfner gut gespielt.[204]

29/11
Karte von u. an Alfred; mit Harden telephonirt u. mit Lindau. Brief an Castillo, mit Mim gefaren, im strömenden Regen zu Gerson spaziert. Beim Tee Heinz, bei Mim wie üblich. Beim kalten Abendessen nur Else, Ilse u. ich. Gelesen.

30/11
Briefe von Eu u. Katja, Karte von Erika; Karten an Katja u. Erika, Spaziergang mit Else-Kaete. Familientisch, geruht, Brief an Klaus; beim Tee alte Kolitz', zu Mim. Abend die ganze Familie, recht angeregt. Gelesen.

1. December
Briefe an Alfred u. Katja, Karte von Alfred, Briefchen mit dem Breslauer Engagement von Klaus, Karte an Eva nach Florenz. Regenwetter. Gepackt, nach dem Tee zu Mim, wo Miez u. Hedda; früh gegessen, um 7 mit Rosenbergs in den neustudirten »Hamlet«, wo nur Moissi nennenswert, aber nicht einwandfrei.[205]

2/12 München.
Karte von Katja, Auftrag von Heinz; fertig gepackt, Ausfart mit Mim u. Else, um 1.10 Abreise, von Else zur Ban gefaren; dort Peter. Sehr gut gereist, in »Gesellschaft von Mary Margon, Varieté u. Operettensängerin, die nach München zu ihrem Geliebten Karl

---

203 das sind die Herren Kranach, Genée und Mühlinghaus
204 Lessingtheater, Berlin: »Pygmalion« von George Bernard Shaw. Tilla Durieux (Eliza Doolittle), Heinz Salfner (Higgins), Alexander Eckert (Vater Doolittle).
205 Deutsches Theater, Berlin: »Hamlet, Prinz von Dänemark« von William Shakespeare. Werner Krauß (Claudius), Alexander Moissi (Hamlet), Victor Arnold (Polonius), Else Eckersberg (Ophelia) u.a. (*Das Deutsche Theater*, 352)

November bis Dezember

Berlin, Philipps Bruder, fur!« kleine Welt! In München Alfred, die Hunde; geplaudert, gepackt, nichts neues.

3/12

Fertig gepackt, geordnet, Brief an Mim, in die Stadt. Nachtisch dito u. Besuch bei Sophie. Von Mittag an bis um ½ 12 Tommy, auf der Durchreise nach Wien. Karte an Lula, gelesen. Sommerwärme.

4/12

Von 10-12 geritten, mit einem Herrn v. Restorff, der Erik in B. Aires gut gekannt, auch ein Rennen von ihm hat reiten lassen, immer an einen Mord geglaubt hat. – Karte von Eva u. an sie, Brief an Mim, Brief von Katja u. an sie, Briefchen an Erika; beim Tee Mintje Immink, später Annette. Abend gelesen.

5/12

Zum Turnen, Besuch bei Cornides, Karten bei A. Oldenbourg u. Stieler. Nachmittag Kommissionen, beim Tee Gugg. Brief an Mim, Karte an Berreth u. Schneckenaichner[206]. Abend Tante Asta mit Frl. v. Doetinchem; ganz gemütlich.

6/12

Erster Schnee u. Dreck. Brief von Mim, an Emma[207]. Gratulation zu Munthe-Kaas Verlobung, mit den Hunden[208] im Schnee spaziert. Beitisch Familie Immink, onmaßen langweilig; dann Castillo. Briefe an Peter u. Klaus, stundenlang Heinz' abusinisches Material zusammengesucht.

7/12

Brief an Mim. Um ¾ 11 Bondi's, retour de Florence, abgeholt. Schöner Spaziergang mit ihnen. Beim Tee Elli Bondi u. »der Sepp«. Abend Familienleben. Zerplaudert!

8/12

Ausgedehntes Frühstück; Brief an Mim, mit Eva Kommissionen in der Stadt. Briefe von Katja u. Peter. Nachmittag Brief an Fürstenberg, beim Tee Sophie. Abend Ankunft von Tommy aus Budapest, Familienleben; um 10 Abreise von Bondi's.

---

206 gemeint ist wohl Eva Schneckenaichner
207 d.i. Emma Schlier
208 d.i. Plisch und wahrscheinlich Klaus' Hund Chuchu

9/12

Turnstunde, Besuch bei Voß', Karten bei Bissing. Brief an Mim, um 4 Abreise von Tommy nach Tölz. In die Stadt, Brief an Katja, Karte an Klaus. Abend gewurstelt u. Zola gelesen.

10/12

Masseuse, Brief an Mim, Weihnachtskommissionen. Nachtisch Castillo, Einladungen lancirt; nach dem Tee langer Besuch bei Eu. Abends Journale u. Zola gelesen.

11/12

Scheußliches Wetter. Brief an Mim, in der Ban geritten, Masseuse. Briefe von Katja u. von Erika. Nachmittag Brief an Aletta; beim Tee der Vetter, p.p.c. nach Ägypten, u. ewig lange die Gusty. Gelesen.

12/12

Zum Turnen, dann Kommissionen. Nachmittag Briefe an Mim u. Peter, von Eva u. Emminger, Karten von Klaus u. Marta. Beim Tee Lula. Da Alfred aus, spätes Nachtessen, Karte an Marta, Brief an Harden, gelesen, Besuch von Eu, Reklame für »Lafontaine« geschrieben.[209]

13/12

Briefe von Heinz (geschäftlich) u. von Mim. Von ½11 – ½1 geritten, ziemlich rauh; Masseuse. Nachmittag Castillo, beim Tee Hedwig Schöll. Brief an Katja, abend mit Alfred in die Damnation de Faust, schöne Aufführung unter Schwickerath, trefflicher Bassist Kase u. die reizende Mientje van Lammen. Von ½8 bis 10![210]

14/12

Um ½11 in die »Weihnachtsbilder« mit Chören des Oldenbourg-Vereins: recht nett, viel zu lang. Königin, alle Prinzessinnen, viel

---

209 s. Anmerkung zum 4.4.1914
210 »La damnation de Faust« von Hector Berlioz. ... unter den Solisten ragte die prächtige Frau Mientje Lauprecht van Lammen hervor. Der Faust des Herrn Dr. Matthäus Roemer war im Vortrag ungleich schöner als stimmlich und gesanglich. Umgekehrt war es mit dem Mephistopheles des Herrn Alfred Kase, der für diese Partie kaum etwas anderes als sein allerdings phänomenales Organ mitbrachte ... (ausführl. Bericht in den *Münchner Neuesten Nachrichten* vom 16.12.1913)

Dezember

»monde«, viel Bekannte anwesend.[211] Nachmittag Brief an Mim, Kondolenz an Sophie nach Wien zum Tode ihres Vaters[212]. Briefe von Tommy und Klaus. Beim Tee die Damen Immink, Hermy Ebers' u. Cohens, recht animirt, gemütlich und lang. Viel von Heinz die Rede. Abend Zeitungen.

15/12

Kein Kaiserwetter![213] Brief von Katja, an Mimchen, Weihnachtskommissionen. Beitisch Grete Ring u. Bunge; Kondolation an Eva Schneckenaichner u. an Drygalski, beim Tee Marga Oldenbourg. Gepumpelt u. geschrieben.

16/12

Brief an Mim beendet, Karten an Eva u. Crusius, Brief von Peter, zum Turnen, Masseuse. Nachmittag Gratulation mit Rosen bei Hannchen, wo Weiber, Weiber! Geburtstagsbrief an Milka, abend mit Alfr. erst ins Odeon, Beethoven-Abend, sehr schön (Gabrilowitsch),[214] dann zu Alex. Oldenbourgs, leidlich nett u. ibrig.

211 ... Die Maler Prof. Gebhard Fugel und Philipp Schumacher hatten mit Damen und Herren der Gesellschaft zehn Weihnachtsbilder berühmter Meister gestellt. Es waren Nachschöpfungen so voll wunderbarer Poesie, voll verklärenden Christfestzaubers, so einzig in ihrer Schöne, daß ein Unterscheiden zwischen den einzelnen lebenden Gemälden nach mehr oder weniger Vollkommenheit gar nicht mehr möglich war ... (ausführl. Bericht in den *Münchner Neuesten Nachrichten* vom 16.12.1913)
212 d.i. Vincenz v. Miller zu Aichholz
213 »Zum siebtenmal hielt Kaiser Wilhelm II., zum zweitenmal mit seiner Gemahlin Kaiserin Auguste Viktoria unter dem Jubel der Bevölkerung seinen Einzug in München. Als der Kaiser vor einem Jahr nach der bayerischen Residenzstadt eilte, galt der Besuch der Pflicht, dem Prinzregenten Luitpold die Letzte Ehre zu erweisen. Heute ist die Veranlassung eine freudige. Gilt es doch einmal einen Antrittsbesuch zu erwidern, andererseits den König in seiner neuen Würde zu begrüßen. Es ist das erste Mal in der bayerischen Geschichte, daß ein deutscher Kaiser einen bayerischen König in seiner Residenz aufsucht.« (*Münchner Stadtchronik*)
214 ... Zu Anfang leitete Bruno Walter eine sehr schöne, sorgfältig ausgearbeitete und namentlich auch im Dynamischen außerordentlich fein nuancierte Aufführung der Pastoral-Symphonie. Dabei war die Auffassung von einer wohltuenden Einfachheit und Schlichtheit, frei von Mätzchen, wie ich sie, offen gestanden, etwas befürchtet hatte ... Ossip Gabrilowitsch spielte das Es-dur-Konzert als der vortreffliche Pianist, den man seit langem in ihm kennt und bewundert ... (Bericht in den *Münchner Neuesten Nachrichten* vom 18.12.1913)

17/12
Brief von Mim. Karten von Crusius u. Drygalski. Masseuse, 3 St. Kommissionen im Regen! Beitisch Tommy, mit ihm zu einer zwecklosen Konferenz zu Romberg; Resultat: Katja kommt zu Weihnachten. Dann Castillo; Briefe an Mim, Kaete, Katja, Karten an Bondi u. Drygalski. Weihnachtsplackerei.

18/12
Brief an Mim, Schneiderei, zum Musikreiten, Masseuse. Mit Tommy telephonirt, Karte von Klaus, bei abscheulichem Wetter Kommissionen. Kondolenz an Dr. Lehmann, gepumpelt: Weihnacht u. Gesellschaft; um ¼ 11 Ankunft von Klaus, spätes Nachtessen, Familienleben.

19/12
Brief an Mim, zum Turnen, Kommissionen. Brief von Katja, Karten von Marta u. Dr. Lehmann. Nachmittag Vorbereitungen, abends: 2 Marks, 2 Seeligers, Dycks, Galstons, Bruckmanns[215], Bissings, Frau Wolff mit Bruder Josten, Eu, Annette, Grete Ring, Löhrs, Crusius, Wölfflin, – 24 Personen. Im ganzen recht nett, gutes souper, Galstons gespielt – Schluß ¾ 12.

20/12
Früh aufgeräumt, Masseuse. Briefe von Mim u. Hermann. Weihnachtskommissionen, nachmittag Castillo, alle Weihnachtspackete besorgt. Beim Tee Fußperg, abend mit Alfred ins Koncert von Eva Bernstein, die sehr gut spielte, stürmischen Erfolg des von Freunden besetzten Saales hatte.[216] Beim Nachtessen Eu.

---

215 vermutlich Hugo Bruckmanns
216 **Aus den Münchner Konzertsälen.** Die jugendliche Geigerin Eva Bernstein stellte sich am Samstag im Museum zum ersten Male dem Münchner Publikum vor. Sie spielte, von Heinrich Kaspar Schmid am Flügel sicher und achtsam sekundiert, die D-dur-Sonate von Händel, das D-dur-Konzert (Köchel Nr. 218) von Mozart, zwei Kreislersche Bearbeitungen nach Francoeur und Pugnani und Introduction et Rondo capriciola von Saint-Saëns. Die Eindrücke, die man von dem Spiel der Künstlerin gewann, waren sehr erfreulich. Eine starke Begabung, die durch großen Fleiß schon früh ein bedeutendes Können erworben hat. Der schöne, kräftige und gesunde Ton fiel besonders angenehm, im Vortrag eine gute, intelligente Musikalität, auf … (Bericht in den *Münchner Neuesten Nachrichten* vom 22.12.1913).

Dezember

21/12

Fremdenzimmer fertig gemacht, Weihnachtseinkäufe bei endlich schönem Winterwetter. Brief von Else, Karten von Sophie u. Asta's Gouvernante. Um ¾ 2 Ankunft von Tommy mit 4 Kindern, Fräulein, Hausmädchen u. Motz. Tumult. Nachtisch Gratulation bei Bernsteins, mit Nelken. Beim Tee Pidoll[217] u. Braune. Brief an Mim, Installation der Kinder, Besuch von Eu. Um ¾ 10 Ankunft von Katja, um ½ 11 von Peter. Angeregtes Familienleben bis gegen 1 Ur.

22/12

Familientrubel! Masseuse, in die Stadt. Brief an Mim, nachtisch Kommissionen. Beim Tee Mientje. Karten an die Schwestern u. Marta. Gepumpelt, langes Familienleben, one Alfred, der beim Fakultätsessen.

23/12

Brief an Mim; erst mit Alfr., dann mit Katja in die Stadt. Nachmittag auf den Waldfriedhof u. in die Stadt; wärenddem Katja mit Tommy bei Romberg, der sie definitiv nach Arosa schickt! Weihnachtspumpelei, Karte von Harden, Vorfürung der laterna magica u. Eisenban.

24/12

Große Pumpelei. Brief an Mim, letzte Besorgungen. Packete an Eu, Brünner, Gusty, Castillo, mit Karten. Den ganzen Nachmittag unentwegt aufgebaut, wansinniger Troubel. Um 7 Aufbau, allgemeine Lust, die Kinder goldig. Briefe von Mim u. Miez, Karten von Eva u. Lili Keith. Alfred u. ich diesmal, one Aufbau, nur Aufmerksamkeiten von den üblichen Freundinnen, Blumen u. Konfitüren. Nach dem späten Abendessen noch zu Champagner u. Konfekt, Familienleben bis 12.

25/12

Familienleben, Karte von Harden, Besuch bei Ganghofers u. Crusius, schönes Wetter. Mittags 14 Personen, incl. 3 Löhrs[218]. Karte an Mim, laterna magica, Besuch bei Sophie. Brief an Mim vorgeschrieben, spätes Essen nach dem Koncert, one Tommy, der bei Löhrs. Familienleben.

---

217 vermutlich Max v. Pidoll
218 das sind Josef und Julia Löhr mit Tochter Eva Maria

26/12
Schneckenaichners, Kaffeele etc. Alle im Auto ins neue Haus, ich zufuß zurück. Beitisch u. zum Tee Gusty u. Fußperg, auch über den Tee, wozu noch Eu. Auseinandersetzung mit Klaus wegen seiner Freundin[219]. Geschrieben, Familienleben.

27/12
Brief von Lili Bam, an Festers. Karten. In die Stadt, nachtisch zu Hackers Bescherung u. lange geruht, da sehr unwol. Beim Tee [Max] Pidoll. Absagebrief an Frau Berreth, abend, Opium im Leibe, mit Alfr. u. Klaus zu Gabrilowitschs, wo mir beitisch onmächtig wurde, es auch sonst mäßig war.

28/12
Briefe von Mim, Else, Marta. Brief an Mim, Besuch bei Stucks. Nachmittag Familienleben, abgebaut, Briefe an Else u. Marta, Karten. Familienleben.

29/12
Auf Sturm nun Schnee. Briefe an Mim u. Eva. Brief von Eva, Karten. Mit Peter in die Stadt. Beitisch Peters Freund Stern. Brief an Miez, Begnadigungsbrief an Berreth auf ihr demütiges Schreiben. Familienleben.

30/12
Turnstunde. Brief an Mim; beitisch Stern; beim Tee Lula, Mientje, Else Schöll, Frank. Zallose Karten, Briefchen an Castillo, Briefe von Festers. Abend Familienleben, Tommy liest uns 2 ausgezeichnet amüsante Kapitel seiner Davos-Novelle[220] vor.

31/12
Briefe von Miez, Kaete, Mim, von Luigia u. Lucie. In die Stadt, Besuch bei Maurice. Nachmittag Brief an Mim, kl. Korrespondenz. Beim Tee Hannchen u. Vico Mann. Rosen von Crodu, mit Abendabsage beider. Nach dem Essen Löhrs, Tommy liest ein Kapitel »Hochstapler« vor. Schluß.

---

219 d.i. Klara Koszler, seine spätere Ehefrau
220 Gemeint ist »Der Zauberberg«, der ursprünglich als Novelle geplant war.

[1914]

München 1 Januar 1914.
Schöner Wintertag. Gratulation der Kinder, des Personals[1], Schneckenaichners mit Violine u. Deklamation. Karten, Brief von Lili[2] aus Paris. Mit Katja in ihr Haus gefaren, Sachen für die Arosa-Reise geholt; das Haus zu ihrer Enttäuschung noch unbeziehbar. Beitisch Max Pidoll, beim Tee Dr. Teller u. Eu, dann Vorstellung auf der laterna magica. Schöner Fliederbaum von Huldschinsky's. Karte an Mim. Abend gelesen, Familienleben, Tommy nach »Tristan« soupirt.

2/1
Karte von Dorchen[3], Neujarskarten. Strammer Frost, mit Erika in die Turnstunde u. in die Stadt; Brief an Mim. Vorbereitungen für Katja's Abreise, Familienleben, Besuch von Eu. Henkersabend.

3/1
Um 10 Abreise von Katja nach Arosa, von uns allen traurig zur Ban geleitet. Tiefer Schnee. Mit dem unberatbaren Tommy als überflüssiger Raterin zu Hahn u. Bach; dann Kommissionen. Beitisch Mientje u. Dr. Teller. Gelesen, Familienleben. Brief von Hedda.

4/1
Früh Abreise von Peter. Briefe von Mim, Emma Schlier u. von Katja aus Chur. Brief an Mim, in Tommy's nun bereits fertiges Haus, hin u. zurück mit den 2 Hunden[4] zufuß bei mildem Tauwetter. Beim Tee Dr. Reisch, dann Besuche bei Sophie u. der Gugg, die einen seltsamen »monde-à-côté-Kreis«[5] um sich versammelt. Familienleben.

5/1
Unruhe wegen bevorstehenden Auszugs der Familie Mann. Brief an Mim, Kommissionen, Masseuse. Nachtisch Auszug der Mann'-

---

1 das sind die beiden Hausmädchen Anna u. Betty, Köchin Fanny, Diener Wolf und Hausmeister Hacker
2 d.i. Lili Keith
3 d.i. Dora Brinkmann
4 d.i. Plisch und wahrscheinlich Klaus' Hund Chuchu
5 (frz.) nebensächlich; meint hier: einen Kreis abseits der mondänen Welt

schen. Ihnen zum Tee im neuen, schon ganz gemütlichen Haus en famille gefolgt. Vorher Karten bei Bosetti. Abend mit Alfred, im Kroxen[6]-Auto hin u. zurück, zu Bissings, ganz gut unterhalten mit Crusius, Raffka, Braune.

6/1

Karte von Katja aus Arosa, glückliche Ankunft meldend. Briefe an Katja u. Mim, Abfart von Klaus nach Prag zu Frl. Lalla[7]. Mit Alfr. Karten bei Robert Simons u. bei Wolffs, im Regen heim. Beitisch Tommy mit 2 Kindern, die über den Tee blieben. Wärend Alfr. im Theater, diverse Karten, Brief an Emma Schlier. Brief von Heinrich Braun, abend Heinrich Manns »Madame Le gros« u. Zola gelesen.

7/1

Brief an Mim, Masseuse, bei Schneegestöber Karten bei Immink's u. Oberhummer. Briefe von Mim u. von Katja. Nachmittag Castillo, der zum Tee blieb, dazu alle 4 Immincks, p.p.c. Briefe vorgeschrieben, Zola gelesen.

8/1

Briefe an Mim u. Katja beendet, Spaziergang mit den Hunden, Masseuse. Zum »lunch« zu Crodu's, wo es mit Gabrilowitschs, Walters, Gleichens recht nett war. Karte der Marquesa [Respaldino] aus B. Aires, Abschiedsbesuch von Pidoll[8], Briefe vorgeschrieben, »La faute de l'abbé Mouret«[9] ausgelesen.

9/1

Scheußliches Wetter: Regen, Sturm, Dreck. In die Turnstunde, Brief von Marta, Briefe an Peter u. Mim beendet, Dankbrief an Adele Schreiber für ihr »Hedwig Dohm«-Buch,[10] Karte an Lisa Michalek, von Mientje aus Nürnberg. Zeitschriften gelesen, früh ins Bett.

---

6 Spitzname für Eugenie Schaeuffelen, von Hedwig Pringsheim meist Eu genannt

7 d.i. Klara Koszler, Klaus' spätere Ehefrau

8 vermutlich Max v. Pidoll

9 Bd 5 von Émile Zola's *Les Rougon-Macquart*

10 Adele Schreiber, *Hedwig Dohm als Vorkämpferin und Vordenkerin neuer Frauenideale*. Berlin: Märk. Verlagsanstalt 1914.

Januar

10/1
Früh Masseuse; Karte an Katja, Telegramm von Klaus. Bei schönem Wetter Besorgungen. Brief von Mim, nachtisch Castillo, beim Tee Frau Hallgarten mit Mutter[11], Walters u. Ewalds. Abend Brief vorgeschrieben, Journale gelesen.

11/1
Brief an Mimchen. Briefe von Peter u. Katja, Karte von Mientje; bei schönem Winterwetter Besuch bei Eva Baudissin. Beitisch Paul Pringsheim u. Tommy mit 2 Kindern, die über den Tee blieben. Dazu Bunge, Herr Crome u. Daisy Schlesinger-Trier mit Mann. Abend vorgeschrieben, gelesen.

12/1
Briefe an Mim u. Katja beendet, bei strengem Frost in die Stadt; Masseuse. Nachmittag »Le Rire« von Bergson gelesen, beim Tee Braune, Karte an Sandra Droucker, abend mit Alfred ins Akademie-Koncert, das etwas ermüdend war.

13/1
Sehr kalt. Zum Turnen, Karten bei Löhr u. Röhr. Brief von Else, an Mim. In der Früh Ankunft von Klaus aus Prag. – Zum Tee zu Tommy, allerlei besprochen, Küchenbuch gerechnet, Kinder visitirt. Abend Brief vorgeschrieben, nach der Oper Familienleben mit Klaus.

14/1
Brief an Mim, Karte an Katja, zum Musikreiten. Nachtisch Brief von Mim, Castillo, beim Tee Gusty. Kondolenzkarte an Frau Schwartz, abends zu Bernsteins, wo's in kleinem Kreis, mit Gabrilowitschs, Maurice' etc. ganz nett war.

15/1
Brief an Mim, Masseuse, in die Stadt, Karte von Mientje. Beim Tee Asta[12], Frau Wolff, Frau Prof. Vischer mit Tochter Loele Meißner. Abend alle drei, in Eu's Auto, zu Walters, wo's in kleinem Kreis, mit Gabrilo's[13], Feo[14], Coßmann u. guter Musik recht nett war. Mit Gabrilo's im Auto zurück.

---

11 d.i. die Malerin Philippine Wolff-Arndt
12 vermutlich Asta Friedberg, Tante Asta
13 das sind Gabrilowitschs
14 d.i. Feodora Weingartner

16/1
Husten u. Unbehagen. Brief von Katja, Briefe an Katja, Peter u. Mim. Zuhaus geblieben, Ssologubs »Totenzauber« gelesen. Beim Tee Scheubner-Richters mit 2 sehr interessirten baltischen Architekten. Abend allein, gelesen, später Klaus.

17/1
Weiter sehr erkältet. Doch mit Alfred in die Stadt, Karte an Lucie, Masseuse. Nachmittag »Zukunft«, »Totenzauber«, abend stattliches, ganz gemütliches diner bei Alphons v.[15] Bruckmanns, recht eleganter Zuschnitt, ganz gut unterhalten. Nachtisch hübscher Gesang der kleinen Ivogün. Am 11 von Eu im Auto heimgefahren.

18/1
Abscheulich erkältete Nacht; zuhaus geblieben. Karte von Katja u. an sie, Brief von Mim u. an sie, Briefchen an Peter. Beitisch Eva Baudissin u. Tante Asta, dazu die Kinder one Tommy. Beim Tee G.s.D. nur die Kinder. Sehr viel »Totenzauber« gelesen.

19/1
Immer noch recht unwol. Brief an Mim, Masseuse. Viel gelesen; nachmittag Besuch von Lotz'. Abend allein, Briefe vorgeschrieben, ziemliches Fieber.

20/1
Briefe an Mim u. Katja, Brief von Katja. Bei unheimlich trübdunklem Wetter zuhaus, bei Licht gelesen; nachtisch bei Schnee auf den Friedhof[16] gefaren. Beim Tee der aus Afrika heimgekehrte Stadler. In Eriks Briefen gelesen, Nachricht von Genée's Tod! Abend diesen endlosen, schrecklichen »Totenzauber« ausgelesen.

21/1
Immer noch recht matt u. elend. Brief von Mim u. an sie, kleiner Spaziergang bei angenehmem Frostwetter, Masseuse. Nachmittag zu den Kindern gefaren, die alle etwas erkältet, sehr lieb u. erfreut waren, zuhaus Eu vorgefunden, die von der Ganghofer-Hochzeit[17] kam. Briefe vorgeschrieben, gedöst, bei Musik nebenan. Einladungen lancirt.

---

15 Alphons Bruckmann hatte den bayer. Personaladel erhalten.
16 aus Anlaß des Todestages von Erik
17 d.i. die Hochzeit von Lolo Ganghofer, verw. Wedekind, mit Dr. Wilhelm Horstmann

Januar

22/I

Brief von Katja, Karte von Marta. Briefe an Mim u. Peter, Karte an Katja. In die Stadt, Rechnungen bezalt u. Karte bei Frau v. Liebermann. Masseuse. Nachmittag Castillo, beim Tee Asta, p.p.c. Abend gelesen u. gedöst.

23/I

Brief an Peter beendet, Brief an Mim. Zum Turnen noch nicht wol genug, in die Stadt u. Besuch bei Asta in ihrer mesquinen[18] Pension. Nachmittag Brief an Marta, Karten an [Harold] Smith u. die Marquesa [Respaldino], Brief an Lily Bam. »Marg. v. Valois« gelesen.

24/I

Brief an Katja; Masseuse. Nachmittag zu einem ungewönlich schlechten Vortrag des Major Haushofer über Japan, zu woltätigem Zweck im Palais der Prinzeß Gisela.[19] Gleich danach geflüchtet. Brief an Harden, gelesen.

25/I

Brief an Mim, Briefe von ihr u. Katja; Spaziergang mit Crodu bei warmem Sonnenschein. Beitisch Braune mit recht hübscher Schwester u. Frl. Ivogün, Tommy. Beim Tee (wärend Alfred bei Lula's Musik-Tee) blos die Kinder u. lange Martin Hahn. Abend Tommy, von Löhrs zurück, Familienleben.

26/I

Brief an Mim, Karte an Katja, Brief von Peter, Masseuse. Bei herrlichem Wetter Besuch bei Frau Willich u. Spaziergang im engl. Garten. Beitisch Martin Hahn, dann Castillo. Brief an Else, weitere Einladungen lancirt, abends in den Vortrag von Hahn, über »die

---

18 (frz.) mesquin: schäbig, armselig
19 **Zum Besten des Prinzessin-Rupprecht-Heims.** ... In dem reich bemalten Ballsaal im Stile der deutschen Renaissance nahm die Gesellschaft einen äußerst interessanten Vortrag des Majors Haushofer über »Westliche Kultur in fernöstlicher Anwendung« entgegen. Der Vortragende war bekanntlich mehrere Jahre zum Studium der Armee-Einrichtungen nach Japan kommandiert. Der Redner entwarf in kurzen, aber fesselnden Darlegungen ein anschauliches Bild, wie sich für den Beobachter draußen im fremden Heere das malte, was von unserer Kultur dort drüben wirksam und lebendig geworden und was von ihr abgelehnt wurde ... (ausführl. Bericht in den *Münchner Neuesten Nachrichten* vom 25.1.1914)

Stellung der Krankenpflegerinnen«, recht gut in Form u. Inhalt. Die »Diskussion« weniger gut; aber lang.[20]

27/1
Wieder zum Turnen; Spaziergang im engl. Garten bei schönstem Wetter, Brief an Mim. Beim Tee Lula, beim Abendessen Fußperg, sehr aufgeregt. Um 9 mit Alfred, von Eu im Auto abgeholt, zum »Tee« zu Sexau's, ziemlich elegante Gesellschaft, viele vom Adel, nicht sehr interessant. Um 11 wieder mit Eu heim. Brief von Peter.

28/1
Brief an Mim, zum Musikreiten, Masseuse. Beitisch Ehepaar Schnitzler[21], durch Klaus eingefürt, ganz nett, nicht aufregend. Brief von Mimchen, an Katja. Dann Castillo, abend wieder Fußperg, der von uns aus nach Wien abreiste.

29/1
Brief an Mim, Masseuse, Spaziergang. Nachmittag zu Tommy u. den Kindern, die recht munter. Abend Briefe vorgeschrieben, gelesen.

30/1
Brief von Katja, an Mim u. Peter, Karte an Katja. Brief mit Quärulanz von »Frigga«. Zum Turnen u. Kommissionen, Brief von Else. Nachmittag zum jour von Eu (ziemlich häßlich!) dann ihr Frigga's Quärulanz übersandt. Abend in Tommy's Vorlesung im »Forum«,

20 **Die Arbeits- und Gesundheitsverhältnisse der Krankenpflegerinnen.** ... Im Interesse einer Hebung der Arbeits- und Gesundheitsverhältnisse der Krankenpflegerinnen wird als unbedingt erforderlich erachtet: 1. Die Einführung der staatlichen Prüfung in ganz Deutschland. 2. eine den Zeitverhältnissen entsprechende, ausreichende Versorgung im Falle der Erkrankung, des Unfalls, der Invalidität und im Alter, auf welche ein Anspruch sofort nach Dienstantritt erhoben werden kann. Als dringend wünschenswert muß bezeichnet werden: 1. Eine zwei- bis dreijährige Ausbildung der Schwestern, nicht eingerechnet die hauswirtschaftliche und einen Teil der theoretischen Vorbildung; 2. die Registrierung sämtlicher, daneben die staatliche Ueberwachung derjenigen Krankenpflegerinnen, welche nicht in geschlossenen Organisationen leben; 3. die Konzessionierung der Schwesternorganisationen und der Stellenvermittlung durch dieselben; 4. eine maximale Arbeitszeit von 11 Stunden einschließlich der Nachtwache, möglichst Einführung des Dreischichtensystems von neun Stunden; 5. die Gewährung aller staatlichen Vergünstigungen an sämtliche konzessionierten Organisationen, gleichviel ob sie auf religiöser oder weltlicher Grundlage beruhen ... (ausführl. Bericht in den *Münchner Neuesten Nachrichten* vom 27.1.1914)

21 vermutlich Georg u. Lilly v. Schnitzler

sehr gut (Hochstapler, Zauberberg, Kleiderschrank), nur viel zu lang, von ¾ 9 – nach 11.²² Elegantes Tout-Munich-Publikum, viel Bekannte gesprochen. Danach noch, sehr ermüdet, mit Elsa B. zu [Hugo] Bruckmanns jour, wo uns Alfred u. Evchen²³ ganz verängstigt erwarten: ein mäßiges Vergnügen; erst um 1 zubett.

31/1
Brief von Mim; zum Reiten, Masseuse. Nachtisch Castillo, beim Tee, lange, Elsa B. Abend Briefe vorgeschrieben, früh ins Bett.

1. Februar.
Brief von Katja, Briefe an sie u. an Mim beendet; Spaziergang bei herrlichem Wetter. Beitisch Tommy mit den Kindern (auch über den Tee), Friedrich Kaula u. Ehepaar Reisch. Bis ½ 5 auf 2 Klavieren 8 händiger Wagner. Beim Tee zur Familie Bomhards u. Eu. Gegen Abend zu Stadlers, nur ihn gesprochen, der wieder durch Ärger u. Sorgen in Amt und Familie ganz herunter. Abend »Zukunft«.

2/2
Brief an Mim, Masseuse, Kommissionen und Spaziergang. Brief an Sophie, die mich tief gekränkt u. Antwort von ihr. Besuch bei Frau Hanfstängl, zufuß nachhaus. Gegen Abend Besuch von Sophie, Aussprache, zärtliche Versönung. Abend allein, gedöst u. gepumpelt, wenig gelesen.

3/2
Früh zum Turnen, Karte bei Haushofers; himmlisches Wetter. Brief von Peter, an Mim u. Karte an Katja. Nachmittag Karten bei Heyse u. Frau Knorr; gelesen. Abend um ½ 11 Ankunft von Else, mit der noch Familienleben.

---

22 Thomas Mann hatte in der Galerie Caspari im Rahmen der von Wilhelm Herzog geleiteten Forum-Abende die Novelle *Der Kleiderschrank*, das Kapitel »Ankunft« aus dem *Zauberberg* und aus den *Bekenntnissen des Hochstaplers Felix Krull* die Episoden »Operette« u. »Schulkrankheit« gelesen. (DüD 1, 307)

23 d.i. Eva Bernstein

4/2
Brief an Mim; zum Musikreiten, von Else abgeholt; Masseuse. Nachmittag Castillo, komischer Brief von Frl. Endres[24], allerlei telephonisches; Briefe vorgeschrieben, Familienleben.

5/2
Masseuse. Briefe an Mim u. Katja beendet, Brief von Katja. Mit Else in die Stadt, Kommissionen für die Gesellschaft. Vielerlei Telephongespräche. Zum Tee mit Else zu Tommy geautelt, ihr das Haus gezeigt, das sie sehr entzückte, mit den Kindern geplaudert. Teilweis zufuß zurück, schönstes Winterwetter. Briefe vorgeschrieben, Familienleben nach Klaus' Oper.

6/2
Briefe an Mim u. Peter beendet; Vorbereitungen, Spaziergang mit Else. Nachmittag vielerlei Geschäfte; abends souper à 24: 2 Stucks, 2 Bernsteins, 2 Simons,[25] 2 Oberhummers, 2 Sexau's, 2 Pringsheim; an Damen Frauen Ganghofer, Cornides, A. Oldenbourg, Hallgarten, Liebermann,[26] Else; an Herren Wölfflin, Stengel,[27] Braune, Maurice, Klaus, Tommy. Alles elegant, gut, gelungen. Après: 2 Reischs, 2 Löhrs, 2 Bomhards, 2 Schlesinger-Triers; Damen: Marga [Oldenbourg], Eva B.,[28] 2 Dycks, 2 Maurice,[29] 1 [Elli] Bondi, 1 Ott, 1 Seipp, 1 Ivogün, 1 Braune,[30] 1 Lindemann, 1 Baudissin, 1 Gusty; Herren: Piloty, Knorr, Cornides, A. Oldenbourg, Teller, Bunge, Castillo, Huldschinsky, P. Pringsheim, Born, Hamburger,[31] [Arthur] Rosenthal, Dingler, Seeliger, Crusius, Crome, Edgar u. Erna Hanfstängl, Kaula. Wurde flott getanzt, auch »Tango«, in dem Eva B. mit Hulle[32] excellirte[33], stark geflirtet u. sich gut amüsirt, bis ¾ 2. Dann im Familienkreis noch »geruddelt«.

---

24 d.i. Mary Endres-Soltmann
25 vermutlich Robert Simons
26 vermutlich Maidi v. Liebermann
27 vermutlich Paul v. Stengel
28 vermutlich Eva Bernstein
29 vermutlich Baronin Maurice mit Tochter
30 vermutlich Elisabeth Braune, Heinrich Braune's Schwester
31 vermutlich Hans Hamburger
32 d.i. Paul Huldschinsky
33 von (frz.) exceller: sich auszeichnen

7/2
Früh Masseuse; geordnet, mit Else Spaziergang im engl. Garten, Brief von Mim. Nachmittag Castillo, dann mit Else zum Tee zu Lella Hulle geautelt. Abend mit Alfred zu Wolffs, sehr elegantes Diner, mit Lampe recht gut unterhalten, später mit Bissings, Bruckmanns,[34] Frau v. Kühlmann etc. Um 11 fort, mit Tram heim.

8/2
Spät auf, Brief an Mim, von Katja. Mit Else bei herrlichem Wetter spaziert, die 4 Kinder geholt, im Auto hergefaren. Mittags Tommy mit den vieren; beim Tee nur Eri u. Aißi u. Gusty. Abend gerechnet, Briefe vorgeschrieben, Familienleben.

9/2
Masseuse, Brief von Peter, Brief an Katja beendet; mit Else in die alte Pinax[35]. Nachtisch Briefe an Mim, an Peter u. an Hedda (beide kurz). Nach dem Tee Besuch von Eu, gelesen, nach dem Koncert der Herren Abendbrod u. Familienleben.

10/2
Brief an Mim, zum Turnen, Nachmittag Besuch von Frau Großberger, née Rohrscheidt, die über den Tee blieb, u. Frau v. Belli. Abend Brief vorgeschrieben, »Zukunft«, Familienleben, um 11 Abreise von Klaus nach Breslau.

11/2
Brief an Mim beendet, Karte an Katja, zum Musikreiten, Masseuse. Beitisch Crodu's, nachmittag Castillo, beim Tee Erika u. Aißi. Dem abholenden Fräulein den Standpunkt wegen ihrer Pflichtvergessenheit energisch klar gemacht u. ihr dann ihre Ungezogenheit gegen mich sehr empört verwiesen. Abend mit Else verplaudert, die um 10 abreiste, von Alfred eskortirt.

12/2
Brief an Mim, Masseuse, in die Stadt, Erika aus der Schule geholt, beide Kinder[36] beim Essen, mit ihnen Schulaufgaben; Karte an Frl. Endres. Mit den Kindern bei Frühlingswetter im offenen Wagen heim, Tee bei Tommy. Abend allein, Briefe vorgeschrieben.

---

34 vermutlich Hugo Bruckmanns
35 d.i. die Alte Pinakothek
36 das sind Erika u. Aißi

13/2

Briefe an Katja u. Peter beendet, Briefe von Katja u. Marta. Zum Turnen, dann zu Nadoleczny, der mir einen Forunkel im Or, der mich seit 3-4 Tagen belästigte, öffnete u. ausdrückte. Tat weh. Brief an Mim, zu Eu's jour. Gratulationsbrief an Marta zu Dietrichs Verlobung,[37] um 8 in den Vortrag vom Fackel-Kraus[38], der auch 2 ¾ Stunden vorlas! Teils recht witzige Skizzen über unerhebliche Gegenstände, teils im höchsten, sich überkreischenden Pathos empörte Auslassungen über allgemeine Gegenstände der Menschheit: ein furchtbarer, auf die Dauer unerträglicher Komödiant voll Begabung u. Verlogenheit.[39] Danach noch mit Tommy zu Hugo Bruckmanns jour, der reich besucht, aber nicht sonderlich interessant war. Um 12 heim.

14/2

Wieder zum Orenschinder, der mir sehr weh tat u. in die Stadt; Masseuse. Nachmittag Castillo, beim Tee Ehepaar Ewald. Karte von Klaus aus Breslau, Brief vorgeschrieben, Brief von Mim. »Zukunft« u. Journale gelesen.

15/2

Briefe von Katja u. Peter. Brief an Mim beendet, Karte an Katja, Gratulation an Dietrich, Spaziergang. Beitisch Tommy mit den Kindern, von denen nur Aißi über den Tee blieb, da Erika zum Kinderball bei Ludwigs[40] ging. Zum Tee noch beide Bernsteins, sehr gemütlich u. plaudersam. Brief vorgeschrieben, etwas fiebrig u. unwol.

16/2

Brief an Katja beendet, Karte an Mim, in die Stadt, zu Nadoleczny, der den Eiterpropf unter Schmerzen entfernte, mich entließ. Briefchen von Erna [Hanfstaengl], nachmittag gepackt, beim Tee Eu.

---

37 mit Loni Engelcke
38 gemeint ist Karl Kraus, der Herausgeber u. alleinige Autor der Zeitschrift *Die Fackel*
39 **Karl-Kraus-Abend.** ... Immer wieder fesselt das Schauspiel, diesen großen Hasser sich an den zahllosen Gegenständen seines Ingrimms entzünden und sich in die wildeste und heute denkbar konsequente Opposition zu einem Zeitalter setzen zu sehen, das er verachtet ... (Bericht in den *Münchner Neuesten Nachrichten* vom 15.2.1914)
40 Gemeint ist vermutlich die Familie des Architekten Alois Ludwig.

Februar

Gerechnet, abend mit Alfred ins Odeon: neunte Symphonie unter Walter – großer, stürmischer Enthusiasmus.[41]

17/2. Berlin

Um 8 Abreise nach Berlin, von Alfr. zur Ban geleitet; gute Fart im Frauencoupé II Kl., gelesen, mit 2 anständigen Gefärtinnen geplaudert. Um 5 Ankunft, von Else u. Peter empfangen, bei Mim, die unverändert, mit Peter Tee getrunken. Wärend des Packens las mir Peter seine Korrespondenz mit »Unseligs«[42] in der Affaire Gleistein vor. Familiendiner zuehren des mündigwerdenden Andreas, wobei das Geburtstagskind von unheilschwangrer Düsterkeit u. Schweigsamkeit. Bis ½ 10 Familienleben.

18/2

Arg verschnupft. Karten an Alfr. u. Katja, um 11 mit Mim ausgefaren; nach dem Frühstück geruht u. gelesen. Beim Tee oben Mim, dann Heinz, sehr überrascht durch meine Anwesenheit u. schleunig den Hausmeister benachrichtigend, seine Frau abzuweisen. Unsre Beziehungen höflich, ungezwungen, sehr kül. Abend mit Kaete u. Else ins Schauspielhaus zu »Peer Gynt«, zuehren von Frau Schlenther, die als Mutter Aase nicht sehr glücklich »wiederauftrat«: mit eingerosteter Stimme u. kraftloser Leistung. Sonst eine überraschend gute Auffürung nach jeder Richtung; Clewing u. Frl. Thiemig vortrefflich.[43]

19/2

Regen u. Sturm. Brief an Alfred, Ausfart mit Mim; geruht, gelesen, um 4 mit Else zu Frau Fürstenbergs von uninteressanten Damen

---

41 **Aus den Münchner Konzertsälen**. Das 7. Abonnementskonzert der Musikalischen Akademie erhielt besondere Anziehung und Bedeutung durch die Aufführung von Beethovens Neunter Symphonie ... Auch gestern bewährte die Neunte wieder ihre Kraft, ein großes Publikum anzuziehen und zu begeistern. Der Abend, der durch Haydns London Symphonie in G-dur (Br. & H. Nr. 2) eingeleitet wurde, gestaltete sich zu einem Triumph für Bruno Walter, der die Aufführung mit der ihm eigenen künstlerischen Gewissenhaftigkeit vorbereitet hatte und mit Energie und souveräner Beherrschung des großen Apparates leitete ... (ausführl. Bericht in den *Münchner Neuesten Nachrichten* vom 18.1.1914)

42 Gemeint sind Heinz Pringsheim u. Olga.

43 Schauspielhaus, Berlin: »Peer Gynt« von Henrik Ibsen. Musik von Edward Grieg. Paula Schlenther (Aase, Mutter eines Landmannes), Carl Clewing (Peer Gynt, ihr Sohn), Herr Boettcher (Olaf, der Bräutigam), Frl. Schönfeld (Ingrid, die Braut), Helene Thimig (Solveig) u.a.

bevölkertem jour, dann zu Mim, wo Hedda u. Miez; beim Essen Kranach u. Mühlinghaus, sehr munterchen. Brief von Katja; im Bett gelesen: »Margarete von Valois«.

20/2
Kärtchen von Klaus aus Dresden, Brief an Katja, Karte von Alfred. Spaziergang in die Stadt. Geruht, um 3 Spazierfart mit Mim, nach dem Tee oben bei Mim, mit Else. Beim Essen Peter. Im Bett gelesen.

21/2
Brief an Alfred; mit Else in K. Friedrich-Museum, den sehr schönen neuen v. d. Goes besichtigt. Dann zum Essen zu Rohrscheidts. Von Mimchen, die zur Gratulation heraufkam, im Wagen abgeholt, Spazierfart. Nach dem Tee geruht, zu Mim, wo Miez. Abends Diner: Lepsius', Klenau's, Holzmann, Ilse. Recht nett, namentlich mit Klenau gut unterhalten. Dauerte bis ¼ 12.

22/2
Brief u. Nachtragskarte von Alfred, Karte an Katja. Bei schönstem Wetter Spaziergang mit Else u. Kaete. Familienessen mit Mim, Miez-Hedda u. Peter. – Genäht, Absagebrief an Bomhards, mit Peter geredet, geruht. Langer Besuch von Fürstenbergs, dann zu Mim. Abend Familiensonntag, verstärkt durch Else Scholz u. Ernesto. Gelesen.

23/2
Brief von Katja, Karten von Klaus u. Alfr., Drucksachen von Alfr.; Brief an ihn mit Einlage. Bei Frühlingswetter in die Stadt, nachtisch mit Mim Spazierfart. Beim Tee Edith Malzmann, die bis zum Abend blieb, bei Mims jour Mirjam Eck mit Miss Nash u. die ekliche Frau Hamburger. Dann unten »Bridge-diner«, mit Herren Geheimrat Götzsch u. Klemperer[44] u. Frau Schlesinger, ganz munter. Um 9 zogen wir Nichtspielenden uns zurück. Gelesen.

24/2
Brief an Katja, Manuskript gelesen,[45] Spazierfart mit Mim, endlos in die Irre. Nachmittag Manuskript, geruht. Bei Mim oben Miez u. Muke Magnus; abends mit Kaete u. Patti ins Künstlertheater

---

44 vermutlich Herbert v. Klemperer
45 Unklar, um welchen der 1914 veröffentlichten Texte von Hedwig Dohm es sich hier handeln könnte. (s. Nikola Müller)

(R.'s in die Oper), »Cafard« von Erwin Rosen, – Wagen- u. Droschken-Malheur – gefaren; ein kitschiges, aber recht wirksames Fremdenlegion-Stück, ausgezeichnet inscenirt u. gespielt, starker Premièrenerfolg.[46] Nachher noch alle zusammen Butterbröde gegessen u. Eindrücke ausgetauscht.

25/2
Schnee! auf Frühlingstage. Briefchen von Alfred, Karte an ihn, Spaziergang mit Else. Nachmittag gelesen, Korrektur für Mim gemacht, nach dem Tee Frau Hauschner oben bei Mim. Abend Gesellschaft: Rohrscheidts, Jaradschewski's, Müller,[47] Klemperer, Lt. Friedrich, Miez-Hedda, Peter – recht gemütlich u. nett, bis nach 11.

26/2
Karte an Katja, Brief von u. an Frau Haushofer, bei trübem Wetter mit Mim zu Gerson gefaren; nachmittag Besuch bei Frau Rodenberg; bei Mim oben Miez. Beim Essen nur Kranach, Mim u. Ilse, one Hermann u. Patti. Im Bett Doris Wittners miserablen Napoléon-Roman »Drei Frauen« gelesen, mit Masson's »Nap. et les Femmes« verglichen.

27/2
Briefe von Katja u. von Alfred, mit Einlage. Brief an Alfred, mit Einlage von Katja's, u. Absagebriefchen an Lula. Mit Mimchen ins Kaiser Friedrich-Museum, wo der v. d. Goes grade entfernt war. Nach dem Frühstück Besuch bei Gagls; dann mit Else zu Mim. Abends Peter, Familienleben. Im Bett »Zukunft«.

28/2
Brief an Katja. Mit Else ins Kais. Friedr. Museum; nachmittag Spazierfart mit Mim, zum Tee zu Stern-Gleistein[48], dann zu Mim, wo Miez. Abend Familienleben im engen Kreis, im Bett D. Wittners schwaches Buch »Drei Frauen« ausgelesen.

---

46 Deutsches Künstlertheater, Berlin: »Cafard«. Ein Drama aus der Fremdenlegion in 4 Akten von Erwin Rosen. Else Lehmann (Madame la Cantiniere), Oskar Fuchs (General La Bruyere), Otto Werther (Kapitän Dupont) u.a.
47 vermutlich Waldemar Mueller
48 das sind die beiden Schwestern Helene Stern und Lis Gleistein

1 März

Karte an Alfred. Else bei Amalie abgeholt u. bei schönstem Wetter Spaziergang. Familienessen, dann zu Rohrscheidts, wo 3 Söne beim Essen – hin u. zurück zufuß. Nach dem Tee zu Mim, abends die gesammte Familie, verstärkt durch Grünfelds, alte Kolitz' u. Frl. Slodnitzka, die ein paar Lieder mit sympathischer Stimme sang; im ganzen nicht sonderlich gemütlich, bis 10 Ur.

2/3

Brief von Katja, mit Else in die Stadt. Nachtisch Brief an Alfred, mit Katja-Einlage, geruht, Spazierfart mit Mim; Brief von Alfred, bei Mim oben Miez u. Marta, dann mit Kaete in die englische Stunde zu Peter, wo es sehr geschmackvoll u. gemütlich aussieht. Abend allein mit Else u. Kaete. Masson gelesen.

3/3

Da Schrank[49] absagte, mit Mim in Droschke ausgefaren, ziemlich rauh. Karte an Erika, nach dem lunch gepackt, geruht. Bei Mim Miez u. Hedda, dann mit Else u. Kaete in die Kriegsakademie gefaren zum Vortrag des Burghauptmanns Kranach »Die Wartburg in farbigen Photographien«, ganz hübsch, mehr für Photographen, durch Gegenwart des Kaiserpaars[50], dem zuehren wir auf Kranachs Befehl decolletirt erscheinen mußten(!), besonders feierlich.[51] Zuhaus beim Essen Mim, Peter u. Ilse. Spät noch an Katja geschrieben.

4/3 München.

Noch Karte von Alfred, fertig gepackt, mit Mim, die ich in leidlichem Zustand verließ, geplaudert; um 1.10 Abreise, von Else zur Ban geleitet, von Peter noch begrüßt. Normale Fart im Damen-Coupé, zu viert, mit Hund! Doch ganz gemütlich. Margarete

---

49 d.i. der Kutscher von Rosenbergs
50 das sind Kaiser Wilhelm II. und Kaiserin Auguste Viktoria
51 **Das Kaiserpaar in der Deutschen Gesellschaft zur Förderung der Photographie.** In der Aula der Kgl. Kriegsakademie veranstaltete gestern abend die Deutsche Gesellschaft zur Förderung der Photographie einen Lichtbildervortrag, zu dem der Kaiser und die Kaiserin mit einem zahlreichen Gefolge erschienen. Herr Oberburghauptmann von Cranach sprach, nachdem Major von Westernhagen die Majestäten begrüßt und für das Interesse gedankt hatte, das den Kaiser mit seiner Gemahlin zum Erscheinen veranlaßt, über die Wartburg. In 120 Autochromaufnahmen führte der Vortragende in die Geschichte der alten Lutherfeste ein ... (ausführlicher Bericht im *Berliner Lokalanzeiger* vom 4.3.1914)

März

v. Valois ausgelesen. Um 10 Ankunft, von Alfred u. Klaus abgeholt. Familienleben.

5/3
Gepackt, geräumt, Brief an Mim, den gestern geschriebenen an Harden abgesandt, Brief von Katja. Dann Erika von der Schule abgeholt, im Vorbeigehen Sophie besucht. Beitisch u. über den Tee Erika, zum Tee noch Eu. Dann im Auto Erika heimgebracht, Tommy u. die andern Kinder begrüßt, mit Tram heim. Abend Briefe vorgeschrieben.

6/3
Bei abscheulichem Fönsturm zum Turnen, Briefe an Mim u. Katja beendet, Karte an Peter. Nachmittag in die Stadt, nach dem Tee gerechnet, bis mir der Kopf rauchte. Abends Karten an Castillo und Berreth, »Rundschau« gelesen.

7/3
Gelesen, in der Ban mit der Scheubner geritten. Karte von Harden. Nachmittag bei Regen in die Stadt. Abend mit den Herren ins Odeon, Chor-Koncert »Frühlingsfest« von Prohaska: ziemlich langweilig, geräuschvoll u. ermüdend.[52] Allein nachhaus, »Zukunft« gelesen.

8/3
Briefe von Katja (die wieder sehr unwol war), von Mim, Peter, Lili Bam, Karte von Fifi Klemperer. Brief an Mim, Karte an Katja, bei Sturm u. Regen zu Tommy spaziert, ihn in Teppichen beraten, mit ihm u. den Kindern im Auto heim. Beim Tee, außer den Kindern, Gusty, Marga Obu u. Tante Asta. Abend Brief an Harden,[53] gekramt.

9/3
Endlich schön Wetter! Brief an Mim, Karte von Eva aus Rom, Masseuse, in die Stadt. Nachmittag Castillo, kurze Begrüßung des

---

52 **Aus den Münchner Konzertsälen**. … Das Klopstocksche Gedicht ist durchaus auf den Ton des Ueberschwänglichen, einer religiös ekstatischen Trunkenheit gestimmt. Prohaskas Musik scheint, äußerlich angesehen, dieser Stimmung wohl zu entsprechen. Aber sie scheint es nur. Innerlich, im Kern und Wesen dieser Musik ist das Exzessive und Ueberschäumende, das sie äußerlich vortäuscht, gar nicht vorhanden … (ausführl. Bericht in den *Münchner Neuesten Nachrichten* vom 8.3.1914)

53 im Original erhalten und veröffentlicht in: *Meine Manns*, 134f.

Kronprinzen[54], der bei Alfred, mich zu sehen wünschte. Beim Tee wieder Tante Asta, abend Briefe vorgeschrieben, der Musik der Herren gelauscht.

10/3
Zum Turnen, Kommissionen, Briefe an Mim u. Katja beendet, Brief von Katja. Beitisch recht sympathischer dänischer Mathematiker, Dr. Harold Bohr; Karten an Eva u. Peter, nochmals in die Stadt. Beim Tee Grete Ring u. Hermine Feist, letztere unberufen fast 3 Stunden! Abend Brief vorgeschrieben, gelesen.

11/3
Brief an Mim, zum Musikreiten, Masseuse. Nachmittag Vorbereitungen, schwierigste Tischordnung, späte Absage von Frau Sommerfeld, Aushülfe von Elsa. Brief von Harold Smith. Abends dann: 2 Voß, 2 Muncker, 2 Bonn, 2 Bruckmann,[55] 2 Ebers, 1 Lippe, 1 Bassermann-Jordan, 1 Haushofer,[56] ein Sommerfeld, 1 Porges, 1 Tommy, Frauen Röhr, Eu, Baudissin, Bernstein, Lotte Willich, mit uns 24. Bei sehr geringen Erwartungen durchaus nett u. sehr gemütlich, bis nach ½12. –

12/3
Brief an Mim, Karte an Katja; Masseuse, Tante Asta abgeholt zum Stadtbummel. Nachmittag Castillo. Brief an Katja; da die Herren abends in der Allotria Wagner-Koncert gaben, Briefe vorgeschrieben, früh ins Bett.

13/3
Briefe von Mim u. Katja, Karten von Eva u. Frau Haushofer. Zum Turnen u. Erika abgeholt, beitisch beide Kinder[57]. Briefe an Mim und Peter beendet. Nachmittag »Rundschau« gelesen, um ½8 mit Alfred zum diner zu Scheubner-Richters, 10 Personen, nur nette Balten, alles sehr liebevoll, sorgsam u. üppig, entschieden ein hübscher u. gemütlicher Abend, bis ½1! Heimreise im Auto.

14/3
Vormittag in der Ban geritten, dann Masseuse. Nachmittag Castillo; Karte an Katja, gelesen, um 8 in eine überflüssige Wolfarts-

---

54 d.i. Rupprecht von Bayern, seit 1913 Kronprinz
55 vermutlich Hugo Bruckmanns
56 d.i. Major Karl Haushofer
57 das sind Erika und Aißi

sache: annehmbarer Vortrag von Karl Henkell, scheußliche Lieder eines Dr. Adolf Schoen. Sommerwarm.

15/3
Brief an Mim, um ¾11 Bondi's u. Dorchen, retour de Rome, von der Ban abgeholt. Nach nächtlichem Unwetter wieder schön. Hübschen Spaziergang mit ihnen gemacht, beitisch dazu Tommy mit den Kindern, die bis über den Tee blieben. Zum Tee noch Hermine mit Charly Förster und Eu. Ausgedehntestes Familienleben bis ¾10, worauf, gänzlich zerplaudert, wärend Klaus die Gäste zur Ban geleitete, noch schnell Toilette gemacht u. mit Klaus ins Regina zu Hermine, wo Grete Ring, Frau v. Liebermann, Frau v. Trenkwald mit Son. Noch bis ½1 gesessen.

16/3
Brief an Mim, Masseuse. Briefe von Katja u. Peter. Bei Sturm u. Regen Kommissionen, nachmittags auf den Waldfriedhof. Brief an Katja, Gratulation an Bulle's. »Zukunft«, u. Mereschkowsky's »Leonardo da Vinci« gelesen.

17/3.
Zum Turnen, Karten bei Bomhard, Schandwetter. Nachmittag Brief an Mim, beim Tee Erna Hanf[stängl], Braune mit Hulle, der eben stolz »Admission[58] gegeben«. Dann Geburtstagsbrief an Peter (Packete schon gestern), abends um 9 zu Maurice', ziemlich häßliche, »ibrige« Gesellschaft mit lauter Musik. Die Herren kamen erst nach dem Busoni-Koncert. Um 12 heim.

18/3
Karte an Katja, Musikreiten, Masseuse. Nachmittag Castillo, Brief von Mim u. an sie; gegen Abend Besuch von Erwin Hanfstängl; abend »Leonardo« gelesen.

19/3
Brief an Mim, Masseuse. Dann in die Stadt, Erika geholt, die schon in das eigene Heim enteilt war, auf Tommy's Wunsch, so daß Aißi allein mit uns Alten speiste, Puttel [Klaus] bei Hanfstängls. Nachmittag Briefe vorgeschrieben, gelesen. Abend mit Alfred bei Crodu's; ganz nett, nicht besonders. Früh aus.

58 (lat.) Zustimmung

20/3
Zum Turnen; Briefe an Mim u. Katja beendet, Brief von Katja. Nachmittag gelesen, nach dem Tee zufuß zu Manns, die Kinder recht munter; mit Tram heim. Abend »Leonardo«.

21/3
Schlecht Wetter, Regen, Schnee u. Wind. Briefe von Mim, Peter, Eva. In der Ban geritten, Masseuse. Nachtisch Castillo, beim Tee Gusty! Abend ins Schauspielhaus, Première von »Rösicke's Geist«, in die ich aus courtoisie[59] für Korfiz Holm ging, wärend es von Georg Hirschfeld war! Ein unsäglich albernes, inferiores Stück, mittelmäßig gespielt.[60] War wütend über meinen Irrtum.

22/3
Brief an Mim, Karte an Katja, Gratulation[61] an Frigga Brockdorff-Noder. Spaziergang, Karten bei Sexau, des erkrankten Plisch wegen im Auto heim. Beitisch Hermine u. die Mannschen. Nachmittag mit ihr im Auto zu Manns, das Haus besichtigt u. mit den Kindern, von ihr eingeladen, Spazierfart ins Isartal. Zum Tee wieder zu uns; sie um 7 in ihr Hôtel gebracht und Besuch bei Stadlers. Abend, wärend die Herren beim »Zauberer« in der Allotria, Brief an Peter, dem 1000 M.[62] überwiesen, gelesen.

23/3
Brief an Mim, von Katja. Masseuse, Kommissionen. Nachmittag den armen, schwerkranken Plisch in die Klinik gefaren; nach dem Tee Briefe vorgeschrieben, Kondolenz an Frau Großberger v. Rohrscheidt. Spät mit Klaus gegessen, »Leonardo« gelesen.

24/3
Briefe an Katja u. Mim beendet, in die Turnstunde. Beim Nachhauskommen die Trauerpost, daß mein guter alter Plisch in der Früh gestorben ist. War tieftraurig, ganz gebrochen. Nach der Sektion in der Klinik anrufend, erfur ich, daß er an Schrumpfniere u. schwachem Herzen gelitten, an Urämie gestorben sei. O wie traurig, wie traurig! Nachmittag Besuch ♭ von Frau Willich,

---

59 (frz.) Höflichkeit, Anstand
60 M. Schauspielhaus: »Rösickes Geist« von Georg Hirschfeld. S. Raabe (Krusch), Frl. Rosar (Seine Frau), Herr Randolf (Rösicke), Herr Peppler (Salzwedel) u.a.
61 zur Vermählung mit Dr. med. Anton Noder
62 in heutiger Währung etwa 4.800 €

Gratulation[63] an Max Grube, Karte an Tante Asta; kurzer Besuch von Eu, abends contre coeur zu Hermine ins Regina, nur noch Dr. v. Ostermann, nach dem souper in ihrem Salon, wo noch Grete Ring dazu stieß; im ganzen etwas lam und ibrig.

25/3
Brief von Mim u. an sie, Karte an Katja; zum letzten Musikreiten, Masseuse. Nachmittag Castillo; kl. Korrespondenz, abends mit den Herren ins Gärtnertheater, »Die spanische Fliege«, ein Schmarren u. nicht ungeschickt gemachter Schwank, (mit Dreher in der Hauptrolle),[64] in dem »man sich totlacht«! Ich nicht.

26/3
Brief an Mim, Masseuse, in die Stadt und Erika abgeholt; beitisch beide Kinder[65], bis über den Tee. Dann Briefe vorgeschrieben, abends mit Alfred zu Bonns, wo es ganz leidlich nett in kleinem, ziemlich anderen, vielfach englischen Kreise war. Karte an Eva.

27/3
Briefe an Mim u. Katja beendet, Brief von Katja; bei miserablem Wetter zum Turnen. Beitisch Frl. Ivogün u. Eugen Kirchner, gemütlich, mit Musik. Dann mit Alfr. zu Golo's Geburtstagschocolade geautelt; u. abends mit Klaus in »Der häßliche Ferrante«, Gastspiel Harry Walden in den Kammerspielen: ein etwas geschwätziges Stück, von Walden sehr geschickt u. liebenswürdig gegeben.[66]

---

63   zum 60. Geburtstag am 25. März
64   Gärtnertheater: »Die spanische Fliege« von Franz Arnold und Ernst Bach. Konrad Dreher a.G. (Dotterweich), Frl. Heinz (Seine Frau), Frl. Schwab (Paula), Herr Zeder (Sauermann), Frl. Menari (Wally) u.a.
65   das sind Erika und Aißi
66   M. Kammerspiele: »Der häßliche Ferante« von Sabatino Lopez. Harry Walden a.G. (Ferante), Herr Otto (Bartesi), Frl. Balder (Cecilia), Herr Albrecht (de Curtis), Frl. Serda a.G. (Seine Frau) u.a. – … Harry Walden hat jedenfalls für unseren Geschmack die drei Akte, durch seine gewinnende Art an einen solchen Kino-Charakter heranzutreten, erst möglich gemacht … Frl. Balder vermochte mit anmutiger Zartheit der jungen Cecilia ein individuelles Gepräge zu geben. Als Frau de Curtis hatte Fräulein Serda ihre repräsentabelsten Momente in der Schlußpointe des zweiten Aktes … (ausführl. Bericht in den *Münchner Neuesten Nachrichten* vom 29.3.1914)

28/3.

Kondolenzbriefe[67] von Mim u. Katja. Da Ausreiten durch miserables Wetter verhindert, in der Ban geritten, dann Masseuse. Nachmittag Castillo, nach dem Tee Brief an Marta, »Zukunft«; abends »Leonardo«, um ½ 11 Ankunft von Peter, bis 12 Familienleben mit den 2 Buben.

29/3.

Brief an Mim, Karte an Katja, Brief von Miez. In Obrists Atelier, seine abscheuliche »Bewegungsstudie« besichtigt, hin u. zurück zufuß. Karte bei Frau Ebert. Im Atelier Tommy mit den Kindern, mit ihnen heim zum Essen. Beim Tee die Kinder, Reischs, Pidoll,[68] Hermine, Frl. Hela Peters: recht strapaziös. Abend mit Alfred zur Chormusik zu Frau v. Oldenbourg: unter Schwickerath recht schöne Chöre, überhaupt ganz sympathische, nette Veranstaltung.

30/3

Brief an Mim, Masseuse, bei herrlichem Wetter Kommissionen. Nachmittag Besuch bei der guten, treuen Winckel, beim Tee Falke u. Elsa B. Abend wärend die Herren im Koncert, Brief an Lily Bam, dann Familienleben.

31/3

Brief an Katja, zum Turnen, Brief an Mim. Beitisch Falke; Brief von Marta, Geburtstagsbrief an Miez. Abends Braune, Grete Ring, Frl. Dr. Endres (Alfred erst nach dem Koncert.); mäßiger Abend.

1 April

Bei herrlichstem Wetter im engl. Garten 2 Stunden geritten; Masseuse, Brief an Mim, Castillo. Nach dem Tee Brief an Bürgermeister Borscht, in Sachen Schneevoigt. Briefe von Mim u. von Katja. Gerechnet etc. Abend »Leonardo« u. Familienleben.

2/4.

Früh Masseuse, Brief an Mim, Karte an Katja. In die Stadt, Erika abgeholt, die bei Crodu's zum Essen geladen; bei uns nur Aiß i. Nachtisch mit Fräulein u. den Kindern Einkäufe in Sandalen u. Hüten, mit obligatem Konditor. Dann Karten bei Frau Großberger u. Walters, Besuch bei der immer noch leidenden Lella,

---

67 zu Plischs Tod
68 vermutlich Max v. Pidoll

März bis April

Tee bei Scheubner-Richters u. bei Tommy noch einmal Generalinspektion seiner Gesellschaftsvorbereitungen. Abend totmüde, früh ins Bett.

3/4
Kranz für den gestern verstorbenen Paul Heyse, zum Turnen, Brief an Mim, Kondolenzbrief an Therese Simon.[69] Beitisch Pidoll[70] u. der recht nette Prof. Koch, dann zu Eu's jour; beim Tee Braune, der uns seine Verlobung mit Frl. Endres mitteilte. Brief an Paul Rohrscheidt.

4/4
Regenwetter, in der Ban geritten. Vorher Brief an Katja u. Brief des Bürgermeisters Borscht, den ich gleich, mit einer Karte, an Frau v. Scheubner weiterschickte. Dann Masseuse. Nachmittag Castillo. Nach dem Tee Dankkarte an Borscht, »Zukunft« gelesen; abend Brief an Harden,[71] mit Dank für seine Lafontaine-Empfehlung in der »Zukunft«;[72] u. »Leonardo« gelesen.

5/4
Briefe von Mim u. Katja, an Mimchen, bei Regenwetter Spaziergang. Beitisch Tommy u. die Kinder, beim Tee dazu Eu. Abend »Leonardo«, spät nach dem Koncert noch Klaus u. Tommy zum Essen.

6/4
Brief an Mim, Karte an Katja, Masseuse. Mit Nelken Mary Endres in der Pinax[73] gratulirt, dann Kommissionen, total eingeregnet.

---

69 vermutlich zum Tod des Ehemannes Felix
70 vermutlich Max v. Pidoll
71 im Original erhalten und veröffentlicht in: *Meine Manns*, 135-137
72 Eine neue deutsche Ausgabe der (rühmender Worte nicht bedürftigen) Fabeln von Lafontaine; eine hübsch ausgestattete und dennoch wohlfeile. Die Töchter des Uebersetzers, des Dichters Ernst Dohm, haben sie erwirkt und Herr Dr. Georg Bondi, ein Schwiegersohn Dohms, ist ihr Verleger. Diese fein anschmiegsame und doch von Witz und Kraft strotzende Uebersetzung ist schon vor Jahrzehnten veröffentlicht worden; doch nur in einer »Prachtausgabe«, die nicht ins Breite drang. Die Arbeit ist dem Satiriker Dohm (dessen Kaliber Bismarck zu schätzen vermochte) so gut gelungen, daß wir, heute noch, sagen dürfen, sie habe den Prachtkerl Lafontaine dem deutschen Land erobert. Kaufet das Buch! Und nicht etwa nur für den Schrank der Kinderstube. (*Die Zukunft* vom 4. April 1914, 32-34)
73 gemeint ist die Alte Pinakothek

Nachmittags wieder in die Stadt; beim Tee lange Frau v. Liebermann. Geschrieben, »Leonardo«, Karte an die Eltern Soltmann. Nach seinem Koncert mit Klaus Familienleben.

7/4
Schlecht Wetter. Zum Turnen, Brief an Mim. Beim Essen Braune mit Braut. Beim Tee Scheubner-Richters mit Kapellmeister Schneevoigt, der sich für meine Intervention bei Borscht bedanken kam u. ein reizender Mann ist. Briefe vorgeschrieben, »Leonardo« gelesen, Alfred nach dem »Tristan« erwartet.

8/4
Briefe an Mim u. Katja beendet, Briefe von beiden, Dankgedicht von Grube. Wegen schlechten Wetters in der Ban geritten, Masseuse. Nachmittag Castillo, beim Tee Tommy, in Köchinnen-Ungelegenheit. Dann Lisbet Lindemann, klagend, weinend, enervirend wie immer. Abend »Leonardo«.

9/4
Brief an Mim, Masseuse, zalreiche Kommissionen bei unfreundlichstem Wetter. Nachmittag geräumt, beim Tee Dr. Teller, gegen Abend Eu. Briefchen an Fürstenberg, für Hausmeister Diedrich[74] u. Karte an diesen. Dann abend »Leonardo«. Nach Klaus' Koncert Familienleben.

10/4
Brief an Mim, Karte an Katja, Kommissionen u. Karte bei Frau Heyse; Wetter himmlisch. Nachmittag auf den Friedhof: Völkerwandrung. Beim Tee Lula in neuester Toilette – trotz Karfreitag. Dann zu Sophie, nicht angenommen. Karte an Castillo u. Nachtragskarte an Katja, an die Osterchocoladen geschickt. Abend »Leonardo« ausgelesen u. nach Klaus' Koncert Familienleben.

11/4
Bei herrlichem Wetter mit Frau Richter 2 St. geritten, dann Masseuse. Nachmittag Besorgungen, um 5 zu einem ibrigen Tee zu Frau v. Liebermann, Spaziergang mit Eu. Abend Journale gelesen u. Familienleben mit den beiden Buben. Karte von Harden.

---

74 Dabei müßte es sich um den ehemaligen Hausmeister der Rudolf Pringsheims in Wannsee handeln, für den sich Hedwig Pringsheim bei Carl Fürstenberg verwendet.

12/4

Wundervolles Osterwetter. Briefe von Mim u. Katja, Brief an Mim, Spaziergang. Beitisch alle 5 Manns, mit »Fäuni«[75], dazu Lula u. Evele. Nachtisch Ostereiersuchen. Beim Tee nur die 4 Kinder mit Fäuni, die dann am Odeonpl. ins Auto setzte. Brief an Katja, abends Familienleben, mit Tommy und »Getränk«.

13/4

Dasselbe Himmelswetter. Brief an Mim, Karte von Frau Gabrilowitsch aus Florenz. Sehr heißer Spaziergang, mittags Tommy mit den Großen, beim Tee nur die Kinder. Abend Brief an Harold Smith, um 10 Abreise von Peter nach Paris.

14/4

Brief an Mim, zum Turnen, ins Eisenmann-Büreau u. Kommissionen. Nachmittag zufuß zu Manns, mit Tommy Tee, dann mit Fäuni Revision der Kindergarderobe. Zuhaus Karte an Katja, Briefchen an Frau Chamberlain, ablehnend. Abend »Der Idiot« begonnen.

15/4

Zwei Stunden geritten, Masseuse, Brief an Mim; Briefe von Mim u. Katja, Karte von Fürstenberg. Nachmittag Castillo, abends selbdritt in »Elektra«, prachtvolle, sehr eindrucksvolle Auffürung unter Strauß himself, mit der Bahr Mildenburg u. Faßbender.[76]

---

75 Kindermädchen der Manns
76 K. Hoftheater: »Elektra« von Richard Strauß. Anna Bahr-Mildenburg, k.k. Kammersängerin a.G. (Klytämnestra), Frau Mottl-Faßbender (Elektra), Frl. Fay (Chrysothemis), Herr Walter (Aegisth), Herr Bender (Orest) u.a. – … Mit großer Begeisterung waren die Ausführenden auf der Bühne am Werk. Frau Mottl-Faßbender sang ihre berühmte Elektra, die wohl überhaupt ihre glänzendste Rolle ist. Und die im Mittelpunkt der Handlung stehende Klytämnestraszene erfüllte, wie in der letzten Elektra-Aufführung vor einigen Jahren, Anna Bahr-Mildenburg mit ihrer unübertrefflichen Charakterisierungskunst … Auch die übrige Besetzung der Aufführung ist von hervorragender Güte. Fräulein Fays Chrysothemis läßt in prachtvollen Tönen die Sehnsucht nach dem Leben ausströmen. Und Benders Orest tritt in den Hof von Mykene überwältigend, ein Gott der Rache. Aus den kleineren Partien tritt Walters feiger Aegisth hervor … Ein ganz besonderes Lob aber gebührt dem mit hinreißender Elastizität spielenden Orchester. Am Schlusse der Aufführung kam es zu begeisterten Ovationen: Richard Strauß, schon bei seinem Erscheinen mit Beifall begrüßt, mußte inmitten seiner Getreuen ungezählte Male vor der Rampe erscheinen, um den Dank der Münchner entgegenzunehmen. (ausführl. Bericht in den *Münchner Neuesten Nachrichten* vom 17.4.1914)

16/4
Brief an Mim, Masseuse, Kommissionen, Schneiderin, Modistin. Nachmittag in die Stadt, Brief von Else, Brief an Katja, Besuch von Eu. Abend Karte an Diedrich, »Idiot« gelesen u. andres.

17/4
Früh zum Turnen, wo auch Erika, die zum Essen heimnahm. Karte von Peter aus Paris, von Else; Briefe an Mim u. an Else. Nachmittag in die Stadt, Erika zu Löhrs geschickt. Karte an Peter; Köchinnen für Katja; Manuskript[77] von Klaus gelesen u. Hofmannsthals »Elektra«.

18/4
Bei schönem, frischem Wetter 10-12 geritten; Masseuse. Brief von Else. Nachmittags Castillo. Karte an Katja; Klaus' Bach-Aufsatz durchstudirt, »Idiot« u. Zukunft gelesen, abend Familienleben mit Klaus.

19/4
Früh Abreise von Klaus nach Dresden-Prag. Briefe von Katja u. Peter, Brief an Mim. Bei himmlischem Wetter Spaziergang, beitisch Tommy mit den Kindern, beim Tee Gusty. Abend »Idiot«.

20/4
Brief an Katja, Karte an Peter; Masseuse. Bei herrlichem Wetter viele Kommissionen. Brief von Mim u. an sie. Schneiderei. Nachmittag Spaziergang u. bei Schulze Kleid bestellt; beim Tee auf der Veranda Eu. – Abend »Idiot«.

21/4
Zum Turnen, Brief an Mim. Himmlisches Wetter, Nachmittag Spaziergang, auf der Veranda Tee u. Lektüre. Abend Brief vorgeschrieben u. »Idiot« gelesen. Karte von Hilbert aus Alassio.

22/4
Bei Sommerwärme 2 St. geritten; Masseuse, Brief an Mim beendet, Karte an Katja. Brief von Katja u. von Mim, mit Manuskript. Nachmittag endlich Köchin für Katja gemietet, spanisch gelesen, auf der Veranda Tee, dann zu den Kindern gefaren (Sam Fischers im Garten begrüßt) u. zufuß heim. Abend Mims Manuskript,

---

77 Unklar, um welchen Text von Klaus Pringsheim es sich hier handeln könnte.

über den Roman »ich bin das Schwert«[78] kritisch gelesen, und »Idiot«.

23/4
Brief an Mim, mit Manuskript u. Kritik, Kommissionen u. Erika von der Schule geholt; zuvor Masseuse. Nachmittag Besuch bei Dr. Müller[79], beim Tee die Kinder wie vom Bändel los. Abend mit Alfred ins Residenztheater: »Maß für Maß«, eine furchtbar schlechte Auffürung, absolut »Provinz« u. »der Sepp« in seiner kl. Rolle hoffnungslos talentlos.[80] Das Haus gänend leer.

24/3 [d.i. 24/4]
Zum Turnen, dann Briefe an Mim u. Katja. Nachmittag Besuch bei Eu. Spanisch gelesen, abend »Der Idiot«.

25/4
Früh Reiten verregnet; Brief an Marta, Brief von Mim, Karte von Eva, Briefchen mit Photographie von Cosima Wagner an sie; Kommissionen, Masseuse. Nachmittag Castillo, nach dem Tee zu Sophie, dann ins Residenztheater »Die ungleichen Schalen«, drei Einakter von Wassermann, ziemlich undramatisch, leidlich unterhaltend, ganz gut gespielt.[81] ~~Brief an Marta.~~

26/4
Brief an Mim, Briefe von Katja u. Marta; Spaziergang bei wieder schönem, frischem Wetter. Karte an Katja. Beitisch Tommy u. die Kinder u. Ehepaar Willy Müller, beide ganz nett. Beim Tee zu

---

78 Diese Rezension des von Annemarie v. Nathusius 1914 erschienenen Romans war für *Die Zukunft* vorgesehen. Sie wurde aber erst nach dem Krieg unter dem Titel *Ein Frauenroman* veröffentlicht in: *Die Zukunft* vom 21.4.1917, 64-66.

79 vermutlich Prof. Dr. Friedrich v. Müller

80 K. Residenztheater: »Maß für Maß« von William Shakespeare. Herr Jacobi (Vincentio), Herr Lützenkirchen (Angelo), Herr Teschendorf (Claudio), Frl. Neuhoff (Isabella), Frl. Seipp (Marianne) u.a.

81 K. Residenztheater: »Die ungleichen Schalen«. Drei Einakter von Jak. Wassermann. »Gentz und Fanny Elßler«. Herr Steinrück (von Gentz), Herr Waldau (Reitzenstein), Frl. Neuhoff (Fanny Elßler) u.a. – »Lord Hamiltons Tod«. Herr Steinrück (Lord William Hamilton), Herr Alten (Dessen Sohn), Frl. Ritscher (Emma Lyon), Herr Höfer (Mr. Dashwood) u.a. – »Hockenjos«. Herr Schwannecke (Karinkel), Herr Waldau (Bienemann), Herr Graumann (Mettenschleicher), Herr Basil (Hockenjos) u.a. (ausführl. Bericht in den *Münchner Neuesten Nachrichten* vom 27.4.1914)

den Kindern Else Schöll, später Eugenie. Abend »Zukunft«, spanisch, »Idiot« gelesen.

27/4
Brieflein von Klaus aus Dresden, Brief von Peter u. Emma Schlier, an Mim. Masseuse, Kommissionen. Nachmittag bei herrlichem Wetter Spaziergang, Karte bei Lotz. Tee auf der Veranda, spanisch gelesen, Brief vorgeschrieben, und »Idiot« gelesen.

28/4
Herrlich Wetter. Zum Turnen, Briefe an Mim u. Katja beendet, Karte von Bondi, recht naiv-unbescheidner Brief von Fritz Gärtner. Nachmittag in die Stadt, Tee u. Lektüre auf Veranda; dann Brief an Peter, abend Journale u. »Idiot«.

29/4
Bei idealem Wetter geritten, dann Masseuse. Brief an Mim, dann Castillo, der über den Tee auf der Veranda blieb; dazu Elsa B. Abend »Idiot« gelesen.

30/4
Früh Ankunft von Klaus. Briefe von Lisbet Lindemann u. Lili Bam. Letzte Massage des Sommers; in die Pinakothek u. Erika abgeholt. Beitisch die Kinder, Brief an Mim u. Karte an Katja. Nachmittag in die Ausstellung Fritz Gärtner, beim Tee Grete Ring u. Eu. Abend mit Alfred in den »geselligen Abend« der Kunstwissenschaftlichen Gesellschaft – nein: des »Museums-Vereins«! Frau v. Bissing u. ich ramten 3 Stunden den Kronprinzen[82] ein, der liebenswürdig, einfach, gentlemanlike. Außerdem mit Hugo Bruckmann, Wolters, Braune, Bissing gesprochen. Vorführungen von Braune, Wolters, Alfred, Halm. Ganz netter Abend.

1 Mai.
Wetterumschlag, Regen. Zum Turnen, Kommissionen, Brief an Mim. Um ½5 die neue Köchin Franziska bei Manns vorgestellt u. eingefürt, die Kündigung von »Fräulein« (G.s.D.!) entgegengenommen. Dann nachhaus zum Tee, Zeitungen gelesen, Karte an Frau Berreth mit Dank für distancelose Blumen; abends Scheubner-Richters, Reischs u. Tellers, gemütliches Beisammensein, das

---

[82] d.i. Rupprecht von Bayern

sich bei »Getränk« bis 1 Ur hinzog (diese Balten!), unterbrochen von 8 händigem Klavierspiel.

2/5

Bei külem Wetter 2 St. geritten. Neuer Verzweiflungsbrief von Lisbet L., Brief von Mim, an Katja. Nachmittag Castillo, zwischendurch Hannchen. Beim Tee 1 Stunde Fürstenberg bei mir allein: recht anregend geplaudert. Abend Karte an Fritz Gärtner, »Der Idiot« beendet; »Zukunft« gelesen.

3/5

Brief an Mim, von Katja, Karte von Mary Endres; Spaziergang bei schönstem, frischem Wetter. Beitisch Tommy mit den Kindern, stud. math. Grete Lachmann, die Gusty (überaus gräßlich) und Hans Feist, der ganz sympathisch. Beim Tee Gabrilowitsch, Ballings u. Max Pidoll. Abend »Rundschau« gelesen u. Familienleben.

4/5

Brief an Mim, Karte an Katja, Brief an Lisbet Lindemann; in die Stadt, viele Besorgungen. Nachmittag sehr müde, lange geruht, Tee auf der Veranda, kurzes Auftauchen von Tommy; Brief an Harden, Brief von Peter. »Rundschau« gelesen.

5/5

Zum Turnen u. Kommissionen. Brief von Katja, Karte von Eva Baudissin, Brief an Mim. Nachmittag Besuch bei Mary [Balling] im Marienbad. Brief an Peter, abend »Rundschau« gelesen, über Klaus' Quidde-Aufsatz lebhaft unterhalten.

6/5

Von 10-12 geritten, dann in der Pinax[83] Grete Ring u. Braune besucht; Briefe an Mim u. Katja, Karte an Lindemann, Brief von Mimchen. Auf der Veranda gefroren. Abend Journale u. Revüen.

7/5

Brief an Mim, zu Schulze probiren u. Kommissionen. Beitisch ganz gemütlich Mary Balling. Gelesen, spanisch u. Andrejew's »Judas Ischariot«.

8/5

Früh zum Turnen, Brief von Mim, Brief an sie u. Karte an Katja. Beitisch Grete Ring, Rud. Oldenbourg u. Max Pidoll. Nachmittag

---

83   d.i. die Alte Pinakothek

Besuch bei Eu, dann Tee bei Tommy u. zu den Kindern; bei strömendem Regen heim. Abend »Les Anges en Révolte«[84] von A. France begonnen.

9/5

Von 10-12 geritten, bei sehr zweifelhaftem Wetter, das die letzte halbe Stunde in strömenden Regen überging. Brief an Mim, Brief von Marta aus London u. letzter Brief aus Arosa von Katja, letzte Karte dorthin an sie. Beitisch Lindemann, der uns viel von seinem Konflikt mit seiner Tochter erzälte; dann Castillo, beim Tee Direktor v. Trenkwald. »Zukunft« gelesen, abend »Les Anges etc« u. Karte an Peter.

10/5

Brief an Mimchen, Karte von Harden u. an ihn,[85] Einladung von Soltmanns u. Zusage, Brief an Frl. Krieg, auf Anbettelei. – Kurzer Spaziergang, da kaltes Regenwetter. Beitisch Tommy mit Kindern, beim Tee zu den Kindern Dr. [Arthur] Rosenthal u., mit Rosen, der gestern mit I promovirte Hamburger. Abend »Les Anges« gelesen.

11/5

Briefe an Mim u. Ilse. Brief von Peter. In den »Verein der jungen Mädchen-Freundinnen«, wo ein gutes »Fräulein« warm empfohlen bekam; dann zu Frl. Kauer u. Erlanger. Nachmittag Blumen u. Karte an Bernstein zum 60. Geburtstag spedirt, beim Tee Hedwig Schöll. Wintersachen weggeräumt – trotz Wintertemperatur. Abend »Les Anges« gelesen.

12/5

Zum Turnen, dann zu Bernsteins Gratulationscour u. Brief an Mim. Nachmittag zu Schulze, um 5 an die Ban, wo die ganze Familie versammelt, um Katja zu empfangen, die braun wie ein Indianer, halb lachend, halb weinend vor Glück, dem Coupé entstieg. Zuhaus langer Besuch von Sophie, dann alle 3 zum Empfangs-Souper zu Manns, wo Katja aufgeregt, glückselig-verwirrt als Gast in ihrem neuen Hause saß. Um 11 in scheußlichstem Wetter im Auto heim.

---

84 Gemeint ist *La révolte des anges*
85 im Original erhalten und veröffentlicht in: *Meine Manns*, 137f.

Mai

13/5
Reiten verregnet. Brief von Mim u. an sie. Telephon-Gespräche zum Rasendwerden! Zu Katja gelaufen, mit dem Ehepaar Spaziergang längs der Isar. Nachmittag Castillo abgesagt, Gratulationskarten an Emil Fester[86] u. Robinson Smith, Weisung an die Deutsche Bank, Peter 2000 M.[87] zu schicken; Briefe vorgeschrieben, A. France gelesen. Karte an Ernesto.

14/5
Briefe an Mim u. Peter beendet; bei Schulze probirt u. Kommissionen. Nachmittag bei garstigem Regen bei Erlanger rendez-vous mit Katja, die dann zum Tee zu uns kam, später Lula p.p.c. Abend spanisch gelesen u. »Les Anges en Révolte«.

15/5
Früh zum Turnen. Brief von Ilse, Karte von Ernesto; Brief an Mimchen. Nachmittag zur Kauer, beim Tee Kirchner, später Eu. Spanisch gelesen, Rundschau u. A. France.

16/5
Wieder Regen! Allerlei g[ep]umpelt, um 12 mit Katja rendez-vous bei der Kauer, dann Kommissionen; nachmittag Castillo, nach dem Tee lange Eu. Abend allein, da Alfred Allotria, Klaus »Rosenkavalier«. Brief von Mim u. »La Révolte des Anges« ausgelesen.

17/5
Karte von Gusty, Billet von Bondi, mit Cosima-Photographe[88] Einlage. Brief an Mim. Endloser Regen: in die alte Pinakothek. Beitisch die liebe Katja mal wieder, mit Tommy, Erika u. Golo, statt des unwolen Aißi. Beim Tee zu ihr u. den Kindern Grete Ring mit Feist[89] u. Oldenbourg[90], die bis ½ 8 blieben. Abend »Imparcial« gelesen u. »Zukunft«.

18/5
Wegen unsicheren Wetters wieder nicht geritten. Brief an Mim, in die Stadt. Nachmittag mit Katja zu Romberg, der den »Befund« sehr günstig fand u. mit dem Resultat von Arosa sehr zufrieden

---

86 zur Geburt des Sohnes Hans Adolf am 4. Mai
87 in heutiger Währung etwa 9.600 €
88 so im Original
89 vermutlich Hans Feist
90 vermutlich Rudolf Oldenbourg jun., Sohn von Hans O.

war. Katja zum Tee mitgenommen, dann gegen Abend ein Stück begleitet. Abend Journale.

19/5

Brief an Mim, zum Turnen; ~~Brie~~ nach kurzer Siesta um ¼ 5 ins Prinzregenten-Theater zur Generalprobe von »Parsifal«; unter Walter glanzvolle Auffürung: die Faßbender u. Bender ausgezeichnet, Erb in der Anlage gut, Feinhals nicht ganz auf seiner Höhe, die Blumenmädchen reizend (schlecht kostümirt), Bauberger – schlecht.[91] Das Haus ganz gefüllt, hauptsächlich Theater- u. Angehörige, Presse u. Musik. Doch auch andre, viele Bekannte gesprochen, Tommy's in den Pausen. Ende ½ 11; mit Tram heim.

20/5

Von 10-½1, bei plötzlicher Hitze, geritten; beitisch Brautpaar Braune[92], dann Castillo. Briefe von Peter u. Mim, Brief an Mim. Dostojewski's »Dämonen« begonnen u. enthusiastischer Brief an Frau Mottl über ihre Kundry.

21/5

Von 8-10 bei großer Wärme geritten, trotz Himmelfart. Briefe an Mim u. Peter. Beitisch Feo Weingartner u. Tommy's mit Kindern, die alle 4 über den Tee blieben. Abend gelesen.

22/5

Karte von Harden, von Frau Mottl: an »Baronin Pringsheim« (!); zum Turnen bei heißem Sommerwetter. Brief an Mim u. von ihr. Um 5 »Parsifal«, dem wir selbdritt u. ein hochelegantes tout-Munich im ausverkauften Hause beiwonten; auch Crodu's: absolut anti. Die Auffürung leider nicht auf der Höhe der Generalprobe, alles matter u. namentlich die Faßbender übertrieben, gesteigert, mit einigen garstigen Stimm-Entgleisungen. Doch im ganzen immerhin recht schön.[93] Viele Bekannte gesprochen – die Stimmung

---

91 Prinzregententheater: Generalprobe des »Parsifal« von Richard Wagner. (Bericht in den *Münchner Neuesten Nachrichten* vom 21.5.1914)
92 das sind Heinz Braune und Mary Endres-Soltmann
93 Prinzregententheater: »Parsifal« von Richard Wagner. Paul Bender (Gurnemanz), Zdenka Mottl-Faßbender (Kundry), Karl Erb (Parsifal), Fritz Feinhals (Amfortas), Alfred Bauberger(Klingsor) u.a. – ... Ausgezeichnet, zum Teil sogar hervorragend waren die Hauptpartien besetzt. Da ist vor allen Dingen Frau Mottl-Faßbenders Kundry und Benders Gurnemanz zu nennen, zwei außerordentliche

Mai

schien nicht grade enthusiastisch. Karte von Else aus Marienbad, Brief von Harold Smith.

23/5

Allerlei gepumpelt. Bei Bombenhitze in die Eröffnung der »Secession«, schon nichts besondres,[94] auch wenig Publikum; das vielleicht mit König[95] u. Hof die Räume bereits verlassen. Beitisch Hannchen, wie in guter alter Zeit. Dann Castillo. Nach dem Tee zu Katja, bei Gewitter heim. Abend »Zukunft«.

24/5

Brief an Mim, Spaziergang. Beitisch Tommy's mit Kindern, beim Tee dazu Eugenie, gegen Abend lange die Gugg. Abend Klaus' Korrektur »vom modernen Wagnerproblem«[96] gelesen.

25/5

Von 8-10 geritten, sehr schön. Brief an Mimchen, Schneiderei. Nachmittag Briefe an Marta u. Klageschrift an den Verwalter des Nachbarhauses, der versprach, der Taubenplage Einhalt zu tun.

Leistungen, die sich den besten Bayreuther Vorbildern würdig anreihen ... Gleiches darf man auch von dem schmerzvollen Amfortas rühmen, in dessen Leidensmacht Feinhals mit seiner großen Kunst so tief hineintaucht. Die Klage des leidenden Königs mußte in dieser innerlichen Wiedergabe rühren und erschüttern. Erb sang den Parsifal. Das Schwierige in der Partie liegt in der Hauptsache darin, daß sie den Darsteller häufig zur – allerdings nur scheinbaren! – Passivität verurteilt ... Erb, der sonst so tüchtige Künstler, war dem nicht in allen Dingen gewachsen ... Die Klingsor-Szene wurde von Bauberger recht charakteristisch wiedergegeben, wiewohl das Besondersgeartete dieses Dämons, wohl eine noch schärfere Fassung vertrüge ... (ausführl. Bericht in den *Münchner Neuesten Nachrichten* vom 23.5.1914)

  94 **Kunstausstellung der Münchner Sezession**. ... Die Führer der Sezession haben die Sommerausstellung, diese Kunstschau der Reifen, erfreulich reich beschickt ... Zu sehen sind Werke von Fritz v. Uhde, Hugo v. Habermann, Franz v. Stuck, Leo Samberger, Albert v. Keller, Adolf Hengeler u.a. An auswärtigen Künstlern sind vertreten: Max Liebermann, Lovis Corinth, Max Beckmann, Hans Thoma, Wilhelm Trübner u.a. ... So zeigt sich in Plastik, Graphik und Malerei dieser Ausstellung, daß in der Sezession der freie Künstlergeist lebendig geblieben ist, der die Tradition der Gereiften wie die Probleme der Neulandsucher ehrt und schätzt, wenn er den ehrlichen Willen zur Kunst und die überzeugenden Proben des Könnens zu erkennen vermag. (ausführl. Bericht in den *Münchner Neuesten Nachrichten* vom 23.5.1914)

  95 d.i. Ludwig III. von Bayern

  96 Klaus Pringsheim, *Vom modernen Wagnerproblem*, Gustav Busse Verlag Regensburg, 72 S.

Abend mit Alfred in den neueinstudirten »Don Juan«, gute Aufführung unter Walter, obgleich durchaus nicht alle Solisten auf der Höhe (Fay, Dahmen, Wolf man mäßig, Feinhals, Geis, Ivogün gut).[97]

26/5
Zum Turnen, dann Kommissionen; Schneiderei, Brief an Mim. Nachmittags bei Frl. Kauer rendez-vous mit Katja, die dann ein Wegstück begleitete. Tee auf Veranda; spanisch gelesen und »Dämonen«.

27/5
Brief von Peter; Karte an ihn u. Brief an Mim; in die Stadt, Kommissionen; nachtisch Castillo, beim Tee Frau v. Liebermann mit Son u. Katja, gegen Abend Eu, abends Annette Kolb u. Frau Mottl-Faßbender: nun, ganz angemessen, one besonders interessant zu sein.

28/5
Briefe an Mim u. Else, Karte von Lula aus Badenweiler. Reiten total verregnet, in die Stadt vor- u. nachmittags. Spanisch gelesen, abends Walters und Gabrilowitschs: ungewönlich nett u. angeregte kleine Fête.

29/5
Früh zum Turnen bei aufklarendem Wetter. Briefe von Mim, Peter u. von Ilse aus Venedig. Brief an Mim. Nachmittag zu Eu, dann zum Tee zu Katja. Abend allein, gelesen. Dankkarte von Braune für Hochzeitsgeschenk.

30/5
Dankkarte von Mary Endres. In die Stadt, zalreiche Kommissionen. Nachmittag Castillo, beim Tee Elsa B., um ½8 zum Polterabend Braune-Endres in die »Jareszeiten«: großes Fest, du dernier »ibrig«. Mittelmäßiges, langes, schlechtplacirtes (besonders ich, zwischen Uhde-Bernays u. Prof. Amman[98], der erst zum Schluß

---

97 K. Residenztheater: »Don Giovanni oder Der bestrafte Wüstling« von Mozart. Fritz Feinhals (Don Giovanni), Maude Fay (Donna Anna), Otto Wolf (Don Octavio), Herr Bauberger (Der Komtur), Charlotte Dahmen (Donna Elvira), Josef Geis (Leporello), Herr Rudow (Masetto), Maria Ivogün (Zerlina). (ausführl. Bericht in den *Münchner Neuesten Nachrichten* vom 27.5.1914)

98 d.i. Prof. Josef Albert Amann

Mai bis Juni

erschien) diner, hernach Tanz der Jugend. Sprach mit Stadler, Freksa, Dr. Greef u.a., um ¾ 11 drückten wir uns.

31/5
Briefchen von Else; auf den Waldfriedhof. Beitisch alle 6 Manns, one Frl., und »der Sepp«; blieben alle über den Tee. Zwischendurch, one Siesta, Briefe an Mim u. an Cile. Beim Tee noch Bunge. Brief an Peter. Abend Tommy's, leider bis gegen 12 Ur! bei »Getränk«, Musik (die einen Herzklopf-Anfall bei Tommy auslöste) u. Familienleben.

1 Juni
Um 8 Ankunft von Ilse-Kaete aus Venedig, verbrannt u. abgemagert. Ausgedehntes Frühstück mit ihnen, Brief an Mim, Spaziergang mit den Gästen. Mittags alle 6 Manns, über den Tee, wozu dann noch die beiden Damen Oldenbourg[99] u. Prof. Caratheodori, der blieb, bis wir zum Abendessen ins »Stadtpalais« auteln mußten. Recht gemütlich u. heiter dort bis 11 Ur; mit Tram heim. Wechselndes Wetter.

2/6
Um 9 Abreise von Kaete nach Marienbad; Brief von Mim u. an sie. Dann mit Ilse, von Katja ein Stück begleitet, Spaziergang bei angenehmem Wetter. Nachmittag viel Familienleben in Garten u. Veranda; um 8 mit Alfred zu Gabrilowitschs, wärend der zum »après« verlegte Klaus mit Ilse soupirte u. sie um 10 auf die Ban brachte. Bei Gabri's nette, feine Gesellschaft: Treutlers, Possarts, Cerini's, Alex. Obu's[100] u.s.w. Nachtisch Musik. Um ½ 1 erst zuhaus.

3/6
Karte von Else, Brief an Mimchen; in die Stadt. Nachtisch Castillo, beim Tee Eu, dann zu Stadlers, wo nur die Gretel sprach. Abend gelesen, um 10 Abreise von Alfred nach Berlin.

4/6
Von 10-12 bei endlich idealem Wetter geritten. Brief von Peter, an Mim. Nachmittag Besorgungen, Besuch bei Huldschinsky, Tee bei Katja, bei der lange im Garten gesessen, u. deren neues Fräulein

---

99 vermutlich Mutter Hedwig und Tochter Margarete
100 das sind Alexander Oldenbourgs

sehr sympathisch wirkt. Abend gelesen, spät nach der »Elektra« mit Klaus gegessen.

5/6
Zum Turnen u. Kommissionen. Nachmittag Brief an Mim, Brief von ihr u. Karte von Alfred. Beim Tee Scheubner-Richters. Abend Katja, die nach dem Koncert von Tommy, soupirenderweise, abgeholt wurde.

6/6
Um ½10 Ankunft von Alfred, Geplauder. In die Stadt, Kommissionen. Nachmittag Castillo, von ihm begleitet, zu Manns geautelt. Kinder-Chocolade zu Moni's Ehren, von Feo Weingartner assistirt; gegen Abend allein längs der Isar schöner Spaziergang, abends souper mit Sekt zu Tommy's Geburtstagsfeier, mit Alfred u. Klaus. Nachdem Alfred in die Allotria, las Tommy uns ein neues Kapitel »Zauberberg«, vielleicht ein bischen breit, aber ausgezeichnet im ganzen.

7/6
Brief an Mim, Spaziergang bei frischem Wetter. Beitisch Manns, Katja mit Kindern über den Tee, gegen Abend Besuch bei Sophie, abend gekramt, gelesen.

8/6
Von 9-11 geritten, um 12 zu Ceconi. Dann Brief an Mimchen; nachmittags, da »der ferne Klang« abgesagt, unnötig das Textbuch gelesen u. den Theaterputz wieder abgelegt. Beim Tee Eu, dann ins Hôtel Marienbad, woher ein Ruf von Dagny Seautraux-Björnson an mich ergangen. Freundschaftliches Wiedersehen mit ihr u. Arne u. Litten, auch den Mann kennen gelernt. Abend gelesen.

9/6
Briefchen von Peter; zum Turnen, ein wenig gepackt, beitisch die vier Dagny-Sautrau's; dann auf die Bank mit ~~Peter~~ Klaus u. Kommissionen. Beim Tee Ex. Treutler mit Tochter u. Katja. Gepackt, gerechnet, geschanzt.

10/6 Wannsee
Um 8.15 Abreise nach Berlin, von Alfred zur Ban geleitet. Sehr gute Reise, 1 Dame im Coupé; Journale u. »Dämonen« gelesen. Treffliche »Überfart« nach Wannsee, von Miez mit dem Wagen abgeholt, Mimchen recht frisch vorgefunden. Ausgepackt, Fami-

lienleben, Spaziergang im Garten, mit Peter telephonirt u. Karte an ihn wegen seines Weltkreditbriefes.

11/6
Familienleben beim Frühstück, Karte an Alfred. Es gießt! Später bei großer Schwüle mit Miez Spaziergang. Nachtisch geruht, gelesen. Nach dem Tee starkes Gewitter, Ausfart vereitelnd. Abend Patti, die das Herrschaftshaus[101] in Ordnung bringt, u. Peter. Familienleben. Im Bett »Dämonen«.

12/6
Warm u. sehr windig. Brief an Alfred, Karte an Marta, Spaziergang, Besuch bei Hermine Feist. Nachmittag Spazierfart, Familienleben, Lektüre.

13/6
Um 9 nach Berlin, in die schöne Ausstellung der Museumsgesellschaft in der Akademie,[102] wo rendez-vous mit Bondi's. Um ½1 zum Essen wieder zuhaus. Brief von Alfred mit Einlagen, geruht, Lektüre, Fart nach Potsdam bei himmlischem Wetter. Abend Ilse u. Peter, »die drüben« nächtigen.

14/6
Familienleben, Brief an Alfred, bei Prachtwetter mit Miez u. Ilse Spaziergang; beim Essen, bis zum Abend, Ernesto, beim Tee dazu Ilse u. Peter, ebenfalls über den Abend. Gegen Abend munterer Besuch von Frau Tobler (?) u. Ehepaar Schreiber-Krieger. Abend Familienleben im Garten.

---

101 Auf dem Rosenbergschen Wannsee-Grundstück standen zwei Sommerhäuser. Das eine wurde von Rosenbergs bewohnt (die aber noch verreist waren). In dem anderen wohnte zu diesem Zeitpunkt offenbar Hedwig Dohm (Mim) und die sie betreuende Maria Gagliardi (Miez) mit ihrer Familie. Dort hatte sich auch Hedwig Pringsheim einquartiert.

102 Hierzu gibt es einen Katalog: *Ausstellung von Werken alter Kunst aus dem Privatbesitz von Mitgliedern des Kaiser-Friedrich-Museums-Vereins Mai 1914 in der Kgl. Akademie der Künste.* 77 S. Es handelte sich um eine Ausstellung von Gemälden Alter Meister, die aus Privatbesitz dem Verein geschenkt worden waren. Ein Bild von Hermann Rosenberg war diesmal nicht dabei.

15/6
Warmer Sommertag. Drucksachen (Wagner-Prozeß)[103] von Alfred, für Eva Brief an Lili [Keith] aufgesetzt; mit Luigia Spaziergang. Karte an Katja, später Brief von ihr. Beim Tee Eva, die wir dann spazierenfarend zur Ban brachten. »Candide«[104] gelesen u. »Dämonen«.

16/6
Karte an Alfred; um 9.16 nach Berlin gefaren, von 10-11 rendezvous mit der nach Karlsbad reisenden Marta am Anhalter Banhof. Dann bei großer Schwüle zu Gerson gegangen, im »Ausverkauf« nichts gefunden, mit Untergrund u. elektrischer nach Grunewald, Karte im neuen Palais von Pannwitz', die verreist, kurzer Besuch bei Frau Harden (er krank u. unsichtbar) u. bei Bondi's zuehren seines Geburtstags mit Bri-Bo's[105] gegessen. Im Gewitter heim, zum Tee zuhaus. Langer Brief von Alfred, Spazierfart, abend wie immer.

17/6
Brief an Alfred, Spaziergang mit Miez-Hedda. Mittags, über den Abend, Ernesto. Begrüßung mit der eingetroffenen Amalie, Spazierfart, abends stud. Kantorowitsch; Familienleben, mit Eva telephonirt, »Dämonen« ausgelesen, »La Princesse de Cléves«[106] begonnen.

18/6
Brief an Katja, Spaziergang. Nachtisch Mims Manuskript[107] kritisch gelesen, Brief an Emma Schlier. Beim Tee Amalie, Spazierfart, den Abend über Peter. Im Bett gelesen. Karte von Alfred.

---

103 (resp. Beidler-Prozeß) Isolde, die älteste Tochter Richard Wagners, hatte 1913 gegen ihre Mutter Cosima prozessiert, um ihre Rechte als Wagner-Tochter einzuklagen. Da Cosima zur Zeit der Geburt von Isolde noch mit dem Dirigenten Hans v. Bülow verheiratet war und Isolde 1894 das Erbe Hans v. Bülows angetreten hatte, gab das Gericht der Klage nicht statt.
104 von Voltaire
105 das sind Hans Brinkmann und Dora Bondi
106 von Madame La Fayette
107 Unklar, um welchen der 1914 veröffentlichten Texte von Hedwig Dohm es sich hier handeln könnte. (s. Nikola Müller)

Juni

19/6
Karte an Alfred, Brief an Lili Bam. Bei herrlichem Wetter Spaziergang mit Hedda-Lieschen, langer Brief von Katja. Beim Tee Amalie, Spazierfart, Familienleben, gelesen.

20/6
Brief an Harold Smith. Spaziergang mit Miez-Hedda. Gelesen, zum Tee zu Liebermanns, dann Spazierfart mit Mim u. Alice Jäckel u. Töchterchen. Abend Peter, dann en famille im Garten sitzend Rosenbergs erwartet, die um ¼12 aus Marienbad eintrafen, an deren Obst wir noch reichlich participirten.

21/6
Besuche aus Haus Rosenberg, Brief an Alfred, sehr heißer Spaziergang en famille. Beim Essen Ernesto, nachtisch in staubiger Glut Brief zur Ban getragen, »La Princesse de Clèves« ausgelesen; beim Tee Frl. Müller mit Frau Juël, die Mimchen, unter Assistenz der Familie, malte, zum Abendessen alle, plus Herr Holzmann, 14 Personen, bei R.'s drüben. Nachher im Garten u. auf der Veranda.

22/6
Karte an Katja; sehr heißer Spaziergang mit Else, Kaete, Luigia, Andreas. Brief von Alfred, Karte von Marta aus Karlsbad, von Klaus aus Breslau. Beim Tee Ehepaar Juel, zum Malen; starkes Gewitter, dann feuchte Spazierfart. Zum diner zu R.'s, wo auch Bondi's, die bereits vorher bei Mim gewesen. Familienleben bis zu deren Abfart. Im Bett »Was Frauen wollen« von Rasmussen gelesen.

23/6
Miserabel schlaflose Nacht, den schlechten Roman ausgelesen. Spaziergang mit Else, Kaete, Hedda. Brief an Alfred, von Katja. »Mafia« von Rasmussen begonnen. Beim Tee 2 Cora Berliners; kurzer Abschied von Ilse, Besuch von Frau Liebermann, Spazierfart mit Mim. Abend Familienleben – wie immer.

24/6
Karten an Alfred, Marta, Rudi Ladenburg,[108] Karte von Alfr. Spaziergang verregnet, »Zukunft« gelesen. Nachmittag mit Else nach Grunewald, Tee bei der noch immer an Streptokokken schwer

---

108 vermutlich Gratulation zur Geburt seines Sohnes Kurt

kranken Frau Fürstenberg. Nach dem Abendessen zu R.'s, wo das uninteressante Ehepaar Herbert Klemperer; im Bett »Mafia« gelesen.

25/6
Spaziergang mit Else-Miez-Käte-Luigia. Nachmittag gepackt, beim Tee, über den Abend, Ernesto, Spazierfart, abend Peter. Familienleben in Garten u. Veranda. »Mafia« im Bett ausgelesen.

26/6 München
Fertig gepackt, Abschied der diversen Familienglieder, um ¼12 Abfart, von Else zur Ban geleitet. Am Anhalter Banhof Ernesto, im Augenblick der Abfart Peter. Sehr angenehme Fart, mit allzu geschwätziger Königsbergerin, die ihres Gepäcks verlustig gegangen. »Marie-Claire« von Marguerite Audoux gelesen. Um 10 Ankunft, von Alfred empfangen. Geöbstelt, mit Katja telephonirt, langer Brief von Eu in Sache Pavelko-Rommel, Case.[109] –

27/6
Herrlicher Tag. Gepackt, Karten an Mim u. Eu, Karte von Klaus, Kommissionen. Nachmittag »Zukunft«, beim Tee Katja, Elsa B. u. die Gugg mit Rosen. Katja begleitet, Rundschau gelesen, später Brief an Peter.

28/6
Gerechnet! Brief an Mim, sehr heißer Spaziergang. Beitisch Manns, Katja mit den Kindern über den Tee, dazu Karl Pidoll, der nebst Katja zum Abendessen blieb; Musik, Spazieren im Garten, das durch die Nachricht der Ermordung des oesterreichischen Tronfolgers u. Frau[110] unlieb unterbrochen ward. Nach dem Theater noch Tommy.

---

109 Am 15.12.1906 war das Märchenspiel »Die Schnupfenprinzessin« von Gertrud Rommel mit der Musik von Jolán Pavelkó von Eugenie Schaeuffelen inszeniert am Gärtnertheater aufgeführt worden. In ihrem Brief vom 27.12.1906 hatte sich Anna Case über den Diebstahl ihres Stückes bei Hedwig Pringsheim beschwert. Offensichtlich wurde dieses Problem nun erneut abgehandelt.

110 Offensichtlich hat Hedwig Pringsheim die Ermordung von Erzherzog Franz Ferdinand von Österreich-Este und seiner Gemahlin Sophie nicht in seiner ganzen Tragweite erfaßt.

Juni bis Juli

29/6
Von 8-10 geritten, schön u. heiß. Karte von Klaus, Brief an Mim. Auf der Veranda gelesen, nach dem Tee Stadler. »Die Erniedrigten u. Beleidigten«[111] begonnen.

30/6
Früh Ankunft von Klaus, der sehr unwol. Briefe von Cile u. von Mim. Zum Turnen, Brief an Mim. Nachmittag in das »Schauturnen« der Kinder, das nicht sehr sehenswert, u. zum Tee zu Katja. Abend Familienleben u. Lektüre auf der Veranda.

1 Juli.
Karte von Else; zalreiche Kommissionen bei großer Hitze, Brief an Mim; nachtisch Castillo vergeblich erwartet, dafür langer Brief an Anna Case, in Eu's Angelegenheit, u. Brief an Eu. Beim Tee Grete Ring, abend Bernsteins auf der Veranda.

2/7
Von ½8 – ½10 geritten, sehr heiß. Dann gleich in die Stadt zur Anprobe; Brief an Mim, beim Essen Manns'. Abend alle in die geladene Eröffnung des Künstlertheaters durch Dumont-Lindemann mit »Sturm«, ein provinciale Auffürung voller Prätention u. Misverständnisse, langweilig, übertrieben, one Tempo – keine einzige gute Leistung:[112] außer der des Himmels, der durch ein gewaltiges, tosendes Unwetter die Vorstellung auf eine halbe Stunde unterbrach! Das Publikum so tout-Munich wie nur denkbar: alles war da; selbst Crodu's aus Partenkirchen. Saßen neben Stucks, Halbe's, Heigels, sprachen 1000 Menschen. Durch das Gewitter arge Verspätung, kamen erst um ½12 mit Manns zum Nachtessen auf der Veranda.

3/7
Zum Turnen, Brief an Mim, Brief von Else. Nachmittag auf den Waldfriedhof; beim Tee Frau v. Liebermann mit Hans Olden.

---

111 von Fedor M. Dostojewskij
112 Künstlertheater: »Der Sturm«. Ein Spiel von Shakespeare. Regie: Gustav Lindemann. Herr Rothauser (Prospero), Frl. Lichtenstein (Ariel), Frl. Wehrmann (Miranda), Herr v. Falkenhausen (Ferdinand), Herr Henkels (Caliban) u.a. (ausführl. Bericht in den *Münchner Neuesten Nachrichten* vom 4.7.1914)

Abend allein, »Erniedrigte u. Beleidigte«[113] gelesen. Nach dem Koncert Klaus. Gewitter.

4/7

Seit gestrigem [Gewitter] Abkülung u. Regen. Bei Braune in der Pinax[114] Kondolenzbesuch wegen Berufung von Dornhöfer;[115] u. in die Stadt. Nachmittag spanisch übersetzt, Brief von Peter aus Plymouth[116] u. von Mim; beim Tee Frau Hanfstängl. Abend mit Klaus u. Tommy's ins Schauspielhaus, Andrejews »Jekaterina Iwanowna«, 2 sehr gute u. 2 schlechte Akte, vom Ehepaar Kayßler vortrefflich gespielt; interessanter Abend.[117]

5/7

Brief an Mim, Spaziergang; beitisch Tommy's, beim Tee dazu v. d. Leyens, von Amerika zurück. Abend gelesen u. Familienleben.

6/7

Bei sehr schönem Wetter von ½ 8 – ½ 10 geritten. Brief von Emma Schlier, Karte von Anna Case, die gleich, nebst Brief, an Eu geschickt. Brief an Mim, kl. Korrespondenz, Brief an Peter begonnen. Nachmittag »Zukunft« gelesen, Besuch von Elsa B. Abend Brief an Eva. Dostojewski gelesen.

7/7

Zum Turnen. Brief von Lili Bam, die mir ihre vollzogene Scheidung meldet! Brief an Mim, Karte von Frau v. Pannwitz. Beim

---

113 von Fedor M. Dostojewskij
114 gemeint ist die Alte Pinakothek
115 Friedrich Dörnhöffer war auf den vakanten Direktorposten berufen worden, den Braune seit dem Tode von Hugo v. Tschudi kommissarisch verwaltet hatte, und den selber zu besetzen, er sich wohl Hoffnungen gemacht hatte.
116 auf dem Weg zu einem Kongreß nach Australien
117 M. Schauspielhaus: »Jekaterina Iwanowna« von Leonid Andrejew. Friedrich Kayßler a.G. (Georgij Stibelew), Helene Fehdmer a.G. (Jekaterina Stibelew), Herr Framer (Alexej), Herr Weydner (Arkadej) u.a. – Die Darstellung der beiden Hauptrollen durch Friedrich Kayßler und Helene Fehdmer erkämpfte den vier Akten wenigstens ein Interesse für die Darstellung selbst. Es muß abscheulich sein, wenn in solchen Schauspielen mit handfester Theatralik gearbeitet wird. Aber hier dieser Georgij und diese Jekaterina: keine tragischen Verzerrungen, keine Pose, kaum ein lautes Wort. Schlicht, einfach, und die Schmerzen mehr hingehaucht als gesprochen ... (ausführl. Bericht in den *Münchner Neuesten Nachrichten* vom 6.7.1914)

Juli

Essen alle 7 Manns, wegen morgigen Umzugs. An Peter weiter geschrieben, Besuch bei Sophie, abend »Erniedrigte und Beleidigte« ausgelesen. Regentag.

8/7
Brief an Mim; an die Ban, Tommy's verabschiedet, die nach Tölz siedelten, in die Stadt. Nachmittag Briefe von Eva (mit Einlage), von Eu u. von Asta. Brief an Cile Seler, Besuch von Frau v. Bissing, an Peter weiter geschrieben; Journale gelesen, Familienleben.

9/7
Von 7-9 geritten; Brief von Mim u. an sie; Brief an Peter beendet u. in die Stadt. Nachmittag gelesen, mit Tölz telephonirt, abends Grete Ring, Frl. Lachmann, die Herren Zeller, Teller u. Pidoll[118]; zog sich mit 8 händigem Klavier bis gegen 12 Ur hin.

10/7
Zum Turnen. Briefe an Marta, Mim u. Lily Bamberger (schwer!); mittags das Ehepaar Braune. Beim Tee Rud. Oldenbourg, abends ins Volkstheater »Familie Schimek«, ein sehr dummes Stück, das durch Pallenbergs erschütternde Komik sehr amüsant wirkte.[119]

11/7
Früh zu Ceconi, dann mit Alfr. Karten bei Treutlers u. Kommissionen; sehr heiß. Nachmittags nochmals Kommissionen, Karte von Harden, Brief an ihn.[120] Beim Tee der sehr nette Direktor Graul aus Leipzig. Abend »Zukunft« gelesen. Mit Tölz telephonirt.

12/7
Briefe von Hermann, Marta, Aletta, Karte von E. Schlier. Bei großer Hitze Spaziergang u. Brief an Mim. Beim Tee Karl Pidoll; Kondolenzbrief an Justine Rodenberg, zum Tode ihres Mannes.[121] Pidoll über den Abend. Und gelesen.

---

118 vermutlich Karl v. Pidoll
119 M. Volkstheater: »Familie Schimek«. Herr Pinegger (Kaltenbach), Frl. Hoffmann (Seine Frau), Frl. Orlowska (Dora), Max Pallenberg a.G. (Zawadil) u.a.
120 im Original erhalten und veröffentlicht in: *Meine Manns*, 138f.
121 Der Schriftsteller und Journalist Julius Rodenberg war am 11. Juli gestorben.

13/7
Um 7 ausgeritten; bis auf die Haut durchnäßt, nach 1 St. heim. Frühstückstisch mit reichen Blumen von Alfred geschmückt, von Hermann Chocolade, von Eu Schälchen u. Blüschen, von Eva 1 Band Shakespeare. Briefe von allen. Brief an Mimchen, mit Katja, die um 10 mit Tommy eintraf u. mir einen Garten-Liegestul schenkte, bei strömendem Regen Kommissionen. Dann übergibt mir Klaus seinen Chuchu als liebes Geburtstagsgeschenk. Beim Essen u. Tee Tommy's, abends dazu Seeligers u. Dycks, durchaus gemütlich u. behaglich.

14/7
Nachträglicher kurzer Glückwunsch von Heinz. Frühstück mit Tommy's; in die Stadt. Mittags färt Tommy nach Freiburg, um 4 Klaus nach Reichenhall, um ¾ 6 begleite ich, bei großer Hitze, Katja zum Zug nach Tölz. Dann im Garten auf dem neuen Liegestul »Contes drolatiques«[122] gelesen, abend Journale.

15/7
Briefchen von »Dr. Hedda«[123]; Brief an Mim, zum Zanarzt u. Kommissionen bei blöder Hitze. Brief an Tante Asta; nachmittag im Garten gelesen, beim Tee Eva Baudissin; Brief der Pavelkó, den mit einigen Zeilen an Anna Case weiterspedirte, u. Karte an die Pavelko. Briefe an Eu u. an Eva; u. an Peter begonnen. Starkes Gewitter.

16/7
Reiten verregnet. Brief an Mim, kurzer Brief von Eva Cassirer. Mit Katja telephonirt, bei Regen in die Stadt; an Peter weiter geschrieben, zum Damentee zur Baudissin. Abend allein, Brief u. Packet an Emma Schlier, Brief an Peter nach Melbourne beendet, Briefe von Mim u. von Peter aus Teneriffa.

---

122 von Honoré de Balzac
123 Hier bezieht sich Hedwig Pringsheim wohl auf die Fertigstellung der Arbeit. In der Druckfassung (146 Seiten) der Inaugural-Dissertation zur Erlangung der Doktorwürde genehmigt von der Philosophischen Fakultät der Friedrich-Wilhelms-Universität zu Berlin mit dem Titel *Chaucer als Kritiker* steht als Tag der Promotion: 16. September 1916. (Doktorvater: Geheimrat Prof. Dr. Brandl) Widmung: »Meiner Grossmutter Hedwig Dohm in dankbarer Liebe gewidmet.«

Juli

17/7
Immer noch Regen. Nachts um 12 überraschende Ankunft von Tommy aus Freiburg, der mittags nach Tölz weiter fur. Brief an Mim, bei Regen in die Stadt. Nachmittag gepumpelt, Geburtstagsbrief an Hermann vorgeschrieben, abends mit Alfred zum jungen Ehepaar Braune, wo es, nur noch mit Stadler, ganz gemütlich war. Fanden dann zuhaus Klaus vor, retour de Reichenhall.

18/7
Es regnet weiter. Gratulationsbrief[124] an Hedda mit 100 M.[125] – Mit schönen Rosen zum 50. Geburtstag von Ricarda Huch, die aber verreist! Total durchnäßt, nachmittags zuhaus, Karten an Grünfeld u. Hedwig Hintze, Karte von Eva, »Zukunft« gelesen. Abend mit Alfred ins Schauspielhaus: »Kapitän Brasbounds Bekehrung« von Shaw, ziemlich unbedeutendes Stück, von Kayßler u. diesmal namentlich der Fehdmer vorzüglich gespielt, daher leidlich amüsant.[126]

19/7.
Brief von Mim u. an sie. Abreise von Klaus nach Tölz, da aufklarende Tendenz. Schöner Spaziergang. Nachmittag u. Abend im Garten, beim Tee Bunge p.p.c.

20/7.
Bei schönstem Wetter von 7-9 geritten. Brief an Mim, Brief von Eu u. Karte an sie. Karte von der Pavelko. In die Stadt Kommissionen; Lily Bamberger, die zu mir wollte, getroffen, mit ihr gegangen, konfidentiell. Auch ihren »Freund«[127], den Zukünftigen, kennen gelernt, beide zum Tee gebeten. Er macht einen ganz feinen, angenehmen Eindruck. Dazu beim Tee Stadler. In Garten u. Veranda »Contes Drôlatiques« gelesen u. Journale.

21/7
Früh in die Stadt, sehr heiß. Brief an Mim, nachmittag im Gartenstul, abend Veranda gelesen: Balzac u. Dostojewski.

---

124 zur Promotion
125 in heutiger Währung etwa 480 €
126 M. Schauspielhaus: »Kapitän Braßbounds Bekehrung« von George B. Shaw. Helene Fehdmer a.G. (Lady Waynflete), Herr H. Raabe (Sir Hallam), Friedrich Kayßler a.G. (Kapitän Braßbound) u.a.
127 d.i. Hermann Reiff

22/7
Von 7-9 geritten, drückend heiß. Briefe von Mim u. von Anna Case, Brief an Mim, in die Stadt. Nachmittag mit Tölz telephonirt, Packet an Katja, im Garten u. auf Veranda wie gestern gelesen; Brief an Peter begonnen.

23/7
Um ½ 10 Ankunft von Bondi's, auf der Durchreise; Familienleben. Brief an Mimchen, mit Eva in die Stadt u. bei leidlichem, frischem Wetter Spaziergang. Familienleben, nach dem Tee zum Ausstellungspark geautelt, die Gasausstellung flüchtig besehen, im Park spaziert, zufuß heim. Abend Familienleben bis zur Abreise um 10 nach Campiglio. Dann noch Briefe vorgeschrieben u. Brief an Fürstenberg (Diedrich).

24/7 Tölz
Briefe an Mim u. an Peter (Brisbane) beendet, Dankbrief von Hedda, um ¾ 12, bei zweifelhaftem Wetter, nach Tölz gefaren, wo die Familie Mann mich erwartete. Vorübergehender Regen. Aufbau, Familienessen, dito Tee, später Spaziergang, abends zu uns vieren noch Lula, die in der Nachbarvilla wont; Nachtmal mit Champagner u. Torte, dann Vorlesung eines sehr wirksamen, guten Kapitels »Zauberberg«, bei dem die gute Katja vor Amüsement u. Schwäche fast barst. Schluß des Festes um 12 Ur (»kei' Braut mehr«.)

25/7. München
Familienleben bis zur Abfart nach München um ¾ 12, mit Klaus, von Katja zur Ban begleitet. Nachmittag mit Klaus in die Stadt, verschiedene Gegenstände seines »Aufbau's« umgetauscht. Brief von Mim, Tee auf der Veranda, abends mit Klaus in »Über unsere Kraft«, Kayßler – Fehdmer trefflich, das Stück gewiß nicht gut; aber daß man zischte, doch unerhört, da die reine, gute Seele Bj. Bj.'s[128] daraus spricht, vieles auch wirksam u. gut.[129] Klaus u. ich klatschten empört u. enthusiastisch. –

---

128 gemeint ist der Verfasser Björnstjerne Björnson
129 M. Schauspielhaus: »Über unsere Kraft«. I. Teil von Björnstjerne Björnson. Friedrich Kayßler a.G. (Adolf Sang), Helene Fehdmer a.G. (Clara, dessen Frau), Frl. Leonardi (Mrs. Hanna Roberts), Herr Weydner (Kröjer) u.a. – ... Für die Darstellung Sangs ist heute, mehr noch wie früher, eine verinnerlichte Begabung vonnöten. Kayßler besitzt die schlichte Einfachheit, die bewußt auf allen

26/7
Brief an Mim; günstige Antwort von Fürstenberg in Sache Diedrich. In die Stadt, bei der Parade leidenschaftliche Demonstrationen für den Krieg, der in Oesterreich-Serbien nun Ernst zu werden scheint: Ultimatum, Abbruch der diplomatischen Beziehungen, Mobilmachung. Beim Tee langer Besuch von Heinz (Klaus mittags wieder nach Tölz), der seine Übung machen muß u. die Familie nach Kohlgrub bringt. Dann Briefe an Eu u. an Marta. Abend sehr kül; gelesen.

27/7
Reiten verregnet, unfreundlich-küles Wetter. Karten von Eva u. Mira, Brief an Mim, Kondolenz an Patti zum Tod des Vaters, Karte an Mira; in die Stadt, wo dauernd widersprechende Telegramme angeschlagen. Nach dem Tee langer Spaziergang, abend mit Tölz telephonirt, empört erfaren, daß Heinz mit Familie morgen hinausfärt! »Karamasoff«[130] gelesen.

28/7
Infolge der Aufregung schlechte Nacht. Brief an Mim, in die Stadt. Langer Brief von Katja, auseinandersetzend, warum sie Olga acceptiren mußte, da dies die conditio sine qua non[131] für Heinz gewesen. – Nachmittag in der Pinax Grete Ring besucht (in deren Pension Familie Heinz Pr. wont!) u. Spaziergang. Beim Tee Funke. Abend mit Katja telephonirt, Brief an Mim vorgeschrieben, Karamasoff gelesen.

29/7 Partenkirchen.
Funke's Auto-Einladung abtelephonirt, Brief an Mim beendet, um 11 Abfart nach »Genienhaus«, von Crodu's im Auto empfangen. Unterwegs, zwischendurch u. abends »Krieg u. Frieden«[132]

Theaterlärm verzichtet. Er ging in der Maske so weit, auf die interessante Nuance zu verzichten, und eben nur einen überaus gutmütigen, bäuerischen Mann mit gesunden, roten Wangen zu zeichnen. Das wirkte denn auch im Zusammenklang mit dem Wort und gab, unterstützt durch Frau Fehdmers gleichfalls ganz einfach gehaltene Klara den zwei Akten einen lebensvollen Mittelpunkt. Das Publikum spendete den Gästen sehr starken Beifall. (Bericht in den *Münchner Neuesten Nachrichten* vom 23.7.1914)

130 von Fedor M. Dostojewskij
131 (lat.) wörtlich: Bedingung, ohne die etwas nicht geschehen kann, unerläßliche Voraussetzung
132 von Leo N. Tolstoi

gelesen. Nachtisch geruht, nach dem Tee, bei dem auch Lippe, schöner Spaziergang; abend Familienleben. Leidliches Wetter. Auch hier lebhafteste Kriegsbeunruhigung u. telephonische Erkundigung in München.

30/7
Nach dem Tee Brief an Mim, mit Crodu's im Auto Besuch bei A. Bruckmanns, die verfehlt. Briefe von Katja, Mim, Karte von Mira. Nach dem Tee schöne, aber kül-bewölkte Autofart über Murnau. Aufregende Mobilisirungsnachricht (Auguste sagt: »Die Mädchen weinen ja schon!«) die dann dementirt; neue Aufregung durch Crodu's Telephon mit der »Cr.Cr.«[133] – Gespannte Stimmung. Frau v. Ossco's »Konfession«[134] gelesen u. »Krieg u. Frieden«.

31/7.
Brief an Mim, Gratulation zu Elisabet Braune's Verlobung[135], Karte von Mira, absagend. Unter erneuten Mühen endlich mit Katja telephonirt u. mit Alfred. Besuch von A. Bruckmanns, »ins Ort« spaziert. Beim Tee Lippe, dann gemeinsamer Spaziergang. Fortwärende Beunruhigung durch widersprechende Nachrichten, aufgeregte Stimmung.[136] Abend gelesen.

---

133 Vielleicht ist hier Krafft Graf v. Crailsheim, der ehemalige Ministerpräsident, gemeint.
134 nicht zu ermitteln
135 mit Alfred Saalwächter
136 Am 28. Juli 1914, erklärte Österreich-Ungarn Serbien den Krieg. Am 30. Juli begann Russland als engster Bündnispartner Serbiens mobil zu machen, einen Tag später erfolgte die Generalmobilmachung Österreich-Ungarns. Da das Bündnis zwischen dem Deutschen Reich und Österreich-Ungarn gerade bekräftigt worden war, musste nun auch der deutsche Kaiser Wilhelm II. reagieren – er verhängte am 31. Juli »infolge der andauernden und bedrohlichen Rüstungen Russlands« aufgrund von Artikel 68 der deutschen Reichsverfassung den »Kriegszustand«. Mit der Verhängung des Kriegszustandes veränderten sich die Rahmenbedingungen für Bayerns Eigenständigkeit grundlegend. Die bisher auf den bayerischen König vereidigte Armee wurde nun dem deutschen Kaiser unterstellt. Allerdings war dazu eine offizielle Feststellung des Kriegszustandes durch den bayerischen König notwendig. Da diese offizielle bayerische Kundgabe zur Kriegszustandserklärung des Kaisers am 31. Juli zunächst noch fehlte, mussten entsprechende Extrablätter der Münchner Zeitungen wieder von den Anschlagtafeln abgenommen werden. Doch schließlich wurde auch in Bayern die Nachricht offiziell: »Das Kriegsministerium veröffentlicht in seinem Amtsblatt die Allerhöchsten Verordnungen über die Verhängung des Kriegszustandes, die

Juli bis August

1 August. München
Erster stralend schöner Tag. Alfred telephonirt ab. Carla Novelli[s]-Dreyfuß, unglaublich verändert, begrüßt, allein herrlicher Spaziergang Partnachklamm-Graseck. Nach der gestrigen »Erklärung des Kriegszustands« immer noch nicht mobilisirt. Mit Alfred telephonirt, nach dem Tee, mit Lippe, unvergleichlich herrliche Autofart durch die ach so friedliche Natur (!) über Walchen-, Kochelsee u. Ohlstadt. Um 7.40 Abreise, von Crodu's zur Ban gebracht, im übervollen Zug, mit Feo Weingartner, die sich als Ärztin für den Krieg stellt. Um 10 Ankunft am überfüllten Banhof, wansinnige Aufregung: es ist mobilisirt! Tausende von Gepäckstücken lagern auf den Perrons, da keine Träger, keine Leute zum expediren. Unbeschreiblicher Wirrwarr.[137] Glücklicherweise Alfred mit Hausmeister u. Klaus, der eben mit Tommy's aus Tölz angelangt, zur Stelle. Sehr gedrücktes Nachtessen, dann heftige Auseinandersetzung mit den Zwillingen, die mich in ungehöriger, herrischer Weise über meine Beziehungen zu Heinz u. Olga inquirirten.

2/8
Stillschweigende Versönung mit den Zwillingen. Bis 12 auf Heinz gewartet, der sich dann für morgen antelephonirte. Brief an Mim, sehr heißer Spaziergang. Beim Tee Max u. Karla Pidoll, Reisch u. ganz kurz H. Grünfeld, der morgens bereits in Verzweiflung bei

---

Anordnung des Standrechts und den Übergang der vollziehenden Gewalt auf die Militärbehörden.« (*Münchner Stadtchronik*)

137 Am 1. August folgten die Kriegserklärung Deutschlands an Russland und die erwartete Generalmobilmachung. Damit musste auch die bayerische Armee mobilmachen. In der Münchner Garnison, deren Stärke im Sommer 1914 etwas über 700 Offiziere und Militärbeamte sowie rund 11.500 Unteroffiziere und Mannschaften betrug, begann hektischer Betrieb. Abschiedsparaden und die ersten zu den Bahnhöfen marschierenden Regimenter bestimmten ab sofort das Straßenbild. München, das nach Berlin die zweitgrößte Garnison im Reich besaß, wurde zur Drehscheibe der bayerischen Truppenverladung. Auf den Münchner Bahnhöfen, die unter militärische Kontrolle gestellt waren, herrschte riesiger Trubel; allein am Hauptbahnhof verkehrten täglich bis zu 700 Züge. Während sich erste Truppenkontingente bereits Richtung Front aufgemacht hatten, trafen aus allen Richtungen des Landes immer neue Einberufene ein. Da die Bevölkerung mehrheitlich der Meinung war, dem Deutschen Reich werde ein Krieg aufgezwungen und die ganze Nation müsse nun fester als jemals zuvor zusammenstehen, provozierte der Kriegsbeginn eindrucksvolle Manifestationen öffentlicher Begeisterung. Tausende von Menschen – auch der König – besuchten das Kasernenviertel auf dem Oberwiesenfeld. (*Münchner Stadtchronik*)

uns Rat geholt, weil sein Gepäck, incl. Cello, nicht herauszubekommen. Gegen Abend bei Stadlers, Sophie aufgelöst vor Schmerz wegen Toni[138]. Abend Familienleben.

3/8
Früh grenzenlose Aufregung: in der ganzen Stadt das Gerücht verbreitet, das Wasser sei vergiftet! Natürlich unwar; doch keinen Tee getrunken, bis Alfred vom Wasserbauamt zurück. In die Stadt, um 12 Ankunft von Heinz, mit dem zärtliche Aussönung ..! Brief an Mim, ausgedehntes Familienleben. Nachmittag zuhaus, Heinz mit allem nötigen versorgt; erregtes, herzliches Familienleben. Beitisch Crodu's.

4/8
Um 8 alle zusammen gefrühstückt, dann Abschied von Heinz, der gesund, frisch u. sehr bewegt von uns ging, uns alle ebenso bewegt zurücklassend. Brief von Tante Asta u. an sie. Major v. Lengerke liefert Grünfelds Gepäck bei uns ein. Dann mit Katja in die Stadt. Brief ≠ an Mimchen, nachtisch nochmals mit Katja Kommissionen, beim Tee Eu u. Lula. Abend Telegramm an Klaus, daß seine Lala mit Kind von Dresden unterwegs (wärend der Mobilisirung!), selbstverständlich nicht angekommen. Sorgen, Sorgen!

5/8
Nun hat auch England den Krieg erklärt! Große Sorge um Peter. Um ½9 Abfart von Tommy's nach Tölz. Gratulationsbesuch bei Eu, die natürlich ganz auseinander. Dann Rechnungen bezalt u. schöner Spaziergang. Brief an Mim. Wir schließen das Speisezimmer (Alfreds Sammlung soll verpackt ins Nationalmuseum kommen) u. essen auf der Diele. Sorge um Gabrilowitsch, der verhaftet ist, wärend seine Frau, abgeschnitten von allem, in Kreuth bewacht wird.[139] Beim Tee Scheubner-Richters, sie verzweifelt, weil der Heißgeliebte sich freiwillig stellt, u. die Gugg. Dann noch gegen Abend zu Stadlers, die nach Toni's Abgang wesentlich ruhiger. Abend mit Tommy's »gesprochen«.

---

138 Anton Stadler jun. war Reserveoffizier bei den Schweren Reitern und wurde, wie Heinz Pringsheim, sofort aktiviert.

139 Man hatte den russischen Pianisten und jahrelangen Dirigenten des Münchner Konzertvereins als vermeintlichen Spion festgenommen.

6/8

Um 9 traf endlich, nach 50 stündiger Reise, Klaus' Lalla mit Kind leidlich wolbehalten hier ein. Brief von Mim, Karte von Heinz aus Dillingen, frisch u. voll Vertrauen. Brief an Mim, bei strömendem Regen Kommissionen, nachmittags nochmals. Beim Tee Eu. Wilde Gerüchte von einer Kriegserklärung Italiens. Bei besserem Wetter Spaziergang. Abend müde u. aufgeregt, gelesen.

7/8

Schönstes Wetter. Um ½ 10 rückt der Diener Wolf aus. Einteilung der Arbeit, im Speisezimmer arbeiten die Packer. Traurigster Brief von Marta, Brief an Mim u. an Marta, Karte an Heinz nach Dillingen. Besorgungen u. Spaziergang. Hausmeisters Lina für Klaus' kleine Milka engagirt, ein allerliebstes Kind, das vor- u. nachmittags im Garten verbrachte. Gegen Abend Besuch von Sophie, mit Tölz telephonirt, Tolstoi gelesen. Die Deutschen erobern Lüttich: ein glänzender Erfolg.[140] –

8/8

Schönstes Wetter. Besuch bei Gabrilowitschs, die unter Erenwort in den »Jareszeiten«. Ungemein herzliche Begrüßung mit den lieben Schwergeprüften. Dann Spaziergang. Brief von Olga, der erste seit 2 Jaren. Beim Tee überrascht uns Klaus mit der Meldung seiner eben vollzogenen »Nottrauung« (one Not!), bringt uns abends in den Garten »seine Frau«! Dazwischen Besuch von Eu, mit ihr ein wenig promenirt u. dem militärischen Treiben im botanischen Garten zugeschaut.

9/8

Briefe von Heinz aus Dillingen u. von Mim, nachmittags von beiden Karten, von Heinz auf der Fart an die Westgrenze. Schöne weiße Rosen vom guten Peter, mit den Worten »heute lande ich

---

140 **Die Erstürmung von Lüttich.** … Verblüffend schnell sind unsere Truppen in Belgien eingerückt, und niemand von unseren Gegnern hat wohl geglaubt, daß Lüttich, dieser Schlüssel Belgiens, so rasch in unsere Hände fallen würde. Belgien liegt jetzt offen vor uns. Für unsere Feinde ist nun eine der allerwichtigsten Einbruchspforten nach Deutschland gesperrt, und mit der jetzt bevorstehenden Besetzung von Belgien durch deutsche Truppen sind wir eine große Sorge los und haben der feindlichen Koalition im Westen einen gewaltigen Strich durch die Rechnung gemacht … (ausführl. Bericht in den *Münchner Neuesten Nachrichten* vom 8.8.1914)

in Adelaide« – armer, lieber Kerl! – Auf den Friedhof zu Erik, bei Prachtwetter teilweis zurück gegangen. Beitisch Lalla u. Milka, das Kind den ganzen Tag im Garten. Brief an Mim, Olga u. Heinz (Feldpost). Beim Tee Feo[141], dann Eu, mit Organisation fürs »rote Kreuz«. Mit ihr noch zu den Soldaten u. für sie vielfach telephonirt, auch mit Tölz gesprochen, Klaus Ehe meldend. Ein wenig noch gelesen. So herrlicher Mondscheinabend!

10/8
Karte von Grünfeld u. an ihn, wegen seines Gepäcks. Brief an Mim, Kommissionen u. Abschiedsbesuch bei Gabrilowitschs. Nachtisch Anruf von Walter, der Gabrils dringend rät, nach Holland zu gehen, darauf sofort wieder in die »Jareszeiten«, wo sich inzwischen alles geregelt, der Eintritt in die Schweiz offen, die Abreise dorthin für den Abend festgelegt. Solches dann an Bruno W. nach Kreuth telephonirt. Gegen Abend Lula; endloses ganz quatsches Telephongespräch mit Olga in Kohlgrub, abend etwas Tolstoi gelesen.

11/8
Wieder heißer, schönster Sommertag. Brief an Mimchen, Kommissionen u. Spaziergang. Nachmittag in die Stadt. Brief von Mim. Beim Tee Lalla, dann zu Stadlers. Nach dem Abendessen Olga, die in ihrer Ratlosigkeit in die Stadt gekommen. Da ich mich Heinz' wegen zusammennahm, verlief das Wiedersehen leidlich, zumal auch sie sich Mühe gab. Dann noch Tolstoi gelesen.

12/8
Furchtbar heiß. In Eugenie's »Sammelstelle« nebenan, dann Spaziergang; Brief an Mim, beitisch Olga, die natürlich mit all ihren Gängen noch nichts ausgerichtet hat, mir sehr unsympathisch ist. Beim Tee Eu, in die Stadt. Abend Olga. Telephon mit Katja, Brief von Miez.

13/8
Dieselbe Hitze. Brief an Mim, in die Stadt u. Gratulation bei Lula, die nicht zuhaus. Mittags u. abends Olga, enervirend bis zum Unerträglichen. Nachtisch Major v. Lengerke, in Grünfelds unseliger Gepäck[an]gelegenheit. Um ¼4 ins Künstlerhaus zu einer Comité-Sitzung für »Rote Kreuz«-Sammlung, wo jeder Haus-

---

141 d.i. Feodora Weingartner

besuche übernahm. Beim Tee Lalla, dazu Eugenie u. der so tief deprimirte Stadler. Abend total erschöpft; Feldpostbrief an Heinz.

14/8
Klaus färt früh mit Familie nach Tölz; Olga versäumt – natürlich! – den Zug nach Kohlgrub, liegt uns den ganzen Tag auf dem Hals. Brief von Mim u. an sie; Karte an Grünfeld. Lauter vergebliche Ver- u. Besuche, um in meiner Comité-Eigenschaft fürs Rote Kreuz Geld zu bekommen; entmutigt Spaziergang bei Hitze. Viel von der unentwegt plaudernden Olga beansprucht, die sich heute besser hält u. mit der ein befreundeter Ton Platz greift. Karte von Heinz aus der Nähe von Lunéville, mitten im Krieg! u. Brief von Eva. Gegen Abend in die Stadt u. zu Stadlers, abend immerzu »Olga«. Karte an Heinz.

15/8
Olga ist in der Früh nach Kohlgrub gefaren. Brief an Eva, Karte an Hermi[142]. In Eu's Sammelstelle, zunächst nur Fürung des »Journals« übernommen. Dann Kommissionen. Mit Tölz telephonirt. Nachmittag das Haus ein wenig organisirt für die neuen Bewoner; beim Tee lange Marga Obu; Edgar Hanfstängl ruft mich ans Telephon, teilt mir mit, daß sein Bruder Winni in Paris am Typhus gestorben, die Mutter[143] immer noch verschollen ist, findet es »gemein« u. »eine üble Sache«. Abend noch Eu mit einem netten Brief von Wilhelm[144]. In schrecklich bedrückter Stimmung, ganz allein, gelesen.

16/8
Briefe von Mimchen u. Gusty Becker, Brief an Mim, Kondolenz an Erna H.[anfstängl], kleine Korrespondenz. Ankunft von Klaus u. Familie, die definitiv bei uns Wonung nimmt, aus Tölz. Sie installirt, dann Spaziergang. Drückende Stimmung, da keine Nachricht vom Krieg: Stille vorm Sturm. Beim Tee Karl Pidoll, Reischs, Crodu. – Abend gelesen.

---

142 d.i. Hermann Ebers
143 d.i. Kitty Hanfstaengl
144 vermutlich Wilhelm Bruckmann

17/8

Brief von Else, an Mim. Kondolation an Fester, dessen treue Lotte »plötzlich an Herzschlag« starb![145] Brief von Emma Schlier. In die Stadt, um ½2 Ankunft von Familie Olga; »Schwester Anna«[146] u. die kleine Tamara blieben zum Essen, die beiden Damen[147] mußten auf die Polizei u. in die Wonung. Beim Tee dann alle! und: Besuch der Gugg, der Stadlerin, dann Hermi, der über den Abend blieb. Dazwischen für Olga's Wirtschaft Sachen herausgesucht, Brief an Heinz, von dem Olga ein gutes Telegramm erhalten: von alledem dumm, wirr, schwer im Kopf! Telephon mit Katja.

18/8

Brief an Mim, kl. Korrespondenz, in Eu's »Sammelstelle«, wo stramm gearbeitet wird, Spaziergang bei angenehm frischem Wetter. Anfrage bei Erna [Hanfstaengl]: die Mutter[148] noch immer verschollen. Nachmittag »Zukunft«, beim Tee Frau Lindemann, mit endlosem Schwatz. Abend Familienleben u. Tolstoi.

19/8

Wieder gutes Wetter. Brief an Mim, zu Olga, die Nachricht von Heinz hatte (durch Depesche überholt) u. durch einen Krach mit ihrer nurse wieder ganz fassungslos war. Wir schieden in bestem Einvernehmen. Ihre Wonung ungewönlich hübsch. Durch den engl. Garten zurück spaziert. – Nachmittag Brief von Mim, Karte von Gusty u. an sie. Beim Tee Olga-Tamara, abends Walter, temperamentvoll, leidenschaftlich, anregend, ablenkend.

20/8

Brief von Grünfeld, Karte an ihn (Querulanz!!) u. Brief an Mim. In Eu's Sammelstelle (zum letzten Mal!), Besorgungen u. Spaziergang bei herrlichem Wetter. Nachmittag in die Stadt, beim Tee Pidoll[149]; dann zu Stadlers. Abend gelesen, Kondolenz an Bassermann-Jordan,[150] Brief an Heinz. (6)

---

145 Charlotte Fester, August Festers Ehefrau, war am 13. August gestorben.
146 vermutlich die Kinderfrau der kleinen Tamara Pringsheim
147 gemeint sind Olga Pringsheim und ihre Freundin Tamara
148 d.i. Kitty Hanfstaengl
149 vermutlich Max v. Pidoll
150 zum Tod seines Bruders Ludwig Bassermann-Jordan am 11. August

August

21/8
Um 10 mit Alfred auf die Universität, Sitzung eines Comité's für Beschaffung f̶o̶ von Arbeit für Heimarbeiterinnen, viel Gerede. (Lisbet entsetzlich!) Schließlich engerer Ausschuß gewält: Frauen Heigel, Marks,[151] Pringsheim u. Lujo Brentano: 2 Stunden »gesessen«.[152] Durch die Stadt heim: Einzug der Deutschen in Brüssel angeschlagen![153] – Sehr nette Karte von [Martin] Hahn u. an ihn, Brief an Mim, Karte an Grünfeld, dessen Gepäck endlich eingetroffen. Nachtisch Sitzung des Sammel-Comité's im Künstler-

[151] vermutlich Friederike Marcks
[152] **Hilfsarbeit der Hochschulen**. Für die Universität München gemeinsam mit der Tierärztlichen Hochschule sind drei aus Damen und Herren bestehende Ausschüsse ins Leben gerufen worden, um die freiwillige Hilfsarbeit der Angehörigen dieser Hochschulen für folgende Zwecke zu organisieren: 1. Familienangehörigen von Kriegsteilnehmern oder arbeitslos gewordenen Personen, deren Bedürftigkeit festgestellt ist, soll Gelegenheit verschafft werden, gegen Bezahlung Leib- und Bettwäsche für das Rote Kreuz zu fertigen. 2. Damen aus den Kreisen der Universität und der Tierärztlichen Hochschule, die solche Wäsche selbst nähen wollen, sollen Stoffe und, wenn erwünscht, auch eine Arbeitsstätte in der Universität beschafft werden. 3. Fürsorge für noch nicht schulpflichtige Kinder ärmerer Familien. Für viele von diesen fehlt es zur Zeit an Aufsicht, Pflege und genügender Ernährung. Die Beschaffung der erforderlichen Mittel soll insbesondere durch freiwillige Beiträge der Hochschulangehörigen bewirkt werden. Die Ausschüsse werden in ständiger Fühlung mit dem städtischen Wohlfahrtsausschusse arbeiten. (*Münchner Neueste Nachrichten* vom 22.8.1914)
[153] **Die deutschen Truppen rückten gestern in Brüssel ein**. Schneller als zu erwarten war, ist die Hauptstadt Belgiens von den deutschen Truppen besetzt worden. Die belgische Armee hat nach dem Fall von Lüttich keinen ernsthaften Widerstand mehr geleistet. Der König und die Regierung haben sich nach Antwerpen, hinter den starken Festungsgürtel dieses altberühmten festen Platzes, geflüchtet, und es ist nach eingelaufenen Meldungen wahrscheinlich, daß auch die belgische Feldarmee oder doch deren Hauptkräfte, sich um Antwerpen konzentrieren.

Die rasche Besetzung der belgischen Residenz durch unsere Armee zeigt nun der Regierung Belgiens, wohin sie ihre Politik geführt hat. Hätte Belgien sich ruhig in den infolge der Pläne Frankreichs nötig gewordenen Durchmarsch des deutschen Heeres durch das neutrale Land gefügt, wäre ihm die nunmehr unabwendbare Okkupation des ganzen Königreichs mit all den schweren Kriegslasten, die sie mit sich bringt, erspart geblieben … Bei einer wohlwollenden Neutralität Belgiens hätte man sich mit einem schmalen Durchmarsch nahe der deutschen Grenze begnügen können; nun muß sich die in Belgien stehende Armee durch die Besetzung des Landes eine breite und sichere Grundlage für den weiteren Vormarsch schaffen … (ausführl. Bericht in den *Münchner Neuesten Nachrichten* vom 22.8.12914)

haus, telephonische Nachricht eines großen Sieges zwischen Metz u. Voguesen unter Prinz Rupprecht, riesige Schlachtlinie, viele Gefangene, Geschütze etc.[154] Durch die Stadt gelaufen: Begeisterung, Fanen! – Beim Tee Braune's; Katja telephonisch benachrichtigt. Abend Familienleben u. gelesen.

22/8
Brief an Mim, Karte an Gabrilowitschs nach Zürich, Besuch bei Olga; mit ihr durch den engl. Garten spaziert, Einkäufe. Nachmittag gelesen, nach dem Tee Besuch bei Lella, der es nun besser geht, Telephon mit Katja, Querulanz von Lisbet, Brief von 8 Seiten! Karte an Heinz (7); gelesen.

23/8
Brief an Mim, Besuch von Frau v. Heigel Exc., Spaziergang u. Kommissionen. Neue, kleinere Siege in Ost u. West. Beitisch u. über den Tee Olga mit Tamara, Pflegerin [Anna] u. Kind; zum Tee noch [Max] Pidoll. Karte an Heinz (8); langer Besuch von Stadler. Abend gelesen.

24/8
Briefe von Mim, Milka, Grünfeld (mit Schlüssel), Briefe an O̶l̶g̶ Mim u. Milka; Spaziergang u. Kommissionen. Nachmittag gelesen, beim Tee Eu, allerhand Schreibereien, Brief an Heinz (9). Abend Cousine Asta mit Son Jochen. Gelesen.

25/8
Brief an Mim. Die Russen in Insterburg! Dafür Namur besetzt u. fast erobert![155] Trauriger Brief von Fester, Spaziergang bei schön-

---

154 **Ein deutscher Sieg.** ... Unter der Führung Sr. k. Hoh. des Kronprinzen von Bayern haben Truppen aller deutschen Stämme gestern in Schlachten zwischen Metz und den Vogesen einen Sieg erkämpft.
 Der mit starken Kräften in Lothringen vordringende Feind wurde auf der ganzen Linie unter schweren Verlusten geworfen; viele tausende Gefangene und zahlreiche Geschütze wurden ihm abgenommen.
 Der Gesamterfolg läßt sich noch nicht übersehen, da das Schlachtfeld einen größeren Rahmen einnimmt, als in den Kämpfen von 1870/71 unsere gesamte Armee in Anspruch nahm.
 Unsere Truppen, beseelt von unaufhaltsamem Drang nach vorwärts, folgen dem Feind und setzen den Kampf fort ... (ausführl. Bericht in den *Münchner Neuesten Nachrichten* vom 22.8.1914)
155 **Namur vor dem Fall.** Von der Festung Namur sind fünf Forts und die Stadt in unserem Besitz. Vier Forts werden noch beschossen. Der Fall scheint in

stem Wetter. Beitisch Cousine Asta; nachmittag Ausschußsitzung bei Frau Heigel, unter Brentano's Leitung, viel Geschrei u. wenig Wolle. Beim späten Tee Eu, der 100 M.[156] schenkte. Abend alle 4 zur Huldigung vorm Wittelsbachpalais, Königs[157] sehr primitiv zwischen 2 alten Lampen auf dem Balkon; u. die ersten franz. Geschütze am Odeonsplatz besichtigt.[158] »Zukunft« gelesen. Trauriger Brief von Fester.

26/8
Briefe von Marta u. Grünfeld, an den gestern nach endlich abgesandtem Gepäck noch geschrieben, Karte von Frau Gabrilowitsch (vom 15.!) aus Zürich, Brief an Mim, um ½ 12 Ankunft von Tommy's; dann Spaziergang u. Kommissionen. Familienleben. Beim Tee Olga, mit Nachricht von Heinz vom 20. u. 21.; wieder völlig haltlos u. tränengebadet. Ungewönlich herzlicher Brief von Frau Gabrilowitsch u. Karte an sie. Abends Familienleben u. gelesen.

27/8
Namur u. Longwy erobert![159] Familientee, Briefe von Mim u. Miez, wieder normale Verbindung. Brief an Mim, bei Frau

---

Kürze bevorzustehen ... (ausführl. Bericht in den *Münchner Neuesten Nachrichten* vom 26.8.1914)
  156 in heutiger Währung etwa 480 €
  157 das sind Ludwig III. von Bayern und Marie Therese von Österreich-Este
  158 ... Gegen Abend brachte eine große Menschenmenge vor dem Wittelsbacher Palais dem König ihre Glückwünsche zu dem »ehernen Namenstagsgeschenk« dar. Der König, der auf dem Balkon erschien, hielt eine Ansprache, in der er allen herzlichst für ihr Erscheinen dankte. Eine große Freude, so fuhr der König fort, sei ihm an seinem Namenstag bereitet worden durch das Geschenk, das wohl alle schon gesehen hätten, die Geschütze, die unsere wackeren Ulanen eroberten. Aber wir stünden erst am Anfange des Krieges. Im Nordosten des Reiches, in Ostpreußen, stehe der Feind. Möchten dort unsere Waffen ebenso erfolgreich sein wie im Westen! Die Menge sang hierauf vaterländische Weisen ... (ausführl. Bericht in den *Münchner Neuesten Nachrichten* vom 26.8.1914)
  159 **Neue Erfolge an der Westgrenze**. Bei Namur sind sämtliche Forts gefallen. Ebenso ist Longwy nach tapferer Gegenwehr genommen. Gegen den linken Flügel der Armee des deutschen Kronprinzen gingen aus Verdun und östlich starke Kräfte vor, die zurückgeschlagen sind. Das Oberelsaß ist bis auf unbedeutende Abteilungen westlich von Kolmar von den Franzosen geräumt ... **Kaiser Franz Joseph an Kaiser Wilhelm**. Sieg auf Sieg! Gott ist mit Euch und wird auch mit uns sein! Allerinnigst beglückwünsche Ich Dich, teurer Freund, den jugendlichen Helden, Deinen lieben Sohn, den Kronprinzen, sowie den Kronprinzen Rupprecht von Bayern und das unvergleichlich tapfere deutsche Heer. Worte

Marks[160] »unsre Petition« abgegeben u. mit Katja zu Olga, zum Jarestag der Kleinen gratulirt, Korallenkettlein überreicht. Olga unerträglich. Kommissionen mit Katja. Beim Tee Rud. Oldenbourg u. Frau v. Liebermann mit Tochter. Gegen Abend zu Stadlers; Familienleben, Karten an Heinz (10) u. an Wolf. Da Tommy's den Zug versäumt, bleiben sie noch über Nacht.

28/8
Um ½9 Abfart von Tommy's bei regnerischem Wetter. Briefe an Mim u. an Marta; mit den Frauen Heigel u. Marks aufs Rathaus, dem Wolfartsausschuß (Hörbinger u. Jodlbauer) »unsere« Petition überreicht, sehr wolwollend aufgenommen; dann in die Universität, mit der andern Sektion, an deren Spitze die ekliche Frau Hertwig, verhandelt; u. Kommissionen. Beim Tee Locher-Schöll[161], dann in die Stadt. Abend Brief an Heinz (11) mit Zeitung u. Chocoladenbrief von Sophie an ihn: die Gute! Gelesen.

29/8
Schön Wetter. Brief an Mim, Spaziergang, Kommissionen; nachmittag in die Stadt. Beim Tee Olga u. Funke p.p.c. nach Argentinien. Später Eu. Abend Familienleben u. gelesen. Von Heinz nichts. –

30/8
Endgültiger, enthusiastischer Dankbrief von Grünfeld, Brief von Mim u. an sie. Spaziergang u. Besorgungen bei himmlischem Sommerwetter. Beitisch Familie Olga[162], bis nach dem Tee. Dazu Pidoll[163]; gegen Abend zu Stadlers. Abend »Krieg u. Frieden«[164] endlich ausgelesen.

---

fehlen mir, um auszudrücken, was mich und mit mir meine Wehrmacht in diesen weltgeschichtlichen Tagen bewegt. Herzlichst drückt Deine starke Hand   Franz Joseph. (ausführl. Bericht in den *Münchner Neuesten Nachrichten* vom 27.8.1914)
   160   vermutlich Friederike Marcks
   161   das sind Emma Locher und vermutlich Else Schöll
   162   das sind vermutlich Olga, ihre Tochter Tamara, deren Kindermädchen Anna und Olga's Freundin Thamara
   163   vermutlich Max v. Pidoll
   164   von Leo N. Tolstoi

August bis September

31/8
Brief an Mim, dann zu Olga nach der erkrankten nurse gesehen, mit Olga Spaziergang bei Prachtwetter u. Besorgungen. Nachmittag gewirtschaftet, nach dem Tee Eu; Spaziergang. Abend Brief an Heinz (12) mit Zeitung. »Brüder Karamasoff«[165] gelesen u. Rundschau.

1. September.
Früh um ½10 auf die Universität, Sitzung der drei Ausschüsse, von Magnificenz Meyer[166] einberufen, Dauer 3 Stunden, Zweck: Verständigung; Resultat: Null; Eindruck: Zank, Streit, persönliche Anrempelung zwischen Brentano einerseits u. Meyer u. Frau Hertwig u. der Leiterin des Handels- u. Industrieverbandes andrerseits, wärend Hertwig quabbelig vermittelte. Ebenso peinlich wie ermüdend. – Die Russen in Ostpreußen geschlagen, 70000 (!) Gefangene, sie räumen ganz Ostpreußen![167] – Nachmittag Brief an Mim, nach dem Tee in die Stadt u. zu Stadlers. Abend »Zukunft«. Die Köchin Fanny kündigt mir, weil ich unzufrieden mit ihr bin.

2/9
Brief von Else, Karte von Heinz vom 24/8 aus Baccarat. Brief an Mim, zu Olga, mit Tamara, die bitter über Olga klagte, spaziert, u. Kommissionen. Beim Tee Eu, kleiner Spaziergang, Karte an Heinz (13), abends Bruno Walter, angeregt und enthusiastisch wie immer. Wärend des Essens Nachricht unsres großen Sieges bei Reims,[168]

---

165 von Fedor M. Dostojewskij
166 d.i. Georg Ritter v. Mayr
167 **Der Sieg in Ostpreußen.** Im Osten ist der gemeldete Sieg der Armee des Generalobersten v. Hindenburg von weitaus größerer Bedeutung, als zuerst übersehen werden konnte. Trotzdem neue feindliche Kräfte über Neidenburg eingriffen, ist die Niederlage des Feindes eine vollständige geworden. Drei Armeekorps sind vernichtet, 60,000 Russen gefangen, darunter zwei kommandierende Generale, viele Geschütze und Feldzeichen sind in unsere Hände gefallen. Die noch im nördlichen Ostpreußen stehenden russischen Truppen haben den Rückzug angetreten ... (ausführl. Bericht in den *Münchner Neuesten Nachrichten* vom 1.9.1914)
168 **Der deutsche Vormarsch in Frankreich.** Die mittleren Heeresgruppen der Franzosen, etwa zehn Armeekorps, wurden gestern zwischen Reims und Verdun von unseren Truppen zurückgeworfen. Die Verfolgung wird heute fortgesetzt. Französische Vorstöße aus Verdun wurden abgewiesen. Sr. Majestät der Kaiser befand sich während des Gefechts bei der Armee des Kronprinzen und

später des siegreichen Vorgehens der Oesterreicher in der 10tägigen galizischen Riesenschlacht, wärend der Ostflügel wankt. Das Wort »Noch ist Lemberg unser« deprimirte tief.[169] Alfreds Geburtstag ungefeiert.

3/9

Brief von Mim, Karte von Kaete. Brief an Mim, Karte an Helene Stern; Besuch bei Frau Lotz, deren Schwager gefallen, 2 Brüder in O.Preußen ruinirt. Spaziergang u. Kommissionen. Chocolade u. Ztg an Heinz. Nachmittag, über den Tee Olga mit Tamara, wieder ganz unerträglich; dazu Hannchen. Gegen Abend Spaziergang, abend »Brüder Karamasoff« gelesen.

4/9

Brief an Mim, 2 Karten vom 30. u. 31. von Heinz, guten Inhalts. In die Stadt, Kommissionen. Beim Tee Tamara, dann Spaziergang mit Crodu. Abend Brief an Heinz (14) u. Cigarren an ihn. Gelesen.

5/9

Brief an Mim. »Wir« besetzen Reims.[170] Zu Eu, Kommissionen, überflüssige Damensitzung in der Universität: Brentano hat, als gekränkte Leberwurst, sein Amt niedergelegt! Nachmittag gelesen, nach dem Tee Einkäufe; abend gelesen.

---

verblieb die Nacht inmitten der Truppen. (ausführl. Bericht in den *Münchner Neuesten Nachrichten* vom 3.9.1914)

169 **Die Millionenschlacht in Polen**. Die einwöchige erbitterte Schlacht im Raume zwischen Zamość-Tyszoweze führte gestern zum vollständigen Siege der Armee Auffenbergs. Scharen von Gefangenen und bisher 160 Geschütze wurden erbeutet. Die Russen befinden sich im Rückzug über den Bug. Auch bei der Armee Dankls, die nun Lublin angreift, sind ununterbrochen Erfolge zu verzeichnen. In Ostgalizien ist Lemberg noch in unserem Besitz. Gleichwohl ist dort die Lage gegenüber dem starken und überlegenen russischen Vorstoß sehr schwierig. (ausführl. Bericht in den *Münchner Neuesten Nachrichten* vom 3.9.1914)

170 **Reims besetzt**. Reims ist ohne Kampf besetzt worden. Die Siegesbeute der Armeen wird nur langsam bekannt. Die Truppen können sich bei ihrem schnellen Vormarsch wenig darum bekümmern. Noch stehen Geschütze und Fahrzeuge im freien Felde verlassen da. Die Etappentruppen müssen sie nach und nach sammeln.

Bis jetzt hat nur die Armee des Generalobersten v. Bülow genauere Angaben gemeldet. Bis Ende August hat sie sechs Fahnen, 233 schwere Geschütze, 116 Feldgeschütze, 79 Maschinengewehre und 166 Fahrzeuge erbeutet und 12,934 Gefangene gemacht. (ausführl. Bericht in den *Münchner Neuesten Nachrichten* vom 5.9.1914)

6/9

Briefe von Mim u. Lili Keith, Brief an Mim, Kaffeesendung an Heinz, Spaziergang bei herrlichem Wetter. Beitisch die Olga-Bande[171], (Olga Brief vom 1./9.), beim Tee dazu der Sepp u. Pidoll[172], später der Vetter. Karte an Heinz (15), abend, wärend Klaus' im Koncert, gelesen; alle zusammen spät genachtmalt.

7/9

Brief an Mim, Karte nach Genf, an die Internationale Auskunft über Kriegsgefangene, wegen Peter, Briefe von Lili Bamberger u. Helene Stern, Mitteilung von Tamara. Mit Milka-Lina in die Stadt, Stiefel kaufen, dann Kommissionen. Beim Tee Klemperer[173], dann Frau Heyse u. Abendspaziergang. Abend »Zukunft« u. »Rundschau«, letztes Koncert Alfred-Klaus.

8/9

Früh ½7 Abreise von Klaus u. Lalla nach Breslau ins Engagement, Milka meiner sorgenden Liebe überlassend. Briefe von Grete Schwind u. Teller, Brief an Mim, Packet Zucker an Heinz, Köchin der Scheubner Richter engagirt, Dankkarte an sie. Bei dem andauernd himmlischen Wetter Kommissionen u. Besuch bei der ganz gebrochenen Ganghofer[174]. Nachmittag 2 gute Karten von Heinz vom 2. u. 4/9. Maubeuge gefallen! 40000 Gefangene, 4 Generäle![175] Gegen Abend Eu, dann zu Stadlers. Brief an Heinz (16). Gute Offi für Milka gespielt. Kondolenzkarte an Blaul,[176] gelesen.

9/9

Brief an Mim, Karte von Heinz vom 28/8. Mit den gestrigen 2 Karten zu Olga, die selber 5 oder 6 Briefe u. Karten hatte, die letzte vom 6/9! u. heiter u. gut. Nachmittags auf dem Waldfriedhof ungeheure Fülle, wegen Soldatenbeerdigungen. Dann beim Tee

---

171 das sind neben Olga, ihre Tochter Tamara und deren Kindermädchen und vermutlich auch Olga's Freundin Thamara

172 vermutlich Max v. Pidoll

173 vermutlich Herbert v. Klemperer

174 Ihr Ehemann Ludwig G. und ihr Sohn August waren Kriegsteilnehmer.

175 **Kapitulation von Maubeuge.** Maubeuge hat gestern kapituliert. 40,000 Kriegsgefangene, darunter 4 Generäle, 400 Geschütze und zahlreiches Kriegsmaterial sind in unsere Hände gefallen. (ausführl. Bericht in den *Münchner Neuesten Nachrichten* vom 9.9.1914)

176 Zum Tod seines Bruders Ludwig, der am 25. August bei Serres in Frankreich gefallen war.

sehr lange Edgar Hanfstängl u. Maria v. Stach-Naef. Abend Brief an Heinz (17), wegen Olga's Wongelegenheit; Rundschau gelesen.

10/9
Briefe von Mim u. Miez, Dankkarte von Blaul. Brief an Mim, langer Brief an Mittag-Leffler wegen Peter, Kommissionen. Nachmittag langer Besuch von Frau Exc. Treutler, über den Tee. Gegen Abend in die Stadt. Abend Brief an Eva, gelesen. Schneiderei.

11/9
Brief von Lies[177] Gleistein, Karten von Gusty u. von H. Smith aus China! Brief an Mim, Chocolade an Heinz; Besuch bei Erna [Hanfstängl], die von der Mutter immer noch nichts weiß. Schneiderei. Beim Tee Olga und Tamara: man hat der nurse gekündigt! – Karte an Heinz (18), an Lies Gleistein, Dr. Teller, Grete Schwind u. Lily Bamberger – uff! Gelesen.

12/9
Karte von Heinz vom 9ten, Brief an Mim, Brief von Else mit Einlage von Heinz vom 6/9! u. Karte von Wolfgang[178], dem über Begehren 20 M.[179] schickte. Besuch von Tamara; Erkundung bei Gräfin Moy u. Kommissionen; nachmittag »Regenhaut« für Heinz besorgt, der aus Metz (!) an Olga sein Wolbefinden telegraphirt. Abend Karte an Heinz (19) u. an Wolf. Gelesen.

13/9
Brief von Mim, Karte von Heinz vom 7., und sehr trauriger Brief von Marta, die den Tod ihres Jürgen meldet – schrecklich! – Briefe an Mim u. an Marta. Dann bei Sturm u. Regen in die Stadt, mittags u. über den Tee Olga mit Anhang. Dazu später Marga Oldenbourg. Gegen Abend zu Sophie. Abend gelesen. Oesterreichische Niederlage bei Lemberg.[180] Bonbons an Heinz, Briefsendung an Klaus.

---

177 so im Original
178 vermutlich der Diener Wolf, an den sie von nun an Pakete schickt u. mit dem sie korrespondiert
179 in heutiger Währung etwa 96 €
180 **Das Ringen bei Lemberg**. In der Schlacht bei Lemberg gelang es unseren um und südlich der Grodeker Chaussee angesetzten Streikräften, den Feind nach fünftägigem harten Ringen zurückzudrängen, an 10 000 Gefangene zu machen und zahlreiche Geschütze zu erbeuten. Unser Erfolg konnte jedoch nicht voll ausgenützt werden, da unser Nordflügel bei Rawaruska von großer Uebermacht

14/9
Brief an Mim, bei miserablem Wetter Kommissionen für Heinz u. Kleid bei Schulze bestellt. Nachtisch Kistchen mit »Regenhaut«, Socken, Tee, u. Diversem für Heinz nach Dillingen, Cigarren an Wolf. Bei Regen zuhaus geblieben, Brief an Heinz (20), gelesen.

15/9
Brief an Mim, Besuch von Olga, die Telegramm von Heinz brachte. Zu Schulze probiren u. Kommissionen bei besserem warmem Wetter; nachmittag in die Stadt. Beim Tee Eu, Karte von Heinz vom 12. Abend »Zukunft«.

16/9
Briefe von Mim u. endlich (!) von Klaus. Posten an Heinz, früh zum Anprobiren, Abschiedsbesuch bei Olga u. auf der Universität. Karte an Heinz (21), zum Tee zu Tommy's, die vormittags angekommen, auf der Veranda gesessen. Abschiedsbesuch bei Stadlers, gerechnet, gepackt, Brief an Klaus.

17/9. Berlin
Um 9, von Alfred begleitet, Abfart nach Berlin. (Briefchen von Marta, Karte von Heinz vom 14.) Im vollbesetzten Coupé in 12 Stunden ermüdend, aber angemessen gereist, viel gelesen (Karamasoff u. Süd. Monatsh.), geplaudert, gegessen. Auf den Banhöfen Verwundete u. Rote Kreuz-Erfrischungen. Um ¾9 Ankunft, von Patti empfangen; alle R.'s begrüßt, ebenso Mühlinghaus. Müde ins Bett.

18/9
Stürmisch-trübes Wetter. Bei Mimchen, die garnicht so schlecht, Tee; dann gepackt, auf das Auskunfts-Büreau im Karlsbad wegen Peter, Karte an Alfred. Nachtisch bei Unwetter in die Stadt, gute Nachricht vor Paris. Nachmittag Brief an Heinz (22); zu Mim, wo Miez mit der Freudenbotschaft, daß der verwundete Korsch abends bei ihnen eintrifft. Familienleben, »Zukunft« gelesen.

---

bedroht ist und überdies neue russische Kräfte sowohl gegen die Armee Dankl als auch in dem Raum zwischen dieser Armee und dem Schlachtfelde von Lemberg vordrängen. Angesichts der sehr bedeutenden Ueberlegenheit des Feindes war es geboten, unsere schon seit drei Wochen fast ununterbrochen heldenmütig kämpfenden Armeen in einem guten Abschnitt zu versammeln und für weitere Operationen bereit zu stellen. (ausführl. Bericht in den *Münchner Neuesten Nachrichten* vom 14.9.1914)

19/9
Durch Orkan gestörte Nacht. Karte an Marta, Brief an Alfred, in die Stadt spaziert. Nachmittag gelesen, zu Mim; abend Familienleben, durch den Soldaten Andreas verschönt, der vom Krieg spricht wie ein 10 järiger Bub, der »Soldaten spielt«.

20/9
Mim gratulirt, die Blumen u. Brief von der armen Marta! – Brief von Alfred (der gute Scheffer-John gefallen!), Karte von Gusty; Karte an Heinz (23), Spaziergang mit Rosenbergs. Nachmittags Familienchocolade bei Mim, mit Strick- u. Häkelbegleitung, alle Weiber, 12 an der Zal; abends alle 4 Gagls, die tägliche Ilse und Andreas, der Abschied nahm, da er morgen »herauskommt« (er behauptet's). Im Bett gelesen.

21/9
Brief an Alfred, Telephonnachricht durch Heinrich, daß Jürgen wirklich gefallen! Droschkenfart mit Mim unter d. Linden, bei besserem Wetter; nachmittag zu Rohrscheidts in die Stadtwonung, fand Marta sehr gefaßt, Paul gebrochen; Dietrich im Bett, Schwager Lademann beim Tee, auch kondolirend. Auf Patrouille ist der Kleine am 24/8 gefallen, wie sein Rittmeister an Marta schrieb! – Gegen Abend noch bei Mim Strickkränzchen, abend wie immer. Keine Kriegsnachrichten.

22/9
Karte von Alfred u. an ihn. Brief an Heinz (24), Spazierfart mit Mim; nach dem Frühstück Spaziergang. Beim Tee Gleistein, bei Mim Strickkränzchen, one Else, die den ausreisenden Andreas am Banhof verstaute; abend wie immer.

23/9
Else läßt wegen grimmer Kälte endlich heizen! Brief von Katja, Karten an sie u. an Gusty, Droschkenfart mit Mimchen, nachher Spaziergang u.d. Linden, die wenig kriegsafficirt. Bei Mimchen Strickkränzchen, durch Grete Meisel-Heß' Lügengeschichte schamlos belustigt. Abend wie immer.

24/9
Briefe von Alfred u. Klaus; Brief an Alfred, Karte an Heinz (25), Droschkenfart mit Mim, Spaziergang im Tiergarten. Beim Tee ein übles Frl. Jane Mann, bei Mim Bondi's mit Mira; beim Essen

Mühlinghaus. Vom westlich. Krieg nichts! Todesanzeige von Viktor Grothus.

25/9
Brief von Alfred, von Milka, Karte von »Schwester Gusty«. Mit Untergrund zu Heinz' Wirt, seine Wonung[181] gekündigt; Karte bei Frau v. Grothus, die nicht zuhaus. Karte an Alfred, Brief an Klaus. Zum Tee zu Sterns mit Kaete; dann Strickkränzchen bei Mim; abend wie immer.

26/9
Karte von Katja, Brief mit Geld an Marta, Brief an Alfred, Karte an Heinz (26), Spazierfart, später Spaziergang. Beim Tee Besuch von Fürstenberg, dann zu Miez. Abend wie immer; u. immer nichts neues vom Krieg!

27/9
Brief von Alfred, Karte von Dora [Rauch], Karte an »Schwester Auguste« (Gusty); um ½11 mit der »Elektrischen« nach Grunewald, langer Besuch bei Harden, der unsre Gesammtposition sehr pessimistisch ansieht; dann bei Bondi's ganz gemütlich gegessen, nachtisch Gesang von Dora [Brinkmann]: na..! Dann Besuch bei Pannwitz', deren »Palais« ein richtiges »Schloß« geworden, äußerst prächtig u. sehr schön. Bei Mim mit Luigia Tee; abend Klemperers[182], und plötzlich – Klaus! der zur Première von Humperdingks »Marketenderin« hergeschickt wurde.

28/9
Stürmisches Wetter; Karte von Alfred, Kondolenz an Arthur [Schleh], dessen einziger Son gefallen; in die Stadt. Beim Frühstück Klaus, wares Unwetter. Karte an Heinz (27), gepackt, Dora Rauch verfehlt; bei Mims Tee Lili Keith mit Mann, Gagl (Miez leider durch Influenza verhindert) u. Dora [Brinkmann]. Beim Essen unten Klaus u. Mim, Hermann später, von Dresden zurück. Nichts neues. Spät fertig gepackt. Orchideen u. charmanten Brief von Fürstenberg.

29/9 München
Um ¾9 Abreise, von Else u. Kaete zur Ban geleitet; normale Fart im bequemen Coupé, »Ille mihi« von der Heyking mit Mühe

---

181 nicht im Adreßbuch verzeichnet
182 vermutlich Herbert v. Klemperers

gelesen, mit der née Bassermann geplaudert, Dreher begrüßt, um ¼9 von Alfred empfangen. Von Heinz nichts, von Wolf u. Friedrich[183] Feldpostkarten, viel kl. Korresponden[z] gefunden. Geplaudert u. ausgepackt.

30/9
Geordnet, Brief an Mimchen, von Klein-Milka u. Chuchu umspielt; bei schönem külem Wetter in die Stadt, nachtisch Kommissionen, beim Tee Katja mit 2 Kindern; gegen Abend zu Sophie, vortisch zu Eu. Abend Karte an Heinz (28), Zeitungen.

1 October.
Brief an Mim, Besuch von Tamara, mit ihr bei herrlichem Herbstwetter zu Olga, die nun bettlägerig, sonst unverändert. Feldpostkarten an Friedrich u. Wolf, an letzteren auch Cigarren. Nachmittag Austritt der Köchin Fanny, Eintritt der neuen Marie; in die Stadt, beim Tee Ehepaar Caratheodori. Die Köchin eingerichtet, Karte an Klaus, Zeitungen, gehäkelt.

2/10
Brief an Mim, Tante Asta in der Pension besucht, Kommissionen. Nachmittag bei Regen zu Katja, mit Alfr. dort Tee. Abend langer Brief an Heinz (29), Zeitungen, gehäkelt.

3/10
Briefe ~~von~~ an Mim u. Fürstenberg, Chocolade an Heinz. Besuch von Blaul, Kommissionen. Nachmittag Wintersachen ausgepackt, beim Tee Hannchen, später Eu. Brief von Mim, Karte von Klaus; gehäkelt, Zeitungen.

4/10
Brief von Gusty, Artikel von Klaus gegen »die Kriegsoperette« (Humperdingks »Marketenderin«);[184] Brief an Mim, Spaziergang. Beitisch Manns, Katja mit den Kindern über den Tee. Telegramm von Mühlinghaus, daß Peter gesund, kriegsgefangen in Australien sitzt! Karten an Mittag-Leffler u. Centralauskunft in Berlin, mit dieser Anzeige. Langer Besuch von Sophie, Brief an Klaus. Novellen von Poe[185] gelesen, gehäkelt.

---

183 vermutlich der ehemalige Diener bei Pringsheims, Vorgänger von Wolf
184 s. im Anhang *Zusätzliche Dokumente*
185 nicht zu ermitteln

5/10

Brief von Marta, an Mimchen, kl. Korrespondenz. In die Stadt, Kommissionen. Karte an Heinz (30), von Heinz vom 18/9, vom 29. gestempelt! Nachmittag zweimal wegen Wurst für Heinz herumgelaufen u. Pelzjacke für ihn gekauft. Besuch bei Bernsteins, Brief von Else. Abend Zeitungen, Poë, gehäkelt.

6/10

Abscheuliches kaltes Regenwetter. Brief an Mim, Karte nach Genf, zu Olga citirt, die mit ihrer Wonung Schwierigkeiten, wobei sie sich wieder so ekelhaft aufführte, daß die Wirtin ihr zum 1/11 kündigte. Nachmittag Wollsachen für Heinz gekauft u. nebst der Pelzjacke in Kiste verpackt nach Dillingen geschickt. Brief von Klaus, Karte von Hilbert. Gelesen, »Zukunft« etc.

7/10

Briefe von Mim u. von Miez; Karte an Mim, Brief an Else. Aufgeregte Telephonnachricht von Tamara-Olga. In die Stadt, Spaziergang. Nachmittag Kiste für Miez gepackt; Katja mit 4 Kindern zu Milka's nachgefeierter Geburtstagschocolade; Besuch bei Sophie. Briefe von Lisbet u. von Lily Bamberger. Abend 3 Packete für Klaus, Briefe an Klaus u. an Heinz (No 31).

8/10

Karte an Hedda, Brief an Mim, Besorgungen u. Spaziergang bei schönem Winterwetter. Nachmittag tief deprimirt, zuhaus, gehäkelt, Poe gelesen. Vom Krieg immer nichts entscheidendes. Karte von Heinz vom 25/9.!

9/10

Brief an Mim, wollne Schuh an Heinz, Spaziergang. Nachmittag Waldfriedhof, wo wieder Soldatenbegräbnis. Beim Tee Eu, dann Katja. Karte an Heinz (32), Brief an Hilbert. Sehr deprimirt.

10/10

Regenwetter; aber: Antwerpen in unserm Besitz!![186] Brief an Mim, Briefe von Mim u. Else, »Schaubüne« mit Klaus' Operetten-Arti-

---

186 **Antwerpen gefallen!** Heute Vormittag sind mehrere Forts der inneren Festungslinie von Antwerpen gefallen. Die Stadt ist seit heute Nachmittag in deutschem Besitz. Der Kommandant und die Besatzung haben den Festungsbereich verlassen, nur einzelne Forts sind noch vom Feinde besetzt. Der Besitz von Ant-

kel.[187] Kommissionen, Packet mit Cefabu[188] etc. an Heinz. Nachmittag bei Schandwetter daheim, Karte an Lily Bam, Brief an Marta, Karte an Generalin v. Hartmann. Abend langer englischer Brief an Peter, der ihn wol nie erreichen wird.

11/10

Briefe an Mim u. an Mühlinghaus, mit Einlage an Peter. Bei Winterwetter Besuch bei Olga. Beitisch Manns, Katja mit Kindern über den Tee, wozu noch Rud. Oldenbourg u. Reischs. Dann Brief an Heinz (33), Karte von Frau Gabrilowitsch aus Neapel.

12/10

Dankkarte von Generalin v. Hartmann, Briefe an Mim u. Mieze, Kommissionen mit Milka. Nachmittag Spaziergang, beim Tee lange Eu. Abend Journale u. Zeitungen: nichts neues aus Frankreich.

13/10

Schönes, küles Wetter. Brief an Mim, Besuch von Crodu, Spaziergang mit ihm. Nachmittag zu Schulze, dem Fräulein die Adresse des Berliner Erkundigungsbüreau gebracht. Beim Tee Frau Haushofer, danach Besuch bei Stadlers. Abend allein, Karte an Heinz (34) u. Brief an Harden[189]. Nichts neues vom Krieg!

14/10

Brief an Mim, Briefe von ihr u. Mühlinghaus, Karte von Mittag-Leffler. Spaziergang und Kommissionen, nachmittag dito u. Besuch in Eu's Arbeitstätte[190]. Beim Tee Katja mit 3 Kindern. Packet an Frau Haushofer, Brief an Klaus.

15/10

Brief an Mim, Packet mit »Schlupferln«[191] u. Zettel etc. an Heinz, Besuch bei Olga, die immer verzweifelter. Brief vom guten Peter aus Melbourne vom 19. Aug.! via New York; u. Brief von Klaus.

---

werpen ist dadurch nicht beeinträchtigt. (ausführl. Bericht in den *Münchner Neuesten Nachrichten* vom 10.10.1914)

187 »Kriegsoperette« von Klaus Pringsheim, in: *Die Schaubühne*, 10. Jg, 2. Bd, 250-253 (s. Anhang *Zusätzliche Dokumente*)

188 Ein Kunstwort von Hedwig Pringsheim vermutlich zusammengesetzt aus den Worten Cigarren, ??? und Bücher.

189 im Original erhalten und veröffentlicht in: *Meine Manns*, 140f.

190 so im Original

191 Familiensprache, sind wohl Bettsocken oder Bettschuhe gemeint (s. auch 3.12.)

Oktober

Nachmittag Besorgungen, beim Tee Frau v. Scheubner, dann Brief an Mühlinghaus, wegen Peter. Tolstoi's »Sewastopol« gelesen.

16/10
Brief von Heinz vom 28/9! Brief an Mim, Karte an die Ersatz-Eskadron Dillingen, Plumcake an Heinz. In die Stadt, Wollsachen für Heinz gekauft u. nachtisch in 2 Packeten abgesandt. Zum Tee mit Milka per Tram zu Katja: ein Abenteuer! Dort der »prickelnde« Richter[192], Briefe verlesen. Abend Brief an Heinz (35), Tolstoi gelesen.

17/10
Todesanzeige von Hauptmann Sertorius, Brief an die Witwe u. an Lily Bam; Brief an Mim, Spaziergang, nachmittag Kommissionen. Brief von Frl. Gleistein, die ebenfalls von Peter Nachricht hatte; beim Tee Olga u. Tamara, erstere ganz perplex, weil Heinz sie »natürlicher- u. vernünftigerweise« in Berlin glaubt; was nun nicht mehr zu machen. Abend Brief an Klaus, mit »Bürgschaft« von Alfred. Brief von Mim. Tolstoi gelesen.

18/10
Brief von Miez, Brief an Mim u. Gleistein, Spaziergang. Beitisch Manns, dazu zum Tee Marga Obu. Abend Brief an Milka, Karte an Heinz (36), Tolstoi gelesen.

19/10
Brief von Eva, Karten von Harden u. aus Dillingen, daß die Packet[e] befördert seien, von Brief an Mim. Brief von Klaus mit Einlage, Karte von Eva Baudissin aus Berlin und 2 Karten von Heinz, vom 3. u. 6/10, mit denen gleich zu Olga eilte. Nachtisch Kommissionen, nach dem Tee zu Stadlers. Abend »Zukunft« u. Tolstoi.

20/10
Brief an Mim, Spaziergang, Kommissionen. Nachmittag Veranda-Ausstattung fortgeräumt, beim Tee Lula; dann Karte an Klaus, Brief an Heinz (37), Kondolenzkarte an Frau Lipps.[193] Alfred in der Oper, spät gegessen, vorher gelesen, »Zukunft« u. Tolstoi. Da Alfr. »heimlich« mit Frau v. Eckardt im Theater, kleine Auseinandersetzung mit ihm.

---

192 d.i. Georg Martin Richter
193 Der Ehemann Professor Theodor Lipps war am 17. Okt. gestorben.

21/10

Brief an Mim. Besuch von Olga mit allerlei Querulanzen; dann zu Katja gerannt, deren Golo krank ist, eventuell irgendeine Ausschlagskrankheit; herrlich Herbstwetter. Nachmittag in die Stadt. Beim Tee Eu, Sendung von Äpfeln mit herzlicher Karte von Frau Hilbert. Abend Dankkarte an sie u. Karte an »Schwester« Gusty, Brief von Mim, gelesen.

22/10

Brief an Mim, Karte von Mittag-Leffler u. an ihn, »Pains in Tuben« an Heinz, Spaziergang u. Kommissionen. Nachmittag Karte an Heinz (38), beim Tee Katja mit den Kindern, da es Golo wieder gut geht. Sie ein Stück Weges gebracht. Brief von Else u. einen langen Brief an Peter (2) nach Melbourne geschrieben.

23/10

Brief an Peter beendet, kurzer Brief an Mr. Delprat u. vierseitiger an Rudio, mit Bitte um Beförderung der Einlagen nach Melbourne. Spaziergang u. Kommissionen bei herrlichem Herbstwetter, Brief an Mim, nachmittag nebst Alfred zum Tee zu Manns, wo nun leider doch der Golo vom Scharlachfieber ergriffen scheint; beide Wege zufuß. Abend gelesen u. gestrickt. Karten von Heinz vom 13/10 u. von Klaus, Brief von Marta.

24/10

Brief an Mim; mit Heinz' Karte zu Olga, die ebenfalls eine vom 13. Nachmittag Kommissionen. Karte an Eva Baudissin, Packet an Heinz mit Schal u. Strümpfen, Brief an ihn (39), Karte an Harden. Tolstoi gelesen.

25/10

Brief an Mim und von ihr. Bei »Nebelreißen« Spaziergang mit Katja im engl. Garten, da wegen Golo's zweifelhaftem Scharlach Vorsicht geboten. Beim Essen u. über den Tee Olga mit Anhang: die beiden Kleinchen[194] niedlich zusammen. Beim Tee ziemlich lange Stadler. Abend Brief an Klaus (früh Karte von ihm), Journale gelesen, viel gestrickt.

26/10

Brief an Mim, Karte von Heinz vom 13. u. langer Brief vom 17. aus Seclin, westl. Lille; Karte von Klaus aus Leipzig. Bei feucht-trübem

---

194 das sind Tamächen und Milka

Wetter in die Stadt. Chocolade an Heinz u. Karte (40). Beim Tee Dr. Cohen, bis 8 Ur! Dazu Katja mit Aißi, da Golo fast gesund. Abend »Oblomoff«[195] u. »Zukunft« gelesen.

27/10

Briefe an Mim u. an Eva (zu Herbert Bondi's Tod); Spaziergang. Nachmittag Brief an Marta, beim Tee lange Braune's. Abend »Zukunft« u. »Oblomow«. Brief von Mimchen.

28/10

Brief an Mim, Kommissionen, Spaziergang, nachmittags in die Stadt. Beim Tee Katja mit Aißi u. die Gugg, dann kurzer Besuch bei Sophie. Brief an Heinz (41), »Oblomow« gelesen.

29/10

Brief an Mim, kl. Korrespondenz (Vereine abgeschrieben); Spaziergang mit Katja; nachmittag in die Stadt, Cakes an Heinz. Beim Tee Else Schöll. Karte an Castillo, durch[196] plötzlich aufgetaucht. Abend gelesen.

30/10

Briefchen von Hedda, Brief an Mim, mit Katja, deren Aißi nun Masern hat, in der Stadt getroffen. Karte an Heinz (42). Zum Tee zu Katja, wo auch Alfred; beide Wege zufuß. Karte von Elsbet Björnson, in Dagny's Auftrag. Abend totmüde, »Oblomow« gelesen. Der Krieg »steht«.

31/10

Karte von Harden, Brief an Mim. Beginn der türkisch-russischen Feindseligkeiten. Besuch bei Olga, die mir u. Tamara eine solche Scene total irrsinniger Natur machte, daß Tamara mit mir fortlief, erklärte nicht wieder zurückzugehen, bei uns aß u. sich nach einer Pension umsehen ging. Fortwärend aufgeregtes Telephoniren mit Schwester Anna, Tamara, abend mit Katja: ekelhaft. Dr. Höflmayer leider nicht zu erreichen: denn sie gehört in eine Anstalt. Nachmittag der altgewonte Castillo, beim Tee Elsa B., Loehrs u. Eu. Abend »Oblomow«. Brief von Mim u. endlos langer von Gusty.

---

195 von Iwan A. Gontscharow
196 so im Original

1. November.
Mit Schwester Anna Telephon: Olga ist nicht nach Berlin (selbstverständlich!), Tamara wieder daheim; kam nicht, wie erwartet, zum Essen. Brief von Rudio, Feldpostkarte von Scheubner-Richter vom 29/10. Vormittags bei herrlichem Wetter auf den sehr besuchten Waldfriedhof, vom und zum »Harras«[197] zufuß. Dann Brief an Mim. Da die Mädchen aus, nachmittag Milka versorgt, Brief an Heinz (43), beim Tee Tamara, die gradezu Schauermären von Olga's Auffürung berichtete. Abend mit Alfred ins Odeon, Mozarts »Requiem«, »zum Gedächtnis der gefallenen Krieger«.[198] Sehr schön, griff mich sehr an. Nachher Walters begrüßt, Anzal Bekannter gesprochen.

2/11
Briefe von Marta u. Lily Bam; Brief an Mim, Karten an Wolf u. Scheubner-Richter; mit Dr. Höfelmayer telephonirt, rendez-vous bei Olga verabredet. In die Stadt, Pain an Heinz. Nachmittag Brief an Klaus, Besuch von Sophie, um ½7 zu Olga, wo eine abscheuliche Scene zwischen ihr u. Höfelmayer, der als Nervenarzt unmöglich scheint u. schwer zu sagen wäre, wer von den beiden der Verrücktere. Nachdem er wütend davongestürzt, beruhigte ich Olga, was mir auch gelang, sodaß sie mich nachhaus geleitete. Von der nurse gewarnt, traute sich Tamara, die von Höfelmayer Olga'n denuncirt worden, nicht nachhaus, kam um 9 weinend zu uns: Olga werde sie schlagen, anspucken, umbringen, sie könne nicht zurück; bis auf mein Zureden Alfred sie heimfürte. Was Geschichten!

---

197 Verkehrsknotenpunkt in Sendling, Kreuzung von Plinganser-Straße und Albert-Roßhaupter-Straße

198 **Aus den Münchner Konzertsälen.** ... Die Auffürung war von Bruno Walter mit der gewohnten künstlerischen Gewissenhaftigkeit und großen Sorgfältigkeit vorbereitet ... Um die Wiedergabe der Soli machten sich vor allem Frau Hermine Bosetti, ferner Fräulein Luise Willer und die Herren Karl Erb und Paul Bender verdient ... Dem Requiem ging als geeigneter Auftakt die »Maurerische Trauermusik« voran. – Das in Massen erschienene Publikum war von dem Requiem sichtlich sehr ergriffen und enthielt sich, dem Charakter des Werkes und dem Ernst der Stimmung entsprechend, jeder Beifallskundgebung. (Bericht in den *Münchner Neuesten Nachrichten* vom 3.11.1914)

November

3/11

Sehr netter langer Brief von Heinz, in dem er sein Eisernes Kreuz meldet, vom 26/10. Brief an Mim, Karte an Klaus. Mit Katja rendez-vous in der Stadt. Nachmittag Pensionen für Olga angesehen, die sie, als sie mit Tamara zum Tee kam, hochmütig refüsirte, obgleich sie angenehm u. sehr acceptabel waren: da sie sich die teure Pension »Gartenheim« eingebildet. Alfred machte ihr den Standpunkt klar, worauf sie wieder tief verstimmt u. völlig verständnislos war. – Brief von Klaus u. Karte vom guten Wolf aus Antwerpen vom 27/10. – Abend Alfred aus, »Zukunft« gelesen, Karte an Heinz (44).

4/11

Brief von Mittag-Leffler, daß Peter in Australien bleiben mußte, vom Schiff in Brisbane heruntergeholt wurde! Brief an Mim, in die Stadt. Karte an Klaus, daß Kontrollversammlung angesetzt; »Lungenschützer« an Heinz. Nachmittag Castillo, beim Tee Eu, abends bei Seeligers, nur mit Dycks u. Töchtern[199] – sehr gemütlich u. angenehm.

5/11

Brief an Mim, mit Katja Kommissionen, Besuch vom Crodu, Brief von Herrn od. Frl. Delprat aus Amsterdam, mit Nachrichten über Peter, Telephon mit Prof. Maas, der aus Australien heimgekehrt. Karte von Heinz vom 14/10. – Briefe an diese (?) Delprat, an Elsbet Björnson u. an Heinz (45) – uff! Abend gelesen.

6/11

Brief an Mim, mit Katja Kommissionen u. Spaziergang. Nachmittag Karte u. Cigarren an Wolf nach Antwerpen u. ans physikalische Institut[200] nach Berlin Karte; langer Besuch des Prof. Maas, der uns gutes von Peter berichtete, Adressen u. Ratschläge gab u. sehr interessant von der Reise u. seiner Internirung in London erzälte. – Karten an Mittag-Leffler u. Rudio, engl. Brief an Peter (3), in den an Frl. Delprat eingeschlossen – uff!

---

199 das sind Hedwig u. Gertrud
200 Peter Pr. arbeitete damals als Assistent von Prof. Heinrich Rubens am physikalischen Institut der Wilhelm-v.-Humboldt-Universität.

7/11

Brief von Lala-Klaus, Brief an Mim, in die Stadt. Briefe von Mim, von Heinz (vom 25) u. langer netter von Friedrich aus Antwerpen. Karte von Heinz vom 28, Karte an ihn (46) u. Lebkuchen. Zum Tee zu Katja, da Alfred Akademie; alle Briefe verlesen; Aißi fast gesund, die andern Kinder noch. Brief an Gleistein, abend schönste Überraschung: Brief von Peter aus Melbourne vom 25/9, via Gertrude Smith New York. Es geht ihm gut, nur macht er sich schwere Sorgen um uns: der Gute! – Tommy's weitschweifigen Artikel in der »Rundschau« gelesen.[201]

8/11

Brief an Mim, Brief von Eva, Brief an Frau Stern mit Einlage von Peters Brief. Mit Katja Spaziergang im engl. Garten bei lauem Nebelwetter. Nachmittag Castillo, dazu zum Tee Dr. [Arthur] Rosenthal. Dann Besuch bei Sophie, wo der »Lamm«[202] zu kurzem Urlaub. Abend Brief an »Gertrude« mit langem engl. Brief an Peter (4).

9/11

Brief von Heinz vom 29/10, Brief von Miez, an Mimchen, Spaziergang mit Katja. Karte von Heinz vom 1/11. Allerlei Glückwünsche, da Heinz' Eisernes (auf das nur Olga gepfiffen) nun »gestanden« hat. Briefe an Heinz (47) u. an Marta, »Zukunft« u. »Oblomow«[203].

10/11

Brief von Gusty, Karte von Scheubner-Richter, Kondolenz an Frau Marks,[204] Brief an Mim, Besuch in der Universität u. bei Olga, mit Heinz' letzten Briefen. – Karten von Eva Baudissin u. Gagl, Karte und Cigaretten an Friedrich, beim Tee Katja, Brief von Gleistein mit Einlage von Peter u. Peters Militärpaß: Der Unselige

---

201 *Gedanken im Kriege*. In: *Die Neue Rundschau*, XXV. Jg, H. 11, 1471-1484
202 d.i. Lambert, der jüngste Stadler-Sohn
203 von Iwan A. Gontscharow
204 zum Tod ihres ältesten Sohnes Albert, gefallen am 30.10..1914 in den Kämpfen am Yperkanal

hat sich doch wirklich nicht abgemeldet![205] Darüber mit Eu telesponirt, Brief an Lala, Rundschau u. Journale gelesen.

11/11
Brief an Mim; mit Katja Kommissionen, engl. Kuchen an Heinz. Karte von Heinz vom 2/11, mit Meldung, daß zweite Dillinger Sendung endlich ankam. Nachtisch Castillo, beim Tee Elsa B.; Karte an Heinz (48) u. Briefchen an Gleistein, mit Einlage von Peter. Abend gelesen u. handgearbeitet.

12/11
Brief von Mim u. an sie. Moni hat nun auch die Masern, u. Golo auch. Sturm, Hagel, Schnee. In die Stadt, Kommissionen. Freundlicher Brief von Peters Chef Rubens. Nachmittags rendez-vous im lauten, hellen, geräuschvollen Café Fürstenhof, wo geputzte Menschheit bei Musik sich ergötzte, mit Scheubner-Richters, die abends nach Konstantinopel reisen, ihre Freunde dort verabschiedeten: er in geheimnisvoller Mission nach Erzerum[206], sie als rote-Kreuz-Schwester, mit Frl. Flörke, nach Konstantinopel. Zuhaus beim Tee dann Olga u. Tamara. Abend Brief an die Gusty, »Oblomow«.

13/11
Brief an Mim, Spaziergang mit Katja im engl. Garten. Nachmittag zuhaus, gepumpelt, Handarbeiten, Brief an Prof. Rubens u. Brief an Heinz (49). »Oblomow«.

14/11
Briefe von Marta u. von dem nun decouvrirten »Fräulein« Delprat aus Amsterdam. Brief an Mim. Mit Alfr. bei garstigem Regenwetter in die Akademie-Festsitzung, sehr hübsche patriotisch-warme u. dabei nicht chauvinistische Rede von Heigel über »Der Krieg u. die Wissenschaft«,[207] dann Wölfflins nicht sehr bedeutender Vortrag »Die Architektur der deutschen Renaissance«. Briefe von Mim u. von Klaus, der seine Sachen nun alle in das, dem Gerücht nach,

---

205 D.h., daß Peter Pringsheim als fahnenflüchtiger Reserveoffizier in den Akten geführt werden könnte.
206 Gemeint ist Erzurum, größte Stadt Ostanatoliens, 1300 km östlich von Konstantinopel gelegen.
207 im Wortlaut abgedruckt im Feuilleton der *Münchner Neuesten Nachrichten* vom 15.11.1914

bedrohte Breslau schicken läßt! Nachmittag Castillo. Gestrickt, Zeitungen, engl. Brief (5) an Peter, sehr lang, u. »Zukunft«.

15/11
Brief an Mim, Brief an Gleistein, in Peters Militärsache. Mit Katja im engl. Garten spaziert. Bei Tisch Olga mit Anhang, die über den Tee blieben. Dazu Reischs u. Rudi Oldenbourg, wärend Alfred bei Galstons. Brief an Frl. Delprat, mit Einlage für Peter; Drops an Heinz, u. Karte an ihn (50); Brief an Harden,[208] gelesen.

16/11
Brief an Mim, Karte von Heinz vom 6., Brief vom 8ten. Auf die Universität u. viele Kommissionen. Nachmittag alle Sachen für Klaus, Tischwäsche vom feinsten, herausgesucht; Karten von Rudio u. von Lily »Reiff«. Besuch bei Sophie, abend, wärend Alfred mit Katja im Koncert, Brief an Heinz (51) mit Zeitungen, (mal wieder günstiges aus Rußland.)[209] Absage an Gräfin Arco zu einer »Mode-Besprechung« u. Handarbeiten.

17/11
Brief an Mim. Klaus' Sachen fertig gepackt und expedirt per Fracht. Rendez-vous mit Katja in der Stadt bei Schnee u. Sauwetter. Vorher Tamara, die einen vor Olga geheimen Brief abholte. Nachmittag Karte an Rudio, Brief an Klaus mit Schlüssel, Karte an Castillo, Brief von Gleistein mit Einlagen. Beim Tee Olga, aufgeregt, mit eine[r] ihrer üblichen Tatarennachrichten. Abend »Oblomow« ausgelesen.

18/11
Brief an Mim, Chocolade u. Schlupferl an Heinz, Erkundigung beim kranken Crodu u. in die Stadt. Nachmittag Briefe von Mim

---

208 im Original erhalten und veröffentlicht in: *Meine Manns*, 141-143
209 **Der amtliche Tagesbericht**. ... Die aus Westpreußen operierenden Truppen wehrten bei Soldau den Anmarsch russischer Kräfte erfolgreich ab und warfen am rechten Weichselufer vormarschierende starke russische Kräfte in einem siegreichen Gefecht bei Lipno und Plock zurück. In diesen Kämpfen wurden bis gestern 5000 Gefangene gemacht und 10 Maschinengewehre erbeutet. In den seit einigen Tagen in Fortsetzung des Erfolges bei Wloclowec stattgehabten Kämpfen fiel die Entscheidung. Mehrere uns entgegengetretene russische Armeekorps wurden bis über Kuino zurückgeworfen. Sie verloren nach den bisherigen Feststellungen 23 000 Mann an Gefangenen, mindestens 70 Maschinengewehre und viele Geschütze, deren Zahl noch nicht feststeht. (ausführl. Bericht in den *Münchner Neuesten Nachrichten* vom 17.11.1914)

u. Mittag-Leffler. Zur Geburtstagschocolade zu Katja, deren 2 Kleine[210] noch im Bett, Erika noch, Aissi schon gesund. Bei kolossalem Schneefall zufuß heim. Gelesen u. gehäkelt.

19/11

Briefchen an Gleistein, mit Peters Brief, nachdem Alfred gestern beim Bezirkskommando die Angelegenheit von Peters Nichtabmeldung zu befriedigendem Abschluß gebracht (der Sergeant schrieb einfach »beurlaubt ins Ausland« in seinen Militärpaß: gottlob!) u. Brief an Mim. Karte an Heinz (52), Kommissionen. Nachmittag Castillo, dann zu Eu: dem Crodu gehts schlecht, es war leider ein Schlaganfall. Abends, zu Marta's trefflichem Rehrücken, Tommy's u. Bernsteins, recht gemütlich. Bernstein woltuend verständig u. maßvoll, sie wirklich zu dumm; und Tommy's Politik auch eher peinlich.

20/11

Briefe von Gertrude [Smith] u. von Frl. Delprat, Brief an Mim; bei schönem Winterwetter in die Stadt u. dem Crodu, dems gottlob besser geht, Rosen gebracht. Karte an Marta, in die Stadt, Weihnachtsliebesgaben gekauft, dann sortirt. Abend Karte an Mittag-Leffler, Brief an Lily Reiff (Bam).

21/11

»Liebesgaben« für den »Soldatentag«.[211] Brief an Mim, bei herrlichem Winterwetter Spaziergang mit Katja. Briefe von Heinz vom 12/11, von Mim, Karte von Harden. Nachmittag Castillo, nach

---

210   das sind Golo und Monika
211   **Weihnachten im Felde.** Der erste Soldatentag ist angebrochen, der Tag der Haussammlung. Heute, Samstag, werden in der Zeit von 10-5 Uhr Mittelschülerinnen in Begleitung von Erwachsenen von Tür zu Tür gehen und die Weihnachts-Liebesgaben für unsere Soldaten und Matrosen sammeln. Die ordnungsliebende Hausfrau tut gut, ihr Gabenpäcklein schon bereit zu halten; sie selbst weiß auch am besten je nach Inhalt die einzelnen Sachen gut zu verstauen ... Wer keine Zeit oder Lust hat, Naturalgaben zu spenden, der lege sich wenigstens ein Geldstück zurecht, das er in die mitgeführte Sammelbüchse wirft ... Der Haussammlung am Samstag folgt am Sonntag der zweite Soldatentag, der Tag der Straßensammlung. Weit über 500 Geschäfte haben bis zum Freitag abend schon sich die Plakate aus dem Rosipal-Haus holen lassen, mit deren Anbringung sie die Verpflichtung übernehmen, den am Sonntag für das Rosipal-Haus einkaufenden Kunden einen Nachlaß von 10 Prozent zu geben ... Je mehr kaufen, desto mehr ist den Soldaten, der Heimat, kurz dem ganzen Vaterland geholfen. (ausführl. Bericht in den *Münchner Neuesten Nachrichten* vom 21.11.1914)

dem Tee zu Eu: dem Crodu gehts fortschreitend besser. Abend engl. Brief (6) an Peter, in Lily's eingelegt. Brief an Heinz (53).

22/11
Brief an Mim, Karten von Heinz vom 13. u. 16: er ist wieder am alten Platz in den Schützengräben. Spaziergang mit Katja bei schönem Winterwetter; nachmittag beim Tee ganz allein mit Milka (Alfred bei Galstons), meinen Schal fertig gehäkelt; gegen Abend zu Eu. Abend »Zukunft«, Karte an Frau Hilbert.

23/11
Karte von Heinz vom 17. Briefe an Mim u. Else, Karte an Heinz (54), bei Sudelwetter Weihnachtskommissionen für »draußen«, nachmittags ebenfalls. Brief von Marta, mit Photographien des armen Jürgen u. sehr netter langer Brief wieder von Friedrich. Beim Tee Katja, dann noch Besuch bei Sophie. Abend Kisten für Wolf u. Friedrich gepackt, Journale gelesen.

24/11
Brief von Klaus, an Mim. Besuch von Tamara, die Geld borgte u. bitter über Olga klagte; dann bei Sudel-Sauwetter Kommissionen; nachtisch die Kisten versandfertig gemacht, Briefe an Marta, an die Dillinger Ersatz-Eskadron u. an Klaus. Journale gelesen.

25/11
Brief an Mim, mit Katja Kommissionen. Nachmittag Castillo, dann Stiefel u. Pelz für Heinz besorgt u. zu Eu: der Crodu schreitet vorwärts. Karte an Frau Helene Oldenbourg, die mir einen alten Zettel von Peter aus Sidney übersandte u. Brief an Heinz (55); Briefe[212] von Mimchen.

26/11
Karte von Heinz vom 19., Brief an Mim, von Else, Kommissionen. Nachmittags mit Katja zu Romberg, der mit Katja sehr zufrieden war, meine[213] Ischias für Muskelrheumatismus erklärte u. mir »Ablenkung« gegen allgemeine Schwäche verordnete. Dann noch mit Katja u. Klaus in die Stadt. Beim Tee Milka u. Tantchen, zu Eu; durch Annette erfaren, daß der arme Heymel an Darmtuberkulose gestorben. Abend Heinz' 2 Kisten gepackt, langer engl. Brief an Peter (7).

---

212 so im Original
213 so im Original

November

27/11

Die Stadt wegen 40000 gefangenen Russen geflaggt.[214] Brief von Miez, Briefe an Mim u. an Frl. Delprat, mit Einlage für Peter. Heinz' Kisten adressirt, gehen ab. Karte von Scheubner-Richter aus Konstantinopel. Kommissionen, Schneiderei. Zum Tee zu Katja, wo auch Alfred, u. wo sich Erika nun glücklich auch noch mit Masern gelegt hat! Bei schönstem Wetter beide Wege zufuß. Abend Karten an Heinz (56) u. an Mira, gelesen. Karte bei Frau Lipps.

28/11

Brief an Mim, Karte bei Frau Marks, Besuch bei Olga. Nachtisch Castillo; beim Tee Lisbet, wie immer ziemlich schröglich. Brief von Mim u. Anfrage nach Heinz' Adresse von Frau Delbrück aus Rom; Brief an Klaus, Besuch bei Eu: dem Crodu gehts dauernd besser. Karte an Frau Delbrück, Goethe's »Campagne in Frankreich« gelesen.

29/11

Brief an Mim, Weihnachtseinkauf (600 Cigarren, 1000 Cigaretten, 60 Pack. Lebkuchen) für Heinz' Mannschaft, dann bei schönstem Wetter Spaziergang mit Katja: außer Erika auch Moni wieder sehr krank. Beitisch Olga mit Anhang, beim Tee nur Olga u. Marga Obu. Brief an Heinz (57); abends »Kränzchen« bei Dycks mit Seeligers u. den 4 jungen Leuten[215]: ungemein gemütlich und angemessen.

30/11

Karte von Heinz vom 24. Meine Karte vom 6/11 an Wolf zurück. Brief an ihn, besorgt daß auch die die[216] Weihnachtskiste ihn nicht

---

214 Die 9. deutsche Armee unter Mackensen hatte am 17. Nov. den um Lodz zusammengedrängten Flügel der Russen von Norden und Westen umschlossen. Trotz dem Flankenschutz, den das Korps Morgen gegen Warschau ausübte, umklammerten die Russen die deutschen Umfassungstruppen, die im Rücken abgeschnitten wurden. In der Nacht vom 24. zum 25. Nov. schlugen sich die Deutschen bei Brzeziny durch und machten 40 000 Gefangene. Der russ. Versuch, Ende Nov. die deutsche Umklammerung bei Lodz gegen Westen zu durchbrechen, mißlang. Am 6. Dez. wurde Lodz von den Russen geräumt. (Gr.Br., 1932, Bd 11, 517)

215 Treffen der drei Akademiemitglieder Pringsheim, v. Dyck und v. Seeliger, an dem auch Familienmitglieder teilnehmen.

216 so im Original

erreichen wird, u. Brief an Mim. Bei Frühlingswetter Kommissionen. Moni ist recht krank. Nachmittag Eu im »Haus« besucht u. nochmals Puppen eingekauft. Abend mit Alfred ins Akademiekoncert, »Beethoven-Abend«, sehr schön u. zeitangemessen.[217]

1 December
Brief an Mim, mit Milka Geburtstagsbesuch bei der Gugg, Kommissionen. Moni etwas besser, Katja selbst bettlägrig an geschwollenen Beinen! Nachmittag gepumpelt; Karte an Heinz (58), Kondolation an Anton Fuchs,[218] Karte an Emma Schlier; abends Ternina's u. Walters, die ihren Gast Coßmann mitgebracht hatten: sehr angeregt und gemütlich.

2/12
Ganz wansinniger Brief von Lisbet; Brief an Mim, Besuch bei Olga mit Wagendecke für das Kind; u. Kommissionen. Brief von Mimchen u. zweiter Brief von Lisbet! Nachmittag Castillo, dann zu Katja's Bett: das ganze Lazarett in der Besserung. Bei Vollmond zufuß heim. Belgrad ist endlich gefallen.[219] – Goethe gelesen.

3/12
Expreßbrief von Klaus, daß sie Weihnachten kommen u. Milka selber holen werden. Brief an Mim, in die Stadt; nachmittag Besuch bei Sophie, gegen Abend zu Eu. Abend Brief an Peter (8). Packet an Heinz mit eigengestrickten »Schlupferln«.

217 **Aus den Münchner Konzertsälen.** … Das Programm enthielt die zweite und die fünfte Symphonie … Das Streben des Dirigenten, der als Dynamiker und Analytiker häufig uneingeschränkt Bewunderung verdient, nach großen, ganz besonderen, wenn auch, streng genommen, falschen Wirkungen verleitete ihn oft zu einem übermäßigen Forcieren der Bläser (namentlich der Trompeten) und der Pauken … Von all dem abgesehen, war die Leistung des Dirigenten und des Orchesters glänzend. Sie wurde stürmisch bejubelt … (Bericht in den *Münchner Neuesten Nachrichten* vom 2.12.1914)
218 zum Tod seiner Ehefrau Anna, geb. Streicher
219 **Belgrad gefallen.** Der Kaiser erhielt von General Frank, Kommandanten der V. Armee, eine Huldigungsdepesche, in der es heißt: Ich bitte Eure Majestät, am Tage der Vollendung des 66. Regierungsjahres die Meldung zu Füßen legen zu dürfen, daß die Stadt Belgrad heute von den Truppen der V. Armee in Besitz genommen wurde. (ausführl. Bericht in den *Münchner Neuesten Nachrichten* vom 3.12.1914)

4/12
Brief an Gertrude [Smith], mit Einlage für Peter; Briefe an Mim u. an Heinz (59); in die Stadt. Zum Tee zu Katja, beide Wege zufuß. Kurzer Besuch von Frau Hofmann-Richter. Abend gestrickt u. »Zukunft« gelesen.

5/12
Brief an Mim, Kommissionen. Brief von Frl. Delprat mit Photographien von Peter u. der ebenso aufregenden wie deprimirenden Nachricht, daß er bereits vor 2 Monaten plötzlich in ein »Lager« verbracht wurde, wo er, scheints, ziemlich streng gehalten wird! Karte von Grete Schwind u. von Heinz vom 29/11, in Maschinenschrift, was Olga wieder in maßlose u. unberechtigte Aufregung versetzte; Brief von Mim. Nachmittag Castillo, beim Tee Olga (die Alfred immer blindwütender haßt!), abends zu Milka's in Pension Liesecke, mit Pütz u. Jellocics; ziemlich gemütlich.

6/12
Karte an Mim, Briefchen an Klaus; erster Besuch beim Crodu, der sich recht gut erholt hat, u. in die Stadt. Beim Essen Tommy's one Kinder, Katja über den Tee. Karte an Heinz (60) u. Chocolade. Gepackt, »Zukunft«.

7/12
Um 9 Abreise nach Berlin – projektirt! doch nicht ausgeführt, da der Zug verändert, bereits 40 M.[inuten] früher abgefahren war! Beschämt mit Alfr. wieder heim. Schlafwagen besorgt, Berlin telegraphirt u. bei Sommerwetter zu Katja, mit ihr u. 3 älteren Kindern spaziert. Nachmittag nochmals zu Schenker, beim Tee Tante Asta. Telegramm von Heinz über Köln, seines Pelzes wegen. Engl. Brief begonnen; um 9.50 definitive Abreise, von Alfred geleitet.

8/12 Berlin.
In meinem Schlafwagen II allein geblieben, normale Reise, Ankunft 8.25, Tee bei Mim, die recht frisch. Else u. Kaete begrüßt, Bad, mich in Andreas' Zimmer eingerichtet, da das meine von Korschs okkoupirt ist. Karte an Alfred, Brief an Prof. Orme-Masson in Melbourne beendet, in einen an Mittag-Leffler eingeschlossen, u. Karte an Grete Schwind; beim lunch auch Korschs. Kleiner Spaziergang, bei Mimchen Strickkränzchen u. Eva u. Miez; abends unten Strickkränzchen mit Ilse. Spät Brief an Heinz (61).

9/12

Morgens wie immer. Karte an Alfred, Brief von Carl Pidoll; engl. Brief an Mrs. Delprat (9); in die Stadt. Nach dem Frühstück geruht, dann zu Marta, da Paul ernstlich erkrankt in einer Klinik liegt; traf sie nicht daheim, plauderte mit Dietrich, sie vergeblich erwartend, eine Stunde. Dann bei Mim u. unten Strickkränzchen, spät noch Brief an Frl. Delprat.

10/12

Brief an Delprat abgefertigt, Brief an Alfred, Karte an Heinz (62); Brief von Alfred, für Mim bei Wertheim Kommission. Nachtisch geruht, »Rundschau«; dann bei Mim, beim Essen Kranach u. Mühlinghaus. Abend »Rundschau«.

11/12

Brief von Katja u. an sie, Brief an Aletta. Zum Essen zu Marta, wo außer Diez noch der eben aus Konstantinopel zurückgekehrte Gunter u. sein netter Freund Bornhöve. Beim Tee die Damen Stern-Gleistein, denen ich Nachricht von Peter gab, zu Mim heraufnahm. Abend Familienleben mit Korschs u. Handarbeit. Brief von Klaus-Lala, im Bett »Zukunft«.

12/12

Karten von Alfred u. Elsa Hofmann[220], Karte von Friedrich, Brief an Alfred, Eva bei Mim, dann bis zum Opernhaus spazieren gerannt. Nachtisch geruht, Brief an Harden[221] auf seine Karte hin, u. Korrektur an Mims Kriegsartikel[222]. Nachmittag bei Mim Keiths; sonst wie immer. Abends Briefe an Klaus u. an Heinz (63). »Rundschau«.

13/12

Brief von Katja, mit Einlage von Robert Davidsohn; Karten an Wolf u. Friedrich, bei schönstem Wetter im Tiergarten spaziert. Beim 12-Uressen Mim u. Ilse, die nach ihrer Angina noch recht schwach. Besichtigte nachtisch ihre sehr hübsche Wonung u. besuchte Peters teilnehmende Frau Stiehl. Nach dem Tee zu Mim, Brief an den Crodu, Korrektur für Mim. Abends Bondi's, Gagls, Herbert Klemperers u. Mim. Spät noch Brief an Carl Pidoll.

---

220 d.i. Elsa Hofmann-Richter
221 im Original erhalten und veröffentlicht in: *Meine Manns*, 144
222 Nicht zu ermitteln, vermutlich nicht publiziert.

Dezember

14/12
Karten von Harden, von Alfred, Karte an Alfr.; zu Gerson gerannt. Nachmittag, Abend wie immer. Karte an Heinz (64). Im Bett »Rundschau«.

15/12
Karte von Katja, Brief an Alfred, Kondolenz an Gräfin Moy.[223] Ausfart mit Mim, Kommissionen. Nach dem Essen bei Regenwetter Besuch bei Frau Rodenberg. Oben bei Mim alle 4 Schwestern u. Grete Ring. Abend wie immer. Später Brief an Emma Schlier u. gelesen.

16/12
Brief von Alfred, Briefe an Katja u. an Heinz (65), Karte an Harden; zu Marta zum Essen, das aber mehr als traurig verlief: da es Paul sehr schlecht geht, Marta nur auf 10 Minuten erschien, um tränenden Auges einen Löffel Suppe zu nehmen, mich mit Dietrich allein lassend. Dann Besuch bei Miez, u. später mit Else bei strömendem Regen zu Frau Fürstenberg gefaren, die uns, statt eines intimen Plauderstündchens, einen abscheulichen jour zu bieten wagte. Bei Mim u. unten wie immer Strickkränzchen. Spät noch Brief an Alfred, »Rundschau«.

17/12
Karte von Wolf, vom 7/12; Telephoniererei; um ½11 bei trübem Wetter nach Grunewald, zufuß u. Auto; 2 St. mit Harden geplaudert, der über Deutschland u. unsere Lage ungeheuer pessimistisch denkt, trotzdem in unsre Unterhaltung die Nachricht eines bedeutenden Sieges im Osten[224] platzte. Er deprimirt mich immer

---

223 zum Tod ihrer Mutter Fürstin Julie von Waldburg-Zeil-Wurzach am 8.12.1914

224 **Der entscheidende Sieg in Polen**. In den Mittagsstunden des Donnerstags lief die große Siegesbotschaft aus Polen ein, die das deutsche Volk erwarten durfte, nachdem vor wenigen Tagen bekannt geworden war, daß die russische Front wanke. Die Offensive der Russen ist völlig zusammengebrochen, in ganz Polen haben die russischen Armeen den Rückzug angetreten, wir und unsere Verbündeten folgen ihnen auf den Fersen. Deutscher Geist, deutscher Mut und deutsche Kraft haben vereint einen mächtigen Feind geschlagen. Das deutsche Volk ist stolz auf solche Söhne und einen Führer wie Feldmarschall v. Hindenburg. Jubelnd darf es in Hindenburgs Ruf einstimmen: »Vorwärts mit Gott für König und Vaterland bis der letzte Russe besiegt am Boden liegt!« (ausführl. Bericht in den *Münchner Neuesten Nachrichten* vom 18.12.1914)

tief. – Von ihm zu Bondi's, in Gesellschaft von Dora gegessen, mit Eva über Lili [Keith] gesprochen. Dann mit Tram zu Sterns, Teestündchen verplaudert; zu Mim u. abends »die Herren«[225]: gehobene Stimmung wegen des großen Sieges.

18/12
Brief von Alfred, mit Einlage eines Heinzbriefes aus der Nähe von Maubeuge vom 10/12. Bei Sonnenschein in die beflaggte Stadt, Billet besorgt. Beim lunch Amalie. Brief von Klaus mit Einladung nach Breslau. Telegramm an ihn u. in der Tram gestern vergessenen Schirm abgeholt. Gepackt, Karte an Heinz (66); letztes Strickkränzchen bei Mim, zuehren von Kaete's Geburtstag Familiendiner (one Hermann, der in Bochum) mit Gagls, Korschs, Ilse u. Mim. Spät fertig gepackt.

19/12 München
Morgens wie immer; nach Abschied von der bettlägrigen Hedda und vom schwachen Mim Abreise um 10.36, von Else geleitet. Im vollen Coupé II Kl. mit Kiliani, Generalkonsul aus Australien, nebst Frau u. Tochter gereist, bei denen Peter im August in Sidney Tee getrunken: kleine Welt! Viel mit der netten Familie geplaudert, gelesen u. gestrickt, ganz angenehm gereist. Um 8.41 von Alfred empfangen, Briefe von Frl. Delprat, von Gusty (anpumpend!), von Lily Reiff u. schließlich vom guten Peter vom 9.10. vorgefunden, wenige Tage vor seiner Internierung geschrieben via Gertrude Smith. Außerdem Telegramm von Heinz, daß er zunächst in Maubeuge verbleibt. Spät noch fertig ausgepackt.

20/12
Beim Frühstück noch Olga, die ich hart u. eiskalt behandelte, da ich außer mir bin, daß sie trotzdem alle Welt ihr die Unmöglichkeit [vorhält], über die Grenze zu gelangen, hartnäckig dabei beharrt, Heinz über Weihnachten zu besuchen. Ich bin nun endgültig fertig mit ihr, habe genug unter ihr gelitten. – Gerechnet, Brief an Mim, Karte von Eriks ehemaligem Diener Philipp aus dem Feld, der anfragt, »wo Herr Erich im Krieg ist«. Bei schönem Wetter in die Stadt, beitisch Tommy's mit Aißi u. Golo; beim Tee Rudi Oldenbourg. Abend Ordnung gemacht, Briefe sortirt etc. Telegramm von Klaus, morgige Ankunft meldend.

---

225 vermutlich Lukas v. Cranach und Herr Mühlinghaus

21/12

Nach 9 Ankunft von Klaus u. Lala, die von der anfangs fremdelnden Milka entzückt waren. Brief an Mim, Brief an Gusty, an die 200 Kronen überweisen ließ. Besuch von Katja, mit ihr Kommissionen. Nachtisch nochmals in die Stadt: Lebkuchen ausverkauft! – Beim Tee, außer Klaus', Tamara, die ganz verwandelt u. heiter, aufatmete u. befreit ist durch Olga's irrsinnige Abreise nach Maubeuge heute früh. – Karte von Heinz vom 17/12, kurzer Brief von Mittag-Leffler, Karte von Munthe-Kaas; Karten an Philipp Buchert u. an Munthe-Kaas. Abend Familienleben mit Klaus', Klavierspiel mit Strickbegleitung.

22/12

Frühstück mit den Gästen. Brief an Mim, Kommissionen vor- u. nachmittag bei schönem Wetter. Beim Tee Elsa B. u. die Locher-Schölls[226]. Abend Brief an Gleistein, mit Einlage von Peter, nach dem Theater noch souper u. Familienleben.

23/12

Brief an Mim, Packet mit Cigaretten u. Mütze an »Philipp«; Kommissionen. Briefe von Mim u. Emma Schlier. Nachmittags bei tristem Nebelwetter auf den Friedhof; beim Tee Katja mit den Buben. Abend gepumpelt, »Zukunft« gelesen.

24/12

Karte von Eva, Brief an Mim, Briefe von Miez u. Else, Telegramm von Heinz aus Maubeuge. Letzte Kommissionen, Nachmittag für die Leute gerichtet, um 4 bei einem »Huppbäumchen«[227] Bescheerung für Milka, die ganz goldig, und für die Leute. Dann um 5 alle zur Bescheerung zu Manns: allerliebstes, beglücktes Kindergewutzel. Nach dem Tee heim, Lala, die durch ein Armband von mir hochbeglückt, u. Klaus beschenkt; und um ½9 mit Manns Weihnachtssouper. Ach ja! – Um 12 ins Bett.

25/12

Fürchterlich gewirtschaftet, Brief an Mim und kurzer Besuch bei Crodu's: der Crodu doch recht verändert. Beim Essen 16 Perso-

---

226 das sind Emma Locher und die beiden Schwestern Hedwig u. Else Schöll
227 Familiensprache. Ein Hups oder ein Hupp-Besuch ist eine kurze, flüchtige Aktion. Für die kleine Enkelin Milka wird nur schnell ein kleines Bäumchen aufgestellt, da die eigentliche Weihnachtsbescherung bei der Familie Mann stattfindet.

nen, 10 Große, 6 Enkel. Aber ganz entsprechend und erstenfeiertäglich verlaufen, trotz reducirtem Raume u. dito Bedienung. Beim Tee dieselben, one den »Sepp« u. Tamechen mit Schwester Anna. Abend, nur wir 6, verstärkt durch Tamara: one Freude noch Lust, nur ermüdend bis zu völliger Erschöpfung.

26/12
Nach ausgedehntem Frühstück Schneckenaichners zu einer deprimirten Bescheerung. Dann Brief an Mim, Brief von Milka, Karten von Castillo u. von Schneckenaichner aus Frankreich. Milka's Koffer gepackt, dann zufuß allein zu Katja spaziert, wo Familiendiner zu 17 Gedecken, wir alle u. Löhrs u. Viko Manns. Zuhaus Tee u. letzte Vorbereitungen, um 7.20 Abreise von Klaus u. Lala mit unsrer goldigen Milka, nach gerürtem Abschied. Recht traurig in unser nun ganz vereinsamtes Haus zurückgekehrt, da auch mein armer guter kleiner Chuchu am heilig Abend in der Klinik gestorben ist. – Abend Ordnung gemacht, Alfreds Katalog[228] angesehen, ein wenig gelesen; totmüde.

27/12
Das Haus still, öd, einsam. Brief an Mim, Spaziergang. Beitisch u. über den Tee Tommy's mit den 2 Kindern; abends mit Alfred in den neueinstudirten »Freischütz« unter Walter, recht schöne Auffürung,[229] doch fehlt mir jede Theaterstimmung.

---

228 Gemeint ist der erste Band der Dokumentation *Die Majolikasammlung Alfred Pringsheim in München*, bearbeitet von Otto v. Falke. 70 S., Taf. 1-77 mit 165 Farbbildern nach Vorlagen von Annette v. Eckardt, ersch. 1914 bei A. W. Sijthoff in Leiden.
229 K. Hoftheater: »Der Freischütz« von Carl Maria v. Weber. Herr Bender (Kaspar), Herr Erb (Max), Frl. Holl (Agathe), Frl. Ivogün (Aennchen) u.a. – … Eigentlich hätte diesmal der Titel nicht der »Freischütz«, sondern »Kaspar« heißen müssen. So sehr empfand man das Uebergewicht des dämonischen Elements, wie es auf der Bühne durch den Sänger des Kaspar, Paul Bender, nicht minder auch im Orchester durch Bruno Walter betont wurde … Das war ein herabgekommener Trunkenbold mit nur halbwegs sicherem Schritt, bald unheimlich flackernden, bald melancholisch verglasten Augen, mit schwerer Zunge, die sich erst beim Wein und frechem Lied löste. Ein unaufhaltsam sich vollziehendes Schicksal, das seinen eigenen Sturz durch die Verführung eines anderen noch eine Zeitlang aufzuhalten versuchte … Herr Erb sang den Max sehr schön und weich im Ausdruck, gab sich auch sichtlich besondere Mühe im Spiel und Dialog. Aber er wirkte zu wenig männlich … Immerhin boten er wie auch die Agathe Fräulein Holls hervorragend schöne, stimmungsvolle Leistungen. Fräulein Ivogün war ein

28/12

Brief von Peter vom 23, 29/9 »Prisoner of War, Free Post« gestempelt, vermutlich durch die verheiratete Delprat in London aufgegeben, u. durch den späteren vom 9/10. überholt; u. Brief von Mim. Brief an sie, Karten an Castillo u. an Brünner, die mir ein Bäumchen geschickt hatte. Besuch bei Eu u. in die Stadt. Brief von Heinz aus Maubeuge vom 20, Karte von Klaus von unterwegs. Telephon mit Dr. Rommel u. Tamara, da »Tamechen« erkrankt. Beim Tee – höchst schrecklich! – Baronin Maurice, Schönfließ' aus Frankfurt u. Ehepaar Reif (Lili Bam). Um 7 bei Regen im Auto zu Katja, Briefe verlesen und Abschied genommen. Bis Alfred spät aus dem Koncert heim, engl. Brief an Mrs. Delprat begonnen.

29/12

Telephon mit dem amerikanischen Generalkonsul u. aufs Kriegsministerium, wegen Peters eventueller »Parole« eine unsrer Ansicht entsprechende Auskunft erhalten. Dann zu »Tamechen«, die heute außer Gefar; u. auf den Banhof zur Abreise der Mann'schen, die den Charakter einer Katastrophe trug. Nachtisch Brief an Mim; Besuch bei Sophie, beim Tee Tamara. Abend Brief an Peter (10), deutsch u. direkt an ihn, den »Prisoner of War« gerichtet (den engl. an Mrs. Delprat zerrissen) und Brief an Frl. Dr. Delprat.

30/12

Briefe an Mimchen u. Marta; Briefe von Heinz vom 24/12, von Miez, Marta u. von Gusty, Karte von Luigia. Spaziergang mit Stadler; nachmittag Castillo, beim Tee Frau v. Scheubner-Richter, von Konstantinopel zurück, wärend ihr Mann in Erzerum[230] weilt. Abend Alfred in »Walküre«; Karten an Else, Miez u. Eva, an Harden. Tommy's »Wunderkind« (recht unbedeutend)[231] u. »Zukunft« gelesen.

---

süßes Aennchen – ihr Spiel und Sang waren ein hoher Genuß!… (ausführl. Bericht in den *Münchner Neuesten Nachrichten* vom 29.12.1914)

230 Erzurum, die größte Stadt Ostanatoliens, 1300 km östlich von Konstantinopel gelegen

231 *Das Wunderkind*. Novellen, ersch. 1914 im S. Fischer Verlag als Bd 6 der 6. Reihe von Fischers Bibliothek zeitgenössischer Romane. Inhalt: Das Wunderkind – Schwere Stunde – Beim Propheten – Ein Glück – Wie Jappe und Do Escobar sich prügelten.

31/12
Brief an Mim, Karte von Wolf (vom 20) u. an ihn; bei schönem Winterwetter Spaziergang. Beitisch, lange u. ganz gemütlich, Reiffs: er entschieden ein feiner u. sympathischer Mann. Briefe von Mimchen, Klaus, Kaete, Karten von Else u. Frau Prof. Diet[e]-rich. Karten an sie u. an Schneckenaichner. Telephon mit Katja, langer Brief an Klaus, Brief an Fester, Karte an Frau Hutter u. von ihr. – Das alte Jar schließt deprimirt, mit der Aussicht auf einen endlosen Krieg, der auch durch Aufzälung von Hindenburgs großer Kriegsbeute aus der letzten Zeit: 56 000 gefangene Russen und viele Geschütze und Maschinengewehre, nicht verkürzt werden wird. Im Westen »steht« der Krieg eigentlich seit Monaten, bei entsetzlichen, blutigsten Verlusten auf allen Seiten. Das Zwölferläuten garnicht abgewartet, ihm im Bett in trüben Gedanken gelauscht. –

1915

München 1. Januar

Ein traurig stilles Neujar im vereinsamten Haus. Brief an Mimchen, Briefe von Ilse, Lucie, Dr. Teller. Besuch bei Crodu's u. Spaziergang bei schönem Wetter. Beitisch u. über den Tee Tamara. Abend gelesen.

2/1

Brief an Milka [Ternina] nach Agram. Brief von Heinz vom 28/12 aus Maubeuge, Karte von Anna Case aus Lausanne; Karte an sie u. Briefchen an Lis [Gleistein], mit Einlage von Peters letztem Brief. Karten von Frau Berreth, dem Sepp. Zum Essen in die Jareszeiten zu Reiffs, mit Ceconi's[1] – ganz nett. Dann feuchter Spaziergang. Beim Tee Marga Obu. Mit Katja telephonirt. Abend »Zukunft« gelesen.

3/1

Brief an Mim, Karte von Harden, Spaziergang bei lindem Sonnenschein. Beitisch Tamara, beim Tee Dr. Reisch. Karten an Dr. Teller u. Frau Berreth. Onckens »Zeitalter Friedrichs d. Großen« begonnen.

4/1

Briefe von Hedda u. von Frigga Brockdorf. Brief an Mim u. ablehnende Karte an Frigga. Besuch bei Tamara-Tamächen, u. bei der Wirtin die Miete bezalt. Abscheuliches Sudelwetter. Nachmittag Brief an Lucie, Karte von Klaus, mit Katja telephonirt, Oncken gelesen.

5/1

Brief von Dr. Höfelmayr, mit Einlage von Heinz. Brief an Mim, 50 M.[2] an Lucie geschickt, Kommissionen u. Spaziergang mit trübem Schmutzwetter. Briefe von Mim u. Funke, Karten von Fritz Theurer u. Lisa Michalek. Beitisch Tommy, auf dem Wege nach Partenkirchen. Beim Tee lange Ehepaar Braune. Karte an Heinz

---

1 das sind Ricarda Huch und Dr. Ermanno Ceconi
2 in heutiger Währung etwa 240 €

(67), Brief an Klaus mit Einlagen (Walter-Heß)[3], Karte an Michalek. Telephon mit Dr. Höflmayr, der weidlich auf Olga schimpfte. Um 9 plötzlich Besuch von Aggi Cohen mit 2 Kindern, mit der ein Stündchen verplauderten. Oncken gelesen.

6/1

Scheußliches Wetter, Sturm u. Regen. Brief von Fester, groteske Karte von Frigga [v. Brockdorff]. Brief an Mim, Besuch bei Crodu's. Beitisch u. zum Tee Tamara. Rürende Karte von Schneckenaichner, Briefchen an Eu, Karte an Eva Schneckenaichner. Nachmittag Castillo. Abend Briefe an Funke u. an Katja. Oncken gelesen, gestrickt.

7/1

Das Schandregenwetter dauert an: die Fanen für Königs 70. Geburtstag klatschen an den Stangen. Brief an Mim, Karte von Heinz vom 31/12, Karte an ihn (68), ganz nasser, garstiger Spaziergang. Nachmittag gelesen, abend Brief an Peter (11), P. Ilgs mir von Reiff verehrte Erzälung »das Menschlein Matthias« gelesen, gestrickt.

8/1

Brief an Mim, gelesen, Spaziergang bei Sonne u. Sturm. Nachmittag in die Stadt, nach dem Tee Tamara. Abend Oncken gelesen u. »das Menschlein Matthias«.

9/1

Brief an Ilse, Karte von Heinz vom 3/1. Bei trüb-feuchtem Wetter Spaziergang; Briefe von Mim, Klaus u. von Kaete (mit Einlage von Peters Brief). Nachmittag Castillo, Brief an Gertrude Smith mit No. 11 für Peter. Besuch bei Stadler u. Spaziergang, abend Brief an Klaus mit Einlagen u. Karte an Heinz (69), die beiden Bücher gelesen.

10/1

Brief an Mim, Spaziergang. Beitisch Sepp, Brünnerl u. Tamara mit Tamächen u. Pflegerin[4]. Nachmittag u. Abend Oncken gelesen u. »das Menschlein Matthias« beendet, beim Tee Besuch von Sophie.

---

3 Gemeint sind die Dirigenten Bruno Walter und Otto Hess, die offenbar Empfehlungen für Klaus Pringsheim geschrieben haben.
4 d.i. das Kindermädchen Anna

11/1

Dankkarte von Lucie; Brief an Mim u. Gratulation an Faber zur Geburt eines Sones[5]; regnerischer Spaziergang. Nachmittag Packet u. Karte an Schneckenaichner, Karte an Heinz (70). Nach dem Tee Besuch bei Crodu's. Mit Katja telephonirt. Abend, wärend Alfred aus, Brief mit Sündregister von Olga an Heinz aufgesetzt.

12/1

Briefe an Mim u. an Harden[6], Kommissionen, im Büreau Bauer wegen Harden konferirt u. Spaziergang. Nachtisch zweiter Brief an Harden,[7] Karte von Philipp Buchert, Brief von Marta. In die Stadt, abend die erschütternde Nachricht vom Tode der Else Ebers gelesen, gleich Kranz bestellt u. Karte an Hermi. Müllers Broschüre über »die Mystik in der Medicin«[8] gelesen, u. Oncken.

13/1

Langer Brief von Katja, Briefe an Mim, an Marta. Besuch beim armen Hermi, dessen Frau an Nier[en]entzündung gestorben; sprach auch die Mutter: furchtbar traurig u. ergreifend. Brief von Mim, nachmittag Castillo; Karte an Heinz (71) u. »Amusenkuchen«[9]. Oncken gelesen, Telephon mit Katja.

14/1

Wieder Regenwetter. Brief an Mim, für Castillo, der seit dem Krieg keine Post bekommt, auf der Post u. Polizei, one Resultat; Kommissionen u. Besuch bei Tamara. Nachmittag Brief an Castillo, Pfundpacket an Heinz. Beim Tee Falke, der recht interessant erzälte; dann Besuch bei Crodu, den nicht recht befriedigend fand. Wärenddem Tamara verfehlt, die Telegramm von Heinz brachte, daß sie Olga's Wonung kündigen soll! Abend Oncken gelesen, gestrickt. Brief von Fritz[10].

15/1

Karte von Wolf, Brief an Mim, Kommissionen u. Spaziergang bei Frühlingswetter. Nachtisch an Wolf 2 Packete Wurst u. Cigarren

---

5 Gerhard, geb. am 9. Januar
6 im Original erhalten und veröffentlicht in: *Meine Manns*, 144-146
7 dito: *Meine Manns*, 146f.
8 Friedrich v. Müller, *Spekulation und Mystik in der Heilkunde*
9 so im Original. Vermutlich ist ein »Ameisenkuchen«, also ein Rührkuchen mit Schokoladenstreuseln und Eierlikör, gemeint.
10 d.i. ein ehemaliger Diener der Pringsheims

u. Karten an Heinz (72), an Fritz u. an Wolf. Briefchen von Heinz vom 9/1. Beim Tee Reischs, Hedwig Schöll zum Musiciren, Tamara als Zuhörerin. Karte an Frl. Delprat, mit Katja telephonirt. Abends noch zu den früheren Gästen Tante Emma [Locher] u. Dr. Else [Schöll]: Abendessen, Musik, ganz gemütlich bis ½12 beisammen gesessen.

16/1

Brief an Kaete, Wurst an Heinz, bei Sturm u. Regen erst Karte bei Davidsohns im »Marienbad«, dann in die alte Pinakothek. Nachmittag Castillo, Brief von Mim u. rürender Dankbrief von Schneckenaichner. Abend mit Alfred ins Residenztheater: »Marquis v. Keith«, wirkte langweilig, verstaubt, unwar, abgetan. Steinrück gut, sonst mittelmäßige bis schlechte Besetzung.[11] Haus ausverkauft, ging nicht sehr mit, applaudirte stark Steinrück.

17/1

Scheußliches Wetter. Brief an Mim, Kondolenzkarte an Helene Gugg, deren Mutter[12] gestorben; kurzer Spaziergang bei Regen u. Schnee. Beitisch Tamara mit Tamächen u. Pflegerin[13]. Tamara sehr aufgeregt durch 2 Telegramme aus Maubeuge, die dringend ihr Hierbleiben erbitten u. die sie ablenend beantwortete. Telephon mit Katja. Beim Tee, außer Tamara, Ehepaar Davidsohn u. – Alfredo Meyer; sehr lange. Dann Brief an Katja u. abends Brief an Freifrau v. Heldburg; Karte an Heinz (73), »Oncken«.

18/1

2 Briefe von Heinz vom 12 u. 14/1, die unter Olga's Einfluß an Deutlichkeit u. Unverschämtheit nichts zu wünschen übrig lassen.

---

11 K. Residenztheater: »Marquis v. Keith« von Frank Wedekind. Herr Gura (Konsul Casimir), Frl. Seipp (Sein Sohn), Herr Steinrück (Marquis von Keith), Frl. Ritscher (Molly Griesinger), Fr. v. Hagen (Anna) u.a. – ... Den Marquis spielte Steinrück. Ohne die Romantik der Figur in der Maske oder in Aeußerlichkeiten zu suchen. Vor allem gelang dies: der Marquis blieb durchaus der Ethiker im kleinbürgerlichen Gewimmel der Moralisten um ihn her, und aus diesem Umstand ergaben sich die vergnüglichsten Möglichkeiten auch für die andern. In Fräulein Ritschers Molly war fürsorgliche Seele, deren Qualen im Ausdruck allerdings in der letzten großen Auseinandersetzung zwischen dem Marquis und Molly bis an die Grenze des Erträglichen schritten ... (ausführl. Bericht in den *Münchner Neuesten Nachrichten* vom 18.1.1915)

12 d.i. Alvine Wolff, geb. Aschenheim

13 d.i. das Kindermädchen Anna

Januar

Brief von Klaus u. Karte von Harden. Brief an Mim u. bei schönem Wetter [Spaziergang. Mit Katja telephonirt], ihr Heinz' Briefe vorgelesen, die sie ebenso empörten wie mich. Nachmittag in fliegender Eile, wie im Fieber, 8 Seiten an Heinz geantwortet, mit Anklagen gegen Olga; nach dem Tee zu Eu, ihr Briefe u. Anwort vorgelesen. Abend, wärend Alfred im Koncert, den Brief (74) nochmals kopirt, an Heinz geschickt u. die Kopie u. 2 Briefe nebst Begleitschreiben an Katja. Totmüde u. direkt krank vor Aufregung. Telephon mit Exc. Treutler über Peter.

19/1
Briefe an Mim u. an Geheimrat Penck, Spaziergang bei herrlichstem Winterwetter. Nachmittag Karte an Harden,[14] Telephon mit Katja, mit Dr. Höflmayr; Brief von Katja, Brief an Klaus; beim Tee Frau Hofmann-Richter. Abend Oncken u. »Zukunft«.

20/1
Früh Brief an Mim, dann auf den Friedhof, Erik Kranz gebracht. Bei herrlichem Wetter großen Teil zufuß. Brief von Mim, Karte von Wolf vom 15/1, mit endlich eingetroffenen Weihnachtsgaben. Nachmittag in Eriks Papieren gekramt, beim Tee Tamara; dann, lange, Stadler. Brief von Katja, mit Rücksendung der Dokumente »Fall Heinz«. Oncken gelesen.

21/1
Kalter, schöner Wintertag. Brief an Mim, Karte an Schneckenaichner, Spaziergang, Besuch von Tamara, die one Nachricht von Olga. Nachmittag gestrickt, beim Tee lange Frau Hanfstängl, die blühend u. gesund aussieht, interessant von ihrer Gefangenschaft erzälte u. jetzt ganz in ihren Vorträgen darüber aufgeht. Brief an Peter (12); Oncken.

22/1
Brief an Mimchen, Karte an Castillo; Spaziergang. Karte von Heinz vom 18/1., tut als sei nichts vorgefallen! Briefe von Mim, von Mittag-Leffler (mit Einlage von Sir Rutherford) u. Dankkarte von Helene Gugg. Nachmittag Telephon mit Tamara, die vor der heimgekehrten Olga schon wieder zittert, dann zwischen Olga u. Alfred Krach!; dann mit Katja. Oncken gelesen, abends »der Kranz« bei

---

14 im Original erhalten und veröffentlicht in: *Meine Manns*, 148

uns: Seeligers u. Dycks (one Töchter), ungewönlich nett, gemütlich u. erholsam. Bis 12 Ur.

23/1 Tölz
Briefe an Mim u. an Mittag-Leffler; früh gegessen, um ½ 2 nach Tölz gefaren, im überfüllten, mit Skifarern besetzten Coupé III Kl sehr unangenehm gereist. Von Katja u. den Kindern, alle wesentlich erholt, am Banhof empfangen. Gemütliches Familienleben, nach dem Tee Katja u. ich am runden Tisch strickend, Erika uns u. den Kindern Dickens vorlesend, u. sehr gut lesend. Dann las Katja mir einen langen, schlimmen Brief von Heinz an sie vor u. erzälte mir den sehr verständigen Inhalt ihrer Briefe an Heinz u. Olga. Um 7-8 schöner Spaziergang mit Tommy's. Abend geplaudert.

24/1 München.
Um ¾ 11, nach vorhergehendem Familienleben, mit Katja u. den Kindern Alfred von der Ban geholt; dann 2 stündiger herrlicher Spaziergang bei mildem Winterwetter. Nachmittag geruht, Familienleben, nochmals den Fall Olga-Heinz gründlich durchgesprochen, wobei Tommy's ganz auf unserer Seite. Dann mit kleinem Umweg auf die Ban spaziert und gut gereist, diesmal II Kl; leeres Coupé. Zuhaus 2 eisige Zeilen von Olga, u. langer, entrüsteter Brief von Klaus, in dem er sich so völlig auf unsre Seite stellt wie Katja.

25/1
Brief an Mim, vielerlei Telephon. Bei lustigem Schneetreiben in die Stadt u. Spaziergang. Nachmittag Besuch von Erna [Hanfstaengl], die über den Tee blieb; dazu ein Dr. Spaeth, Kamerad von Peter aus Cambridge. Dann Besuch bei Crodu's. Abend Brief an Klaus, Karte an Katja (mit der auch Telephon) mit Einlage von Klaus' gestrigem, u. Karte an Harden.[15]

26/1
Brief an Mim, bei köstlichem Schneegestöber Spaziergang. Nachmittag Besuch von »Schwester Anna«, die aus dem feindlichen Lager Bericht über Geldklemme brachte. Auf Frau Hanfstängls Rat in Peters Sache langer Brief an Frau Bonn nach Amerika u. Abschrift davon für Frau Hanfs amerikanische Freunde – uff! – Brief von Marta, Karte von Klaus aus Gotha. Karte an Frl. Delprat. »Oncken«, u. fleißig gestrickt.

---

15 im Original erhalten und veröffentlicht in: *Meine Manns*, 149

Januar 435

27/1
Karte von Friedrich vom 23/1. Briefe an Mimchen u. an Prof. Maas. Bei herrlichem Schneewinterwetter zu Frau Hanf[stängl] spaziert, beide Wege zufuß, ihr den gestrigen Brief selber überbracht. Nachmittag kurzer Abschiedsbesuch von Castillo, der plötzlich nach Spanien abreist, den hiesigen Unannehmlichkeiten entfliehend. Brief von Katja mit Einlage eines belanglos-nichtssagenden von Olga u. Brief von Mim. Telephon mit Katja, danach noch Brief an sie mit Einlage von Olga's. Oncken gelesen, abends bei Bernsteins, mit Walters, Fr. Hallgarten, Frl. Mautner, Reisiger u. Cossmann: nicht besonders gemütlich.

28/1
Zwei freundlich harmlose (!) Karten von Heinz vom 23. u. 25. Brief an Mimchen. Abschiedsbesuch von Tamara, die wirklich übermorgen nach Moskau abreisen will (?), über eine Stunde bei mir wieder über Olga klagte u. mir schließlich bang-zögernd ein Schuldbekenntnis ablegte: sie habe unter Olga's Diktat vor einiger Zeit an Heinz schreiben müssen, daß ich bös u. schlecht sei u. an Olga schlecht gehandelt habe; u. als sie sich geweigert, habe Olga ihr gedroht, sie dann bei ihrem Bräutigam unmöglich zu machen: »sie lügt schon so, sie erfindet, ich habe Angst gehabt u. habe geschrieben«. Diese Schuld gegen mich habe sie seitdem furchtbar bedrückt, sie bäte mich um Verzeihung, und sie wolle von Berlin an Heinz schreiben. Ich verzieh, u. wir schieden als gute Freunde. Aber Olga ist eine Hintertreppen-Kanaille. – Dann Spaziergang. Nachmittag in die Stadt. Brief von Olga an Alfred, wegen Geld, beim Tee mit Alfred seine kül ablehnende Antwort besprochen. Dann Besuch bei Crodu's. Abend Oncken; gestrickt.

29/1
Briefe an Mim u. an Marta; Spaziergang. Nachmittag gelesen, mit Katja telephonirt, nach dem Tee Sophie verfehlt, Schnee-Mondspaziergang; abend »Oncken«. Karte von Prof. Maas.

30/1
Engl. Brief an Peter (13). Brief von Klaus aus Stettin (!), sehr eingehend u. verständnisvoll über den Fall Olga. Aufgeregter Besuch von »Schwester Anna«, die von Olga herausgeworfen wurde, nachdem sie ihr durch lügenhafte Vorspiegelung herausgelockt, daß sie, die Schwester, neulich bei mir gewesen: sie sei unser Spion

etc. Sie teilte mir auch die Geschichte von dem erpreßten Verleumdungsbrief mit, die Tamara ihr selbst erzält u. die Alfred in so maßlose Aufregung versetzte, daß er gegen die »Verbrecherin« zu jedem Schritte bereit war. Zur Abregung Kommission. Nachmittag aber mit Alfred zu Bernstein, ihn um Rat fragen u. auch mit Dr. Höflmayr telephonirt. Beim Tee langer Besuch der Belli. Schwester Anna bis zur Abreise nach Berlin um 10 abends bei uns, ihr auch die 105 M.[16], die Olga ihr schuldig geblieben, bezalt.

31/1
Brief an Mim, Briefe von ihr u. Miez, Karte von Harden, Gruß von Dagny aus Berlin. Spaziergang. Beitisch »der Sepp«, der sich selber eingeladen. Langer Brief an Katja, den »Fall« behandelnd, mit Einlage von Klaus', Telephon mit ihr. Abend noch Brief an Klaus über denselben Gegenstand. Gelesen.

1 Februar
Brief an Mim; Fortdauer des schönen, schneereichen Winterwetters. Besuch bei Hermy, der nicht zuhaus, der Anblick der 3 mutterlosen, absolut glücklichen Kinder schrecklich grausam. Nachmittag in die Stadt. Briefchen von Katja (mit Klaus' Brief). Gelesen.

2/2
Brief an Mim, Olga Koffer mit Heinz' Sachen geschickt, Spaziergang. Nachmittag u. abend gelesen u. gestrickt, langer, schrecklicher Besuch von Lisbet u. letztes Telephon mit Katja. Der Krieg »steht«. Karte von Scheubner-Richter aus Erzerum.

3/2
Brief an Mim, Karte an Else. Brief von Marta u. sehr unverschämter von Heinz an Alfred, in dem er die Zumutung, seine Frau solle, auf Androhung der Temporaliensperre[17] nach Berlin, entrüstet zurückweist, als »die stolze Natur (!) Olga's an ihrem wundesten Punkt« treffend. Alfred raste vor Empörung. Kurzer Besuch bei Eu u. in die Stadt. Zum Tee in den Herzogpark (beide Wege zufuß)

---

16 in heutiger Währung etwa 504 €
17 Die Vorenthaltung des Gehaltes (Temporalien, lat.: die mit einem kirchlichen Amt verbundenen Einkünfte und weltlichen Rechte) seitens des Staates gegenüber ungehorsamen Geistlichen. Olga hatte bisher noch regelmäßig Geld von Pringsheims erhalten.

Januar bis Februar

zu den nachtisch eingetroffenen Manns, wo auch Alfred. Den »Fall« gründlich durchgesprochen. Abend gelesen. Tauwetter.

4/2

Brief an Mim; gelesen, schöner Spaziergang. Nachmittag gelesen, beim Tee Katja mit den »Großen« und Stadler. Katja las uns einen langen Brief von Heinz vor, in dem er sich die ganze Situation durch Olga's Brille zurechtlegt u. der an der Sachlage nichts ändert. Katja ein Stück Wegs begleitet, abend gelesen u. gestrickt. Brief von Mittag-Leffler.

5/2

Brief an Mim, Karte an Harden.[18] Bei trübem Wetter Spaziergang mit Katja u. den Kindern. Brief von Mim u. eingeschriebener von Klaus, mit einigermaßen phantastischen Vorschlägen in der Olga-Affaire. Nachmittag u. abend gelesen u. gestrickt; Karte an Mimchen.

6/2

Brief an Mieze, Spaziergang. Nachmittag Brief an Peter (14) u. Besuch bei Crodu. Briefe von Else u. von Mim. Abend »Markgräfin v. Bayreuth« ausgelesen, »Zukunft«, Oncken.

7/2

Brief an Mim, Karte an »Lärmschutzverband«[19]; Spaziergang bei plötzlichem Tauwetter. Beitisch Tommy's mit den 4 Kindern, die alle über den Tee blieben. Nachtisch las Katja einen neuen Heinz-Brief vor, der den Standpunkt des vorigen unterstreicht u. bei Alfred neue Wutausbrüche auslöste. Beim Tee noch Ditti Hofmann[20] u. Ehepaar Davidsohn, er »unerbittlich docirend«. Abend langer Brief an Klaus, Oncken.

8/2

Brief an Mim, kurzer Besuch von Sophie, bei Dreckwetter mit Katja Kommissionen u. Spaziergang. Nachmittag gelesen, um ½ 8 zu Walters geautelt, wo außer uns der Russe Petschnikoff u. Frau, die Engländerin Palma-Smith, die Engländerin Baronin Frankenstein mit Gatten u. Edith Walker: also reichlich feind-

---

18 im Original erhalten und veröffentlicht in: *Meine Manns*, 149

19 Hierbei handelt es sich um den seinerzeit von Theodor Lessing ins Leben gerufenen Verein, dem Hedwig Pringsheim eine Zeit lang angehört hatte.

20 d.i. Edith Hoffmann

lich-international. Ganz nett, ein bischen viel Musik nachtisch, bis gegen 1 Ur, wo man Auto's vom Banhof telephoniren mußte.

9/2
Brief an Mim; Brief von Frau v. Schönthan, Kommissionen. Zum Tee zu Katja spaziert, die einen neuen, langen, alles erschöpfenden Brief an Heinz geschrieben hat; gemütlich geplaudert. Abend gelesen: Oncken, Rundschau.

10/2
Brief an Mim, Karte an Frau v. Schönthan, Kommissionen. Karte von Tamara aus Stockholm (!), Brief von Mim. Beitisch Bassermann-Jordan, der ein gemütlich-sympathischer Mensch ist. Zum Tee zu Katja, die nicht wol ist, ihr 3000 M.[21] gebracht, die ich ihnen borge. Hin u. zurück zufuß. Karte an eine Frau Messel, die uns heute geheimnisvoll aus Saßnitz ein – Opernglas sandte, das uns nie gehört hat. Abend sehr müde. Zeitungen.

11/2
Sehr netter Brief von Hondros. Brief an Mim, bei Frühlingswetter Spaziergang. Nachmittag gelesen, beim Tee Lula, dann zu Crodu's. Erstes Paar Strümpfe fertig gestrickt. Oncken.

12/2
Brief von Heinz vom 7/2, in dem er einzulenken versucht, one seinen Fehler einzusehen. Brief an Mim; um 10 zum eben eingetroffenen Harden ins Continental, Plauderstunde, dann Spaziergang u. Pinakothek mit ihm. Nachmittag Brief an Heinz (75), unsern Standpunkt wieder kurz klarlegend. Besuch von Frau Stieler, beim Tee lange Geheimrat Müller[22] aus Berlin. Um 8 mit Alfred in den überfüllten Kaimsaal zu Hardens Vortrag, der ausgezeichnet wirkte, großen Beifall fand.[23] Schwenin-

---

21 in heutiger Währung etwa 14.400 €
22 d.i. vermutlich Waldemar Mueller
23 **Kriegsvortrag von Maximilian Harden**. Freitag abend hielt im großen Saal der Tonhalle Maximilian Harden vor einem zahlreichen Publikum einen Kriegsvortrag mit etwa folgendem Gedankengang: Wir haben es nicht nötig, uns jetzt vor irgend ein Tribunal zu stellen und mit Rechtstüfteleien uns abzugeben, wo eine Welt von ungefähr 700 Millionen über unser Volk von 68 Millionen hergefallen ist. Aus welchem maßlosen, tollen Haß aber ist dies geschehen? Weil des Deutschen Reiches Leistungen seit seinem 44jährigen Bestehen stärker und wirksamer sind als die einer anderen Nation, deshalb steht eine Welt wider uns

gers[24] begrüßt, nachher im Künstlerzimmer unerhebliche Leute; ins Continental mit Harden (one Alfred), wo nur noch Hugo Bruckmanns u. Wedekind: nicht besonders anregend. Als um 12 die andern noch zu Bruckmanns gingen, strikte ich u. ging heim. Soll bis ½4 gedauert haben.

13/2

Brief an Marta, Kondolenzkarten an Cavalsassi u. Stephanos; Brief von Mimchen. Spaziergang mit Harden, wobei unter waren Odysseen die gestern verdienten 2000 M.[25] für die Kriegshinterbliebenen endlich am Kriegsministerium anbrachten. Dann aß Harden – malgré lui[26] – unser Samstagsrindfleisch mit uns u. plauderte bis ½4 riesig angeregt, zum Abschied. Zu Katja zum Tee. Abend Karte von Frau Dr. Epstein, die sich nach Heinz erkundigt u. Antwort an sie. »Zukunft«.

14/2

Brief an Mim; kurzer feuchter Spaziergang. Beitisch alle 6 Manns, alle über den Tee. Dazu beim Tee Ehepaar Reisch. Engl. Brief an Peter (No. 15). Journale.

15/2

Brief von Klaus. Brief an Mim, mit Katja Besorgungen u. Spaziergang. Nachmittag Karte u. Packet an Lula's protégé u. Landsturmmann[27], Karte an Oberleutnant Paraquin u. sehr langer Brief an Klaus. Abend Akademiekoncert: 8. Mahler-, 4. Beethoven-Symphonie, sehr schön; Ivogün sehr reizend gesungen.[28]

in Waffen, eine Welt, die sich völlig über die Kräfte des Deutschen Reiches getäuscht hat, geblendet von den Irrlichtern des Hasses. Gerade darum wollen wir ohne Haß auch mitten im Krieg unseren Weg schreiten. Einzig leite uns das Interesse der deutschen Nation! ... Harden schloß mit dem Appell: Wir müssen so leben und handeln, daß wir den Müttern, die das Schwerste erleiden, ins Auge sehen können, und wir müssen ihnen schwören, daß der Ertrag dieses Krieges wirklich so sein wird, daß jede Mutter, die ihren liebsten Sohn hingegeben, es als Trost empfinden muß. – Den finanziellen Ertrag des Abends hat der Redner für die bayerischen Krieger und ihre Familien bestimmt. (ausführl. Bericht in den *Münchner Neuesten Nachrichten* vom 14.2.1915)

24 vermutlich Prof. Ernst Schweninger und Ehefrau Lena
25 in heutiger Währung etwa 9.600 €
26 (frz.) wörtlich: gegen seinen Willen; hier wohl eher: zu seinem Pech
27 d.i. Heidenberger
28 Laut Theaterzettel wurde, unter Leitung von Bruno Walter, die 4. Symphonie von Gustav Mahler aufgeführt. Das Sopransolo im 4. Satz sang Maria

16/2
Briefe an Mim und an Hondros; bei eisigem Wind Kommissionen. Nachmittag gelesen, beim Tee lange Elsa B., abends – Lindemanns! Ging leidlich schmerzlos vorüber.

17/2
Neuer Hindenburg Sieg, die Russen aus Ostpreußen verjagt: Fanen raus![29] Brief an Mim, Karte von Heinz aus Antwerpen vom 14/2, (mit Urlaub). Spaziergang; nachmittag nochmals. Beim Tee Katja und der Sepp, Besuch bei Crodu's, abends von 9 bis 11 Dr. Cohen. Brief von Mim.

18/2
Briefchen von Davidsohn, nebst seinem Artikel über Peter in der Florentiner »Nazione«. Briefe von Klaus, an Mim; Spaziergang mit Katja u. den 4 Kindern. Nachmittag Oncken u. Süd. Monatshefte. Abend in das Koncert von Eva Bernstein, die sehr schön spielte, Riesenerfolg vor dem Parkett von Freunden hatte.[30] Unzälige Bekannte gesprochen, neben Stucks gesessen; u.s.w.

Ivogün. Es folgten Gesänge von Gustav Mahler a), b) und c) ebenfalls gesungen (zum ersten Male) von Maria Ivogün. Daran schloß sich die 8. Symphonie von Ludwig van Beethoven.

29 **Der Sieg an der ostpreußischen Grenze.** ... Die vollständige Tragweite läßt sich noch nicht überblicken, doch so viel steht bereits fest, daß der Alpdruck der russischen Invasion, der lange Zeit auf Ostpreußen lastete, beseitigt ist. Die Offensive der deutschen Armee kam der russischen Armeeleitung unerwartet. Wie die früheren Offensiven bei Tannenberg und dann an den Masurischen Seen mit dem Zusammenbruch zweier mächtiger gegnerischer Armeen geendet haben, so endete die neuaufgenommene Offensive des Gegners mit dem gänzlichen Zusammenbruch ... (ausführl. Bericht in den *Münchner Neuesten Nachrichten* vom 16.2.1915)

30 **Aus den Münchner Konzertsälen.** Eva Bernstein, eine junge Münchnerin, hatte mit ihrem Violin-Abend einen außerordentlich starken Erfolg ... Sie hat beträchtlich viel gelernt: ihre Bogenführung ist zügig und energisch, die linke Hand vortrefflich gebildet, der Ton schön und warm, ohne Süße. Aus ihren Leistungen spricht kräftige musikalische und künstlerische Intelligenz und lebhaftes Empfinden. Eine besonders wackere Darbietung war die Wiedergabe des E-dur-Konzerts von J. S. Bach; außerdem enthielt das Programm die Sonate in a-moll op. 105 von Schumann und kleinere Stücke ... (Bericht in den *Münchner Neuesten Nachrichten* vom 20.2.1915)

19/2
Brief an Mim, Karte an Davidsohn; Besuch, mit Blumen, bei Bernsteins u. Kommissionen. Nachmittag zu Katja's Tee, beide Wege zufuß. Abends Oncken u. Süd. Monatshefte.

20/2
Das himmlische Wetter hält an. Brief an Else, Karte u. Cigarren an den verwundeten Wolf ins Lazarett Sédan. Karte von Castillo aus Mallorca. Mit Katja Kommissionen u. Spaziergang; nachmittag auf den Friedhof. Briefe von Mim u. Else. Abend Oncken u. Journale.

21/2
Briefe von Klaus u. von Heinz vom 19/2; letzterer einsichtslos die Dinge verdrehend, ein Absagebrief an mich! Brief an Mim, bei Regen-Schnee in die Stadt; mittags Tommy's mit den 2 Großen, über den Tee. Heinz' Brief eingehend durchgesprochen, alle empört; ebenso Eugenie, der ich ihn, gegen Abend sie besuchend, noch vorlas. Abend Brief an Peter (16) u. langer Brief an Klaus, mit Abschrift von Heinz'.

22/2
Frohe Überraschung: Brief von Peter vom 2/12., über Washington, aus dem Gefangenenlager, aber sonst leidlich befriedigend! Brief an Mim. Spaziergang mit Katja u. den Kindern, wobei unsre Briefe: meinen so erfreulichen von Peter, ihren so sehr unerfreulichen von Heinz austauschten. Nachmittag in die Stadt, beim Tee Frau Wolf[31]. Abend Oncken gelesen.

23/2
Briefe an Mim u. an Kaete, Karte an Frau Stiehl; Briefe von Else u. von Gleistein, mit Übersendung eines dem meinen gleichlautenden Briefes von Peter. Spaziergang mit Katja u. den Kindern. Nachmittag Besuch bei Sophie, beim Tee Eu, als langentbehrter Gast. Langer Brief an Peter (17), Brief an Gleistein, mit Peters retour. Oncken.

24/2
Brief an Mim, Brief an Fürstenberg, mit Einlage von Peters für die amerikanische Botschaft. Kommissionen. Zum Tee zu Katja, die mal wieder mit häßlichem Husten bettlägerig. Abends dann in Frau Hanfstängls Vortrag über ihre Kriegsgefangenschaft, im

---

31 vermutlich Hanna Wolff

Frauen-Verein: recht unbedeutend als Inhalt, aber recht angenehm, frei u. sympathisch erzält.

25/2

Briefchen von Schwester Anna u. sehr netter Dankbrief des Landsturmmannes Heidenberger, dem ich Socken u. Schal geschickt hatte. Brief an Mim, Chocolade an Wolf. Bei Winterrückfall, Schnee u. Dreck Besuch bei Frau Voß. Nachmittag, da erkältet, zuhaus. Oncken, Brief an Klaus, Rundschau.

26/2

Karten von Paraquin u. Frau Hanfstängl. Brief an Mim, Karte an Frau Hanf., mit Einlagen für Exc. Dernburg u. Peter (18); ungewönlich liebenswürdiger Brief von Fürstenberg u. Karte von Else. Mit den unterwegs aufgegabelten Crodu's in den Kunstverein zur unmöglichen Ausstellung der »Neuen Secession«.[32] Nachtisch Besuch von Frl. Haunschild, die Rat haben wollte wegen Olga, die sich ganz unmöglich auffürt u. one Bezalung [aus]»rückt«, in eine Pension zieht. Wir konnten ihr nur sagen, daß wir mit der Dame nichts mehr zu tun hätten; u. sie wollte sich ja nun wol an die Polizei wenden! – Zum Tee, mit Alfred, zu Katja, die noch bettlägerig, ebenso Aißi. Abend sehr müde, selber sehr erkältet u. zerschlagen.

27/2

Brief an Harden,[33] Brief von Mimchen, von Mittag-Leffler (mit Einlage von Rutherford), von Gleistein, mit Einlage für Peter, die gleich mit einigen Zeilen an Frau Hanfstängl zur Mitnahme nach Amerika weiter sandte. In die Stadt. Nachmittag zuhaus, da stark huste. Oncken gelesen, Brief an Mittag-Leffler, Dankkarte an Fürstenberg.

---

32 **Revolution im Kunstverein.** ... Die schlechte Form, die an so vielen Bildern auffällt, geht auf ganz verschiedene Ursachen zurück. Hier auf einen grundsätzlichen Irrtum, dort ganz gewiß auf Nichtkönnen. Der grundsätzliche Irrtum, hinter dem sich auch die Nichtskönner verstecken, sieht in der Genauigkeit der Form eine Fessel für den Ausdruck ... Was ein solcher Irrtum für Unheil anrichten kann, sieht man besonders klar an den beiden trostlosen Leinwänden von Karl Hofer: dieser war einmal eine Hoffnung und ein Talent – heute steht er auf dem Wege, der ins Nichts führt, und wer sich weismachen läßt, daß diese hingefetzten Frauenakte Bilder sind, verdient, daß man sie an seine Wand hängt ... (ausführl. Bericht in den *Münchner Neuesten Nachrichten* vom 26.2.1915)

33 im Original erhalten und veröffentlicht in: *Meine Manns*, 150f.

Februar bis März

28/2
Bei Husten u. schlechtem Wetter zuhaus. Brief an Mim, Karten an Schwester Anna u Landsturmmann Heidenberger. Gelesen u. gestrickt. Abend Expreßbrief von Klaus u. dito an ihn.

1 März
Briefe an Mim u. an Frau v. Scheubner, mit Einlage für ihren Mann nach Erzerum. Da noch sehr erkältet, zuhaus, den ganzen Tag abwechselnd gestrickt u. Oncken gelesen, den abends spät glücklich beendete.

2/3
Karten an Mim, Marta u. Gleistein; Besorgungen u. Besuch bei Crodu's. Nachmittag Brief von Marta, Karten von Harden u. Frau Stiehl. Zum Tee zu Katja, Erika mit ihrem Köfferchen im Auto mit nachhaus gefaren, fertig gepackt, nach dem Essen Erika in Alfreds Bett gelegt; um 10 Abreise von Alfred nach Halle.

3/3 Berlin
Um 8 mit Erika Abreise nach Berlin, gute, aber lange Fart. Unterwegs gestrickt, gelesen, gegessen. Ankunft ¾ 7, von Else abgeholt, was wegen Auto-Knappheit sehr angenehm. Empfang etwas wirr, da Klaus mit Milka eben angekommen, Miez anwesend, Mimchen aufgeregt. Schließlich alle beitisch; dann die Kinder ins Bett gebracht, Familienleben, Aussprache mit Klaus.

4/3
Mit den Kindern [Erika u. Milka] gebadet, bei Mim gefrühstückt, sie betreut; wegen Husten zuhaus, Karte an Katja, Ordnung gemacht; zum Frühstück Alfred. Tee, Familienleben bei Mim mit Miez u. den Kindern wie immer. Karte von Wolf aus Sédan. Abend »die Herren«, Familienleben plus Ilse u. Alfred, Abreise von Klaus nach Breslau.

5/3
Wie immer bei Mim; Ankunft von Andreas »aus dem Krieg«, Wunder u. wilde Mären[34] erzälend. Brief an Katja. Um 1 zum Essen zu Marta, bei scheußlichstem Wetter zufuß, mit Alfred u. Dietrichs hübscher Braut gegessen. Paul so zum Erschrecken ver-

---

34 Zitat aus »Walküre« von Richard Wagner, Hunding: Erster Aufzug, zweite Szene

ändert, daß er mir sterbend erscheint. Dann Familienleben, teils bei Mim, wo auch Eva, teils unten; um 10 Abreise von Alfred nach München.

6/3
Dasselbe scheußliche Regen-Nebelwetter. Vormittag mit den Kindern [Erika u. Milka], »Zukunft« gelesen, Brief von Katja. Nachmittag Familienleben bei Mim u. unten, mit Kindern, Strickzeug u. Zeitungen.

7/3
Nachschrift an Erika's Brief an Mama, Karte an Alfred, Familienspaziergang im Schnee; Sonntagsessen mit Mim, Brief an Klaus; bei Mimchen Miez, zurück von Brandenburg, wo Luigia im Engagement; abends Familie.

8/3
Früh wie immer; mit Erika bei kaltem Wind in die Stadt. Brief an Alfred, beim Tee Patti, oben Miez u. Eva; abends wie immer. Andreas im Lazarett.

9/3
Früh Brief von Alfr.; bei schönem Winterwetter Milka $^5/_4$ St. im Wagen spazieren geschoben. Nochmal Briefchen von Alfr. mit Einlage von Anna, Karte von Katja, Briefe von Lili Reiff u. Gusty Becker. Beim Tee Frau Stern u. Lis unten; oben Alice Jäckel mit Kind, Cäcilie Meier u. Miez. Um 8 mit Rosenbergs zum Essen zu Fürstenbergs, wo nur noch Frau Exc. v. Müller mit einer Marine-Schwester, beide Hans v. Kahlenbergs Schwestern. Leidlich gemütlich, aber nicht interessant.

10/3
Briefchen von Alfred, mit Einlage von »Gertrude«, die von Peter Brief hatte u. mir daraus mitteilte. Karten an Alfr. u. Katja, bei schönem Wetter Spaziergang im Tiergarten, Kaete, Eri u. ich abwechselnd Milka's Wagen schiebend. Nachtisch noch in die Stadt. Beim Tee Else u. Kaete zurück aus Andreas Lazarett, wo er den Boden schrubbern u. Kartoffeln schälen muß, vor Wut platzt. Bei Mim oben Mieze. Abend wie immer.

11/3
Brief von Marta; Brief an Alfred u. Karte an Harden. Mit Else abwechselnd Milka im Tiergarten geschoben, nach dem Früh-

stück zu Marta, wo es recht trübe aussah. Bei Mim wie immer; beim Essen »die Herren«[35]; dann wie immer.

12/3
Karte an Klaus. Um 11 bei trübem Wetter nach Garzau gefaren, zu Jürgens Beisetzung, schönen Kranz mitgenommen u. Blumen von Else. Allein im Coupé »Zukunft« gelesen. Draußen mit Marta, Dietr. u. Horst, Lademanns u. Ruscha [Rosenthal] zusammengetroffen. Nach gemeinsamem Imbiß Trauerfeier im Haus, recht stimmungslose sehr lange Rede des Pastors; dann in langem Trauerzug, mit Gesangverein, Kriegerverein, Schule u. Garzauern durch den trüben, nebelschweren Park zu dem schönen Begräbnisplatz im Wald, wo abermals Ansprache, Gesang, Salven, bei leis rieselndem Regen. Dann wärmender Kaffee u. gemeinsame Heimfart, um ½7 zuhaus; Brief von Katja, Familienleben.

13/3
Schandwetter, Regen, Wind, Dreck. Brief von Klaus-Lala, Brief an Katja. Nach dem Frühstück im Auto nach Grunewald, 1 St. mit Harden geplaudert, im Auto wieder heim. Bei Mim wie immer; abends auch.

14/3
Brief an Alfred. Bei trübem Wetter mit Kaete u. Erika Milka'n spazieren geschoben; mittags Mim u. Ilse; beim Tee Fürstenberg mit Natalie, dann zu Mim. Abends Bondi's, Koffka's, Gagls – Familienessen, one den Hausherrn, u. nicht besonders gemütlich. Bis ½10.

15/3
Trübes Nebelreißen. Brief von Alfred, Karten an ihn u. an Lala. Eine Stunde gelaufen; beim Tee u. strickend bei Mim Marta. Abend wie immer. Laurids Brun's »Van Zantens glückliche Zeit« ausgelesen.

16/3
Karte an Katja; bei trübem Windwetter in die durch die Auto-Beschränkung dörflich stille Stadt. Briefchen von Alfred mit Ein-

---

35 Gemeint sind vermutlich die »Bridge-Herren«: Oskar Huldschinsky, Waldemar Mueller, Herr Freund und Herbert v. Klemperer. (s.a. 2.11.1915)

lage von Peters Briefen 2 u. 3 vom 5. u. 7. Januar. Beim Tee Lis u. Helene,[36] die dann noch zu Mim. Abend wie immer.

17/3
Karten von Katja u. Alfred, Brief an Alfred. Besuch von Eva u. Mira, um ½12 aufs Ausw. Amt, wo man mir bestätigte, daß der von Peter vorgeschlagene Weg über die amerik. Botschaft nicht mehr gestattet; auf den Pots. Banhof u. zum Essen zu Marta, wo ich Paul ein wenig besser fand. Dann nachhaus, für die Kinder [Erika u. Milka] gepackt, nachmittag u. abends Familienleben, Mim unten gegessen, Milka vor Übermut u. Drolligkeit schier platzend. Spät Brief an Peter (19).

18/3 Breslau
Brief von Katja; vormittags für mich gepackt, Abschiedsessen mit der Familie R., zärtlicher Abschied vom guten »Ur-Mimelak«[37] u. um 2 Abreise mit Erika u. Milka, von Else u. Kaete auf Friedrichstr-Banhof geleitet. Überraschend gute Reise mit beiden Kindern, trotz besetztem Coupé: gestrickt, gelesen, gegessen, gespielt. Viel, viel Militär! Um 8 Ankunft in Breslau, von Klaus empfangen; bei ihm sehr gut aufgenommen, trefflich untergebracht, gut verköstigt; Klaus gerürt, Lala aufgeregt. Milka sofort ein verändertes Kind: launisch, eigensinnig, aufbegehrend. Bis 11 geplaudert.

19/3
Ausgedehntes, plaudersames Frühstück; Brief an Mim, dann mit Klaus u. Eri in die Stadt, mit Eri allein zum schönen Domplatz, Verspätung, Aufregung, Tram, Droschke. Nach dem Essen alle zusammen zu Uthoffs, wo Rudi Ladenburgs Familie wont u. er eben in Urlaub; Ostereiersuchen der Kinderschaar, Geplauder, Kaffee in großem Kreise, mit der sehr netten Frau Uthoff. Um 6 Abreise mit Erika, von Klaus zur Ban geleitet. Empfing einen guten, angenehmen Eindruck vom Haushalt. Bei Uthoffs Karte an Peter zu seinem Geburtstag, von allen Anwesenden unterschrieben.

20/3 München
Nach sehr guter Reise – bis Dresden um ½11 alle beide strickend, wozu Eri patriotische Lieder sang; dann prächtiger Schlafwagen;

---

36 das sind die Schwestern Lis Gleistein und Helene Stern
37 nur hier gebrauchter Kosename für Hedwig Dohm (*Mim*)

März

um ¼10 Ankunft, von Alfred empfangen. Frühstück, Bad, gepackt, geordnet. Sehr angenehm-tröstlicher Brief von Frl. Delprat. Da Katja sich um Eri nicht kümmerte, das Kind den Tag noch bei uns. Karten an Mim u. Klaus. Zum Tee mit Eri zu Katja gefaren, wo alles in leidlicher Ordnung. Zufuß nachhaus. Abend gepumpelt, Zeitungen u. Brief an Frl. Delprat.

21/3
Brief an Mim u. von ihr; Briefe an Mrs. Delprat u. an Peter (20), als Einlage nach Amsterdam. Spaziergang bei himmlischem Frühlingsanfang. Beitisch Tommy's mit allen vieren; dazu beim Tee Hermine Feist mit Rud. Oldenbourg, bis nach ½8! Nach dem Essen Besuch von Eu, dann Hermann Bangs »Zusammenbruch« gelesen.

22/3
Brief an Mim, mit Katja u. Kindern Spaziergang im engl. Garten. Nachmittag Brief an Gertrude Smith, gelesen, abends mit Alfred Odeonskoncert, sehr schön.[38] Mit dem Siegesjubel des »Kaisermarsch« kontrastirte seltsam die Kunde vom Fall von Premysl,[39] die uns beim Ausgang empfing.

23/3
Brief an Mim, Karten vom Landstürmer Heidenberger. Besuch bei Eu in ihrem Haus, vor- u. nachmittags Kommissionen. Beim Tee Katja mit Aißi, dann Besuch bei Stadlers. Abends Packete mit Cigarren u. Karten an Wolf, Friedrich u. Heidenberger; und Kondolenz an Frau v. Heigel zum Tode ihres Mannes. Gelesen.

38 **Aus den Münchner Konzertsälen**. Im achten Abonnementskonzert der Musikalischen Akademie brachte Bruno Walter eine der Zeitstimmung entgegenkommende Komposition Hans Pfitzners zur Uraufführung. Es ist ein Lied für Baritonsolo Männerchor und Orchester. Eichendorffs prächtige »Klage« bildet die dichterische Unterlage … Der Abend wurde mit Haydns »Militär«-Symphonie eingeleitet, der Beethovens »Pastorale« folgte. Beide Werke erfuhren eine in klanglicher Hinsicht sehr lobenswerte Ausführung. Richard Wagners »Kaisermarsch« beschloß den Abend. (Bericht in den *Münchner Neuesten Nachrichten* vom 24.3.1915)

39 Die österr.-ungar. Festung Przemyśl war von russ. Streitkräften eingeschlossen und vom 24.9. bis 11.10.1914 belagert worden. Am 9.11.1914 begann eine zweite Belagerung, die am 22.3.1915 mit der Kapitulation der aus 110.000 Soldaten bestehenden österr. Garnison endete.

24/3
Früh in die Stadt; Besuch von Frau Alex. Oldenbourg, die mit mir über Olga zu sprechen wünschte; wobei natürlich nichts heraus kam. Brief an Mimchen u. von ihr. Mittags Hermine; nachmittags Spazierfart mit ihr, zum Tee zu Tommy's, wo sie die Kinder reich beschenkte, in ihrem Auto spazieren fur, ganz liebe u. nette Tante war. Um ½ 8 ziemlich erschöpft daheim. Gelesen u. gestrickt.

25/3
Brief an Mim, Kondolation an Pannwitz, dessen Son gefallen ist. Sommerspaziergang mit Katja u. den Kindern. Nachmittag Besuch bei Crodu, Dankbrief an Marta für sehr hübsche Sendung in Kleidern, Gratulation an Paul Stengel zur Verlobung[40]; Briefchen von Else mit Strickvorschriften. Abends recht interessante Broschüre von Rohrbach über »Bismarck u. Wir« gelesen, die mir Crodu im Manuskript mitgegeben.

26/3
Nach gestrigem Sturmgewitter Abkülung. Brief an Mim, Karte an Eva Schneckenaichner; in die Stadt. Telephonnachricht, daß Golo plötzlich an eitriger Blinddarmentzündung erkrankt, um 4 operirt werden muß! Um 3 ins die Klinik von Krecke gefaren, wo Katja mit Golo schon im Kranken-Auto eingetroffen. Wärend der Operation von 4-5 mit Katja im Garten spaziert u. sie tunlichst zerstreut: schwere Stunde. Aber die Operation gut verlaufen, Krecke u. Rommel zufrieden. Verließen auf Wunsch der Ärzte die Klinik, wärend Golo noch in der Narkose. Fanden am Teetisch bei Alfred Klaus' Freund Strasser. Abend dann bei Hermine Feist im Regina gegessen, nach dem Essen gestrickt, wärend Hermine, Alfred u. Ehepaar Wiggers sehr passionirt »loon can«[41] spielten; bis 12 Ur.

27/3
Golo gehts normal. Brief an Klaus, von Mim; in die Stadt; nachtisch zu Katja in die Klinik, fand Golo ganz befriedigend. Abend Brief an Harden;[42] auf törichte Zeitungsnotiz, daß Peter auf Grund der Intervention der Academia dei Lincei befreit, zalreiche Gratulationen! Brief an Lily Reiff; gelesen.

---

40 mit Amalie Mottes
41 Glücksspiel. Der kanadische Dollar wird auch »Loonie« genannt.
42 im Original erhalten und veröffentlicht in: *Meine Manns*, 152f.

28/3

Winter! Schnee. Brief an Mimchen u. Brief an Peter (21), an Lily Reiff mitgeschickt. In die Stadt, beitisch Tommy mit den 3 Kindern und Strasser, der recht präpotent. Beim Tee nur die Kinder, die Katja, aus der Klinik kommend, um 7 abholte. Abend »Zusammenbruch« von Bang beendet.

29/3

Schneewinter! Golo gehts normal. Brief an Mim, Besuch in Eu's »Haus« u. in die Stadt. Briefe von Klaus u. von Marta (Gratulation zu Peter!) u. Kartenbrief an Marta. Vom Krieg seit lange nichts neues: er steht. Beim Tee Dr. Cohen mit Frau, Schwester[43] u. Son; viel vom Fall Heinz die Rede, u. von Alfreds Absicht, Cohen zum Testamentsvollstrecker zu ernennen. Abend Journale gelesen u. gestrickt. Wurst an Schneckenaichner geschickt.

30/3

Brief an Mim. Golo geht es ganz normal. Besorgungen u. Spaziergang bei angenehmem Winterwetter; Karte von Else. Nachmittag die Kinder bei Ceconi zum Tee abgeholt, später Katja beim Tee. Abend »Die Campagne in Frankreich«[44] gelesen.

31/3

Brief an Mim, Gratulation an Crusius zur Akademie-Präsidentenwal. In die Stadt. Nachtisch in die Klinik, $^5/_4$ St. mit Golo, der in bestem Zustand, gespielt u. geplaudert; zufuß heim. Beim Tee Elsa B.; abend Brief an Miez, Goethe gelesen. Briefe von Mim u. Miez.

1. April

Brief an Mim, in die Stadt bei aufhellendem Wetter. Nachmittag mit Alfred bei Justizrat Mauermeier[45], um unser gegenseitiges Testament, in dem Heinz auf sein Pflichtteil gesetzt wird, zu machen. Beim Tee Katja, dann Voß', um zu Peter zu gratulieren! zu gleichem Zweck Karte von Karl Pidoll. Katja ein Stück begleitet, abend »Campagne in Frankreich« gelesen.

---

43 nicht zu ermitteln; Dr. Rudolf Cohen hatte mehrere Schwestern
44 von J. W. von Goethe
45 vermutlich k. Justizrat Robert Maurmeier

2/4
Brief an Mim, Karte an [Karl] Pidoll; Besuch bei Maria v. Stach, die mir ihre Verlobung mit – Dingler verkündete: tableau[46]! Und Kommissionen. Nachtisch in die Klinik zu Golo, der ganz munter; zufuß nachhaus, bei herrlichstem Frühlingswetter. Brief von Penck, wegen Peter, Karte von Schneckenaichner. Süd. Monatshefte gelesen, abend »Campagne« beendet.

3/4
Briefe von Marta, von [Tante] Asta, Karte von Scheubner-Richter aus Erzerum[47], Dankkarte meines Landsturmmannes [Heidenberger]. Bei wieder unfreundlichem Wetter in die Stadt; Briefe an Penck u. an Klaus. – Brief von Mim, nachmittags bei strömendem Regen auf den Waldfriedhof; beim Tee langer, nicht unamüsanter Besuch der Baronin Godin, dann Eu. Briefe an Paul Rohrscheidt u. an Peter (22), Kriegsgefangenensendung. »Zukunft« gelesen.

4/4
Herrliches Osterwetter. Brief an Mim, Karte von Frau Heigel; Spaziergang. Beitisch Tommy's mit 3 Kindern und Hermine mit nettem Son Ernst. Auch beim Tee alle diese, dazwischen Autofart von Hermine mit den Kindern. Abends beide Tommy's. Wieder Regen.

5/4
Vormittags Regen, nachmittags Besserung. Da recht erkältet, nicht ausgegangen. Briefe an Mim u. Tante Asta. Beitisch Tommy's mit Kindern u. »der Sepp«. Beim Tee zu Katja's Marga mit Schwestern[48] Cilla u. Tilda. Karte von Wolf, Blumen von Schneckenaichner, Karte an Fritz. Correspondance Voltaire Frédéric le Grand begonnen.

6/4
Brief an Mim, von Gusty; Karte von Schneckenaichner. Bei schönem Wetter Kommissionen, nachmittags bei gradezu scheußlichem letzter Besuch bei Golo in der Klinik. »Correspondance« gelesen, ein wenig spanisch-italienisch getrieben; Journale.

---

46 (frz.) Bild, Vorhang. Soll hier soviel heißen wie »Vorhang fällt« oder »kein Kommentar«.
47 heute Erzurum
48 das sind Cäcilie v. Cornides und Mathilde v. Bomhard

7/4

Brief an Mim; Brief von ihr u. via Mittag-Leffler sehr liebenswürdig-ausfürlicher u. über Peters Situation beruhigender von Prof. Orme-Masson aus Melbourne. Bei Regen in die Stadt u. nachmittag bei Regen zu Katja, wo Golo zum Jubel der Geschwister seinen triumphalen Einzug hielt. Zum Tee auch Alfred. Abend Alfr. Allotria, Gratulation an Kaete Liebermann zur Verlobung[49], Karte an Harden, Packet u. Briefchen an Lala.

8/4

Briefe an Mim u. an Gusty; Geld an Else für Lucie u. für Kranz; rendez-vous mit Katja, Kommissionen. Brief von Miez, mit Mitteilung von Olga's Umtrieben u. Intriguen in Berlin, ausfürlicher Brief darüber an Miez. Bei strömendem Regen in die Stadt; abend »Correspondance« gelesen.

9/4

Brief an Mim, Karte an Frau Hutter; Kommissionen u. Spaziergang. Schneestürme. Nachmittag Besuch bei Crodu's, beim Tee Katja, abends Braune's, Alex. Oldenbourg u. Hermi Ebers, zum erstenmal nach dem Tod seiner Frau.

10/4

Brief an Mittag-Leffler, eingeschlossen Brief an Orme-Masson u. an Peter (23). Besuch bei Hermine u. in die Stadt. Brief von von[50] Mim; langer Besuch bei Stadlers. Abend Cousine Asta[51] mit Son Jochen.

11/4

Briefe an Klaus u. an Mim. Briefchen von Klaus, mit Artikel über »die Jüdin«. Spaziergang, beitisch Tommy's mit 2 Kindern u. Hermine. Beim Tee, zu Katja, Dr. [Arthur] Rosenthal. Abends in Regina-Palast zu Hermine, wo nur noch Rudolf Obu[52]: ibrig.

12/4

Dankkarte von Kaete Liebermann, Brief an Mim, Spaziergang. Nachmittag zuhaus, »Zukunft« gelesen, abend »Correspondance«. Besser Wetter.

---

49 mit Kurt Riezler
50 so im Original
51 d.i. Asta Adolph
52 d.i. Dr. Rudolf Oldenbourg

13/4
Brief an Mim; Spaziergang. Karte von Else. Nachmittag zu Hermine, bei der 2 nette Skandinavier traf. Anstatt zu Lella zu faren, mit ihr Arnholds im Continental besucht, wo auch Galstons; dann mit ihr u. Herrn Langaard zu Drey, dann noch im Regina-Café, durch [Rud.] Oldenbourg verstärkt, Tee getrunken. Abend »Correspondance«.

14/4
Brief an Mim, in die Stadt. Brief von Mim. Nachmittags zur nachträglichen Geburtstagschocolade von Golo; abend gelesen. Der Krieg »steht«, die Deprimirtheit wächst.

15/4
Brief an Mim, Kommissionen und Spaziergang. Nachmittag gelesen, beim Tee Katja u. Eu; abend mit Hermine u. [Rud.] Oldenbourg ins Residenztheater: »Judith u. Holofernes«; Steinrück ausgezeichnet, die Berndl ganz unzureichend, das Ensemble schlecht.[53] Nachher in der Bar mit beiden gegessen, dazu Steinrück u. Alten-Lamezan.

16/4
Brief von Lala, an Mim; schöner Frühlingsspaziergang zu Katja, die im Garten mit allen vieren traf. Briefe von Marta, von Frl. Dr. Delprat und – vom guten Peter! vom 22/1, recht befriedigend. Alfred bekommt vom Kaiser den Kronenorden II Kl., für seine damalige Majolikagefälligkeit!![54] Fein. Nachmittags Karte bei Frau v. Heigel, Spaziergang. Brief an eine Frau Rau, deren Son mit Peter im Prisoner of War Depot. Abend Brief an Marta; »Correspondance«.

17/4
Brief von Klaus, u. an ihn; in die Stadt bei Frühlingswetter. Brief von Mim, Karte von Friedrich. Zum Tee zu Lula, mit Katja. Abend Brief an Peter (24) »Kriegsgefangenensendung«, u. Packet mit Bettwäsche u. Wurst an Lala.

---

53 K. Residenztheater: »Judith« von Fr. Hebbel. Frl. Berndl (Judith), Herr Steinrück (Holofernes), Herr Graumann (Achior), Ferdinand v. Alten (Ephraim) u.a.

54 Am 13.5.1912 hatte ein Direktor im Auftrag S. M. des Kaisers mit Alfred Pringsheim wegen zeitweiliger Überlassung von Majoliken verhandelt.

April

18/4
Brief an Mimchen, Spaziergang bei schönem Wetter. Beitisch alle 6 Manns, beim Tee alle außer Tommy, plus Bunge, der trotz Krieg aus Argentinien gerne zurückgekehrt ist, um ruhig weiter zu studiren! Abends, angesagtermaßen, Hermine, p.p.c. Telephonirte sich noch um ½11 Rudolf Obu[55] her, war ganz gemütlich bis 11.

19/4
Brief von Miez; an Mimchen. In die Stadt u. Spaziergang. An Frl. Delprat, die nach Australien färt, einen warmen Schlafrock für Peter geschickt; dann Karte bei Exc. Treutler u. Besuch bei Maurice'. Brief von Marta. Beim Tee Dyck, dann noch zu Crodu's. Abend Brief an Frl. Delprat nebst englischem, für Peter bestimmten. (No. 25)

20/4
Das von Mauermeier neuerdings aufgesetzte Testament in 2 Exemplaren abgeschrieben. Dann rendez-vous mit Katja bei Frl. Leekmann, wo Aißi Atemgymnastik treibt; u. sie durch den engl. Garten begleitet. Nachtisch Brief an Mim, in die Stadt. Nach dem Tee Brief an Lala, Karten an Harden u. an Emma Schlier. Abend spanisch-italienisch, u. »Zukunft« gelesen.

21/4
Brief an Mim, Dankbrief jener Mutter Frau Rau aus Mörs u. Brief an sie. Gratulationsbesuch mit Rosen für den Orden von Eu. In die Stadt. Briefe von Mim u. von Funke (vom 22. März). Zum Tee zu Katja – wo auch Alfred –; hin u. zurück zufuß, obgleich plötzlich von heftigen Schmerzen befallen. Zuhaus dann gelegen.

22/4
Brief an Mim. Regenwetter; Katja bei der Atemgymnastik besucht, sie begleitet u. Kommissionen. Nachmittag, bei schlechtem Wetter, zuhaus; Cigarren u. Karten an Wolf, Fritz, Schneckenaichner u. Heidenberger; Besuch bei Helene Gugg, verfehlt. Abend »Correspondance«, italienisch-spanisch, gestrickt.

23/4
Brief von Emma Schlier, Karte von Harden; Brief an Mim; Kommissionen u. Katja-Aißi vom »Atmen« abgeholt. Briefe von Marg. Schleh u. von Gusty. Nachmittag Karten bei Oldenbourg, Stadler,

55 d.i. Dr. Rudolf Oldenbourg

Haushofer u. Besuch bei Gugg. »Correspondance« gelesen, abends »Kränzchen« bei uns (Dycks mit Töchtern[56] u. Seeligers), nett u. gemütlich wie immer.

24/4

Brief an Klaus; von Harden abgeholt 2½ St. mit ihm spaziert, wie immer anregend u. herzlich. Brief von Mim u. von Peter (V) vom 12-16/2. Nachmittag gelesen, gestrickt; abend in den Vortrag, der ausgezeichnet war, wenn auch nichts besonders neues bringen konnte.[57] Harden reiste danach ab, wie ein Verzweifelnder, Rasender, wie ich ihn noch nie gesehen. Überzeugte mich danach mit Bernstein im »Continental«, daß er wirklich im letzten Moment, den Zug noch erreicht!

25/4

Brief von Miez, an Mim; Spaziergang, teils mit Crodu, der recht dekrepid[58]. Telegramm an Harden. Beitisch Tommy's mit den Kindern, dazu beim Tee Frau v. Oldenbourg mit Marga. Abend Briefe an Harden[59], Prof. Rubens u. Gastwirt Dorsch, dessen Son ebenfalls in Peters Koncentrationslager; gelesen, gestrickt.

26/4

Brief von Klaus, Karte von Friedrich. Brief an Mim, bei schönstem Wetter mit Katja Kommissionen und Spaziergang. Nachtisch zu Hermine's schwarzem Kaffee u. mit ihr in die Stadt; nach dem Tee Karte an Klaus u. Spaziergang. Abend Karte von Harden, »Zukunft«, Correspondance.

---

56 das sind Hedwig u. Gertrud
57 **Wie steht's.** Kriegsvortrag von Maximilian <u>Harden</u>. … Wir sind in militärischer und militärpolitischer Beziehung in so guter Verfassung ins neue Jahr getreten wie kein anderes Land! Nicht nur die körperliche Leistungsfähigkeit unserer Truppen, auch die gedankliche, vor allem unserer Stäbe, ist hervorragend. Und ganz besonders erkennt Preußen die Leistungen des bayerischen Staates an! Der Redner schloß mit dem Gedanken: Darauf muß jeder Deutsche mit ganzer Kraft sich einstellen, daß dem kraftvoll geführten Kriege <u>kein schwacher Friede</u>, der nur ein Waffenstillstand wäre, folgen darf! Die geistig-politische Hegemonie, die Deutschland verdient, muß ihm in Europa gesichert werden! Mit aller Kraft und Leidenschaftlichkeit muß in einer Politik, die der gewaltigen Tat des deutschen Volkes würdig ist, für Deutschlands nahe und ferne Enkel eine vornehme, nicht entmannte Zukunft geschaffen werden! (ausführl. Bericht in den *Münchner Neuesten Nachrichten* vom 26.4.1915)
58 dekrepit: heruntergekommen, verlebt
59 im Original erhalten und veröffentlicht in: *Meine Manns*, 153-155

April bis Mai

27/4
Brief an Mim; Besorgungen u. Spaziergang bei schönstem Wetter. Nachmittag auf der Veranda gelesen. Beim Tee Katja, die dann fast bis nachhaus begleitete. Dankkarte von Harden fürs Telegramm, Karte von der Belli. Mehrfacher Versuch, mit Ambach zu telephoniren, gelesen.

28/4
Brief an Mim, Karte an Emma Schlier; Kommissionen. Briefe von Mim u. von Prof. Rubens, Karte von Schneckenaichner. Um ½5 zur Atem-Gymnastik, dann mit Katja u. den Kindern zum Tee zu Manns, auch zufuß zurück; Prachtwetter. Abend Brief an Mim vorgeschrieben, gelesen.

29/4
Von früh ½9 bis abends ½9 Reise nach Ambach, bei wunderbarem Wetter, aber doch tötlich ermüdend. Bei den Asten[60] gemütlich-gastliche Aufnahme; Mittel-Asta[61] u. Tante Lucie (grotesk bis dort hinaus!), die dort Unterschlupf gefunden, voller Klagen u. Groll gegen Tante Asta, die böse sei, zanksüchtig u. anspruchsvoll, dabei senil u. schwatzhaft. – Auf dem Heimweg mit netter junger Frau (Namen vergessen) angenehm geplaudert. Zuhaus Dankbrief von Crusius auf Präsidenten-Gratulation, mit angefügtem Schnadahüpferl[62]: net übel!

30/4
Brief von Lala, Brief an Mim. Rendez-vous mit Katja-Aißi u. Spaziergang bei Sommerwetter. Nachmittag Besuch des Gastwirts Dorsch, dem ich Nachricht über seinen Son, via Peter, gegeben. Dann zu Eu, die verfehlt (später telephonisch), Tee auf der Veranda, dann Besuch bei Sophie. Abend Brief an Peter (26), sehr lang, mit Rubens' Auskünften.

1. Mai
Gerechnet. Brief an Lily Reiff, mit Einlage für Peter (26) u. für Mr. Delprat; Brief an Mim. Früh gegessen, um ½2 mit Frau

---

60 das sind Asta Friedberg und deren Tochter Asta Adolph
61 d.i. Asta Adolph
62 auch Schnadahüpfel od. Schnadhüpfl, ein epigrammartiges Gedicht, das aus einer Strophe besteht

v. Scheubner-Richter in ihr Idyll nach Fürstenfeldbruck, das sie wegen Geldnot aufgeben muß. Gemütlich mit ihr geplaudert, Kaffee mit ihren Damen, spaziert u. um 7 wieder daheim. Die Züge überfüllt, massenhaft Soldaten. Recht an[ge]griffen, »Zukunft« gelesen, früh ins Bett.

2/5

Brief an Mim, 3 Karten meines Landsturmmannes [Heidenberger]; Spaziergang, beitisch alle Manns. Nachmittag bei Sommerwärme Veranda und Garten, zum Tee zur Familie Cilla u. Reischs. Abend »Correspondance«[63], gestrickt.

3/5

Brief an Mim, Karte an Marg. Schleh; Spaziergang mit Katja u. den 4 Kindern. Briefe von Klaus u. von Marta aus Kissingen. Nachmittag Kommissionen, die Stadt beflaggt wegen Sieg in Galizien.[64] Gegen Abend Depesche von Klaus, die glückliche Geburt eines Sones[65] meldend. Depesche u. Brief an ihn, Brief an Marta, Karte an Reisch mit Klaus' »Jüdin«-Artikel. »Correspondance«, »Binasita«, gestrickt.

4/5

Brief an Mim; bei Regen in die Stadt. Nachmittag gelesen, nach dem Tee zu Eu, sie verfehlt u. noch in die Stadt, den Widerruf der die Stadt durchirrenden, wansinnig übertriebenen Siegesberichte (Börsenmanöver?) gelesen. Abend wie immer. Auch spanisch.

5/5

Brief an Mim; von 11 bis ½11[66] Kolleg von Wölfflin über »die Architektur von München«. Brief von Mim. Nachmittag auf den Waldfriedhof. Beim Tee Katja, Eu, später Crodu. Abend Kondo-

---

63 de Frédéric le Grand avec Voltaire
64 **Der große Sieg in Westgalizien**. Im Beisein des Oberbefehlshabers Feldmarschalls Erzherzog Friedrich und unter der Führung des Generalobersten v. Mackensen haben die verbündeten Truppen gestern nach erbittertem Kampfe die ganze russische Front in Westgalizien von nahe der ungarischen Grenze bis zur Mündung des Dunajec in die Weichsel an zahlreichen Stellen durchstoßen und überall eingedrückt. Diejenigen Teile des Feindes, die entkommen konnten, sind in schleunigstem Rückzug nach Osten, scharf verfolgt von den verbündeten Truppen. Die Trophäen des Sieges lassen sich noch nicht annähernd übersehen ... (ausführl. Bericht in den *Münchner Neuesten Nachrichten* vom 4.5.1915)
65 d.i. Hans Erik, geb. am 3. Mai
66 so im Original; muß ½ 1 heißen

lenz an Erna [Hanfstaengl], deren Bruder Egon nun auch gefallen! Gelesen.

6/5
Briefe an Mim u. an Funke; Briefe von Marta u. Lily Reisch[67]. Spaziergang mit Katja bei schönem Sommerwetter. Nachmittag Veranda, beim Tee Frau Lotz u., lange, Maria Stach. Karte von Erna Hanf.[stängl] Abend »Correspondance«.

7/5
Brief von Klaus, an Mim. Besorgungen, nachmittag Besuch bei Lella, deren Hulle[68] aus dem Feld in Urlaub daheim (ob mit Forunkel oder Streifschuß wurde diskret verschleiert), zum Tee zu Katja; beide Wege bei Sommerwärme zufuß. Die Spannung wegen Italiens Haltung wächst ins unerträgliche! Abend gelesen.

8/5
Brief an Klaus, in die Stadt. Brief von Mim. Nachmittag Brief an Peter (27), gelesen. Abend mit Manns in die Kammerspiele, Strindbergs »Gespenstersonate«: ein merkwürdiges Un-Stück, echtester Strindberg, interessant u. unbefriedigend, ganz gut gegeben;[69] aber nicht so hervorragend, wie man in München glaubt. Manns nachher noch bei mir spätes Nachtmal.

9/5
Brief an Mim; Spaziergang. Die Torpedirung der 32000 tons großen »Lusitania« mit 1500 Menschen Verlust sehr aufregend.[70]

---

67 d.i. Lily Reiff
68 d.i. Paul Huldschinsky
69 M. Kammerspiele: »Gespenstersonate« von August Strindberg. Herr Mair (Der Alte), Herr Kaiser (Der Student), Frl. Geldern (Das Milchmädchen), Frl. Lindemer (Die Pförtnerin), Herr Bunzl (Der Oberst) u.a.
70 Es waren 2.150 Personen an Bord: 290 Reisende 1. Klasse, 662 Reisende 2. Klasse, 361 3. Klasse sowie die Besatzung. 703 Personen sind gerettet worden, 1447 Personen sind ertrunken, unter ihnen Alfred Vanderbilt und der Petroleummagnat Pearson. – **Die »Lusitania« – bewaffnet und gewarnt.** Der Cunarddampfer »Lusitania« wurde einer Meldung des Reuterschen Bureaus zufolge gestern durch ein deutsches Unterseeboot zum Sinken gebracht. Die »Lusitania« war selbstverständlich, wie neuerdings die meisten englischen Handelsdampfer, mit Geschützen armiert. Außerdem hatte sie, wie hier einwandfrei bekannt ist, erhebliche Mengen an Munition und Kriegsgerät unter ihrer Ladung. Ihre Eigentümer waren sich daher bewußt, welcher Gefahr sie ihre Passagiere aussetzten. Sie allein tragen die volle Verantwortung für das, was geschehen mußte. Auf deut-

Beitisch Tommy's, über den Tee auf der Veranda. Da niemand sonst, Katja'n u. die Kinder fast nachhaus begleitet. Abend Karte an Frl. Erline Jas, mit gestrigem Brief an Peter. »Zukunft« gelesen.

10/5

Brief an Mim; zum Festakt der Universitäts-Bismarckfeier: unbedeutende formal unsympathische Rede von Prof. Marcks.[71] Dann in die Pinakothek, unter Rud. Oldenbourgs Fürung. Brief von Miez. Nachmittag in die Stadt; nach dem Tee Wintersachen »eingetonnt«. Abend gelesen: »Feinde ringsum« von Gleichen-Rußwurm.

11/5

Brief von Else, Brief an Mim, Karte an Miez; Spaziergang mit Katja u. den Kindern. Brief von Emma Schlier. Nachmittag in die Stadt, beim Tee Tante Asta; die dann nachhaus begleitete, Stadlers u. Crodu's verfehlte. Abend Briefe vorgeschrieben, Zeitungen, gestrickt. »Marienandacht«[72].

12/5

Brief an Mim beendet, zu Wölfflin; Brief an Ilse, von Mim. Nachmittag auf der Veranda gelesen, beim Tee der Sepp, Frau Hallgarten u. Katja mit Aißi, die durch den engl. Garten brachte. Abend »Correspondance«.

13/5

Brief von Frl. Delprat, die wegen Unsicherheit der Meere nicht nach Australien faren konnte (!), fragt was sie mit Peters Schlafrock machen soll. Karte von Gusty, Brief an Mim, Spaziergang u. Besuch bei der kranken Elsa B.; Beitisch Manns (Himmelfartstag), dazu beim Tee der amerikanische Prof. Cajori aus Colorado, später lange die Gugg. Abend gelesen.

---

scher Seite ist nichts unterlassen worden, um wiederholt und eindringlich zu warnen. Der kaiserliche Botschafter in Washington machte noch am 1. Mai in einer öffentlichen Bekanntmachung auf diese Gefahren aufmerksam. Die englische Presse verspottete damals diese Warnung unter Hinweis auf den Schutz, den die britische Flotte dem transatlantischen Verkehr gewähre. (ausführl. Berichte in den *Münchner Neuesten Nachrichten* vom 9.5.1915)

71 (ausführl. Bericht in den *Münchner Neuesten Nachrichten* vom 11.5.1915)
72 Autor nicht zu ermitteln

Mai

14/5
Brief von Klaus, an Mim u. an Lis Gleistein. In die Stadt. Briefchen von Mittag-Leffler. Zum Tee zu Katja, beide Wege zufuß. Kondolenzkarte an Prof. Noether,⁷³ »Correspondance«.

15/5
Briefe an Klaus u. an Marta, Karte an Else nach Wannsee. In die Stadt, empfindlich kül. Brief von Mimchen, Karte von Erline Jas, Brief an Frl. Delprat nach Amsterdam. Sehr netter Brief No VI von Peter vom 16/3, englisch geschrieben, in dem er all meine Einkleidungen von »Tante Vicky's Besuchen« (Siege!) von »Onkel Ludwig-Schönfeld« (Kriegsministerium) freudig verstanden hat. Abends – o Wunder! – mit Alfred in eine vorzügliche Auffürung des »Rosenkavalier«, mit der Faßbender, Krüger, Bosetti u. mit Bender.⁷⁴ Eine Anzal Bekannte gesprochen.

16/5
Brief an Mim, Besuche bei Stadlers u. Crodu's. Beitisch Tommy's, dazu beim Tee, bei wieder herrlichem Veranda-Wetter, Else Schöll u. Dr. Dingler mit Braut Maria Stach. Karte an Klaus, gelesen.

17/5
Brief an Mim, bei schwüler Hitze Besuch bei Katja, beide Wege gerannt. Nachmittag Besorgungen. Abend Briefe an Peter (28) u. an Lily Reif[f] mit Peters als Einlage. Brief an Emma Schlier. Uff! Gewitter. –

18/5
Brief an Mim, von Eva. Meiner an Frau Bonn vom 26/1 retour aus Amerika. Kommissionen mit Katja in der Stadt. Nachmittag zuhaus, geräumt, gelesen. Gegen Abend Eu. Karte an Klaus. Auf der Veranda gegessen u. gelesen.

19/5
Brief an Mim, zu Wölfflin. Briefe von Marta u. von Mim. Beim Tee Katja, Hannchen u. Ivogün. Gegen Abend bringt mir Frau v. Scheubner ihren großen schönen Hund Nero in Pension. Katja bei Regen ein gut Stück begleitet. »Correspondance« gelesen.

---

73 zum Tod seiner Ehefrau
74 K. Hoftheater: »Der Rosenkavalier« von Richard Strauß. Fr. Mottl-Faßbender (Fürstin Werdenberg), Herrn Bender (Baron Ochs), Frl. Krüger (Octavian), Herr Brodersen (von Faninal), Fr. Bosetti (Sophie) u.a.

20/5

Brief von Klaus, an Mim, Karte an Eva; Spaziergang mit Katja u. Nero, der sich trefflich hielt. Nachmittag Cigarren u. Karten an Wolf, Friedrich u. Heidenberger (Schneckenaichner im Lazarett mit Nervenchock). Nach dem Tee Crodu's. Abends ins Residenztheater, in den »Sturm«, wegen der Musik von Reisch, die mir nicht bedeutend schien. Doch ein langweiliges Stück, bei mittlerer Auffürung. Selbst Caliban-Steinrück nicht erschöpfend, die Rüpel öde, Ariel-Ritscher schlecht.[75] Außerdem lastete die Spannung wegen Italiens erwarteter Kriegserklärung (die officiell noch nicht eintraf) auf jedermann.

21/5

Karte von Braune's vom Bodensee, Brief an Mim; mit Nero Besuch bei Frau v. Scheubner. Brief von Mittag-Leffler, mit Einlage von Rutherford. Zum Tee zu Katja, wo auch Alfred, die Kinder schon wieder unwol. Beide Wege zufuß. Abend auf der Veranda gelesen. Packet an Klaus.

22/5

Brief an Klaus, Karte an Marta, Spaziergang mit Nero. Nachtisch telephonisch erfaren, daß Katja mit Aißi zu Krecke gefaren, da eben Blinddarmentzündung konstatirt! Sofort angezogen, in die Klinik, wo ich den armen Aißi im Zustand jämmerlichen Verfalls vorfand, mit dem Aussehen eines Sterbenden! Es war eben der so gefürchtete Durchbruch erfolgt, u. die Situation nach Aussage von Krecke u. Rommel tötlich ernst. Die Operation gelang, der Zustand blieb »auf Spitz' u. Knopf«. Katja war merkwürdig ruhig, fur auch auf Wunsch der Ärzte abends heim. Ich noch auf ½ St. zum Tee zu Friedrich Kaula, der unsretwegen die Einladung schon einmal verlegt hatte u. wo noch Hallgartens. – Tötlich erschöpft u. sehr traurig früh ins Bett. – Briefe von Mim u. Gleistein.

---

75 K. Residenztheater: »Sturm« von Shakespeare. Musik von Friedrich Reisch. Herr Lützenkirchen (Prospero), Frl. Neuhoff (Miranda), Frl. Ritscher (Ariel), Herr Steinrück (Caliban), Herr Alten (Ferdinand) u.a. – Den Prospero zeichnete Herr Lützenkirchen mehr als temperamentvollen Fürsten denn als Weltweisen; gefühlvolle Menschlichkeit stand ihm näher als die Mystik. Herrn Steinrücks Caliban war ein manierliches Ungeheuer, das sich indes in seiner Haut ganz wohl nur in Trinkszenen zu fühlen schien ... Auf liebreiche Eleganz war Miranda (Frl. Neuhoff) und Ferdinand (Herr Alten) gestimmt ... (ausführl. Berichte in den *Münchner Neuesten Nachrichten* vom 16.5.1915 und 21.5.1915)

23/5

Brief an Mim, von Peter (VII) vom 5/4. – Dann in die Klinik gefaren, wo ich das Kind garnicht, Katja nur 5 Minuten sehen konnte. Äußerste Gefar, Katja ganz vergrämt u. verweint. Zufuß zurück u. Besuch bei Eu. Mittags Tommy mit den 3 Kindern zum verstörten Pfingstessen, dazu der Sepp, alle über den Tee. Gegen Abend nochmals in die Klinik, das Kind unverändert, Katja, der Nachtzeug brachte, ein wenig ruhiger. Abend teilnahmvoller Besuch von Eu, »Zukunft« gelesen.

24/5

Gleich früh zu Katja in die Klinik, fand das Kind zwar ein wenig gebessert, doch in gleicher Gefar, Katja wesentlich ruhiger. Zufuß bei himmlischem Wetter heim, Brief an Mim. Beitisch Tommy mit den 3 Kindern, dazu Hannchen. Beim Tee, außer Manns, Feo Weingartner u. die Belli. Dann mit dem Hund Spaziergang u. bei Stadlers angefragt; Besuch von Eu, die über den Abend blieb. Telephon mit Katja, die entschiedene Besserung meldet, u. verschiedene Anfragen. Brief an Wolf, spät noch Nachricht, daß Oesterreich, dem Italien heute endlich den Krieg erklärt hat,[76] bereits Ancona u. Venedig beschießt. Wut u. Haß gegen den treulosen Bundesgenossen sind grenzenlos.

25/5

Bei Himmelswetter in die Klinik gefaren (zuvor viel Telephon-Schererei). Aißi matt u. fiebrig, meist schlafend, doch nach leidlicher Nacht von Krecke als sehr zufriedenstellend beurteilt. Katja infolgedessen ruhiger, mit mir im Garten gesessen. Zufuß heim u. Brief an Mim. Brief von ihr (mit eingelegtem Briefchen von Peter an sie), Karte von Lisbet aus Tegernsee. Nachmittag Brief an Peter

---

76 **Das Manifest des Kaisers Franz Josef**. ... Der König von Italien erkärte mir den Krieg. Ein Treubruch, dessengleichen die Geschichte nicht kennt, wurde von dem Königreich Italien an den beiden Verbündeten begangen. Nach einem Bündnis von mehr als dreißigjähriger Dauer, währenddessen es seinen territorialen Besitz mehren und sich zu ungeahnter Blüte entfalten konnte, verließ uns Italien in der Stunde der Gefahr und ging mit fliegenden Fahnen in das Lager unserer Feinde über. Wir bedrohten Italien nicht, wir schmälerten sein Ansehen nicht und tasteten seine Ehre und seine Interessen nicht an; wir haben unseren Bündnispflichten stets getreu entsprochen, ihm unseren Schirm gewährt, als es ins Feld zog ... (ausführl. Bericht in den *Münchner Neuesten Nachrichten* vom 25.5.1915)

(29), Kriegsgefangenensendung; nach dem Tee zu den 3 Kindern in den Herzogspark, zum Abendessen Tommy, von Katja kommend. Spät noch langer Brief an Gleistein, mit Auszug aus Peters letztem.

26/5
Früh in die Klinik: Aißi schwach, mit blicklos-seltsamem Auge, doch entschieden teilnahmsvoller u. besser. Brief an Mim; Brief von Klaus, u. teilnahmsvolle Worte von Mim u. Else. Nach dem Tee mit Nero zu den Kindern, wo Lula traf, mit der dann heimging. Beim Nachtessen Tommy, wie gestern. Sehr müde, »Correspondance« gelesen, u. viel so teilnehmendes wie lästiges Antelephoniren.

27/5
Früh in die Klinik: fand ein unglaublich gebessertes Kind vor, weit frischer, mit teilnehmenden Augen, sichtlich erfreut durch meinen Besuch, noch mehr durch den kleinen »Schnellmaler«, den er sofort in Benutz nahm. Zufuß heim, Brief an Mim. Nachtisch Besuch von Schneckenaichner, der mit einem Nervenchock erst im Lazaret[t], jetzt in Urlaub zuhaus. In die Stadt, Kommissionen. Beim Tee Frau v. Scheubner-Richter, abends Eu, die ihr Abendbrod in einer Düte mitbrachte, mit uns gemütlich auf der Veranda aß.

28/5
Früh in die Klinik, bei Regen. Aissi wie gestern, dieser Zustand wird vermutlich jetzt lange wären. Zufuß heim, Brief an Mim. Nachmittag Kommissionen, Correspondance gelesen. Abend Brief an Klaus.

29/5
Briefe von Mim u. von Grete Ring, Karten von Marta u. Dr. Teller. Bei Regen in die Klinik, Aissi wie gestern. Zufuß heim, Karten an Mim u. Dr. Teller. Nachmittag Spaziergang mit Nero. Correspondance u. »Zukunft« gelesen. Telephon mit Katja, die zum erstenmal wieder zuhaus schläft. Gründlich gewirtschaftet.

30/5
Briefe an Mim u. Grete Ring; Besuch bei Sophie, beim Spaziergang mit Nero von Gewitter überrascht. Beitisch Tommy mit den Kindern, beim Tee Rud. Oldenbourg u. Hedwig Schöll. Um 6 zu Katja in die Klinik, Aißi schwankend u. noch recht krank. In der Tram teils mit der heimfarenden Katja. Abend noch Brief an Cile Seler, Zeitungen.

Mai bis Juni

31/5

Karte an Klaus, in die Klinik, wo alles unverändert. Bei angenehm-frischem Wetter zufuß heim, Brief an Mim, Dankbrief u. 5 beschriebene Karten von Heidenberger! Nachmittag mit Nero ins Volksbad, wo er einen andern Hund meuchlings überfiel, eine gräßliche Scene, von der mir noch lange die Knie zitterten! Beim Tee Eu, abend Cohen und – da Tommy im Theater – die gute Katja.

1 Juni.

Früh Telephon, daß Aißi wieder einen operativen Eingriff erdulden mußte, der ihn natürlich sehr geschwächt. In die Klinik, durfte das Kind nicht sehen, nur kurz mit Katja, die recht aufgeregt u. deprimirt war, geplaudert. Dann schöner Spaziergang über Nymphenburg, förmlich eine Entdeckung. Nachtisch zu Nadoleczny, da am Or leide; doch fand er nichts. Auf der Veranda gelesen. Abend um 10 Abreise von Alfr. nach Berlin. Von allen Fronten heute sehr gute Nachrichten.[77] Vormittag Brief an Mim.

2/6

Heute früh 3.35 ziemlich heftiges Erdbeben, das mich mit Schrecken erweckte, aber schnell vorüberging.[78] Karten von Eva u. Friedrich, Brief an Mim, Karte an Alfred, daß es Aißi unverändert geht. Zu Wölfflin. Brief von Mimchen, Spaziergang mit Nero, ville warm, abends zu Tommy's (da der K[l]inikbesuch mir untersagt), mit den Kindern geplaudert, um 9 mit dem Ehepaar gegessen, um 10 mit Tram heim.

---

77 **Przemysl vor dem Fall**. Siegreicher Sturm bayerischer Truppen auf die Nordpforte der Festung. 1400 Gefangene und 25 Geschütze erbeutet – Durchbruch der deutschen Südarmee bei Stryj, über 9000 Gefangene und 15 Maschinengewehre erbeutet – Erfolgreicher Luftangriff auf die Docks und Werften von London … (ausführl. Bericht in den *Münchner Neuesten Nachrichten* vom 2.6.1915)

78 … begann der Seismograph am Mittwoch früh um 3 Uhr 35 Minuten 29 Sekunden ein Nahbeben aufzuzeichnen, das so stark war, daß der Zeiger des Apparates aussprang, womit die Aufzeichnungen aufhörten. Der Erdbebenbewegung ging ein deutlich wahrnehmbares unterirdisches Geräusch voraus. Die Bodenbewegung war in der Richtung Süd-Nord größer als in der Richtung West-Ost … (ausführl. Bericht in den *Münchner Neuesten Nachrichten* vom 3.6.1915)

3/6

Auch heute, da Aißi schwach u. absolut ruhebedürftig, nicht in die Klinik. Brief an Mim, dann Spaziergang mit Nero, sehr heiß. Beitisch Tommy mit den 3 Kindern, die über den Tee blieben, wozu sich Maria v. Stach gesellte, die über ihren niederträchtigen Ex-Lessing[79] bittere Klage fürte. Kleiner Spaziergang mit Nero, abend auf Veranda Kriegsgefangenenbrief an Peter (30) u. gelesen. Große Freude über den glorreichen Fall von Przémasl;[80] diesmal aber andersrum!

4/6

Nacht durch Orenschmerzen arg verheert. Um ½10 Ankunft von Alfred aus Berlin, Frühstück, geplaudert. Aißi's Zustand macht mir große Sorge. Brief an Mim, Spaziergang mit Nero. Nachtisch zu Nadoleczny, der Forunkel konstatirte, leider noch nicht reif zum Aufschneiden. Starkes Gewitter; abends zu Hallgartens gefaren, wo noch v. d. Leyens, Geffcken u. Frau Hanni Baeyer u. Prof. Freitag[81]; ganz nett, aber für meine Stimmung und meinen Forunkel »ibrig«. Ging nachtisch um ½10 noch ein wenig zu Katja, die ich über Aißi's heutigen schlechten Tag tief deprimirt u. traurig fand. Um ½12 zufuß heim.

5/6

Aißi ein wenig gebessert. Brief an Klaus, zu Nadoleczny, der immer noch nicht schneiden konnte, was sehr unangenehm ist; in die Stadt. Brief von Mim, Karte von Dr. Teller. Nachmittag in die Klinik, Aißi einen Augenblick begrüßt, Katja 5 Minuten. Nach dem Tee zu Elsa B., die eines Nierenleidens wegen nach Wildungen muß. Abend »Zukunft« u. Shaw's »Common sense«-Artikel gelesen.

---

79 Maria Stach v. Goltzheim war von 1900 bis 1906 mit Theodor Lessing verheiratet gewesen.

80 Seit heute 3 Uhr 30 Minuten vormittags ist Przemysl wieder in unserem Besitz. Deutsche Truppen erstürmten nachts die letzten russischen Stellungen der Nordfront von Przemysl und drangen heute um 3 Uhr 30 Minuten vormittag von Norden in die Stadt ein. Von Westen und Süden ist unser X. Korps eingedrungen. Seine ersten Abteilungen erreichten bald nach 6 Uhr vormittags den Hauptplatz der Stadt. Die Tragweite dieses Erfolges läßt sich noch nicht überblicken ... (ausführl. Bericht in den *Münchner Neuesten Nachrichten* vom 4.6.1915)

81 vermutlich Prof. Gustav Freytag

Juni

6/6
Heftigste Orenschmerzen. Brief an Mim, von Gleistein, Spaziergang mit Motz[82] bei Hitze. Beitisch Tommy mit den Kindern u. die gute Katja, die gekommen war, obgleich am armen Aißi eine dritte Operation gemacht worden, um neuerdings Eiter zu entfernen. Da er noch in halber Narkose lag, konnte sie ruhig 2 St. fort, um Tommy's 40 Geburtstag mitzufeiern. Nachmittag u. Abend Steigerung der Orenschmerzen zum Unerträglichen, dabei zum Tee die Kinder, Ehepaar Davidsohn p.p.c. u. Karla Pidoll, vom Brünner Engagement heimgekehrt. Abend meist gestrickt, ein bischen gelesen.

7/6
Um ½9 zu Nadoleczny, der den Forunkel öffnete, was große Erleichterung gab. Aißi geht es »entsprechend«. Brief von Klaus, Karte von Hannchen. Kommissionen mit ~~Motz~~ Nero; Brief an Mim, Karte an Hannchen, 3 Würste ins Feld. Nachmittag zuhaus, gelesen. Abend mit Alfr. in ein aufgedrängtes Kriegswolfarts-Konzert, buntes Allerlei, nicht sehr erfreulich, wansinnig heiß, unsinnig lang.[83] Karte von Anna Case aus Lausanne.

8/6
Bei Tropenglut früh in die Klinik; Aißi leidlich befriedigend. Brief an Mim, von Wolf. Nachtisch zu Nadolczny, der mich zu meinem Staunen als geheilt entließ, dann zu Frau v. Scheubner, ihr Nero's Erkrankung u. Verbringung in die Klinik zu melden. Nachmittag u. Abend gelesen, gestrickt, geschwitzt.

9/6
Brief an Mim, zu Wölfflin, Kommissionen. Nachtisch bei Tropenhitze in die Klinik, Aißi recht befriedigend. Nachmittag u.

---

82 muß wohl Nero heißen, s. auch die Verschreibung am nächsten Tag
83 Bei dem Konzert zum Besten der »Bayerischen Kriegsinvaliden-Fürsorge« wurden aufgeführt: vom Konzertvereinsorchester unter der Leitung von Franz Schalk von Richard Strauß »Tod und Verklärung«; von Prof. Felix Berber-Credner das Beethovensche Violinkonzert; von Kammersänger Desider Zador die Holländer-Arie »Die Frist ist um«; von Edyth Walker die Ozean-Arie aus »Oberon«; von Prof. August Schmid-Lindner die 13. ungarische Rhapsodie von Franz Liszt; von Kammersänger Modest Menzinsky einige Lieder von Hugo Wolf sowie, gemeinsam mit Edith Walker, den Zwiegesang »Zu neuen Taten« aus der Götterdämmerung. Zum Abschluß sang Desider Zador noch einige vaterländische Lieder. (Bericht in den *Münchner Neuesten Nachrichten* vom 9.6.1915)

Abend gelesen: Voltaire-Frédéric le Grand beendet, Shaw: »Common Sense about the War«; gestrickt. Karten an die 3 Wehrmänner[84].

10/6
Karte von Hannchen. Früh in die Klinik, Aißi ganz befriedigend. Von Dr. Rommel, der ebenfalls dort, im Auto heimgefaren. Brief an Mim, Karte von Mittag-Leffler. Nach starkem Gewitter auf den Waldfriedhof, wo grade der Miller'sche Schwiegersohn beigesetzt wurde, Stadler mich aber trotz lebhaften Winkens nicht im Auto mit heimnahm. Fand ihn dafür, vom schlechten Gewissen getrieben, bereits bei Alfred am Teetisch. Abend auf der Veranda Briefe an Anna Case u. an Peter (31), den in Anna's einlegte.

11/6
Früh in die Klinik, Aißi unverändert. Brief an Mim, von Gusty aus Nauheim, Karte von Harden. Starkes Gewitter, Shaw gelesen. Beim Tee Frau v. Scheubner, gegen Abend in die Stadt. Gelesen.

12/6
Ebenso heiß. Klinik: leidlich gut; Spaziergang. Briefe von Klaus u. Mim, Brief an Klaus. Nachmittag Kommissionen, »Zukunft«, Shaw.

13/6
Brief an die ewig bei offnem Fenster musicirende Nachbarpension; Telegramm an Klaus, der zur Nachmusterung berufen, Spaziergang, von der Hitze in die Pinax[85] getrieben, wo Baronin Tubeuf – sehr »ci-devant«[86]-schön – traf. Dann Brief an Mim, beitisch Tommy und Katja mit den 3 Kindern: Aißi gehts ordentlich. Beim Tee, zu den Kindern, Else Schöll u. Karl Pidoll, der über den Abend blieb, mit Alfred musicirend. Sehr höfliche Antwort der »Pension Glaspalast«, Telegramm von Klaus. Karte an Mittag-Leffler nach Po Teplitz, gelesen, gestrickt.

14/6
Da weniger heiß, zufuß in die Klinik, Aißi entschieden besser. Brief an Mim. Nachmittag mit dem aus der Klinik heimgekehrten Nero Kommissionen in der Stadt. Nach dem Tee erst Crodu,

---

84 das sind Heidenberger, Wolf und Fritz
85 gemeint ist die Alte Pinakothek
86 (frz.) ehemals, vormals

Juni

dann Sophie, dann die Gugg. Abend Shaw ausgelesen, Karte an Hannchen; prächtige Abkülung.

15/6

Um ½ 10 Ankunft von Klaus, der – leider! – nicht einmal schlecht aussieht. Plauderei, Brief an Mim, Spaziergang mit Nero. Durch erneute Orenschmerzen ziemlich mitgenommen. Beitisch, Klaus zuehren, Katja u. Tommy. Bei der Musterung wird Klaus der Infanterie 2 zuerteilt, Einberufung ungewiß. Beim Tee u. später mit ihm geplaudert. Abend wärend die Herren klavierten, »Süddeutsche Monatshefte« gelesen.

16/6

Brief an Mim, zu Wölfflin: herrlich frisches Wetter. Briefe von Mim u. von Friedrich, Karte von Harden. Beitisch Katja; dann zu Nadoleczny, da neuen Forunkel im Or. Gelesen, gestrickt, Familienleben.

17/6

Früh in die Klinik: ganz befriedigend; zufuß heim, Brief an Mim. Beitisch Katja, dann zum Orenarzt. Beim Tee Rud. Oldenbourg, Rosen von Huldschinsky[87]; abend Klaus in der Oper, Rundschau gelesen. Herrliches Wetter.

18/6

Brief an Mim, Kommissionen. Beitisch Katja, dann zu Nadoleczny, der mit meinem Or zufriedener, als ich. Briefe von Else u. Miez. Gelesen, beim Abendessen wieder Katja, die mit Klaus in einen Vortrag von Heinrich Mann ging. Das prachtvolle Wetter, one Regen, der für die Erndte[88] erfleht wird, dauert unerbittlich an.

19/6

Brief an Peter (32), Kriegsgefangenensendung; Karte an die Deutsche Bank, die Peters Weltkreditbrief zurückverlangt. Da Aißi recht krank, telephonirt Katja ab. Nachmittags Rektoratstee bei Frau Müller, nett in der Idee, mäßig in der Realität. Abend allein, Orenschmerzen, »Zukunft« gelesen. Brief von Mimchen.

---

87 vermutlich Paul Huldschinsky
88 so im Original

20/6

Früh in die Klinik, wo Aißi infolge von Darmverschluß neuerdings totkrank. Wärenddem brachte Tommy im Krankenwagen – Erika, die sofort an Blinddarmentzündung operirt wurde – fast grotesk. Die Operation verlief gut, trat gegen Aißi's Zustand ganz zurück. Danach mit Tommy zu uns zum Essen, wo die 2 Kleinen auch über'n Tee blieben. Dazu Pidoll[89] u. Reischs zum Musiciren u. Abendessen. Ich fur, da Aißi operirt werden mußte, um 6 wieder in die Klinik: furchtbare Operation, 1 ¾ St., 4 Ärzte u. 2 Assistentinnen: Verwachsungen des Darmes, der infolgedessen nicht mehr funktionirte. Der Zustand nun äußerst kritisch. Ich blieb bis ½ 10, wo Tommy noch kam, bei der tötlich erschöpften armen Katja; fand daheim die Gäste noch vor. Dazu heftigste Orenschmerzen. – Nachtisch Brief an Mim.

21/6

Kartenserie von Heidenberger. Bei unverwüstlich schönem Wetter in die Klinik, wo es Erika »prachtvoll« geht, dem Aißi verhältnismäßig, mit Kampfer u. Kochsalzspritzungen, nicht schlecht. Sprach die Ärzte, fur mit Loeb in dessen Auto heim: es gibt entschieden Hoffnung. Dann zu Eu ins »Haus«, ihr dies neue Unglück erzält, Brief an Mim. Nachtisch zum Orenarzt u. Kommissionen. Gelesen u. Familienleben.

22/6

Aißi recht schlecht, kritischer, ernster Zustand; Erika übernormal gut. Sprach die Ärzte, die für morgen eine Entscheidung erwarten, Katja sehr deprimirt. Fur wieder mit Loeb in die Stadt. Brief an Mim, Briefe von Cile u. Lily Reiff. Nachtisch zum Orenarzt, durch die Stadt heim. Beim Tee Lula, abends Tommy, aus der Klinik kommend. Lemberg fiel![90]

---

89 vermutlich Karl v. Pidoll
90 **Lemberg erobert.** Lemberg, die alte Hauptstadt Galiziens, ist wieder in den Händen unserer Verbündeten. Sieben Wochen sind seit dem Durchbruch der russischen Front am Dunajec verstrichen. Unaufhörlich kämpfend zog sich der zähe Feind zurück, gedrängt von Oesterreich-Ungarns und Deutschlands Heldensöhnen, die sich am Gegner festbissen und ihn in einer beispiellos langen Reihe von Schlachten und Gefechten aus einer Stellung in die andere warfen, bis sie die Hauptstadt des Königreichs befreiten … (ausführl. Bericht in den *Münchner Neuesten Nachrichten* vom 23.6.1915)

23/6
Den ganzen Vormittag in der Klinik, wo unser armer Aißi den Eindruck eines Sterbenden macht. Erika ausgezeichnet. Tommy, der auch dort, zum Essen mit heimgenommen, in Rommels Auto. Briefe von Mim, von Anna Case, von Peter VIII kurzer deutscher Gruß vom 20/4, ebensolcher von Prof. Rubens mir übersandt; Karte von Lily Reiff, daß Ceconi sein italienisches Herz entdeckt hat u. nach Rom geht. Zu Nadoleczny, dann Besuch von dem auf Krankenurlaub hier weilenden Alex. Oldenbourg, der mir von Heinz berichtete, der mit dem Pferd gestürzt, »nachhaus« (?) käme; Brief an Mim. Nach dem Tee wieder in die Klinik, gleich hoffnungsloser Zustand, Katja verzweifelt. Tommy zum Nachtessen mitgenommen. Tötlich erschöpft, früh ins Bett.

24/6
Hoffnungsstral, da Aißi früh um ½4 »Katz« gemacht, der Darm sich also wider Erwarten doch geregt hat: was Katja sehr früh ganz beseligt telephonirt. Den ganzen Vormittag in der Klinik, fand das Kind entschieden günstig verändert, wenn auch »noch nicht über den Berg«; Katja aber ganz hoffnungsfroh. Erika, der ich »Copperfield« vorlas, »prachtvoll«. Brief an Mim, in die Stadt. Beim Tee der Sepp. Abend Tommy, aus der Klinik kommend, wo die Besserung anhält. Spät Karte an Mittag-Leffler, Schreibereien.

25/6
Karten von Frl. Delprat u. vom Landsturmfreund[91]. Den Vormittag in der Klinik, Aißi befriedigend, Erika prachtvoll. Vorgelesen u.s.w. Mit Dr. Loebs Auto heim. Nachtisch Brief an Mim. Zum Ausgehen unlustig, gewirtschaftet; Karte an Prof. Rubens, mit Peters Brief. Gegen Abend Frau v. Scheubner, die Gugg mit Geburtstagsblumen u. Crodu. Abend Tommy u. Katja, die ungemein lebhaft u. gesprächig. Das Telephon mit Erkundigungen steht nicht still.

26/6
Nach nächtlichem Gewitter immer dasselbe heiße Wetter. Brief von Hannchen, an Marta; in die Klinik, wo es ordentlich steht, Erika »Oliver Twist« vorgelesen, mit Rommel heimgeautelt. Briefe von Mim u. Marta (natürlich!), Karte von Wolf. Nachmittag in die

---

91 d.i. Heidenberger

Stadt. Beim Tee Stadler, später Sophie. Dazwischen um 7 Abreise von Klaus nach Breslau. Abend allein, gelesen, Brief an Hannchen. Garnicht wol.

27/6
In die Klinik, wo alles befriedigend. Zuhaus Brief an Mim, Brief von Peter (IX) vom 6/5. Beitisch Tommy u. Katja mit den 2 Kleinen, beim Tee Pidoll[92]; Brief an Harden,[93] »Correspondance Voltaire-Catherine«[94].

28/6
Brief von Hermine Feist mit dringender Einladung, Karten von Klaus u. Frau Dreher. In die Klinik bei – endlich! – Regen. Aißi leider wieder Fieber, das aber nicht schwer zu nehmen sei, Erika u. Friedel Agrikola[95] vorgelesen, mit Loeb heimgefaren; Brief an Mim, Karten an Marta u. an Heidenberger. Bei strömendem Regen in die Stadt. Briefe an Hermine u. an Fürstenberg, da mir [Paul] Huldschinsky den Tod von Aniela [Fürstenberg], infolge einer Operation, telephonirte! Abend Brief an Peter (33), Kriegssendung; u. »Zukunft«.

29/6
Karte von Mittag-Leffler, Brief von Marta. In die Klinik, Katja mit Fieber daheim! Aißi totbleich, Erika gut. Zuhaus erfaren, daß auch Katja am Blinddarm operirt werden muß! Brief an Mim, schnell gegessen, mit dem Sepp, p.p.c., dann wieder in die Klinik, wo Katja schon ganz munter und scherzend im Bett lag, Tommy recht pomadig der Sache gegenüber stand. Die Operation verlief normal u. glatt. Blieb dann noch bis ½6 bei den Kindern, die nichts wissen; zuhaus Margarete Obu[96], später Crodu. Sehr angegriffen und müde, Briefe vorgeschrieben, Zeitungen.

30/6
Früh u. nachmittags in die Klinik, wo Katja subjektiv übel u. elend, objektiv normal u. befriedigend, Aißi zart zum Umpusten, aber doch entschieden besser, Erika vortrefflich. – Brief von Mim,

---

92 vermutlich Karl v. Pidoll
93 im Original erhalten und veröffentlicht in: *Meine Manns*, 157f.
94 Ausgabe nicht zu ermitteln
95 von Cornelius Tacitus
96 d.i. Margarete Oldenbourg

Briefe an sie u. Klaus; beitisch Hannchen, gegen Abend Eu. Müde; gelesen.

1 Juli
Früh u. nachmittags Klinik, wo es den Umständen nach recht gut steht. Sophie suchte mich rürend u. gerürt dort auf. Brief an Mim, Karte an Klaus, 2 Karten von Mittag-Leffler. Nachmittag Gewitter u. Wolkenbruch, gegen Abend Besuch von Eu. Abend müde; gelesen, geschrieben.

2/7
Früh u. nachmittags Klinik: ganz befriedigend. Karten an Marta u. Klaus, Brief an Mim; nach Telephongespräch mit Hofrat Otto auch noch Brief an Klaus. Nach dem Tee in die Stadt; abend wie immer sehr abgespannt, Zeitungen u. gepumpelt.

3/7
Früh überraschendes Eintreffen der guten Kaete, zu meiner Entlastung; brachte mir Kärtgen von Klaus mit. Mit ihr in die Klinik, wo alles entsprechend, entfürten die Rekonvalescentin Erika per Auto zu uns. Brief von Mim, Karte an Klaus. Nachmittag Klinik, nach dem Tee in die Stadt, abends Familienleben mit Kaete, »Zukunft« gelesen.

4/7
Früh in die Klinik, beide Patienten[97] sehr ordentlich; mit Loeb heim, bei Sommerhitze noch in die Stadt, Brief an Mim. Beitisch Tommy mit den Kindern; da Alfred in die Klinik, nachmittag zuhaus, zu Tee, Musik u. Abend Karl Pidoll.

5/7
Briefe von Eva u. Emma Schlier. In die Klinik, wo entschiedene Fortschritte. Brief an Mim, Karte an Klaus. Nachmittag, da Kaete in die Klinik, bei blöder Hitze mit Nero in die Stadt; nach dem Tee Wirtschaft, Erika »Oliver Twist« vorgelesen, Familienleben mit Kaete.

6/7
Briefe von Klaus u. von Marta. In der Klinik alles trefflich; Bombenhitze. Brief an Mim, Karte von Hannchen u. an sie. Nachmittag

97 Katja und Aißi

wie gestern. Gegen Abend Eu, abend Familienleben mit Kaete, spät Brief an Peter (34, Kriegssendung).

7/7
Herzlichster Brief von Hermine Feist, Brief an Mim; da Kaete in die Klinik, mal wieder zu Wölfflin. Briefe von Mim u. Mira, nachmittag bei Tropenglut in die Klinik, wo beide Patienten[98] auf den Liegebalkons. Nach dem Tee Oliver Twist, abend Familienleben, spät Brief an Marta. Trotz Gewitter kaum Abkülung.

8/7
Früh Klinik, alles normal; mit Loeb heim, Karte von Klaus, ungewönlich herzlicher Brief von Fürstenberg. Brief an Mim, Karte an Theres Haberegger. Nachmittag in die Stadt; sonst wie gestern.

9/7
Früh Klinik, beide Patienten auf den Balkonen u. munter. Brief an Mim, von ihr mit der Nachricht von Hedda's glücklicher Entbindung von einem Mädchen[99]. Von Klaus Briefchen u. Karte an ihn. In die Stadt; nachmittag u. Abend wie gestern; Karte an Mira.

10/7
Brief von Tante Asta, Karte an Hedda; mit Erika, die von Frl. Doktor als gesund entlassen, in die Klinik, wo Katja u. Aißi sehr befriedigend. Karte von Funke, bei strömendem Regen mit Nero zu Frau v. Scheubner. Beim Tee Hedwig Schöll, abend Familienleben mit Kaete, spät Brief an Tante Asta.

11/7
Früh in die Klinik, Katja munter, Aißi etwas unwol. Briefe an Mim u. Mieze. Beitisch Tommy u. die Kinder; beim Tee Familienleben, dann vorgelesen, spät kurzer Besuch von Eu.

12/7
In die Klinik; Brief an Mim. In der Früh um 8 Abreise von Kaete, die sich lieb und nutzbringend erwiesen. Zum Tee zur eben aus der Klinik von Tommy heimgeholten Katja, wo auch Alfred. Abend Oliver Twist für Erika beendet, gelesen – sehr müde.

---

98 Katja und Aißi
99 d.i. Sibylle

13/7

Um ½10 Ankunft von Klaus u. Familie (vorher ein eingeschriebener, am 11. hier abgestempelter Brief, in dem er mir seinen Besuch bei Heinz im Lazarett schildert, wo Olga sich wie eine Bestie aufgeführt!) Die Breslauer installirt u. bewirtet, dann in die Klinik, wo Aißi sehr befriedigend. Zuhaus Brief an Mim, Briefe von ihr, Hermann, Else, Mieze, Eva, Marta, Ilse, Hannchen, Hedwig Gugg,[100] Karten von Grünfeld, Friedrich, Emma [Schlier], Depesche von Hermine; von Hermann Chocolade, von Lalla hübsche Decke, Blumen von Alfred, Emma, Frau Schneckenaichner u. Stickel, beim Tee von Lula. Durchaus wirr im Kopf, von allen Arrangements u. Anforderungen des Tages, abends zu Katja's gefaren mit den übrigen, wobei Erika endgültig abgeliefert. Gemütlicher, netter Abend, Katja recht vergnügt, bei einem Überraschungs-Cub Briefe verlesen.

14/7

Familienleben, zu Wölfflin, Kommissionen. Brief an Mim, von Cile. Nachmittag in die Klinik zu Aißi, der ein wenig erhöhte Temperatur; beim Tee Dyck, dann zu Stadlers, die von einem Besuch aus Tilsit beim Toni[101] zurück sind. Kondolenz an Feo [Weingartner] zum Tode der Mutter.[102] Abend Familienleben, Brief an Peter (35).

15/7

Früh Eu, sich wegen unterlassener Gratulation entschuldigend. Da Aißi hohen Puls, nicht in die Klinik. Brief an Mim, von Kaete, Kommissionen. Nachmittag zu Katja, Regen nach schönstem Vormittag. Abend Wurst, Cigarren u. Karten an Wolf, Friedrich u. Heidenberger. Familienleben.

16/7

Da Aißi wieder infolge starker Eiterbildung recht krank (was Katja verschwiegen werden muß), vor- u. nachmittags in die Klinik. Dazwischen Brief u. Packet an Emma Schlier u. Brief an Mim. Gegen Abend zu Eu, verfehlt. Nach dem Nachtessen Abschiedsbesuch von ihr auf der Veranda. Dann Familienleben mit Musik.

---

100 d.i. Hedwig Hintze, geb. Guggenheimer
101 d.i. Toni Stadler jun.
102 Baronin Charlotte v. Dreifus, geb. Stein, war am 12. Juli gestorben.

474   1915

17/7
Früh in die Klinik, wo Aißi sehr entschieden gebessert. Mit Loeb heim. Brief von Mim u. kurzer von Peter (XI) – No X fehlt – vom 25/5, mit Glückwunsch. Nachmittag Brief an Hermann vorgeschrieben, nach dem Tee in strömendem Regen noch zu Katja, wo bereits Familie Klaus zum Tee gewesen u. die dann im Auto heimfur. Abend gewirtschaftet, Zeitungen u. Journale.

18/7
Brief von Peter (X) vom 18/5. In die Klinik, Aißi befriedigend. Brief an Mim, beim Tee u. über den Abend »Karla«[Pidoll], zwischendurch bei strömendem Regen Besuch bei Katja, die noch ziemlich mieserig.

19/7
Brief an Mim, in die Klinik: Aißi macht wieder Fortschritte. Zufuß heim. Nachmittag – wärend Klaus bei seinem Chef[103] in Tegernsee – mit Lala Kommissionen bei wieder schönem Wetter. Familienleben mit Strickstrumpf, abend befriedigte Heimkehr von Klaus aus Tegernsee. Heinz entschloß sich, nach pöbelhaftem Brief an den Hausmeister mit Aufträgen, die zu effektuiren[104] ihm nicht erlaubt ward, an Klaus zu demselben Zweck (diktirt) zu schreiben. – Großer Sieg im Osten![105]

20/7
Wieder herrliches Wetter. Brief an Mim, zu Aißi, der recht befriedigend, aber immer noch eitert. Zum Tee zu Katja, beide Wege zufuß, im Garten gesessen, fand sie etwas frischer. Abend Brief an Peter (36) Kriegssendung.

---

103 vermutlich Julius Otto vom Bremer Stadttheater
104 vom (frz.) effecteur: einen Auftrag ausführen, eine Zahlung leisten
105 **Der Vormarsch im Osten**. ... Der große Front-Halbkreis, der sich um die Linie Warschau – Iwangorod – Lublin gelegt hatte, zieht sich enger zusammen. Nach der Eroberung von Lemberg und der Erreichung des Bugbeckens ging die Offensive vorwärts. Der rechte Flügel kam dabei etwas rascher vorwärts als die direkt über Krasnik angesetzten Teile. Das hatte seine Ursache darin, daß die Russen mittlerweile von Lublin her starke Kräfte herangeworfen, diese in das Lubliner Reservoir geschoben und dann ganz ohne Rücksicht auf die Verbände in zu diesem Zweck gebildeten Körpern gegen die Krasniker Straße eingesetzt hatten ... (ausführl. Bericht in den *Münchner Neuesten Nachrichten* vom 19.7.1915)

Juli

21/7

Brief an Mim, zu Wölfflin; Briefe von Mim u. Lis Gleistein. Nachmittag zu Aißi, der ungewönlich munter. Familienleben. Karten an Funke u. an Grünfeld. – Im Osten andauernde Fortschritte, wärend im Westen der Krieg seit Monaten »steht«.

22/7

Brief an Mim, bei schönstem Wetter in die Klinik, wo Aißi wieder ganz kleine Operation durchgemacht, aber recht befriedigend. Karte an Hannchen, nachmittag Kommissionen, nach dem Tee mit Farrad (seit Jaren zum erstenmal!) zu Katja, die in ihrem schönen Garten lag. Abend Familienleben, Karten an Frl. Delprat u. an Frau v. Pannwitz.

23/7

Brief an Mim, in die Klinik, wo Aißi riesig munter. Die Hitze kolossal. Nachmittag Gewitter, nach dem Tee mit Klaus u. Lala in ein sehr mäßiges Kino, auf dem Heimweg furchtbar eingeregnet. Familienleben mit Musik u. Stricken.

24/7

Vormittag mit Lala in die Stadt, Kommissionen; Briefe von Mim u. Marta. Beitisch zur Geburtstagsfeier alle Manns, Katja, von ihrem ersten Besuch bei Aißi kommend, schmal u. holäugig. Nachmittag auf den Waldfriedhof, abends alle 4 zu Manns zur Zwillingsfeier, bei Nachtmal, Champagner (!) u. Vorlesung aus Tommy's »Zauberberg« ganz angemessen, durch große Siegesnachrichten im Osten verschönt.[106]

---

106 ... Anläßlich des von den Truppen der Armeeabteilung Woyrsch glänzend durchgeführten Durchbruchs durch die feindliche Stellung am 18. Juli 1915 traf an Generaloberst v. Woyrsch aus dem Großen Hauptquartier folgendes Telegramm ein: Se. Majestät der Kaiser hat die Meldung über den gestrigen Durchbruch durch die Stellung des russischen Grenadierkorps nordöstlich von Sienno mit Freude entgegengenommen. Er beauftragte mich, Euerer Exzellenz sowie den Ihnen unterstellten Führern und Truppen, im besonderen auch der tapferen schlesischen Landwehr, die, wie so oft schon, erneut wuchtige Schläge zur Sicherung ihres schönen Heimatlandes führten, den Ausdruck seiner besonderen Anerkennung mitzuteilen ... (ausführl. Bericht in den *Münchner Neuesten Nachrichten* vom 25.7.1915)

25/7
Früh in die Klinik; da Aißi in fortschreitender Besserung, mich von ihm u. Frl. Doktor verabschiedet, mit der Absicht, Mittwoch endlich nach Wannsee zu faren. Briefe an Mim u. Marta, Brief von Funke. Beim Tee [Karl] Pidoll u. Hedwig Schöll, Brief an Lily Bam[107], Pidoll über den Abend, trotz Absage; Familienleben.

26/7
Briefe an Mim u. an Peter (37), in Lily Reiffs eingelegt. Da gottseidank kein Klinikbesuch mehr, behaglich in die Stadt, Kommissionen. Zum Tee zu Katja, beide Wege zufuß. Abend gepumpelt u. Familienleben mit Musik.

27/7
Brief der Generalin Hartmann u. an sie, Karte an Eu. Gerechnet, gewirtschaftet. Gegen Abend zu Katja geradelt, Abschied: Fertig gepackt, Familienleben, Abschied von Klaus'.

28/7. Wannsee
Früh Brief von Wwe[108] Rau mit Einlage für Son Theodor. Abreise nach Berlin 8.20, von Alfred begleitet. Gute normale Fart, Frau Erler-Schnaudt u. nette Damen im Coupé, gestrickt, gelesen. Berlin 6.35, Lieschen mich abholend, in Wannsee Ilse, Amalie (die andern in Tübingen bei Hans), Mimchen sehr elend, Hedda noch Wöchnerin, Miez wie immer. Gegessen u. gepackt.

29/7
Nach dem Tee zu Mim, deren Befinden wechselt, im ganzen recht traurig zurückgegangen. Karte an Alfred, mit Miez Eva p.p.c., von der Ban geholt. Mittags bei Mim, abends bei R.'s (mit Ilse, Amalie, Gottschau) gegessen. »Böse Mächte« von J. Lie beendet. Gegen Abend Karte bei Hermine, Besuch bei Lotte Hahn. Nach dem Essen Abendspaziergang mit Hunden. Karte von Katja u. Brief an Alfred, wegen Olga, die sich bei Zionisten angeschnorrt, behauptend, wir wollten sie u. ihr Kind zur Taufe zwingen!

30/7
Tageseinteilung wie gestern. Turn-Tanzstunde bei Luigia, Karte an Wwe Rau, Spaziergang, »Zukunft«. Nachmittag u. Abend Spa-

---

107 d.i. Lily Reiff
108 Abkürzung für Witwe

Juli bis August

ziergang en famille, abends Begegnung mit Rudi Ladenburg u. Frau. Brief an Katja, Karte von Alfred.

31/7

Karten von Heidenberger, geturnt, bei Regen zur Post, Karte an Aißi. Nach Tee Spaziergang mit Miez-Ernesto, Briefchen von Alfred mit Einlagen von Peter (XII) vom 13/6 u. Karte von Harden, Brief von Katja. Nach dem Essen zu Hermine, wo Grete Ring, Ehepaar Dr. Glaser u. [M. J.] Friedländer, der bei ihr wont. Mäßig.

1 August.

Turnen, Spaziergang. Nachmittag zu Hermine, wo Grete R.[ing], M. J. F.[109] u. Son Ernst [Feist] als Kanonier. Abend Familie bei R.'s, Mim sehr unwol, blasenleidend. Vorgeschrieben, »Drei politische Schriften Friedrich d. Großen« ausgelesen.

2/8

Ankunft von Hermann aus Tübingen (Else-Kaete noch auf die Wartburg), Brief an Alfr. und Karte an Katja beendet, bei großer Hitze zur Post. Nachmittag u. Abend wie immer, Brief von Hofrat Rommel mit Rechnung, die Heinz ihm behufs Bezalung unsrerseits zurückgeschickt hat! Abend Brief an Eu.

3/8

Mit Miez Spaziergang. Brief von Alfred, einliegend einer von ihm an Prof. Cohen in Olga's Taufverleumdungsangelegenheit u. Tommy's mittelmäßiger »Schornalisten«-Artikel aus der Frankf. Ztg.[110], Brief von Frl. Delprat, Karten von Katja u. von Wolf. Nachmittag Besuch von Lotte Hahn. »Rundschau« u. Brief an Alfr. vorgeschrieben.

4/8

Um 10 nach Garzau, bis Berlin mit Friedländer. Dort Gunter in Urlaub, Paul erbarmungswürdig, Verlauf des Besuchs wie immer, um ½ 8 wieder daheim, reiche Post findend: Brief von Alfred mit Einlage eines ärgerlichen von Teubner[111], Manuskript von 32 Sei-

---

109 d.i. Max J. Friedländer
110 »Gedanken zum Kriege«. In: *Frankfurter Zeitung* vom 1.8.1915
111 vermutlich Alfred Ackermann-Teubner. Im Verlag B. G. Teubner erschienen 1916 die ersten beiden Bände von Alfred Pringsheims *Vorlesungen über Zahlen- und Funktionenlehre.*

ten (!) von Klaus, Anklageschrift gegen Olga, nebst Briefchen, Brief des dummen »ehrlichen Maklers« O. Münsterberg, Versönung mit Heinz predigend! Später im Bett alles ausfürlich studirt.

5/8
Turnen; langer Brief an Alfred, mit Einlagen von Teubner, Rommel, Münsterberg; zur Post. Briefe an Peter (38) Kriegssendung, u. an Anna Case. Wie immer. Warschau gefallen! Und Iwangorod![112]

6/8
Um 9 nach Grunewald zu Harden, wo leider auch Madame. Pessimistisch wie immer, trotz der großen Erfolge im Osten. Beim Essen daheim Gagl, dazu zum Tee u. Abend Alice Jäckel mit Kind. Wärend diese promenirten, Mim, Ilse u. Hermann Klaus sehr gescheidte Psycho-Analyse Olga's vorgelesen, die Hermann misbilligte, die andern unmöglich zum Abschicken an die Adressatin erklärten. Brief von Alfred, mit Einlage dieses Cohen, der die Taufsache leugnet (!), kneift u. ebenfalls »vermittelt«. Abend noch Brief an Alfred in dieser Sache.

7/8
Turnen, Brief von Katja, Karten von Alfr. u. Else, zur Post spaziert. Kurzer, höflich-ablehnender Brief an den [unleserlich] Münsterberg, beim Tee Besuch von Lis Gleistein, die mit Ilse dann zur Ban brachte. Abend »Zukunft«.

8/8
Geturnt; dann getauft. In der leeren Kirche nur Miez u. ich, sehr widerwillig Mama Hedda, der Täufling Sibylle auf »Schwester Anna's« Arm, Ilse u. Luigia als Paten. Ging glatt u. schmerzlos

---

112 **Warschau eingenommen.** Seine k. Hoheit Prinz Leopold von Bayern hat Sr. Majestät dem König telegraphisch die Einnahme Warschaus gemeldet. Seine Majestät haben darauf dem Prinzen Leopold das Großkreuz des Militär-Max-Joseph-Ordens verliehen. – **Der Sturm auf Iwangorod.** ... Die südwestliche Front Iwangorods ist durch acht stufenartig ausgebaute Vorstellungen befestigt. Das 50. Regiment, das aus Siebenbürger Rumänen besteht, überwältigte alle technischen Hindernisse, näherte sich, durch andere Truppen verstärkt, der ersten russischen Vorstellung und grub sich vor dem ersten Drahthindernis ein. Inzwischen durchbrach Artilleriefeuer die Stufen der ersten Vorstellung, worauf die Infanterie auf die zweite Vorstellung losging. So ging es trotz heftigster Gegenwehr bis zur letzten Vorstellung der Russen, die mit Unterstützung der Artillerie nach zehnstündigem heißen Kampf im Sturm erobert wurde ... (ausführl. Bericht in den *Münchner Neuesten Nachrichten* vom 6.8.1915)

vorüber. Karten von Harden u. Marta. Nachmittag Besuch bei Liebermanns, wo er das Lob des Prof. [Hermann] Cohen sang u. mir dessen Broschüre »Judentum u. Deutschtum« borgte, u. bei Hermine, wo Minotto's[113], Friedländer, Ernst [Feist]. Familienessen bei Hermann, der liebenswürdig-redselig.

9/8
Karten an Alfr. u. Katja, um 9 nach Zoo gefaren, Marta in ihrer Wonung besucht, zum Essen zurück. Im Zug Damen Liebermann-Oppenheim-Arnhold (die mich zum Essen lud) u. Prof. Steinmann, aus Rom vertrieben. Brief von Alfred, mit Teubner-Antwort, die scharf u. deutlich ausfiel. Sonst wie immer. Um ½ 8 zu Arnholds zum Essen, mit der dummen Frau Exc. Budde, Hermine u. Friedländer, Ehepaar Schiff u. Professor Steinmann. Recht gemütlich, von der wundervollen Besitzung entzückt, von dem so selbstverständlich getragenen Reichtum sehr angenehm berürt. .

10/8
Turnen, Brief an Alfr., zur Post. Brief von Katja. Cohens Broschüre gelesen, gegen Abend Ankunft von Else-Kaete von der Wartburg, wo Else mit Darmkatarrh u. Fieber sehr unwol gewesen, beide elend u. bleich. Brief von Alfred, mit Abschrift seines sehr guten an Prof. Cohen.

11/8
Brief an Katja; Turnen, Broschüre bei Liebermann abgegeben. Brief von Alfred (mit Karten des Baron Freyberg), Karten von Lili Bam[114], Heidenberger, Stickel jun. Beitisch Ernesto, beim Tee Lili Keith; Karte an Alfr., Brief von Eu. Abends Fürstenberg mit Natalie, äußerlich unverändert, mit zerbrochenem Unterton.

12/8
Turnen; Besuch bei Frau Cornelie Richter, die sehr unwol mich herzlichst im Bette empfing. Gepackt, Karte von Katja. Wie immer.

13/8. München
Nach etwas traurigem Abschied vom stets leidenden Mimchen, um 9 Abfart von Wannsee, von Kaete zur Ban geleitet. In Berlin

---

113 das sind die Schauspielerin Agnes Sorma und ihr Ehemann Graf Demetrius v. Minotto
114 d.i. Lily Reiff, vormals Bamberger

10.36 abgereist, normale gute Fart, um 8.40 Ankunft in München, von Alfred abgeholt. Im stillen Haus Abendessen, geplaudert, ausgepackt.

14/8
Karte von Frau Tiessen (Jrete Ellendt), Briefchen an sie, Brief an Mim. Geordnet, mit Nero bei Aprilwetter in die Stadt, nachmittag dito engl. Garten. Gegen Abend Besuch von Sophie. Abend »Zukunft« gelesen.

15/8
Brief von Frau Gabrilowitsch aus Amerika, Brief an Mim; Spaziergang mit Nero. Beitisch Faber, der einen Ruf ans hiesige Polytechnikum angenommen. Nachmittag allein, Regen, Brief an Peter (39). Abend Mims »Aphorismen«[115] kritisch durchgesehen. Brief an Emma Schlier.

16/8
Brief an Mim mit Kritik; Spaziergang mit Nero. Beitisch, von ½1-6 (!) Frau Jrete Tiessen, ungewönlich herzlich, anhänglich, nett u. munter. Gegen Abend Spaziergang. Abend totmüde. Brief von Heinz, in dem er, durch Prof. Cohen ermuntert, Fay[116] um Wiedererneuerung des »Unterstützungsmodus«[117] bittet. Wird gewärt.

17/8
Brief an Mim, Karte an Marta, feuchter Spaziergang. Nachmittag auf den Waldfriedhof, ganz durchweicht. Beim Tee sehr lange Maria v. Stach. Abend Hermine, ebenfalls sehr ausgibig. Spät noch Brief an Mim vorgeschrieben.

18/4 [d.i. 18/8] Tölz
Früh um ½10 nach Tölz, Ilse v. Stachs Roman »Haus Elderfing« gelesen. Von der holbackigen Katja empfangen, küler, teils regnerischer Tag. Aißi außerordentlich erholt, Golo im Bett. Lala im Café am Wald besucht, der kleine Hans Erik viel blühender, Milka fast

---

115 Wohl nicht veröffentlicht, in Nikola Müllers Hedwig-Dohm-Bibliographie nicht erwähnt.
116 Spitzname für Alfred Pringsheim
117 Trotz ihres schweren persönlichen Zerwürfnisses haben Pringsheims ihrem Sohn Heinz und seiner Familie – genau wie ihren anderen Kindern – eine monatliche Unterstützung gezahlt.

allzu blühend. Nachtisch gelesen, beim Tee u. Abend Klaus u. Lala, Familienleben. Beim Tee dazu die muntere, lebhaft[e] Jrete Tiessen, die spazierend durch's Ort begleitete. Kowno gefallen![118] Brief von Mim.

<u>19/8</u> München
Früh Brief an Mim, dann mit Katja Alfred von der Ban geholt, Spaziergang, von Gewitter gestört. Nachtisch »Haus Elderfing« beendet (o mei!), Familientee (one Moni, die krank im Bett!), den Kindern vorgelesen, bei feuchtkaltem Wetter um ¼ 9 Abreise, um ½ 10 daheim, Karten von Mim u. Frau Ebstein[119]-Genf vorgefunden, nebst verspäteter Auskunft des »Büreau's für Auswanderer« über Peters Verbleib; u. Karton von Marta.

<u>20/8</u>
Brief an Mim, Karte an Frau Epstein, Besuch von Milka mit Tantchen, in die Stadt. Beitisch Dr. [Arthur] Rosenthal u. Prof. Brouwer aus Amsterdam, ein ungewönlich netter u. vielseitiger Mann, mit dem wir bis 4 Ur angeregt plauderten. Dann Ankunft von Klaus aus Tölz. Packet mit Kleidern von Marta ausgepackt, Brief an Frau Gabrilowitsch; Familienleben mit Musik. Brief von Lili Bamberger[120]. Nowo Georgiewsk gefallen![121]

<u>21/8</u>
Brief an Eu, in die Stadt. Nachmittag Regen, Brief an Marta, mit Dank für Riesenkarton; »Zukunft« gelesen. Abend Milka u. Tantchen, in alter Gemütlichkeit, Strickstrumpf u. Musik.

---

118 **Die Eroberung von Kowno.** ... Ueber ein Jahr hat die Festung Kowno, das äußerste Bollwerk der Njemen-Linie, dem Zarenreiche zu dienen vermocht. Diese starke Gürtelfestung mit elf Außenwerken auf beiden Njemen-Ufern gehörte zu derselben Rangklasse wie Warschau und Nowo-Georgiewsk, von deren Typ in Westrußland die russische Heeresleitung jetzt nur noch die Bug-Feste Brest-Litowsk zu ihrer Verfügung behalten hat. Olita und Grodno sind demgegenüber auch nach der russischen Klassifizierung nur Befestigungen ... (ausführl. Bericht in den *Münchner Neuesten Nachrichten* vom 20.8.1915)
119 muß Epstein heißen, s. 20.8. und folgende
120 d.i. Lily Reiff, vormals Bamberger
121 **Nowo-Georgiewsk gefallen.** Die Festung Nowo-Georgiewsk, der letzte Halt des Feindes in Polen, ist nach hartnäckigem Widerstand genommen. Die gesamte Besatzung, davon gestern im Endkampf allein über 20,000 Mann, und vorläufig unübersehbares Kriegsmaterial fielen in unsere Hände ... (ausführl. Bericht in den *Münchner Neuesten Nachrichten* vom 21.8.1915)

22/8
Italien hat der Türkei den Krieg erklärt![122] Briefe von Mim u. von Gleistein, Brief an Mim, Spaziergang bei Regen. Nachmittag Brief an Hedda (mit 20 M.[123]), gegen Abend Besuch bei Stadlers. Abend Musik u. Strickstrumpf.

23/8
Brief von Peter (13) vom 30/6. Briefe an Mim u. an Lis Gleistein; bei angenehmstem Wetter in die Stadt. Um 4 Abreise von Klaus nach Bremen, dann Besuch bei Frau v. Scheubner, die im Bett; beim Tee Prof. Köbe aus Jena, abends bei Hermine im Regina, wo außer uns [Rud.] Oldenbourg u. Dr. Maggin, ein sehr unterhaltender, in allen Sätteln gerechter Herr, mit dem bis 12 plauderten. (Begrüßung mit Frau v. Putkammer, die morgens in der Apotheke kennen gelernt).

24/8
Briefe an Mim u. an Frau Erler Schnaudt, Karte an Eva, Brief von Mim. Spaziergang bei prächtigem Wetter. Nachmittag gelesen, abend Brief an Peter (40) mit Einlage von Lis (Kriegssendung) u. Correspondance Voltaire-Catherine.

25/8
Brief an Mimchen, bei herrlichem Wetter Spaziergang. Nachmittags Veranda, gelesen, gestrickt. Karte von Frau Epstein, Karten u. Cigarren an Wolf, Friedrich, Heidenberger. Nach dem Nachtessen noch allein eine Stunde zu Hermine, bei der ich Herrn Maggin fand, dessen Absichten, falls sie wirklich bestehen, keineswegs lauter sein können.

26/8
Karte von Klaus aus Bremen, Brief an Mim. Bei herrlichem Wetter Spaziergang vor- u. nachmittags. Correspondance, gestrickt,

---

122 Der italienische Botschafter Marquis Garroni hat heute der Pforte eine Note überreicht, in der erklärt wird, daß Italien sich als mit der Türkei im Kriegszustande befindlich betrachtet. Zugleich hat der Botschafter seine Pässe verlangt. Als Gründe für Italiens Kriegserklärung wird angegeben: die Unterstützung des Aufstandes in Lybien durch die Türkei und die Verhinderung der in Syrien ansässigen Italiener an der Abreise … (ausführl. Bericht in den *Münchner Neuesten Nachrichten* vom 22.8.1915)
123 in heutiger Währung etwa 96 €

Karte u. Cigarren an Schneckenaichner. Brest-Litowsk gefallen! ein großer, ersehnter Erfolg.[124]

27/8
Brief an Mim; Karte von Hedda, Spaziergang. Zum Tee mit Alfred zu Hermine, die erkältet. Abend Voltaire-Catherine, gestrickt, Journale. Prachtvolles Wetter.

28/8
Karte von Eu, Karten an sie u. an Klaus nach Bremen, Brief an Harden; Spaziergang vor- u. nachmittag bei beträchtlicher Hitze. Brief von Mim mit Manuskript[125]. Voltaire, gestrickt, »Zukunft«.

29/8
Brief an Mim, Brief von Katja, Karten von Eva u. Frau Tiessen; Spaziergang u. »Parade«. Nachmittag Mims Manuskript begonnen, abend mit Alfred »Zauberflöte«, wunderschöne Auffürung unter Walter, mit Frl. Reinhard, Bosetti, Erb, Bender.[126] Abend Regen.

30/8
Brief an Mim; Manuskript kritisirt, Kommissionen. Nachmittag weiter kritisirt, bei Tee u. Abendbrod »Jrete« Tiessen, teils musicirend, teils sehr munter plaudernd. Dazwischen Brief an Katja. Schlecht Wetter.

31/8
Brief an Mim, Kritik beendet, Manuskript zurück. Spaziergang, beim Essen Eu, die gleich nachtisch fortmußte. Um 5 »Parsifal«

---

124 **Russischer Kriegsschauplatz**. Die Festung Brest-Litowsk ist gefallen. Ungarische Landwehr des Generals v. Arz entriß gestern dem Feind das südwestlich der Festung gelegene Dorf Kobylany, durchbrach damit die äußere Gürtellinie und fiel dem zunächst liegenden Werk in den Rücken. Westgalizische, schlesische und nordmährische Infanterie erstürmte gleichzeitig ein Fort südlich der Ortschaft Koroszczyn. Deutsche Truppen bemächtigten sich dreier Werke an der Nordwestfront und besetzten heute früh die an der Bahnlinie gelegene Zitadelle … (ausführl. Bericht in den *Münchner Neuesten Nachrichten* vom 27.8.1915)

125 vermutlich Hedwig Dohms Beitrag zu Ludwig Fulda's *Aus dem Jugendland*. Leipzig 1915

126 K. Hoftheater: »Die Zauberflöte« von Mozart. Herr Bender (Sarastro), Herr Erb (Tamino), Fr. Bosetti (Königin der Nacht), Frl. Reinhardt v. Stadttheater in Breslau a.G. (Pamina), Herr Schützendorf (Papageno), Frl. Sommer (Papagena), Herr Kuhn (Monostatos) u.a. (Bericht in den *Münchner Neuesten Nachrichten* vom 31.8.1915)

im Regententheater: mittelmäßige Aufführung unter Heß, mit Wolf, Bender, Brodersen (schlechter Klingsor!) u. der Krüger, die schön sang u. eine gute Kundry werden kann.[127] Wenig Bekannte, überaus spießeriges Provinz-Publikum. Auf dem Heimweg mit Alfred verzankt. Karte von Harden.

1. September.
Brief an Mim, Spaziergang bei schönem Herbstwetter. Brief von Mim, von Marta einen verwechselten an Hans, Karte von Schneckenaichner. Nachmittag Kommissionen, Correspondance Voltaire-Caterine beendet, Brief an Peter (41), Gefangenensendung. Mit Alfred versönt.

2/9
Alfred wird mit »Fressalien« gefeiert. Brief an Mim, Kondolenz an Cile zum Tode ihres Pflegesones[128], Gratulation an Maria Dingler zur Vermälung. Spaziergang. Von mittags an strömender Regen u. absolute Stille, kein Mensch, kein Brief. Gelesen, gestrickt, Brief an Klaus.

3/9
Karte von Wolf, Brief von Klaus an Alfr., Brief an Mim, Spaziergang. Nachmittag wieder Regen. Beim Tee Emma Locher mit Else [Schöll], dann Sophie. Brief an Funke, Voltaire Biographie[129] gelesen. Hundekälte.

4/9
Trauriges Wetter. Karte an Emma Schlier, Briefchen von Marta. Kommissionen u. Spaziergang, nachmittags Besuch bei Braune's. Beim Tee Willi v. Sachs, der Empfehlungsbriefe für Klaus brachte; Brief an Lily Reiff, »Zukunft«, »Rundschau«. Gewitter.

5/9
Strömender Regen, Eiseskälte: Heizung. Wir bestellen telephonisch Abreise von Familie Lala aus Tölz. Brief an Mim, Brief von

---

127 Prinzregenten-Theater: »Parsifal« von Richard Wagner. Herr Brodersen (Amfortas), Herr Bender (Gurnemanz), Herr Wolf (Parsifal), Herr Schützendorf (Klingsor), Frl. Krüger (Kundry) u.a. (Bericht in den *Münchner Neuesten Nachrichten* vom 2.9.1915)
128 Gustavo Stein
129 gemeint sind wohl die im folgenden erwähnten »Mémoires« von Voltaire

ihr u. Karte von Klaus. Feuchtkalter, kurzer Spaziergang. Um 4 Ankunft von Lala mit Familie aus Tölz, glückselig, dem Wettergraus entronnen zu sein. Zum Tee dazu Reischs u. Karl Pidoll, p.p.c., machten Musik, blieben über den Abend, recht gemütlich und intim.

6/9
Frühstück mit Lala-Milka. Brief an Mim, Karten vom Sepp und von Georg Hirth. Bei besserem Wetter Spaziergang u. Besuch bei Maria Dingler. Beitisch der nette, anhängliche Blaul; nach dem Tee Spaziergang mit Lala, konfidentiell. Abend Brief an Klaus mit Einlagen (Gedichtbuch, 3 Empfehlungen, Recensionen) u. Familienleben.

7/9
Brief an Mim, Karte von Eva. Mit Lala Kommissionen u. Spaziergang bei schönem Wetter. Beim Tee lange Frau v. Scheubner; Karten an Sepp u. an Georg Hirth. Abend Braune's, sehr freundschaftlich-gemütlich.

8/9
Brief an Mim, mit Lala ins Nationalmuseum, beitisch Eu. Briefe von Mim, Else; Karte von Schneckenaichner. Beim Tee Milka mit Tantchen u. Besuch meines Landsturmmannes Heidenberger. Brief von Klaus, Brief (42) an Peter (Kriegssendung), Familienleben.

9/9
Herrlich Wetter. Brief an Mim, Karte an Klaus, mit Lala-Milka Kommissionen u. Spaziergang. Nachtisch mit Lala auf den Friedhof. Abend 5000 M.[130] Reichsanleihe gezeichnet, gelesen, handarbeitendes Familienleben. Brief von Frau v. Maffei u. an sie.

10/9
Brief an Mim; Besuch bei Hermine, die leidend. Nachmittag Spaziergang mit Herbstküle. Nach dem Tee Milka u. Tantchen. Die kleine Milka den zweiten Tag schon recht unwol. Brief von Mimchen, abend wie gestern.

---

130 in heutiger Währung etwa 24.000 €

11/9

Brief an Katja mit Einlagen, Brief an Eva, Spaziergang mit Lala. Nachmittag gewurstelt, »Zukunft«, Familienleben; später Lala, die die Treppe herunterfiel, gepflegt.

12/9

Brief an Mim; Brief von Peter (XIV) vom 13/7. – Bei herrlichem, warmem Wetter Spaziergang. Beim Tee nur, klavierenderweise, Reisch; abend mit Lala, deren Fuß wieder allright, ins Regina zu Hermine, wo außer uns noch Ehepaar Hartogs; u. später Prof. Goldschmid[131], Rud. Oldenbourg u. Dr. Magin – ganz netter, angeregter Abend.

13/9

Brief an Mim, Karte von Dr. Maas mit Einlage. Bei herrlichem Wetter erst Zanarzt, dann Kommissionen. Um 4 mit Alfred Familie Klaus, die in Begleitung der »Fräu«[132] nach Bremen siedelt, auf die Ban gebracht; dann Spaziergang mit Nero. Im still gewordenen Haus wieder auf der Veranda Tee, Brief an Klaus, gelesen.

14/9

Brief an Mim, Brief von Katja mit Peter-Einlage; Anprobe bei Bauch u. Spaziergang bei Sommerschwüle. Nachmittag wirtschaftlich – für Tommy's u. für Erika – geschanzt, beim Tee Lula. Karte von Klaus, Brief an Peter (43) vorgeschrieben. Regenwetter.

15/9

Brief an Mim, an Peter beendet; zum Zanarzt, der mich 1½ Stunden quälte. Zuhaus Manns vorgefunden, die Erika zu Löhrs abliefern, wärend Tommy sich »nachmustern« lassen muß. Beim Tee dazu Grete Ring. Abend mit Manns ins Gärtnertheater, »Der Zigeunerprimás«, recht unterhaltende, harmlos nette Operette, gut gegeben, von uns vieren sehr genossen.[133] Nachher spätes Familienleben.

---

131 vermutlich der Kunsthistoriker Prof. Adolph Goldschmidt
132 d.i. Therese Haberegger
133 Gärtnertheater: »Der Zigeunerprimás« von Emmerich Kálmán. Herr Norden (Rácz Pali), Frl. Zampa (Sári), Herr Rohr (Laczi), Frl. Ehrenfeld (Rácz Juliska), Herr Seibold (Graf Irini) u.a. (ausführl. Bericht in den *Münchner Neuesten Nachrichten* vom 3.9.1915)

16/9
Familienleben, mit Tommy's bei warmem Wetter Kommissionen, ihnen vor der Abreise um ½1 gutes Frühstück serviert. Brief an Mim, Brief von Eva, Karte von Klaus. Nachmittag Spaziergang, beim Tee lange Aletta mit Mann, dann Sophie. Karte an Prof. Maas mit Einlage. Abend Voltaire-~~Biogr~~ Mémoires u. Goethe.

17/9
Brief an Mim. Warmer Sommertag, zum Zanarzt u. Kommissionen, nachmittag Spaziergang. Zu Tee u. Musik (endgültig p.p.c.) Reisch, abends Creizenachs u. Reisch, ganz nett u. angemessen.

18/9
Brief an Marta, Besuch bei Hermine, in die Stadt. Nachmittag Brief an Mim u. von ihr; auf der Veranda »Zukunft« gelesen, gegen Abend Spaziergang mit Nero, M. I. F. [Friedländer] getroffen. Abend allein, »Voltaire« gelesen.

19/9
Karten von Heidenberger, Brief an Harden.[134] Erika, die nicht wol, bei Löhrs besucht u. Spaziergang. Beitisch Grete Ring, beim Tee Else Schöll. Gegen Abend Spazierbummel mit Hermine, die unterwegs traf, wobei Ständerling mit Jaffés u. Hulle. Wilna ist gefallen![135] Voltaire »Mémoires« gelesen.

20/9
Herrlich frischer Herbsttag. Brief an Mim, zum Zanarzt, in die Stadt. Nachmittag Besuch bei Erika, die wieder ganz wol, mit Frau v. Pannwitz spaziert. Brief von Klaus, Briefe an Katja u. an Klaus, mit Einlagen. Abends in Hermine,[136] wie immer herzlich, amüsant,

---

134 im Original erhalten und veröffentlicht in: *Meine Manns*, 159f.
135 **Oestlicher Kriegsschauplatz.** Heeresgruppe des Generalfeldmarschalls v. Hindenburg. Feindliche Vorstöße bei Schlock sind abgeschlagen; der Angriff auf den Brückenkopf vor Dünaburg wird fortgesetzt; Teile der feindlichen Vorstellungen sind genommen. Bei Wilna sind unsere Truppen im weiteren Vorgehen. Zwischen Wilija und Njemen wurde die russische Front an verschiedenen Stellen durchbrochen; seit heute früh ist der Feind im Rückzuge. Es wurden 26 Offiziere und 5380 Mann zu Gefangenen gemacht und 16 Maschinengewehre erbeutet … (ausführl. Bericht in den *Münchner Neuesten Nachrichten* vom 19.9.1915)
136 so im Original

aufgeregt, zerfaren. Wir brachten sie um 11 in der Mondwinternacht in ihr Hôtel, nahmen Abschied.

21/9
Brief an Mim, mit Erika Spaziergang u. Kommissionen; nachmittag mit Nero. Beim Tee 2¼ St. Ehepaar Pannwitz, sehr nett. Karte an Katja, abends allein, Voltaire's »Mémoires« ausgelesen.

22/9
Karte von Eu, Briefchen von Frl. Delprat p.p.c. Brief an Mim, zum Zanarzt, der mich wieder arg schund, u. in die Stadt. Briefe von Mim u. von Katja. Nachmittags Marga Obu[137] u. lange, zu lange Elsa B., bis wir zu Locher-Schölls[138] eilen mußten, wo wir allein gemütlich den Abend verbrachten.

23/9
Das herrliche küle Herbstwetter hält an. Brief an Mim, Brief an Peter (44), Kriegssendung; Kommissionen. Beitisch Eugenie. Dann Erika abgeholt zum Tee, vorher mit ihr zu Ganghofer, der bei Wilna durch Granatsplitter im Auge verletzt. Gegen Abend Erika wieder heimgebracht. Abend Karte an Frl. Delprat, Lindau's Kladderadatsch-Erinnerungen in der N. Fr. Presse[139] gelesen. Arger Schnupfen.

24/9
Sehr verschnupft. Brief an Mim, Karte an Luigia, vor- u. nachmittag Spaziergang bei Sommerhitze. Abend Brief an Katja (mit Einlage) Karte an Eu; Voltaire.

25/9
Recht unwol. Für Klaus Packet gepackt, gewirtschaftet u. bei schwüler Hitze Spaziergang mit Nero. Nachmittag auf Veranda u. im Garten, Voltaire, Zukunft gelesen. Brief von Mimchen. Abend Hoffmann »Der Sandmann«.

26/9
Brief von Marta, an Mimchen, Spaziergang. Da Erika in Tölz, den ganzen Sonntag allein, nur zu Tee u. Musik Hedwig Schöll. Voltaire

---

137 d.i. Margarete Oldenbourg
138 das sind Emma Locher und die beiden Schwestern Hedwig u. Else Schöll
139 **Erinnerungen an den alten »Kladderadatsch«** von Paul Lindau. In: *Neue Freie Presse* vom 29.8.1915 (Teil 1) und 4.9.1915 (Teil 2).

gelesen u. E. T. A. Hoffmanns mir nicht mehr recht genießbaren »Ignaz Denner«. Franz.-engl. Offensive!¹⁴⁰

27/9
Brief von Hermine, die seit 8 Tagen krank im Palast-Hôtel liegt u. Brief an sie; Empfehlungsschreiben von Willy v. Sachs. Brief an Mim, Karte an Marta, Besorgungen u. Spaziergang. Schneiderin, probirt, bei külem Wetter im Garten spaziert, gelesen: Voltaire, Hoffmann.

28/9
Brief an Mim, mit Erika Kommissionen u. Spaziergang. Wetter schlägt um. Briefe von Mim u. Katja. Schneiderei, Brief an Katja, sonst wie gestern.

29/9
Karte von Eu u. an sie, Brief an Mim, in Eu's Haus Hermine's 200 M.¹⁴¹ geliefert; Spaziergang bei warmem Wetter. Schneiderin; beim Tee der gute Emminger; gegen Abend Besuch bei Sophie.

---

140 **Westlicher Kriegsschauplatz**. Auf der ganzen Front vom Meere bis an die Vogesen nahm das feindliche Feuer an Stärke zu und steigerte sich östlich von Ypern, zwischen dem Kanal von La Bassée und Arras sowie in der Champagne von Prosnes bis zu den Argonnen zu äußerster Heftigkeit. Die nach der zum Teil 50stündigen stärksten Feuervorbereitung erwarteten Angriffe haben begonnen.

Zwischen den Bahnen von Ypern nach Roulers und nach Comines stießen die Engländer heute früh vor. Ihr Angriff wurde auf dem Nordflügel erst nach Nahkampf vor und in unserer Stellung abgeschlagen. Ferner griffen sie nordöstlich von Ypern, südöstlich von Armentières und nördlich des Kanals von La Bassée an; sie versuchten dabei die Benützung von Gasen und Stinkbomben.

Am 23. September abends drangen, wie nachträglich bekannt geworden ist, die Franzosen in unsere zerschossenen Gräben bei Souchez ein. Sie wurden sofort wieder hinausgeworfen. Gestern wurden sie abermals bei Souchez und beiderseits von Neuville zurückgeschlagen.

In der Champagne, von Prosnes bis zu den Argonnen, erfolgten französische Angriffe, die an den meisten Stellen abgewiesen wurden. Zum Teil wurden sie bereits durch unser starkes Artilleriefeuer zum Scheitern gebracht, zum Teil brachen sie erst wenige Schritte vor unseren Hindernissen im Feuer unserer Infanterie und Maschinengewehre zusammen. Die zurückflutenden feindlichen Massen erlitten im heftigsten Artillerie- und Maschinengewehrfeuer sehr erhebliche Verluste. An einzelnen Punkten der Front ist der Nahkampf noch im Gang.

Ein schwacher französischer Vorstoß auf Bezange-Lagrande (östlich von Lunéville) hatte keinen Erfolg. (ausführl. Bericht in den *Münchner Neuesten Nachrichten* vom 26.9.1915)

141 in heutiger Währung etwa 960 €

Abend Brief an Peter (45), Kriegssendung; Voltaire, gestrickt. Jeden Abend etwas spanisch. Der Durchbruchsversuch der Engl.-Franz. scheint gottlob zu mislingen, nach ersten Erfolgen.[142]

30/9

Brief an Mim, die seit gestern in Berlin, Karte an Milka; bei trübem Wetter Kommissionen u. Spaziergang. Langer Brief von Gusty; beitisch Eu. Nachmittag bei strömendem Regen Erika zum Tee geholt, dazu lange u. nett Prof. v. Falcke. Abend Voltaire etc.

1 October.

Brief an Mim, Kommissionen. Brief von Peter (XV) vom 9/8. Nachmittag in die Stadt, förmlich winterkalt; sonst wie gestern.

2/10

Briefe von Klaus und von Lily Reif. Brief an Gusty mit Einlagen u. Brief von Mim. Vor- u. nachmittag in die Stadt, beim Tee lange die Belli, abends Brief an Klaus; Voltaire.

3/10

Kaltes Regenwetter. Brief an Mim, bei dem unerhörten Wetter Spaziergang mit Nero. Nachmittag gekramt, Brief an Mittag-Leff-

---

142 **Westlicher Kriegsschauplatz**. Der Gegner setzte seinen Durchbruchsversuch auch gestern fort, ohne irgend welchen Erfolg zu erreichen. Dagegen erlitt er an vielen Stellen sehr empfindliche Verluste.
 Bei Loos unternahmen die Engländer einen neuen Gasangriff. Er verpuffte völlig wirkungslos. Unser Gegenstoß brachte neben gutem Geländegewinn 20 Offiziere, 750 Mann an Gefangenen, deren Zahl an dieser Stelle damit auf 3397 (einschließlich Offiziere) steigt. Neun weitere Maschinengewehre wurden erbeutet.
 Bei Souchez, Angres, Roclincourt und sonst auf der ganzen Front der Champagne bis an den Fuß der Argonnen wurden französische Angriffe restlos abgewiesen. In der Gegend von Souain brachte der Feind unter merkwürdigster Verkennung der Lage sogar Kavalleriemassen vor, die natürlich schleunigst zusammengeschossen wurden und flüchteten. Besonders ausgezeichnet haben sich bei der Abwehr der Angriffe sächsische Reserve-Regimenter und Truppen der Division Frankfurt a.M.
 In den Argonnen wurde unsererseits ein kleiner Vorstoß zur Verbesserung der Stellung bei Fille morte ausgeführt. Er zeitigte das gewünschte Ergebnis und lieferte außerdem 4 Offiziere und 250 Mann an Gefangenen.
 Auf der Höhe bei Combres wurde vorgestern und gestern durch umfangreiche Sprengungen die feindliche Stellung auf breiter Front zerstört und verschüttet. (ausführl. Bericht in den *Münchner Neuesten Nachrichten* vom 29.9.1915)

ler. »Pierre le Grand« von Voltaire ausgelesen, beim Tee Else Schöll; viel gestrickt u. »Histoire de Charles XII«[143] begonnen.

4/10
Das Regenwetter dauert an; die Offensive im Westen scheint aufgehalten. Brief an Mim, Karte von Eu, Schneiderin u. Frau Haberegger, von Bremen zurück; fröstliger Spaziergang. Beitisch Emma Schlier. Nachmittag u. Abend gelesen, »Zukunft« u. »Rundschau«; gestrickt, Brief an Katja mit Einlagen.

5/10
Brief an Mim, bei kaltem Wetter langer Spaziergang mit Erika. Nachmittag wieder Regen. Interessanter Brief von Harden, Brief von Katja mit gestrigen Einlagen. Beim Tee Alfreds Sänger Laurent. Karte an Lala zum Geburtstag. Abend Hebbels »Agnes Bernauer« gelesen.

6/10
Briefe von Lala u. von Mim. Brief an Mim, bei Regen zallose Kommissionen, nachtisch mit Nero feuchter Spaziergang. Brief an Peter (46) Kriegssendung; Karte an Eu. Abends die Nürnberger Cohens[144], ganz nett u. gemütlich.

7/10
Brief an Mim; bei schauderhaftem Wetter mit Nero spazierengerannt. Nachmittag Sachen für Eu's »Haus« zusammengesucht u. -telephonirt, beim Tee Emminger p.p.c. u. Cohen. Abend »Rundschau« gelesen.

8/10
Briefe an Else u. an Mim u. an Lala; Karten von Eu u. Luigia, Kommissionen u. Spaziergang bei besserem Wetter. Zum Tee zu – Alfredo Meier! zufuß in die Kunigunden-Str., wo Elsa u. Eva B. und der sehr unerhebliche Klabund. Alfredo ganz behaglich u. betulich. Abend, da telephonisch erfaren, daß Katja bettlägerig, Brief an sie. Gelesen.

---

143 von Voltaire
144 d.i. die Familie Dr. Rudolf Cohen

9/10

Brief an Harden,[145] von Mim. Mit Erika, bei besserem Wetter, Spaziergang u. Kommissionen. Beim Tee Dora Gedon[146], die Gugg u. Frau v. Scheubner, die Nero wieder zu sich nehmen will. Abend mit Alfred ins Schauspielhaus, Première von Bernstein-Blumenthals Lustspiel »Die große Pause«, ganz unterhaltend, unlitterarisch, teilweis ganz gut gespielt, freundliche Aufnahme.[147] Belgrad von den Deutsch-Oesterreichern wieder genommen![148]

10/10

Brief an Mim, Briefe von Funke u. von Hermine. Brief an Hilbert, auf gestrige Karte, Spaziergang mit Erika zur Parade, die bei uns aß, über den Tee, wozu noch Rud. Oldenbourg. Abend Erika heimbegleitet. Briefchen an Frau v. Scheubner, mit Einlage. »Zukunft« gelesen.

11/10

Briefe an Mim u. an Hermine, den selbst der Jungfer übergeben, die den Zustand als unverändert schildert; u. Kommissionen. Nachmittag Besuch bei Frau Voß, bei schönstem Wetter. Beim Tee mal wieder, lange, Stadler. Brief an Marta; Voltaire.

12/10

Karte von Toni Hacker, Brief an Mim, bei Sommerwetter langer Spaziergang mit Erika. Briefe vorgeschrieben, beim Tee Ehepaar Faber, abend »Charles XII«.

---

145 im Original erhalten und veröffentlicht in: *Meine Manns*, 160-162
146 d.i. Dora Rauch, geb. Gedon
147 M. Schauspielhaus: »Die große Pause«. Ein Lustspiel aus sorglosen Friedenstagen von Oskar Blumenthal und Max Bernstein. Frl. Rosar (Gabriele Amberg), Herr Peppler (Albrecht Graf Torgstädt), Frl. Glümer (Seine Frau), Herr Randolf (Gustav Graf Torgstädt), Siegfried Raabe (August Breetz) u.a. (ausführl. Bericht in den *Münchner Neuesten Nachrichten* vom 11.10.1915)
148 **Balkan-Kriegsschauplatz**. ... Nachdem die deutschen Truppen der Armee des k. und k. Generals der Infanterie v. Koeveß sich der Zigeuner-Insel und der Höhen südwestlich von Belgrad bemächtigt hatten, gelang es der Armee, auch den größten Teil der Stadt Belgrad in die Hand der Verbündeten zu bringen. Oesterreichisch-ungarische Truppen stürmten die Zitadelle und den Nordteil Belgrads, deutsche Truppen den neuen Konak. Die Truppen sind in weiterem Vordringen durch den Südteil der Stadt ... (ausführl. Bericht in den *Münchner Neuesten Nachrichten* vom 10.10.1915)

Oktober

13/10

Brief an Mim beendet, mit Alfred um ½11 in die Generalprobe von Graener »Don Juans letztes Abenteuer«, eine recht wirksame, interessante, sehr moderne Oper, in den beiden Hauptrollen durch Bender u. die Krüger gradezu glänzend besetzt.[149] Dann beitisch Ehepaar Faber; danach sofort durch den engl. Garten zu den eben eingetroffenen Manns spaziert, wo auch Alfred, dazu große Ungemütlichkeit, Kälte, nicht funktionirende Heizung u.s.w. Auch zufuß heim. Brief von Mim, Brief an Peter (47) Kriegssendung. Dann totmüde von dem ruhelosen Tag früh ins Bett.

14/10

Brief von Lala, an Mim; mit Katja Kommissionen bei abscheulichem Wetter. Beitisch Eugenie, der ich meine große Kleidersammlung für Kriegsgefangene ablieferte. Dann Frau v. Scheubner, die Nero sich wieder einverleibte, da sie aufs Land zu Frau v. Kursell zieht: Abschied vom Hund mit geteilten Gefülen. Beim Tee Elsa B. Karte von Fritz, Cigarren an ihn, Schneckenaichner u. Heidenberger, nebst Karten an sie; Karte an Toni Hacker u. unbedeutendes Packet an Miez. Voltaire gelesen.

15/10

Karte von Hilbert, Brief an Mimchen, zum Zanarzt, Kommissionen, bei schönem Wetter. Brief von Mittag-Leffler. Nachmittag Kommissionen, langer Brief an Lily Bam[150]; allein, Voltaire, gestrickt, nach der Oper mit Alfr. gegessen.

16/10

Karte an Hilberts ins Hôtel, Kommissionen u. Spaziergang bei herrlichem Herbstwetter. Brief von Mim, beim Tee mein »Vetter« Bruno Löwenstein mit seiner recht netten Frau, duzenderweise; dazu die darob völlig verblüffte Katja. Abend ins Residenztheater (wärend Alfr. bei den durchreisenden Edm. Landau's), Première von Dülbergs »Karinta v. Orelanden«, ein schlechthin miserables,

---

149 K. Hoftheater: »Don Juans letztes Abenteuer«. Oper von Paul Graener. Herr Bender (Giovanni), Frl. Krüger (Cornelia), Frl. Dahmen (Lukrezia), Herr v. Schaik (Antonio) u.a. (ausführl. Bericht in den *Münchner Neuesten Nachrichten* vom 17.10.1915)

150 d.i. Lily Reiff, vormals Bamberger

unmögliches, dazu langweiliges Stück, entsprechend gegeben. Fiel gänzlich ab.[151] Ich hätte am liebsten gezischt. –

17/10
Brief an Mim, Spaziergang bei herrlichstem Herbstwetter. Beitisch Familie Mann, alle sechs. Zum schwarzen Kaffee zu Bernsteins, mit Tommy's, wo Walter Lampe mit seiner neuen jungen Frau, geb. von Bennigsen. Dann beim Tee, außer 6 Manns, Bruno Löwensteins mit hübscher Tochter Lotti, Löhrs mit den Zwillingen, Emma Locher mit Else Schöll – uff! Abends dann meine Hilberts – sehr herzlich, sehr amüsant u. komisch, sehr gescheidt: ganz mein Davidchen. Bis ½ 12. Aber dann völlig fertig.

18/10
Brief an Mim, Karte an Lula, mit Eu's Quittung. Schöner Spaziergang mit »Davidchen« im engl. Garten, beitisch beide Hilberts, sehr nett. Dann in die Stadt, beim Tee Frau Dingler. Briefchen an Eu, Brief von Bruno Löwenstein u. an seine Tochter, in ärztlicher Angelegenheit. Abend Bruno Walters, furchtbar nett, gemütlich u. anregend.

19/10
Brief an Mim, Kommissionen u. Spaziergang. Um 4 von Hilberts abgeholt, herrlicher Weg längs der Isar zu Katja, deren Tee durch Anwesenheit eines georgischen Studenten, dem Tommy Gespräch u. Aufmerksamkeit zuwandte, nicht ganz gemütlich verlief. Dann mit Hilbert u. Alfred ins Gärtnertheater (wärend sie ins Residenz-), wo eine belanglos-langweilige Operette »unter der Linde« uns

---

151 K. Residenztheater: »Karinta von Orrelanden« von Franz Dülberg. Herr Jacobi (Graf Orrelanden), Fr. v. Hagen (Seine Gemahlin), Frl. Bierkowski (Verena), Frl. Neuhoff (Hellfried), Herr Hendrich (Veit Werner), Herr Steinrück (Chaim Silvan) u.a. – ... Man hielt sich vom Naturalismus fern, weil man die drei Akte offenbar auf Kostümstück eingestellt hatte. Und doch wäre vielleicht der zweite Akt zu retten gewesen, wenn man in schwarzer Nacht dem Mondstrahl wirklich die führende Rolle überlassen und mit liebevollen Strichen den Versbestand des Ganzen eingeschränkt. Das Publikum ließ es weder an Interesse noch Ermunterung fehlen, so weit sich eine dichterische Arbeit zu erkennen gab. Es lag aber doch wohl an der Behandlung des Stoffes, daß man mehr Freud als Freude erlebte. (ausführl. Bericht in den *Münchner Neuesten Nachrichten* vom 18.10.1915)

herb enttäuschte.¹⁵² Dann Hilberts noch bis ½1 gemütlich bei uns.

20/10
Briefe an Mim u. Klaus; langes »Gespräch« mit der genesenen Hermine, zallose Kommissionen. Nach dem Tee Besuch bei Sophie, abends mit Hilberts in Kammerspiele, Schnitzlers »Zwischenspiel«, männlich sehr gut, weiblich mittelmäßig gespielt.¹⁵³ Nachher H.'s wieder bei uns bis 12.

21/10
Briefe an Mim u. an Peter (48), Kriegssendung. Besuch bei Hermine, die in fortschreitender Besserung; dann Kommissionen.¹⁵⁴ Beim frühen Tee Katja. Briefe von Else u. Marta. Ganz kurzer Besuch von Tantchen u. Milka, ehe wir ins Theater gingen, in eine reizende Aufführung des »Barbier v. Sevilla«, unter Walter, mit der Ivogün, Erb, Bender u. Geis vorzüglich besetzt.¹⁵⁵

22/10
Brief an Mim, Kommissionen u. zum Essen zu Bassermann-Jordan, wo außer uns Löhrs u. Generaldirektor Dornhöfer¹⁵⁶, u. wo es recht nett u. behaglich war. Auf dem Heimweg noch Besorgungen, dann ein wenig gepackt, Lebkuchensendung für Peter gerichtet; abends Abschiedssouper von Hilberts, bis 12, Ende der »Jubelwoche«.

23/10
Brief von Peter (XVI), kurz, deutsch (nach Vorschrift des neuen Lagers Liverport) vom 30/8; Brief von Klaus. Karten an Nora May u. Lida Heymann, auf Einladung zur Friedensbesprechung; Briefchen an Mary Braune, mit Blumen, Besuch bei Braune im Büreau

---

152 Gärtnertheater: »Unter der blühenden Linde«. Musik von Friedrich Gellert. Herr Norden (Melling), Herr Rohr (Motter), Herr Schwind (Tiburtius), Frl. Ehrenfeld (Lotte) u.a.
153 M. Kammerspiele: »Zwischenspiel« von Arthur Schnitzler. Herr Ziegel (Amadeus Adams), Frl. Reiter (Seine Frau), Herr Framer (Fürst Maradas-Lohsenstein), Frl. Emmerich (Gräfin Moosheim) u.a.
154 hier nachträglicher Einschub: (bei Dallmaier für Peter eine Weihnachtskiste mit Fressalien ausgesucht)
155 K. Hoftheater: »Der Barbier von Sevilla« von Rossini. Herr Erb (Graf Almaviva), Herr Geis (Doktor Bartolo), Frl. Ivogün (Rosine), Herr Bender (Basilio), Herr Brodersen (Figaro) u.a.
156 d.i. Friedrich Dörnhöffer

u. Kommissionen. Briefe von Mim, Miez [u.] Frau Stiehl. Beitisch Milka, Tantchen u. Tommy's. Nachmittags gepackt, Karte von Else; alles geordnet etc, um ¾ 10 Abreise nach Bremen, mit Alfr. Schlafwagen II Kl.

24/10. Bremen

Miserabel geschlafen, in Halle um 6 Ur früh in den kalten dunklen Nebelmorgen heraus, in Hannover nochmals umsteigen, 12.40 in Bremen, von Klaus u. Frau empfangen, in »Hilmanns Hôtel« ausgezeichnet untergekommen. Bei Klaus' gegessen, die Kinder[157] lieb, die Eltern mieserig, dann Spaziergang durch den herrlichen »Bürgerpark«, bei sehr rauhem Wetter; zuhaus geruht, gepackt, Karte an Mim. Abend »die Kinder« bei uns, sehr gutes souper. Totmüde, im Bett »Zukunft«.

25/10

Vormittags mit Alfred die Stadt besichtigt, bei sehr rauhem Wetter: Rathausplatz, wunderschön, Dom, Weser, alte Häuser. Dann Lala abgeholt, Klaus u. sie bei uns gegessen. Geruht, Karte an Mim, zum Tee zu Klaus. Dann zuhaus Karte an Katja, Zeitungen (leider unser großer Kreuzer »Prinz Adalbert« vor Libau torpedirt u. verloren!)[158] – abends mit den Kindern in den Ratskeller, wo sich noch

---

157 das sind Milka und Hans Erik

158 **Kreuzer »Prinz Adalbert« versenkt**. Am 23. Oktober wurde der große Kreuzer »Prinz Adalbert« durch zwei Schüsse eines feindlichen Unterseebootes bei Libau zum Sinken gebracht. Leider konnte nur ein kleiner Teil der Besatzung des Schiffes gerettet werden.

… So gering die Einbuße an Gefechtswert ist, die unsere Hochseeflotte durch den Verlust des »Prinz Adalbert« erleidet, so sehr bedauern wir doch den plötzlichen Untergang des schönen Kreuzers und besonders den Heldentod so vieler braver Mannschaften. Darüber kann kein Zweifel herrschen, daß an Bord des »Prinz Adalbert« alle erdenklichen Sicherheitsmaßnahmen getroffen waren; aber gegen das Torpedo eines U-Bootes versagt eben, besonders bei unsichtigem Wetter, auch die größte Vorsicht. Mit solchen Verlusten muß im Seekrieg gerechnet werden.

Einen gewissen Ausgleich für die Versenkung unseres Kreuzers und seiner tapferen Besatzung bietet uns die erfolgreiche Arbeit unserer U-Boote im Mittelmeer und im Kanal. Sie haben in den letzten Tagen drei feindliche Transportdampfer versenkt und so dem Feind an Mann und Material erheblich mehr Schaden beigebracht, als der Verlust des »Prinz Adalbert« bedeutet. (Bericht in den *Münchner Neuesten Nachrichten* vom 26.10.1915)

Gurlitts u. Regisseur Kronacher einfanden, man beim Glase Wein bis ½12 gemütlich saß.

26/10

Auf den nächtlichen Mondschein in der Früh Schnee. Den Morgen vertrödelt, um 11 dann mit den Kindern in die Kunsthalle u. durch die Stadt, mit ihnen im Hôtel gegessen. Geruht, Karte an Mim, zum Tee zum Chef, wo wir, nebst Klaus, sehr gütig aufgenommen wurden. Dann abends im Theater »Margarete«, mittlere Aufführung, mit Frau Böhm van Endert u. Schützendorf a.G. Nach dem Theater im Restaurant gegessen, in Valentin-Degeler einen netten jungen Sänger kennen gelernt.

27/10 Bremen-Hannover.

Gepackt, um 10 zu Klaus, Abschied von den Kindern. Dann mit Lala langen Spaziergang durch die Stadt u. an die Weser, wunderhübsch, kül u. sonnig. Dann Klaus u. Lala im Hôtel gegessen, und um 3 Abreise nach Hannover. (Brief von Karl Pidoll nachgeschickt.) Um 6 dort ankommend, im Hôtel Ernst August (Bristol) gut untergebracht, gleich durch die breiten, großstädtischen Straßen flanirt, dann 2½ St. (!) im Kino, herrliches Detektivstück. Im Hôtel spät gegessen, Karte an Klaus, müde u. erkältet ins Bett.

28/10 Hildesheim – Berlin

Um 9 früh Abfart nach Hildesheim, bei rauher Kälte u. Schnee. (Netter Frankfurter im Coupé). Hildesheim in 3 St. »done«, wunderschön u. interessant, leider durch unbehagliches Nebelwetter sehr beeinträchtigt. Nach schlechtem Essen um 2 Ur weiter, um 6 Ankunft Berlin, in tiefem Winterschnee. Grauliche[159] Schwierigkeit, ein Auto zu erlangen, Mimchen mit schlimmem Fuß vorgefunden, dann unten Familienessen, mit Kranach (sehr »alldeutsch«). Brief von Katja, Karten von Eu u. Wolf. Spät noch ausgepackt.

29/10

Miserable Nacht, lästiges Telephoniren, Dr. Fließ bei Mim gesprochen, da kaltes Wetter, zuhaus. Brief an Katja, später an Peter (49) Kriegssendung nach »Liverpool«. Sonst nur Familienleben, nach dem Tee bei Mim, die durch einen schlimmen Fuß recht angegrif-

---

159 so im Original

fen. Hermann in Bochum. Abend Tolstoi gelesen. Karte an Hausmeister.

30/10
Bei Mim, die Schmerzen am Fuß. Um ½12 mit Alfred bei Winterwetter nach Garzau, wo trübe Eindrücke: Paul noch kränker, Marta deprimirt, eine nette »Schwester« freundlich versönend. Um 7 wieder zuhaus; noch zu Mim, dann Familienleben mit dem heimgekehrten Hermann. Im Bett Tolstoi's »~~Geschichte~~ Roman ~~einer~~ der Ehe« ausgelesen u. sehr gehustet.

31/10
Im ungeheizten Haus scheußlich gefroren; Kondolenzbrief an Frau Lademann, deren Son gefallen, Dr. Fließ gesprochen, der mit Mim zufrieden, Rohrscheidts Zustand für hoffnungslos erklärt. Um ½1 mit Alfred nach Grunewald (Tram hin u. zurück), bei Pannwitz gegessen, mit Friedländer. Das wundervolle Haus eingehend besichtigt, recht nett u. gemütlich. Um ½6 daheim, zu Mim; abend Familienleben, mit Mieze. Um 10 Abreise von Alfred nach München. Im Bett »Vierzig Jare aus dem Leben eines Toten«[160] begonnen.

1. November
Besseres Wetter. Brief an Klaus; nach dem Frühstück Frau Stiehl besucht, Peters traurig verödete Wonung besichtigt, Bummel durch die Stadt. Mimchen heut garnicht recht gut beieinander. Beim Tee wie immer Mieze u. dazu Bondi's. Abend wie immer.

2/11
Fließ ist mit Mim nicht zufrieden. Ihr Manuskript durchgesehen u. mit ihr durchgesprochen,[161] Karte an Alfred; Brief von Katja, Karten von Alfred, Friedrich, Heidenberger, Schneckenaichner, Wolf, Braune's. Nach dem Frühstück Besuch bei Rubens im »Institut«, war sehr liebenswürdig u. nett; dann Spaziergang bei schönstem Wetter. Bei Tee u. Diner »Bridge-Partie«, Frau [Therese] Simon, die Herren Huldschinsky, Müller, Freund, [Herbert v.] Klemperer: recht gemütlich. Dazwischen bei Mim, wo auch Miez. Abend noch Brief an Karla Pidoll u. gelesen.

---

160 von Johann Konrad Friederich
161 Titel unklar, da 1916 mehrere Texte von Hedwig Dohm erschienen sind (s. Nikola Müller)

Oktober bis November

3/11

Mimchen sehr elend, Besuch von Fließ, der nichts machen kann. Brief an Katja, Besuch von Eva-Mira. Nach dem Frühstück zu Gerson spaziert bei Frühlingswetter. Dann Familienleben bei Mim u. unten. Abend Brief an Peter (50) begonnen, gelesen.

4/11

Brief an Peter (Kriegssendung) beendet, Karte an Alfred, mit Harden telephonirt; dann Fließ; nach dem Frühstück Brief von Alfred, Spaziergang bei feuchtem Nebelwetter, gelesen. Mimchen beim Tee frischer. Abend Kranach u. Ilse. Gelesen.

5/11

Armes Mimchen sehr elend. Fließ; Brief an Alfred, nach Grunewald gefaren, 1½ St. bei Harden verplaudert, wo nichts neues erfaren, nur die ganze Situation in bekannt pessimistischer Weise durchgesprochen; dann zum schwarzen Kaffee zu Bondi's, wo Koffka's u. Max Halbe. Zuhaus Briefe von Alfred u. von Gusty; bei Mimchen Miez; später unten beim Essen Lu Dernburg, die in ihrer Witwentrauer weich u. sympathisch. Sehr müde u. erschöpft, im Bett gelesen.

6/11

»Zukunft« gelesen; nach einander Dr. Speyer u. Fließ bei Mimchen, deren Aussagen sich decken; dann Eva mit Mira. Nachtisch Spaziergang bei leidlichem Wetter; nachmittags bis Abend bei Mim, die etwas besser. Beitisch Fürstenberg mit Natalie, sehr unterhaltend. Brief von Frau Rau aus Mörs mit Einlage für ihren australischen Son.

7/11

Karte an Alfred, Brief von Tommy, Fließ. Nach dem Essen Spaziergang bei gutem Wetter. Sonntagsfamilienleben, abends noch Gagliardi. Mimchen hatte einen entschieden besseren Tag. Abend gelesen.

8/11

Brief mit Einlagen von Alfred, Brief an Katja, Karten an Erika, an Alfred, an Reiter u. Kondolenz an Elsa B. zum Tode ihrer Mutter[162], Karte an Frau Rau-Moers. Dr. Fließ, der Mim doch wesentlich besser fand. Spaziergang, wobei Frau Ring traf; Besuch von

---

162 d.i. Wilhelmine Porges, geb. Merores

Frau v. Pannwitz, oben bei Mim Miez u. Eva. Dann zum Essen um ½8 zu Fürstenberg, (trotz Regen mangels Furwerk zufuß), wo nur noch Rathenau u. recht animirt-interessante Unterhaltung, um ½11 mit Rathenau widerrechtlich in seinem Auto heim. Karte von Marta.

9/11

Mimchens Befinden »steht« (wie der Krieg, der nur in Serbien naturgemäß fortschreitet). Dr. Fließ, Brief an Klaus mit Einlagen, Brief von Lisbet. Misglückter Besuch bei »Justine« [Rodenberg], Spaziergang bei lindem Wetter. Beim Tee (oben bei Kaete) Grete Ring u. Frau Stern, dann zu Mim, wo Miez u. Ernesto. Abend die Bridge-Herren[163]. Später gelesen.

10/11

Briefe von Klaus u. Eugenie. Rendez-vous mit Marta, sie auf Kommissionen u. an die Ban begleitet, dann ins Kaiser Friedrich-Museum. Zuhaus Karte von Alfred, Brief an ihn u. Karte an Lisbet. Bei Mim Kalli u. Hedda u. die übrigen. Abend stilles Familienleben; Brief an Peter (51).

11/11

Karte an Eu, gelesen, Dr. Fließ, der recht zufrieden. Nachtisch in die Stadt u. herzlicher Besuch bei »Gustine« [Rodenberg]. Falsches Gerücht von der Vernichtung der Serben, bei Mim Miez u. Lili Keith. Briefe von Katja u. von Lis Gleistein, mit Einlage von Peter, Brief an Alfred mit Einlage von Klaus. Abend Kranach, im Bett das endlos lange u. etwas sehr öde Buch »Vierzig Jare aus dem Leben eines Toten« ausgelesen, vielmehr: geblättert.

12/11

Karte an Lis, mit Peters Brief, Briefchen an Harden; gepackt, »Zukunft«; da Regenwetter, zuhaus. Noch Karte von Alfred, Aufsatz von Mim kritisch gelesen, viel gestrickt. Bei Mim oben Muke Magnus, Ilse p.p.c. Abend recht stilles, bedrücktes Familienleben.

13/11 Berlin – München

Früh noch Karte von Harden. Mimchen entschieden besser, Abreise bei Regen um 10.14, von Else u. Kaete geleitet. Sehr gute Fart, mit abwechselnder Gesellschaft, Lektüre, Essen, Stricken.

---

163 vermutlich die Herren Waldemar Mueller, Freund und Herbert v. Klemperer

Um ¼ 10 Ankunft in München, bei Sturm u. Kälte, von Alfred empfangen. Nach dem Essen noch komplett ausgepackt.

14/11
Brief an Mim; geordnet, Besuch bei Braune's. Beitisch die Mann'-schen, die auch alle 6 über den Tee blieben, recht wol sind. Beim Tee noch Bunge. Abend Gratulation an Therese Vogel[164], Brief an den Künstlerhilfsbund, »Rundschau«.

15/11
Brief an Mim, ewige Telephonirerei mit Hermine, in die Stadt u. kleine Promenade mit Hermine. Nachmittag Briefe von Else u. von Funke, 4-5 Wölfflin-Kolleg über Pinakothek, beim Tee Eugenie; abends Odeonskoncert, »Gespräch mit dem Tod« von Klenau u. Bruckner, danach Walters u. Klenau begrüßt.[165]

16/11
Briefchen von Lotti Löwenstein, Karte an sie, Brief an Mim, Brief von Emma Schlier. Besuch vom Crodu, in die Stadt. Nachmittag Wölfflin, beim Tee Tante Asta u. Katja. Abend Brief an Klaus, gelesen.

17/11
Brief an Mim, Briefe von ihr und von Eva, mit der Nachricht, daß Dora sich von ihrem treulosen Ekel von Hans Brinkmann schei-den läßt. Bei häßlichem Schneewetter Kommissionen. Nachmittag

---

164 d.i. vermutlich Theresie Czermak, geb. Vogl
165 **Aus den Münchner Konzertsälen**. Im ersten Symphonie-Konzert der Musikalischen Akademie gelangten sechs Gesänge: »Gespräche mit dem Tod« für eine Altstimme und Orchester von Paul v. Klenau zur Uraufführung. Der Komponist, der den hiesigen Musikfreunden von der Oper wie vom Konzertsaale bekannt ist, schuf den stimmungsvollen, in der Ueberwindung des Todes gipfelnden Monologen von Rud. G. Binding eine interessante musikalische Einkleidung, die die sicher und geschickt gestaltende Hand des begabten Tonsetzers verrät ... Die sorgfältige Wiedergabe durch Bruno Walter und Frl. Luise Willer, die in Gesang und Vortrag sehr gut war, dürfte seinen Intentionen entsprochen haben. Den Abend, den die schwungvoll gebrachte Euryanthe-Ouvertüre einleitete, krönte Anton Bruckners mächtige Siebente. Wenn den Dirigenten hier eine Aufgabe traf, zu der er, wie's in manchem schien, kein sehr nahes persönliches Verhältnis hat, so muß doch gesagt werden, daß der Orchestervortrag hinsichtlich Deutlichkeit und Klangschönheit sich an vielen Stellen zu imponierender Höhe erhob. (Bericht in den *Münchner Neuesten Nachrichten* vom 17.11.1915)

überraschendes Eintreffen des feldgrauen[166] Wolf, Gratulationsbrief an Eva, Brief an Peter (52); abends zu Hermine, wo Braune's u. die 2 Norweger Langaard u. Michelet (?) nach dem Essen noch [Rud.] Oldenbourg u. Dr. Winkler, ganz nett und angeregt.

18/11

Brief an Mim, zur[167] Kinder Geburtstagsaufbau bei schönem Winterwetter in den Herzogspark spaziert. Nachmittag Wölfflin, dann zur Geburtstagschocolade; wo auch Lula. Abend müde, Zeitungen u. gestrickt.

19/11

Briefe an Mim u. an Marta, in die Stadt, mit Hermine promenirt. Nachmittag Briefchen von Else u. Eva, zu Wölfflin, beim Tee Dr. Gädecke, abend mit Alfred in den »Elias«, unter Schwickerath; machte mir keinen starken Eindruck.[168]

20/11

Früh um 10 schon Harden, maßlos verärgert wegen eines Woltätigkeitsvortrags, in den Hofrat May ihn gedrängt u. den sein Agent über seinen heutigen übergeklebt hat. Spaziergang mit ihm bei rauhem Wetter, unangenehme Auseinandersetzung mit Herrn Banker, wegen jener Schweinerei. Brief von Mimchen, der es besser geht. Nachmittag Briefe an Eva Schneckenaichner, an den Künstler Hilfbund, Karte an Marta, um 8 in den glänzend besuchten Hardenvortrag, der vortrefflich verlief.[169] Nachher im Conti-

---

166 Die »Feldgrauen« ist die allgemein übliche Bezeichnung für die Soldaten.
167 so im Original
168 **Aus den Münchner Konzertsälen.** Die Konzertgesellschaft für Chorgesang führte am Freitag im Odeon Mendelssohns Oratorium Elias auf … Seine Musik erhebt sich da zu einer Pracht und Größe des Ausdruckes, in ihr waltet so viel schildernde Kraft und daneben wieder so viel elegische Poesie, daß man Eindrücken gegenübersteht, die in ihrer Reinheit und Stärke nicht unterschätzt werden dürfen … Fritz Feinhals war ein stimmlich prächtiger Elias. In Gesang und Vortrag erreichte ihn Anna Kämpfert. Sehr lobenswert war auch Minnie Sardot als Vertreterin der Altpartien. Einen weichen, biegsamen und gut gebildeten Tenor besitzt Heinrich Kühlborn … (ausführl. Bericht in den *Münchner Neuesten Nachrichten* vom 20.11.1915)
169 **Kriegsvortrag von Maximilian Harden** … In dem er vor allem, wie er einleitend betonte, dazu ermahnen wollte, daß, wie die Heeresleitung jetzt bemüht ist, für den Winterbedarf des Heeres zu sorgen, diejenigen, die im Lande sind, für die Ueberwinterung ihrer Zuversicht sorgen … Wir im Lande, wahrlich noch keine Not leiden – denn die Not der Armen ist in allen Ländern

nental, mit Manns, Wedekinds, [Hugo] Bruckmanns, Bernstein u. Friedenstal, bis 3 Ur (!), bei Champagner äußerst angeregt, von Harden dann noch heim begleitet.

21/11

Brief an Mim. Um 11 in den 2ten, so überaus mangelhaft vorbereiteten, eigentlich unmöglichen »Kriegsvortrag«, der dann auch um ¼12 vom Organisator Hofrat May »wegen Indisposition des Herrn Harden« (recte: wegen kümmerlichen Besuchs) abgesagt wurde: wie ichs von Anfang an geraten. Worauf die paar Leute grollend auseinander gingen. Dann mit Harden spaziert, ihn zum Essen mit nachhaus genommen, an dem außer den 6 Manns noch Hermine teilnahm; bis gegen 5 Harden ununterbrochen gesprochen, dann begleitete ich ihn noch in sein Hôtel, fand am Teetisch, neben allen Manns, Cilla Cornides vor. Später mit Katja Unterredung über ihre schlimme finanzielle Lage; wärend Alfred in Frau Galstons Koncert, totmüde ausgeruht u. Zeitungen gelesen.

22/11

Brief an Mim, Besuch bei Eu, in die Stadt, Soldaten-Weihnachtskommissionen. Nachmittag Wölfflin, nach dem Tee Besuch bei Sophie. Abend gelesen u. gestrickt.

23/11

Briefe an Mim u. an Klaus, Kommissionen. Brief von Harden mit zalreichen Beilagen. Nachmittag Wölfflin; abend die »Zukunft« gelesen (glänzend!)[170] u. den interessanten Essay von Otto Cohn, über Amerika's Stellung zum Kriege.

24/11

Brief an Mim, in die Pinakothek u. Kommissionen. Briefe von Mim u. Marta. Nachtisch auf den Waldfriedhof, bei rauhem Wet-

---

gleich –, sind selbstverständlich noch zu ganz anderem entschlossen, wo es um alles geht! Deutschland könnte jetzt nur noch durch eigene Schuld verlieren. Wenn es müde und zaghaft würde ... Lassen Sie, schloß der Redner, in diesen Tagen an alle Fronten, wo Ihnen liebe Menschen leben, die Botschaft gelangen: wir daheim halten aus, wenn es unvergleichlich härter wird; wir sind eurer würdig, wir halten aus! (Bericht in den *Münchner Neuesten Nachrichten* vom 21.11.1915)

  170 *Sehnsucht nach Frieden?* in: *Die Zukunft* vom 20. November 1915, 221-252.

ter. Beim Tee Katja; abend Brief an Peter (53) – Brief von ihm an Katja vom 17/9.

25/11

Briefe an Mim u. an Marta; Briefe von Else, von Reisch u. von Crusius, nebst seinem Gedicht an Heymel (!); mit Katja Kommissionen, wegen Harden zu Bauer u. mit May gesprochen. Nachmittag Wölfflin, nach dem Tee Brief an Harden,[171] abends 4 Weihnachtspackete fürs Feld gepackt, mit dreifachen Adressen versehen; Dankbrief an Crusius. Handarbeit.

26/11

Brief an Mim, Karte von Lotti Löwenstein, da kolossaler Schneefall, zuhaus allerlei geordnet u. gerichtet. Nachmittag Wölfflin, zum Tee zu Katja, zufuß heim. Brief von Lily Bam[172], Voltaire gelesen. Schnee!

27/11

Brief an Emmy Krüger, infolge von Lili Reiff mitgeteilten Klatsches, u. Briefchen an Frau v. Scheubner u. Olly [Oberhummer], Karte an Kaete [u.] Lotti Löwenstein. Briefe von Mimchen, Klaus, u. Harden, mit Einlagen u. Aufträgen wegen seines Woltätigkeits-Vortrags. In die Stadt, bei frischer Kälte. Nachmittag zuhaus, Brief an Harden[173] (mit sämmtlichen Beilagen), den nach Telephongespräch mit dem Polizeipräsidenten[174] expreß absandte. Nach dem Abendessen Eugenie, u. Charles XII gelesen.

28/11

Eiskalter Winter! Nochmals Brief von Harden, Brief an Mim; Besuch bei Gulbransons, die einen »Bombastus« erwarten, so originell wie reizvoll. Beitisch u. über den Tee 6 Tommy's; zum Tee noch Hans Feist u. Else Schöll. Abend gelesen.

---

171 im Original erhalten und veröffentlicht in: *Meine Manns*, 163f.
172 d.i. Lily Reiff, vormals Bamberger
173 im Original erhalten und veröffentlicht in: *Meine Manns*,164f.
174 Ludwig v. Grundherr zu Altenthann und Weyerhaus war von Aug. 1913 bis Okt. 1916 Polizeipräsident.

November bis Dezember

29/11
Kondolenzbrief an Annette Kolb,[175] Briefe an Mim u. an Dr. Reisch; Kommissionen. Nachmittags Wölfflin, abends recht schönes Akademiekoncert, in dem Petschnikoff brillirte.[176]

30/11
Briefe an Mim u. an Klaus, bei mildem Wetter Kommissionen. Nachmittag Wölfflin, beim Tee Katja. Vortisch Besuch bei Hermine. Abend allein, gelesen.

1 December.
Briefe an Mim u. an Peter (54). Mit Katja Kommissionen, Briefe von Mim u. von Marta. Nachmittag zuhaus, gepumpelt, gelesen. Abends 3 Locher-Schölls[177], Bassermann-Jordan u. Hartogs, ganz gemütlich bis 11 Ur.

2/12
Mildes Wetter. Brief an Mim, Besuch bei Eu, Abschiedsbesuch bei Hermine, in die Pinakothek. Beitisch Frau v. Scheubner, dann Wölfflin. Beim Tee [Rud.] Oldenbourg u. Dr. Winkler, abend gerechnet, gelesen, gestrickt.

3/12
Brief an Mimchen, Karte von Emmy Krüger, auf meinen neulichen Brief; Kommissionen. Nachmittag Wölfflin, zum Tee zu Katja, abends die Belli, dazu Stadler, der mit Alfred zu sprechen hatte u. recht gemütlich-anregend blieb. Vortisch, bei Regen, Besuch bei Tante Asta.

---

175 zum Tod ihres Vaters Max Kolb am 27. November

176 **Aus den Münchner Konzertsälen**. Das Violinkonzert von Heinrich G. Noren, das im 11. Akademie-Konzert den Vermerk »zum ersten Male« trug, ist für München keine Neuheit … Alexander Petschnikoff, von Bruno Walter in der schwierigen Begleitung vortrefflich unterstützt, war ihm ein geradezu glänzender Interpret. Eröffnet ward der Abend durch Beethovens achte Symphonie in einer Wiedergabe, die erfreulicherweise ihre in den letzten Jahren beliebte falsche Monumentalität abgelegt und auf ihren natürlichen, so unendlich reicheren Ausdruck zurückgeführt hatte; den Beschluß machte eine mehr stürmische als schwungvolle Aufführung der Oberon-Ouvertüre. (Bericht in den *Münchner Neuesten Nachrichten* vom 1.12.1915)

177 das sind Emma Locher, Hedwig u. Else Schöll

4/12

Brief an Frau Björnson zum 80. Geburtstag, Brief an Lily Reiff, mit Krüger-Einlage, in der Stadt Katja getroffen. Brief von Mim. Nachmittag, der Scheubner wegen, in eine Musikproduktion von Else Hofmann-Studeny, nebst abscheulicher Deklamation Skanzoni; beide Wege zufuß bei Sommerwetter. Abend gelesen. Schneiderei.

5/12

Brief an Mim, um ½12 in die bei Caspari veranstaltete Nachfeier von Gleichens 50. Geburtstag, wo tout Munich, incl. Hof, versammelt, Bruchstücken aus Gleichens »Werk« erstaunt lauschte: denn dies »Werk« verbietet solche Feier. Auch schauderhafte Kompositionen bekam man zu hören u. atmete nur gerürt auf bei dem »Wangesang« des Hans Sachs, von Bauberger gut vorgetragen. Tausend Leute gesprochen, neben Tommy's gesessen. Beitisch noch Tante Asta, beim Tee förmlicher jour: außer 6 Manns Bunge, Tilda Bomhard, 2 Maurice. Abend Gratulation an Gleichen, Charles XII[178] u. Zukunft gelesen.

6/12

Brief an Mim, Kommissionen. Brief von Peter (XVII 17) vom 8/10. Nachmittag Wölfflin, abends mit Katja (da Alfred Sitzung) ins Akademiekoncert, hübscher Mozartabend.[179] Dann gelesen, bis Alfred heimkam.

7/12

Brief an Mim; zum 70 Geburtstag bei Voß gratulirt u. Kommissionen, bei immer sommerwarmem Wetter. Nachmittag Wölfflin, Brief an Klaus. Abends mit Alfred zu Wolters', richtige Gesell-

---

178 von Voltaire
179 **Aus den Münchner Konzertsälen.** Im dritten Symphoniekonzert der Musikalischen Akademie brachte Bruno Walter nur Mozartsche Werke zur Aufführung. Man hörte zunächst das Divertimento für 2 Violinen, Viola, Baß und 2 Hörner (Köchel-Verz. Nr. 287), dessen Variationensatz und Adagio ganz besonders fein herauskam. Frau Hermine Bosetti sang die Arie »Dein bin ich, ja dein auf ewig« aus »Il re pastore« mit der leichten und sicheren Schwebung, die dem Liebreiz ihrer Stimme eigen ist, wenn sie in die hohen Lagen aufsteigt und im Koloraturenschmuck sich zeigt. Die obligate Violine in der Begleitung der Arie spielte Herr Ludwig Vollnhals. Die Symphonie in C-dur (mit der Schlußfuge) beschloß den Abend … (Bericht in den *Münchner Neuesten Nachrichten* vom 8.12.1915)

schaft von 12 Personen! mit Bissings, Külpe's[180], Kubierschky's, dem neuen unsympathischen Prof. Wilken. Ganz nett, nicht aufregend.

8/12
Brief an Mim, Briefe von ihr u. von Klaus. In die Pinax[181], Kommissionen. Nachmittag (zufuß, bei Regen) zu Katja, wo auch Alfred. Abend Brief an Peter (55) u. Packet an ihn mit Cigarren u. Chocolade. Endlich Charles XII ausgelesen.

9/12
Brief an Mim, Kommissionen. Nachmittag Wölfflin, beim Tee Katja; dann Briefe an Marta u. Emma Schlier, Kondolenz an Dr. Gädeke,[182] gelesen.

10/12
Brief an Mim, Kommissionen bei Frühlingsregen. Nachmittag Wölfflin, beim Tee [Tante] Asta u. die Stadler. Brief u. Marzipan von Jrete Tiesen. Abend Bruno Franks »die Fürstin« begonnen.

11/12
Brief an Aletta, mit Alfr., dann mit Katja Weihnachtskommissionen. Brief von Mim, nachmittag Karten bei Kolb u. Gugg, zum Tee zu Lula, wo Katja mit den Kindern. Abend »die Fürstin«, gestrickt.

12/12
Karte von Hermine, Brief an Mim; in die Pinax u. kl. Spaziergang. Beitisch Manns (one Aißi) u. die hübsche u. sonnige Lotte Löwenstein, die auch zum Tee wieder antrat. Dazu zum Tee Paul Hulle, später der traurige Crodu. Abend »die Fürstin« ausgelesen.

13/12
Briefe an Mim u. an Willy v. Sachs, Besuch bei Eu im »Haus«, Kommissionen. Nachmittag Wölfflin; rürender Dankbrief von Schneckenaichner, gelesen, handgearbeitet.

14/12
Brief an Mim, Karte von Friedrich. Bei schönem Winterwetter Weihnachtskommissionen, nachmittags Wölfflin, beim Tee [Tante]

---

180 Unklar, wer die Begleitperson war, Prof. Külpe war unverheiratet.
181 d.i. die Alte Pinakothek
182 zum Tod seiner Ehefrau Agnes

Asta. Briefchen von Emminger, abend Packet an Miez u. 100 M.[183] an sie; gelesen.

15/12
Brief an Mim, Kommissionen, Brief von Mim, zum Tee zu Katja, beide Wege bei Prachtwetter zufuß. Abend Brief an Peter (56).

16/12
Brief an Mim, Gratulationsbesuch bei Hannchen u. Weihnachtskommissionen. Brief von Else; nachmittags Wölfflin, dann zum Tee in den amerikanischen Klub, wohin Asta mich u. Katja mit den Kindern eingeladen hatte. Ziemlich ibrig. Abend Karte an Milka, Packet für Klaus.

17/12
Briefe an Mim u. an Kaete, mit Katja Kommissionen; nachmittag Wölfflin, abends mit Katja u. Eri-Aißi in die Lebende-Bilder-Auffürung des Oldenbourg-Vereins: recht lang, langweilig u. ibrig.

18/12
Brief an Jrete Tiesen; Besuch bei Frau Dingler, Karte bei Eva Baudissin, Kommissionen. Brief von Mim. Nachmittag in die Stadt, 2. Packet an Klaus, Packet von Mim. Briefe an Hermine Feist u. an Emminger mit 40 M.[184] u. Strümpfen. »Zukunft«; gestrickt.

19/12
Brief an Mim, Karte an Klaus, Briefe von Marta u. Miez, in die Stadt, beitisch Manns u. Eva Baudissin mit Son Wolf in Uniform; beim Tee Ehepaar Davidsohn. Abend gelesen.

20/12
Brief an Mim, Kommissionen. Nachmittag Wölfflin, abend Braune's, Maria Dingler u. Wölfflin. Ganz nett, namentlich Wölfflin.

21/12
Brief an Mim, Weihnachtskommissionen. Nachmittag letzter Wölfflin, Brief an Klaus, Karten von Wolf u. Hans Stickel. Telephongespräch mit Frau Hanfstängl, der[185] nach 10 monatlichem »Wirken« (?) aus Amerika heimgekehrt ist. Abend Brief an Marta.

---

183 in heutiger Währung etwa 480 €
184 in heutiger Währung etwa 192 €
185 so im Original

Dezember

22/12

Brief an Mim, großes, inhaltreiches Packet von Marta, Kommissionen, bei garstigem Tau- u. Dreckwetter, das den schönen weißen Schnee wegschwemmt. Nachmittag gepumpelt, Brief an Peter (57); beim Tee Katja mit Aißi. Brief von Else, Karten an sie, Miez u. Eva. Gelesen, handgearbeitet. Erneut großer[186] Karton-Auslese mit der erfreuten Katja.

23/12

Brief an Mim, bei trübem Wetter Kommissionen. Nachmittag bei trostlosem Regen u. Nebel auf den Waldfriedhof, einen Kranz niedergelegt, einer Soldatenbeerdigung beigewont; ganz elend nachhaus gekommen. Briefe von Mim, von Klaus, von Eva u. von Emminger. Brief an Harden,[187] gelesen, gestrickt.

24/12

Brief an Mim, bei Regen in die Stadt; Brief von Miez, Karten von Paraquin aus Gallipoli u. von Munthe-Kaas, Blumen von Lula u. Frau v. Scheubner. Die Leute-Schüsseln gerichtet, nach dem Tee mit Alfred u. einem Waschkorb voll Geschenken zu Manns geautelt, dem nicht stürmischen, aber intensiv erfreuten Aufbau beigewont, (vorher unsern Leuten one Feierlichkeit ihr Sach' überreicht); dann Familiensouper mit den Kindern, die es ungemein genossen; nachher bis ½ 11 ganz gemütlich plaudernd, Briefe lesend und strickend beisammen gesessen u. mit Tram heim. – Vormittags Besuch von Eu und von Hofrat Stieler, da Jungfer Anna, sehr zur Unzeit, krank.

25/12

Spaziergang zu Hulle's[188], die verfehlte, dann im engl. Garten traf. Brief von Lala, Karte an Harden, da »Zkft.« verboten sein soll. Beitisch Manns und [Tante] Asta; dazu beim Tee Crodu's. Abend Kondolenz an Angerer,[189] zum Familienessen zu Löhrs, wo Manns, Viko mit Frau (das »Wassermädchen«) u. ein Bruder[190] von Löhr. Leidlich gemütlich bis 11 beisammen gewesen.

---

186 so im Original
187 im Original erhalten und veröffentlicht in: *Meine Manns*, 166f.
188 gemeint sind Paul und Lella Huldschinsky
189 Seine Ehefrau Anna war am 20. Dezember gestorben.
190 Nicht zu ermitteln; Josef Löhr hatte drei Brüder.

26/12

Vormittags Schneckenaichners u. Stieler, der die Anna doch in ein Sanatorium schicken möchte. Äußerst deprimirter Harden-Brief, da die Zkft. definitiv verboten.[191] Briefchen an ihn u. mit Wedekind telephonirt. Bei Fönsturm Spaziergang. Nachtisch Brief an Mim, Tische gedeckt u. abservirt, kurzer Besuch von Eu. Gegen Abend die Gugg verfehlt, Sophie besucht. Abends Löhrs u. Manns bei uns, viel gemütlicher als gestern.

27/12

Hofrat Stieler befürwortet Anna's Überführung ins Krankenhaus; die nötigen Schritte getan. Brief an Mim, bei Regen in die Stadt. Brief von Mim, Begleitbrief für Anna verfaßt, die weinend ins Krankenhaus abfur. Kondolenz an Bassermann-Jordan,[192] in der Wirtschaft tätig, abend mit Alfred ins Akademiekoncert, wo Strauß' Alpensymphonie das »Ereignis« bildete: sehr wirksam u. unterhaltend, löste sie doch nicht den erwarteten Enthusiasmus aus.[193]

28/12

Brief an Mim, Schritte wegen Mädchen, mit Katja u. den Kindern Kommissionen bei lindem Frühlingswetter. Nachmittag eine »Herta« gemietet, Brief an Klaus, abends auf Walters Befehl in »Die Rose vom Liebesgarten«, die ich nicht so tötlich langweilig

---

191 *Die Zukunft* war am 22.12.1915 verboten worden. Am 29.1.1916 konnte sie wieder erscheinen.
192 zum Tod seines Vaters Emil Bassermann-Jordan am 23. Dezember
193 **Die Alpensymphonie von Richard Strauß**. Richard Strauß hat die Partitur seines neuesten Werkes, das die Opuszahl 64 trägt, in hundert Tagen vollendet, nach Skizzen, die bis in das Jahr 1911 zurückreichen ... So kompliziert das neueste Werk von Strauß auch ist, so einfach und mühelos erschließt es sich dem Verständnis des Hörers. Fest im Boden des sinnlich Wirksamen wurzelnd, vermeidet es geflissentlich metaphysische und tiefsinnige Betrachtung ... Die Wiedergabe einer so außerordentlich schwierigen Partitur, die an alle Ausführenden, namentlich an die Bläser, hohe Anforderungen stellt, bedarf natürlich auch der Gunst des Augenblicks. Bruno Walter und unser meisterliches Hoforchester leisteten Hervorragendes und bedeckten sich mit Auszeichnung. Die Aufnahme des Werkes war begeistert. Walter wurde oft aufs Podium zurückgerufen ... (ausführl. Bericht in den *Münchner Neuesten Nachrichten* vom 29.12.1915)

Dezember

finden konnte, wie Alfred wünschte.[194] – Langer, wirklich netter Brief von Hermine Feist.

29/12
Briefe von Kaete u. von Lucie, Brief an Mim. Eintritt der neuen, etwas derbknochigen Herta. In die Stadt; nachtisch Landpartie nach Großhadern, wo in Villa Kursell mit Frau v. Scheubner u. Frau v. Kursell gemütlich Tee trank u. Karte von Herrn v. Scheubner bekam. Um 7 dann noch Besuch bei Eugenie. Abend müde, Zeitungen, gestrickt.

30/12
Briefe von Hedda u. Miez u. Gusty, Karten; Briefe an Mim u. an Peter (58). In die Pinakothek. Nachmittag Besuch bei Maurice, wo Frau v. Kaulbach mir ein Hündchen anbot. Beim Tee erst Bassermann-Jordan, dann sehr lange Prof. Hintze mit Hedwig, recht angeregt geplaudert; dazu Maria Dingler, bis zum Abendbrod. Karten an Harden[195], an Marta u. kl. Milka.

31/12
Brief an Mim, Karten an Else, Miez, Eva, an Munthe-Kaas, Frau v. Scheubner u. den kl. Kursell. Briefe von Mim, Luigia, Jrete Tießen. Karte von Ilse, Frau Jordan. Bei Frau v. Kaulbach den allerliebsten kleinen Jap[196] Wuwu besichtigt u. acceptirt, bei Frühlings-Silvesterwetter in die Stadt. Nachmittag Eintreffen des ängstlich-verschüchterten Wuwu; beim Tee Fürstenberg mit Natalie u. [Rud.] Oldenbourg, der meine Herrlichkeiten für die Ausstellung »Damen-Luxus von früher« »aufnahm«. Abend »Die Wiederherstellung Europa's« von Fried, die vieles treffliche enthält, ausge-

---

194 K. Hoftheater: »Die Rose vom Liebesgarten« von Hans Pfitzner. Herr Wolf (Siegnot), Fr. Mottl-Faßbender (Minneleide), Frl. Eichner (Die Sternenjungfrau) u.a.. – Gleich die erste Wiederholung der Neueinstudierung der Rose vom Liebesgarten von Pfitzner brachte ein ausverkauftes Haus. Ein erfreuliches Zeichen für das wachsende Interesse an der Musik Pfitzners, die, wie sich auch der Einzelne zu ihr stellen möge, zu den bedeutsamsten Erscheinungen in der neuzeitlichen Musikentwicklung zählt ... Die Aufführung selbst war im ganzen vorzüglich. Namentlich Bruno Walter, der ja von jeher mit Begeisterung für Pfitzner eingetreten ist, versenkte sich mit Andacht in seine künstlerische Aufgabe ... (Bericht in den *Münchner Neuesten Nachrichten* vom 30.12.1915)
195 im Original erhalten und veröffentlicht in: *Meine Manns*, 167f.
196 vermutlich ein Japan Chin

lesen; gehandarbeitet, und das alte Jar allein und one Feierlichkeit beschlossen, unter dem dumpfen Druck, der auf uns allen lastet. Denn der Krieg scheint auf einem toten Punkt angelangt, die andern kommen nicht vorwärts, aber wir auch kaum, und man fragt sich trost- und hoffnungslos, wie und wann dieser schreckliche Krieg überhaupt je enden soll, wenn keiner nachgibt, jeder auf seinem Standpunkt beharrt, jeder Recht hat und der maß- u. sinnlose Haß der Völker sich immer mehr steigert. Ein schlimmes, furchtbares Jar, das wir verlassen, ein schwarzverhängtes, in das wir eintreten. –

[1916]

Januar 1916

1/1

Vormittag Besuch von Stadler, misglückter Versuch, meinen neuen kleinen »Wuwu« in die Welt zu füren, Spaziergang bei Frühlingswetter. Beitisch und über den Tee alle 6 Tommy's. Abend Brief an Scheubner-Richter nach Musul[1], Karten an Rittmeister Paraquin (nach Gallipoli), an den »Sepp« u. an Frau Jordan. Abend allein, gelesen.

2/1

Briefe an Mim u. an Lucie, Karten von Reisch u. »Berretina«[2]. Besuch von Crodu, nach Vorübung im Garten erster Spaziergang mit Wuwu. Beitisch u. über den Tee Katja mit Kindern (Tommy nach Erfurt zu einer Vorlesung); dazu zum Tee Bunge, Dr. [Arthur] Rosenthal, Eu und – überraschend – Kurt Koffka, der zu Prof. Külpe's Beerdigung hergekommen. Abend Voltaire's »Pucelle« gelesen u. handgearbeitet.

3/1

Brief an Mim, Briefe von Klaus und von Peter (No 18) vom 26/10. Bei Fönsturm u. Regen vor- und nachmittags Kommissionen; beitisch ganz gemütlich u. lange Koffka. Nach dem Tee mit Alfred Besuch bei Gugg-Professor Hintze. Abend »Pucelle« gelesen.

4/1

Recht deprimirte Karte von Harden, Brief von Anna aus dem Krankenhaus. Brief an Mim, Packet mit Konserven u. Eau de Cologne an Peter; Kommissionen. Nachtisch Anna im Schwabinger Krankenhaus besucht, zufuß nachhaus. Brief an Klaus, Dankkarte an Hulle's[3], Karten von Wolf, Friedrich, Lisa Michalek. Abends zum »Kränzchen« zu Seeligers, wo überraschend auch Dyck aus Brüssel eingetroffen, u. wo es, abgesehen von Seeligers wüstem Chauvinismus, recht gemütlich war. Als outsiderin Frau v. Drygalski, deren Mann in Lüttich.

---

1 gemeint ist vermutlich Mosul
2 vermutlich die Masseuse Frau Berreth
3 das sind Paul Huldschinsky und Ehefrau Aniela

5/1
Da erkältet, bei dem scheußlichen Wetter nicht aus; Wuwu gebadet, Briefe von Mim u. Marta, Karte von Mittag-Leffler; Karten an ihn u. Michalek, Brief an Mim. Nachmittag u. abend Brief an Peter (59); beim Tee Katja u., lange, Elsa B. Brief an Harden.[4]

6/1
Noch scheußliches Wetter, noch Katarrh, noch zuhaus. Dankbrief von Frau v. Kaulbach für übersandten Fliederbaum. Briefe an Mim u. an Fürstenberg, Dankkarte an Emminger für Waldstrauß. »Volksfeind« u. »Kaiser u. Galiläer« gelesen.[5]

7/1
Brief an Mim, Karte an Rud. Oldenbourg zu Siepers Tod. Telegramm von Klaus, Spaziergang mit Wouwou. Zum Tee zu Katja spaziert, bei kolossalem Fönsturm; abend gelesen u. gestrickt, um 10 Ankunft von Klaus, mit ihm genachtmalt u. bis 12 geplaudert.

8/1
Langes Familienleben; in die Stadt. Nachmittag »Kaiser u. Galiläer« ausgelesen, Briefe von Mim u. Fürstenberg. Abend Familienleben mit Katja.

9/1
Brief an Mim, bei Schneedreck in die Stadt. Beitisch Manns, beim Tee dazu Stadler. Abends Familiensouper mit Tommy's, wärend ich in Frau Hanfstängls Vortrag über »amerikanisch-deutsche Beziehungen, mit besonderer Berücksichtigung für (!) Kaufleute« gehen mußte; mit Eu. Im leeren Saal viel Bekannte; der Vortrag so schwach, schlecht u. dilettantenhaft wie zu erwarten stand. Nachher noch Familienleben.

10/1
Karten von Rud. Oldenbourg u. von Harden. Brief an Mim, Wouwou gebadet, in die Stadt. Nachmittag wieder Wölfflin[6]. Wärend die Herren im Koncert, Brief an Marta, gerechnet. Spät Familienleben.

---

4 im Original erhalten und veröffentlicht in: *Meine Manns*, 168f.
5 beide von Henrik Ibsen
6 Fortsetzung der Vorlesung »Erklärung der alten Pinakothek (im Zusammenhang der allgemeinen Entwicklungsgeschichte der neueren Malerei)«

Januar

11/1
Brief an Mim; bei Sturmwind Kommissionen. Nachmittag Wölfflin, beim Tee Katja. Familienleben, um ½10 Abreise von Klaus nach Bremen, bei schauerlichem Wetter. Karte an Wolf; gehandarbeitet. Fanen wegen der Vertreibung der Feinde aus Gallipoli.[7]

12/1
Brief an Mim; Brief von ihr u. »Rechtsverwarung« von Harden, als vertrauliche Mitteilung an seine Abonnenten gedruckt. Zum Tee zu Katja, bei angenehm leichtem Frost hinspaziert. Abend Brief an Harden,[8] Zeitungen, gestrickt.

13/1
Wieder scheußliches Wetter. Brief an Peter (60) u. an Mim; vormittags zuhaus, nachmittags zu Wölfflin, vom Sturm u. peitschenden Regen fast umgeworfen. Gelesen, gestrickt.

14/1
Schneesturm. Brief an Mim, Besuch von Sophie; mit Katja Kommissionen. Nachmittag Wölfflin; Fanen wegen der Einnahme von Cettinje.[9] Die franz. Broschüre »La Guerre qui va venir« gelesen.

---

7 **Die Freude in Konstantinopel.** Die Freude über die endgültige Vertreibung der Engländer von der Halbinsel Gallipoli ist in allen Klassen der Bevölkerung groß. Die Glocken der griechischen und armenischen Kirchen wurden zum Zeichen der Freude geläutet. In allen Kirchen und israelitischen Tempeln wurden Dankgottesdienste abgehalten … Sofort nach Eintreffen der Siegesnachricht im Kriegsministerium begab sich der Vizegeneralissimus Enver Pascha in das Palais und meldete sie dem Sultan, der überaus lebhafte Befriedigung äußerte. Der Sultan übermittelte seine Grüße und Glückwünsche der 5. Armee, die mit dem Ausdrucke des Dankes antwortete. Der Sultan spendete neuerdings 1000 Pfund für die Kinder gefallener Soldaten. (Bericht in den *Münchner Neuesten Nachrichten* vom 11.1.1916)

8 im Original erhalten und veröffentlicht in: *Meine Manns*, 170f.

9 **Die k.u.k. Truppen vor Cetinje.** Nachdem die österreichisch-ungarischen Truppen am 10. Januar die montenegrinischen Stellungen auf dem Lovcen erobert hatten, haben sie ihren Angriff weiter nach Osten vorgetragen. Gestern wurde die Einnahme von Njegusi (Njegusch) gemeldet; der heutige Wiener Bericht bringt die Nachricht, daß die Angreifer nurmehr 6 Kilometer vor Cetinje im Kampfe stehen. Auch von Süden dringen die k.u.k. Truppen weiter vor. Sie haben gestern Budua an der Adriaküste genommen und den 1317 Meter hohen Maini Vrh erstürmt und so einen weiteren wichtigen Sperrriegel vor dem Innern des montenegrinischen Landes beseitigt … (ausführl. Bericht in den *Münchner Neuesten Nachrichten* vom 14.1.1916)

15/1
Gut Wetter. Mit Wouwou Besuche bei Eu und Tante Asta, Kommissionen. Brief von Mim, nachmittag in die Stadt. Brief an Funke, abend »Pucelle«[10] gelesen.

16/1
Brief an Mim, bei angenehmem Wetter zu Frau Hanfstängl spaziert, die verfehlt, dann Besuche bei Stucks, den Neubau mit den 2 prachtvollen Ateliers angesehen, und ihren Wouwou, der beneidenswerter Weise schon ganz zimmerrein. Beitisch Manns, mit nur 2 Kindern (da Aißi nicht wol); dazu zum Tee die netten Damen Scheubner und Kursell mit dem allerliebsten Klaus Jürgen. Abends dann die beiden Asten[11], ganz gemütlich. Endlich an Peters ewigen Schal die letzten Fransen geknüpft!

17/1
Sonnenschein! bei leichtem Frost. Brief an Mim, Briefchen von Peter (18)[12] vom 10. Nov. In die Stadt, nachmittags Wölfflin. Pakkete u. Karten an Friedrich u. Heidenberger. »Pucelle« gelesen, gestrickt.

18/1
Brief an Mim, Kommissionen. Zum Tee – zufuß – zu Katja, die mit Katarrh bettlägerig. Brief mit Manuskript[13] u. Karte von Mim. Abend Brief an Klaus, alle Handarbeiten für Peter beendet.

19/1
Geburtstagspacket für Peter. Früh Besuch von Eu, Brief an Mim, Spaziergang u. Pinakothek. Karte von Jrete Tiessen. Nachmittag langer Besuch von Frau Hanfstängl, nach dem Tee Spaziergang, mit Anschluß an Crodu's. Abend Brief an Peter (61), Karten an Erline Jas u. Geheimrat Lenard-Heidelberg; u. Mims Manuskript gelesen. Brief von Marta.

20/1
Brief an Mim, mit strenger Kritik über ihr »weibliches Dienstjar«. Dann, von Katja abgeholt, auf den Waldfriedhof, Kränze gebracht.

---

10 von Voltaire
11 das sind Tante Asta Friedberg und Tochter Asta Adolph
12 d.i. No 19. Irrtum von Hedwig Pringsheim, s. Notiz vom 3.1.
13 erschien am 12.2.1916 in der *Vossischen Zeitung* unter dem Titel: »Das weibliche Dienstjahr. Gegen ein modernes Stichwort!«

Januar

Nachmittag Wölfflin, später in Eriks Papieren gelesen. Abend Brief an Jrete Tiessen, Romain Rolland's »Au dessus de la Mêlée« angefangen.

21/1

Brief an Mim, Hundchen gebadet, in die Stadt. Nachmittag Wölfflin, Brief an Feldwebel Friedrich, mit Auskunft über »Liverpool«. Abend Au-dessus de la Mêlée gelesen.

22/1

Karte von Klaus aus Hamburg, Brief an Hermine; in die Stadt, Frühling. Beim Tee Katja u. [Tante] Asta; Brief von Mim. Abend in die Kammerspiele, in Strindbergs sehr merkwürdiges u. bedeutendes »Advent«.[14]

23/1

Brief von Lala, Brief an Mim; in die Stadt. Beitisch u. über den Tee Tommy's, dazu Alfredo Meier. Später noch Besuch bei Crodu's, den Romain Rolland zurückgebracht. Abends »Pucelle« gelesen.

24/1

Brief von Else, Karte von Heidenberger. Brief an Mim, Karte von Frau Tiessen. Bei Frühlingswetter Kommissionen, nachmittags Wölfflin, beim Tee kurzer Besuch von Katja, abends ins Akademiekoncert, das mit einer Brahms Symphonie, Ivogün-Mozart u. Smetana sehr hübsch verlief.[15]

---

14 M. Kammerspiele: »Advent« von August Strindberg. Herr Marr (Der Richter), Frl. Unda (Die Richterin), Frl. v. Jacobi-Geldern (Amalie), Herr Wenzler (Adolf), Frl. Marschall (Erich), Herr Marlé (Der Andere) u.a.

15 Es ist ein Kriterium der Konzertprogramme der gegenwärtigen Zeit, daß sie oft und gern einen Zusammenhang suchen mit den kriegerischen Ereignissen, mit machtvoll erstarktem Heimatgefühl und heldischer Großheit. Es mag denn nicht ohne besondere Absicht geschehen sein, wenn Generalmusikdirektor Bruno Walter die symphonischen Dichtungen »Vyšehrad« und die »Moldau« aus dem sechsteiligen Zyklus »Mein Vaterland« des böhmischen Meisters Friedrich Smetana in das Programm des sechsten Symphoniekonzerts der Musikalischen Akademie aufnahm. Aus heißem Heimatempfinden heraus sind diese Werke geschaffen … Bruno Walter verdient Dank für die Aufführung der genannten beiden symphonischen Stücke und zwar umso mehr, als er sie zu glänzender Wirkung zu bringen wußte. Die Solistin des Abends, Frl. Maria Ivogün, sang vorher die Szene und Arie »Ach, sie stirbt, meine Hoffnung« von Mozart … Die reine, keusche, ungemein leicht schwebende Stimme der Sängerin bewältigte die technischen Schwierigkeiten ganz ausgezeichnet, und im Vortrag war erfreulicherweise die Gefühlsarmut zu vermissen, die bei Koloratursängerinnen nicht eben selten an-

25/1
Brief an Mim; Besuch von Lisbet Lindemann, »geschäftlich«: ein entsetzliches, unfruchtbares Lisbet-Gequatsche. Zum Zanarzt u. in die Stadt. Nachmittag Wölfflin, beim Tee Hannchen, dann Sophie. Packet an Klaus u. abend Briefe an Klaus und an Harden[16].

26/1
Brief an Mim u. von ihr. In die Stadt; nachmittag Brief an Peter (62), Karte von Friedrich. Beim Tee Katja, abends bei Locher-Schöll[17], nur noch mit Wölfflin; recht gemütlich u. anregend.

27/1
Brief an Mim; Besuche bei Sophie u. Eu p.p.c. Nachmittag Wölfflin, beim Tee Frau v. Bissing u. Rud. Oldenbourg, die meinen »Frauenluxus« für ihre Ausstellung[18] abholten. Dann gepackt. Abend Karte an Marta, gelesen.

28/1
Karte an Mim, geordnet, gepackt, rendez-vous mit Katja bei Gosch u. Besuch bei Tante Asta. Nachmittag Wölfflin, abends mit Tommy's, in eine sehr reizende Aufführung des »Barbier v. Sevilla«, in der nur Brodersen als Graf arg detonirte.[19] Spät ins Bett.

29/1 Berlin.
Und sehr früh auf, um 8 Abreise nach Berlin, von Alfred zur Ban geleitet. Gute, normale Fart, bis Rudolphstadt mit Bildhauer Hahn geplaudert. Am Banhof G.s.D. Else, was wegen Droschkenmangel froh begrüßt. Beim Essen nur Mim, die etwas kläglich. Spät noch ausgepackt und die wieder freigegebene »Zukunft« gelesen.

---

zutreffen ist. Das Publikum spendete dieser Leistung stürmischen Beifall. – Die dritte Symphonie von Brahms bildete die Einleitung des Abends. (Bericht in den *Münchner Neuesten Nachrichten* vom 26.1.1916)

16 im Original erhalten und veröffentlicht in: *Meine Manns*, 171f.
17 das sind Emma Locher und vermutlich die beiden Schwestern Schöll
18 s. 17. Februar
19 Hier scheint es sich um eine Verschreibung Hedwig Pringsheims zu handeln: Auf dem Spielplan der Münchner Theater wird am 28.1.1916 als einzige Oper »Figaros Hochzeit« (K. Residenztheater) angezeigt, mit Herrn Brodersen als Graf Almaviva. Des weiteren sangen: Frl. Morena (Die Gräfin), Frl. v. Fladung (Cherubin), Herr Schützendorf (Figaro), Frl. Ivogün (Susanne) u.a.

30/1
Tageseinteilung wie immer. Karte an Alfred; mit Hermann u. Else kurzer Besuch bei Amalie u. Spaziergang im Tiergarten. Mittags u. abends Mimchen unten, beim Tee Miez, abends noch Ilse u. Korschs; im Bett Gorki's »eine Beichte« begonnen.

31/1
Karte von Alfred, wegen vergessener Brodkarten (ich Stiesel!) u. Karte von Harden (via München), nebst drolliger Geburtsanzeige[20] von Gulbranson. Brief an Alfred, mit Schlüssel; Ankunft von Andreas, mit 6 Tagen Urlaub. Spaziergang mit R.'s, bei angenehmem Winterwetter. Beim Tee bei Mim Miez, Eva, Korschs, Frau [Auslassung im Original], Else, Andreas – 'n bisken ville. Abends unten strickend Familienleben. Abend noch Karte an Harden u. Brief an Klaus vorgeschrieben. Im Bett Gorki.

1 Februar.
Vormittag, bei idealem Wetter, ins Kaiser Friedrich Museum, beide Wege zufuß. Bei Mim nachmittags Frau Simon u. Miez; abends Bridge-Partie bei Rosenbergs, mit Therese Simon ganz gut unterhalten. Im Bett Gorki.

2/2
Karte an Alfred, Brief von Katja; Spaziergang mit Rosenbergs. Brief an Peter (63); »Das Gänsemännchen« von Wassermann begonnen. Zum Tee Frau Stern u. Lis; die ich später zu Mim heraufnahm. Beim Abendessen, zu dem Lis blieb, noch Vera [Rosenberg] u. Ilse; worauf Andreas mit den Damen ins Cabaret zu nächtlichem Bummel zog. Im Bett »Gänsemännchen«.

3/2
Karte von Harden, Briefchen von Alfred. Bei herrlichem Wetter zu Lis Gleistein spaziert, ihre talentvollen Sachen besichtigt; gelesen, gestrickt. Besuch von Jrete Tiessen u. ihrer Tochter Eva. Dann bei Mim Miez u. Else, beim Essen Kranach u. Ilse. Gelesen.

4/2
Karte an Marta, Karten an sie u. Alfred, Brief an Katja, Karte an Gulbransons. Nach dem Frühstück zu Miez spaziert, Sibillchen[21]

---

20 des Sohnes Olaf Andreas, geb. am 23. Januar
21 d.i. Sibylle Korsch, Miez' Enkelin

bewundert u.s.w. Bei Mimchen nur Else. Nach dem Essen, um
¼ 10 zu Hermine, die mich entrüstet ob meiner Nichtmeldung
angerufen. Fand dort übelste Gesellschaft, die sich ziemlich bald
zu einem Jeu niederließ, in dem nur 100 M.[22] Stücke »rollten«: die
Spielhölle einer altgewordenen Hure – so wirkte es. Abscheulich.
[M. J.] Friedländer u. Grete Ring hielten sich noch zurück, bis ich
um 11 disgustirt mit Helene Raudnitz als Gesinnungsgenossin
ging. Zur Reinigung noch im Bett »Gänsemännchen« gelesen u.
»Zukunft«.

5/2
Karte von Alfr., Drucksachen, Heidenberger; Briefchen von Katja
mit Einlage von Peters Camp-Karte. Mit Else u. Hermann auf
den Kirchhof an Vater's Grab.[23] Gelesen, zu Mim, langer Besuch
von Fürstenberg, Karte von Marta. Um 8 in die Philharmonie zu
Hardens Vortrag, der – gestopft voll – one Zwischenfall verlief,
bis gegen 11: üblicher Harden.[24] Ihn kurz im Künstlerzimmer
begrüßt, gegen ¾ 12 erst daheim.

6/2
Brief an Alfred, Spaziergang mit Rosenbergs; beitisch Mim, beim
Tee Besuch von Hermine, dann ein gräßliches, zudringliches Frl.
Kuhn bei Mim, später Ernesto; abends Miez, Hedda, Luigia u.
Mim. Im Bette »Gänsemännchen«.

---

22 in heutiger Währung etwa 480 €
23 aus Anlaß des Todestages von Ernst Dohm
24 **Harden über die politische Lage.** Maximilian Harden hielt gestern abend
wiederum im großen Saal der Philharmonie vor einem nach Tausenden zählenden Publikum einen Vortrag über die derzeitige Lage ... Harden sprach von der
glänzenden militärischen Lage, in der sich zurzeit die Truppen der Deutschen und
ihrer Verbündeten befinden. Ein Blick von Dünaburg hinunter bis nach Saloniki
beweise dies. Auch im Westen sei die Lage durchaus günstig, obgleich seit langer
Zeit dort ein Stillstand eingetreten sei. Ein Viertel des französischen Nationalvermögens ist seit 17 Monaten in deutschem Besitz ... In Frankreich ist, von den
Häuptern derer, die die Bildung gemietet haben, bis herab in die tiefsten Schichten
das Bewußtsein fest eingewurzelt: »Wir kriegen die Deutschen, wir werden siegen.« Harden suchte dann darzutun, daß diese Vorstellung, die nicht nur bei den
Franzosen, sondern auch bei den Engländern herrscht, im wesentlichen darauf
zurückzuführen ist, daß geflissentlich falsche Nachrichten über unser wirtschaftliches, militärisches und seelisches Leben bei den Gegnern verbreitet werden ...
(ausführlicher Bericht im *Berliner Lokalanzeiger* vom 6.2.1916)

7/2

Briefe von Klaus u. von Alfred, mit Einlagen. Mit Else in die Stadt; nachtisch das sehr interessante »Gänsemännchen« ausgelesen. Bei Mim Lili Keith u. Miez. Abend zu Fürstenberg, wo Frau v. Kuronska u. Tochter, Baron Essen u. Müller[25]: one besonders aufregend zu sein, recht nett.

8/2

Briefe an Klaus u. an Alfred (mit Kl. Einlage), Brief von Herta[26]. Auf dem Spazierweg »Schwester Anna« getroffen, die mir von einem Dienstboten-Proceß von Heinz-Olga erzälte, in dem sie als Zeugin gegen sie aufgerufen war. Zum Frühstück zu Frau [Therese] Simon, wo mit einem Herrn Züricher u. mit Hubermann ganz gut unterhalten. Bei Mimchen dann Mira u. Miez. Abend Bridge-Herren[27], recht angeregt.

9/2

Karte von Alfr., Brief von Katja. Mit Else nach Garzau gefaren, bei schönstem Wetter; Verlauf wie immer. Paul überaus kläglich anzusehen. Bei der Rückkehr noch ½ Stündchen Mim u. Miez; Familienleben, Brief an Peter (64).

10/2

Karten ~~von~~ an Alfred u. an den Buchhändler Funk. Um 11 bei trüb-schmutzigem Wetter nach Grunewald, fast 2 St. mit Harden geplaudert; dann zu Bondi's. Um ½ 5 wieder zuhaus. Bei Mim Frau Hauschner u. Miez; beim Essen Kranachs[28]. Im Bett Kurt Münzers »Menschen von gestern« gelesen.

11/2

Brief an Katja; in die Stadt, Herta Dreyers Schwester bei Tietz besucht; Karte von Alfred, Briefchen von Peter (XX) vom 22. Nov. (fehlt No 19)[29]; nach dem Frühstück noch Gang zum Kasten u. bei herrlichstem Wetter im Tiergarten spaziert; gelesen, bei Mim Miez, Hedda, Ilse. Abends Fürstenberg mit Natalie, sehr amüsant u. erfrischend.

---

25 vermutlich Geheimrat Waldemar Mueller
26 vermutlich Herta Dreyer, Hausmädchen bei Pringsheims
27 das sind vermutlich Waldemar Mueller, Herbert v. Klemperer und Herr Freund
28 vermutlich die Brüder Lukas und Hans v. Cranach
29 Brief No 19 fehlt nicht s. 17.1.1916

12/2
Früh mit Else bei herrlichem Wetter Kommissionen in der Stadt. Nachmittag »Zukunft« gelesen u. Petition ans Abgeordnetenhaus in Sachen stud. Joël; Kurt Münzers schlechten Roman »Menschen von gestern« beendet, Karte an Alfred. Bei Mims Tee Marta, dann Miez. Abend stilles Strick-Familienleben. Im Bett Lily Brauns »Lebenssucher«.

13/2
Vormittag gelesen u. gepumpelt. Beim Essen Mim, Ilse u. Jrete Tiessen, sehr munter u. nett. Zum Tee mit Kaete zu Stern-Gleistein[30]. Abend »Familie«, 15 Personen, alle außer Mutter Hedda; dazu Prof. Alberts. Recht nett, ungewönlich munter, Mimlein so frisch wie seit lange nicht. Im Bett noch »Lebenssucher« gelesen.

14/2
Karten von Alfred u. Katja, Karten an Harden[31] u. Hedwig Hintze; gepackt, den gräßlichen »Lebenssucher« ausgelesen. Bei Mim von Miez verabschiedet, Koffer spediren lassen, Abend Familienleben, mit Ilse p.p.c.

15/2 München
Um 10 Abreise, von Else zur Ban geleitet. Gute Fart, viel geplaudert mit netter feiner Frau bis Halle, Mutter mit schwindsüchtiger Tochter u. gräßlicher Hamburger Jüdin; Gorki's »eine Beichte« gelesen; mit 40 Minuten Verspätung, wegen Sturmwind, angekommen; mit Alfred gegessen, geplaudert, ausgepackt, spät ins Bett.

16/2
Der gestrige Orkan dauert den ganzen Tag an; vormittags geordnet, gerechnet, mit Wouwou in die Stadt, Brief an Mim. Zum Tee zu Katja, die garnicht wol. Abends Brief an Klaus.

17/2
Brief an Mim, Eugenie im »Haus« besucht, dann in die Ausstellung »Damenluxus von Einst«, deren clou entschieden meine Sachen sind;[32] von Frau v. Bissing empfangen. Nachmittag wieder zu

---

30 das sind die beiden Schwestern Helene Stern und Lis Gleistein
31 im Original erhalten und veröffentlicht in: *Meine Manns*, 172f.
32 **Frauenluxus von einst.** ... Es war ein glücklicher Gedanke des »Frauenklubs«, daß er sich gerade dieses weibliche Thema zu einem wohltätigen Zweck ausersehen hat. Wenn man die Grenze nach rückwärts um die Zeit 1650 legte, so

Februar

Wölfflin. Karte von Paraquin aus Adrianopel, Brief der Jungfer Anna aus dem Sanatorium, mit der Meldung, daß sie nicht wiederkommt. Beim Tee u. zum Abend Carla[33] Pidoll. Brief an Peter (65).

18/2
Brief an Mim; Besuch bei der kranken Tante Asta u. Rechnungen bezalt. Nachmittag Wölfflin, durch den engl. Garten zum Tee zu Katja, wo Wassermann, der ganz sympathisch. Abend gelesen, gestrickt, den Fall Erzerums beklagt.[34] Schauerliches Wetter.

hat das seinen guten Grund darin, daß aus den früheren Stilperioden, aus der gotischen und Renaissancezeit, nur mehr wenig vorhanden ist; was davon auf uns überkam, liegt meist wohlverwahrt in Museen. Daß die nachfolgende Barock-, Rokoko-, Empire- und Biedermeierzeit aber an Kostbarkeiten noch genug in privatem Besitz ließen, davon gibt die in der Galerie Helbing an der Wagmüllstraße 5 angeordnete Ausstellung, ein anschauliches Bild …
  Mit zu dem Wertvollsten der Ausstellung zählt der auf mehrere Vitrinen verteilte Schmuck, der auch verschiedenen Zeitaltern angehört. Aus der Spätrenaissance stammt ein kostbares Gehänge mit Rubinen, Perlen und Email, ein Goldanhänger mit figürlichem Emailschmuck, beide von Professor Pringsheim überlassen. Der gleichen Familie gehört ein Halsband mit Amethysten und zierlichen Emailblümchen ringsum, etwa aus den dreißiger Jahren des vorigen Jahrhunderts, dann eine wohl von einem italienischen Goldschmied stammende Schmuckkette aus zartestem Goldfiligran mit Rauchtopasen … Eine Agraffe, die durch die Größe und Schönheit der Steine auffällt, mit irisierenden Opalen von hohem Glanz ist von der um die Gesamtveranstaltung der Ausstellung so hochverdienten Baronin Bissing …
  An Spitzen ist den Veranstaltern so viel zugekommen, daß sie unmöglich alles unterbringen konnten. Die wertvollsten Stücke sind Frau Prof. Pringsheim und der Gattin des Bildhauers Adolf von Hildebrandt zu danken. In großem goldenem Rahmen auf grünem Plüsch heben sich die einzelnen Arbeiten in ihrer ganzen Feinheit sehr vorteilhaft ab …
  Ein Schmuckstück für sich ist die Vitrine mit den Perlarbeiten; es wird kaum ein Museum in dieser Reichhaltigkeit und Vollständigkeit eine Auswahl bieten können aus den Arbeiten, die in der Empirezeit namentlich, und auch später noch in der Biedermeierzeit fleißige Frauenhände mit viel Geschmack, Geschick und unermüdlicher Ausdauer in farbenfrohen Mustern schufen: Körbchen, Täschchen, Geldbörsen, Riduls, Brieftaschen, Kinderhäubchen, -jäckchen, -kleidchen, Handschuhe, Gürtel, Strumpfbänder, Fächerbänder und allerlei zierende Gebrauchsgegenstände. In den Besitz dieser Schätze teilen sich die Familie Pringsheim, die Antiquare Böhler und Lämmle … (ausführl. Bericht in den *Münchner Neuesten Nachrichten* vom 5.2.1916)

 33 Spitzname von Karl Friedrich v. Pidoll zu Quintenbach
 34 **Zur Einnahme von Erzerum**. Ueber die Einnahme von Erzerum durch die Russen schreibt Major a.D. E. Morath im »Berl. Tagebl.«: Die Eroberung der

19/2

Das Schauerwetter dauert an. Brief von Peter vom 29/11 aus dem neuen Lager Trial Bay (XX)[35]; bei Hahn[36] eine Sendung guter Eßwaaren für Peter besorgt, Kommissionen. Nachtisch Telephonnachricht, daß Moni plötzlich am Blinddarm erkrankt, in die Klinik überfürt wird! Da Katja ihres Katarrhs wegen nicht ausgehen darf, brachte Tommy das Kind im Kranken-Auto hinaus, wärend ich bis 6 bei ihr blieb; dazwischen die arme Frau [Annemarie] v. Klenau besuchte, die mit einer schlimmen Brust bei Krecke liegt. Moni's Operation gut verlaufen. Mehrfach mit Katja telephonirt. – Brief von Mim, »Fuhrmann Henschel« gelesen.

20/2

Mit Katja gesprochen, die mich, da es Moni sehr normal geht, vom Besuch draußen entband. Brief an Mim, Krankenbesuch bei Tante Asta, ders auch besser geht, Besuch bei Sophie. Da furchtbar erkältet, nachmittags nicht zu Katja; beim Tee Elsa B. u. Marga Obu[37]; »Zukunft« gelesen, Brief an Anna Schramayr.

21/2

Brief an Mim, Karte an Frau Galston, in die Klinik gefaren, Moni normal, wol u. ganz verschlossen u. unnahbar gefunden; bei schönstem Winterwetter zufuß zurück. Nachmittag Wölfflin, durch den engl. Garten zum Tee zu Katja, die immer noch nicht wol. Abend Alfr. im Koncert, gelesen. »Luxus von Einst« weggeräumt.

Festung Erzerum ist natürlich strategisch und politisch von Bedeutung. Als einziges befestigtes Lager auf dem riesigen Gebiet des nördlichen Kleinasiens war Erzerum eine Operationsbasis von Wichtigkeit, der nur die Bahnverbindung nach dem kleinasiatischen Hinterland fehlte … Es ist der erste russische Sieg nach langer Zeit der Niederlagen. Etwaigen Aufbauschungen des Erfolges von Erzerum dürfen wir kalten Blutes unsere Eroberung der gesamten russischen Westfestungen entgegensetzen. Wir erinnern die russische Heeresleitung daran, daß sie seinerzeit die Festungskatastrophen von Kurland bis Brest-Litowsk als »vollkommen nebensächlich« erklärte für den Ausgang des Feldzuges. (ausführl. Bericht in den *Münchner Neuesten Nachrichten* vom 23.2.1916)

35 Hedwig Pringsheim verwendet die Nummer XX zweimal, danach geht die Zählung wieder richtig weiter.

36 eine Firma, die Lebensmittel nach Australien lieferte

37 d.i. Margarete Oldenbourg

Februar

22/2
Briefe an Mim u. an Klaus; in die Stadt. Nach Telephonbitte von Hofrat May Brief an Harden. Bei Schneegestöber zu Wölfflin, Elsa B. hin u. zurück begleitet. Abend gelesen (»Pucelle«) u. gestrickt.

23/2
Langer, sehr reizender Brief von Hilbert; Brief an Mim, Brief von ihr; bei Schnee in die Stadt. Nachtisch zu Moni, der es normal u. trefflich geht, zufuß heim. Brief an Peter (66), abend Max Pidoll, der auf Urlaub hier ist, mit Karla – ganz herzlich u. gemütlich. An der Westfront mal wieder, nach langer Pause, ein größerer Vorteil bei Verdun.[38]

24/2
Karte von Erline Jas (vom 7/2!); Brief an Mim, in die Stadt u. Besuch bei [Tante] Asta, die wieder gesund. Nachmittag zu Wölfflin, dann zu Katja, wo auch Alfred. Abend totmüde; herumgelegen.

25/2
Brief an Mim, Cigarren u. Karten an Fritz, Schneckenaichner, Heidenberger. Karte von Harden, an Hofrat May telephonirt. Nachmittag Wölfflin, (Elsa B. hin u. her geleitet); abend Chor-

---

38 **Der amtliche Tagesbericht.** Westlicher Kriegsschauplatz. Das nach vielen unsichtigen Tagen gestern aufklarende Wetter führte zu lebhafter Artillerietätigkeit an vielen Stellen der Front; so zwischen dem Kanal von La Bassée und Arras, wo wir östlich von Souchez im Anschluß an unser wirkungsvolles Feuer den Franzosen 800 Meter ihrer Stellung im Sturm entrissen und 7 Offiziere, 319 Mann gefangen einbrachten ... (Bericht in den *Münchner Neuesten Nachrichten* vom 23.2.1916)

Unsere Erfolge im Artois. ... Im Anschluß an eine starke und überaus wirksame Feuervorbereitung ist es uns am 21. Februar gelungen, den Franzosen ihre erste Grabenstellung in einem Umfange von rund 800 Metern zu entreißen und neben einer reichen Kriegsbeute über 300 Mann an Gefangenen einzubringen. Das so in unsere Hände gefallene Grabenstück hat durch seine erhöhte Lage einen ganz besonderen Defensivwert für uns. Sein Uebergang in unsere Hand vermindert für den Gegner die Zahl der Möglichkeiten, Einblick in unsere Stellungen zu nehmen ... Mehr und mehr gelingt es unseren unermüdlichen Kämpfern im Artois, die Beule, die uns die große Herbstoffensive der Franzosen und Engländer in den September- und Oktobertagen des vergangenen Jahres hier schlug, zu glätten, den Wall ihrer Stellungen wieder an jene Linien vorzuschieben, an denen sich schon damals die weitliegenden Durchbruchspläne der Verbündeten brachen. (Bericht in den *Münchner Neuesten Nachrichten* vom 24.2.1916)

verein: »Judas Makkabäus«, teilweis ganz verzopft u. verstaubt, aber der ganze 3. Akt sehr schön und wirksam.[39]

26/2
Bei schönstem Wetter früh zu Katja, beide Wege durch den engl. Garten zufuß. Brief von Mim, nachtisch zu Krecke, Moni ganz gesund; Annemarie [v. Klenau], der Armen, Blumen gebracht. Abend »Zukunft«, u. Mims Brief vorgeschrieben.

27/2
Früh zu Katja, beide Wege zufuß bei herrlichem Wetter. Auf dem Heimweg schimpfenden »Schlawiner«, der Hindenburg u. Mackensen »Strizi's, gemeine Barbaren« nannte, verhaften helfen [wollte]. Beim Tee beide[40] Pidolls (Max p.p.c.) und Davidsohns. Abend »der Golem« von Mayrink gelesen.

28/2
Brief an Mim, Besuch bei Eu, in die Stadt, Kleid bestellt. Nachmittag Schlußvorlesung von Wölfflin, beim Tee Frau Voß, dann Maria Dingler, dann russische Jüdin, eingefürt als »Freundin von Olga«, die wegen nebuloser Friedensbestrebungen Mimchens Stimme wünschte! Dann ins Akademiekoncert, sehr schön, nur Beethoven.[41]

---

39 »Judas Maccabäus ist eine patriotische Gabe Händels.« ... Eine Gelegenheitsarbeit im höchsten Sinne des Wortes, mit allen Zeichen genialer Großheit der Anschauung und künstlerischen Gestaltung, kündet das Werk gewaltig bewegende kriegerische Geschehnisse, kündet es Bedrängnis, Not und Tod und Auferstehung zu Freiheit, Kraft und Macht ... Prof. Schwickerath gab sich redliche Mühe, das in vielem immer noch mächtig wirkende Werk würdig herauszubringen ... Von den Solisten verdienen Frau Maria Möhl-Knabl und Frau Anna Erler-Schnaudt rühmend und mit Auszeichnung genannt zu werden. Beide beherrschten ihren Part vortraglich und gesanglich ausgezeichnet. Weniger behagte mir der Tenor, Hofopernsänger Benno Haberl (Weimar), dessen kräftige Stimmmittel nicht edel und biegsam genug sind für den Judas. Besser, auch im Vortrag, wirkte der Baß des Herrn Dr. Wolfgang Rosenthal (Leipzig), der für die Aufgabe stimmlich aber nicht ganz ausreichend ist ... (ausführl. Bericht in den *Münchner Neuesten Nachrichten* vom 27.2.1916)
40 das sind die Brüder Max und Carl v. Pidoll
41 ... Das Programm hatte als Solisten Professor Hermann Zilcher angekündigt: man hatte also allen Grund seinem Vortrag des Klavierkonzertes in G-dur (Op. 58) mit gespannter und angenehmer Erwartung entgegenzusehen ... Der von so reichem musikalischem Empfinden genährte Pianismus Hermann Zilchers gestaltete das Konzert technisch und vortraglich sehr schön ... An weiteren In-

Februar bis März

29/2
Brief von Lala, Brief an Mim, in die Stadt. Nachmittag in die Klinik, Moni abgeholt, im Auto heimgefaren, Tee mit Katja u. den Kindern, außer Eri, die wegen Lügengeschichte im Verschiß. Ich hielt ihr eine schöne Rede u. sie gelobte Besserung. Abend Brief an Lala. »Golem« ausgelesen.

30 1. März
Brief an Mim u. von ihr. Bei Regenwetter in die Pinakothek. Nachmittag zuhaus, Brief an Peter (67). Abend ins Regina Palace, von Davidsohns eingeladen, nur mit Baronin Hartogensis (Tilly Waldegg) zusammen; ganz gemütlicher, angeregter Abend.

2/3
Brief an Mim, zu Katja, beide Wege zufuß. Brief an Marta. Karte von ihr, Brief der früheren Jungfer Anny[42]. Nachmittags beim Tee langen Besuch von Wassermann, dann Sophie. Abend Brief an Hilbert, Süd. Monatshefte gelesen.

3/3
Brief an Mim, Karte an Marta, in die Stadt, Besuch bei [Tante] Asta. Nachmittag Karte bei Godin, Besuch bei Eu, die einen unerfreulichen jour hatte. Endlich die langweilige »Pucelle« ausgelesen u. »Ostjuden«[43]. Brief von Schneckenaichner.

---

strumentalwerken brachte der Abend die Eroica und die Leonorenouvertüre (Nr. 3). Das Publikum, das Beethoven-Programm hatte einen fast ausverkauften Saal bewirkt, spendete der Aufführung beider Werke stürmischen Jubel. Wir haben nie ein Hehl daraus gemacht, daß insbesondere des Dirigenten Interpretation der Eroica mit ihren Auffassungseigentümlichkeiten in Rhythmus, Dynamik und Agogik, nicht zuletzt auch mit den klanglichen Forcierungen, uns verständnislos Dingen gegenüber finden muß, die, wie es scheint, vielen akzeptabel, ja sogar imposant, anderen aber, die durch keinerlei befremdende Zutaten getrübte Reflexe des Kunstwerkes begehren, nahezu unannehmbar vorkommen mögen. (Bericht in den *Münchner Neuesten Nachrichten* vom 1.3.1916)

42 Sie war von März 1912 bis März 1913 im Pringsheimschen Haushalt tätig gewesen.

43 Das Februarheft der *Süddeutschen Monatshefte* stand unter dem Generaltitel »Ostjuden« und enthielt Beiträge von Adolf Friedemann, Lazar Abramson, Alexander Eliasberg, Heinrich Loewe, Franz Oppenheimer, Julius Hirsch, Karl Schwarz u.a.

4/3
Brief an Lily Reiff. Zum Probiren u. Kommissionen. Briefe von Mim u. Lis Gleistein. Zum Tee zu Katja, die scheinbar in der Besserung. Sehr netter Brief vom kranken Rudolf Oldenbourg, Karte von Friedrich. Abend Brief an Harden.[44]

5/3
Brief an Mim, an Lis Gleistein. Brief von Peter (XXI) vom 22. December; Karte vom Sepp. Bei schlechtem Wetter Besuch bei der wieder eingetroffenen erkrankten Hermine. Beitisch Eva Baudissin u. der sehr nette Dr. Winkler. Beim Tee Bunge, Locher-Schölls[45] und Karla Pidoll, der musicirend über den Abend blieb.

6/3
Brief an Mim, Karte u. Cigarren an Wolf, Karte an A. Paraquin in die Türkei, Briefchen an Frau v. Scheubner; in die Stadt, Einkäufe für Peter. Nachmittag zu Katja spaziert, die zum erstenmal außer Bett, dafür Tommy mit schwerer Influenza u. hohem Fieber recht krank im Bett: ein Kreuz mit dieser Familie! Journale gelesen, Kiste für Peter gepackt.

7/3
Briefe an Mim u. Klaus; in die Stadt u. Besuch bei Tante Asta. Zum Tee zu Hallgartens, wo bei üppiger Aufnahme uninteressante Gesellschaft. Dann zu Katja, wo es Tommy entschieden besser geht. Abend allein, gelesen, gestrickt.

8/3
Brief von Harden. Brief an Mim, an Rudolf Oldenbourg; anprobirt u. Kommissionen. Nachmittag Wochenbesuch bei den immer reizenden, originellen Gulbransons; dann durch den engl. Garten zu Manns, wo Tommy u. Aißi gebessert im Bett, Katja mit Halsschmerz u. Fieber sie pflegend! Abend Brief an Peter (68).

9/3
Brief von Klaus, Brief an Mim, in die Stadt. Brief von Marta. Bei schauderhaftem Wetter nachmittags auf den Friedhof; abends wir

---

44 im Original erhalten und veröffentlicht in: *Meine Manns*, 173-175
45 das sind Emma Locher und die beiden Schwestern Hedwig u. Else Schöll

März

beide allein bei Crodu's – ganz gemütlich. Die Stadt zum zweitenmal beflaggt, zur Eroberung des zweiten Panzerforts von Verdun.[46]

10/3

Brief an Mim; bei Schneegestöber zu Katja, wo die 3 Patienten als Rekonvaleszenten im Bett. Nachmittag Gratulationsbrief an Mittag-Leffler zum 70. Geburtstag; Besuch von Frau v. Scheubner, die ihres fernen, gefärdeten Mannes wegen in Verzweiflung. Abend »Rundschau«.

11/3

Früh zu Katja, mit Wouwou, bei herrlichem Wetter. Nachmittag Besuch bei Braune's, die durch seinen Proceß mit Voll[47] arg zerschmettert. Beim Tee der nette Dr. Winkler. Abend Walters u. Karl Pidoll. Wärend ich mit Pidoll wartend plauderte, furchtbarer Krach u. jammervolles Geheul: der arme Wouwou war aus der ersten Etage abgestürzt, lag zerbrochen auf dem Tisch – entsetz-

---

46 **Der neue Erfolg vor Verdun**. ... Die Verteidigung Verduns glaubte wohl, diese sehr gefährdete Stellung trotz unserem Vordringen gegen die Maashalbinsel und gegen Bras noch halten zu können, und zeigte dadurch eine bemerkenswerte Energie. Aber es wurde für uns nötig, die deutsche Front, die bereits auf die Côte des Talou und bis Douaumont vorgeschoben war, zu verbessern. Deshalb griffen wir unterhalb des Ortes Béthincourt an und es gelang, in einer Breite von 6 und in einer Tiefe von über 3 Kilometern durchzustoßen. Jetzt halten wir Forges und Regnéville, Samogneux gegenüber auf dem linken Maasufer, fest in der Hand und unsere neue Front erreicht bereits die Südränder der Waldstücke zwischen Cumières und Béthincourt. Wieder haben die französischen Gegenstöße sich verblutet und die Zahl der Gefangenen in dem Kampf um Verdun ist erheblich gestiegen. Am 6. März betrug sie 17,000 Mann. Dazu kamen 58 Offiziere, 3277 Mann im Kampf um die Stellung am Forgesbach, so daß die Zahl 20,000 bereits überschritten ist. Wir dürfen den Gesamtverlust der Franzosen östlich und westlich der Maas wohl auf 70,000-80,000 Mann einschätzen ... (ausführl. Bericht in den *Münchner Neuesten Nachrichten* vom 10.3.1916)

47 Der Prozeß hing mit der Übernahme des Direktionspostens an der Alten Pinakothek durch Friedrich Dörnhöffer zusammen. Karl Voll, von 1901 bis 1907 Konservator an der Alten Pinakothek, hatte Dörnhöffer vor seinem Umzug nach Wien vor Braune gewarnt. »Er hatte ihm erzählt, daß Professor Braune dem Papierkorb im Amtszimmer seines Vorgesetzten Schriftstücke entnommen habe und daß er in einer anderen Sache ein falsches Ehrenwort gegeben habe.« Das Gericht hielt die Beschuldigungen gegen Prof. Braune für unerwiesen, bis auf die Tatsache, daß er einmal unüberlegterweise einen Korrekturbogen zu einem Werke Dr. Volls dem Papierkorb entnommen habe. Dr. Voll wurde wegen Beleidigung zu einer Geldstrafe von 50 Mk. verurteilt. (*Dresdner Neueste Nachrichten* vom 7.3.1916)

lich. Der sogleich telephonisch gerufene gute Tierarzt Schuh nahm ihn mit, gab leise Aussicht, ihn uns noch zu erhalten. Ich habe wenig. Dies Ereignis lag wie ein Alp auf dem sonst netten u. gemütlichen Abend. – Briefe von Lisbet mit Einlage u. von Gusty.

12/3

Sehr schlechte Nacht, in der dauernd den armen Wouwou, (der noch nicht gebessert) neu erlebte. Bei schönstem Wetter zu Manns spaziert, wo allmälige Besserung. Karte von Rud. Oldenbourg, nachtisch Brief an Mim; kein Besuch. Brief an Frau Engelhorn, über Trial Bay Auskunft gebend, mit Karte an Lisbet geschickt. Abend 1. u. 4. Akt »Aida«, mit Frau Cahier (Billette von Walters geschenkt), dazwischen Cellokoncert der Frl. Bokmayer, Frau v. Kaulbach zulieb. Die Cellistin ausgezeichnet, die Cahier wundervoll, auch sonst mit Knote u. der Dahmen gute Aufführung;[48] von Wouwou ablenkend.

13/3

Brief an Mim. Wou geht's eine Spur besser, vielleicht kommt er doch durch. Probirt, in die Stadt, 2 Stück (!) Seife ergattert. Brief an Marta, zum Tee zu Manns, wo auch allgemeine Besserung. Abend von 9-10 zu Hermine, wärend Alfred Sitzung. Ibrig, langweilige Leute, unsympathische Unterhaltung.

14/3

Brief an Mim; vormittag Wou besucht, der äußerst jämmerlich mit gelämtem Rückgrat, aber nicht hoffnungslos. Nachmittag Brief an Klaus, beim Tee ganz gemütlich Graf Lippe, später Eu.

---

48 K. Hoftheater: »Aïda« von G. Verdi. Frau Cahier a.G. (Amneris), Herr Knote (Radames), Frl. Dahmen (Aïda), Herr Schützendorf (Amonasro) u.a. – Die Violoncellistin Elisabeth Bokmayer, der man es wohl ansieht, deren Spiel man es aber gewiß nicht anmerkt, daß sie noch sehr jung ist, hat starke und glückliche Begabung. Diese spricht sich nach der technischen und musikalischen Seite aus ... Eine Künstlerin wie Frl. Bokmayer darf es ruhig wagen, nach den Solosuiten Max Regers zu greifen, die, nebenbei bemerkt, in ihrer Art ganz famose Werke sind und von jedem ernsten, künstlerisch zureichenden Cellisten gekannt sein müssen. Außer der Suite in d-moll von Reger hörte man die Konzerte mit Begleitung des Orchesters in B-dur von L. Boccherini und in a-moll von Schumann ... (Bericht in den *Münchner Neuesten Nachrichten* vom 14.3.1916)

März

Abend ins Odeon, Koncert Walter-Trio u. Ivogün, sehr reizend, Bombenerfolg.[49]

15/3

Brief an Mim, Anfragen bei Kaulbach u. [A. v.] Klenau nach wertem Befinden. Brief von Mim. Zum Tee, bei herrlichem Wetter, zu Katja, wo immer noch kränkliche Stimmung. Abend Brief an Peter (69) u. »Zukunft«.

16/3

Brief an Mimchen, Kommissionen bei Frühlingswetter. Nachmittag nur im Garten; die Politik namenlos deprimirend, Tirpitz entlassen,[50] vor Verdun kein Fortschritt; die Wirtschaftsnöte im-

---

49 Ein zum Besten der Kriegshilfskasse des Münchner Tonkünstler-Vereins im Odeon veranstaltetes Konzert vermittelte künstlerische Eindrücke von haftender Stärke. Die Herren Bruno Walter, Alexander Petschnikoff und Johannes Hegar hatten sich zu einem Trio vereinigt und brachten Mendelssohns Trio c-moll Op. 66 und Schuberts unsäglich schönes Op. 99 (Trio in B-dur) zum Vortrag. Jeder Spieler schien künstlerisch gestrafft und sein Bestes herzugeben. Das sang und klang wahrhaft aus Lust und Tiefe! … Das Klavierspiel Walters war auch rein pianistisch wieder außerordentlich genußreich und uneingeschränkter Bewunderung würdig … Walter war auch als Komponist im Programm mit vier Liedern nach Gedichten von Sudermann, Storm und Eichendorff vertreten, die Frl. Maria Ivogün sang … Großen Jubel entfesselte Frl. Ivogün mit in Stimme und Vortrag entzückend gegebenen Liedern Hans Pfitzners, die Bruno Walter ganz wundervoll begleitete. (Bericht in den *Münchner Neuesten Nachrichten* vom 16.3.1916)

50 **Rücktritt des Großadmirals v. Tirpitz**. Wie wir hören, hat der Staatssekretär des Reichsmarineamts, Großadmiral v. Tirpitz, seinen Abschied eingereicht. Zu seinem Nachfolger ist der Admiral v. Capelle in Aussicht genommen … Großadmiral v. Tirpitz scheidet nach beinahe 19jähriger Tätigkeit aus seinem Amte. Er ist in diesen zwei Jahrzehnten dem deutschen Volke einer der ganz Großen geworden … Großadmiral v. Tirpitz ist immer ein Rechner mit realen Größen gewesen. Sein Ziel war kein Wetteifern mit dem englischen »Marinismus«; dafür suchte er die Idee zu verwirklichen, die in dem Wort »Risikogedanke« eingeschlossen ist. Auch der stärksten fremden Kriegsflotte sollte der Angriff auf die deutsche Seemacht ein gefährliches Wagnis werden … Heute ernten wir die Früchte der Saat, die Großadmiral v. Tirpitz in fast zwanzigjähriger Wirksamkeit gelegt hat. Kein Feind hat sich an die deutsche Küste gewagt; aber deutsche Schiffe haben englische Hafenplätze beschossen, haben feindliche Kriegsschiffe in vielfachem Verhältnis zu den eigenen Verlusten auf den Grund des Meeres geschickt, und unter Wasser wie in der Luft hat die deutsche Marine ihrem Hauptfeinde in einem Maße geschadet, wie das niemand von uns vor dem

mer größer. Gegen Abend Besuch der Belli. Abend Rundschau »die Herzogin« von Edschmidt⁵¹ gelesen.

17/3
Brief an Mim, Kommissionen. Nachmittag zu Katja, wo beim Tee Bruno Frank, Tommy garnicht wol. Nach dem Abendessen zu Hermine, wo Braune's, später Tini Rupprecht, Schrenk, Langgaard.

18/3
Brief an Gusty Becker, zum erstenmal rendez-vous mit Katja in der Stadt. Briefe von Mim u. Frau Engelhorn. Zu Eu, wegen Butterkalamität viel Schererei. Karte bei Frau v. Bissing, beim Tee Else Schöll. Für kleine Gesellschaft endloses Telephoniren; Tommy wieder sehr unwol. »Zukunft« gelesen.

19/3
Karte an Peter zu seinem Geburtstag, Brief an Mim. Bei Sommerwärme zu Katja, wo Tommy mit bereits lokalisirter Gesichtsrose (?) im Bett. Brief (22) vom 12/1 von Peter. Beim Tee [Carl] Pidoll, der musicirend über den Abend blieb, dazu Maria Dingler und später Eu.

20/3
Brief an Mim; zur Butterverteilungsstelle, wo alle Brodkarten für auswärtigen Bezug abgestempelt wurden, durch die Anlagen, bei Sommerwetter, zu Katja, die leidlich wol, Tommy im Bett, verschwollen aber nicht weiter krank. Zufuß heim, Kommissionen. Zum Tee zu Elsa B., wo noch Godins u. Frau v. Liebermann. Abend Davidsohns, Walters' u. Frau Marcks bei uns: wider Erwarten sehr angeregt, nett u. gemütlich. Bis 11. Gutes Essen.

21/3
Brief von Klaus. Brief an Mim, im Regen Besuch bei Wouwou, der zwar lustig, aber noch nicht gebessert u. ganz gelämt ist. Dann in die Stadt. Nachmittag zuhaus, Brief an Klaus, nach dem Nachtessen zu Hermine, wo Winkler u. Schrenk.

Kriege für möglich gehalten hatte … (ausführl. Bericht in den *Münchner Neuesten Nachrichten* vom 16.3.1916)

51 Kasimir Edschmid: *Die Herzogin*. Novelle. In: *Die neue Rundschau*, 1916, XXVII. Jg, Bd 1, 351-376.

22/3

Briefe an Mim, an Peter (70), Karte an Klaus; bei Regen in die Stadt. Brief von Mim; zum Tee zu Katja, zufuß heim. Durch [Martin] Hahns Flecktyphus, Linnemanns Tod, die wirtschaftlichen Nöte u. den aussichtslosen Krieg tief deprimirt u. elend.

23/3

Brief an Mim, Depesche an Hermine Linnemann, sehr herzlicher Kondolenzbrief an die Belli. Von Katja abgeholt, viele Kommissionen. Nachmittag mit Elsa B. zum Tee bei Godins, wo lauter hochadlige alte Morcheln; abend zu Caspari, Vorlesung der »Perser« durch Anni Rosar, mit Einleitung von Crusius, der mir mein Kommen dankte. Garnicht schlecht, aber eigentlich ibrig. Viel Bekannte.

24/3

Brief an Mim, Besuch der Stadler, mit Katja u. den Kindern Kommissionen. Karte von Dietrich, die Geburt eines Buben[52] meldend. Nachmittag in die Stadt, beim Tee Eu; Gratulationskarten an Dietrich u. an Marta. Abends gelesen, gestrickt.

25/3

Um 10 mit Alfred ins Hoftheater, Generalprobe von des jungen Korngold 2 einaktigen Opern »Violantha« und »Der Ring des Polykrates«, ungemein talentvoll, fabelhaft »gekonnt«, namentlich die heitere; beide unter Walter reizend gegeben, der Erfolg viel umstritten u. zur Parteisache gemacht. Massenhaft Bekannte, recht pläsirlich. Erst um 2 zuhaus. Und zum Tee zu Katja; zufuß heim. Müde, abend die beiden Textbücher und Zeitungen. Brief von Mim.

26/3

Brief an Mim, Brief von Marta, Karte von Olga's Frau Epstein aus Genf. Besuch bei Wouwou, dem's kaum besser geht. Nachmittag Karte an Frau Epstein, beim Tee Bernstein mit Elsa u. [Karl] Pidoll, abends mit Alfred zu Hermine, wo wir allein mit ihr aßen, später Schrenk u. ein junger Wiener Hofer kamen u. wo es ganz amüsant und gemütlich war.

---

52 d.i. Wolf-Dietrich v. Rohrscheidt, geb. am 22. März

27/3
Brief an Mim; Schneiderin, Kommissionen. Karte von Rud. Oldenbourg aus Badenweiler. Zur Geburtstagschocolade (Golo) mit Alfred zu Manns. Abend »Zukunft«. Müde.

28/3
Brief an Mim; in die Stadt. Nachmittags Brief an Klaus, Schneiderei; abend Première der 2 Korngold-Opern: ausverkauft, elegant, Sensation in der Luft. Doch blieb es bei einem großen Erfolg, one Widerspruch.[53] Viel Freunde natürlich, etwas Mache; aber im ganzen sehr hübsch, ein angeregter u. interessanter Abend.

29/3
Brief an Klaus mit Opernbericht beendet, Brief an Mim. Mit Katja rendez-vous bei der Modistin. Brief von Mim u. Dankschreiben von Mittag-Leffler. Zum Tee zu Eva Baudissin, wo eine Masse Menschen: Obrists, Frauen Heyse u. Trutter, die Tordek, Ehlers' u. einige andere. Abend Brief an Peter (71).

30/3
Schnee u. Dreckwetter. Brief an Mim, Kommissionen (keine Wurst, kein Zucker!). Nachmittag Brief an Miez vorgeschrieben, beim Tee Katja u. Hermi, der auf Urlaub hier ist; abend mit Alfr.

---

53 K. Hoftheater: »Violanta« von Erich W. Korngold. Herr Brodersen (Simon Trovai), Frl. Krüger (Violanta), Herr Gruber (Alfonso), Herr v. Schaik (Giovanni Bracca), Frl. v. Fladung (Bice) u.a. – »Der Ring des Polykrates« von Erich Wolfg. Korngold. Herr Erb (Arndt), Frl. Ivogün (Dessen Frau), Herr Gruber (Döblinger), Frl. v. Fladung (Lieschen), Herr Lohfing (Peter Vogel). **Zwei Korngold-Uraufführungen im Hoftheater**. … Daß das ein kaum dem Knabenalter Entwachsener ist, dem eine solche erstaunliche Reife des musikalischen Ausdrucks eigen ist, ist ein Wunder für sich. Was tut es für ein objektives Urteil über das Werk zur Sache, wie alt oder wie jung dieser Korngold ist? Er hat auf alle Fälle ein Recht, ernst genommen zu werden, als ein musikalisches Talent von hohem Rang, von großer Zukunft … Bruno Walter hatte sich mit sichtlicher eigener Begeisterung der beiden Werke angenommen. Mit dämonischer Leidenschaft führte er die Steigerung im Violanta-Drama herauf und mit entzückender Feinheit strichelte er die Biedermeierei des Lustspiels … Die Münchner Hofoper wird den Abend, an dem das junge Genie Korngold zum ersten Mal mit seinen Opern hier einzog, in ihrer Geschichte buchen. Vielleicht auch in der Geschichte der Musik. (ausführl. Bericht in den *Münchner Neuesten Nachrichten* vom 30.3.1916)

März bis April

ins Koncert des Sängers Dr. Lauenstein, [Karl] Pidoll zuliebe, der die Lieder alle begleitete. Nicht besonders genußreich.[54]

31/3

Brief an Mim, Miez's mit 100 M.[55] beschwert. Besuch bei Hermine, in die Stadt; nachmittag Kondolenzbriefe an Walter Hirth[56] u. an Frau v. Kaulbach, Brief an Rud. Oldenbourg; abend mit Alfred zu Braune's, wo nur noch Hermi; ganz gemütlich.

1 April.

Herrlicher Frühling! Besuch bei Eu, dann zu Katja spaziert, die an Krampfadern lag, wieder ein paar Tage ins Bett muß u. das morgige Familiendiner wieder absagen mußte! – Brief von Mim, nachmittag zu Wouwou, dems eine Spur besser geht. Durch Krieg, Wirtschaftsnot, Katja, durch alles schrecklich deprimirt. »Zukunft« gelesen. Brief an Elhardt Söne.

2/4

Brief an Mim; von Aißi u. Golo abgeholt bei himmlischem Wetter zu Katja, die im Bett liegt, aber gebessert ist. Beim Tee Marga, Tilda, Cilla Obu[57], [Karl] Pidoll, der über den Abend blieb, dazwischen noch Eu.

3/4

Brief an Mim; zum originellen Haardoktor Rüdiger-Weyh; dann in die Stadt. Brief an Paul Rohrscheidt. Zum Tee zu Katja, die

---

54 Dr. Karl Ludwig Lauenstein veranstaltete am Donnerstag mit großem Erfolg zum Besten von Hinterbliebenen von gefallenen Mannschaften des k. b. Inf.-Leib-Reg. einen Liederabend. Der Sänger, der das Podium des Konzertsaales mit den Schlachtgefilden vertauscht hatte, hat durch seine sympathische und vornehme Künstlerschaft, durch seine schöne Stimme und durch seine musikalische und vortragliche Begabung ein … zu den schönsten Hoffnungen berechtigendes Können verheißungsvoll ausgesprochen … In Karl Frhrn. v. Pidoll hatte der Tenor einen gewandten, aber mitunter derb dreinfahrenden, vom Ideal noch ziemlich weit entfernten Begleiter am Klavier. (ausführl. Bericht in den *Münchner Neuesten Nachrichten* vom 1.4.1916)

55 in heutiger Währung etwa 480 €

56 zum Tod seines Vaters Georg Hirth am 28. März. (Ausführl. Nachruf in den *Münchner Neuesten Nachrichten* vom 30.3.1916)

57 das sind die drei Schwestern Margarete Oldenbourg, Mathilde v. Bomhard und Cäcilia v. Cornides

wieder auf; beide Wege bei Idealwetter zufuß. Abend Gratulation an »Prinz«[58] Lippe, Zeitungen, Journale.

4/4
Brief an Mim, von Emma Schlier. Bei Sommerhitze mit Katja u. den Kindern höchst qualvolle Kommissionen. Dankbrief von Walter Hirth, Brief an Klaus. Auf der Veranda Tee: am 4. April! Gegen Abend zu Stadlers. Abend allein, »Rundschau«.

5/4
Brief an Mimchen. Um 10 zu Rüdiger-Weih, anstrengende »Behandlung«, bis um 12 zu Katja's Schneiderin enteilte. Dann mit Katja Kommissionen. Beitisch zum erstenmal seit Ende Januar alle 6 Manns; Katja mit Moni über den Tee, zu dem noch Lula. Briefe[59] von Lala mit erfreulichen Erfolgen von Klaus als Pianist u. Liederkomponist; Briefe von Mim u. von Jrete Ti[e]ssen. Abend Gratulationskarten an Klaus u. an Else, zu Hans' Professortitel; und Brief an Peter (72).

6/4
Brief an Mim, Karte an Emma Schlier; in die Stadt. Nachmittag bei schönstem Wetter zum Abschiedstee zu Katja. Abends spät Besuch von Eu. Zeitungen.

7/4
2 Briefe an Mim; Briefe von ihr, von Miez u. von der Belli aus Frankfurt. In die Stadt, dann an die Ban, wo mit Alfred die nach Tölz abreisende Familie Mann eskortirt. Zuhaus dann Erika vorgefunden, die bis Ferienbeginn bei uns bleibt. Nach dem Tee mit ihr zu Eu, die ausgeflogen, dann in die Stadt. Abend Kondolenz an Frau v. Treutler, »Rundschau«.

8/4
Karte von Lippe, von Else; gepumpelt, bei Sommerhitze Wouwou besucht, mit Crodu. Nachmittag mit Erika in die Stadt; Tee auf der Veranda. Brief von Lena [Schweninger], mir ihrer Erika Vermälung sehr herzlich anzeigend. Gratulation an sie, Karte an Lippe, an Elhardt Söne. Brief an Harden.[60] Nach dem Abendessen zu

---

58 Fürstl. lipp. Verleihung des Prinzentitels mit Durchlaucht. Detmold, den 28.2.1916
59 so im Original
60 im Original erhalten und veröffentlicht in: *Meine Manns*, 175-177

Hermine, wo Hans Oldenbourgs mit Ninni u. Braune's. Von Cohen, der spät antelephonirte, ins Hôtel begleitet.

9/4
Brief an Mim, mit Erika zur Parade, wo der Crodu. Nachmittag Gratulation an Hans Rosenberg zum Professor, mit Erika gelesen. Abend Brief an Jrete Tiessen; und gelesen.

10/4
Brief an Mim, mit Erika bei kaltem Wetter in die Stadt. Beitisch Mittag-Lefflers, die durchreisend einen Arzt konsultiren. Nachmittag »Zukunft« gelesen, abends »Coriolan«.[61]

11/4
Brief an Mim; Brief von Klaus. Mit Erika ins Regina, Karte für Mittag-Leffler, zu Hermine, die sich zum Essen ansagte u. in die Stadt. Zutisch Hermine, die mir nachher lange Konfidenzen machte. Karte von Paraquin, Brief an Klaus, Karte an die Scheubner-Richter. Gegen Abend in die Stadt. Da Alfr. im Koncert Lampe spät gegessen, gerechnet, geordnet.

12/4
Brief an Mim; mit Erika in die Stadt, Kommissionen. Brief von Mim, nachmittags an Peter (73) begonnen; unterbrochen durch Eugenie. Dann beim Tee Mittag-Lefflers p.p.c., und »Prinz« Lippe zu gemütlichem Plauderstündchen. Packet von Emma Schlier mit Karte. Abend bei Bernsteins (was Eu empörend fand!) recht gemütlich mit Walters, Hallgartens, Ivogün, Lampe, Bunge. Scheußliches Regenwetter beim Heimweg.

13/4
Brief an Peter beendet, Brief an Mim. Brief von Lily Reiff; bei schlechtem Wetter in die Stadt. Briefe von Katja u. Rud. Oldenbourg. Nachmittag Reisevorbereitungen, beim Tee Frau v. Scheubner; Kondolenz an Hannchen zu ihrer Schwester Tod,[62] Karten an Marta, an Emma Schlier, Brief an Katja. »Coriolan« gelesen, Liebesgaben-Cigarren für meine 4 Wehrmänner[63] gerichtet.

---

61 gemeint ist vermutlich *Coriolanus*. Tragödie von Shakespeare
62 d.i. Lotte Bachmann, geb. Borchers
63 das sind Wolf, Friedrich, Heidenberger und Schneckenaichner

14/4
Brief an Mim; bei Hagel, Regen, Sturm, Sonne (April!) bei Eu u. Sophie kurze Abschiedsbesuche, Konfirmationskarte zur »Sixtina«[64] an Evele Loehr, Kommissionen. Um 1 Erika an die Ban nach Tölz begleitet; Brief von Mim. Nachmittag gepackt, beim Tee langer Besuch von Frau v. Kaulbach (!). Dann gerechnet, geordnet. Um ¾ 10, von Alfr. geleitet, Abreise nach Bremen.

15/4. Bremen.
Nach recht unbequemer Fart (Schlafwagen, miserabler, bis Halle, von dort mit Frau Hirn aus Innsbruck, in Hannover nochmals umsteigen!) um ¾ 1 Ankunft, von Lala mit Milka u. Degler abgeholt. Erst recht spät, nach Klaus Heimkehr aus der Probe, gegessen. Klaus holbackig, Lala unverändert, Milka auch, Hans Erik riesig entwickelt. Bis nach 5 auf den Koffer warten müssen, dann ein wenig Toilette. Beim Tee die Hausfreundin Frau Koch u. der Hausfreund Degler, der über den Abend bis 11 blieb (wärend Klaus lange im Theater). Karte an Alfred, dann totmüde ins Bett.

16/4
Durch Kinder gestört, mangelhafte Nachtruhe. Lange beim Frühstück getrödelt, Karten an Mim u. Katja, dann mit Lala Karte bei Otto's, Spaziergang durch Stadt u. Bürgerpark. Nachmittag, großer Tee, mit Frauen Otto, Logemann, Gallwitz u. Wolf, ganz nett u. fein. Darauf ins Theater, »Susannens Geheimnis«, mit dem indisponirten Degler u. einem wenig anmutenden Frl. Rödiger[65]; darauf, von Klaus sehr hübsch inscenirt, »Maurer u. Schlosser«, sehr anständige Aufführung, Erfolg, auch für Klaus. Otto's in der Loge besucht. Nachher Klaus' u. Degler zu Hilmann's eingeladen, gemütlich soupirt, worauf Degler noch von ½ 1 bis ½ 3 bei uns saß in anhaltendem Geplauder.

17/4
Scheußliches Wetter, den ganzen Tag Sturm u. Regen. Spät auf, Brief an Alfr., mit Lala Karte bei Frau Molde u. in die Stadt. Nachmittag Blumen von Frau Logemann, Besuch von Frau Koch, wie üblich mit zallosen Liebesgaben. Abend, wärend Klaus im

---

64 Lateinische Bibel in der von Papst Sixtus V. im Jahre 1590 herausgegebenen Fassung, offenbar das Konfirmationsgeschenk der Pringsheims an Eva Löhr.
65 vermutlich Clara Roedinger

»Tristan«, mit Lala u. Degner[66] ins Schauspielhaus »Baumeister Solneß« mit dem Ehepaar Bassermann – er kein Baumeister, immerhin gut; sie keine Hilde u. nicht gut. Um ½12 nachhaus kommend, großer Schreck: Klaus war im 1. Zwischenakt ein eiserner Träger auf den Kopf gefallen! Loch im Kopf, B[l]utverlust, genäht, bandagirt, bleich u. wankend, so trat er uns entgegen. Zwang sich, mit uns ein wenig zu essen, bis ½1 unten zu bleiben. Waren alle ganz verstört, Lala äußerst haltlos u. wenig liebevoll.

18/4. Berlin

Da Klaus gut geschlafen u. fieberfrei, verhältnismäßig sehr befriedigend, Abreise nicht verschoben, gepackt, sehr spät gefrühstückt, Klaus gebadet, mit Liebe umgeben, Aussprache über Lala; um ½1 bei strömendem Regen abgefaren, von Lala begleitet, von Degler noch begrüßt. Gute Reise im leeren Coupé, »Süddeutsche Monatshefte« gelesen. Am Banhof Friedrichstr. um ½8 unbehaglich-turbulente Ankunft, doch Droschke bekommen; die Bridge-Herren[67] noch begrüßt, 5 Minuten an Mims Bett, dann in Else's, Kaete's, Ilse's Gesellschaft gegessen; noch komplett ausgepackt u. eingeräumt; Karten von Alfred u. Hilbert, Brief von Frau v. Klenau vorgefunden.

19/4

Frühstück etc wie immer; Mimchen recht schwach. Karte an Klaus, Spaziergang mit R.'s bei unfreundlichem Wetter. Nach dem Essen Brief an Alfred u. Spaziergang. Dann geruht. Bei Mim Miez, Hedda, Luigia, Alice Jeckel mit Kind: 'n bisken ville. Abend beim Essen Maler Alberts. Im Bett Trebitsch's »offenen Brief an Thomas Mann« gelesen.[68] Brief von Katja.

20/4

Brief an Peter (74), Karte an Marta; Briefe von Alfred u. Gusty Becker, Karte von Klaus mit Besserung; Karte an Alfred. Nach dem lunch zu Gerson spaziert, bei angenehmem Wetter. Nachmittag bei Mim, Miez u. Else, beim Essen Kranach, viel gestrickt, im Bett Treitschke's »Neue Geschichte« gelesen.

---

66 gemeint ist wohl Josef Degner
67 das sind vermutlich Waldemar Mueller, Herbert v. Klemperer und Herr Freund
68 Gemeint ist die Publikation von Arthur Trebitsch, *Friedrich der Große. Ein offener Brief an Thomas Mann.*

21/4

Brief an Katja; Spaziergang mit R.'s bei angenehmem Charfreitagswetter. »Zukunft« gelesen, beim Tee Lis-Helene[69], dazu oben Miez u. Luigia, die auch zum Essen blieb, auch Mim abends beim Essen recht frisch. Im Bett Treitschke.

22/4

Karte von Alfred, Brief an Klaus, Besuch von Eva. Nach dem lunch bei Sommerhitze (!) Spaziergang. Oben bei Mim Mieze. Abends mit Ilse ins Lessingtheater, des Euripides »Troerinnen«, von Werfel bearbeitet, etwas monoton, doch stellenweis (Andromache-Lossen) sehr ergreifend, gut inscenirt, respektvolle Aufnahme. Frau Carmi-Helena scheußlich, Frau Bassermann[70]-Cassandra (die die Auffürung, mit 1. Stunde Verspätung, einspringend ermöglichte) schlecht, Feldhammer-Hekuba wirksam. Anonym-Gespräch mit Nachbar Ophtalmologen Hirschberg.

23/4

Nach kolossalem nächtlichen Gewitter Abkülung u. Trübung. Briefchen von Klaus, Karte an Alfred, Spaziergang mit R.'s u. Besuch bei Amalie. Infolge der amerikanischen Ultimatum-Note gespannte Erwartung.[71] Beitisch Ilse-Mim zu köstlichem Gänsebraten. Abend die gesammten Gagliardi's mit dem Urlauber

---

69 das sind die Schwestern Lis Gleistein u. Helene Stern
70 d.i. Else Schiff
71 **Die amerikanische Note.** ...Eine sorgfältige, eingehende und gewissenhaft unparteiische Untersuchung durch Offiziere der Flotte und der Armee der Vereinigten Staaten hat schlüssig die Tatsache ergeben, daß die »Sussex« ohne Warnung oder Aufforderung zur Uebergabe torpediert wurde und daß der Torpedo, durch den sie getroffen wurde, deutscher Herstellung war ...
Wenn es noch die Absicht der Kaiserlichen Regierung ist, unbarmherzig und unterschiedslos weiter gegen Handelsschiffe mit Unterseebooten Krieg zu führen ohne Rücksicht auf das, was die Regierung der Vereinigten Staaten als die heiligen und unbestreitbaren Gesetze des internationalen Rechtes und die allgemein anerkannten Gebote der Menschlichkeit ansehen muß, so wird die Regierung der Vereinigten Staaten schließlich zu der Folgerung gezwungen, daß es nur einen Weg gibt, den sie gehen kann.
Soferne die Kaiserliche Regierung nicht jetzt unverzüglich ein Aufgeben ihrer gegenwärtigen Methoden des Unterseebootkrieges gegen Passagier- und Frachtschiffe erklären und bewirken wollte, kann die Regierung der Vereinigten Staaten keine andere Wahl haben, als die diplomatischen Beziehungen zur deutschen Regierung ganz zu lösen ... (ausführl. Bericht in den *Münchner Neuesten Nachrichten* vom 23.4.1916)

Korsch; dazu Frl. Gottschau's Schwester. Im Bett Treitschke u. einen Schmarren von Frau Hauschner[72].

24/4

Himmlisches Osterwetter. Karte von Alfred, Brief von Katja, Karte an Marta; Spaziergang mit R.'s. Bei Mim oben Grete Meisel-Heß, ein verlogenes Biest! Beim Essen nur Mimchen als Gast. Abends noch Brief an Rud. Oldenbourg, im Bett ein Büchlein von Frau Tunas[73].

25/4

Karten von Harden (der wegen seines letzten Artikels »Wenn ich Wilson wäre«[74] wieder konfiscirt[75]) u. von Klaus. Brief an Alfred, Treitschke gelesen, Karten von Alfred u. von Friedrich. Nach

---

72 vermutlich das zuletzt von ihr erschienene Buch *Der Tod des Löwen*
73 vielleicht Myrrha Tunas, *Archaeopteryx: Gedankenflüge zu Krieg und Frieden*
74 … Waffenstillstand ist möglich. Nirgends Unentbehrliches noch zu erkämpfen; nichts wodurch des Kampfes Kraftaufwand zulänglich belohnt würde. Dessen Zweck und Ertrag kann nur die Lüftung, Säuberung, Entseuchung, priesterlose, dogmenlose Heiligung des Erdtheiles sein; die Wandlung sumpfigen, muffigen, von Haß umwölkten, von Neid umzüngelten Bodens in die helle Wohnstatt freier, aus eigenem Recht schaffender, drum fremdes Recht achtender Menschen, die, weil sie stark und auf Vernunft stolz sind, den Willen zu friedlicher Auslese der Tauglichsten, Einzelnen und Völker, bekennen dürfen. Der Wolf wird nicht neben dem Lamm grasen noch der Leu das Hasenpanier schwenken. Die Form des Krieges und anderen Gräuels sich aber, von Grund aus, so ändern wie nach der ersten Sintfluth, da der Fluch und die Verdammung alles Lebendigen von der Erde wich und der Regenbogen die Kluft zwischen Gottheit und Thierheit überbrückte. Diese Hoffnung lächelt Euch nicht? Ihr wollt Rache, Strafe, Züchtigung, Zermalmung des Feindes? Weh Euch, wenn erst Massenzorn Herrschende und Regirende aus dem Gestrüpp solcher Wahnvorstellung treiben müßte! Nur um den Preis eigener Versiechung kann eine Gruppe die andere niederringen. Und hinter dem Denkmal, Trauermal so allschädlichen Sieges höbe der Militarismus sich in höhere, breitere Wipfelswölbung. Jetzt, aus dem Gefild bewährter Waffenehre, nachprüfbarer Kraftprobe, doch unentschiedener Hauptschlacht, ist er zu roden. Jetzt kann die Macht, die ihn aus dem Vermächtniß des Soldatenkönigs und Fritzens erbte, dann verstauben ließ und erst unter Bonapartes Geißel blankscheuerte, ihn, ohne innere und äußere Verarmung, bestatten. Die Zeit des Wettrüstens starb. Volkswille und Geldnoth hindern in unbesiegten Ländern, ihre Auferstehung. Rieth Weisheit nicht immer, was morgen sein muß, heute aus freiem Willen zu thun und mit unvermeidlichem Opfer früh noch Nutzen einzuhandeln? … (Wenn ich Wilson wäre, in: *Die Zukunft* vom 31.3.1916, 75f.)
75 Die Nummer erschien später dann doch. Im 95. Band 1916 enthalten.

dem lunch mit Else u. Kaete in die Generalprobe ins Deutsche Theater, von ½[2] bis ½3 auf dem Korridor warten müssen. Dann das Ballet »Die grüne Flöte« mit der reizenden Lillebill [Christensen] u. der dito Sterna, Luigia als Choristin; sehr langweilig, phantasielos u. one rechten Glanz, außerdem noch völlig unfertig. Darauf »Die Lästigen« von Molière, unterhaltend u. fein, ganz reizend gespielt.[76] Im Haus Björn [Björnson] u. Bergliot [Ibsen] begrüßt. Um ¼7 zuhaus! Bei Mim noch Miez getroffen, Familienleben. Karte an Harden, gelesen.

26/4
Vormittags nach Garzau gefaren, abends 6 zurück, mangels Droschken beide Wege zur Ban zufuß. Draußen alles wie immer, nur Paul noch jammervoller u. Marta's Dasein warlich beklagenswert. Zuhaus rasch umgekleidet, Mim begrüßt, Karten von Alfred u. Heidenberger, u. Bridge-Diner, wo diese Herren[77] auch alle der Ansicht, daß wir Amerika gegenüber nachgeben müssen. Im Bett das unterwegs begonnene Buch der Kl. Viebig: »Eine Handvoll Erde« ausgelesen: nicht schlecht.

27/4
Karte von Harden, Brief von Katja, Karte an Alfred, Spaziergang mit R.'s bei idealem Wetter. Nach dem lunch Brief an Peter (75), Besuch bei Miez-Hedda, en passant bei Frau Stiehl. Bei Mim nur Miez, beim Essen Ilse u. Kranach. Im Bett Aufsätze der Bäumer gelesen: recht klug u. gut geschrieben.

28/4
Brief an Katja, mit Harden telephonirt, um 11 hinaus in den Grunewald, bei Sommerhitze. Bei Harden, der deprimirt u. erregt durch Konfiskation, die amerikanische Affaire u. sein eigenartiges Verhältnis zum Reichskanzler[78], 1½ Stunde verplaudert, dann bei Bondi's gegessen; um 4 zuhaus. Bei Mim Miez u. Hedda, beim

---

76 Deutsches Theater, Berlin: »Die grüne Flöte« von Hugo v. Hofmannsthal (Ballett). Lillebil Christensen (Fay-Jen), Ernst Matray (Zauberer Wu), Ernst Lubitsch (Hexe Ho), Katta Sterna (Sing-Ling). – »Die Lästigen« von Jean Baptiste Molière. Leopoldine Konstantin (Orphise), Paul Hartmann (Alceste), Fritz Delius (Philinth), Camilla Eibenschütz (Dorimene), Max Pallenberg (Ergaste) u.a. (Das Deutsche Theater, 354)
77 vermutlich Waldemar Mueller, Herbert v. Klemperer und Herr Freund
78 d.i. Theodor v. Bethmann-Hollweg

April bis Mai

Essen Bondi's, Miez u. Mimchen. Im Bett gelesen. Kurzer Brief von Alfr. mit Einlagen. »Zukunft« (one Harden).

29/4
Karte von Alfr. u. an ihn, Spaziergang mit R.'s. Nach dem lunch Brief an Klaus, Karte bei Lotte Hahn, auf der Post Gasrechnung für Peter bezalt: Sommerhitze. Beim Tee Frau Brökelmann, bei Mim oben Miez. Familienleben, durch den Fall von Kut al Amara verschönt, der den Engländern, nebst der irischen Revolte, sehr unangenehm sein dürfte.[79] Im Bett Treitschke.

30/4
Brief an Lily Reiff. Von 11-12 Besuch von Martin Hahn, der sich von dem entsetzlichen Flecktyphus überraschend schnell erholt hat, herzlich u. nett. Beim Essen Ilse u. Mim, zum Tee zu Sterns, wo es recht gemütlich. Abend behagliches Familienleben mit Mim, die ganz frisch, mit Miez u. Ilse. Spät noch mit [Firma] Hahn wegen Peter telephonirt; Treitschke gelesen, Uren vorgestellt.

1 Mai
(Beginn der »Sommerzeit«).
Früh zu Lis in Peters Wonung. Mit Kiliani telephonirt, Brief an Alfred, von Katja. Nach dem lunch bei Sommerhitze in die Stadt, Reisebüreau u. Sawade; bei Mim oben Miez u. Luigia u. Lili [Keith]. Abend wie immer; später Karten an Fritz Theurer u. an Paraquin u. Heidenberger. Treitschke gelesen.

2/5
2 Karten von Alfred, Briefe von Hannchen u. Lula; an die »Centralstelle für Ausland« gegangen, um mit Kiliani wegen Peter zu sprechen; natürlich aussichts- u. ergebnislos. Hierbei mit Otto Grautoff geplaudert, der im nämlichen Büreau arbeitet. Nach dem

---

79 **Kapitulation von Kut-el-Amara**. Wie der Vize-Generalissimus der osmanischen Armee meldet, hat die englische Garnison von Kut-el-Amara, die aus 13,300 Mann unter dem Oberbefehl des Generals Townshend bestand, heute bedingungslos kapituliert. (ausführl. Bericht in den *Münchner Neuesten Nachrichten* vom 30.4.1916) **Die irische Aufstandsbewegung**. ... Allem Anschein nach ist es den Behörden noch nicht im entferntesten gelungen, der Aufständischen Herr zu werden. Namentlich die Vorgänge im Westen des Landes, über die bisher noch keine Nachricht veröffentlicht wurde, müssen nach den Aeußerungen Asquiths sehr ernster Natur sein ... (ausführl. Bericht in den *Münchner Neuesten Nachrichten* vom 29.4.1916)

lunch gepackt; bei Mim Miez u. Hedda, Eva, Else, Ilse, Kaete. Abend Bridge[80] – incl. Frau v. Klemperer; ganz gemütlich. Spät fertig gepackt, Karte an Harden.

3/5 München

Um 10.20 Abreise von Berlin, von Else geleitet, von Hermann noch auf dem Perron mit Nelken überrascht. Normale, langweilige Reise, one Ansprache diesmal; mit Süd. Monatsheften, Stricken, Essen, Schlafen. Von Alfred begrüßt, Familienleben mit ihm, one den am Herzschlag selig entschlafenen armen Wouwou. Auch Erika noch schlaftrunken gute Nacht gesagt; und fertig ausgepackt! – Karte von Emma Schlier.

4/5

Endlich wieder Brief (23) u. Karte von Peter, um den schon sehr geängstigt, vom 18/2. Gerechnet, geordnet, mit Katja telephonirt, mit Eri in die Stadt. Nachmittag Wintersachen geräumt, nach dem Tee mit Eri Kommissionen. Tee u. Abend auf Veranda. Abend spät Brief an Peter (76).

5/5

Brief an Mim, Besuch bei Eu, mit ihr in die Stadt. Brief von Klaus, mit glänzender Kritik, langer Brief von Frau Tiessen, Karte von Harden. Nachmittag im Schweiße meines Angesichts alles eingemottet; auf der Veranda bei förmlichem Samum Tee. Die Zeitung bringt die Verständigungsnote mit Amerika![81] – Klagebrief von ~~Alf~~ Katja über »Fay«'s unqualificirbare Beleidigungen, Brief

---

80 vermutlich mit den Herren Waldemar Mueller, Herbert v. Klemperer und Herr Freund

81 **Die deutsche Note.** ...um der Aufrechterhaltung des Friedens willen macht die deutsche Regierung der amerikanischen ein letztes, ein äußerstes, ein sehr schwerwiegendes Zugeständnis, indem sie erklärt, daß von nun an auch innerhalb des Seekriegsgebietes Kauffahrteischiffe nicht ohne Warnung und Rettung der Menschenleben versenkt werden sollen, außer wenn sie fliehen oder Widerstand leisten ... Die Gegenleistung, die von Amerika erwartet wird und deren Nichterfüllung das deutsche Zugeständnis hinfällig machen würde, soll nun darin bestehen, daß Amerika endlich seine unneutrale Haltung aufgibt und ernsthaft mitarbeitet an der Wiederherstellung der Freiheit der Meere. Damit ...wird die amerikanische Regierung in der Note ganz bestimmt aufgefordert, bei unseren Gegnern, besonders bei England, durchzusetzen, daß auch auf jener Seite die Grundsätze des Völkerrechts im Seekrieg streng beobachtet und befolgt werden ... (ausführl. Bericht in den *Münchner Neuesten Nachrichten* vom 5.5.1916)

an sie, der die »Affaire« hoffentlich beilegt. Packet an Lala; gewurstelt.

6/5
Brief von Mittag-Leffler, Brief an Klaus, in die Stadt. Nachmittags, da mit Erika auf den Waldfriedhof wollte, Gewitter. Brief von Mim, an Mittag-Leffler mit der gewünschten Übersetzung seiner Danksagung. Gegen Abend noch mit Erika Spaziergang, mit Katja telephonirt; abend Brief an Hannchen u. Kondolenz an Annette Kolb zum Tod der Mutter[82]. »Zukunft«.

7/5
Briefe an Kiliani u. an Mim; mit Erika auf den Waldfriedhof, teilweis bei herrlichem Wetter zufuß. Beim Tee Prof. Davidsohns. Abend Brief an Lis, »Briefe der Frau Rat« gelesen.

8/5
Wetterumschlag, trüb u. kül. Brief an Mim, auf die Universität, wo Wölfflin[83] – nicht las. Dann mit Erika Kommissionen. Nachmittag bei Regen auf Ministerium u. Fleischverteilung, wo erfur, daß an Peter vorläufig nichts geräuchertes, konservirtes schicken darf. Nach dem Tee lange Sophie. Viele Telephongespräche, abends Brief an Harden;[84] müde und elend.

9/5
Brief an Mim; zu Wölfflin, dann, von Eri abgeholt, zu Tante Asta. Mit der, sofort nachtisch, zu Krecke gefaren, der einen vereiterten Fingernagel in Ordnung brachte; sie dann wieder in ihre Pension gebracht. Brief an Katja, »Frau Rat-Briefe« gelesen.

10/5
Antwort von Kiliani; Brief an Mim. Wieder Wurst von Else, die unsrer Fleisch- u. Wirtschaftsnot sehr zugute kommt. Mit Erika zu Frau v. Bissing u. Spaziergang. Brief von Mim. Nachmittag in die Stadt, beim Tee Cohen u. die Gugg. Abend vorgeschrieben.

11/5
Brief von Katja, an Mim. Zu Wölfflin, nach Asta geschaut. Brief an Peter (77) beendet. Nachtisch Asta wieder zu Krecke begleitet, von Erika begleitet; wo sie entlassen wurde als in bester Heilung begrif-

---

82 d.i. Sophie Kolb-Danvin
83 Vorlesung im SS 1916: »Geschichte der deutschen Kunst im 19. Jahrh.«
84 im Original erhalten und veröffentlicht in: *Meine Manns*, 177-179

fen. Beim Tee Frau Robert Simon, dann Hedwig Schöll, sehr verzweifelt, weil Tante Emma [Locher] am Krebs operirt werden muß! Abend Brief an Ilse. Recht unwol, mit Herzschmerzen, früh ins Bett.

12/5
Das kül unfreundliche Wetter dauert an. Brief an Mim, Dankkarte von Annette; Wölfflin, in die Stadt, nachmittags mit Erika Kommissionen. Beim Tee Belli. Abend mit Alfred ins Odeon, Missa solemnis, unter Schwickerath sehr anständige Auffürung des herrlichen Werks.[85]

13/5
Brief an Klaus; zur Butterverteilungsstelle, Kommissionen, Besuch bei Asta. Brief von Mim. Nachmittag Erika im Herzogspark abgeliefert, Tee bei den eben eingetroffenen Manns, die alle frisch u. gebräunt aussehen. Abend müde u. abgespannt.

14/5
Karte von Harden, Brief an Mim. Bei garstigem Regenwetter in die Glyptothek. Beitisch alle Manns zu einem unkriegsgemäßen Menü, mit einem Hammelschlegel! Beim Tee dazu Elli Bondi, der frischverlobte [Carl] Pidoll und Frau Hanfstängl, bis ¾ 8. Abend »Zukunft«.

15/5
Brief von Rud. Oldenbourg, an Mim; Kommissionen. Nachmittag Elsa B. abgeholt, die bis nach 7 bei mir plauderte, p.p.c. Abend ins Schülerinnenkoncert von Frau Röhr (Wolfart), das bis ¾ 11 dauerte u. unerheblich war.[86] Brief von Mittag-Leffler aus Bern.

---

85 Der Konzertgesellschaft für Chorgesang ist es als Verdienst anzurechnen, wenn unsere zweite Kriegs-Konzertzeit mit der »Missa solemnis« Beethovens zu einem würdigen Abschluß kam ... Die Aufführung war eine der besten und lebendigsten, die ich je unter Eberhard Schwickerath gehört habe; daß in der Verteilung der dynamischen Kräfte im Chor selber und zwischen Chor und Orchester nicht alles stimmte, ist zur Zeit fast unvermeidlich. Die Soli waren bei Anna Kämpfert, Maria Philippi, Alfred Stephani und – mit einigem Abstand – Heinrich Kühlborn vortrefflich aufgehoben ... (Bericht in den *Münchner Neuesten Nachrichten* vom 13.5.1916)

86 »Zum Besten der Speisung armer Schulkinder in München veranstaltete Frau Sophie Röhr-Brajnin mit einer größeren Anzahl ihrer Schülerinnen im Odeon ein Konzert, dem sehr viele Zuhörer, vom Hofe Prinz Alfons und Prinzessin Klara, beiwohnten.« Es sangen: Doris und Elisabeth Angelroth, Vilma

16/5
Brief an Mim, zu Wölfflin, bei [Tante] Asta vorgesprochen, Brief von Else. Beim Tee Katja, sie bei angenehmem Wetter ein Stück Wegs begleitet. Abend allein, Brief an Harden,[87] Journale.

17/5
Brief von Miez, mit Artikel von Penck[88] gegen eine unerhörte englische Verleumdung, die behauptet, die deutschen Gelehrten der B. A. seien als Spione ihrer Regierung nach Australien gesandt, dort nach erbrachtem Beweis, namentlich Pringsheim u. Gräbner, eingesperrt worden: schamlos! – Brief an Mim, Brief von ihr, Blumen u. Brief von Anna Schramayr. Rendez-vous mit Katja bei der Schneiderin, Kommissionen u. zu Asta. Zum Tee zu Hannchen. Auf der Veranda bei herrlichem Wetter gegessen, nach der schwer operirten Emma Locher erkundigt, Besuch bei Sophie. Abend Brief an Peter (78).

18/5
Sommerwetter. Brief an Mim nach Wannsee, zu Wölfflin u. Kommissionen. Brief von Peter (24) vom 2. März. Beim Tee [Carl] Pidoll u. Dr. Reisch, dazu Lula. Abend zu Wüllner, dem Gefeierten, der sicher Qualitäten hat, im ganzen aber doch ein großer Komödiante ist.

19/5
Brief an Mim; Wölfflin. Brief von Marta, Karte von Eva aus Kissingen. Nachmittag Karte bei Fabers, Besuch bei Frau Lipps, dann zum [Tee] zu Katja, wo auch Alfred. Beide Wege bei köstlichem Wetter zufuß. Abend Brief an Marta. Sehr müde.

Lessik vom Stadttheater in Augsburg, Susi und Johanna Braunsberger, Margarete Steinmann, Elsa Eckert, Linda Hieber, Josepha Reichardt, Margit Ecker, Marie Hösl vom Stadttheater in Essen. »Der mühsamen Aufgabe der Klavierbegleitung unterzog sich Hofkapellmeister Hugo Röhr in unermüdlicher und künstlerisch ausgezeichneter Weise.« (Bericht in den *Münchner Neuesten Nachrichten* vom 16.5.1916)

  87 im Original erhalten und veröffentlicht in: *Meine Manns*, 179f.

  88 Hier dürfte es sich um Alfred Penck handeln, Geograph und Geologe an der Berliner Universität. Der Artikel konnte nicht ermittelt werden, zu wenige konkrete Angaben.

20/5
Karte von Frau Engelhorn u. ausfürliche Beantwortung ihrer »Kriegsgefangenen-Fragen«. In die Eröffnung der Secession u. zu Eu, die bettlägerig. Briefe von Mim, von Lis, Karte von Harden. Nachmittag zu [Tante] Asta u. Kommissionen. Alfred in der Oper, Bibel gelesen, Lebkuchen u. Cigaretten für Peter verpackt, Brief an Klaus.

21/5
Brief von Emma Schlier, Brief an Mim; Besuch von Braune's mit dem Kinderwagen, in die N. Pinakothek. Mittag wegen Ernärungsnot one Manns, dafür beim Tee Katja mit den Kindern, dazu die halbtaube [Tante] Asta, Frau Oldenbourg mit den 3 Riesentöchtern[89] u. Bunge: ein bischen anstrengend. Dann noch zu Eu. Abend Bibel gelesen.

22/5
Brief an Mim, Karte an Miez, Cigarren an Heiden.[berger] u. Schnecken.[aichner] Brief von Klaus. Von Katja abgeholt mit ihr zu Eu u. Kommissionen. Nachmittag in die Blindenausstellung, Einkäufe befohlen. Beim Tee Frau Dyck. Abend Brief an Emma Schlier (mit 75 M.[90]), Bibel, auf der Veranda gestrickt.

23/5
Brief an Mim, zu Wölfflin. Nachmittag bei Rüdiger-Weih ausgiebige Kopfmassage, mit der früheren Jungfer Anni[91] verhandelt. Abend mit Alfred ins Palasthôtel [Regina] zu Davidsohns, wo noch eine Dame Paulus, ganz gemütlich u. nett.

24/5
Brief von Lala, Brief an Mim, mit Katja bei der Schneiderin getroffen. Brief an Mim. Gleich nachtisch mit Tante Asta zu Krecke, wo leider erfur, das[92] Emma Locher hoffnungslos, sterbend; Else Schöll einen Augenblick gesprochen, furchtbar traurig. – Rundschau gelesen, Brief an Peter (79) begonnen.

---

89 das sind Margarete Oldenbourg, Mathilde v. Bomhard und Cäcilia v. Cornides
90 in heutiger Währung etwa 360 €
91 d.i. vermutlich Anni Schramayr
92 so im Original

25/5

Emma Locher ist heute Nacht gestorben. Brief an Mim, zu Wölfflin, dann zu Schölls, die noch nicht aus der Klinik heimgekommen waren. Durch den engl. Garten bei großer Hitze heim. Karte von Paraquin aus Konstantinopel. Nachmittag Kranz bestellt, Brief an Peter fertig geschrieben. Beim Tee Frau Dingler u. Katja, die von Romberg kam, der zufrieden mit ihrer Gesundheit ist. Gegen Abend ein Hagel, wie ich ihn nie erlebt, Steine fast hünereiergroß, der Garten u. die Straße weiß von Eisstücken. Abend gelesen, gestrickt.

26/5

Brief von Emma Schlier, an Mim. Zu Wölfflin, der eine Gedächtnisrede für den vor Verdun gefallenen Prof. Burger hielt, dann in die neue Pinakothek. Zum Tee zu Katja, dann durch den engl. Garten zu Schölls, die herzlich, natürlich u. sehr unglücklich. Den ganzen Abend gekramt u. nicht gefunden: sehr enervirend.

27/5

Brief an Eva nach Kissingen, Brief von Mim, in die Stadt. Nachmittag mit Alfred auf den Waldfriedhof zu Emma Lochers Begräbnis, wo auch Katja u. viele Bekannte. Recht würdig und ergreifend. Katja dann zum Tee mit zu uns. Später zu Sophie, die zubett lag, dann zu Eu, mit der Spaziergang machte. Abend allein, Brief an Klaus, »Zukunft«.

28/5

Regenwetter, Brief an Mim, Besuch von Frau Jordan, kurzer, nasser Spaziergang. Beitisch alle 6 Manns, die Kinder, denen ich vorlas, über den Tee, wärend die Eltern in den »Tristan«. Abend Brief an Else, »Zukunft« beendet, gestrickt.

29/5

Brief an Mim, Bitte an Elhardt wegen Butterzulage; Kondolenzbrief an Eu Piloty, die endlich den Tod von Mann u. Son anzeigte;[93] mit Katja rendez-vous bei der Schneiderin. Nachmittag faul, Rund-

---

93 In der Todesanzeige vom 5. Mai meldet Eugenie Piloty, geb. v. Baeyer, den Tod ihres Mannes Dr. Oscar Piloty am 6. Oktober 1915 und den ihres ältesten Sohnes Karl Adolf Piloty vermißt seit dem 25.9.1914. (Nachruf in den *Münchner Neuesten Nachrichten* vom 19.5.1916)

schau gelesen; beim Tee Rud. Oldenbourg. Abend »Notre coeur«[94] gelesen. Geheizt!

30/5
Brief an Mim; zu Wölfflin, in die Stadt. Nachmittag wieder ganz schwül; in die Stadt, nach dem Tee Brief an Cile. Abend allein, Brief an Harden.[95] »Notre coeur«.

31/5
Brief an Mim, Karten an Else u. Marta, mit Katja in die Stadt, Kommissionen. Briefe von Mim u. Marta. Nachmittag nochmals in die Stadt. Auf der Veranda Besuch von Sophie. Abend Brief an Peter (80).

1. Juni.
Brief an Mim. Herta gekündigt. Brief von Peter (25) vom 19/3 u. von Scheubner-Richter aus Persien vom 2/4. Gratulation an Irmchen[96], Spaziergang. Beitisch die reizende Lotti Löwenstein, die bis zum Abend blieb. Dazu zum Tee Katja mit den Kindern, da ja »Himmelfart«. Abend Abreise von Alfred nach Berlin; im Bett gelesen.

2/6
Brief von Else, mit nachfolgender Karte. Brief von Mim, zu Wölfflin. Karte von Harden. Nachmittag, im Regen, zu Katja, dann zufuß heim. Ein großer Seesieg über die Engländer scheint an der dänischen Küste errungen.[97] Außerdem flattern die Fanen

---

94 von Guy de Maupassant
95 im Original erhalten und veröffentlicht in: *Meine Manns*, 181f.
96 d.i. vermutlich Irmgard Lindemann
97 **Unser Seesieg an der dänischen Küste**. ... Achtzehn Stunden dauerte das Ringen an der dänischen Küste; auf einer Front von 350 bis 400 Kilometer standen sich die großen Kampfgeschwader gegenüber. Schon diese ungeheure Länge der Schlachtfront gibt neben der Feststellung unseres Admiralstabs, daß der Hauptteil der englischen Kampfflotte an dem Kampf beteiligt war, eine Vorstellung von der Bedeutung der Schlacht. Nie haben sich im Verlauf aller Kriege der Geschichte mächtigere Geschwader gegenüber gestanden als am 31. Mai 1916; auf englischer wie auf deutscher Seite waren zum ersten Male die Großkampfeinheiten in geschlossenen Formationen ins Treffen geführt worden, und zahlreiche Torpedo- und Kreuzerflottillen umschwärmten die schwimmenden Festungen während des Kampfes. So ist die größte Seeschlacht der Weltgeschichte ein Ringen zwischen der deutschen und englischen Flotte geworden; und was unsere Herzen

Mai bis Juni

wegen der oesterreichischen Erfolge bei Axigo u. Arsiera.[98] Abend gelesen.

3/6
Brief an Jrete Tiessen. Mit Katja in die Stadt, nachmittags im Regen nochmals. Briefe von Mim, von Hermine, von Frl. Paulus; Karten von Alfred u. Heidenberger. Nachmittag »Zukunft«; abends Briefe an Klaus u. an Hermine. »Notre coeur« ausgelesen.

4/6
In Erwartung von Alfred Brief an Mim; um 10 Ankunft von Alfred, Frühstück, Geplauder. Brief von Klaus, Karte von Else Schöll; bei unausgesetztem Regen in die N. Pinakothek. Beim Tee Katja mit den Kindern, Pidoll mit Braut[99] u. Schwiegermutter. Abend gelesen.

5/6
Früh zu Rüdiger-Weih, dann in die Stadt. Brief an Mim. Nachmittag Besuche bei Sophie u. bei den verwaisten Schölls. Abends

---

jubeln macht, ist die stolze Freude, daß der deutschen Flagge in diesem Messen der Kräfte der Sieg beschieden worden ist … Das englische Geschwader – wie noch einmal betont sei, der Hauptteil der englischen Hochseeflotte überhaupt – büßte nicht weniger als drei Großkampfschiffe vom Dreadnought-Typ ein. Das deutsche Geschwader verlor kein Großkampfschiff, sondern nur ein einziges, 11 Jahre altes Linienschiff … (ausführl. Bericht in den *Münchner Neuesten Nachrichten* vom 2.6.1916)

    Englische Verluste. 1. Großlinienschiff »Warspite«, 28,960 Tonnen, 1200 Mann Besatzung. 2. Schlachtkreuzer »Queen Mary«, 27,430 To., 1020 Mann Besatzung. 3. Schlachtkreuzer »Indefatigable«, 19,050 To., 780 Mann Besatzung. 4. Schlachtkreuzer »Invincible«, 17,530 To., 780 Mann Besatzung. 5. Großer Panzerkreuzer »Defence«, 14,830 To., 755 Mann Besatzung. 6. Großer Panzerkreuzer »Black Prince«, 13,770 To., 720 Mann Besatzung. 7. Ein kleiner Kreuzer mit noch nicht festgestelltem Namen, mit 5000 To. 8. 8 Torpedo-Führerfahrzeuge von etwa 1500-2000 To., darunter »Turbulent« und »Tipperary«. 9. 9-10 Torpedobootszerstörer, darunter »Ardent«, »Fortune« und »Sparrowhawke«. 10. 1 Unterseeboot.

    Deutsche Verluste. 1. Linienschiff »Pommern«, 18,200 To., 748 Mann Besatzung. 2. Kleiner Kreuzer »Wiesbaden«, etwa 5000 To. 3. Kleiner Kreuzer »Frauenlob«, 2700 To., 281 Mann Besatzung. 4. 5 Torpedoboote. (ausführl. Bericht in den *Münchner Neuesten Nachrichten* vom 3.6.1966.) Weitere Berichte an den folgenden Tagen.

  98 Gemeint sind die Orte Asiago und Arsiero in der Provinz Vicenza in Venetien.
  99 d.i. Florence v. Zedlitz und Neukirch

Walters zu einem waren »Festmal«; durchaus gemütlich und anregend, wenn schon W.[alter] durch die andauernden Preßhetzereien furchtbar verärgert und elendkrank.[100] Gingen zeitig heim.

6/6
Brief an Mim, Karte an Klaus, zu Wölfflin. Nachmittag mit Alfred zu Tommy's Geburtstagstee, den wir durch Gartenmöbel verherrlichten; beide Wege zufuß. – Nach dem großen Seesieg neulich heute Nachricht vom Untergang eines gr. Kreuzers mit Lord Kitch[e]ner u. seinem Stabe, was allgemein wilde Freude auslöste.[101] Abend gelesen.

7/6
Früh zu Schad, Walters im Velodrom besucht, selbst ein wenig geübt; dann zur Eröffnung der »Neuen Secession«, wo neben viel Scheußlichem auch viel Talent,[102] ein ganz amüsantes Publikum, viel Bekannte: Bunge, Hulle, [Rud.] Oldenbourg etc; dann Kommissionen. Nachtisch Brief an Mim u. von ihr. Zum Geburtstagstee von Moni zu Katja, geradelt. Abend Brief an Peter (81). Wölfflins »Kunstgeschichtliche Grundbegriffe« angefangen.

---

100 Ein einschlägiger Artikel dieses Inhalts ist in den *Münchner Neuesten Nachrichten* nicht zu finden. Es gab lediglich in der Vergangenheit hie und da tadelnde Bemerkungen über den Dirigenten Bruno Walter wegen unangebrachter Akzentuierungen und forcierter Tempi so z.B. in der Besprechung vom 28.2.1916.

101 Die britische Admiralität teilt amtlich mit: Der Oberkommandierende der Großen Flotte meldet, er müsse zu seinem großen Bedauern berichten, daß das **Kriegsschiff »Hampshire«**, das sich **mit Lord Kitchener und seinem Stabe an Bord** auf dem Wege nach Rußland befand, letzte Nacht westlich der Orkney-Inseln durch eine Mine oder vielleicht durch ein Torpedo **versenkt** wurde. Die See war sehr stürmisch und obwohl sofort alle möglichen Schritte unternommen wurden, um Hilfe zu leisten, besteht, wie man fürchtet, wenig Hoffnung dahingehend, daß irgend jemand mit dem Leben davongekommen ist. – Der Panzerkreuzer »Hampshire« lief 1903 vom Stapel. Er verdrängte 11,000 Tonnen und war mit vier 19cm-, sechs 15cm- und zwanzig 4,7cm-Geschützen bewaffnet. Seine Besatzung betrug 655 Mann ... (ausführl. Bericht in den *Münchner Neuesten Nachrichten* vom 7.6.1916)

102 **Die zweite Ausstellung der Münchener Neuen Sezession** wurde heute Mittwoch, 7. Juni, vormittags in dem bekannten Gebäude Galeriestraße 16 eröffnet ... Die Ausstellung umfaßt nicht ganz 200 Nummern, hauptsächlich Gemälde, einiges Wenige an Plastik und ein Kabinett mit Handzeichnungen. Sie ist überaus mannigfaltig und jedenfalls frei von Banalitäten, mag oder kann man auch mit einzelnen Dingen sich nicht einverstanden erklären ... (Bericht in den *Münchner Neuesten Nachrichten* vom 7.6.1916)

Juni

8/6
Brief an Mim, zu Wölfflin, in die Stadt. Nachmittag mit Katja zum Tee zu Frau Hanfstängl; dann Karte bei Frau Seeliger, kurzer Besuch bei den Kindern, zufuß heim. Abend gelesen.

9/6
Früh ins Velodrom, mich von Walters verabschiedet, dann zu Wölfflin. Nachdem, da sehr heiß, zuhaus, beim Tee Eri u. Aißi, denen »das Heimchen am Herd«[103] zuende las. Abend zum »Kränzchen« zu Dycks, wo er in kurzem Urlaub aus Brüssel, ein herrliches Rippespeer mitgebracht habend, in das alle mächtig einhauten. Auch sonst gemütlich.

10/6
Nach gestrigem Gewitter Unwetter, Sturm u. strömender Regen. Brief an Klaus, Kommissionen. Nachmittag u. Abend gelesen: Wölfflin u. Strindberg. Briefe von Mim u. Else.

11/6
Regenwetter. Brief von Lala, an Mim. Ein wenig in die Stadt, um – keinen Kuchen zu kaufen. Ankunft von Lotti Löwenstein, die bei uns logirt, in den »Parsifal« ging. Dazu zum Mittag u. Tee alle Manns. Den Kindern bis ½8 »Zwei Millionenstädte«[104] vorgelesen. Dann noch Besuch von Eu. Abend »Nach Damaskus«[105] gelesen, spät Lotti's Nachtessen, nach »Parsifal« noch beigewont.

12/6
Etwas verlängertes Frühstück, Brief an Mim; Spaziergang durch die Altstadt. Nachmittag ganz still, gelesen. Abend alle 3 zu Katja, wo noch Lula: sehr gemütliches Familienleben. Beide Wege zufuß.

13/6
Brief an Mim. Telegramm von Marta, daß Paul gestorben ist. Beschluß nach Garzau zu faren. Mit Lotti in die Schack-Galerie. Nach dem Essen gepackt, nach dem Tee Abfart von Lotti nach Miesbach. Karte an Klaus, Brief an Peter (82), kurzer Besuch von Katja mit den Kindern, die von Ambach kamen; um 10 mit Alfr. Abreise nach Berlin.

---

103 von Charles Dickens
104 gemeint ist *Zwei Städte* von Charles Dickens, s.u. 26.8.
105 von August Strindberg

14/6 Berlin.

Im gemeinsamen Schlafwagen II Kl. ganz gut gereist, im Hôtel Excelsior (mein erstes Berliner Hôtel!) am Banhof anständig untergekommen. Frühstück, Proppertät[106]; dann zum Banhof Friedrichstr., dort in der Nähe gegessen u. um ½1 nach Garzau gefaren, wo wir Marta u. Dietrich fanden. Herzliche u. traurige Begrüßung, dann natürlich u. verständig über Paul u. sein Ende gesprochen. Ich sah auch die Leiche, die mit dem Lebendigen so garkeine Beziehung mehr hatte: ein kleines Wachsgesicht, der Körper fast zum Nichts geschrumpft. Um 5 wieder fort u. gleich nach Wannsee durchgefaren, wo nach überwundenen Schwierigkeiten Mimchen begrüßt, dann bei R.'s gegessen u. bis 9 geplaudert, Karten an Katja u. Hausmeister geschrieben. Um 10 wieder im Hôtel, totmüde nach dem anstrengenden Tag. Küles Regenwetter dazu.

15/6

Spät auf, mit Alfred ins Kunstgewerbemuseum. Im Hôtel gegessen, dann sogleich nach Grunwald[107], Besuch bei Harden, der pessimistischer denn je; dann nach Wannsee, scheußliche »Überfarten«, ein paarmal bis auf die Haut durchnäßt. Bei Mimchen Mieze; dann mit Alfr. bei R.'s gegessen, wo das Haus leer, da Andreas wieder nach Straßburg, Kaete mimte, Ilse eingeladen. In strömendem Regen Heimfart wie gestern.

16/6

Spät auf. Nachgesandte Briefe von Mim, Marta u. von Peter (26) vom 6/4. Karte an Hausmeister; mit Alfred bei Regen in die Nationalgalerie. Im Hôtel gegessen, um ½4 nach Wannsee, leidlicher Nachmittag. Bei Mim Miez; von Käte-Ilse verabschiedet, dann von Mim. Nach dem Essen um 8 Ankunft von Katja mit Moni. Ihrer Fütterung assistirt, dann Heimfart wie die anderen Tage.

17/6

Dankkarte von Eu Piloty. Spätes ausfürliches Frühstück, Brief an Klaus, um 12 nach Garzau, wo um 2 Ur die Leichenfeier u. Beisetzung von Paul. Gunter u. Hans waren noch rechtzeitig gekommen, außerdem 4 Lademanns, Frau v. Happe, Graf Hake u. das Landratspaar v. Wüssling. Lange trockene Rede des Superinten-

---

106 (frz. propreté) Proprtät: Reinlichkeit, Sauberkeit
107 so im Original

Juni

denten u. Gesang, dann feierlicher Zug durch den Park, mit Kinderchor, nochmals Ansprachen der 4 Geistlichen im Ornat, Veteransalve, Kränze, auch von der ganzen Garzauer Bevölkerung. Im Haus noch Tee, herzlichste Verabschiedung von Marta u. ihren 4 Jungen[108], mit Lademanns, die sehr nett u. natürlich, zurückgefaren; zufuß ins Hôtel, gepackt, gegessen, Karte an Mim, Abreise um 8.23.

18/6 München

Gute normale Fart im Schlafwagen, um ½8 Ankunft. Bad u. Ordnung. Brief u. Karte von Klaus, Karte von Friedrich, Brief an Mim. Bei Regen in die Stadt, die zerschlagenen Fensterscheiben am Marienplatz u. Rindermarkt, die bei gestrigem Narungsmittelauflauf eingeworfen, besichtigt, Revolutionsluft gewittert.[109] Beitisch Tommy mit den 3 Kindern, zu denen sich später die Löhr'schen Zwillinge mit Fräulein (!) gesellten. Außerdem Tante Asta. Abends Stieler kommen lassen, da sich zu Alfreds Darmkatarrh Fieber gesellte. Spät noch Besuch von Lily Reiff, die ihre Tante[110] hier beerdigt hat. »Die Gruft« von Kuprin ausgelesen.

19/6

Durch Alfreds Unwolsein ziemlich beunruhigte Nacht. Doch gehts eher besser. Besuch von Eu, Brief von Peter (27) vom 15/4. Brief an Mim; bei strömendem Regen in die Stadt, vorher Stieler, der ganz zufrieden. Nachtisch bei strömendem Regen Asta abge-

---

108 das sind Hans, Horst, Gunther und Dietrich
109 Der amtliche Polizeibericht teilt mit: Heute mittag sammelten sich am Marienplatz und beim Rathaustorwart einige Frauen an, die auf dem Markte nichts bekommen hatten und insbesondere Brotkarten verlangten. Sie wurden an die Brotkartenverteilungsstellen in den Schulhäusern verwiesen. Die zum Teil erregte Unterhaltung ließ Neugierige sich ansammeln, die sich aber gegen abend auf persönliches Eingreifen des Polizeipräsidenten wieder zerstreuten. Mit Einbruch der Dunkelheit kam weiteres Publikum, insbesondere Männer, leider auch verschiedene Soldaten, in der Hauptsache jedoch halbwüchsige Burschen. Angeblich weil aus benachbarten Häusern Wasser herabgegossen worden war, wurden Steine gegen das Café Rathaus geworfen. Die Menschenansammlung wurde größer, bis schließlich die Schutzmannschaft mit Militär den Platz säuberte. Ein Teil der jugendlichen Demonstranten wurde festgenommen und sieht seiner Bestrafung entgegen ... (ausführl. Bericht in den *Münchner Neuesten Nachrichten* vom 18.6.1916)
110 Gemeint ist die Oberinspektorswitwe Caroline Will, gest. am 14.6.1916 im 83. Lebensjahr.

holt, sie zu Krecke u. wieder zurück begleitet. Dann gelesen, mit Alfred, dems nun viel besser geht, geplaudert, Karte an Klaus, »nach Damaskus« ausgelesen.

20/6
Depesche von Klaus, heutige Ankunft meldend, viel zu ordnen und einzurichten. Besuch von Eu, Brief an Mim, in die Stadt, viel Einkäufe im »Netz« heimgetragen. Nachmittag mit Asta zu Krecke, der ihren Nagel operirte; dann weiter eingerichtet, kurzer Besuch von Sophie u. von Stieler; um ½ 10 an die Ban, Familie Klaus abgeholt, die nach schrecklicher Reise verhältnismäßig munter ankam. Die Kinder[111] zubett gebracht, ziemliche Verwirrung; dann gegessen, um 11 noch Freund Degler bis 1 Ur, der wegen Klaus' Militärsache »Schritte« getan.

21/6
Lange u. familiant gefrühstückt, Brief an Mim, um 11 mit [Tante] Asta zu Krecke (!) u. in die Stadt. Brief von Mim, nachmittag Karte bei Baronin Zedlitz, Besuch bei der Gugg. Beim Tee Eva Baudissin, dann Eu. Brief an Peter (83) Familienleben. Karten an den Quästor[112] u. an Frau Café am Wald. Musik, Geplauder.

22/6
Wirtschaftlich geschanzt. Brief an Mim, bei plötzlich warmem Sommerwetter Spaziergang. Beitisch Tommy mit den 3 Kindern, die zu Lektüre u. Tee blieben. Gegen Abend Stadler, abend mit Klaus u. Lala in die Kammerspiele, »Nach Damaskus I«, mit Ehepaar Kayßler: interessant, aber eigentlich auf der Büne unmöglich.[113]

23/6
Brief von Katja aus Wannsee, Brief an Mim; zu Wölfflin, der aber nicht las, dann zallose Wirtschaftseinkäufe. Da sehr warm, nachmittag Veranda u. Garten, Karte an Eva, gelesen; beim Tee Asta p.p.c. u. Direktor v. Falke. Abend Familienleben.

---

111 das sind Milka und Hans Erik
112 vermutlich Karl Siegel, Quästor der Ludwig-Maximilians-Universität München
113 M. Kammerspiele: »Nach Damaskus I« von August Strindberg. Friedrich Kayßler a.G. (Der Unbekannte), Helene Fehdmer (Die Dame), Herr Stahl-Nachbaur (Der Bettler, Der Konfessor), Herr Marlé (Der Arzt), Frl. Reiter (Die Schwester), Fr. Prasch-Grevenberg (Die Mutter) u.a.

24/6
Schon früh in Geschäften: Butterstelle, Einkauf für Peter, Wirtschaft etc. aus, ganz elend zum Essen heimgekommen. Nachmittag Brief von Mim, an Marta. Besuch von Else Schöll, dann mit Klaus u. Lalla in »die Wildente« ins Residenztheater,[114] wo mir, schon leidend, so schlecht wurde, daß ich nach dem 2. Akt halbonmächtig hinaus mußte, von den Kindern im Auto heimgefaren wurde.

25/6
Eine schauderhafte Nacht, in entsetzlichen Magenkrämpfen. Morgens etwas besser, aufgestanden, Haus besorgt u. Brief an Mim, doch den ganzen Tag noch schwach u. elend. Nachmittag die 3 Mann-Kinder zu Tee und Lektüre; dazu Rud. Oldenbourg. Abend Familienleben.

26/6
Brief an Mim, mit Lala u. Milka Kommissionen; Brief von Katja. Nachmittag zu Rüdiger-Weih, mit Einkäufen schwer beladen heim. Beim Tee Maria Dingler, abends nach dem Essen gemütlich Braune's. Den ganzen Tag noch ziemlich unwol.

27/6
Brief an Mim, zu Wölfflin. Nachmittag, da noch schwach, zuhaus; gelesen, Familienleben auf der Veranda, abends dito.

28/6
Brief an Mim, rürende Lebensmittelsendung von Marta; mit Klaus u. Lala in die Pinakothek. Briefe von Mim u. Marta. Da wieder Regen u. Kälte, zuhaus; beim Tee Maler Stern, Brief an Peter (84). Abend kl. Korrespondenz, Familienleben, bis ½ 1.

29/6
Brief an Mim; auf der Suche nach Fleischwaaren od. Konserven: alles ausverkauft! Dann mit Klaus' zu Caspari, Hermi's Kriegsbilder angesehen[115] u. die Mode-Ausstellung der Damen Purtscher

---

114 K. Residenztheater: »Die Wildente« von Henrik Ibsen. Herr Schröder (Großhändler Werle), Herr Alten (Gregers Werle), Herr Wohlmuth (der alte Ekdal), Herr Lützenkirchen (Hjalmar Ekdal), Frl. Schwarz (Gina Ekdal), Frl. Pricken (Hedwig) u.a.

115 **Kriegsbilder**. Eine wertvolle Ergänzung unseres – der Daheimgebliebenen – Wissens vom Kriege bedeuten die Bilder von Ferdinand Spiegel und Hermann Ebers, die gegenwärtig in der Galerie Caspari zu sehen sind … Hinter die Front führen die Kriegsbilder aus dem Artois von Hermann Ebers. Es sind

u. Ilse: gänzlich belanglos. Beim Tee die Kinder, die Vorlesung unterbrochen durch Lula, später durch Eu. Dankkarte an Friedr. Kaula, »Iwan Iljitsch« ausgelesen, eine fabelhaft starke, ergreifende kleine Erzälung.

30/6
Mit der eben aus Wannsee eingetroffenen Katja telephonirt, Brief an Mim, zu Wölfflin, nachmittags Kommissionen. Familienleben mit Katja. Nach dem Abendessen auf der Veranda recht gemütlich Ehepaar Faber.

1 Juli.
Brief an Marta; zalreiche Wirtschaftskommissionen für die aus Verzweiflung heulende Köchin[116]: denn die Hungersnot wächst, wärend der Druck von außen einem die Brust beklemmt. Nachtisch Austritt von Herta, Eintritt der alten Anni. Besuch bei Eu, Gratulation zur Enkelin[117] bei der Gugg. Abend noch Degler, der Klaus' zum Theater abholte. Auf der Veranda, allein, gelesen, dem späten Essen der Kinder assistirt.

2/7
Brief an Mim, bei großer Hitze mit Lala Spaziergang. ~~Sp~~ Brief von Frau Thissen[118]. Beim Tee alle Manns, incl. Tommy: hochehrenvoll. Abend Familienleben u. »Zukunft«.

3/7
Brief von Peter (28) vom 3/5; Brief an Mim, mit Lala Kommissionen. Nachmittag zuhaus, Wölfflin gelesen u. Journale, wärend Klaus' bei Katja. Abend Familienleben mit Musik u. Gewitter.

4/7
Brief an Mim, zu Wölfflin. Nachmittag gelesen, beim Tee Frau v. Scheubner, dann beide Crodu's, p.p.c. Abend, da Klaus' bei Löhrs, Wölfflin u. Rundschau gelesen.

Augenblicksbilder aus den Lazaretten unmittelbar hinter der Kampflinie, etwas dunkel, ruhig in der Gesamtstimmung und zu Zeiten etwas sentimental wie bei dem »Morgen nach dem Sturm«, mit dem betonten Kontrast zwischen dem toten Helden und dem blühenden Baume ... (Bericht in den *Münchner Neuesten Nachrichten* vom 25.6.1916)

116 d.i. Marie
117 d.i. Renate Schröter
118 d.i. Grete Tiessen

Juni bis Juli

5/7

Brief an Mim; nach erneutem Gewitter Regen, in die Stadt, ganz durchnäßt. Brief von Mim, an Peter (85). Nachmittag zu Katja, vom Orkan fast umgeworfen. Tommy unwol im Bett, mit Katja geplaudert. Nach dem Abendessen beide Schölls, ganz gemütlich u. harmlos.

6/7. 7[119]

Brief an Mim, zu Wölfflin. Nachmittag Kommissionen, nach dem Tee zu Sophie, die verfehlt. Abend Lektüre u. Familienleben. Die große, aufs höchste spannende Generaloffensive aller Feinde bisher ziemlich ergebnislos.[120]

8/7

Besuch von Sophie; mit Katja Einkäufe. Brief von Carl Pidoll u. von Mim. Nachmittag zuhaus, abends mit Klaus' zu Tommy's, nach dem Essen, wo Tommy ein Kapitel aus seinem Kriegsbekenntnisbuch[121] vorlas, das sehr hochstehend u. interessant, formal meisterhaft, mir nach Seite des Inhalts vielfach recht anfechtbar vorkommt. Im Regen mit der letzten Tram heim.

9/7

Brief an Mim, bei Regen Spaziergang. Nachmittag Familienleben u. Tee u. Lektüre mit Manns; abend »Zukunft« gelesen.

10/7

Brief an Mim. Klaus bringt früh Lala in die Klinik zu Faltin, zu einer Operation, die gut verlaufen. Brief von Tante Asta, in die Stadt, bei wechselndem Wetter. Nachmittag zuhaus, Brief an Grete

---

119 Eintragung zum 7.7. offensichtlich ausgelassen.
120 **Die Schlacht an der Somme**. Die Bilanz der ersten vier Tage. ... Einstweilen ergibt sich das Gesamtbild des bisherigen Verlaufes der Schlacht, daß die Offensive nach dem ersten Anlauf über unsere vordersten und einen Teil der Riegelstellungen hinaus nirgends hat vorwärts kommen können, daß im Gegenteil der Feind einige der ihm zuerst überlassenen Stellungen wieder verloren hat, wobei die Engländer eine beträchtliche Zahl Gefangener in unseren Händen lassen mußten. Wenn also der englisch-französische Ansturm auch am 4. Tage seinem offen angegebenen Endziel, dem breiten und völligen Durchbruch der deutschen Front, um keinen Schritt näher gekommen ist, so hat der Feind die kleinen Gewinne an vorgeschobenen Stellungsteilen mit Verlusten bezahlt, die durchwegs schwer und teilweise ungeheuer sind ... (ausführl. Bericht in den *Münchner Neuesten Nachrichten* vom 6.7.1916)
121 *Betrachtungen eines Unpolitischen*, ersch. 1918

Tiessen, Wölfflin gelesen. Abend Brief an Marta, Familienleben mit Musik mit den Männern.

11/7
Brief an Mim, zu Wölfflin. Nachmittag mit Milka zu Lala in die Klinik, wo sie wolaufgehoben u. ganz munter liegt. Beim Tee Frauen Hallgarten u. Gugg (mit Puppe für Milka). Dann mit Alfred Hochzeitsgeschenk für Pidoll besorgt, abends allein, gelesen. Nach dem Theater Klaus Gesellschaft geleistet.

12/7
Brief an Mim, Gratulationsbrief an Carl Pidoll; sehr viele Kommissionen bei Regenwetter. Karte von Grünfeld, Chocolade von Hermann. Zum Tee zu Katja, zufuß zurück. Brief an Peter (86).

13/7
Briefe von allen: Mim, Else, Miez, Eva, Marta, Hermann, Ilse, Hedda, Aletta, Hedwig Gugg, Hannchen; Brief an Mim, zu Wölfflin. Von Lala hübscher, gestickter Papierkorb, Frauen Stickel, Schneckenaichner, Gugg mit Rosen als übliche Gratulanten. Zur Chocolade Katja mit den Kindern, die eben heimgekehrte, genesene Lala u. Lula mit Rosen. Vorher Besuch der schluchzenden Sophie, die über den armen gefallenen jungen Moy ganz auseinander. Abends Tommy's; nun: ziemlich gemütlich mit Vorlesen der Familienbriefe, gutem Essen, Geplauder.

14/7
Brief an Mim, von Kaete. Zu Wölfflin, von dort zur Ban, die nach Tölz siedelnden Manns verabschiedet. Nachmittag in die Stadt, wieder Regenwetter. Wölfflins Buch »Kunstbegriffe« endlich beendet. Karte von Friedrich, abends Karte an ihn u. Cigarren an »alle Viere« [Friedrich, Wolf, Schneckenaichner, Heidenberger]. Familienleben mit Musik.

15/7
Karten an Scheubner-Richter, an Toni Hacker, Brief an Emma Schlier vorgeschrieben; bei schauderhaftem Regenwetter in die Stadt. Nicht mehr ausgegangen, Brief an Katja, Briefe von Mim, Eu, Cile u. Lili Reiff. Kondolenz an Gräfin Moy, deren einer Son gefangen, der zweite gefallen, u. Brief an Harden.[122] Gelesen.

---

122 im Original erhalten und veröffentlicht in: *Meine Manns*, 182-185

16/7
Brief an Mim; in die neue Pinakothek. Klaus färt nach Tölz. Karte von Grete Tiessen. Beim Tee Paul Hulle, dann vergebliche Besuche bei Sophie u. Gugg. »Humboldts Briefe«[123] gelesen, um ½10 Klaus – gemietet – von Tölz zurück.

17/7
Brief an Mim; Brief an Emma [Schlier], mit 50 M.[124], spedirt. Bei Regenwetter Kommissionen; dann nicht mehr aus. Nachmittag gepumpelt, Dankkarte der Gräfin Moy, Brief an [Hermann] Rosenberg. Abend Humboldt-Briefe u. Familienleben.

18/7
Brief an Mim, zu Wölfflin. Nachmittag, da endlich gutes Wetter, mit Milka Spaziergang, nach dem Tee zu Sophie; längeres Gespräch mit der armen Gräfin Moy. – Brief von Katja, Karte an sie, Brief an Hannchen.

19/7
Briefe an Mim u. an Peter (87). Vormittags Kommissionen, vor u. nach dem Tee Spaziergang mit Milka resp. Lala. Nach dem Nachtessen Rudolf Obu[125] u. Winkler, ganz angeregt u. recht gemütlich. Brief von Mim.

20/7
Brief an Mim, zu Wölfflin. Ergänzungszeilen von Mim; nachmittag ins römisch-irische Bad. Abend Brief an Eu, gelesen, Familienleben.

21/7
Brief an Mim, zu Wölfflin, in die Pinax. Brief von Else, Lebensmittelkarten-Schererei enervirendster Art. Nachmittag mit Lala Kommissionen; Brief an Eva. Nach dem Abendessen Franz Scharwenka vom Schauspielhaus, Philipps Son, ganz angenehmer, netter Mensch.

22/7
Brief von Eu, wegen ekelhafter Butterkarten; u. Brief von Frau Engelhorn, ihres Bruders wegen. Mit Alfred in die »Residenz«, wo

---

123 Unklar, ob die Briefe von Alexander oder die von Wilhelm v. Humboldt gemeint sind.
124 in heutiger Währung etwa 240 €
125 d.i. Dr. Rudolf Oldenbourg

Dr. Frankel für die Kunstwis.[126] Gesellsch. eine recht interessante baugeschichtliche Fürung hatte. Nachmittag Kommissionen, erster warmer Sommertag. Karte an Frau Tiessen, Familienleben. Brief von Mim.

23/7
Brief an Mim, Karte an Katja; mit Lala Spaziergang bei schönstem Sommerwetter. Nachmittag Brief an Marta, beim Tee Paul Hulle mit seinen Zwillingen u. Frau Anna Reichenheim, die meine Spitzen als Kennerin besichtigte. Abend an Mim vorgeschrieben, »Zukunft«, Familienleben mit Musik.

24/7 Tölz.
Karte von Mim, Brief von Peter (29) vom 19/5. Zur Butterverteilung, 1 St. unter pöbelhafter Gesellschaft »gestanden«. Brief von Hedda, nach 12 gegessen, um 1.25 mit Familie Klaus, nach unsagbaren Aufregungen, Abreise nach Tölz, wo im Regen, von Katja u. den Kindern abgeholt, um ½4 ankamen, Klaus' in ihr Café am Wald furen, ich zu Manns spazierte. Geburtstagstee u. Abend en famille, ganz gemütlich, nur Tommy garnicht wol. Doch bis 11 beisammen gesessen.

25/7
Den ganzen Tag Regen u. Gewitter. Brief an Mim, vor- u. nachmittags den Kindern vorgelesen, vor- u. nachmittags kurze, feuchte Spaziergänge, beim Tee u. nach dem Abendessen Familienleben mit Klaus'.

26/7 München
Brief an Mim, vorgelesen wie gestern u. bei leidlich gutem Wetter vor- u. nachmittags Spaziergang-Gezottelei en famille. Um 8 Abfart, ¼10 Ankunft; mit Alfred gegessen, Brief von Mim.

27/7
Erster schöner Sommertag. Brief an Mim, zu Wölfflin, Kommissionen. Nachmittag ins Dampfbad, wo unwol wurde. Beim Tee Prof. Schubring, der Alfreds Sachen[127] sehen wollte. Briefchen mit Karten an Eu, Brief an Peter (88).

---

126 so im Original
127 Alfred Pringsheims »Sammlung« war im August 1914 in Kisten verpackt und aus Sicherheitsgründen ins Nationalmuseum gebracht worden.

28/7
Brief an Mim, Karte an Frau v. Scheubner. Letzte Vorlesung von Wölfflin u. Kommissionen. Nachmittag Brief an Frau Engelhorn, beim Tee Emil Fester, nett, dischkursiv, gescheidt, dazu Else Schöll u. Frau Edmund Landau mit Frau Jaffé, die abends im Schauspielhaus wieder traf: Hedda Gabler-Körner ausgezeichnet, Scharwenka-Brack sehr gut, Bonn-Eylert scheußlich, die andern nichtig.[128]

29/7
Schön Wetter. Im Haus gewirtschaftet, in die Stadt. Brief von Mim, nachmittags auf den Friedhof. Tolstoi's »Chadschi Murat« ausgelesen, abend Brief an Katja, gelesen.

30/7
Brief von Katja, an Mim. Bei schönstem Wetter zufuß zu Gulbransons, höchst origineller Empfang: sie als arabischer Jüngling, er als komplett nackter Indianer! Sehr amüsant u. ergötzlich im Märchengarten. Sonst ganz stiller Sonntag. »Zukunft« u. »Rundschau« gelesen; Karte an Katja.

31/7
Karten aus dem Feld, Brief an Mim, Karte von Tommy. Vormittags Kommissionen, nachmittags Rüdiger-Weih; nach dem Tee »Charcuterie« kaufen. Sehr heißer Tag. Rundschau gelesen u. Humboldt-Briefe.

1. August
Brief an Mim, in die Maillinger-Sammlung u. Einkäufe. Da sehr heiß, auf d. Veranda geblieben, gelesen, Briefe vorgeschrieben.

2/8
Brief an Peter (89), Briefchen von Mim, meine morgige Abreise bestimmend. Brief an Eu, Brief von Lotti Löwenstein. Kommissionen, Schlafwagen etc., sehr heiß. Nachmittag Karte an Mim, Brief von Klaus-Katja, Briefe an beide u. an Eu. Gegen Abend Besuch bei Sophie, verfehlt. Abend Humboldt-Briefe.

---

128 M. Schauspielhaus: »Hedda Gabler« von H. Ibsen. Herr Gerdes (Jürgen Tesman), Hermine Körner a.G. (Seine Frau), Frl. Nicoletti (Frau Elvsted), Herr Scharwenka (Gerichtsrat Brack), Ferdinand Bonn a.G. (Lövborg) u.a.

3/8

Karte an Marta; geordnet, gewirtschaftet, bei großer Hitze in die Stadt; vorher Besuch von Sophie. Brief von Marta, nachmittag gepackt. Gelesen, um 10 Abfart nach Berlin, von Alfred zur Ban begleitet.

Wannsee 4/8

Normale Fart, mit ganz sympathischer Dame im Schlafcoupé II Kl., doch schlecht geschlafen. Von Berlin direkt nach Wannsee, von Hedda u. den Tübinger Kindern[129] empfangen; Mimchen recht müde. R.'s begrüßt, Karte an Alfred, nachtisch den inzwischen eingetroffenen Koffer ausgepackt, zur Post spaziert. Das bekannte Familienleben, zu dem Müller[130] sich noch einfand.

5/8

»Zukunft« gelesen, mit Hedda, Else u. den Tübinger Kindern[131] ins Bad u. Spaziergang. Brief von Emma Schlier. Nachmittag u. Abend wie immer, Familienleben, verstärkt durch Miez, die über den Abend, zum Tee Bondi's u. Abend Kantorowitsch. Im Bett »Torenbeichte«[132].

6/8

Brief von Tommy; Brief an Alfred. Mit Rosenbergs u. den Kindern Spaziergang, Liebermanns getroffen. Bei R.'s zum Mittagessen geladen; bei uns Miez, Luigia u. Kantor[owicz], die auch zum Tee, teilweis zum Abend blieben. Abend wie immer.

7/8

Brief von Marta, mit Einlage von Peter vom 9/6.; Karte an sie, Brief an Tommy, mit Else u. den Kindern bei külem Regenwetter nach der Badeanstalt. Nachmittag Karte an Alfred, bei besserem Wetter sehr stilles Leben in Garten u. Veranda. Briefchen von Alfr. mit Zeitungsausschnitten.

8/8

Karten von Frauen Tiessen u. Scheubner, Karte an erstere. Spaziergang mit Else, dann allein. Beitisch Maria Landsberg, beim Tee

---

129 Das sind die Kinder, Maria, Peter und Thomas, von Else Rosenbergs ältestem Sohn Hans.
130 vermutlich der Bankier Waldemar Mueller
131 Maria, Peter und Thomas
132 August Strindberg, *Die Beichte eines Toren*

Gagls. Brief von Peter (30) vom 8/6, Karte von Alfr. Brief an Peter (90). Abend wie immer.

9/8

Brief an Alfred, Karte an Frau v. Scheubner, Karte von Marta; Luigia u. Hedda ins Bad begleitet, zum erstenmal geschwommen, dann mit Luigia geturnt. Dazu zum Tee Kantor[owicz]; sonst wie immer, als Ausnahme nur bei R.'s gegessen. Im Bett Strindbergs »Torenbeichte« beendet.

10/8

Briefe von Katja, von Alfred mit Einlagen, von Frida Dreyer. Briefchen an diese, Karte ~~vo~~ an Frau Gulbranson. Zum Schwimmen, von den Kindern begleitet. Nachtisch Marta bei ziemlicher Hitze abgeholt, Familientee mit ihr, sie um ½6 wieder zur Ban begleitet; dann Besuch von Hermine. Abend bei R.'s gegessen, dann Miez zur Ban begleitet, im Bett »Horns Ring« von Flake gelesen.

11/8

Brief an Alfred, geschwommen, Spaziergang mit Hedda. Briefchen von Klaus, Karte von Teller. Beim Tee Jrete Tiessen mit dem schönen Elein, dazu Maria Landsberg mit Bräutigam Kurt Lewin, die auch zum Abend u. über Nacht blieben. Bei Rosenbergs noch deren Gäste Brökelmann kurz begrüßt.

12/8

Um 9 nach Grunewald, von 10-12 Harden besucht, der pessimistischer denn je, neues auch nicht zu sagen wußte. Beide Male mit altem Hulle[133] gefaren u. geplaudert. Nachtisch Flake's sehr dummen Roman »Horns Ring« ausgelesen, beim Tee Mira u. Luigia mit Kantor[orowicz] u. 2 Tänzerinnen Bollmann. Abend wie immer. Brief von Alfred mit Einlagen.

13/8

Brief von Frau Engelhorn, Karten von Harden u. Klaus, nebst Broschüre über Bremer Stadttheater. Brief an Alfred, Karte an Marta, Kondolenz an Wolters', deren Son[134] gefallen, zur Ban gelaufen. Mittags u. abends bei ~~Gagls~~ R.'s gegessen, mit Gagls; beim Tee

---

133 d.i. Oskar Huldschinsky
134 d.i. Wolfgang Wolters, gefallen am 8.8.1916

noch Kantorowicz, dann eine muntere Frau Dr. Homberger, Schwester von Emil Ludwig u. Verehrerin von Mim. Hedda u. »Frl. Ella« den ganzen Tag abwesend. Im Bett »Unkraut« von Hans Oswald gelesen.

14/8
Karte von Lula, Karten an Teller u. Klaus, mit Maria[135] zum Schwimmen u. Spaziergang. Karte von Alfred, Brief von Katja. Nachmittag Besuch von Tante Amalie, später Lili Keith. Abend drüben gegessen; wie immer; im Bett »Die Herren von Golowljow« von Stschedrin gelesen.

15/8
Dankbrief von Florence Pidoll, Brief an Harden,[136] mit Hedda u. Maria geschwommen, Brief an Katja, Karte von Alfred. Nachmittag Sendung u. Brief von Frau Dr. Hamburger, beim Tee Miez, abends zu Hermine, wo der Logirgast Bruno Frank. Da Hermine müde u. deprimirt, nicht besonders schön. Um ½11 heim, gelesen.

16/8
Brief von Eu. Um 10 nach Garzau, höchst unerquicklich-schwül: ermüdende Hin- u. Rückfart. Dort wie immer; mit Familie Diez[137]. Um 7 zuhaus, nach dem Essen noch zu R.'s, wo Prof. Makowski's. An Klaus telegraphirt, da wegen Hedda's rendez-vous mit Kalli 2 Tage zugeben möchte. Karte an Alfred.

17/8
Brief an Peter (91), Spaziergang en famille, da schwimmen wegen des bei schwülstem Wetter grünblühenden See's unmöglich. Nachmittag Mimchens Manuskript gelesen »Wandelbilder einer Seele«[138]; nachmittag u. übers Abendbrod Miez, die dann mit Hedda, die zu Kalli gen Mainz, abfur. Drüben noch Klemperers[139].

18/8
Antworttelegramm von Klaus, Abreise auf Montag verschoben, Brief an Alfred; da der See noch grün-schlammig Spaziergang zur

---

135 Else Rosenbergs Enkelin
136 im Original erhalten und veröffentlicht in: *Meine Manns*, 185f.
137 das sind Dietrich v. Rohrscheidt und seine Ehefrau Loni
138 Wohl nicht veröffentlicht, da bei Nikola Müller nicht aufgeführt.
139 vermutlich Herbert v. Klemperers

Post. Regentag. »Die Golowjlows« ausgelesen. Beim Tee Mira, mit Mim bei der Herrschaft[140] gegessen. Brief von Alfred.

19/8
Karte von Katja, an Alfred; mit Maria geschwommen u. Spaziergang, Karte an Frau Dr. Hamburger. »Wandlungen« von Friedr. Huch gelesen. Nachmittag Aufregung wegen des verschwundenen Prinz[141]. Besuch bei Hermine, die schlief u. kurzer bei Frau Liebermann. Abends noch Hermine mit Son Ernst, p.p.c. »Zukunft« u. »Wandlungen« gelesen.

20/8
Gestörte Nachtruhe durch Prinz, der 2 Häuser aus dem Schlaf scheuchte. Küler Tag, trotzdem mit Maria geschwommen; bei der Herrschaft mittags u. abends gegessen, incl. Miez. Beim Tee Luigia u. Kantor[owicz], p.p.c. Gepackt, Koffer spedirt.

21/8 München.
Früh auf, bei unfreundlichem Wetter um 9 Abreise von Wannsee, von Else u. den Kindern[142] zur Ban geleitet. Mimchen schwach u. alt verlassen. – Normale Reise, unterwegs Adolf Pauls »Die Tänzerin Barberina« gelesen. Um 9 Ankunft, von Alfred u. Klaus-Lala empfangen; Abendessen, Familienleben.

22/8
Familienfrühstück, die blühenden Kindchen[143] begrüßt. Gepackt, gerechnet, Brief an Mim, in die Stadt; Karte von Eu. Beim Tee Degeler, der dann sang. Wärend Klaus' im Theater, Karten an Maria, an Eu, an Marta u. nach Wildbad; und sehr spät ins Bett.

23/8
Brief an Mim, nach endlos ausgedehntem Frühstück; und nochmals Karten nach Wildbad u. an Eu. In die Stadt, nachmittags zu Schulze, Kleid bestellen; beim Tee auf der Veranda Marga

---

140 Damit sind Rosenbergs gemeint. Hedwig Pringsheim wohnte offensichtlich diesmal nicht bei ihnen, sondern im Nebenhaus des Wannseegrundstückes, in dem auch Hedwig Dohm (*Mim*) den Sommer verbrachte, von den Gagliardi's insbesondere von Hedda betreut, mit der sich Hedwig Pringsheim dann abwechselte.
141 muß sich um einen Hund der Rosenbergs handeln
142 das sind Else Rosenbergs Enkel: Maria, Peter und Thomas
143 das sind Milka und Hans Erik

Obu[144], dann für Klaus gepackt, letztes Beisammensein, u. mit Alfred die Kläuseriche zur Ban geleitet, die um 10 mit Schlafwagen nach Bremen abreisten.

24/8
Brief an Mim, Karte an Klaus mit Rechnung, in die Stadt. Nachtisch auf den Friedhof, dann zu Frau v. Scheubner, die verreist. Auf der Veranda beim Tee Schölls, gegen Abend zu Sophie. Abend Brief an Peter (92); gelesen.

25/8
Brief an Mim, Antwort aus Wildbad; von Eva mit Dorchen[145] abgeholt, zusammen in die Stadt, bei Sommerwärme. Beim Tee Bondi's, die dann begleitete. Abend Brief an Marta u. Karten an Thomas Rosenberg u. Hôtel Klumpp. Humboldt-Briefe gelesen.

26/8
Früh um ½10 nach Tölz, abends ½10 zuhaus. Draußen schön Wetter, alles wol, vor- u. nachmittags den Kindern »Zwei Städte«[146] vorgelesen, nach dem Tee hübscher Spaziergang. Zuhaus Brief von Mim, Karte von Marta.

27/8
Brief von Klaus, an Mim. Von Eva abgeholt, mit ihr Spaziergang zu Katja's Haus u. kurzer Besuch bei Paul Hulle. Beitisch, über den Tee bis gegen 8 Bondi's; dazu, von ihnen angeregt, Max Halbe mit Frau u. Son, außerdem Dr. [Arthur] Rosenthal zum Tee: ganz munter u. nett. Abend kleine Reisevorbereitungen u. Humboldtbriefe. Warmer Sommer.

28/8
Briefchen von ~~Els~~ Katja mit Einlage, Karte von Maria, Brief an Mim, Karte an Klaus, in die Stadt; bei Schulze probirt. Nachmittag gepackt, beim Tee die Damen Scheubner u. Kursell. Abend Brief an Katja, an Mim vorgeschrieben. Gerechnet.

---

144 d.i. Margarete Oldenbourg
145 d.i. die Tochter Dora, gesch. Brinkmann
146 von Charles Dickens

29/8 Wildbad

Trotzdem Alfred wegen der gestrigen Kriegserklärungen von Italien[147] u. Rumänien[148] (9 u. 10!) so deprimirt war, daß er die Reise aufgeben wollte, fertig gepackt, Brief an Mim beendet, gegessen, um ½1 Abreise nach Wildbad, im überfüllten Zug bei schwüler Luft I Kl. vortrefflich gefaren, förmlich beschäment[149] gut (Rosi Hutzler[150] im Zug, in Augsburg den jammernden Feldgrauen[151] Böse). Um ½8 Ankunft, selbstverständlich die selbstverständliche Enttäuschung über Gegend, Ort, Hôtel, Gesellschaft. Schlecht[e] table d'hôte, Orientirungsspaziergang, ausgepackt; Gewitter.

30/8

Geräumt u. geordnet, Brief an Mim. Konsultation bei Dr. Schober, der uns recht bagatellmäßig behandelte u. erstes Bad mit folgender 1 stündiger Bettruhe. Recht mittelmäßiges Essen, Ruhe, hübscher Spaziergang mit Prof. Stäckel u. Frau u. Tochter, schauderhafter Tee auf der »Hohen Wiese«. Nach dem Abendessen Pannwitzens 1½ St. bei uns in lebhaftem Geplauder. Brief von Mim.

---

147 Kriegserklärung Italiens an Deutschland. Die königlich italienische Regierung hat durch Vermittelung der schweizerischen Regierung der Kaiserlichen Regierung mitteilen lassen, daß sie sich vom 28. ds. Mts. an als mit Deutschland im Kriegszustand befindlich betrachtet. … Man hat früher bisweilen gesagt, daß neben starken politischen und wirtschaftlichen Gründen auch ein gewisses Gefühl der Scham die italienische Regierung und vor allem die italienische Dynastie von der formellen Kriegserklärung an den Verbündeten eines Menschenalters abgehalten habe. Wir haben diese Auslegung stets als das Ergebnis einer gänzlich unbegründeten Uebertragung deutscher Vorstellungsart auf durchaus fremdartige Lebewesen angesehen. Die Italiener, die von solchen Anschauungen und Bedenken wahrlich frei sind, werden jetzt zunächst in Mazedonien Gelegenheit erhalten, mit den ehemaligen Verbündeten zusammenzutreffen und ihren kriegerischen Eifer ungezügelt zu betätigen. Das wäre voraussichtlich mit oder ohne Kriegserklärung geschehen. Ueberhaupt wird durch die formelle Nachholung der Kriegserklärung an dem Kräfteverhältnis und an der Verteilung der Streitmächte zunächst nicht viel geändert … (ausführl. Bericht in den *Münchner Neuesten Nachrichten* vom 28.8.1916)

148 Die rumänische Regierung hat gestern abend Oesterreich-Ungarn den Krieg erklärt. (*Münchner Neueste Nachrichten* vom 28.8.1916)

149 so im Original

150 d.i. Rosie Müller-Dachau, geb. Hutzler

151 Die »Feldgrauen« ist die allgemein übliche Bezeichnung für die Soldaten.

31/8
Um 9 Bad, Frühstück, Bettruhe. Brief an Peter (93), Karten an Marta, Mim, Nusser; nasser Spaziergang, Essen, Ruhe (immer Saltikows Provinz-Novellen genießend). Bei aufklarendem Wetter sehr schöner Spaziergang auf den »Sommerberg«, Tee u. mit Umweg herunter. Nach dem Essen zu Pannwitz in den sehr schönen, einladenden »Quellenhof«, nett geplaudert, eine Frau Dicken aus Grunewald noch dabei.

1 September
Vormittag wie gestern, Brief an Mim, Karte an Hausmeister mit Einlage, kl. Spaziergang. Nachmittag mit Stäckels auf den Sommerberg gefaren, dann über 3 Stunden herrlicher Spaziergang. Bald nach dem Essen recht müde ins Bett, gelesen. Karten von Hausmeister u. Heidenberger.

2/9
Alfreds Geburtstag mit Sonne u. Praliné's gefeiert, one Bad. Brief an Katja, Spaziergang. Briefe von Peter (31) von 22/6 u. von Lala. Nachmittag Brief an Eu, mit Stäckels auf den Sommerberg gefaren, Tee, dann auf Umwegen schöner Spaziergang bei schönstem Wetter herunter. Brief von Mim; nach dem Essen die abscheuliche Kurmusik im abscheulich rauchigen, überfüllten Kursaal 5 Minuten probirt, dann hübsche Musik zweier Officiere im Karlsbad-Saal; im Bett gelesen.

3/9
Vormittag, mit Bad, wie immer. Brief an Mim, Karte an Marta. Nachmittag mit Stäckel, dessen Damen [Frau u. Tochter] abgereist, 3 stündiger Spaziergang bei herrlichem Wetter. Nach dem Abendessen ein wenig promenirt, früh ins Bett, gelesen.

4/9
Vormittags wie immer. Brief an Lala, Karte an Mim. Beim kl. Spaziergang eingeregnet. Saltikows Provinznovellen ausgelesen. Nachmittag bei aufklarendem Wetter letzter Spaziergang mit Stäckel, nach Calmbach, auf dem Heimweg bis auf die Haut durchnäßt. Abend ins Lesezimmer P̶r̶ König Karl Bad[152], in unserem

---

152 das König-Karls-Bad, ein nach dem König Karl v. Württemberg benanntes Badegebäude

August bis September

Schreibzimmer vorgeschrieben, im Bett Bahr's »Himmelfart« begonnen.

5/9
Brief an Mim, Karte an Elhardt; Karten von Harden, Hausmeister, Marta. Regenvormittag, Bad etc wie immer, im Bett »Zukunft«, vortisch Alfreds Klavier gelauscht. Nachmittag aufklarend, 3 St. gelaufen, über Hochwiese, 5 Bäume, Sommerberg, Rodelweg. Nach dem Essen ins Karl Bad, dann im Schreibzimmer Brief an Harden. Im Bett »Himmelfart«.

6/9
Karten an Mim u. an Hausmeister. Vormittag Bad u.s.w. trüb u. regnerisch. Nachmittag trotzdem zum »Soldatenbrunnen« durchs Rennbachtal, 3 St. durch düsteren Wald. Nach dem Essen Alfred vor großem andächtigem Auditorium von 8-9 gespielt, dann im Schreibzimmer Brief an Peter (94) u. an Mim begonnen. Um 11 Ankunft von Marta, die noch in ihre Gemächer geleitet.

7/9
Bad, Frühstück mit Marta, Ruhe, wie immer. Brief an Mim beendet, Briefe von Mim, Katja, Lala. Spaziergang selbdritt. Zum Tee auf den Sommerberg gefaren, auf Umwegen zufuß herunter. Siegesnachricht über die Rumänen, Tutrakan genommen, 20000 Gefangene: Fanen heraus![153] Abend Zeitungen, Brief an Katja; Eier von Lala!

8/9
Kein Bad. Karten an Mim u. an Lala; Brief von Eva, Spaziergang. Nachmittag bei schönstem Wetter in Calmbach Kaffee getrunken, abend Zeitungen, vorgeschrieben, im Bett Bahrs langweilige »Himmelfart« ausgelesen.

9/9
Bad etc. Karte von Harden, Spaziergang. »Tycho Brahe's Weg zu Gott« von Max Brod begonnen. Brief von Mim. Nachmittag bei

---

153 **Balkan-Kriegsschauplatz**. Die siegreichen deutschen und bulgarischen Kräfte haben den stark befestigten Platz Tutrakan im Sturm genommen. Ihre Siegesbeute beträgt nach den bisher vorliegenden Meldungen über 20,000 Gefangene, darunter zwei Generale und mehr als 400 andere Offiziere, und über 100 Geschütze. Auch die blutigen Verluste der Rumänen waren schwer. (ausführl. Bericht in den *Münchner Neuesten Nachrichten* vom 8.9.1916)

gutem Wetter mit Alfr. weiter Spaziergang: auf den Sommerberg (Marta beide Wege per Ban), wo Tee, dann über Grünhütte u. Große Tanne heim, im Sturmschritt 3 ¾ St. gelaufen. Abend Zeitungen, Brief an Mim vorgeschrieben.

10/9
Bad etc. Spaziergang mit Marta. Nachmittag schöner Spaziergang selbdritt, mit Kaffee im »Windhof«, bei Sommerwetter. Bei der Rückkehr geflaggt, da Silistria gefallen.[154] Karte von Harden, Zeitungen, Karten an Eu u. an Mim, im Bett Tycho Brahe.

11/9
Bad etc, Brief an Eva, Spaziergang. Nachmittag bei Regenwetter auf den Sommerberg, hinauf u. hinunter gelaufen, mit Marta, die gefaren, oben Tee. »Zukunft« gelesen, abend Brief an Mim vorgeschrieben, im Bett gelesen.

12/9
Bad etc., Spaziergang, Brief von Katja. Nachmittag Brief an Klaus, selbdritt im »Windhof« Kaffee, dann mit Alfr. noch schöner Spaziergang bei prachtvollem Wetter. Abend Karten an Mim, an Köchin u. Jungfer.[155] Zeitungen, Tycho Brahe.

13/9
Bad etc., Tycho Brahe ausgelesen, herrlich klarer, kalter Morgen, Spaziergang mit Marta. Nachmittag mit Alfred auf den Sommerberg, bei wieder trübem Himmel, oben mit Marta Kaffee, mit ihr auf Umwegen zufuß heim, völlig verregnet. Brief von Mim, Brief an Peter (95).

---

154 **Nach Tutrakan Silistria.** Vier Tage nach der Erstürmung von Tutrakan haben die siegreichen deutsch-bulgarischen Heere das zweite rumänische Bollwerk an der Donau, die alte Festung Silistria, zu Fall gebracht ... Silistria war das vornehmste Ziel, dem der rumänische Raubzug gegen das ermattete Bulgarien im Jahre 1913 gegolten hat. Der Sicherung des Weges nach Constanza sollte die Anfügung des bulgarischen Gebietsstreifens zwischen Tutrakan – Silistria und dem Meere in der Hauptsache dienen. Die Rumänen haben sich ihrer Diebesbeute nicht lange erfreuen dürfen. Vierzehn Tage nach der Kriegserklärung an Oesterreich-Ungarn, die einen neuen räuberischen Ueberfall einleiten sollte, haben sie bereits wieder verloren, was sie sich 1913 gestohlen hatten ... (ausführl. Bericht in den *Münchner Neuesten Nachrichten* vom 11.6.1916)

155 gemeint sind die Köchin Marie und die Jungfer Anni (s.18.9.)

September 573

14/9
Regen die ganze Nacht durch. Brief an Mim, Bad etc., Brief von Ilse, Karte an sie, Spaziergang. Nachmittags nach Calmbach, auf dem Heimweg ordentlich gewaschen u. sehr kalt. Abend Karte an Mim, Brief begonnen.

15/9
Kein Bad. Brief von Funke, Karte von Scheubner aus Mossul, Brief an Harden beendet.[156] Sehr kalt, Spaziergang. Nachmittag mit Alfred auf Sommerberg, wo Marta trafen, dann selbdritt zum Soldenbrunnen[157], über Wildbaderkopf heim, doch, da Alfred kleinen Irrweg veranlaßte, 4 St. gelaufen, bei schönem, sehr kaltem Wetter. Karte von Gusty, Brief an Katja.

16/9
Bad etc., hundekalt, Spaziergang, Brief an Gusty. Marta wird telegraphisch zurückgerufen, da Hans' Inspektor plötzlich eingezogen ist, packt, reist morgen früh. Besorgungen mit ihr, im Kurhaus Chocolade u. kl. Spaziergang. Die Stadt beflaggt wegen »bedeutendem Sieg in der Dobrudscha«.[158] Brief von Mim, abends Brief an sie u. sehr gerürter Abschied von Marta, da sie in aller Herrgottsfrühe reist.

17/9
Dasselbe kalte Regenwetter. Bad etc. u. einsamer Spaziergang. Karte von Katja. Nachmittag bei bedecktem Himmel, one Regen, 3 ¾ St. rastlos gelaufen, über Riesenstein, Enzhof, kl. Enztal u. Calmbach, sehr schön, aber ein wenig ermüdend. Abend Brief an Lily Reiff, Karten an Marta u. Mim.

18/9
Bad etc, »Zukunft« gelesen, Karten von Mim u. Anni. Das gleiche, abscheuliche Wetter, vormittags nicht aus, Geburtstagsbrief an

---

156 im Original erhalten und veröffentlicht in: *Meine Manns*, 186-189
157 gemeint ist vermutlich der »Soldatenbrunnen«
158 **Ein Sieg in der Dobrudscha**. In später Nachtstunde erhalten wir folgende erfreuliche und bedeutsame Meldung: Seine Majestät der Kaiser sandte am 15. September nachstehendes Telegramm an Ihre Majestät die Kaiserin: Generalfeldmarschall v. Mackensen meldet mir soeben, daß bulgarische, türkische und deutsche Truppen in der Dobrudscha einen entscheidenden Sieg über rumänische und russische Truppen davongetragen haben. Wilhelm (*Münchner Neueste Nachrichten* vom 16.9.1916)

Mimchen. Nachmittag Kaffee im Windhof u. verregneter Waldspaziergang. Briefchen von Marta aus Pforzheim, mit 10 M.[159] fürs Zimmermädchen. Karte an den Hausmeister, abend Brief an Funke.

19/9
Bad etc, Spaziergang mit Alfred; nachmittags über Wildbaderkopf nach der Eyachmüle, zweimal tüchtig gewaschen, sonst schöner Weg, 3½ St. gelaufen. Abend Briefe von Mim u. Marta, Karte an Mim, Brief an Hilbert. »Christiane v. Goethe«[160] gelesen.

20/9
Bad etc; Brief von Katja, Spaziergang. Trübkalter Tag, doch one Regen. Nachmittag 4 St. gelaufen: über Aufhalder Weg nach Grünhütte, über Löwenbrückle u. Sommerberg zurück; schön, nur wie immer mit Alfred, allzu sehr Hetztempo. Abend 2 St. gemütlicher Besuch des Hauptmann Prof. v. Lilienthal. Spät noch Karten an Klaus und Katja. Karte von Ilse.

21/9
Eisig kalter Nebel- u. Regentag. Bad etc., Brief an Mim, später in der warmen Halle Brief an Peter (96). Nachmittag, zur Erwärmung, auf den Sommerberg gelaufen. Brief von Ilse, abend Brief an Marta, gelesen.

22/9
Letztes Bad, G.s.D.! Im Bett »Christiane von Goethe« ausgelesen, Karte an Mim, mein Brief an Hilbert zurück, da Adressat in der Schweiz, Spaziergang. Bei zum erstenmal seit Wochen schönem, külem Wetter über den Berg zum Windhof, Kaffee; dann zuhaus gepackt. Briefe von Mim, Marta, Lala. Abend Karte an Hilbert nach Vitznau u. Brief an Mim begonnen.

23/9. München
Um 11 Ur Abreise von Wildbad, klarer, sonniger, eiskalter Morgen. Vorher noch Gratulation mit 20 M.[161] an Luigia auf die Post getragen und von ¼ bis ¾11 intime Freundschaft mit den netten Herren Siebert u. Grisar geschlossen: trop tard[162]. In Pforzheim in

---

159 in heutiger Währung etwa 48 €
160 vermutlich von Etta Federn, ein Beitrag zu Christiane v. Goethes 100. Todestag
161 in heutiger Währung etwa 96 €
162 (frz.) zu spät

den Speisewagen, mit Alexander Oldenbourg gegessen, den vor lauter Kriegshagerkeit nicht erkannte. Normale Reise, um 6 München, beim Tee Katja, die sehr schlecht aussieht. Karte von Mim. Abend gepackt u. geordnet bis 12 Ur, wärend Alfred bereits in der Allotria!

24/9

Gerechnet, gewirtschaftet, Brief an Mim beendet. In die Stadt u. Spaziergang mit Elsa B., bei blendend schönem Herbstwetter. Beitisch Manns, Katja mit den Kindern über den Tee, den auf der Veranda trinken konnten. Abend »Zukunft«.

25/9

Brief an Mim, vor- u. nachmittags in die Stadt, um Einkäufe zu machen, was nur in geringstem Umfang gelang, da allmälich alles ausgeht u. das Wirtschaften immer schwieriger wird. Vortisch Besuch bei Hermine u. gegen Abend bei Stadlers, Wäschepacket für Bremen gepackt, gewirtschaftet, Zeitungen, die nichts erfreuliches melden.

26/9

Andauer des herrlichen Wetters. Brief an Mim, Karte an Frau v. Scheubner u. an die Deutsche Bank, 3000 M.[163] Kriegsanleihe zeichnend.[164] Besuch von Mengele, als Bittsteller, in die Stadt. Nachmittag zufuß zu Katja, auf dem Rückweg Ilse im Continental begrüßt, und zum Abendessen ins [Regina] Palasthôtel zu Hermine, wo erst Bruno Frank, später Walter Hirth, bis 12 Ur. Abschied.

27/9

Brief an Mim, Briefe von ihr u. von Peter (32) vom 8/7, u. Karte von Emil Fester aus Konstantinopel. Zu Schulze, probiren, dann Katja beim Zanarzt abgeholt u. Kommissionen. Nachmittag auf den Waldfriedhof, beim Tee Elsa B., abends Ilse, die mit Schulze[165] u. seiner Sekretärin im Continental wont. Spät Brief an Peter (97). Sehr netter und überraschender Brief von Emmy Krüger, mit der ich voriges Jar eine unerquickliche Korrespondenz gehabt.

---

163 in heutiger Währung etwa 14.400 €
164 s.a. den Artikel »Der Kriegsverlängerer« im Anhang *Zusätzliche Dokumente*
165 Gemeint ist Ilse Dernburgs Chef Paul Schultze-Naumburg.

28/9

Brief an Mim, mit Frl. Krüger freundschaftlich telephonirt, in die Stadt. Brief von Eu, zum frühen Tee Herr Grisar mit Tochter und Ilse mit Schulze-Naumburg u. Sekretärin; auf der Veranda munteres Geplauder. Abend mit Alfred in »Figaro's Hochzeit«, auf Walters Plätze. Sehr hübsche Aufführung, Bosetti eine reizende Susanne.[166]

29/9

Brief an Mim; zu Gosch, wo auch Katja; dann mit ihr Kommissionen. Nachmittag dito; Tee auf der Veranda, gekramt, abends Brief an Eu. Humboldt-Briefe gelesen. Cigarren an Feldgraue[167].

30/9

Regenwetter, früh in die Stadt, viele Kommissionen; nachmittags bei Hahn Weihnachtskiste für Peter. Beim Tee Katja, abends Ilse. Durch abscheulichen Kratz-Schnupfen arg gequält. Karten von Emma Schlier u. Luigia. Spät noch gelesen, um 12 Ur nachts die Uren von der Sommer- auf die Winterzeit gestellt.

1 October.

Sehr erkältet, zuhaus geblieben; Brief von Peter (33), die Ankunft des Geldes meldend; und 2 Briefe von Else, der erste sorgenvoll über Mimchens beunruhigenden Husten u. über Andreas, von dem keine Nachricht; der zweite mit der kurzen Meldung, daß der arme Andreas am 20/9 bei Luck gefallen, im Massengrab ruht! Brief an Mim u. an Else. Ilse telephonisch benachrichtigt, kam sofort, beschloß Abreise heute Abend. Beitisch u. über den Tee Manns u. Ilse; Ilse auch noch zum Abendessen. Später Brief an Marta.

2/10

Da schönes, sonniges Herbstwetter, in die Stadt. Briefe von Klaus und von Marta. Zwei Weihnachtspackete an Peter fertig gemacht (ein drittes von Hahn schicken lassen) u. Packet für Lala-Milka; Karte an Milka. Nachmittag Wintersachen ausgepackt, Brief an Mim. Beim Tee Emmy Krüger, von der wir als intime Freunde

---

166 K. Residenztheater: »Figaros Hochzeit«. Herr Brodersen (Graf Almaviva), Frl. Morena (Die Gräfin), Frl. v. Fladung (Cherubin), Herr Schützendorf (Figaro), Fr. Bosetti (Susanne) u.a.

167 das sind die Soldaten: Wolf, Friedrich, Schneckenaichner und Heidenberger

schieden; danach Sophie. Brief an Klaus, Rundschau u. Humboldt gelesen.

3/10

Brief von Hannchen, Karte an sie. Zu Schulze anprobiren u. rendez-vous mit Katja. Immer noch abscheulich erkältet; Brief an Mimchen. Nachmittag zuhaus, gelesen, gekramt, Packet mit Zucker, Tee u. Zwieback an Mimchen. Der Krieg momentan an allen Fronten auf dem Höhepunkt u. so grausig, daß man rein verzweifeln muß.[168] Dazu wächst die wirtschaftliche Not ungemessen.

4/10

Brief von Ilse; Mimchen geht's schlecht. Briefe an Mim u. an Peter (98). Überraschend Brief von Mimchen, unsicher u. schlecht geschrieben, aber 4 Seiten, noch aus Wannsee. Bei plötzlich sommerwarmem Wetter in die Stadt. Nachmittag zuhaus, gekramt, beim Tee Katja. Abend Brief an Lala, Humboldt gelesen.

5/10

Brief an Mim; bei Regen in die Stadt. Nachmittag zufuß zu Katja, wärend Tommy in der Bonbonnière den Reigen der »Intimen Nachmittage« mit einer Hochstapler-Vorlesung eröffnete.[169] Abend Humboldt-Briefe.

---

168 **Westlicher Kriegsschauplatz**. ... Auf dem Schlachtfeld nördlich der Somme wieder ein Großkampftag! Auf über 20 Kilometer breiter Front zwischen Thiepval und Rancourt brachen die Engländer und Franzosen nach äußerster Steigerung ihres Vorbereitungsfeuers zum Angriff vor. Vielfach erfuhren sie bereits durch unsere gut geleitete Artillerie blutige Abweisung, eingedrungene Abteilungen unterlagen in erbittertem Nahkampf unserer unerschütterlichen Infanterie. Hart nördlich der Somme wurde ein französischer Teilangriff abgeschlagen. Die Schlacht dauerte die Nacht hindurch fort und ist noch im vollen Gange ...
Zur Kriegslage. ... Im Osten sind die Russen, wie erwartet worden war, wiederum zum Angriff vorgegangen, vor allem im Raume westlich von Luck. Auch hier ging ein mächtiger Artilleriekampf voraus. An einzelnen Stellen, wo der Gegner in unsere Linie eingedrungen war, ist er durch Angriff wieder zurückgeworfen. Ein Vorstoß der Russen beiderseits der Bahnlinie Brody-Lemberg ist zusammengebrochen. Die frische Haltung der türkischen Truppen bei einem Gegenangriff ist besonders zu rühmen. (ausführl. Berichte in den *Münchner Neuesten Nachrichten* vom 3.10.1916)

169 Thomas Mann erwähnt diese Vorlesung in einem Brief an Peter Pringsheim am 10. Oktober: ... Ich bin hier neulich auch mal wieder oeffentlich aufgetreten, indem ich nämlich aus dem »Hochstapler« vorlas: im Publikum ist

6/10
Brief an Mim, in die Stadt zum Anprobiren u. Kommissionen. Karte von Ilse, wonach Mimchen die Übersiedlung[170] nach Berlin leidlich überstanden hat. Nachmittag bei herrlichem Sommerwetter wieder aus. ~~Na~~ Abend Rundschau u. Humboldtbriefe.

7/10
Brief von Eu und an sie. Bei Sommersonnenwärme mit Katja im engl. Garten spaziert. Brief von Else vorgefunden, der mein sofortiges Kommen nötig macht. Karte von Klaus. Reisevorbereitungen, beim Tee Katja, kurzer Besuch von Sophie, um ¾ 10 Abreise, von Alfred geleitet.

8/10. Berlin
Nach normaler Fart, mit ½ St. Verspätung, um ¼ 10 angekommen, von Ilse erwartet, die unter großen Mühen u. Kosten ein Auto erstand. Mimchen äußerst jammervoll vorgefunden, mit herzbrechendem Husten; Else äußerlich ruhig, Hermann überhaupt. An Alfred telegraphirt,[171] nachtisch Brief an ihn. Schauderhaftes Wetter; nachmittags Miez; Ilse den ganzen Tag. Gegen Abend Mim sehr schwach u. elend; der Abend trüb u. schleppend, sehr früh ins Bett, ein wenig »Die Gotischen Zimmer«[172] gelesen.

9/10
Sehr trüber Geburtstag von Else. Den ganzen Vormittag auf Fließ gewartet, der nicht kam, »Zukunft« gelesen. Nachtisch Spaziergang bei schwülem Wetter. Der Kinder[173] wegen Geburtstagschocolade. Bei Mim Miez u. Eva. Karte von Alfred, abend Mim versorgt, wieder früh aufs Zimmer, gelesen.

---

nachgerade lebhafteste Nachfrage nach dem »Beziehungslosen« und größte Dankbarkeit dafür ... (GKFA, Briefe II, 158)

170 Rosenbergs und mit ihnen Hedwig Dohm waren – wie alljährlich Anfang Oktober – aus der Wannsee-Villa wieder nach Berlin in die Tiergartenstraße umgesiedelt.

171 zu telephonieren wäre wesentlich langsamer und kostenaufwendiger gewesen

172 von August Strindberg

173 Das sind die Enkel von Else Rosenberg: Maria, Peter und Thomas, die aus Tübingen zu Besuch sind.

Oktober

10/10
Durch Mimchen recht beunruhigte Nacht. In ihrem Zimmer Brief an Alfred, dann Fließ, der nicht absolut unzufrieden. Nachtisch wieder bei warmem Wind 1 ½ St. Spaziergang; geruht. Karten von Alfred, Klaus u. Heidenberger. Brief an Klaus. Dann zu Mim, die sehr matt; Karte an Marta. Miez, Else, dann kurz Ernesto u. Hedda mit Kalli. Beim Essen wie immer Ilse. Wieder früh aufs Zimmer, gelesen.

11/10
Mimchen ein wenig frischer. In ihrem Zimmer Brief an Peter (99), zugleich Brief von ihm (34) vom 21/7 u. Karte von Schneckenaichner. Besuch von Eva. Nach dem Essen Spaziergang bei Sturm, Regen, Wärme. Später bei Mim Miez, Else, Luigia, beim Essen Ilse. Abend wie gestern.

12/10
Brief von Marta, Karte an sie, Brief an Alfred. Mim wie gestern. Nachtisch zu Gerson, Sturm u. Wärme. Briefchen von Alfred, mit Einlage von Lala. Bei Mim Miez u. Else u. Ilse, dazu Hedda mit Kalli, der Abschied nahm, morgen wieder in den Kriegsgraus muß. Abend wie immer.

13/10
In Grete Meisel-Heß' gräßlichem Sexualbuch[174] geblättert und darauf, aus Gefälligkeit fürs arme Mimchen und sehr widerwillig, einen gründlich verlogenen Brief an Meisel-Heß geschrieben. Besuch von Dr. Fließ, der nicht unzufrieden. Nach dem Frühstück Spaziergang bei Sommerwärme, Brief von Katja. Bei Mim Miez, Else, Hedda, Ilse. Abend wie immer.

14/10
Brief an Alfred, Karte an Harden; Besuch von Eva mit Mira. Nachtisch bei dem gleichen Fönwetter zu Mim u. Spaziergang. Beim Tee Prof. Würz, dann Marta, die zu Mim hinaufnahm, wo Miez u. Else. Mim bei gebessertem Husten recht elend u. stönend. Abend wie immer, one Ilse.

---

174 Gemeint ist wohl das gerade erschienene zweibändige Werk *Das Wesen der Geschlechtlichkeit*.

15/10

Brief von Frau Meisel-Heß, Karten von Alfred u. Harden. »Die Gotischen Zimmer« ausgelesen, Mim, die entschieden besser, zum Sonntagsessen mit unten, ebenso abends, wo noch Miez mit Hedda u. Luigia. Dazwischen Spaziergang im Tiergarten u. den Nachmittag bei Mim. Abend »Die schwarzen Fanen«[175] begonnen.

16/10

Teilnamsbrief von Eu. Brief an sie u. Karte an Alfred. Spaziergang bei külerem Wetter; Brief von Alfred mit Einlagen. Bei Mim Eva, Miez u. Else. Abend wie immer. Der Krieg »steht« seit langer Zeit, bei endlosem, trostlosem Blutvergießen u. Hinmorden auf allen Seiten.[176]

17/10

Brief an Katja. »Die Welt als Wille u. Vorstellung«[177] begonnen; Besuch des Dr. Fließ, der mit Mim recht zufrieden, sie als Rekonvalescentin entließ. Briefe von Katja u. von Hannchen. Schöner Spaziergang. Bei Mim Miez u. Hedda, die sich verabschiedete vor ihrer Abreise nach Wickersdorf.[178] Abend wie immer.

18/10

Brief an Peter (100?), Karte an Alfred, Schopenhauer gelesen. Karte von Alfred, bei schönem Herbstwetter nach Monbijou, ins

---

175 von August Strindberg
176 **Westlicher Kriegsschauplatz.** Starker Artilleriekampf beiderseits der Somme, der sich über die Ancre nach Norden ausdehnte und zwischen Courcelette und Rancourt, sowie an der Front Barleux – Ablaincourt größte Heftigkeit erreichte. Englische Angriffe führten nördlich von Thiepval zum Handgemenge in unseren Linien; an einer Stelle setzte sich der Feind fest, sonst ist er überall mit schweren Verlusten zurückgeworfen …
Oestlicher Kriegsschauplatz. An der Front westlich von Luck hielt die gesteigerte Gefechtstätigkeit an. Starkes Artilleriefeuer, das sich etwa auf die Front von Siniawka (am Stochod) bis östlich von Gorochow erstreckte, leitete russische Angriffe ein, die gestern auf das Waldgelände südlich von Zaturcy und die Gegend von Bubnow beschränkt blieben und abgeschlagen wurden … (ausführl. Berichte in den *Münchner Neuesten Nachrichten* vom 16.10.1916)
177 von Arthur Schopenhauer
178 Hedda Korsch hatte eine Stelle als Lehrerin an der »Freien Schulgemeinde Wickersdorf« erhalten, einem Internat in der Nähe von Saalfeld in Thüringen.

Hohenzollernmuseum. Bei Mim Miez mit Sibillchen[179], abends wie immer.

19/10

Mimchen wesentlich besser. Brief an Klaus, Schopenhauer; Brief von Schulze-Naumburg mit Brodmarken u. Karte von Hilbert aus Vitznau. Spaziergang bei külem Wetter, »Schwarze Fanen« ausgelesen. Bei Mim Miez und Luigia; abends wie immer. Luigia's kleine Skizze »Du sollst nicht töten« (unbedeutend) gelesen u. des alten Stürmers Lenz »Soldaten«, die jetzt im Deutschen Theater ausgegraben wurden.

20/10

Brief an Alfred, Karte an Hannchen, Karte von Alfred. Schopenhauer. Gleich nach dem Essen nach Grunewald zu Harden, unterwegs »Zukunft« gelesen. Ein Stündchen mit Harden geplaudert, nichts neues, doch mir immer interessant u. wichtig. Zum Tee zurück, bei Mim Miez u. Luigia. Früher gegessen, um ½8 turbulente Abreise der wansinnig aufgeregten Tübinger Kinder[180]. Später Tie[c]ks Vorrede zu Lenz' Werken gelesen.

21/10

Brief an Tante Asta, Besuch von Eva. Da bei Nebelwetter unlustig, nicht ausgegangen. Langer Brief von Emma Schlier. Bei Mim Miez, Else, Ilse. Abend wie immer, mit pathologischem Ausfall von Hermann gegen die »Flaumacher«. Lenz' »Der Hofmeister« gelesen.

22/10

Brief an Schulze-Naumburg, Karte an Alfred, gelesen. Beim Essen Mim, Miez u. Luigia. Danach schöner Spaziergang, allein oben bei Mim; Abendessen mit Mim u. Ilse. Im Bett Lenz' »Das leidende Weib« gelesen.

23/10

Brief an Kaete, von Klaus. Gelesen. Nachtisch bei schönem Wetter in die Stadt u. Besuch bei Emma Schlier in den »Deutschen Werkstätten«. Bei Mim Miez, Eva u. Mira. Abend verspätete Briefe von

---

179 Heddas Tochter Sibylle bleibt während der Abwesenheit der Mutter offenbar bei der Großmutter in Berlin.
180 das sind Maria, Peter und Thomas

Alfred u. Katja, mit Einlagen. One Ilse, wie immer. Konstanza gefallen.[181] Im Bett gelesen: »Das leidende Weib«.

24/10
Brief an Klaus, Karten an Alfred u. Marta; gepackt, Karte von Alfred. In die Stadt, bei schönem Wetter. Oben bei Mim, die recht matt, blos Miez u. Else; unten Ilse u. längere Unterhaltung mit Robert, der in Urlaub, Unterofficier mit eisernem Kreuz. Fertig gepackt, gelesen.

25/10 München.
Um ½10 Abfart, Trennung vom kläglichen Mimchen recht schmerzlich; von Else zur Ban geleitet, durchaus normale Reise, Gontscharows »Die Schlucht« gelesen, von Halle an Frau Petschnikow als Gefärtin, die aus heißgelaufnem Wagen zu uns siedelte, mit der mich in vertrautem Gespräch befreundete. Hier Alfred an der Ban, sehr deprimirt, da tags zuvor Heinz, vor'm Ausrücken nach Siebenbürgen, bei ihm gewesen u. er ihn nach ganz kurzem ergebnislosen Zwiegespräch unversönt entlassen: was mir dann doch sehr nahe ging. Brief von Peter (36) vom 9. Aug.(!) vorgefunden u. Abschiedsbrief von Frau Hanfstängl, nach Amerika ausreisend. Ausgepackt.

26/10
Da Katja sich in Dillingen erkundigt, u. erfaren, daß Heinz erst heut Abend ausrückt, ihm herzliches Telegramm nach Augsburg gesandt. Gerechnet, geordnet. Brief an Mim, in die Stadt. Nachmittag zuhaus, beim Tee Katja (die Heinz noch telephonisch in Augsburg gesprochen, wo er auch mein Telegramm schon erhalten hatte) u. Erika. Briefe von Peter (35!) vom 1. Aug., von Marta u. von Frau Tiessen. Abend mit Alfred in die von Walter neu einstu-

---

181 Rumänische Front: An der Donaufront bei Kladowo und Silistria Beschießung von beiden Seiten. In der Dobrudscha brachen wir endgültig den Widerstand des Feindes auf seiner Hauptstellung. Die stark befestigten Punkte Cobadinu und Topraisar sind in unserem Besitz. Der Feind erlitt bei der Niederlage schwere Verluste und befindet sich in vollem Rückzug. Unsere Truppen verfolgen ihn und unser rechter Flügel besetzte das Dorf Tokirgiol und kam bis etwa zehn Kilometer südlich von Constanza. Die bisher bekannte Beute beträgt 8 Kanonen, 20 Maschinengewehre und viel anderes Kriegsmaterial. Wir machten noch 200 weitere Gefangene. An der Küste des Schwarzen Meeres Ruhe. (ausführl. Bericht in den *Münchner Neuesten Nachrichten* vom 23.10.1916)

dirte »Eurianthe«, sehr schöne Auffürung des teilweise doch veralteten Werks; glänzende Aufnahme.[182] Karte an Frl. Gottschau.

27/10
Brief an Mim, bei herrlichem Herbstwetter mit Katja Kommissionen. Brief an Peter (101) deutsch, da nach neuen Vorschriften nur noch 1 Seite schreiben darf. Karte von Emma Schlier. Nachmittag Besuch bei Frl. Krüger, die gradezu intim; beim Tee 2 Stunden Tante Asta, tötlich ermüdend. Abend Artikel von Heinrich Mann u. Artikel von Bruno Walter gelesen.

28/10
Brief an Hilbert, mit Einlage von Wildbad; Spaziergang mit Katja im engl. Garten. Nachmittag in die Stadt. Briefe von Kaete u. Mimchen u. Karte von Else, daß es Mim befriedigend geht. Brief an Frau Tiessen. Tommy's Rundschau-Artikel über den »Taugenichts«[183] gelesen u. Gontscharow »Schlucht«.

29/10
Brief an Mim, Karte an Frl. Krüger mit Walters Artikel; mit Alfred, bei dem Bassermann-Jordan, bei schönstem Wetter Besuch beim neuen Philosophen Prof. Becher, junger Junggesell mit Schwester. Mittags alle Manns, auch über den Tee; wozu noch Ehepaar Loehr. Abend Brief an Marta, »Die Schlucht« gelesen.

30/10
Brief an Mim, Schopenhauer gelesen, in die Stadt. Nachmittag bei herrlichem Wetter Besuch bei Voß', die verfehlt. Beim Tee Scheubner-Richters, sie stralend, weil er nach fast 2 Jaren mit längerem Urlaub aus Mesopotamien zuhaus; sieht gut aus u. hat fabelhaftes erlebt. Brief von Eu, daß Crodu sehr krank; abends Brief an sie u. gelesen.

31/10
Brief an Mim; zu Rüdiger-Weih u. Kommissionen, bei Sommerwärme. Brief von Mimchen, recht befriedigend. Nachmittag Be-

---

182 K. Hoftheater: »Euryanthe« von C. M. v. Weber. Herr Gillmann (Ludwig VI, von Frankreich), Herr Wolf (Adolar), Frl. Reinhardt (Euryanthe), Herr Bender (Lysiart), Fr. Färber-Straßer (Eglantine) u.a.
183 Thomas Mann, *Der Taugenichts*. In: *Die Neue Rundschau*, 1916, XXVII. Jg, H. 11, 1478-1490.

such beim jungen Pidoll-Paar, beim Tee Frau Petschnikow mit Tochter u. beide Schölls. Abend »Zukunft« u. »Schlucht«.

1 November
Brief an Mimchen, bei Sommerwetter auf den Waldfriedhof, teils zufuß. Nachmittag mit Alfred zum Tee zu Manns, hin gegangen. Abend Brief an Peter (102); gelesen.

2/11
Briefe von Peter (37) vom 19/8, von Klaus, Karte von Hermine. Brief an Mimchen, ins römische Bad. Nachmittag zur Schneiderin Albert, beim Tee Katja mit Aißi. Abend Brief an Klaus, »Die Schlucht« gelesen.

3/11
Brief an Mim; Briefchen von Eva Schneckenaichner u. Karte an sie. Bei schönem Wetter in die Stadt, ebenso nachmittags. Nach dem Tee Besuch der Gugg, dann der Belli. Brief an Hermine, »die Schlucht« gelesen.

4/11
Brief an Kaete, mit Katja Kommissionen; Briefe von Mim u. Marta, Karte von Grete Meisel-Heß. Nachmittag in die Stadt; »Zukunft« gelesen. Abend allein, Brief an Harden,[184] Karte an die Meisel-Heß. Rundschau gelesen.

5/11
Brief an Mimchen, Spaziergang bei schönstem Wetter. Beitisch Manns, one Tommy, der in Berlin liest; dazu zum Tee Ehepaar Pidoll; wärend der Musik den Kindern vorgelesen. Abends mit Alfred in »Aida«, ausgezeichnete Vorstellung, die Perard-Theißen glänzend, Amneris-Krüger stimmlich nicht ganz befriedigend.[185]

---

184 im Original erhalten und veröffentlicht in: *Meine Manns*, 189f.
185 K. Hoftheater: »Aïda« von G. Verdi. Herr Bauberger (Der König), Frl. Krüger (Amneris), Fr. Perard-Theißen (Aïda), Herr Wolf (Radames), Herr Schipper (Amonasro) u.a. – Frau Perard-Teissen sang uns gestern die äthiopische Sklavin in Verdis Aïda. Die weiche Klangpracht und die beherrschende, Kopftöne von ruhigster Führung und silbrigstem Klange erlaubende Sicherheit im Technischen, gemahnten an den schönen Anfang ihrer Münchner Laufbahn ... Da sich mit dem bestrickenden Klange eine innige Leidenschaft verband, so rückte gestern Aïda, die so leicht gegen Amneris zurücktritt, in die ihr gebührende, den Namen der Oper rechtfertigende Stellung. Das bedeutete umsomehr, als sich Amneris der

Der Krieg »steht« wieder einmal an allen Fronten, nach den großen Erfolgen in Rumänien vor 14 Tagen. »Königreich Polen!«[186]

6/11

Brief von Klaus, an Mim; in die Stadt. Nachmittagstee bei Lula, wo mit Katja rendez-vous. Brief an Olga Pringsheim, von Mad. Vogt, nach Berlin nachgesandt. Gelesen.

7/11

Das herrliche Wetter dauert an. Brief an Mim, mit Einlage an Miez als Erläuterung zur abgegangenen abgelegten Kiste. In die Stadt, Bluse gekauft. Nachmittags zum Turnfräulein Möhl, darauf in derselben Angelegenheit Besuch bei Frau Dr. Wolf[187]; doch wird aus dieser Kombination nichts. Karte von Harden. Beim Tee Katja, die von Walters 2 Billette zum »Armen Heinrich« bekommen, mich dazu einlud. Bei recht mittelmäßiger Besetzung doch nur mäßiger Genuß. Bary schrecklich u. blind.[188]

8/11

Brief an Mim; Katja mit Aißi zum Probiren, mit ihnen in die Stadt u. zur Schneiderin Albert. Brief von Mim; nachmittag Brief an

---

hohen Künstlerschaft Frl. Krügers zu erfreuen hatte … Die volle, metallreiche Stimme, im Vortrage fein abgeschattet, strömte dabei in Höhe und Tiefe mühelos und schön. So standen sich Amneris und Aïda gleichwertig gegenüber, und das machte den Liebesstreit um den männlichen, strahlenden Tenor des Wolfischen Radames zu einem fesselnden Wettkampf … (ausführl. Bericht in den *Münchner Neuesten Nachrichten* vom 6.11.1916)

  186 **Die Proklamation des Königreichs Polen.** Seine Majestät der Deutsche Kaiser und Seine Majestät der Kaiser von Oesterreich und Apostolischer König von Ungarn, getragen von dem festen Vertrauen auf den endgültigen Sieg ihrer Waffen und von dem Wunsche geleitet, die von ihren tapferen Heeren mit schweren Opfern der russischen Herrschaft entrissenen polnischen Gebiete einer glücklichen Zukunft entgegenzuführen, sind dahin übereingekommen, aus diesen Gebieten einen selbständigen Staat mit erblicher Monarchie und konstitutioneller Verfassung zu bilden. Die genauere Bestimmung der Grenzen des Königreichs Polen bleibt vorbehalten. Das neue Königreich wird im Anschluß an die beiden verbündeten Mächte die Bürgschaften finden, deren es zur freien Entfaltung seiner Kräfte bedarf … (*Münchner Neuesten Nachrichten* vom 5.11.1916)

  187 vermutlich Hanna Wolff

  188 K. Hoftheater: »Der arme Heinrich« von Hans Pfitzner. Herr v. Bary (Heinrich), Herr Brodersen (Dietrich), Fr. Faßbender (Hilde), Herr Bender (Der Arzt) u.a.

Peter (103); beim Tee Frl. Krüger, die mit Alfred »Isolde« studirte. Brief von Lily Reiff. Abend »die Schlucht«.

9/11
Völliger Wetterumschlag: naßkalter Regennovember. Ins römische Bad. Karte von Hermine. Zum Tee zur Geburtstagschocolade zu Katja, wo auch Alfred, u. die Kinder ausgelassen lustig waren. Abend Brief an Eu, die die Übersiedlung[189] wieder verschieben mußte, da der arme Crodu sehr krank. Gelesen, und um 10 Ur Ankunft von Klaus, der zwar seiner zerschnittenen Hand wegen im Degeler-Koncert nicht begleiten kann, aber sich Samstag zur Musterung stellen muß. Familienabendessen u. Geplauder.

10/11
Lange mit Klaus beim Frühstück, Brief an Mim; in die Stadt u. Besuch bei [Tante] Asta. Nachmittag gelesen, abends alle ins Degeler-Koncert, wo Schmid-Lindtner Klaus' Klavierpart übernommen. Betrübend leerer Saal, garkeine Bekannte, außer Löhrs, die mit uns u. Katja mit Eri u. Aißi saßen. Degeler schön gesungen, entschiedenen Erfolg, auch mit Klaus' 4 Liedern, der auf dem Podium für großen Beifall danken mußte.[190] Er ging nach unserem Nachtessen noch zu den Künstlern.

---

189 Schaeuffelens wohnten den Sommer über in ihrem »Genienhaus« in Partenkirchen.
190 J. Degler, Bariton am Bremer Stadttheater, stellte sich dieser Tage mit einem von August Schmid-Lindner begleiteten Liederabend den Münchnern vor. Er hat eine schöne Stimme, die namentlich in Tiefe und Mittellage viel und guten Klang hergibt, wogegen die Höhe die letzte Abrundung und Freiheit vermissen läßt … Sein Vortrag ist nicht ohne Empfindung, und sehr wahrscheinlich weiß der Künstler auch, worauf es beim Liedersingen ankommt, aber es fehlt der Stimme noch jene auf jeden leisesten Anreiz antwortende Geschmeidigkeit, wie wir sie – nennen wir gleich das beste, nachahmenswürdigste Beispiel! – bei Bender finden. Künstlerisch außerordentlich verdienstlich war es, daß Degler vom gewohnten Programmschema abgewichen war und nur Neuzeitliches, darunter auch sehr wenig Gesungenes, spendete. Neben drei Gesängen von Schillings, Mahlers Kindertotenliedern und mancherlei von Strauß führte er je vier Lieder von Ernst Böhe und Klaus Pringsheim vor. Diesen beiden letzten sind die formale Gewandtheit und die reinliche Arbeit, zwei wertvolle Eigenschaften, gemeinsam; Böhe erscheint dabei als der in der Erfindung ursprünglichere und im Ausdruck kräftigere. (Bericht in den *Münchner Neuesten Nachrichten* vom 13.11.1916)

November

11/11

Karte von Marta, Brief an sie. Klaus, Degeler u. Tommy früh zur Musterung, alle drei zurückgestellt, gottlob. Spaziergang, nachmittags in die Stadt. Zum Abendessen Tommy, retour de Berlin, u. Katja; gemütliches Familiengeplauder, wobei Tommy von Berlin nicht eben viel erzälte.

12/11

Um 8 Abreise von Klaus (der vermutlich seines dummen Fingers wegen bald wieder zu Krecke kommen muß), von mir beim Frühstück betreut. Brief an Mim, Spaziergang, zum Teil mit »Kinne«[191]. Die Stadt wegen des Einzugs des toten, gefallenen Prinzen Heinrich feierlich schwarz beflaggt u. in Bewegung.[192] Mittags alle Manns, nachmittags den Kindern endlich »Zwei Städte«[193] ausgelesen, beim Tee dazu Rud. Oldenbourg. Abend Gontscharows »die Schlucht« beendet.

13/11

Trübes Nebelwetter; Brief an Mim, Kommissionen. Nachmittag Brief an Klaus, der zu einer Neu-Operation seines Fingers dringend zu Krecke kommen soll. Und »Zukunft« gelesen, ausgezeichneter Artikel von Harden,[194] von dem auch Karte. Abend mit Alfred ins »1000. Akademiekoncert«, 3 Symphonien von Haydn, Mozart, Beethoven: schön, aber ein wenig lang und schwer.

---

191 damit könnten die Mann-Kinder gemeint sein

192 **Prinz Heinrich von Bayern †.** Viele Tausende umsäumten gestern die Straßen Münchens, als der Trauerzug, der den gefallenen Helden aus dem Hause Wittelsbach in die Hauptstadt geleitete, zur Theatinerkirche sich bewegte. Schwarz beflaggt waren zahlreiche Häuser, Wimpel in der ernsten Trauerfarbe trugen die Masten der Straßenbahn, die auch heute noch wehen, zum erstenmal bei solchem Anlaß ließen zum gemessenen feierlichen Schritt Trommler und Pfeifer ihre eindrucksvollen Weisen in c-moll erklingen, wechselnd mit den Trauermärschen von Beethoven, Chopin und dem früheren Obermusikmeister Högg. Ehe die Tore der Theatiner-Hofkirche sich hinter dem stummen Gast schlossen, spielte die Musik in langsamem Tempo den Grenadiermarsch … (ausführl. Bericht in den *Münchner Neuesten Nachrichten* vom 13.11.1916)

193 von Charles Dickens

194 Gemeint ist der Artikel »Deutsche Schaubühne« in: *Die Zukunft* vom 11.11.1916, 97. Bd, 149-184.

Großer Enthusiasmus, viel Bekannte, auch Tommy's auf Freikarten.¹⁹⁵

14/11
Brief an Mim, Schopenhauer, bei trübem Nebel in die Stadt. Nachmittag zuhaus, Brief von Bruno Löwenstein, Brief an Lily Reiff. Gegen Abend zu Stadlers; abend allein, gelesen, gehäkelt, gedöst.

15/11
Brief an Mim; zur Schneiderin u. Kommissionen. Nachmittag – beide Wege zufuß – zu Katja, die nebst Moni, mit Erkältung bettlägerig. Abend Brief an Peter (104). Wieder »Großkampftage« an der Somme, mit empfindlichen Verlusten für uns.¹⁹⁶ Allgemeine Erregung wegen der allgemeinen Civildienstvorlage »Wumba« (Waffen- u. Munitionsbeschaffungsamt), die tief eingreifen wird.¹⁹⁷ Brief von Mim.

195   Das erste Konzert der Musikalischen Akademie in der heurigen Spielzeit war zugleich auch das tausendste seit dem Bestehen unserer vornehmsten musikalischen Vereinigung. Also eine Jubelfeier … Die Symphonie der drei Wiener Meister ist das A und O der Musikalischen Akademie. Es war deshalb ein richtiger und feiner Gedanke von Generalmusikdirektor Bruno Walter, das tausendste Konzert ihr zu widmen und von Haydn die Symphonie in D, von Mozart die in g-moll, von Beethoven die Zweite in D an diesem Abend zu bringen. Haydn führte uns gut ein; es war eine sorgfältige und belebte Wiedergabe, die sein Werk erfuhr, eine Aufführung, die dem Leiter und dem Orchester gleich den wärmsten Beifall der in großer Menge gekommenen Zuhörer eintrug. Der Einklang zwischen dem Musikalischen und der technischen Ausführung, wie er hier herrschte, wurde bei Mozart und Beethoven nicht in dem gleichen Maße erreicht … Die Zuhörer hielten sich mit Fug und Recht an das Beste in der Ausführung und gaben sich der elementaren Wirkung, die jede virtuose Leistung – hier des Dirigenten und des Orchesters – auf den Hörer ausübt, rückhaltlos hin … (ausführl. Bericht in den *Münchner Neuesten Nachrichten* vom 15.11.1916)

196   Beiderseits der Ancre spielten sich gestern erbitterte Kämpfe ab. Durch konzentrisches Feuer schwerster Kaliber vorbereitet, erfolgten gegen unsere im Winkel nach Südwesten vorspringenden Stellungen starke englische Angriffe, bei denen es dem Gegner unter beträchtlichen Opfern gelang, uns aus Beaumont-Hamel und St. Pierre-Divion mit den seitlichen Anschlußlinien in eine vorbereitete Riegelstellung zurückzudrücken. Die zähe Verteidigung brachte auch uns erhebliche Verluste … (ausführl. Bericht in den *Münchner Neuesten Nachrichten* vom 15.11.1916)

197   **Die Durchführung der Zivildienstpflicht**. Die angekündigte Organisation der »Zivildienstpflicht«, wie vielfach die geplante Zusammenfassung aller Kräfte der Heimat für die mittelbare und unmittelbare Kriegsarbeit genannt wird, wird den Bundesrat in seiner nächsten Sitzung am Donnerstag beschäftigen … an

November

16/11

Brief an Mim; ins römische Bad. Bei Frau Froböse erkundet, daß es dem armen Crodu sehr schlecht geht u. keine Aussicht auf Übersiedelung in die Stadt. Nachmittags Brief an Eugenie, kurz danach Brief von ihr, recht traurig. Beim Tee [Tante] Asta, abends mit Alfred in die 2 Korngold-Opern, die wirklich unübertrefflich gut gegeben werden; ein laues Publikum fanden.[198]

17/11

Brief an Mim, Karte an Eu; mit Katja u. Eri bei schönem Winterwetter in der Stadt getroffen. Als mittags heimkam, hatte eben dicht bei uns feindlicher Flieger Bombe geworfen, glücklicherweise aber nur sämmtliche Scheiben der Bonifazkirche zertrümmert! Immerhin..![199] Beruhigungskarte an Mim. Gelesen, gegen Abend Besuch von Peters Cambridge-Freund Goldschmid aus Wien; nach dem Nachtessen zu Braune's, wo noch Winkler u. [Rud.] Oldenbourg, die aufgeregt durch den Fliegerangriff bei der Unterbringung der Pinakothek-Perlen im Keller geholfen, über die Blamage unserer Behörden schimpften. Sonst war es nett u. gemütlich. Um 11 heim, da Braune früh Kasernendienst u. Oldenbourg zum Nachtdienst in die Pinakothek.

Stelle des freien Spiels der Kräfte, das noch heute, nach über 27 Kriegsmonaten, die Kräfteverteilung im Wirtschaftsbetrieb des Deutschen Reiches in der Hauptsache bestimmt, soll das umfassende Prinzip der planmäßigen Organisation für den Krieg treten … Eines der wichtigsten Hilfsmittel wird jedenfalls die zweckmäßige, nur nach den Bedürfnissen der Kriegführung bemessene Verteilung der lebendigen Arbeitskräfte sein … Wir haben in mehr als zwei Kriegsjahren schon vieles gelernt, woran vor dem August 1914 kein Mensch nur zu denken wagte. Wir werden uns auch in die Zivildienstpflicht als ein Erfordernis des Sieges, den wir alle erhoffen, freudig zu schicken wissen. (ausführl. Bericht in den *Münchner Neuesten Nachrichten* vom 15.11.1916)

198 K. Hoftheater: »Der Ring des Polykrates« von Wolfg. Korngold. Herr Erb (Arndt), Frl. Ivogün (Dessen Frau), Herr Gruber (Döblinger), Frl. v. Fladung (Lieschen), Herr Lohfing (Peter Vogel) – »Violanta« von W. Korngold. Herr Brodersen (Simone Trovai), Frl. Krüger (Violanta), Herr Gruber (Alfonso), Herr v. Schaik (Giovanni Bracca), Frl. v. Fladung (Bice) u.a.

199 Heute Mittag gegen ein Uhr erschien über München ein feindlicher Flieger, der insgesamt sieben Bomben abwarf, die jedoch nur geringen Sachschaden anrichteten. Menschenleben sind nicht zu beklagen. Der Flieger flog in westlicher Richtung ab. (*Münchner Neueste Nachrichten* vom 18.11.1916) s.a. Verhaltungsmaßregeln für die Bevölkerung im Anhang

18/11

Früh zu Rüdiger-Weih u. in die Stadt. Nachmittag Brief von Mim, Brief an Harden.[200] Abend Rundschau u. Zukunft. Karte von Frau Petschnikoff.

19/11

Briefe von Eu u. von Kaete, Brief an Mim, Karten an Frauen von Scheubner u. Petschnikoff; mit Alfred bei mildem Wetter zu Faßstängls[201], Karten abgegeben; beitisch Tommy's mit Eri u. Aißi, die Eltern zum Tee heim, nur die Kinder zu Lektüre (»Harte Zeiten«[202] begonnen) u. Tee, dazu Davidsohns, Pidolls, Ruscha Rosenthal, Dr. [Arthur] Rosenthal. Abend Brief an Eu, mit Einlage; Humboldt-Briefe gelesen.

20/11

Brief an Mim; erste Turnstunde bei Frl. Möhl, mit den Damen Monakoff u. Herms. Dann Kommissionen. Nachmittag Besuch u. Einkäufe in Frau Wolters' Woltätigkeitsbazar. Karte von Gusty Becker u. an sie, Karte an Frau v. Scheubner, abend Humboldtbriefe.

21/11

Brief von Else, an Mim u. an Dr. Cohen, der seine Stellung bei Schuckert aufgeben will. Bei recht garstigem Wetter Kommissionen. Nachmittag zuhaus, beim Tee Katja u. Scheubner-Richters mit Frau v. Kursell. Abend mit Alfred in »Don Juans letztes Abenteuer«, bei glänzender Auffürung mit Bender u. Krüger sehr hübsch.[203] Hinter mir, zu Alfreds Qual, seine Frau v. Eckard[t] mit Bruder[204] u. Prinzen, zwei Plätze weiter Ruscha, mit der in den Zwischenakten.

---

200 im Original erhalten und veröffentlicht in: *Meine Manns*, 191-193
201 Gemeint ist das frisch verheiratete Ehepaar Edgar Hanfstängl und Anna Mottl-Faßbender, die Witwe Felix Mottls.
202 von Charles Dickens
203 K. Hoftheater: »Don Juans letztes Abenteuer« von Paul Graener. Herr Schützendorf (Spinelli), Frl. Hirn (Lukrezia), Frl. Krüger (Cornelia), Herr Erb (Francesco), Herr Bender (Giovanni) u.a.
204 vermutlich Felix v. Eckardt

November

22/11

Der Kaiser von Oesterreich gestorben,[205] Craiowa erobert. – Früh um 10 mit Alfred in die Generalprobe von Weingartners »Dame Kobold«, ganz nett, aber recht leer u. unbedeutend, macht nach keiner Richtung Eindruck.[206] Sehr viel Bekannte gesprochen. Nachmittag Briefe an Mim und an Peter (105); Briefe von Mim und von Miez; Karte mit 10 M.[207] an Marga Obu. Beim Tee, schon wieder, [Tante] Asta. Abends bei Walters, zum richtigen guten Essen, mit Weingartners, Tommy's u. van Roy: sehr angeregt, sehr gemütlich: bis auf Tommy's unerträglich[e] Politik. Um ½12 bei wundervollem Sternenhimmel mit Weingartners zufuß nachhaus.

23/11

Brief an Mim, in die Turnstunde. Nach dem Tee ins römische Bad! Telegramm von Klaus aus Fulda, der wegen reducirter Züge Anschluß nicht erreicht, erst morgen früh mit dem armen Milkalein eintreffen kann. Wärend Alfred in der Première von »Dame Kobold« gelesen u. Brief an Mim vorgeschrieben.

---

205 **Kaiser Franz Joseph †**... Unvergeßlich ist das herrliche Manifest des Kaisers an die Nationen der Monarchie. Unbeugsam und frisch wie ein Jüngling stellte sich der schwer geprüfte Herrscher vor sein Lebenswerk, um es siegend zu krönen oder mit ihm hinzusinken in Ehren. Neben der Pflicht war die Treue der Leitstern dieses weitgespannten Lebens, das in Sorge, Arbeit und Mühsal aufging. Treu seinem Lebensziele, das einzig und allein Oesterreich-Ungarns Größe, Macht und Wohlfahrt umfaßte, treu dem Bündnisse mit dem Deutschen Reiche, treu den ewigen Gesetzen völkischer und persönlicher Würde, zog Kaiser Franz Joseph das Schwert in dem ihm aufgezwungenen Kampfe um Tod und Leben. (ausführl. Bericht in den *Münchner Neuesten Nachrichten* vom 22.11.1916)

206 K. Hoftheater: »Dame Kobold«. Kom. Oper von Felix von Weingartner. Fr. Bosetti (Dona Angela), Frl. Willer (Dona Beatrix), Herr Schützendorf (Don Juan), Herr v. Schaik (Don Luis), Herr Erb (Don Manuel), Herr Geis (Cosme) u.a. – Generalmusikdirektor Walter bewährte seine Kunst der feinstrichelnden Ausarbeitung, die wenn irgendwo, so hier Voraussetzung fürs Gelingen ist ... Unter den darstellenden Künstlern stand Geis als Cosme an der ersten Stelle; er beherrschte, ohne sich irgendwo vorzudrängen, die Szene so, daß man das Spiel auch Cosme hätte nennen können. Mit Geist und Laune spielten und sangen Hermine Bosetti die Witwe Angela, Erb den Don Manuel, und für Don Juan fand Schützendorf die rechte Weise in Haltung und Gesang; mit dem Luis fand v. Schaik sich angemessen ab ... (ausführl. Berichte in den *Münchner Neuesten Nachrichten* vom 23.11. und 25.11.1916)

207 in heutiger Währung etwa 48 €

24/11

Um ½9 endlich Ankunft von Klaus mit Milka, trotz der 24stündigen Reise mit vielfachen Aufenthalten ganz frisch. Familientee, Milka gebadet u. versorgt, Brief an Mim fertig geschrieben u. mit Milka zur Schneiderin, wo rendez-vous mit Katja. Sehr früh Tee mit Klaus, der bereits um 5 in die Klinik fur. Dann zum Tee Ruscha [Rosenthal] u. ihre Freundin Frau Würz (?), die ganz nett. Später Dr. Goldschmid aus Wien. Mit Klaus u. Katja telephonirt, Milka, die musterhaft artig, lustig u. reizend, besorgt; Karte von Marta, Briefchen mit Butter u. Chrysanthemen von Lucille v. Weingartner. Abend totmüde; ein wenig gelesen.

25/11

Brief an Marta. Milka versorgt, zu Klaus in die Klinik gefaren, ihn unverhältnismäßig matt u. angegriffen gefunden, da die Operation one Narkose, blos lokal anaesthesirt, schmerzlos verlaufen. Dann noch Karte bei Frau v. Weingartner abgegeben, die nachmittags gleich mit Karten des Ehepaars quittirt. Beim Tee Belli u. ihr Sänger Laurendsen, der Siegfrieds »Schmiedelieder« schmetterte. Abend mit Manns ins Schauspielhaus, Première von Bruno Franks »Die treue Magd«, ein sehr schlechtes Stück, mit recht gutem Dialog, das bei teils gutem Spiel freundliche Aufnahme fand.[208] – Brief von Mimchen, Karte an Lala.

26/11

Brief an Mim; mit Milka bei sehr schlechtem Wetter in die Klinik gefaren, Klaus immer noch recht angegriffen. Karte an Lala. Beitisch alle Manns, dazu zum Tee Feo Weingartner, Erna[209], Eva Baudissin, Else Schöll – uff! Abend noch von Hermine angerufen, die zur »vente Hirth«[210] eintraf. »Zukunft« gelesen. In Rumänien glänzende Fortschritte.[211]

---

208 M. Schauspielhaus: »Die treue Magd« von Bruno Frank. Emmy Remolt a.G. vom Hoftheater zu Stuttgart (Frl. Mathilde), Herr Peppler (Kommerzienrat Sohnrey), Fr. Tondeur (seine Frau Lilly) u.a. (Bericht in den *Münchner Neuesten Nachrichten* vom 27.11.1916)
209 d.i. Erna Hanfstaengl
210 **Die Auktions-Ausstellung der Sammlung Georg Hirth**. Als Dr. Georg Hirth im Jahre 1898 einen Teil seiner Kunstsammlung versteigerte, erregte diese Auktion nicht wenig Aufsehen durch den hohen künstlerischen Wert der gebotenen Gegenstände … Jetzt kommt bei Hugo Helbing hier am Dienstag, den 28. November, der zweite Teil der Hirthschen Kunstsammlungen unter den

November

27/11
Schnee u. Dreck. Brief an Mim; Turnstunde. Klaus gehts besser. Zum Tee zu Weingartners in die Jareszeiten, wo Kaulbachs, van Rooy, Frau Walter, Frau Frommel, Eva B.[ernstein] u. Frau Strauß, mit gewonter horrender Taktlosigkeit. Recht nett. Dann mit Frau Walter u. Weingartners ins Akademiekoncert gefaren, Schubert-Symphonie, 4 Frankenstein-Lieder, Smetana-Ouvertüre – sehr schön.[212]

Hammer ... Der Katalog weist rund 1300 Nummern auf. Es gibt kaum ein Gebiet der Künste und des schmückenden Handwerks, das da nicht zu studieren wäre ... Auch in dieser Auktion kommen noch über 300 Nummern kostbaren Porzellans unter den Hammer, ferner andere Keramiken und Glasarbeiten, Medaillen und Plaketten, Silberschmiedewerke, Kleinkunst in Edelmetall, Kupfer, Eisen, Bronze, Zinn, Möbel aus allen Stilepochen, von der Gotik bis zum späten Empire ... Im Ganzen sind hier nur »Stichproben« genannt worden – der Kenner wird unter dem, was nicht aufgezählt werden konnte, vielleicht gerade solche Dinge finden, die ihn noch mehr fesseln als die erwähnten ... (ausführl. Bericht in den *Münchner Neuesten Nachrichten* vom 19.11.1916)

211 **Der rumänische Feldzug.** Der Feldzug gegen Rumänien entwickelt sich in diesen Tagen mit raschen Schritten. Der heutige Bericht unserer obersten Heeresleitung hebt die bedeutungsvolle Feststellung hervor, daß zwischen der IX. Armee des Generals v. Falkenhayn, die bereits über den unteren Alt vorgeprellt ist, und der zur Heeresgruppe Mackensen gehörenden Donauarmee die Verbindung auf rumänischem Boden hergestellt ist. Damit ist das Schicksal der noch in der westlichen Walachei kämpfenden feindlichen Abteilungen besiegelt; ihnen bleibt nur Gefangennahme oder Untergang zur Wahl ... (ausführl. Bericht in den *Münchner Neuesten Nachrichten* vom 27.11.1916)

212 Im zweiten Symphonie-Konzert der Musikalischen Akademie führte Bruno Walter vier Gesänge für eine Baritonstimme und Orchester (op. 34) von Clemens v. Franckenstein zum erstenmal auf, und zwar aus dem Manuskript ... Was die Gesänge Franckensteins angeht, so muß man sagen, daß sich der Komponist die Ausdrucksmittel der modernen Orchestertechnik als gebildeter und durch Beobachtung erfahrener Musiker zu eigen gemacht hat. Er hat das Können und den Klangsinn, die Farben geschickt zu mischen und aufzutragen, um einem poetischen Vorwurf ein klangschönes und stimmungsvolles Orchestergewand zu bereiten ... Dr. Emil Schipper, den man, wenn ich nicht irre, bei dieser Gelegenheit zum ersten Male im Konzertsaal hörte, sang die Lieder mit Verständnis, wenn auch nicht mit gleichmäßig guter gesanglicher Wirkung. Dirigent und Orchester leisteten in der Wiedergabe Ausgezeichnetes ... Mit großer Begeisterung wurden die Instrumentalwerke des Abends aufgenommen: Schuberts große C-dur-Symphonie und Smetanas Ouvertüre zur Oper »Die verkaufte Braut«. (ausführl. Bericht in den *Münchner Neuesten Nachrichten* vom 30.11.1916)

28/11

Brief an Mim, mit Milka in die Klinik, wo wir Klaus zwar noch im Bett, aber wesentlich frischer antrafen. Karten an Lala, an die Gugg, an Degeler. Zum Tee mit der immer rürend artigen u. unglaublich liebenswürdigen Milka zu Manns; abend allein, gelesen.

29/11

Briefe an Mim u. an Peter (106); mit Milka in die Klinik, Klaus schon außer Bett. Brief von Mimchen und Karte von – Heinz! der mir mitteilt, daß er wieder nach Dillingen kommt, da er mit seinem gebrochenen Fuß den Infanterie-Kletterdienst nicht leisten kann. Gleich nachtisch in die Stadt, Kommissionen. Beim Tee das nette Geschwisterpaar Grisar. Abend Humboldt-Briefe.

30/11

Karte von Lala, Brief an Mim, Turnen, Kommissionen. Beim Tee Katja u. Laurent; dann ins römische Bad. Abend Humboldt-Briefe. Nette Karte von Grisars mit Butter- u. Zwiebacksendung.

1 December

Brief von Eu, Karte von Harden, Brief an Mim, Karte an Grisars; mit Milka in die Klinik, immer dasselbe trübe Novemberwetter. Brief von Mim, nachmittags zuhaus, beim Tee [Tante] Asta (!), dann Packet an Peter mit Cigaretten, Kuchen u. Chocolade, Weihnachtspackete für meine 4 Feldgrauen[213] begonnen. Abends Humboldt-Briefe.

2/12

Brief an Miez, mit Katja u. Milka in die Stadt Kommissionen. Nachmittag – zum hoffentlich letzten Mal – in die Klinik, da Klaus' Nähte nun entfernt sind. Beim Tee Frau Voß; die feldgrauen Packete fertig gemacht, abend »Zukunft«.

3/12

Brief an Mim; mit Milka Besuch bei Hermine im Continental u. Spaziergang. Beitisch alle Manns, die sämmtlich über den Tee blieben, dazu eine Hochflut von Gästen: Pannwitz, Falke, Marga,

---

213 das sind die Kriegsteilnehmer Wolf, Friedrich, Schneckenaichner u. Heidenberger

November bis Dezember

Tilda, Cilla Obu[214] – zu viel! Und dann Klaus, aus der stillen Klinik heimkehrend, ganz betäubt von der Menge. Zum Schluß als ich schon ganz tot, noch die Gugg. Abend Familienleben mit Klaus.

4/12
Klaus u. Milka versorgt, Brief an Mim, Turnen, Kommissionen. Brief von Marta. Beim Tee Laurent, der mit Alfred sang. Abend alle ins Akademiekoncert, Mendelsohn-Abend, mit Eva Bernstein, die einen großen Erfolg erspielte.[215] Viele Bekannte, auch nachher im Künstlerzimmer, gesprochen.

5/12
Fanen heraus! wegen des Sieges bei Argesul,[216] bei trübem Nebelwetter. Brief an Mim, Kommissionen. Nachmittag mit Milka zu Katja gefaren, wo beim Tee noch ein unerheblicher stud. Reinhard. Abend mit Alfred, wärend Klaus in der Oper, zu Hermine ins Continental, beim Essen noch Paul Ostermann, später Rud. Oldenbourg: unerquickliche Auseinandersetzung wegen Walter

---

214 das sind die drei Schwestern Oldenbourg: Margarete O., Mathilde von Bomhard und Cäcilia v. Cornides

215 Bruno Walter gab uns Münchnern einmal wieder ausgiebig Gelegenheit, unser Verhältnis zu Mendelsohn zu revidieren, indem er ihm einen vollen Konzert-Abend der Musikalischen Akademie widmete … Zwischen beiden Werken [der Melusinen-Ouvertüre und der Schottischen Symphonie] trug Eva Bernstein das Violinkonzert vor: im ersten Satz, vielleicht zugunsten der Klangschönheit, nicht mit der geforderten leidenschaftlichen Erregtheit, aber mit so viel technischer Ueberlegenheit und Ruhe, mit so reinem und süßem Ton, so natürlich und liebenswürdig im Vortrag, daß man an der Leistung seine volle Freude haben konnte. (ausführl. Bericht in den *Münchner Neuesten Nachrichten* vom 5.12.1916)

216 Der 3. Dezember brachte in der Schlacht am Argesul die Entscheidung; sie ist gewonnen. Die Operationen der Armee des Generals der Infanterie v. Falkenhayn und der auf das Nordufer der Donau gegangenen deutschen, bulgarischen und ottomanischen Kräfte sind von Erfolg gekrönt gewesen … Auf dem linken Argesul-Ufer, nordwestlich und westlich von Bukarest, blieb der Kampf in erfolgreichem Fortschreiten … Die Haltung unserer Truppen in den siegreichen Kämpfen war über alles Lob erhaben, ihre Marschleistungen gewaltig. Das reiche Land und die erbeuteten gefüllten Verpflegungsfahrzeuge des Gegners erleichterten die Versorgung der Truppen … (ausführl. Bericht in den *Münchner Neuesten Nachrichten* vom 5.12.1916)

Hirth u. der Differenz über die auf der Auktion Hirth für 62 000 M.[217] erworbenen Porzellanpüppchen.[218]

6/12
Brief an Mim; mit Milka u. weißem Flieder zur Gratulationscour zu Dycks 60. Geburtstag, wo auch Alfred. Briefe von Mim u. Miez; nachmittags Briefe an Peter (107) u. an Eu. Abend Zukunft u. Humboldtbriefe. Bukarest gefallen!![219]

7/12
Brief an Mim; zum Turnen. Nachmittag ins römische Bad. Brief von Jrete Tiessen u. Karte von Heidenberger. Abend Walters, zu einer Gans von Marta; sehr gemütlich u. anregend.

217 in heutiger Währung etwa 297.000 €
218 Der erste Tag der Versteigerung der Sammlung Georg Hirth in der Galerie Helbing, der lediglich Werke der Keramik zum Verkauf brachte, verlief unter ungewöhnlich starkem Andrang. Auch hier waren alle Kunstgewerbemuseen von Deutschland und Oesterreich durch ihre Direktoren vertreten; daneben beteiligten sich die bedeutendsten Privatsammler und Kunsthändler Deutschlands in Person am Kauf, so daß Preise von ungewöhnlicher Höhe erzielt wurden. Den Rekord stellte eine Berliner Sammlerin auf, die für eine Colombine der Nymphenburger Manufaktur des 18. Jahrhunderts den Preis von 38,000 Mark zahlte und einen Harlekin derselben Manufaktur für 24,000 Mark erwarb. (ausführl. Bericht in den *Münchner Neuesten Nachrichten* vom 29.11.1916) – Höchste Preise hatten auch erzielt: Nymphenburg: Wasserblase 20,100 M.; Harlekin 24,500 M.; Schäfflerpaar 13,800 M.; Der gestörte Schläfer 17,000 M.; Bacchus 11,000 M.; Schäferszene mit Amoretten 13,000 M.; Kindergruppen am Brunnen 15,000 M.; Frankenthal: Türkenpaar 10,200 M.; Schäferszene 10,200 M. (ausführl. Bericht in den *Münchner Neuesten Nachrichten* vom 30.11.1916)
219 Bukarest ist genommen. Der Kaiser hat aus diesem Anlaß in Preußen und Elsaß-Lothringen am 6. Dezember Salutschießen, Beflaggen und Kirchengeläute angeordnet.
Bukarest war, wie schon betont, als erster Waffenplatz Rumäniens zu einer starken Festung ausgebaut ... Die Festung hat 18 Forts und 18 Werke mit Panzerbatterien in einem 12 Kilometer weiten Gürtel, dessen Umfang etwa 71 Kilometer beträgt. Die Forts sind mit trockenen Gräben umgeben und je mit zwei 21-cm-Haubitzen, drei bis vier 15-cm-Kanonen in Panzertürmen, sowie mit 5,7-cm-Kanonen zur Bestreichung der Gräben versehen. Die Batteriewerke zeigen die Gestalt eines flachen Dreiecks. Als Artilleriematerial zeigen sie je zwei 21-cm-Haubitzen und eine 15-cm-Kanone, zum Teil auch 5,7-cm-Schnellfeuerkanonen in versenkbaren Türmen. Für die Festung waren außerdem vorgesehen eine Menge anderer Geschütze, die nach Bedarf aufgestellt werden können und die vielleicht zum Teil bei der Mobilmachung zur Bildung der schweren Artillerie des Feldheeres herangezogen worden sind ... (ausführl. Bericht in den *Münchner Neuesten Nachrichten* vom 7.12.1916)

Dezember

8/12

Brief an Mim; mit Milka kurzer Besuch bei Hermine u. zur »Parade«, die zuehren des Falls von Bukarest spielte. Nachmittag zu Katja, wo Moni u. Aißi wieder mal bettlägerig; beim Tee Laurent p.p.c. u. Lotti Löwenstein, die mit Reisetäschchen zum Übernachten angetreten war. Abend allein zu Hermine, wo ihr Son Hans u. Susi Zimmermann, von nichts die Rede wie von dem widerlichen »Fall Hirth«, höchst ungemütlich; von Alfred um 10 abgeholt, dem Abendessen von Klaus u. Lotti, nach der »Euryanthe« beigewont.

9/12

Langes Familienfrühstück mit den Gästen; über Aufforderung [Tante] Asta besucht, die nach Berlin siedeln möchte, mich zu schreiben beauftragte u. in die Stadt. Nachtisch Eilbrief an Else, in Asta's Angelegenheit; Brief von Mim, beim Tee nur Klaus u. Lotti, abend »Zukunft«.

10/12

Karten von Lula u. Cohen; Brief an Mim. Mit Milka zu Stadlers u. Spaziergang bei schönem Winterwetter. Beitisch Tommy's nur mit Erika, alle, incl. Lotti, die um 7 nach Miesbach zurückfur, u. [Karl] Pidoll zum Tee. Karte an Bruno Löwenstein, abend Brief an Aletta vorgeschrieben, »Rundschau« gelesen.

11/12

Brief an Mim, von Lala; Karte an den Tee-Hagenbeck, Karte von Else. Mit Milka bei schönem Winterwetter Kommissionen. Nachmittag fortwärend mit Hermine telephonirt, beim Tee Asta, dann die Stadlerin u. abends mit Alfred ins Odeon, als Nassauer auf Walter'sche Freikarten, sehr schöne Auffürung von »Paradies und Peri«, mit der Ivogün, Reinhardt etc., stürmischer Beifall.[220] Mit Klaus genachtmalt. Brief von Eu.

220 ... Die jetzige Aufführung unter Generalmusikdirektor Bruno Walters Leitung erschien der vom Frühjahr gegenüber, die in der Chorleistung das Beste geboten hatte, in der Gesamtwirkung einheitlicher und gefestigter ... Ein großer Gewinn für den Eindruck war die Ausführung der Peri durch Marie Ivogün. Die süße Wärme und die Schönheit ihrer Stimme gaben der nach dem Paradies verlangenden Ausgestoßenen ein liebliches Klangbild ... Auch der Tenor muß dies spüren. Dr. Karl Ludwig Lauenstein, der diesmal sang, hatte sich die Tenorpartie hie und da zurechtgelegt; seine Stimme besitzt einen eigenen Schmelz, ein natürliches Vibrato, womit sie den Hörer auch da gewinnt, wo die Tongebung

12/12
Früh zu Rüdiger-Weih, dann mit Milka in die zur überraschenden Herkunft des Kaisers festliche Stadt, auch die stürmisch begrüßte Ankunft des Kaisers gesehen.²²¹ Nachmittag Briefe an Mim u. Marta, Karte an Lala. Beim Tee die Sängerin Frl. Reinhardt, eine alte Bekannte von Klaus. Große Erregung, da der Reichskanzler²²² dem Reichstag mitgeteilt, daß wir durch die Neutralen den Feinden Friedensanträge übermittelt haben!! Was wird's fruchten?²²³ –

nicht ganz mühelos erscheint. Sehr schön sang wie schon im Frühjahr auch jetzt wieder Gustav Schützendorf die Baßpartie und ebenso Luise Willer die Altpartie. Delia Reinhardts von der Natur mit einschmeichelndem Klange ausgestatteter Sopran eignet sich gut für Schumann, aber sie sollte Frl. Ivogün ablauschen, wie man dem Tone Gleichmaß und Ruhe durch alle Lagen und in allen dynamischen Graden gibt. Sehr erfreulich war es zu beobachten, mit welcher Aufmerksamkeit und innerer Anteilnahme die Zuhörer sich den Lockungen der holden Schumannischen Romantik ergaben und mit welcher Wärme sie die Aufführung begrüßten. (Bericht in den *Münchner Neuesten Nachrichten* vom 15.12.1916)

221 **Vom Besuch des Kaisers in München.** … Die Herzlichkeit des Empfanges hatte heute gewiß eine andere und tiefer gehende Bedeutung als bei irgend einem festlichen Anlaß in friedlichen Tagen. Schwere Opfer hat das Volk gebracht. Viele haben ihr einziges Glück, haben ihr Bestes hingegeben. Die Trauer ist in ungezählten Familien eingekehrt. Wenn gleichwohl herzliche Freude den Einzug des Kaisers umgab, so liegt darin auch die Zustimmung, daß man hier wie anderwärts den Führer des deutschen Volkes frei weiß von der Schuld an dem gewaltigsten aller Kriege. Die Nachricht, daß Deutschland, das von seinen längst verschworenen Neidern in den Krieg gedrängt wurde, heute zuerst den Frieden anbietet, vertieft das Bewußtsein, daß uns keine Verantwortung für das Blutvergießen treffen kann … (ausführl. Bericht in den *Münchner Neuesten Nachrichten* vom 13.12.1916)

222 d.i. Theobald v. Bethmann-Hollweg

223 Die Note hat folgenden Wortlaut: »Der furchtbarste Krieg, den die Geschichte je gesehen hat, wütet seit bald 2½ Jahren in einem großen Teil der Welt. Diese Katastrophe, die das Band einer gemeinsamen tausendjährigen Zivilisation nicht hat aufhalten können, trifft die Menschheit in ihren wertvollsten Errungenschaften. Sie droht den geistigen und materiellen Fortschritt, der den Stolz Europas zu Beginn des 20. Jahrhunderts bildet, in Trümmer zu legen.

Deutschland und seine Verbündeten Oesterreich-Ungarn, Bulgarien und die Türkei haben in diesem Kampf ihre unüberwindliche Kraft erwiesen. Sie haben über ihre an Zahl und Kriegsmaterial überlegenen Gegner gewaltige Erfolge errungen. Unerschütterlich halten ihre Linien den immer wiederholten Angriffen der Heere ihrer Feinde stand. Der jüngste Ansturm im Balkan ist schon siegreich niedergeworfen worden. Die letzten Ereignisse beweisen, daß auch eine weitere Fortdauer des Krieges ihre Widerstandskraft nicht zu brechen vermag, daß vielmehr die gegenwärtige Lage zu der Erwartung weiterer Erfolge berechtigt.

Dezember

Depesche von Miez, die an [Tante] Asta schickte. Viel Telephon mit Hermine, die krank. Abend allein, früh ins Bett, da totmüde.

13/12
Brief an Mimchen u. von ihr. Besuche bei [Tante]Asta u. Hermine, mit deren Krankheit es nicht weit her ist; u. in die Stadt. Nachtisch Brief an Peter (108) u. wieder in die Stadt, an Miez 200 M.[224] für Weihnachten geschickt. Gegen Abend Brief an Eu, Humboldtbriefe, Familienleben.

14/12
Unsere Friedensvorschläge werden – natürlich – von den Feinden schlecht aufgenommen.[225] – Brief an Mim, rürendes Expreß-

---

Zur Verteidigung ihres Daseins und ihrer nationalen Entwicklungsfreiheit wurden die vier verbündeten Mächte gezwungen, zu den Waffen zu greifen. Auch die Ruhmestaten ihrer Heere haben daran nichts geändert. Stets haben sie an der Ueberzeugung festgehalten, daß ihre eigenen Rechte und begründeten Ansprüche in keinem Widerspruch zu den Rechten der anderen Nationen stehen. Sie gehen nicht darauf aus, ihre Gegner zu zerschmettern oder zu vernichten.

Getragen von dem Bewußtsein ihrer militärischen und wirtschaftlichen Kraft und bereit, den ihnen aufgezwungenen Kampf nötigenfalls bis zum äußersten fortzusetzen, zugleich aber von dem Wunsche beseelt, weiteres Blutvergießen zu verhindern und den Greueln des Krieges ein Ende zu machen, schlagen die vier verbündeten Mächte vor, alsbald in Friedensverhandlungen einzutreten. Die Vorschläge, die sie zu diesen Verhandlungen mitbringen werden und die darauf gerichtet sind, Dasein, Ehre und Entwicklungsfreiheit ihrer Völker zu sichern, bilden nach ihrer Ueberzeugung eine geeignete Grundlage für die Herstellung eines dauerhaften Friedens.

Wenn trotz dieses Anerbietens zu Frieden und Versöhnung der Kampf fortdauern sollte, so sind die vier verbündeten Mächte entschlossen, ihn bis zum siegreichen Ende zu führen. Sie lehnen aber feierlichst jede Verantwortung dafür vor der Menschheit und Geschichte ab …« (ausführl. Bericht in den *Münchner Neuesten Nachrichten* vom 13.12.1916)

224 in heutiger Währung etwa 960 €

225 **Das Friedensangebot und die Gegner. Haag** … Das ganze englische Presseecho zusammen bestärkt mich durchaus in der Ueberzeugung, daß die leitenden Kreise Englands noch keineswegs zu der Einsicht durchgedrungen sind, daß eine völlige Niederwerfung Deutschlands unmöglich ist. Solange das nicht der Fall ist, wird aber England alles tun, um reale Unterhandlungen zu hintertreiben … **Paris**. Das »Petit Journal« schreibt über den Inhalt der demnächstigen Erklärung Briands über die Friedensnote: »Die Note darf nicht als welterschütternd angesehen werden. Diese Handlung ähnelt den anderen vorhergegangenen stark. Sicherlich ist sie betonter, aber sie bleibt immer ein Manöver, das darauf abzielt, die Stimmung in den alliierten Ländern zu beunruhigen und die Alliierten

Weihnachtspacket von ihr. In die Turnstunde, die ganz allein nahm. Dann zuhaus Milka's Sachen gepackt. Zum verfrühten Tee Katja, die in »Götterdämmerung« ging, dann Erika. Um ¾ 9 mit Alfred die hohen Reisenden auf die Ban begleitet, die im Schlafwagen I Kl. fürstlich furen, Milka fieberhaft aufgeregt. Dann noch Brief an Harden.[226]

15/12

Recht still im Haus one das lustige Milkalein! Brief an Mim, einige Weihnachtskommissionen, Karte an Klaus, Brief von Marta. Nachmittag zuhaus, abends, wärend Alfred in »Barbier v. Bagdad« in [sic] Residenztheater in Ibsens »Brand«: ein unmögliches »Theaterstück«, bis zum Unerträglichen zerdehnt im Spiel; und Steinrück kein Brand.[227] Erst um ½ 12 zuhaus, garnicht angenehm durch die kaum beleuchteten, dunkeln Straßen allein zu gehen.

16/12

Endlich Brief von Peter (Nr 40 – fehlen 2 Nummern) vom 7/10, mit ganz änlicher Photographie. Brief an Kaete nach Wehrawald[228], zu Hannchens Geburtstagscour mit Blumen, dann Kommissionen.

---

zu entzweien. Trotz aller Siegesgesänge bleiben in Deutschland genug Besorgnisse, die das neue Manöver seiner leitenden Persönlichkeiten erklären.« (ausführl. Bericht in den *Münchner Neuesten Nachrichten* vom 14.12.1916)

226 im Original erhalten und veröffentlicht in: *Meine Manns*, 193-195

227 K. Residenztheater: »Brand« von Henrik Ibsen. Herr Steinrück (Brand), Frl. Hoherst (Seine Mutter), Herr Alten (Ejnar), Frl. Bierkowski (Agnes), Herr Lützenkirchen (Der Vogt), Frl. Ritscher (Gert) u.a. – Die Aufführung brachte unter Herrn Roberts Regie das Wesentliche zur Erscheinung. Das Wesentliche vor allem, soweit es Brand selbst betrifft. Den spielte Steinrück mit machtvollem Erfassen der Stein werdenden Kurve und durchaus getragen von dem Pathos des frühen Ibsen. Steinrücks Leistung hielt das Ganze zusammen und stand ziemlich vereinzelt unter den anderen, die nicht so zwingend waren. Lediglich der Vogt, den Lützenkirchen sprach, konnte an Format dem Pfarrherrn sich zugesellen. Das Uebrige war nicht sehr viel mehr als bunte Charge. Fräulein Bierkowski vermochte als Agnes im vierten Akt erst auf dem Hintergrund des Weihnachtsbäumchens einen treffenden Ton zu finden, der etwas sagen konnte. Ganz unmöglich erscheint die Art, mit der Frl. Ritscher den Wahnsinn der Gert darstellte. Das war ein Lärm, der nur weh tat und jede höhere Stilisierung vermissen ließ … (ausführl. Bericht in den *Münchner Neuesten Nachrichten* vom 16.12.1916)

228 Gemeint ist das »Lungensanatorium Wehrawald« in Todtmoos im Südschwarzwald. Offensichtlich hatte sich bei Käte Rosenberg auch eine Lungenkrankheit entwickelt. Ihr Bruder Reinhard war 1909 an einem Lungenleiden gestorben.

Brief von Mimchen, Karte von Heidenberger. Nachmittag Weihnachtspacket für Familie Klaus; beim Tee Katja, da[229] nach Alfred schauen wollte, der etwas influenzahaft. Nach dem Abendessen noch zu Hermine, die sehr aufgebracht über die durch ein leidendes Bein aufgezwungene Liegeruhe; wo noch Frl. v. Zimmermann u. [Rud.] Oldenbourg.

17/12
Brief an Mim; bei feuchttrübem Wetter, das garnicht »goldensonntagsmäßig«, in die Stadt. Beitisch Tommy's mit den beiden Mädchen, mit denen Katja über den Tee blieb; dazu Susi v. Zimmermann u. [Rud.] Oldenbourg mit Dr. Winkler, der auch München verläßt, da »sein« Prinz vom Kaiser nach Berlin zurückgerufen. Abend Weihnachtskarten an meine 4 Feldgrauen[230]; »Brand«[231] gelesen. Alfred gehts viel besser.

18/12
Briefchen von Klaus, glückliche Ankunft meldend; Brief an Mim, Turnstunde u. mit Katja Kommissionen. Wieder Brief von Peter (39) vom 22/9, nachgekommen. Nachmittag zur Schneiderin u. wieder Weihnachtskommissionen. »Zukunft« gelesen, verschnupft.

19/12
Brief von Miez, an Mim; rendez-vous mit Katja, mit der Kommissionen. Nachmittag in die Stadt, abends mit Alfred, auf Walters Plätzen, in »Euryanthe«: wirklich wunderschöne Auffürung.[232]

20/12
Briefchen von Lala, Karte von Harden; Briefe an Peter (109) u. an Mim. Blumen an Hermine u. Kommissionen, zweites Packet an Klaus. Zum Tee zu Katja, bei schönstem Winterwetter zufuß hin. Abend mit Alfred zu Hermine, zum Geburtstagsessen, an dem nur noch Nini Oldenbourg teilnahm – zallose Blumen, Briefe, Telegramme: primadonnahaft. Nach dem Essen noch Schrenk, Graf

---

229 so im Original
230 das sind die Soldaten: Wolf, Friedrich, Schneckenaichner und Heidenberger
231 von Henrik Ibsen
232 K. Hoftheater: »Euryanthe« von C. M. v. Weber. Herr Gillmann (Ludwig VI. von Frankreich), Herr Erb (Adolar), Frl. Reinhardt (Euryanthe), Herr Bender (Lysiart), Frl. Färber-Straßer (Eglantine) u.a.

Arco, Dr. Forel, Hartogs, Dr. v. [Auslassung im Original]; doch ziemlich öde, wollte keine Unterhaltung aufkommen. Um 12 nachhaus. Brief von Mim.

21/12

Zum Turnen; Kommissionen, wobei Katja traf. Brief an Mim. Nachmittag Briefe an Klaus u. an Marta, 3 gereimte Weihnachtskarten an die Tübinger Kinder[233]. Packet mit hübscher Liegestul-Decke u. Karte von Lala. Abends mit Alfred zu den Schöll-Mädchen, die uns rürend liebevoll aufnahmen, ganz nett und gemütlich.

22/12

Briefe an Mim u. an Emma Schlier, mit 50 M.[234], dann Brief von Emma. Bei herrlichem Frühlingswetter Weihnachtskommissionen; Karten an Milka und an »Dr.« v. Scheubner Richter, an Crodu [u.] an Mimchen. Beim Tee Elsa B. und Katja, lange. Ein kleiner Lichtblick fällt ins Dunkel: nachdem alle Feinde unsere Aufforderung zu Friedensverhandlungen – wie zu erwarten – mit Hon und Spott abgewiesen, mischt sich Wilson ein und fordert alle Kriegfürenden auf, ihre Friedensbedingungen zu nennen. Vielleicht ists nun doch ein Anfang.[235] – Abend Briefe an Else u. an Eva; u. Humboldtbriefe gelesen.

23/12

Karte an Miez, gewurstelt, in die Stadt. Brief von Peter (41) vom 20/10. Nachtisch auf den Waldfriedhof, bei trübem Matschwetter, ganz resultatlos, da Frau Pongratz meinen Auftrag nicht ausgefürt: wütend. Briefe von Mim und Else, Karte von Frau Stickel, Karten

---

233 Gemeint sind die Kinder von Hedwig Pringsheims Neffen Hans Rosenberg: Maria, Peter und Thomas.
234 in heutiger Währung etwa 240 €
235 **Wilsons Vorschlag.** Amerikanische Zeitungen und das Londoner Preßbureau veröffentlichen eine Note, die Präsident Wilson an alle Kriegführenden telegraphierte, <u>um sie zur Bekanntgabe der Bedingungen zu veranlassen, die den endgültigen Abmachungen über den Frieden vorangehen müßten</u>, an denen die neutralen Staaten verantwortlich teilzunehmen bereit seien. Der Präsident betont, sein Schritt sei nicht durch das Friedensangebot der Mittelmächte hervorgerufen. Er schlage keinen Frieden vor, er biete nicht einmal seine Vermittlung an, <u>sondern er wolle durch den Austausch der Ansichten den Weg für eine Konferenz frei machen</u> ... (ausführl. Bericht in den *Münchner Neuesten Nachrichten* vom 22.12.1916)

an sie u. Eva Schneckenaichner. Abend Humboldtbriefe, telephonischer Dank für einen Hasen an Hermine, die ich vortisch besucht. Recht unwol.

24/12
Brief an Mim, in die Stadt; die sehr dürftigen Tellerchen mit den wenigen gehamsterten Lebkuchen gerichtet, nachmittag den Leuten u. der armen, ganz zerstörten Frau Stickel ihre Geldgeschenke überreicht. Gleich nach dem Tee zu Katja gefaren, den Aufbau vollendet, der die Kinder, wie immer, hoch beglückte. Alfred kam erst zum Essen, das ganz vortrefflich, aus Gansleberpastete, Gänsebraten mit Salat u. Kompottes u. Bäckereien bestand. Die Kinder fraßen und tranken beseligt. Wir blieben dann noch bis ½ 11, waren nach 11 zuhaus. Ich immer noch ziemlich unwol.

25/12
Nach herrlichem gestrigen Sternenabend abscheuliches Regen- und Sudelwetter. Briefe von Miez und Eva, Brief an Mim. Zuhaus geblieben, da immer noch ziemlich unwol; Weihnachtsartikel gelesen, Brief an Lala, Dankbesuch der Hausmeistertöchter[236]. Beitisch u. über den Tee die lieben Manns, mit Lektüre und Familienleben, one störenden Besuch. Abend, mit Manns, bei Loehrs: halt so ein gemütlicher Familienabend, mit Gänsebraten No 2.

26/12
Brief von Eu, Karten von Crodu u. von Schneckenaichner, Besuch von Eva Schn.[eckenaichner] mit ihren Buben; Brief an Mim, Besuch bei Hermine u. kleiner Spaziergang. Nachmittag Brief an Eu, misglückter Besuch bei der Gugg; abends Loehrs und Manns, zu Gänsebraten No. 3! Doch war es in muntern Gesprächen ganz angeregt und nett. Und immer, wegen der »letzten Tram«, anständig früh zuende.

27/12
Keine nennenswerten Kriegsereignisse wärend der zeitunglosen Feiertage. Auch auf unsere u. Wilson's Friedensnoten noch keine Antwort. – Briefe an Mim und an Peter (110), bei trübem Wetter in die »provisorische« alte Pinakothek, die eine ganz neue ist. Nachmittag zuhaus. Brief von Mim, an Miez und an Jrete Tiessen. Abend »Zukunft« u. Humboldt.

---

[236] Michael und Kreszenz Hacker hatten vier Töchter

28/12

Brief an Mim, ins römische Bad. Der mit den 4 Kindern mittags nach Tegernsee abreisenden Katja durch den Hausmeister »Nachtisch« an die Ban geschickt. Zum Tee mit Alfred zu Prof. Fabers, ganz gemütlich. Briefe von Else und von Kaete; abends Humboldt-Briefe.

29/12

Brief an Mim, bei Sturm u. Regen in die Stadt. Nachmittag zuhaus, Brief von Lala, Karte von Friedrich, Brief an Fester. Abend Humboldtbriefe, vorher Akademie-Koncert mit Mozart, Reichenberger »Marienliedern« (Chuzpe!)[237] die recht klangschön, und Lißt.[238]

30/12

Brief von Lucie, an Hilbert; bei Orkan in die Stadt – arme Katja! Briefe von Mim, Mieze, Marta, Gusty Becker. Scheubner[s] luden mich G.s.D. wegen des Unwetters aus; so konnte ich nachmittags meine Crodu's begrüßen, die unerwartet schon heute eingetroffen. Herzliches Wiedersehen nach 6 Monaten. Er sieht weniger angegriffen aus als Eu. Nach dem Tee häusliche Verrichtungen, Brief an Harden begonnen. Um ½9 zum Abendessen zu Hermine, nicht sehr erquicklich. Erst Hofrat Krecke, später Susi v. Zimmermann,

---

[237] (jidd.) Frechheit, Anmaßung. Der jüdische Komponist Hugo Reichenberger war 1905 zum Katholizismus übergetreten.

[238] **Aus den Münchner Konzertsälen.** … Das Divertimento, das Generalmusikdirektor Bruno Walter spielen ließ, ist vom einundzwanzigjährigen Meister für Geigen, Viola, Baß und zwei Hörner geschrieben und steht in F-dur … Die Arie »Laß, o Lieb', uns standhaft scheiden« hat Mozart für seine Oper Idomeneo dem Idamante nachkomponiert; mit einer konzertierenden Violinstimme umflochten, gibt sie der Empfindung einfachen und rührenden Ausdruck, der umso inniger wirkt, wenn ein in sich selbst so warmer Sopran wie der Marie Ivogüns ihm den lebendigen Atem einhaucht … Dem von ihr allzu selten befriedigten Bedürfnis nach neuer Musik entsprach die Musikalische Akademie in diesem Konzerte mit der Uraufführung aus der Handschrift von drei Marienliedern für eine Sopranstimme und Orchester von Hugo Reichenberger … Auf Mozarts Divertimento und Arie und die Marienlieder folgten ziemlich unvermittelt Liszts Préludes. Man freute sich, das groß empfundene und genial geformte Stück wieder einmal aus der Niederung der Bierkonzerte zur ihm gebührenden Sphäre emporgebracht zu sehen … (ausführl. Bericht in den *Münchner Neuesten Nachrichten* vom 2.1.1917)

dann Schrenk u. Alfred, der mich um ½12 von der Allotria aus abholte.

31/12

Dasselbe grauenhafte Wetter, Sturm und Regen: ärmste Katja! Karte von Mad. Epstein aus Genf, Brief an Mim u. an Harden; Einladungen an Willstätter u. Becher, die refüsirten. Briefe von Ilse, Gleistein, Karten von Lili Keith u. Anni Schramair. Beitisch Tommy, mit Katja in Tegernsee telephonirt. Nachtisch zu Scheubner-Richter, im Vorübergehen auf den Waldfriedhof: ein gradezu furchtbares Wetter, Südwest-Orkan grade ins Gesicht, dazwischen Regen; kaum zu machen. Dort gemütlich netter Tee im Weihnachtsatelier u. behagliche Plauderei; Frau v. Sch.[eubner] freute sich sichtlich über die mitgebrachte Perlentasche. Um 7 wieder daheim, vom Ehepaar bis zur Tram begleitet; ziemlich erschöpft. Abend Brief an Marta, ein wenig gelesen, totmüde vor Mitternacht ins Bett. – Die Weltlage entsetzlicher denn je: die Entente lehnt unser Friedensangebot u. Wilson's Vermittlung höhnisch und schroff ab, faßt es als Zeichen unsrer Schwäche u. als Kriegsmanöver auf, und nun wird der unmenschliche Wansinn in verst[ärk]tem Maße weiter gehen. Unsere Lage in Rumänien glänzend, im übrigen »steht« alles. Die wirtschaftliche Not unermeßlich – auch hier kann es nur, muß es schlimmer werden. Kurz, es ist ein Jaresschluß, hoffnung[-] und trostlos, zum Verzweifeln.

Zusätzliche Dokumente

Hedwig Pringsheim.

Thomas Mann.

Thomas und Katja Mann, 1911.

Katja Mann, um 1912.

Das Wohnhaus der Familie Mann, Poschingerstraße 1.

Das Landhaus der Familie Mann in Tölz.

Katja Mann mit den Kindern Klaus, Erika, Golo und Monika, 1915.

*Im Kinderzimmer in der Poschingerstraße:
Monika, Erika, Golo und Klaus, um 1915.*

Albrecht Dürer: Melencolia I.

Alfred Pringsheim als Melencolia I.

Schloß Garzau bei Rehfelde
Wohnsitz der Familie v. Rohrscheidt.

M 1 : 300

Schloß Garzau bei Rehfelde
Grundriß des Erdgeschosses.

Ein Zeitdokument
(In: *Die Brücke*, 1912, 150-157)

(Samuel zieht die Bilanz und Tomi melkt die Moralkuh, oder zweier Könige Sturz. Eine Warnung für Deutsche, Satiren zu schreiben, von Theodor Lessing, Hannover. Im Selbstverlag. 1910 90 S. M. 1.–)

Die Broschüre, die hier angezeigt werden soll, ist Ergebnis einer lehrreichen Affaire. Sie nahm ihren Ausgang von einer literarischen Satire, welche der Dichter Theodor Lessing in einer Berliner Wochenschrift über den Kritiker S. Lublinski veröffentlichte. In dieser Satire wurde eine doktrinär rechthaberische Literaturkritik mit treffendem Witz und nicht ohne Liebe karikiert. Die Folge war ein Kesseltreiben gegen den Autor, dessen wesentlichsten Werke kein einziger der Angreifenden kannte. Ein Kesseltreiben mit der Absicht, den Verfasser solcher Satire als »ehrlos«, »infam«, »literarischen Schädling« usw. zu boykottieren und bürgerlich blosszustellen. Mich überkam ein gelindes Grausen, als ich verfolgte, wie Publizisten in bekannten Zeitschriften einen Dichter und Schriftsteller zertraten und zertreten liessen, von dem sie notorisch wenig oder nichts wussten. Dieses Unverständnis war peinlich und tragikomisch. Am tragikomischsten, dass man in Lessings Parodie einen judenfeindlichen Akt sah, da grade Lessing als Schriftsteller jüdischer Abkunft starken Rassenstolz gezeigt hat. Immerhin, Lessings Lage wurde schlimm, als einer der erfolgreichsten deutschen Autoren, Thomas Mann, bei dieser Gelegenheit mit den ungeheuerlichsten Insultirungen auf den Plan trat. Ich habe die Aufsätze Manns gelesen und muss gestehen, dass ich erschrocken zurückgewichen bin vor dem Atem, der aus diesen Ausführungen steigt.

Ich zitiere aus dem ersten Artikel Manns nur folgendes:
»Nach dem er (Lessing) als Mediziner, als Schullehrer falliert, als Lyriker, Dramatiker und in jenen von ihm so dringlich empfohlenen philosophischen Werken seine weichliche Unfähigkeit erwiesen, hat unser Held sich in Göttingen als theaterkritischer Volontär, in München als Zionist und Conferencier für Damen versucht, hat, als jedermann so weit war, Kulissenreform getrieben, wird neuerdings als alternder Nichtsnutz vom Polytechnikum in

Hannover als Privatdozent geduldet und gibt daselbst das Organ des vielbelachten Antilärmvereins heraus … woher aber nimmt dieser benachteiligte Zwerg, der froh sein sollte, dass auch ihn die Sonne bescheint, die Lust, das innere Recht zur Aggressivität und zur lyrischen Unverschämtheit? … dieser ewig namenlose Schlucker, dem die Trauben der Dichtung zu hoch hängen!« –

Und weiter:

»Mag er (Lessing) sein ärmliches Leben fristen, seine Nichtigkeit in Scene setzen so gut er kann. Irgendwer musste den Schächer strafen, kein ehrenvolles Geschäft, aber vornehmes Uebersehen macht dem Lumpen das Handwerk zu leicht.«

Und aus einem zweiten Aufsatze Manns zitiere ich:

»Herr Dr. Lessing sagt aus, dass ich sein Anerbieten, sich mit mir zu duellieren (es erfolgte auf die Beleidigungen des ersten soeben zitirten Artikels hin R.), zurückgewiesen hätte. Ich brauche nicht zu versichern, dass ich mich mit Herrn Lessing nicht schlagen werde. Ihm das mitzuteilen, dazu forderte die unmögliche Depesche, die er mir zukommen liess nicht unmittelbar heraus.«

Man denke! – Und weiter:

»Niemand wird verlangen, dass ich mich »beleidigt« fühlen soll. Muss ich sagen, dass die Atemnähe dieses Menschen mich ekelt, dass ich nichts mit ihm zu schaffen haben will? Herr Lessing ruft, dass »sein Kampf« erst jetzt beginne. Er möchte mich stören, seinen Namen neben den meinen stellen, aber ich schüttle ihn ab, ich kenne ihn nicht. Möge er fortfahren zu kämpfen. Möge er sich spreizen, Kusshände werfen und um sich schlagen bis man ihn einsteckt.«

Dies sagte Thomas Mann gegen einen Mann, der um Ehre und Existenz kämpfte. Aber die Pointe kommt noch. Dr. Lessing hatte die Broschüre im Selbstverlag als letzten Notanker drucken lassen. Er beschuldigte Mann ungern, denn er hat im Gegensatz zu mir eine grosse Vorliebe für die Werke Manns. Darum bot er ihm, nachdem die Broschüre gedruckt war, nochmals an, sie einzustampfen, wofern Mann frei und vornehm genug sei, sein schweres Unrecht durch ehrliche Erklärung gut zu machen. Darauf nun antwortete Thomas Mann, dass er die gewünschte Revozierung ev. geben wolle, um … Lessing vor dem Schimpf zu bewahren, der ihn treffen müsse, falls er ihn (den grossen Mann) öffentlich blossstelle. Und bei dieser Antwort auf Lessings vornehmes Anerbieten setzte er voraus, dass den Lessing die Reue zu packen gekriegt habe, weil er gegen einen Thomas Mann notgedrungen sein Selbst behauptet; und (so schrieb Herr Mann an Lessing) »einem ehrlich Verzweifelten zu helfen, halte ich für meine Menschenpflicht.« Lessing erwiderte darauf nicht mehr, sondern liess seine Broschüre reden. Sie wird langsam aber grausam sicher wirken und künftige Kulturpsychologen können daraus die Seelenhöhe von Zeitgenossen ermessen. Hier stehe nun noch die Schlusserklärung, welche mir Herr Lessing für die »Brücke« zur Verfügung gestellt hat:

Enderklärungen.

Sehr geehrter Herr Röttger. Ihrem Wunsche, als objektiv Aussenstehender, mir persönlich Unbekannter mein[e] im Selbstverlag erschienene Broschüre in Ihrem, der Kulturkritik gewidmeten literarischen Organe, wenn auch verspätet, kritisch anzuzeigen, stell[e] ich gern die folgenden Data zur Verfügung. Für ihre Tatsächlichkeit habe ich natürlich alle Verantwortung zu übernehmen.

1) Herr Thomas Mann, Dichter, München, Franz Josefstrasse 4, hatte seinerzeit höchst unanständige Insulte gegen meine Person in Druck gegeben. Er hat indess später eingesehen, dass er unter falschen Voraussetzungen eine schlechte Tat begangen hat. Er hat eingesehen, dass objektiv wie subjektiv seine halb wahnsinnigen Defamirungen meiner Person unhaltbar seien. Was aber hat der berühmte Dichter daraufhin getan? Er hat sich bis zum heutigen Tage um das Bekenntnis seines Unrechts »herumzudrücken« gewusst. In jenem verjährten Kampfe kam es für mich darauf an, meine bedrohte bürgerliche Existenz zu schützen und ein verletztes sittliches Recht klar erkannt zu sehen. Nicht darauf, Herrn Mann unnötig zu kränken.

Denn ich verehrte damals Herrn Mann, den Künstler, verehre den Künstler Mann auch heute noch, ebensosehr wie ich den eitlen, unredlichen, feigen Menschen verachten lernte. Ich habe bis zuletzt Herrn Thomas Mann immer neu Gelegenheit geschaffen, sein Unrecht vor eigenstem Gewissen gut zu machen. Die Broschüre, die Sie dem Publikum anzeigen wollen, wurde mit grossem Aufwand an Kraft, Zeit und Geldmitteln hergestellt. Darauf schickte ich sie an meine »Gegner«, vor allem an Mann und schrieb ihm, dass ich immer noch bereit sei, diese Schrift, aus der das verübte Unrecht sonnenklar hervorgeht, auf meine Kosten schweigend wiedereinstampfen zu lassen, wenn Mann seinerseits sein Unrecht eingestehen wolle. Oder aber: geneigt sei, mit der Waffe für seine Aeusserungen einzutreten. So wie ich willens bin, meine Auffassung zu vertreten und das Recht meiner Satire (die ich auch heute noch für ausgezeichnet halte und nicht bereue).

2) In dieser Lage tat nun Herr Mann das Unglaublichste, was ein Nichtgentleman tun konnte. Er erklärte sich bereit zu revozieren. Aber – er motivirte diese seine Bereitschaft damit, dass es für mich doch peinlich sein müsse, ihn, den literarisch wohlakkreditirten Thomas Mann öffentlich eines Unrechts zu beschuldigen. Darum wolle er eventuell die Unrichtigkeit seiner Insulte bekennen und mir eine »Ehrenerklärung« abgeben. – Auf alles war ich in diesem erbärmlichen Kampfe gefasst. Nimmermehr auf diesen verblendeten Wahnsinn banalster Schöngeistereitelkeit. Diese Art Seele verstand nicht, dass unsereins gleich Spinoza handelte, der, weil er sich um sein Erbteil verkürzt sah, einen Prozess gegen seine Schwestern anstrengte, ihn Jahre lang durchführte, bis er ihn gewann und dann – das gewonnene Erbteil an die Schwestern schenkte. So war mein Anerbieten gedacht! Ich hatte allen Ernstes geglaubt, mit meinem Handeln einen als ethische Grösse verkannten Zeitgenossen zu entwaffnen. Wie aber deutete der mein grossmütig Anerbieten? Dahin, dass ich Angst davor habe, ihn, den so berühmten Mann, öffentlich einer schlechten Tat anklagen zu müssen. Ach, solche berühmte Dichter! Täglich umschmeichelt vom Tagesskribentenschwarm kommen sie zu ungeheuerlicher Verblendung über die Unantastbarkeit des eigenen, die sittliche Würde fremden Menschentumes. Ein ärmlicher, kleiner Mensch (solche Ohrfeige brennt ja nicht auf einer solchen Wange!) als Träger reichen Talentes, das musste nach dieser Erfahrung meine Formel sein. So hab ich denn die Broschüre, als »Dokument von unsrer Zeiten Schande« ruhig der Welt übergeben.

3) Aber toller noch! Die Angehörigen des Herrn Mann, sehr saturirte Edelmenschen, die mir ein Jahrzehnt lang die Illusion einer »persönlichen Freundschaft« gegeben hatten, hatten nach Kenntnisnahme meiner Broschüre den traurigen Mut, mir brieflich mitzuteilen, dass sie künftig »nichts gegen mich unternehmen« (gerichtliche Klage sowohl wie Duell meiden) wollten. Warum? Weil zu meiner Rechtfertigung gnädig »angenommen werden sollte«,

dass ich – – »geistig unzurechnungsfähig« sei. Mit dieser tadellosen Wendung zogen sich jene aus der für sie peinlich gewordnen Affaire.[1]

4) Und nun das allertollste! Herr Mann hat zur selben Frist, wo er mir Genugtuung verweigerte und die erzählten Niedrigkeiten verübte und verüben liess, an eine andre Adresse das Bekenntnis schriftlich gegeben, dass er seine Meinung geändert habe und seine Sache nicht aufrecht halten könne …

5) Meine kunstheitre Satire wurde also als »antisemitisches Progrom« ausgedeutet! Herr Mann aber, mein Verleumder (der mich in merkwürdigem Widerspruch mit solcher Anschuldigung »Zionist« nannte) wusste zur Zeit, wo er mit seinen Verleumdungen mich preisgab, aus persönlichster Wahrnehmung, dass ich eine sichere Lebensstellung (die einzige, die zu erringen mir je gelungen ist), freiwillig von mir warf, weil man das Zartgefühl des Juden in mir verletzte, indem man zwar mich in meiner Stellung gern festhalten, im Prinzip aber Männer jüdischen Blutes neben mir excludiren wollte.

6) Ich habe die mir tief zuwidren Streitereien in Zeitschriften immer und immer neu zu verhindern gesucht. Ich sah schon vor einem Jahr voraus, dass Herr Mann durch die Suggestion seines Namens zwar zunächst mich erdrücken, zu guterletzt aber nur sich selbst vernichten werde. Ich bot ihm ein Duell an. Er hat es zweimal abgelehnt. Dann habe ich, in Notwehr gedrängt, mich auf die alte Freundschaft mit den nächsten Familienangehörigen meines Verleumders berufen. Antwort? Die öffentliche Erklärung, dass solche Angaben von meiner Seite »Prahlereien und Schnorrerzudringlichkeit« seien. Man habe mich allerdings ein Jahrzehnt hindurch häufig »gesellschaftlich empfangen«, eingeladen, in intimen Verkehr gezogen. Mais enfin, solche Beziehungen hinderten doch wohl nicht, dass man mich öffentlich »niederträchtiger Narr«, »armseliger Schlucker«, »Lump«, »geduldeter Privatdozent«, »alternder Nichtsnutz«, »schäbigstes Exemplar der niedrigsten Rasse« usw. nennen oder nennen lassen dürfe.

7) Ich musste, (das Schmerzlichste in all diesem Schmerzlichen) auch darauf hinweisen, dass Herr Mann in meiner Person seine eigene Schwester beschimpfe, die mir nahe Freundin sei und mich

---

[1] Dieser Absatz war links mit einem roten Strich markiert.

besser kenne. Darauf wurde ich von dieser Freundin, mit der ich während eines Jahres fast täglich zusammen war, – verleugnet. Sie wusste, dass ich mich nicht wehren würde! Inzwischen ist diese Frau, die aus tieferer Pietät in mir fortlebt, als in ihren Nächsten, verstorben. Darum spreche ich mir das Recht zu, zu konstatiren, dass sie bis anderthalb Jahr vor ihrem Tode mit mir in Briefwechsel gestanden hat, dass ich ihr Vertrauen geehrt und mich als Freund erprobt habe …

8) Ich glaube unbewusste Triebkräfte der Mannschen Insulte zu ahnen. Sie deuten auf Tage zurück, in denen seine Nächsten den mir stets lieben Dichter nicht so hoch einschätzten, wie ich selbst … Er hasst mich, denn er hatte Ursache, mir dankbar zu sein.

9) Die ungeschickte Gelegenheit, bei welcher Thomas Manns Hass jäh sich entlud, ist verjährt. Samuel Lublinski, dem Herr Mann »literarisch befreundet« war und für den er mit seinem Pamphlet wider mich in die Schranken reiten wollte, ist Dezember 1910 gestorben. Seine »literarischen« Freunde hatten wohl grade keine Zeit, den grossen Seiten des Toten ein paar würdige Gedenkworte zu weihen. Ich schrieb für Samuel Lublinski den Nekrolog. (Schaubühne 1911, Nr. 2.) Auf ihn verweise ich. Denn auch dem Böswilligsten wurde klar, dass ich den Parodirten mit meiner Gegnerschaft viel tiefer geehrt habe, als irgend einer seiner »Literarischen Freunde« mit seiner sogenannten Freundschaft. Dreiundvierzig deutsche Schriftsteller von Namen hatten sich an dem Kesseltreiben wider mich beteiligt, ohne sich der Tragweite und Verantwortung solchen Unterfangens bewusst zu sein. Keiner von ihnen hat ein Wort des Bedauerns gefunden für das zu Unrecht brutal Verübte.

10) Ich freue mich dieser verspäteten Gelegenheit einer Richtigstellung. Nutzen wird sie garnichts! Aber ob eine Sache klein oder gross, alles ist symbolisch. Ich bin wie Kleistens Kohlhaas in der Lage, das eigene Selbst in einer Bagatellsache behaupten zu müssen. Herrn Thomas Mann aber, den mit Recht beliebten Romanschriftsteller zur Haltung eines Gentlemans erziehen zu wollen, das sollten Sie, sehr geehrter Herr, sich nicht träumen lassen! Was ich hier niederschreibe, würde ein mit der Fähigkeit des Errötens begabter gewöhnlicher Sterblicher nimmermehr auf sich sitzen lassen! – –

11) In einem Romane des jüngeren Mann kommt eine niedliche Scene vor. Ein sarkastischer Spassvogel fühlt sich durch einen

boshaften Buckligen verletzt. Er tut in diesem Falle nichts, als dass er diesem freundlich zuruft: Mein Herr, Sie haben einen Buckel. Darauf bekommt der andere einen Tobsuchtsanfall. Ich mache mit aller Höflichkeit der allerbesten Kinderstube (»es nicht zu sagen, wo überall Herrn Lessings Wiege gestanden haben könnte« so schrieb Herr Mann von mir) dem mit Recht weitberühmten Geistesgranden mein artigstes Compliment und sage seelenruhig Armer Thomas Mann, Sie haben, glaube ich, einen Buckel!

Hannover, Mai 1911   Theodor Lessing.

Ich brauche nicht zu sagen, warum ich der verflossenen Affaire in dieser Zeitschrift so viel Raum zur Verfügung stelle. Nicht bloss, weil ich Theodor Lessing als Schaffenden schätze. Nicht, weil ich Manns Bücher nicht goutire. Hier war Selbstverständliches nachzuholen.

                Der Herausgeber.

Thomas Mann: »Fiorenza«.
Erstaufführung im Kammerspielhaus.
(In: *Der Tag* vom 5. Januar 1913)²

I.

Was man aus Geschichtsbüchern über die Renaissance kennen gelernt hat, kam hier in einer blassen, doch fleißigen, durch selbständige Kraft nicht bestürzenden, doch wenigstens manchmal geschmackvollen Auswahl, nur etwas langwierig, zur Wiederholung. Der Verfasser ist ein feines, etwas dünnes Seelchen, dessen Wurzel ihre stille Wohnung im Sitzfleisch hat. Was zu ersitzen war, hat er hier ersessen. Es gibt ja zwei Gattungen von Schriftstellern: die erste gleicht in irgend etwas dem raschen Siegfried: heiter; unverwundbar kraft einer hörnenen Haut; schier; blitzend. Die andere Gattung (zu ihr zählt Herr Th. Mann) ist weniger im Blitzen als im Sitzen stark. Bei dieser Gattung bildet sich die Siegfried-Hornhaut nur an einer Stelle. Doch manche, wenn auch schwächliche Hübschheit sprießt und füllt achtungsvoll-sympathisch ihr Plätzchen.

II.

In der Mitte steht eine Frauensperson, die offenbar als Gleichnis für die Stadt Florenz zu gelten vom Verfasser gewünscht worden ist. (Mancherlei Fingerzeige deuten hierauf.) Das Bildnis jener Frau ist, wo nicht alles trügt, nicht vom Blitz gezeichnet, sondern ... gewissermaßen Philologenarbeit. Mehr eine Gemäldebeschreibung als Blutempfundenes. Herr Mann sah Fiore-Fiorenza gewiß mit den Augen, die über der Schreibtischplatte sind, aber auch gewissermaßen mit denen unterhalb dieser.

Er hat das Versprechen, das ich von einer lieben »Kleiderschrank«-Erzählung hier an einem sonnigen Morgen den Lesern des »Tags« gab, schlagfertig bisher unerfüllt zu lassen gewußt – und auch dann in einem Prinzen-Roman eine gewisse Unmacht in der Gestaltung weiblicher Personen bewährt.

---

2   Der Artikel ist nicht signiert, stammt aber sicherlich von Alfred Kerr.

Ich gedenke jedoch gern jenes erinnerungsvollen »Kleiderschranks«, der mir gewiß, auch bei nachgeprüfter Wirkung, immer liebenswert und angenehm-schwärmnovellig vorkommen wird.

»Auf den Plan getreten« schien damals einer, der heute wirkt, als sei ihm selber jemand auf den Plan oder sonstwohin getreten. Man streift jetzt im Wandern dichterische Gestalten gleich der Irene Forbes-Mosse, die stärker ist als er, insofern sie, diese prachtvolle Frau, Enkelin der Bettina Arnim, ohne Umstände mehr Dichterblut, mehr Allblut (kurz: mehr Kraft) hat.

III.

Stellt man hierneben das sorgenfaltige Mittelalter des Herrn Mann, so mag man das Warum beklopfen. Es ist, als ob vormals (unter einem äußeren Zwang?) diese animula sich mehr gepeitscht, bessere Anstrengungen gemacht hätte; dann aber ... ich will nicht sagen: vorzeitige Rückbildung nebst (immer noch feinen) Verkümmerungen und etwas Geklemmtem, Untergekrochenem bezeugt hätte: aber doch von alledem einiges ...

Fiorenza gehört schon dazu. So daß ich an einen von ungefähr behaltenen Vers der Else Lasker-Schüler denke, der (nach meinem Erinnern) lautet:

> Oh Gram,
> Wenn der Winter kommt, eh der Sommer kam.

Alles dies wird in der Fiorenza kaum notorisch, höchstens gobinotorisch, aber sie wirkt, ich kann mir nicht helfen, geblütarm.

IV.

Fesselnd wäre die Frage: Hat ein heutiger Schriftsteller wirklich den Glauben an Lorenzo Medici? Sagt er sich nicht: wer weiß, welcher Kaffer der Stadt-Herr war, – wenn sein Eignes abgezogen wird von dem, was eine kultiviertere Zeit (und eine vor Mäcenen dienernde Künstlerschar) auf ihn übertrug; ihm anklebte. – ? ...

V.

Thomas Mann gibt öfters Iambenübliches.

Fiore (welche nur zu den Bedeutenden hält – und an dem Verfasser mancher Literaturarbeit herbe Kritik in florentinischer Sprache geübt hätte) ... Fiore steigt aus der Sänfte, just wenn die Schwerter gezogen sind ... Und so ...

Oder: Savonarola tritt in die Mediceerhalle, just wenn ein damaliger Humanisten-Mikosch (weil dem fleißgen Verfasser solche Dinge nicht geläufig sind, schreibt er sie aus dem Boccaccio ab) Saftiges erzählt hat; da meldet jemand sudermännisch: »Der Prior von San Marco«.

Pschschsch ...

Öfters wird er »der Ferrarese« genannt; und ein »Zucken« erfolgt in seinem »Blick« und bei der Zuhörerschaft – nicht ganz selten. Daß die Erzählung von seinem Wirken im Dom etwas Kitsch ist, weiß Thomas Mann; sein Fleiß ahnt es.

VI.

Renaissance.

Aber Thomas Mann ist ... ich will sagen: grundsätzlich maßvoll. Er hat etwas Sympathisch-Gebändigtes.

Selbst die Galle darüber, daß ihm das Glück, in seiner Gemarkung ein Erster zu sein, versperrt ist, schwillt in einem nicht maßlosen Umfang.

Vieles, bei der Art seiner Natur, ist ... durchaus nicht strohern, sondern mittelfein, – aber gemäßigt.

Der epigrammatische Sprühgeist jener Renaissance wird bloß durch einen einzigen (allerdings nicht glänzenden) Witz, den jedoch der vorsichtige Verfasser in einem späteren Akt nochmals aufsagen läßt, in grundsätzlichem Maßhalten gekennzeichnet.

VII.

Lorenzo spricht zuletzt mit dem »Prior von San Marco«. (Auch Fiore hat Beziehungen zu ihm; »Der Mönch und die Metze« – möcht' man sprechen. Weißte?)

Der Mönch und Lorenzo tauschen Ideen von leider geringer

Selbständigkeit aus. Was Nietzsche vom Unterschied zwischen einem Menschen und seiner angenommenen Rolle geäußert hat – »Schauspieler seiner Ideale« sei mancher – das wird hier in folgender kitschigen Form durch den Verfasser nachgesprochen: »Ich hör' ein Lied – mein Lied – der Sehnsucht schweres Lied (!) Wohin die Sehnsucht drängt, nicht wahr? dort ist man nicht – das ist man nicht. Und doch verwechselt der Mensch den Menschen gern mit seiner Sehnsucht. Den Herrn der Schönheit hörtet ihr mich nennen, nicht wahr? Doch ich, ich selbst bin häßlich ... <u>Wär' ich schön geboren, nie hätte ich zum Herrn der Schönheit mich gemacht.</u>« Nietzschelchen. Gradezu das Gegenteil wird man von dem, was man war. Der Ausdruck »Schauspieler seiner Ideale« scheint mir völlig hinreichend ... Ich glaube nun, daß Fiorenzas Verfasser geistreich geboren war, daß es ihm jedoch gelang, sich zu seinem jetzigen Zustande durchzuringen.

VIII.

Thomas Mann, dessen Rücktritt von der Schriftstellerei uns ein unersitzlicher Verlust wäre, stellt hier den Kaiser und den Galiläer einander gegenüber, wie es Große getan; oder: Hellenen und Nazarener; oder den Judenkönig und den Samuelpriester.

Gewaltiges ist hier von einer ... ich sage nicht flachen Brust (aber doch von etwas Ähnlichem) nachgefühlt. Und daß kein Ausgebeuteter von Florenz erscheint, versteht sich bei diesem Händchen von selber.

IX.

Was die Darstellung angeht ... Tja, wie soll ich sie kennzeichnen? (Mann ist der Bedeutendere.)

Draußen im großen vielfältigen Deutschen Reich gibt es manches lauschige Städtchen; liebe, versteckte Ortschaften; vielleicht in Thüringen; vielleicht an der Unstrut; so ganz im Grünen; man denke nur an Kösen ...

Was ich äußern wollte: auch dort wird Theater gespielt.

Der Zustand von einem Künstlervölkchen, das über die Bühne tollte ... nun, es bleibt im Gedächtnis. Angschelo, Tschirolamo, Schovanni ...

X.

Savonarola hatte sich offenbar in der Kirche verausgabt. Der Verfasser nimmt von ihm an, daß er in diesem Stück den Geist vertritt (einer muß ihn doch vertreten) – der Schauspieler zögerte; bis zum Schluß; doch er gab auch dann das Erwartete nicht. (Welche Überraschung.)

Wegner war herrlich. Als Lorenzo ... Nein, als Ich, oder Du; oder als einer von heut.

Fiore. Mary Dietrich.

Tagebuch (Auszug)
von Alfred Kerr
(in: *PAN*, Wochenschrift, Dritter Jg
No. 27 vom 11. April 1913, 636-640)

II

Dienstag. Nein, ich wache vorübergehend auf. Kleinigkeiten des Berufs. Literaturnotiz. Forderung des Tages.

Heinrich Mann bespricht eine Novelle seines Bruders Th. Mann, ›Der Tod in Venedig‹. Siehe, wie fein und lieblich es ist, wenn Brüder einträchtig beieinander wohnen. Heinrich hält sich zurück; er findet höchstens, es entstehen hier ›Vorgänge von großer Tiefe und Bedeutsamkeit‹.

Freimütiger urteilt über Thomas Manns Erzählung eine zweite Verwandte, Hedwig Dohm, die Mama seiner Schwiegermutter. Eine ›auf Denkensgrund erblühte Rhetorik von vornehmster Exklusivität‹ stellt sie neutral fest. Und sie gesteht offen zu: ›Die Sprache gibt jedem Satz, jedem Ausdruck eine klassische Gebärde.‹ Auch was ›unüberbietbare Meisterleistungen‹ des Tochterschwiegersohnes darin sind, verheimlicht sie, der ausgleichenden Billigkeit halber, nicht. Mir träumte, daß der beschirmte Schriftsteller hiernach folgenden Brief an sie gerichtet:

> Daß du mir, beste Großmama, zur Seite geeilt bist, hat mich erfreut und aufgefrischt.
>
> Großmama, wir wollen an die Stelle der schon fatal angeschriebenen Freundschaftskritik die schlichtere Verwandtschaftsrezension setzen.
>
> Großmama ist mein Hirte; mir wird nichts mangeln; Du bereitest mir einen Tisch gegen meine Feinde; Großmamas Stecken und Stab trösten mich.
>
> Wenn Du wüßtest, in wie gehobne Stimmung mich Dein sachliches Vorgehn versetzt hat.
>
> Großmama, was kann ich für Dich tun? Soll ich über eins Deiner Bücher – die sich durch männlichen Stil auf eine mich

befremdende Art auszeichnen – etwas veröffentlichen? (Ich weiß zwar, Du hast es nicht nötig.)
In unvergänglicher Dankbarkeit
Dein
Thommy.
P. S. Könnte nicht Malchen ... oder Onkel Moritz etwas über meine talentvolle Chamisso-Einleitung als Unparteiischer drucken lassen?

Wie oben
Th – y.

III

Mittwoch. Warum soll eine gescheite, wertvolle alte Dame von dieser geistigen Rüstigkeit nicht Schwächeren beispringen? Um ihretwillen tut es einem fast weh, wenn man andrer Gesinnung ist.

Großmama – ich finde hier einen verhüllten Kitschling. Einen, der statt eines Ichs Haltung zeigt.

Sein Fürstenbüchel war verdünnter Simplizissimus. Mit verschlagenem Respekt; mit noch etwas unbewußtem Aberglauben – in dem fast lyrischen Wechselbälgchen einer Erzählung, bitterlich-zwitterlich. Compromissa solemnis. (Halb ist alles, was die betrübte Gattung zuwege bringt. Kränklich-zuchtvoll.)

Großmama! denken Sie, wie tief der Unterschied zwischen Dichterkraft ... und Stille mit Geschmack ist. Wem sag' ich es?

Ein fast sudermännischer Kitsch in dem Renaissance-Unglück (Der Mönch und die Metze) – noch mehr in dem Fürstengeschichtel (›Kleine Schwester, kleine Braut‹).

Jetzt macht er die Kitschfigur eines ... Sendboten; eines merkwürdigen ... äh, Wanderers, – er zeichnet München real, um diesen Wanderer als Gegensatz phantastisch, weißte, wirken zu lassen. Er versäumt in der Ausarbeitung nichts.

IV

Mittwoch. Gestern die Weinknospen besehen. Die Schaffnerin Eurykleia hat einen Zweig weggebrochen, der in die Jalousie wuchs. Angebrüllt. Ich hatte von Herrn Mann geschrieben:

Wenig Ich und viele ›Strenge‹. Wenig Blut und viel Haltung. Schwaches Deutsch. Nicht dies wirft man ihm vor, daß etwa dasteht, er ›neigte zur ersteren Annahme‹; oder ›die Skrupeln‹ (die Stiebeln) – sondern, daß alles im Grunde musiklos ist; schleichend geschoben.

Er arbeitet einen Umriß mit einem wunderhübschen Schlußbild (Gemäldebeschreibung); alles zusammengedrockst.

Das gebackne Maß der Anständigkeit. Zweckmäßig ›aufwühlend‹ ohne Zerfleischung, doch mit sympathischem Selbstbeklopfen für die Gebildeten.

Bemerkenswert, daß er so oft Angaben über einen Dichter macht: ohne just ein solcher zu sein.

Ersatzmittel für einen Dichter: sich auf impassibilité deichseln.

Schaffen ist: Begabungsmangel auf einen längeren Gegenstand konzentriert.

V

Großmama, – seien Sie wieder gut. Alles macht Ihr Verwandter mit einer, ja, unadligen Reserviertheit, mit einer so protzend-sorglichen Zurückhaltung, als wenn man dafür ein Angestellter wäre.

Es ergibt sich das (nicht unhumorige) Schauspiel: wie einer hier im Schatten des flutseelenhaften Hölderlin oder des steinschimmernden Platen auf etwas glänziger Knöpfschuhsohle hinterher ›schreitet‹.

VI

Lesen Sie die Schilderung der adriatischen Stadt – auch das ist (bei einleuchtender Beschaffenheit) schwer zu unterbieten.

So sah er ihn denn wieder, den erstaunlichsten Landungsplatz, jene blendende Komposition phantastischen Bauwerks, welche die Republik den ehrfürchtigen Blicken nahender Seefahrer entgegenstellte: die leichte Herrlichkeit des Palastes und die Seufzerbrücke, die Säulen mit Löw' und Heiligem am Ufer, die prunkend vortretende Flanke des Märchentempels, den Durchblick auf Torweg und Riesenuhr, und anschauend bedachte er, daß zu Lande, auf dem Bahnhof in Venedig anlangen, einen Palast durch die Hintertür betreten heiße, und daß man nicht anders, als wie nun er, als zu Schiffe, als über das hohe Meer die unwahrscheinlichste der Städte erreichen sollte.

Oder, wenn er von der Gondel spricht. ... Aber die äußerste Banalheit. Wörtlich:

Das seltsame Fahrzeug, aus balladesken Zeiten ganz unverändert überkommen, und so eigentümlich schwarz, wie sonst unter allen Dingen nur Särge es sind, es erinnert an lautlose und verbrecherische Abenteuer in plätschernder Nacht, es erinnert noch mehr an den Tod selbst, an Bahre und düsteres Begängnis und letzte, schweigsame Fahrt.

Sehr richtig.

VII

Ein älterer Mann, Aschenbach, liebt einen Knaben, Tadzio genannt. Der Schriftsteller deutet entgegenkommend an: die Weisheit liebe die Anmut; die späten Jahre lieben die Jugendzeit.

Das Gefühl des Mannes für den Knaben bleibt umrißlos, das Gebiet frei von Entdeckungen.

Um des Gebietes willen hier noch ein Wort.

Tief und fortreißend ist ein in mancher Hinsicht auffallend ähnliches Buch eines Ungenannten, das insgeheim vor sechs Jahren gedruckt worden. Von der Polizei verfolgt. Mir zum Zweck eines Gutachtens für die Gerichte vorgelegt. Herr Mann braucht es nie gesehn zu haben, um sein Bändchen zu arbeiten.

Etwas absonderlich Erschütterndes. Mit dem Schrei. Mit Ahnungsrufen.

Es gibt die Ueberzeugung von einer (für uns) seltsamen Leidenschaft, die gleich Zahnschmerzen der Seele frißt ... und in Erstarrung hingerissen, unrettbar, unheilbar, unwendbar nagen kann. Ich hatte zuvor keinen Begriff, daß dergleichen lebt.

Die Dichtung des Ungenannten zeigt in der Stadt Paris einen jungen Bettler, darein sich ein täglich ihn Sehender verliebt, einer aus Deutschland. Alles ist Laut, Scham, Traum, Schmerz, Glück.

Volksliedhaft.

| Wenn ich ihn wiedersehe – | will auf ihn zu ich gehn, |
| Will in diese Augen | mit meinen Augen sehn. |

- -

Nichts von allem geschah.	Ich habe ihm nichts gesagt,
Nichts gegeben, getan …	habe ihn nichts gefragt –
Bin vorübergeschritten	wie am Tage vorher,
Denn mein Mund war zu voll,	und mein Herz war zu schwer.

Ein tief abseitiger Ton verborgener Welten. Also das giebt es.

Bei Mann ist mehr literarische Fleissarbeit. Für die Herstellung liest er Sachen aus dem klassischen Altertum nach und versucht (trüb und fein) mit seinem Buchauszug die Handlung zu plombieren. Wie er in dem Renaissancekitsch Boccaccio aufsagen ließ. Der Begriff ›griechische Minne‹ steht ihm bevor, also arbeitet er etwas von Eos und Kleitos aus (zart und trüb). ›Platane‹ … ›Acheloos‹ … ›unter Artigkeiten und geistig werbenden Scherzen belehrte Sokrates den Phaidros über Sehnsucht und Tugend‹. Nachdem der Hölderlin nämlich gesagt hatte:

> Hätt' ich dich im Schatten der Platanen,
> Wo durch Blumen der Ilissus (nicht Acheloos) rann.
> ....
> Wo die Herzen Sokrates gewann
> ....
> Wo in tausend süßen Dichterstunden,
> Wie ein Göttertraum, das Alter schwand,
> Hätt' ich da, Geliebter, dich gefunden …

So jener; so dieser. Und wenn einmal der Junge, Tadzio, lächelt, sagt ohne Säumnis der arbeitsame Verfasser: ›Es war das Lächeln des Narziß, der sich über das spiegelnde Wasser neigt …‹ Nun freilich. Das war es. Oder: ›Hyakinthos war es, den er zu sehen glaubte …‹

Jedenfalls ist hier Päderastie annehmbar für den gebildeten Mittelstand gemacht.

Was ist uns Hedwig Dohm?
von Anna Plothow
(in: *Berliner Tageblatt* vom 19.9.1913, Nr. 476)

Die deutschen Frauen rüsten sich, den 80. Geburtstag Hedwig Dohms morgen als einen Feiertag zu begehen. Man wird Reden halten und sie laut preisen, aber noch mehr wird stille Dankbarkeit in ungezählten Herzen für die Frau erglühen, die ihren Mitschwestern spürbar vorwärtsgeholfen hat. Die geistreichste Frau ihrer Zeit und damit den bedeutenden Frauen unserer klassischen Periode einer Bettina Brentano, Karoline Schelling und Rahel Varnhagen verwandt, hat sie ihren glänzenden Geist, ihren raschen Witz nie zu eitler Selbstbespiegelung oder Erhöhung ihrer eigenen Persönlichkeit verbraucht, sondern zum Kampf gegen die Unterdrückung ihres Geschlechts. Sie war es, die den noch ungeübten Waffen der jungen Frauenbewegung die rasch und sicher treffenden Pfeile des Spottes gesellte. Ihre tapfere Unerschrockenheit machte vor keiner Autorität Halt, und ihre glänzende Dialektik wußte alle Schwächen des Gegners auszuspähen und ihn mit unerbittlicher Schärfe der Logik *ad absurdum* zu führen.

Sie stärkte den Frauen das Selbstbewußtsein, indem sie sie antrieb, dem ihr Schicksal von außen her bestimmenden »Du sollst« ein aus innerem Erstarken geborenes: »Ich will« entgegenzusetzen. Sie war die erste Frau, die in ihrer Broschüre »Der Frauen Natur und Recht« das politische Stimmrecht für die Frau zu fordern wagte, als dem Schlüssel zu allen übrigen ihr vorenthaltenen Freiheiten.

Sie war die Fackel, die den im Dunkel Tastenden den Weg erhellte, der Feuerbrand, der den Funken des Wollens in die Seele der Zagenden warf, und die kühne Führerin, die den Weg zu neuen, unbetretenen Höhen wies.

Niemals aber im vorwärtsstürmenden Kampf vergaß sie das Mitleid mit den Kleinen, den Schwachen, den Werdenden oder den schon Unterlegenen, den Alten und Gedrückten. Denn eine sehr große Güte hält ihrem scharfen Geist das Gleichgewicht.

Dabei repräsentiert Hedwig Dohm ein Stück besten Berlinertums. Aus einer alten Berliner Familie entsprossen, der selbst der charakteristische Einschlag des französischen Emigrantentums nicht fehlte, vertritt sie den Typ der echten Berlinerin: den klaren Wirklichkeitssinn, den raschen Witz, das treffende Urteil und die gütige Hilfsbereitschaft, neben jener feingeistigen Anmut und persönlichen Schlichtheit, die die charakteristischen Merkmale des geistigen Berlins um die Mitte des vorigen Jahrhunderts waren.

In dem ersten Teil ihres Romans: »Geschichte einer Seele« und in den erst kürzlich in der Gartenlaube erschienenen »Erinnerungen« hat Hedwig Dohm mit unvergleichlichem Scharme ihre Kindheitserinnerungen aus dem vormärzlichen Berlin niedergelegt. In den damals philiströs engen Kreisen des guten Bürgertums hat sich ihre mit starken Flügeln geborene Seele oft wund gestoßen, und ihre im jugendlichen Alter von zwanzig Jahren mit dem bekannten Schriftsteller Dohm, dem Redakteur des »Kladderadatsch« geschlossene Ehe brachte ihrem Feuergeist zunächst auch keinen Raum zu freier Entfaltung. Sie litt das typische Frauenschicksal einer gebundenen Zeit.

Keine besonderen äußeren Schicksale, alles Schablone. Nur der Tod ihres einzigen Söhnchens ergreift sie tief, wie sie überhaupt trotz aller Sehnsucht nach ungehemmter Entfaltung ihres Ich eine sehr liebevolle, aufopfernde Mutter ist. Keine äußeren Katastrophen, nur innere Kämpfe.

»Mein ganzes Leben hat eigentlich nur in einer chronologischen Reihenfolge psychischer Zustände bestanden,« schrieb sie mir einmal, »erst Träumen, dann Grübeln, dann Denken.«

Aber schmerzliche Erfahrungen und ständiger Druck vermochten ihre Geistesschwingen nicht zu lähmen. Unter tausend Schmerzen rang sie sich zu innerer Klarheit durch und wußte beherzt den Weg frei zu machen für ihre in verzagtem Kleinmut hinlebenden Mitschwestern. Es waren weder äußere Ereignisse, noch Bücher oder der Einfluß von Menschen, der sie zum Handeln drängte, sie hatte schon längst ihre ersten flammenden Proteste gegen die Unterdrückung der Frauen veröffentlicht, als ihr Stuart Mills Buch »Die Hörigkeit der Frau« zu Gesicht kam. Der Freiheitsdrang der Revolutionszeit von 1848, die Hedwig Dohm als Siebzehnjährige bewußt durchlebt hatte, hatte einen Feuerbrand in ihre Seele geworfen.

Ziel ihres Strebens ist die bedingungslose Gleichstellung von Mann und Frau auf allen Gebieten, eine unbegrenzte Möglichkeit auch für die Frau, ihre individuelle Daseinsart selbst zu bestimmen.

In dem Aufsatz »Die Antifeministen« und in der witzigen Spottschrift »Was die Pastoren von den Frauen denken« zeigte sie die Haltlosigkeit der gegen die freiheitliche Entwickelung der weiblichen Individualität erhobenen Einwände.

Das größte Hemmnis für die weibliche Entwicklung sah sie in der mangelhaften Schulbildung, in der Festlegung der weiblichen Fähigkeiten auf bestimmte eng umgrenzte Gebiete. Mit dem Mut der originellen Denkerin stellt sie sich ganz einfach auf den Standpunkt des Rechtes: »Die Frau soll studieren, weil sie studieren will, weil die uneingeschränkte Wahl des Berufes ein Hauptfaktor der individuellen Freiheit, des individuellen Glückes ist.«

Hat sie es doch öfters ausgesprochen, daß der Mangel an wissenschaftlicher Schulung sie oft bis zur Verzweiflung niedergedrückt habe. Obwohl gerade sie mit heiligem Eifer und der starken Kraft ihres Wollens ihr Lebenlang bemüht war, diesen Mangel auszugleichen. Schon weit über siebzig Jahre alt hörte sie noch philosophische Vorlesungen in der Universität und ihre feinsinnigen Kritiken im »Zeitgeist« und im »Tag« beweisen, daß ihre literarischen Kenntnisse selbst die Erscheinungen der neuesten Zeit umfassen.

Hedwig Dohm ist kein Vereinsmensch, ihre feine, sensible, eigenartige Natur fühlte keine Neigung für die schablonenhafte Kleinarbeit des Vereinslebens. Wenn der Frau Unrecht geschah, drängte es sie zum Reden. Nachdem durch den Erfolg ihrer Broschüren manchem Fortschritt der Weg gebahnt war, hüllte sie sich lange in Schweigen. Als aber Professor Möbius' Broschüre über den »Schwachsinn des Weibes« erschien, nahm die fast siebzigjährige den Fehdehandschuh auf und zeigte in ihrer Erwiderung, daß weder ihre Feder noch ihre Polemik stumpf geworden seien.

Hedwig Dohm fordert viel für die Frauen, aber sie verlangt auch viel von ihnen. In ihrem Buch »Die Mütter« (1903), der reichsten und reifsten Frucht ihres Alters, weist sie darauf hin, daß auch die Umwertung der Mutterschaft auf dem Programm der Zeit steht. Es unterliegt für sie keinem Zweifel, daß die Mutterschaft eine unvergleichliche Vertiefung und Veredelung erfahren wird, wenn die Frau erst zu Lebens- und Erkenntnishöhen emporgestiegen ist, die ihr bis jetzt nicht zugänglich waren.

An Beispielen aus dem Leben und aus der eigenen Erfahrung heraus zeigt sie, daß Mutterschaft und Hausfrauentum wohl vereinbar mit Berufstätigkeit sind. Und beherzigenswerte Wahrheiten sagt sie den Müttern erwachsener Töchter und den so mißliebigen Schwiegermüttern, denen sie anrät, aus der Fülle der sozialen Aufgaben sich befriedigenden Lebensinhalt zu schaffen.

Das Kapitel über die alte Frau enthält das Schönste und Tröstlichste, was je über das Alter gesagt wurde. Hedwig Dohm predigt darin ihren Mitschwestern Kampf gegen das Alter, geistiges Streben bis zum letzten Tag.

»Untätigkeit ist der Schlaftrunk, den man dir, alte Frau, reicht. Trink ihn nicht! Sei etwas. Schaffen ist Freude. Und Freude ist fast Jugend.« Mit dieser befeuernden polemischen, kritischen und Vorurteile bekämpfenden Tätigkeit ist aber Hedwig Dohms geistiges Wirken keineswegs erschöpft. Aus dem Kampfplatz der Geister zog sich die Dichterin oft genug in die stille Werkstatt künstlerischen Schaffens zurück, schenkte sie uns formvollendete inhaltreiche Werke. Ihre Romane und Novellen »*Plein air*«, »Frau Tannhäuser«, »Sibilla Dalmar«, »Schicksale einer Seele«, »Christa Ruland«, »Schwanenlieder«,˺»Sommerlieben« sind reich an Selbsterkenntnissen und inneren Feinheiten. Sie bilden wertvolle Zeitdokumente, aber das warmblütige Leben, das in ihnen pulst, sichert ihnen ihre Wirkung auch auf kommende Geschlechter.

Auch als Bühnendichterin hat sich Hedwig Dohm mit Glück versucht, ihr geistvolles, von sprühendem Witz durchtränktes Lustspiel »Vom Stamm der Asra« steht uns älteren Berlinern von einer trefflichen Aufführung im königlichen Schauspielhause her in angenehmster Erinnerung.

Und neben all dieser geistigen Arbeit fand Hedwig Dohm noch die Zeit, eine gute Hausfrau und treffliche Wirtin zu sein. In ihrem der Einrichtung nach recht bescheidenen Salon drängten sich in den drei Jahrzehnten ihrer Ehe alle liberalen Politiker von Ruf, die Literaten und Künstler um die geistreiche Frau und ihren witzigen Gatten. Lassalle, Hans v. Bülow, Begas, Ludwig Pietsch, Scherenberg, Dr. Friedrich Förster, Fanny Lewald, Humboldt, Varnhagen gehörten diesem Kreise an. Oft waren an den Empfangstagen mehr Besucher da als Stühle, und da die Kleiderhaken im Korridor nicht ausreichten, rollten die Herren ihre Ueberzieher zusammen und stellten sie so an die Wand.

Und ebenso war Hedwig Dohm eine treffliche Mutter. Sie lebte ihre Erkenntnisse und verwertete ihre Erfahrungen in der Erziehung ihrer Töchter. In ihren Enkelinnen durfte sie schon die »neue

Frau« erleben; vier von ihnen haben studiert und zwei üben eine Kunst, die man sonst gern den Töchtern der höheren Stände verschloß: sie sind Schauspielerinnen.

Mit dieser frohen und ernststrebenden Jugend lebt Hedwig Dohm in beglückendem Verstehen. Alle im Familienkreise nennen sie »Mimchen«, ein Kosename, der noch aus der Kinderstube ihrer Kinder stammt, und die Urenkel – sie hat deren zehn – kommen zum »Urmimchen«. Wer die kleine zierliche Gestalt der weißlockigen Frau mit den leuchtenden Augen, den raschen Bewegungen und dem wachen Geist inmitten ihrer Kinder und Enkel sieht, von allen geliebt und verehrt nicht als autoritätsheischende Patriarchin, sondern als gütige, alles Streben verstehende Freundin, der weiß: hier ist die neue Frau. Hedwig Dohm hat sie uns nicht nur geschildert, nicht nur für ihr Kommen gekämpft, sie lebt sie uns vor mit einer geistigen Kraft, die selbst die Unzulänglichkeiten des Alters überwindet.

Und wir danken Hedwig Dohm, die wir mit Stolz unsere Führerin und Meisterin nennen, für den neuen Weg, den sie uns siegreich voranschreitet.

Kriegsoperette /
von Klaus Pringsheim
(In: *Die Schaubühne*, 1914, 10. Jg, 2. Bd, 250-253)

Kein Zweifel: bevor noch der Krieg Tatsache geworden war, hatten die rührigen Vertreter der Operettenbranche schon begonnen, auf ihre Art mobil zu machen. Neue Zeiten, neue Bedürfnisse – der Markt darf nicht stillestehen; Gesinnung ist vorhanden, also: nicht lange überlegt, sogleich an die Arbeit. Bald wir es tagen: zwei Monate Krieg – und noch besingt kein Walzer-Couplet die Erstürmung von Lüttich, noch besitzen wir kein Torpedo-Duett, keine Flieger-Gavotte, kein masurisches Trinklied. Diesmal aber ist den immer Geschäftigen Einer zuvorgekommen, dem es ganz gewiß weder um Geschäft noch um Aktualität zu tun war. Eine Kriegsoperette – so sollte Humperdincks neues Bühnenwerk benannt werden, dessen erste berliner Aufführung man im Deutschen Opernhaus erlebte.

Ein Operettenlibrettist kennt, wie man weiß, nicht den Begriff künstlerischer Verantwortung; den Stoff gestaltet er nicht – er nimmt ihn, und nimmt von ihm nur eben so viel, wie ihm genehm ist. Von je hatte jeder von uns irgendeine Vorstellung von Krieg, wußten wir, was ein Feldwebel, und was ein Feldkoch ist. Wie könnte ein Librettist – in unserm Falle Herr Robert Misch – sich unterfangen, uns über derlei erst aufklären zu wollen! Er beauftragt den Regisseur, die im Theater gebräuchlichen Kriegssituationen zu stellen, heißt den Baß-Buffo die Maske eines bärbeißig-gutmütigen Feldwebels annehmen, der Tenor, der für den Feldkoch bestimmt ist, bekommt irgendwelches Küchengerät in die Hand; und im übrigen läßt man den Feldkoch Tenor, den Feldwebel Baß-Buffo – und den Krieg Operette sein. Eine Kriegsoperette, in tiefstem Frieden vollendet (dies ist ihre Rechtfertigung), wohl als heitere Festgabe für die Jahrhundertfeier 1913 gedacht: eine Operette, die den Krieg im Grund nicht viel ernster nahm als Offenbach seine Griechen. Nun aber ist Krieg geworden, und die Operette soll als Zeitbild, als Organ der Zeitstimmung herhalten (richtiger: die Zeitstimmung muß zum Aufputz der Operette herhalten). Also ein paar fette Leitartikelphrasen, die der Tenor ins Publikum schleudert, ein paar zeitgemäße ›Witze‹, mit denen der Baß-Buffo seine

Prost spickt; zum Ueberfluß, als unvermeidlicher Repräsentant des ›seriösen‹ Elementes, noch Einer, den das Personenverzeichnis Blücher nennt, und, ganz natürlich, Blücher spricht wie ein Heerführer von 1914: so sind wir in der Welt des Weltkriegs; um im nächsten Augenblick wieder in den Frohsinn der ewig vergnügten Operettenwelt getaucht zu werden. Solches Hin und Her zwischen Operette und aktueller Wirklichkeit (das übrigens echt operettenhaft ist), nie könnte es unerträglicher sein als heute. Noch immer vermögen wir die ganze Wirklichkeit dessen, was jetzt in der Welt geschieht, nicht recht zu fassen – und sollten vor dieser unbegreiflich großen Wirklichkeit derselben Elastizität mächtig sein, womit wir vielleicht ehedem Bühne und Leben vermengen und gleich wieder unterscheiden mochten: wenn wir etwa zuließen, daß in Eisensteins »fidelem Gefängnis« über Personen gewitzelt wurde, die wir am nächsten Tag auf der Straße treffen konnten? Das einzige Wort »Franctireur« genügt, um uns in die Gegenwart zu rufen, die Vorstellung von ungeheuerlichen Dingen lebendig zu machen – und wir sollten belustigt sein, wenn jemand auf der Bühne seine Frau beschuldigt, sie sei eine »Franktiröse«, und ihr verspricht, daß man sie mit preußischer Pünktlichkeit hängen werde, »schmerzlos ohne Narkose«? So jähen Wechsel der Einstellung kann der Beweglichste nicht vollziehen.

Eine Kriegsoperette: darum eben ist sie heute unmöglich. Unmöglich grade auch da, wo sie ernst genommen werden will. Der Verfasser mag sich auf das Vorrecht des Operettenschreibers berufen, all die Gefühle zu verwerten, die der Theaterbesucher mitbringt: hier liegt ja erfahrungsgemäß das stärkste Mittel seines Erfolgs. Auf nach Paris! Vivat Hohenzollern! Vivat Deutschland! und gleich darauf deutsche Soldaten, die in den Krieg gegen Frankreich ziehen, während Frauen und Kinder ihnen begeistert zujubeln – wer von uns, der die erste August-Woche miterlebt hat, würde von solchem Bild nicht ergriffen werden! Das muß wirken! In der Tat, hat es gewirkt? Vor allem, meine ich, es wirkt höchst fragwürdig, wenn das Größte der Zeit eben gut genug befunden wird, um einer Operette zu einem wirkungsvollen Aktschluß zu verhelfen, höchst fragwürdig auch auf solche, denen es nicht an Neigung fehlt, aus platter Operettenlaune den Weg in die großen Gefühle der Zeit zurückzufinden. Uebrigens: hatte man ernstlich erwartet, daß es heute, grade heut besondern Effekt machen werde, wenn ein paar Statisten, die man in deutsche Uniformen gesteckt hat, einmal quer über die Bühne gehen und gleichzeitig ein bißchen Hurra rufen? Man hatte zum mindesten vergessen, einen wichtigen Faktor in Rechnung zu ziehen: den Willen zur Illusion. In diesen Kriegstagen wird auch der Naivste, Empfänglichste nicht an das armselige Kriegspielen glauben, das vor einem Vierteljahr vielleicht anspruchslose Zuschauer gefesselt hätte (so viel auch über die angeblichen Bedürfnisse des Theaterpublikums von heute geflunkert wird). Erinnern wir uns daran, daß Bizets ›Carmen‹ überall in der Welt, nur nicht in Spanien – im wirklichen Spanien – sich durchzusetzen vermochte. Kein Wunder: denn die Echtheit des Lebens ist stärker als die Echtheit der Bühne. Die Kunst des Theaters möge, wie alle Kunst, vom Leben lernen, niemals aber – soll ihre Wirkung nicht ins Grauenhaft-Lächerliche umschlagen – versuche sie, mit dem wirklichen Leben zu konkurrieren. In Wahrheit: soll auch heute das Theater berufen bleiben, Organ der Zeitstimmung zu sein – nur ein Bühnenwerk von allergrößtem Schlage könnte solcher Riesenaufgabe gewachsen sein, eines, das, wie die ›Hermannsschlacht‹, vom Geist gleich großer Zeit eingegeben ist, nicht aber eines, das ihr äußeres Geschehen mit kleinlicher Genauigkeit in ein paar lebende Bilder zu zwängen versucht.

Trotz dem herzlichen Beifall, der Verfassern und Mitwirkenden dankte, und ungeachtet der sehenswerten Inszenierung bestätigte die Premiere im Deutschen Opernhaus meine Meinung, daß Humperdincks harmlos-freundliche Kriegsidylle nur in tiefstem Frieden aufgeführt werden darf; und allein das würde der ursprünglichen Bestimmung des Werkes gerecht werden. Da es aber, dank einer verunglückten Spekulation, nachträglich zum repräsentativen Zeitsymbol umgestempelt wurde, muß es sich billigerweise gefallen lassen, vor allen Dingen in seinem Verhältnis zur Zeit und unter ihren Gesichtspunkten betrachtet zu werden. Ein andres ist die Frage nach seinen absoluten Qualitäten. Wenn von der ›Marketenderin‹ die Rede sein soll, geht es nicht an, sich an ›Hänsel und Grete‹ oder an die ›Königskinder‹ zu erinnern; denn Humperdinck hat diesmal andres gewollt, er hat nicht allein auf jegliche dramatische Prätention verzichtet. Sein erstes Verlangen scheint heute: anspruchslos anzumuten. Das Streben nach primitiver Volkstümlichkeit, das schon in der Musik zum ›Mirakel‹ ein wenig akademisch berührte, tritt jetzt noch fühlbarer zutage – zu fühlbar, als daß unser Gefühl überall ohne Vorbehalt zu folgen vermöchte; beinahe scheint die Schlichtheit der Empfindung Prinzip geworden, und es kann geschehen, daß der Eindruck der Ursprünglichkeit ausbleibt. Doch hätte man Unrecht, dies jüngste Werk Humperdincks gering zu bewerten; denn es läßt keine seiner Absichten unerfüllt und bewährt diejenigen Eigenschaften, die von je das Beste seiner künstlerischen Art bedeutet haben: Vornehmheit und Unantastbarkeit der musikalischen Gesinnung und die ruhige, ernste Sachlichkeit des deutschen Meisters.

Heute ist die Erwägung müßig, wie vielleicht unter andern Verhältnissen Humperdincks Singspiel – aus dem eine Operette geworden war, noch ehe der Musiker seine Arbeit begonnen hatte – aufgenommen werden sollte. Es ist nicht wahrscheinlich, daß die ›Marketenderin‹ die ›Regimentstochter‹ verdrängen wird. Wohl aber könnte eine erfreuliche Wirkung auf dem Gebiet der Operette noch einmal wahrnehmbar werden – keine unmittelbare Wirkung: denn die moderne Operette ist keiner Veredlung fähig; sie zu reformieren, müßte heißen: sie ausrotten. Noch fehlt unsrer Bühne der Typus, der diese Operette ersetzen könnte (soweit, sie zu ersetzen, Sache unsrer Bühnen sein müßte): was wir brauchen, mag dem ähnlich sein, das dem Komponisten der ›Marketenderin‹ vorgeschwebt hat. Doch dies sind Wünsche und Hoffnungen, von denen in unsern Tagen füglich nicht weiter die Rede sein darf.

Der Kriegsverlängerer
Auch ein Beitrag zur Kriegsanleihe
(In: *Münchner Neueste Nachrichten* vom 27.9.1916)

Ort der Handlung: Die hintere Plattform eines Straßenbahnwagens. Personen: Ein Mann mit einem Zwicker, ein Mann mit einer Mütze, ein Mann mit einer Brille. Der mit dem Zwicker und der mit der Mütze kennen sich.

»Na, wohin, Herr Nachbar?« fragt der Zwicker.

»Kriegsanleihe zeichnen«, sagt die Mütze.

Pause. Dann der Zwicker überlegen: »So, so, Kriegsanleihe? Wieviel?«

»Es reicht zu tausend Mark.«

Pause. Der Zwicker lugt vorsichtig nach dem Herrn mit der Brille und dämpft die Stimme in der Richtung nach der Mütze:

»Unter uns, wissen Sie wirklich nichts Besseres für Ihre Tausend Mark Erspartes?«

Die Mütze ist erstaunt: »Jetzt, was besseres als Kriegsanleihe? Ich weiß wirklich nicht, was Sie – «

»Ich will Ihnen mal im Vertrauen etwas sagen: Wer jetzt noch Kriegsanleihe zeichnet, verlängert den Krieg.«

»Verlängert – ?«

»Jawohl, den Krieg. Verstehen Sie denn nicht: Wenn man nichts mehr zeichnet, hört er ganz von selber auf, und überhaupt …«

Die Zwickerstimme sinkt zu einem Flüstern herab. Es wispert eine ganze Weile. Mit Erfolg, scheint es. Die Mütze fängt langsam zu nicken und zu murmeln an:

»Hm, wenn man's so betrachtet …, dann allerdings …« Der Zwicker lächelt intelligent und befriedigt:

»Na, endlich begriffen? Ich muß hier abspringen – also tragen Sie Ihre tausend Märker ruhig wieder heim – 'n Morg'n!«

Der Zwicker ist abgesprungen. Die Mütze nickt noch immer. Jetzt nähert sich die Brille:

»Entschuldigen Sie, mein Herr, ich habe Ihr Gespräch gehört. Darf ich Ihnen etwas dazu erzählen?«

»Bitte, wenn – wenn es Ihnen Freude macht.«

»In einem unserer Schützengräben erwarteten sie den Sturmangriff. Aber der Sturm kam nicht und kam nicht. Das Dutzend

Gewehre im Anschlag wurde schwerer und schwerer. Sie legten sie einen Augenblick hinter sich an den Grabenrand, rieben sich die erstarrten Hände, stampften mit den frierenden Füßen im Takt und schauten durch die Luken nach dem Feinde. Da schlich einer von hinten heran – .«

»Ein Feind, nicht wahr?«

»Nein, einer von den Ihrigen aus der zweiten Linie. Der sammelte das Dutzend Gewehre diebsgeschwind und verschwand damit. In diesem Augenblicke brach der Sturm los. In dichten Wellen kamen sie heran. Die im Schützengraben griffen rückwärts – ins Leere. Der Feind stürmte den waffenlosen Graben und machte das Dutzend nieder. Erst nach Wochen gelang es, ihnen den Graben wieder zu entreißen.«

Pause. Die Mütze zögernd: »Und?«

»Sonst nichts. Das ist meine ganze Geschichte. Wie gefällt sie Ihnen?«

»Hm, ganz – ganz dramatisch, aber – verzeihen Sie – aber auch unsinnig.«

»Warum?«

»Weil es unter den Unsrigen keinen gibt, der im Rücken seiner Kameraden die Gewehre fortnimmt.«

»Sie täuschen sich. Ich kenne einen.«

»Pfui Teufel, den sollte man doch gleich – wie heißt der Kerl?«

»Er trägt – verzeihen Sie – er trägt Ihren Namen.«

»Meinen Namen? Erlauben Sie, das geht denn doch über den Spaß!«

»Spaß? Ein Dutzend Gewehre kosten tausend Mark. Tausend Mark haben Sie eben zeichnen wollen. Jetzt wollen Sie's nicht mehr. Damit fehlen draußen an der Front die zwölf Gewehre. Die wurden eben unsern Braven aus der Hand geschlagen. Durch einen Mann der zweiten Linie. Durch Sie. Andere Zwölfe werden wochenlang wieder kämpfen müssen, um es wieder gutzumachen.«

Pause. Das Gesicht unter der Mütze ist feuerrot geworden. Es kämpft schwer. Jetzt hat es sich überwunden:

»Sie haben recht, Herr. Der mir vorhin den Rat gegeben hat, ist ein – ein Schuft – ist der eigentliche Kriegsverlängerer – und ich – ich war im Begriffe, es zu werden. Ich danke Ihnen, daß Sie mich gehindert haben – guten Morgen, ich muß hier abspringen –.«

»Aber wollten Sie nicht auf die – auf die Bank?«

Die Mütze froh im Abspringen: »Nein, vorher muß ich nochmal heim – nachschauen, ob es nicht – nicht für ein zweites Dutzend Gewehre langt.«

[Hedwig Pringsheim hat am 26.9.1916 für 3.000 M. Kriegsanleihe gezeichnet.]

Ein feindlicher Flieger über München.
Verhaltungsmaßregeln für die Bevölkerung
(In: *Münchner Neueste Nachrichten* vom 18.11.1916)

1. Das Verweilen im Freien – auch auf Dächern und Balkonen – sowie der Aufenthalt an Fenstern ist gefährlich. Wer sich im Freien befindet, suche möglichst Deckung in Hauseingängen, Unterständen usw. Gewöhnliche Türen werden von den Sprengstücken durchschlagen. Wer auf freiem Felde eine Deckung nicht zu erreichen vermag, lege sich auf den Boden.
2. Es ist ratsam, sich in Keller oder die unteren Stockwerke oder in sonstige gutgesicherte Räume zu begeben. Kleine Räume sind besser als große. Vor Verlassen der Wohnung achte man jedoch auf ordnungsmäßige Versorgung von Feuer und Licht.
3. Es ist zu empfehlen, beim Zubettgehen Kleider und Gegenstände, an denen dem Besitzer besonders gelegen ist, bereit zu legen.
4. Der Fuhrwerksverkehr jeder Art wird eingestellt. Die Fuhrwerke suchen, soweit dies möglich ist, Deckung in Hauseinfahrten. Die Beleuchtung der Fahrzeuge wird verlöscht.
5. Die Hauseinfahrten und Hauseingänge werden bis abends so offen gehalten, daß sie ohne weiteres zugänglich sind. Schutzsuchenden Personen wird Einlaß gewährt.
6. Ansammlungen auf der Straße, z.B. an den von Bomben getroffenen Stellen, sind zu unterlassen.
7. Bei Dunkelheit werden alle ins Freie wirkenden Lichter und Lichtquellen (Innenbeleuchtung der Wohnungen und Arbeitsräume, Stiegenhäuser, namentlich Oberlichte, Schaufenster, Lichtschilder usw.) gelöscht oder voll abgeblendet. Taugliche Notlichter werden bereitgehalten, namentlich in Versammlungsräumen, Theatern, Wirtschaften usw.
8. Nichtexplodierte Bomben sowie Geschoßteile, namentlich Zünder, sind unberührt liegen zu lassen, die Fundstätten sind der k. Polizeidirektion bekannt zu geben.
9. Der öffentliche Fernsprecher dient nur militärischen und öffentlichen Zwecken, Privatgespräche sind zu unterlassen.
10. Nachrichten über den Fliegerangriff dürfen nicht verbreitet werden.

Ein feindlicher Flieger über München

11. Kinder sind über ihr Verhalten entsprechend zu belehren.
12. Hauptgrundsatz muß schließlich auch hier sein, Ruhe und Besonnenheit zu bewahren.
13. Es empfiehlt sich, diese Verhaltungsmaßregeln aus der Zeitung auszuschneiden und aufzubewahren.

Englands angebliche Friedensbedigungen
(In: *Münchner Neueste Nachrichten*
vom 22.12.1916)

Der diplomatische Mitarbeiter des britischen Auswärtigen Amts Sir Harry Johnson faßt in den »Daily News« die Friedensbedingungen, die England und die Entente bewilligen könnten, wie folgt zusammen:

»Wenn es uns möglich wäre, einen vollständigen Sieg zu erreichen, dann wäre es leicht, die Mittelmächte so zu strafen, wie sie es verdienen. Aber mit einem derartigen Ausgang kann man nicht rechnen. Falls Deutschland darauf besteht, Belgien oder einen Teil von Frankreich dauernd zu besetzen oder zu kontrollieren, bleibt kein anderer Weg offen, als weiter zu kämpfen, und wenn England dabei verbluten sollte. Sonst wären aber folgende Bedingungen vielleicht möglich:

1. Rückgabe von Belgien und der besetzten Teile Frankreichs. Deutschland und England zahlen je 100 Millionen Pfund Schadenersatz als Unterstützung für den Wiederaufbau des zerstörten Eigentums. Für England bedeutet diese Ausgabe nur die Kriegskosten von 20 Tagen.

2. Rußland erhält alles zurück, was es verloren. Ein unabhängiges Polen wird gebildet, dem weder Litauen noch der ruthenische Teil von Galizien angehören sollen. Letzteres wird mit Klein-Rußland verbunden.

3. Rußland erhält freie Fahrt durch die Dardanellen auf Grund eines Abkommens mit Bulgarien und Rumänien. Serbien, Montenegro und Rumänien werden wieder geräumt und erhalten von den Mittelmächten und den drei großen Ententemächten Schadenersatz für die erlittenen Verluste.

4. Rußland erhält das Protektorat über Armenien, das autonom wird. Frankreich wird Protektor von Syrien. England besetzt die Sinaihalbinsel und das Euphrattal bis Bagdad. Persien kommt unter gemeinsame Aufsicht von Rußland und England, bleibt aber für den Handel mit anderen Ländern geöffnet. Aegypten bleibt, wie es ist, Italien erhält den Trentino und das Protektorat von Albanien und vielleicht die Insel Rhodos, sowie den Dodekanes

und Cypern. Ostafrika wird an Deutschland zurückgegeben, das sich außerdem an türkischem Besitz schadlos halten darf und dazu freie Hand erhält. Die geplanten Schutzzölle und Vorzugstarife für die Alliierten Englands und die Neutralen läßt man fallen.«

Briefe

Dr. Th. Lessing.

Hannover, den 12. März. 1912
Stolzestr. 12 A.

Frau Hedwig Pringsheim,

München.

Sie erhalten anbei Copie eines unter dem 12. d. M. an Herrn Thomas Mann Mauerkircherst. 13 gerichteten, auch Ihre Person berührenden Schreibens.

Theodor Lessing

Dr. Th. Lessing.

Hannover, den 12. März 1912.
Stolzestr. 12 A.

Copie.

Herrn Thomas Mann,

München

Auf meine Veranlassung übermittelte Ihnen der Herausgeber der »Brücke« am 29. v. M. seine Zeitschrift mit dem von mir gewünschten loyalen Anerbieten, Ihnen Gelegenheit zu schaffen, sich gegen schwere Vorwürfe, mit denen ich Ihre menschliche Ehre künftig zu bezweifeln habe, entlasten zu können.

Ihre Anwort vom 1. d. M. wurde mir übergeben und den Akten zugefügt. Ihre Begründung ›durch Gegenvorstellungen nicht verwirren zu wollen, weil Herr Lessing schliesslich leben muss,‹ steht sicher ganz auf der Höhe Ihrer Ethik und nötigt nur noch zu der Klarstellung, dass die gegen Ihre Persönlichkeit notwendigen Erklärungen gegeben werden mussten, um unantastbare Tatbestände festzustellen, nicht aber weil anständige Männer gegen Ihresgleichen ›streiten‹.

Dr. Theodor Lessing.

Berlin, den [8/]9. Okt. 1913

Liebstes Hedel
Heut zuerst etwas ganz und gar Wiederwärtiges: ein Brief von Theodor Lessing voll wilder Drohungen. Seine Mutter, die ich hoch schätze, hatte mir einen sehr herzlichen Brief geschrieben, er himself eine Gratulation. Da ich die Adresse der Mutter nicht wußte, hatte ich ihm und der Mutter ein paar konventionelle Dankworte geschrieben. Das war vielleicht nicht richtig, Du denkst es sicher. Diese paar Worte aber hätten an seinem Vorhaben, seinem Rachedurst nichts geändert. Ich lege den Brief nicht gleich bei, schicke ihn Dir erst in einigen Tagen. Du könntest ihn sonst möglicherweise sofort an Alfred weitergeben, und was der Jähzornige in der ersten Rage unternimmt läßt sich nicht voraussagen. Vielleicht verärgerst Du ihn überhaupt mit dem Brief gar nicht. Selbstverständlich wirst Du das Schriftstück sorgfältigst aufbewahren, und wirst Tomy verhindern auf seinen ersten unglückseligen Artikel einen zweiten ähnlichen zu setzen. Und bitte Hedelchen schreibe mir nichts Erregendes, und mußt Du Dir etwas vom Herzen reden, so schreibe es an Else, ich bin der kleinsten Erregung nicht mehr gewachsen. Seit 14 Tagen schlafe ich keine Nacht ohne Schlafpulver, und auch danach nur vier Stunden – Die Belästigungen hören für mich nicht auf. Da erhalte ich unter anderm gestern einen langen Brief von einem Studenten, der so sonderbar, so unwahrscheinlich und enthusiastisch ist, daß ich beinah an einen plumpen, dummdreisten Ulk glaube, den sich ein grünes Bürschchen mit mir alten Greisin erlaubt. An demselben Tag schickt mir Maxa Harden ein prachtvolles Album, in dem man sich – wie es vor einigen Jahrzehnten Mode war – durch die Beantwortung verschiedener Fragen verewigen sollte; Fragen wie: welche Menschen, welche Bücher, welche Speisen u.s.w. lieben sie am meisten. Die interessanten Persönlichkeiten von Harden und Wedekind eröffnen den Reigen.

Tomys Interview mit dem ungarischen Reporter habe ich nirgend gefunden. Schicke es mir nur. – An Heinzes Verlängerung seiner Rente kann ich nicht glauben. – Das schrieb ich gestern, und höre – heut habe ich zum ersten Mal wieder ohne Pulver so ziemlich geschlafen, wahrscheinlich zur Feier von Elschens Geburtstag, da ich ih[r] doch sonst gar nichts schenken kann! Und es ist wohl

auch zu dieser Feier, daß Hermann – dem es ausgezeichnet zu gehen scheint – ein Stücklein von seinem Grundstück verkauft hat. Über Schulze-Naumburg ist noch nichts entschieden. Es freut mich aber, daß Ilse sich zusehends zum Vorteil verändert. Sie wird immer menschlicher, zugänglicher, teilnehmender. Übermorgen schicke ich Dir den Brief.
    Sei schön umarmt von Deiner Mutter.

Berlin, den 10. Okt. 1913

Lieb Hedel
da ist der Brief[1]. Ich halte den Herrn für gestört. Was dem Kerr der Harden, das ist dem Lessing der Tomy, und seine – Tomy's – Schwiegermutter schleift er mit. Er gibt ein Buch in zwei Bänden heraus. Der erste Band erscheint im Frühjahr, der zweite, in dem das Pamphlet steht, wahrscheinlich viel später. Ihr habt also Zeit Euch auf das Schreckniß vorzubereiten. – Heinz erwähnt in seiner Gratulationskarte an Else, daß er zwischen dem 15-20sten nach Berlin übersiedeln wird. – Von Elschens gestrigem Geburtstag wäre nichts weiter zu berichten. Ich war zum Tee unten, zusamen mit Miz, Hedda, Eva, Mira und der langweiligen Frau Makowski. Am Vormittag gratulirte nur Julius Stettenheim, der sprühend und lebhaft wie nur je gewesen sein soll. Beneidenswert. Ernesto ist in Sardinien, mit welchem auch beneidenswerten Süden (sie leiden noch immer etwas an Hitze) ich diese paar Zeilen schließe. – Ach nein ich schließe sie doch nicht. Da kommt ein langes Schriftstück[2] von Lessing. Nämlich: ich hatte ihm auf seinen Brief eine kurze Antwort geschrieben wie etwa ein Mensch auf der Schwelle des Jenseits, einen im Diesseits trostlos Verrannten anruft, in der leisen, leisen Hoffnung ein wildes Tier – wie Orpheus durch Musik – durch die Musik ethisch rührsamer Vorstellungen, zu bändigen. Wieder war ich ganz entsetzt über die unerhörte Beschimpfung, die Tomy diesem unseligen Menschen zugefügt. Wenn Lessing sich mit einer einfachen Ehrenerklärung begnügte, ich würde sie ihm geben. Er denkt doch, Du hättest Tomys Artikel gekannt und gebilligt. Mir wäre es eine Erleichterung, nicht einen Augenblick würde ich zaudern, ein Unrecht, das ich eingesehen, wieder gut zu machen. Gelegentlich kannst Du mir das Schriftstück zurückschicken. – Sei nicht böse wegen der nichtsnutzigen Schreibebriefe, die ich schreibe, und sei umarmt von Deiner Mutter.

---

1 Brief von Theodor Lessing vom 5.10.1913
2 Brief von Theodor Lessing vom 10.10.13

Hannover, den 5ten Oktober 1913
Kirchrode, Landhaus Miriam

Sehr verehrte und liebe Frau Dohm,

Ihre freundliche Aufnahme unsres Geburtstaggrusses – er kam übrigens nicht von meiner Mutter, sondern von meiner Frau und meinen Kindern – giebt mir den Gedanken ein, Sie (nicht in meinem sonder[n] im Interesse Ihrer Tochter und Enkelin) noch ein Mal um eine Vermittlung zu bitten.

Im zweiten Bande meiner ›Philosophie als Tat‹ deren erster Band Ende dieses oder in der ersten Hälfte nächsten Jahres erscheinen wird, werde ich noch ein Mal eine klare zusammenfassende Darstellung der durch Thomas Manns verrannten Dünkel erfahrenen abscheulichen Insulte geben. Ich werde mit aller mir möglichen gerechten Schärfe die Person des Beleidigers abbilden und sein Verhalten wie das der Familie Pringsheim, die meine abscheuliche Besudelung zuliess, vor allem aber das Verhalten Ihrer Tochter, die das in schweren Tagen ihr geschenkte Vertrauen niedrig enttäuschte, aufs klarste darstellen. Ich werde nie, bis zu voller ethischer Auswertung meines verletzten Rechts, die Angelegenheit für beendet halten; ich weiss, dass selbst wenn mir zu Lebzeiten keine Klärung gelänge, auch nach meinem Tode meine Nächsten und Freunde die Sache nicht ruhen lassen werden. Sie verehrte Frau Dohm haben vielleicht als Einzige ein Empfinden dafür gehabt, wie schwer für mich war, diesen mir aufgedrängten Kampf bis zu voller Selbstbewahrung aufnehmen und festhalten zu müssen. Sagen Sie das Ihrer Tochter. Und sagen Sie ihr, dass ich die Angelegenheit für erledigt erachte, sobald ich von ihrer und ihres Mannes Seite die Bitte um Verzeihung für das erlittene Unrecht in Händen halte und von Seite des Herrn Mann die schlichte, würdige und unverkünstelte schriftliche Erklärung, dass er die Unwürdigkeit seines Verhaltens erfasst und seine nicht _mich_ treffenden Schreibereien bedauert hat.

Aus jahrelanger naher Beziehung zur Schwester Manns sind mir mehr und zartere Details seiner Wesensart, seiner damals vor der Scheidung schwebenden Ehe, seiner Entwicklung bekannt als vielleicht selbst seinen Nächsten; durch zahlreiche Briefe Frl. Manns kann ich das Recht meiner Urteile beleuchten und ich kann, wenn mir keine Schonung länger geboten scheint, mancherlei Intimitäten des Pringsheimschen Hauses zum Gegenstand einer Schilderung jener Menschen machen, die mir gegenüber sich gleichsam als ein Tribunal aufzuführen den schlechten Takt hatten. Ich weiss sehr genau, dass mein Lebenswerk zuletzt einen längeren Atem bewähren wird als das Thomas Manns und nicht meinethalben, glauben Sie mir das, habe ich Sie verehrte und liebe Frau Dohm hierdurch nochmals gebeten, als Friedestifterin zu wirken.

Ihre Tochter, als die am klarsten sehende, möge die Sachlage so ernst als immer möglich nehmen und für den Fall, dass mir die geforderte Genugtuung versagt bleibt sich – und sei das erst nach Jahren – auf recht schwere Stunden für ihre Nächsten gefasst machen.

In alter Verehrung küsst Ihnen die Hand Ihr
Theodor Lessing

Kirchrode bei Hannover
Landhaus Miriam
am 10 ten Oktober 1913

Sehr, sehr verehrte Frau Dohm,

hätten Sie doch heute sehen können, wie tief Ihre schönen schönen Worte uns ergriffen haben. Ihr Brief ist nicht vergeblich geschrieben. Der wird, wie Worte schon aus einer heiligeren Welt, von uns bewahrt werden. Sie haben Recht, völlig Recht. Und ich schäme mich, erdenschwer, in das eitle dumme dumme Sansara[1] verschlungen, zuletzt vor Ihnen gestanden zu haben. Wer vollendet hätte wie Sie! Nicht der Weisen, die schon fast ins Ewigkampflose hinübergereift ist, der Kämpferin Hedwig Dohm, die achtzig Jahre durchgelitten und überwunden hat, lassen Sie mich, nur zur Entschuldigung sagen: Angesichts der großen Pforte, der auch ich mich schon nahe fühle, wird alles Menschliche so vollkommen gleichgültig, daß es mir auch nicht mehr wesentlich scheint, ob ich noch ein wissenschaftliches Werk oder eine von Haß freie und gerechte Züchtigung menschlicher Nichtigkeit in der Person eines berühmten Zeitgenossen schreibe. Auch mir sind alle sogenannten »Leistungen« längst menschlich=allzumenschlich geworden. Daß man bis zum Ende sein Selbst bewahrt, darauf kommt es an. Und auch den Kampf mit den Ihrigen – die durch ein paar kluge erkennende Worte der Selbsterkenntnis mich leicht versöhnt hätten – habe ich nur in diesem letzten ethischen Sinne geführt und wie ich in viel viel geringeren Dingen nie geruht habe, bis ich durchsetzte, was ich für mein Recht hielt, so könnte ich auch hier nicht nachgeben, ohne zu wähnen, mir selber nicht mehr treu zu sein.

An sich sind alle solche Kämpfe ganz ganz gleichgültig. Eben darum kann auch der nichtigste zur hohen Forderung werden. Ob Sie auf Erden um den besten Eidamer Käse oder ums Wesen der Gottheit streiten – das Eine ist nicht wesentlicher als das andere. Aber wie man sein Leben gelebt hat, seine gleichgültigen Fakta als Symbole nahm, das ist entscheidend. Diene mir dieses vor Ihren alles übersehenden Augen zur Entschuldigung, daß ich weiterkämpfe: Erstens: ich habe der so tragisch gestorbenen Carla

---

[1] recte Samsara: Zyklus des Seins, Kreislauf der Wiedergeburten

Mann eine zeitlang näher gestanden als ihre Brüder; sie hat mir großes Vertrauen geschenkt und ich habe es stets verdient. Dann wurde ich plötzlich von dem Bruder: »mißgeborener Zwerg, armer Schlucker, Lump, schäbigstes Exemplar der schlechtesten Rasse, geduldeter Privatdozent, Schnorrer, Zudringling u.s.w« öffentlich benannt und weder die Frau, die mich hundert Mal ihren nächsten Freund nannte noch Ihre Frau Tochter, von der ich mich geschätzt und gekannt glaubte, widersprachen und kamen mir in materiell abhängiger Lage zu Hülfe. -

Zweitens: Die unsinnigen Beschimpfungen trafen mich am schwersten dadurch, daß sie meinen allerpersönlichsten Lebenskampf, den unlöslichen ethischen Konflikt, in dem ich und meine erste Frau zu einander stehn, verzerrt, banalisirt, unsinnig gedeutet durch allerlei Andeutung der Öffentlichkeit preisgaben. Noch vor kurzem wurde mir aus dem letzten Buch des Herrn Mann ein Passus mitgeteilt, der angeblich – ein fast rasender Unsinn – sich auf meine Person beziehe. – Diese Dinge grade, die ich in mir als die Würde und Größe meines Lebens fühle, in solcher Ahnungsunfähigkeit, mit solchen Gesichtspunkten behandelt zu sehn, das entband mich von der sonst selbstverständlichen Schweigepflicht gegenüber den banalen Intimitäten der Lebensführung meiner Entwürdiger. Die stilisirte Lebenslüge, das hundertfach verpanzerte, zähe Schwächlingtum Manns wäre ehrfürchtiger Schonung von meiner Seite stets sicher gewesen; just diesen mir in keinem Sinne gleichartigen Mann aber als ein öffentliches Tribunal meines Lebens sich geriren sehn – das ging nicht an!

Lassen Sie diese Andeutungen (ich könnte noch manches zur Klarstellung meines reinen Willens sagen) als genügenden Erweis gelten, daß mein Kampf nicht so banal ist wie er von der Gegenseite gesehn erscheinen mag – Trotz allem! Die Sache ist endgültig erledigt, sobald ich 1) die klare, menschlich schlichte Bitte um Verzeihung von seiten ihrer Tochter und ihres Schwiegersohns in Händen halte 2) die schriftliche Bestätigung Th. Manns, daß er Widersinn und Nichtswürdigkeit seines Verhaltens gefühlt hat und stolz genug ist, um Vergebung nachzusuchen.

Wenn aber die Selbstgerechtigkeit der beiden Familien diesen anständigen Schritt nicht sich abnötigen kann, – nun, dann muß eben der menschlichen Zukunft überlassen werden, zu entscheiden, ob meine heute freilich ganz lächerlich klingende Prophezeiung daß diese Angelegenheit Ihrer Tochter oder deren Nachkommen einst sehr bittere Stunden bereiten wird, einer eitlen Selbstüberschätzung, einem machtwilligen Dünkel entsproß oder einer klareren Einschätzung der Personen und Sachen und weiter sehender Voraussicht, als die Ihrigen besassen.

Und nun verzeihn Sie dieses Sansara[2]. – Verzeihn Sie auch, daß ich, gezwungen unter mancher Unruh zu schreiben, diesen formlosen Bogen absende. – Ich weiß, wie Sie darüber hinaus sind. – Und nehmen Sie nochmals Dank für alle das Viele, das ich im Leben von Ihnen empfangen und an Mut und Freude aus Ihrem Werke geschöpft habe.

Ihr Ihnen ehrfürchtig ergebener
Theodor Lessing

2 recte Samsara

Stammtafeln

Stammtafel Alfred Pringsheim

1. Alfred Pringsheim (2.9.1850 – 25.6.1941), Professor der Mathematik ⚭ am 23.10.1878 mit Gertrude *Hedwig* Anna Dohm (13.7.1855 – 27.7.1942)
    1.1. Erik (9.8.1879 – 20.1.1909), Jurist, Estanciero ⚭ am 1.4.1908 mit Maria (*Mary*) Erlich (geb. 1882), gesch. Barska, später verh. mit Humphreys G. Mackay
    1.2. Peter (19.3.1881 – 20.11.1963), Professor der Physik ⚭ am 8.12.1923 mit Emilia (*Emmeke*) Maria Clément (16.3.1893 – 15.2.1968), gesch. Willaert
        1.2.1. Germaine Willaert (27.9.1913 – 4.3.1990), von Peter Pringsheim später adoptiert
            ⚭ 1938 in 1. Ehe mit Arie Adriaensen (18.3.1912 – 28.10.1944)
            1.2.1.1 Gerrit (geb. 6.10.1944)
            ⚭ in 2. Ehe mit Paul Van den Bogaert
    1.3. *Heinz* Gerhard (7.4.1882 – 31.3.1974), Dr. phil., Archäologe, Kapellmeister, Musikkritiker ⚭ in 1. Ehe 1913 mit Olga Markowa Meerson (5.12.1880 – 29.6.1930), Malerin
        1.3.1. Katja *Tamara* Elisabeth (27.8.1913 – 24.7.2014) ⚭ am 18.12.1936 mit Theodor (*Teck*) Estermann (5.2.1902 – 29.11.1991), Professor der Mathematik
            1.3.1.1. Olga Estermann (7.11.1937 – 6.6.2004)
            1.3.1.2. Daniel Estermann (geb. 1.3.1939), verh., 1 Sohn
            1.3.1.3. Ruth Estermann (geb. 4.3.1943), verh. Bradshaw, 2 Söhne
            1.3.1.4. Susan Estermann (27.8.1944 – 5.10.2009)
            1.3.1.5. Rachel Estermann (geb. 3.7.1951), verh. Garver, 3 Kinder
            1.3.1.6. Judy Estermann (geb. 16.11.1952), verh., 2 Kinder
        ⚭ in 2. Ehe 1930 mit Mara Duvé (2.5.1889 – 1965), gesch. Reday, Sängerin, Musikpädagogin

1.3.2. Horst Pringsheim-Reday (16.7.1924 – 11.4.2010), Opernregisseur, von Heinz Pringsheim später adoptiert

1.4. Klaus (24.7.1883 – 7.12.1972), Kapellmeister, Komponist, Dramaturg, Musikkritiker ⚭ am 8.8.1914 mit Klara (*Lala*) Koszler (11. od. 12.10.1889 – 17.6.1978), Tänzerin

    1.4.1. Emilie (*Milka*) Valerie (2.10.1912 – 26.2.1976), Schauspielerin

    ⚭ in 1. Ehe (Paßehe) am 27.10.1935 mit Herrn Dörfel, gesch.

    ⚭ in 2. Ehe am 12.8.1941 mit Hans Ehrenfried Reuter (30.7.1904 – 23.5.1991), 3 Kinder

    1.4.2. Hans Erik Rudolf (3.5.1915 – 1995), Journalist

    ⚭ 1938 in 1. Ehe mit Yuki Inagaki (gest. 1970), 2 Töchter

    ⚭ 1978 in 2. Ehe mit Reiko, 4 Töchter

    1.4.3. Klaus Hubert (23.5.1923 – 6.2.2001) eigtl. K. Winckelmann, Prof. für polit. Wissenschaft

    ⚭ 1956 in 1. Ehe mit Pearl Wenkert (geb. 1938), gesch. 1960, keine Kinder

    ⚭ 1962 in 2. Ehe mit Hsiuping Kwok (geb. 1938), 3 Töchter

1.5. Katharina (*Katja*) Hedwig (24.7.1883 – 25.4.1980) ⚭ am 11.2.1905 mit Thomas Mann (6.6.1875 – 12.8.1955), Schriftsteller, 6 Kinder

Stammtafel Ernst Dohm

1. Friedrich Wilhelm *Ernst* Dohm (vormals Elias Levy) (24.5.1819 – 5.2.1883), Publizist, Schriftsteller ⚭ am 21.3.1853 mit Marianne Adelheid Hedwig (*Mim*) Jülich, später Schlesinger, später Schleh (20.9.1831 – 1.6.1919), Schriftstellerin
   1.1. *Hans* Ernst (16.5.1854, gest. ca 1866 an Scharlachfieber)
   1.2. Gertrude Hedwig (*Hedel*) Anna (13.7.1855 – 27.7.1942) → Hedwig Pringsheim
   1.3. Ida Marie Elsbeth (*Else*) (9.10.1856 – 28.7.1925) ⚭ 1878 mit Moses *Hermann* Rosenberg (19.7.1847 – 28.6.1918), Bankier
      1.3.1. *Hans* Oswald Rosenberg (18.5.1879 – 26.7.1940), Astronom, Universitätsprofessor ⚭ am 30.5.1904 mit Verena (*Vera*) Borchardt (29.9.1882 – 12.12.1954)
         1.3.1.1. Eva-*Maria* (8.7.1905 – 1987), Journalistin ⚭ in 1. Ehe mit Walter Flückiger; ⚭ in 2. Ehe seit 1938 mit Oskar Stock (geb. 1906), Architekt, gesch. 1946; ⚭ in 3. Ehe am 4.10.1947 mit Robert Borer, Bühnenbildner u. Kunstmaler
         1.3.1.2. Hans *Peter* (geb. 30.9.1907), Kaufmann
         1.3.1.3. Ernst *Thomas* (geb. 23.1.1909), Chemiker, Cellist
         1.3.1.4. *Renate* (17.12.1912 – 1972), Zwilling, Ärztin ⚭ mit Dr. med. Walther Wilbrandt (1907 – 1979)
         1.3.1.5. *Reinhardt* (17.12.1912 – 1998), Zwilling, Mikrophotograph
      1.3.2. *Ilse* Hedwig Rosenberg (13.5.1880 – 8.1.1965) ⚭ am 25.10.1900 mit Hermann Dernburg (16.10.1868 – 15.9.1935), Architekt
      1.3.3. Reinhard Ernst (*Mick*) Rosenberg (27.8.1881 – 29.1.1909), Dr. jur.
      1.3.4. *Käthe* Maria Rosenberg (18.12.1883 – 1960), Schauspielerin, Übersetzerin

1.3.5. Fritz Gotthold *Andreas* Rosenberg (17.2.1893 – gefallen 20.9.1916)
1.4. Maria (*Miez*, *Mize*) Pauline Adelheid (3.4.1858 – 10.8.1928), Übersetzerin ∞ am 15.6.1888 mit Ernesto Gagliardi (14.4.1854 – 9.7.1933), Journalist, Übersetzer
   1.4.1. Hedda Gagliardi (20.8.1890 – 11.7.1982), Lehrerin ∞ Aug. 1913 mit Karl Korsch (15.8.1886 – 21.10.1961), Universitätsprofessor, Politiker
      1.4.1.1. Sibylle Korsch (1915 – 1996), Kinderpsychologin, verh. Escalona
      1.4.1.2. Barbara Maria Korsch (geb. 1921), Kinderärztin
   1.4.2. Luigia (*Lieschen*) Gagliardi (25.9.1892 – 1974)
1.5. Eva (13.9.1859 – 11.6.1930) ∞ am 16.10.1885 in 1. Ehe mit Max Klein (27.1.1847 – 6.9.1908), Bildhauer
   1.5.1. Myriam (*Mira*) Klein (11.8.1886 – 1976) ∞ 1909 in 1. Ehe mit Kurt Koffka (18.3.1886 – 22.11.1941), Psychologe, Universitätsprofessor, gesch.; ∞ 1923 in 2. Ehe mit Kurt Koffka, gesch. 1928. Keine Kinder
   1.5.2. Ursula Klein (9.7.1887 – 8.8.1887)
   1.5.3. Lily Klein (geb. 6.8.1889), Übersetzerin, Journalistin; ∞ Jan. 1911 mit Boris Keith, keine Kinder
   1.5.4. Dora Klein (18.2.1894 – 18.6.1931 Selbstmord), Bildhauerin ∞ 1911 in 1. Ehe mit Hans Brinkmann, gesch. 1915; ∞ 1919 in 2. Ehe mit Jean Nadolovich (6.9.1875 – 22.9.1966), Arzt und Opernsänger, gesch. 1929
      1.5.4.1. Maria-Stefania (*Marietta*) (geb. 19.12.1925)
∞ Dez. 1910 in 2. Ehe mit Dr. phil. Georg Bondi (16.6.1865 – 9.12.1935), Verleger

Stammtafel Thomas Johann Heinrich Mann

1. Thomas Johann *Heinrich* Mann (22.8.1840 – 13.10.1891), Kaufmann, Inh. der Firma Johann Siegmund Mann, Senator, Konsul ⚭ mit Julia da Silva Bruhns (14.8.1851 – 11.3.1923)
   1.1. Luiz *Heinrich* (27.3.1871 – 11.3.1950), Schriftsteller ⚭ in 1. Ehe am 12.8.1914 mit Maria (*Mimi*) Kanova (1886 – 1947), Schauspielerin, gesch. 1928
      1.1.1. Carla Maria Henriette Leonie (*Goschi*) (10.9.1916 – 25.10.1986) ⚭ mit Ludvik Aškenazy (24.2.1921 – 18.3.1986), Schriftsteller; 2 Söhne
      ⚭ in 2. Ehe am 9.9.1939 mit Nelly Kröger (15.2.1898 – 17.12.1944 Selbstmord)
   1.2. Paul *Thomas* (6.6.1875 – 12.8.1955), Schriftsteller ⚭ am 11.2.1905 mit Katharina (*Katja*) Hedwig Pringsheim (24.7.1883 – 25.4.1980)
      1.2.1. *Erika* Julia Hedwig (9.11.1905 – 27.8.1969), Schauspielerin, Schriftstellerin, Journalistin ⚭ in 1. Ehe am 24.7.1926 mit Gustav Gründgens (22.12.1899 – 7.10.1963), Schauspieler, Regisseur; gesch. am 9.1.1929
      ⚭ in 2. Ehe am 15.6.1935 mit Wystan Hugh Auden (21.2.1907 – 29.9.1973), Schriftsteller
      1.2.2. *Klaus* Heinrich Thomas (18.11.1906 – 21.5.1949 Selbstmord), Schriftsteller
      1.2.3. Angelus (*Golo*) Gottfried Thomas (27.3.1909 – 7.4.1994), Professor der Geschichte, Schriftsteller
         1.2.3.1. Hans Beck-Mann (gest. 11.11.1986) von Golo Mann 1976 adoptiert
      1.2.4. Monika (7.6.1910 – 17.3.1992), Schriftstellerin ⚭ März 1939 mit Jenö Lányi (1902 – 17.9.1940), Kunsthistoriker
      1.2.5. *Elisabeth* Veronika (*Medi*) (24.4.1918 – 8.2.2002), Schriftstellerin, Prof. für polit. Wissenschaften, Seerechtlerin ⚭ am 23.11.1939 mit Giuseppe Antonio Borgese (12.11.1882 – 4.12.1952), Historiker, Hochschullehrer
         1.2.5.1. Angelica Borgese (geb. 30.11.1940)
         1.2.5.2. Dominica Borgese (geb. 6.3.1944)

  1.2.6. *Michael* Thomas (*Bibi*) (21.4.1919 – 1.1.1977 Selbstmord), Musiker, Germanist ⚭ am 6.3.1939 mit Gret Moser (30.6.1916 – 20.5.2007)
    1.2.6.1. Fridolin (*Frido*) (geb. 31.7.1940), Psychologe, Schriftsteller ⚭ 1966 mit Christine Heisenberg, 1 Sohn
    1.2.6.2. Anthony (*Toni*) (geb. 20.7.1942)
    1.2.6.3. Raju (geb. 13.10.1963), 1970 adoptiert
1.3. Julia (*Lula*) Elisabeth Therese (13.8.1877 – 10.5.1927 Selbstmord) ⚭ am 11.10.1900 mit Joseph (*Jof*) Löhr (25.3.1862 – 4.4.1922), Bankdirektor
  1.3.1. *Eva Maria* Elisabeth Löhr (22.10.1901 – 1968) ⚭ 1923 mit Hans Bohnenberger, gesch. 1933
  1.3.2. Rosemarie Löhr (geb. 15.7.1907) ⚭ 1942 mit Fritz Alder (gest. 1943)
  1.3.3. Ilsemarie Löhr (geb. 15.7.1907) ⚭ mit Herrn Lünenschloß
1.4. *Carla* Augusta Olga Maria (23.9.1881 – 30.7.1910 Selbstmord), Schauspielerin
1.5. Carl *Viktor* (12.4.1890 – 21.4.1949), Diplomlandwirt ⚭ am 1.8.1914 mit Magdalena (*Nelly*) Kilian (gest. 1962)

Stammtafel Paul v. Rohrscheidt

1. Friedrich Hans *Paul* v. Rohrscheidt (6.4.1847 – 12.6.1916), Herr auf Garzau, Kgl. preuß. Landrichter ⚭ am 29.7.1879 mit Martha Pringsheim (27.11.1851 – 28.10.1921)
   - 1.1. *Hans* Fritz Rudolf (11.6.1880 – 20.1.1963), Dr. iur., Herr auf Garzau b. Rehfelde ⚭ am 6.10.1927 mit Anneliese, geb. v. Rohrscheidt (24.5.1892 – 11.7.1939), keine Kinder
   - 1.2. *Horst* Wolf Kurt (1.3.1882 – seit 1945 verschollen), Bes. von Scheegeln b. Merzwiese ⚭ am 21.3.1922 mit *Gertrud* Ernestine, geb. Schuster, verw. Ende (geb. 2.11.1892), keine Kinder
   - 1.3. Herbert *Gunther* (6.11.1883 – 14.2.1929), staatl. Oberförster, Kgl. preuß. Hauptmann a.D.
     ⚭ am 14.5.1922 mit *Eva* Klara Helene, geb. Hübner-Zerener, gesch. Walter v. Rohrscheidt (geb. 28.12.1887), keine Kinder
   - 1.4. Jürgen Friedrich Paul *Dietrich* (20.7.1885 – 25.1.1965), preuß. Bergrat, Oberleutnant d. Res. a.D. ⚭ am 18.5.1915 mit Loni (*Lo*) Helene Elisabeth Engelcke (8.3.1894 – 28.8.1976)
     - 1.4.1. Jürgen Friedrich Paul *Wolf-Dietrich* (22.3.1916 – 23.7.1951 Zuchthaus Bautzen), Landwirt, Wachtmeister u. Reserve-Offiziers-Anwärter in einem Artillerie-Regiment ⚭ am 10.2.1945 mit Ilse Klessen (geb. 25.5.1922). 1 Tochter
     - 1.4.2. Joachim Rudolf Ferdinand *Klaus-Gunther* (28.6.1917 – gefallen 7.8.1941), Wachtmeister u. Reserve-Offiziers-Anwärter in einem Kavallerie-Regiment
   - 1.5. Joachim *Jürgen* (31.7.1892 – gefallen 24.8.1914)

Register

Abkürzungen und Worterklärungen
(zu Tagebuchtext und Personenregister)

a.D.
  außer Dienst

a.G.
  als Gast

Akademie-Konzerte → Odeon

Akademisch-dramatischer Verein
  Der von Ernst von Wolzogen geleitete Verein war 1894 entstanden. Er hatte »es sich zur Aufgabe gesetzt dem literarisch tiefer interessierten Publikum alle epochemachenden Dramen der neueren und neuesten Weltliteratur vorzuführen«. Wegen der geringen Geldmittel wurden die Rollen mit Dilettanten und mit nur wenigen »billigen« Schauspielern besetzt. Trotzdem konnte Wolzogen beachtliche Erfolge verzeichnen. Nach seiner Übersiedelung nach Berlin 1899 übernahm Otto Falckenberg die Leitung des Vereins, bis auch er sich 1903 zurückzog und der Verein sich zum Jahresende auflöste.

à la suite
  im Gefolge von, zugeteilt

Allotria
  Gegründet 1873 als Abspaltung der Künstlergenossenschaft wuchs die »Allotria« sich rasch zum führenden Künstlerverein Münchens aus. Mitglieder waren nicht nur Künstler, sondern auch Münchner Kaufleute und die großen Fabrikanten, Offiziere, Beamte, Juristen, Professoren, alle Stände waren vertreten. Man traf sich täglich. Es wurde gegessen, getrunken und viel Tarok gespielt. Für Darbietungen gab es eine kleine Bühne und einen Konzertflügel. Berühmt war die »Allotria« für ihre großartigen Künstlerfeste, unter ihrem Präsidenten Franz v. Lenbach.

à part
  (frz.) für sich, separat

à propos
  (frz.) zur rechten Zeit, gelegen

apoplektisch
dem Schlaganfall nahe

après
(frz.) eigentlich hinterher; nach einer offiziellen Einladung sich anschließender inoffiziellerer Teil

Aufnahme
von Hedwig Pringsheim im Sinne von Bewirtung, Verköstigung gebraucht

Bedag
Abkürzung für »Berliner Elektromobil-Droschken-AG«, eine Gründung des Bankiers Carl Neuburger. Die Gesellschaft existierte etwa von 1898 bis 1910. Die Fahrzeuge hatten sich gegen die Pferdefuhrwerke und die Automobile nicht durchsetzen können.

Camp → Estancia

chaise longue
(frz.) Liegesofa mit Kopflehne

chaperonnieren
(frz.) chaperonner: begleiten, behüten

Cl.
Classe, Klasse

Concordia, Berlin
1884 gegründetes Varieté. Seine Programme mit Musik und Akrobatik hatten einen guten Ruf. 1890 wurde das Etablissement in ein Theater umgebaut und 1892 als »Apollo-Theater« wiedereröffnet.

contre coeur
(frz.) gegen den Willen, widerwillig

Coupé
(frz.) ursprünglich Bezeichnung für geschlossene zweisitzige Kutsche; auch gebräuchlich für Halbkutsche, vordere Abteilung eines Postwagens oder Abteilung (Abteil) eines Eisenbahnwagens.

Cour
(frz.) Aufwartung

Abkürzungen und Worterklärungen

Courmacher
(frz.) Anbeter, Schmeichler

Dampfbahn
mit Dampf betriebene Straßenbahnen gab es in München nur auf der Strecke nach Nymphenburg. Sie wurde von 1883 bis 1900 betrieben. Dann wurde der Dampfbahnbetrieb ein- und auf elektrischen Betrieb umgestellt.

Deutsches Theater, Berlin
Es war 1850 als Friedrich-Wilhelmstädtisches Theater eröffnet worden und widmete sich anfangs ausschließlich der Unterhaltung. 1883 übernahm der Schriftsteller und Theaterkritiker Adolph L'Arronge die Leitung. Er bot ein anspruchsvolleres Programm, in dem er die volkstümlichen Stücke mit Klassikern mischte. Ihm folgte 1894-1903 Otto Brahm, der neben den Klassikern nun auch zeitgenössische Stücke brachte. Er setzte Autoren wie Gerhart Hauptmann und Arthur Schnitzler durch. 1905 übernahm Max Reinhardt die Leitung des Hauses, das er 1906 auch erwarb.

d.h.
das heißt

d.i.
das ist

diskursiv
(lat.: discursive) gesprächsweise, beiläufig; diskursive Erkenntnis, diejenige Art der Erkenntnis, die nicht durch die Sinne unmittelbar geboten, sondern durch logisches Denken mittels der Begriffe gewonnen wird. Lebhafte, interessante Unterhaltungen bezeichnet Hedwig Pringsheim gern als diskursiv.

dito
(lat.) dasselbe, ebenso

Dramatische Gesellschaft → Münchner Dramatische Gesellschaft

Dtz.
Dutzend

einkampfern
zum Schutz gegen Motten werden u.a. Kleidungsstücke mit Kampfer versetzt und »eingetonnt«, d.h. in geschlossenen Behältern aufbewahrt

en famille
: (frz.) im Familienkreis, unter sich

ennuyant
: (frz.: ennuyer) langweilig, lästig sein

entrain
: (frz.) Begeisterung, Schwung

Eremitage
: Eine ab 1715 entstandene Parkanlage in Bayreuth mit einem Alten und einem Neuen Schloß sowie weiteren kleineren Gebäuden. Der Landschaftspark ist ein Musterbeispiel des Rokoko mit einer Grotte, einem Ruinentheater, einem antiken Grabmahl und einer Reihe von Brunnen mit Wasserspielen.

Estancia
: Landgut in Südamerika auf dem Weidewirtschaft mit Rindern, Schafen, Ziegen und Schweinen betrieben wird.

etc, etc.
: (lat.: et cetera) und so weiter

Exc.
: Excellenz

franchement
: (frz.) offen, ehrlich, wirklich

Freie Bühne
: 1889 von O. Brahm u. a. gegründeter Bühnenverein, der zum Ziel hatte, unbehelligt von der Theaterzensur moderne Stücke zu spielen, da die Aufführungen vor geschlossener Gesellschaft, also nur den Mitgliedern des Vereins, gegeben wurden.

Gärtnerplatztheater → Theater am Gärtnerplatz

gefärpelt, jefärpelt
: gefärbt. Seit Sept. 1903 läßt Hedwig Pringsheim in regelmäßigen Abständen ihr Haar färben.

Gesellschaft der Freunde
: Sie war 1792 als jüdischer Hilfsverein gegründet worden. Ihre Mitglieder sollten sich bei Arbeitslosigkeit, Krankheit und Tod unterstützen. Im Laufe der Jahrzehnte wandelte sich die Gesellschaft dann zum kulturellen Zentrum der jüdischen Gemeinde. Um 1880 zog sie sich aus der Öffentlichkeit zurück. Nun sam-

Abkürzungen und Worterklärungen

melte sich hier die Elite der Berliner Wirtschaft und Wissenschaft, zunehmend auch mit nichtjüdischem Hintergrund. 1935 wurde die Gesellschaft verboten.

Gewandhaus, Leipzig
Das sog. Neue Gewandhaus war 1882-1884 nach Plänen von Martin Gropius als neues Konzerthaus des Gewandhausorchesters erbaut und am 11.12.1884 eröffnet worden. Es ersetzte das alte Gewandhaus aus dem Jahre 1498, das dann nur noch gelegentlich zu Konzerten genutzt wurde. Das Neue Gewandhaus wurde im Zweiten Weltkrieg zerstört und nicht wieder aufgebaut. Statt dessen entstand in den Jahren 1977-1981 ein neues Gewandhaus am Karl-Marx-Platz (heute wieder Augustusplatz).

Glyptothek
Das Gebäude wurde im Auftrag des späteren Königs Ludwig I. 1816 bis 1830 am Königsplatz errichtet. Es beherbergt die Sammlung griechischer und römischer Skulpturen des bayer. Staates. Im Zweiten Weltkrieg wurde das Gebäude zerstört. 1972 erfolgte die Wiedereröffnung.

Gr.
Grad

G.s.D.
Gott sei Dank

Haumei
Hausmeister

ibrig
von Hedwig Pringsheim viel benutzter Ausdruck; meint soviel wie überflüssig, unnötig, entbehrlich

Illumination
(lat.) festl. Beleuchtung, auch Feuerwerk

incl., inkl.
(lat.) inklusiv, einschließlich, inbegriffen

jour fixe
(frz.) Dieser Begriff stammt aus dem Gesellschaftsleben des 19. Jhs und bezeichnet einen feststehenden Empfangstag für einen ausgewählten Kreis nicht eigens eingeladener Gäste.

k.
: königlich

Kadettenkorps
: militärische Internatsschule, den neun Jahresklassen eines Realgymnasiums entsprechend, d.h. Eintritt mit 10 Jahren, zur Vorbereitung auf die militärische Laufbahn. Nach dem 1. Weltkrieg in staatliche Schulen umgewandelt.

Kaim-Konzerte
: Konzerte, die der Dirigent Franz Kaim (1856-1935) ab 1895 im eigens von ihm dafür erbauten Kaim-Saal (heute Tonhalle) in der Maxvorstadt mit seinem Orchester veranstaltete. Aus diesem Kaim-Orchester entwickelten sich später die Münchner Philharmoniker.

Karten abgeben
: Im allgemeinen gesellschaftlichen Verkehr spielen Karten, genauer Visitenkarten, eine zentrale Rolle. Soll eine Bekanntschaft angeknüpft werden, macht man einen Besuch (der Besuch muß nicht angenommen werden), und Herr und Dame geben ihre Karten ab. Der Empfänger ist dann verpflichtet, ebenfalls seine Karte abzugeben bzw. einen Gegenbesuch zu machen. Um bestehende Kontakte zu pflegen, macht man in regelmäßigen Abständen Besuche bzw. wirft seine Karten ab. Auch nach längerer Abwesenheit meldet man seine Rückkehr mittels abgegebener Karten.

Kils' Kolosseum
: »Täglich Variété-Theater. Mit abwechselndem Programm.« 1874 von Franz Kils in der Isarvorstadt zwischen Jahn- und Hans-Sachs-Str. erbaut, war es lange Zeit Deutschlands führendes Varieté.

kl.
: klein, kleine

Kl.
: Klasse

Kneipe
: Im Bereich organisierter Studentenverbindungen Bezeichnung für einen nach bestimmtem »Komment« (also festen Regeln) ablaufenden Abend mit Trinken und Singen, ähnlich dem Kom-

Abkürzungen und Worterklärungen

mers, oft durch unterhaltsame Beiträge der Teilnehmer aufgelockert.

Kommers
festliche Abendveranstaltung studentischer Verbindungen meist mit Vortrag einer hochgestellten Persönlichkeit. Die Leitung obliegt dem Präsiden, der durch das Programm führt, der Versammlung (Corona) Unterhaltung (Colloquium) gestattet, Ruhe (Silentium) fordert und eventuelle Verstöße gegen die festgelegten Sitten an der Tafel ahndet.

Kommissionen
(lat.) eigentlich Auftrag, Bevollmächtigung; ein Auftrag, der im eigenen Namen für Rechnung eines andern ausgeführt wird; hier im Sinne von Besorgungen verwandt.

Konfidenzen
(lat.: confidere = vertrauen, anvertrauen) Konfidenzen machen, jemanden ins Vertrauen ziehen

»Kränzchen«
Ein informelles Treffen der Mitglieder der Bayer. Akademie der Wissenschaften Walther Ritter v. Dyck, Hugo Ritter v. Seeliger und Alfred Pringsheim mit ihren Familien. Man trifft sich in regelmäßigen Abständen reihum.

Kroll, Berlin
Ursprünglich das Krollsche Etablissement, das 1843-44 von Eduard Knobloch auf Anregung König Friedrich Wilhelms IV. erbaut wurde, 1851 abbrannte und von Eduard Tietz wieder aufgebaut wurde. 1895 erwarb es dann die Intendanz der königlichen Theater, die es zur Oper umbauen ließ. Gespielt wurde meist nur im Sommer, wenn die Oper Unter den Linden geschlossen war. 1922 wurde die Kroll-Oper zur zweiten Staatsoper umgebaut. Nach der Zerstörung im Zweiten Weltkrieg wurde das Gebäude 1951 gesprengt.

Kunstgewerbeverein
Der Bayerische Kunstgewerbe-Verein war 1851 gegründet worden. Sein Ziel bestand in der Verbesserung der Ausbildung der Handwerker und in der Förderung guter Gestaltung. 1878 hatte er in der Pfandhausstr. 7 (heute Pacellistraße) sein eigenes Vereinshaus bezogen, in dem er immer wieder Ausstellungen organisierte. Nach dem Wiederaufbau des im Zweiten Welt-

krieg zerstörten Gebäudes hat der Verein heute wieder dort seinen Sitz.

Kunstverein München
Er wurde 1823 gegründet und ist somit eine der traditionsreichsten Institutionen seiner Art in Deutschland. Seinem Gründungsgedanken gemäß widmete er sich der Präsentation und Vermittlung zeitgenössischer Kunst. Der Verein besteht bis heute.

Laterna magica
(lat.: Zauberlampe) im 17. Jahrhundert entwickelter Projektor für durchsichtige Lichtbilder, Vorläufer der Projektionsapparate

Lieut.
(frz.) Lieutenant, Leutnant

Lyceum-Club
Er war 1905 als erster Lyceum-Club auf dem Kontinent in Berlin gegründet worden mit dem Ziel Künstlerinnen und Wissenschaftlerinnen bei Ausstellungen und Veröffentlichungen zu unterstützen. Außerdem traf man sich regelmäßig zu gemeinsamen Clubnachmittagen. Erste Präsidentin war die Politikerin Hedwig Heyl. 1933 wurde der Verein gleichgeschaltet, 1956 neu gegründet. Er existiert heute noch.

M.
Mark (ab 1924 Reichsmark = RM.)

magna cum laude
(lat.) mit großem Lob, sehr gut, eine besonders anzuerkennende Leistung

Magnificenz
Titel des Hochschulrektors

Mathematischer Verein
Dabei handelt es sich um den im Mai 1877 von acht Mathematik-Studenten (Isaac Bacharach, Walther Dyck, Joseph Gierster, Wolfgang Küffner, Franz Meyer, Max Planck, Karl Rohn u. Ludwig Schleiermacher) der Universität München gegründeten *Mathematischen Verein an der Universität München*. Zu Antrittssitzungen, Stiftungsfesten und Weihnachtskneipen dieses Studentenvereins waren auch Hochschullehrer zugelasssen,

Abkürzungen und Worterklärungen

die dann auch Vorträge hielten. Der Verein hat sich 1936 aufgelöst.

Mathematisches Kränzchen
Das *Münchner Mathematische Kolloquium* war unter Felix Klein in den 1870er Jahren gegründet worden mit dem Zweck gute Kontakte zwischen den Mathematikern der Universität und der TH herzustellen. Man traf sich einmal im Monat zu einem Vortrag mit anschließendem Abendessen.

matinée
(frz.) musikalische Morgenunterhaltung, auch elegantes Morgenkleid

mitten mang
Berliner Dialektausdruck: mittendrin

Mord bzw. auf Mord
mit allen Mitteln, mit größter Energie, sehr (Kurzform der Beteuerung: ich will auf der Stelle tot umfallen, wenn nicht wahr ist, was ich sage bzw. tue); seit 1800 gebräuchlich

Münchener Altertumsverein
Laut Satzung ist er »eine Vereinigung von Freunden der Altertumskunde mit dem Sitz in München. Er hat den Zweck, Verständnis und Liebe für alle Zweige der Altertumskunde, namentlich für Kunst und Kunstgewerbe zu fördern.« Seit seiner Gründung 1864 besteht der Verein ununterbrochen bis heute fort.

Münchener Literarische Gesellschaft
Die Gesellschaft, die von den Vorsitzenden Ludwig Ganghofer und Ernst v. Wolzogen Ende 1897 gegründet worden war (Stiftungsfest im »Hotel Jahreszeiten« am 19.12.1897), hatte schon im Januar 1898 mehr als Tausend außerordentliche Mitglieder. Sie hatte sich zum Ziel gesetzt, ihre Mitglieder über alle neuen Strömungen auf dem Gebiete der Literatur, der Musik und der Kunst auf dem Laufenden zu halten. Dabei wollte man aber nicht einseitig einer Richtung huldigen und auch nicht das Neue nur um der Neuheit willen unterstützen. Die Gesellschaft erlosch 1899 mit Wolzogens Rückkehr nach Berlin.

Münchner Dramatische Gesellschaft
In der konstituierenden Versammlung am 1.12.1904 wurden die Ziele der Gesellschaft folgendermaßen zum Ausdruck ge-

bracht: »Die Gesellschaft verfolgt die Aufgabe, bisher noch nicht bekannte dramatische Autoren von literarischer Bedeutung durch Aufführung ihrer Stücke zu fördern, sowie solche Werke zur Darstellung zu bringen, denen aus irgendwelchen Gründen – nach Ansicht der Dramatischen Gesellschaft zum Schaden der dramatischen Literatur – die Münchner Bühnen verschlossen blieben.« Bei der Gründung im Nov. 1903 gehörten dem Vorstand an: Hermann Bischoff, Komponist; Dr. jur. Fritz Braumüller, Dramaturg und Regisseur am Münchener Schauspielhaus; Dr. Oskar Bulle, Herausgeber der wiss. Beilage der »Allgemeinen Zeitung«; Dr. Georg Hirth und Albert Langen, Verleger; Dr. Hermann Popp, Kunsthistoriker; Edgar Steiger, Schriftsteller.

Négligé
(frz.) Hausmantel, Morgenrock

Neuer Verein
Er wurde von ehemaligen Angehörigen des Akademisch-Dramatischen Vereins ins Leben gerufen. Sein Ziel war die »Pflege der Literatur, besonders der dramatischen, auf breitester Basis«. Es war geplant im Jahr mindestens drei dramatische Aufführungen und sechs literarische Abende zu veranstalten. Zur Mitwirkung hierbei sollten außer den Mitgliedern des Vereins auch hervorragende hiesige und auswärtige Künstler eingeladen werden. Der Vorstand und Ausschuß bestanden zunächst aus den Herren Joseph Ruederer, Schriftsteller; Dr. Wilhelm Rosenthal, Rechtsanwalt; Ernst Guggenheim, stud. phil.; Otto Falckenberg, Schriftsteller; Dr. Philipp Witkop, Schriftsteller; Georg Altmann, cand. cam.; Max Lau, cand. med.

Odeon (Odeons-Konzerte)
Das Odeon wurde 1826-28 im Auftrag Ludwigs I. erbaut und als Konzert- und Ballsaal genutzt. Kernstück des Gebäudes war der große Saal, der über beide Obergeschosse reichte und über eine hervorragende Akustik verfügte. Die im Jahre 1811 begründete »Musikalische Akademie« veranstaltete darin nun ihre Abonnements-Konzerte, die sog. Akademiekonzerte. Berühmte Dirigenten wie Franz Lachner, Hans v. Bülow, Hermann Levi, Richard Strauss, Herman Zumpe, Bruno Walter und Hans Knappertsbusch leiteten das Orchester. Im Jahre

Abkürzungen und Worterklärungen

1891 begann Dr. Franz Kaim mit einer Reihe von Solistenkonzerten im Odeon, und ab 1893 trat das von ihm gegründete Kaim-Orchester erstmals in diesem Saal an die Öffentlichkeit. Bald aber wurde Kaim die Benützung des Saales verweigert, worauf er einen eigenen Konzertsaal baute, die spätere Tonhalle. Nach der Zerstörung des Gebäudes im Zweiten Weltkrieg wurde es 1951/52 wieder aufgebaut und dient heute als Sitz des Bayer. Innenministeriums.

Omnibus
gegen Entgelt für jedermann zugängliches Verkehrsmittel mit Plätzen im Innern und auf dem Verdeck. Bis 1902 waren es ausschließlich Pferdefuhrwerke. Es gibt ein-, zwei- und dreispännige Omnibusse.

OP
Offiziers-Personalakte

Parade
(span.-frz.) urspr. festlicher Aufzug der Ritter vor Waffenspielen; heute Vorführung der Truppe aus besonderen Anlässen oder zur Ehrung hoher Persönlichkeiten; hier in der Regel »Wach-Parade«: Aufzug eines größeren militärischen Wachkommandos mit Musik.

petits chevaux
Ein dem Boule oder Roulette verwandtes Glücksspiel. Die Gewinnzahl wird jedoch nicht durch das Werfen einer Kugel bestimmt, sondern durch einen mechanischen Apparat, der ein Pferderennen simuliert. In Frankreich wird der Name auch für eine Variante des Pachisi bzw. Mensch, ärgere dich nicht benutzt; die Spielsteine sind als Springer gestaltet.

Pferdebahn
eine von Pferden gezogene Bahn. Die erste Pferde-Straßenbahn wurde 1852 in New York eröffnet. In Berlin wurde die erste Bahn am 22. Juni 1865 dem Verkehr übergeben. Die letzte Pferde-Straßenbahn in Deutschland fuhr i.J. 1925 in Werder bei Potsdam. In München startete die erste Pferdebahn 1876. Es gab geschlossene Pferdebahnwagen (Winter) und offene Pferdebahnwagen (Sommer). Sie hatten Petroleumlampen als Beleuchtung. 1894 wurde ein Höchststand von 390 Pferdebahnwagen und 797 Pferden erreicht. Ab 1895 wurde das Tram-

bahnnetz elektrifiziert, bis 1900 wurden die Pferde sukzessive verkauft und die Pferdebahnwagen als Beiwagen für die elektrische Straßenbahn umgebaut.

Philharmonie, Berlin
Sie wurde im Jahre 1882 gegründet und domizilierte in der Bernburger Straße in einer zum Konzertsaal umgebauten ehemaligen Rollschuhbahn. 1898 wurde die Philharmonie durch den Beethovensaal in der benachbarten Köthenerstraße ergänzt. Bei einem Bombenangriff am 30.1.1944 wurde alles zerstört. In den Jahren 1960-1963 entstand die Neue Philharmonie nach Plänen von Hans Scharoun.

Pinakothek, Alte
Die Alte Pinakothek, eine der größten und hervorragendsten Gemäldegalerien der Welt, wurde von Leo von Klenze 1826-1836 erbaut und löste das Galeriegebäude am Hofgarten ab, das für die wachsenden Bestände der königlichen Galerie zu klein geworden war. 1944/45 von Bomben getroffen und schwer beschädigt, drohte dem Bauwerk zunächst der Abriß, bis es 1953-1963 wiederhergestellt und mit den ausgelagerten Beständen neu eingerichtet wurde. Die Gemälde der Alten Pinakothek repräsentieren alle Schulen der europäischen Malerei vom Mittelalter bis zum beginnenden 19. Jh.

Pinakothek, Neue
Die Galerie, eröffnet am 25.10.1853, war von Ludwig I. gegründet worden, um seine Privatsammlung zeitgenössischer Künstler der Öffentlichkeit zugänglich zu machen. Nach dem Tode Ludwigs I. kamen weitere bedeutende Werke hinzu. Unter ihrem Generaldirektor Hugo v. Tschudi erwarb die Neue Pinakothek ihre eindrucksvolle Impressionistensammlung. Heute bietet sie einen Überblick über die Epochen der europäischen Kunst von der Aufklärung bis zum Beginn der Moderne. Neben Skulpturen und Gemälden des Klassizismus sind Werke der Romantik, des Jugendstils und des Impressionismus ausgestellt.

plüdern, Geplüder
familiensprachlich: plaudern, Geplauder

PMB
Polizeilicher Meldebogen

Abkürzungen und Worterklärungen

ponieren
(lat.) als gegeben annehmen; studentisch: für jemanden die Zeche zahlen

p.p.c.
(frz.: pour prendre congé), (ital.: per prendere comiato) Urlaub nehmen, sich verabschieden

pumpeln
Pumpel nennt man einen untersetzten, beleibten damit auch langsamen Menschen. Hedwig Pringsheim verwendet das Verb im Sinne von trödeln, herumwursteln, die Zeit totschlagen.

recte
(lat.) richtig

Redoute
Maskenfest, bei dem – im Gegensatz zum Kostümball, bei dem die Kostüme das Wichtigste sind – die künstlerische Gestaltung des Raumes den Mittelpunkt des Interesses bildet. Die Kostümierung richtet sich dann nach dem jeweiligen Motto.

regalieren
(frz.) reichlich bewirten

Reminiscenz
(lat.) Erinnerung, Nachwirkung, Nachklang

rencontre
(frz.) Begegnung, aber auch Zusammenstoß, Auseinandersetzung

Kgl. Residenztheater
Das 1751-53 durch den Hofbaumeister François de Cuvilliés erbaute Rokokotheater war als Opernbühne entstanden und neben dem 1800 errichteten Nationaltheater als Spielort benutzt worden. Im Zweiten Weltkrieg wurde das Theater zerstört. Zwischen 1949 und 1951 wurde an seiner Stelle das Neue Residenztheater errichtet.

réunion, Reunion
(frz.) gesellschaftliche Veranstaltung, meist Tanz

rout
(engl.) größere Abendgesellschaft

ruddeln
kommt aus dem Jüdisch-Deutschen und heißt soviel wie: übel nachreden, lästern, wobei es mehr zur Unterhaltung, als aus böser Absicht erfolgt

s.a.
siehe auch

Schack-Galerie
Die Schackgalerie entstand aus den Kunstsammlungen des Grafen Adolf Friedrich v. Schack (1815-1894), die er ursprünglich in seinem Hause dem Publikum öffentlich zugänglich machte. Er förderte zahlreiche deutsche Maler durch Ankäufe ihrer Werke bzw. durch Kopier-Aufträge an die Künstler. Zu diesen gehörten u.a. Schwind, Spitzweg, Lenbach und Böcklin. Als die eigenen Räumlichkeiten zu klein wurden, wurden die Gemälde in einem Bauwerk untergebracht, das der Architekt Max Littmann im Jahre 1907 für die preußische Gesandtschaft errichtet hatte. Die Kunstsammlung dokumentiert in hervorragender Weise die Entwicklung der deutschen Malerei im 19. Jahrhundert.

schanzen
schwer arbeiten

Seelenzopf
ein Hefegebäck, das zur »Allerseelenzeit« gebacken wurde. Ursprünglich wurde der Seelenzopf (die drei Zopfstränge symbolisieren die Heilige Dreifaltigkeit) an bettelnde, arme Leute verteilt, die mit einem »Vergelt's Gott für die armen Seelen« eine Fürbitte für die Toten aussprachen. In manchen Gegenden bäckt der Pate Seelenzöpfe für seine Patenkinder.

's Gschau haben
bayer. Dialektausdruck im Sinne von: die Blicke auf sich ziehen, Aufmerksamkeit bzw. Bewunderung erregen

soigniert, soignieren
(frz.) gepflegt, pflegen, sich pflegen

solenn
(lat.) festlich, feierlich

Souper, soupieren
(frz.) Abendessen

spedieren
   (ital.) weiterbefördern

Ständerling
   ausgedehnte, stehende Plauderei nach zufälligem Zusammentreffen z.B. auf der Straße

Straßenbahn → Tramway

table d'hôte
   (frz.) einheitliche Mahlzeit im Hotel an gemeinsamer Tafel; im Gegensatz zum à part (jeder für sich) bestellten Essen

Taille
   (frz.) weibl. Kleidungsstück, das dem Oberkörper eng anliegt; Mieder

tea-gown
   (Teekleid) Prinzeßkleid, in der Taille etwas weiter gehalten, mit weiten Hängeärmeln und Spitzenvolants, Rüschen oder Borten, aus doppeltem Stoff (meist Chiffon über Satin), als luxuriöses Hauskleid sehr beliebt, vor allem da es ohne Korsett getragen wurde.

Tête à tête
   (frz.) unter vier Augen

Theater am Gärtnerplatz
   Es war 1864 als Volkstheater gegründet worden, wurde dann 1872 zur dritten Hofbühne gemacht und ist heute unter dem Namen Staatstheater am Gärtnerplatz das zweite Opernhaus Münchens. Anfangs war es überwiegend Operettentheater, heute werden neben Operetten auch Opern und Musicals aufgeführt.

Torpid-Karte
   torpid (lat.) = schwer erregbar, empfindungslos, träge. Meint in diesem Zusammenhang wohl eine belanglose, nichtssagende Mitteilung.

tout Munich (littéraire)
   (frz.) das ganze (literarisch interessierte) München

Tramway, Tram
   Stadtbahnen, deren Geleise auf vorhandene Straßen gelegt sind. Anfangs sind es in München noch Pferdebahnen. Ab 1895 gab es dann zunehmend elektrische Linien. In Berlin-Lichterfelde fuhr schon 1881 die erste elektrische Straßenbahn.

Untergrundbahn
: Die ersten unterirdischen Bahnen fuhren in London, mit Dampf 1863 und elektrisch ab 1890. Weitere elektrische Untergrundbahnen eröffneten in Europa die Städte Budapest (1896), Paris (1900), Berlin (1902), Hamburg (1912) und Moskau (1935; mit prunkvoll gestalteten Stationen).

Verein Freie Bühne, Berlin
: Ein nach dem Vorbild von Antoines Théâtre libre 1889 in Berlin von Theod. Wolff, Maximilian Harden, den Brüdern Hart u.a. gegründeter Verein mit der Aufgabe, Theateraufführungen »ohne Rücksichten auf Theaterzensur und Gelderwerb« zu veranstalten. Leiter der F.B. war 1889-1893 Otto Brahm. Zur Aufführung kamen Frühwerke G. Hauptmanns, Halbes und E. Rosmers, die »Familie Selicke« von Holz und Schlaf sowie ausländ. Dramen (u.a. »Gespenster« von H. Ibsen, »Macht der Finsternis« von Leo Tolstoi).

Verein für geistige Interessen der Frau
: Der Verein war 1894 von der Frauenrechtlerin Ika Freudenberg gemeinsam mit ihrer Lebensgefährtin Sophia Goudstikker mit dem Ziel gegründet worden, den Frauen Bildungschancen sowie gesellschaftliche und staatsbürgerliche Rechte zu verschaffen. Im Laufe der Jahre entstanden die erste Rechtsschutzstelle, eine Berufsberatung und Arbeitsvermittlung für Mädchen und Frauen, eine Finanzberatung für verschuldete Familien, ein Kostümbüro für Bühnenkünstlerinnen u.v.m. Ab 1899 änderte der Verein seinen Namen. Er besteht – abgesehen von einer Unterbrechung in den Jahren 1937-1945 – als »Verein für Fraueninteressen« bis heute.

Veteran
: (lat.) altgedienter, ausgedienter Soldat; wird auch auf andere Berufe übertragen

vis à vis
: (frz.) gegenüber

vulgo
: (lat.) allgemein, umgangssprachlich

z.D.
: zur Disposition, in den zeitweiligen Ruhestand versetzt

Lektüre

von Hedwig Pringsheim genannte Autoren bzw. Titel

Bücher

Álvarez Quintero, Serafin: *Comedias escogidas*, ersch. 1910 [1913]
Andrejew, Leonid N.: *Anathema*. Ein tragisches Spiel in 7 Bildern, ersch. etwa 1911 [1912]
    Judas Ischariot und die andern. Erzählungen, ersch. 1908 [1914]
Arnim, Bettina v.: *Goethes Briefwechsel mit einem Kinde*, ersch. 1835 [1911]
Assing, Ludmilla: *Fürst Hermann v. Pückler-Muskau*. Eine Biographie, ersch. 1873 [1911]
Audoux, Marguerite: *Marie-Claire*. Roman, ersch. 1910 [1914]

Bäumer, Gertrud: *Weit hinter den Schützengräben: Aufsätze aus dem Weltkrieg*, ersch. 1916 [1916]
Bahr, Hermann: *Himmelfahrt*, ersch. 1916 [1916]
Balzac, Honoré de: *Les cent Contes drôlatiques colligez ès Abbaïs de Touraine et mis en Lumière par le Sieur de Balzac…*, ersch. 1832-1853 [1914]
    Le Colonel Chabert, selbst. ersch. 1886 (dt. *Der Oberst Chabert*, ersch. 1884) [1912] [1914]
Bang, Herman: *Leben und Tod*. Drei Erzählungen, ersch. 1901 [1913]
    Die Vaterlandslosen, ersch. 1912 [1911]
    Zusammenbruch. Roman, ersch. 1910 [1915]
Benavente, Jacinto: *Señora ama*. Comedia en tres actos [1913]
    Tetro, ersch. etwa 1905 [1913]
Bergson, Henri: *Le Rire*. Essai sur la signification du comique, ersch. etwa 1911 [1914]
Bernard, Tristan: *Sur les grands chemins*, ersch. etwa 1911 [1912]
Björnstjerne, Björnson: *Briefe aus Aulestad an seine Tochter Bergliot Ibsen*, ersch. 1911 [1912]
Böhlau, Helene: *Isebies*, ersch. 1911 [1913]
Borosini, August v. → Fletcher, Horace
Braun, Lily: *Lebenssucher*. Roman, ersch. 1915 [1916]
    Die Liebesbriefe der Marquise, ersch. 1912 [1913]
    Memoiren einer Sozialistin. Bd 1: *Lehrjahre*, ersch. 1909; Bd 2: *Kampfjahre*, ersch. 1910 [1911]
Die Briefe der Frau Rath Goethe, ersch. 1871 [1916]
Briefe der Liselotte von der Pfalz [1912]
Briefwechsel zwischen Clemens Brentano und Sophie Mereau. Nach den in der Königl. Bibliothek zu Berlin befindlichen Handschriften zum ersten Mal hrsg. von Heinz Amelung. In zwei Bänden. ersch 1908 [1912]
Brod, Max: *Tycho Brahes Weg zu Gott*. Erster Teil der Romantriolgie *Ein Kampf um Wahrheit*, ersch. 1915 [1916]
Bruun, Laurids: *Van Zantens glückliche Zeit: Ein Liebesroman von der Insel Pelli*, ersch. 1910 [1915]

Chesterton, Gilbert Keith: *The Man who was Thursday: A Nightmare*, ersch. 1908 [1911]
Claudel, Paul: *L'Annonce faite à Marie*. Mystère en quatre actes et un prologue, ersch. 1912 [1913]
Cohen, Hermann: Deutschtum und Judentum: mit grundlegenden Betrachtungen über Staat und Internationalismus, ersch. 1915 [1915]
Coloma, Luis: *Pequeñeces*, ersch. 1890 [1912]
Correspondance de Frédéric le Grand avec Voltaire, ersch. 1788 [1915]
Correspondance de Napoléon Ier, publ. par ordre de l'Empereur Napoléon III, in 32 Bänden, ersch. 1858-1869. Neuausg. in 16 Bänden, ersch. 1910 [1913]
Correspondance inédite de Marie-Caroline, reine de Naples et de Sicile avec le Marquis de Gallo. Publiée et annotée par Maurice H. Weil et le Marquis Carlo di Somma Circello, ersch. 1911 [1912]
Correspondance Voltaire – Catherine II [1915]

Dickens, Charles: *David Copperfield = Die Lebensgeschichte, Abenteuer, Erfahrungen und Beobachtungen David Copperfields des Jüngeren*. In Fortsetzungen ersch. 1849/50 [1915]
Harte Zeiten. Roman, ersch. 1854; dt.: 1880 [1916]
Das Heimchen am Herde, in dt. Übers. ersch. 1846 [1916]
Oliver Twist or, The Parish Boy's Progress (dt.: *Oliver Twist oder Der Weg eines Fürsorgezöglings*), ersch. in Fortsetzungen 1837/38 [1915]
Zwei Städte, eine Erzählung in drei Büchern, in dt. Übers. ersch. 1859 [1916]
Dostojewskij, Fedor M.: *Die Brüder Karamasow*. Roman. Dt. Übers. in vier Bänden, ersch. 1884 [1914]
Die Dämonen. Roman, ersch. 1871/72, dt.: 1888 [1914]
Eine dumme Geschichte. Erzählung, ersch. 1862 [1912]
Erniedrigte und Beleidigte. Roman, ersch. 1861, dt.: 1885 [1914]
Der Idiot, ersch. 1868-1869, dt.: 1889 [1914]
Raskolnikoff (dt. *Schuld und Sühne*). Roman in sechs Teilen mit einem Epilog, ersch. 1866, dt.: 1882 [1912]

Die Erinnerungen der Margarete von Valois. Mit vielen zeitgenössischen Bildnissen, ersch. dt. etwa 1913 [1914]

Federn, Etta: *Christiane v. Goethe: ein Beitrag zur Psychologie Goethes*, ersch. 1916 [1916]
Flake, Otto: *Horns Ring*. Roman, ersch. 1916 [1916]
Flaubert, Gustave: *Bouvard et Pécuchet*. Roman, ersch. 1881 [1911]
L'éducation sentimentale. Roman, ersch. 1869 [1913]
Madame Bovary. Roman, ersch. 1857 [1913]
Salammbô. Roman, ersch. 1862 [1913]
Fletcher, Horace und August v. Borosini: *Die Eßsucht und ihre Bekämpfung*, ersch. 1911 [1912]
France, Anatole (d.i. Jacques-François-Anatole Thibault): *Les Dieux ont Soif*, ersch. 1912 [1912]
La révolte des anges. Roman, ersch. 1913 [1914]
Frank, Bruno: *Die Fürstin*. Roman, ersch. 1915 [1915]

Lektüre

Frémeaux, Paul: *Dans la chambre de Napoléon mourant*. Journal inédit de Hudson Lowe sur l'agonie et la mort de l'Empereur, ersch. 1910 [1912]
Fried, Alfred Hermann: *Europäische Wiederherstellung*, ersch. 1915 [1915]
Friederich, Johann Konrad: *Vierzig Jahre aus dem Leben eines Toten*, ersch. 1915 [1915]
Friedrich II. König von Preußen: *Drei politische Schriften*, ersch. 1912 [1915]

Genée, Rudolf: *Promemoria, für mich und andere*, ersch. 1913 [1913]
Gleichen-Rußwurm, Alexander v.: *Feinde ringsum. Ein Spiel für ernste Zeit*, ersch. 1914 [1915]
Goethe, Johann Wolfgang v. [1915]
　Campagne in Frankreich 1792. Autobiogr. Schrift, ersch. 1822 [1914] [1915]
　Faust II, ersch. 1832 [1911]
　Stella. Ein Schauspiel für Liebende. Drama in fünf Akten, Urauff. 1776 [1913]
Gómez Carrillo, Enrique: *Bohemia sentimental*, ersch. 1899 [1913]
Goncourt, Edmond et Jules de: *Histoire de Marie-Antoinette*, ersch. 1858; erw. Edition 1884 [1912] [1913]
　Histoire de la Société française pendant la Révolution, ersch. etwa 1852 [1912]
Gontscharow, Iwan Alexandrowitsch: *Oblomow. Ein russ. Lebensbild in 2 Bdn*, ersch. 1869 [1914]
　Die Schlucht. Roman, ersch. 1869; dt. in Ges. Werke Bd 3/4, 1912 [1916]
Gorki, Maxim: *Eine Beichte*, ersch. 1908 [1916]
Gyp (d.i. Sybille de Mirabeau, Comtesse de Martel): *La Ginguette*, ersch. etwa 1911 [1912]

Hauptmann, Gerhart: *Fuhrmann Henschel*. Schauspiel in fünf Akten, Urauff. 1898 [1916]
　Gabriel Schillings Flucht. Drama in fünf Akten, Urauff. 1912 [1912]
　Die Ratten. Berliner Tragikomödie in fünf Akten, Urauff. 1911 [1911]
Hauschner, Auguste: *Die große Pantomime*. Roman, ersch. 1913 [1913]
　Der Tod des Löwen. Novelle aus der Zeit Rudolfs II., ersch. 1914 [1916]
Hebbel, Friedrich: *Agnes Bernauer*. Ein dt. Trauerspiel in fünf Akten. Urauff. 1852 [1915]
Heyking, Elisabeth: *Ille mihi*. Roman in zwei Bänden, ersch. etwa 1912 [1914]
Heymel, Alfred Walter: *Spiegel – Freundschaft – Spiele*, ersch. 1908 [1911]
　Zwölf Lieder, ersch. 1905 [1911]
Hoffmann, E. T. A.: *Ignaz Denner*, ersch. 1817 [1915]
　Der Sandmann, ersch. 1817 [1915]
Hofmannsthal, Hugo v.: *Elektra*. Tragödie in einem Aufzug frei nach Sophokles, ersch. 1904 [1914]
　Der Rosenkavalier, Textbuch zur Oper von Richard Strauss, ersch. 1911 [1911]
Holländer, Felix: *Charlotte Adutti*. Ein Buch der Liebe, ersch. 1908 [1912]
Hooker, Brian: *Mona*, ersch. etwa 1911 [1912]
Huch, Friedrich: *Wandlungen*, ersch. 1905 [1916]
Humboldt-Briefe [1916]
Humboldt, Alexander v.: *Briefe* [1911]

Humboldt, Wilhelm v.: *Briefe* [1911]
  Briefe an eine Freundin, ersch. 1847 [1911]
Hyan, Hans: *Die Verführten*. Roman, ersch. etwa 1911 [1912]

Ibsen, Henrik: *Brand*. Dramat. Gedicht in fünf Akten; dt.: 1872, Urauff. 1885 [1916]
  Kaiser und Galiläer. »Welthistorisches Schauspiel«, Urauff. 1903 [1916]
  Ein Volksfeind. Schauspiel in fünf Akten, Urauff. 1883 [1916]
Ilg, Paul: *Das Menschlein Matthias*. Erzählung, ersch. 1913 [1914]
Isemann, Bernd: *Thomas Mann und der Tod in Venedig*, ersch. 1913 [1913]

Jensen, Johannes Vilhelm: *Das Rad*, ersch. 1908 [1911]

Kahlenberg, Hans v. (d.i. Helene Keßler): *Sünde*, ersch. 1912 [1912]
Kellermann, Bernhard: *Der Tor*. Roman, ersch. 1909 [1911]
  Der Tunnel, ersch. 1913 [1913]
Keyserling, Eduard v.: *Wellen*. Roman, ersch. 1911 [1911]
Kolb, Annette: *Das Exemplar*. Roman, ersch. 1913 [1912]
Kuprin, Alexander Iwanowitsch: *Die Gruft*, in dt. Übers. ersch. 1910 [1916]

La Fayette, Marie-Madeleine Pioche de La Vergne, Comtesse de: *La Princesse de Clèves*, anonym ersch. 1678 [1914]
La Garde, Auguste Graf de: *Gemälde des Wiener Kongresses 1814-1815*. Erinnerungen, Feste, Sittenschilderungen, Anekdoten, ersch. 1912 [1913]
Laboulaye, Edouard: *Le Prince-Caniche*, ersch. etwa 1868 [1912]
Lambrecht, Nanny: *Notwehr: der Roman einer Ungeborenen*, ersch. 1912 [1912]
Landsberger, Artur: *Lu, die Kokotte*. Berliner Roman, ersch. 1912 [1912]
Larreta, Enrique: *La Gloria de Don Ramiro*. Una vida en tiempos de Felipe II, ersch. etwa 1908 [1913]
Lasker-Schüler, Else: *Mein Herz*. Ein Liebesroman mit Bildern u. wirklich lebenden Menschen. Mit Zeichnungen der Autorin, ersch 1912 [1913]
Lenz, Jakob Michael Reinhold: *Der Hofmeister oder Vortheile der Privaterziehung*. Eine Komödie in fünf Akten, anonym ersch. 1774, Urauff. 1778 [1916]
  Das leidende Weib, enth. im Ersten Bd der Ges. Schriften, hrsg. von Ludwig Tieck, ersch. 1828 [1916]
  Die Soldaten. Komödie in fünf Akten, anonym ersch. 1776 [1916]
Lessing, Gotthold Ephraim: *Nathan der Weise*. Dramatisches Gedicht, Urauff. 1783 [1911]
Lie, Jonas: *Böse Mächte*, ersch. 1901 [1915]

Mann, Heinrich: *Die große Liebe*. Drama in vier Akten, ersch. 1912 [1912]
  Die kleine Stadt. Roman, ersch. 1909 [1913]
  Madame Legros. Drama in drei Akten, ersch. 1913 [1914]
Mann, Thomas: *Das Wunderkind*. Novellen, ersch. 1914 [1914]
Masson, Frédéric: *Napoléon et les Femmes: l'amour*, ersch. 1894 [1914]
Maupassant, Guy de: *Notre Cœur*. Roman, ersch. 1890 [1916]
Meisel-Heß, Grete: *Das Wesen der Geschlechtlichkeit*. Die sexuelle Krise in ihren Beziehungen zur sozialen Frage und zum Krieg, zu Moral, Rasse

Lektüre 693

und Religion und insbesondere zur Monogamie, in zwei Bdn, ersch. 1916 [1916]
Memoiren der Markgräfin Wilhelmine von Bayreuth. Aus dem Französischen übersetzt u. mit einem Nachwort von Annette Kolb, 2 Bde, ersch. 1910 [1911] [1915]
Mereschkowsky, Dmitrij Sergejewitsch: *Leonardo da Vinci*. Historischer Roman aus der Wende des fünfzehnten Jahrhunderts. In zwei Bänden, ersch. etwa 1900 [1912] [1914]
Meyrink, Gustav: *Der Golem*. Fortsetzungsroman in 20 Kapiteln ersch. 1913/14; Buchausgabe, ersch. 1915 [1916]
Michaëlis, Karin: *Elsie Lindtner*. Roman, ersch. 1911 [1911]
Müller, Friedrich v.: *Spekulation u. Mystik in der Heilkunde. Ein Überblick über die leitenden Ideen der Medizin im letzten Jahrhundert*. Beim Antritt des Rektorats der Ludwig-Maximilian-Universität verfaßt, ersch. 1914 [1915]
Münzer, Kurt: *Menschen von gestern*. Ein Berliner Roman, ersch. 1916 [1916]

Nagrodskaja, Evdokija A.: *Der Zorn des Dionysos*. Roman, ersch. 1912 [1913]

Oncken, Wilhelm: *Das Zeitalter Friedrichs des Großen*, ersch. 1881 [1914]

Paul, Adolf: *Die Tänzerin Barberina*. Roman aus der Zeit Friedrichs des Großen, ersch. 1915 [1916]
Peladan, Josephin: *Das allmächtige Gold*. Roman, ersch. 1911 [1911]
Philippe, Charles-Louis: *Bubu de Montparnasse*, ersch. etwa 1905 [1913]
   Marie Donadieu, ersch. etwa 1904 [1913]
Poe, Edgar Alan [1914]
Pückler-Muskau, Hermann Fürst v.: *Briefwechsel*, ersch. 1873ff. [1911]

Rasmussen, Emil: *Mafia*. Roman aus dem modernen Sizilien, ersch. 1908 [1914]
   Was Frauen wollen. Roman, ersch. 1911 [1914]
Rathenau, Walther: *Zur Kritik der Zeit*, ersch. 1912 [1912]
Reuter, Gabriele: *Frühlingstaumel*, ersch. 1911 [1911]
Rohrbach, Paul: *Bismarck und wir*, ersch. 1915 [1915]
Rojas, Fernando de: *La Celestina: tragicomedia de Calisto y Melibea*, ersch. 1843 [1913]
Rolland, Romain: *Au dessus de la Mêlée*, ersch. 1915 [1916]

Saltykow-Stschedrin, Michail: *Die Herren von Golowljow*. Roman, ersch. 1914 [1916]
Schönherr, Karl: *Das Königreich: Märchendrama in vier Akten*, ersch. 1908 [1911]
Schopenhauer, Arthur: *Die Welt als Wille und Vorstellung*. 1. Bd ersch. 1819, 2. Bd ersch. 1844 [1916]
Schreiber, Adele: *Hedwig Dohm als Vorkämpferin und Vordenkerin neuer Frauenideale*, ersch. 1914 [1914]
Schumacher, Heinrich Vollrat: *Liebe und Leben der Lady Hamilton*. Roman, ersch. etwa 1910 [1911]
Schwabe, Toni: *Die Stadt mit den lichten Türmen*, ersch. 1904 [1911]

Shakespeare, William: *Coriolanus*. Tragödie in fünf Akten; ersch. 1839/40 in Dramat. Werke Bd 8, hrsg. von D. Tieck [1916]
　The History of Henrie the Fourth ... Urauff. 1597. (dt.: *Die Geschichte Heinrichs des IV*. 1. Teil [1912]
　The Second part of Henrie the Fourth ... Urauff. 1598. (dt.: *Der zweite Teil von Heinrich IV* ...) [1912]
Shaw, Bernard: *Common sense about the war*, ersch. 1914 [1915]
Sologub, Fedor: *Totenzauber: eine Legende im Werden*. Roman in fünf Teilen, ersch. dt. etwa 1913 [1914]
Stach, Ilse v.: *Haus Elferding*, ersch. 1915 [1915]
Strindberg, August: *Die Beichte eines Toren*, ersch. 1910 [1912] [1916]
　Die Entwicklung einer Seele, ersch. 1910 [1912]
　Enzweit. Einsam, ersch. 1909 [1912]
　Inferno. Autobiogr. Werk, ersch. 1897; dt.: 1898 [1912]
　Die gotischen Zimmer. Roman, ersch. 1904 [1916]
　Kammerspiele, ersch. 1908 [1912]
　Nach Damaskus, Erster, zweiter und dritter Teil, ersch. 1912 [1916]
　Schwarze Fahnen. Roman, ersch. 1907; dt.: 1908 [1912]
　Der Sohn einer Magd. Autobiogr. Romanzyklus in vier Teilen, ersch. 1886-1909. Dt. Übers. in zwei Teilen, ersch. 1909/10 [1912]

Tacitus, Cornelius: *De Vita Iulii Agricolae liber* (dt.: *Von des Agricolä Leben und Thaten*, ersch. 1657) [1915]
Tolstoi, Leo N.: *Anna Karenina*. Roman, ersch. 1875-1877 [1912]
　Chadsi Murat, postum ersch. 1912; dt.: 1912 [1916]
　Krieg und Frieden. Roman, ersch. 1868/69 [1914]
　Roman einer Ehe, ersch. dt. etwa 1903 [1915]
　Sewastopol. Skizzen aus der Vertheidigung Sewastopols, dt. anonym ersch. 1887 [1914]
　Der Tod des Iwan Iljitsch. Erzählung, ersch. 1886; dt.: 1913 [1916]
Trebitsch, Arthur: *Friedrich der Große. Ein offener Brief an Thomas Mann*, ersch. 1916 [1916]
Treitschke, Heinrich v.: *Deutsche Geschichte im neunzehnten Jahrhundert* in fünf Bdn, ersch. 1879-1894 [1916]

Varnhagen von Ense, Karl August [1911]
Viebig, Clara: *Eine Handvoll Erde*. Roman, ersch. 1915 [1916]
Voltaire (eigtl.: François Marie Arouet): *Candide ou l'Optimisme*, anonym ersch. 1759 (dt. *Candide oder der Optimismus*, ersch. 1913) [1914]
　Histoire de Charles XII, Roi de Suède, ersch. 1731 [1915]
　Histoire de L'Empire De Russie Sous Pierre Le Grand. Tome 1, ersch. 1761; Tome 2, ersch. 1764 [1915]
　Mémoires Pour Servir A La Vie De Mr. De Voltaire: Ecrits Par Lui Même, ersch. 1784 [1915]
　La Pucelle D'Orléans. Heroisch-komisches Epos in 21 Gesängen, ersch. 1762 [1916]

Lektüre

Wassermann, Jakob: *Das Gänsemännchen*. Roman, ersch. 1915 [1916]
  Der Mann von vierzig Jahren. Ein kleiner Roman, ersch. 1913 [1913]
Wedekind, Frank: *Simson oder Scham und Eifersucht*. Dramatisches Gedicht in drei Akten, ersch. 1914 [1913]
Werbizkaja, Anastasia: *Manja*. Roman, ersch. 1910 [1911]
  Wenn die Tuberosen blühn. Frühlingserwachen, ersch. etwa 1911 [1911]
Willy, Colette: *La Vagabonde*. Roman, ersch. 1910 [1911]
Wittner, Doris: *Drei Frauen – Das Liebesleben Napoleons*, ersch. 1913 [1914]
Wölfflin, Heinrich: *Kunstgeschichtliche Grundbegriffe*, ersch. 1915 [1916]

Zapolska, Gabryela: *Wovon man nicht spricht*. Roman, ersch. 1910 [1911]
Zola, Émile: *Les Rougon Macquart, Histoire naturelle et sociale d'une famille sous le Second Empire*. Romanzyklus in zwanzig Bänden:
  La Fortune des Rougon, ersch. 1871 (Bd 1) [1913]
  La Curée, ersch. 1871 (Bd 2) [1913]
  La Conquête de Plassans, ersch. 1874 (Bd 4) [1913]
  La Faute de l'Abbé Mouret, ersch. 1875 (Bd 5) [1913] [1914]
  L'Assommoir, ersch. 1877 (Bd 7) [1913]
  Nana, ersch. 1880 (Bd 9) [1913]
  Pot-Bouille, ersch. 1882 (Bd 10) [1913]
  Germinal, ersch. 1885 (Bd 13) [1913]
  L'oeuvre, ersch. 1886 (Bd 14) [1913]
  La Terre, ersch. 1887 (Bd 15) [1913]
  La Bête humaine, ersch. 1890 (Bd 17) [1913]
  La Débâcle, ersch. 1892 (Bd 19) [1913]
  Le Docteur Pascal, ersch. 1893 (Bd 20) [1913]

Zeitschriften

El Imparcial. Diario liberal. Spanische Tageszeitung [1914]
Münchner Neueste Nachrichten (M.N.N.) Münchner Tageszeitung (s. Bde 1-4) [1911] [1912] [1913] [1914] [1915] [1916]
Die neue Rundschau (vormals *Neue Deutsche Rundschau* bzw. *Freie Bühne für modernes Leben*). Leitender Redakteur von 1894 bis 1922 Oskar Bie. (s. Bde 2, 3 u. 4) [1911] [1912] [1913] [1914] [1915] [1916]
PAN. Wochenschrift. Herausgeber: Paul Cassirer u. Wilhelm Herzog (1. Jg, 1910/11), Paul Cassirer (2. Jg, bis März 1912), dann Alfred Kerr (bis 4. Jg 1914/15) [1911] [1912] [1913]
Die Schaubühne. 1905 als reine Theaterzeitschrift von Siegfried Jacobsohn gegründet, 1918 in *Die Weltbühne* umbenannt mit dem Untertitel: Wochenschrift für Politik – Kunst – Wirtschaft. Nach dem Tod von S. Jacobsohn 1926 übernahm Kurt Tucholsky die Leitung, die er 1927 an Carl v. Ossietzky weitergab. 1933 von den Nationalsozialisten verboten, erschien sie im Exil bis 1939 weiter unter dem Titel: *Die neue Weltbühne*. [1913]

Süddeutsche Monatshefte. Hrsg.: Wilhelm Weigand, Paul Nicolaus Cossmann, Josef Hofmiller, Friedrich Naumann, Hans Pfitzner, Hans Thoma, Paul Marsop. Ab 1906 Hrsg. Paul N. Cossmann und Karl Voll. München: 1904-1936 [1911] [1912] [1913] [1914] [1915] [1916]

Die Zukunft. Wochenschrift für Politik und Literatur. Hrsg. von Maximilian Harden. Berlin 1892-1922 (s. Bde 2, 3 u. 4) [1911] [1912] [1913] [1914] [1915] [1916]

Übersetzungen

10.11.1910 – 17.3.1911:	Antonio Fogazzaro, *Leila*, ersch. bei G. Müller 1911
23.4.1912:	Übersetzung begonnen
19.6.1912:	fehlerhafte Pecorone-Übersetzung abgebrochen
16.10.1912:	erneut Pecorone übersetzt
	Unter dem Titel *Die fünfzig Novellen des Pecorone* von Giovanni Fiorentino übers. von Maria Gagliardi 1921 in zwei Bdn bei G. Müller erschienen.
21.6.1913:	Hedda Gabler ins Spanische fertig übersetzt

1914, 1915 und 1916 keine Übersetzungstätigkeit

Siglen

ADB
Allgemeine Deutsche Biographie. Hrsg. von der Historischen Kommission der Bayer. Akademie der Wissenschaften unter der Redaktion von Rochus Freiherr v. Liliencron. 56 Bände. Berlin 1875-1912 (Nachdruck 1967-1971). Online-Ausgabe

BMLO
Bayerisches Musiker-Lexikon Online, hrsg. von Josef Focht

Borchardt
Philipp Borchardt, Vera Rosenberg, *Erinnerungen an Rudolf Borchardt*. Hrsg., komm. und mit einem Nachwort versehen von Ulrich Ott. Schriften der Rudolf-Borchardt-Gesellschaft, Bd 13. Freiburg 2014

Bosl
Bosls bayerische Biographie. 8000 Persönlichkeiten aus 15. Jahrhunderten. Hrsg. von Karl Bosl. Regensburg: 1983

BRM
Brockhaus-Riemann Musiklexikon. 12. Auflage in fünf Bänden. Mainz 1995. CD-ROM-Ed. Berlin 2004

Brockhaus
Brockhaus Enzyklopädie digital. Leipzig, Mannheim 2006

Bruckmann-Briefe
Hugo v. Hofmannsthal, Rudolf Kassner und Rainer Maria Rilke im Briefwechsel mit Elsa und Hugo Bruckmann 1893-1941. Hrsg. u. kommentiert von Klaus E. Bohnenkamp. Göttingen 2014

DBE
Deutsche biographische Enzyklopädie & Deutscher Biographischer Index. CD-ROM-Ed. München 2001

Delius
Juan D. Delius und Julia A. M. Delius, *Erik Pringsheims Tod in Argentinien – ein bayrisch-puntanisch-schottisches Drama*. Thomas Mann Jahrbuch, Bd 25, 2012, 297-331 und folgende Fassungen

DüD I
: Thomas Mann, *Dichter über ihre Dichtungen*. Hrsg. von Hans Wysling. Teil 1: 1889-1917, München 1975

Eisenberg
: *Großes biographisches Lexikon der Deutschen Bühne im XIX. Jahrhundert* von Ludwig Eisenberg. Leipzig 1903

Frankf. Biogr. I, II
: *Frankfurter Biographie*. Personengeschichtliches Lexikon. Hrsg. von Wolfg. Klötzer, bearb. von Sabine Hock u. Reinhard Frost. Bd 1, A-L. Frankfurt am Main 1994. Bd 2, M-Z. Frankfurt am Main 1996

Gedenkbuch I, II
: *Biographisches Gedenkbuch der Münchner Juden: 1933-1945*. Band 1 (A-L). Hrsg. vom Stadtarchiv München. Erarbeitet von Andreas Heusler, Brigitte Schmidt, Eva Ohlen, Tobias Weger und Simone Dicke. München 2003
Band 2 (M-Z). Hrsg. vom Stadtarchiv München. Erarbeitet von Andreas Heusler, Brigitte Schmidt, Eva Ohlen, Tobias Weger und Simone Dicke. München 2007

GKFA, Briefe I
: Thomas Mann, *Briefe I, 1889-1913*. Ausgew. u. hrsg. von Thomas Sprecher, Hans R. Vaget und Cornelia Bernini. Große kommentierte Frankfurter Ausgabe Bd 21, Frankfurt a.M. 2002

GKFA, Briefe II
: Thomas Mann, *Briefe II, 1914-1923*. Ausgew. u. hrsg. von Thomas Sprecher, Hans R. Vaget und Cornelia Bernini. Große kommentierte Frankfurter Ausgabe Bd 22, Frankfurt a.M. 2004

GKFA, Erz. I
: Thomas Mann, *Frühe Erzählungen, 1893-1912*. Kommentar von Terence J. Reed unter Mitarbeit von Malte Herwig. Große kommentierte Frankfurter Ausgabe Bd 2, Frankfurt a.M. 2004

GKFA, Essays I
: Thomas Mann, *Essays I, 1893-1914*. Hrsg. und textkritisch durchgesehen von Heinrich Detering unter Mitarbeit von Stephan Stachorski. Große kommentierte Frankfurter Ausgabe Bd 14, Frankfurt a.M. 2002

GKFA, Felix Krull
Thomas Mann, *Bekenntnisse des Hochstaplers Felix Krull*. Hrsg. und textkritisch durchgesehen von Thomas Sprecher und Monica Bussmann. Große kommentierte Frankfurter Ausgabe Bd 12, Frankfurt a.M. 2012

Gr.Br.
Der Große Brockhaus. Handbuch des Wissens. 20 Bde und ein Ergänzungsband. Leipzig. Bd 1: 1928-Bd 20/21: 1935

Gulbransson
Der grüne Vogel des Äthers. Grete Gulbransson. Tagebücher. Band 1: 1904-1912. Hrsg. u. komm. von Ulrike Lang. Frankfurt/Basel 1998

HLS
Historisches Lexikon der Schweiz. Gesamtwerk in 13 Bdn. Online-Ausgabe

Huesmann
Heinrich Huesmann: *Welttheater Reinhardt*. Bauten, Spielstätten, Inszenierungen, München 1983

Jonas
Klaus W. Jonas: *Bibliographie der Kritik 1896-1955*. Die Thomas-Mann-Literatur, Band 1

Kessler 2
Harry Graf Kessler: *Das Tagebuch. Zweiter Band 1892-1897*. Hrsg. von Günter Riederer u. Jörg Schuster, unter Mitarbeit von Christoph Hilse. Stuttgart 2004

Kessler 3
Harry Graf Kessler: *Das Tagebuch. Dritter Band 1897-1905*. Hrsg. von Carina Schäfer u. Gabriele Biedermann, unter Mitarbeit von Elea Rüstig u. Tina Schumacher. Stuttgart 2004

Killy
Walther Killy, *Literaturlexikon. Autoren und Werke deutscher Sprache*. CD-ROM-Ed. Berlin 1998

Kosch
Deutsches Theater-Lexikon von Wilhelm Kosch, ab Bd 3 fortgeführt von Ingrid Bigler-Marschall. Berlin
1. Bd 1953; 2. Bd 1960; 3. Bd 1992; 4. Bd 1998.

28.-30/31. Lfg Dez. 2004; 32/33.-34/35. Lfg Dez. 2008
36/37. Lfg Dez. 2010

Kuhrau
Sven Kuhrau, *Der Kunstsammler im Kaiserreich: Kunst und Repräsentation in der Berliner Privatsammlerkultur*. Kiel 2005

Kutsch/Riemens
K. J. Kutsch/Leo Riemens, *Großes Sängerlexikon*. Unter Mitwirkung von Hansjörg Rost. Elektronische Ausgabe der dritten, erweiterten Auflage Berlin 2000

LexNat.
Lexikon der Naturwissenschaftler. Red.: Rolf Sauermost. Heidelberg 2000. Digitale Ausgabe 2003/2004

LexTheat.
Theaterlexikon. Band 1. Hrsg. von C. Bernd Sucher. München 1999 und *Theaterlexikon*. Band 2. Hrsg. von C. Bernd Sucher. München 1996. Digitale Ausgabe 2002/2004

Martin
Jahrbuch des Vermögens und Einkommens der Millionäre in Bayern von Rudolf Martin. Berlin 1914

Meine Manns
Hedwig Pringsheim, *Meine Manns*. Briefe an Maximilian Harden 1900-1922. Hrsg. von Helga u. Manfred Neumann. Berlin 2006

MMZ
Juden in Berlin. Biographien. Hrsg. von Elke-Vera Kotowski. Moses Mendelssohn Zentrum, Potsdam. Berlin 2005

Nachrichtendienst
Hedwig Pringsheim, *Mein Nachrichtendienst*. Briefe an Katia Mann 1933-1941, in zwei Bänden. Hrsg. u. komment. von Dirk Heißerer. Göttingen 2013

NB 1
Thomas Mann, *Notizbücher 1-6*. Hrsg. von Hans Wysling und Yvonne Schmidlin. Frankfurt a.M. 1991

NB 2
Thomas Mann, *Notizbücher 7-14*. Hrsg. von Hans Wysling und Yvonne Schmidlin. Frankfurt a.M. 1992

NDB
: *Neue Deutsche Biographie*. Hrsg. von der Historischen Kommission bei der Bayer. Akademie der Wissenschaften Bd 1, Berlin 1953 – Bd 24, Berlin 2010. Online Ausgabe Bd 25: Stadion-Tecklenborg, Berlin 2013

Nikola Müller
: *Hedwig Dohm (1831-1919)*. Eine kommentierte Bibliographie von Nikola Müller. Berlin 2000

ÖBL
: *Österreichisches Biographisches Lexikon* ab 1815, 2. überarb. Auflage. Online-Ausgabe

Pagel
: *Biographisches Lexikon hervorragender Ärzte des 19. Jahrhunderts*. Hrsg. von Prof. Dr. J. Pagel. Berlin, Wien 1901

Reichshandbuch
: *Reichshandbuch der deutschen Gesellschaft*. Das Handbuch der Persönlichkeiten in Wort und Bild, in zwei Bänden. Berlin 1930/31

Riemann
: Hugo Riemanns *Musik-Lexikon*. Berlin/Leipzig 1916

Tb 1918-1921
: Thomas Mann, *Tagebücher 1918-1921*. Hrsg. von Peter de Mendelssohn, Frankfurt a.M. 1979

ThBV
: *Allgemeines Lexikon der bildenden Künstler von der Antike bis zur Gegenwart*. Begr. und hrsg. von Ulrich Thieme und Felix Becker. 37 Bände, ersch. 1907-1950, und *Allgemeines Lexikon der bildenden Künstler des 20. Jahrhunderts*. Hrsg. von Hans Vollmer. 6 Bände, ersch. 1953-1960. Digitale Ausgabe 2008

Toepell
: Michael Toepell, *Mathematiker und Mathematik an der Universität München*. 500 Jahre Lehre und Forschung. München 1996

Wenzel
: *Betrachtungen und Überblicke*. Zum Werk Thomas Manns. Aufsätze, Texte, Rezensionen, Bibliographien. Hrsg. von Georg Wenzel. Berlin/Weimar 1966

Wer ist's?
Wer ist's?: Zeitgenossenlexikon, enthaltend Biographien und Bibliographien, zsgestellt von Hermann A. L. Degener. 10 Bände. Berlin/Leipzig 1905-1935

Wer ist wer?
Heinz J. Armbrust/ Gert Heine, *Wer ist wer im Leben von Thomas Mann?* Ein Personenlexikon. Frankfurt 2008

Zils
Geistiges und Künstlerisches München in Selbstbiographien. Hrsg. von W. Zils. München 1913

Personenregister

Ackermann-Teubner, Alfred Gustav Benedictus (31.1.1857 – 18.2.1941), Verleger, Buchhändler, Inhaber der Verlagsbuchhandlung u. Buchdruckerei B. G. Teubner in Leipzig (s. Bd 3 u. 4)   4.8.1915, 5.8.1915, 9.8.1915

Adams Lehmann, Hope Bridges (17.12.1855 – 10.10.1916), Dr. med., prakt. Ärztin u. Gynäkologin. Sie schloß 1880 als erste Frau in Deutschland ihr Studium mit dem Staatsexamen ab, was aber offiziell nicht anerkannt wurde. Anschl. promovierte sie in Bern. 1881 erhielt sie in Dublin die britische Approbation. In 1. Ehe war sie seit 1882 mit dem Arzt Otto Walther (1855-1919) verheiratet, mit dem sie in Frankfurt a.M. eine Praxis betrieb. Sie hatten zwei Kinder. Die Ehe wurde 1895 geschieden. 1896 heiratete sie den Arzt Carl Lehmann (1865-1915), in dessen Praxis in München sie mitarbeitete. 1904 erhielt sie nachträglich die deutsche Approbation. Sie engagierte sich in der Friedensbewegung und trat für die Gleichberechtigung der Frau ein. Mit → Anita Augspurg, → Lida Heymann und vor allem mit Clara Zetkin war sie gut bekannt.   27.12.1912

Adel, Sofia, geb. Meerson, Schwester von → Olga Meerson   11.1.1912, 19.1.1912, 31.1.1912, 5.2.1912

Adler, Herr, jüdischer Kritiker, Freund von Klaus Pringsheim   Prag: 27.5.1912

Adolph, *Asta* Auguste Charlotte, gen. *Asta II* od. *Cousine Asta*, geb. Friedberg (5.3.1873 – 5.8.1957), Ehefrau des Generalintendanten des Sächs. Staatstheaters Dr. Paul Adolph, gesch. 1912 (s. Bd 3 u. 4)   19.9.1911; 4.4.1912, 6.4.1912, 7.4.1912; Ambach: 7.8.1913; 24.8.1914, 25.8.1914; 10.4.1915, Ambach: 29.4.1915; 16.1.1916
1. Joachim (*Jochen*) (26.6.1900 – 9.8.1982), Bankdirektor (s.a. Bd 3)   7.8.1913; 24.8.1914; 10.4.1915
2. Asta (*Asta III* od. das »Wesen«) Meta Florentine (16.2.1903 – 30.5.1984) (s.a. Bd 3)   7.8.1913

Affa, eigtl. Josepha, langjährige Hausangestellte der Familie Mann   31.12.1912

Aissi, Aißi → Klaus **Mann**

Albert, Maria, Damenschneiderin, Westenriederstr. 14   2.11.1916, 8.11.1916

Alberts, Jacob (30.6.1860 – 7.11.1941), Landschafts- u. Genremaler und Graphiker, Honorarprofessor (s. Bd 3 u. 4)   13.2.1916, 19.4.1916

Aletta → Aletta **Creizenach**

Alfons Maria Franz Clemens Maximilian, Prinz von Bayern (24.1.1862 – 8.1.1933) (s. Bd 1 u. 4)   29.1.1913

Alten, Ferdinand v., Baron v. Lamezan auf Altenhofen (13.4.1885 – 16.3.1933), Schauspieler. Debüt 1911 am Hoftheater in München, wo er bis zum Ende des Ersten Weltkrieges blieb. 1918 dann Wechsel nach Berlin u.a. zum Deutschen Theater.   15.4.1915

Amalie → Amalie **Rosenberg**

Amann, Josef Albert (1.7.1866 – 17.10.1919), Gynäkologe, Universitätsprofessor. Sohn des Gynäkologen Josef Albert Amann, sen. und der Rosa Höber. Nach Studium in München Approbation 1889, Habilitation 1892. 1898 Leiter der II. Gynäkolog. Abt. des Allgem. Krankenhauses München. 1905 ao. Professor. (NDB, Bd 1, 240f.)   30.5.1914

Amira, *Karl* Konrad Ferdinand Maria v. (8.3.1848 – 22.6.1930), Rechtshistoriker, Universitätsprofessor. Er war von 1875-1892 Professor für deutsches Recht und Kirchenrecht in Freiburg i. Br. und 1892-1930 Professor für Staatsrecht in München. Verh. am 2.10.1876 mit Marie Stiehl (geb. 14.11.1849), 2 Töchter: *Anna* Karoline Johanna (geb. 14.8.1877) u. *Mathilde* Friederike (geb. 6.10.1884). (NDB, Bd 1, 249) Bekannter von → Bissings   3.1.1912 mit Tochter   3.1.1912

Andersen, Herr, erst Mit-Reiter im Universitätsstall → Mengele, ab 1911 Besitzer eines Reitstalles (s. Bd 4)   21.7.1911

Andreas → Andreas **Rosenberg**

Angerer, Ottmar Ritter v. (seit 1911) (17.9.1850 – 12.1.1918), Chirurg, Universitätsprofessor. Direktor der Kgl. Chirurg. Klinik und Oberarzt am chirurg. Spital. Leibarzt des Königs. Sein Vermögen wurde 1914 auf 12 Millionen M. und sein Einkommen auf 110.000 M. geschätzt. (Martin, 62) (s. Bde 1, 2 u. 3)   21.5.1911; 19.9.1913, 20.9.1913, 29.9.1913; 25.12.1915

Anna oder »Schwester Anna«, Kindermädchen von Tamara (*Tamächen*) Pringsheim u. Pflegerin(?) von Olga Pringsheim   17.8.1914, 19.8.1914, 23.8.1914, 30.8.1914, 31.8.1914, 6.9.1914, gekündigt: 11.9.1914, 31.10.1914, 1.11.1914, 2.11.1914, 25.12.1914; 10.1.1915, 17.1.1915, 26.1.1915, 30.1.1915, 25.2.1915, 28.2.1915, 9.3.1915, Wannsee: 8.8.1915; 8.2.1916

Annette → Annette **Kolb**

Annie, Hausmädchen bei Pringsheims   Eintritt: 1.3.1912, 2.3.1912, Fehlgeburt: 30.9.1912, 2.10.1912, 7.10.1912; 1.1.1913, Austritt: 1.3.1913; 2.3.1916

Arco, Graf, Bekannter von → Hermine Feist   20.12.1916
Arco, Gräfin   16.11.1914

Arndts   Wannsee: 12.6.1913
Arndt, Herr, Gärtner in der ehemal. Wannsee-Villa von Rudolf Pringsheims   Wannsee: 25.6.1911

Arnholds, Bekannte von → Rosenbergs, Berlin (s. Bd 3)   München: 13.4.1915, 9.8.1915
Arnhold, Eduard (10.6.1849 – 10.8.1925), Kohle-Industrieller, Geheimer Kommerzienrat und Mäzen; langjähr. Mitglied im Vorstand des »Kaiser Friedrich-Museums-Verein zu Berlin« (s. Bd 3)
Arnhold, Johanna, geb. Arnthal (1860-1928) (s. Bd 3 u. 4)   18.9.1911, 3.10.1911; 9.8.1915

Am – Ba

Arnold, Victor (9.10.1873 – Selbstmord 16.10.1914), österr. Schauspieler. Er arbeitete zunächst am Residenztheater in München. Ab 1902 gehörte er dem Ensemble → Max Reinhardts in Berlin an. Er galt als hervorragender Komiker. Besonders in Stücken von Molière war er sehr erfolgreich.   13.4.1912

Artaria, Hilde, Tochter von → Frau Regenhard   Davos: 12.3.1912, 18.3.1912, 23.3.1912

Augspurg, Anita (22.9.1857 – 20.12.1943), Lehrerin, Schauspielerin, Juristin, eine der führenden Persönlichkeiten der dt. Frauenbewegung, Leiterin des photogr. Ateliers »Elvira« gemeinsam mit Sophia Goudstikker (s. Bde 1-4)   13.11.1912

Auracher, Ludwig, Schneider, Bauerstr. 36   21.10.1912

Bach, Herr   3.1.1914

Bachmann, Lotte (*Lolo*), geb. Borchers (1872-1916), jüngere Schwester von → Johanna v. Bruckmann; verh. mit dem Bariton Hermann Bachmann (1864-1937) (s. Bd 2)   Todesnachricht: 13.4.1916

Baeumkers, Bekannte von → Crusius' u. → v. d. Leyens   7.2.1913

Baeumker, Clemens (16.9.1853 – 7.10.1924), Philosophiehistoriker, Universitätsprofessor. Sohn des Gymnasialprofessors Franz Baeumker und der Elisabeth Brüning. Nach Studium der klass. Philologie und Germanistik 1877 Staatsexamen und Promotion. 1883 o. Prof. in Breslau, 1900 in Bonn, 1903 in Straßburg, ab 1912 in München als Nachfolger seines Freundes u. Lehrers G. von Hertling. Verh. in 1. Ehe am 20.8.1883 mit Wilhelmine v. Hatzfeld. Verh. in 2. Ehe am 15.8.1910 mit Huberta Goesen. 4 Söhne aus erster Ehe. (NDB, Bd 1, 533f.)   13.6.1913

Baeyer, *Hildegard* Karoline Luise Eugenie Johanna v., geb. Merkel (9.10.1882 – 8.8.1958), Tochter des Universitätsprofessors Johannes Merkel und der Käthe Dollmann. Verh. mit dem Professor für Orthopädie an der Universität Heidelberg Johann (*Hanni*) Emil Ritter v. B. (geb. 28.2.1875), Sohn des Chemikers Adolf v. Baeyer und der Adelheid Bendemann (s. Bd 1 u. 2)   4.6.1915

Bahlke, Herr, vermutlich Bekannter von Erik Pringsheim in Argentinien, Bekannter des → Grafen Königsmarck   22.6.1911

Bahr-Mildenburg, Anna (29.11.1872 – 27.1.1947), Sopran, Kammersängerin. Debüt 1895 in Hamburg, 1901 sang sie in München in der Uraufführung von »Das klagende Lied« von Gustav Mahler. 1908-1917 Mitglied der Wiener Hofoper. Gastspiele an der Hofoper München 1910, 1919, 1927. 1920 ord. Akad. Prof. für Darstellungskunst an der »Königl. Akademie der Tonkunst«, München; 1921-1937 ord. Prof.; verh. mit dem Schriftsteller Hermann Bahr (1863-1934). (NDB, Bd 1, 541) (Kutsch/Riemens, Bd 1, 154)   15.4.1914

Ballings 30.7.1913; 3.5.1914
Balling, Michael (1866-1925), Dirigent. Als Dirigent in verschiedenen deutschen Städten tätig, ab 1904 dann Hofkapellmeister in Karlsruhe. 1906-1914 leitete er in Bayreuth die Parsifal-Aufführungen. 1912 wurde er, als Nachfolger von H. Richter, als Leiter des Halé-Orchesters nach Manchester berufen. 1919, nach dem Tode seiner Frau Mary, ging er als Generalmusikdirektor nach Darmstadt. Verh. am 25.3.1908 mit Mary Levi (NDB, Bd 1, 563) (s.a. Bd 4)   Partenkirchen: 29.7.1913
Balling, Mary, geb. Meyer, verw. Fiedler, verw. Levi (1854-1919) (s. Bd 4) Kondolenz: 21.3.1911; Partenkirchen: 29.7.1913; 5.5.1914, 7.5.1914

Bambergers (s. Bde 1-4)   Zürich: 16.5.1913
Bamberger, Eugen (19.7.1857 – 10.12.1932), Chemiker, Universitätsprofessor (PMB) (s. Bde 1-4)   Zürich: 16.5.1913
Bamberger, Rosalie (*Lily*) Marie Karoline, geb. Sertorius (1.6.1866 – 1958), gen. »Lily Bam«, Komponistin, gute Freundin von Hedwig Pringsheim (s. Bde 1-4) 12.2.1911, 7.4.1911, 29.4.1911, 4.7.1911, 18.7.1911, 14.8.1911, 29.8.1911, 15.9.1911, 9.11.1911, 28.11.1911; 10.1.1912, 29.1.1912, 6.3.1912, 15.5.1912, 9.6.1912, 25.6.1912, 3.7.912, 3.8.1912, 5.8.1912, 24.9.1912, 9.11.1912, 25.12.1912; 10.1.1913, 11.2.1913, 24.2.1913, 21.3.1913, 5.4.1913, 8.4.1913, 14.4.1913, 24.4.1913, Zürich: 16.5.1913, 5.7.1913, 6.7.1913, 7.8.1913, 25.8.1913, 14.10.1913, 26.11.1913, 27.12.1913; 23.1.1914, 8.3.1914, 30.3.1914, 30.4.1914, 19.6.1914, Scheidung: 7.7.1914, 10.7.1914, 20.7.1914, 7.9.1914, 11.9.1914, 7.10.1914, 10.10.1914, 17.10.1914, 2.11.1914, verh. mit → Hermann Reiff

Banker, Herr   20.11.1915

Barnowsky, Victor (10.9.1875 – 9.8.1952), Schauspieler, Regisseur, Theaterleiter. Nach Wanderjahren in der Provinz leitete er von 1905-1913 das Kleine Theater unter den Linden. 1913 übernahm er als Nachfolger von Otto Brahm das Lessing-Theater (bis 1924), 1915 auch das Dt. Künstlertheater. 1925-1933 leitete er das Theater in der Königgrätzer Straße und zeitweise auch das Theater am Schiffbauerdamm und die Tribüne. 1933 emigrierte er nach Österreich, 1937 in die USA, wo er eine Lehrtätigkeit für Dramaturgie und Schauspielkunst übernahm. (LexTheat., Bd 1, 38)   Berlin: 28.11.1913

Bary, Alfred v. (18.1.1873 – 13.9.1926), Dr. med., Kgl. Kammersänger und Nervenarzt. Von 1912 bis 1918 an der Münchner Hofoper engagiert. Er galt als einer der größten Wagnertenöre seiner Generation. (Kutsch/Riemens, Bd 1, 200)   24.10.1912; 7.11.1916

Basil, Friedrich (*Fritz*), eigtl. Friedrich Meyer (16.5.1862 – 31.3.1938), Hofschauspieler, Regisseur (s. Bd 2 u. 3)   14.6.1913

Bassermann (Ehepaar)   17.4.1916
Bassermann, *Albert* Eugen (7.9.1869 – 15.5.1952), Schauspieler. Verh. seit 1908 mit der Schauspielerin → Else Schiff, auch Bassermann-Schiff bzw. Else Schiff-Bassermann (s. Bd 3 u. 4)   17.1.1913; 17.4.1916

Bassermann-Jordan, *Ernst* Ferdinand Otto v. (Erbadel 1917) (17.7.1876 – 9.10.1932), Kunsthistoriker, Kunstkritiker, Kunst- und Uhrensammler, Uni-

Ba – Be

versitätsprofessor, Kgl. griech. Generalkonsul (s. Bd 4)   28.1.1912, 21.10.1912; 2.1.1913, 21.5.1913; 11.3.1914, Kondolenz: 20.8.1914; 10.2.1915, 22.10.1915, 1.12.1915, Kondolenz: 27.12.1915, 30.12.1915; 29.10.1916

Bauberger, Alfred (22.2.1866 – 18.5.1937), Baß-Bariton (s. Bd 2 u. 3)   19.5.1914; 5.12.1915

Baudissin, Eva, Gräfin v., geb. Tuerk (8.10.1869 – 11.2.1943), Schriftstellerin (Pseud. Bernhard v. Brandenburg). Verh. mit dem Offizier u. Autor von Militärhumoresken (Pseud. Freiherr v. Schlicht) *Wolf* Ernst Hugo Emil Graf v. Baudissin (1867-1926), gesch. (s. Bd 3 u. 4)   1.1.1911, 3.1.1911, 3.4.1911, 27.10.1911, 5.11.1911; 9.3.1912, 28.4.1912, 15.12.1912; 11.1.1914, 18.1.1914, 6.2.1914, 11.3.1914, 5.5.1914, 15.7.1914, 16.7.1914, 19.10.1914, 24.10.1914, 10.11.1914; 18.12.1915, 19.12.1915; 5.3.1916, 29.3.1916, 21.6.1916, 26.11.1916
1. *Wolf* Walter (25.3.1894 – 24.3.1920), Soldat im 1. Weltkrieg (s. Bd 4)   1.1.1911; 19.12.1915
2. Steffen   1.1.1911

Bauch, Schneider/in   14.9.1915

Bauer, 2 Fräuleins, Freundinnen von → Andreas Rosenberg   Berlin: 26.9.1911

Bauer. Konzert-Agentur Otto Bauer, Maximilianstr. 5   12.1.1915, 25.11.1915

Baum, Henny, Mitpatientin von Katja Mann im »Waldsanatorium Jessen« in Davos   28.7.1912, 5.8.1912, 7.8.1912

Baumgartner, Dr., Freund von → Stadlers, Bekannter von → Hermine Feist (s. Bd 1)   5.4.1912

Bayerischer Hof, Luxushotel am Promenadeplatz (s. Bd 3 u. 4)   7.10.1913

Becher, Erich (1.9.1882 – 5.1.1929), Naturphilosoph, Psychologe. Sohn des Volksschullehrers Ernst Becher und der Hulda Küpper. Seit 1916 Prof. der Philosophie und Psychologie an der LMU. Ledig. (NDB, Bd 1, 688f.) (LexNat., 27f.)   29.10.1916, 31.12.1916
mit Schwester   29.10.1916

Becker(-Melly), Auguste (*Gusti, Gusty*) v. (geb. 1879), Zeichnerin u. Holzschneiderin (s. Bd 3 u. 4)   3.1.1911, 24.4.1911, 26.4.1911, 24.5.1911, 1.6.1911, 1.7.1911, 3.7.1911, 8.10.1911, 12.10.1911, 26.10.1911, 30.11.1911, 1.12.1911, 16.12.1911; 4.1.1912, 22.4.1912, 12.7.1912, 15.7.1912, 23.7.1912, 7.8.1912, 20.11.1912, 9.12.1912, 24.12.1912, 26.12.1912; 26.1.1913, 7.2.1913, 18.2.1913, 2.3.1913, 23.3.1913, 30.3.1913, 6.4.1913, 20.4.1913, 26.5.1913, 2.6.1913, 9.6.1913, 11.12.1913, 24.12.1913, 26.12.1913; 14.1.1914, 6.2.1914, 8.2.1914, 8.3.1914, 21.3.1914, 19.4.1914, 3.5.1914, 17.5.1914, 16.8.1914, 19.8.1914, 11.9.1914, 20.9.1914, 23.9.1914, 25.9.1914, 27.9.1914, 4.10.1914, 21.10.1914, 31.10.1914, 10.11.1914, 12.11.1914, 19.12.1914, 21.12.1914, 30.12.1914; 9.3.1915, 6.4.1915, 8.4.1915, 23.4.1915, 13.5.1915, 11.6.1915, 30.9.1915, 2.10.1915, 5.11.1915, 30.12.1915; 11.3.1916, 18.3.1916, 20.4.1916, 15.9.1916, 16.9.1916, 20.11.1916, 30.12.1916

Beer, Dr. med., Arzt im Sanatorium Turban in Davos   12.3.1912

Belli de Pino, Friederike (*Rike*) Eugenie v., geb. v. Aretin (9.4.1841 – 16.11.1929) (s. Bde 1-4) 21.3.1911, 22.11.1911, 26.11.1911; 8.3.1912, 8.10.1912, 9.10.1912, 8.12.1912; 22.3.1913, 2.11.1913, 15.11.1913; 10.2.1914; 30.1.1915, 27.4.1915, 24.5.1915, 2.10.1915, 3.12.1915; 16.3.1916, 23.3.1916, 7.4.1916, 12.5.1916, 3.11.1916, 25.11.1916

Bender, Paul (28.7.1875 – 29.11.1947), Baß (s. Bd 4) 7.11.1913; 19.5.1914; 15.5.1915, 29.8.1915, 31.8.1915, 13.10.1915, 21.10.1915; 21.11.1916

Bennigsen od. **Bennigson**, Herr, gehört zu den »Kegel-Herren« bzw. »Donnerstagsherren« von → Hermann Rosenberg, Berlin (s. Bd 4) 16.2.1911, 21.12.1911; 8.2.1912, 11.4.1912, 18.4.1912, 22.9.1912

Berkowski, Herman, Geiger. Bekannter von → Hugo Bruckmanns 7.12.1911; 19.1.1912

Berlin, Philipp, Stallmeister im Universitätsreitstall → Mengele 1.6.1911; 18.11.1912

Berlin, Karl, Bruder von Philipp B. 2.12.1913

Berliners (Cora) Wannsee: 23.6.1914

Berliner, Cora, Bekannte von Hedwig (*Mim*) Dohm Wannsee: 7.6.1913

Berndl, Emma (geb. 10.6.1877), Schauspielerin, Tochter des Volksschauspielers und Regisseurs Carl Berndl. Ab 1899 am Hoftheater in München engagiert als »erste Sentimentale«, später wechselte sie ins Fach der »ersten Heroine«. 7.12.1912; 15.4.1915

Bernheimer, Lehmann (27.1.1841 – 19.5.1918), Gründer des Antiquitätenhauses Bernheimer. Kgl. Geh. Kommerzienrat. Verh. seit 1864 mit Fanny Haimann. 5 Kinder. 1914: Mitglied des Altertumsvereins   Kondolenz: 30.1.1911

Bernheimer, Fanny, geb. Haimann (1843–1911)   Todesnachricht: 30.1.1911 1. Emma (1865–1950), 2. Isidor, 3. Max (1870–1933), 4. Ernst (1875–1956), 5. Otto (1877–1960)

Bernheimer, Münchner Einrichtungs- und Antiquitätenhaus, heute Lenbachplatz 3 (s. Bde 1-4) 22.8.1911

Bernsteins (s. Bde 2, 3 u. 4) 29.7.1911, 3.12.1911; 16.5.1912; 26.10.1913, 21.12.1913; 14.1.1914, 6.2.1914, 15.2.1914, 1.7.1914, 5.10.1914, 19.11.1914; 27.1.1915, 19.2.1915, 17.10.1915; 12.4.1916

Bernstein, Maximilian (*Max*) Ernst (12.5.1854 – 5.3.1925), Rechtsanwalt u. Schriftsteller (s. Bde 1-4) 8.6.1911, 29.7.1911; 27.10.1912, 15.11.1912, 29.11.1912; 15.2.1913, 17.7.1913; 11.5.1914, 12.5.1914, 19.11.1914; 30.1.1915, 24.4.1915, 20.11.1915; 26.3.1916

Bernstein, *Elsa*, geb. Porges (28.10.1866 – 1949), Schauspielerin, Schriftstellerin (Pseud. Ernst Rosmer) (s. Bde 1-4) 18.1.1911, 3.2.1911, 18.3.1911, 3.5.1911, 13.5.1911, 15.7.1911, 22.7.1911, 16.10.1911, 6.11.1911; 10.1.1912, 24.1.1912, 2.3.1912, 28.3.1912, 10.5.1912, 12.6.1912; 8.7.1913, 29.9.1913, 7.10.1913, 18.10.1913, 13.11.1913; 30.1.1914, 31.1.1914, 11.3.1914, 30.3.1914, 29.4.1914, 30.5.1914, 27.6.1914, 6.7.1914, 31.10.1914, 11.11.1914, 19.11.1914, 22.12.1914; 16.2.1915, 31.3.1915, 13.5.1915, 5.6.1915, 22.9.1915, 8.10.1915, 14.10.1915,

8.11.1915; 5.1.1916, 20.2.1916, 22.2.1916, 25.2.1916, 20.3.1916, 23.3.1916, 26.3.1916, 15.5.1916, 24.9.1916, 27.9.1916, 22.12.1916
1. Eva (*Evchen*) (9.11.1894-1986), Geigerin (s. Bde 2-4)   20.12.1913; 30.1.1914, 6.2.1914; 18.2.1915, 8.10.1915; 27.11.1916, 4.12.1916

Berreth, Frau, Masseuse (s. Bd 4)   14.1.1911, 16.1.1911, 19.1.1911, 25.1.1911, 26.1.1911, 28.1.1911, 30.1.1911, 1.2.1911, 4.2.1911, 6.2.1911, 9.2.1911, 11.2.1911, 13.2.1911, 1.4.1911, 4.7.1911, 12.7.1911, 13.7.1911, 15.7.1911, 13.10.1911, 23.10.1911, 25.12.1911; 29.3.1912, 16.9.1912, 8.10.1912, 10.10.1912; 19.1.1913, 21.2.1913, 22.3.1913, 22.4.1913, 8.10.1913, 13.11.1913, 5.12.1913, 27.12.1913, 29.12.1913; 6.3.1914, 1.5.1914; 2.1.1915, 3.1.1915; 2.1.1916

Berta, Hausmädchen bei Pringsheims seit Sept. 1910 (s. Bd 3)   1.1.1911; Kündigung: 28.2.1912, Austritt: 1.3.1912

Bethmann-Hollweg, Theobald v. (29.11.1856 – 2.1.1921), dt. Politiker. 1905 Preuß. Innenminister, 1907 Staatssekretär des Innern, 1909-1917 Reichskanzler und Preuß. Ministerpräsident   Sils Maria: 4.9.1913; 28.4.1916, 12.12.1916

Betty, Hausmädchen bei Pringsheims   Eintritt: 1.3.1912, 2.3.1912, 30.9.1912; 1.1.1913, 13.7.1913; 1.1.1914

Biensfeldt, Paul (4.3.1869 – 2.4.1933), Theater- und Filmschauspieler. Er spielte zunächst unter Otto Brahm, dann unter → Max Reinhardt am Dt. Theater. Er war einer seiner meistbeschäftigten Komiker. (Eisenberg, 95f.)   17.1.1913

Bierbaum, Gemma, geb. Prunetti-Lotti (1883-1925), Witwe des Schriftstellers Otto Julius Bierbaum (1865-1910) (s. Bd 3 u. 4)   27.1.1911, 20.3.1911

Bischoff, Ernst (1880-1958), Dr., Diplomat. Sohn von Theodor Bischoff (1848-1923) und der Amalie Schoen (1850-1939). Geht 1911 für 3 Jahre als Journalist nach Japan. (s. Bd 4)   23.1.1911; 5.7.1913, 6.7.1913
Bischoff, Marietta (*Etta*), geb. Wohlschläger (1884-1949)   6.7.1913

Bissings (s. Bd 3 u. 4)   21.1.1911, 12.11.1911; 3.1.1912; 9.12.1913, 19.12.1913; 5.1.1914, 7.2.1914; 7.12.1915
Bissing, Friedrich Wilhelm Freiherr v. (22.4.1873 – 1956), Ägyptologe, Universitätsprofessor. Mitglied im »Kaiser Friedrich-Museums-Verein zu Berlin« (1916) (s. Bd 3 u. 4)   Festrede bei der Akademie-Feier: 9.3.1912; 30.4.1914
Bissing, Elisabeth (*Elsa*), geb. Freifrau v. Carlowitz (1875-1961) (s. Bd 3 u. 4)   30.4.1914, 8.7.1914; 27.1.1916, 17.2.1916, 18.3.1916, 10.5.1916

Björnson, Björnstjerne (8.12.1832 – 26.4.1910), norweg. Dichter, Journalist u. Politiker (s. Bde 2, 3 u. 4)   16.1.1912, 18.1.1912; 25.7.1914
Björnson, Karoline, geb. Reimers (geb. 1835) (s. Bde 2, 3 u. 4)   Paris: 13.4.1911, 21.4.1911; Gratulation: 4.12.1915
1. **Björn** (15.11.1859 – 14.4.1942), Schriftsteller, Schauspieler und Theaterleiter. Seit 1909 verh. in 3. Ehe mit Eileen Cohn Bendix (1883-1944) (s. Bd 3 u. 4)   Berlin: 25.4.1916

Björnson, Elsbeth, geb. Langen, Schwester des Verlegers Albert Langen, gesch. Ehefrau von Einar Björnson (1864-1942)   Paris: 13.4.1911; 30.10.1914, 5.11.1914

Björnson, Ingeborg, geb. Aas (Künstlername Gina Oselio) (19.11.1858 – 4.5.1937), Sopran/Mezzosopran; gesch. Ehefrau von Björn Björnson (s.o.) (s. Bd 3 u. 4) 5.1.1911, 3.2.1911, 13.2.1911

Blaul, Karl *Ludwig* (3.3.1887 – gef. bei Serres 25.8.1914), Sohn aus der zweiten Ehe von Anna Luise Hering (1848-1917) mit dem bayer. Staatsbeamten Julius Ritter v. Blaul (1853-1930)   Todesnachricht: 8.9.1914

Blaul, Richard (geb. 18.10.1878), Kunstmaler u. Innenarchitekt. Sohn aus der ersten Ehe von Anna Luise Hering mit Richard Blaul, dem Bruder des bayer. Staatsbeamten Julius Ritter v. Blaul (s. Bd 3 u. 4)   26.3.1911, 28.3.1911, 7.5.1911; 21.5.1913, 13.7.1913; Kondolenz: 8.9.1914, 10.9.1914, 3.10.1914; 6.9.1915

Bley, Herr   Berlin: 15.2.1911

Bock, Heinrich, Dr. med., Spezial-Arzt für Atmungs- und Kreislaufstörungen, Richard-Wagner-Str. 10   6.1.1912, 13.1.1912, 1.2.1912, 1.3.1912

Böhler, Julius, Münchner Kunsthändler, Kgl. preuß. Hofantiquar (s.a. Bde 2, 3 u. 4)   22.8.1911, 19.12.1912

Böhm van Endert, Elisabeth (31.12.1876 – 27.2.1956), Sopran. Zuerst begann sie eine Karriere als Konzert- und Oratoriensopranistin, dann wechselte sie zur Bühne. Debüt 1907 an der Dresdner Hofoper, wo sie bis 1910 blieb. 1910-1913 war sie an der Hofoper Berlin, 1913-1921 am Deutschen Opernhaus Berlin-Charlottenburg, 1921-1923 an der Staatsoper Berlin engagiert. Gastspiele und Tourneen führten die Künstlerin durch ganz Europa und zweimal nach Nordamerika. (Kutsch/Riemens, Bd 2, 1033)   Bremen: 26.10.1915

Böse, Soldat   29.8.1916

Boger, Madame, französische Freundin von → Olga Meerson   Paris: 19.4.1911

Bohr, Harald (1887-1951), Mathematiker aus Kopenhagen. Er hatte in Göttingen bei Felix Klein und → David Hilbert studiert. Mitglied der Bayer. Akademie der Wiss.   München: 10.3.1914

Bokmayer, Elisabeth, österr. Cellistin   12.3.1916

Bollmann, 2 Tänzerinnen   Wannsee: 12.8.1916

Bolza's   Kongreß Cambridge: 25.8.1912

Bolza, Oscar, Pseud. F. H. Marneck (12.5.1857 – 5.7.1942), Mathematiker, Universitätsprofessor. Promotion 1886 in Göttingen bei Felix Klein, danach Aufenthalt in England: Cambridge, Edinburgh, London. Ging anschl. in die USA und lehrte seit 1894 als Professor an der University of Chicago. 1910 Rückkehr nach Deutschland und Honorarprofessur in Freiburg i. Br. bis zu seiner Emeritierung 1933. Verh. seit 1898 mit Anna Neckel. (NDB, Bd 2, 438)

Bolza, Anna, geb. Neckel (1856-1941), Tochter des Christian Neckel und der Georgine Kammerer   Kongreß Cambridge: 24.8.1912

Bomhards (s. Bd 4)   1.2.1914, 6.2.1914, 22.2.1914, 17.3.1914

Bomhard, Nikolaus (*Klaus*) Theodor v. (9.11.1876 – 5.12.1953), Oberstleutnant a.D. (s. Bd 4)

Bomhard, Mathilde (*Tilda*) Emilie Marie Olga v., geb. → Oldenbourg (2.7.1883 – 2.7.1967) (s.a. Bd 4)   5.4.1915, 5.12.1915; 2.4.1916, 21.5.1916, 3.12.1916

Bondi's, Berlin (s. Bd 4)   13.3.1911, 12.6.1911, 15.6.1911, 17.6.1911, 22.6.1911, 29.6.1911, St. Moritz: 5.9.1911, 8.9.1911, 13.9.1911, Wannsee: 20.9.1911, 30.12.1911; 14.4.1912, 15.4.1912, 23.6.1912, 28.6.1912, 4.9.1912, 20.9.1912; 16.1.1913, 17.3.1913, 28.5.1913, München: 7.12.1913, 8.12.1913; München: 15.3.1914, 13.6.1914, 16.6.1914, 22.6.1914, München: 23.7.1914, 24.9.1914, 27.9.1914, 13.12.1914, 17.12.1914; 14.3.1915, 1.11.1915, 5.11.1915; 10.2.1916, 28.4.1916, 5.8.1916, München: 25.8.1916, 27.8.1916

Bondi, Georg (16.6.1865 – 9.12.1935), Dr. phil., Verleger. Verh. seit Dez. 1910 mit der Schwester von Hedwig Pringsheim Eva Dohm, verw. → Klein (13.9.1859 – 11.6.1930) (s. Bd 3 u. 4)   16.2.1911, 24.2.1911, 27.2.1911, 16.6.1911, 18.6.1911, 24.12.1911; 19.2.1912, 14.4.1912, 16.6.1912, 28.6.1912; 6.1.1913, 17.12.1913; 28.4.1914, 17.5.1914, 16.6.1914

Bondi, *Herbert* Leopold (10.3.1891 – 24.10.1914), Referendar und Unteroffizier der Reserve. Sohn des Justizrates Felix Bondi (26.10.1860 – 18.1.1934) und der Anna Engelmann (7.5.1868 – 7.11.1935). Verstarb an Herzschwäche infolge septischen Knieschusses (Sterbeurkunde vom 26.10.1914). Bekannter von → Kleins.   19.11.1911; Todesnachricht: 27.10.1914

Bondi, Elli, Schwester von Herbert B. (s.o.)   25.10.1913, 7.12.1913; 6.2.1914; 14.5.1916

Bondi, Erich (1903-1933), Bruder

Bonn, *Ferdinand* (20.12.1861 – 25.9.1933), Schauspieler (s. Bd 1 u. 3)   28.7.1916

Bonns (s. Bd 4)   3.2.1911, 2.12.1911, 31.12.1911; 23.1.1912, 31.10.1912, 6.12.1912; 25.2.1913; 11.3.1914, 26.3.1914

Bonn, *Moritz* Julius (26.6.1873 – 25.1.1965), Volkswirtschaftler, Universitätsprofessor (s. Bd 3 u. 4)   22.1.1911; 6.12.1912

Bonn, Therese H., geb. Cubitt (s. Bd 3 u. 4)   18.11.1912; 26.1.1915, 18.5.1915 mit Cousine Fräulein Bonn   18.11.1912; 1.12.1912; 28.2.1913

Borchardt, Ernst (1886-1931 Selbstmord), Architekt, Sohn des Bankiers *Robert* Borchardt (1848 – 3.7.1908) und der Rose Bernstein (1854-1943), Bruder von → Vera Rosenberg (s. Bd 3)   Berlin: 16.3.1913

Borchers, Anna (*Annchen*) (20.7.1879 – 15.11.1927), Sopran. Schwester von → Johanna v. Bruckmann (s. Bde 2, 3 u. 4)   1.1.1913

Borels   Paris 17.4.1911; Kongreß Cambridge: 21.8.1912, 22.8.1912, 23.8.1912

Borel, Félix Édouard Justin *Émile* (7.1.1871 – 3.2.1956), Mathematiker, Universitätsprofessor (s. Bd 2 u. 4)   Kongreß Cambridge: 23.8.1912

Borel, Marguerite (Pseud. Camille Marbo), geb. Appell (11.4.1883 – 5.2.1969), Schriftstellerin. Tochter des Mathematikers Paul Appell (1855-1930) (s. Bd 4) Kongreß Cambridge: 22.8.1912

Born, Max (11.12.1882 – 5.1.1970), Mathematiker und Physiker, Nobelpreisträger für Physik 1954. Sohn des Professors der Anatomie Gustav Born (1851-1900). Promotion bei → David Hilbert 1906, Habilitation bei Hermann Minkowski 1909, anschl. Privatdozent in Göttingen, 1914/1915 ao. Prof. in Frankfurt a.

Main, dann 1915 ao. Prof. für theoretische Physik an der Universität Berlin, wo er mit Max Planck, Albert Einstein und Walther Nernst zusammenarbeitete. 1919 ord. Prof. in Frankfurt a.M., 1921-1933 Prof. in Göttingen. 1933 Zwangspensionierung und Emigration nach England, 1934 Professur in Cambridge, 1936-1953 an der Universität von Edinburgh. 1953 Rückkehr nach Deutschland. Verh. mit Hedwig Ehrenberg.   Sils Maria: 12.9.1911, 14.9.1911; München: 2.10.1913, 8.11.1913; München: 6.2.1914

Bornhöve, Herr, Freund von → Gunther v. Rohrscheidt   Berlin: 11.12.1914

Borscht, Wilhelm Georg Ritter v. (3.4.1857 – 30.7.1943), Dr., bayer. Zentrumspolitiker u. langjähriger Bürgermeister von München. 1888-1893 Zweiter Bürgermeister, 1893-1919 Erster Bürgermeister; ab 1907 trug er den Titel Oberbürgermeister. Königl. Geheimrat. Verh. mit Eugenie Prager, Schwester des Unternehmers und Kunstmäzens Ludwig Prager. Mitglied in der »Künstlergesellschaft Allotria«   21.5.1913; 1.4.1914, 4.4.1914, 7.4.1914

Bosetti, Hermine, eigtl. Hermine v. Flick (28.9.1875 – 1936), Sopran. Kgl. Hofopernsängerin. Tochter von Johann und Therese Bosetti. Verh. in 1. Ehe am 20.4.1895 mit Gustav Ritter v. Flick, gesch. 1900. Verh. in 2. Ehe am 7.6.1913 mit *Oskar* Moritz Fuchs (geb. 28.4.1881), Regisseur, gesch. am 22.5.1914. Eine Tochter aus 1. Ehe: *Gabriele* Ellen (geb. 17.5.1898) (PMB) (s. Bd 4) Kondolenz: 20.1.1911, 21.1.1911, 27.1.1911, 15.3.1911, 22.3.1911, 30.10.1911; 16.1.1912, 28.1.1912, 3.5.1912, 31.10.1912, 2.11.1912; 28.1.1913; 5.1.1914; 15.5.1915, 29.8.1915; 28.9.1916

Boucher, Victor (24.8.1877 – 21.2.1942), franz. Schauspieler und Filmschauspieler, Komiker. Spielte an verschiedenen Pariser Theatern. Ab 1927 Direktor des Théâtre de la Michodière in Paris.   Paris: 10.4.1911

Boyer, Madame, Bekannte von → Olga Meerson in Paris   Paris: 12.12.1911, 13.12.1911

Brakl. Kunstsalon Brakl. Der ehemalige Kammersänger Franz Josef Brakl (1854-1935) unterhielt seit Nov. 1905 in der Goethestr. 64 eine »Moderne Kunsthandlung«. Ab 1913 residierte »Brakls Kunsthaus« in einem eigens errichteten Galeriegebäude am Beethovenplatz 1. Brakl, der im Febr. 1910 die erste Kollektiv-Ausstellung Franz Marcs veranstaltet hatte, war mit → Thannhauser zusammen der führende Galerist für moderne Kunst in München.   22.10.1912

Braun, Friderike (gest. 1911), Witwe des Juristen u. Reichstagsabgeordneten Karl Braun (1822-1893), Mutter von → Aletta Creizenach (s. Bde 1, 2 u. 3) Todesnachricht: 8.1.1911

Braun, Heinrich (24.11.1854 – 9.2.1927), Politiker, Journalist (s. Bde 2, 3 u. 4)   10.6.1911, 16.6.1911; 18.11.1912; 6.1.1914

Braune, Elisabeth (2.12.1890 – 17.1.1947), Schriftstellerin (Pseud. Elisabeth Braunhoff) und Photographin, Schwester von Heinz Braune (s.u.); verh. in 1. Ehe am 3.8.1914 mit Alfred Saalwächter, Berufskapitän, gesch.; verh. in 2. Ehe am 14.6.1922 mit Hans Adam Oldenburg (8.6.1881 – 3.10.1969), Berufskapitän   25.1.1914, 6.2.1914, Gratulation zur Verlobung: 31.7.1914

Braune's 20.5.1914, Polterabend: 30.5.1914, 10.7.1914, 17.7.1914, 21.8.1914, 27.10.1914; 5.1.1915, 9.4.1915, 21.5.1915, 4.9.1915, 7.9.1915, 2.11.1915, 14.11.1915, 17.11.1915, 20.12.1915; 11.3.1916, 17.3.1916, 31.3.1916, 8.4.1916, 21.5.1916, 26.6.1916, 17.11.1916

Braune, Heinz (26.12.1880 – 7.1.1957), Kunsthistoriker, Museumsdirektor. Verh. am 31.5.1914 mit Mary Endres-Soltmann (s. Bd 4)   23.7.1911, 9.12.1911, 31.12.1911; 7.1.1912, 21.1.1912, 28.1.1912, 3.3.1912, 7.3.1912, 2.5.1912, 5.6.1912, 7.7.1912, 18.7.1912, 10.10.1912, 10.11.1912, 29.12.1912; 13.2.1913, 6.4.1913, 14.4.1913, 2.5.1913, 21.5.1913, 27.6.1913, 8.8.1913, 14.8.1913, 17.10.1913, »Professor«: 1.11.1913, 8.11.1913, 21.12.1913; 5.1.1914, 12.1.1914, 25.1.1914, 6.2.1914, 17.3.1914, 31.3.1914, Verlobung: 3.4.1914, 7.4.1914, 30.4.1914, 6.5.1914, 29.5.1914, 4.7.1914; 23.10.1915; 11.3.1916, 17.11.1916

Braune, Mary, geb. → Endres-Soltmann (1889-1920)   23.10.1915
   1. Wolfgang (geb. 1915), Patenkind von → Heinrich Wölfflin   21.5.1916

Brentano's (s. Bde 1-4)   4.2.1911, Sils Maria: 13.9.1911

Brentano, *Lujo* (18.12.1844 – 9.9.1931), Nationalökonom, Geheimer Hofrat, Universitätsprofessor (s. Bde 1-4)   29.7.1911; 21.8.1914, 25.8.1914, 1.9.1914, 5.9.1914

Brentano, Valeska, geb. Erbreich (13.1.1851 – 28.10.1918) (s. Bde 1-4)   Sils Maria: 17.9.1911; Sils Maria: 12.9.1913
   1. Sophie (*Sisi*, Sissi) (1874-1956) (s. Bd 2)   Sils Maria: 15.9.1911, 17.9.1911

Bridge. Londoner Teehaus   1.9.1912

Brinkmanns bzw. **Brinkmann-Bondi's** oder **B.-B's**   23.6.1912, 28.6.1912, 20.9.1912; 28.5.1913; 16.6.1914

Brinkmann, Hans (21.1.1887 – 9.3.1919), Sohn des Juristen Karl Brinkmann (1854-1901), der in den Jahren 1894-1900 Zweiter Bürgermeister in Königsberg und von 1900 bis zu seinem Tode Bürgermeister von Berlin war, und der Eva Krieger. Verh. am 16.3.1912 mit Dora Bondi; gesch. am 12.5.1916. Er heiratete am 9.6.1916 in 2. Ehe Meta Eichelbaum (geb. 1895).   Berlin 19.6.1911, 21.6.1911, 20.9.1911; 14.4.1912, 15.4.1912, 20.6.1912; 16.6.1914; Scheidungsnachricht: 17.11.1915

Brinkmann, Dorothea (*Dora*, *Dorchen*) Magdalene, geb. → Klein (18.2.1894 – 18.6.1931), Tochter von Hedwig Pringsheims Schwester Eva und dem Bildhauer Max Klein, von → Georg Bondi adoptiert.   14.4.1912, 15.4.1912, 16.6.1912; 16.1.1913, 17.3.1913; 2.1.1914, 15.3.1914, 16.6.1914, Grunewald: 27.9.1914, 28.9.1914, Grunewald: 17.12.1914; 17.11.1915; 25.8.1916

Brinkmann, Dr., Bruder   21.6.1911

Brinz, *Eduard* Martin (geb. 8.12.1860), Rechtsanwalt u. Justizrat (s. Bd 4)   Gratulation: 6.11.1913

Brinz, Eugenie (*Gene*) Marie, geb. Winckel (geb. 6.3.1868), Tochter von → Prof. Dr. med. Franz v. Winckel und der Sofie Schoepplenberg (s. Bd 4)   Gratulation: 24.4.1911
   1. Margarete (geb. 19.1.1889), verh. Hoechstetter; 2. Sofie (geb. 6.2.1890), verh. Stumpf; 3. Elisabeth Charlotte (geb. 10.6.1893)

Brockdorff-Noder, Frigga v. (27.8.1878 – 14.1.1954), Schriftstellerin u. Journalistin. Sie schrieb u.a. regelmäßig für die von Georg Hirth und Fritz v. Ostini gegr. Kunst- u. Literaturzeitschrift *Jugend*. Verh. seit 1914 mit dem prakt. Arzt und Schriftsteller Anton Noder (1864-1936). Veröff. 1913 einen Artikel über Hedwig (*Mim*) Dohm. 23.11.1911; 14.1.1912, 5.2.1912, 20.2.1912, 3.3.1912, 29.3.1912, 9.4.1912, 17.4.1912, 24.8.1912, 5.11.1912, 19.11.1912; 6.1.1913, 28.2.1913, 5.7.1913, 1.8.1913; 30.1.1914, Gratulation an Frigga Brockdorff-Noder: 22.3.1914; 4.1.1915, 6.1.1915
mit Töchterchen   14.1.1912

Brodersen, Friedrich (1.12.1873 – 19.3.1926), Bariton. Debüt 1900 am Stadttheater von Nürnberg. 1903 kam er von dort an die Hofoper von München, deren Mitglied er bis zu seinem Tode blieb. Neben seiner Bühnentätigkeit hatte er auch große Erfolge als Konzertsänger und Lied-Interpret. Dabei wurde er häufig von seiner Tochter, der Pianistin Linde Brodersen, am Flügel begleitet. (Kutsch/Riemens, Bd 1, 459)   28.1.1912; 31.8.1915; 28.1.1916

Brökelmanns, Bekannte von → Rosenbergs   Wannsee: 11.8.1916
Brökelmann, Frau   Berlin: 29.4.1916

Brouwer, *Luitzen* Egbertus Jan (27.2.1881 – 2.12.1966), niederl. Mathematiker, Universitätsprofessor. Diss. 1907, ab 1912 Ordinarius an der Universität Amsterdam. 1914-1928 Mitherausgeber der *Mathematischen Annalen* zusammen mit → David Hilbert u.a. 1951 Emeritierung. Verh. mit Lize de Holl (gest. 1959), keine Kinder.   20.8.1915

Bruckmanns (Alphons) (s. Bd 3)   6.12.1911, 25.12.1911; 4.6.1912, 3.11.1912; Partenkirchen: 30.7.1913; 17.1.1914, Partenkirchen: 30.7.1914, 31.7.1914
Bruckmann, *Alphons* Ritter von (1.9.1855 – 1945), Verleger, Bruder von → Eugenie Schaeuffelen, Hugo und Oskar Br. (s.u.) (s. Bde 1-4)   Gratulation: 20.5.1913, Partenkirchen: 30.7.1913
Bruckmann, Johanna (*Hannchen*), geb. Borchers (16.12.1869 – 15.2.1961) (s. Bde 1-4)   13.7.1911, 16.12.1911, 24.12.1911; 17.5.1912, 13.7.1912, 7.12.1912, 16.12.1912, 24.12.1912, 30.12.1912; 1.1.1913, 15.7.1913, 16.12.1913, 31.12.1913; 2.5.1914, 23.5.1914, 3.9.1914, 3.10.1914; 19.5.1915, 24.5.1915, 7.6.1915, 10.6.1915, 14.6.1915, 26.6.1915, 30.6.1915, 6.7.1915, 13.7.1915, 22.7.1915, 16.12.1915; 25.1.1916, Kondolenz: 13.4.1916, 2.5.1916, 6.5.1916, 17.5.1916, 13.7.1916, 18.7.1916, 3.10.1916, 17.10.1916, 20.10.1916, 16.12.1916

F. Bruckmann AG, Graphische Kunstanstalt, Buch- und Kunstdruckerei, Lothstr. 1   16.12.1912

Bruckmanns (Hugo) (s. Bd 3 u. 4)   13.1.1911, 21.1.1911, 3.2.1911, 10.2.1911, 27.8.1911, Sils Maria: 7.9.1911, 10.9.1911, 3.12.1911, 7.12.1911, 9.12.1911; 13.1.1912, 19.1.1912, 31.10.1912; 13.6.1913, 15.11.1913, 19.12.1913; 30.1.1914, 7.2.1914, 13.2.1914, 11.3.1914; 12.2.1915, 20.11.1915
Bruckmann, *Hugo* Franz Joseph (13.10.1863 – 3.9.1941), Verleger, Bruder von Eugenie, Alphons und Oskar Br. (s. Bde 1-4)   30.4.1914
Bruckmann, Elisabeth (*Elsa*), geb. Prinzessin Cantacuzène (23.2.1865 – 7.6.1946), Schriftstellerin (s. Bd 3 u. 4)   5.3.1913

Bruckmann, *Paula* (geb. 6.12.1892) (s. Bd 2 u. 4), Tochter des Verlegers Alphons v. Bruckmann und der Margarethe Guendel. Schwester von Wilhelm Bruckmann (s.u.)   Gratulation zur Verlobung: 20.5.1913, 23.7.1913, Hochzeit: 25.7.1913 mit → Dr. Paul Danzer

Bruckmanns (Wilhelm) (s. Bd 4)   2.6.1911

Bruckmann, Paul Friedrich *Wilhelm* (geb. 22.3.1881), Kaufmann, Verleger, Verlagsbuchhändler. Verh. am 3.7.1909 mit Anita Freiin v. Gienanth (geb. 31.10.1885) (s. Bd 1 u. 4)   15.8.1914

Brünner, Elsa gen. *Brünnerl* (31.8.1877 – März 1928), Münchner Hofschauspielerin (s. Bde 2, 3 u. 4)   24.12.1911; 4.1.1912, 22.4.1912, 28.4.1912, 24.12.1912, 30.12.1912; 9.8.1913, 24.12.1913; 28.12.1914; 10.1.1915

Bruhn, Fräulein, Bekannte von → Rosenbergs   Berlin: 18.12.1911

Buchert, Philipp, ehemaliger Bursche von Erik Pringsheim   20.12.1914, 21.12.1914, 23.12.1914; 12.1.1915

Budde, Frau Excellenz, Bekannte von → Arnholds   Berlin: 9.8.1915

Bürkel, *Ludwig* (Luigi, Luci, Luzi) Georg Karl v. (5.7.1877 – 11.6.1946), Dr. phil., Kunsthistoriker. Sohn des kgl. bayer. Min.-Dir. im Ministerium des Innern *Ludwig* v. Bürkel (1841-1903) und der *Anna* Rosipal (geb. 14.8.1847), Leutnant der L. (s. Bd 3)   10.1.1911

Bull's Hôtel. The Bull Hotel, 68 Trumpington Street, Cambridge, nahe beim St. Catharine's College. Erbaut 1828 gehörte es bis zur Beschlagnahmung 1941 durch die Amerikaner zu den führenden Hotels in Cambridge. 21.8.1912, 25.8.1912

Bulle's (s. Bd 3 u. 4)   Gratulation: 16.3.1914

Bulle, Dr. Oskar (14.8.1857 – 1917), Journalist, Schriftsteller (PMB) (s. Bde 2, 3 u. 4)

Bulle, Elise, geb. Rigutini (geb. 17.2.1859) (s. Bd 3 u. 4)

Bunge, Jorge (Yorge) (5.3.1893 – 1961), Architekt in Buenos Aires. Sohn des argentin. Architekten Ernesto Bunge (1839-1913). Er studierte in München Architektur u. Ingenieurwiss., Abschluß 1915, ging dann nach Buenos Aires zurück, wo er sich im Laufe der Zeit zu einem der bekanntesten Architekten Argentiniens entwickelte. Bekannter von → Pannwitz' u. → Urbina (s. Bd 4)   29.1.1912, 28.2.1912, 12.5.1912, 15.10.1912, 17.11.1912, 8.12.1912; 28.2.1913, 6.4.1913, 22.6.1913, 27.7.1913, 2.11.1913, 15.12.1913; 11.1.1914, 6.2.1914, 31.5.1914, 19.7.1914; 18.4.1915, 14.11.1915, 5.12.1915; 2.1.1916, 5.3.1916, 12.4.1916, 21.5.1916, 7.6.1916

»Bureau Eisenmannstraße«, Institut für Personen des Lehr- und Erziehungsfaches sowie für Dienerschaft (s. Bd 2 u. 3)   20.5.1911, 19.6.1911, 21.6.1911, 1.7.1911; 11.2.1912, 17.2.1912, 21.2.1912, 7.5.1912, 10.5.1912, 11.5.1912, 18.5.1912, 13.8.1912, 16.8.1912; 2.1.1913; 14.4.1914

Burger, Fritz (10.9.1877 – gef. vor Verdun 22.5.1916), Kunsthistoriker, Universitätsprofessor. Bis Aug. 1914 Privatdozent für Kunstgeschichte an der LMU, dann ao. Prof., seit 1912 daneben Lehrer für Kunstgeschichte an der Akademie der bildenden Künste.   26.5.1916

Burkhardt, *Heinrich* Friedrich Karl Ludwig (15.10.1861 – 2.11.1914), Mathematiker, Universitätsprofessor (s. Bde 2, 3 u. 4)   10.3.1911, 23.5.1911; Cambridge: 20.8.1912

Busoni, Ferruccio (1.4.1866 – 27.7.1924), ital. Pianist, Komponist, Dirigent u. Musikpädagoge. Bekannter von → Heinrich Grünfeld   17.3.1914

Buyssons (s. Bd 4)   3.2.1911, 24.3.1911, 8.6.1911, 30.8.1911, 9.12.1911; 28.1.1912, 13.10.1912, 22.11.1912; 28.2.1913

Buysson, Jean (geb. 1875), Tenor, k.k. Hofopernsänger (s. Bd 4)   22.3.1911

Buysson-Torres, Madame, Sopran (s. Bd 4)   28.2.1913

Café Américaine, Pariser Restaurant   12.4.1911

Café am Wald, Bad Tölz, Austr. 39. Gebaut 1908, ab 1913 im Besitz der Familie Fritz, zunächst betrieben als Café mit einigen Fremdenzimmern. 1958 Umbau zum Gasthof mit Hotelbetrieb. 1992 modernisiert zum Hotel mit Restaurant, Inh. und Betreiber Peter Fritz.   21.6.1916, 24.7.1916

Café de la Paix, Paris. Ältestes und bekanntestes Pariser Café, erbaut 1862, noch heute in Betrieb. (s. Bd 3)   11.4.1911; 9.9.1912

Café Fürstenhof, neoklass. Gebäude, Neuhauser Straße; heute Geschäftshaus   12.11.1914

Cahier, Mme Charles, eigtl. Sarah Jane Walker (6.1.1870 – 15.4.1951), Alt. Auf ihr Debüt 1904 in Nizza folgten Gastspiele in Frankreich und Deutschland. 1905 heiratete sie den schwedischen Rittergutsbesitzer Charles Cahier (gesch. 1933). 1906 wurde sie von Gustav Mahler an die Wiener Hofoper engagiert, der sie bis 1911 angehörte. In den Jahren 1909 bis 1913 trat sie bei den Münchner Opernfestspielen in Wagner-Partituren auf. In den Jahren 1914-1918 gastierte sie an der Stockholmer Oper und setzte dann bis 1927 ihre Karriere auf der Bühne wie im Konzertsaal fort. (Kutsch/Riemens, Bd 1, 526)   12.3.1916

Cajori, Florian (28.2.1859 – 15.8.1930), Mathematiker, Universitätsprofessor. 1898-1918 Prof. der Mathematik am Colorado College in Colorado Springs. Ab 1918 Prof. an der Univ. of California, Berkeley, auf einem speziell für ihn geschaffenen Lehrstuhl für Geschichte der Mathematik.   13.5.1915

Carathéodory's   1.10.1914

Carathéodory gen. *Cara*, Prof. Dr. Constantin (13.9.1873 – 2.2.1950), Mathematiker, Universitätsprofessor   Paris: 14.4.1911, 15.4.1911; 1.6.1914

Carlton. The Carlton Hotel, Londoner Luxushotel   1.9.1912

Carmi, Maria, eigtl. Noriona Gilli (3.3.1880 – 4.8.1957), ital. Schauspielerin, später auch Filmschauspielerin. Seit 1904 mit dem Dramatiker Karl Gustav

Vollmoeller verh. (1918 gesch.). 1907-1909 Besuch der Schauspielschule von Max Reinhardt. Erster Auftritt 1911. Spielte dann an den verschiedensten Bühnen.   Berlin: 22.4.1916

Case, Anna od. Anne, geb. Kalisch, gesch. → Lindau (1854-1940), Journalistin, Schriftstellerin (s. Bd 3 u. 4)   10.4.1911, 14.4.1911, 23.4.1911, 21.8.1911, 23.8.1911, 24.10.1911, 26.10.1911, 31.10.1911; 27.1.1912; 6.1.1913, 9.1.1913; 26.6.1914, 1.7.1914, 6.7.1914, 15.7.1914, 22.7.1914; 2.1.1915, 7.6.1915, 10.6.1915, 23.6.1915, 5.8.1915

Caspari, Georg Eugen (20.6.1878 – 6.6.1930), Kunsthändler, Inhaber der Galerie Caspari in München   5.12.1915

Caspari. Die »Galerie Caspari« hatte ihre Ausstellungsräume im Palais Eichthal an der Brienner Straße 52 gegenüber dem Café Luitpold. Angeboten wurden »Moderne und alte Gemälde, Antiquitäten und Graphik«. Eröffnung: 22.6.1913; 23.3.1916, 29.6.1916

Caspari-Geiger   24.1.1911

Cassirer, Eva, geb. Solmitz (1885-1974), verh. seit 1909 mit *Kurt* Hans Cassirer (1883-1975), einem Cousin von Paul Cassirer. Eva Solmitz erhielt eine Ausbildung zur Sozialarbeiterin bei Alice Salomon, war dann Mitarbeiterin in der Odenwaldschule ihres Schwagers Paul Geheeb. Ihre langjährige Freundschaft mit Rainer Maria Rilke ist in einem umfangreichen Briefwechsel dokumentiert.   16.7.1914

Castillo, Alberto, argentin. Musiker (nicht an der Königl. Akademie der Tonkunst inskribiert), Hedwig Pringsheims Lehrer für Spanisch, als Nachfolger von → Mauro Urbina   8.7.1912, 11.10.1912, 12.10.1912, 16.10.1912, 23.10.1912, 26.10.1912, 30.10.1912, 2.11.1912, 6.11.1912, 9.11.1912, 11.11.1912, 13.11.1912, 16.11.1912, 17.11.1912, 20.11.1912, 23.11.1912, 27.11.1912, 30.11.1912, 4.12.1912, 7.12.1912, 11.12.1912, 14.12.1912, 18.12.1912, 21.12.1912, 24.12.1912, 26.12.1912, 28.12.1912; 12.1.1913, 25.1.1913, 29.1.1913, 5.2.1913, 8.2.1913, 10.2.1913, 12.2.1913, 13.2.1913, 14.2.1913, 15.2.1913, 19.2.1913, 21.2.1913, 26.2.1913, 1.3.1913, 22.3.1913, 25.3.1913, 26.3.1913, 29.3.1913, 2.4.1913, 5.4.1913, 12.4.1913, 16.4.1913, 19.4.1913, 23.4.1913, 26.4.1913, 30.4.1913, 3.5.1913, 7.5.1913, 9.5.1913, 18.5.1913, 21.5.1913, 24.5.1913, 18.6.1913, 21.6.1913, 25.6.1913, 28.6.1913, 2.7.1913, 5.7.1913, 9.7.1913, 16.7.1913, 17.7.1913, 19.7.1913, 23.7.1913, 26.7.1913, 2.8.1913, 6.8.1913, 10.8.1913, 13.8.1913, 4.10.1913, 8.10.1913, 11.10.1913, 15.10.1913, 18.10.1913, 22.10.1913, 25.10.1913, 29.10.1913, 1.11.1913, 5.11.1913, 8.11.1913, 29.11.1913, 6.12.1913, 10.12.1913, 13.12.1913, 17.12.1913, 20.12.1913, 24.12.1913, 30.12.1913; 7.1.1914, 10.1.1914, 14.1.1914, 22.1.1914, 26.1.1914, 28.1.1914, 31.1.1914, 4.2.1914, 6.2.1914, 7.2.1914, 11.2.1914, 14.2.1914, 6.3.1914, 9.3.1914, 12.3.1914, 14.3.1914, 18.3.1914, 21.3.1914, 25.3.1914, 28.3.1914, 1.4.1914, 4.4.1914, 8.4.1914, 10.4.1914, 15.4.1914, 18.4.1914, 25.4.1914, 29.4.1914, 2.5.1914, 9.5.1914, 13.5.1914, 16.5.1914, 20.5.1914, 23.5.1914, 27.5.1914, 30.5.1914, 3.6.1914, 6.6.1914, 1.7.1914, 29.10.1914, 31.10.1914, 4.11.1914, 8.11.1914, 11.11.1914, 14.11.1914, 17.11.1914, 19.11.1914, 21.11.1914, 25.11.1914, 28.11.1914, 2.12.1914, 5.12.1914,

26.12.1914, 28.12.1914, 30.12.1914; 6.1.1915, 9.1.1915, 13.1.1915, 14.1.1915, 16.1.1915, 22.1.1915, 27.1.1915, 20.2.1915

Cathrin, Hausmädchen bei Pringsheims Eintritt: 15.3.1911, Kündigung: 19.6.1911

Cavalsassi, Herr Kondolenz: 13.2.1915

Ceconi, Dr. Ermanno (1870-1927), Zahnarzt. Zeitweilig Ehemann von Ricarda Huch (s. Bd 3 u. 4) 18.11.1911, 3.12.1911; 5.2.1913, 4.3.1913, 24.4.1913, 16.10.1913; 8.6.1914, 11.7.1914; 2.1.1915, 30.3.1915, 23.6.1915

Cenzi, seit Juni 1907 Köchin bei Pringsheims (s. Bd 4) 1.1.1911; 9.1.1912, Kündigung: 15.1.1912, 28.1.1912, 28.2.1912, 29.2.1912, Austritt: 1.3.1912

Cerini's, Bekannte von → Gabrilowitschs 2.6.1914
Cerini, Baronin. Bekannte von → Friederike von Belli de Pino 2.11.1913

Chamberlain, Eva, geb. Wagner (1867-1942), Tochter von Richard Wagner und → Cosima. Verh. mit dem Schriftsteller u. Kulturphilosophen Houston Stuart Chamberlain (1855-1927), Mitglied im »Verein für Fraueninteressen« 1913f. 14.4.1914

Chenal, Mademoiselle, franz. Schauspielerin Paris: 5.9.1912

Christensen, Lillebill, Schauspielerin am Dt. Theater, Berlin 25.4.1916

Christensen, William E., Doctor of Dent. Surgery, in Amerika approb. Zahnarzt, Maximiliansplatz 12 (s. Bd 2 u. 3) 15.8.1912

Chuchu, ursprüngl. Hund von Klaus Pringsheim, der ihn am 13.7.1914 seiner Mutter zum Geburtstag schenkte. Weihnachten 1914 gestorben.

Cile → Cile **Seler**

Cilla → Cilla **Oldenbourg** bzw. **Cornides**

Clewing, Carl (22.4.1884 – 16.5.1954), Schauspieler, Tenor. Er wurde zunächst Schauspieler und wirkte als solcher an den Stadttheatern von Bromberg und Straßburg sowie am Berliner Theater, 1911-1920 am Kgl. Schauspielhaus Berlin. Seit 1917 studierte er Gesang bei Francisco d'Andrade, Wilhelm Grüning, Ernst Grenzebach und Wilhelm Flam in Berlin. Er wurde als Sänger durch seine Konzertabende bekannt, bei denen er von ihm selbst begleitete Lieder zur Laute vortrug. Nachdem er bereits seit 1920 als Opernsänger gastiert hatte, nahm er 1922 ein Engagement als Heldentenor an der Berliner Staatsoper an. 1924-1925 sang er bei den Festspielen von Bayreuth den Walther von Stolzing in den »Meistersingern« und den Parsifal … Bereits 1926 gab er seine Bühnenkarriere auf und wurde Dozent für Musikwissenschaft in Berlin. Seit 1929 war er Professor an der Wiener Musikakademie. 1932-1945 amtierte er als künstlerischer Produktionsleiter der Schallplattenfirma Telefunken. (Kutsch/Riemens, Bd 1, 658) 18.2.1914

Cohen, Hermann (4.7.1842 – 4.4.1918), Philosoph, Universitätsprofessor. Neben Paul Natorp der Hauptvertreter der Marburger Neu-Kantianer-Schule. Nach seiner Emeritierung 1912 zog Cohen nach Berlin, um dort an der Hochschule

Ca – Co

für die Wissenschaft des Judentums zu unterrichten. Verh. seit 1878 mit Martha Lewandowski (gest. 1942), Tochter des Komponisten Louis Lewandowski. (NDB, Bd 3, 310-313)   3.8.1915, 6.8.1915, 8.8.1915, 10.8.1915, 16.8.1915

Cohens   14.12.1913; 6.10.1915
Cohen, Dr. *Rudolf* Eduard (16.3.1864 – 1953), Physiker und Unternehmer. Verh. in 1. Ehe am 8.6.1897 mit *Aggie* Helene Booth. 2 Kinder (s. Bde 1-4)   22.12.1912; 23.1.1913, 8.7.1913; 26.10.1914; 17.2.1915, 29.3.1915, 31.5.1915, 7.10.1915; 8.4.1916, 10.5.1916, 21.11.1916, 10.12.1916
Cohen, *Aggie* Helene, geb. Booth (30.10.1871 – 13.9.1917) (s. Bd 4)   5.1.1915, 29.3.1915

1. *Gotthard* (1899-1975), Dr. med. Er studierte Medizin in Heidelberg und wurde schließlich Facharzt für Psychiatrie in Hamburg. Verh. mit Edith Brunschweiler. 3 Töchter: Beatrice, Dorothea, Frances. Weil ihm in Hamburg 1933 die Kassenzulassung entzogen worden war, wanderte er mit seiner Familie in die USA aus, wo er als Psychiater sehr erfolgreich war. In den USA nahm er den Mädchennamen (Booth) seiner Mutter an.   5.1.1915, 29.3.1915

2. *Herta* (11.1.1904 – 30.3.1992), kam 1917, nach dem Tod der Mutter, nach Hamburg zur Familie des Senatspräsidenten Otto Cohen (1870-1929), einem Bruder von Rudolf Cohen. Er war mit Else Wolffson (1874-1942) verheiratet. 1 Sohn: Gerhard   5.1.1915

Nichte Cohen   Berlin: 8.6.1913

Cohnheim, Eva, geb. Barth (1882-1973), Tochter des Publizisten Theodor Barth und von Henriette Dreyer. Seit 1906 verh. mit dem Prof. der Physiologie Otto Cohnheim, etwa ab 1916 Otto Kestner (30.5.1873 – 21.2.1953). (NDB, Bd 11, 555f.)   Sils Maria: 15.9.1911, 17.9.1911

Continental. Grand Hotel Continental, Max-Joseph-Str. 5, ehem. Münchner Luxushotel. (s. Bd 4)   3.6.1911; 20.7.1913; 12.2.1915, 13.4.1915, 24.4.1915, 20.11.1915, 21.11.1915; 26.9.1916, 27.9.1916, 3.12.1916, 5.12.1916

Continental. Hôtel Continental, Paris, 3 rue de Castiglione. Eines der luxuriösesten Hotels von Paris, 1878 erbaut, wird heute unter dem Namen »The Westin Paris – Vendôme« geführt.   Paris: 13.4.1911

Cornelius, Hans (1863-1947), Philosoph, Jugendfreund → Heinrich Wölfflins; war seit 1903 Prof. in München, ab 1910 in Frankfurt a.M. Bekannter von → v. d. Leyens   13.6.1913

Cornides' (s. Bd 4)   26.11.1911, 2.12.1911; 17.11.1912, 6.12.1912, 11.12.1912; 5.12.1913
Cornides, Wilhelm v., Edler von Krempach (10.1.1886 – 1964), Dipl.-Ingenieur, Verlagsleiter des Oldenbourg Verlages (s. Bd 4)   6.2.1914
Cornides, Cäcilia (*Cilla*) v., geb. Oldenbourg (1886-1965), jüngste Tochter von → Rudolf v. Oldenbourg u. Hedwig Pacher v. Theinburg   6.2.1914; 5.4.1915, 2.5.1915, 21.11.1915; 2.4.1916, 21.5.1916, 3.12.1916

Coßmann, Dr. *Paul* Nikolaus (6.4.1869 – 19.10.1942), Schriftsteller und Redakteur, seit 1903 Herausgeber der *Süddeutschen Monatshefte* (Gedenkbuch I, 244f.) (s. Bd 4)   15.1.1914, 1.12.1914; 27.1.1915

Cousine Asta → Asta **Adolph**

Crailsheim, Exz. Friedrich August Ernst Gustav Christoph Krafft Graf v. (15.3.1841 – 13.2.1926), Bankier (s. Bde 2, 3 u. 4) (NDB, Bd 3, 387f.)   30.7.1914

Cranach, *Hans* Lukas v. (1855-1929), Bruder von Lukas (s.u.), 1894-1929 Burghauptmann der Wartburg   21.12.1911; Berlin: 3.3.1914; 10.2.1916

Cranach, Wilhelm *Lukas* v. (27.9.1861 – 31.3.1918), Maler, Radierer, Architekt u. Kunstgewerbler; Berlin, gehört zeitweilig zu → Hermann Rosenbergs »Donnerstagsherren« (s. Bde 2, 3 u. 4)   16.2.1911, 23.2.1911, 2.3.1911, 5.10.1911, 21.12.1911; 8.2.1912, 15.2.1912, 11.4.1912, 18.4.1912, 22.9.1912; 9.1.1913, 16.1.1913, 6.3.1913, 13.3.1913, 20.3.1913, 1.6.1913, 6.6.1913, 17.8.1913, 20.11.1913, 27.11.1913; 19.2.1914, 26.2.1914, 10.12.1914, 17.12.1914; 28.10.1915, 4.11.1915, 11.11.1915; 3.2.1916, 10.2.1916, 20.4.1916, 27.4.1916

Creizenachs (s. Bde 1-4)   München: 17.9.1915

Creizenach, *Wilhelm* Michael Anton (4.6.1851 – 13.5.1919), Literarhistoriker, Universitätsprofessor (s. Bde 1-4)   München: 16.9.1915

Creizenach, Aletta, geb. Braun (13.12.1854 – 5.1.1930) (s. Bde 1-4)   8.1.1911, 13.7.1911, 11.12.1911; 14.7.1912, 9.12.1912; 12.7.1913, 30.8.1913, 11.12.1913; 12.7.1914, 11.12.1914; München: 16.9.1915, 11.12.1915; 13.7.1916, 10.12.1916

Crodu → Alfred **Schaeuffelen**

Crome, Herr   11.1.1914, 6.2.1914

Crusius' (s. Bd 3 u. 4)   9.12.1911; 25.1.1913, 7.2.1913, 13.2.1913, 25.12.1913

Crusius, Otto (20.12.1857 – 29.12.1918), Altphilologe, Universitätsprofessor. Geh. Hofrat. Verh. am 5.10.1885 mit Franziska v. Bihl. 1914: Ehrenkreuz des Verdienstordens vom Hl. Michael. 1915: Mitglied u. Vorstand d. Kapitels d. K. Maximiliansordens f. Wissenschaft u. Kunst. (PMB) (s. Bd 3 u. 4)   28.2.1913, 13.6.1913, 16.12.1913, 17.12.1913, 19.12.1913; 5.1.1914, 6.2.1914; Gratulation: 31.3.1915, 29.4.1915, 25.11.1915; 23.3.1916

Crusius, Franziska, geb. v. Bihl (9.12.1858 – 15.3.1939) (s. Bd 4)   Kondolenz: 5.1.1911
  1. *Elisabeth* Sofie Auguste Helene (3.11.1886 – 1970)
  2. *Otto* Leopold Eduard Franz (1.4.1892 – 19.12.1968), Musiker, Mathematiker. Studienrat. Er studierte von WS 1910/11 bis WS 1913/14 Mathematik und Physik an der LMU   8.6.1911
  3. *Friedrich* Alfred Ernst Alexis (15.8.1897 – 8.3.1941), Altphilologe, Studienrat

Czermak, Herr   Paris: 22.4.1911
Czermak, Theresie, geb. Vogl   14.11.1915

Dagny → Dagny **Langen** bzw. → **Sautreau**

Dahmen, Charlotte (Carlota) (geb. 1889), Mezzosopran/Sopran. Sie begann ihre Karriere 1913 in München, wo sie bis 1916 blieb. Dann wechselte sie an die

Co – De 721

Hofoper nach Wien, an der sie bis 1921 auftrat. Anschließend war sie nur noch gastierend tätig. (Kutsch/Riemens, Bd 1, 757 u. Bd 6, 283)   25.5.1914; 12.3.1916

Dallmayr. Alois Dallmayr KG, Delikatessengeschäft, Dienerstr. 14-15   21.10.1915

Danzer, Paula, geb. → Bruckmann (geb. 6.12.1892); am 25.7.1913 verh. mit Dr. Paul Danzer   5.8.1913

Darwin, Sir George Howard (9.7.1845 – 7.12.1912), Astronom und Mathematiker. Seit 1883 Plumian Professor of Astronomy and Experimental Philosophy an der Universität Cambridge. Verh. mit Martha du Puy. 4 Kinder   Kongreß Cambridge: 21.8.1912, 27.8.1912, Todesnachricht: 13.12.1912

Darwin, Lady Martha, geb. du Puy aus Philadelphia, USA   Kongreß Cambridge: 21.8.1912, 22.8.1912, 5.9.1912, Kondolenz: 13.12.1912

1. Gwendoline Mary (1885-1957)
2. Charles Galton (1887-1962), Physiker   29.9.1913
3. Margaret Elizabeth (1890-1974), verh. mit Sir Geoffrey Keynes (1887-1982)
4. William Robert (geb. 1894)

Dauthendey's   11.11.1911

Dauthendey, Maximilien (*Max*) Albert (25.7.1867 – 29.8.1918), Lyriker und Erzähler. Sohn des Daguerreotypisten und Photographen Carl Albert Dauthendey und der Charlotte Karoline Friedrich. 1891 verließ er seine Familie und ging nach Berlin. Es folgte ein unstetes Wanderleben als freier Schriftsteller quer durch Europa. 1893 machte er die Bekanntschaft von Stefan George und Richard Dehmel, den literarischen Vorbildern seiner Lyrik. Vielfältige themat. Anregungen fand er auf einer Reise, die ihn 1905/06 nach Asien und in den Südpazifik führte. Auf seiner zweiten Weltreise wurde D. in Südostasien vom Ausbruch des Ersten Weltkriegs überrascht. Er starb interniert auf Java. (Killy, Bd 2, 525) Verh. am 6.5.1896 mit Anni Johanson. (DBE)

Davidsohns   16.1.1915, 17.1.1915, 7.2.1915, 6.6.1915, 19.12.1915; 27.2.1916, 1.3.1916, 20.3.1916, 7.5.1916, 23.5.1916, 19.11.1916

Davidsohn, Robert (26.4.1853 – 17.9.1937), Journalist, Historiker, Mitinhaber des *Berliner Börsen-Courier*. Nach Abschied von der Zeitung Studium der Geschichte in Heidelberg, 1888 Promotion. 1889 Übersiedlung nach Florenz, wo er bis zu seinem Lebensende als Privatgelehrter tätig war. Verh. mit Philippine Collot. (NDB, Bd 3, 538) Bekannter von Ludwig Bamberger   13.12.1914; 7.2.1915, 18.2.1915, 19.2.1915

Degler, Josef (25.11.1890 – 5.8.1957), Bariton. Debüt 1911 am Stadttheater von Heidelberg, 1913-1914 am Stadttheater von Mainz, 1914-1915 Kriegsdienst. 1915-1919 war er am Stadttheater von Bremen engagiert, 1919 folgte er einem Ruf an das Stadttheater Hamburg, wo er bis zum Ende seiner Karriere 1944 blieb. Er zeichnete sich im Lauf seiner Karriere auch als vielseitiger Konzertsänger aus und betätigte sich im pädagogischen Bereich. (Kutsch/Riemens, Bd 2, 815)   Bremen: 26.10.1915; Bremen: 15.4.1916, 16.4.1916, 17.4.1916, 18.4.1916, München: 20.6.1916, 1.7.1916, München: 22.8.1916, München: 10.11.1916, 11.11.1916, 28.11.1916

Deinhard, Klara, Ehefrau des Weingutsbesitzers u. Politikers Dr. Andreas Deinhard (30.11.1845 – 28.5.1907) (s. Bd 1 u. 4)   27.8.1911

Delbrück, Gottlieb *Adelbert* (16.1.1822 – 26.5.1890), Bankier, Mitgründer der »Deutschen Bank«, mit Ludwig Bamberger befreundet. Verh. seit 1853 mit Luise Jonas. 2 Söhne, 3 Töchter. (NDB, Bd 3, 576f.)

Delbrück, Luise, geb. Jonas (1831-1922), Tochter des Theologen Ludwig Jonas (gest. 1859) in Berlin.   28.11.1914

Delprat, Mr.   23.10.1914; 1.5.1915

Delprat, Mrs.   28.12.1914, 29.12.1914

Delprat, Miss Dr. aus Amsterdam, Freundin von Peter Pringsheim   5.11.1914, 6.11.1914, 14.11.1914, 15.11.1914, 20.11.1914, 27.11.1914, 5.12.1914, 9.12.1914, 10.12.1914, 19.12.1914, 29.12.1914; 15.1.1915, 26.1.1915, 20.3.1915, 21.3.1915, 16.4.1915, 19.4.1915, 13.5.1915, 15.5.1915, 25.6.1915, 22.7.1915, 3.8.1915, 22.9.1915, 23.9.1915

Dengler, Kochfrau, als Aushilfe bei Pringsheims beschäftigt (s.a. Bd 4)   18.4.1913, Abschied: 27.4.1913

Derleth, *Ludwig* Benjamin (3.11.1870 – 13.1.1948), Schriftsteller (s. Bde 2, 3 u. 4)   6.2.1913

Dernburgs (Bernhard), Berlin (s. Bd 3 u. 4)   22.6.1911

Dernburg, *Bernhard* Jakob Ludwig (17.7.1865 – 14.10.1937), Bankier, Kolonialpolitiker, Staatssekretär (s. Bd 3 u. 4)   1.3.1911, 26.6.1911; 7.2.1912; 26.2.1915

Dernburg, Emma, geb. Seliger (1860-1941) (s. Bd 4)   7.2.1912
   1. Friederike, verh. mit Walther Wieland (1888-1969), General-Direktor im Stinnes- und Stumm-Konzern   7.2.1912
   2. Dorothea, verh. in 1. Ehe mit Dr. phil. Heinrich Hofer; in 2. Ehe mit August Vetter, Prof. der Psychologie in München
   3. Fritz (früh verstorben, vor 1910?); 4. Elisabeth (1895-1910); 5. Emma (früh verstorben, nach 1910?); 6. Hans (1901-1960), Volkswirt. 7. Bernhard (früh verstorben, nach 1910?). In der Todesanzeige für Elisabeth werden fünf Geschwister erwähnt.

Dernburgs (Friedrich), Berlin (s. Bd 2 u. 3)   22.6.1911

Dernburg, Friedrich (3.10.1833 – 3.11.1911), Jurist, Politiker, Journalist (s. Bde 2, 3 u. 4)   Todesnachricht: 4.12.1911

Dernburg, Louise (*Lu*), geb. Stahl (geb. 1842) (s. Bde 2, 3 u. 4)   10.1.1913; 5.11.1915

Dernburgs (Hermann), Berlin (s. Bd 3 u. 4)   19.2.1911, 24.9.1911, 28.9.1911, 29.9.1911, 4.10.1911, 6.10.1911; 4.2.1912, 29.9.1912; 3.1.1913, 14.1.1913, 8.3.1913, 9.3.1913, 18.3.1913, 20.3.1913, Wannsee: 27.5.1913, 28.5.1913, Scheidung August/Sept. 1913

Dernburg, *Hermann* (16.10.1868 – 15.9.1935), Architekt (s. Bd 3 u. 4)   25.2.1911, 20.5.1911, 25.5.1911, 3.7.1911, 6.7.1911, 9.7.1911, 12.7.1911, 16.7.1911, München: 30.8.1911, 31.8.1911, 1.9.1911, Wannsee: 20.9.1911, 21.9.1911, 1.10.1911, 18.11.1911, 21.11.1911, Kondolenz: 4.12.1911, 17.12.1911; 7.2.1912, 11.2.1912, 15.2.1912, 14.4.1912, 14.9.1912, 20.9.1912, 22.9.1912, 27.9.1912; 8.6.1913, 11.6.1913

De – Di

Dernburg, *Ilse* Hedwig, geb. → Rosenberg (13.5.1880 – 8.1.1965), Schauspielerin, Innenarchitektin; Nichte von Hedwig Pringsheim. Wohnt 1915 bis Sept. 1931 Berlin W 10, Matthäikirchstraße 4. 1915 im Adreßbuch als Innenarchitektin eingetragen. Sie gestaltete u.a. mehrere Innenräume des Schnelldampfers »Imperator«. (s. Bde 1-4) 1.1.1911, 16.2.1911, 21.2.1911, 23.2.1911, 25.2.1911, 26.2.1911, 28.2.1911, 2.3.1911, 3.3.1911, 10.5.1911, 23.5.1911, 31.5.1911, Besuch in München: 1.6.-3.6.1911, 13.6.1911, 15.6.1911, 16.6.1911, 22.9.1911, 23.9.1911, 24.9.1911, 17.12.1911, 18.12.1911, 19.12.1911, 21.12.1911, 22.12.1911; 1.1.1912, 2.2.1912, 3.2.1912, 7.2.1912, 12.2.1912, 13.2.1912, 18.2.1912, 9.4.1912, 14.4.1912, 11.5.1912, 15.6.1912, 13.7.1912, 13.9.1912, 28.9.1912, 30.9.1912; 2.1.1913, 7.1.1913, 10.1.1913, 12.1.1913, 31.1.1913, Besuch in München: 1.2.-9.2.1913, 14.2.1913, 15.2.1913, 2.3.1913, 6.3.1913, 12.3.1913, 13.3.1913, 14.3.1913, 15.3.1913, 16.3.1913, 18.3.1913, 20.3.1913, 8.5.1913, 24.5.1913, 4.6.1913, 5.6.1913, 7.6.1913, 8.6.1913, 11.6.1913, 13.7.1913, Scheidungsnachricht: 6.8.1913, 16.8.1913, 21.8.1913, 22.8.1913, 25.8.1913, 26.8.1913, 17.11.1913, 18.11.1913, 19.11.1913, 20.11.1913, 22.11.1913, 26.11.1913, 28.11.1913, 29.11.1913; 21.2.1914, 26.2.1914, 3.3.1914, 11.5.1914, 15.5.1914, 29.5.1914, München: 1.6.1914, 2.6.1914, Wannsee: 13.6.1914, 14.6.1914, 23.6.1914, 20.9.1914, 8.12.1914, 13.12.1914, 18.12.1914; 1.1.1915, 9.1.1915, 4.3.1915, 14.3.1915, 12.5.1915, 13.7.1915, 28.7.1915, 29.7.1915, 6.8.1915, 7.8.1915, 8.8.1915, 4.11.1915, 12.11.1915, 31.12.1915; 30.1.1916, 2.2.1916, 3.2.1916, 11.2.1916, 13.2.1916, 14.2.1916, 18.4.1916, 22.4.1916, 23.4.1916, 27.4.1916, 30.4.1916, 2.5.1916, 11.5.1916, 15.6.1916, 16.6.1916, 29.6.1916, 13.7.1916, 14.9.1916, 20.9.1916, 21.9.1916, München: 26.9.1916, 27.9.1916, 28.9.1916, 30.9.1916, 1.10.1916, 4.10.1916, 6.10.1916, 8.10.1916, 10.10.1916, 11.10.1916, 12.10.1916, 13.10.1916, 14.10.1916, 21.10.1916, 22.10.1916, 23.10.1916, 24.10.1916, 31.12.1916

Destournelles, Baron 7.10.1913

Deußen, Fräulein (s.a. Bd 4) 13.10.1912, 27.10.1912, 17.11.1912, 20.12.1912; 11.2.1913, 19.2.1913

Deutschs, Berlin (s. Bd 3 u. 4) 6.2.1912, 9.2.1912, 16.2.1912; 8.1.1913

Deutsch, *Felix* (16.5.1858 – 19.5.1928), Industrieller (s. Bd 3 u. 4) München: 19.5.1912

Deutsch, Franziska Elisabeth (*Lili*), geb. Kahn (1869-1940) (s. Bd 3 u. 4) 20.2.1911, 27.2.1911; 13.2.1912, München: 19.5.1912; 16.1.1913, 8.3.1913
3. Gertrud, verh. mit Gustav Brecher, Generalmusikdirektor in Leipzig (s. Bd 3 u. 4) München: 19.5.1912

Deutscher Kaiser. Münchner Hotel an der Dachauer Straße 1. Existiert nicht mehr. 4.8.1913

Deutsches Haus, einst das führende Hotel in Sigmaringen, 2009 abgerissen 9.5.1913

Dicken, Frau aus Grunewald, Bekannte von → Pannwitz' Wildbad: 31.8.1916

Diedrich, ehemal. Hausmeister von Rudolf Pringsheims in Wannsee 9.4.1914, 16.4.1914, 23.7.1914, 26.7.1914

Dieterich, Maria, geb. Usener, Witwe des Religionswissenschaftlers Prof. Albrecht Dieterich (1866-1908) (s. Bd 3 u. 4)   13.7.1911, 18.7.1911, 20.8.1911, 30.8.1911; 2.1.1912; 31.12.1914

Dingler, *Hugo* Albert Emil Hermann (7.7.1881 – 29.6.1954), Mathematiker, Philosoph. Er studierte Philosophie, Mathematik und Physik in Erlangen, Göttingen und an der TH München und war dort nach seiner Promotion bei → Aurel Voß 1907-1912 Assistent. Nach seiner Habilitation 1912 lehrte er als Privatdozent Mathem. Methodik und Geschichte der Mathematik an der Universität München, ab 1914 Militärdienst, 1919 Schuldienst, 1920 ao. Prof. an der Universität München und 1932-1934 o. Prof. an der TH Darmstadt, 1934 vorzeitige Pensionierung u. Rückkehr nach München, 1938-1945 Lehrauftrag für Geschichte der Naturwissenschaften und Naturphilosophie an der Universität München. Seit 1915 verh. in 1. Ehe mit Maria Stach v. Goltzheim. 1 Tochter. (NBD, Bd 3, 729f.)   7.11.1911; 1.12.1912; 28.2.1913; 6.2.1914; 2.4.1915, 16.5.1915

Dingler, *Maria*, geb. → Stach v. Goltzheim (1876-1948), gesch. → Theodor Lessing (1909), gesch. Naef (s. Bd 3 u. 4)   2.9.1915, 6.9.1915, 18.10.1915, 18.12.1915, 20.12.1915, 30.12.1915; 28.2.1916, 19.3.1916, 25.5.1916, 26.6.1916

Döderlein, *Albert* Siegmund (5.7.1860 – 10.12.1941), Dr. med., Geheimrat. Sohn des Kgl. Regimentsarztes Dr. Gustav Döderlein und der Natalie Casella. Prof. für Geburtshilfe und Gynäkologie an der Universität München, Direktor der Kgl. Universitäts-Frauenklinik und der Kgl. Hebammenschule München. Studium in Erlangen und München, Promotion 1883. 1897 ao. Dozentur an der Reichsuniversität Groningen, 1897-1907 Prof. in Tübingen, ab 1.10.1907 als Nachfolger von Geheimrat v. Winckel in München tätig. (Zils, 73-75) 24.10.1911

Döplers, Bekannte von → Kleins u. → Rosenbergs, Berlin (s. Bd 3)   17.6.1911

Döpler, Emil (29.10.1855 – 21.12.1922), Maler, Zeichner u. Kunstgewerbler. Verh. mit Elli Hirsch; Pate von → Ilse Rosenberg (s. Bd 1)

Dörnhöffer, Friedrich (23.1.1865 – 12.1.1934), Kunsthistoriker. Studien der Germanistik, Geschichte und Kunstgeschichte in München, Straßburg und Wien. 1896 Leiter der Kupferstichsammlung der Wiener Hofbibliothek, 1909 Leiter der neugegründeten österr. Staatsgalerie, 1914-1933 Direktor, später Generaldirektor der Bayer. Staatsgemäldesammlung in München. Ihm ist die Neustrukturierung der Münchner Museen (Alte Pinakothek, Neue Pinakothek, Neue Staatsgalerie) in den Jahren 1916-1919 zu verdanken. Daneben entfaltete er eine intensive Ausstellungstätigkeit (Isenheimer Altar 1919, Feuerbach-Ausstellung 1930 u.a.)   4.7.1914; 22.10.1915

Dörpfeld, Agnes   9.11.1911

Doetinchem, Frl. v., Bekannte von → Asta Friedberg   5.12.1913

Dohm, Wilhelm *Ernst*, vormals Elias Levy (24.5.1819 – 5.2.1883), Publizist, Schriftsteller, Chefredakteur des *Kladderadatsch*. Vater von Hedwig Pringsheim (s. Bde 1-4)   5.2.1912, 13.7.1912; 6.5.1913, 19.11.1913; 5.2.1916

Dora → Dora **Gedon** bzw. → **Rauch**

Dorn, Herr, Bekannter von Hedwig (*Mim*) Dohm   Berlin: 21.11.1913

Dorsch, Gastwirt in München   25.4.1915, 30.4.1915

Dorsch, Sohn, Mitgefangener mit Peter Pringsheim im Prisoner of War Depot (Australien)   25.4.1915, 30.4.1915

Drechsel, Gräfin, Bekannte von → Maffeis   21.1.1911

Dreher, Herr, Berlin, guter Bekannter von → Hedda Gagliardi   Todesnachricht: 2.6.1913

Dreher, Konrad (30.10.1859 – 4.12.1944), Volksschauspieler, Dialektdichter, Komiker (s. Bde 1-4)   25.3.1914, 29.9.1914

Dreher, Frau   28.6.1915

Dreier, Hans   11.5.1912

Dreifus, Charlotte Freifrau v., geb. Stein (19.11.1839 – 12.7.1915), Witwe des Freiherrn *Theodor* v. Dreifus (1839-1899), k.u.k. österr. Konsul in Stuttgart, kgl. sächs. und Großherzogl. sächs. Konsul a.D. (s. Bde 1-4)   Todesnachricht: 14.7.1915
  2. *Carla* (geb. 2.10.1866), verh. am 12.7.1899 mit Carlo Barone Novellis di Coarazze (s. Bd 1 u. 2)   1.8.1914

Drewes, Frau, Mitpatientin von Katja Mann im »Waldsanatorium Jessen« in Davos   1.8.1912

A. S. Drey, Antiquitätenhandlung, kgl. bayr. Hoflieferant, Maximilianstr. 39; Inh. Siegfried Drey u. Adolf Stern (s. Bd 3 u. 4)   3.6.1911; 4.5.1912; 13.4.1915

Dreyer, Frida   10.8.1916

Dreyer, Herta, Hausmädchen bei Pringsheims   28.12.1915, 29.12.1915; 8.2.1916, 11.2.1916, gekündigt: 1.6.1916, Austritt: 1.7.1916

Droucker, Sandra (7.5.1875 – 1.4.1944), russ. Pianistin und Musikpädagogin. 1910-1918 war sie mit dem österr. Pianisten → Gottfried Galston verheiratet. (s. Bd 4)   17.10.1911, 23.10.1911; 2.11.1912, 15.12.1912; 7.2.1913; 12.1.1914; 21.11.1915; 21.2.1916

Drygalski's (s. Bd 4)   19.1.1911, 3.2.1911, 4.2.1911; 16.1.1912; 28.1.1913

Drygalski, *Erich* Dagobert v. (9.2.1865 – 10.1.1949), Geophysiker, Geograph, Polar- und Meeresforscher, Universitätsprofessor (s. Bd 4)   15.12.1913, 17.12.1913; 4.1.1916

Drygalski, Clara, geb. Wallach (1883-1958) (s. Bd 4)   4.1.1916

Dubois, Dr., → Olga Meersons Arzt in Bern   12.12.1911, 20.12.1911, 21.12.1911

Durieux, Tilla, eigtl. Ottilie Godeffroy (18.8.1880 – 21.2.1971), Schauspielerin (s. Bd 4) (LexTheat., Bd 1, 152)   München: 15.5.1911; München: 19.4.1913, 24.4.1913, München: 25.6.1913, 28.11.1913

Duschnitz, Anna, Bekannte von → Rosenbergs   Berlin: 7.2.1912

Dycks (s. Bde 1-4)   18.7.1911, 29.11.1911; 13.6.1912, 24.11.1912; 13.2.1913, 19.12.1913; 6.2.1914, 13.7.1914, 4.11.1914, 29.11.1914; 22.1.1915, 23.4.1915; 9.6.1916

Dyck, *Walther* Franz Anton Ritter v. (bayer. Personaladel 1901) (6.12.1856 – 5.11.1934), Mathematiker, Universitätsprofessor (s. Bde 1-4)   28.1.1911, 12.7.1911, 4.11.1911; Kongreß Cambridge: 20.8.1912, 23.8.1912; 19.4.1915, 14.7.1915; 4.1.1916, 9.6.1916, 60. Geburtstag: 6.12.1916
Dyck, Auguste (*Gustel*, *Gustl*), geb. Müller (1862-1945) (s. Bde 1-4)   6.6.1911, 9.12.1911; 22.5.1916
  1. Hedwig (24.2.1891 – 1932), Krankengymnastin, ledig (s. Bd 4)   9.12.1911; 4.11.1914, 29.11.1914; 23.4.1915
  2. Gertrud (1893-1980) (s. Bd 4)   9.12.1911; 4.11.1914, 29.11.1914; 23.4.1915
Dyer, Charles Gifford (1846 – 27.1.1912), amerik. Kunstmaler. Seit 1871 in München ansässig, besuchte er die dortige Akademie und dann das Lehratelier seines Landsmannes David Neal. Er unternahm viele ausgedehnte Reisen, auf denen er nach der Natur zeichnete u. vor allem große alte Baudenkmäler skizzierte. Seine im Detail sorgsam durchgebildeten u. malerisch fein abgestimmten Ölgemälde fanden in seiner Heimat großen Anklang. (ThBV, 402)   7.1.1912, 21.1.1912, 10.3.1912, 1.12.1912, 15.12.1912; 28.2.1913, 14.4.1913

Ebermayer, Ernestine, Leiterin des Ebermayer-Instituts, Schraudolphstr. 15, der Privatschule, die → Erika und → Klaus Mann anfangs besuchten. Mitglied im Verein für Fraueninteressen ab 1897.   21.5.1912; 8.7.1913
Ebermayer, Ottilie, Schwester von Ernestine E., ebenfalls Lehrerin an der Schule
Ebers, Antonie, geb. Beck (1838-1913), Witwe des Schriftstellers und Ägyptologen *Georg* Moritz Ebers (1.3.1837 – 7.8.1898), Mutter von Hermann Ebers (s.u.) (s. Bd 1 u. 2)   Todesnachricht: 25.2.1913
Ebers' (s. Bd 4)   3.2.1911, 2.12.1911; 28.1.1912, 6.3.1912; 26.1.1913, 4.10.1913, 14.12.1913; 11.3.1914
Ebers, Hermann (*Hermi*, *Hermy*) Eduard Carl (21.6.1881 – 10.2.1955), Kunstmaler (s. Bde 1-4)   22.1.1911, Kondolenz: 25.2.1913, 2.3.1913; 15.8.1914, 17.8.1914; Kondolenz: 12.1.1915, 13.1.1915, 1.2.1915, 9.4.1915; 30.3.1916, 31.3.1916, 29.6.1916
Ebers, Else, geb. Heimann (gest. 12.1.1915) (s. Bd 4)   22.1.1911; Todesnachricht: 12.1.1915, 13.1.1915, 9.4.1915
  mit Schwiegermutter Frau Heimann (s. Bd 4)   13.1.1915
Eberts (s. Bd 3 u. 4)   15.1.1911, Geburtsanzeige: 2.7.1911, 22.7.1911; 21.1.1912
Ebert, Hermann (20.6.1861 – 12.2.1913), Physiker, Universitätsprofessor (PMB) (s. Bd 3 u. 4)   Todesnachricht: 12.2.1913
Ebert, Elsbeth, geb. Mitscherlich (1872-1935), Mitglied im »Verein für Fraueninteressen« 1900-1904 (s. Bd 3 u. 4)   Kondolenz: 12.7.1911, 27.7.1911; Kondolenz: 13.2.1913, 2.3.1913; 29.3.1914
Ebstein, Frau Dr., Pianistin, Bekannte von → Herrn Ewald   7.12.1911, 9.12.1911
Eck, Mirjam (s. Bd 3)   23.2.1914

Eckardt, Eleonore Ursula Wilhelmine Anna *Annette* v. (14.9.1871 – 25.6.1934), verh. 1897-1913 mit dem jüdischen Sanskritforscher → Prof. Dr. Richard Simon (10.9.1865 – 1934), Schwester von Felix v. Eckardt (s.u.), gute Freundin von Alfred Pringsheim. Sie betrieb vom 10.1.1916 bis 12.6.1930 ein Kunstgewerbliches Atelier. Die Bildtafeln zu den von → Otto v. Falke bearbeiteten Bänden *Die Majolikasammlung Alfred Pringsheim in München* hat sie gemalt (Bd 1 ersch. 1914 und Bd 2 1924 in Leiden). Der dritte Band der Sammlung lag 1930 mit den Bildvorlagen fast fertig vor, wurde aber nicht mehr gedruckt. 1994 veranstaltete der Verlag Belriguardo Arte in Ferrara einen Neudruck aller drei Bände.   20.2.1913; 20.10.1914; 21.11.1916

Eckardt, Felix v. (12.7.1866 – 1936), Altphilologe, Journalist. Verh. am 14.9.1893 mit *Eva* Marianne Viktoria, geb. Geffcken (9.9.1870 – 24.6.1934), Schwester des Malers → Walter Geffcken. 3 Söhne, 2 Töchter (s. Bd 2 u. 3)   21.11.1916

Eckel, Frau (s. Bd 2)   Kondolenz: 9.10.1912

Editha, Freundin von → Luigia Gagliardi   Berlin: 19.4.1912

Effron, Elisabeth (*Lila*), Pariser Freundin von → Olga Meerson   25.12.1911, 26.12.1911, 28.12.1911, 29.12.1911, 30.12.1911; 1.1.1912, 2.1.1912, 4.1.1912, 7.1.1912, 8.1.1912, 31.1.1912, 1.2.1912

Eger, Herr Dr., Freund von Klaus Pringsheim aus Wien (s. Bd 4)   11.2.1911, 13.2.1911

Ehlers', Bekannte von → Eva Gräfin Baudissin   29.3.1916

Ehlers, Paul, Dr., Musikkritiker der *Münchner Neuesten Nachrichten*, Bekannter von → Hugo Bruckmanns   7.12.1911

Ehlerts, Bekannte von → Schaeuffelens   30.11.1911

Eisenmann-Bureau → **Bureau Eisenmannstraße**

Elhardt. Firma Fischer & Elhardt, Inh.: Hermann Elhardt, Herzog-Heinrich-Str. 4   1.4.1916, 8.4.1916, 29.5.1916, 5.9.1916

Elias, Dr. Julius (12.6.1861 – 2.7.1927), Schriftsteller, Literatur- und Kunsthistoriker. Er ließ sich nach seinem Studium 1890 in Berlin nieder. Mitbegründer der *Freien Bühne*, Übersetzer Ibsens. Seit 1884 Mitarbeiter der *Vossischen Zeitung*, Theaterkritiker der *Freisinnigen Zeitung*; Lektor im S. Fischer Verlag. Verh. seit 1888 mit Julie Levi. 1 Sohn. (NBD, Bd 4, 439f.) (Kerr, 714) (MMZ, 72)   16.1.1912, 18.1.1912, 24.1.1912

Elisabeth (*Eliese, Lisbet*), Hausmädchen bei Pringsheims   Instruiert: 4.7.1911, 9.10.1911; Kündigung: 14.1.1912, 28.2.1912, Austritt 1.3.1912

Ella, Betreuerin von Hedwig (*Mim*) Dohm   Wannsee: 13.8.1916

Elsa, Elsa B. → Elsa **Bernstein**

Else → Elsbeth **Rosenberg**

Emma → Emma **Schlier**

Emmerich, Paul, Königl. Baumeister, verh. mit Ilse → Bruckmann   Partenkirchen: 30.7.1913

Emmerich, Ilse, geb. Bruckmann ,Tochter von → Alphons v. Bruckmann und Margarethe Guendel   Partenkirchen: 30.7.1913
mit Kind   Partenkirchen: 30.7.1913

Emminger → Emma **Schlier**

Endres-Soltmann, Mary (1889-1920), Dr. phil., Kunsthistorikerin. Tochter von Anna Smith (1860-1937), gesch. Endres, verh. mit → Dr. Rudolf Soltmann, Chemiker, Kunstsammler. Schülerin von → Heinrich Wölfflin   4.2.1914, 12.2.1914, 31.3.1914, Verlobung mit → Heinrich Braune: 3.4.1914, 6.4.1914, 7.4.1914, 3.5.1914, Polterabend: 30.5.1914

Engelcke, Loni (*Lo*) Helene Elisabeth (8.3.1894 – 28.8.1976), verh. am 18.5.1915 mit → Dietrich v. Rohrscheidt   Berlin: 5.3.1915

Engelhorn, Frau   12.3.1916, 18.3.1916, 20.5.1916, 22.7.1916, 28.7.1916, 13.8.1916
ihr Bruder, wohl Mitgefangener von Peter Pringsheim im Internierungslager Trial Bay (New South Wales)   22.7.1916

Epstein, Frau Dr.   13.2.1915

Epstein, Madame, Genf, Bekannte von → Olga und Heinz Pringsheim 19.8.1915, 20.8.1915, 25.8.1915; 26.3.1916, 31.12.1916

Epstein, Adolf (gest. 1913), K. Amtsrichter, Oberlandesgerichtsrat (s. Bd 1) 20.10.1912; Todesnachricht: 26.2.1913

Epstein, Caroline (*Lina*), geb. → Henle (s. Bd 1 u. 4)   5.5.1912, 18.5.1912; Kondolenz: 26.2.1913; 20.8.1915, 25.8.1915

Epstein, Paul, Physikstudent aus Warschau. Er studierte in München an der LMU von SS 1912 bis WS 1913/14   20.10.1912

Erb, Karl (13.7.1877 – 13.7.1958), Tenor. Ohne eigentliche Ausbildung debütierte er 1907 an der Stuttgarter Hofoper. 1908-1910 sang er am Stadttheater von Lübeck. 1910-1912 wieder an der Hofoper von Stuttgart. 1912 wurde er an die Hofoper von München berufen, wo er sehr große Erfolge hatte. 1921-1932 war er mit der Sopranistin → Maria Ivogün verheiratet. (Kutsch/Riemens, Bd 2, 1041)   19.5.1914; 29.8.1915, 21.10.1915

Eri → Erika **Mann**

Erlanger, Martha, Putzgeschäft, Residenzstr. 10   11.5.1914, 14.5.1914

Erler-Schnaudt, Anna (11.3.1878 – 30.4.1963), Sopran. Sie war eine Schülerin des Pädagogen Karl Erler (1859-1926) in München, den sie später heiratete. Nach ihrem Konzertdebüt 1906 in München wurde sie schnell bekannt. Sie war als Gast in den Konzertsälen von Berlin, Leipzig, Köln und München anzutreffen, auch bereiste sie sehr erfolgreich Europa. Schon frühzeitig war sie in München als Pädagogin tätig ... (Kutsch/Riemens, Bd 2, 1048)   28.7.1915, 24.8.1915

Erna → Erna **Hanfstaengl**

Ernesto → Ernesto **Gagliardi**

Em – Fa

Esplanade. Hôtel Esplanade, Berlin. 1907/08 am Potsdamer Platz errichtet, gehörte es in den 20er Jahren zu den renommiertesten Hotels in Berlin. Im 2. Weltkrieg wurde es fast vollständig zerstört.   3.1.1913

Essen, Baron, Bekannter von → Fürstenbergs   Berlin: 7.2.1916

Etika → Erika **Mann**

Etzdorf, Herr v., königl. bayer. Fachmann für Majolika-Angelegenheiten   24.4.1913, 26.4.1913

Eva → Eva **Dohm/Klein/Bondi**

Evele → Eva Maria **Löhr**

Eversbuschs (s. Bd 3)   2.9.1911
Eversbusch, Oskar (26.5.1853 – 6.8.1912), Dr. med., Augenarzt, Universitätsprofessor (Bosl, 189) (s. Bd 3 u. 4)

Ewalds   24.6.1913, 25.7.1913; 10.1.1914, 14.2.1914
Ewald, Peter *Paul* (23.1.1888 – 22.8.1985), Physiker, Universitätsprofessor (s. Bd 4)   8.1.1911, 3.2.1911, 8.3.1911, 30.4.1911, 29.8.1911, 31.8.1911, 1.11.1911, 1.12.1911, 7.12.1911; 27.6.1912, Kongreß Cambridge: 24.8.1912; Gratulation zur Vermählung: 18.5.1913
Ewald, Frau   10.7.1913

Eysoldt, Gertrud, eigtl. Gertrud Berneis (30.11.1870 – 6.1.1955), Schauspielerin (s. Bd 3 u. 4)   23.9.1911; 27.9.1912

Fabers   12.10.1915, 13.10.1915; 19.5.1916, 30.6.1916, 28.12.1916
Faber, *Georg* Karl (5.4.1877 – 7.3.1966), Mathematiker, Universitätsprofessor. Seit 1.4.1916 ord. Prof. der Mathematik an der Techn. Hochschule München, bisher Prof. der Univ. Straßburg. Sohn der Kaufmannseheleute Max und Maria Faber, geb. Hamm. Verh. am 1.5.1913 mit Gertrud Klinger. 3 Kinder (PMB) (s. Bd 3 u. 4)   5.1.1911, 6.1.1911, 7.1.1911, Kondolenz: 4.5.1911, 7.6.1911, 21.8.1911; Gratulation: 4.2.1913; Gratulation: 11.1.1915, 15.8.1915
Faber, Gertrud, geb. Klinger (17.5.1889 – 1972)
  1. Gerhard (geb. 9.1.1915)   11.1.1915
  2. Gertrud (geb. 19.2.1918)
  3. Brigitta (geb. 23.3.1923)

»**Fäuni**«, Kindermädchen in der Familie Thomas Mann   12.4.1914, 14.4.1914

Falke, Otto v. (29.4.1862 – 15.8.1942), Kunsthistoriker, Generaldirektor der Berliner Museen (s. Bd 4)   20.2.1913, 21.2.1913; 30.3.1914, 31.3.1914; 14.1.1915, 30.9.1915; 23.6.1916, 3.12.1916

Faltin, Hermann Imanuel (3.10.1864 – 1932), Dr. med., Arzt u. Geburtshelfer (s. Bde 2, 3 u. 4)   25.3.1911, 26.3.1911, 1.4.1911, 22.8.1911; 14.11.1913; 10.7.1916

Fanny, Hausmädchen bei Pringsheims, seit April 1908 (s. Bd 4) 1.1.1911

Fanny, Köchin bei Pringsheims gemietet: 6.9.1912, Eintritt: 1.10.1912; 1.1.1913, Urlaub: 17.4.1913, Rückkehr: 27.4.1913, 13.7.1913; 1.1.1914, Kündigung: 1.9.1914, Austritt: 1.10.1914

Faßbender od. **Faßbender-Mottl**, ab 1916 auch **Faßbender-Hanfstaengl**, Zdenka (12.12.1879 – 14.3.1954), Sopran (s. Bd 4) 24.10.1912; 14.8.1913; 15.4.1914, 19.5.1914, 20.5.1914, 22.5.1914, 27.5.1914; 15.5.1915

Fay → Alfred **Pringsheim**

Fay, Maude (18.4.1878 – 7.10.1964), amerikanische Sängerin, Sopran (s. Bd 4) 25.5.1914

Helene **Fehdmer** → Friedrich **Kayßler**

Feinhals, Fritz (4.12.1869 – 30.8.1940), Bariton. Kgl. Kammer- und Opernsänger (s. Bd 3 u. 4) 18.8.1912; 27.2.1913, 14.8.1913, 30.10.1913; 19.5.1914, 25.5.1914

Feist, Otto (22.7.1847 – 1.5.1912), Mitinhaber der Feist Sektkellerei AG, später auch Teilhaber der Firma → Wollheim (s. Bd 4) Todesnachricht: 1.5.1912

Feist, *Hermine*, geb. Wollheim (20.12.1855 – 17.11.1933) (s. Bde 1, 2, 3 u. 4) Mitglied im »Kaiser Friedrich-Museums-Verein zu Berlin« (1916ff.) 5.10.1911; 3.4.1912, 5.4.1912, 8.4.1912, 22.4.1912, 26.4.1912, 27.4.1912, 1.5.1912, Kondolenz: 4.5.1912, 24.9.1912; Wannsee: 5.6.1913, 9.6.1913; 10.3.1914, 15.3.1914, 22.3.1914, 24.3.1914, 29.3.1914, Berlin: 12.6.1914; 21.3.1915, 24.3.1915, 26.3.1915, 4.4.1915, 10.4.1915, 11.4.1915, 13.4.1915, 15.4.1915, 18.4.1915, 26.4.1915, 28.6.1915, 7.7.1915, 13.7.1915, Wannsee: 29.7.1915, 31.7.1915, 1.8.1915, 8.8.1915, 9.8.1915, 17.8.1915, 23.8.1915, 25.8.1915, 27.8.1915, 10.9.1915, 12.9.1915, 18.9.1915, 19.9.1915, 20.9.1915, 27.9.1915, 29.9.1915, 10.10.1915, 11.10.1915, 20.10.1915, 21.10.1915, 15.11.1915, 17.11.1915, 19.11.1915, 21.11.1915, 30.11.1915, 2.12.1915, 12.12.1915, 18.12.1915, 28.12.1915; 22.1.1916, Berlin: 4.2.1916, 6.2.1916, 5.3.1916, 13.3.1916, 17.3.1916, 21.3.1916, 26.3.1916, 31.3.1916, 8.4.1916, 11.4.1916, 3.6.1916, Wannsee: 10.8.1916, 15.8.1916, 19.8.1916, 25.9.1916, 26.9.1916, 2.11.1916, 3.11.1916, 9.11.1916, München: 26.11.1916, 3.12.1916, 5.12.1916, 8.12.1916, 11.12.1916, 12.12.1916, 13.12.1916, 16.12.1916, 20.12.1916, 23.12.1916, 26.12.1916, 30.12.1916

1. *Ernst* Moritz (21.11.1884 – 1939), Dr. jur., Kanonier (s. Bd 3 u. 4) 4.4.1915, 1.8.1915, 8.8.1915; Wannsee: 19.8.1916

2. Johann (*Hans*) (20.4.1887 – 1952), Dr. med., Übersetzer (s. Bd 3 u. 4) 3.5.1914, 17.5.1914; 28.11.1915; 8.12.1916

Feldhammer, Anna (24.12.1877 od. 1878 – 9.11.1942), österr. Schauspielerin. Von 1902 bis 1906 spielte sie am Hoftheater München, 1906-1909 am Schiller Theater Berlin, von 1911 bis 1915 dann unter Max Reinhardt am Dt. Theater. (Eisenberg, 1170) Berlin: 22.4.1916

Feo → Feodora v. **Dreifus** bzw. → **Weingartner**

Festers, Frankfurt a.M. (s. Bde 1-4) 25.1.1911, 29.12.1911; 28.12.1912; 27.12.1913, 30.12.1913

Fester, *August* (14.6.1849 – 1922), Bankdirektor (s. Bde 1-4) Kondolenz: 17.8.1914, 25.8.1914, 31.12.1914; 6.1.1915; 29.12.1916
Fester, Sophie Magdalene Charlotte (*Lotte*) Susanne Dorothea, geb. Drescher (27.1.1849 – 13.8.1914) (s. Bde 1-4) 1.1.1913; Todesnachricht: 17.8.1914
2. *Emil* August (15.12.1877 – 10.6.1964), Bankier, Direktor. Verh. mit Louise Anna Ritter (29.1.1879 – 14.12.1971) (s. Bd 1, 2 u. 4) Gratulation: 7.4.1911, 21.4.1911; Gratulation: 13.5.1914; 28.7.1916, 27.9.1916
   1) Lotte (3.4.1911 – 11.4.2006), Dr., ledig 7.4.1911
   2) *Hans* Adolf (4.5.1914 – 11.9.1967) 13.5.1914

Fine's 19.12.1912; 13.2.1913, 30.3.1913
Fine, Henry Burchard (14.9.1858 – 22.12.1928), Mathematiker, amerikanischer Kollege von Alfred Pringsheim. Bis 1880 Studium in klassischen Sprachen und Mathematik am Princeton College (Vorläufer der Universität), New Jersey. Weiterführende Studien bei Felix Klein in Leipzig, dort 1885 Promotion. Rückkehr nach Princeton, 1885 Assistant Professor, 1889 Professor, 1898 Dod Professor für Mathematik, 1903 Dekan der Universität und 1904 Vorsitzender der Mathematischen Fakultät. Aufgrund seiner guten Beziehungen zu europäischen Universitäten folgten namhafte Physiker und Mathematiker seinem Ruf nach Princeton. 17.11.1912; 28.2.1913
Fine, Frau 17.11.1912; 30.5.1913
   zwei Töchter 17.11.1912; 28.2.1913

Fips, Hund von → Käthe Rosenberg 19.3.1913

Fischer, Herr, Lehrer von Erik Pringsheim (s. Bd 4) 2.1.1911, 5.1.1911

Fischer, Paul David (2.6.1836 – 13.3.1920), Jurist, Bankier. Nach Studium an den Universitäten Berlin und Bonn Eintritt in den preuß. Justizdienst. 1867 in das Generalpostamt des Norddeutschen Bundes berufen, wurde er einer der engsten Mitarbeiter des Staatssekretärs Heinrich v. Stephan. 1897 nahm er als Unterstaatssekretär und Wirkl. Geheimer Rat seinen Abschied. 1899 Eintritt in die Disconto-Gesellschaft als Mitglied des Aufsichtsrates, ab 1902 bis zu seinem Tode Vorsitzender des Aufsichtsrates. Bekannter von → Fürstenbergs Berlin: 22.6.1911, Sils Maria: 7.9.1911

Fischers (Samuel) (s. Bd 3) 14.2.1912; 3.1.1913; München: 22.4.1914
Fischer, Samuel (*Sami*) (24.12.1859 – 15.10.1934), Verleger. Verh. seit 1893 mit Hedwig Landshoff (1871-1952), 3 Kinder.

Fladung, Irene v. (1879-1965), Sopran. Von 1807 bis 1925 gehörte sie zum Ensemble der Staatsoper München. Sie gab dort noch bis 1931 Gastspiele. (Kutsch/Riemens, 1152f.) 7.11.1913

Fließ, Dr. Wilhelm (24.10.1858 – 13.10.1928), Berliner Mediziner, Biologe. Hausarzt von Hedwig (*Mim*) Dohm (s. Bde 1, 2 u. 4) 18.12.1911, 20.12.1911, 22.12.1911; 3.2.1912, 10.2.1912, 17.2.1912; 29.10.1915, 31.10.1915, 2.11.1915, 3.11.1915, 4.11.1915, 5.11.1915, 6.11.1915, 7.11.1915, 8.11.1915, 9.11.1915, 11.11.1915; 9.10.1916, 10.10.1916, 13.10.1916, 17.10.1916

Flörke, Fräulein, Bekannte von → Frau v. Scheubner-Richter 12.11.1914

Förster, Charly, Bekannter von → Hermine Feist 15.3.1914

Foerster, Dr. Ferdinand, Zahnarzt von Hedwig (*Mim*) Dohm   Berlin: 10.1.1913

Fogazzaro, Antonio (25.3.1842 – 7.3.1911), italienischer Schriftsteller. Seine Bücher *Il Santo (Der Heilige)* und *Leila* waren von Maria Gagliardi und Hedwig Pringsheim ins Deutsche übersetzt worden.   Todesnachricht: 7.3.1911

Forel, Dr., Bekannter von → Hermine Feist   20.12.1916

Formes, Walter, Schauspieler, Filmschauspieler   11.7.1913

Forster, Frau, Mit-Reiterin im Universitätsreitstall → Mengele   4.12.1911

Franckenstein, *Clemens* Erwein Georg Heinrich Karl Bonaventura Freiherr von und zu (14.7.1875 – 19.8.1942), Kgl. bayer. Kämmerer, Dirigent, Komponist, Intendant. Er kam 1907 als Kapellmeister an das Hoftheater in Wiesbaden. Von dort wurde er an die Kgl. Oper in Berlin berufen, wo er sich unter der Leitung des Grafen Hülsen-Häseler auf den Intendantenberuf vorbereitete. 1912 übernahm er die Direktion der Münchner Hofoper. Von 1914 bis 1918 bekleidete er das Amt des Generaldirektors, von 1924 bis 1934 das des Generalintendanten der Bayerischen Staatsoper. Als Komponist trat er mit Liedern, Kammermusik, Orchester- und Bühnenwerken hervor. Verh. in 1. Ehe am 12.2.1906 mit *Mary* Gertrud Toner. Verh. in 2. Ehe am 6.10.1934 mit Maria Nežadalová (geb. 21.2.1897). Mitglied des Rotary Club München 1933. (Zils, 94f.)   8.2.1915; 27.11.1916

Franckenstein, *Mary* Gertrud, geb. Toner (24.10.1878 – 11.2.1931)   8.2.1915

Frank, *Bruno* Sebald (13.6.1887 – 20.6.1945), Dr. phil., Dichter, Schriftsteller. Sohn des Krefelder Bankiers Sigismund Frank und der Lina Rothschild. Als Erzähler erzielte er seinen ersten großen Erfolg mit den 3 Novellen um Friedrich d. Gr. »Tage des Königs« (1924), als Dramatiker mit »Zwölftausend« (1927) und mit der gemütvollen Kleinstadthumoreske »Sturm im Wasserglas« (1930). »Die Schwestern und der Fremde« (1918) hielt er selbst für sein bestes Stück. In München, wohin er 1924 übersiedelte, verheiratete er sich mit Elisabeth Massary-Pallenberg. Er war Nachbar und Freund von Thomas Mann, sowohl in München als auch später im Exil in Kalifornien. (NDB, Bd 5, 339f.) (Tb 1933-1934, 606) (Wer ist Wer?, 75f.) Mitglied des Rotary Club München bis 4.4.1933   Berlin: 3.1.1913, 4.1.1913, 6.4.1913, 25.5.1913, 17.10.1913, 26.10.1913, 7.11.1913, 30.12.1913; 17.3.1916, Wannsee: 15.8.1916, 26.9.1916

Frankel, Dr., Mitglied der Kunstwiss. Gesellschaft   22.7.1916

Frankenberger, Herr, Freund von → Karl Korsch   Wannsee: 27.5.1913

Franz Ferdinand von Österreich-Este (18.12.1863 – 28.6.1914), österr. Erzherzog und seit 1896 Thronfolger von Österreich-Ungarn. Er war Sohn von Karl Ludwig von Österreich und Prinzessin Maria Annunziata von Neapel-Sizilien und Neffe des regierenden Kaisers Franz Joseph I. Am 1.7.1900 verh. mit *Sophie* Maria Josephina Albina Gräfin Chotek von Chotkowa u. Wognin (1.3.1868 – 28.6.1914).   Attentat in Sarajewo: 28.6.1914

Franziska (*Franzi* od. *Fanny*), seit Juni 1910 Hausmädchen bei Pringsheims (s. Bd 4)   1.1.1911, 23.1.1911, 24.1.1911, 25.1.1911, 2.2.1911, 4.2.1911, Abschied: 15.3.1911

Freksa, Friedrich (11.4.1882 – 8.7.1955), Schriftsteller, Dramatiker (s. Bd 4)   30.5.1914

Frerichs, Gesine mit ihrem Verlobten Dr. Neef   Wannsee: 7.6.1913

Freudenberg, Friederike (*Ika*) (25.3.1858 – 9.1.1912), Frauenrechtlerin (s. Bde 2, 3 u. 4)   Todesnachricht: 9.1.1912, Totenfeier: 11.1.1912

Freund, Herr, Berlin, gehörte zeitweilig zu → Hermanns Rosenbergs »Bridge-Herren«   11.3.1915, 2.11.1915, 9.11.1915; 8.2.1916, 18.4.1916, 26.4.1916, 2.5.1916

Freyberg, Baron   11.8.1915

Freytag, Gustav, Dr. med., ao. Prof. für Augenheilkunde an der LMU, Bekannter von → Hallgartens   4.6.1915

Friedberg, Clara Minna Asta (*Asta I*) (23.9.1840 – 1922), geb. Schleh, Schwester von Hedwig (*Mim*) Dohm, Witwe des Kirchenrechtsprofessors Geheimrat Emil v. Friedberg (1837-1910) (s. Bde 1-4)   1.1.1911, 26.3.1911, 19.9.1911; 4.4.1912, 6.4.1912, 7.4.1912, 4.6.1912, 5.6.1912, 12.6.1912, 26.6.1912, 19.8.1912, 29.12.1912; 25.3.1913, 30.3.1913, 3.5.1913, 17.5.1913, 25.5.1913, 6.8.1913, Ambach: 7.8.1913, 5.12.1913; 15.1.1914, 18.1.1914, 22.1.1914, 23.1.1914, 8.3.1914, 9.3.1914, 12.3.1914, 24.3.1914, 8.7.1914, 15.7.1914, 4.8.1914, 2.10.1914, 7.12.1914; 3.4.1915, 5.4.1915, Ambach: 29.4.1915, 11.5.1915, 10.7.1915, 16.11.1915, 3.12.1915, 5.12.1915, 10.12.1915, 14.12.1915, 16.12.1915, 25.12.1915; 15.1.1916, 16.1.1916, 22.1.1916, 28.1.1916, 18.2.1916, 20.2.1916, 24.2.1916, 3.3.1916, 7.3.1916, 9.5.1916, 11.5.1916, 13.5.1916, 16.5.1916, 17.5.1916, 20.5.1916, 21.5.1916, 24.5.1916, 18.6.1916, 19.6.1916, 20.6.1916, 21.6.1916, 23.6.1916, 10.7.1916, 21.10.1916, 27.10.1916, 10.11.1916, 16.11.1916, 22.11.1916, 1.12.1916, 9.12.1916, 11.12.1916, 12.12.1916, 13.12.1916

Friedeberg, Clarisse (12.1.1857 – 11.10.1934), Tochter von Wilhelm Friedeberg und der Regine Wertheimer (s. Bd 1)   Sils Maria: 12.9.1911; 3.9.1913

Friedenstal, Herr, Bekannter von → Maximilian Harden   20.11.1915

Friedländer. Gebr. Friedländer, Hof-Juweliere (s. Bd 1 u. 2)   Berlin: 13.2.1912, 15.2.1912

Friedländer, *Max* Jakob (5.6.1867 – 11.10.1958), Kunsthistoriker. Sohn des Bankiers Leopold Friedländer und der Helene Noether. Er studierte Kunstgeschichte in München, Florenz und Leipzig, 1891 Promotion. Seit 1896 Assistent an der Berliner Gemäldegalerie unter Wilhelm Bode, 1904 deren zweiter, ab 1929 erster Direktor. 1908-1932 auch Direktor des Kupferstichkabinetts. Für beide Einrichtungen tätigte er bedeutende Ankäufe. 1933 Zwangspensionierung, 1939 Emigration in die Niederlande. (NDB, Bd 5, 455f.) Bekannter von → Rosenbergs und → Hermine Feist   26.4.1911; 14.1.1913; Wannsee: 31.7.1915, 1.8.1915, 4.8.1915, 8.8.1915, 9.8.1915, München: 18.9.1915, 31.10.1915; 4.2.1916

Friedrich, Leutnant, Bekannter von → Rosenbergs   Berlin: 25.2.1914

Friedrich (*Fritz*) [Theurer?], Diener bei Pringsheims, seit Febr. 1910 (s. Bd 4) 1.1.1911, 1.9.1911, 6.9.1911, 25.11.1911; 9.1.1912, 30.9.1912, kündigt: 5.12.1912; 1.1.1913, 13.1.1913, Austritt: 1.2.1913; 29.9.1914, 1.10.1914, 7.11.1914, 10.11.1914, 23.11.1914, 12.12.1914, 13.12.1914; 14.1.1915, 15.1.1915, 27.1.1915, 23.3.1915, 5.4.1915, 17.4.1915, 22.4.1915, 26.4.1915, 20.5.1915, 2.6.1915, 9.6.1915, 16.6.1915, 13.7.1915, 15.7.1915, 25.8.1915, 14.10.1915, 2.11.1915, 14.12.1915; 4.1.1916, 17.1.1916, Feldwebel: 21.1.1916, 26.1.1916, 25.2.1916, 4.3.1916, 13.4.1916, 25.4.1916, 18.6.1916, 14.7.1916, 29.9.1916, 1.12.1916, 17.12.1916, 29.12.1916

Frigga → Frigga v. **Brockdorff-Noder**

Fritzsche, Karl Erich Theodor v. (geb. 22.10.1872), Sohn des Dr. phil. Theodor v. Fritzsche, Bes. der Fabrik Dr. Struve & Soltmann in Frankfurt a.M., und der Margarete Beschorner. Kgl. preuß. Rittmeister a.D., Kaufmann in Buenos Aires. Verh. in 1. Ehe am 7.2.1914 mit Karoline Deubert (9.3.1887 – 17.4.1918); verh. in 2. Ehe am 31.5.1921 mit Minnie Frank (geb. 31.12.1881). Trauzeuge von Erik Pringsheim   22.6.1911

Froböse, Frau, Bekannte/Angestellte von → Schaeuffelens   16.11.1916

Frommel, Frau Prof., Witwe des Direktors der Universitätsfrauenklinik in Erlangen Prof. Dr. Richard Frommel (s. Bd 3)   27.11.1916

Fuchs, Anton v. (29.1.1849 – 15.4.1925), Bariton. Kgl. Professor, Kammersänger und Oberregisseur. Sohn des Geh. Ministerialrats Anton Fuchs und der Klara Brucklachner. Ritter des Verdienstordens der bayer. Krone. (Kutsch/Riemens, Bd 2, 1226) (PMB) (s. Bd 1 u. 2)   Kondolenz: 1.12.1914

Fuchs, Anna, geb. Streicher (10.3.1852 – 26.11.1914), Tochter des Oberlandesgerichtsrats Franz Streicher und der Amalia Fick. Bekannte von → Ella Spengler   Davos: 12.3.1912
 1. Helene (geb. 12.8.1876); 2. Anna (geb. 27.1.1878); 3. Maria (21.8.1880 – 17.7.1911); 4. Paulina (geb. 8.1.1881); 5. Lilli (geb. 5.9.1884); 6. Antonie (geb. 25.8.1886)

Fürstenbergs, Berlin (s. Bde 1-4)   21.2.1911, München: 6.5.1911, 13.6.1911, 22.6.1911, 24.6.1911, 29.6.1911; 9.2.1912, 17.6.1912, 22.9.1912, 28.9.1912, 30.9.1912, 3.10.1912, 22.10.1912; 8.1.1913, 11.1.1913, 14.1.1913, 18.1.1913, München: 31.1.1913, 1.2.1913, München: 23.7.1913, 21.8.1913, 20.11.1913, 26.11.1913; 22.2.1914; 9.3.1915

Fürstenberg, Carl (28.8.1850 – 9.2.1933), Bankier. Mitglied im »Kaiser Friedrich-Museums-Verein zu Berlin« (1916ff.) (s. Bde 1-4)   München: 5.5.1911, 22.12.1911; 7.2.1912, 9.2.1912, 11.2.1912, 12.2.1912; 24.1.1913, München: 23.7.1913, 22.11.1913, 8.12.1913; 9.4.1914, 15.4.1914, München: 2.5.1914, 23.7.1914, 26.7.1914, 26.9.1914, 28.9.1914, 3.10.1914; 24.2.1915, 26.2.1915, 27.2.1915, 14.3.1915, 28.6.1915, 8.7.1915, 11.8.1915, 6.11.1915, 8.11.1915, München: 31.12.1915; 6.1.1916, 8.1.1916, 5.2.1916, 7.2.1916, 11.2.1916

Fürstenberg, Aniela, geb. Natanson, gesch. Treitel (5.11.1856 – 27.6.1915) (s. Bde 1-4)   21.2.1911, 15.6.1911, 30.9.1911; 7.2.1912, 22.6.1912; München: 20.7.1913, 27.7.1913, 21.8.1913; 19.2.1914, 24.6.1914, 16.12.1914; Todesnachricht: 28.6.1915

Fr – Gä 735

2. Aniela (*Lella*) (1891-1978)   München: 5.5.1911, 26.6.1911; 7.2.1912, Gratulation zur Verlobung: 3.6.1912, 15.6.1912, 17.6.1912, verh. mit → Paul Huldschinsky

3. Natalie   14.3.1915, 11.8.1915, 6.11.1915, München: 31.12.1915; 11.2.1916

Fullerton, Prof., Bekannter von → Prof. Moritz Bonn   6.12.1912

Funk, Buchhändler   10.2.1916

Funke, Rodolfo (1852-1938), Deutsch-Argentinier, Bekannter von → Schaeuffelens und → Alphons v. Bruckmanns (s. Bd 4)   13.2.1911, 6.3.1911, 25.4.1911, 11.6.1911, 6.7.1911, 30.7.1911, 31.7.1911, 1.8.1911, 5.8.1911, 31.8.1911, 1.9.1911, 28.10.1911, 15.11.1911, 17.11.1911; 6.2.1912, 8.2.1912, 9.2.1912, 16.4.1912, München: 15.5.1912, 4.6.1912, München: 10.10.1912, 19.10.1912, 31.10.1912, 3.11.1912, 10.11.1912; 5.3.1913, 27.6.1913, 11.10.1913; 28.7.1914, 29.7.1914, 29.8.1914; 5.1.1915, 6.1.1915, 21.4.1915, 6.5.1915, 10.7.1915, 21.7.1915, 25.7.1915, 3.9.1915, 10.10.1915, 15.11.1915; 15.1.1916, 15.9.1916, 18.9.1916

Furtwängler, Adelheid (*Addy*), geb. Wendt (1862-1944), Malerin, Witwe des Prof. der klassischen Archäologie Adolf Furtwängler (1853-1907) (s. Bde 2, 3 u. 4)   15.1.1911, 5.11.1911

Fußperg, Gustav Adolf (geb. 23.4.1879), Baß-Bariton. 1912-1913 am Staatstheater Stuttgart engagiert. (nicht bei Kutsch/Riemens)   3.4.1912, 5.4.1912, Prag: 26.5.1912, 26.12.1912; 20.12.1913, 26.12.1913; 27.1.1914, 28.1.1914

Gabrilowitschs   3.1.1912; 28.3.1913, 8.5.1913, 9.10.1913, 10.11.1913, 27.12.1913; 8.1.1914, 14.1.1914, 15.1.1914, 28.5.1914, 2.6.1914, 8.8.1914, 10.8.1914, 22.8.1914

Gabrilowitsch, Ossip (7.2.1878 – 14.9.1936), russischer Pianist, Dirigent und Komponist. Wirkte nach Abschluß seiner Studien in Rußland und Wien ab 1896 als freischaffender Pianist. 1910-1914 war er Dirigent des Münchner Konzertvereins, den heutigen Münchner Philharmonikern, und damit ein Kollege von → Bruno Walter mit dem er eng befreundet war. Er wurde Anfang des 1. Weltkriegs als vermeintlicher Spion verhaftet, kam aber durch eine Intervention von Nuntius Pacelli, den Bruno Walter eingeschaltet hatte, schnell wieder frei und konnte mit seiner Familie in die Schweiz ausreisen, von wo er sich später nach Amerika begab. Ab 1918 war er Dirigent des Detroit Symphony Orchestra. Verh. am 6.10.1909 mit Clara Clemens.   3.1.1912; 2.2.1913, 21.11.1913, 16.12.1913; 3.5.1914, 5.8.1914

Gabrilowitsch, Clara, geb. Clemens (1874-1962), Altistin. Tochter des Schriftstellers Mark Twain (1835-1910) und der Olivia Langdon (1845-1904)   13.4.1914, 5.8.1914, 26.8.1914, 11.10.1914; 15.8.1915, 20.8.1915

Gädeke, Heinrich, Dr.; verh. mit Agnes Kohlrausch (gest. 7.12.1915) (s.a. Bd 3 u. 4)   19.11.1915, Kondolenz: 9.12.1915

Gärtner, Frau, Zimmerwirtin von Erik Pringsheim in Ansbach (s. Bd 3 u. 4) 28.3.1911, 2.4.1911

Gärtner, Fritz (28.2.1882 – 2.12.1958), Maler, Graphiker und Kleinplastiker (s. Bd 4)   10.1.1912; 15.10.1913, 20.10.1913; 28.4.1914, 30.4.1914, 2.5.1914

Gagliardi's (*Gagl's*), Berlin (s. Bde 1-4)   17.6.1911, 25.6.1911, 17.12.1911; 15.4.1912; 5.6.1913, 10.6.1913; 27.2.1914, 20.9.1914, 13.12.1914, 18.12.1914; 14.3.1915; 23.4.1916, 8.8.1916, 13.8.1916

Gagliardi, Ernesto (*Babbo*) (14.4.1854 – 9.7.1933), Journalist und Übersetzer (s. Bde 1-4)   23.2.1911, 25.6.1911, 17.12.1911, 18.12.1911; 18.2.1912, 18.6.1912, 19.6.1912, 26.6.1912, 14.8.1912; 28.5.1913, 8.6.1913, 17.8.1913, 24.8.1913, 28.8.1913; 22.2.1914, 13.5.1914, 15.5.1914, 14.6.1914, 17.6.1914, 21.6.1914, 25.6.1914, 26.6.1914, 28.9.1914, 10.11.1914; 31.7.1915, 6.8.1915, 11.8.1915, 7.11.1915, 9.11.1915; 6.2.1916, 10.10.1916

Gagliardi, Maria (*Miez*, *Mize*) Pauline Adelheid, geb. Dohm (2.4.1858 – 10.8.1928), Schwester von Hedwig Pringsheim (s. Einleitung)
1. Hedda (20.8.1890 – 11.7.1982), Dr. phil., Lehrerin. Nach Besuch der Städtischen Auguste-Viktoria-Schule in Charlottenburg Abgangsprüfung Ostern 1908. Anschließend Studium der deutschen und englischen Sprache und Literatur, der nordischen Sprachen und Philosophie in Berlin und Jena bei den Professoren Brandl, Erich Schmidt, Riehl, Heusler, Cassirer und Herrmann. (s. Bde 1-4)   2.1.1911, 15.2.1911, 20.2.1911, 25.2.1911, 27.2.1911, 1.3.1911, 12.6.1911, 17.6.1911, 22.6.1911, 24.6.1911, 26.7.1911, 24.8.1911, 20.9.1911, 24.9.1911, 17.12.1911, 18.12.1911; 4.2.1912, 7.2.1912, 11.2.1912, 16.2.1912, 18.2.1912, 17.6.1912, 19.6.1912, 21.6.1912, 24.6.1912, 26.6.1912, 29.6.1912, 13.7.1912, 13.9.1912, 20.9.1912, 21.9.1912, 22.9.1912, 28.12.1912; 5.1.1913, 10.1.1913, 12.1.1913, 14.1.1913, 17.1.1913, 7.3.1913, 14.3.1913, 16.3.1913, 18.3.1913, 13.5.1913, 27.5.1913, 28.5.1913, 2.6.1913, 3.6.1913, 4.6.1913, 7.6.1913, 15.7.1913, 26.7.1913, Gratulation zur Hochzeit mit → Karl Korsch: 6.8.1913
2. Luigia (*Lischen*, *Lieschen*) (25.9.1892 – 1974), Schauspielerin. Sie war von Sept. 1910 bis Aug. 1913 bei M. Reinhardt im Engagement. Juni 1913: erneute hysterische Erkrankung, März 1915: Engagement in Brandenburg. Patin von → Hedda Korschs Tochter Sibylle (Taufe am 8.8.1915). April 1916: Auftritt als Choristin (s. Bde 2, 3 u. 4)   2.1.1911, 16.2.1911, 25.2.1911, 28.2.1911, 13.6.1911, 20.9.1911, 23.9.1911, 24.9.1911; 2.1.1912, 13.4.1912, 15.4.1912, 16.4.1912, 19.4.1912, 15.6.1912, 23.9.1912, 3.10.1912, 9.10.1912, 18.10.1912, 20.10.1912, 29.10.1912, 2.11.1912, 14.11.1912, 27.11.1912, 7.12.1912, 31.12.1912; 8.1.1913, 12.1.1913, 11.9.1913, 9.3.1913, 16.3.1913, 19.3.1913, 20.3.1913, Besuch in München: 26.3.-9.4.1913, 10.4.1913, 11.4.1913, 12.4.1913, 16.4.1913, 17.4.1913, 27.5.1913, 28.5.1913, 1.6.1913, 16.1913, 3.6.1913, 11.6.1913, 13.7.1913, 18.8.1913, 23.8.1913, 24.8.1913, 28.8.1913, 17.10.1913, 31.12.1913; 15.6.1914, 19.6.1914, 22.6.1914, 25.6.1914, 27.9.1914, 30.12.1914; 7.3.1915, 28.7.1915, 30.7.1915, 8.8.1915, 24.9.1915, 8.10.1915, 31.12.1915; 6.2.1916, Berlin: 19.4.1916, 21.4.1916, 25.4.1916, 1.5.1916, 6.8.1916, 9.8.1916, 12.8.1916, 20.8.1916, 23.9.1916, 30.9.1916, Berlin: 11.10.1916, 15.10.1916, 20.10.1916, 22.10.1916

Gallwitz, Frau, Bekannte von Klaus Pringsheims in Bremen   16.4.1916

Galstons   9.12.1911, 28.12.1911; 8.1.1912; 19.12.1913; 15.11.1914, 22.11.1914; 13.4.1915

Gä – Ge

Galston, Gottfried (31.8.1879 – 2.4.1950), österr. Pianist, Komponist und Musikpädagoge. Schüler von Salomon Jadassohn in Leipzig und von → Theodor Leschetizky in Wien. Ab 1903 lebte er in Berlin und war bis 1905 Lehrer am Stern'schen Konservatorium. 1910-1921 wohnte er in Planegg bei München, von wo aus er zahlreiche intern. Tourneen unternahm. 1921 zog er wieder nach Berlin. 1927 wurde er als Professor für Klavier an das St. Louis Institute of Music berufen. Verh. 1910-1918 mit der russ. Pianistin → Sandra Droucker   8.1.1912; 7.8.1913

Ganghofers (s. Bde 2, 3 u. 4)   8.12.1912; 25.12.1913

Ganghofer, *Ludwig* Albert (7.7.1855 – 24.7.1920), Schriftsteller (s. Bde 2, 3 u. 4)   3.12.1911; 20.3.1913; 23.9.1915

Ganghofer, Rosa Charlotte Katharina (*Kathinka*), geb. Engel (7.7.1859 – 8.4.1930) (s. Bde 2, 3 u. 4)   19.11.1911; 6.2.1914, 8.9.1914
1. Charlotte (*Lolo*) (5.2.1883 – 25.1.1973), nach dem Tod ihres Ehemannes Benno Wedekind 1907, verh. seit 1914 mit → Dr. Wilhelm Horstmann (s. Bd 3)
3. August (*Gustl*) (15.1.1890 – 22.6.1968), Student der Ingenieurwissenschaften, dann Dipl.-Ing. (s. Bd 3)   20.3.1913

Gareis, Clementine Kunigunde v., geb. Rothmaier, Ehefrau des Universitätsprofessors Karl v. Gareis (s. Bd 3)   Kondolenz: 4.11.1911, 17.11.1911

Garnelo y Alda, José Santiago (25.7.1866 – 28.10.1944), span. Maler aus Madrid, Mitdirektor des Prado, Direktor der Academia Española in Rom, zur Besichtigung der Sammlung   28.2.1912

Geffcken, Walter (4.4.1872 – 9.4.1950), Maler, verh. mit Alwine Frieß (geb. 1872) (s. Bde 2, 3 u. 4)   Bildnis von Thomas Mann, Ausstellung im Kunstverein: 30.4.1911; 4.6.1915

Geis, Josef (19.4.1867 – 22.6.1940), Baß-Bariton (s. Bd 3)   25.5.1914; 21.10.1915

Genée, Heinrich *Rudolf* (Rudel) (12.12.1824 – 19.1.1914), Schriftsteller und Theaterhistoriker, Berlin (s. Bde 1-4)   16.2.1911, 23.2.1911, 2.3.1911, München: 9.6.1911, 26.6.1911, 9.7.1911, München: 11.7.1911; 8.2.1912, 15.2.1912, 11.4.1912, 18.4.1912, 18.8.1912, 22.9.1912; 9.1.1913, 16.1.1913, 6.3.1913, 13.3.1913, 20.3.1913, 1.6.1913, München: 20.7.1913, 21.7.1913, 27.7.1913, 10.8.1913, 11.8.1913, 13.8.1913, 17.8.1913, 20.11.1913, 27.11.1913; Todesnachricht: 20.1.1914
mit Frau Dr. Genée   20.7.1913, 21.7.1913

George, Robert, Schauspieler(?)   26.11.1912

Georgi, Frl., Bekannte von Hedwig (*Mim*) Dohm, Berlin (s. Bd 3)   19.6.1911; 17.1.1913

Germershausens (s. Bd 2 u. 4)   19.8.1912

Germershausen, Arthur (gest. 1913), Jurist, Verwaltungsbeamter, Landrat, Oberverwaltungsgerichtsrat in Berlin (s. Bd 2 u. 3)   Berlin: 12.4.1912, 19.7.1912, 20.7.1912, 14.8.1912; Todesnachricht: 17.3.1913

Germershausen, Jeanette, geb. Donner (gest. 1916) (s. Bd 2 u. 4)   Berlin: 12.4.1912; Kondolenz: 17.3.1913

Gersdorf, Baron   25.3.1912

Gerson. Herrmann Gerson. Modewaren, Konfektion, Seide- usw. Haus, Berlin W 56, Werderscher Markt 5-6 u. Jägerstr. 88-89 – Möbel- Teppiche-, Gardinen- usw. Haus, Berlin W 56, Werderstr. 9-12. Inh. Geh. Kommerz. Rat Philipp Freudenberg Cp., Albert, Hermann, Dr. Jul. u. Siegfried Freudenberg (Adreßbuch 1916) (s. Bde 1-4)   7.2.1912; 15.3.1913, 25.11.1913, 29.11.1913; 26.2.1914, 16.6.1914, 14.12.1914; 3.11.1915; 20.4.1916, 12.10.1916

Gertrude → Gertrude **Smith**

Geselschap, Marie (1867-1922), Pianistin; verh. mit Hans Hähn (geb. 1870), Vetter von → Ricarda Huch, Jurist   20.11.1912, 23.11.1912, 5.12.1912

Giger, Herr/Frau/Firma(?)   2.8.1913

Gillhausen, *Gisbert* Karl Heinrich (28.7.1856 – 16.3.1917), Ingenieur. Sohn des Hüttenbeamten Heinrich Gillhausen und der Maria Lemmer. Nach Studium am Aachener Polytechnikum trat er 1876 in den Dienst der Gutehoffnungshütte in Sterkrade. Er wechselte zu den Rhein. Stahlwerken, wo er zum Leiter des gesamten maschinellen Betriebs aufstieg. 1890-1913 gehörte er der Firma Krupp an, die ihn 1893 zum Vorstand des Technischen Büros und 1899 zum Mitglied des Direktoriums ernannte. Verh. mit Eugenie Joseph (1860-1934), 3 Söhne, 1 Tochter.   Berlin: 22.11.1913

Gisela Louise Marie Erzherzogin von Österreich, Prinzessin von Bayern (12.7.1856 – 27.7.1932), Tochter von Kaiser Franz Joseph I. von Österreich und König von Ungarn und Kaiserin Elisabeth von Österreich und Königin von Ungarn. Am 20.4.1873 verheiratet mit Leopold Prinz von Bayern, Sohn von → Prinzregent Luitpold von Bayern. Ihr Leben war von sozialem Engagement bestimmt. Sie richtete z.B. während des Ersten Weltkriegs in ihrem Münchner Palais ein Lazarett ein. Nach dem Zusammenbruch mußte sie mit ihrem Mann aus München fliehen. Als normale Bürger lebten sie dann in Ischl. Das Paar hatte vier Kinder: Elisabeth Marie Auguste von Bayern (1874-1957), Auguste Maria Luise von Bayern (1875-1964), Georg Franz Josef von Bayern (1880-1943), Konrad Luitpold Franz von Bayern (1883-1969).   24.1.1914

Glaser, Dr., Ehepaar, Bekannte von → Hermine Feist   31.7.1915

Gleichens, München, Bekannte von → H. Bruckmanns und von → Kolbs (s. Bd 3)   8.2.1911; 30.1.1913; 8.1.1914

Gleichen-Rußwurm, Heinrich Adelbert Konrad Carl *Alexander* v. (6.11.1865 – 25.10.1947), Rittergutsbesitzer, kgl. Kämmerer, Schriftsteller. Verh. am 28.11.1895 mit Sophia, geb. Freiin von Thienen-Adlerflycht (1867-1952). (s. Bde 1, 3 u. 4)   13.1.1911, 21.1.1911; 5.12.1915

Gleistein, Lis, Bekannte/Freundin von Peter Pringsheim, Schwester von → Helene Stern, Berlin   Ammersee: 9.8.1912, 14.8.1912, 27.9.1912; 9.1.1913, 15.1.1913, 17.3.1913, 19.7.1913, 8.8.1913, 9.8.1913, 15.8.1913, 24.11.1913; 17.2.1914, Berlin: 28.2.1914, 11.9.1914, 22.9.1914, 17.10.1914, 18.10.1914, 7.11.1914, 10.11.1914, 11.11.1914, 15.11.1914, 17.11.1914, 19.11.1914, 11.12.1914, 22.12.1914; 2.1.1915, 23.2.1915, 27.2.1915, 2.3.1915, 9.3.1915,

Ge – Gr 739

16.3.1915, 14.5.1915, 22.5.1915, 25.5.1915, 6.6.1915, 21.7.1915, Wannsee: 7.8.1915, 22.8.1915, 23.8.1915, 24.8.1915, 11.11.1915, 12.11.1915; 2.2.1916, 3.2.1916, 13.2.1916, 4.3.1916, 5.3.1916, 21.4.1916, 1.5.1916, 7.5.1916, 20.5.1916, 31.12.1916

Godins (s. Bde 1, 2 u. 3)   3.3.1916, 20.3.1916, 23.3.1916

Godin, Marie, geb. v. Bals (15.7.1856 – 14.8.1925), verh. mit *Reinhard* Freiherr v. Godin (9.3.1851 – 17.5.1925), Königl. bayer. Kämmerer und Major a.D. (s. Bde 1, 2 u. 3)   3.4.1915

Götzsch, Geheimrat, Bridge-Partner von → Hermann Rosenberg   Berlin: 23.2.1914

Goldberger, Ludwig Max (1848-1913), Berliner Bankier (s. Bd 4)   9.2.1912

Goldemreiser, Herr, Freund von → Olga Meerson   22.2.1912

Goldschmid(t), Freund von Peter Pringsheim während seiner Zeit in Cambridge (s. Bd 4)   14.1.1912; 17.11.1916, 24.11.1916

Goldschmidt, Adolf (15.1.1863 – 5.1.1944), Kunsthistoriker, Universitätsprofessor. Er war seit 1900 Dozent in Berlin, 1903/04 Titularprofessor und Stellvertreter → Heinrich Wölfflins, 1904 Ordinarius in Halle, 1912 dann Nachfolger Wölfflins in Berlin; 1930 emigriert, lebte später in Basel. Freund von → Rudolf Cohen aus seiner Hamburger Schulzeit   Berlin: 8.6.1913

Golo → Golo **Mann**

Gosch, Dr. Wolfgang (1887-1931), Zahnarzt der Familien Pringsheim und Thomas Mann, Nachfolger von → Ermanno Ceconi   28.1.1916, 29.9.1916

Gottschau, Fräulein, zeitweilig Hausdame bei → Rosenbergs bzw. Pflegerin von Hedwig (*Mim*) Dohm, Berlin   29.7.1915; 26.10.1916
   ihre Schwester   23.4.1916

Goudstikker, Sophia N. (15.1.1865 – 20.3.1924), Photographin, Frauenrechtlerin. Lebensgefährtin von → Ika Freudenberg (s. Bd 1 u. 2)   27.8.1911; Kondolenz: 9.1.1912

Gräbner, Herr. Mitgefangener von Peter Pringsheim in Australien   17.5.1916

Graul, Richard (24.6.1862 – 25.12.1944), Kunsthistoriker u. Museumsdirektor. 1896-1929 Direktor des Leipziger Kunstgewerbemuseums   11.7.1914

Grautoff, Otto (1876-1933), Buchhändler, Journalist, Kunsthistoriker. Schulkamerad u. Jugendfreund von → Thomas Mann. Arbeitete 1916 in der »Centralstelle für Ausland« in Berlin   12.11.1913; Berlin: 2.5.1916

Greef, Herr Dr., Bekannter von → Braune's   30.5.1914

Grisars   30.11.1916, 1.12.1916
Grisar, Herr, Ferienbekanntschaft in Wildbad   23.9.1916, München: 28.9.1916
Grisar, Geschwister   29.11.1916
   Tochter   München: 28.9.1916

Gröbble, Herr, Kunsthistoriker, Direktor des Museums im Sigmaringer Schloß Sigmaringen: 10.5.1913

Großberger, Frau, geb. v. Rohrscheidt 10.2.1914, Kondolenz: 23.3.1914, 2.4.1914

Grotthuß, Carl Ludwig *Victor* Ludwig Maria Baron v. (18.1.1878 – 11.9.1914 gefallen bei Fraimbois vor Lunéville), Kgl. preuß. Oberleutnant; verh. am 25.5.1908 mit Annie Rood. 2 Kinder. (s. Bd 3 u. 4) 1.1.1912; Todesnachricht: 24.9.1914

Grotthuß, Annie Margarethe Baronin v., geb. Rood (»die Burin«) (geb. 10.1.1880 in Transvaal) (s. Bd 4) 18.4.1911, 29.4.1911, 18.9.1911, 4.10.1911, 20.12.1911; 25.9.1914

Grube, Max (25.3.1854 – 25.12.1934), Schauspieler, Theaterleiter, Schriftsteller (s. Bde 1, 2 u. 3) 24.3.1914, 8.4.1914

Grünfelds 1.3.1914

Grünfeld, Heinrich (*Billi*) (21.4.1855 – 26.8.1931), Violoncellist. Seit 1910 verh. mit Adelheid Andree, gesch. Zimmermann, Berlin (s. Bde 1-4) 13.7.1911; 12.7.1912; 13.7.1913, 21.11.1913; 18.7.1914, 2.8.1914, 4.8.1914, 10.8.1914, 13.8.1914, 14.8.1914, 20.8.1914, 21.8.1914, 24.8.1914, 26.8.1914, 30.8.1914; 13.7.1915, 21.7.1915; 12.7.1916

Grundherr zu Altenthann u. Weyerhaus, *Ludwig* Karl Friedrich v. (2.2.1864 – 19.10.1916). Er war von Aug. 1913 bis Okt. 1916 Polizeipräsident von München. Verh. mit Else Bollinger (3.4.1877 – 2.9.1947), 3 Kinder 27.11.1915

Guccia, Giovanni Battista (21.10.1855 – 29.10.1914), Mathematiker, Universitätsprofessor (s. Bd 1 u. 4) 6.1.1913

Guggenheimers (*Guggs*) (s. Bde 1-4) 20.10.1912; 15.8.1913; 3.1.1916

Guggenheimer, *Helene*, geb. Wolff (30.11.1852 – 1936), Witwe des Bankiers Moritz Guggenheimer (20.4.1825 – 26.7.1902). Ihr Vermögen wurde 1914 auf 2 Millionen M. und ihr Einkommen auf jährlich 100.000 M. geschätzt. (Martin, 62) (s. Bde 1-4) 14.5.1911, 28.5.1911, 2.7.1911, 16.10.1911, 18.10.1911, 29.11.1911, 26.12.1911; 2.7.1912, 29.11.1912; 28.6.1913, 13.11.1913, 16.11.1913, 5.12.1913; 4.1.1914, 24.5.1914, 27.6.1914, 5.8.1914, 17.8.1914, 28.10.1914, 1.12.1914; Kondolenz: 17.1.1915, 22.1.1915, 22.4.1915, 23.4.1915, 13.5.1915, 14.6.1915, 25.6.1915, 9.10.1915, 11.12.1915, 26.12.1915; 10.5.1916, 21.6.1916, Gratulation: 1.7.1916, 11.7.1916, 13.7.1916, 16.7.1916, 3.11.1916, 28.11.1916, 3.12.1916, 26.12.1916

1. Hedwig (*Hedel*) (6.2.1884 – 1943), Lehrerin, Privatdozentin für Geschichte an der Berliner Universität (s. Bde 1-4) 13.7.1911, 26.12.1911; 15.7.1912, Gratulation zur Verlobung: 18.10.1912, 2.12.1912, Gratulation zur Hochzeit: 19.12.1912, 27.12.1912; verh. mit Prof. → Otto Hintze

Guitry, Sacha (21.2.1855 – 24.7.1957), franz. Schauspieler, Filmregisseur und Drehbuchautor Paris: 21.4.1911

Gulbranssons (s. Bd 4) 30.3.1912; 9.2.1913, 1.5.1913; 28.11.1915; 4.2.1916, 8.3.1916, 30.7.1916

Gr – Ha 741

Gulbransson, Olaf (26.5.1873 – 18.9.1958), norweg. Zeichner und Maler (s. Bd 3 u. 4)   31.1.1916; 30.7.1916

Gulbransson, Margarethe, geb. Jehly (31.7.1882 – 26.3.1934), Tochter des Kunstmalers Jakob Jehly und seiner Frau Wanda, geb. Freiin v. Pöllnitz; gesch. 1923.   30.7.1916, 10.8.1916
 1. Olaf Andreas (23.1.1916 – 1961), Architekt   Geburtsanzeige: 31.1.1916

Gullat, Herr, Bekannter von → Rodolfo Funke   3.11.1912

Gurlitts   Bremen: 25.10.1915

Gurlitt, *Cornelius* Gustav (1.1.1850 – 25.3.1938), Architekt u. Kunsthistoriker. Sohn des Landschaftsmalers Louis Gurlitt und der Elisabeth Lewald. Verh. seit 1888 mit Marie Gerlach (1859-1949), 2 Söhne, 1 Tochter. (NDB, Bd 7, 327f.)

Gusti, Gusty → Gusti v. **Becker**

Gutheil-Schoder, Marie (16.2.1874 – 4.10.1935), Sopran (s. Bd 4)   Prag: 24.5.1912

Gutzmer, Helene, geb. v. Banasch. Ehefrau des Mathematikers Prof. August Gutzmer (2.2.1860 – 10.5.1924) (s. Bd 3 u. 4)   Kongreß Cambridge: 24.8.1912, 4.10.1912, 8.10.1912

Haberegger, Therese, zeitweilig Hausangestellte bei der Familie Mann   8.7.1915, 13.9.1915, 4.10.1915

Habermann, Herr, Berlin, Freund von → Luigia Gagliardi   24.9.1911

Hackers (s. Bd 4)   13.7.1912

Hacker, Michael (22.12.1862 – 1933), Sohn der Weberseheleute Josef Hacker und Anna Hofgärtner. Ab Juni 1905 Hausmeister in der Arcisstr. 12. Verh. am 31.7.1891 mit Kreszenz Gebhard. 5 Kinder (PMB)   1.1.1911, 15.9.1911; 23.3.1912, 26.8.1912, 27.8.1912, 31.8.1912, 5.9.1912, 6.9.1912, 9.9.1912, 10.9.1912, 16.9.1912; 1.1.1913, 11.5.1913, 13.5.1913, 13.7.1913, 27.12.1913; 1.1.1914, 18.2.1914, 1.8.1914; 19.7.1915, 29.10.1915; 14.6.1916, 16.6.1916, 1.9.1916, 5.9.1916, 6.9.1916, 18.9.1916, 28.12.1916

Hacker, Kreszenz, geb. Gebhard (6.1.1862 – 1942), Sattlerstochter   25.12.1916
 1. Josef Erich (9.1.1892 – 22.7.1895)
 2. Antonie (*Toni*) (geb. 30.12.1892)   12.10.1915, 14.10.1915; 15.7.1916
 3. Caroline (*Lina*) Walburga (geb. 25.2.1894) als Kindermädchen für Milka engagiert   7.8.1914, 7.9.1914
 4. Kreszenzia (*Cenzi*) (geb. 10.10.1895)
 5. Elisabeth (*Lisbet*) (geb. 25.7.1897)
 mit den Töchtern   25.12.1916

Hagenbeck. Hagenbeck's Ceylon-Thee GmbH, Hamburg   11.12.1916

Hahn, Firma. Wurde mit Sendungen für Peter Pringsheim nach Australien betraut.   19.2.1916, 30.4.1916, 30.9.1916, 2.10.1916

Hahn, Herr   3.1.1914

Hahn & Bach, k. b. Hoflieferant, Spezialgeschäft für Möbelstoffe, Teppiche und Tapezierbedarfsartikel (Inh. Josef Hahn, k. b. Hoflieferant, und Hugo und Siegfried Railing), Kaufingerstr. 14   3.1.1914

Hahn, Charlotte (*Lotte*), geb. Landau (21.7.1865 – 2.6.1934), Witwe des Berliner Großindustriellen *Oskar* Hahn (1860-1907) (s. Bde 2, 3 u. 4)   24.9.1912, 26.9.1912, 29.9.1912; Wannsee: 2.6.1913, 7.6.1913; Wannsee: 29.7.1915, 3.8.1915; 29.4.1916
4. Franz   26.9.1912

Hahn, Prof. Hermann (23.11.1868 – 1942), Bildhauer, Medailleur (s. Bde 2, 3 u. 4)   29.1.1916

Hahn, Martin (17.4.1865 – 4.11.1934), Dr. med., Mikrobiologe und Hygieniker, Universitätsprofessor. Seit 1902 ao. Prof. an der LMU, ging dann zum WS 1911/12 als Ordinarius nach Königsberg. Wechselte 1913 nach Freiburg i.Br. (s. Bde 2, 3 u. 4)   21.1.1911, 12.3.1911, 7.5.1911, 21.10.1911, 3.11.1911, 13.12.1911, 31.12.1911; Kondolenz: 25.2.1912, 5.3.1912, Berlin: 28.9.1912, 29.9.1912; Freiburg: 10.5.1913, 11.5.1913; 25.1.1914, 26.1.1914, 21.8.1914; 22.3.1916, 30.4.1916

Hahn, Therese, geb. Rosenthal (26.10.1831 – 23.2.1912), Witwe des Großindustriellen Albert Hahn (18.12.1824 – 10.2.1898), Mutter von Oskar und Martin Hahn (s.o.) (s. Bd 2 u. 3)   Todesnachricht: 25.2.1912

Haim od. Heim, Tina, von → Wentscher empfohlen   17.5.1911, 25.5.1911

Hake od. **Hacke**, Graf von, Bekannter von → Rohrscheidts   Garzau: 17.6.1916

Halbe's (s. Bde 2, 3 u. 4)   10.1.1911; 2.7.1914
Halbe, Max (4.10.1865 – 30.11.1944), Schriftsteller (s. Bd 2 u. 3)   11.11.1911; 5.11.1915; Wannsee: 27.8.1916
Halbe, Luise Christiane, geb. Heck (1867-1957) (s. Bd 4)   Wannsee: 27.8.1916 mit Sohn   Wannsee: 27.8.1916

Hallgartens (s. Bd 4)   3.2.1911, 10.5.1911, 12.5.1911, 16.5.1911, 26.5.1911, 2.12.1911, 3.12.1911; 26.1.1912; 8.2.1913, 13.2.1913, 25.2.1913, 28.2.1913, 28.10.1913, 15.11.1913; 22.5.1915, 4.6.1915; 7.3.1916, 12.4.1916
Hallgarten, Constance (12.9.1881 – 25.9.1969), geb. → Wolff, gen. »Hündchen«. Ehefrau des Privatgelehrten Robert Hallgarten (1870-1924). Sein Vermögen wurde 1914 auf 6 Millionen M. und sein Einkommen auf jährlich 300.000 M. geschätzt. (Martin, 28) Mitbegründerin der »Internationalen Frauenliga für Frieden und Freiheit«. (s. Bd 4)   12.1.1911, 11.5.1911, 15.5.1911, 18.5.1911, 29.5.1911, 1.6.1911, 8.6.1911, 16.10.1911, 21.10.1911, 2.11.1911, 16.11.1911; 25.4.1912, 2.5.1912, 6.5.1912, 10.6.1912, 13.6.1912, 10.10.1912, 14.10.1912, 17.10.1912, 21.10.1912, 31.10.1912, 13.11.1912; 14.4.1913, 30.5.1913; 10.1.1914, 6.2.1914; 27.1.1915, 12.5.1915; 11.7.1916

Halm, Herr, Mitglied des Museumsvereins   30.4.1914

Hamburger, Frau, Bekannte von Hedwig (*Mim*) Dohm (s. Bd 4)   Berlin: 23.2.1914

Hamburger, *Hans* Ludwig (5.8.1889 – 14.8.1956), Mathematiker, Universitätsprofessor. 1907-1914 Studium an den Universitäten Berlin, Lausanne, Göttingen und München. 1914 Promotion bei Alfred Pringsheim, 1919 Habilitation u. Privatdozentur an der Universität Berlin, 1922 dort ao. Professor. 1924-1935 ord. Prof. in Köln. 1935 amtsenthoben, 1939 nach England emigriert, 1941-1947 an der Universität Southampton als Lect. tätig, 1947-1953 ord. Prof. an der Universität in Ankara, 1953-1956 Ordinarius an der Universität Köln. (Toepell, 185) (NDB, Bd 7, 581) Student Hans Hamburger aus Brandenburg von SS 1911 bis SS 1912 an der LMU immatrikuliert.   17.5.1911, 2.6.1911, 19.11.1911; 21.7.1912, 20.10.1912, 15.12.1912; 23.2.1913, 20.7.1913; 6.2.1914, mit »summa cum laude« promoviert: 10.5.1914

Hamburger, Frau Dr.   15.8.1916, 19.8.1916

Hamm, Herr/Frau (s.a. Bd 4)   20.11.1911

Hanfstaengl, Eberhard Viktor Eugen (10.2.1886 – 10.1.1973), Kunsthistoriker. Generaldirektor der Bayer. Staatsgemäldesammlungen. Sohn des Major Eugen H. (gest. 1905) und der Maria v. Hackländer (als Majorswitwe, Kaulbachstr. 91 im Adreßbuch von 1906); verh. seit 1909 mit Margarete Opitz (geb. 1885). (Bosl, 302)   8.11.1913

Hanfstaengl's, seit Mai 1908 nach Garmisch verzogen (s. Bde 1-4)   11.1.1912; 19.3.1914

Hanfstaengl, Katharina (*Kitty*) Wilhelmina, geb. Heine (geb. 8.10.1859), Witwe des Kgl. bayer. Hofphotographen Edgar Hanfstaengl (1842-1910) u. alleinige Inh. der Firma Franz Hanfstängl, Hofkunstanstalt und Kunstverlag. Ihr Vermögen wurde 1914 auf 2 Millionen M. und ihr jährliches Einkommen auf 140.000 M. geschätzt. (Martin, 65) (s. Bde 1-4)   15.7.1911; 25.1.1912, 17.5.1912, 28.11.1912, 15.12.1912; 18.5.1913; 2.2.1914, 4.7.1914, 15.8.1914, 18.8.1914, 11.9.1914; 21.1.1915, 26.1.1915, 24.2.1915, 26.2.1915, 27.2.1915, 21.12.1915; 9.1.1916, 16.1.1916, 19.1.1916, 14.5.1916, 8.6.1916, 25.10.1916

1. *Edgar* Karl Johann (8.7.1883 – 1958), Leiter der Kunstanstalt, Stadtrat in München, verh. am 23.9.1916 mit *Zdenka* Anna verw. Mottl, geb. → Faßbender (12.11.1879 – 1954), Tochter von Josef Franz Faßbender und Aloisia Brazda. Dramatische Sängerin an der Münchner Oper von 1906 bis 1924 (Kutsch/Riemens, Bd 2, 1089). 2 Kinder: Gabriele Ernestine (*Erna*) Luise Stefanie (geb. 28.6.1917), Edgar Martin Robert Ludwig (9.2.1919 – 17.2.1919) (PMB) (s. Bd 4)   6.2.1914, 15.8.1914, 9.9.1914

2. *Egon* Julius (31.7.1884 – 2.5.1915), Mitinhaber der Kunst- u. Verlagsanstalt Hanfstaengl (s. Bd 4)   Todesnachricht: 5.5.1915

3. Ernestine (*Erna*) Maria Johanna (31.10.1885 – 1981) (s. Bd 2 u. 4)   3.2.1911, 2.12.1912; 28.2.1913; 6.2.1914, 16.2.1914, 17.3.1914, 16.8.1914, 18.8.1914, 11.9.1914; 25.1.1915, 5.5.1915, 6.5.1915; 26.11.1916

5. Erwin (*Winnie*) (17.4.1888 – gef. Aug. 1914), Photograph (PMB) (s. Bd 4)   18.3.1914; Todesnachricht: 15.8.1914

Hannchen → Johanna v. **Bruckmann**

Hanselmann, Konditorei in Sils Maria, existiert heute nicht mehr, im Gegensatz zu der bekannten Konditorei in St. Moritz.   9.9.1911, 10.9.1911, 12.9.1911, 14.9.1911, 15.9.1911, 16.9.1911, 17.9.1911

Happe, *Marianne* Blanka v., geb. v. Rohrscheidt (geb. 18.5.1862), Schwester von → Paul v. Rohrscheidt, verh. mit *Paul* v. Happe (geb. 5.10.1858), Kgl. preuß. Oberst (s. Bd 4)   Garzau: 17.6.1916

Hardens (s. Bd 3 u. 4)   Grunewald: 16.6.1911, 18.6.1911; Grunewald: 14.4.1912, Grunewald: 16.6.1912, 22.6.1912, 29.6.1912; Grunewald: 21.8.1913

Harden, Maximilian (20.10.1861 – 30.10.1927) (urspr. Felix Ernst Witkowski) Schriftsteller, Herausgeber u. Verleger der *Zukunft.* Adresse: Wernerstr. 16, Grunewald (s. Bde 2, 3 u. 4)   24.1.1911, 27.1.1911, 5.2.1911, 10.2.1911, 17.2.1911, 22.2.1911, Grunewald: 23.2.1911, 27.2.1911, 28.2.1911, 2.3.1911, 18.4.1911, 21.4.1911, 28.4.1911, 1.5.1911, 8.6.1911, 11.6.1911, 26.6.1911, 27.6.1911, 29.6.1911, 11.7.1911, 21.7.1911, 25.7.1911, 26.7.1911, 31.7.1911, 12.9.1911, 20.9.1911, 17.10.1911, 21.10.1911, 27.10.1911, 5.11.1911, 9.11.1911, München: 10.11.1911, 11.11.1911, 21.12.1911, 24.12.1911; 21.1.1912, 26.1.1912, 4.2.1912, 24.3.1912, 29.3.1912, 12.4.1912, Grunewald: 14.4.1912, 20.4.1912, 22.4.1912, 1.6.1912, 3.6.1912, 24.6.1912, 2.8.1912, 7.8.1912, 3.9.1912, 18.10.1912, 7.11.1912, 14.11.1912, München: 15.11.1912, 16.11.1912, 22.12.1912, 27.12.1912; Grunewald: 11.1.1913, 18.1.1913, 14.2.1913, München: 15.2.1913, 17.2.1913, 19.2.1913, 8.3.1913, Grunewald: 14.3.1913, 11.6.1913, 13.6.1913, 18.6.1913, 21.6.1913, 30.6.1913, 12.7.1913, 13.7.1913, 15.7.1913, 26.7.1913, 10.9.1913, 13.9.1913, 14.9.1913, 14.10.1913, 15.10.1913, 20.10.1913, 11.11.1913, Berlin: 22.11.1913, 29.11.1913, 12.12.1913, 23.12.1913, 25.12.1913; 24.1.1914, 5.3.1914, 7.3.1914, 8.3.1914, 4.4.1914, 11.4.1914, 4.5.1914, 10.5.1914, 22.5.1914, 16.6.1914, 11.7.1914, 27.9.1914, 13.10.1914, 19.10.1914, 24.10.1914, 31.10.1914, 15.11.1914, 21.11.1914, 12.12.1914, 14.12.1914, 16.12.1914, Grunewald: 17.12.1914, 30.12.1914; 3.1.1915, 12.1.1915, 18.1.1915, 19.1.1915, 25.1.1915, 31.1.1915, 5.2.1915, München: 12.2.1915, 13.2.1915, 27.2.1915, 2.3.1915, 11.3.1915, Grunewald: 13.3.1915, 27.3.1915, 7.4.1915, 20.4.1915, 23.4.1915, München: 24.4.1915, 25.4.1915, 26.4.1915, 27.4.1915, 11.6.1915, 16.6.1915, 27.6.1915, 31.7.1915, Grunewald: 6.8.1915, 8.8.1915, 28.8.1915, 31.8.1915, 19.9.1915, 5.10.1915, 9.10.1915, 4.11.1915, Grunewald: 5.11.1915, 12.11.1915, 13.11.1915, München: 20.11.1915, 21.11.1915, 23.11.1915, 25.11.1915, 27.11.1915, 28.11.1915, 23.12.1915, 25.12.1915, 26.12.1915, 30.12.1915; 4.1.1916, 5.1.1916, 10.1.1916, 12.1.1916, 25.1.1916, 31.1.1916, 3.2.1916, Berlin: 5.2.1916, Grunewald: 10.2.1916, 14.2.1916, 22.2.1916, 25.2.1916, 4.3.1916, 8.3.1916, 8.4.1916, 25.4.1916, 27.4.1916, Grunewald: 28.4.1916, 2.5.1916, 5.5.1916, 8.5.1916, 14.5.1916, 16.5.1916, 20.5.1916, 30.5.1916, 2.6.1916, Grunewald: 15.6.1916, 15.7.1916, Grunewald: 12.8.1916, 13.8.1916, 15.8.1916, 5.9.1916, 9.9.1916, 10.9.1916, 15.9.1916, 14.10.1916, 15.10.1916, Grunewald: 20.10.1916, 4.11.1916, 7.11.1916, 13.11.1916, 18.11.1916, 1.12.1916, 14.12.1916, 20.12.1916, 30.12.1916, 31.12.1916

Harden, Selma, geb. Isaac (1863-1932), Tochter des Berliner Bankiers Isaac, seit 1898 Hardens Lebensgefährtin, seit 1919 mit ihm verheiratet (s. Bd 3 u. 4)   24.2.1911, Grunewald: 23.6.1911, Grunewald: 26.9.1911; Kondolenz: 22.2.1912, 25.2.1912, 26.2.1912; Grunewald: 14.3.1913, Ludwigshöhe: 3.8.1913, 13.11.1913; Grunewald: 16.6.1914; Grunewald: 6.8.1915

1. Maximiliane (*Maxa*) (1899-1983) (s. Bd 3 u. 4)   23.6.1911; 26.6.1912

Hardey, Mr.   Kongreß Cambridge: 24.8.1912

Hartmann, Generalin v.   10.10.1914, 12.10.1914

Hartmann. Wiener Restaurant, existiert wohl heute nicht mehr   29.5.1912

Hartogensis, Baronin Tilly v., geb. Waldegg   1.3.1916

Hartogs' (s. Bd 4)   12.9.1915, 1.12.1915; 20.12.1916

Hartogs, Friedrich (20.5.1874 – 18.8.1943), Mathematiker, Universitätsprofessor. Neffe von → Hermine Feist. Verh. am 14.8.1900 mit Therese Gerull (1878-1957), 4 Kinder (s. Bd 2 u. 4)   14.1.1911, 10.3.1911, 23.7.1911; 15.1.1912, 21.1.1912, 22.2.1912, 26.4.1912, 12.6.1912; 26.7.1913; 1.12.1915; 20.12.1916

Hatvany, Baron Lajos (Ludwig) v. (1880-1961), Schriftsteller. Nach dem Ersten Weltkrieg führendes Mitglied der Radikalen Partei Ungarns, unter dem Horthy-Regime verhaftet, hielt sich während des Zweiten Weltkrieges in Großbritannien auf, danach Rückkehr nach Budapest. Seit 1933 mit Thomas Mann gut bekannt. Bei ihren Besuchen 1935 und 1937 in Budapest wohnten die Manns im Palais Hatvany. Mit-Reiter von Hedwig Pringsheim   23.6.1913, 25.6.1913, 26.6.1913, 25.7.1913

Haunschild, Frau, → Olga Pringsheim wohnte zeitweilig bei ihr zur Untermiete   26.2.1915

Haupt, Otto (1887-1988), Mathematiker, Universitätsprofessor. 1906-1913 Studium an den Universitäten Würzburg, Berlin, München und Breslau. 1910 Staatsexamen, 1911 Promotion in Würzburg, 1913 Habilitation. 1913-1920 Assistentenstelle an der TH Karlsruhe, 1920 o. Prof. an der Universität Rostock, 1921-1953 o. Prof. an der Universität Erlangen, 1953 Emeritierung. (Toepell, 186)   12.5.1912

Hauschner, Auguste, geb. Sobotka (12.2.1850 – 10.4.1924), Schriftstellerin, Feministin, Pazifistin, Berliner Salonnière. Cousine von → Fritz Mauthner. Verh. seit 1871 mit dem Maler u. Fabrikanten Benno Hauschner (gest. 1890). In ihrem Salon verkehrten Gustav Landauer, → Maximilian Harden, → Max Liebermann, Max Brod u.a. (MMZ, 112), Bekannte von Hedwig (*Mim*) Dohm   25.2.1914; 10.2.1916

Hauseggers   Sils Maria: 10.9.1911

Hausegger, Siegmund v. (16.8.1872 – 10.10.1948), Komponist und Dirigent. Er wirkte als Dirigent in München, Frankfurt, Berlin und Hamburg und ab 1920 wieder in München. 1920-1934 Direktor bzw. Präsident der »Königl. Akademie der Tonkunst«, München. Verh. in 1. Ehe seit 1902 mit der Sängerin Hertha Ritter. Sohn Friedrich (geb. 1912). Verh. in 2. Ehe mit Hella Bronsart v. Schellendorff (1877-1956). Tochter Veronika.

Haushofers (s. Bde 2, 3 u. 4)   1.4.1911; 27.6.1913; 3.2.1914; 23.4.1915

Haushofer, *Karl* Ernst (27.8.1869 – 10.3.1946), Offizier, Geograph und Geopolitiker (s. Bde 1-4)   24.1.1914, 11.3.1914

Haushofer, *Martha* Mechthilde Mary, geb. Mayer-Doß (21.4.1877 – 10.3.1946) (s. Bd 3 u. 4)   4.3.1911, 6.3.1911, 2.12.1911; 5.1.1912, 13.1.1912; 26.2.1914, 13.3.1914, 13.10.1914, 14.10.1914

Hedda → Hedda **Gagliardi** bzw. → **Korsch**

Heddalieschen → Hedda und →Luigia **Gagliardi**

Heidenberger, Landsturmmann 15.2.1915, 25.2.1915, 28.2.1915, 23.3.1915, 3.4.1915, 22.4.1915, 2.5.1915, 20.5.1915, 31.5.1915, 9.6.1915, 21.6.1915, 25.6.1915, 28.6.1915, 15.7.1915, 31.7.1915, 11.8.1915, 25.8.1915, 8.9.1915, 19.9.1915, 14.10.1915, 2.11.1915; 17.1.1916, 24.1.1916, 5.2.1916, 25.2.1916, 13.4.1916, 26.4.1916, 1.5.1916, 22.5.1916, 3.6.1916, 14.7.1916, 1.9.1916, 29.9.1916, 10.10.1916, 1.12.1916, 7.12.1916, 16.12.1916, 17.12.1916

Heigels (s. Bd 1)   2.7.1914

Heigel, Dr. Karl Theodor Ritter v. (23.8.1842 – 23.3.1915), Historiker, Universitätsprofessor (Zils, 151-156) (s. Bd 1 u. 3)   Todesnachricht: 23.3.1915

Heigel, Maria Julia Luise Elise, geb. Baur (s. Bd 1)   21.8.1914, 23.8.1914, 25.8.1914, 28.8.1914; Kondolenz: 23.3.1915, 4.4.1915, 16.4.1915

Heils, Bekannte von Pannwitz'   Berlin: 19.2.1911

Heimsoeth, Dr.   1.12.1912, 11.12.1912, 15.12.1912; 28.2.1913, 12.4.1913

Heinemann'sche Kunsthandlung, Galerie Heinemann, Lenbachplatz 5 u. 6 (s. Bd 3 u. 4)   6.1.1911; 3.3.1912; 12.11.1913

Heldburg, Hermine Helena (*Ellen*) Marie Auguste Freifrau v., geb. Franz (30.5.1839 – 26.3.1923), Schauspielerin. Verh. am 18.3.1873 mit Herzog Georg II. zu Sachsen-Meiningen (2.4.1826 – 25.6.1914), Dr. phil. h.c. der Universität Jena, Kgl. Preuß. u. Kgl. Sächs. General d. Infanterie. (s. Bd 2)   17.1.1915

Helmuts, Bekannte von → Emilie Kaula   25.5.1911

Henckell, Karl (geb. 17.4.1864), Dichter und Schriftsteller. Nach Studium der Neueren Sprachen und Literatur in Berlin, Heidelberg, München und Zürich langjähriger Aufenthalt in der Schweiz. 1896-1905 Leitung des eigenen Verlages mit Sitz in Zürich und Berlin. Danach freie Schriftstellertätigkeit in Berlin, ab 1908 in München. Verh. seit 1897 mit Annie Haaf, Tochter des Berner Apothekers Karl Haaf-Haller. (Zils, 161f.)   14.3.1914

Hengeler, Prof. Adolf (11.2.1863 – 4.12.1927), Maler und Karikaturenzeichner (s. Bd 3)   7.2.1911

Hensels, Berlin (s. Bd 3)   Kongreß Cambridge: 26.8.1912

Hensel, Gertrud, geb. Hahn (4.8.1866 – 13.2.1954), Schwester von → Oskar und → Martin Hahn, verh. mit dem Prof. der Mathematik *Kurt* Jakob Wilhelm Sebastian Hensel (1861-1941) (s. Bde 1, 3 u. 4)   Kongreß Cambridge: 24.8.1912, 21.10.1912, 22.10.1912, 23.10.1912

Hermann → Hermann **Rosenberg**

Hermi, Hermy → Hermann **Ebers**

Hermine → Hermine **Feist**

Hermine, Kindermädchen der Familie Mann (seit 1910) (s. Bd 4)   20.4.1911, 13.5.1911, 18.5.1911, 21.5.1911, 27.5.1911, 31.5.1911, 5.6.1911, 4.8.1911

Herms od. **Harms,** Frau, Mit-Turnerin in der Turnstunde von Frl. → Möhl
20.11.1916

Hertwig, *Richard* Carl Wilhelm Theodor Ritter v. (bayer. Personaladel 1909) (23.9.1850 – 3.10.1937), Zoologe, Universitätsprofessor. (s. Bde 1, 2 u. 3) 4.2.1911; 1.9.1914

Hertwig, Julia (*Jula*), geb. Braun (1866-1942) (s. Bde 1, 2 u. 3) 28.8.1914, 1.9.1914

Hertzsprung, Ejnar (8.10.1873 – 21.10.1967), dänischer Astronom, Universitätsprofessor, Freund von → Hans Rosenberg   Wannsee: 21.9.1911

Herzbergs, Mitpatienten von Katja Mann im »Waldsanatorium Jessen« in Davos 3.8.1912

Herzog, Wilhelm (1884-1960), Schriftsteller und Publizist, zusammen mit Paul Cassirer Begründer der Zeitschrift *PAN,* die er 1910/11 herausgab; seit 1914 Herausgeber der Monatsschrift *Das Forum,* die wegen kriegsfeindlicher Artikel verboten wurde. Seit 1912 in München, während dieser Zeit enger Freund Heinrich Manns, auch mit Thomas Mann damals flüchtig bekannt, aber von ihm wenig geschätzt. Während der Exiljahre aber verstanden sie sich gut. Herzog lebte seit 1933 in Frankreich und der Schweiz, gelangte schließlich in die USA und kehrte 1952 nach Deutschland zurück. (Wer ist wer?, 108f.) 10.11.1913, 11.11.1913

Hess, Otto (geb. 16.10.1871), Dirigent (Riemann, 464) (s. Bd 4)   5.1.1915, 31.8.1915

Heyde-Quartett. Es bestand aus: Erhard Heyde (I. Violine), Joseph Stiglitz (Viola), Philipp Braun (II. Violine) und Gerald Maas (Violoncello) 2.11.1911; 3.1.1912

Heymann, Lida Gustava (15.3.1868 – 31.7.1943), Frauenrechtlerin. Als Arbeits- und Lebensgefährtin von → Anita Augspurg gehörte sie zu den prominentesten Vertreterinnen der deutschen Frauenbewegung. Während Hitlers Machtergreifung befanden sich die beiden Frauen auf einer Auslandsreise von der sie nicht mehr nach Deutschland zurückkehrten, sondern sich in Zürich ansiedelten, da sie bereits auf einer »Schwarzen Liste« standen. Sie hatten 1923 die Ausweisung Hitlers aus Deutschland gefordert.   5.7.1912, 13.11.1912; 23.10.1915

Heymel, Alfred Walter v. (bayer. Adel 1907) (eigtl. Walter Hayes Misch; Künstlername Alfred Dehmel) (6.3.1878 – 26.11.1914), Lyriker, Erzähler und Dramatiker (s. Bd 3 u. 4)   7.2.1911, 9.2.1911, 12.2.1911, 15.2.1911, 4.11.1911, 14.11.1911

Heymel, Marguerite (*Gitta*), geb. v. Kühlmann (1878-1951), gesch. 1912. Bekannte von → Schaeuffelens und → Hallgartens   24.3.1911, 3.12.1911

Heyse's (s. Bde 1-4)   18.11.1911; 1.8.1913; 3.2.1914

Heyse, Paul v. (bayer. Personaladel 1910) (15.3.1830 – 2.4.1914), Dichter (s. Bde 1-4)   18.11.1911; 3.12.1912, 25.12.1912; 15.4.1913; 3.2.1914, 3.4.1914

Heyse, *Anna,* geb. Schubart (1850-1930) (s. Bd 1-3)   10.4.1914, 7.9.1914; 29.3.1916

Hiersemenzel, Wolfgang, Kaufmann (Adresse 1913: Berlin W 35, Karlsbad 6) (s. Bd 1 u. 2)   10.3.1913

Hilberts (s. Bd 3 u. 4)   München: 16.10.1915, 17.10.1915, 18.10.1915, 19.10.1915, 20.10.1915, 22.10.1915

Hilbert, *David* (23.1.1862 – 14.2.1943), Mathematiker, Universitätsprofessor (s. Bd 3 u. 4)   16.8.1911; 9.3.1912; 1.4.1913; 21.4.1914, 6.10.1914, 9.10.1914; 10.10.1915, 15.10.1915, 19.10.1915; 23.2.1916, 2.3.1916, 18.4.1916, 19.9.1916, 22.9.1916, 19.10.1916, 28.10.1916, 30.12.1916

Hilbert, Käthe, geb. Jerosch (s. Bd 3 u. 4)   18.9.1911; 21.10.1914, 22.11.1914; 19.10.1915

Hildebrand, Fräulein, Mitpatientin von Katja Mann im »Waldsanatorium Jessen« in Davos   5.8.1912

Hildebrand, Prof. aus Graz   28.10.1913, 3.11.1913, 4.11.1913

Hildebrand, *Adolf* Ritter v. (bayer. Personaladel 1903, erbl. Adel 1913) (6.10.1847 – 18.1.1921), Bildhauer (s. Bde 1-4)   28.10.1913, 3.11.1913, 4.11.1913

Hillmann-Hotel. 1847 von Joh. Heinr. Hillmann am Herdentor/Ecke Wallanlagen errichtet, gehörte zu den vornehmsten Hotels der Hansestadt, 1944 bei den Luftangriffen auf Bremen zerstört.   24.-27.10.1915

Hillmann's Restaurant, heute Hillmannplatz 20, im Swissôtel Bremen   16.4.1916

Hindenburg, *Paul* Ludwig Hans Anton v. Beneckendorff und v. (2.10.1847 – 2.8.1934), Preußischer Offizier. Seit 1914 Generalfeldmarschall, seit 1916 Chef der Obersten Heeresleitung, seit 1925 Reichspräsident. Er ernannte 1933 Adolf Hitler zum Reichskanzler.   31.12.1914

Hintze's, Berlin   München: 13.8.1913, 15.8.1913; München: 3.1.1916

Hintze, Otto (27.8.1861 – 25.4.1940), Historiker (DBE)   18.10.1912; München: 30.12.1915

Hintze, Hedwig (*Hedel*) (6.2.1884 – 14.7.1942), Lehrerin, Privatdozentin für Geschichte; Tochter des Bankiers → Moritz Guggenheimer und seiner Ehefrau Helene, geb. Wolff; Patenkind von Hedwig Pringsheim. 1912 heiratete sie den Historiker Otto Hintze. Während des 1. Weltkrieges und wegen der Krankheit ihres Mannes mußte sie das Studium unterbrechen. 1924 Promotion. 1928 habilitierte sie sich als eine der ersten Frauen mit der Arbeit »Staatseinheit und Föderalismus im alten Frankreich und in der Revolution« für Geschichte und lehrte dann als Privatdozentin an der Friedrich-Wilhelms-Universität. Am 2.9.1933 Entzug der Lehrerlaubnis. Sie ging zunächst nach Paris, kehrte aber 1935 nach Berlin zurück. Nach dem Tod ihres Mannes emigrierte sie in die Niederlande. Einen 1941 an sie ergangenen Ruf nach New York konnte sie wegen der Besetzung der Niederlande nicht mehr antreten. Aufgrund der drohenden Deportation nahm sie sich in Utrecht das Leben. (MMZ, 123) (Gedenkbuch, Bd 2, 833f.)   13.7.1913, 13.8.1913; 18.7.1914; 13.7.1915, 30.12.1915; 14.2.1916, 13.7.1916

Hirn, Frau aus Innsbruck   15.4.1916

Hirschberg. F. Hirschberg & Co. Kaufhaus für Sport u. Mode. Inh. Ferdinand (1850-1925) und Arthur (geb. 1881) Hirschberg. (Adresse 1911: Theatinerstr. 42) (s. Bde 1-4)   4.1.1911, 16.3.1911, 18.3.1911, 21.3.1911, 29.3.1911, 31.3.1911, 4.4.1911, 13.5.1911, 16.5.1911, 18.5.1911, 20.5.1911, 22.5.1911, 27.5.1911, 6.6.1911, 4.7.1911, 5.8.1911, 14.8.1911, 19.8.1911, 23.8.1911, 25.8.1911; 7.5.1912, 23.10.1912, 29.10.1912, 6.11.1912, 8.11.1912, 14.11.1912, 17.11.1912

Hirschberg, Julius (18.9.1843 – 17.2.1925), Berliner Ophthalmologe. Er studierte in Berlin Medizin u. war einer der letzten Assistenten von Albrecht v. Graefe, der ihn dazu bestimmte sich ganz der Augenheilkunde zu widmen. 1868 ließ er sich als Augenarzt nieder. 1869 erweiterte er seine Praxis zu einer Augenheilanstalt u. Poliklinik. 1870 Habilitation, 1879 ao. Prof., 1895 Geheimer Medizinalrat. Hirschberg war bis 1907 als Augenarzt tätig u. hat während dieser Zeit zu fast allen ophthalmologischen Problemen in dem von ihm geleiteten »Zentralblatt für Augenheilkunde« Stellung genommen. (NDB, Bd 9, 221)   22.4.1916

Hirschfeld, Georg (11.2.1873 – 17.1.1942), Schriftsteller. Verh. in 1. Ehe mit der Witwe seines Bruders Julius; verh. in 2. Ehe seit 1912 mit Hedwig Hassel. (s. Bd 2 u. 3)   Gratulation: 3.5.1912, 15.5.1912

Hirths (s. Bde 1-4)   19.12.1912

Hirth, Dr. *Georg* (13.7.1841 – 28.3.1916), Dr. phil., Schriftsteller und Verleger; 1914: Mitglied des Münchener Altertums-Vereins (s. Bde 1-4)   12.7.1911; 6.9.1915, 7.9.1915; 31.3.1916
4. Walter (geb. 1881), Journalist   Kondolenz: 31.3.1916, 4.4.1916, 26.9.1916, 5.12.1916
Versteigerung Hirth (28.11.-3.12.1916)   26.11.1916, 8.12.1916

Hobson, Ernest William (27.10.1856 – 19.4.1933), brit. Mathematiker u. Universitätsprofessor. Von 1910 bis 1931 Prof. für Mathematik an der Universität Cambridge. Seit 1911 Mitglied der Leopoldina.   Kongreß Cambridge: 27.8.1912

Höflmayr, Dr. Ludwig, Spezialarzt für Nervenkrankheiten, Arzt von → Olga Meerson (s. Bd 3)   31.10.1914, 2.11.1914; 5.1.1915, 19.1.1915, 30.1.1915

Hörbinger, Frau   28.8.1914

Hofer, Herr, Wiener Bekannter von → Hermine Feist   26.3.1916

Hoffmann, Edith (*Ditti*), geb. Grönvold (1884-1935), Ehefrau des Forst- u. Domänenverwalters Franz Hoffmann (1878-1935) (s. Bd 4)   2.3.1913; 7.2.1915

Hoffmann, Else, geb. Richter, Pianistin. Schwester von Herrn → »Ingenieur« Richter (nicht bei Riemann)   28.2.1913, 23.4.1913, 11.8.1913; 4.12.1914, 12.12.1914; 19.1.1915

Hofmann, Herr Dr., Bekannter von → Hermine Feist   5.4.1912

Hofmann, Babette, Köchin bei Pringsheims   28.1.1912, 30.1.1912, Eintritt: 1.3.1912, 2.3.1912, Kündigung: 7.5.1912, Hinauswurf: 10.5.1912, 21.5.1912

Hofmann, Rudolf (1854-1932), Sohn des *Kladderadatsch*-Verlegers Albert Hofmann (1818-1880) und der Emma Knauth (1822-1864), Verleger. Er führte nach dem Tod des Vaters den Verlag fort, ohne ihn aber weiter auszubauen.   6.5.1913, 13.5.1913, 3.6.1913

Hofmann-Grönvold → **Hoffmann**, Edith

Hofmann-Richter, Else → **Hoffmann**, Else

Hofmann-Studeny, Else   4.12.1915

Holms   11.11.1911

Holm, Korfiz od. Corfiz (21.8.1872 – 5.8.1942), Schriftsteller und Verleger. Seit 1899 verh. mit Annie Scheich, verw. Ziemann   8.11.1912; 28.6.1913; 21.3.1914

Holm, *Mia*, geb. v. Hedenström (1845-1912), Lyrikerin u. Erzählerin, Mutter von Korfiz Holm (s.o.), Bekannte von Hedwig (*Mim*) Dohm (s. Bde 2, 3 u. 4)   26.4.1911

Holstein, Emmy v., Sängerin, Schülerin von → Sofie Röhr-Brajnin (nicht bei Kutsch/Riemens)   23.4.1913

Holzmann, Herr, Berlin, Bekannter von → Rosenbergs   21.2.1914, 21.6.1914

Homberger, Frau Dr., Schwester des Schriftstellers Emil Ludwig, Nichte von Fritz Friedländer-Fuld   Wannsee: 13.8.1916

Hondros, Demetrius (geb. 21.4.1882) (s. Bd 4)   6.1.1911; 2.1.1912, Gratulation zur Verlobung: 4.1.1912; 11.2.1915, 16.2.1915

Hopfner. Wiener Restaurant   29.5.1912, 31.5.1912

Horn, Baronin (s.a. Bd 1)   5.12.1912

Horneffer, August (geb. 5.7.1875), Dr. phil., Herausgeber, Schriftsteller. Nach Studium der Philosophie, Philologie, Kunst- und Musikwissenschaft, dreijährige Tätigkeit am Nietzsche-Archiv in Weimar als Herausgeber der nachgelassenen Werke Friedrich Nietzsches, dann Hauslehrer in der Schweiz, seit 1909 freier Schriftsteller in München; verh. seit 1911 mit Lili Wirth, Gründerin und frühere Vorsitzende der Münchener Mädchenhorte. (Zils, 181f.) Bekannter von → Alex. Oldenbourgs   21.5.1913

Hornig, *Helene* Henriette (geb. 27.8.1884), Tochter des K. Stallmeisters Richard Ritter v. Hornig (10.9.1841 – 2.8.1911), Ritterkreuz d. Verdienstordens d. bayer. Krone am 7.IV.1900, und der Anna Huber (geb. 10.7.1847). (PMB)   3.2.1911, Kondolenz: 25.4.1911, 26.4.1911, Kondolenz: 9.8.1911; 3.5.1912
Bruder Ewald (geb. 10.8.1875)
Schwester Therese (geb. 4.11.1877)

Hôtel Bellevue, Zürich   15.-16.5.1913

Hotel Bristol, Berliner Luxushotel, Unter den Linden 5-6, später 6 5. (s. Bd 4)   4.1.1913, 12.3.1913, 22.11.1913

Hotel Cecil. Londoner Luxushotel erbaut 1890-1896 im Stil des Edwardian Baroque war es mit seinen mehr als 800 Zimmern das größte Hotel in Europa. Im Aug. 1930 wurde es weitgehend zertört.   29.8.1912

Hôtel Douillemont, Paris   4.9.1912

Hotel Ernst August, Hannover. Seit 1909 im Besitz des Hoteliers Friedr. Wilh. Nolte (1880-1952).   27.10.1915

Hôtel Excelsior, Berlin, Königgrätzer Straße 112/113 (heute Stresemannstraße 78) gegenüber dem Haupteingang des Anhalter Bahnhofs. Als Hotel für Geschäftsreisende konzipiert, im Frühjahr 1908 eröffnet, nach mehrmaligem Umbau schließlich in den Zwanziger Jahren mit 600 Zimmern zum größten Hotel des Kontinents angewachsen. 1945 bei Bombenangriffen schwer beschädigt, dann abgerissen.   14.-17.6.1916

Hôtel Klumpp, Bad Wildbad. Existiert nicht mehr.   29.8.-23.9.1916

Hôtel du Louvre. Pariser Luxushotel im Stil des Zweiten Kaiserreiches an der Place André Malraux. 1855 zur Weltausstellung eröffnet, gehört heute zur Gruppe der Hyatt Hotels.   20.4.1911

Hotel Meissl & Schadn, Neuer Markt 2, Wien. Hotel »der vornehmen Bürgerlichkeit«. 1896 im neugotischen Stil errichtet. Das angeschlossene Restaurant war für seine gute Küche berühmt. Das Gebäude brannte 1945 aus und wurde zum Teil abgerissen, zum Teil modernisiert.   28.5.1912, 30.5.1912

Hôtel Régina, Paris, 2, Place des Pyramides, gegenüber dem Louvre und den Tuilerien. Anläßlich der Weltausstellung 1900 eröffnet. Existiert noch heute als 4-Sterne-Hotel der franz. Gruppe »Les Hôtels Baverez«.   9.-23.4.1911

Hôtel des Réservoirs, Versailles. Ehemals für Madame de Pompadour erbaut. Ab 1870 Hotel, am Anfang des 20. Jhs von einer Etage auf fünf Etagen erweitert. Heute Sitz der »École Européene d'Intelligence Economique« (EEIE)   17.4.1911

Hôtel Rhätia, Davos   11.-13.3.1912

Hotel Ritz, legendäres franz. Grandhotel (s. Bd 3)   22.4.1911

Hotel Splendid in Davos   12.3.1912, 13.-25.3.1912

Hôtel Tegetthoff, Wien, Johannesgasse 23   28.-31.5.1912

Hôtel Trois Rois, auch »Hotel drei Könige«, Basler Luxushotel. 1861 erstmals erwähnt, später immer wieder umgebaut, zuletzt 2004 von Grund auf saniert. Gehört heute zu den »Leading Hotels of the World«.   11.5.1913

Hôtel Victoria, London   28.8.-4.9.1912

Huberman od. **Hubermann**, Bronislaw (19.12.1882 – 16.6.1947), poln. Violinist, Schüler von I. Lotto, nach 1892 noch von J. Joachim in Berlin, unternahm schon von 1893 an Konzertreisen. Bis 1933 hatte er in Berlin gelebt, weigerte sich dann aber, in Deutschland aufzutreten, obwohl das Regime über seine jüdische Abstammung hinwegsehen wollte. 1935 organisierte er das New Palestine Symphony Orchestra, das hauptsächlich aus Musikern bestand, die ihre Stellungen in Europa verloren hatten. Er emigrierte 1940 in die USA und kehrte 1945 nach Europa zurück. (Riemann, Bd 2, 219) Bekannter von → Therese Simon und → Heinrich Grünfeld   8.2.1916

Huch, Ricarda (18.7.1864 – 17.11.1947), Schriftstellerin (s. Bd 3)   20.10.1912; 50. Geb.: 18.7.1914; 2.1.1915

Hülsen, Hans v. (5.4.1890 – 14.4.1968), Schriftsteller und Journalist. Seit 1908 mit Thomas Mann bekannt und jahrzehntelang mit ihm in Briefwechsel. Verh. seit 1915 mit der Schriftstellerin Ilse Reicke (4.7.1893 – 14.1.1989). (Wer ist wer?, 119)   Berlin: 3.1.1913

Huguenin. Café Huguenin, Zürcher Restaurant an der Bahnhofstraße; existiert nicht mehr   16.5.1913

Huldschinsky's (*Hulle's*)   10.11.1912, 22.11.1912, 5.12.1912; 31.1.1913, 1.2.1913, 25.2.1913, 17.4.1913, 19.6.1913, 1.8.1913, 11.8.1913, 28.10.1913; 1.1.1914, 4.6.1914; 25.12.1915; 4.1.1916

Huldschinsky, Paul (*Hulle*) (18.8.1889 – 1947), Innenarchitekt, Sohn des Großindustriellen Oskar Huldschinsky (s.u.) und der Ida Brandeis. Er dekorierte Bibliotheken und Räume für Kunstsammler, denen er auf Wunsch sogar die komplette Sammlung inklusive Einrichtung mitlieferte. Nach seiner Heirat am 22.10.1912 mit Aniela Fürstenberg ließ er sich in München nieder. Kriegsteilnehmer. Um 1938 emigrierte er nach Amerika, wo er als Filmarchitekt und Filmausstatter in Hollywood arbeitete. (PMB)   15.2.1913, 20.7.1913, 18.8.1913, 12.11.1913; 6.2.1914, 17.3.1914; 17.6.1915, 28.6.1915, 19.9.1915, 2.11.1915, 12.12.1915; 7.6.1916, 16.7.1916, 23.7.1916, 27.8.1916

Huldschinsky, Aniela (*Lella*) Henriette, geb. Fürstenberg (19.4.1891 – 1978), Tochter von → Carl Fürstenberg   3.11.1912, 6.11.1912, 14.11.1912; Gratulation zur Geburt: 18.7.1913, 20.7.1913, 11.8.1913, 30.9.1913, 12.11.1913; 7.2.1914, 2.4.1914, 22.8.1914; 13.4.1915, 7.5.1915
   1. Marta Anna Aniela (geb. 18.7.1913) und 2. Anna Maria Ida (geb. 18.7.1913)   18.7.1913, 30.9.1913; 23.7.1916

Huldschinski, *Oskar* Richard (16.11.1846 – 21.9.1931), oberschlesischer Großindustrieller und Mäzen; langjähr. Mitglied im Vorstand des »Kaiser Friedrich-Museums-Verein zu Berlin« (s. Bde 1, 2 u. 3)   15.8.1913; 11.3.1915, 2.11.1915; 12.8.1916

Hulle → Paul **Huldschinsky**

Huntington, Edward Vermilye (26.4.1874 – 25.11.1952), amerik. Mathematiker u. Physiker, Universitätsprofessor. 1891-1897 Studium in Harvard, 1899-1901 Studien in Straßburg und Göttingen, 1901 Promotion bei H. Weber in Straßburg, 1895-1899 und 1901-1905 Harvard Univ. und Williams College, 1905-1915 Ass. Professor, 1915-1919 Assoc. Prof. und 1919-1941 o. Prof. an der Harvard University Cambridge/Mass. Verh. seit 1909 mit Suzie Edwards Van Volkenburgh. (Toepell, 186)   12.6.1912

Huntington, Suzie, geb. Edwards Van Volkenburgh   12.6.1912, Kongreß Cambridge: 22.8.1912

Hutter, Frau (s. Bd 4)   30.12.1912; 31.12.1914; 9.4.1915

Hu – Ja

Ibsen, Bergliot, geb. Björnson (1869-1953), Sängerin. Tochter des Schriftstellers → Björnstjerne Björnson, Schwester von → Dagny Langen, verh. mit Henrik Ibsens Sohn Sigurd (1859-1930), 3 Kinder: Tancred, Irene, Eleonora (s. Bd 3) Berlin: 25.4.1916

Ilse → Ilse **Dernburg**

Immink, Familie, holländische Urlaubsbekannte aus Domburg, wohnhaft in Amsterdam (s. Bd 4)   6.12.1913; 7.1.1914
Immink, Frau (s. Bd 4)   14.12.1913
2. Mientje od. Mintje (s. Bd 4)   8.10.1911; 4.12.1913, 14.12.1913, 22.12.1913, 30.12.1913; 3.1.1914, 9.1.1914, 11.1.1914, 15.1.1914

Isenburg, My, Freundin von → Margarete (*Grete*) Hirsch (s. Bd 4)   26.11.1911, 31.12.1911; 8.3.1912

Isolina, Familienmitglied/Gesellschafterin(?) bei → Friedbergs   7.8.1913

Ivogün, Maria, nach dem Mädchennamen ihrer Mutter I(da) vo(n) Gün(ther) gebildeter Künstlername für Maria Kempner (18.11.1891 – 2.10.1987), Sopran. Sie wirkte 1913-1925 als hochgeschätzte Primadonna an der Münchener Oper. 1921-1932 war sie mit dem Tenor → Karl Erb verheiratet; seit 1933 mit dem Pianisten und Liedbegleiter Michael Raucheisen. (Kutsch/Riemens, Bd 3, 1688f. u. 6, 395)   7.11.1913; 17.1.1914, 25.1.1914, 6.2.1914, 27.3.1914, 25.5.1914; 15.2.1915, 19.5.1915, 21.10.1915; 24.1.1916, 14.3.1916, 12.4.1916, 11.12.1916

Jacobsohn, Siegfried (28.1.1881 – 3.12.1926), Theaterkritiker, Publizist, Redakteur. 1905 Gründer und Herausgeber der Theaterzeitschrift *Die Schaubühne*, ab 1918: *Die Weltbühne*. (NDB, Bd 10, 245f.)   21.9.1912

Jäckel od. **Jeckel**, Alice, geb. → Rodenberg, Berlin (s. Bd 4)   Wannsee: 20.6.1914; 9.3.1915, 6.8.1915; 19.4.1916
mit Töchterchen (s. Bd 4)   Wannsee: 20.6.1914; 9.3.1915, 6.8.1915; 19.4.1916

Jaffé's   31.1.1913, 1.2.1913, Sils Maria: 4.9.1913; 19.9.1915
Jaffé, Dr. Alfons, Leiter der Baufirma Lenz & Co., Berlin; Mitglied im »Kaiser Friedrich-Museums-Verein zu Berlin« (1916ff.) (s. Bd 3)
Jaffé, Hedwig, geb. Treitel, Tochter von → Aniela Fürstenberg, gesch. Treitel, Bekannte von → Marianne Landau (s. Bd 3)   28.7.1916

Jahreszeiten. Hotel Vier Jahreszeiten, auch heute noch ein Münchner Luxushotel, gehört zur Gruppe der Kempinski-Hotels (s. Bd 3 u. 4)   11.11.1911; 14.11.1912, 15.11.1912; 30.5.1914, 8.8.1914, 10.8.1914; 2.1.1915

Jaradschewski's, Bekannte von → Rosenbergs, Berlin (s.a. Bd 3)   25.2.1914

Jas, Erline, Freundin von Peter Pringsheim   9.5.1915, 15.5.1915; 19.1.1916, 24.2.1916

Jawlensky, Alexej v. (13.3.1867 – 15.3.1941), russ. Maler des Expressionismus. Mitglied des »Blauen Reiter«. Lebensgefährte der russ. Malerin → Marianne v. Werefkin. (ThBV, 159f.) 28.2.1912

Jellocics, Bekannte von → Ternina's 5.12.1914

Jensen, Dr. Wilhelm (15.2.1837 – 24.11.1911), Lyriker und Schriftsteller (s. Bde 1-4) Todesnachricht: 24.11.1911

Jensen, Marie, geb. Brühl (1845-1921) (s. Bde 1-4) 25.3.1911, 24.11.1911, 12.12.1911

Jessen, Friedrich (1865-1935), Dr. med., Leiter des »Waldsanatoriums« in Davos (später »Waldhotel Bellevue«), ab 1909 Kgl. preuß. Professor, ab 1917 Kaiserl. Geh. Sanitätsrat. Verh. seit 1909 mit Irmgard v. Tümpling. (Wer ist wer?, 125f.) 12.3.1912, 13.3.1912, 14.3.1912, 15.3.1912, 16.3.1912, 18.3.1912, 20.3.1912, 22.3.1912, 24.3.1912, 25.3.1912, München: 14.6.1912, 25.7.1912, 27.7.1912
 1. Harald, Dr. med., Arzt im »Waldsanatorium«, ab 1927 dessen Leiter 22.3.1912, 25.3.1912

Jochen → Jochen **Adolph**

Jodlbauer, Herr/Frau 28.8.1914

Joël, Student 12.2.1916

Jof → Josef **Löhr**

Jordans, Urlaubsbekannte aus Cortina (s. Bd 2 u. 4) 1.1.1912; 15.10.1913, 20.10.1913, 21.10.1913

Jordan, Dr. Hans (3.2.1848 – 10.10.1923), Industrieller und Bankier in Elberfeld (s. Bd 2 u. 4) 1.1.1912

Jordan, Clara, geb. Zimmermann (1858-1933) (s. Bd 4) 23.1.1912, 25.1.1912, 31.1.1912, 25.2.1912; 19.10.1913; 31.12.1915; 1.1.1916, 28.5.1916

Josten, Werner Erich (1885-1963), Komponist u. Sänger, Pianist, Kapellmeister, Bruder von → Hanna Wolff. Nach Studien bei Erich Siegel in München und Émile Jaques-Dalcroze in Genf lebte er ab 1912 in Paris, gab aber gelegentlich auch in München Konzerte. Mit Ausbruch des ersten Weltkriegs kehrte er nach München als Opernkapellmeister zurück. 1920 wanderte er in die Vereinigten Staaten aus und erwarb 1933 die Amerikanische Staatsbürgerschaft. Von 1923 bis 1949 Professor für Komposition am Smith College in Southampton, Massachusetts, wurde er einer der bedeutendsten amerikanischen Komponisten seiner Zeit. Neben symphonischen und kammermusikalischen Werken vertonte er zahlreiche Gedichte u.a. von Josef von Eichendorff, Friedrich Hebbel und Heinrich Heine, um 1920 auch Rilkes frühen Zyklus »Lieben«. (Bruckmann-Briefe, 641) 19.12.1913

Juël, Ehepaar Berlin: 24.11.1913; Wannsee: 22.6.1914

Juël, Sophus *Christian* (25.1.1855 – 24.1.1935), Mathematiker, Universitätsprofessor (s. Bd 4)

Juël, Frau, Malerin, malte ein Porträt von Hedwig (*Mim*) Dohm Wannsee: 21.6.1914

Jungk, Günther, Sohn des königl. Gerichts-Assessors Dr. jur. Hermann Jungk und der Pauline Emilie Blanka Schleh (s. Bd 2 u. 4)   Kondolenz: 11.11.1913

Jungk, Hedwig (*Hedel*) (gest. 1913), Schwester von Günther Jungk (s. Bd 1 u. 2) Todesnachricht: 10.11.1913

Justi, Ludwig (14.3.1876 – 19.10.1957), Kunsthistoriker, Universitätsprofessor, Museumsdirektor. 1903 ord. Prof. in Halle, 1904 Direktor des Städelschen Kunstinstituts in Frankfurt am Main, 1905 Erster Sekretär der Preuß. Akademie der Künste, 1909-1933 als Nachfolger → H. v. Tschudi's Direktor der Berliner Nationalgalerie. (NDB, Bd 10, 706f.) Bekannter von → Felix Deutschs; mit dem Malerehepaar → Lepsius befreundet. Mitglied im Berliner »Künstler-Club«   9.2.1912, 14.2.1912

Käte, **Kaete** → Käthe Maria **Rosenberg**

Kaiser → **Wilhelm II.**

Kalbecks (s. Bd 3 u. 4)   Wien: 29.5.1912; München: 25.6.1913

Kalbeck, Max (4.1.1850 – 4.5.1921) (Ps. Jeremias Deutlich), Musikschriftsteller und -kritiker; verh. seit 1881 mit Julie Freund (s. Bd 3)

Kalisch, Paul (6.11.1855 – 27.1.1946), Opernsänger. Sohn des Schriftstellers und Mitbegründers der Satirezeitschrift *Kladderadatsch* David Kalisch (1820-1872) und von Sophie Albrecht (1831-1901). Zunächst arbeitete K. als Architekt. Die Sängerin Adelina Patti riet ihm zum Gesang und auf Vermittlung des Direktors der Hamburger Oper Bernhard Pollini wurde er in Mailand als Tenor ausgebildet. Debüt 1879 in Rom. Es folgten erfolgreiche Auftritte in Italien und Deutschland. 1884-1887 gehörte er dem Ensemble der Berliner Hofoper an. 1888 folgte er einem Ruf an die Metropolitan Opera New York und heiratete dort die berühmte Sopranistin Lilli Lehmann (24.11.1841 – 17.5.1929). Beide waren über Jahre gefeierte Interpreten, besonders im Wagner-Fach. 1892 nach Europa zurückgekehrt, trennte sich das Paar. K. setzte seine Karriere mit Gastspielen fort. 1904 trat er nochmals gemeinsam mit Lilli Lehmann im *Tristan* auf. (Kutsch/Riemens, Bd 3, 1765 u. Bd 6, 409)   22.1.1912

Kalli → Karl **Korsch**

Kandinsky, Wassily (16.12.1866 – 13.12.1944), Maler, Graphiker, Kunstschriftsteller. 1901 Vorsitzender der Münchner Künstlervereinigung »Phalanx« und bis 1903 Lehrer an deren Privatkunstschule, damit auch zeitweilig Lehrer von → Olga Meerson. Mitgründer des »Blauen Reiter«. (ThBV, 78f.)   15.1.1912

Kantorowicz, *Ernst* Hartwig (3.5.1895 – 9.9.1963), Historiker. Nach dem Abitur 1913 studierte er 2 Semester Philosophie an der Universität Berlin. Bei Kriegsausbruch meldete er sich als Freiwilliger und wurde zunächst in Frankreich dann in der Türkei eingesetzt. Nach Kriegsende studierte er 2 Semester Nationalökonomie in München, seit Herbst 1919 dann Finanzwissenschaft in Heidelberg, wo er sich dem George-Kreis anschloß. Promotion 1922. Seine erste Veröffentlichung, die Biographie Kaiser Friedrichs II., eröffnete ihm die akadem. Laufbahn: 1930 Honorarprofessor, 1932 o. Prof. für mittelalterliche und neuere Geschichte in Frankfurt. Emeritierung aufgrund seiner jüd. Abstammung am 1.11.1934. Im Nov. 1938 Emigration nach Oxford, von dort in die USA. (NDB, Bd 11, 126f.) Bekannter von → Bondi's   Wannsee: 17.6.1914; Wannsee: 5.8.1916, 6.8.1916, 9.8.1916, 12.8.1916, 13.8.1916, 20.8.1916

Kapteyn, Jacobus Cornelius (19.1.1851 – 18.6.1922), niederländ. Astronom, Universitätsprofessor. Er lehrte ab 1878 als Professor in Groningen   Kongreß Cambridge: 28.8.1912

Karatheodori → **Carathéodory**

Kardinal, Prof.   Kongreß Cambridge: 28.8.1912

Kase, Alfred (28.10.77 – 13.1.1945), Bariton, später auch Bass (Kutsch/Riemens, Bd 3, 1781)   13.12.1913

Kaspari, Ehepaar, Bekannte von → Bissings   3.1.1912

Katz, Ehepaar, Bekannte von → Hardens   Berlin: 14.4.1912

Kauer, Jakobine, Modesalon, Schönfeldstr. 20 bzw. Schönfeldstr. 14 (s. Bd 4)   4.2.1911, 22.5.1911, 26.5.1911, 25.10.1911, 3.11.1911, 10.11.1911, 18.11.1911; 5.4.1912, 24.4.1912, 4.6.1912, 13.6.1912, 7.10.1912, 12.10.1912, 26.10.1912, 30.10.1912, 8.11.1912, 25.11.1912, 7.12.1912, 11.12.1912; 17.4.1913, 31.10.1913, 7.11.1913; 11.5.1914, 15.5.1914, 16.5.1914, 26.5.1914

Kaula, Isabella *Emilie*, geb. Ettlinger (9.7.1833 – 29.9.1912), Sängerin, Gesangspädagogin (s. Bde 1-4)   25.5.1911; Todesnachricht: 1.10.1912
2. Friedrich (*Fritz*) Salomon (3.6.1868 – 28.10.1950), Papier-Techniker (s. Bde 2, 3 u. 4)   21.1.1912; 1.2.1914, 6.2.1914; 22.5.1915; 29.6.1916

Kaulbachs (s. Bde 2, 3 u. 4)   27.11.1916
Kaulbach, Friedrich (*Fritz*) August v. (geadelt 1886) (2.6.1850 – 26.7.1920), Kunstmaler; verh. mit der Geigenvirtuosin Frida Schytte. Sein Vermögen wurde 1914 auf 5 Millionen M. und sein jährliches Einkommen auf 800.000 M. geschätzt. (Martin, 32) (s. Bde 1, 2 u. 3)
Kaulbach, Frida v., geb. Schytte (31.3.1871 – 29.4.1948), Geigenvirtuosin (Künstlername: Frida Scotta) (s. Bd 2 u. 3)   30.12.1915, 31.12.1915; 6.1.1916, 12.3.1916, 15.3.1916, Kondolenz: 31.3.1916, 14.4.1916

Kayßler, Friedrich (7.4.1874 – 24.4.1945), Schauspieler am Deutschen Theater Berlin, Regisseur und Intendant; seit 1905 verh. mit der Schauspielerin Helene Fehdmer. (NDB, Bd 11, 386f.) (s. Bd 2 u. 4)   Berlin: 14.2.1912, 16.4.1912; 19.7.1913; 4.7.1914, 18.7.1914, 25.7.1914; 22.6.1916

Kayßler, Helene, geb. Fehdmer (16.1.1872 – 12.8.1939), Schauspielerin am Deutschen Theater (NDB, Bd 5, 46) (Eisenberg, 249) (s. Bd 4)   Berlin: 14.2.1912, 16.4.1912; 19.7.1913; 4.7.1914, 18.7.1914, 25.7.1914; 22.6.1916

Keiths   12.11.1911, 19.11.1911, 26.11.1911, 9.12.1911, 26.12.1911; 21.1.1912, 3.3.1912, 14.4.1912; 12.12.1914
Keith, Boris (geb. 16.5.1887), russ. Maler. Er besuchte die Kunstschulen in Odessa, Genf, Paris und Berlin. Beeinflußt durch die franz. Impressionisten

Ka – Kl

hat er es auf dem Gebiet des Interieurs und des Still-Lebens zu großer Meisterschaft gebracht.   17.2.1911, 11.7.1911; Berlin: 14.4.1912; Berlin: 28.9.1914

Keith, Lili, geb. → Klein (geb. 6.8.1889), Tochter von Hedwig Pringsheims Schwester Eva; verh. seit Januar 1911; Abitur: Juli 1912. Wohnt etwa seit 1915 in Berlin. Anfangs arbeitete sie als Übersetzerin aus dem Russischen und Englischen, später als Korrespondentin der Moskauer Zeitung *Istwestija* u.a. 31.1.1911, 17.2.1911, 11.7.1911, 25.7.1911, 2.8.1911, 11.10.1911, 13.10.1911, 16.10.1911, 17.10.1911, 9.11.1911, 4.12.1911, 14.12.1911; 1.3.1912, 3.3.1912, 9.3.1912, 7.4.1912, Berlin: 14.4.1912, 14.5.1912, 4.7.1912, Abitur: 12.7.1912, 20.7.1912, 22.7.1912, 10.11.1912, 17.11.1912, 21.12.1912, 26.12.1912; 3.9.1913, Sils Maria: 5.9.1913, 7.9.1913, 9.9.1913, 13.9.1913, 14.11.1913, 24.12.1913; 1.1.1914, 15.6.1914, 6.9.1914, Berlin: 28.9.1914, 17.12.1914; Berlin: 11.8.1915, 11.11.1915; Berlin: 7.2.1916, 1.5.1916, 14.8.1916, 31.12.1916

Kerr, Alfred, eigtl. Alfred Kempner (25.12.1867 – 16.10.1948), Kritiker, Schriftsteller (s. Bd 3 u. 4)   Berlin: 17.6.1911; 5.1.1913, 11.4.1913

Kienzl, Wilhelm (17.1.1857 – 3.10.1941), Dirigent und Komponist (s. Bd 1 u. 2)   15.10.1913, 27.10.1913

Kiliani, Richard (1861-1927), Jurist u. Diplomat. 1911-1914 als Generalkonsul in Sidney tätig. Arbeitete 1916 in der »Centralstelle für Ausland«, Berlin   19.12.1914; Berlin: 1.5.1916, 2.5.1916, 7.5.1916, 10.5.1916
mit Frau u. Tochter   19.12.1914

Kilwins, Bekannte von → Emilie Kaula   25.5.1911

Kirchberger, Fräulein, Bekannte von Hedwig (*Mim*) Dohm (s. Bd 3 u. 4)   Berlin: 21.11.1913

Kirchner, Eugen (20.2.1865 – 1938), Maler, Zeichner u. Radierer. Er bezog Ostern 1883 die Berliner Akad. u. wurde nach 1 Jahr Schüler von P. Thumann u. P. Meyerheim. Ostern 1888 übersiedelte er nach München u. war den Sommer über mit Uhde, Kalckreuth, Langhammer u. Hugo König in Dachau vorwiegend als Landschaftsmaler tätig. In München, wo er der Sezession seit ihrer Gründung angehörte, suchte er sich als Illustrator eine Existenz zu gründen, wurde zuerst Mitarbeiter eines engl. Witzblattes u. trat dann 1893 mit den *Fliegenden Blättern* in Verbindung, deren Mitarbeiter er über 30 Jahre blieb. (ThBV, 379)   27.3.1914, 15.5.1914

Kirschner, Martin (10.11.1842 – 13.9.1912), Oberbürgermeister u. Ehrenbürger von Berlin (s. Bd 4)   Wien: 29.5.1912

Kitchener, Horatio *Herbert*, 1. Earl Kitchener (24.6.1850 – 5.6.1916), brit. Feldmarschall u. Politiker   Todesnachricht: 6.6.1916

Klabund, eigtl. *Alfred* Georg Hermann Henschke (4.11.1890 – 14.8.1928), Schriftsteller (NDB, Bd 8, 557)   8.10.1915

Klara, Köchin bei Pringsheims   gemietet: 19.5.1912, Eintritt: 1.6.1912, 7.8.1912, Austritt: 19.8.1912

Klatte, Frau, Berlin, mit → Mary Pringsheim bekannt, verkehrte später noch bei → Dernburgs (s. Bd 4)   8.3.1913
mit Schwester   8.3.1913

Kleins, Berlin (s. Bde 1-4)   München: 13.3.1911
Klein, Max (27.1.1847 – 6.9.1908), Bildhauer. Verh. mit *Eva* Dohm (13.9.1859 – 11.6.1930), Schwester von Hedwig Pringsheim (s. Einleitung)
3. Lily (auch Lilli od. Lili) (geb. 6.8.1889), Journalistin, Übersetzerin; verh. 1911 mit → Boris Keith (s. Bde 1-4)   31.1.1911
4. Dora (*Dorchen*) (18.2.1894 – 18.6.1931 Selbstmord), Bildhauerin. Von Georg Bondi adoptiert (s. Bde 2, 3 u. 4)   16.2.1911, 20.2.1911, 12.6.1911, 19.6.1911, 21.6.1911, 25.6.1911, Sils Maria: 13.9.1911, Verlobung: 20.9.1911, verh. seit 1912 mit → Hans Brinkmann, gesch. 1915

Klemperers (Herbert), Berlin (s. Bd 3 u. 4)   24.6.1914, 27.9.1914, 13.12.1914; Wannsee: 17.8.1916
Klemperer Edler v. Klemenau, *Herbert* Otto (geb. 29.6.1878), Dr.-Ing., Industrieller, Vorstandsvorsitzender der Berliner Maschinenbau AG (s. Bd 3 u. 4)   16.3.1913; 23.2.1914, 25.2.1914, 7.9.1914; 11.3.1915, 2.11.1915, 9.11.1915; 8.2.1916, 18.4.1916, 26.4.1916, 2.5.1916
Klemperer, Frieda (*Fifi*) v., geb. Kuffner. 4 Kinder (s. Bd 4)   8.3.1914; 2.5.1916

Klemperer, Otto (14.5.1885 – 6.7.1973), Kapellmeister (s. Bd 4)   15.1.1912, 17.1.1912, 18.1.1912

Klenau's (s. Bd 3)   Berlin: 21.2.1914
Klenau, *Paul* August v. (11.2.1883 – 31.8.1946), dän. Komponist und Kapellmeister (s. Bd 3 u. 4)   Berlin: 21.2.1914; 15.11.1915
Klenau, Anna Maria Eveline, geb. Simon (geb. 20.10.1878), Tochter von → Therese Simon, Enkelin von Leopold Sonnemann (s. Bd 3 u. 4)   19.2.1916, 26.2.1916, 15.3.1916, 18.4.1916

Klosterhallen. Züricher Restaurant   15.5.1913

Knappe, Charlotte (geb. 11.2.1868), Tochter des Diplomaten Julius v. Eckardt (1836-1908) und von Isabella David; Schwester des Journalisten → Felix v. Eckardt und von → Annette Simon. Witwe des Diplomaten Wilhelm Knappe (20.10.1855 – 5.2.1910) (s. Bd 3)   17.6.1911, 29.6.1911

Kneipp, Sebastian Anton (17.5.1821 – 17.6.1897), Priester und Erfinder der »Kneipp-Kur« (s. Bd 2)   6.1.1912

Knoop, Herr   Kongreß Cambridge: 28.8.1912

Knorrs (s. Bde 1-4)   18.11.1911
Knorr, Thomas (9.8.1851 – 13.12.1911), Verleger (s. Bde 1-4)   Gratulation: 13.8.1911, Todesnachricht: 14.12.1911
Knorr, *Eugenie* Josephine Violanda, geb. v. Leistner (18.3.1856 – 1941), Tochter des kgl. bayer. Advokaten Eduard v. Leistner (1816-1874) und der Helene Kirchmayer (8.11.1824 – 11.12.1910) (s. Bde 1-4)   30.1.1912; 15.4.1913; 3.2.1914

Knote, Heinrich (26.11.1870 – 12.1.1953), Tenor (s. Bd 3 u. 4)   7.8.1911; 18.8.1912; 27.2.1913, 14.8.1913, 9.10.1913; 12.3.1916

Kobinger, Anna, Aushilfsköchin bei Pringsheims   engagiert: 11.5.1912, Eintritt: 12.5.1912, Austritt: 1.6.1912, 11.12.1912

Kobold, Ella, Schauspielerin am Hamburger Stadttheater   27.1.1912

Koch, Professor   3.4.1914

Koebe, Paul (15.2.1882 – 8.6.1945), Mathematiker. Seit 1910 ao. Prof. der Mathematik in Leipzig, wurde er 1913 Mitdirektor des Mathemat. Seminars und folgte 1914 einem Ruf an die Universität Jena. Von 1926 bis zu seinem Tod 1945 wirkte K. als Prof. und Direktor des Mathemat. Seminars wieder an der Univ. Leipzig. (DBE) (Toepell, 185)   23.8.1915

Köbner, Geheimrat   Sils Maria: 8.9.1913, 9.9.1913

Königsmarck, Graf von, Bekannter von → Fürstenbergs, Berlin   22.6.1911, 5.7.1911, 6.7.1911, 10.7.1911

Körner, Hermine (1882-1960), Schauspielerin, Theaterleiterin. Bekannt wurde sie durch ihre Darstellungen der Lady Macbeth, Phädra, Elisabeth in Schillers »Maria Stuart«. Sie übernahm 1919 die Direktion des Münchener Schauspielhauses, 1925 die des Dresdener Albert-Theaters.   28.7.1916

Koffka's (s. Bd 4)   2.8.1911, Wannsee: 20.9.1911; 4.1.1913, 8.8.1913; 14.3.1915, 5.11.1915

Koffka, Kurt (18.3.1886 – 22.11.1941), Psychologe, Universitätsprofessor (s. Bd 4)   2.1.1916, 3.1.1916

Koffka, Mira, geb. Klein (11.8.1886 – 1976), Tochter des Bildhauers → Max Klein und von Eva Dohm, Nichte von Hedwig Pringsheim (s. Bd 4)   7.1.1911, 21.1.1911, 8.6.1911, 14.6.1911, 18.7.1911, 24.7.1911, 26.7.1911, 1.9.1911, 3.10.1911; 2.1.1912, Berlin: 9.4.1912, 1.5.1912, 11.6.1912, 20.7.1912, 23.7.1912; 4.8.1913; 27.7.1914, 30.7.1914, 31.7.1914, Berlin: 24.9.1914, 27.11.1914; 17.3.1915, 7.7.1915, 9.7.1915, 3.11.1915, Berlin: 6.11.1915; 8.2.1916, Wannsee: 12.8.1916, 18.8.1916, Berlin: 14.10.1916, 23.10.1916

Kolbs (s. Bd 3 u. 4)   11.12.1915

Kolb, Inspektor Max (1829-1915), Direktor des botanischen Gartens, verh. seit 1858 mit der Konzertpianistin Sophie Danvin. 6 Kinder (s. Bd 2 u. 3)   Todesnachricht: 29.11.1915

Kolb, Sophie, geb. Danvin (1840 – 2.5.1916), Konzertpianistin. Sie war Schülerin von Jacques Offenbach und später mit Charles Gounod befreundet.   Todesnachricht: 6.5.1916

4. Annette (3.2.1870 – 3.12.1967), Schriftstellerin (s. Bd 3 u. 4)   21.1.1911, 5.5.1911, 9.12.1911; 31.10.1912, 26.11.1912, 29.12.1912; 9.2.1913, 30.3.1913, 4.12.1913, 19.12.1913; 27.5.1914, 26.11.1914; Kondolenz: 29.11.1915; Kondolenz: 6.5.1916, 12.5.1916

Kolitz'   30.11.1913; 1.3.1914
Kolitz, Professor, Berlin (s. Bd 4)   24.6.1912
Kolitz, Frau   24.6.1912

Kolmers, Herr (s.a. Bd 3 u. 4)   Berlin: 12.4.1912, 27.6.1912

Korff, Arnold (2.8.1870 – 2.6.1944), Schauspieler, seit 1897 am Carltheater, 1898-1913 am Wiener Hofburgtheater. (Eisenberg, 531)   Wien: 30.5.1912

Korschs, Berlin   8.12.1914, 11.12.1914, 18.12.1914; 30.1.1916, 31.1.1916

Korsch, Karl (*Kalli*) (15.8.1886 – 21.10.1961), Dr. jur., marxistischer Theoretiker, Politiker. Lehrer von Bert Brecht. Jurastudium mit Promotion zum Dr. jur., Soldat im 1. Weltkrieg, im Sept. 1914 verwundet. 1919 Eintritt in die USPD, 1920 Mitglied der KPD, 1923 thüring. Justizminister, 1924-1928 Mitglied d. Reichstags, 1924-1925 Führer einer oppositionellen Gruppe in d. KPD, 1926 Parteiausschluß, da zum »Trotzkisten« erklärt, 1933 Emigration nach England, später in die USA, dort publizistische u. wissenschaftliche Tätigkeit. Verh. seit Aug. 1913 mit Hedda Gagliardi (s. Stammtafel Schleh).   27.5.1913, 28.5.1913, 2.6.1913, 6.8.1913; 18.9.1914; 10.11.1915; 23.4.1916, 16.8.1916, 17.8.1916, 10.10.1916, 12.10.1916

Korsch, Hedwig (*Hedda*) Franceska Luisa, geb. → Gagliardi (20.8.1890 – 11.7.1982), Sprachlehrerin. Nichte von Hedwig Pringsheim. Bald nach ihrer Heirat ging sie mit ihrem Mann nach England. 1914 kehrten sie nach Deutschland zurück. Gleich zu Beginn des Krieges wurde Karl Korsch eingezogen. Im Juli 1915 wurde die Tochter Sibylle geboren. Am 16.9.1916 wurde Hedwig Korsch an der Friedrich-Wilhelms-Universität zu Berlin zum Dr. phil. promoviert. Ende des Jahres 1916 erhielt sie eine Stelle als Lehrerin an der Freien Schulgemeinde Wickersdorf, einem Landerziehungsheim für Mädchen und Jungen. Nach der Rückkehr ihres Mannes aus dem Krieg lebte die Familie in Jena, später in Berlin. 1921 Geburt der zweiten Tochter Barbara Maria. Karl Korsch war Professor in Jena. Sie unterrichtete an einer experimentellen städtischen Aufbauschule in Berlin-Neukölln. Bald nach Hitlers Machtergreifung wurden beide »wegen politischer Unzuverlässigkeit« fristlos entlassen. Hedda K. emigrierte mit ihrer Tochter Barbara nach Schweden und war von 1933 bis 1936 als Lehrerin an der schwedischen Viggbyholmsskolar unweit von Stockholm tätig. Ihr Mann ging eigene Wege. Im August 1936 emigrierte sie gemeinsam mit Tochter Barbara nach Amerika. Dort arbeitete sie als Professor für deutsche Sprache und Literatur am Wheaton College in Norton bei Boston, Massachusetts.   18.11.1913, 22.11.1913, 1.12.1913; 3.1.1914, 9.2.1914, 19.2.1914, 22.2.1914, 25.2.1914, 3.3.1914, 17.6.1914, 19.6.1914, 20.6.1914, 23.6.1914, 15.7.1914, Gratulation: 18.7.1914, 24.7.1914, 8.10.1914, 30.10.1914, 19.12.1914; 4.1.1915, 9.7.1915, 10.7.1915, 28.7.1915, 8.8.1915, 22.8.1915, 27.8.1915, 10.11.1915; 30.12.1915; 6.2.1916, 11.2.1916, 13.2.1916, 19.4.1916, 27.4.1916, 28.4.1916, 2.5.1916, 13.7.1916, 24.7.1916, Wannsee: 4.8.1916, 5.8.1916, 9.8.1916, 11.8.1916, 13.8.1916, 15.8.1916, 16.8.1916, 17.8.1916, 10.10.1916, 12.10.1916, 13.10.1916, 15.10.1916, 17.10.1916

1. Sibylle (*Billchen*) (geb. Juli 1915 – 1996), Kinderpsychologin, floh nach England und emigrierte von dort aus nach USA, indem sie als Hausgehilfin in der Familie des Psychologen Professor Kurt Lewin arbeitete. Später am Alb. Einstein College of Medicine tätig, verh. Escalona. (Nachrichtendienst) Paten: → Ilse Dernburg und → Luigia Gagliardi   9.7.1915, Taufe: 8.8.1915; 4.2.1916, 18.10.1916

Koszler, Klara (*Lala* od. *Lalla*) (7.10.1889 – 17.6.1978), Tänzerin, Tochter eines österr. Offiziers. Am 8.8.1914 per »Nottrauung« mit Klaus Pringsheim verheiratet. Prag: 27.5.1912, 28.5.1912; 26.12.1913; 6.1.1914, 4.8.1914, München: 6.8.1914 → Pringsheim
1. Emilie (*Milka*) Valerie (2.10.1912 – 26.2.1976) 7.10.1912; 4.8.1914, 6.8.1914, 7.8.1914 → Pringsheim

Koutensky, Franz, Damenschneider, Hoflieferant der Frau Prinzessin Rupprecht von Bayern und herzogl. bayer. Hoflieferant, Theatinerstr. 33 (s. Bd 4) 4.11.1911, 7.11.1911, 10.11.1911, 13.11.1911, 17.11.1911, 23.11.1911, 24.11.1911

Kranach → **Cranach**

Krane, *Wilhelm* Eduard Anton (10.11.1846 – 22.8.1925), Hauptmann, Generalmajor a.D. (s. Bde 1-4) 3.2.1911

Kraus, Karl (28.4.1874 – 12.6.1936), Publizist, Satiriker, Dramatiker. Seit 1899 Herausgeber u. ab 1911 alleiniger Autor der Zeitschrift *Die Fackel*. 13.2.1914

Krebs', Berlin, Bekannte von → Bondi's 14.4.1912

Krecke, Albert (28.2.1863 – 29.7.1932), Dr. med., Hofrat (später Geheimer Sanitätsrat), Studium der Medizin in Marburg, Freiburg, Berlin und Erlangen, 1885 Promotion in Erlangen. Übersiedlung nach München und Niederlassung als Spezialarzt für Chirurgie. Leiter der Privatklinik von Prof. Rotter. Im Februar 1914 Eröffnung einer nach seinen Wünschen und Vorstellungen erbauten Privatklinik. Während des 1. Weltkrieges ordinierender Chirurg im Reservelazarett München B. 1925 Heirat mit Margarete Rieppel, der Tochter des Internisten Rudolf v. Hösslin. Sie brachte vier Kinder mit in die Ehe. Im November 1931 erkrankte er schwer und starb am 29.7.1932. Nach seinem Tod wurde die Klinik von seinem Oberarzt Otto Mack weiter betrieben. 26.3.1915, 22.5.1915, 25.5.1915; 19.2.1916, 26.2.1916, 9.5.1916, 11.5.1916, 24.5.1916, 19.6.1916, 20.6.1916, 21.6.1916, 12.11.1916, 13.11.1916, 30.12.1916

Kremer, Ehepaar 13.11.1912

Kremer, Ludwig, k. Landgerichtsrat; verh. mit Linda Rosipal, Tochter von Emilie Rosipal, geb. Stobaeus (1815-1891)

Krieg, Klara, Angestellte des Städtischen Arbeitsamtes (s. Bd 2) 10.5.1914

Kronacher, Alwin od. Albin (18.11.1880 – 2.1.1951), Dr. jur., Regisseur, Theaterleiter (NBD, Bd 13, 78) Bremen: 25.10.1915

Krüger, Emmy (27.1.1886 – 13.3.1976), Sopran. 1910 begann sie ihre Karriere am Stadttheater von Zürich, dem sie bis 1914 angehörte. 1914 folgte sie einem Ruf an die Hofoper von München, an der sie bis 1919 sehr erfolgreich war … 1920-1922 wirkte sie am Stadttheater (Opernhaus) von Hamburg. 1922 wurde sie Mitglied der Wiener Staatsoper. Hier wie bei ihren Gastspielen erwies sie sich als führende Vertreterin des hochdramatischen wie des Wagner-Fachs. Als große Wagner-Interpretin lernte man sie auch bei den Festspielen von Bayreuth kennen … 1931 gab sie ihren Rücktritt von der Bühne bekannt. 1937 wurde sie als Nachfolgerin von Anna Bahr-Mildenburg Leiterin der Opernklasse an der Akademie der Tonkunst in München. Diese Lehrtätigkeit übte sie bis 1944 aus, 1949-1952 leitete sie eine Opernschule in Zürich. (Kutsch/ Riemens, Bd 3, 1925 und Bd 6, 437)   15.5.1915, 31.8.1915, 13.10.1915, 27.11.1915, 3.12.1915, 4.12.1915; 27.9.1916, 28.9.1916, 2.10.1916, 27.10.1916, 29.10.1916, 5.11.1916, 8.11.1916, 21.11.1916

Kruse, Katharina (*Kaethe*), geb. Simon (17.9.1883 – 19.7.1968), Puppenmacherin, Bekannte von → Friedrich Dernburg (s. Bd 4)   Berlin: 3.3.1911

Kubierschky's, Bekannte von → Wolters'   7.12.1915

Kühlmann, Anna Maria v., geb. Freiin v. Redwitz (1852-1924); verh. mit dem Generaldirektor der Anatol. Eisenbahnen Otto Ritter v. Kühlmann (26.11.1834 – 18.9.1915) (s. Bd 2 u. 3)   21.1.1911, 24.3.1911; 7.2.1914

Külpe, Oswald (3.8.1862 – 30.12.1915), Psychologe u. Philosoph, Universitätsprofessor, Geh. Hofrat. Seit 1912 Prof. an der LMU in München. (NDB, Bd 13, 209f.)   7.12.1915; Beerdigung: 2.1.1916

Kuhn, Frl. Emmy, Bekannte von Hedwig (*Mim*) Dohm   Berlin: 6.2.1916

Kuhn, Paul (12.9.1874 – 20.5.1966), Tenor (Kutsch/Riemens, Bd 3, 1940 u. Bd 6, 440) (s. Bd 4)   18.8.1912; 14.8.1913

Kuronska, Frau v., Bekannte von → Carl Fürstenberg   Berlin: 7.2.1916 mit Tochter   7.2.1916

Kursell, Julia v., geb. Wencelides (1.7.1887 – 31.7.1961), Tochter des Fabrikdirektors Franz Wencelides und der Luba Reuther, Ehefrau des deutsch-balt. Malers *Otto* v. Kursell (1884-1967), Bekannte von → Mathilde v. Scheubner   14.10.1915, 29.12.1915; 16.1.1916, 28.8.1916, 21.11.1916
1. Klaus Jürgen   31.12.1915; 16.1.1916

Kurz, Otho Orlando (1.6.1881 – 11.5.1933), Architekt, Fa. Eduard Herbert & O. O. Kurz, Friedrichstr. 33 (s. Bd 4)   24.11.1912; 28.2.1913

Lachmann, Margarete aus Frankfurt a.M., Studentin der Mathematik u. der Naturwissenschaften an der LMU von SS 1913 bis SS 1914   3.5.1914, 9.7.1914

Lademanns   Garzau: 12.3.1915; Garzau: 17.6.1916

Lademann, Oskar. Kgl. preuß. General-Leutnant a.D.; verh. am 26.6.1872 mit Emma v. Rohrscheidt   21.9.1914

Lademann, *Emma* Blanka, geb. v. Rohrscheidt (geb. 24.5.1855), Schwester von → Paul v. Rohrscheidt   Kondolenz: 31.10.1915
Sohn (gefallen 1915)   Todesnachricht: 31.10.1915

Ladenburg, Albert (2.7.1842 – 15.8.1911), Prof. der Chemie (s. Bde 1, 2 u. 3)   Todesnachricht: 17.8.1911

Ladenburg, Bruder von Albert Ladenburg (s.o.) (gest. 1908) mit Familie in London, 2 Töchter
1. Daisy (s. Bd 4)   2.3.1912, 7.3.1912, 29.3.1912, 18.6.1912, Gratulation zur Verlobung: 19.6.1912, 30.6.1912

Ladenburg, Edgar (22.7.1878 – 13.11.1941 Selbstmord), Bankier (s. Bd 3 u. 4) 13.1.1913

Ladenburgs (Rudolf) Breslau: 19.3.1915

Ladenburg, Rudolf (*Rudi*) Walther (6.6.1882 – 3.4.1952), Physiker, Universitätsprofessor. Sohn von Albert Ladenburg (s.o.). Verh. am 17.8.1911 mit Else Uhthoff. Soldat im Ersten Weltkrieg (s. Bd 3 u. 4) Verlobungsanzeige: 9.3.1911, 8.8.1911, 13.8.1911, Hochzeit: 17.8.1911, 18.8.1911; Gratulation: 31.8.1912; 24.10.1913, 3.11.1913; 24.6.1914; Breslau: 19.3.1915, Wannsee: 30.7.1915

Ladenburg, Else, geb. Uhthoff, Tochter des Prof. für Augenheilkunde in Breslau Wilhelm Uhthoff (1853-1927) und der Lilli v. Bagh, bildende Künstlerin Wannsee: 30.7.1915

1. Margarete, geb. August 1912   31.8.1912

Lala od. **Lalla** → Klara **Koszler** bzw. → **Pringsheim**

Lammen, Mientje Lauprecht van, Sängerin, Sopran (nicht bei Kutsch/Riemens) 13.12.1913

Lampe, Walter (28.4.1872 – 23.1.1964), Pianist, Komponist. 1920-1937 Mitglied des Lehrkörpers der »Staatl. Akademie der Tonkunst«, München. Verh. seit 1896 in 1. Ehe mit Else v. Guaita (4.2.1875 – 7.1.1963), 2 Söhne, gesch.; verh. seit 1915 in 2. Ehe mit Silvie v. Bennigsen (1892-1980), 2 Söhne, 1 Tochter. (s. Bd 4) 7.2.1914; 17.10.1915; 11.4.1916, 12.4.1916

Lampe, Silvie, geb. v. Bennigsen (1892-1980), Bildhauerin. Sie studierte ab 1913 an der Weimarer Kunstakademie vornehmlich bei Richard Engelmann. Persönliche Kontakte bestanden zu Henry van de Velde, Paul Klee und Ludwig v. Hoffmann   17.10.1915

Landau's (Edmund) 16.10.1915

Landau, *Edmund* (14.2.1877 – 19.2.1938), Mathematiker (s. Bde 2 u. 3) Kongreß Cambridge: 23.8.1912

Landau, Marianne, geb. Ehrlich (gest. 1963) (s. Bd 3) Kongreß Cambridge: 24.8.1912; 28.7.1916

Landau, Löb, Käufer des Rudolf Pringsheimschen Anwesens in Wannsee, Conradstr. 1   16.4.1913, 12.6.1913

Landing, Evelyn od. Eveline, Schauspielerin   13.1.1912

Landowska, *Wanda* Aleksandra (5.7.1879 – 16.8.1959), poln. Cembalistin u. Pianistin. Mit vierzehn Jahren schloss sie ihre Ausbildung als Pianistin am Warschauer Konservatorium ab. Zunächst ging sie zum Kompositionsstudium nach Berlin, dann wurde sie Lehrerin an der Schola Cantorum in Paris, wo sie sich intensiv mit Alter Musik und dem Cembalospiel beschäftigte. Von 1913 bis 1919 unterrichtete sie an der Berliner Hochschule für Musik und ging dann nach Paris an die École Normale de Musique. Von 1925 bis 1928 lehrte sie am Curtis Institute of Music in Philadelphia, kehrte anschließend aber wieder nach Paris zurück. Im Juni 1940 floh sie vor der deutschen Wehrmacht in den unbesetzten Teil Frankreichs. 1941 emigrierte sie in die USA, wo sie später auch wieder unterrichtete. Bekannte von → Felix Simons   Berlin: 24.11.1913

Landsberg, Maria, Bekannte von → Maria Gagliardi (s.a. Bd 4)   Wannsee: 8.8.1916, 11.8.1916
mit Bräutigam Kurt Lewin   Wannsee: 11.8.1916

Langaard od. **Langgaard**, Herr, Bekannter von → Hermine Feist   13.4.1915; 17.3.1916

Langen, Dagny, geb. Björnson (4.12.1876 – 1974), jüngste Tochter des Schriftstellers → Björnstjerne Björnson. Verh. seit 1896 mit dem Verleger Albert Langen (1869-1909). Das Ehepaar lebte etwa seit 1905 getrennt. Eine Scheidung ist aber nie erfolgt. 2 Söhne (s. Bde 2, 3 u. 4)   10.4.1911, Paris: 12.4.1911, 13.4.1911, 19.4.1911, 21.4.1911, 12.7.1911, 26.7.1911, 4.12.1911, 8.12.1911, 14.12.1911, 23.12.1911; 26.1.1912, 20.9.1912, 21.9.1912, in 2. Ehe verh. mit → Georges Sautreau
  1. Arne Langen (geb. 18.6.1897) (s.a. Bd 4)   München: 8.6.1914, 9.6.1914
  2. Björnstjerne Albert Langen, gen. Liten bzw. Litten (geb. 9.10.1898). Verh. in 1. Ehe mit Hedwig (Mok) Gall; verh. in 2. Ehe mit Mathilde Woxholt. (s.a. Bd 3 u. 4)   München: 8.6.1914, 9.6.1914

Lantelme, Mademoiselle, franz. Schauspielerin   Paris: 10.4.1911

Lantz, Adolf (30.11.1882 – 19.8.1949), österr. Regisseur, Theaterleiter u. Drehbuchautor. 1910-1914 Leiter des Dt. Schauspielhauses Berlin, später des Königl. Operntheaters Kroll und des Theaters am Zoo. In den 20er Jahren war er ein vielgefragter Drehbuchautor. Nach der Machtübernahme der Nationalsozialisten ging Lantz nach Österreich, nach dem Anschluß Österreichs ging er nach Paris. Schließlich emigrierte er nach Großbritannien, wo er sich als Übersetzer betätigte.   21.9.1912

Lassar, Familie, Berlin (s. Bde 1, 3 u. 4)   18.9.1911
Lassar, Emma, geb. Büding, Witwe des Dermatologen Prof. Oscar Lassar (1849-1907) und ihre Kinder

Lauenstein, Dr. Karl Ludwig, Sänger (nicht bei Kutsch/Riemens)   30.3.1916

Laurendsen, Sänger, von → Friederike v. Belli de Pino protegiert (nicht bei Kutsch/Riemens)   25.11.1916

Laurent, Sänger, von Alfred Pringsheim protegiert (nicht bei Kutsch/Riemens) 5.10.1915; 30.11.1916, 4.12.1916, 8.12.1916

Lechter, Melchior (1865-1937), Maler, Glasmaler, Graphiker und Buchkünstler (s. Bd 3 u. 4)   Berlin: 17.6.1911

Leekmann, Frau, Institut(?) für Atemgymnastik   20.4.1915

Lehmann, Else (27.6.1866 – 6.3.1940), Schauspielerin (s. Bd 1 u. 3)   19.5.1913

Lehmann's   Gratulation: 26.7.1913, 15.11.1913
Lehmann, Walter (16.9.1878 – 7.2.1939), Altamerikanist, Universitätsprofessor, Museumsdirektor. Nach Studium der Medizin u. Promotion zum Dr. med. 1903 Eintritt ins Völkerkunde-Museum in Berlin unter → Eduard Seler. 1907-1909 bereiste er im Auftrag des Museums Mexiko und Zentralamerika. 1910 trat er als Kustos ins Völkerkunde-Museum in München ein. 1913 Promotion,

1914 Habilitation. 1915 Privatdozent, 1920 ao. Professor. 1921 Wechsel nach Berlin als Direktor des neugegründeten »Ethnologischen Forschungs- und Lehrinstituts des Museums für Völkerkunde«. 1925-1926 zweite Forschungsreise nach Mexiko und Guatemala. 1927 Direktor der afrikan., ozean. und amerikan. Sammlungen des Berliner Völkerkunde-Museums. 1934 vorzeitige Pensionierung. Verh. mit Lore Marx. 1 Sohn. (NDB, Bd 14, 95f.) (s.a. Bd 4) 18.1.1911, 23.7.1911, 9.12.1911; Gratulation zur Verlobung: 22.10.1912; Kondolenz: 18.12.1913, 19.12.1913

Leinfelder. Das Grand Hotel Leinfelder, ein Münchner Luxushotel (Besitzer Gebr. Schwarz), befand sich am Lenbachplatz 9. Existiert nicht mehr. 10.8.1913

Lehr, Herr, Bekannter von → Rosenbergs   Berlin: 7.2.1912

Lella → Aniela **Fürstenberg** bzw. → **Huldschinsky**

Lenard, *Philipp* Eduard Anton (7.6.1862 – 20.5.1947), Physiker, Universitätsprofessor, Geheimrat. 1905 Nobelpreis für Physik. Ab 1907 Direktor des Instituts für Physik und Radiologie an der Universität Heidelberg. (NDB, Bd 14, 193-195)   19.1.1916

Lengerke, Major v.   4.8.1914, 13.8.1914

Lepsius', Berlin, Bekannte von → Felix Deutschs (s. Bde 2, 3 u. 4)   21.2.1914
Lepsius, Reinhold (14.6.1857 – 16.3.1922), Bildnismaler. Verh. seit 1892 mit der Malerin Sabine Graef (15.1.1864 – 1.11.1942) (s. Bd 2 u. 3)

Leschetizky, Theodor (22.6.1830 – 14.11.1915), berühmter polnischer Pianist, Schüler von Carl Czerny und Simon Sechter in Wien. 1854 ging er nach St. Petersburg und gründete dort 1862 zusammen mit Anton Rubinstein das dortige Konservatorium. Bekannter von → Gabrilowitschs   10.11.1913

Lessing, Dr. Theodor (8.2.1872 – 30.8.1933), Schriftsteller, Kulturphilosoph (s. Bde 2, 3 u. 4)   27.2.1912, 14.3.1912; 4.1.1913, 5.1.1913, 12.10.1913; 3.6.1915   2. Miriam (27.7.1902 – 4.4.1912) (s. Bd 3)   Todesnachricht: 4.4.1912

Leßmann, Iva, Sängerin (nicht bei Kutsch/Riemens)   18.1.1912

Lewald, Felix (12.11.1855 – 11.10.1914), Verwaltungsjurist (s. Bde 1, 3 u. 4) 5.11.1912

Lewald, Theodor (18.8.1860 – 17.4.1947), Politiker, Sportfunktionär (s. Bd 4) Berlin: 9.2.1912; Sils Maria: 13.9.1913

Leyens, von der, Bekannte von → Liebermanns (s. Bd 4)   Sils Maria: 2.9.1911, 3.9.1911, 4.9.1911, 5.9.1911, 7.9.1911, 9.9.1911, 10.9.1911, 3.12.1911; 12.1.1912, 8.3.1912, 25.9.1912, 29.11.1912; 8.5.1913, 5.6.1913, 13.6.1913; 5.7.1914; 4.6.1915
Leyen, Gustav *Friedrich* von der (19.8.1873 – 6.6.1966), Germanist, Volkskundler, Universitätsprofessor (s. Bd 4)   9.12.1911
Leyen, *Helene* Antonie Herta von der, geb. Asher (5.1.1874 – 1950), Malerin. Tochter des Notars Heinrich Asher und der Helene Milberg. Schülerin von P. Narten und G. u. R. Schuster-Woldan. (ThBV, 100)   5.11.1911; 17.11.1912, 15.12.1912

Lichnowsky, *Mechthilde* Christiane Maria Fürstin von, geb. Gräfin von und zu Arco-Zinneberg (8.3.1879 – 4.6.1958), Dichterin. Sie veröffentlichte Gedichte und Romane. Seit 1904 Ehefrau des Diplomaten Karl Max Fürst von Lichnowsky (1860-1928) (Gr.Br., 1932, Bd 11, 387) (Kessler 3, 1022) (NBD, Bd 14, 445)   Berlin: 15.2.1911

Lichtenstein, Fürstin, Bekannte von → Hermine Feist   Wannsee: 5.6.1913, 9.6.1913

Liebermanns, Berlin (s. Bd 1)   Sils Maria: 4.9.1911, 5.9.1911, 6.9.1911, 7.9.1911, 12.9.1911, 13.9.1911, 29.9.1911, 4.10.1911; 14.2.1912; Wannsee: 8.6.1913, Sils Maria: 2.9.1913, 3.9.1913, 4.9.1913; Wannsee: 20.6.1914; 8.8.1915; Wannsee: 6.8.1916

Liebermann, Max (20.7.1847 – 8.2.1935), Maler und Graphiker (s. Bd 1 u. 4)   8.8.1915, 11.8.1915

Liebermann, Martha, geb. Marckwald (8.10.1858 – 10.3.1943) (s. Bd 1 u. 4)   14.2.1912; Sils Maria: 8.9.1913; Wannsee: 23.6.1914; 9.8.1915; Wannsee: 19.8.1916

1. *Käthe* Marianne Henriette (19.8.1885 – 30.7.1952), verh. am 11.5.1915 mit Kurt Riezler (11.11.1882 – 7.9.1955) (s. Bd 4)   Sils Maria: 7.9.1911; Wannsee: 31.5.1913, Sils Maria: 13.9.1913; Gratulation zur Verlobung: 7.4.1915, 12.4.1915

Liebermann v. Wahlendorf, Maidi, geb. Feist-Belmont (1884-1971). Verh. mit dem Chemiker und Unternehmer *Willy* Edgar Salomon Ritter Liebermann v. Wahlendorf (6.10.1863 – 1939), Sohn des Bankiers und Sammlers Adolf Liebermann v. Wahlendorf (19.11.1829 – 1.2.1893). In den Jahren 1918-1921 war sie die Freundin von → Ludwig Thoma, der ihr den größten Teil seines Vermögens sowie seine Honorare und Tantiemen vermachte. Erst 1928 lange nach Thoma's Tod (1921) willigte ihr Ehemann in die Scheidung ein. 7.4.1913, 13.4.1913, 20.5.1913, 21.5.1913, 27.6.1913, 10.7.1913, 31.7.1913; 22.1.1914, 6.2.1914, 15.3.1914, 6.4.1914, 11.4.1914, 27.5.1914, 3.7.1914, 27.8.1914; 20.3.1916

Tochter(?) Marie Luise   7.4.1913, 20.5.1913, 21.5.1913; 27.8.1914

3. Edgar (1910-1999)   27.5.1914

Liebmann, Karl Otto *Heinrich* (22.10.1874 – 12.6.1939), Mathematiker, Universitätsprofessor. Nach Studien in Leipzig und Jena promovierte er 1895 in Jena, war 1897-1898 Assistent an der mathemat. Modellsammlung der Universität Göttingen und habilitierte sich 1899 an der Universität Leipzig. Er blieb dort als Privatdozent, 1904 als Assistent, 1905-1910 als nichttetatmäß. Professor. 1910-1920 lehrte er als ao. Prof. Elementare Mathematik, Trigonometrie, Wahrscheinlichkeitsrechnung und Ausgleichsrechnung an der TH München und folgte dann einem Ruf als Ordinarius an die Univ. Heidelberg. Nach seiner vorzeitigen Emeritierung 1935 zog er 1936 wieder nach München. Er gehörte dort, wie Alfred Pringsheim, Friedrich Hartogs u.a. zum »Mathematischen Kränzchen«. 1938 aus der Bayer. Akademie der Wissenschaften ausgeschlossen. (NDB, Bd 14, 508)   3.2.1911; Kondolenz: 16.1.1912; 28.2.1913

Lieschen → Luigia **Gagliardi**

Lieseke. Pension der Geschwister Sophie u. Lisette Liesecke, Maximiliansplatz 7   5.12.1914

Lilienthal, Franz *Reinhold* v. (25.6.1857 – 2.12.1935), Mathematiker, Universitätsprofessor. Hauptmann im Ersten Weltkrieg (s. Bd 3)   Wildbad: 20.9.1916

Lindau, Paul (3.6.1839 – 31.1.1919), Schriftsteller, Journalist und Theaterleiter (s. Bde 1, 3 u. 4)   11.2.1911; 29.11.1913

Lindemanns (s. Bde 1-4)   11.7.1911, 14.7.1911, 10.12.1911; 6.12.1912; 16.2.1915

Lindemann, Carl Louis *Ferdinand* Ritter v. (bayer. Personaladel 1918) (12.4.1852 – 6.3.1939), Mathematiker, Universitätsprofessor (s. Bde 1-4)   4.11.1911; 19.12.1912; 6.5.1914, 9.5.1914

Lindemann, Elisabeth (*Lisbet*), geb. Küssner (22.7.1861 – 28.2.1936) (s. Bde 1-4)   12.1.1911, 31.1.1911, 21.2.1911, 9.3.1911, 24.6.1911, 15.7.1911, 17.7.1911, 18.7.1911, 29.10.1911, 17.11.1911, 28.12.1911; 14.10.1912; 6.1.1913, 15.2.1913, 25.7.1913; 6.2.1914, 8.4.1914, 30.4.1914, 2.5.1914, 4.5.1914, 18.8.1914, 21.8.1914, 22.8.1914, 7.10.1914, 28.11.1914, 2.12.1914; 2.2.1915, 25.5.1915, 9.11.1915, 10.11.1915; 25.1.1916, 11.3.1916, 12.3.1916

   1. Reinhard (*Reini*) (23.5.1889 – 1911), Bergbaustudent (s.a. Bd 2 u. 4)   Todesnachricht: 11.7.1911, Beerdigung: 15.7.1911

   2. Irmgard (4.11.1891 – Febr. 1971), verh. Balser (s.a. Bd 2 u. 4)   15.7.1911, 17.7.1911; 19.12.1912; 9.5.1914; 1.6.1916

Lindpaintner, Otto (*Ottchen*) Thomas Erich (1.3.1885 – 22.7.1976), Dr. med., Flugpionier, Rennfahrer, später praktischer Arzt. Bruder von → Olga Oberhummer (s. Bd 4)   27.8.1911

Linnemann, Rudolf (27.4.1874 – 19.3.1916), Architekt, Innenarchitekt, Glasmaler (s. Bd 3)   Todesnachricht: 22.3.1916

Linnemann, Hermine (16.10.1875 – 12.7.1961), Adoptivtocher von → Friederike v. Belli de Pino (s. Bd 3)   Kondolenz: 23.3.1916

Lipmann, Herr, Bekannter von → Hermine Feist   5.4.1912

Lippe, Johanna (geb. 1886), Mezzosopran. Schülerin von → Sofie Röhr-Brajnin. 1910-1913 Mitglied der Bayer. Hofoper München. Nach ihrer Heirat 1923 mit dem Schauspieler Wenzel Hoffmann trat sie unter dem Namen Lippe-Hoffmann auf. (Kutsch/Riemens, Bd 3, 2090)   19.5.1911; 19.5.1912

Lippe-Biesterfeld-Weißenfeld, Alfred Graf (seit 28.2.1916 Prinz) zur (23.7.1865 – 20.3.1937) (s. Bde 2, 3 u. 4)   10.3.1911, 9.12.1911; 11.3.1914, Partenkirchen: 29.7.1914, 31.7.1914, 1.8.1914; 14.3.1916, 3.4.1916, 8.4.1916, 12.4.1916

Lipps' (s. Bd 3 u. 4)   25.2.1913, 28.10.1913

Lipps, *Theodor* (28.7.1851 – 17.10.1914), Philosoph, Psychologe, Universitätsprofessor (s. Bd 3 u. 4)   29.7.1911; Todesnachricht: 20.10.1914

Lipps, Eva, geb. Reimer (25.1.1863 – 1947) (s. Bd 3 u. 4)   28.3.1911; 9.5.1912; Kondolenz: 20.10.1914, 27.11.1914; 19.5.1916

   1. Eva   3.5.1912, Trauung: 6.5.1912 mit → Rudolph Seeliger

Lis → Lis **Gleistein**

Lisbet → Lisbet **Lindemann**

Lissauer, Walter (gest. 1965), Flugpionier. Studierte Ingenieurwiss. am Polytechn. Inst. Berlin und Physik an der LMU, zeitweilig Assistent von Prof. Konrad W. Röntgen. Ab 1910 startete er seine ersten Flugversuche. Er arbeitete als Testpilot und war bis 1921 Chefausbilder bei den Hanseatischen Flugzeugwerken in Hamburg.   27.8.1911

Liszt, Franz v. (2.3.1851 – 21.6.1919), Staatswissenschaftler, Universitätsprofessor. Seit 1899 Prof. für Strafrecht an der Berliner Universität, 1908 Abgeordneter der Fortschrittl. Volkspartei im Preußischen Landtag, 1912 Abgeordneter im Reichstag. Seit 1877 verh. mit Rudolfine Drotleff v. Friedenfels   Berlin: 20.11.1913

Locher, Anna *Emma* (25.7.1862 – 25.5.1916), Tante von → Hedwig und → Else Schöll (s. Bde 2, 3 u. 4)   16.1.1911, 3.2.1911, 12.2.1911, 4.6.1911, 30.7.1911, 21.11.1911, 9.12.1911; 14.1.1912, 19.1.1912, 6.4.1912, 17.11.1912, 11.12.1912; 3.5.1913, Feldafing: 4.8.1913, 9.8.1913, 12.8.1913, 19.10.1913; 28.8.1914, 22.12.1914; 15.1.1915, 3.9.1915, 22.9.1915, 17.10.1915, 1.12.1915; 26.1.1916, 5.3.1916, 11.5.1916, Krebsoperation: 17.5.1916, 24.5.1916, Todesnachricht: 25.5.1916, Begräbnis: 27.5.1916

Loeb, Dr. med. Albert (1865-1919), Spezialist für Magen- und Darmkrankheiten (s. Bd 4)   21.6.1915, 22.6.1915, 25.6.1915, 28.6.1915, 4.7.1915, 8.7.1915, 17.7.1915

Löhrs (s. Bd 3 u. 4)   4.6.1911, 6.6.1911, 29.10.1911, 2.12.1911, 3.12.1911, 6.12.1911, 10.12.1911, 25.12.1911, 31.12.1911; 13.8.1912, 27.10.1912, 3.11.1912, 25.12.1912, 31.12.1912; 13.2.1913, 2.11.1913, 19.12.1913, 25.12.1913, 31.12.1913; 13.1.1914, 25.1.1914, 6.2.1914, 17.4.1914, 31.10.1914, 26.12.1914; 15.9.1915, 19.9.1915, 17.10.1915, 22.10.1915, 25.12.1915, 26.12.1915; 4.7.1916, 29.10.1916, 10.11.1916, 25.12.1916, 26.12.1916

Löhr, *Joseph* Maria (25.3.1862 – 4.4.1922), Doktor der Rechte, Direktor der bayer. Handelsbank. Kgl. griech. Generalkonsul. Sein Vermögen wurde 1914 auf 1-2 Millionen M. geschätzt. (Martin, 70) (s. Bd 3 u. 4)   7.4.1912; 25.12.1915

Löhr, Julia (*Lula*) Elisabeth Therese, geb. Mann (13.8.1877 – 10.5.1927), Schwester von → Thomas Mann (s. Bd 3 u. 4)   3.2.1911, 23.3.1911, 4.5.1911, 27.5.1911, 31.5.1911, 20.6.1911, 29.6.1911, 13.7.1911, 30.8.1911, 9.11.1911, 13.12.1911; 19.1.1912, 7.4.1912, 30.4.1912, 1.5.1912, 8.6.1912, 13.7.1912, 13.8.1912, 16.8.1912, 9.11.1912, 21.11.1912, 25.12.1912; 3.1.1913, 6.2.1913, 28.2.1913, 27.3.1913, 29.3.1913, 2.5.1913, 20.5.1913, 5.7.1913, 13.7.1913, 2.8.1913, 6.8.1913, 12.11.1913, 3.12.1913, 12.12.1913, 30.12.1913; 25.1.1914, 27.1.1914, 27.2.1914, 10.4.1914, 12.4.1914, 14.5.1914, 28.5.1914, 24.7.1914, 4.8.1914, 10.8.1914, 13.8.1914, 20.10.1914; 11.2.1915, 15.2.1915, 17.4.1915, 26.5.1915, 22.6.1915, 13.7.1915, 14.9.1915, 18.10.1915, 18.11.1915, 11.12.1915, 24.12.1915; 5.4.1916, 2.5.1916, 18.5.1916, 12.6.1916, 29.6.1916, 13.7.1916, 14.8.1916, 6.11.1916, 10.12.1916

1. Eva Maria Elisabeth (geb. 22.10.1901) (s. Bd 3 u. 4)   4.6.1911, 25.12.1911; 7.4.1912, 25.12.1912; 27.3.1913, 25.12.1913; 12.4.1914; Konfirmation: 14.4.1916
2. Rosemarie (*Rosi*) (geb. 15.7.1907) (s. Bd 4)   9.11.1912; 27.3.1913; 17.10.1915; 18.6.1916

Li – Lu

3. Ilsemarie (geb. 15.7.1907) (s. Bd 4)   9.11.1912; 27.3.1913; 17.10.1915; 18.6.1916
mit Schwager   3.1.1913
mit Bruder   25.12.1915

Lösers aus Gleiwitz   Berlin: 20.8.1911
Löser, Max, Direktor, Mitglied des Aufsichtsrates der »Actiengesellschaft Ferrum« bis zur Übernahme der Gesellschaft durch die »Oberschlesische Eisenbahn-Actien-Gesellschaft«   Augsburg: 22.7.1911, 29.8.1911, Sils Maria: 13.9.1911, 14.9.1911

Löwe's, Bekannte von → Schaeuffelens   30.11.1911

Löwensteins (Bruno)   17.10.1915
Löwenstein, Bruno, »Vetter«, Sohn von Hedwig Pringsheim Onkel Rudolf Löwenstein (1819-1891), Vetter von Ernst Dohm und David Kalisch. 16.10.1915, 18.10.1915; 14.11.1916, 10.12.1916
Löwenstein, Frau   16.10.1915
    1. Lotti od. Lotte   17.10.1915, 18.10.1915, 16.11.1915, 26.11.1915, 27.11.1915, 12.12.1915; 1.6.1916, München: 11.-13.6.1916, 2.8.1916, München: 8.-10.12.1916

Logemann, Frau, Bekannte von Klaus Pringsheims in Bremen   16.4.1916, 17.4.1916

Lohse, Carl Gustav *Otto* (21.9.1858 – 5.5.1925), Kapellmeister und Komponist. 1897-1904 Dirigent in Straßburg, 1903-1911 in Köln, 1911-1912 am Théâtre de la Monnaie in Brüssel, 1912-1923 am Stadttheater Leipzig. (s.a. Bd 3)   7.8.1911

Lossen, Lina (7.10.1878 – 30.1.1959), Schauspielerin (s. Bd 4)   22.4.1916

Lotz' (Bde 2, 3 u. 4)   21.1.1911, 10.12.1911; 23.1.1912, 9.6.1912; 12.2.1913, 13.2.1913; 19.1.1914, 27.4.1914
Lotz, Walther (21.3.1865 – 13.12.1941), Nationalökonom, Universitätsprofessor. Sohn des Otto Lotz und der Amalie Glaß. Verh. am 1.3.1897 mit Elise verw. Donalies, geb. Kaeswurm. (PMB) (s. Bde 1-4)   Kondolenz: 30.5.1913, 9.6.1913
Lotz, *Elise* Charlotte Katharina, verw. Donalies, geb. Kaeswurm (20.12.1869 – 1.1.1933), Tochter des Rittergutsbesitzers Theodor Kaeswurm und der Ottilie Krauseneck (s. Bde 2, 3 u. 4)   22.10.1911; 24.9.1912, 25.9.1912; 27.1.1913, 18.7.1913; 3.9.1914; 6.5.1915
    Schwager (von Frau Lotz)   Todesnachricht: 3.9.1914
    2 Brüder (von Frau Lotz)   3.9.1914

Lucie → Lucie **Vossidlo**

Ludwig III. von Bayern (7.1.1845 – 18.10.1921), ältester Sohn des Prinzregenten Luitpold und von Prinzessin Auguste Ferdinande von Habsburg-Toskana. Nach dem Tod seines Vaters wurde Ludwig 1912 zum neuen Prinzregenten proklamiert und am 5.11.1913, nicht ganz ein Jahr später, zum König von Bayern ausgerufen. Er wirkte als konservativer, katholisch geprägter Monarch. Mit seiner Abdankung am 13.11.1918 im Zuge der Revolution von 1918 endete nach 738 Jahren die Herrschaft der Wittelsbacher. Seit 20. Febr. 1868 war er mit der Erzherzogin Marie Therese von Österreich-Este und Prinzessin von Modena vermählt. (Gr.Br., 1932, Bd 11, 621)   Berlin: 6.3.1913, 21.5.1913, 5.11.1913, 12.11.1913; 23.5.1914

Marie Therese Königin von Bayern, Erzherzogin von Österreich-Este und Prinzessin von Modena (1849-1919)   14.12.1913

Ludwigs   15.2.1914

Ludwig, Alois (15.5.1872 – 4.4.1969), Architekt. Ausbildung an der Akademie der bildenden Künste Wien bei Otto Wagner 1895-1898. Ab 1898 zeitweise Bürochef im Atelier von Otto Wagner. 1900-1903 Zusammenarbeit mit dem Architckten Gottfried Wehlung in Düsseldorf. Ab 1905 eigenes Atelier in München, ab 1907 gemeinsam mit seinem Bruder Gustav. Die »Brüder Ludwig« errichteten u.a. das Haus Thomas Manns in der Poschingerstraße. Verh. mit Klara Margarete Wanniek. 3 Kinder. Zwischen den Familien Alois Ludwig und Thomas Mann bestanden freundschaftliche Beziehungen. Die Kinder gingen zeitweilig in dieselbe Schule.   27.11.1912; 25.1.1913
1. Johannes Ludwig (1904-1996), Architekt und Professor an der TH München
2. Eva; 3. Wolfram

Ludwig, Arthur (geb. 27.3.1874), Dr. med., Photograph, approb. Arzt, Nervenarzt. Verh. am 29.10.1900 mit Stefanie Edelstein. (PMB) Bekannter von → Frigga v. Brockdorff (s. Bd 3)   19.11.1912

Ludwigs, Bekannte von Thomas Manns   15.2.1914

Ludwig, Emil, eigtl. Emil Cohn (25.1.1881 – 17.9.1948), Romancier, Biograph, Essayist. Sohn des berühmten Breslauer Augenarztes Hermann Cohn (1838-1906) und der Valeska Friedländer, Schwester von Fritz v. Friedländer-Fuld. Verh. seit 1906 mit Elga Wolff. 2 Söhne. (NDB, Bd 15, 426f.) (Wer ist wer?, 165f.)

Lützenkirchen, Mathieu (17.7.1863 od. 17.6.1865 – 23.8.1924), Hofschauspieler, Regisseur (s. Bde 2, 3 u. 4)   8.11.1913

Luigia → Luigia **Gagliardi**

Luitpold Karl Joseph Wilhelm von Bayern (12.3.1821 – 12.12.1912), Prinzregent (s. Bd 1 u. 2)   10.3.1911, 11.3.1911, 90. Geb.: 12.3.1911; Todesnachricht: 12.12.1912, 18.12.1912, Beisetzung: 19.12.1912

Lula → Julia **Löhr**

Maas, Otto (30.7.1867 – 1916), Zoologe, Universitätsprofessor; ao. Prof. an der Universität für Zoologie und Entwicklungsgeschichte (s. Bd 2)   5.11.1914, 6.11.1914; 27.1.1915, 29.1.1915, 13.9.1915, 16.9.1915

Maffei, Auguste (*Gusti, Gustl*) v., geb. Edle v. Allram (20.5.1851 – 12.9.1930), verh. mit dem königl. bayer. Prof. u. Kunstmaler *Guido* Joseph Ritter u. Edler v. Maffei (1.7.1838 – 28.12.1922) (s. Bde 1, 2 u. 4)   21.1.1911, 24.1.1911; 9.9.1915

Magasins du Louvre, Paris, Rue de Rivoli (s. Bd 3 u. 4)   11.9.1912

Maggin od. **Magin**, Herr Dr., Bekannter von → Hermine Feist   23.8.1915, 25.8.1915, 12.9.1915

Magnus, Maria (*Muke*) Elisabeth, geb. Duncker (geb. 13.8.1856), Berlin (s. Bd 1 u. 3)   24.2.1914; 12.11.1915

Mahler, Gustav (7.7.1860 – 18.5.1911), Komponist und Dirigent (s. Bd 4) Todesnachricht: 19.5.1911; 16.12.1912

Makowski's, Prof., Bekannte von → Rosenbergs (s.a. Bd 1 u. 4)   Wannsee: 16.8.1916

Malzmann, Edith, Bekannte von → Rosenbergs   Berlin: 23.2.1914

»Mama« → Julia **Mann** (Mutter von Thomas Mann)

Manger, Herr, Bekannter von → Munckers   28.6.1913

Mann, *Carla* Augusta Olga Maria (23.9.1881 – 30.7.1910 Selbstmord), Schauspielerin, Schwester von → Thomas Mann   19.4.1913, 20.4.1913

Mann, Franziska, Bekannte von Hedwig (*Mim*) Dohm   Berlin: 14.3.1913

Mann, Friedrich (*Fritz*) Wilhelm Leberecht (16.9.1847 – 31.3.1926), Bruder von → Thomas Manns Vater Heinrich Mann (1840-1891)   7.5.1911

Mann, Jane, Bekannte von → Rosenbergs   Berlin: 24.9.1914

Mann, Julia (»*Mama*«), geb. da Silva Bruhns (14.8.1851 – 11.3.1923), Witwe von Senator Thomas Johann *Heinrich* Mann (22.8.1840 – 13.10.1891), Mutter von → Thomas Mann, Schwiegermutter von → Katja Pringsheim (s. Bd 3 u. 4)   1.4.1911, 2.4.1911, 3.4.1911, 26.4.1911, 10.5.1911, 20.5.1911, 21.5.1911, 26.5.1911, 1.6.1911, 14.7.1911; 17.5.1912, 18.5.1912, Tölz: 7.6.1912, 9.6.1912, Tölz: 9.7.1912; 1.8.1913, 14.8.1913; 7.3.1915

Mann, Luiz *Heinrich* (27.3.1871 – 12.3.1950), Schriftsteller. Bruder von → Thomas Mann (s. Bd 4)   18.6.1915

Mann, Thomas (6.6.1875 – 12.8.1955), Schriftsteller, Schwiegersohn von Hedwig Pringsheim (NDB, Bd 16, 43-50) (s. Einleitungen)

Mann, Katharina (*Katja*) Hedwig, geb. Pringsheim (24.7.1883 – 25.4.1980), einzige Tochter von Hedwig und Alfred Pringsheim, Zwillingsschwester von → Klaus Pringsheim. März 1911 Fehlgeburt. 19.1.-6.3.1912 Aufenthalt im Sanatorium Ebenhausen wegen Lungenspitzenkatarrh. 11.3.1912 – 18.9.1912 Kuraufenthalt im »Waldsanatorium Jessen« in Davos. 15.3.1913 Fehlgeburt. 25.2.1913 Grundstücksbesitzerin. 24.5.1913 Richtfest. 15.11.1913 Abreise nach Meran ins Sanatorium. 21.12.1913 Rückkehr nach München. 3.1.1914 Abreise nach Arosa ins Sanatorium. 12.5.1914 Rückkehr nach München. (s. Einleitungen)

1. *Erika* (*Etika*) Julia Hedwig (9.11.1905 – 27.8.1969), Schauspielerin, Kabarettistin, Schriftstellerin, Reporterin. (NDB, Bd 16, 50f.) Besuch der Privatschule von Frl. Ebermeyer ab Herbst 1911. (s. Einleitungen)   15.1.1911, 23.2.1911, 2.4.1911, 14.4.1911, 24.4.1911, 30.4.1911, 7.5.1911, 22.8.1911,

28.10.1911, 21.12.1911; 1.1.1912, 30.1.1912, 7.2.1912, 29.2.1912, 2.6.1912, 8.7.1912, 12.7.1912, 13.7.1912, 14.7.1912, 31.8.1912, 7.9.1912, 10.9.1912, 27.9.1912, 28.9.1912, Tölz: 5.10.1912, 9.11.1912, 23.11.1912, 2.12.1912, 5.12.1912, 15.12.1912, 21.12.1912, 22.12.1912; 16.1.1913, 20.1.1913, 21.1.1913, 26.1.1913, 14.3.1913, 18.3.1913, 22.4.1913, 27.4.1913, 14.5.1913, Tölz: 22.5.1913, 16.6.1913, 22.6.1913, 1.7.1913, 1.8.1913, 11.9.1913, 12.9.1913, 30.9.1913, 2.10.1913, 16.10.1913, 17.10.1913, Tölz: 9.11.1913, 30.11.1913, 4.12.1913, 11.12.1913; 2.1.1914, 8.2.1914, 11.2.1914, 12.2.1914, 15.2.1914, 3.3.1914, 5.3.1914, 13.3.1914, 19.3.1914, 26.3.1914, 2.4.1914, 17.4.1914, 23.4.1914, 30.4.1914, 17.5.1914, 18.11.1914, Masern: 27.11.1914, 29.11.1914; 23.1.1915, 2.3.1915, Besuch in Berlin: 3.3.1915, 4.3.1915, 6.3.1915, 7.3.1915, 8.3.1915, 10.3.1915, 14.3.1915, 17.3.1915, Besuch in Breslau: 18.3.1915, 19.3.1915, 20.3.1915, Blinddarmoperation: 20.6.1915, 21.6.1915, 22.6.1915, 23.6.1915, 24.6.1915, 25.6.1915, 26.6.1915, 28.6.1915, 29.6.1915, 30.6.1915, 3.7.1915, 5.7.1915, 10.7.1915, 12.7.1915, 13.7.1915, 14.9.1915, 15.9.1915, 19.9.1915, 20.9.1915, 21.9.1915, 23.9.1915, 26.9.1915, 28.9.1915, 30.9.1915, 5.10.1915, 9.10.1915, 10.10.1915, 12.10.1915, 8.11.1915, 17.12.1915; 29.2.1916, Besuch in der Arcisstr.: 7.-14.4.1916, dito: 3.-13.5.1916, 9.6.1916, 26.10.1916, 10.11.1916, 17.11.1916, 19.11.1916, 10.12.1916, 14.12.1916

2. Klaus (*Aißi*) Heinrich Thomas (18.11.1906 – 21.5.1949), Schriftsteller (NDB, Bd 16, 51-54) (s. Einleitungen)   28.2.1911, 2.4.1911, 20.4.1911, 24.4.1911, 30.4.1911, 7.5.1911, 25.10.1911, 28.10.1911; 12.2.1912, 5.6.1912, Tölz: 5.10.1912, 9.11.1912, 5.12.1912; 20.1.1913, 25.4.1913, 26.4.1913, 4.5.1913, 22.6.1913, 1.7.1913, 14.8.1913, Tölz: 9.11.1913, 12.11.1913, 13.11.1913; 8.2.1914, 11.2.1914, 12.2.1914, 15.2.1914, 13.3.1914, 19.3.1914, 26.3.1914, 2.4.1914, 17.5.1914, 26.10.1914, 28.10.1914, 30.10.1914, 7.11.1914, 18.11.1914, 20.12.1914; 26.2.1915, 2.3.1915, 20.4.1915, 23.4.1915, 30.4.1915, 12.5.1915, 22.5.1915, 23.5.1915, 24.5.1915, 25.5.1915, 26.5.1915, 27.5.1915, 28.5.1915, 29.5.1915, 30.5.1915, 1.6.1915, 2.6.1915, 3.6.1915, 4.6.1915, 5.6.1915, 6.6.1915, 7.6.1915, 8.6.1915, 9.6.1915, 10.6.1915, 11.6.1915, 13.6.1915, 14.6.1915, 19.6.1915, 20.6.1915, 21.6.1915, 22.6.1915, 23.6.1915, 24.6.1915, 25.6.1915, 28.6.1915, 29.6.1915, 30.6.1915, 4.7.1915, 7.7.1915, 10.7.1915, 11.7.1915, 13.7.1915, 14.7.1915, 15.7.1915, 16.7.1915, 17.7.1915, 18.7.1915, 19.7.1915, 20.7.1915, 21.7.1915, 22.7.1915, 23.7.1915, 24.7.1915, 25.7.1915, 31.7.1915, Tölz: 18.8.1915, 12.12.1915, 17.12.1915, 22.12.1915; 16.1.1916, 8.3.1916, 2.4.1916, 9.6.1916, 2.11.1916, 8.11.1916, 10.11.1916, 19.11.1916, 8.12.1916

3. Angelus (*Golo*) Gottfried Thomas (27.3.1909 – 7.4.1994), Historiker, Schriftsteller, Universitätsprofessor (s. Einleitungen)   27.3.1911; 15.2.1912, 28.3.1912, 8.12.1912, 21.12.1912, 25.12.1912; 27.3.1913, 1.8.1913; 27.3.1914, 17.5.1914, 21.10.1914, 22.10.1914, 23.10.1914, 25.10.1914, 26.10.1914, Masern: 12.11.1914, 18.11.1914, 20.12.1914; Blinddarmoperation: 26.3.1915, 27.3.1915, 29.3.1915, 30.3.1915, 31.3.1915, 2.4.1915, 6.4.1915, 7.4.1915, 14.4.1915, Tölz: 18.8.1915; 27.3.1916, 2.4.1916

4. Monika (7.6.1910 – 17.3.1992), Schriftstellerin (s. Einleitungen)   7.6.1911; 7.6.1912, 25.12.1912; 6.6.1913, 14.8.1913; 6.6.1914, Masern: 12.11.1914, 18.11.1914, 29.11.1914, 30.11.1914, 1.12.1914; 19.8.1915; Blinddarmoperation: 19.2.1916, 20.2.1916, 21.2.1916, 23.2.1916, 26.2.1916, 29.2.1916, 5.4.1916, 7.6.1916, 16.6.1916, 15.11.1916, 8.12.1916

Manns (Viko)   26.12.1914; 25.12.1915

Mann, Carl Viktor (*Viko*) (12.4.1890 – 21.4.1949), Bruder von → Thomas Mann (s. Bd 3 u. 4)   Verh. am 1.8.1914 mit Magdalena (*Nelly*) Kilian   6.6.1911; 31.12.1913; 25.12.1915

Mann, Magdalena (*Nelly*), geb. Kilian (gest. 1962), gen. »das Wassermädchen«   25.12.1915

Marcks'   15.11.1913, 19.12.1913

Marcks, Geheimrat Dr. Erich (17.11.1861 – 21.11.1938), Historiker. Seit 1913 Professor in München und Thomas Manns Nachbar im Herzogpark. Er ging 1922 unter gleichzeitiger Berufung zum Historiographen des preuß. Staates und Aufnahme in die Preuß. Akademie der Wissenschaften nach Berlin, wo er auch nach seiner Emeritierung 1928 blieb. Verh. seit 1889 mit Friederike v. Sellin; 3 Söhne, 1 Tochter (Tb 1918-1921, 578) (NDB, Bd 16, 122-125) (Wer ist wer?, 185f.)   10.5.1915

Marcks, Friederike, geb. v. Sellin (1865-1951)   21.8.1914, 27.8.1914, 28.8.1914, Kondolenz: 10.11.1914; 28.11.1914; 20.3.1916

1. Albert (1894 – gef. am 30.10.1914), Kaufmann in Hamburg, Gefreiter im Reserve-Infanterie-Regiment 212
2. Erich jun. (6.6.1891 – 12.6.1944), Berufsoffizier. Kriegsteilnehmer im Ersten Weltkrieg als Leutnant und Adjutant im Reserve-Feld-Artillerie-Regiment 17.
3. Gerta (1897-1986)
4. Otto (1905-1978)

Marga, Margarete → Margarete **Oldenbourg**

Margon, Mary, Variétékünstlerin, Soubrette   2.12.1913

Marguery. Pariser Restaurant »Au Petit Marguery«, 9, Bd de Port Royal. Um 1900 gegründet, noch heute in Betrieb.   14.4.1911

Marie, Köchin bei Pringsheims   engagiert: 8.9.1914, Eintritt: 1.10.1914; 1.7.1916, 12.9.1916

Marienbad. Hotel Marienbad, Barerstr. 11. Etwa 1850 erbaut, galt es bald als eines der beliebtesten Künstler-Hotels. Noch heute in Betrieb. → Fritz Mauthner, → Hermine Feist, → Mary Balling, → Dagny Sautreau-Björnson u.a. stiegen dort ab.   26.7.1911, 26.11.1911; 1.12.1912; 5.5.1914, 8.6.1914; 16.1.1915

Marquesa → Marquesa **Respaldino y Mier**

Marta, **Martha** → Martha v. **Rohrscheidt**

Marx, Paul (1861-1910), Chefredakteur der Berliner Tageszeitung *Der Tag*   14.4.1912, 23.6.1912

Mason, Mrs., Privatunterkunft, 17 Market Hill, Cambridge   21.-28.8.1912

Masson, Sir David Orme (13.1.1858 – 10.8.1937), Chemiker, Prof. an der Universität Melbourne. Verh. am 5.8.1886 mit Mary Struthers. Als Präsident (1911-1913) der Australasian Association for the Advancement of Science unterstützte er die Antarktis-Expedition (1911-1914) von Sir Douglas Mawson. Nach ihm ist die Masson-Insel im Südl. Ozean nahe dem antarkt. Festland benannt.   8.12.1914; 7.4.1915, 10.4.1915

Matisse, Henri-Émile-Benoit (31.12.1869 – 3.11.1954), berühmter französischer Maler. Verh. am 10.1.1898 mit Amélie Parayre. 2 Söhne   Paris: 20.4.1911; 2.1.1912

Matisse, Amélie Noellie, geb. Parayre (geb. 1872)   2.1.1912

Maurice's (s. Bd 3 u. 4)   18.1.1911, 17.11.1911, 26.11.1911; 22.11.1912, 24.11.1912; 31.12.1913; 14.1.1914, 17.3.1914; 19.4.1915, 5.12.1915, 30.12.1915

Maurice, Baron Pierre (13.11.1868 – 25.12.1936), schweizer. Komponist (s. Bd 3 u. 4)   3.4.1913; 6.2.1914

Maurice, Baronin Madeleine, geb. Sarasin (16.1.1869 – 18.9.1955) (s. Bd 3 u. 4)   9.5.1911, 9.12.1911; 10.1.1912, 13.5.1912, 11.11.1912; 12.11.1913; 6.2.1914, 28.12.1914
mit Tochter   13.5.1912; 6.2.1914
1. Antoinette (Toinette, Ninette, Ninon) (geb. 2.1.1894) (s. Bd 3 u. 4)   11.11.1912

Maurmeier, Robert, k. Justizrat und Rechtsanwalt, Karlstr. 12   1.4.1915, 20.4.1915

Mauthner, Fritz (22.11.1849 – 29.6.1923), Schriftsteller, Philosoph, Berlin (s. Bde 1-4)   31.10.1911, München: 1.11.1911, 7.11.1911, 26.11.1911, 3.12.1911
1. Grete, verh. 1905 (s. Bd 3)   27.1.1915

May, Hofrat (organisiert u.a. M. Hardens Vorträge in München)   20.11.1915, 21.11.1915, 25.11.1915; 22.2.1916, 25.2.1916

May, Prof. Dr. F., Arzt von Katja Mann im Sanatorium in Ebenhausen   26.8.1911; 17.1.1912, 23.2.1912, 25.2.1912, 6.3.1912

May, Nora, Frauenrechtlerin, Pazifistin   23.10.1915

Mayr, Georg Ritter v. (bayr. Personaladel 1879) (12.2.1841 – 6.9.1925), Wirtschafts- und Finanzpolitiker, Universitätsprofessor. Nach Studium der Rechts- u. Staatswissenschaften an der Univ. München Promotion 1865. Habilitation 1866. 1868 ao. Prof., 1869-1879 Vorstand des Statistischen Büros. 1872 Ministerialrat im bayer. Ministerium des Innern. 1879 Unterstaatssekretär im neu gegründeten Ministerium für Elsaß-Lothringen in Straßburg. 1887 in den einstweiligen Ruhestand versetzt. 1891 Privatdozent an der Univ. Straßburg, 1895 Honorarprofessor. 1898 kehrte er als ord. Prof. der Statistik, Finanzwissenschaft u. Nationalökonomie an die Univ. München zurück. 1913/14 Rektor. Auch nach seiner Emeritierung 1920 setzte er seine Lehrveranstaltungen bis zu seinem Tode fort. Verh. seit 1867 mit Adelheid v. Hermann. (NDB, Bd 16, 561-563)   1.9.1914

Meerson, Olga (Markowa) (6.5.1879 – 29.6.1930), Malerin. Sie hat in der »Vernissage des Indépendants« im März 1911 in Paris sechs ihrer Bilder ausgestellt. Selbstporträt s. Anhang) (s. Einleitung)   4.1.1911, 7.1.1911, 9.1.1911, 26.1.1911, 5.3.1911, 12.4.1911, Paris: 13.4.1911, 15.4.1911, 16.4.1911, 19.4.1911, 20.4.1911, 21.4.1911, 23.4.1911, 12.5.1911, 29.5.1911, 2.7.1911, 13.7.1911, 14.7.1911, 27.7.1911, 12.8.1911, 14.8.1911, 16.8.1911, 18.8.1911, 27.8.1911, 5.9.1911, 18.9.1911, 22.9.1911, 14.10.1911, 7.11.1911, 10.11.1911, 20.11.1911, 1.12.1911, 6.12.1911, 11.12.1911, 12.12.1911, 18.12.1911, 20.12.1911,

21.12.1911, Besuch in der Arcisstr.: 24.-31.12.1911; Besuch in der Arcisstr.: 1.1.-25.3.1912, 26.3.1912, 27.3.1912, 29.3.1912, 31.3.1912, 2.4.1912, 5.4.1912, 6.4.1912, 7.4.1912, 8.4.1912, 21.4.1912, 28.4.1912, 1.5.1912, 2.5.1912, 3.5.1912, 5.5.1912, 11.5.1912, 12.5.1912, 15.5.1912, 16.5.1912, 17.5.1912, 19.5.1912, 20.5.1912, 23.5.1912, 2.6.1912, 7.6.1912, 10.6.1912, 14.6.1912, 18.6.1912, 30.6.1912, 7.7.1912, 9.8.1912, 18.10.1912; seit 1913 verh. mit → Heinz Pringsheim

Meerson, Tamara, Schwester von Olga   Paris: 23.4.1911

Meier, Ehepaar aus Geislingen, Bekannte von → Ernst und Lena Schweninger   7.7.1911

Meier. Firma   24.12.1911

Meier, Cäcilie, Berlin, Bekannte von Hedwig (*Mim*) Dohm   27.2.1911; 9.3.1915

Meier-Stayberg, Herr v., Mit-Reiter im Universitätsreitstall → Mengele   29.1.1913

Meisel-Heß, Grete (18.4.1879 – 18.4.1922), österreich. Schriftstellerin u. Frauenrechtlerin, Bekannte von Hedwig (*Mim*) Dohm (s. Bd 4)   Berlin: 23.9.1914; Berlin: 24.4.1916, 13.10.1916, 15.10.1916, 4.11.1916

Meißner, Loele, Tochter von → Frau Prof. Vischer   15.1.1914

Mendelsohn, Fräulein v., Bekannte von Thomas Manns   Tölz: 26.9.1913

Mengarini, Guglielmo (*Memmo*) (27.12.1856 – 25.7.1927), Elektroingenieur, Politiker, Universitätsprofessor. Verh. mit der Frauenrechtlerin Margeritha (*Grete*) Traube (1856-1912), Schwester des Münchner Altphilologen Prof. Ludwig Traube. (s. Bd 3)   Kondolenz: 30.12.1912

Mengele, Johann *Georg* (geb. 4.12.1873), k. Universitätsstallmeister. Universitäts-Tattersall, Amalienstraße 27. (PMB) (s. Bde 2, 3 u. 4)   20.3.1911; Kondolenz: 29.9.1912, 8.10.1912, 30.12.1912; 29.1.1913; 26.9.1916

Mengele, Johann *Georg* (6.4.1843 – 20.9.1912), Reitinstitutsinhaber, Universitätsstallmeister. Verh. mit Marie *Christine* Bachmann (23.12.1846 – 20.12.1903). Todesnachricht: 29.9.1912
1. Josef Georg (13.7.1872 – 27.7.1872); 2. Johann *Georg* (geb. 4.12.1873) (s.o.); 3. Bertha (30.4.1875 – 21.7.1875); 4. Max (20.2.1881 – 23.7.1881); 5. Julius (14.4.1884 – 1907)

Merkel, Fräulein, Mit-Reiterin im Universitätsreitstall → Mengele   8.6.1911

Messel, Frau   10.2.1915

Metz, Josepha (19.10.1871 – 13.2.1943), Schriftstellerin. Bekannte von Hedwig (*Mim*) Dohm, Berlin (s. Bd 4)   20.2.1911; 19.6.1912

Meyer od. **Meier**, Alfred(o), Bekannter von Hedwig (*Mim*) Dohm (s. Bd 4)   1.11.1911; 31.10.1912; 24.2.1913, 30.10.1913; 17.1.1915, 8.10.1915; 23.1.1916

Meyers, Bekannte von Rudolf Pringsheims, Berlin (s. Bd 2)   3.1.1913

Meyer, *Ernst* Joachim, Geh. Kommerzienrat, Bankdirektor, Vorsitzender des »Berliner Kassen-Vereins«; wohnhaft u.a. in Wannsee. Mitglied im »Club von Berlin« seit 1891 (Adresse: Berlin W, Vossstr. 16), guter Bekannter von → Eduard Arnhold, Mitglied im »Kaiser Friedrich-Museums-Verein zu Berlin« (1903ff.)

Michaelis, Karin, eigtl. Katharina Marie Bech-Brondum (20.3.1872 – 11.1.1950), dänische Journalistin und Schriftstellerin; seit 1895 verh. mit dem Schriftsteller Sophus Michaelis (1865-1932), gesch. 1911. 1910 veröffentlichte sie das Buch *Das gefährliche Alter*, das großes Aufsehen erregte, weil es die sexuellen Wünsche einer Frau von 40 Jahren behandelte.   8.2.1911

Michalek, Lisa, Schauspielerin, Tochter des Wiener Kunstmalers Prof. Ludwig Michalek (1859-1942). 1908 am Stadttheater Brünn, 1911-1913 am Hoftheater in München engagiert.   26.1.1913, 6.2.1913, 28.2.1913, 27.3.1913, 29.3.1913, 30.3.1913, 1.4.1913, 21.5.1913, 13.6.1913, 21.6.1913, 25.6.1913; 9.1.1914; 5.1.1915; 4.1.1916, 5.1.1916

Michelet, Herr, Bekannter von → Hermine Feist   17.11.1915

Mientje, Mintje → **Immink**

Miez, Mieze, Miz → Maria **Gagliardi**

Milka → Milka **Ternina**

Milka, Milka II, Milkalein → Emilie **Pringsheim**

Miller, Eugen v.   Wien: 30.5.1912

Mim, Mimchen → Hedwig **Dohm**

Mira → Miryam **Klein** bzw. → **Koffka**

Mittag-Lefflers (s. Bd 3)   10.4.1916, 11.4.1916, 12.4.1916
Mittag-Leffler, Magnus Gösta (16.3.1846 – 12.7.1927), schwedischer Mathematiker, Universitätsprofessor. Verh. seit 1882 mit Signe Lindfors (1861-1921) (s. Bde 2, 3 u. 4)   Kongreß Cambridge: 21.8.1912; 10.9.1914, 4.10.1914, 14.10.1914, 22.10.1914, 4.11.1914, 6.11.1914, 18.11.1914, 20.11.1914, 8.12.1914, 21.12.1914; 22.1.1915, 23.1.1915, 4.2.1915, 27.2.1915, 7.4.1915, 10.4.1915, 14.5.1915, 21.5.1915, 10.6.1915, 13.6.1915, 24.6.1915, 29.6.1915, 1.7.1915, 3.10.1915, 15.10.1915; 5.1.1916, Gratulation zum 70. Geburtstag: 10.3.1916, 29.3.1916, 6.5.1916, 15.5.1916

Möhl, Susanne (*Sissy*), Turn- u. Gymnastiklehrerin, spez. Schwedische Gymnastik. Sie war außerdem schriftstellerisch tätig, schrieb Theaterstücke und Gedichte.   7.11.1916, 20.11.1916

Moissi, Alexander (2.4.1880 – 23.3.1935), Schauspieler am Dt. Theater, Berlin (s. Bd 4)   München: 30.8.1911, 31.8.1911, 23.9.1911; 3.2.1912, 10.2.1912; 11.3.1913, 1.12.1913

Molde, Frau   Bremen: 17.4.1916

Molk, Conrad Frédéric *Jules* (1857-1914), Professeur de Mécanique an der Universität Nancy (Meurthe et Moselle) (s. Bd 3 u. 4)
Molk, Madame (s. Bd 4)   1.1.1912

Monakoff, Frau, Mit-Turnerin in der Turnstunde von Frl. → Möhl   20.11.1916

Monnard, Heinrich (*Heinz*) (31.3.1873 – 10.7.1912), Schauspieler (s. Bd 4)   17.2.1912

Morwitz, Ernst (13.11.1887 – 20.9.1971), Jurist, Schriftsteller, Übersetzer. 1914 Gerichtsassessor, 1930 Kammergerichtsrat und Senatspräsident in Berlin, 1935 zwangspensioniert, emigrierte 1938 in die USA. Er nahm schon während seiner Schulzeit in Berlin Kontakt mit Stefan George auf, mit dem er bis zu dessen Tod eng verbunden blieb. Sein Werk *Die Dichtung Stefan* Georges erschien 1934 im Verlag Georg Bondi. Bekannter von → Bondi's   23.6.1912

Moszkowski, Alexander (15.1.1851 – 26.9.1934), Schriftsteller und Satiriker, Bruder des Musikers Moritz Moszkowski   19.3.1911

Mottl, Felix (24.8.1856 – 2.7.1911), Dirigent und Komponist. Verh. seit 1911 mit → Zdenka Faßbender (1879-1954), Kammersängerin, die 1916 den Münchner Verleger → Edgar Hanfstaengl heiratete (s. Bde 2, 3 u. 4)   Todesnachricht: 3.7.1911, 1.11.1911; 22.1.1912

Motz, Moz, Hund von Thomas Mann

Moy de Sons, Maximilian (*Max*) Maria Graf v. (8.4.1862 – 26.4.1933), Oberst-Zeremonienmeister u. Oberhofmeister weiland des Königs Ludwig III., Hauptmann à la suite. Neffe von → Friederike v. Belli de Pino (s. Bd 3)   7.1.1909

Moy de Sons, Elisabeth Gräfin v., geb. Gräfin v. Waldburg-Zeil-Wurzach (7.7.1866 – 2.11.1950), Ehrendame des bayer. Theresien-Ordens. 7 Kinder   12.9.1914, Kondolenz: 15.12.1914; 15.7.1916, 17.7.1916, 18.7.1916
1. *Karl* Eberhard Maximilian Maria (3.8.1890 – 29.4.1950), Rittmeister a.D. Verh. am 2.5.1916 mit Anna Gräfin v. Galen (geb. 17.11.1881). Sohn: Ernst. Gefangenschaft: 15.7.1916
2. *Ernst* Siegfried Maximilian Maria (26.3.1892 – gefallen 11.7.1916), Kgl. bayer. Kammerjunker, Leutnant u. Kompanie-Führer im Infanterie-Leibregiment   Todesnachricht: 13.7.1916, 15.7.1916

Muck, Carl (22.10.1859 – 3.3.1940), Kapellmeister (s. Bd 3)   22.1.1912

Mühlinghaus, Herr, Berlin, Bekannter von → Rosenbergs, gehörte zeitweilig zu den »Bridge-Herren«   5.10.1911; 11.4.1912, 18.4.1912, 22.9.1912; 9.1.1913, 16.1.1913, 6.3.1913, 13.3.1913, 1.6.1913, 17.8.1913, 27.11.1913; 19.2.1914, 17.9.1914, 24.9.1914, 4.10.1914, 11.10.1914, 14.10.1914, 15.10.1914, 10.12.1914, 17.12.1914

Müller, Fräulein, Bekannte von Hedwig (*Mim*) Dohm   Berlin: 24.11.1913; Wannsee: 21.6.1914

Müller, Frau Exc. v., Schwester von Hans v. Kahlenberg, Bekannte von → Fürstenbergs   Berlin: 9.3.1915

Müller, Schneiderin   3.6.1912

Müller, Dr. Friedrich Ritter v. (bayer. Personaladel 1907) (17.9.1858 – 18.11.1941), Internist, Universitätsprofessor. Seit 1904 Leiter der II. Medizin. Klinik (links der Isar) in München. Während des 1. Weltkriegs bereiste er die belgische und die französische Front und beschäftigte sich mit kriegstypischen Seuchen sowie dem Hungerproblem. 1934 wurde er im Zuge der nationalsozialistischen Gleichschaltung zum Rücktritt gezwungen. Verh. seit 1894 mit Marie Küster. 5 Töchter (NDB, Bd 18, 379-381)   28.1.1911, 19.9.1911, 14.10.1911, 30.10.1911, 12.12.1911; 23.4.1914

Müller, Marie (Friede), geb. Küster (1876-1945), Tochter des Chirurgen Ernst Küster (1839-1930) und der Marie Soltmann (gest. 1919)   19.6.1915

Mueller, Waldemar (28.7.1851 – 30.12.1924), Bankier u. Politiker, Geh. Ober-Finanzrat (s. Bde 1-4)   28.6.1912; 8.6.1913; 25.2.1914; 12.2.1915, 11.3.1915, 2.11.1915, 9.11.1915; 7.2.1916, 8.2.1916, 4.8.1916, 18.4.1916, 26.4.1916, 2.5.1916, Wannsee: 4.8.1916

Müller (Willy), Ehepaar   26.4.1914
Müller, Dr. Willy   15.8.1912, 23.8.1912

Müller-Dachau, Rosette (*Rosie*) Josephine, geb. Hutzler (7.4.1876 – 8.11.1960), geb. in St. Louis/Missouri, Schwester von Dr. Maurice Hutzler, Ehefrau des Malers Hans Müller-Dachau (1877-1925) (s. Bd 3 u. 4)   29.8.1916

Müller-Mittlers, Bekannte von Kurt Wolffs   7.2.1912
Müller-Mittler, Dr. Georg Alexander, Rechtsanwalt, Bekannter von → Hugo Bruckmanns   7.12.1911; 7.2.1912

Münsterberg, Oskar (23.7.1865 – 12.4.1920), Fabrikant, Kunsthistoriker, Journalist, Berlin (s. Bde 2, 3 u. 4)   4.8.1915, 5.8.1915, 7.8.1915

Munch, Edvard (1863-1944), norweg. Maler und Graphiker. Mitglied der Berliner Secession seit 1904, Vorläufer des Expressionismus   23.2.1912

Munckers (s. Bde 1-4)   25.5.1911, 29.10.1911; 13.2.1913, 28.6.1913; 11.3.1914
Muncker, Franz (4.12.1855 – 7.9.1926), Literarhistoriker, Universitätsprofessor (s. Bde 1-4)
Muncker, Magdalena (*Lenchen*), geb. → Kaula (27.11.1861 – 1940) (s. Bde 2, 3 u. 4)   Kondolenz: 1.10.1912, 7.10.1912

Munthe-Kaas, Elisabeth (12.6.1883 – 1959), Sängerin. Tochter der Pastoreheleute Hjalmar und Anna Munthe-Kaas (PMB) (s.a. Bd 4)   31.1.1911, 3.2.1911, 5.2.1911, 9.2.1911, 24.3.1911; 25.2.1912, 5.3.1912, 7.3.1912, 7.10.1912, 15.10.1912, 30.10.1912, 3.11.1912, 10.11.1912; 2.1.1913, Gratulation zur Verlobung: 6.12.1913; 21.12.1914; 24.12.1915, 31.12.1915

Munthe-Kaas, Ruth (geb. 17.2.1887), Schwester von Elisabeth (s.o.). Sie lebte 1910 in München, am 15.3.1911 nach Christiania abgemeldet. 1914 gemeldet in Berlin-Schöneberg, Hohenzollerndamm 10. (PMB)   7.3.1912

Mysz-Gmeiner, Lula (16.8.1876 – 7.8.1948), österr.-ungar. Kammersängerin, Alt. Ihre Konzerte führten sie durch ganz Europa bis in die USA. 1920-1945 war sie Professorin an der »Staatl. akadem. Hochschule für Musik zu Berlin«, ab 1945 lehrte sie am Konservatorium von Schwerin. Verh. seit 1900 mit dem österr. Marineoffizier Ernst Mysz. 3 Töchter (Kutsch/Riemens, Bd 4, 2475 u. Bd 6, 546)   Berlin: 21.11.1913

Nadoleczny, Professor Dr. Max, Facharzt für Hals-, Nasen- und Ohrenleiden (s. Bd 4) 13.2.1914, 14.2.1914, 16.2.1914; 1.6.1915, 4.6.1915, 5.6.1915, 7.6.1915, 8.6.1915, 16.6.1915, 17.6.1915, 18.6.1915, 21.6.1915, 22.6.1915, 23.6.1915

Naef-Stach → Maria **Stach**

Nagel, Frl. v., Mit-Reiterin im Universitätsreitstall → Mengele (s. Bd 3)   27.4.1911, 4.5.1911

Nash, Miss, Bekannte von Hedwig (*Mim*) Dohm   Berlin: 23.2.1914

Nast, Minnie (10.10.1874 – 20.6.1956), Sopran (s. Bd 4)   24.11.1911

Nedden, Franz zur (1881-1954), Dr.-Ing., Energie-Fachmann, Freund von → Hans Rosenberg   Berlin: 19.3.1913

Neef, Dr., Verlobter von → Gesine Frerichs   7.6.1913

Nero, Hund von Mathilde v. Scheubner, den Hedwig Pringsheim vom 19.5.-14.10.1915 in Pension hatte.

Ney, J., Putz- und Modewaren, Maffeistr. 6 (Inh.: German Dreyfuß u. Bernard Dziadeck)   31.3.1913

Noether, Max (24.9.1844 – 13.12.1921), Mathematiker, Universitätsprofessor (s. Bde 1-4)   Kondolenz: 14.5.1915
2. *Fritz* Alexander Ernst (1884-1941), Mathematiker. 1910-1911 Hilfsassistent an der Univ. Göttingen, 1911 Assistent, Habilitant und Privatdozent an der TH Karlsruhe. (s. Bd 4)   10.1.1912

Nova, Herr Dr., Schriftsteller, Bekannter von → Frigga v. Brockdorff   19.11.1912

Novellis di Coarazze, *Carla* Baronin, geb. Dreifus (geb. 2.10.1866), verh. am 12.7.1899 mit Carlo Barone Novellis di Coarazze   Partenkirchen: 1.8.1914

Nusser, Herr, Lieferant(?)   6.3.1913; 31.8.1916

Oberhummers (s. Bd 4)   8.3.1911, 2.12.1911; 29.1.1912, 24.2.1912, 28.12.1912; 28.2.1913; 7.1.1914, 6.2.1914
Oberhummer, *Hugo* Mathias (1.11.1877 – 21.5.1941), Kaufmann, Kommerzienrat (s. Bd 4)   7.2.1912
Oberhummer, Olga (*Olly*) Louise, geb. Lindpaintner (1884-1982) (s. Bd 4)   29.1.1912, 24.2.1912, 28.12.1912; 28.2.1913; 7.1.1914, 6.2.1914; 27.11.1915

Obrists (s. Bd 3 u. 4)   15.1.1911; 21.1.1912; 2.3.1913; 29.3.1916
Obrist, Hermann (27.5.1862 – 26.2.1927), Bildhauer, Kunstgewerbler, Kunsttheoretiker (s. Bde 1-3)   18.1.1911, 27.8.1911; 29.3.1914
Obrist, Marie Luise, geb. Lampe (1867-1952) (s. Bd 3)

Obu → **Oldenbourg**

Odeons-Bar, Restaurant im Münchner Odeon (s. Bd 3 u. 4)   19.9.1913, 20.9.1913

780　　　　　　　　　　　　　　　　　　　　　　　　　Personenregister

Örtel-Holma, Frau, Bekannte von → Frigga v. Brockdorff　19.11.1912

Olden, Hans, eigtl. Johann August Oppenheim (5.6.1859 – 23.5.1932), Schriftsteller, Schauspieler (s. Bde 2, 3 u. 4)　München: 3.7.1914

Oldenberg, Carl (gest. 1914), Redakteur, Leiter der Parlamentarischen Berichterstattung (s. Bde 1-4)　Berlin: 13.2.1912

Oldenbourgs (Alexander), Bekannte von → Gabrilowitschs (s. Bd 4)　28.2.1913, 21.5.1913, 5.12.1913, 16.12.1913; 2.6.1914

Oldenbourg, Alexander (*Alex*) Otto Hermann (20.6.1881 – 30.9.1952), Sohn des Verlegers Hans Oldenbourg und der Clara Bode. Leiter der graph. Betriebe im Oldenbourg Verlag, 1912-1952 persönl. haft. Gesellschafter der Firma R. Oldenbourg. Verh. in 1. Ehe am 11.1.1908 mit Rose Spoliansky, geb. Sachs. 1 Sohn. Verh. in 2. Ehe am 15.1.1936 mit Consuelo Nauth (geb. 3.10.1901). (s. Bd 4)　9.12.1911; 11.8.1912; 6.2.1914; 9.4.1915, 23.6.1915; 23.9.1916

Oldenbourg, Rose Spoliansky, geb. Sachs (14.8.1877 – 12.11.1943), Tochter des Fabrikbesitzers in Kiew Max Sachs und der Ernestine Bisk; gesch.　19.5.1912; 6.2.1914; 24.3.1915
1. John (geb. 1910)

Oldenbourgs (Hans)　8.4.1916

Oldenbourg, *Hans* Friedrich (28.3.1849 – 16.10.1922), Bruder von Rudolf A. v. Oldenbourg (s.u.).Verlagsbuchhändler und Buchdrucker. Geh. Kommerzienrat. Seit 1876 Teilhaber der Firma R. Oldenbourg. 1914-1922 Geschäftsführer des Bayer. Staatszeitungsverlages. Sein Vermögen wurde 1914 auf 1-2 Millionen M. geschätzt. (Martin, 79) Verh. am 17.5.1874 mit Clara Bode (15.3.1853 – 11.6.1936), Tochter des Oberlandesgerichtsrats Wilhelm Benedikt Bode und der Emilie Rimpau. 4 Söhne: 1. Wilhelm (1875), 2. Hans *Paul* Ernst, 3. Alexander (1881), 4. Rudolf (1887) und 4 Töchter: 1) Luise Emilie *Gertrud*, 2) Marie Julie Agnes Hermine, 3) *Sophie* Margarete Pauline, 4) Emilie Elisabeth Eveline (s. Bd 4)
2) Marie Julie Agnes Hermine (*Nini*) (s. Bd 4)　8.4.1916, 20.12.1916

Oldenbourg, *Paul* Wilhelm Leo (11.1.1858 – 16.8.1936), Verleger, Geh. Kommerzienrat. Bruder von Rudolf A. v. Oldenbourg und Hans Oldenbourg. Seit 1886 Teilhaber der Firma R. Oldenbourg, 1912-1914 Geschäftsführer des Bayer. Staatszeitungsverlages, 1890-1919 Handelsrichter. Verh. am 24.9.1885 mit Helene Oldenbourg. 3 Söhne. Sein Vermögen wurde 1914 auf 1-2 Millionen M. geschätzt. (Martin, 79)

Oldenbourg, Helene, geb. Oldenbourg (10.10.1858 – 25.8.1943), Tochter des Leipziger Kaufmanns Wilhelm Oldenbourg, Bruder des Firmengründers Rudolf Oldenbourg, und der Marie Eggert. (s. Bd 4)　25.11.1914
1. Sohn　30.6.1912

Oldenbourg, *Rudolf* August Richard Alfred (1887-1921), Dr. phil., Kunsthistoriker. Sohn von Hans Oldenbourg u. Clara Bode (s.o.). Während des 1. Weltkriegs war er Mitarbeiter an der Pinakothek, später Assistent am Kaiser-Friedrich-Museum in Berlin. 1914: Mitglied des Münchener Altertums-Vereins, Bekannter und Berater von → Hermine Feist　25.6.1913; 8.5.1914, 17.5.1914, 10.7.1914, 27.8.1914, 11.10.1914, 15.11.1914, 20.12.1914; 21.3.1915, 11.4.1915,

13.4.1915, 15.4.1915, 18.4.1915, 10.5.1915, 30.5.1915, 17.6.1915, 23.8.1915, 12.9.1915, 10.10.1915, 17.11.1915, 2.12.1915, 31.12.1915; 7.1.1916, 10.1.1916, 27.1.1916, 4.3.1916, 8.3.1916, 12.3.1916, 27.3.1916, 31.3.1916, 13.4.1916, 24.4.1916, 15.5.1916, 29.5.1916, 7.6.1916, 25.6.1916, 19.7.1916, 12.11.1916, 17.11.1916, 5.12.1916, 16.12.1916, 17.12.1916

Oldenbourgs (s. Bde 2, 3 u. 4)   28.3.1911, 7.4.1911, 12.11.1911, 26.11.1911; 30.3.1912, 7.10.1912, 6.12.1912; 23.4.1915

Oldenbourg, *Rudolf August* v. (3.6.1845 – 22.8.1912), Verleger; seit 1870 Teilhaber der Firma R. Oldenbourg (s. Bd 2 u. 4)   27.8.1911, 9.12.1911; 7.3.1912, Todesnachricht: 26.8.1912

Oldenbourg, Hedwig, geb. Pacher v. Theinburg (4.9.1848 – 5.7.1928), Tochter des Wiener Fabrikbesitzers Gustav Moritz Pacher v. Theinburg und der Elise List, Tochter des Nationalökonomen Friedrich List. Ihr Vermögen wurde 1914 auf 1-2 Millionen M. geschätzt. (Martin, 79) (s. Bd 3 u. 4)   11.11.1913; 29.3.1914, 1.6.1914; 25.4.1915; 21.5.1916

1. Margarete (*Marga*) (26.2.1871 – 7.11.1927) (s. Bde 2, 3 u. 4)   19.3.1911, 5.6.1911, 14.8.1911, 16.8.1911, 17.8.1911, 1.11.1911, 26.11.1911, 2.12.1911; 19.5.1912, Kondolenz: 26.8.1912, 22.10.1912, 18.12.1912; 1.1.1913, 31.3.1913, 11.11.1913, 15.12.1913; 6.2.1914, 8.3.1914, 1.6.1914, 15.8.1914, 13.9.1914, 18.10.1914, 29.11.1914; 2.1.1915, 5.4.1915, 25.4.1915, 29.6.1915, 22.9.1915; 20.2.1916, 2.4.1916, 21.5.1916, 23.8.1916, 22.11.1916, 3.12.1916

Olga → Olga **Meerson** bzw. → **Pringsheim**

Olly → Olga **Oberhummer**

Onkel Arthur → Arthur **Schleh**

Oppenheimer, Herr, Mit-Reiter im Universitätsreitstall → Mengele   23.6.1913

Orgéni, Aglaja (17.12.1841 – 15.3.1926), Sopran (Kutsch/Riemens, Bd 4, 2604)   21.1.1911

Orme-Masson → Sir David Orme **Masson**

Osborns, Berlin, Bekannte von → Georg Bondi (s. Bd 4)   17.6.1911

Osborn, *Max* (10.2.1870 – 24.9.1946), Journalist und Schriftsteller. Verh. mit Martha Boas (geb. 1873), 2 Kinder

Ostermann von Roth, Dr. Paul, Jurist und Kunstgeschichtler, Direktor der großherzogl. Privatsammlungen in Darmstadt. Verh. in 2. Ehe mit Marnie Bareiss, Bekannter von → Hermine Feist   24.3.1914

Ott, Herr   7.10.1913
Ott, Frau, geb. Rudio, Schwester des Mathematikprofessors → *Ferdinand* Rudio   6.2.1914
Schwester Ott   7.10.1913

Otto, Hofrat   2.7.1915

Otto's   Bremen: 16.4.1916
Otto, *Julius* Heinrich Albert Friedrich (29.1.1866 – 1924), Schauspieler u. Intendant. Während seiner Intendantenzeit 1910-1924 führte das Bremer Stadt-

theater hauptsächlich Opern u. Operetten auf. (Eisenberg, 741) Bekannter von → Rodolfo Funke   4.6.1912; 19.7.1915, 26.10.1915
Otto, Frau   Bremen: 16.4.1916

Padova, Mario (s. Bde 1-4)   28.4.1911; 4.1.1912

Pagenstechers   Sils Maria: 10.9.1913, 11.9.1913, 12.9.1913, 13.9.1913, 16.9.1913
Pagenstecher, Prof.   Sils Maria: 16.9.1913
Pagenstecher, Frau   Sils Maria: 12.9.1913

Palast-Hôtel, München. Zeitweilig Quartier von → Hermine Feist   5.4.1912, 26.4.1912

Palast-Hôtel, Prag   24.-28.5.1912

Pallenberg, Max (18.12.1877 – 26.6.1934), Schauspieler. 1911 am Münchner Künstlertheater engagiert, seit 1914 am Deutschen Theater in Berlin. Nach dem Ersten Weltkrieg auf Gastspielreisen im In- und Ausland. Als Charakterkomiker hat P. seine stärksten Wirkungen durch seine an Wort und Wortspiel sich entzündenden Improvisationen erzielt. Seit 1917 war P. mit → Fritzi Massary verheiratet. Aufgrund der antijüdischen Propaganda gegen ihn und seine Frau emigrierte das Paar. Max Pallenberg kam bei einem Flugzeugabsturz ums Leben.   30.6.1911; 12.7.1912; 11.7.1913; 10.7.1914

Palma-Smith, Frau, Bekannte von → Bruno Walters   8.2.1915

Pannwitz', Berlin (s. Bd 4)   19.2.1911, 13.6.1911, 20.6.1911, 28.6.1911, Gratulation: 25.10.1911; 18.6.1912; 16.1.1913, 25.11.1913; 16.6.1914, 27.9.1914; München: 21.9.1915, Grunewald: 31.10.1915; Wildbad: 30.8.1916, 31.8.1916
Pannwitz, *Walter* (Gualterio) Sigismund Emil Adolf v. (4.5.1856 – 8.11.1920), Rechtsanwalt und Strafverteidiger, Kunstsammler und Mäzen (s. Bd 4)   24.1.1911, 1.2.1911, 2.6.1911, 6.6.1911, Berlin: 22.6.1911, 28.6.1911, 6.7.1911, 10.7.1911, 12.7.1911, Berlin: 26.9.1911, München: 1.12.1911, 2.12.1911, 3.12.1911; 20.6.1912; Kondolenz: 25.3.1915; München: 3.12.1916
Pannwitz, Hedwig v., geb. Faber (geb. 17.7.1867), gesch. am 5.1.1907.
1. *Walter* Sigismund Herbert (24.10.1893 – gef. bei Le Mesnil 16.3.1915), Kgl. preuß. Leutnant im Garde-Kürassier-Regiment   Todesnachricht: 25.3.1915
Pannwitz, Catharina (*Catalina*) Friederike Karoline Georgine v., geb. Roth (3.9.1876 – 20.5.1959) (s. Bd 4)   München: 19.5.1911, Grunewald: 22.6.1911, 28.6.1911; 7.7.1914; 22.7.1915, München: 20.9.1915, Berlin: 8.11.1915
2. *Ursula* Katharina Cornelia Elisabeth (geb. 23.10.1911)   Geburtsanzeige: 25.10.1911

Paraquins, Leutnant, Bekannte von → Löhrs   27.10.1912; 28.2.1913
Paraquin, *Arnold* Emil (13.4.1882 – 18.6.1955), Berufsoffizier. Sohn des Oberst a.D. Adolf Paraquin (1853-1918) und der Ida Frommel (gest. 1888). Militär-Verdienstorden 4. Klasse mit Schwertern. 1903: Fähnrich im 1. Chevaulegers-Regiment. 1905: Leutnant im 1. Chevaulegers-Regiment. 1912: Oberleutnant. 1914-1915: an der Westfront. März 1915: schwere Schußverletzung am Rücken. 1915: für die Dauer des Krieges der dt. Militärmission in der Türkei

zugeteilt als Adjutant der 5. Division. 1916: zur Ersatz-Eskadron 3. Chevau-legers-Regiment zurückversetzt. 1917-1918: Stellungskrieg an der Westfront. 1919: Bezirkskommando Weiden. 1920: pensioniert, felddienstunfähig. 1921: charakterisierter Major. Verh. am 22.4.1908 mit Elisabeth Matterstock (gest. nach 1955), Tochter des Kaufmanns Andreas Matterstock in Leipzig. (OP 34609)   Oberleutnant: 15.2.1915, 26.2.1915, 24.12.1915; Rittmeister: 1.1.1916, 17.2.1916, 6.3.1916, 11.4.1916, 1.5.1916, 25.5.1916
1. *Walter* Andreas Joseph (geb. 7.4.1909)
2. *Karl Heinz* Sigmund Adolf Eugen (geb. 14.12.1911)

Park Hotel, Vitznau, Luxushotel am Ufer des Vierwaldstättersees, noch heute in Betrieb   12.-15.5.1913

Parkers (s. Bd 3)   11.12.1912; 8.5.1913

Parker, Horatio William (15.9.1863 – 18.12.1919), amerik. Musiker und Komponist (s. Bd 3)   21.11.1912, 26.11.1912, 31.12.1912; 26.1.1913

Parker, Mrs. (s. Bd 3)   21.11.1912, 2.12.1912, 6.12.1912; 9.2.1913, 2.5.1913
mit Tochter (s. Bd 3)   21.11.1912, 11.12.1912; 9.2.1913, 28.2.1913

Parkinson, Familie, Reisebekanntschaft aus Athen, lebt in Chicago (s. Bd 4)   5.1.1911

Pasci, Signore   19.10.1912

Patti, Fräulein, Verwandte von → Rosenbergs oder Gesellschafterin von Hedwig (*Mim*) Dohm, Berlin; identisch mit Frl. Gottschau(?) (s.a. Bd 4)   25.2.1911, 28.2.1911, 23.9.1911; 17.2.1912, 14.9.1912, 16.9.1912; 8.3.1913, 6.6.1913, 7.6.1913, 24.8.1913, 26.8.1913, 27.8.1913, 30.8.1913, 31.8.1913; 24.2.1914, 26.2.1914, 11.6.1914, 27.7.1914, 17.9.1914; 8.3.1915
ihr Vater   Todesnachricht: 27.7.1914

Paul → Paul v. **Rohrscheidt**

Paulus, Frau, Bekannte von → Davidsohns   23.5.1916
Paulus, Fräulein   3.6.1916

Pavelkó, Jolán, Pianistin, Komponistin. Schülerin von Scharwenka und Stavenhagen   26.6.1914, 15.7.1914, 20.7.1914

Pavillon Henri IV, im klassizistischen Barockstil erbaut, einer der wenigen erhaltenen Teile des von Henri IV erweiterten »Chateau Neuf« in Saint-Germain-en-Laye, noch heute als Hotel/Restaurant in Betrieb   22.4.1911

Peglers, Bekannte von → Dauthendey's   11.11.1911

Pekrum, Susi, ehemalige Freundin von Reinhard (*Mick*) Rosenberg (s. Bd 4)   2.6.1911; 15.7.1913, 17.7.1913, 12.8.1913, 13.8.1913, 26.8.1913, 28.9.1913, 30.9.1913, 6.11.1913

Penck, Albrecht (25.9.1858 – 7.3.1945), Geograph und Geologe, Universitätsprofessor. Seit 1906 Direktor des Geograph. Instituts der Berliner Universität u. Leiter des neugegr. Instituts u. Museums für Meereskunde. 1917 Rektor der Berliner Universität. Verh. mit Ida Ganghofer (1863-1944), Schwester des Schriftstellers → Ludwig Ganghofer. 2 Kinder (s. Bd 1)   19.1.1915, 2.4.1915, 3.4.1915; 17.5.1916

Pension Glaspalast, München 3.6.1915

Perard-Petzl, Luise (1884-1936), Sopran. Ab 1913 an der Hofoper München engagiert, wo sie bis 1920 eine große Karriere hatte. Später wirkte sie in München als Gesangslehrerin. (Kutsch/Riemens, Bd 4, 2697) 24.10.1912; 27.2.1913; 9.10.1913

Perrin, Jean-Baptiste (30.9.1870 – 17.4.1942), franz. Physiker und Nobelpreisträger (1926). Nach seinem Studium an der École normale supérieure 1897 Promotion. 1910-1940 Prof. an der Sorbonne in Paris. Perrin war eng befreundet mit → Émile Borel, Pierre und Marie Curie und Paul Langevin. Nach dem Einmarsch der Deutschen flüchtete er in die USA, wo er 1942 verstarb. Sein Sohn Francis (1901-1992) war ebenfalls Physiker. Kongreß Cambridge: 21.8.1912, 23.8.1912

Perrin, Henriette (gest. 1938)   Kongreß Cambridge: 22.8.1912

Peters, Frl. Hela   29.3.1914

Petschnikoff, Alexander (1873-1949), Violin-Virtuose, Bekannter von → Bruno Walter   8.2.1915, 29.11.1915

Petschnikoff, Lilli, Geigerin   8.2.1915; 25.10.1916, 31.10.1916, 18.11.1916

Petschnikoff, Tanja, Tochter(?)   31.10.1916

Petzel, Luise → **Perard-Petzl**, Luise

Pfau, Daisy, Bekannte von → Pannwitz' (s.a. Bd 4)   Berlin: 19.2.1911

Pflaum, Frau   1.3.1913, 2.3.1913, 1.5.1913

Philipp → Philipp **Buchert**

Philippi, Hans, Dr. med., Leitender Arzt des »Internationalen Sanatoriums« in Davos-Dorf. (Dr. H. Vogel, zweiter Arzt.) Das Intern. Sanatorium wurde 1898 erbaut und 1903 durch einen umfangreichen Anbau bedeutend vergrößert, so daß es etwa 90 Patienten bequem Unterkunft bieten konnte (später Höhenklinik Valbella).   15.3.1912

Pidolls (Carl)   31.10.1916, 5.11.1916, 19.11.1916

Pidoll zu Quintenbach, Carl od. Karl (gen. *Carla*) Friedrich Frhr v. (14.10.1888 – 22.3.1965), Schauspieler, Komponist u. Schriftsteller. Sohn des österr. Malers *Karl* Frhr v. Pidoll zu Quintenbach und der *Margareta* v. Scherff. Jüngerer Bruder von Max Pidoll (s.u.). Verh. in 1. Ehe am 15.7.1916 mit *Florence* Freiin von Zedlitz und Neukirch, gesch. am 2.7.1920. 2 Kinder. (s. Bd 4) 22.1.1911, 3.2.1911, 30.4.1911, 15.10.1911, 5.11.1911, 9.11.1911, 14.11.1911, 18.11.1911, 9.12.1911; 17.8.1912; 28.6.1914, 9.7.1914, 12.7.1914, 2.8.1914, 16.8.1914, 9.12.1914, 13.12.1914; 1.4.1915, 2.4.1915, 6.6.1915, 13.6.1915, 20.6.1915, 27.6.1915, 4.7.1915, 18.7.1915, 25.7.1915, 5.9.1915, 27.10.1915, 2.11.1915; 17.2.1916, 23.2.1916, 27.2.1916, 5.3.1916, 11.3.1916, 19.3.1916, 26.3.1916, 30.3.1916, 2.4.1916, Gratulation zur Verlobung: 14.5.1916, 18.5.1916, 4.6.1916, 8.7.1916, 11.7.1916, 12.7.1916, 10.12.1916

Pidoll zu Quintenbach, *Florence* Julie Adolfine Wanda Nellie, geb. Freiin von Zedlitz und Neukirch (22.1.1898 – 5.11.1921 Selbstmord)   4.6.1916, 15.8.1916 mit Mutter Baronin v. Zedlitz u. Neukirch   4.6.1916

Pidoll zu Quintenbach, *Margareta* Fernande Marie, geb. v. Scherff (geb. 2.8.1851), Witwe des österr. Malers *Karl* Michael Valentin Frhr v. Pidoll zu Quintenbach (7.1.1847 – 17.2.1901 Selbstmord)   24.10.1913
1. *Marie* Margarete Gabriele (geb. 13.9.1880), verh. am 19.6.1911 mit Dr. phil. → Friedrich Reisch 22.1.1911, Gratulation zur Verlobung: 17.3.1911, 30.4.1911
2. *Paul* (geb. 3.4.1882), Maler in Paris (nicht bei ThBV)   7.3.1912
3. *Hans* (geb. 5.7.1883), verh. am 28.8.1922 mit Margherita a.d.H. der Baroni Mayneri (geb. 24.1.1879)
4. *Franz* (*Ferry* od. *Feri*) Georg (geb. 19.9.1884), vorm. k.u.k. Oberleutnant der Res. des Dragoner-Regiments Nr. 4, verh. am 2.4.1910 mit Anna Alberta *Paulette* Herz Edle v. Hertenried (geb. 25.7.1890), gesch. am 20.12.1927; wiederverm. März 1929 mit Karl Frhrn Pidoll zu Quintenbach (s.o.)
5. Max (*Maxa*) Frhr v. (geb. 20.4.1887), Mathematiker, Dr. phil.; vorm. k.u.k. Oberleutnant der Reserve des Dragoner-Regiments Nr. 4. Älterer Bruder von Carl v. Pidoll (s.o.). Ab WS 1907/08 Student der Mathematik an der LMU. Promotion mit Note 1 am 20.12.1912 mit der Arbeit: »Beiträge zur Lehre von der Konvergenz unendlicher Kettenbrüche« bei Alfred Pringsheim. Soldat im 1. Weltkrieg. (s. Bd 4)   8.1.1911, 22.1.1911, 3.2.1911, 6.2.1911, 12.3.1911, 30.4.1911, 2.7.1911, 15.10.1911, 5.11.1911, 11.11.1911, 9.12.1911; 7.1.1912, 28.1.1912, 2.5.1912, 5.5.1912, 12.5.1912, 2.6.1912, 14.7.1912, Cambridge: 23.8.1912, Oxford: 28.8.1912, London: 31.8.1912, 6.10.1912, 17.11.1912, 18.11.1912, Gratulation zur Promotion: 21.12.1912, 22.12.1912, 23.12.1912, 29.12.1912; 14.6.1913, 10.8.1913, 3.10.1913, 24.10.1913, 21.12.1913, 27.12.1913; 1.1.1914, 8.1.1914, 29.3.1914, 3.4.1914, 3.5.1914, 8.5.1914, 2.8.1914, 20.8.1914, 23.8.1914, 30.8.1914, 6.9.1914; 23.2.1916, 27.2.1916

Piérat, Marie-Thérèse, eigtl. Marie Thérèse Panot (1885-1934), franz. Schauspielerin. Debut 1900 am Théâtre de l'Odéon in Paris, 1902 an die Comédie-Française engagiert. Seit 1906 mit dem Maler Lucien-Victor Guirand de Scevola verheiratet.   Paris: 10.9.1912

Piloty, *Oskar* (30.4.1866 – gefallen 6.10.1915), Chemiker, Universitätsprofessor; Sohn des Malers Karl v. P., Bruder des Juristen Robert P. Verh. am 10.3.1892 mit *Eugenie* v. Baeyer (PMB) (s. Bde 1, 2 u. 3)   6.2.1914; Todesnachricht: 29.5.1916

Piloty, *Eugenie (Eu)*, geb. v. Baeyer (21.7.1869 – 1952) (s. Bd 2)   29.5.1916, 17.6.1916

Piloty, Karl Adolf, ältester Sohn, seit einem Sturmangriff am 25. Sept. 1914 vermisst   Todesnachricht: 29.5.1916

Piloty, *Robert* Ferdinand (1863-1926), Jurist, Universitätsprofessor (s. Bd 1 u. 2)   7.10.1913

Plisch (Pli, Plischele), Eriks Hund, den er sich als Student in Erlangen zugelegt hatte. Er hatte ihn Weihnachten 1902 seiner Mutter geschenkt, die den Hund sehr liebte. (s. Einleitung)   gest. am 24.3.1914

Pössenbacher. Möbelhaus u. Teppichhandlung, Briennerstraße 55   3.6.1911

Pond, Miss, Bekannte von → Margarethe Oldenbourg u. → Milka Ternina   1.1.1913, 10.4.1913, 13.4.1913, 8.5.1913

Pongratz, Frau   23.12.1916

Porges' (s. Bd 4)   19.5.1911, München: 2.12.1911; 25.2.1912; 28.2.1913
Porges, Friedrich Walther, Geiger od. Cellist (nicht bei Riemann)   Sils Maria: 12.9.1911, 14.9.1911, 24.10.1911, 9.12.1911; 11.3.1914
Porges, Frau, Malerin   Sils Maria: 14.9.1911

Porges, Wilhelmine, geb. Merores (22.11.1842 – 1915), Witwe des Musikdirektors u. Musikschriftstellers Heinrich Porges (gest. 1900), Mutter von → Elsa Bernstein (s. Bde 1-4)   Todesnachricht: 8.11.1915

Possarts (s. Bd 3 u. 4)   2.6.1914
Possart, Ernst Heinrich Ritter v. (bayer. Personaladel 1897) (11.5.1841 – 8.4.1921), Schauspieler, Regisseur, Intendant, Generalintendant. Verh. in zweiter Ehe, 1868-1883 und nochmals ab 1888, mit Anna Caroline Deinet (1843-1919), Sängerin an der Münchner Hofoper (s. Bde 2, 3 u. 4)   14.5.1911, 15.5.1911; 21.5.1913, 23.7.1913, 9.10.1913, 10.10.1913

Potts, Bekannte von → Hertwigs u. → Schaeuffelens (s. Bd 3)   9.6.1912
Pott, Dr. Emil (27.8.1851 – 22.5.1913), Tierzuchtwissenschaftler (s. Bde 1-3)
Pott, Frau   Kondolenz: 26.5.1913

Pré Catelan. Das Pariser Restaurant »Le Pré Catelan« im Bois de Boulogne gilt noch heute als exquisites Speiselokal.   15.4.1911

Preysing. Restaurant Preysing. Existiert wohl noch unter dem Namen »Preysing-Garten«, Preysingstr. 69   19.10.1912

Pringsheim, Alfred (2.9.1850 – 25.6.1941), Mathematiker, Universitätsprofessor. Sein Vermögen wurde 1914 auf 13 Millionen M. und sein jährliches Einkommen auf 800.000 M. geschätzt. (Martin, 19) (s. Einleitungen)
Pringsheim, Hedwig, geb. Dohm (13.7.1855 – 27.7.1942), Schauspielerin (s. Einleitungen)

 1. Erik (*Eti*) (9.8.1879 – 20.1.1909), Jurist, Estanciero (s. Einleitungen) 5.1.1911, 20.1.1911, 22.6.1911, 13.7.1911, 15.7.1911, 9.8.1911, 23.12.1911; 20.1.1912, 5.2.1912, 22.2.1912, 2.7.1912, 28.8.1912; 20.1.1913, 9.8.1913, 4.12.1913; 20.1.1914, 9.8.1914, 20.12.1914; 20.1.1915; 20.1.1916

 2. Peter (*Babüschlein*) (19.3.1881 – 20.11.1963), Physiker, Universitätsprofessor. 1911 Übertritt zur Landwehr. Adresse 1912-1915: Dr. phil., Berlin W 35, Lützowstr. 63. Anfang Juli Abreise zu einem wissenschaftlichen Kongreß nach Melbourne. Kriegsgefangenschaft: 21.9.1914 – 26.8.1915 in Melbourne (Victoria); 27.8.1915 – 24.11.1915 in Holdenmonkey; 29.11.1915 – 20.5.1918 Internierungslager Trial Bay (New South Wales); 20.5.1918 – 28.5.1919 erneut in Holdenmonkey (laut Personalakte der Friedrich-Wilhelms Universität Berlin). (s. Einleitungen)

 3. Heinz (*Bizi*) (7.4.1882 – 31.3.1974), Dr. phil., Archäologe, Dirigent, Musikkritiker. Studierte ab 1910 Klavier bei August Schmid-Lindner und Theorie bei R. Louis. 3.6.1912 nach Dillingen ins Manöver; ab Sept. 1912 erstes Engagement als Kapellmeister am Stadttheater Bochum. 18.10.1912 Mitteilung seiner Liaison mit → Olga Meerson. Nov. 1913 Wechsel nach Berlin. (Adresse

1913-1916: Dr. phil., Kapellmeister, Charlottenbg, Kastanienallee 24) Am 4. August 1914: Wiedereintritt als Leutnant der Reserve, 8. Chevaulegers-Regiment, 4. Eskadron. 10.8.1914 – 14.6.1915 Beteiligung an diversen Gefechten an der Westfront, u.a. an der Somme und bei Ypern. 20.8.1914 von einem Querschläger getroffen, »heftig schmerzende«, aber keine äußere Verletzung. 3.11.1914: Nachricht von der Verleihung des Eisernen Kreuzes. 28.2.1915: Versetzung zur 3. Eskadron. Jan. 1915 Auseinandersetzung zwischen Familie Pringsheim und Olga, später auch mit Heinz. Ende Febr. endgültiger Bruch. April Testamentsänderung: Heinz wird auf den Pflichtteil gesetzt. Juni 1915: Bruch von Mittelhand- und Mittelfußknochen im Feld. Juni 1915: Leutnant der Reserve, 8. Chevaulegers-Regiment, 3. Eskadron. 13.7.1915: Beförderung zum Oberleutnant der Reserve, 8. Chevaulegers-Regiment, 4. Eskadron. Am 1.8.1915 krank der Ersatz-Eskadron überwiesen. 10.3.1916: garnisondienstfähig. 1.4.1916: felddienstfähig. Okt. bis Dez. 1916: 4. Chevaulegers-Regiment. 1.12.1916: 8. Chevaulegers-Regiment, Ersatz-Eskadron. Nov. 1916: Stellungskrieg bei Kronstadt, dort »Sehnen- und Nervenzerreißung im Unterleib«, zurück nach Dillingen. (OP 9587) (s. Einleitungen)

Olga, geb. Markowa Meerson (5.12.1880 – 29.6.1930), Malerin (s. Einleitung) Heiratsanzeige: 3.3.1913, 19.11.1913; 27.7.1914, 28.7.1914, 1.8.1914, 8.8.1914, 9.8.1914, 10.8.1914, 11.8.1914, 12.8.1914, 13.8.1914, 14.8.1914, 15.8.1914, 17.8.1914, 19.8.1914, 22.8.1914, 23.8.1914, 26.8.1914, 27.8.1914, 29.8.1914, 30.8.1914, 31.8.1914, 2.9.1914, 3.9.1914, 6.9.1914, 9.9.1914, 11.9.1914, 12.9.1914, 13.9.1914, 15.9.1914, 16.9.1914, 1.10.1914, 6.10.1914, 7.10.1914, 11.10.1914, 15.10.1914, 17.10.1914, 19.10.1914, 21.10.1914, 24.10.1914, 25.10.1914, 31.10.1914, 1.11.1914, 2.11.1914, 3.11.1914, 9.11.1914, 10.11.1914, 12.11.1914, 15.11.1914, 17.11.1914, 24.11.1914, 28.11.1914, 29.11.1914, 2.12.1914, 5.12.1914, 20.12.1914, 21.12.1914; 5.1.1915, 11.1.1915, 14.1.1915, 18.1.1915, 21.1.1915, 22.1.1915, 23.1.1915, 24.1.1915, 27.1.1915, 28.1.1915, 30.1.1915, 2.2.1915, 3.2.1915, 4.2.1915, 5.2.1915, 26.2.1915, 24.3.1915, 8.4.1915, 13.7.1915, 29.7.1915, 3.8.1915, 4.8.1915, 6.8.1915; 8.2.1916, 28.2.1916, 26.3.1916, 6.11.1916

a) Katja *Tamara* (*Tamächen*) Elisabeth (27.8.1913 – 24.7.2014) 29.8.1913; 17.8.1914, 23.8.1914, 27.8.1914, 30.8.1914, 6.9.1914, 25.10.1914, 25.12.1914, 28.12.1914, 29.12.1914; 4.1.1915, 10.1.1915, 17.1.1915

4. Klaus (*Puttl*) (24.7.1883 – 7.12.1972), Zwillingsbruder von Katja Mann, Kapellmeister, Komponist, Opernregisseur, Dramaturg, Musikkritiker. 1911 erhält er einen Kontrakt als Operndramaturg am Opernhaus in Prag. Ab 1.12.1913 Engagement in Breslau, Sommer 1915 Wechsel nach Bremen (s. Einleitungen)

Klara (*Lala* od. *Lalla*), geb. Koszler (7.10.1889 – 17.6.1978), Tänzerin, Tochter eines österr. Offiziers (s. Einleitung)   »Nottrauung«: 8.8.1914, 9.8.1914, 11.8.1914, 13.8.1914, 8.9.1914, 7.11.1914, 10.11.1914, 11.12.1914, 21.12.1914, 24.12.1914, 26.12.1914; 13.3.1915, 15.3.1915, Breslau: 18.3.1915, 7.4.1915, 16.4.1915, 17.4.1915, 20.4.1915, 30.4.1915, 13.7.1915, München: 13.-27.7.1915, Tölz: 18.8.1915, München: 5.-13.9.1915, 5.10.1915, 6.10.1915, 8.10.1915, 14.10.1915, Bremen: 24.10.1915, 25.10.1915, 27.10.1915, 25.12.1915; 23.1.1916, 29.2.1916, 5.4.1916, Bremen: 15.4.1916, 16.4.1916, 17.4.1916, 18.4.1916,

5.5.1916, 24.5.1916, 11.6.1916, Besuch in München: 20.6.-24.7.1916, München: 21.8.1916, 2.9.1916, 4.9.1916, 7.9.1916, 8.9.1916, 22.9.1916, 2.10.1916, 4.10.1916, 12.10.1916, 25.11.1916, 26.11.1916, 28.11.1916, 30.11.1916, 11.12.1916, 12.12.1916, 20.12.1916, 21.12.1916, 25.12.1916, 29.12.1916
a) Emilie (*Milka*) Valerie (2.10.1912 – 26.2.1976), Schauspielerin   9.8.1914, 7.9.1914, Besuch in München: 8.9.-26.12.1914; Berlin: 3.3.1915, 4.3.1915, 6.3.1915, 9.3.1915, 10.3.1915, 11.3.1915, 14.3.1915, 17.3.1915, Breslau: 18.3.1915, Tölz: 18.8.1915, Besuch in München: 5.-13.9.1915, Bremen: 24.10.1915, 30.12.1915; Bremen: 15.4.1916, Besuch in München: 20.6.-24.7.1916, 22.8.1916, 2.10.1916, 23.11.1916, Besuch in München: 24.11.-14.12.1916, 15.12.1916
b) Hans Erik (*Bübchen*) Rudolf (3.5.1915 – 12.5.1995)   3.5.1915, 18.8.1915, Bremen: 24.10.1915; 15.4.1916, München: 20.6.-24.7.1916, 22.8.1916

5. Katharina (*Katja*) Hedwig (24.7.1883 – 25.4.1980), Zwillingsschwester von Klaus. Verh. am 11.2.1905 mit → Thomas Mann.

Pringsheim, *Fritz* R. (7.10.1882 – 24.4.1967), Rechtshistoriker. Sohn von Hugo Pringsheim (24.12.1845 – 26.5.1915), Rittergutsbesitzer in Breslau, und von *Hedwig* Johanna Heymann (29.2.1856 – 11.1.1938). Verh. seit 1911 mit Käthe Rosenheim (geb. 5.4.1887). 6 Söhne (s. Bd 3)   Verlobungsanzeige: 2.7.1911

Pringsheim, *Paul* (3.4.1893 – gef. 25.6.1915 bei Arras), jüngerer Bruder von Fritz (s.o.)   München: 11.1.1914, 6.2.1914

Prinz, Hund von → Andreas Rosenberg   18.3.1913

Prötzel, Johann, Friseur. Adresse 1912: Ottostr. 4   12.8.1911, 29.8.1911, 6.11.1911; 9.1.1912, 9.3.1912, 15.5.1912, 15.7.1912, 7.11.1912; 3.3.1913, 6.5.1913, 3.7.1913, 1.9.1913

Prunier. Gegr. 1872 von Alfred Prunier als einfaches Austernlokal entwickelte es sich unter seinem Sohn Émile um die Jahrhundertwende zu einem der beliebtesten Fischrestaurants der feinen Pariser Gesellschaft. Noch heute in Betrieb, 16, Avenue Victor Hugo   21.4.1911, 23.4.1911

Pütz, Herr, Bekannter von → Ternina's   5.12.1914

Purtscher, Frau, Innenarchitektin(?)   29.6.1916

Putlitz, Exzellenz   Ebenhausen: 26.2.1912

Puttkamer, Ida v., geb. v. Puttkamer (1830-1920), Witwe des preußischen Staatsmannes *Robert* Viktor v. Puttkamer (5.5.1828 – 15.3.1900), 5 Söhne, 2 Töchter (s. Bd 1)   23.8.1915

Puttl od. **Puttel** → Klaus **Pringsheim**

R.'s → **Rosenbergs**

Raff, Helene (1865-1942), Schriftstellerin, Tochter des Frankfurter Komponisten Joseph Joachim Raff (1822-1882) und der Schauspielerin Doris Genast (s. Bd 2)   Kondolenz: 9.11.1912; 22.9.1913, 28.9.1913

Raff, Dorothea (*Doris*), geb. Genast (1826-1912), Schauspielerin (s. Bd 2)   Todesnachricht: 9.11.1912

Raffka, Herr, Bekannter von → Bissings   5.1.1914

Randolfs, Bekannte von Dauthendey's   11.11.1911

Randolf, Rolf (15.1.1878 – 29.6.1941), österr. Schauspieler, Filmregisseur und Filmproduzent. Er gehörte von 1904 bis 1914 dem Ensemble des Münchner Schauspielhauses an.

Rappard, Frau v.   30.3.1912

Rathenau, *Walther* (29.9.1867 – 24.6.1922), Wirtschaftsführer, Schriftsteller und Staatsmann. Sohn von Emil Rathenau (s. Bd 3 u. 4)   27.6.1911; Berlin: 9.2.1912, 18.6.1912; Berlin: 8.3.1913; Grunewald: 8.11.1915

Ratskeller, Bremen. Der Bremer Ratskeller ist eine traditionelle Gaststätte im Keller des Bremer Rathauses. Seit 1402 werden hier Weine gelagert und ausgeschenkt.   25.10.1915

Ratskeller, Wien   30.5.1912

Rau, Witwe aus Mörs   16.4.1915, 21.4.1915, 28.7.1915, 30.7.1915, 6.11.1915, 8.11.1915
Sohn Theodor, Mitgefangener mit Peter Pringsheim im Prisoner of War Depot, Melbourne   16.4.1915, 28.7.1915, 6.11.1915

Rauch, Joseph (13.5.1864 – 12.2.1921), Bildhauer, Universitätsprofessor (s. Bd 4) München: 18.10.1911

Rauch, Dorothea (*Dora*) Franziska, geb. Gedon (23.3.1883 – 7.1.1972), Jugendfreundin von Katja Pringsheim (s. Bd 4)   25.1.1911, Berlin: 21.2.1911, 27.2.1911, München: 28.5.1911, München: 18.10.1911; 2.1.1912, München: 14.1.1912, 29.12.1912; 1.10.1913; Berlin: 27.9.1914, 28.9.1914; 9.10.1915
1. Johannes (17.12.1910 – 29.7.1941 gefallen), Architekt (s. Bd 4)   1.10.1913

Raudnitz, Helene, Bekannte von → Hermine Feist   Berlin: 4.2.1916

Redwitz, Rosalie Freifrau v., geb. Freiin v. Redwitz (10.4.1864 – 4.6.1947), Tochter von Karl Frhr v. Redwitz und der Guidobaldine Gräfin u. Edle Herrin v. Pergen. Verh. mit General-Major *Maximilian* Heinrich Joseph Frhr v. Redwitz (14.8.1858 – 25.3.1920), Bruder von → Anna v. Kühlmann. (s. Bd 2)   21.1.1911

Regenhards (s. Bd 1)   Wien: 31.5.1912

Regenhard, Frau, Schwester von Frau Richter (Berlin), Schwester von → Ella Spengler (Berlin) (s. Bd 1 u. 3)   Davos: 12.3.1912, 13.3.1912, 14.3.1912, 15.3.1912, 16.3.1912, 17.3.1912, 18.3.1912, 20.3.1912, 23.3.1912, 24.3.1912, Wien: 31.5.1912
mit Tochter → Hilde Artaria

Regina. Regina Palast Hotel, Maximiliansplatz 5. Lange Zeit eines der renommiertesten Münchner Hotels. Bis 1974 betrieben, dann verkauft und umgebaut, wird heute als Bürohaus, Einkaufs- und Unterhaltungszentrum genutzt.   1.10.1912; 15.3.1914, 22.3.1914, 24.3.1914; 26.3.1915, 11.4.1915,

13.4.1915, 23.8.1915, 12.9.1915, 27.9.1915; 1.3.1916, 11.4.1916, 23.5.1916, 26.9.1916

Regina-Bar 19.9.1911

Reichenheim, Anna, geb. Eisner (1856-1932), verh. in 2. Ehe mit Julius Reichenheim (1836-1905), Neffe von Ferdinand R. (s.u.), Fabrikbesitzer in Berlin München: 23.7.1916

Reichenheims (s. Bd 1)   Sils Maria: 5.9.1911; Wannsee: 31.5.1913, Sils Maria: 3.9.1913, 8.9.1913

Reichenheim, Ferdinand (1817-1902), Mitinhaber der Firma N. Reichenheim u. Söhne, Berlin

Reichenheim, Fanny, geb. Liebermann (1831-1923)
3 Kinder: 1. Antonie Amalie (1850-1916), verh. mit Carl Theodor Liebermann (1842-1914). 1 Tochter
2. Elise (1851-1852). 3. Ernst (1854-1880)

Reicher, Emanuel (18.4.1849 – 15.5.1924), Schauspieler (s. Bd 2 u. 3)   17.2.1912; 19.5.1913

Reiffs   28.12.1914, 31.12.1914; 2.1.1915

Reiff, Hermann (1856-1938), Seidenfabrikant, Kunst- und Musikliebhaber. Sohn des Seidenfabrikanten und Fabrikbesitzers Johann Jakob Reiff (1814-1881). Entwickelte das väterliche Geschäft zum Großkonzern A. G. Schweizerische Seidengazefabrik. 40 Jahre lang war er im Vorstand der Tonhalle Gesellschaft, fast 30 Jahre als ihr Präsident. Verh. in 1. Ehe mit Emma Elise Franck (1866-1927), gesch.; verh. in 2. Ehe am 7.11.1914 mit Lily Bamberger.   20.7.1914, 31.12.1914; 7.1.1915

Reiff, Karolina (*Lili* od. *Lily*), geb. Sertorius (1.6.1866 – 1958), Komponistin, Mäzenin. Lily Sertorius studierte 1881-1883 Klavier am Konservatorium in München und war danach Schülerin von Franz Liszt. Sie war in erster Ehe (seit 1888) mit dem Chemiker → Eugen Bamberger verheiratet, mit dem sie 1893 nach Zürich übersiedelte. Im Juli 1914 wurde sie von ihm geschieden. Nach ihrer Heirat mit Hermann R. entwickelte sich ihr Haus zu einem Mittelpunkt des künstlerischen Lebens. (DBE) (Wer ist wer?, 231) (s. Bde 1-4) 16.11.1914, 20.11.1914, 21.11.1914, 19.12.1914; 9.3.1915, 27.3.1915, 28.3.1915, 1.5.1915, 6.5.1915, 17.5.1915, 22.6.1915, 23.6.1915, 25.7.1915, 26.7.1915, 11.8.1915, 20.8.1915, 4.9.1915, 2.10.1915, 15.10.1915, 26.11.1915, 27.11.1915, 4.12.1915; 4.3.1916, 13.4.1916, 30.4.1916, München: 18.6.1916, 15.7.1916, 17.9.1916, 8.11.1916, 14.11.1916
Tante Caroline Will, Oberinspektorswitwe (1833 – 14.6.1916)   Todesnachricht: 18.6.1916

Reimers, Herr, Freund von → Olga Meerson   Paris: 20.4.1911

Reinhard, Student, Bekannter von Thomas Manns   5.12.1916

Reinhardt, Delia (27.4.1892 – 3.10.1974), Sopran. Debüt 1913 am Opernhaus in Breslau, von dort kam sie auf Einladung von Bruno Walter nach München, wo sie 1916-1923 an der Münchner Oper engagiert war. 1922-1924 hatte sie an der Metropolitan Opera New York große Erfolge. Von 1924-1939 war sie

Mitglied der Berliner Staatsoper, trat allerdings nach 1937 kaum noch auf. Auf Einladung Bruno Walters verlegte sie ihren Wohnsitz 1948 nach Santa Monica in Kalifornien. Nach seinem Tod (1962) übersiedelte sie nach Dornach in die Schweiz. Sie war in 1. Ehe mit dem Bariton → Gustav Schützendorf verheiratet. In 2. Ehe heiratete sie den Dirigenten Georges Sebastian (1901-1984). (Kutsch/Riemens, Bd 4, 2881)   29.8.1915; 11.12.1916, 12.12.1916

Reinhardt, Max, eigtl. Max Goldmann (9.9.1873 – 31.10.1943), Schauspieler, Regisseur, Theaterleiter (s. Bd 3 u. 4)   3.6.1911, 30.6.1911, 1.9.1911; 9.2.1912, 20.4.1912; 8.3.1913

Reischs   29.10.1911, 2.12.1911; 6.1.1912, 13.10.1912, 11.12.1912; 13.2.1913, 28.2.1913, 30.3.1913, 10.8.1913, 6.11.1913; 1.2.1914, 6.2.1914, 29.3.1914, 1.5.1914, 16.8.1914, 11.10.1914, 15.11.1914; 15.1.1915, 14.2.1915, 2.5.1915, 20.6.1915, 5.9.1915

Reisch, Dr. Friedrich (1881 – 18.2.1921), Altphilologe, Sprachwissenschaftler, Kapellmeister am Nationaltheater in München und Komponist. Verh. am 19.6.1911 mit Maria von Pidoll zu Quintenbach   12.3.1911, 30.4.1911, 9.12.1911; 28.1.1912, 27.2.1912, 2.3.1912, 12.5.1912; 23.2.1913, 13.7.1913, Gratulation zur Geburt: 15.8.1913, 19.10.1913; 4.1.1914, 2.8.1914; 3.1.1915, 3.5.1915, 12.9.1915, 17.9.1915, 25.11.1915, 29.11.1915; 2.1.1916, 18.5.1916

Reisch, Maria Margarete Gabriele, geb. → v. Pidoll zu Quintenbach (13.9.1880 – 1951), Pianistin(?)   Wochenbesuch: 8.6.1912, 7.12.1912
1. Matthäus (*Matteo*) (geb. Mai 1912), Pianist, Solorepetitor   2.5.1912
2. Paule (geb. Aug. 1913)   15.8.1913

Reisiger, Hans (22.10.1884 – 28.4.1968), Dichter, Übersetzer, Essayist. Nach dem Besuch des humanistischen Gymnasiums in Breslau u. abgebrochenem Jura- u. Philosophiestudium lebte R. 1907-1911 als freier Schriftsteller in Italien. Mehr als nur Brotarbeit war ihm die Übersetzertätigkeit, die mit der kongenialen Übertragung von Walt Whitmans Gedichten einsetzte, und die eine lebenslange Übersetzer- u. Editionstätigkeit an Whitmans Werken begründete. Nur dem Geistigen verhaftet, lebte R. gerne in Pensionen u. Hotels. 1938 wurde er in Seefeld/Tirol in »Schutzhaft« genommen; nach der Entlassung ging er nach Berlin. Eine Berufung an die University of Berkeley, die sein Freund Thomas Mann arrangiert hatte, lehnte R. 1938 ab. 1947 wurde er Dr. h.c. der Universität München, 1959 erhielt er den Titel eines Honorarprofessors des Landes Baden-Württemberg. (Killy, Bd 9, 384f.) (Wer ist wer?, 232f.), Bekannter von → Bernsteins, später guter Freund von Erika und Klaus Mann   27.1.1915

Reiter, Münchner Geschäft (s. Bd 1)   8.11.1915

Réjane, Gabrielle, d.i. Gabrielle-Charlotte Réju (6.6.1856 – 14.6.1920), franz. Schauspielerin (s. Bd 2 u. 3)   Paris: 18.4.1911

Resch, Dr. med., Tölzer Arzt   22.9.1913, 23.9.1913

Respaldino y Mier, Marquesa, Mitreisende auf der »Cap Arcona« bei Hedwig Pringsheims Reise nach Argentinien (s. Bd 4)   9.1.1911, 15.3.1911, 20.4.1911, 7.5.1911, 8.10.1911, 15.12.1911, 31.12.1911; 12.1.1912, 26.1.1912, 9.12.1912,

23.12.1912; 29.3.1913, 14.4.1913, 8.5.1913, 13.6.1913, 30.7.1913, 20.8.1913, 14.9.1913, 22.9.1913, 26.9.1913, 13.10.1913, 27.10.1913, 13.11.1913; 8.1.1914, 23.1.1914

Restaurant Boeuf à la Mode, Paris   10.4.1911, 15.4.1911, 17.4.1911, 19.4.1911, 20.4.1911, 22.4.1911; 6.9.1912, 7.9.1912, 8.9.1912, 10.9.1912, 11.9.1912

Restaurant des Continental, Paris   13.4.1911

Restaurant Duval, Paris. Ursprünglich berühmtes Gebäude der Pariser Weltausstellung 1900, dann Kette von Schnellrestaurants   11.4.1911; 7.9.1912

Restaurant Laon. Pariser Lokal   21.4.1911

Restaurant Lapérouse, 51, Quai des Grands Augustin, zwischen Place Saint Michel und Pont Neuf; berühmt für seine »Salons privées«. Bei den Pariser Literaten und Schriftstellern der Jahrhundertwende sehr beliebt; von Maupassant, Zola, Victor Hugo u.a. regelmäßig besucht. Existiert heute noch. 12.4.1911

Restaurant Le Grand Véfour, berühmtes Pariser Restaurant (s. Bd 3 u. 4) 9.4.1911, 14.4.1911; 10.9.1912

Restaurant Maire, Pariser Restaurant in der Nähe der großen Theater, Ende des 19. und zu Beginn des 20. Jhs sehr bekannt; existiert heute nicht mehr 10.4.1911, 16.4.1911, 18.4.1911

Restaurant Romanos. Londoner Speiselokal   28.8.1912

Restorff, Herr v., Bekannter von Erik Pringsheim in Argentinien   München: 4.12.1913

Reuter, Frau, Bekannte von → Ilse Dernburg   7.2.1913

Reuter, Herr (s. Bd 2)   Basel: 12.5.1913

Reuter, Madame, Friseuse (s. Bd 4)   4.1.1911, 7.1.1911, 14.1.1911, 25.1.1911, 28.1.1911, 1.2.1911, 4.2.1911, 8.2.1911, 11.2.1911, 13.2.1911

Reuter, Gabriele (8.2.1859 – 16.11.1941), Schriftstellerin (s. Bde 2, 3 u. 4)   3.3.1911

Reztig od. **Rezvig**, spanischer Sänger   16.5.1912

Rheinfeld, Marianne, Sängerin, Alt   30.3.1912

Richters, Mit-Reiter im Universitätsstall → Mengele   28.10.1912; 29.3.1913
Richter, Frau, Mit-Reiterin   16.10.1911, 19.10.1911, 21.10.1911, 23.10.1911, 26.10.1911, 2.11.1911, 4.12.1911, 11.12.1911; 13.6.1912, 4.11.1912, 11.11.1912; 19.4.1913, 21.4.1913, 30.4.1913; 11.4.1914

Richters (»Ingenieur«)   12.5.1912, 28.11.1912, 30.12.1912
Richter, Ingenieur   24.12.1912; 5.4.1913
Richter, Frau Ingenieur   31.10.1911, 17.11.1911, 11.12.1911; 29.4.1912, 13.8.1912

Richter, *Cornelie* Agathe, geb. Meyerbeer (4.3.1842 – 10.7.1922), Tochter des Komponisten Giacomo Meyerbeer; Witwe des Malers Gustav Richter (s. Bde 1-4)   29.5.1913; Wannsee: 12.8.1915

1. Giacomo *Gustav* (*Mouche*) (14.1.1869 – 29.12.1943), Maler u. Schriftsteller (s. Bde 1-4)   Kondolenz: 21.5.1912; 30.5.1913
2. *Raoul* Michael Hermann (16.1.1871 – 14.5.1912), Philosoph, Universitätsprofessor (s. Bd 2 u. 3)   Todesnachricht: 21.5.1912

Richter, Georg Martin (1875-1942), Kunsthistoriker, Kunsthändler und Verleger (s. Bd 4)   16.10.1914

Richter, Hilde, geb. Schmidt (gest. 1919), Tochter des Prof. der Germanistik in Berlin → Erich Schmidt und der Wally Strecker; verh. mit dem Prof. für Germanistik in Berlin Werner Richter (1887-1960), 1 Sohn, 1 Tochter. (NDB, Bd 21, 539f.)   6.4.1912

Rings (s. Bd 4)   Sils Maria: 12.9.1911

Ring, Margarethe (1861-1921), geb. Marckwald, Schwester von → Max Liebermanns Ehefrau Martha Marckwald; verh. mit dem Vizepräs. d. Kammergerichts Viktor Ring (15.3.1857 – 25.1.1934) (s. Bd 2 u. 4)   14.9.1911; Berlin: 8.11.1915
1. Margarete (*Grete*) (5.1.1887 – 1953), Kunsthistorikerin, Galeristin (s. Bd 4) 18.7.1912, Promotion magna cum laude: 20.7.1912; 21.5.1913, 27.6.1913, 17.7.1913, 25.7.1913, 30.7.1913, 8.8.1913, 12.8.1913, 13.11.1913, 15.12.1913, 19.12.1913; 10.3.1914, 15.3.1914, 24.3.1914, 31.3.1914, 30.4.1914, 6.5.1914, 8.5.1914, 17.5.1914, 1.7.1914, 9.7.1914, 28.7.1914, 15.12.1914; 29.5.1915, 30.5.1915, Berlin: 31.7.1915, 1.8.1915, 15.9.1915, 19.9.1915, Berlin: 9.11.1915; Berlin: 4.2.1916

Ringer, Herr, ehem. Freund von Erik Pringsheim (s. Bd 3 u. 4)   Gratulation: 5.2.1911

Ritscher, Schauspielerin   20.5.1915

Robert, Diener von → Rosenbergs, im Ersten Weltkrieg Unteroffzier, Träger des Eisernen Kreuzes   Berlin: 6.10.1911; Berlin: 24.10.1916

Robert, Eugen (23.7.1877 – 1944), Dr. jur., zuerst Rechtsanwalt, ab 1903 Berliner Theaterreferent des *Pester Lloyd*. 1908 Direktor des neugegründeten Hebbel-Theaters in Berlin. 1911-1913 Leiter der Münchener Kammerspiele. 1916 war er Direktor des Residenztheaters in Berlin, 1920 übernahm er die Leitung des Privattheaters Tribüne von Max Reinhardt. 1933 mußte er nach England emigrieren. (Zils, 302)   3.4.1913

Robinson. Londoner Kaufhaus   29.8.1912

Rodenbergs, Berlin (s. Bde 1-4)   13.2.1912

Rodenberg, Julius (26.6.1831 – 11.7.1914), Schriftsteller und Journalist (s. Bde 1, 2 u. 3)   Todesnachricht: 12.7.1914

Rodenberg, Justinia (*Justine*), geb. Schiff (geb. 1837) (s. Bde 2, 3 u. 4)   28.2.1911; 9.1.1913; 26.2.1914, Kondolenz: 12.7.1914, 15.12.1914; 9.11.1915, 11.11.1915

Roedinger, Frl., Sopran. 1898-1899 erstes Engagement am Stadttheater von Würzburg, dann 1900-1902 am Stadttheater von Magdeburg, 1902-1908 am Hoftheater von Darmstadt, im Anschluß daran war sie bis zu ihrem Abschied von der Bühne 1918 am Stadttheater von Bremen tätig. (Kutsch/Riemens, Bd 4, 2945)   Bremen: 16.4.1916

Röhrs (s. Bde 2, 3 u. 4)   12.2.1911, 21.11.1911; 7.8.1913; 13.1.1914
Röhr, Hugo (13.2.1866 – 7.6.1937), Kapellmeister u. Komponist (s. Bde 2, 3 u. 4)
Röhr-Brajnin, Sofie (2.1.1861 – 5.1.1937), Sängerin, Gesangspädagogin (s. Bd 3 u. 4)   19.5.1911; 20.5.1912; 11.3.1914; 15.5.1916

Roggers, Henriette, franz. Schauspielerin der 20er Jahre, am Théâtre du Vaudeville, am Théâtre du Gymnase u.a.   Paris: 21.4.1911

Rohrscheidts (Dietrich)   Garzau: 16.8.1916
Rohrscheidt, Jürgen Friedrich Paul *Dietrich* (*Diez* bzw. *Diz*) v. (20.7.1885 – 25.1.1965), Jurist. Sohn von Paul v. Rohrscheidt (s.u.). Verh. am 18.5.1915 mit Loni (*Lo*) Helene Elisabeth Engelcke (s. Bde 1-4)   München: 21.8.1911, 22.8.1911; 21.11.1913; 13.2.1914, Gratulation zur Verlobung: 15.2.1914, Berlin: 21.9.1914, Berlin: 9.12.1914, 11.12.1914, 16.12.1914; 5.3.1915, 12.3.1915; 24.3.1916, Garzau: 14.6.1916, 17.6.1916
Rohrscheidt, Loni (*Lo*) Helene Elisabeth v., geb. Engelcke (8.3.1894 – 28.8.1976)
1. Jürgen Friedrich Paul Max *Wolf-Dietrich* (22.3.1916 – 23.7.1951 Zuchthaus Bautzen), Landwirt, Wachtmeister und Res.-Off.-Anw. in einem Art.-Regt.   24.3.1916

Rohrscheidts (s. Bde 1-4)   Berlin: 20.2.1911, 26.2.1911, 27.2.1911, Garzau: 24.6.1911, 30.6.1911, Garzau: 2.10.1911; 16.2.1912, Garzau: 17.4.1912, Garzau: 14.-16.9.1912; 21.11.1913, 21.2.1914, 25.2.1914, 1.3.1914, 21.9.1914
Rohrscheidt, Friedrich Hans *Paul* v. (6.4.1847 – 12.6.1916), Herr auf Garzau, kgl. preuß. Landrichter a.D. (s. Bde 1-4)   15.6.1911; 18.2.1912; 5.4.1913, 14.7.1913; 3.4.1914, 21.9.1914, 9.12.1914, 16.12.1914; Berlin: 5.3.1915, 17.3.1915, 3.4.1915, Garzau: 4.8.1915, Garzau: 30.10.1915, 31.10.1915; Garzau: 9.2.1916, 3.4.1916, Garzau: 26.4.1916, Todesnachricht: 13.6.1916, Garzau: 14.6.1916, Beerdigung: 17.6.1916
Rohrscheidt, Martha v., geb. Pringsheim (27.11.1851 – 28.10.1921), Schwester von Alfred Pr., Schwägerin von Hedwig Pr. (s. Einleitungen)
1. *Hans* Fritz Rudolf (11.6.1880 – 20.1.1963), Offizier im 1. Weltkrieg (s. Bde 1-4)   18.2.1912, 17.4.1912, 15.9.1912; 27.8.1913; 1.9.1915; Garzau: 17.6.1916
2. *Horst* Wolf Kurt (1.3.1882 – seit 1945 verschollen), Offizier im 1. Weltkrieg (s. Bde 1-4)   12.3.1915; Garzau: 17.6.1916
3. Herbert *Gunther* (6.11.1883 – 14.2.1929), Leutnant (s. Bde 1-4)   14.1.1913, 4.8.1913, 27.8.1913; Berlin: 11.12.1914; Garzau: 4.8.1915; Garzau: 17.6.1916
5. Joachim *Jürgen* (*Deidei*) (31.7.1892 – 24.8.1914, gefallen in Belgien) (s. Bde 2, 3 u. 4)   Garzau: 17.4.1912; 21.11.1913, 27.11.1913; Todesnachricht: 13.9.1914, 21.9.1914, 23.11.1914; Beisetzung in Garzau: 12.3.1915

Roland, Ida, eigtl. Ida Klausner (18.2.1881 – 27.3.1951), österr. Schauspielerin. 1924-1927 und 1935-1937 gehörte sie zum Ensemble des Wiener Burgtheaters, 1927-1929 trat sie verschiedentlich im Theater in der Josephstadt auf. Beim Anschluß Österreichs 1938 floh sie mit ihrem Mann Richard Nikolaus Graf v. Coudenhove-Kalergi nach Ungarn, lebte dann 1940-1945 in New York, später in der Schweiz.   1.7.1911; 14.10.1912

Romberg, Ernst v. (5.11.1865 – 18.12.1933), Prof. Dr. med. für innere Medizin und medizin. Klinik, Geh. Medizinalrat. Nach Studium in Tübingen, Heidelberg u. Berlin 1888 Promotion in Leipzig. 1891 Habilitation, 1895 ao. Prof.; 1900 Wechsel nach Marburg als ao. Prof., 1901 Ordinarius. 1904 Prof. in Tübingen, ab 1912 an der Univ. München.   3.12.1912; 3.3.1913, 27.10.1913, 13.11.1913, 17.12.1913, 23.12.1913; 18.5.1914, 26.11.1914; 25.5.1916

Rommel, Komponist(?), Librettist(?) (s. Bd 4)   26.6.1914

Rommel (*Rommelchen*), *Gertrud* Josephine Charlotte (geb. 4.6.1868), Lehrerin an der Frauenarbeitsschule München (s. Bde 1-4)   15.6.1913

Rommel, Otto (1870-1944), Dr. med., Geh. Sanitätsrat und Hofrat, Facharzt für Kinderkrankheiten (s. Bd 4)   28.12.1914

Rooy, Anton van, eigtl. Antonius Maria Josephus van Rooy (1.1.1870 – 28.11.1932), Bariton (s. Bd 2 u. 3)   22.11.1916, 27.11.1916

Rosar, Annie (17.5.1888 – 5.8.1963), österr. Theater- und Filmschauspielerin. Spielte von 1911 bis 1916 am Münchner Künstlertheater und am Schauspielhaus.   23.3.1916

Rosenbaum, Herr, Agent in Sachen »Ferrum AG«   Berlin: 21.9.1911

Rosenberg, Amalie, gen. »Tante Amalie« (10.4.1840 – 24.3.1920), Tochter des Kaufmanns Felix (Selig) Salomon Rosenberg und seiner Ehefrau Johanna, geb. Scheÿ. Schwester von → Hermann Rosenberg (s.u.) (s. Bde 1-4)   10.4.1912; 1.3.1914, 17.6.1914, 18.6.1914, 19.6.1914, 18.12.1914; 28.7.1915, 29.7.1915; 30.1.1916, 23.4.1916, 14.8.1916

Rosenbergs, Berlin (s. Bde 1-4)   18.2.1911, 22.2.1911, 25.2.1911, 17.12.1911; 9.4.1912, 10.4.1912, 13.4.1912, 16.4.1912, 20.4.1912, 13.9.1912, 24.9.1912, 26.9.1912; 10.1.1913, 17.1.1913, 7.3.1913, 1.6.1913, 16.8.1913, 20.11.1913, 1.12.1913; 24.2.1914, 20.6.1914, 21.6.1914, 22.6.1914, 24.6.1914, 17.9.1914, 20.9.1914; 9.3.1915, 18.3.1915, 29.7.1915, 1.8.1915; 31.1.1916, 1.2.1916, 2.2.1916, 6.2.1916, 19.4.1916, 21.4.1916, 23.4.1916, 24.4.1916, 27.4.1916, 29.4.1916, 14.6.1916, 15.6.1916, 4.8.1916, 6.8.1916, 9.8.1916, 10.8.1916, 11.8.1916, 13.8.1916, 16.8.1916

Rosenberg, Moses *Hermann* (19.7.1847 – 28.6.1918), Bankier, Geschäfts-Inh. d. Berliner Handelsgesellschaft u. Gen. Konsul des Oranje Freistaates, Schwager von Hedwig Pr. Im Berlin-Buch 1905 unter den Mäzenen genannt. Langjähr. Mitglied im Vorstand des »Kaiser Friedrich-Museums-Verein zu Berlin« (s. Bde 1-4) (s. Einleitungen)   13.7.1911, 17.7.1911, 24.7.1911, Wannsee: 20.9.1911, 21.9.1911, 25.9.1911, 30.9.1911, 2.10.1911, 5.10.1911, Berlin: 17.12.1911; 2.2.1912, 16.2.1912, 17.2.1912, 12.4.1912, 17.4.1912, 19.4.1912, 20.6.1912, 12.7.1912, 13.7.1912, 17.7.1912, 13.9.1912, 16.9.1912, 20.9.1912, 22.9.1912, 28.9.1912; 6.1.1913, 7.1.1913, 17.4.1913, 21.4.1913, 27.5.1913, 28.5.1913, 29.5.1913, 1.6.1913, 7.6.1913, 12.7.1913, 16.7.1913, 18.7.1913, 19.8.1913, 20.12.1913; 26.2.1914, 12.7.1914, 13.7.1914, 17.7.1914, 28.9.1914; 18.12.1914; 14.3.1915, 13.7.1915, 17.7.1915, 2.8.1915, 6.8.1915, 8.8.1915, 29.10.1915, 30.10.1915; 30.1.1916, 5.2.1916, 3.5.1916, 12.7.1916, 13.7.1916, 17.7.1916, 8.10.1916

Rosenberg, Ida Marie Elsbeth (*Else*), geb. Dohm (9.10.1856 – 28.7.1925), Schwester von Hedwig Pr. 1912 von Sabine Lepsius porträtiert (s. Einleitungen)
1. *Hans* Oswald (18.5.1879 – 26.7.1940), Astronom, Universitätsprofessor. Ab 1916 Professor für Astronomie in Tübingen. (s. Bde 1-4)   Wannsee: 20.9.1911, 21.9.1911, 22.9.1911, Berlin: 18.12.1911, 19.12.1911; 20.4.1912, München: 1.10.1912; 14.3.1913, 17.3.1913; 28.7.1915; 5.4.1916, Gratulation zum Professor: 9.4.1916
Verena (*Vera*), geb. Borchardt (29.9.1882 – 12.12.1954), Tochter des Bankiers Robert Borchardt, Schwester des Schriftstellers Rudolf Borchardt (s. Bd 3) 20.4.1912; 2.2.1916
a) Eva-*Maria* (8.7.1905 – 1987), Journalistin (s. Bd 4)   20.4.1912; 14.3.1913; Wannsee: 4.8.1916, 5.8.1916, 6.8.1916, 7.8.1916, 10.8.1916, 14.8.1916, 15.8.1916, 19.8.1916, 20.8.1916, 21.8.1916, 22.8.1916, 28.8.1916, 9.10.1916, 20.10.1916
b) Hans *Peter* (geb. 30.9.1907), Kaufmann, Warenhausgeschäftsführer (s. Bd 4) 20.4.1912; Wannsee: 4.8.1916, 5.8.1916, 6.8.1916, 7.8.1916, 10.8.1916, 21.8.1916, 9.10.1916, 20.10.1916
c) Ernst *Thomas* (geb. 23.1.1909), Chemiker, Cellist (s. Bd 4)   20.4.1912; Wannsee: 4.8.1916, 5.8.1916, 6.8.1916, 7.8.1916, 10.8.1916, 21.8.1916, 25.8.1916, 9.10.1916, 20.10.1916

4. *Käthe* Maria (18.12.1883 – 1960), Schauspielerin, später Übersetzerin. Von März 1911 bis Febr. 1917 bei Max Reinhardt im Engagement. (s. Bde 1-4)
1.1.1911, 15.2.1911, 21.2.1911, 22.2.1911, 23.2.1911, 25.2.1911, 2.3.1911, Grunewald: 13.6.1911, 16.6.1911, 28.6.1911, 12.7.1911, 16.7.1911, 10.8.1911, 13.8.1911, München: 14.8.1911, 15.8.1911, 16.8.1911, 17.8.1911, 18.8.1911, 19.8.1911, 20.8.1911, 21.8.1911, 22.8.1911, 23.8.1911, 24.8.1911, 27.8.1911, 28.8.1911, 29.8.1911, Premiere: 31.8.1911, 1.9.1911, 12.9.1911, 13.9.1911, Wannsee: 20.9.1911, 21.9.1911, 22.9.1911, 23.9.1911, 24.9.1911, 26.9.1911, 28.9.1911, 29.9.1911, 30.9.1911, 1.10.1911, 6.10.1911, Berlin: 18.12.1911, 19.12.1911, 22.12.1911, 31.12.1911; 2.2.1912, 10.2.1912, 13.2.1912, 14.2.1912, 16.2.1912, 17.2.1912, 28.2.1912, 2.3.1912, 14.4.1912, 16.4.1912, 18.4.1912, 20.4.1912, 17.6.1912, 20.6.1912, 13.7.1912, 13.9.1912, 16.9.1912, 21.9.1912, 23.9.1912, 24.9.1912, 25.9.1912, 26.9.1912, 27.9.1912, 17.12.1912; 2.1.1913, 7.1.1913, 6.3.1913, 7.3.1913, 9.3.1913, 11.3.1913, 12.3.1913, 15.3.1913, 18.3.1913, 19.3.1913, 4.6.1913, 6.6.1913, 8.6.1913, 13.7.1913, 20.8.1913, 24.8.1913, 25.8.1913, 26.8.1913, 27.8.1913, 28.8.1913, 29.8.1913, 30.8.1913, 19.11.1913, 26.11.1913, 30.11.1913, 17.12.1913, 31.12.1913; 18.2.1914, 22.2.1914, 24.2.1914, 2.3.1914, 3.3.1914, München: 1.6.1914, 2.6.1914, 22.6.1914, 23.6.1914, 25.6.1914, 3.9.1914, 25.9.1914, 29.9.1914, 8.12.1914, 18.12.1914, 31.12.1914; 9.1.1915, 16.1.1915, 23.2.1915, 10.3.1915, 14.3.1915, 18.3.1915, München: 3.7.1915, 5.7.1915, 6.7.1915, 7.7.1915, 10.7.1915, 12.7.1915, 15.7.1915, 2.8.1915, 10.8.1915, 13.8.1915, 9.11.1915, 13.11.1915, 27.11.1915, 17.12.1915, 29.12.1915; 13.2.1916, 18.4.1916, 25.4.1916, 2.5.1916, 15.6.1916, 16.6.1916, 14.7.1916, 23.10.1916, 28.10.1916, 4.11.1916, 19.11.1916, Aufenthalt im »Lungensanatorium Wehrawald« 16.12.1916, 28.12.1916

5. Fritz Gotthold *Andreas* (17.2.1893 – 20.9.1916 bei Luck gefallen), Maler, etwa seit 1911 in Weimar (s. Bde 2, 3 u. 4)   16.2.1911, 17.2.1911, 20.2.1911, 30.4.1911, 26.9.1911; 16.2.1912, 28.6.1912, 16.9.1912, 21.9.1912, 26.9.1912, 27.9.1912; 8.1.1913, 9.1.1913, 6.3.1913, 13.3.1913, 14.3.1913, 15.3.1913, 18.3.1913, 19.8.1913; 17.2.1914, 22.6.1914, 19.9.1914, 20.9.1914, 22.9.1914, 8.12.1914; 5.3.1915, 8.3.1915, 10.3.1915; 31.1.1916, 2.2.1916, 15.6.1916, Todesnachricht: 1.10.1916

Rosenthal, *Arthur* (24.2.1887 – 15.9.1959), Mathematiker, Universitätsprofessor (s. Bd 4)   8.3.1911, 15.10.1911, 31.12.1911; 5.5.1912, 7.7.1912, 20.10.1912; 26.1.1913, 28.2.1913, 25.5.1913, 16.11.1913; 6.2.1914, 10.5.1914, 8.11.1914; 11.4.1915, 20.8.1915; 2.1.1916, 27.8.1916, 19.11.1916

Rosenthal, *Ruscha*, geb. Landsberg, Nichte von Paula Pringsheim (*Munni*), Tochter ihrer Schwester Betty, verh. → Landsberg; Witwe des Generaloberarztes Dr. *Paul* Heinrich Rosenthal (1849-1909) (s. Bde 1-4)   Garzau: 12.3.1915; 19.11.1916, 21.11.1916, 24.11.1916

Rothauser, Eduard (8.12.1876 – 24.1.1956), Rechtsanwalt, Schauspieler, Filmschauspieler. Nach Jurastudium und Promotion arbeitete er zunächst als Rechtsanwalt. 1910 ging er zu Max Reinhardt ans Dt. Theater nach Berlin. Ab 1913 arbeitete er auch als Filmschauspieler. 1933 emigrierte er nach Spanien.   16.4.1912

Rubens, Heinrich (30.3.1865 – 17.7.1922), Physiker. Ab 1896 Professor an der Wilhelm-v.-Humboldt-Universität Berlin; arbeitete über elektromagnetische Strahlung, besonders im Infraroten; entwickelte 1896 die Methode der *Rubensschen Reststrahlen* zur Erzeugung von Infrarotstrahlung sowie ein Mikroradiometer zu deren Messung; wies 1900 (zusammen mit F. Kurlbaum, 1857–1927) nach, daß das Wiensche Strahlungsgesetz für den langwelligen Bereich des Infrarots nicht zutrifft; auch nach ihm benannt ist das *Rubenssche Flammenrohr* zur Sichtbarmachung stehender Schallwellen. (LexNat., 354) Seit 1906 als Nachfolger von Paul Drude Leiter des Physikal. Instituts der Univ. Berlin, Chef von Peter Pringsheim.   12.11.1914, 13.11.1914; 25.4.1915, 28.4.1915, 30.4.1915, 23.6.1915, 25.6.1915, Berlin: 2.11.1915

Rudi → Rudi Ladenburg

Rudio's, Zürich (s. Bd 2 u. 3)   16.5.1913

Rudio, Ferdinand (2.8.1856 – 21.6.1929), Mathematiker, Universitätsprofessor. Verh. seit 1888 mit Maria Emma Müller (s. Bd 2 u. 3)   Kongreß Cambridge: 24.8.1912; 16.5.1913; 23.10.1914, 1.11.1914, 6.11.1914, 16.11.1914, 17.11.1914   Tochter   München: 5.10.1913, 7.10.1913

Ruederer, *Joseph* Anton Heinrich (1861-1915), Schriftsteller. Verh. seit 1888 mit Elisabeth Wilhelmine Gertrude Gazert (1868-1934). (NDB, Bd 22, 212f.) (s. Bde 2, 3 u. 4)   21.5.1913, 13.6.1913

Rüdiger(-Weih), Gustav, Konsultation für Haarpflege, Schwanthalerstr. 63   3.4.1916, 5.4.1916, 23.5.1916, 5.6.1916, 26.6.1916, 31.7.1916, 31.10.1916, 18.11.1916, 12.12.1916

Rüpel, Frl., Schauspielerin   20.5.1915

Ruhemann, Siegfried (4.1.1859 – 1943), Chemiker, Universitätsprofessor. Sohn von S. Ruhemann (gest. 1866) und Marianne Rosenberg, Schwester von → Hermann Rosenberg (s. Bde 1, 2 u. 4)   Wannsee: 27.9.1912

Rumpelmayer, Pariser Café in der Rue de Rivoli 226 (s. Bd 4)   20.4.1911

Rumpelmayer, Café in London, St. James Street; existiert heute nicht mehr. (s. Bd 4)   3.9.1912

Rumpler, *Emmy* Jenny Albertine v., geb. v. Dönniges (3.1.1854 – 11.12.1927), Witwe des Legationsrats Karl v. Rumpler (1842-1898) (s. Bde 1-4)   7.1.1911

Runge, Aimée, geb. Du Bois-Reymond, Tochter des Berliner Physiologen Emil Heinrich Du Bois-Reymond; verh. mit dem Mathematiker Prof. *Carl* David Tolmé Runge (30.8.1856 – 3.1.1927). (s. Bd 4)   Kongreß Cambridge: 24.8.1912

Runge, Frl.   13.2.1911, 8.3.1911

Rupprecht Maria Luitpold Ferdinand von Bayern (1869-1955), seit der Thronbesteigung seines Vaters, König Ludwig III., im Jahre 1913 Kronprinz von Bayern. Generalfeldmarschall des Ersten Weltkriegs (s. Bde 1, 3 u. 4)   9.3.1914, 30.4.1914, 21.8.1914

Maria Gabriele von Bayern, geb. Herzogin in Bayern (1878-1912) Todesnachricht: 25.10.1912

Rupprecht, Albertine (*Tini*) (14.12.1868 – 1956), Münchener Bildnismalerin, Bekannte von → Hermine Feist (s. Bd 2)   17.3.1916

Russischer Hof. Grand Hotel Russischer Hof, Fraunhoferstr. 2; noch heute in Betrieb (s. Bd 4)   19.9.1911; 11.5.1912, 6.12.1912; 2.5.1913, 21.10.1913

Rutherford, Ernest, 1. Baron Rutherford of Nelson (30.8.1871 – 19.10.1937), neuseeländ. Physiker, Universitätsprofessor. Erhielt 1908 den Nobelpreis für Chemie.   22.1.1915, 27.2.1915, 21.5.1915

Sacharoff, Alexander (14.5.1886 – 25.9.1963), berühmter russischer Tänzer, Mitglied der »Neuen Künstlervereinigung München«, der u.a. die Maler → Kandinsky, → v. Werefkin, → Jawlensky angehörten. Bekannter von → Olga Meerson   28.2.1912, 3.5.1912

Sachs, Willy v. Wiener Freund von → Milka Ternina (s. Bd 3)   20.8.1911; 4.9.1915, 27.9.1915, 13.12.1915

Salfner, Heinrich (*Heinz*) (31.12.1877 – 13.10.1945), Schauspieler u. Filmschauspieler. Debüt 1899 am Theater von Liegnitz. Nach Stationen in Zwickau und München war er ab 1908 am Stadttheater in Leipzig tätig. Von 1910 an spielte er auf Berliner Bühnen, vor allem am Neuen Schauspielhaus. Ab 1913 wandte er sich zunehmend dem Film zu, wo er anfangs in Hauptrollen, bald aber in kleineren Nebenrollen zu sehen war.   Berlin: 28.11.1913

Salomon, Professor Dr. med., Hausarzt von → Eva Bondi   Berlin: 23.6.1911, 24.6.1911

Salomon, Henny   Berlin: 29.8.1913

Sandiman, Mr., Bekannter von → Schaeuffelens   7.2.1911

Sautreau, Georges   8.6.1914, 9.6.1914

Sautreau, Dagny, geb. Björnson, verwitwete → Langen   Vermählung mit Georges Sautreau: 20.9.1912, 21.9.1912; München: 8.6.1914, 9.6.1914, 30.10.1914; 31.1.1915

Savoy Hotel. Eines der prestigereichsten und luxuriösesten Hotels in London (s. Bd 4)   2.9.1912

Sawade, Herr   Berlin: 1.5.1916

Schad. Ch. N. Schad, Münchner Velocipedhandlung (s. Bd 2 u. 3)   7.6.1916

Schaeuffelens (*Crodu's*) (s. Bde 1-4)   8.1.1911, 10.1.1911, 27.1.1911, 7.2.1911, 21.3.1911, 6.5.1911, 11.5.1911, 13.8.1911, 2.11.1911, 25.11.1911, 10.12.1911; 13.1.1912, 27.4.1912, 10.7.1912, 11.7.1912, 19.7.1912, 29.10.1912, 24.12.1912; 22.1.1913, 26.1.1913, 4.4.1913, 15.6.1913, 22.6.1913, 12.7.1913, 25.7.1913, Partenkirchen: 28.-30.7.1913, 31.12.1913; 8.1.1914, 11.2.1914, 19.3.1914, 2.4.1914, 22.5.1914, 2.7.1914, Partenkirchen: 29.7.-1.8.1914, 3.8.1914; 1.1.1915, 6.1.1915, 11.1.1915, 25.1.1915, 28.1.1915, 11.2.1915, 17.2.1915, 26.2.1915, 2.3.1915, 9.4.1915, 19.4.1915, 11.5.1915, 16.5.1915, 20.5.1915, 25.12.1915; 19.1.1916, 23.1.1916, 9.3.1916, 4.7.1916, 30.12.1916

Schaeuffelen, *Alfred* Georg Peter Friedrich Otto, gen. *Crodu* (24.3.1844 – 16.4.1917), Dr. der Naturwissenschaften, Dr. iur., Privatier. Er war bis zu seinem Tod Aufsichtsratsvorsitzender der »Friedrich Bruckmann AG« (→ Alphons und → Hugo Bruckmann waren Mitglieder des Aufsichtsrates) (s. Bde 1-4)   25.1.1911, 17.3.1911, 1.4.1911, 28.4.1911, 31.5.1911, 31.7.1911, 8.8.1911, 11.8.1911, 26.8.1911, 19.11.1911, 27.12.1911; 3.3.1912, 4.5.1912, 4.6.1912, 14.7.1912, 10.10.1912, 19.10.1912, 22.12.1912; 25.1.1913, 31.12.1913; 25.1.1914, 16.8.1914, 4.9.1914, 13.10.1914, 5.11.1914, Schlaganfall: 18.11.1914, 19.11.1914, 20.11.1914, 21.11.1914, 25.11.1914, 28.11.1914, 6.12.1914, 13.12.1914, 25.12.1914; 14.1.1915, 6.2.1915, 25.3.1915, 25.4.1915, 5.5.1915, 14.6.1915, 25.6.1915, 29.6.1915, 16.11.1915, 12.12.1915; 2.1.1916, 8.4.1916, 9.4.1916, schwere Erkrankung: 30.10.1916, 9.11.1916, 16.11.1916, 22.12.1916, 26.12.1916, 30.12.1916

Schaeuffelen, *Eugenie* (*Eu*) Antoinette Maria, geb. Bruckmann (5.8.1849 – 13.8.1919), beste Freundin von Hedwig Pringsheim. Ihr Vermögen wurde 1914 auf 2 Millionen M. und ihr jährliches Einkommen auf 140.000 M. geschätzt (Martin, 65) (s. Bde 1-4)   15.1.1911, 17.1.1911, 24.1.1911, 28.1.1911, 12.2.1911, 5.3.1911, 10.3.1911, 22.3.1911, 24.3.1911, 26.3.1911, 4.4.1911, 6.4.1911, 27.4.1911, 29.4.1911, 2.5.1911, 5.5.1911, 9.5.1911, 26.5.1911, 30.5.1911, 2.6.1911, 7.6.1911, 10.6.1911, 17.6.1911, 18.6.1911, 26.6.1911, 28.6.1911, 4.7.1911, 10.7.1911, 11.7.1911, 15.7.1911, 17.7.1911, 29.7.1911, 5.8.1911, 6.8.1911, 17.8.1911, 25.8.1911, 27.8.1911, 28.8.1911, 1.9.1911, 8.9.1911, 18.9.1911, 19.9.1911, 23.9.1911, 2.10.1911, 6.10.1911, 11.10.1911, 15.10.1911, 17.10.1911, 22.10.1911, 25.10.1911, 1.11.1911, 16.11.1911, 17.11.1911, 30.11.1911, 9.12.1911, 10.12.1911, 13.12.1911, 15.12.1911, 16.12.1911, 24.12.1911, 25.12.1911; 1.1.1912, 2.1.1912, 3.1.1912, 10.1.1912,

12.1.1912, 24.1.1912, 1.2.1912, 14.2.1912, 2.3.1912, 8.3.1912, 10.3.1912, 21.3.1912, 29.3.1912, 3.4.1912, 7.4.1912, 13.4.1912, 23.4.1912, 30.4.1912, 10.5.1912, 11.5.1912, 13.5.1912, 20.5.1912, 2.6.1912, 9.6.1912, 14.6.1912, 22.6.1912, 2.7.1912, 4.7.1912, 6.7.1912, 8.7.1912, 10.7.1912, 13.7.1912, 17.7.1912, 18.7.1912, Partenkirchen: 19.7.1912, 20.7.1912, 3.8.1912, 7.8.1912, 17.8.1912, 23.8.1912, 2.9.1912, 6.9.1912, 11.9.1912, 18.9.1912, 4.10.1912, 7.10.1912, 9.10.1912, 29.10.1912, 20.11.1912, 23.11.1912, 24.11.1912, 26.11.1912, 5.12.1912, 9.12.1912, 13.12.1912, 17.12.1912, 22.12.1912, 24.12.1912, 25.12.1912, 26.12.1912, 27.12.1912, 28.12.1912, 31.12.1912; 13.1.1913, 20.1.1913, 3.2.1913, 4.2.1913, 8.2.1913, 13.2.1913, 17.2.1913, 26.2.1913, 2.3.1913, 3.3.1913, 5.3.1913, 24.3.1913, 28.3.1913, 29.3.1913, 30.3.1913, 15.4.1913, 23.4.1913, 26.4.1913, 2.5.1913, 9.5.1913, 13.5.1913, 17.5.1913, 21.5.1913, 26.5.1913, 7.6.1913, 17.6.1913, 24.6.1913, 25.6.1913, 2.7.1913, 3.7.1913, 13.7.1913, 16.7.1913, 24.7.1913, Partenkirchen: 29.7.1913, 30.7.1913, 31.7.1913, 3.8.1913, 5.8.1913, 9.8.1913, 23.8.1913, 7.9.1913, 26.9.1913, 4.10.1913, 11.10.1913, 18.10.1913, 13.11.1913, 15.11.1913, 24.11.1913, 30.11.1913, 10.12.1913, 12.12.1913, 19.12.1913, 20.12.1913, 21.12.1913, 24.12.1913, 26.12.1913; 1.1.1914, 2.1.1914, 5.1.1914, 15.1.1914, 17.1.1914, 21.1.1914, 27.1.1914, 30.1.1914, 1.2.1914, 9.2.1914, 13.2.1914, 16.2.1914, 5.3.1914, 11.3.1914, 15.3.1914, 24.3.1914, 3.4.1914, 5.4.1914, 9.4.1914, 11.4.1914, 16.4.1914, 20.4.1914, 24.4.1914, 26.4.1914, 30.4.1914, 8.5.1914, 15.5.1914, 16.5.1914, 24.5.1914, 27.5.1914, 29.5.1914, 3.6.1914, 8.6.1914, 26.6.1914, 27.6.1914, 1.7.1914, 6.7.1914, 8.7.1914, 13.7.1914, 15.7.1914, 20.7.1914, 26.7.1914, 4.8.1914, 5.8.1914, 6.8.1914, 8.8.1914, 9.8.1914, 12.8.1914, 13.8.1914, 15.8.1914, 18.8.1914, 20.8.1914, 24.8.1914, 25.8.1914, 29.8.1914, 31.8.1914, 2.9.1914, 5.9.1914, 9.9.1914, 15.9.1914, 30.9.1914, 3.10.1914, 9.10.1914, 12.10.1914, 14.10.1914, 21.10.1914, 31.10.1914, 4.11.1914, 10.11.1914, 19.11.1914, 21.11.1914, 22.11.1914, 25.11.1914, 26.11.1914, 28.11.1914, 30.11.1914, 3.12.1914, 29.12.1914; 6.1.1915, 18.1.1915, 3.2.1915, 21.2.1915, 23.2.1915, 21.3.1915, 23.3.1915, 29.3.1915, 3.4.1915, 15.4.1915, 21.4.1915, 30.4.1915, 4.5.1915, 5.5.1915, 18.5.1915, 23.5.1915, 24.5.1915, 27.5.1915, 31.5.1915, 21.6.1915, 30.6.1915, 1.7.1915, 6.7.1915, 11.7.1915, 15.7.1915, 16.7.1915, 27.7.1915, 2.8.1915, 11.8.1915, 21.8.1915, 28.8.1915, 31.8.1915, 8.9.1915, 22.9.1915, 23.9.1915, 24.9.1915, 29.9.1915, 30.9.1915, 4.10.1915, 6.10.1915, 7.10.1915, 8.10.1915, 14.10.1915, 18.10.1915, 28.10.1915, 10.11.1915, 11.11.1915, 15.11.1915, 22.11.1915, 27.11.1915, 2.12.1915, 13.12.1915, 24.12.1915, 26.12.1915, 29.12.1915; 2.1.1916, 9.1.1916, 15.1.1916, 19.1.1916, 27.1.1916, 17.2.1916, 28.2.1916, 3.3.1916, 14.3.1916, 18.3.1916, 19.3.1916, 24.3.1916, 1.4.1916, 2.4.1916, 6.4.1916, 7.4.1916, 12.4.1916, 14.4.1916, 5.5.1916, 20.5.1916, 21.5.1916, 22.5.1916, 27.5.1916, 11.6.1916, 19.6.1916, 20.6.1916, 21.6.1916, 29.6.1916, 1.7.1916, 15.7.1916, 20.7.1916, 22.7.1916, 26.7.1916, 2.8.1916, 16.8.1916, 22.8.1916, 23.8.1916, 2.9.1916, 10.9.1916, 28.9.1916, 29.9.1916, 7.10.1916, 16.10.1916, 30.10.1916, 9.11.1916, 16.11.1916, 17.11.1916, 19.11.1916, 1.12.1916, 6.12.1916, 11.12.1916, 13.12.1916, 26.12.1916, 30.12.1916

Scharwenka, Franz (geb. 1882), Schauspieler, Sohn des Komponisten und Musikwissenschaftlers Philipp Scharwenka (1847-1917) und der Violinvirtuosin Marianne Stresow (1856-1918) (s. Bd 3) München: 21.7.1916, 28.7.1916

Scheffer, Hans (*Johann*) Andreas Hermann (22.12.1872 – 8.9.1914 gefallen), Offizier. Verdienstorden vom Hl. Michael 4. Kl. (27.5.1914) (s. Bde 2, 3 u. 4)   15.11.1912; Todesnachricht: 20.9.1914

Scheffer, Sylvester, Schauspieler, Komödiant   27.12.1911

Schenker & Co., Münchner Reisebüro, Promenadeplatz 16 (s. Bd 4)   15.9.1911; 7.12.1914

Scheubner-Richters   9.2.1913,   28.2.1913,   17.4.1913,   3.8.1913,   3.10.1913, 7.10.1913,   9.10.1913,   6.11.1913;   16.1.1914,   13.3.1914,   2.4.1914,   7.4.1914, 1.5.1914, 5.6.1914, 5.8.1914, 12.11.1914; 30.10.1916, 21.11.1916, 30.12.1916, 31.12.1916

Scheubner-Richter, Ludwig Maximilian (*Max*) Erwin v. (21.1.1884 – 9.11.1923), geb. als Ludwig Richter, nach seiner Heirat 1912 mit Mathilde v. Scheubner von einem ihrer Verwandten adoptiert. Deutscher Diplomat baltischer Abstammung, Führungsfigur in der Frühphase der NSDAP. Er kam beim Marsch auf die Feldherrnhalle am 9.11.1923 ums Leben. Im Ersten Weltkrieg hatte er in Konstantinopel als russischer Agent gearbeitet, war dann auf die Seite der Mittelmächte übergewechselt, um schließlich in den Aktionszentren der völkisch und rechtsradikal orientierten Bewegungen sein Talent für lukrative politische Hintergrundgeschäfte erneut unter Beweis zu stellen. So plädierte er als »Balte« beziehungsweise als Vertrauter von Ludendorff und Rosenberg für eine Annexion westrussischer Gebiete als unentbehrliche Kornkammer Deutschlands, war andererseits jedoch auch in Wortführer in weißrussischen und nationalukrainischen Emigrationsorganisationen …   5.8.1914, 1.11.1914, 2.11.1914, 10.11.1914, 12.11.1914, 27.11.1914, 30.12.1914; 2.2.1915, 1.3.1915, 3.4.1915, 29.12.1915; 1.1.1916, 10.3.1916, 1.6.1916, 15.7.1916, 15.9.1916, 30.10.1916, 22.12.1916
mit Schwester   9.2.1913, 28.2.1913, 23.4.1913

Scheubner, Mathilde v. (geb. 1855)   23.4.1913, 19.6.1913, 26.7.1913; 7.3.1914, 4.4.1914, 5.8.1914, 8.9.1914, 15.10.1914, 12.11.1914, 30.12.1914; 1.3.1915, 1.5.1915, 19.5.1915, 21.5.1915, 27.5.1915, 8.6.1915, 11.6.1915, 25.6.1915, 10.7.1915, 23.8.1915, 7.9.1915, 9.10.1915, 10.10.1915, 14.10.1915, 27.11.1915, 2.12.1915, 4.12.1915, 24.12.1915, 29.12.1915, 31.12.1915; 16.1.1916, 6.3.1916, 10.3.1916, 11.4.1916, 13.4.1916, 4.7.1916, 28.7.1916, 8.8.1916, 9.8.1916, 24.8.1916, 28.8.1916, 26.9.1916, 30.10.1916, 19.11.1916, 20.11.1916, 31.12.1916

Scheve, Sophie v. (geb. 25.4.1855), Malerin (ThBV, 328) (s. Bde 2, 3 u. 4)   18.10.1912, 20.10.1912, 21.10.1912, 22.10.1912, 27.11.1912

Schick, Josef (21.12.1859 – 13.2.1944), Professor der engl. Philologie (PMB) (s. Bd 2, 3 u. 4)   28.9.1913

Schiff, Ehepaar, Bekannte von → Arnholds   Berlin: 9.8.1915

Schiff, Else (14.1.1878 – 30.5.1961), Schauspielerin. Verh. seit 1908 mit → Albert Bassermann (Eisenberg, 52f.) (s. Bd 1)   Berlin: 17.4.1916, 22.4.1916

Schlaf, Johannes (21.6.1862 – 2.2.1941), Dramatiker, Erzähler und Übersetzer u.a. von Walt Whitman und Émile Zola   24.7.1913

Schleh, Kurt Otto *Arthur* (6.10.1846 – 1.1.1921), Landwirt in Münster (s. Bde 1-4) Kondolenz: 28.9.1914
2. Arthur (gefallen Sept. 1914) Berlin: 15.4.1912; Todesnachricht: 28.9.1914

Schleh, Kurt, Sohn von Eugen Schleh (geb. 20.1.1837), Bruder von Hedwig (*Mim*) Dohm; Vetter von Hedwig Pringsheim (s. Bde 2, 3 u. 4) Berlin: 1.3.1911

Schleh, Margarete (5.3.1864 – 1920), Tochter von Hedwig Dohms Bruder Paul Schleh (15.2.1838 – 1884) und der Auguste Weiß (gest. 1908), Cousine von Hedwig Pringsheim (s. Bd 4) 23.4.1915, 3.5.1915

Schlenthers, Bekannte von → Bondi's Berlin: 14.4.1912

Schlenther, Paula, geb. Conrad (27.2.1860 – 9.8.1938), Schauspielerin. Verh. seit 1892 mit dem Schriftsteller und Theaterleiter Paul Schlenther (20.8.1854 – 30.4.1916) (NDB, Bd 23, 61f.) (s. Bd 2) Berlin: 18.2.1914

Schlesinger, Frau, Bridge-Partnerin von → Hermann Rosenberg Berlin: 23.2.1914

Schlesinger-Trier, Daisy mit Mann 11.1.1914, 6.2.1914

Schlier, Emma (geb. 20.7.1883), gen. *Emminger*, Tochter des prakt. Arztes Dr. med. Moritz Schlier (gest. 13.6.1887) und der Amalie Braun; ehemalige Verlobte von Erik Pringsheim. Etwa ab 1916 Tätigkeit bei den »Deutschen Werkstätten« in Berlin (s. Bd 3 u. 4) 3.1.1911, 21.2.1911, 22.2.1911, 20.4.1911, 21.4.1911, 20.6.1911, 29.6.1911, 12.7.1911, 17.7.1911, 3.8.1911, 29.10.1911, 18.11.1911, 30.11.1911, 21.12.1911; 6.1.1912, 29.2.1912, 11.6.1912, 27.6.1912, 13.7.1912, 16.7.1912, 7.8.1912, 9.11.1912, 25.11.1912, 23.12.1912, 24.12.1912; 10.1.1913, 11.1.1913, 8.5.1913, 19.5.1913, 22.6.1913, 12.7.1913, 16.7.1913, 17.7.1913, 11.8.1913, 6.12.1913, 12.12.1913; 4.1.1914, 6.1.1914, 27.4.1914, 18.6.1914, 6.7.1914, 12.7.1914, 16.7.1914, 17.8.1914, 1.12.1914, 15.12.1914, 23.12.1914; 20.4.1915, 23.4.1915, 28.4.1915, 11.5.1915, 17.5.1915, 5.7.1915, 13.7.1915, 16.7.1915, 15.8.1915, 4.9.1915, 29.9.1915, 4.10.1915, 7.10.1915, 16.11.1915, 9.12.1915, 14.12.1915, 18.12.1915, 23.12.1915; 6.1.1916, 4.4.1916, 6.4.1916, 12.4.1916, 13.4.1916, 3.5.1916, 21.5.1916, 22.5.1916, 26.5.1916, 15.7.1916, 17.7.1916, 5.8.1916, 30.9.1916, 21.10.1916, Berlin: 23.10.1916, 27.10.1916, 22.12.1916

Schmid-Lindner, August (15.7.1870 – 21.10.1959), Pianist (s. Bd 3) 10.11.1916

Schneckenaichner's 13.7.1912, 25.12.1912; 1.1.1913, 13.7.1913, 26.12.1913; 1.1.1914, 26.12.1914; 26.12.1915

Schneckenaichner, Max (geb. 11.10.1878), Schneider, Kammerdiener. Sohn von Mathias Schneckenaichner und Helene Steidl. Verh. am 18.6.1903 mit Eva Kropp. Seit 1905 Unteroffizier der Reserve, im 1. Weltkrieg an der Westfront eingesetzt, im Juni 1918 zum Sergeanten befördert, im Dez. 1918 entlassen. (PMB) (s.a. Bd 4) 26.12.1914, 31.12.1914; 6.1.1915, 11.1.1915, 16.1.1915, 21.1.1915, 29.3.1915, 2.4.1915, 6.4.1915, 22.4.1915, 28.4.1915, 20.5.1915, 27.5.1915, 26.8.1915, 1.9.1915, 8.9.1915, 14.10.1915, 2.11.1915, 13.12.1915; 25.2.1916, 3.3.1916, 13.4.1916, 22.5.1916, 14.7.1916, 29.9.1916, 11.10.1916, 1.12.1916, 17.12.1916, 26.12.1916

Schneckenaichner, Eva (geb. 30.6.1880), Tochter von Josef Kropp und Margarete Mantel (s. Bd 4)   26.12.1911; 5.12.1913, Kondolenz: 15.12.1913; 6.1.1915, 26.3.1915, 5.4.1915, 13.7.1915, 20.11.1915; 13.7.1916, 3.11.1916, 23.12.1916, 26.12.1916
1. Max (*Maxl*) (geb. 29.9.1901) (s. Bd 4)   1.1.1911; 13.7.1912
2. Josef (geb. 20.12.1903)
mit Kindern, mit Buben (s. Bd 4)   12.7.1911, 26.12.1911

Schnéevoigt, Georg (8.11.1872 – 28.11.1947), finnischer Dirigent und Cellist. Schnéevoigt war ein enger Freund des Komponisten Jean Sibelius. Bis 1902 war er erster Cellist des Philharmonischen Orchesters in Helsinki. Dann ging er als Chefdirigent des Kaim-Orchesters nach München. 1915 verließ er Deutschland und leitete in Stockholm die Konzertgesellschaft.   1.4.1914, 7.4.1914

Schnitzlers   28.1.1914

Schnitzler, Georg v. (geadelt 1913) (29.10.1884 – 24.5.1962), Jurist, Vorstandsmitglied der I. G. Farben. Schnitzlers lebten 1913-1920 in München, zuerst in der Franz-Joseph-Straße, später Widenmayerstraße 9. In ihrem Salon trafen sich viele Literatur- und Kunstliebhaber. (Tb 1918-1921, 622)

Schnitzler, Lilly v. (1889-1981), Förderin von Max Beckmann

Schober, Paul (11.3.1865 – 22.8.1943), Dr. med., Arzt und Rheumatologe. Von 1916 bis 1933 war er Staatl. Badearzt und Vorsitzender der Badeverwaltung in Wildbad.   Wildbad: 30.8.1916

Schölls (Schwestern Schöll) (s. Bd 4)   3.2.1911, 21.5.1911, 9.12.1911; 7.1.1912, 29.12.1912; 22.12.1914; 22.9.1915, 1.12.1915; 26.1.1916, 5.3.1916, 25.5.1916, 26.5.1916, 5.6.1916, 5.7.1916, 24.8.1916, 31.10.1916, 21.12.1916

Schöll, Hedwig (gest. 1926), Pianistin und Klavierlehrerin (s. Bde 1, 3 u. 4)   21.3.1911, 4.6.1911, 16.7.1911, 30.7.1911, 18.10.1911, 22.10.1911; 3.3.1912, 19.5.1912, 13.10.1912, 20.10.1912, 17.11.1912; 28.2.1913, 5.3.1913, 18.4.1913, 3.5.1913, 13.12.1913; 11.5.1914; 15.1.1915, 30.5.1915, 10.7.1915, 25.7.1915, 26.9.1915; 11.5.1916

Schöll, Else (gest. 19.7.1922), Mathematikerin. Promotion am 18.12.1913: »Beiträge zur Theorie der analytischen Fortsetzung in elementarer Behandlungsweise« bei Prof. Alfred Pringsheim; ersch. im Verlag Straub, München 1914, 88 S. (s. Bd 3 u. 4)   12.3.1911, 30.7.1911; 12.5.1912, 6.10.1912, 10.11.1912, 24.11.1912, 8.12.1912; 2.2.1913, 2.3.1913, 2.4.1913, 3.5.1913, 14.6.1913, Feldafing: 4.8.1913, 8.8.1913, 10.10.1913, 19.10.1913, 15.11.1913, 30.12.1913; 26.4.1914, 28.8.1914, 29.10.1914; 15.1.1915, 16.5.1915, 13.6.1915, 3.9.1915, 19.9.1915, 3.10.1915, 17.10.1915, 28.11.1915; 18.3.1916, 24.5.1916, 4.6.1916, 24.6.1916, 28.7.1916, 26.11.1916

Schoen, *Friedrich* Wilhelm v. (22.12.1849 – 18.9.1941), Fabrikant in Worms, dann Rentier in München u. Berchtesgaden, Ehrenbürger von Bayreuth. Verh. mit Henriette Baumann (1845-1920) (s. Bd 2 u. 4)   19.1.1912

Schönflies' (s. Bd 3)   28.12.1914

Schoenflies, *Arthur* Moritz (17.4.1853 – 27.5.1928), Mathematiker, Kristallograph, Universitätsprofessor in Frankfurt a.M. (s. Bd 3 u. 4)

Schönflies, Emma, geb. Levin (1868-1939) (s. Bd 3)

Schönthan, Frau v.   9.2.1915, 10.2.1915

Scholz, Angelika Elisabeth (*Else*, auch *Elsa*) Margarethe (geb. 3.9.1857), Tochter des Zeichners Gotthilf Ernst *Wilhelm* Scholz (23.1.1824 – 20.6.1893) und der Wilhelmine Backhoff. Berlin (s. Bde 1-4)   18.6.1911; 23.6.1912; 16.3.1913; 22.2.1914

Schotts, Berlin, Bekannte von → Rosenbergs u. von → Pannwitz' (s. Bd 1)   20.6.1911; 15.8.1913

Schott, Walter (18.9.1861 – 2.9.1938), Bildhauer (s. Bd 1)

Schramair od. **Schramayr**, Anna (*Anni*), Hausmädchen bei Pringsheims   Eintritt: 1.3.1913, 13.7.1913; 1.1.1914; Krankenhaus: 24.12.1915, 26.12.1915, 27.12.1915; 4.1.1916, kündigt: 17.2.1916, 20.2.1916, 17.5.1916, 23.5.1916, Wiedereintritt: 1.7.1916, 12.9.1916, 18.9.1916, 31.12.1916

Schrank, Herr, Stallmeister bzw. Kutscher bei → Rosenbergs   Wannsee: 21.9.1911; 3.3.1914

Schreiber-Krieger, Ehepaar   Wannsee: 14.6.1914

Schreiber, *Adele* Georgine (29.4.1872 – 18.2.1957), Frauenrechtlerin, Schriftstellerin. Verh. seit Nov. 1909 mit Dr. med. Richard Krieger. (s. Bd 4)   9.1.1914

Schrenck v. Notzing, Dr. *Albert* Philibert Franz Freiherr v. (18.5.1862 – 12.2.1929), Arzt und Parapsychologe, Bekannter von → Hermine Feist (s. Bde 1-4)   21.1.1911; Partenkirchen: 30.7.1913; 17.3.1916, 21.3.1916, 26.3.1916, 20.12.1916, 30.12.1916

Schröder, Rudolf Alexander (26.1.1878 – 22.8.1962), Schriftsteller, Übersetzer u. Architekt (s. Bd 3)   Berlin: 15.2.1911

Schrön, Familie, Nachbarn der Familie Mann in Tölz   4.8.1911

Schröter, Irene *Renate* (geb. Juni 1916), Tochter des Kulturphilosophen Prof. Manfred Schröter (1880-1973) und von Hilde → Guggenheimer (geb. 18.4.1886)   1.7.1916

Schubring, *Paul* Wilhelm Julius (28.1.1869 – 7.11.1935), Kunsthistoriker, Universitätsprofessor. Nach Studium und Promotion (1892) in Theologie zweites Studium in Kunstgeschichte, das er 1898 mit der Promotion abschloß. 1904 Habilitation an der TH Berlin, 1907 dort Prof.; 1920 Prof. für Kunstgeschichte an der TH Hannover, 1935 Emeritierung.   27.7.1916

Schuch, Ernst (eigtl. *Ernest*) Gottfried Edler v. (österr. Adel 1898) (23.11.1846 – 10.5.1914), Dirigent. Sohn des Staatsbeamten Josef Schuch und der Wilhelmine Dieffenbach. Seit 1882 amtierte er als »Direktor der Hofoper« in Dresden. Verh. seit 1875 mit der Sängerin Clementine Schuch-Procházka (1850-1932), 3 Söhne, 2 Töchter. (NDB, Bd 23, 619f.)   24.11.1911

Schützendorf, Gustav (1883 – 28.4.1937), Bariton. 1905 debütierte er am Opernhaus von Düsseldorf. Dann sang er 1907-1908 am Stadttheater von Krefeld, 1908-1911 am Stadttheater von Basel, 1911-1914 am Stadttheater von Straßburg und kam dann 1914 an die Hofoper von München, der er bis 1920 angehörte. 1922 wurde er an die Metropolitan Oper New York berufen, deren Mitglied er bis 1935 blieb. Während des New Yorker Engagements gastierte er noch mehrfach in Europa. Der Künstler war in erster Ehe mit der Sopranistin Delia Reinhardt (1892-1974) verheiratet, von der er sich jedoch wieder trennte; in zweiter Ehe (etwa 1929) heiratete er die Sopranistin Grete Stückgold (1895-1977). (Kutsch/Riemens, Bd 4, 3163f.)   Bremen: 26.10.1915

Schuh, Dr. vet., Tierarzt   11.3.1916

Schultz, Lili od. Lilly, geb. Stempel; verh. mit Dr. Schultz (s. Bd 4)   Gratulation: 7.5.1911

Schultze-Naumburg, *Paul* Eduard (10.6.1869 – 19.5.1949), Maler, Architekt, Schriftsteller. Seit 1930 Mitglied der NSDAP, seit 1931 Leiter des »Kampfbundes deutscher Architekten und Ingenieure«. (NDB, Bd 23, 709-711) Bekannter bzw. Chef von → Ilse Dernburg, Berlin   11.2.1912; 2.2.1913, 4.2.1913; München: 27.9.1916, 28.9.1916, 19.10.1916, 22.10.1916

Schulz, Slata, Bekannter/Verwandter von → Milka Ternina (s. Bd 4)   7.1.1912

Schulze. Modewarengeschäft. Hoflieferant der Prinzessin Ludwig von Bayern, Inh. Wilh. Scherer & Bernh. Gratz, Odeonsplatz 12 (s. Bde 1-4)   27.4.1911, 28.4.1911, 9.10.1911, 18.10.1911, 23.10.1911, 25.10.1911, 3.11.1911, 7.11.1911, 8.11.1911; 30.3.1912, 5.4.1912, 24.4.1912, 26.4.1912, 1.5.1912, 2.10.1912, 7.10.1912; 25.3.1913, 6.10.1913, 10.10.1913, 15.10.1913, 29.10.1913, 31.10.1913, 7.11.1913; 20.4.1914, 7.5.1914, 12.5.1914, 14.5.1914, 14.9.1914, 15.9.1914, 13.10.1914; 23.8.1916, 28.8.1916, 27.9.1916, 3.10.1916

Schulze's   Sils Maria: 12.9.1911
Schulze, Prof.   Sils Maria: 9.9.1911, 10.9.1911

Schumann-Heink, Ernestine, eigtl. Ernestine Rössler (15.6.1861 – 17.11.1936), Alt (Eisenberg, 940) (s. Bd 2 u. 3)   7.8.1911

Schwartz, Friedrich (*Fritz*) Hermann Gotthilf (23.8.1856 – 12.1.1914), Buchhändler, Redakteur. Mitinhaber der »Photographischen Union«. Direktor der »Verlagsanstalt für Kunst u. Wissenschaft« ab 1898 gemeinsam mit Hugo Bruckmann. Als → Hugo Bruckmann 1908 nach mehrfachen Zerwürfnissen mit ihm aus dem Verlag ausschied, fungierte er als alleiniger Geschäftsführer mit → Alphons Bruckmann im Aufsichtsrat und → Dr. Alfred Schaeuffelen als Aufsichtsratsvorsitzendem. (PMB)

Schwartz, *Margarethe* Johanna Wilhelmine, geb. Schüßel (geb. 27.9.1864). Am 30.4.1915 verh. in 2. Ehe mit Dr. Ernst Prätorius. Am 1.7.1919 nach Partenkirchen abgemeldet.   Kondolenz: 14.1.1914

Schwarzes Roß, Hotel/Restaurant in Prag   25.5.1912

Schwechten, *Franz* Heinrich (1841-1924), Architekt des Historismus. Er baute die Wannsee-Villa für den Maler Hugo Vogel und u.a. 1875-1880 den Anhalter Bahnhof in Berlin, 1880-1906 die Kaiser-Wilhelm-Gedächtniskirche. 1902-1920 Vorsteher eines akad. Meisterateliers für Architektur. 1915-1918 Präsident der Akademie der Künste. (NDB, Bd 24, 35f.)   18.9.1911

Schweningers (Ernst) (s. Bd 3 u. 4)　Ludwigshöhe: 7.7.1911; München: 12.2.1915
Schweninger, Dr. Johann Baptist *Ernst* Moritz (15.6.1850 – 13.1.1924), Arzt, Universitätsprofessor (s. Bde 2, 3 u. 4)　Ludwigshöhe: 7.7.1911; 12.2.1915
Schweninger, Magdalena (*Lena*) Maria, geb. Gräfin v. Moltke (18.10.1864 – 21.9.1957), verh. in 1. Ehe mit Franz v. Lenbach, gesch. am 14.7.1896; Heirat mit Ernst Schweninger Juli 1898 (s. Bde 1-4)　Ludwigshöhe: 7.7.1911, 30.12.1911; Gratulation: 8.4.1916
1. Erika (geb.13.3.1895), verh. seit 1916 mit Herrn v. Detten (s. Bd 4)　8.4.1916

Schweningers (Karl) (s. Bde 1-4)　29.11.1911; 15.11.1912, 12.12.1912
Schweninger, *Karl* (od. Carl) (30.9.1847 – 13.1.1920), Oberst (s. Bde 1-4) 1.2.1911
Schweninger, *Adele* Johanna, geb. Himbsel (geb. 21.5.1859) (s. Bde 1-4) 9.3.1912
1. Elisabeth (*Elise*) (geb. 17.3.1882), verh. mit Ludwig Matthias, Minist. Sekr., wohnhaft in Darmstadt (s. Bd 3 u. 4)　15.11.1912

»Schwester Anna« → **Anna,** Kindermädchen von Tamara (*Tamächen*) Pringsheim

Schwickerath, Eberhard (4.6.1856 – 29.5.1940), Chorleiter, Dirigent. 1876-1879 Musikstudium bei I. Seiß u. G. Jensen in Köln, anschl. Studium in Wien bei A. Door und A. Bruckner. 1887 ging er als städt. Musikdirektor nach Aachen und wirkte in dieser Stellung 25 Jahre. 1912 wurde er in das Direktorium der Münchner Kgl. Akademie der Tonkunst berufen, übernahm die Leitung der Chorklasse und war zugleich Dirigent der Konzertgesellschaft für Chorgesang. (Riemann, 1025) 1900 wurde Schwickerath zum Professor ernannt. 1926 zum Geheim. Regierungsrat. Bekannter von → Cornides'　26.11.1911; 11.11.1912, 24.11.1912, 11.12.1912; 28.2.1913, 7.5.1913, 13.12.1913; 29.3.1914; 19.11.1915; 12.5.1916
mit Tochter　28.2.1913

Schwind, Margareta (*Grete*) Julie Luise Emma v. (geb. 2.10.1882), Tochter des Lokalbahndirektors in Prag Hermann Ritter und Edler v. Schwind und der Karoline Haas; verh. mit *Karl* Moritz Frhr v. Hirsch (1871-1944), gesch. (s. Bd 4)　9.1.1911, 19.1.1911, 10.3.1911; 24.1.1912; 2.1.1913, 21.2.1913, 19.3.1913, 22.3.1913; 8.9.1914, 11.9.1914, 5.12.1914, 8.12.1914

Sedlmayr, Helen (*Nelly*), geb. Smith (21.8.1858 – 18.5.1925), gen. »Tante Nelly«, Schwester von → Mary Braune's Mutter → Anna Soltmann; verh. mit Anton Sedlmayr (s. Bd 3)　25.1.1913

Seehof. Hotel/Restaurant in Küsnacht　15.5.1913

Seeligers (s. Bde 1-4)　19.1.1911, 18.7.1911, 31.12.1911; 9.6.1912, 13.6.1912; 28.1.1913, 12.2.1913, 29.6.1913, 19.12.1913; 13.7.1914, 4.11.1914, 29.11.1914; 22.1.1915, 23.4.1915; 4.1.1916
Seeliger, *Hugo* Johann Ritter v. (bayer. Personaladel 1902) (23.9.1849 – 2.12.1924), Astronom, Universitätsprofessor (s. Bde 1-4)　12.7.1911, 4.11.1911; 28.2.1913, 24.7.1913; 6.2.1914; 4.1.1916

Seeliger, *Sofie* Marie Theodora, geb. Stölzel (geb. 8.5.1859) (s. Bde 1-4)   8.7.1911; 29.1.1913; 8.6.1916
  1. *Rudolph* Burkhard Karl Hans (12.11.1886 – 20.1.1965), Physiker. Verh. am 6.5.1912 mit Eva Lipps (1888-1967), Tochter von → Prof. Dr. Theodor Lipps (NDB, Bd 24, 150f.) (s. Bd 3)   Trauung: 6.5.1912

Segantini's. Luigia Bugatti (1863-1938), die Ehefrau, und Gottardo (1882-1974) und Mario (1885-1916), die beiden Söhne des verstorbenen Malers Giovanni Segantini (1858-1899)   Sils Maria: 7.9.1911

Seipp, Bettina, gen. »der Sepp«, Schauspielerin. Etwa von Nov. 1913 bis Juni 1915 am Hoftheater in München engagiert.   Berlin: 16.4.1912; 8.11.1913, 7.12.1913; 6.2.1914, 23.4.1914, 31.5.1914, 6.9.1914, 25.12.1914; 2.1.1915, 10.1.1915, 31.1.1915, 17.2.1915, 5.4.1915, 12.5.1915, 23.5.1915, 24.6.1915, 29.6.1915, 6.9.1915, 7.9.1915; 1.1.1916, 5.3.1916

Seitz, Otto (3.9.1846 – 13.3.1912), Maler. Sohn des Graveurs Joseph Seitz. Schüler Karl v. Pilotys. Seit 1873 Lehrer an der Münchner Kunstakademie. (ThBV, 269) Mitglied in der »Künstlergesellschaft Allotria«
Seitz, Frau Prof.   Kondolenz: 4.4.1912

Selenka, *Margarethe* Leonore, geb. Heinemann (10.10.1860 – 16.12.1922), Frauenrechtlerin u. Friedensaktivistin; Witwe des Zoologen Prof. Emil Selenka (1842-1902) (s. Bde 2, 3 u. 4)   3.7.1913

Selers, Berlin (s. Bde 1-4)   Berlin: 3.6.1913, München: 13.8.1913, Berlin: 23.11.1913
Seler, *Eduard* Georg (5.12.1849 – 23.11.1922), Amerikanist, Mexikanist (s. Bde 1-4)
Seler, Cäcilie (*Cile*), geb. Sachs (1.6.1855 – 4.1.1935) (s. Bde 1-4)   31.5.1911; 30.5.1912, 18.6.1912, 29.6.1912, 15.7.1912, München: 14.10.1912, 15.10.1912; 2.1.1913, 23.7.1913, 27.7.1913, 30.7.1913, 9.8.1913, München: 10.8.1913, 13.8.1913, 30.8.1913, 30.10.1913; 31.5.1914, 30.6.1914, 8.7.1914; 30.5.1915, 22.6.1915, 14.7.1915, Kondolenz: 2.9.1915; 30.5.1916, 15.7.1916
Stein-Seler, Gustavo (Adoptivsohn)   Todesnachricht: 2.9.1915

»der Sepp« → Bettina **Seipp**

Sertorius, Georg *Albert* (30.5.1873 – 13.10.1914), Hauptmann und Kompaniechef im 3. Infanterie-Regiment. Sohn des Verwaltungsbeamten Ferdinand Sertorius (30.12.1839 – 1.12.1907) und der Regina Columba (1848 – 18.5.1877), Bruder von → Lily Reiff. Nach Gymnasium in Ansbach 1892-1893 Besuch der Königl. Kriegsschule zu München, 1900-1901 Teilnehmer an der China-Expedition, 1905 u. 1906 Teilnahme am Feldzug gegen die Herero und Hottentotten. Im 1. Weltkrieg als Führer des III. Bataillons 2. Infanterie-Regiment bei Foucaucourt verwundet, im Lazarett in Augsburg an seinen Verletzungen gestorben. Verh. am 10.10.1907 mit der Kaufmannstochter Margaretha (*Marga*) Osenbrüggen (Offizierspersonalakte 12291) (s. Bd 4)   Todesnachricht: 17.10.1914
Sertorius, Marga, geb. Osenbrüggen (geb. vor 1889)   Kondolenz: 17.10.1914
  1. Hans-Kurt Sertorius (geb. 28.8.1908)

Sexau's, Bekannte von → Schaeuffelens 30.11.1911; 14.1.1912, 22.11.1912; 27.1.1914, 6.2.1914, 22.3.1914

Sexau, Richard (11.1.1882 – 23.8.1962), Dr. phil., Diplomat, Privatgelehrter und Schriftsteller. Studium der Staats- und Rechtswissenschaft in Berlin, Heidelberg und München, Promotion bei dem Literarhistoriker Prof. Dr. Oskar Walzel (Bern). Verh. am 23.7.1904 mit Margarete Freiin v. Krafft-Ebing (18.6.1882 – 17.2.1921), Tochter des Psychiaters Prof. Dr. Richard Freiherrn v. Krafft-Ebing. Tochter Hertha (geb. 21.9.1906). (Zils, 333f.)

Siebert, Herr, Ferienbekanntschaft in Wildbad 23.9.1916

Siegel, Karl, Quästor (Leiter der Finanzabteilung) der LMU 21.6.1916

Siems, Margarethe (30.12.1879 – 13.4.1952), Sopran (Kutsch/Riemens, Bd 5, 3239) 10.2.1911

Sieper, Ernst (1863 – 6.1.1916), Anglist, ao. Prof. an der Universität München und Prof. an den Militär-Bildungsanstalten. Verh. mit Luise Oldenbourg. 3 Kinder   Todesnachricht: 7.1.1916

Simmel, Friedrich Eduard *Georg* (1.3.1858 – 26.9.1918), Philosoph u. Soziologe (s. Bd 3) 20.11.1913

Simons (Felix), Berlin, Freunde von → Rosenbergs u. → Fürstenbergs (s. Bde 2, 3 u. 4)   21.2.1911; 14.1.1913, 17.1.1913, 16.11.1913, 24.11.1913

Simon, Joseph *Felix* (2.3.1849 – 1914), Verleger des »Königberger Allgem. Zeitung« in Königsberg (s. Bd 1 u. 3)

Simon, Therese, geb. Sonnemann (22.2.1855 – 1939) (s. Bde 1-4)   15.6.1911, 3.10.1911, 4.10.1911; 7.2.1912, 9.2.1912; 9.1.1913, 16.11.1913, 23.11.1913; Kondolenz: 3.4.1914; 2.11.1915; 1.2.1916, 8.2.1916

Simon, Richard (10.9.1865 – 17.8.1934), Sanskritforscher, Universitätsprofessor (s. Bd 4)   17.10.1911

Simon, *Annette*, geb. v. Eckardt (14.9.1871 – 25.6.1934), ab Okt. 1911 von ihrem Mann getrennt. Nach ihrer Scheidung 1913 nimmt sie ihren Mädchennamen → v. Eckardt wieder an. (s. Bd 4) 3.2.1911, 27.3.1911, 9.5.1911, 13.7.1911, 20.7.1911, 29.7.1911, 3.8.1911, 6.8.1911, 31.8.1911, 17.10.1911, 27.10.1911, 14.11.1911; 1.1.1912; 20.1.1913 → Annette v. Eckardt

Simons (Robert)   6.1.1914, 6.2.1914
Simon, Robert
Simon, Eliza   11.5.1916

Sloane, William Milligan (12.11.1850 – 12.9.1928), amerik. Philologe und Historiker. Universitätsprofessor. Im SS 1913 an der LMU tätig, Kollege von → Franz Muncker 28.6.1913

Slodnitzka, Fräulein, Bekannte von → Rosenbergs   Berlin: 1.3.1914

Smith, Gertrude, Freundin von Peter Pringsheim in Berlin, lebte ab 1914 in New York (s. Bd 4)   11.8.1912, London: 3.9.1912, 4.9.1912; 7.11.1914, 8.11.1914, 20.11.1914, 4.12.1914, 19.12.1914; 9.1.1915, 10.3.1915, 22.3.1915

Smith, Harold, Mitreisender auf der »Avon« bei Hedwig Pringsheims Rückreise aus Argentinien (s. Bd 4)   20.1.1911, 22.2.1911, 13.3.1911, 22.3.1911, 3.4.1911, 11.4.1911, 16.4.1911, 20.4.1911, Paris: 23.4.1911, 9.6.1911, 8.7.1911, 16.9.1911, 17.9.1911, 4.10.1911, 16.10.1911; 12.1.1912, 26.3.1912, 10.5.1912, 19.5.1912, 30.5.1912, 18.6.1912, 2.8.1912, 4.8.1912, 23.8.1912, 5.9.1912, 16.12.1912; Vermählungsanzeige: 27.1.1913, 10.2.1913; 23.1.1914, 11.3.1914, 13.4.1914, 22.5.1914, 20.6.1914, 11.9.1914

Smith, Robinson   13.5.1914

Sörensen, Sascha, an → Festers in Frankfurt a. Main empfohlen   1.1.1911, 25.1.1911

Soler, Herr Dr., Bekannter von → Rodolfo Funke   3.11.1912

Soltmanns   6.4.1914, 10.5.1914

Soltmann, Rudolph (5.1.1865 – 27.9.1942), Dr. chem., Mitbesitzer einer Anstalt für künstl. Mineralwasser. Er zog sich ins Privatleben zurück, kaufte Schloß Falkenberg bei Grafing und betätigte sich als Genre- u. Landschaftsmaler. Verh. am 8.2.1897 mit Anna Smith, gesch. Endres, Mutter von → Mary Braune.

Somary, Paula, Schauspielerin am Berliner Lessingtheater   17.2.1912

Sommerfelds (s. Bd 3 u. 4)   12.2.1911, 9.12.1911; 27.6.1913
Sommerfeld, *Arnold* Wilhelm Johannes (5.12.1868 – 26.4.1951), Physiker, Universitätsprofessor (s. Bd 3 u. 4)   9.6.1912; 11.3.1914
Sommerfeld, Johanna, geb. Höpfner (1874-1955)   11.3.1914

Somoff, Herr, russischer Bekannter von → Olga Meerson (s. Bd 4)   15.10.1913

Sorma, Agnes, eigtl. Agnes Maria Caroline Zaremba (17.5.1862 – 10.2.1927), Schauspielerin, Bekannte von → Hermine Feist (s. Bde 1-4)   Berlin: 8.8.1915
Ehemann Graf Demetrius (*Mito*) von Minotto (1856-1920)   Berlin: 8.8.1915

Spaeth, Herr Dr., Bekannter von Peter Pringsheim aus Cambridge   25.1.1915

Spenglers, Berlin, Bekannte von → Rosenbergs (s. Bd 3)   Davos: 15.3.1912
Spengler, Ella, Schwester von Frau → Regenhard (s. Bd 3 u. 4)   3.3.1912, 6.3.1912, 9.3.1912, Davos: 12.3.1912, 13.3.1912, 14.3.1912, 20.3.1912, 24.3.1912, 27.7.1912

Speyer, Dr. med. Fritz, Arzt, Berlin, Onkel des Schriftstellers Willy Speyer. Verh. mit Else Borchardt (geb. 1876), ältere Schwester von → Vera Rosenberg. 1. Isa (geb. 1907); 2. Robert (geb. 1908). Bekannter von Hedwig (*Mim*) Dohm   6.11.1915

Spielhagen, Friedrich (24.2.1829 – 25.2.1911), Schriftsteller (s. Bd 1 u. 2)   Todesnachricht: 25.2.1911

Stach v. Goltzheim, Maria (1876-1948), gesch. → Theodor Lessing   Kondolenz: 4.4.1912, 12.5.1912, Berlin: 25.6.1912; Vermählungsanzeige mit Herrn Naef: 1.3.1913, Gratulation: 2.3.1913; 9.9.1914; Verlobung: 2.4.1915, 6.5.1915, 16.5.1915, 3.6.1915, 17.8.1915, Gratulation zur Vermählung: 2.9.1915 → Hugo Dingler

Stadler, Sängerin, Schülerin von → Sofie Röhr-Brajnin (nicht Kutsch/Riemens) 19.5.1911

Stadlers (s. Bde 1-4) 8.2.1911, 19.3.1911, 25.4.1911, 28.5.1911, 18.10.1911, 18.11.1911; 1.1.1912, 1.2.1912, 2.6.1912, 25.12.1912; 13.2.1913, 26.3.1913, 21.5.1913, 1.8.1913, 2.8.1913, 15.10.1913; 1.2.1914, 22.3.1914, 3.6.1914, 2.8.1914, 5.8.1914, 11.8.1914, 14.8.1914, 20.8.1914, 27.8.1914, 30.8.1914, 1.9.1914, 8.9.1914, 16.9.1914, 13.10.1914, 19.10.1914; 9.1.1915, 23.3.1915, 10.4.1915, 23.4.1915, 11.5.1915, 16.5.1915, 24.5.1915, 14.7.1915, 22.8.1915; 4.4.1916, 25.9.1916, 14.11.1916, 10.12.1916

Stadler, Anton (*Toni*) Hermann (9.7.1850 – 17.9.1917), Landschaftsmaler u. Lithograph. Nach dem Tode Hugo v. Tschudi's war er 1911-1914 gemeinsam mit → Heinrich Braune Interimsdirektor der Alten Pinakothek. (s. Bde 1-4) 30.1.1911, 1.5.1911, 8.5.1911, 22.5.1911, 31.7.1911; 8.1.1912, 22.1.1912, 6.5.1912, 3.6.1912, 11.11.1912, Gratulation zum Maximiliansritter: 30.11.1912, 16.12.1912, 23.12.1912; 28.2.1913, 13.4.1913, 21.4.1913, 18.5.1913, 22.7.1913, 2.8.1913, 7.10.1913, 9.10.1913, 15.10.1913, 11.12.1913; 20.1.1914, 1.2.1914, 30.5.1914, 29.6.1914, 17.7.1914, 20.7.1914, 13.8.1914, 23.8.1914, 6.9.1914, 25.10.1914, 30.12.1914; 20.1.1915, 4.2.1915, 10.6.1915, 26.6.1915, 11.10.1915, 3.12.1915; 1.1.1916, 9.1.1916, 22.6.1916

Stadler, *Sophie* Floriana Vincentia v. Hornbostel, geb. → v. Miller zu Aichholz aus Wien (1855-1926) (s. Bde 1-4) 23.1.1911, 21.3.1911, 1.5.1911, 2.5.1911, 30.5.1911, 4.7.1911, 11.8.1911, 31.10.1911; 2.3.1912, 4.3.1912, 23.4.1912, 1.5.1912, 4.7.1912, 17.7.1912, 18.7.1912, 20.7.1912, 17.8.1912, 11.10.1912, 2.11.1912, 8.11.1912, 20.11.1912, 29.11.1912, 18.12.1912, 27.12.1912; 24.1.1913, 26.1.1913, 30.1.1913, 2.2.1913, 6.2.1913, 18.2.1913, 25.3.1913, 24.4.1913, 27.4.1913, 29.4.1913, 7.5.1913, 9.5.1913, 13.5.1913, 18.5.1913, 30.6.1913, 18.7.1913, 22.7.1913, 5.8.1913, 29.9.1913, 16.10.1913, 26.10.1913, 8.11.1913, 3.12.1913, 8.12.1913, Kondolenz: 14.12.1913, 21.12.1913, 25.12.1913; 4.1.1914, 2.2.1914, 5.3.1914, 10.4.1914, 25.4.1914, 12.5.1914, 7.6.1914, 7.7.1914, 2.8.1914, 7.8.1914, 17.8.1914, 28.8.1914, 13.9.1914, 30.9.1914, 4.10.1914, 7.10.1914, 28.10.1914, 2.11.1914, 8.11.1914, 16.11.1914, 23.11.1914, 3.12.1914, 29.12.1914; 10.1.1915, 29.1.1915, 8.2.1915, 23.2.1915, 30.4.1915, 30.5.1915, 14.6.1915, 26.6.1915, 1.7.1915, 14.8.1915, 3.9.1915, 16.9.1915, 29.9.1915, 20.10.1915, 22.11.1915, 10.12.1915, 26.12.1915; 14.1.1916, 25.1.1916, 27.1.1916, 20.2.1916, 2.3.1916, 24.3.1916, 14.4.1916, 8.5.1916, 17.5.1916, 27.5.1916, 31.5.1916, 5.6.1916, 20.6.1916, 6.7.1916, 8.7.1916, 13.7.1916, 16.7.1916, 18.7.1916, 2.8.1916, 3.8.1916, 24.8.1916, 2.10.1916, 7.10.1916, 11.12.1916

1. Sophie Anna Antonia *Margarethe* (*Grete*, *Gretl*) (geb. 12.1.1885) (s. Bde 1-4) 12.10.1911; 28.2.1913; 3.6.1914

2. *Johanna* Vincentia Sofie Felicitas (*Dittl*, *Distl*, *Distel*) (geb. 25.5.1886) (s. Bde 1-4) 12.10.1911; 26.6.1913

3. Anton (*Toni*) Wolfgang Vincenz Wilhelm (5.9.1888 – 5.4.1982), Bildhauer, Zeichner. Im 1. Weltkrieg Offizier bei den schweren Reitern. (s. Bde 1-4) 2.8.1914, 5.8.1914; 14.7.1915

4. Lorenz Michael *Lambert* (*Lamm*) (geb. 6.12.1889), Ingenieur, Landwirt, Kunstmaler. Im Ersten Weltkrieg Soldat. (s. Bde 1-4) Gratulation zum Abitur: 20.7.1912; 8.11.1914

Stäckels Wildbad: 1.9.1916, 2.9.1916

Stäckel, *Paul* Gustav Samuel (20.8.1862 – 12.12.1919), Mathematiker. 1880-1884 Studium der Mathematik u. Physik an der Universität Berlin. Lehrtätigkeit an Berliner Gymnasien. 1885 Promotion bei Leopold Kronecker u. Karl Weierstraß. 1891 Habilitation an der Universität Halle, dort dann auch Privatdozent. Von 1895 bis 1897 ao. Prof. an der Universität Königsberg. Ab 1897 als ao. Professor, ab 1899 als o. Prof. an der Universität Kiel. 1905-1908 an der Universität Hannover. 1908 Ordinarius für Mathematik an der TH Karlsruhe, erhielt den Titel eines Geheimen Hofrates u. war seit 1913 Ordinarius an der Universität Heidelberg (bis 1919). 1895 wurde er Mitglied der Dt. Akademie der Naturforscher Leopoldina, 1906 korrespond. Mitglied der Akademie der Wissenschaften in Göttingen u. 1916 ord. Mitglied der Heidelberger Akademie der Wissenschaften. Stäckel beschäftigte sich u.a. mit Mathematikgeschichte. Er gab den Briefwechsel von Carl Friedrich Gauß und Wolfgang Bolyai heraus u. war an der Herausgabe der Werke von Euler u. Gauß beteiligt. Verh. seit 1891 mit Eleonore Elisabeth Lüdecke. 1905 Präsident der »Dt. Mathematiker-Vereinigung«. (DBE) (Toepell, 234) Wildbad: 30.8.1916, 3.9.1916, 4.9.1916

Stäckel, Eleonore Elisabeth, geb. Lüdecke (1869 – nach 1919) Kongreß Cambridge: 24.8.1912; Wildbad: 30.8.1916, 3.9.1916

2 Söhne; 1 Tochter Wildbad: 30.8.1916, 3.9.1916

Starke, Emilie, Sängerin, Schülerin von → Sophie Röhr-Brajnin 19.5.1911

Stefanos, Cyparissos (1857-1917), griechischer Mathematiker, Universitätsprofessor (s. Bd 3 u. 4) Kongreß Cambridge: 21.8.1912, 28.8.1912; Kondolenz: 13.2.1915

Steins, Eltern des von → Selers adoptierten Gustavo Stein Berlin: 3.6.1913

Steinmann, *Ernst* Theodor Karl (4.9.1866 – 23.11.1934), Kunsthistoriker. Studierte an der Universität Leipzig Kunstgeschichte, wo er 1892 zum Dr. phil promoviert wurde; Schüler Anton Springers; 1903-1911 Direktor des Großherzogl. Museums in Schwerin; 1911-1934 Direktor der zur Kaiser-Wilhelm-Gesellschaft gehörenden Bibliotheca Hertziana in Rom … (Gr.Br., 1934, Bd 18, 117) (Kessler 3, 1136), guter Bekannter von → Eduard Arnhold Berlin: 9.8.1915

Steinrück, Albert (20.5.1872 – 11.2.1929), Schauspieler, Regisseur und Intendant. (s. Bd 4) 16.1.1911, 6.5.1911, 15.5.1911, 14.10.1911; 25.4.1912, 20.12.1912; 29.3.1913, 8.11.1913; 16.1.1915, 15.4.1915, 20.5.1915; 15.12.1916

Stengel, *Paul* Karl Leopold Frhr v. (12.7.1877 – 27.3.1943), Dr. iur., Sohn des kgl. Bayer. Staatsrats *Hermann* Freiherr v. Stengel (1837-1919) und der Anna Braun (1845-1917). Kgl. bayer. Kämmerer, bayer. Minist.-Rat im Ministerium des Äußeren, später Adjutant des nationalsozialistischen Reichsstatthalters v. Epp. Verh. am 6.4.1915 mit Amalie Mottes (geb.14.2.1887), 3 Kinder. Bekannter der Pringsheim-Söhne (s. Bd 3 u. 4) 3.2.1911, 2.12.1911, 9.12.1911; 2.2.1913, 3.2.1913, 28.2.1913; 6.2.1914; Gratulation zur Verlobung: 25.3.1915

Stern. Restaurant in Prag 25.5.1912, 26.5.1912, 27.5.1912

Sterns, Berlin, Freunde/Bekannte von Peter Pringsheim   2.2.1912, 17.8.1912; 25.9.1914, 17.12.1914; 9.3.1915; 30.4.1916

Stern, Herr   15.8.1913, München: 29.12.1913, 30.12.1913

Stern, Helene, geb. Gleistein, Schwester von → Lis Gleistein (s. Bd 4)   München: 13.6.1912, Ammersee: 9.8.1912, 14.8.1912, 27.9.1912; 15.1.1913, 17.3.1913, 24.11.1913; Berlin: 28.2.1914, 3.9.1914, 7.9.1914, 8.11.1914, 11.12.1914; 9.3.1915, 16.3.1915, 9.11.1915; 2.2.1916, 13.2.1916, 21.4.1916

Stern, *Ernst* Julian (1.4.1876 – 28.8.1954), Bühnenbildner und Illustrator. Seit 1896 lebte er in München, zuerst als Schüler von Prof. N. Gysis, dann von F. von Stuck. 1897 begann er für die *Jugend* zu zeichnen, 1898 arbeitete er auch für den *Simplizissimus*. 1905 ging er als Mitarbeiter der *Lustigen Blätter* nach Berlin. 1906-1921 war er Chefbühnenbildner bei → Max Reinhardt. Nach 1921 arbeitete er als Ausstattungschef bei Ernst Lubitsch. 1933 emigrierte er nach London.   30.6.1911; 28.6.1916

Sterna, Katta, eigtl. Katharina Stern (19.12.1897 – 29.7.1984), Tänzerin, Schauspielerin. Nach ihrer Ausbildung bei Grete Wiesenthal erhielt sie erste Engagements am Dt. Opernhaus Berlin. 1913 lernte sie den Tänzer u. Schauspieler Ernst Matray kennen, mit dem sie dann häufig gemeinsam auftrat. 1915 debütierte sie an der Seite von Ernst Matray als Theaterschauspielerin bei → Max Reinhardt. Ab 1914 spielte sie auch in Filmen mit.   Berlin: 25.4.1916

Sterne, Herr, Freund von Heinz Pringsheim   15.3.1911

Stickel, Frau, Angestellte bei Pringsheims (s. Bd 4)   17.11.1912; 13.7.1915; 13.7.1916, 23.12.1916, 24.12.1916

Stickel jun.   11.8.1915

Stickel, Hans   13.7.1915, 21.12.1915

Stiehl, Frau, Zimmerwirtin von Peter Pringsheim in Berlin, Lützowstraße 63   13.12.1914; 23.2.1915, 2.3.1915, 23.10.1915, 1.11.1915; 27.4.1916

Stielers (Guido) (s. Bde 1-4)   6.12.1912; 5.12.1913

Stieler, Guido (7.6.1844 – 19.8.1922), Dr. med., Arzt, K. Hofrat, Spezialarzt für Geburtshilfe u. Frauenkrankheiten, Hausarzt der Familie Pringsheim (s. Bde 1-4)   23.1.1911, 25.1.1911; 14.7.1912; 13.7.1913; 24.12.1915, 26.12.1915, 27.12.1915; 18.6.1916, 19.6.1916, 20.6.1916

Stieler, Charlotte (*Cara*), geb. Brenner (9.12.1846 – Dez. 1930) (s. Bde 1-4)   12.2.1915

Stieler, *Kurt* Friedrich Karl Joseph (28.10.1877 – 26.9.1963), Schauspieler und Regisseur. Sohn von Dr. Guido Stieler (s.o.). (s. Bde 1-4)   25.5.1913

Stollbergs, Bekannte von → Dauthendey's   11.11.1911

Stollberg, Georg I., eigtl. Stolzberg (22.2.1853 – 17.3.1926), österr. Schauspieler, Regisseur u. Theaterdirektor. Ab 1894 Hilfsregisseur bei Otto Brahm am Dt. Theater in Berlin. 1895 ging er als Oberregisseur an das Dt. Theater nach München. 1898 übernahm er gemeinsam mit Cajetan Schmederer das Münchner Schauspielhaus, das er bis 1919 leitete. Seine Regie war dem Naturalismus verpflichtet. Er förderte die zeitgenössische Dramatik – von Ibsen über Strindberg, Hauptmann und Schnitzler bis Wedekind. 1899-1915 leitete er daneben auch das Theater am Gärtnerplatz, auf dem hauptsächlich Operetten zur Aufführung kamen. (Eisenberg, 1004) (ÖBL, Bd 13, 313f.) (s.a. Bd 3)   11.4.1913

Strasser, Kapellmeister, zeitweilig Kollege von Klaus Pringsheim am Opernhaus in Prag   Prag: 25.5.1912, 27.5.1912; München: 26.3.1915, 28.3.1915

Strauss, Richard (11.6.1864 – 9.9.1949), Komponist und Dirigent. Guter Freund und Logiergast von → Lily Reiff. (s. Bde 2, 3 u. 4)   14.2.1912; 15.4.1914

Strauss, Pauline, geb. de Ahna (4.2.1863 – 13.5.1950), Sopran (s. Bd 3)   27.11.1916

Stropy, Frau, Journalistin   Wannsee: 6.6.1913

Strutt, John William, 3. Baron Rayleigh (12.11.1842 – 30.6.1919), Physiker. 1887-1905 Prof. für Natural Philosophy an der Universität Cambridge. 1908-1919 war er Kanzler der Universität. Nobelpreis für Physik 1904. Verh. mit Evelyn Balfour, Schwester des späteren Premierministers Arthur Balfour. Kongreß Cambridge: 23.8.1912

Stucks (s. Bd 3 u. 4)   31.12.1911; 5.12.1912; 21.10.1913, 28.12.1913; 6.2.1914, 2.7.1914; 18.2.1915; 16.1.1916

Stuck, *Franz* Xaver v. (geadelt 1905) (23.2.1863 – 30.8.1928), Maler, Graphiker, Bildhauer und Architekt (s. Bde 1-4)

Stuck, Maria (*Mary*) Louise, geb. Hoose, verwitwete → Lindpaintner (1866-1929) (s. Bd 3 u. 4)   31.1.1912; 7.2.1913, 2.8.1913

Study, Gertrud (*Trudi, Trudy*) (geb. 26.6.1889), Tochter des Mathematikers und Entomologen Prof. Eduard Study (1862-1930) und der Lina v. Langsdorff. (s. Bd 4)   5.4.1911, 8.6.1911, 28.12.1911; 19.5.1913, 9.11.1913

Svärdström, Valborg (28.12.1879 – 1.2.1971), schwedische Sängerin, Sopran. Debüt 1900 an der Königl. Oper Stockholm, wo sie bis 1904 blieb. Bis 1922 unternahm sie Gastspiele und Konzertreisen in Deutschland, England und Österreich-Ungarn. Schließlich nahm sie ihren Wohnsitz in Hamburg und begründete hier ein Gesangstudio. (Kutsch/Riemens, Bd 5, 3396)   10.1.1912

Swaine, Baron, Bekannter von → Oberhummers   24.2.1912

Swirsky, Thamara (geb. 4.10.1888 in Petersburg), Pianistin, Musikschülerin an der »Kgl. Akademie der Tonkunst«. Kehrt im Frühjahr 1915 nach Russland zurück. Freundin von → Olga Meerson (s. Bd 4)   19.5.1912; 17.8.1914, 19.8.1914, 23.8.1914, 30.8.1914, 2.9.1914, 3.9.1914, 4.9.1914, 6.9.1914, 7.9.1914, 11.9.1914, 12.9.1914, 1.10.1914, 7.10.1914, 17.10.1914, 31.10.1914, 1.11.1914, 2.11.1914, 3.11.1914, 12.11.1914, 17.11.1914, 24.11.1914, 21.12.1914, 25.12.1914, 28.12.1914, 29.12.1914; 1.1.1915, 3.1.1915, 4.1.1915, 6.1.1915, 8.1.1915, 10.1.1915, 14.1.1915, 15.1.1915, 17.1.1915, 20.1.1915, 21.1.1915, 22.1.1915, 28.1.1915, 30.1.1915, 10.2.1915

Szlenker, Karol od. Karl, Student der Physik aus Warschau, von SS 1905 bis SS 1912 an der LMU immatrikuliert, Promotion Nov. 1912 (s.a. Bd 4)   14.8.1912, 21.11.1912

Szmolin, Herr   13.1.1912

Tamächen → Tamara **Pringsheim**

Tamara od. **Thamara** → Tamara **Swirsky**

Tante/Tantchen → Tante von Milka **Ternina**

Tante Amalie → Amalie **Rosenberg**

Tante Asta → Asta **Friedberg**

Tante Lucie → Lucie **Vossidlo**

Tellers 1.5.1914

Teller, Herr Dr., Bekannter von Klaus Pringsheim 3.5.1913, 6.7.1913, 18.7.1913, 8.9.1913, 12.11.1913; 1.1.1914, 3.1.1914, 6.2.1914, 9.4.1914, 9.7.1914, 8.9.1914, 11.9.1914; 1.1.1915, 3.1.1915, 29.5.1915, 5.6.1915; 11.8.1916, 14.8.1916

Ternina's = Milka Ternina und Tante Laura Jurkovič (s. Bde 1-4) 1.11.1911, 12.11.1911; 3.4.1912; 1.12.1914, 5.12.1914

Ternina, Milka (19.12.1863 – 18.5.1941), Opernsängerin. Wohnt vom 4.12.1911 bis 2.10.1913 in München Friedrichstr. 11/Vermieter Dr. Diesel. Verzieht laut PMB am 2.10.1913 nach Berchtesgaden »Villa Ternina« (spätere Villa Bechstein), Hauptwohnsitz wird aber Agram (Zagreb). (s. Bde 1-4) 2.8.1911, 14.8.1911, 16.8.1911, 19.8.1911, 20.8.1911, 23.8.1911, 22.10.1911, 26.11.1911, 2.12.1911, 6.12.1911, 24.12.1911; 2.1.1912, 7.1.1912, 29.1.1912, 31.3.1912, 8.4.1912, 19.5.1912, 12.12.1912, 19.12.1912, 31.12.1912; 1.1.1913, 2.2.1913, 13.2.1913, 10.4.1913, 13.4.1913, 8.5.1913, 17.6.1913, 27.6.1913, 28.6.1913, 13.7.1913, 19.7.1913, 14.11.1913, 16.12.1913; 24.8.1914, 25.9.1914, 18.10.1914, 26.11.1914, 26.12.1914; 2.1.1915, 20.8.1915, 21.8.1915, 8.9.1915, 10.9.1915, 30.9.1915, 21.10.1915, 23.10.1915, 16.12.1915; 2.10.1916, 22.12.1916

Tantchen/Tante = Laura Jurkovič, geb. Smekal (19.12.1842 – 17.8.1925), Tante von Milka T. (s. Bde 1-4) 7.1.1912, 27.2.1912; 14.11.1913; 26.11.1914; 20.8.1915, 21.8.1915, 8.9.1915, 10.9.1915, 21.10.1915, 23.10.1915

Terwin, Johanna (18.3.1884 – 4.1.1962), Schauspielerin. Debüt 1904 am Stadttheater Passau. Es folgten Auftritte in Zürich und München. Ab 1911 wirkte sie an verschiedenen Berliner Theatern. Seit 1919 Ehefrau von → Alexander Moissi. 15.5.1911; Berlin: 10.2.1912

Teweles', Prag 25.5.1912; München: 19.7.1913

Teweles, Heinrich (13.11.1856 – 9.8.1927), Journalist, Schriftsteller, Theaterleiter. In der Nachfolge von Angelo Neumann seit 1910 Direktor des Neuen Deutschen Theaters in Prag, zeitweilig Chef von Klaus Pringsheim 26.5.1912, 28.5.1912; 18.7.1913

Teweles, Frau München: 18.7.1913

Thannhauser. Galerie Thannhauser. Heinrich Thannhauser (1859-1934) hatte seine Galerie 1909 im Arco-Palais, Theatinerstr. 7, eröffnet. Er setzte sich sehr für die franz. Impressionisten ein (Degas, Manet, Monet, Renoir u.a.). 1911/12 veranstaltete er die erste Ausstellung des »Blauen Reiter«. Mit Kandinsky, Theo van Gogh, dem Bruder Vincent van Goghs, und vor allem ab 1913 mit Picasso war er eng befreundet. Sein Sohn Justin (1892-1976) stieg schon früh in das Geschäft ein und führte es sehr erfolgreich weiter als sein Vater schwer erkrankte. 1927 eröffnete Justin Th. eine Dependance in Berlin, die das Münchner Stammhaus schon bald überflügelte, weshalb er 1928 das Münchner Geschäft schloß. Mit der Machtübernahme durch die Nationalsozialisten wurde die Arbeit für die Berliner Galerie immer schwieriger. Im Frühjahr 1937 übersiedelte Justin Th. mit seiner Frau Kate nach Paris und betrieb dort bis 1939 einen Kunsthandel. 1939 emigrierte er in die USA, wo er aufgrund seiner internationalen Beziehungen schnell wieder Fuß faßte.   10.1.1912, 19.1.1912, 17.8.1912; 24.2.1913, 17.7.1913

Theres, Hausmädchen od. Köchin bei Thomas Manns   16.5.1911, 17.5.1911, 20.5.1911

Theres, Hausmädchen od. Köchin bei Thomas Manns, Nachfolgerin gleichen Namens (s.o.)   1.6.1911

Theurer, Friedrich (*Fritz*), ev. identisch mit → Diener Fritz   5.1.1915; 1.5.1916

Thiem, Frl., Freundin von → Grete v. Schwind   24.1.1912

Thimig, Helene (1889-1974), Schauspielerin, Regisseurin, Theaterdirektorin. Tochter von Hugo Thimig (s.u.), Schwester von Hans und Hermann Thimig. Sie begann ihre Laufbahn am Hoftheater in Meiningen (1908-1911). 1911-1917 spielte sie am Königlichen Schauspielhaus in Berlin und wechselte 1917 an das Deutsche Theater. 1916-1918 war sie mit dem Schauspieler → Paul Kalbeck verheiratet. Sie trat in vielen Inszenierungen → Max Reinhardts auf, mit dem sie dann lange liiert war und den sie 1935 heiratete. Im amerikanischen Exil spielte sie kleine Rollen und gab Schauspielunterricht. 1946 kehrte sie nach Österreich zurück und wurde Mitglied des Burgtheaters.   Berlin: 18.2.1914

Thimig, Hugo (1854-1944), Schauspieler, Regisseur, Theaterleiter. Mitglied am Wiener Hofburgtheater (Eisenberg, 1035f.) (s. Bd 1 u. 2)   Wien: 30.5.1912

Thoma-Rogovin, Brautpaar   15.2.1912

Thomson, Joseph John (18.12.1856 – 30.8.1940), Physiker und Nobelpreisträger (1906). Seit 1884 Cavendish-Professor für Physik in Cambridge als Nachfolger von → John William Strutt, 3. Baron Rayleigh. 1918-1940 war er Leiter des Trinity College. Am 22.1.1890 verh. mit Rose Elizabeth Paget, 2 Kinder.   Kongreß Cambridge: 26.8.1912

Thorsch, Herr, Freund von Klaus Pringsheim   Prag: 27.5.1912

Tiessen, Margarethe (*Grete*, *Jrete*), geb. Ellendt, Tochter des Justizrat Ellendt aus Königsberg. Verh. mit Hans Tiessen (Bürgermeister in Königsberg)   14.8.1915, München: 16.8.1915, 18.8.1915, 29.8.1915, 30.8.1915, 10.12.1915, 18.12.1915, 31.12.1915; 19.1.1916, 20.1.1916, 24.1.1916, Berlin: 3.2.1916, 13.2.1916, 5.4.1916, 9.4.1916, 5.5.1916, 3.6.1916, 2.7.1916, 10.7.1916, 16.7.1916, 22.7.1916, 8.8.1916, 11.8.1916, 26.10.1916, 28.10.1916, 7.12.1916, 27.12.1916
1. Fritz, im 1. Weltkrieg gefallen; 2. Reinhold (geb. 19.4.1893)
3. Eva (Elein od. Elain) (geb. 1.1.1899)   Berlin: 3.2.1916, 11.8.1916

Tietz, Warenhaus Hermann Tietz, Berlin SW, Leipziger Straße 46-49 (s. Bd 3 u. 4)   11.2.1916

Tirpitz, Alfred v. (19.3.1849 – 6.3.1930), dt. Großadmiral, 1897-1916 Staatssekretär des Reichsmarineamtes   16.3.1916

Tobler, Frau, Bekannte von → Bondi's   Berlin: 14.6.1914

Toepffers (Helmut)   München: 3.2.1911

Toepffer, *Hellmuth* Wilhelm, Dr. phil., Chemiker, Fabrikbesitzer, Sohn des Stettiner Kaufmanns Eduard (*Ede*) Toepffer (gest. 1924) und von Eugenie Braun (1854 – 18.9.1929), Mitglied im »Kaiser Friedrich-Museums-Verein zu Berlin« (1916ff.) (s. Bd 3)

Tordek, Ella, eigtl. Ella Tordková (19.2.1878 – 8.9.1918), Sopran (s. Bd 3 u. 4)   10.2.1911

Torggelstube. Weinlokal neben dem Münchner Hofbräuhaus, in dem → Frank Wedekind seinen Stammtisch hatte, Erich Mühsam, Hans v. Gumppenberg, → Heinrich Mann u. a. verkehrten.   11.11.1911; 15.11.1912

Transehe-Roseneck, Alexander Georg *Astaf* v. (geb. 6.2.1865), Dr. rer. pol., Ritterschafts-Notar (s. Bde 2, 3 u. 4)   1.2.1911, 11.2.1911, Berlin: 15.2.1911, 16.2.1911, 17.2.1911, 21.2.1911, Berlin: 23.2.1911, 24.2.1911, 25.2.1911, 26.2.1911, 27.2.1911, 28.2.1911, 29.4.1911, 8.5.1911, 31.5.1911, 10.6.1911, 16.9.1911, 25.9.1911, 18.10.1911; 22.1.1912, 17.2.1912, 19.3.1912, 23.6.1912, 30.6.1912, 29.7.1912, 3.9.1912, 27.9.1912; 13.1.1913, 4.2.1913, 10.2.1913, 18.2.1913, 19.2.1913, 3.3.1913, Berlin: 6.3.1913, 8.3.1913, 9.3.1913, 11.3.1913, 12.3.1913, 14.3.1913

Traube. Berliner Restaurant   25.6.1912; 9.6.1913

Trefftz, Antonie (*Anni*), Studentin der Mathematik und Physik aus Leipzig eingeschrieben an der LMU im WS 1912/13   24.11.1912, 15.12.1912; 9.2.1913

Trenkwald, Hermann v. (geb. 24.5.1866), Dr. phil., Museumsdirektor. Sohn des Historienmalers und Professors an der Wiener Akademie Josef Mathias v. Trenkwald (1824-1897) (ThBV, 173) und von Miss Kate Noel. Nach Studium der Rechtswissenschaften Wechsel zur Kunstwissenschaft, 1894 Promotion. Anschl. praktische Ausbildung im Museumsdienst bei → Wilhelm v. Bode am Kgl. Museum in Berlin. 1895 Ruf nach Troppau als Kustos des dortigen Franz-Josef-Museums für Kunst und Gewerbe. Ab Juni 1897 Direktor des Kunstgewerbemuseums in Frankfurt a.M. (Nachfolger: Dr. Robert Schmidt). Während des 1. Weltkrieges Dienst in der österr. Armee. Im April 1918 Wechsel nach Wien als 1. Vizedirektor des Österr. Museums für Kunst und Industrie. Verh. mit Maria Tay, gesch. Borgnis   3.8.1913; 9.5.1914

Trenkwald, Maria v., geb. Tay, gesch. Borgnis (geb. 9.5.1860)   15.3.1914 mit Sohn   15.3.1914

Treutlers, Bekannte von → Gabrilowitschs   2.6.1914, 11.7.1914

Treutler, *Karl-Georg* Christoph Richard Hans Joachim v. (9.4.1858 – 27.5.1933), Jurist, Diplomat, Kgl. preuß. Wirkl. Geh. Rat, Exzellenz, Major d. Reserve a.D. Sohn von Oswald v. Treutler und der Klara Alberti. 1901-1907 Botschafter des Deutschen Reiches in Brasilien. 1907-1911 Gesandter in Norwegen. 1911-1918 preuß. Gesandter in Bayern. Verh. am 11.6.1895 mit Wera Alberti. 9.6.1914; 18.1.1915, 19.4.1915

Treutler, *Wera* Marie Luise v., geb. Alberti (geb. 3.3.1875)   10.9.1914; Kondolenz: 7.4.1916
mit Tochter   9.6.1914
1. *Sibylle-Dorothea* Haru (geb. 22.5.1896)
2. *Marie-Barbara* Isabella (geb. 2.2.1902)
3. *Brigitte* Sylvestra Klara Johanna (geb. 31.12.1904)

Tréville, Yvonne de, Sopran (nicht bei Kutsch/Riemens)   27.1.1911

Trimborn, Balduin, Bekannter von Alfred Pringsheim (s. Bd 4)   Gratulation: 21.2.1912

Trocadero. Londoner Restaurant in der Shaftesbury Avenue (s. Bd 4)   29.8.1912

Trudi, **Trudy** → Gertrud **Study**

Trutter, Frau, Bekannte von → Eva Gräfin Baudissin, Mitglied im »Verein für Fraueninteressen« 1901-1904 (s.a. Bd 2)   29.3.1916

Tschudi, Hugo v. (1851-1911), schweiz. Jurist, Kunsthistoriker u. Museumsdirektor (s. Bd 3 u. 4)   Todesnachricht: 24.11.1911; 7.1.1912
Tschudi, Angela Gonzales Olivares (geb. 1873)   Kondolenz: 27.11.1911

Tubeuf, Edith Freifrau v., geb. Hartig, Ehefrau des Prof. der Botanik Karl Freiherr v. Tubeuf (1862-1941) (s. Bd 3)   13.6.1915

Tümpling, Alyke v. (1874-1962), Schwägerin von → Dr. Friedrich Jessen; seit 1911 Oberschwester im »Waldsanatorium« in Davos   22.3.1912

Türk, Erika, Tante(?) von → Eva v. Baudissin   3.1.1911, 24.1.1911

Turban. Dr. Karl Turban (7.11.1856 – 5.4.1935), Lungenfacharzt, Leiter u. Besitzer des »Sanatorium Turban« in Davos (eröffn. 1889), später »Parksanatorium«.   12.3.1912, 28.7.1912

Uhde, Fritz v. (22.5.1848 – 25.2.1911), Maler (s. Bde 1-4)   Todesnachricht: 25.2.1911
1. Anna (1881-1970), Kunstmalerin (s. Bd 3)   Kondolenz: 1.3.1911; 29.10.1912, 24.11.1912

Uhde-Bernays, Hermann (31.10.1875 – 7.6.1965), Kunsthistoriker u. Literaturkritiker, seit 1908 Herausgeber der *Leipziger Hefte für Kunstwissenschaft* und des *Cicerone*.   30.5.1914

Ulbrig, Sängerin   22.3.1911

Ulmer, Friedrich (27.3.1877 – 26.4.1952), urspr. Rechtsanwalt, später Schauspieler und erster Held des Münchner Staatstheaters, Spielleiter und Schriftsteller. Ab 1929 Prof. für Dramaturgie und Regie an der Universität München.   7.12.1912

Ullmann, Clementine v., geb. Bachofen v. Echt, Witwe des Prof. für Strafrecht und Völkerrecht Emanuel Ritter v. Ullmann (28.2.1843 – 4.4.1913)   Kondolenz: 5.4.1913

University Arms, Hotel im Herzen der historischen Altstadt von Cambridge (s. Bd 4)   22.8.1912, 24.8.1912, 27.8.1912

Urbina, Mauro de (geb. 1882), span. Maler; ab 1911 Hedwig Pringsheims »Lehrer« in spanischer Konversation. Verläßt München im Juli 1912, geht erst nach Wien, später nach Madrid, sein Nachfolger ist → Alberto Castillo (s. Bd 4)
19.1.1911, 18.9.1911, 19.9.1911, 17.10.1911, 25.10.1911, 28.10.1911, 1.11.1911, 4.11.1911, 8.11.1911, 11.11.1911, 15.11.1911, 18.11.1911, 22.11.1911, 25.11.1911, 29.11.1911, 4.12.1911, 6.12.1911, 11.12.1911, 13.12.1911, 16.12.1911, 25.12.1911, 26.12.1911, 27.12.1911, 30.12.1911; 2.1.1912, 5.1.1912, 7.1.1912, 10.1.1912, 13.1.1912, 14.1.1912, 18.1.1912, 22.1.1912, 24.1.1912, 27.1.1912, 29.1.1912, 31.1.1912, 8.2.1912, 13.2.1912, 18.2.1912, 24.2.1912, 28.2.1912, 2.3.1912, 23.3.1912, 27.3.1912, 1.4.1912, 3.4.1912, 6.4.1912, 14.4.1912, 24.4.1912, 27.4.1912, 1.5.1912, 3.5.1912, 4.5.1912, 8.5.1912, 11.5.1912, 12.5.1912, 15.5.1912, 18.5.1912, 22.5.1912, 5.6.1912, 8.6.1912, 12.6.1912, 21.6.1912, 26.6.1912, 2.7.1912, 3.7.1912, 6.7.1912, 8.7.1912, 10.7.1912, 17.7.1912, 12.8.1912, 15.8.1912, 21.11.1912, 29.12.1912; 21.3.1913, 27.3.1913, 6.5.1913, 31.5.1913

Uhthoffs, Breslau, Schwiegereltern von → Rudolf Ladenburg   19.3.1915
Uhthoff, Wilhelm (31.7.1853 – 21.3.1927), Ophthalmologe, Universitätsprofessor. Seit 1896 Prof. für Augenheilkunde an der Universität Breslau. 1923 emeritiert.
Uhthoff, Lilli, geb. v. Bagh   Breslau: 19.3.1915

Vasselant od. **Vasselot**, Schwiegersohn von M. Leroy, dessen Sammlung (hauptsächlich Mittelalter) die Pringsheims in Paris besichtigten.   Paris: 13.4.1911

Vatel. Restaurant in der Rue St. Honoré, Paris   9.9.1912

Verhaeren, Émile (21.5.1855 – 27.11.1916), Lyriker, gilt als bedeutendster belgischer Dichter der Moderne   26.11.1912

Verrey's, Londoner Speiselokal   2.9.1912

»Vetter« → Toni **Stadler d.Ä.**

Vicko, Vico, Viko → Viktor **Mann**

Vischer, Frau Prof.   15.1.1914

Vogler od. **Vogeler**, Annemarie, Mitpatientin von Katja Mann im »Waldsanatorium Jessen« in Davos   28.7.1912, 5.8.1912, 7.8.1912

Vogt, Madame, Bekannte von → Olga Pringsheim   6.11.1916

Voll, Karl (geb. 18.7.1867), Dr. phil., Kunsthistoriker, Universitätsprofessor (s. Bd 3 u. 4)   Fortsetzung der Vorlesung »Die Niederländische Malerei im Zeitalter von Rubens und Rembrandt«: 9.1.1911, 12.1.1911, 19.1.1911, 23.1.1911, 26.1.1911, 30.1.1911, 9.2.1911, 2.6.1911; 2.7.1912; 28.7.1913, 29.7.1913; 11.3.1916

Un – Wa 819

Voß' (s. Bd 4)   3.2.1911, 12.2.1911, 10.12.1911; 9.6.1912, 28.12.1912; 9.12.1913; 11.3.1914; 1.4.1915; 30.10.1916
Voß, *Aurel* Edmund (7.12.1845 – 19.4.1931), Mathematiker, Universitätsprofessor (s. Bde 1-4)   70. Geb.: 7.12.1915
Voß, *Mathilde* Wilhelmine Adelheid, geb. Fleckeisen (21.11.1853 – 21.5.1919) (s. Bd 4)   12.12.1911; 10.7.1913; 25.2.1915, 11.10.1915; 28.2.1916, 2.12.1916
Vossidlo (od. **Wossidlo**), Lucie, geb. Schleh (27.5.1850 – 18.5.1926), jüngste Schwester von Hedwig (*Mim*) Dohm, Tante von Hedwig Pringsheim (s. Bde 1, 3 u. 4)   1.1.1911; 2.1.1912; 1.1.1913, 15.1.1913, 31.12.1913; 17.1.1914; 1.1.1915, 4.1.1915, 5.1.1915, 11.1.1915, 8.4.1915, Ambach: 29.4.1915, 29.12.1915; 2.1.1916, 30.12.1916

Wagner, Dr., Bildhauer, Berlin, Bekannter von → Bondi's (nicht bei ThBV)   29.6.1911; München: 25.11.1912
Wagner, Cosima (25.12.1837 – 1.4.1930), Witwe von Richard Wagner (1813-1883), Leiterin der Bayreuther Festspiele (s. Bde 1, 2 u. 3)   25.4.1914, 17.5.1914
Wagner, Ernst   27.1.1913
Wakeman, Mr., Mit-Reiter im Universitätsreitstall → Mengele   4.4.1912
Walden, Harry (22.10.1875 – 4.6.1921), Schauspieler (s. Bd 4)   15.3.1913; 27.3.1914
Waldhaus. Hôtel Waldhaus, Sils Maria (s. Bd 4)   26.8.1911, 29.8.1911, 2.9.-18.9.1911; 2.9.-18.9.1913
Waldstein, Sir Charles, ab 1918 Sir Charles Walston (30.3.1856 – 21.3.1927), klass. Archäologe. 1871-1873 Archäologiestudium an der Columbia University in New York, 1873-1875 an der Universität Heidelberg, wo er 1875 promovierte. 1883-1889 Direktor des Fitzwilliam Museum in Cambridge. 1889-1893 war er in Athen an der American School of Classical Studies. 1895-1901 Slade Professor of Fine Art an der Universität Cambridge. Verh. seit 1909 mit Florence Einstein. 2 Kinder   Kongreß Cambridge: 27.8.1912
Waldstein, Lady Florence, geb. Einstein, Tochter von D. L. Einstein und Witwe von Theodore Seligman   Kongreß Cambridge: 27.8.1912
Waldstein, 3 Brüder, ehemalige Studienkollegen von Alfred Pringsheim aus Heidelberg   Kongreß Cambridge: 27.8.1912
Walecky od. **Lengnik-Walecky**, Maler, Freund von → Sophie v. Scheve (nicht bei ThBV)   22.10.1912
Walker, Edyth (27.3.1867 – 19.2.1950), Alt/Sopran. Man bewunderte sie vor allem als Wagner-Interpretin. 1912-1917 wirkte sie an der Hofoper von München. (Kutsch/Riemens, Bd 5, 3645)   7.8.1911; 18.8.1912; 8.2.1915
Wallich, Hermann (28.12.1833 – 30.4.1928), Bankier, Konsul der Argentin. Republik. Nach dem Abschluß der Banklehre in Köln arbeitete Wallich für diverse französische Bankhäuser. Auf Empfehlung von Ludwig Bamberger

wurde er 1870 in den Vorstand der soeben gegründeten Deutschen Bank berufen. In den darauffolgenden Jahrzehnten entwickelte sich das Institut unter seiner und Georg Siemens' Leitung zu einer der bedeutendsten Großbanken in Deutschland. 1894 wechselte er vom Vorstand in den Aufsichtsrat, dem er bis zu seinem Tod angehörte. Verh. seit 1875 mit Anna Jacoby. 1. Paul (1882-1938); 2. Ilse. Mitglied der »Gesellschaft der Freunde«, Mitglied im »Club von Berlin« seit 1870, Mitglied des Vereins »Seglerhaus am Wannsee«, Mitglied im »Kaiser Friedrich-Museums-Verein zu Berlin« (1903ff.), Bekannter von → Rosenbergs   7.2.1912

Walters (Bruno)   25.10.1913, 15.11.1913; 8.1.1914, 10.1.1914, 15.1.1914, 2.4.1914, 28.5.1914, 1.11.1914, 1.12.1914; 27.1.1915, 8.2.1915, 18.10.1915, 15.11.1915; 11.3.1916, 12.3.1916, 20.3.1916, 12.4.1916, 5.6.1916, 7.6.1916, 9.6.1916, 28.9.1916, 7.11.1916, 22.11.1916, 7.12.1916, 11.12.1916, 19.12.1916

Walter, Bruno, eigtl. Bruno Walter Schlesinger (15.9.1876 – 17.2.1962), Kapellmeister, Kgl. Bayer. Generalmusikdirektor. Er absolvierte das Gymnasium und das Sternsche Konservatorium in Berlin, ging dann erst als Korrepetitor, dann als Kapellmeister ans Theater und kam über eine Reihe von Stadttheatern 1898 als erster Kapellmeister nach Riga. 1900 wurde er an das Berliner Kgl. Opernhaus engagiert. 1901 ging er, einem Ruf → Gustav Mahlers folgend, an die Wiener Hofoper. Ab 1.1.1913 bekleidete er den Posten des Kgl. Generalmusikdirektors am Münchener Hoftheater. In seiner Münchener Zeit (1913-1922) gehörte er zu den engsten Freunden Thomas Manns. Sie waren unmittelbare Nachbarn im Münchner Herzogpark. Die Kinder waren eng befreundet. Walter emigrierte 1933 nach Österreich, war 1936-1938 Leiter der Staatsoper Wien und ging 1940 in die Vereinigten Staaten, wo er, in Beverly Hills, wiederum unweit von Thomas Mann wohnte. (MMZ, 273) (Wer ist wer?, 297f.) Guter Freund und Logiergast von → Reiffs   10.12.1911; 10.8.1912, 18.8.1912; 14.8.1913, 9.10.1913, 30.10.1913, 10.11.1913, 16.11.1913; 16.2.1914, 19.5.1914, 25.5.1914, 10.8.1914, 19.8.1914, 2.9.1914, 27.12.1914; 5.1.1915, 29.8.1915, 21.10.1915, 28.12.1915; 25.3.1916, 5.6.1916, 26.10.1916

Walter, Elsa, geb. Wirthschaft (1871-1945). Sie trat vor ihrer Ehe unter dem Namen Korneck als Sängerin auf.   9.10.1913; 27.11.1916
1. Lotte (1910-1970); 2. Gretel (1906-1939)

Walter, Erich (1877-1957), Schauspieler am Berliner Lessingtheater   17.2.1912

Waltershausen, Hermann Wolfgang Sartorius Freiherr v. (12.10.1882 – 13.8.1954), Komponist, Musikforscher u. Dirigent. In München ab 1920 Prof. und stellvertretender Direktor und 1922-1933 Direktor der Akademie der Tonkunst. Nach Versetzung in den einstweiligen Ruhestand 1933 als Privatmusiklehrer tätig. (Gr.Br., 1934, Bd 19, 779)   3.11.1912
mit Mutter   3.11.1912

Walther, Theresa (*Röschen*) Louise Alwine, geb. → Winckel (geb. 3.7.1865), Witwe des Facharztes für Frauenheilkunde Dr. med. Ernst Walther (1855-1907) (s. Bde 1-4)   21.1.1912

Warschauer, Franz, Student aus Brandenburg an der Philos. Fakultät der LMU von WS 1910/11 bis SS 1912   18.1.1911

Wassermann, Jakob (10.3.1873 – 1.1.1934), Schriftsteller. War mit Thomas Mann seit ihrer gemeinsamen Münchner Zeit im Albert Langen Verlag befreundet. Lebte später in Österreich. Mit seinen Romanen *Caspar Hauser*, *Das Gänsemännchen*, *Christian Wahnschaffe* und *Der Fall Maurizius* hatte er großen Erfolg. (Gr.Br., 1935, Bd 20, 48f.) (Wer ist wer?, 300f.)   18.2.1916, 2.3.1916

Wassmann, Hans (1.1.1873 – 5.4.1932), Schauspieler (s. Bd 4)   Berlin: 25.2.1911

Wattenbach, Herr   25.2.1912

Weber. Pariser Lokal   10.9.1912

Wedekinds (s. Bd 4)   15.11.1912; 20.11.1915
Wedekind, Frank (24.7.1864 – 9.3.1918), Schriftsteller, Dramatiker, Schauspieler (s. Bd 3 u. 4)   10.7.1911, 11.11.1911, 16.11.1911; 15.11.1912, 30.11.1912, 12.12.1912; 12.2.1915, 26.12.1915
Wedekind, Tilly, geb. Newes (1886-1970), Schauspielerin (s. Bd 4)   30.11.1912

Wegener, Paul (11.12.1874 – 13.9.1948), Schauspieler am Dt. Theater Berlin (s. Bd 4)   27.9.1912; 10.1.1913

Wegner, Frau, Freundin von → Katharina Hanfstaengl   15.7.1911

Weigand, Wilhelm, eigtl. Wilhelm Schnarrenberger (13.3.1862 – 20.12.1949), Dichter und Schriftsteller. Er war 1904 Mitbegründer der *Süddeutschen Monatshefte*. Verh. seit 1889 mit Thora Hermann.   26.11.1912

Weingartners = Felix W. und Lucille Marcel   22.11.1916, 25.11.1916, 27.11.1916
Weingartner, *Felix* Paul v., Edler von Münzberg (2.6.1863 – 7.5.1942), Komponist, Schriftsteller und Dirigent (s. Bde 2, 3 u. 4)
Weingartner, Lucille v., geb. Marcel   24.11.1916, 25.11.1916

Weingartner, Feodora (*Feo*) v., geb. → v. Dreifus (geb. 24.9.1878), Kinderärztin. Exehefrau des Komponisten und Dirigenten *Felix* Weingartner (s.o.), gute Freundin von → Eugenie Schaeuffelen (s. Bd 3 u. 4)   12.2.1911, 13.2.1911, 14.3.1911, 19.3.1911; 15.6.1913; 15.1.1914, 21.5.1914, 6.6.1914, 1.8.1914, 9.8.1914; 24.5.1915, Kondolenz: 14.7.1915; 26.11.1916

Weinmann, Elsa, geb. Hirth, gesch. v. Rummel (25.1.1879 – 7.5.1966), Witwe von Dr. med. Fritz Weinmann, verh. am 21.12.1907 mit Robert Basilici (geb. 2.8.1882), Kunstmaler (nicht bei ThBV) (s. Bd 3 u. 4)   29.9.1913

Weisbach, Werner (1.9.1873 – 9.4.1953), Kunsthistoriker, Privatdozent (s. Bde 2, 3 u. 4)   Sils Maria: 5.9.1911

Weltzien, Wilhelm aus Karlsruhe, Chemiestudent an der LMU WS 1912/13, Enkel(?) des Karlsruher Chemieprofessors Karl Weltzien (8.2.1813 – 14.11.1870)   24.11.1912; 28.2.1913, 25.7.1913

Wendland, Baron, Bekannter von → Pannwitz'   Berlin: 20.6.1911

Wendriner, Max *Paul* (geb. 11.7.1848), »Ohm Paul«, Generaldirektor der »Oberschles. Schmalspurbahnen, Rudolf Pringsheim Beuthen O.-S.«, Generaldirektor der »Aktiengesellschaft Ferrum«. 1911: Verlust seines gesamten Vermögens durch Konkurs seines Bruders Georg in Berlin sowie des Konkurses der Firma Jacob Wolff in Beuthen, an der er ebenfalls beteiligt war. Durch Nervenerkrankung dann auch Verlust seiner Stellung bei der »Ferrum«-Gesellschaft in Kattowitz. Übersiedlung nach Berlin. 1912: Pfändung in Beuthen. (s. Bde 1-4)   9.5.1911, 10.5.1911

Wengers   5.2.1911, 9.12.1911; 3.2.1913
Wenger, Leopold (4.9.1874 – 21.9.1953), Rechtshistoriker, Universitätsprofessor. Studium der Jurisprudenz an der Universität Graz 1893-1897. Promotion Graz 1897. 1901 Habilitation und 1902 ao. Professor ebda. 1904 Ordinarius in Wien, 1905 Rückkehr nach Graz, 1908 Nachfolger E. J. Bekkers in Heidelberg, 1909 als Nachfolger Bechmanns nach München berufen. Verh. seit 1906 mit Hildegard Caspaar. (Zils, 388)

Wentscher, Herr, Freund von Heinz Pringsheim aus Griechenland (s. Bd 4)   17.5.1911

Werefkin, Marianne v. (11.9.1860 – 6.2.1938), russ. Malerin des Expressionismus. Seit 1892 mit dem russ. Maler → Alexej v. Jawlensky liiert. Lebte 1896-1914 in München, dann in der Schweiz, zuletzt in Ascona. Mitglied der »Neuen Künstlervereinigung München« und des »Blauen Reiter«. (ThBV, 837) Bekannte von → Olga Meerson   22.2.1912, 28.2.1912

Wertheim, Berliner Warenhaus (s. Bd 3 u. 4)   10.12.1914

Wiggers, Ehepaar, Bekannte von → Hermine Feist   26.3.1915

Wilbrandt-Baudius, Auguste (1.6.1843 – 30.3.1937), Schauspielerin am Wiener Burgtheater (Eisenberg, 55f.)   30.5.1912

Wilcken, Ulrich (18.12.1862 – 10.12.1944), Althistoriker, Universitätsprofessor. Seit 1915 Prof. an der LMU in München, 1917 Wechsel an die Univ. Berlin.   7.12.1915

Kaiserpaar (s. Bd 1 u. 3)   3.3.1914
Wilhelm II. (27.1.1859 – 4.6.1941), dt. Kaiser und König von Preußen von 1888 bis 1918 (s. Bde 1-4)   19.12.1912; 16.4.1915; 12.12.1916, 17.12.1916
Auguste Viktoria (22.10.1858 – 11.4.1921), Prinzessin von Schleswig-Holstein-Sonderburg-Augustenburg, dt. Kaiserin und Königin von Preußen (s. Bd 1)   3.3.1914

Willemoes-Suhm, Frau v., Bekannte von → Margarete Selenka   3.7.1913, 7.7.1913

Willichs (s. Bde 1-4)   18.11.1911
Willich, *Johanna,* geb. Roemer (29.3.1844 – 18.5.1919) (s. Bde 1-4)   21.1.1911; 26.11.1912; 26.1.1914, 24.3.1914
3. Charlotte (*Lotte*) Amalia (geb. 22.12.1875) (s. Bde 1-4)   26.11.1912; 11.3.1914

Willie, Colette, Schriftstellerin u. Tänzerin   Paris: 20.4.1911

Willière, Berte   Sils Maria: 9.9.1911, München: 17.10.1911, 19.10.1911; 1.9.1913

Williers od. **Villiers,** Fräulein v. (s.a. Bd 4)   28.1.1912

Willstätter, *Richard* Martin (13.8.1872 – 3.8.1942), Chemiker, Universitätsprofessor. 1896 habilitierte er sich im Münchner Institut von → Adolf v. Baeyer und wurde dort 1902 als Nachfolger von Johannes Thiele Extraordinarius und Vorstand der organischen Abteilung. 1905-1912 war er Ordinarius für Chemie an der ETH Zürich. 1912-1916 leitete W. die organische Abteilung des Kaiser-Wilhelm-Instituts für Chemie in Berlin-Dahlem und war Professor an der Universität Berlin. 1916 wurde er Nachfolger von Adolf v. Baeyer in München. 1924 trat er aus Protest gegen antisemitische Haltungen im Lehrkörper bei der Neubesetzung von Lehrstühlen von seiner Münchner Professur zurück und wirkte seither als Privatgelehrter. 1939 emigrierte er in die Schweiz. Die Arbeiten Willstätters betreffen die Alkaloide, Chinone, Blatt- und Blütenfarbstoffe, Photosynthese. Im Jahre 1915 erhielt er den Nobelpreis. (DBE) (Gr.Br., 1935, Bd 20, 347) (MMZ, 280)   31.12.1916

Willy, Mitpatient Katja Manns im »Waldsanatorium Jessen«   28.7.1912

Winckels (s. Bde 1-4)   11.1.1911
Winckel, Geheimrat Prof. Dr. med. *Franz* Wilhelm Carl Ludwig Ritter v. (5.6.1837 – 31.12.1911), Geburtshelfer und Gynäkologe (s. Bde 1-4)   Todesnachricht: 1.1.1912
Winckel, *Sophie* Emilie, geb. Schöpplenberg (20.3.1844 – 1.10.1918) (s. Bde 1-4) Kondolenz: 2.1.1912, 21.1.1912; 30.3.1914
Winckel, Töchter   11.1.1911

Winkelmann, Hans (1881 – 22.10.1943), Tenor. Sohn des großen Wagner-Tenors Hermann Winkelmann (1849-1912). Debüt 1906 an der Wiener Volksoper. Es folgten Engagements 1907-1908 am Stadttheater von Graz, 1908-1909 an der Hofoper München und 1909-1915 am Deutschen Theater Prag. 1915-1917 sang er am Stadttheater von Chemnitz, 1917-1918 am Opernhaus in Düsseldorf und 1918-1924 am Staatstheater von Schwerin. Dann ging er als Oberspielleiter an das Staatstheater Hannover, wo er bis zu seinem tragischen Tod bei einem Bombenangriff auf Hannover wirkte. (Kutsch/Riemens, Bd 5, 3738) Freund von Klaus Pringsheim und dessen Frau Lala, Vater von Klaus Hubert (*Hubsi*) Pringsheim   Prag: 27.5.1912; München: 3.7.1913, 4.7.1913, 5.7.1913, 6.7.1913, 9.7.1913, 16.7.1913, 27.7.1913

Winkler, Dr., Bekannter von → Hermine Feist u. → Dr. Rudolph Oldenbourg 17.11.1915, 2.12.1915; 5.3.1916, 11.3.1916, 21.3.1916, 19.7.1916, 17.11.1916, 17.12.1916

Winter, Herr, Violinist   21.1.1911

Winterstein, Eduard v., eigtl. Eduard Clemens Franz Freiherr v. Wangenheim (1.8.1871 – 22.7.1961), Film- und Theaterschauspieler. Seit 1895 spielte er am Berliner Schillertheater, später am Dt. Theater Berlin. Ab 1913 übernahm er auch Filmrollen. Verh. seit 1894 mit der Schauspielerin Minna Mengers. Der Schauspieler Gustav v. Wangenheim (1895-1975) war ihr Sohn.   Berlin: 3.1.1913

Witkops   29.9.1913
Witkop, Philipp (17.4.1880 – 18.12.1942), Dr. jur., Dr. phil., Literarhistoriker, Schriftsteller, Universitätsprofessor. Verh. in 1. Ehe mit Hedwig Hirschhorn

(geb. 10.12.1889) (gesch. 1937). 3 Kinder aus 1. Ehe: 1. Harald (1912-1941); 2. Bernhard (1917-2010), Prof. der medizin. Chemie an der Universität Washington; 3. Annette (geb. 1922), verh. mit Harald Blom. Verh. seit 1937 in 2. Ehe mit Anna Kraus. (Wer ist wer?, 305f.) (s. Bd 3)   12.3.1911, 15.3.1911, 18.3.1911, 19.7.1911, Gratulation: 12.10.1911

Wittenstein, Oscar (28.9.1880 – 3.9.1918), Unternehmer, Kunstsammler, Flugpionier   27.8.1911

Wölfflin, Heinrich (21.6.1864 – 19.7.1945), schweizer. Kunsthistoriker, Universitätsprofessor (s. Bd 4)   29.11.1912; 7.2.1913, 13.6.1913, 27.6.1913, 19.12.1913; 6.2.1914, 14.11.1914; Kolleg SS 1915 »Die Architektur Münchens« (Mi 11 – ½ 1 Uhr): 5.5.1915, 12.5.1915, 19.5.1915, 2.6.1915, 9.6.1915, 16.6.1915, 7.7.1915, 14.7.1915, 21.7.1915, Vorlesung WS 1915/1916 »Erklärung der alten Pinakothek (im Zusammenhang der allgemeinen Entwicklungsgeschichte der neueren Malerei)« (Mo, Di, Do, Frei 16-17 Uhr): 15.11.1915, 16.11.1915, 18.11.1915, 19.11.1915, 22.11.1915, 23.11.1915, 25.11.1915, 26.11.1915, 29.11.1915, 30.11.1915, 2.12.1915, 3.12.1915, 6.12.1915, 7.12.1915, 9.12.1915, 10.12.1915, 13.12.1915, 14.12.1915, 16.12.1915, 17.12.1915, 20.12.1915, 21.12.1915; 10.1.1916, 11.1.1916, 13.1.1916, 14.1.1916, 17.1.1916, 20.1.1916, 21.1.1916, 24.1.1916, 25.1.1916, 26.1.1916, 27.1.1916, 28.1.1916, 17.2.1916, 18.2.1916, 21.2.1916, 22.2.1916, 24.2.1916, 25.2.1916, 28.2.1916, Vorlesung SS 1916 »Geschichte der deutschen Kunst im 19. Jahrh.« (Mo, Di, Do, Frei 11-12 Uhr): 8.5.1916, 9.5.1916, 11.5.1916, 12.5.1916, 16.5.1916, 18.5.1916, 19.5.1916, 23.5.1916, 25.5.1916, 26.5.1916, 30.5.1916, 2.6.1916, 6.6.1916, 8.6.1916, 9.6.1916, 23.6.1916, 27.6.1916, 30.6.1916, 4.7.1916, 6.7.1916, 11.7.1916, 13.7.1916, 14.7.1916, 18.7.1916, 20.7.1916, 21.7.1916, 27.7.1916, 28.7.1916

Wolf, Frau, Bekannte von Klaus Pringsheims in Bremen   16.4.1916

Wolf, Luise, Schülerin von → Sofie Röhr-Brajnin. 1912 als jugendliche dramatische Sängerin am Zürcher Stadttheater engagiert. (nicht bei Kutsch/Riemens) (s. Bd 4)   19.5.1911

Wolf, Otto (7.11.1871 – 28.3.1946), Tenor. Ab 1909 an die Hof- bzw. Staatsoper von München verpflichtet; Abschied 1930. Seine Tochter Maria war eine angesehene Altistin. (Kutsch/Riemens, Bd 5, 3755)   22.3.1911; 28.1.1912; 7.11.1913; 25.5.1914; 31.8.1915

Wolf[f], Diener bei Pringsheims   gemietet: 2.1.1913, Eintritt: 1.2.1913, 8.2.1913, 13.7.1913; 1.1.1914, Abschied ins Feld: 7.8.1914, 27.8.1914, 12.9.1914, 14.9.1914, 29.9.1914, 1.10.1914, 2.11.1914, 3.11.1914, 6.11.1914, 23.11.1914, 30.11.1914, 13.12.1914, 17.12.1914, 31.12.1914; 15.1.1915, 20.1.1915, 20.2.1915, 25.2.1915, 4.3.1915, 23.3.1915, 5.4.1915, 22.4.1915, 20.5.1915, 24.5.1915, 8.6.1915, 9.6.1915, 26.6.1915, 15.7.1915, 3.8.1915, 25.8.1915, 3.9.1915, 28.10.1915, 2.11.1915, 17.11.1915, 21.12.1915; 4.1.1916, 11.1.1916, 6.3.1916, 13.4.1916, 14.7.1916, 29.9.1916, 1.12.1916, 17.12.1916

Wolffs (Alfred), Bekannte von → Hugo Bruckmanns   22.11.1912, 25.11.1912; 21.10.1913; 6.1.1914, 7.2.1914

Wolff, Dr. Alfred (1866-1959), Direktor der Münchener Filiale der Deutschen Bank, ab 1931 Besitzer des Hauses Arcisstraße 10. Verh. seit 1899 mit Hanna Josten.

Wolff, Hanna, geb. Josten (1881-1948), später gen. »schöne Frau Wolf« 7.12.1911; 13.1.1912; St. Moritz: 2.9.1913, 4.9.1913, 19.12.1913; 15.1.1914; 22.2.1915; 16.4.1916, 7.11.1916
  1. Marcella (1900-1996)   Sils Maria: 2.9.1913
  2. Christian (1910-1976)

Wolff, Mathilde, geb. Aschenheim (23.3.1831 – 12.1.1915), Witwe des Kaufmanns Herberth *Alexander* W. (21.11.1823 – 20.9.1888). Mutter von → Helene Guggenheimer. Besteller der Beisetzung 1915 ist der Neffe Kurt Aschenheim. (s. Bde 1, 2 u. 3)   Todesnachricht: 17.1.1915

Wolff-Arndt, Philippine (1.10.1849 – 4.6.1940), Bildnismalerin. Witwe von Anton Heinrich Arndt, Mutter von → Constanze Hallgarten. Sie emigrierte gemeinsam mit ihrer Tochter und deren Sohn Wolfgang 1933 nach Frankreich. (ThBV, 614) (s.a. Bd 4)   10.1.1914

Wolkenstein, Marie (*Mimi*), geb. v. Buch, verw. Gräfin v. Schleinitz (22.1.1842 – 18.5.1912), verh. mit dem österr. Diplomaten *Anton* Karl Simon Graf v. Wolkenstein (1832-1913) (s. Bde 1-3)   15.2.1911

Wolters, Friedrich (2.9.1876 – 14.4.1930), Historiker, Lyriker und Übersetzer. Seit 1923 Prof. der Geschichte in Kiel, enger Freund von Stefan George.   Berlin: 17.6.1911

Wolters' (s. Bd 4)   3.2.1911; 27.6.1913; 7.12.1915; Kondolenz: 13.8.1916
Wolters, Paul (1.9.1858 – 21.10.1936), Dr. phil., Archäologe, Universitätsprofessor, Geheimer Rat, Direktor der Kgl. Glyptothek, des Antiquariums und des Kgl. Museums für Abgüsse klassischer Bildwerke. (s. Bd 4)   Kondolenz: 19.3.1911; 30.4.1914
Wolters, Auguste, geb. Engels (geb. 18.1.1864)   20.11.1916
  1. Wolfgang (12.4.1891 – gef. 8.8.1916), Diplomingenieur   Todesnachricht: 13.8.1916

Wouwou od. **Wuwu**, kleiner japanischer Hund (Japan Chin) von Hedwig Pringsheim   31.12.1915; Unfall: 11.3.1916, verstorben: 3.5.1916

Wüllner, Ludwig (19.8.1858 – 19.3.1938), Rezitator, Sänger u. Schauspieler. Sohn des Komponisten u. Dirigenten Franz Wüllner (1832-1902). 1876-1880 Studium der Philologie in München u. Berlin. 1881 Promotion. 1884-1887 Privatdozent für german. Philologie an der Universität Münster, sowie Auftritte als Geiger, Sänger u. Rezitator. Ab 1887 Studium der Musik. 1889-1895 als Schauspieler am Meininger Hoftheater engagiert, daneben Gastspiele an allen bedeutenden deutschsprach. Bühnen. Er war auch als Liedersänger bekannt. Seine Konzerte brachten ihn durch ganz Europa, nach Russland u. in die USA. Außerdem war er ein bedeutender Sprecher und Rezitator von Gedichten u. Balladen. (Eisenberg, 1151f.)   18.5.1916

Würz, Professor, Bekannter von Rosenbergs   Berlin: 14.10.1916

Würz, Frau, Bekannte von → Ruscha Rosenthal   24.11.1916

Wüssling, Ehepaar v., Bekannte von → Rohrscheidts   Garzau: 17.6.1916

Wyneken, Alexander (16.4.1848 – 5.4.1939), Journalist und Zeitungsverleger. Erst Chefredakteur, dann Herausgeber der nationalliberalen *Königsberger Allgemeinen Zeitung*. Bekannter von → Therese Simon   Berlin: 9.2.1912

Zähringer Hof, Hotel in Freiburg i.Br.   10.5.1913

Zahns   5.2.1911

Zahn, *Friedrich* Karl Theodor Wilhelm (8.1.1869 – 1946), Dr. jur. et phil., Ministerialrat, Direktor des Kgl. Bayer. Statistischen Landesamts; verh. mit Charlotte Lindner, 3 Kinder (Zils, 391-394)

Zedlitz, Baronin   21.6.1916

Zeller, Herr   9.7.1914

Zeppelin, Isabella (*Bella*) Gräfin v., geb. Freiin v. Wolff-Alt-Schwanenburg (4.5.1846 – 2.1.1922), verh. mit dem Begründer des Starr-Luftschiffbaus *Ferdinand* Graf v. Zeppelin (8.7.1838 – 8.3.1917), Bekannte von → Schaeuffelens (s.a. Bd 4)   15.6.1913

Zermelo, *Ernst* Friedrich Ferdinand (27.7.1871 – 21.5.1953), Mathematiker, Universitätsprofessor (s. Bd 3)   Davos: 20.3.1912

Zimmermann, Gymnasiast, Mitpatient von Katja Mann im »Waldsanatorium Jessen« in Davos   28.7.1912

Zimmermann, Susi v., Bekannte von → Hans Feist   8.12.1916, 16.12.1916, 17.12.1916, 30.12.1916

Zittelmann, Gisela, Bekannte von → Elsa Bernstein (s.a. Bd 4)   Gratulation: 21.2.1913

Züricher, Herr, Bekannter von → Therese Simon   Berlin: 8.2.1916

Bildnachweis

Archiv der Herausgeberin: 609, 615.
KEYSTONE / Thomas-Mann-Archiv, Zürich: 610, 611 (oben und unten), 612 (oben), 613 (oben).
Sammlung Anita Naef, München: 612 (unten).
ullstein bild – Friedrich Müller / Friedrich Müller: 613 (unten).
Wasmuths Monatshefte für Baukunst, 4. Jg 1919/1920, Heft 11/12, S. 353f., online unter: http://digital.zlb.de/viewer/image/14192921_1919_013/35 und http://digital.zlb.de/viewer/image/14192921_1919_013/36: 616 (oben und unten).
Wikicommons (https://commons.wikimedia.org/wiki/File:D%C3%BCrer_Melancholia_I.jpg): 614.